Katrin Thomson

„Men and women will go through hell“: Die Aushandlung der Geschlechterfrage in amerikanischen Broadway-Dramen der *Progressive Era* (1890-1920)

BEITRÄGE
ZUR ENGLISCHEN UND AMERIKANISCHEN LITERATUR

Im Auftrag der Görres-Gesellschaft herausgegeben von
Matthias Bauer und Jan Stievermann

Band 40

KATRIN THOMSON

„Men and women will go through hell“: Die Aushandlung der Geschlechterfrage in amerikanischen Broadway-Dramen der *Progressive Era* (1890-1920)

Produktion – Rezeption – Revision

2020

Ferdinand Schöningh

Gedruckt mit freundlicher Unterstützung der Görres-Gesellschaft.

Umschlagabbildung:
Illustration. John H. Bacon. 1898. „That Five Hundred Pound Prize. The Story of a Genius", by Richard Marsh, illustrated by John H. Bacon. *The Hamsworth Monthly Pictorial Magazine* Vol. 1, No. 2 (1898), 172-181: 179. Lizenzfreie Bildnutzungsrechte durch Getty Images.

Bibliografische Information der Deutschen Nationalbibliothek

Die Deutsche Nationalbibliothek verzeichnet diese Publikation in der Deutschen Nationalbibliografie; detaillierte bibliografische Daten sind im Internet über http://dnb.d-nb.de abrufbar.

www.schoeningh.de

Einbandgestaltung: Evelyn Ziegler, München
Herstellung: Brill Deutschland GmbH, Paderborn

ISSN 0935-4867
ISBN 978-3-506-72617-9 (paperback)
ISBN 978-3-657-72617-2 (e-book)

Meinen Eltern
Monika und Volker Lorenz

Inhalt

Danksagung

Dass dieser Band heute in dieser Form vorliegt, ist keine Selbstverständlichkeit. Er ist das Ergebnis einer langen Reise, die viele Umwege nehmen musste und einige Durststrecken zu überstehen hatte. Der unerschütterliche Wille, das Ziel unter den oftmals erschwerten Umständen trotzdem nicht aus den Augen zu verlieren und diesen kaum beachteten Stücken jene literaturkritische Würdigung zuteilwerden zu lassen, die ihnen gebührt, haben mich diese Reise zu Ende gehen lassen. Ohne die Unterstützung all jener, die mich auf diesem Weg begleitet haben, wäre das nicht möglich gewesen.

Mein ganz besonderer Dank gilt Prof. Dr. Kurt Müller – meinem Lehrer, Förderer und Doktorvater. Ihm habe ich es zu verdanken, dass ich diesen Weg einschlagen und gemeinsam mit dieser Arbeit wachsen konnte. Für seine überaus wertvollen Hinweise und konstruktive Kritik auf dem Entstehungsweg dieses Buches, für seine Zeit in den vielen intensiven wie inspirierenden Fachgesprächen und für sein stets offenes Ohr bin ich ihm zutiefst dankbar. Was ich von ihm in der Promotionsphase und darüber hinaus lernen durfte, ist von unschätzbar großem Wert für mich.

Ich bedanke mich außerdem bei Prof. Dr. Laurenz Volkmann, der mich ebenfalls von Beginn an auf dieser Reise begleitet und in vielerlei Hinsicht unterstützt hat. Für seine konstruktiven Anregungen und Ratschläge und nicht zuletzt für seine Bereitschaft zur Zweitbetreuung meiner Arbeit bin ich ihm zu großem Dank verpflichtet. Ihm gebührt mein Dank ebenso wie Prof. Dr. Jutta Zimmermann für die konstruktiven Vorschläge ihres Drittgutachtens, die für die Erstellung des Verlagsmanuskripts sehr hilfreich waren. Für ihren fachlichen Rat in der Anfangsphase dieses Projektes danke ich zudem Dr. Ines Detmers. Durch ihre Expertise in methodologischen Fragen und innerhalb der Geschlechterforschung habe ich wichtige Impulse für meine Arbeit erhalten. Besonders danken möchte ich der Görres-Gesellschaft für die großzügige Förderung in der Drucklegung dieses Bandes sowie Prof. Dr. Jan Stievermann und Prof. Dr. Matthias Bauer für die Aufnahme meiner Arbeit in die von ihnen herausgegebene Reihe.

Ein herzliches Dankeswort richtet sich an Antje Abraham und Anett Wenzel, die mit mir alle Höhen und Tiefen durchlebt haben, immer für mich da waren und in allen Lebenslagen an meiner Seite standen. Für ihre langjährige Freundschaft bin ich sehr dankbar.

Der größte Dank gebührt meiner Familie, insbesondere meinen Eltern, Monika und Volker Lorenz, die mir diese Reise ermöglicht, an mich geglaubt, mir Kraft gegeben und mich zu jeder Zeit unterstützt haben. Sie sind mein Auffangnetz und bedeuten mir alles. Ohne ihren Rückhalt gäbe es diesen Band nicht.

Augsburg, im März 2020 Katrin Thomson

Abbildungsverzeichnis

KAPITEL I

Einleitung

I.1 Problemaufriss

> It is the enviable privilege of the dramatist ,to popularize the pressing questions of the time. That is, he must be an interpreter to the people of what they have heretofore vaguely sensed, of what is already implicit in the public mind, but through him is realized with vividness. The drama being pre-eminently a social art and dependent not on the selected audience but on the average, develops correlatively with the developing social and artistic consciousness of a people.[1]
>
> (Florence Kiper, 1914)

Im ausgehenden 19. und beginnenden 20. Jahrhundert befinden sich Drama und Theater in Amerika in einem Prozess des Wandels, der die Entwicklung von tradierten Formen des Unterhaltungstheaters hin zur Entstehung eines modernen Kunsttheaters nach europäischem Vorbild beschreibt. Die Rede ist einerseits vom kommerziellen *Mainstream*-Theater des Broadways, das sich an ein breites Publikum wendet und gleichermaßen für eine ausgeprägte Profitorientierung und restriktive Aufführungspraxis steht; gemeint ist andererseits das unabhängige, innovativ-experimentelle Avantgarde-Theater, das sich an einen elitär-intellektuellen Kreis richtet und sich hinsichtlich seiner formal-ästhetischen Darstellungsprinzipien und sozio-ideologischen Positionierungen deutlich von der erstgenannten Richtung abgrenzt. Obwohl oder gerade weil das kommerzielle Unterhaltungstheater des Broadways in der literaturkritischen Aufarbeitung der amerikanischen Theatergeschichte lange Zeit unberücksichtigt geblieben ist, widmet sich die vorliegende Arbeit dieser Richtung. Ihr besonderes Augenmerk liegt dabei auf der sog. *Progressive Era* (1890-1920), deren unverwechselbarer Zeitgeist einerseits von Wachstumsoptimismus, Fortschrittsglaube und Reformgedanken, andererseits aber auch von sozialen Missständen und Konflikten geprägt ist. Nicht nur die amerikanische Theaterlandschaft im Speziellen, sondern das Land im Allgemeinen befindet sich damals in einer Zeit umfassender Veränderungen, die alle Bereiche des gesellschaftlichen Lebens durchdringen.

---

1 Florence Kiper, „Some American Plays from the Feminist Viewpoint", *The Forum* 51 (1914), 921-931: 922.

 | DOI:10.30965/9783657726172_002

Dass sich die vorliegende Studie dem profitorientierten Theater zuwendet, mag in Anbetracht seiner weitgehenden Nichtbeachtung in der Forschung zunächst verwundern – insbesondere dann, wenn diese Vernachlässigung aus literaturwissenschaftlicher Sicht doch oft damit begründet wurde, dass das amerikanische Kommerztheater des Untersuchungszeitraums weitgehend ‚unliterarisch' sei und, im Vergleich zum avantgardistischen Kunsttheater, als ästhetisch anspruchslos gelten müsse.[2] Grundsätzlich sieht sich das profitorientierte Broadway-Theater seit jeher mit dem Vorwurf konfrontiert, seinem Massenpublikum lediglich seichte Unterhaltung und ‚leicht verdauliche' Kost anzubieten. Der Eindruck der ‚Unzulänglichkeit' dieser Stücke für eine literaturwissenschaftliche Behandlung mag dadurch entstanden sein, dass diese Stücke fast formelhaft den restriktiven Aufführungskonventionen des Profittheaters nach dem Muster des inzwischen negativ konnotierten *well-made play* zu folgen scheinen. Zu diesen Konventionen zählen insbesondere der „kommerziell motiviert[e] Verzicht auf formale und ideologische Innovationen"[3] und die Gestaltung des Dramenschlusses mit einem versöhnlichen *happy ending*. Bezogen auf die Aushandlung der Geschlechterproblematik – der Kernthematik der vorliegenden Studie – hat der ‚glückliche Dramenausgang' vor allem die Funktion, sowohl die bestehende patriarchalische Geschlechterordnung als auch den herrschenden Geschlechterdiskurs der Zeit beispielsweise durch die Heirat der Hauptfiguren oder die wie auch immer herbeigeführte ‚(Rück-)Besinnung' der Protagonistin auf ihre traditionelle Frauenrolle am Ende des Stückes in ihrer Gültigkeit zu bestätigen (*affirmation*) und somit die von der Gesellschaft, sprich vom (zahlenden) Publikum, akzeptierten sozialen Normen zu bekräftigen (*reinforcement*).[4] Durch die regelhafte, sprich konventionalisierte Korrelation von *happy ending* und *affirmation* in der Unterhaltungskomödie des Broadway-Theaters erfolgt also eine semantische, näherhin geschlechterideologische Aufladung der Textstruktur, insbesondere des Dramenschlusses, die es im Sinne des herrschenden Diskurses von den Dramatikern umzusetzen gilt. Ein anderes als das genannte Semantisierungskorrelativ ist im kommerziellen Drama der *Progressive Era* theoretisch nicht zulässig, wenn sich ein Stück im konventionellen Rahmen bewegen will. Verkürzt formuliert heißt das: Am Broadway muss und kann auf

2 Siehe z.B. Anton Kaes, „Zwischen Avantgarde und Massenkultur: Die Anfänge der amerikanischen Theaterbewegung", *Theater und Drama in Amerika. Aspekte und Interpretationen*, hg. Edgar Lohner und Rudolf Haas (Berlin: Erich Schmidt Verlag, 1978), 44-66: 44ff. sowie Klaus Schwank, „Das amerikanische Melodrama vor dem Ersten Weltkrieg", *Das amerikanische Drama*, hg. Gerhard Hoffmann (Bern: Francke, 1984), 27-38: 27.

3 Manfred Pfister, *Das Drama: Theorie und Analyse* (München: Fink, [11]2001), 57.

4 Vgl. Pfister, *Das Drama*, 60.

der Bühne nur gezeigt werden, wofür ein breites Publikum über eine möglichst lange Spielzeit zu zahlen bereit ist. Ungewohntes und Experimentelles stoßen bei den Zuschauern auf Ablehnung. Für den finanziellen Erfolg der Stücke ist deshalb die Einhaltung der Darstellungskonventionen unabdingbar, und die Rezeptionsgewohnheiten des Massenpublikums gilt es uneingeschränkt zu bedienen – insbesondere im Hinblick auf den Dramenausgang. Auf inhaltliche und formal-ästhetische Innovationen, so der allgemeine Vorwurf, würden die Stücke des kommerziellen Unterhaltungstheaters deshalb gänzlich verzichten, was ihnen – wie oben angedeutet – in der Forschung den Ruf von künstlerischer Minderwertigkeit eingebracht hat. Das Potential, das o.g. geschlechterideologisch aufgeladene Inhalt-Form-Korrelativ zu unterlaufen oder gar zu durchbrechen, ist diesen Dramen damit allem Anschein nach von Vornherein abgesprochen worden.

Im Zuge der literaturkritischen Fokussierung auf das um das Jahr 1915 entstehende Kunsttheater, das in erster Linie mit dem Namen Eugene O'Neill und dessen experimentell-expressionistischen Frühwerks in Verbindung gebracht wird, sind die Broadway-Dramatiker[5] der *Progressive Era* weitgehend in Vergessenheit geraten. So zeigt ein Blick in einschlägige, vor allem ältere Überblicksstudien, dass diese Autoren und ihre Stücke – wenn überhaupt – nur am Rande erwähnt werden.[6] Nach den Namen weiblicher Vertreter sucht man

5 Aus Gründen der besseren Lesbarkeit wird im Rahmen dieser Arbeit auf Geschlechterdopplungen, d.h. die Schreibung weiblicher Formen wie z.B. Dramatikerinnen, Autorinnen, Vertreterinnen usw. in Ergänzung zu den männlichen Formen verzichtet. Verwendet wird im Folgenden jeweils das generische Maskulinum, das sich jedoch auf beide Geschlechter bezieht. Die Schreibung der weiblichen Form erfolgt nur dann, wenn es der situative Kontext erfordert.

6 Dem amerikanischen Drama und Theater vor O'Neill wurde bis in die 1950er und 1960er Jahre hinein kaum eine nennenswerte Bedeutung zugesprochen. So schreibt beispielsweise Gassner im Jahre 1940 über Amerikas Dramatiker: „[...] American playwrights were of no importance whatsoever to the world [...]." (John Gassner, *Masters of the Drama* (New York, NY: Dover Publications, 1940), 632). Und auch knapp 30 Jahre später schreibt Rudolf Haas noch: „*Die eigentlichen Anfänge des ‚Modernen'* auf dem amerikanischen Theater [...] scheinen mir unlösbar mit dem Frühwerk O'Neills, der Bewegung der unabhängigen Kleintheater, vor allem der Provincetown Players [...] verbunden zu sein." (Rudolf Haas, „Über Anfänge des ‚Modernen' im amerikanischen Drama", *Das amerikanische Drama von den Anfängen bis zur Gegenwart*, hg. Hans Itschert (Darmstadt: Wissenschaftliche Buchgesellschaft, 1972), 51-69: 59, Hervorhebung KT). Die ‚eigentlichen Anfänge des Modernen', so die hier vertretene Position, lassen sich entgegen der Meinung von Haas bereits in den Dramen des Unterhaltungstheaters vor O'Neill finden. Wenn Haas und Lohner in der sechs Jahre später veröffentlichten Überblicksdarstellung konstatieren, dass „es unmöglich [sei], die Kraft und den Rang der modernen amerikanischen Dramatik zu verstehen, *ohne wenigstens* die wichtigsten Entwicklungen im 19. Jahrhundert und in der ersten Dekade des 20. auswählend ins Auge zu fassen", dann mutet die selektive Berücksichtigung des Dramas vor O'Neill dort

darin oftmals gar vergebens. Erst mit dem Aufkommen neuer Forschungsbereiche wie beispielsweise der feministischen Literaturwissenschaft, der *Gender Studies* und der *Cultural Studies* und dem damit verbundenen Paradigmenwechsel ab den 1980er Jahren beginnt sich diese Wahrnehmung allmählich zu ändern – ein Umstand, auf den auch David Krasner im Titel seines Beitrages „Introduction: The Changing Perceptions of American Drama" (2005) hinweist und der sich darüber hinaus inzwischen auch in neueren Veröffentlichungen zur Geschichte des amerikanischen Dramas widerspiegelt.[7] Gleichzeitig ist aber auch festzustellen, dass dieser Prozess noch lange nicht abgeschlossen ist. Als wichtiger Beitrag zu diesem Perspektivwechsel ist das 2014 von Jeffrey H. Richards und Heather S. Nathans herausgegebene *Oxford Handbook of American Drama* hervorzuheben.[8] In der Einleitung bezeichnet Richards das Handbuch als „the most comprehensive multiauthored book on American drama currently in print"[9], wobei insbesondere in der Auseinandersetzung mit dem amerikanischen Drama *vor* O'Neill ein besonderes Herausstellungsmerkmal des Bandes zu sehen ist. Wenngleich die Auseinandersetzung mit dem „drama before the age of Eugene O'Neill" ausdrücklich betont wird, so verdeutlicht diese Formulierung doch gleichzeitig auch, wie stark sich die amerikanistische Literaturwissenschaft in ihrer Ausrichtung bis heute offenbar

---

eher wie ein notwendiges, aber lästiges Unternehmen an, dessen Funktion allein darin zu bestehen scheint, den hohen ‚Rang der modernen amerikanischen Dramatik' einmal mehr zu unterstreichen. (Rudolf Haas und Edgar Lohner, „Theater und Drama in Amerika: Einführung", *Theater und Drama in Amerika. Aspekte und Interpretationen*, hg. Edgar Lohner und Rudolf Haas (Berlin: Erich Schmidt, 1978), 9-41: 25, Hervorhebung KT).

7 Siehe David Krasner, „Introduction: The Changing Perceptions of American Drama", *A Companion to Twentieth-Century American Drama*, ed. David Krasner (Oxford: Blackwell, 2005a), 1-17: 1. Neuere Überblicksdarstellungen – zu nennen sind hier für den deutschsprachigen Raum v.a. Herbert Grabes, *Das amerikanische Drama des 20. Jahrhunderts* (Stuttgart: Klett, 2003) und Kurt Müller, *Das amerikanische Drama* (Berlin: Erich Schmidt Verlag, 2006a) – gehen auch auf Dramatiker ein, die unmittelbar vor O'Neills Schaffen oder zur etwa gleichen Zeit für das Unterhaltungstheater schrieben; in besonderem Maße schließt dies das Schaffen weiblicher Autoren mit ein. Frühe(re) Hinweise auf die Bedeutung der *Progressive Era*-Dramen und ihre Autoren, wie sie sich beispielsweise bei Halfmann finden lassen, blieben allerdings offenbar als Randbemerkung zunächst isoliert und weitgehend unberücksichtigt im Raum stehen. So ist bei Halfmann zu lesen, dass Autoren wie James A. Herne und Rachel Crothers „dem Triumph Eugene O'Neills [...] den Weg [bereiteten]." (Ulrich Halfmann, „Amerikanisches Theater und Drama bis 1900", *Die amerikanische Literatur bis zum Ende des 19. Jahrhunderts*, hg. Helmbrecht Breinig und Ulrich Halfmann (Tübingen: Francke, 1985), 225-259: 258).

8 Jeffrey H. Richards and Heather S. Nathans (eds.), *The Oxford Handbook of American Drama* (Oxford: Oxford University Press, 2014).

9 Jeffrey H. Richards, „Introduction", *The Oxford Handbook of American Drama*, eds. Jeffrey H. Richards and Heather S. Nathans (Oxford: Oxford University Press, 2014), 1-15: 1.

an der ungebrochenen Bedeutung dieses Dramatikers, die hier keineswegs in Abrede gestellt wird, orientiert hat.[10] So scheint sich die ‚Beforschung' des amerikanischen Dramas und Theaters in ein weniger interessantes und deshalb vernachlässigbares Davor und ein umso bedeutsameres Danach aufzuspalten. Innerhalb dieses Forschungsfeldes hat es mitunter auch den Anschein, als müssten sich jene, die sich mit dem amerikanischen Drama ‚*before*' auseinandersetzen, für ihre Interessenlage in besonderem Maße rechtfertigen.[11]

In Anbetracht der Tatsache, dass bereits im Jahre 1985 von Halfmann erklärt worden war, dass „[d]ie Zeit, in der von einer desinteressierten und desinformierten Mehrheit amerikanistischer Literaturwissenschaftler behauptet wurde, ‚ernstzunehmendes' amerikanisches Drama existiere erst seit O'Neill, [...] vorbei [sei]",[12] müssen die heute noch oftmals geäußerten Zweifel an der Relevanz des Themas doch recht verwundern. Das anscheinend immer noch vorhandene literaturwissenschaftliche Desinteresse am Unterhaltungstheater vor O'Neill hielt und halte ich angesichts veränderter Forschungsfragen (beispielsweise aus der Perspektive der Geschlechterforschung oder der Kulturwissenschaften), mit denen diesen ‚alten Texten' und ihren Autoren begegnet werden kann, weiterhin für wenig gerechtfertigt. Wenn nämlich im Gegensatz dazu von anderer Seite konstatiert wird, dass der hier gewählte Untersuchungsgegenstand in der literaturkritischen Diskussion bis heute „unjustly neglected"[13] worden sei und sich zudem allerjüngste Veröffentlichungen wie

10 Richards, „Introduction", 1.

11 Der Hinweis auf diesen Umstand erfolgt an dieser Stelle vor einem persönlichen Erfahrungshintergrund der Verfasserin, der hier kurz umrissen sei – wohlwissend, dass Persönlich-Anekdotisches im deutschsprachigen Wissenschaftsdiskurs i.d.R. nur bedingt Platz findet: Vor einigen Jahren wurde ich auf einer Jahrestagung der *Deutschen Gesellschaft für Amerikastudien* von einem führenden Amerikanisten im Gespräch über mein damals noch am Beginn stehendes Dissertationsprojekt gefragt, was es zu diesem Thema denn überhaupt zu sagen gäbe und ob die Stücke von O'Neill und Glaspell nicht viel interessanter seien.

12 Halfmann, „Amerikanisches Theater und Drama bis 1900", 225.

13 Persönliche E-Mail-Korrespondenz mit Professor John C. Tibbetts (University of Kansas) vom 19.09.2016. Darin schreibt Tibbetts u.a.: „Certainly, this period of time on the commercial American stage has been unjustly neglected." Damit verleiht Tibbetts seinem Standpunkt, wie er ihn in einem seiner Artikel vor über drei Jahrzehnten in ähnlicher Form schon einmal formuliert hatte, erneut Ausdruck. Dort konstatiert er mit Bezug auf das amerikanische Drama zwischen 1890 und 1915: „[...] [I]ts neglect today is unconscionable." (John C. Tibbetts, „The ‚New Woman' on Stage: Women Issues in American Drama, 1890-1915", *Helicon Nine: The Journal of Women's Art and Letters* 7 (1982), 6-19: 6). Interessanterweise impliziert seine aktuelle Aussage zugleich, dass sich seit mehr als dreißig Jahren innerhalb der literaturkritischen Diskussion offenbar nur wenig getan hat, um dieses Kapitel in der Geschichte des amerikanischen Dramas und Theaters in gebührender Form aufzuarbeiten.

das o.g. *Handbook* als „major source on *new perspectives* on drama and theatre" verstehen und einen „stimulus to *further scholarship* in the field" zu geben beabsichtigen,[14] dann können diese Formulierungen durchaus als ernst gemeinte Aufforderungen verstanden werden, sich diesem bislang vernachlässigten Gegenstandsbereich zuzuwenden und ihm vor dem Hintergrund veränderter Forschungsperspektiven ggf. einer Neubewertung zu unterziehen. Es sind diese Impulse, die die vorliegende Arbeit aufzugreifen versucht.

Ihre Fokussierung auf das Broadway-Theater der *Progressive Era* leitet die Studie von der wichtigen Grundlagenforschung innerhalb der *Women's Studies*, der feministischen Literaturwissenschaft und den *Gender Studies* ab. Die „politisch orientiert[e] Frauenbewegung"[15] im Amerika der 1960er und 1970er Jahre und das damit im Zusammenhang zu sehende wachsende sozialgeschichtliche und literaturwissenschaftliche Interesse an von Frauen verfassten Texten einerseits und an der literarischen Darstellung von Weiblichkeit in Werken männlicher und weiblicher Autoren andererseits haben dazu geführt, dass längst vergessene oder völlig unbekannte Dramatiker der *Progressive Era* – insbesondere weibliche – (wieder-)entdeckt wurden. Dass gerade diese Periode damals in verstärktem Maße das Interesse der geschlechterorientierten Forschung weckt, liegt vor allem daran, dass im Zuge der gesellschaftlichen Emanzipation der Frau zu dieser Zeit auffällig viele Dramen innerhalb des Unterhaltungstheaters entstehen, die bevorzugt die Geschlechterproblematik thematisieren.[16] Es ist somit das Verdienst der feministischen Literaturwissenschaft,[17] dass in den 1970er Jahren ein bis dahin weitgehend unbeleuchtetes Kapitel der amerikanischen Theater- und Dramengeschichte geöffnet wird, wenngleich der Untersuchungsschwerpunkt in Bezug auf Figurendarstellung,

---

14 Richards, „Introduction", 1. Hervorhebung KT.

15 Anja Beinroth et al., „Feministische Literaturtheorie", *Metzler Lexikon Literatur- und Kulturtheorie: Ansätze – Personen – Grundbegriffe*, hg. Ansgar Nünning (Stuttgart: Metzler, [4]2008), 190-194: 190.

16 Inzwischen hat auch die Männerforschung diesen Zeitraum für sich entdeckt, was v.a. daran liegt, dass sich die Zeit der Frauenemanzipation gleichzeitig auch als eine Zeit der in die Krise geratenen Männlichkeit erweist. So betrachtet etwa Horlacher den „Zeitraum zwischen dem letzten Drittel des 19. und dem ersten Drittel des 20. Jahrhunderts als besonders interessant für eine Untersuchung über Maskulinität". (Stefan Horlacher, *Masculinities: Konzepte von Männlichkeit im Werk von Thomas Hardy und D.H. Lawrence* (Tübingen: Narr, 2006), 18).

17 Vgl. Vera Nünning und Ansgar Nünning, „‚Gender'-orientierte Erzähltextanalyse als Modell für die Schnittstelle von Narratologie und intersektioneller Forschung? Wissenschaftsgeschichtliche Entwicklung, Schlüsselkonzepte und Anwendungsperspektiven", *Intersektionalität und Narratologie: Methoden – Konzepte – Analyse*, hg. Christian Klein und Falko Schnicke (Trier: WVT, 2014), 33-60: 45.

Autorschaft und Schreibstil zunächst sehr deutlich auf dem Aspekt der Weiblichkeit liegt. Während sich die *Women's Studies* und die frühe feministische Literaturwissenschaft also vor allem um die Identifizierung von „fast immer gleichen"[18] Frauenbildern in literarischen Texten bemühen (z.B. *new woman, true woman, spinster, flapper, Gibson Girl, fallen woman*) und dabei „zumeist auf einer vorwiegend beschreibenden Ebene [verbleiben]"[19], orientiert sich die vorliegende Arbeit am Erkenntnisinteresse einer „integrativen Geschlechterforschung"[20] bzw. an den aktuellen Entwicklungen innerhalb der *Gender Studies* und geht demnach über solch eine bloße Bestandsaufnahme von Bildern, die Fokussierung auf nur ein Geschlecht und die Frage nach dem *Was?* deutlich hinaus.

Vielmehr möchte die vorliegende Studie den jüngeren Entwicklungen in der inzwischen sehr stark interdisziplinär ausgerichteten *gender*-orientierten Literaturwissenschaft insofern Rechnung tragen, als sie sich neben der Untersuchung weiblicher und männlicher Repräsentationsformen in den ausgewählten Dramen in erster Linie der Analyse von *gender*-bezogenen *Aushandlungsprozessen* inner- und außerhalb der Textgrenzen (d.h. im inneren und äußeren Kommunikationssystem) widmet. Wenn bislang davon ausgegangen wurde, dass der formal-ästhetische Spielraum der Broadway-Stücke in Anbetracht des oben angesprochenen Abhängigkeitsverhältnisses zwischen Profittheater und den Rezeptionsgewohnheiten des Publikums auf den ersten Blick äußerst eingeschränkt zu sein scheint, was für die Thematisierung der – für die damalige Zeit – brisanten Geschlechterproblematik in besonderem Maße zutreffen mag, dann wird hier im Rahmen der Textanalysen von James A. Hernes *Margaret Fleming* (1890), Rachel Crothers' *He and She*

18 Walter Erhart und Britta Herrmann, „Feministische Zugänge – ‚Gender Studies'", *Grundzüge der Literaturwissenschaft*, hg. Heinz Ludwig Arnold und Heinrich Detering (München: Deutscher Taschenbuch Verlag, ^{7}2005), 498-515: 501. Neben dem Sichtbarmachen weiblicher Repräsentationsformen in literarischen Texten widmet sich die Frauenforschung in ihren Anfängen vor allem auch der Rekonstruktion ‚weiblicher Geschichte' (*women's history*). Im Bereich der Frauengeschichtsschreibung sind für den amerikanischen Raum zahlreiche Studien erschienen, von denen hier exemplarisch Collins (2003), Conway (1982), Evans (1989), Hymowitz and Weissman (1978), Kennedy (1979), Kessler-Harris (1982) und Melosh (1993a) genannt seien.

19 Inge Stephan, „‚Bilder und immer wieder Bilder …': Überlegungen zur Untersuchung von Frauenbildern in männlicher Literatur", *Die verborgene Frau: Sechs Beiträge zu einer feministischen Literaturwissenschaft*, hg. Inge Stephan und Sigrid Weigel (Berlin: Argument-Verlag, 1983), 15-34: 15.

20 Vera Nünning, „*Gender* in der Literaturwissenschaft: Gegenstandsbereich, Fragestellungen und Perspektiven einer *gender*-orientierten Literaturwissenschaft", *Literaturwissenschaft: intermedial – interdisziplinär*, hg. Herbert Foltinek und Christoph Leitgeb (Wien: Verlag der österreichischen Akademie der Wissenschaften, 2002), 131-162: 135, Anm. 7.

(1912/1920), Zona Gales *Miss Lulu Bett* (1920) und Marion Craig Wentworths *The Flower Shop* (1912) zu zeigen sein, dass eine solche Folgerung zu kurz greift. Trotz aller formalen und inhaltlichen Restriktionen bestehen, so die zentrale These, auch in dem für die literaturkritische Diskussion bislang als ‚unzulänglich' bewerteten kommerziellen Unterhaltungstheater durchaus Möglichkeiten für eine gesellschaftskritische Auseinandersetzung mit der Geschlechterproblematik sowie für innovative Inszenierungsverfahren. Es wird ferner zu zeigen versucht, dass die kommerziellen Stücke keinesfalls so anspruchslos sind, wie ihnen immer wieder unterstellt worden ist. Sie sind vielmehr als Teil eines äußerst komplexen kulturellen Aushandlungsprozesses zu sehen, an dem sie im Rahmen der ihnen zur Verfügung stehenden Möglichkeiten teilhaben.

Wenn im Folgenden zum einen an den Diskursbegriff und zum anderen an das Konzept der Aushandlung (*negotiation*) angeknüpft wird, dann geschieht dies in der Überzeugung, dass die Broadway-Dramen bzw. ihre Autoren am öffentlichen Geschlechterdiskurs partizipieren, indem sie (a) entweder den herrschenden Geschlechterdiskurs der *Progressive Era* konsequent bedienen und die institutionell vorgeschriebenen Inszenierungsverfahren uneingeschränkt einhalten oder (b) die geltenden diskursiven und genrespezifischen Normen bewusst unterlaufen, sie aber (fast) nie dergestalt durchbrechen, dass der kommerzielle Erfolg der Stücke am Broadway gefährdet wäre. Eine Möglichkeit (c) – sprich der (radikale) Bruch mit beidem – ist zwar denkbar, aus den oben beschriebenen Gründen innerhalb des Kommerztheaters aber kaum realisierbar. Es ist dieses in (b) implizierte, den Stücken zum Teil eingeschriebene gesellschafts- und diskurskritische Potential auf inhaltlicher und struktureller Ebene, das die hier vorliegende Arbeit im Sinne des von Jane Tompkins (1986) postulierten Konzepts der *cultural work* zu ‚heben' versucht.[21] Dieses subtile Balancieren der Dramenautoren zwischen Konvention und Innovation – im Folgenden wird diesbezüglich auch die Rede von ‚Pendelbewegungen' sein – ist in der Forschung m.W. bislang ebenso wenig berücksichtigt worden wie die ‚kulturelle Arbeit', die diese Stücke leisten. Von dieser Feststellung ausgehend werden deshalb die o.g. Stücke einer *gender*- und genrekritischen (Re-)Lektüre unterzogen. Ein hermeneutischer Mehrwert ist nicht zuletzt auch deshalb zu erwarten, weil im Zuge der Textbetrachtungen auch bislang unbekannte Fassungen dieser Stücke sowie kaum berücksichtigte Dramen ‚ausgegraben', ‚entstaubt' und für den literaturwissenschaftlichen Diskurs (wieder) zugänglich gemacht werden.

---

21 Jane Tompkins, *Sensational Designs: The Cultural Work of American Fiction, 1790-1860* (Oxford: Oxford University Press, 1986).

Die in der literaturkritischen Diskussion vertretene Hypothese, den Dramen des Unterhaltungstheaters wohne „a certain set of defects“ inne, welches sie wiederum aus den „ranks of the great masterpieces“ ausschließe, hat im Anschluss an Tompkins bislang den Blick verstellt auf die kulturelle Bedeutsamkeit dieser im Verborgenen liegenden Texte, die sich aber überhaupt erst dann erfassen lässt, „when [the plays are] considered in light of the cultural ‚work‘ they were designed to do“.[22] Bezogen auf die vorliegende Arbeit bedeutet dies, dass das kulturell Bedeutsame der Texte dort zu suchen ist, wo die Dramen vom Normativen abweichen. Das Hauptaugenmerk liegt demnach insbesondere auf solchen Autoren bzw. Dramen der *Progressive Era*, die sich innerhalb des Unterhaltungstheaters zumindest partiell von den restriktiven Darstellungskonventionen lösen können (bzw. zu lösen versuchen) und sich durch ihre „aktive Auseinandersetzung [...] mit den literarischen Konventionen ihrer Zeit“[23] Möglichkeiten eröffnen, aus einer kritischen Haltung heraus an der öffentlich geführten Aushandlung der Geschlechterfrage teilzunehmen, um so für Veränderungen des gesellschaftlichen Status quo zu plädieren. Die hier untersuchten Dramen werden im Anschluss an Tompkins und im Sinne des *New Historicism* somit verstanden als „agents of cultural formation“ – als Texte also, die am gesellschaftlichen Diskurs partizipieren, indem sie mögliche „solutions for the problems that shape a particular historical moment“ entwerfen und artikulieren.[24] Die damals verbreitete Praxis der nachträglichen Textrevision, also das (scheinbar) regelkonforme Umschreiben der Originalversion eines Stückes, wenn dieses den tradierten Aufführungskonventionen nicht entsprach oder inhaltlich die Grenzen des Akzeptablen überschritt, stellt dabei eine besondere Form dieser Partizipation dar. Diese Revisionspraxis verschafft den Autoren dieser Stücke paradoxerweise einen Experimentierraum für innovative Darstellungs- und Aushandlungsverfahren und damit auch eine Möglichkeit, genrespezifische Neuerungen innerhalb des Kommerztheaters zu initiieren. Es sind diese ‚mutigen‘ Autoren mit ihren inhaltlich und strukturell

---

22 Tompkins, *Sensational Designs*, xxii, xv. Wenngleich sich Tompkins der ‚kulturellen Arbeit‘ amerikanischer Erzähltexte zuwendet, lassen sich ihre Formulierungen ohne Abstriche auf das amerikanische Broadway-Theater beziehen. Zu Tompkins’ Konzept der *cultural work* siehe auch Udo J. Hebel, *Einführung in die Amerikanistik / American Studies* (Stuttgart: J.B. Metzler, 2008), 412 und Barbara Melosh, „Introduction“, *Gender and American History since 1890*, ed. Barbara Melosh (London & New York: Routledge, 1993b), 1-13: 2f.

23 Jutta Zimmermann, *Dialog, Dialogizität, Interdiskursivität: Die Geschlechterfrage im amerikanischen realistischen Roman* (Paderborn: Ferdinand Schöningh, 2006), 74.

24 Tompkins, *Sensational Designs*, xi, xvii.

überaus komplexen Stücken, denen sich die vorliegende Arbeit in besonderem Maße widmet.

Ob und inwiefern das angesprochene Differenzierungspotential innerhalb eines Stückes tatsächlich zur Entfaltung kommt, hängt maßgeblich von der subjektiven sozio-ideologischen Haltung des Dramatikers zur Geschlechterfrage einerseits und seiner Positionierung zu den ökonomischen Praktiken des Unterhaltungstheaters ab. Dass im Rahmen einer kontextorientierten Untersuchung von bühnenöffentlich verhandelten Geschlechterdiskursen die Kategorie Autor als Bezugsgröße im äußeren Kommunikationssystem insgesamt nicht zu vernachlässigen ist, liegt gewissermaßen auf der Hand, wird aber von Pfister einmal mehr betont, wenn er auf den Zusammenhang zwischen „dem sozialen Hintergrund [des] Autors" und der „Struktur [s]eines dramatischen Werkes" verweist.[25] Nun soll es hier keinesfalls um die detaillierte Aufarbeitung von Autorenbiographien gehen, aber grundsätzlich – und dies ist wiederum zu berücksichtigen – stellt sich für den Dramatiker des kommerziellen *Mainstream*-Theaters die Frage, ob der gesellschaftlich bestehende Konsens zu Geschlechterfragen über seine Figuren, deren Handlungen und die Inszenierung des Bühnenraums bestätigt oder kritisch hinterfragt werden soll. Letzteres – das kritische Hinterfragen – stellt innerhalb des restriktiven Broadway-Theaters eine weitaus diffizilere Aufgabe dar, der sich angesichts drohender Sanktionen und finanzieller Verluste wiederum nur einige Dramatiker stellen. Erschwerend kommt für die Autoren hinzu, dass sich ihre Darstellungsverfahren und Wirkabsichten im Toleranzbereich des Publikums und innerhalb des Konventionenkatalogs des Unterhaltungstheaters bewegen müssen, wenn ihre Stücke auf der kommerziellen Bühne bestehen sollen. Auf die besondere Rolle des Publikums wird weiter unten noch einmal zurückzukommen sein.

In Bezug auf die Kategorie Autor und deren Bedeutung für die Aushandlung geschlechterbezogener Fragestellungen ist außerdem anzumerken, dass sich im Kommerztheater männliche und weibliche Dramatiker gleichermaßen die Theaterbühne als Aushandlungsplattform zunutze machen. Wie erwähnt treten in der *Progressive Era* und erstmals in der Geschichte des amerikanischen Dramas und Theaters weibliche Autoren stärker in Erscheinung.[26] Den

25 Pfister, *Das Drama*, 52.

26 In ihrem Artikel, „An ‚Irruption of Women Dramatists': The Rise of America's Woman Playwright, 1890-1920", *New England Theatre Journal* 12 (2001), 27-50, konstatiert Sherry D. Engle für die *Progressive Era* eine signifikant ansteigende Zahl weiblicher Bühnenautoren im kommerziellen Unterhaltungstheater. Darin heißt es: „Between 1890 and 1920 the number of women dramatists who were produced in New York City alone soared to over one hundred seventy." (27). Engle untersucht in ihrem lesenswerten Beitrag,

weiteren Ausführungen der Deutlichkeit halber ein Stück weit vorgreifend sei hier bereits gesagt, dass sich im Untersuchungszeitraum einerseits Werke von männlichen Dramatikern finden lassen, die die patriarchalische Geschlechterordnung befürworten und an konventionellen Rollenmodellen festhalten. Andererseits gibt es eine Reihe von Stücken vor allem weiblicher Dramatiker, die sich für die soziale und politische Gleichberechtigung der Frau stark machen. Dass sich daraus jedoch nicht automatisch verallgemeinerbare Korrelationen zwischen dem biologischen Geschlecht des Autors und einer affirmativen bzw. widersprechenden Haltung zur Geschlechterproblematik ableiten lassen, zeigt der Umstand, dass es umgekehrt durchaus einige von männlichen Autoren verfasste Dramen gibt, die auf die gesellschaftliche Benachteiligung der Frau aufmerksam machen und für ein Überwinden tradierter Ordnungsstrukturen plädieren. Als Pendant dazu existieren wiederum Werke weiblicher Dramatiker, die die patriarchalische Gesellschaftsordnung bejahen und die traditionelle Rolle der Frau befürworten. Folglich stellt sich hier *nicht* die von Inge Stephan aufgeworfene Frage, „ob und wie das Geschlecht eines Autors bzw. einer Autorin in dem jeweiligen Text zum Ausdruck“[27] kommt. Vielmehr muss eine *gender*-orientierte Untersuchung grundsätzlich vom biologischen Geschlecht des Dramatikers abstrahieren. Zu fragen ist demnach nicht, wie das biologische Geschlecht des Autors in den Text hineinfließt, sondern welche sozio-ideologischen Positionierungen durch bestimmte dramenästhetische Darstellungsverfahren zum Tragen kommen, über die Geschlechterfragen auf der Bühne in Szene gesetzt und verhandelt werden.

Neben den institutionellen Rahmenbedingungen und dem sozialen Hintergrund des Autors ist im Broadway-Publikum mit seinen Rezeptionsgewohnheiten ein weiterer Einflussfaktor bzw. eine weitere Bezugsgröße im äußeren Kommunikationssystem zu sehen, die entscheidend mitbestimmt,

„why and how women began entering this male-dominated profession at this particular time“ (ebd.). 2007 erschien ihre in diesem Zusammenhang entstandene Monographie *New Women Dramatists in America, 1890-1920* (New York, NY: Palgrave, 2007), die – wie Huf in ihrer Rezension schreibt – dem Leser exemplarisch „a window into the lives and works of five Progressive Era female playwrights“ öffnet. Gemeint sind Martha Morton, Madeleine Lucette Ryley, Evelyn Greenleaf Sutherland, Beulah Marie Dix, Rida Johnson Young (Helen Huf, „*New Women Dramatists in America, 1890-1920* by Sherry D. Engle, and: *American Women Theatre Critics: Biographies and Selected Writings of Twelve Reviewers, 1753-1919* by Alma J. Bennett“, review, *Theatre History Studies* 32 (2012), 210-213: 210). Siehe dazu auch Laurie Champion (ed.), *American Women Writers, 1900-1945. A Bibliographical Sourcebook* (Westport, CT: Greenwood Press, 2000) und Helen K. Chinoy, „Where Are the Women Playwrights?“, *Women in American Theatre*, eds. Helen K. Chinoy and Linda Walsh (New York, NY: Theatre Communications Group, 1987), 129-131.

27 Stephan, „„Bilder und immer wieder Bilder““, 17.

was auf der kommerziellen Bühne gezeigt werden kann und was nicht. Dies wiederum hat Rückkopplungseffekte für die Entwicklung der dramatischen Gattung. Zu dieser Einschätzung kommt auch Florence Kiper, wie die eingangs des Kapitels zitierte Passage aus dem Jahr 1914 verdeutlicht. Darin klingt nicht nur der besondere Stellenwert des Dramatikers als „interpreter to the people" an, sondern auch die Tatsache, dass im Drama als „social art" gesellschaftlich bedeutsame Themen, also die „pressing questions of the time", nicht nur bühnenöffentlich dem Publikum zur Disposition gestellt werden, sondern auch alternative, d.h. vom gesellschaftlichen Konsens abweichende Modelle entworfen werden können. Literarische Texte im Allgemeinen, aber das Drama als ‚öffentliche' Gattung im Besonderen, bieten im Hinblick auf die Geschlechterproblematik „Freiräume" für die Artikulation von „Minderheitsdiskurse[n]" sowie ‚Möglichkeitsräume' zur Inszenierung und Modellierung denkbarer Lösungsansätze für gesellschaftliche Konfliktthemen „[which go] beyond what is conventionally imaginable".[28] Dramatische Texte sind also in der Lage, wie Matus sagt, „to ‚mobilize fantasies without legislating action'" und können darüber hinaus einen Raum schaffen, „in which shared anxieties and tensions are articulated and symbolically addressed".[29] Einschränkend weist Kiper in diesem Zusammenhang aber auch auf die Begrenztheit solcher ideologischen und darbietungsbezogenen Alternativentwürfe in Drama und Theater hin, korreliert doch das soziale und kunstästhetische Bewusstsein des Publikums sehr stark mit den Darstellungs- und Entwicklungsmöglichkeiten der dramatischen Gattung. Anders formuliert: Ob und in welchem Maße sich das Drama als literarische Gattung sowohl thematisch als auch formalästhetisch weiterentwickeln kann, hängt eben auch sehr stark von dem Erfahrungshorizont und Toleranzbereich seines Publikums ab.[30] Insofern liegt es

28 Stefan Horlacher, „*Men's Studies and Gender Studies at the Crossroads*: Überlegungen zum aktuellen Stand von Geschlechterforschung und Literaturwissenschaft. Teil I", *Literatur in Wissenschaft und Unterricht* 37.2 (2004a), 169-188: 181. Der Begriff ‚Möglichkeitsraum' wird von Rinnert in einem anderen, allerdings auch *gender*-bezogenen Kontext verwendet (siehe Andrea Rinnert, „Transsexualität/Transvestismus", *Metzler Lexikon Gender Studies – Geschlechterforschung. Ansätze – Personen – Grundbegriffe*, hg. Renate Kroll (Stuttgart: J.B. Metzler, 2002), 391-392: 392. Das englische Zitat stammt aus Elizabeth D. Ermarth, „Beyond ‚The Subject': Individuality in the Discursive Condition", *New Literary History* 31.3 (2000), 405-419: 406.

29 Jill Matus, *Unstable Bodies. Victorian Representations of Sexuality and Maternity* (Manchester: Manchester University Press, 1995), 7.

30 Sehr deutlich offenbart sich dieser Zusammenhang beispielsweise im Vergleich von Unterhaltungs- und Kunsttheater, innerhalb dessen die Auseinandersetzung mit der Geschlechterproblematik jeweils sehr unterschiedlich ausfällt. So ‚gewährt', wie der große Erfolg von Susan Glaspells Stücken *Suppressed Desires* (1915), *Trifles* (1916) und *The Outside*

wiederum am literarischen Geschick (und der Bereitschaft) des Dramenautors selbst, das oben angesprochene Innovations- bzw. Differenzierungspotential auszuloten, ohne dabei mit den Darstellungskonventionen des Profittheaters oder den Rezeptionsgewohnheiten eines weitgehend veränderungsresistenten Broadway-Publikums zu brechen.

Im Hinblick auf das äußere Kommunikationssystem, zu dessen Bezugsgrößen, wie gezeigt, Autor, Theater und Publikum bzw. die Gesellschaft im Allgemeinen zählen, will die vorliegende Arbeit der Frage nachgehen, inwiefern sich das Spannungsverhältnis zwischen Konformitätszwang einerseits und Innovationsbemühen andererseits produktiv auf die zeitgenössische Auseinandersetzung mit der Geschlechterproblematik und auf gattungsgeschichtliche Entwicklungsprozesse auswirkt. Anhand der o.g. Stücke untersucht die Studie deshalb, wie es den Dramenautoren des kommerziellen Theaters trotz der ihnen aufoktroyierten Darstellungskonventionen gelingt, sich einer ‚instrumentalen Funktion' zu bedienen, mittels derer der scheinbar bestehende gesellschaftliche Konsens in Frage gestellt werden kann.[31] Mit Blick auf das von Ina Schabert beschriebene ‚Dialogverhältnis', in dem die Autoren mit ihren Stücken im äußeren Kommunikationssystem zueinander stehen,[32] ist im Rahmen der vorliegenden Studie vor allem von Interesse, welcher Darstellungsverfahren, Techniken, Motive usw. sie sich bedienen und ob sich in der Zusammenschau der Texte Parallelen oder Besonderheiten feststellen lassen.

Wenn bislang die Rede vom äußeren Kommunikationssystem und seinen Bezugsgrößen war, soll es im Folgenden um die innere Textebene gehen. Das Hauptaugenmerk dieser Arbeit liegt aus naheliegenden Gründen auf den dramatischen Texten selbst, d.h. der Fokus wird primär auf das innere Kommunikationssystem der Stücke mit seinen Figuren, Handlungen und Schauplätzen gelenkt. Der Vollständigkeit halber sei an dieser Stelle erwähnt, dass sich die nachfolgenden Textanalysen in erster Linie auf den gedruckten

---

(1917) eindrücklich zeigt, das intellektuelle Publikum des avantgardistischen Theaters seinen Autoren viel mehr Raum für formal-ästhetische und inhaltliche Neuerungen. Hinsichtlich der äußeren Strukturen – es handelt sich bei diesen Stücken um Einakter – brechen diese Dramen mit tradierten Formen. Auch in Bezug auf die inhaltlich-ideologische Auseinandersetzung mit Geschlechterfragen weichen diese Stücke von konventionellen Darstellungspraktiken ab, indem beispielsweise das Machtverhältnis zwischen weiblichen und männlichen Figuren umgekehrt wird oder die Affirmation des herrschenden Geschlechterdiskurses am Dramenschluss ausbleibt. Für derartige Neuerungen ist das Broadway-Publikum der *Progressive Era* mehrheitlich (noch) nicht bereit.

31 Zur instrumentalen Funktion des Dramenautors siehe Pfister, *Das Drama*, 53.

32 Siehe Ina Schabert, *Englische Literaturgeschichte des 20. Jahrhunderts. Eine neue Darstellung aus der Sicht der Geschlechterforschung* (Stuttgart: Kröner, 2006), 5.

Dramentext, den Pfister „schriftlich fixiertes Textsubstrat"[33] nennt, beziehen, die szenischen Umsetzungsmöglichkeiten auf der zeitgenössischen Theaterbühne jedoch immer mitgedacht werden. Letzteres erfolgt in dem Bewusstsein, dass dramatische Texte bekanntlich mit der „implizite[n] Absicht ihrer Aufführbarkeit"[34] verfasst werden und sich dabei plurimedialer Darbietungsformen bedienen, die im gedruckten Text zwar angelegt sind, aber erst in der tatsächlichen Inszenierung zur Geltung kommen. Zwar stellen Inszenierung und Dramentext zwei in der Regel voneinander getrennte Untersuchungsbereiche dar, im Rahmen einer kontextorientierten Studie, die im besonderen Maße die Aufführungspraxis des Kommerztheaters berücksichtigt, erweisen sich diese Übergänge allerdings als fließend. Für die „literarisch[e] Interpretatio[n] des sprachlich fixierten Textsubstrats" ist demnach die Berücksichtigung aller Codes (sprachlich, außer-sprachlich, akustisch, optisch usw.) unbedingt erforderlich.[35]

Davon ausgehend, dass geschlechterbezogene Aushandlungsprozesse textintern primär über die genannten Kategorien – Figur, Handlung, Schauplatz – realisiert werden, ergibt sich die Notwendigkeit, ein Analyseinstrumentarium zu entwickeln, das es erstens ermöglicht, über eine traditionelle Frauen- und Männerbildforschung hinauszugehen, und das sich zweitens für das Sichtbarmachen von geschlechterbezogenen ‚Diskursfäden' eignet. Es muss demnach zum einen so angelegt sein, dass zentrale Kategorien der Dramenanalyse herangezogen und um eine *gender*-theoretische Dimension erweitert werden können.[36] Zum anderen muss es sowohl die diskursive Prägung wie auch immer

33 Pfister, *Das Drama*, 35.

34 Bernd Graff, „Grundlagen szenischer Texte", *Grundzüge der Literaturwissenschaft*, hg. Heinz Ludwig Arnold und Heinrich Detering (München: Deutscher Taschenbuch Verlag, ^{7}2005), 308-322: 308.

35 Pfister, *Das Drama*, 25. Zur Plurimedialität des Dramas sowie zum Verhältnis von Text und Inszenierung siehe neben Pfister (ebd. 24-29) außerdem z.B. Graff, „Grundlagen szenischer Texte", 308-315, Andreas Höfele, „Drama und Theater: Einige Anmerkungen zur Geschichte und gegenwärtigen Diskussion eines umstrittenen Verhältnisses", *Forum Modernes Theater* 6.1 (1991), 3-23, bes. 9-11 und Barbara Korte et al., *Einführung in die Anglistik* (Stuttgart: Metzler, ^{2}2004), 144.

36 Wie mithilfe der Analysekategorie *gender* eine fruchtbare Verbindung zwischen literarischer Textanalyse und Geschlechterforschung hergestellt werden kann, haben die Arbeiten im Bereich der *gender*-orientierten Narratologie und jüngst die Intersektionalitätsforschung innerhalb der Narratologie gezeigt. Siehe hierzu z.B. Christian Klein und Falko Schnicke (Hg.), *Intersektionalität und Narratologie: Methoden – Konzepte – Analysen* (Trier: WVT, 2014). Auch stellen z.B. die in Vera Nünning und Ansgar Nünning (*Erzähltextanalyse und Gender Studies*, 2004a) enthaltenen Beiträge überzeugend dar, wie Erzähltextanalyse und *Gender Studies* eine „produktive Allianz" eingehen können (Vera Nünning und Ansgar Nünning, „Von der feministischen Narratologie

gearteter Männlichkeits- und Weiblichkeitsvorstellungen bzw. Geschlechterbeziehungen als auch die davon ausgehenden Signalwirkungen für den Aushandlungsprozess erfassen können. Als anschlussfähig erweist sich dabei das von Manfred Pfister bereits 1977 in seiner gattungstheoretischen Studie *Das Drama* vorgelegte strukturalistische Modell zur Analyse von Bühnenfigur, Kommunikation und Bühnenraum.

Hinsichtlich der Kategorie ‚Bühnenfigur' stellt aus *gender*-kritischer Sicht die von Pfister vorgenommene Unterscheidung von Figurenkonzeption, -konstellation und -konfiguration eine geeignete Systematik dar. So können konzeptionelle Aspekte, wie beispielsweise die einer Figur zugrundeliegende zeitgenössische Weiblichkeits-/Männlichkeitsvorstellung, oder auch geschlechterbezogene Motive insofern interessant sein, als dass sie z.B. Aufschluss darüber geben, wie sich ein Stück zum herrschenden Diskurs positioniert. Ein in den ausgewählten Dramen häufig zu beobachtender Weiblichkeitstypus ist beispielsweise die *new woman*, die die emanzipierte Frau verkörpert, mit Rollenkonventionen bricht und die patriarchalische Ordnung unterläuft. Kontrastierend und zum Zwecke der Affirmation von bestehenden Strukturen wird diesem modernen Frauentypus oft die ideologiekonforme *true woman* entgegengestellt. Analog zur Opposition von *new woman* und *true woman* finden sich in den dramatischen Texten auch die männlichen Pendants im Typus des *new man* und *true man*, die die Kontrastbeziehungen der Figuren, d.h. die einander diametral entgegenstehenden geschlechterideologischen Konzeptionen, auf prägnante Art und Weise hervorheben. Interessant ist in diesem Zusammenhang Kellys Feststellung, dass das Verhältnis von *new woman* und *new man* bislang nicht beleuchtet worden ist, was wiederum darauf zurückzuführen sei, dass „[h]er [i.e. the *new woman*'s] partner, the New Man" nur „erratically and not generally in the vicinity of the New Woman" in Erscheinung trete.[37] Wenn, so Kelly weiter, *gender* aber als „relational concept" verstanden wird, dann müssten beide Figurentypen gleichermaßen

zur *gender*-orientierten Erzähltextanalyse", *Erzähltextanalyse und Gender Studies*, hg. Vera Nünning und Ansgar Nünning (Stuttgart: Metzler, 2004b), 1-32: 1). Siehe außerdem Vera Nünning und Ansgar Nünning, „*Making Gendered Selves*: Analysekategorien und Forschungsperspektiven einer *gender*-orientierten Erzähltheorie und Erzähltextanalyse", *Narration und Geschlecht. Texte – Medien – Episteme*, hg. Sigrid Nieberle und Elisabeth Strowick (Köln: Böhlau, 2006), 23-44 sowie Nünning und Nünning, „‚Gender'-orientierte Erzähltextanalyse", 33-60. Ein solch systematisches Beschreibungsverfahren steht im Bereich der *gender*-orientierten Dramenanalyse m.W. noch aus.

37 Katherine E. Kelly, „The New Woman, the Suffragist, and the Stage", *The Oxford Handbook of American Drama*, eds. Jeffrey H. Richards and Heather S. Nathans (Oxford: Oxford University Press, 2014), 203-217: 215.

berücksichtigt werden.[38] Demzufolge gilt, dass die Bühnenfiguren nicht nur hinsichtlich ihrer Kontrastrelationen zu untersuchen sind (also z.B. *new woman* vs. *true woman*), sondern die ‚Passförmigkeit' ähnlich konzipierter Figuren (z.B. *new woman – new man*) ebenfalls Gegenstand der Analyse sein muss. Zu betonen ist zudem, dass es sich bei den einzelnen Motiven um stereotype Rollenbilder handelt, die in ihrer idealtypischen Form eher selten auftreten. Vielmehr stellen *new* (*wo*)*man* einerseits und *true* (*wo*)*man* andererseits Kontrastpole dar, zwischen denen sich die in den Stücken repräsentierten Figuren mit den ihnen eigenen Motivmodifikationen skalarisch bewegen und Mischformen bzw. hybride Figurentypen bilden. Mitunter erweist sich sogar ein und dieselbe Figur als ‚konzeptionsvariabel' und bewegt sich pendelartig innerhalb dieser Skala. Der Begriff der Pendelbewegung ist somit auf die Figurenebene im inneren Kommunikationssystem übertragbar. Ein solches figurenkonzeptionelles Pendeln liegt beispielsweise dann vor, wenn eine weibliche Figur, die zu Beginn des Dramas eher den Typus der emanzipierten *new woman* verkörpert, im Handlungsverlauf dem gesellschaftlichen Anpassungsdruck des Herrschaftsdiskurses nicht Stand hält und schließlich in das traditionelle Rollenmuster der *true woman* zurückfällt.[39]

Der hier nur sehr knapp skizzierte dichotome Motivkomplex von traditionell-affirmativen (*true*) und innovativ-modernen (*new*) Repräsentationsformen von Weiblichkeit und Männlichkeit bildet in der vorliegenden Arbeit die ‚Aushandlungsbasis', auf der die Analyse der dramatischen Texte erfolgt. Was bereits implizit angeklungen ist, sei an dieser Stelle im Anschluss an Horlacher, der aus der Perspektive der *Men's Studies* heraus argumentiert, noch einmal explizit hervorgehoben: Es ist vor allem „der Aspekt der *negotiation*", der „es notwendig mach[t], die Analyse nicht auf die [weiblichen] Charaktere zu beschränken, sondern [...] auch die [Männer]gestalten bezüglich ihres Einflusses auf die [Weiblichkeits]konzeptionen der Protagonist[innen] zu untersuchen".[40] Entsprechend beziehen sich die nachfolgenden Untersuchungen nicht ausschließlich auf weibliche Figuren bzw. weiblich konnotierte Räume, sondern erstrecken sich auch auf das männliche Geschlecht bzw.

38 Kelly, „The New Woman", 215.

39 Hinsichtlich dieser ‚intrafiguralen Pendelbewegungen' ist eine Vielzahl von Szenarien denkbar, die sich zum einen auf weibliche und männliche Figuren gleichermaßen beziehen und zum anderen in beide ‚geschlechterideologische Pendelrichtungen' (d.h. pro-emanzipatorisch einerseits und traditionsaffirmierend andererseits) verlaufen können. Auch ist ein mehrfaches Hin- und Herpendeln einer Figur denkbar.

40 Horlacher, *Masculinities*, 25. Hervorhebung im Original. Die bei Horlacher ursprünglich verwendeten ‚männlichen' Formen sind hier durch die entsprechenden ‚weiblichen' Formen mit entsprechender Kennzeichnung ersetzt.

auf traditionsgemäß männlich konnotierte Räume. Hier orientiert sich die vorliegende Arbeit an gegenwärtigen Entwicklungen innerhalb der *Gender Studies*, indem sie beide Geschlechter gleichermaßen in den Blick nimmt und wie erwähnt geschlechterspezifische Akzentuierungen, wie sie innerhalb der *Women's Studies* bzw. *Men's Studies* vorgenommen werden, bewusst vermeidet.[41] Ferner ist hinsichtlich figurenkonzeptioneller Aspekte zu erwähnen, dass die in den Stücken repräsentierten Figurenkonzeptionen oft auch an eine bestimmte Klassenzugehörigkeit und/oder ethnische Herkunft gebunden sind. Konkret bedeutet dies, dass eine *gender*-orientierte Untersuchung der Geschlechterproblematik in den ausgewählten Dramen im Zusammenhang mit *class* und *ethnicity* als weitere soziale Differenzkriterien im Sinne der Intersektionalitätsforschung erfolgen muss.[42]

---

41 Dass im Rahmen *gender*-orientierter Untersuchungen nur *ein* Geschlecht „im Vordergrund der Betrachtung" steht, verbietet sich im Anschluss an Vera Nünning, weil sich eine „*gender*-orientierte Literaturwissenschaft [...] nicht zuletzt dadurch von feministischen Ansätzen [unterscheidet], dass sie ihr Augenmerk auf die literarischen Konstruktionen beider Geschlechter legt und außerdem den in feministischen Arbeiten häufig vernachlässigten korrelativen Bezug zwischen Männlichkeits- und Weiblichkeitsbildern untersucht." (Nünning, V., „*Gender* in der Literaturwissenschaft", 143).

42 Die Notwendigkeit einer differenzierten Betrachtung ergibt sich schon allein deshalb, weil sich beispielsweise der soziale Wandel in der *Progressive Era* und insbesondere die Veränderung der Geschlechterbeziehungen vor allem auf die Frauen der weißen, amerikanischen Mittelschicht positiv auswirken, während sich die Bedingungen für eingewanderte Fabrikarbeiterinnen eher verschlechtern. Der Frage nach den positiven und negativen Effekten sozialer Ungleichheit auf weibliche und männliche Individuen und Gruppen, d.h. der Frage nach Diskriminierungs- und Marginalisierungsmechanismen einerseits und den Profiten und Privilegierungsmechanismen andererseits geht seit einigen Jahren die Intersektionalitätsforschung nach (siehe hierzu z.B. Falko Schnicke, „Terminologie, Erkenntnisinteresse, Methode und Kategorien – Grundfragen intersektionaler Forschung", *Intersektionalität und Narratologie: Methoden – Konzepte – Analysen*, hg. Christian Klein und Falko Schnicke (Trier: WVT, 2014), 1-32: 4, 5). Diese Forschungsdisziplin betrachtet insbesondere „Verflechtungszusammenhäng[e] sozialer Ungleichheit" (ebd. 11), und ihr geht es im Kern um die systematische „Untersuchung der wechselseitigen Abhängigkeiten von Kategorien sozialer Ungleichheit" (ebd. 8), zu denen *gender, race/ethnicity* und *class* ebenso zählen wie die Differenzkategorien *body, age, nation, culture* u.a. (siehe ebd. 22ff.). *Gender* ist dabei allerdings nur eine von vielen Kategorien, d.h. sie wird als gleichgeordnete Kategorie betrachtet, wenngleich auch in der Intersektionalitätsforschung *gender* als dominante Kategorie ausgemacht werden kann. Entsprechend schreibt Schnicke: „Egal welche anderen Kategorien herangezogen werden, sie [die Kategorie *gender*] fehlt eigentlich nie, scheint also insgesamt wichtiger zu sein als alle anderen." (Schnicke, „Grundfragen intersektionaler Forschung", 12). Die spezifischen Fragestellungen der Intersektionalitätsforschung sind u.a. inzwischen bereits an erzähltheoretische Aspekte angebunden worden (vgl. Klein und Schnicke 2014), sodass innerhalb der intersektionellen Narratologie einmal mehr gezeigt wurde, wie verschiedene Wissenschaftsbereiche eine ‚produktive Allianz' eingehen können. Für die

Neben figurenkonzeptionellen Kriterien sind aus *gender*-analytischer Sicht auch Aspekte der Figurenkonstellationen und -konfigurationen relevant. So kann beispielsweise die Bühnenpräsenz einer als *true man* konzipierten Figur, die Dauer und Häufigkeit seiner Auftritte oder etwa auch seine Abwesenheit Aufschluss darüber geben, wie sich der Dramatiker zu dieser Figur, der von ihr verkörperten Männlichkeitsvorstellung und den geschlechterdiskursiven Implikationen positioniert. Figurenkonstellatorische und -konfigurale Faktoren können demnach eine Signalwirkung für die Aussage- bzw. geschlechterideologische ‚Positionierungsabsicht' des Stückes einnehmen und in einem Zusammenhang mit verschiedenen Verfahren der Sympathiegewichtung bzw. -lenkung durch den Dramenautor stehen, die es wiederum in den Textanalysen herauszuarbeiten gilt.

Eine zweite, direkt mit der Kategorie ‚Figur' verbundene und insbesondere in Bezug auf dramatische Texte zentrale Analysekategorie ist die der sprachlichen Kommunikation, welche im Drama bekanntlich primär durch die Repliken der auftretenden Figuren realisiert wird. Im Folgenden werden zur Bezeichnung dieses Untersuchungsbereichs die Begriffe ‚Figurenrede' oder ‚Figurensprache' synonym verwendet. Aufgrund des breiten Spektrums figurensprachlicher Phänomene, die für eine *gender*-kritische Textbetrachtung interessant sind, wird die Figurenrede in Anlehnung an Pfister hier gesondert besprochen, jedoch stets in dem o.g. Zusammenhang gedacht. Zu den für eine *gender*-orientierte Untersuchung relevanten Sprachaspekten zählen beispielsweise das von einer Figur gezeigte Sprechverhalten im Dialog mit anderen Figuren, ihre ideologisch gefärbte Sprechhaltung, bevorzugte Interaktionsmuster, ihre Sprechanteile innerhalb einer Szene bzw. des Stückes – um nur einige zu nennen. Dass die Figurensprache den Untersuchungsschwerpunkt im textanalytischen Teil der Arbeit bildet, ist aufgrund der Tatsache, dass sich Handlungs- und Geschehensabläufe, Informationsvergabe und Kommunikation ohne die Rede der Figuren in dramatischen Texten gar nicht realisieren lassen, nahezu selbsterklärend. Insbesondere vor dem Hintergrund des Aushandlungskonzeptes nimmt die Figurensprache somit einen zentralen Stellenwert ein. Wichtig zu erwähnen ist in diesem Zusammenhang, dass im Rahmen der Textanalysen nicht nur die tatsächlichen Repliken der Figuren, sondern auch die Hinweise auf nicht-sprachliche Figurenhandlungen im Nebentext der Stücke (etwa auf Mimik und Gestik) in den Blick genommen werden müssen. Diese sind

intersektionelle Dramenanalyse liegt solch ein systematisches Verfahrensmodell für die Untersuchung des Zusammenwirkens von sozialen Differenzkategorien wie *gender, class* und *ethnicity* noch nicht vor.

nämlich insofern bedeutsam, als auch von ihnen eine für den Aushandlungsprozess relevante Signalwirkung ausgehen kann – beispielsweise dann, wenn die in den Bühnenanweisungen beschriebene Körpersprache einer Figur dem widerspricht, was auf der Textoberfläche, d.h. in den Figurenrepliken, explizit geäußert wird. Wo Text und Subtext semantisch auseinandergehen, ist nach den Funktionen und *gender*-bezogenen Implikationen dieser Bedeutungsschere zu fragen. Ferner ist zu erwähnen, dass in der sprachlichen Analyse der Stücke auch paratextuelle Aspekte berücksichtigt werden, da auch von diesen, dem inneren Kommunikationssystem zuzuordnenden Textelementen ebenfalls eine wie auch immer geartete diskursrelevante Wirkung auf das äußere Kommunikationssystem ausgehen kann.[43] Die Kategorien ‚Figur' und ‚Figurenrede' mit all den hier nur knapp skizzierten Unterkategorien stellen aus *gender*-kritischer Sicht zentrale Untersuchungsschwerpunkte für die Aushandlung der Geschlechterfrage dar.

Drittens erweist sich vor dem Hintergrund einer *gender*-orientierten Untersuchung die Kategorie ‚Raum' ebenfalls als eine geeignete, anschlussfähige Analysekategorie. Auf die Relevanz der räumlichen Dimension für *Gender*-Fragen verweisen bereits die Bezeichnungen für Konzepte zeitgenössischer Geschlechterdiskurse wie z.B. das der *separate spheres* oder des *angel in the house*. Eine Berücksichtigung der Raumkategorie in der vorliegenden Studie liegt deshalb also grundsätzlich schon nahe, wobei die von Pfister beschriebenen Kriterien für die Analyse des Bühnenraums allerdings noch an *gender*-spezifische Fragestellungen anzubinden sind. Im Anschluss an Pfister wird die Grundannahme vertreten, dass es sich bei den Schauplätzen eines Dramas um künstlich geschaffene, konstruierte Handlungsräume handelt, die wiederum häufig semantisch aufgeladen sind.[44] Für *gender*-analytische Fragestellungen sind vor allem die an räumliche Oppositionen gebundenen Semantisierungstechniken bzw. ‚Vergeschlechtlichungsstrategien' von Interesse. So stellen räumliche Gegensätze wie beispielsweise ‚innen' und ‚außen', ‚oben' und ‚unten', ‚links' und ‚rechts', ‚vorn' und ‚hinten', ‚*private*' bzw. ‚*domestic sphere*' und ‚*public sphere*' sowie ‚*on stage*' und ‚*off stage*' binäre

43 Paratextuelle Elemente wie beispielsweise der Titel eines Stückes, die Liste aller im Stück vorkommenden Figuren, erste Hinweise zu den Figurenbeziehungen sowie Ort- und Zeitangaben dienen der Vorinformation des Publikums bzw. des Lesers. Durch diese Informationen werden bereits vor dem Einsetzen der Handlung Erwartungsbilder aufgebaut, die – sofern es sich bei der gegebenen Vorinformation um „eine strategische Fehlinformation" (Pfister, *Das Drama*, 70) handelt – später unterlaufen oder innovativ durchbrochen werden.

44 Pfister, *Das Drama*, 339.

Kontrastrelationen dar,[45] die Aussagen hinsichtlich hierarchischer Verhältnisse auf der Figurenebene ermöglichen. Auch hier sind, analog zur Figurenkonzeption, die genannten räumlichen Kontrastpaare eher als Pole einer raumstrukturellen Skala zu verstehen, innerhalb derer sich die Figuren bewegen, und weniger als Entweder-Oder-Optionen. Somit sind für eine *gender*-orientierte Raumanalyse vor allem auch solche Räume von Interesse, die sich einer eindeutigen Zuordnung entziehen. Neben den genannten räumlichen Dimensionen sind zudem Aspekte wie Raumgestaltung, Raumstruktur und Raumkonzeption aus *gender*-kritischer Sicht bedeutsam, wobei eine entsprechende Untersuchung immer in unmittelbarem Zusammenhang mit den Figuren zu sehen ist, die sich in den szenisch repräsentierten Räumen aufhalten und bewegen. Von bestimmten Figur-Raum-Konstellationen (oder auch deren Aussparungen im Text) kann mitunter eine bedeutungsstiftende und diskursrelevante Wirkung ausgehen. Solch eine Annäherung an den Untersuchungsgegenstand lässt einen nennenswerten Erkenntnisgewinn erwarten, denn sie vermag Hinweise auf einen Subtext bzw. die subtilen Darstellungsmodi in kommerziellen Stücken aufzuzeigen, derer sich Dramatiker bisweilen bedienen, um Intentionen zu realisieren, die sich außerhalb des konventionellen (räumlichen) Rahmens bewegen.

Im Hinblick auf die Analyse der dramatischen Texte kann somit zunächst festgehalten werden, dass sich aus *gender*-kritischer Sicht die Kategorien ‚Bühnenfigur', ‚Figurensprache' und ‚Bühnenraum' in besonderem Maße anbieten, um geschlechterbezogene Aushandlungsformen zu untersuchen. Konkret werden in diesem Zusammenhang jeweils Figurenkonzeptionen, -konstellationen und -konfigurationen, figurale Kommunikationsmuster und Interaktionsstrukturen sowie räumliche Darstellungsverfahren und figurale Raumbewegungen in den Blick genommen. Von besonderem Interesse sind dabei die Möglichkeiten, die sich den Dramatikern bieten, um die restriktiven Darstellungskonventionen des kommerziellen Unterhaltungstheaters hinsichtlich figuraler und räumlicher Inszenierungsformen zu unterlaufen. Während sich diese Untersuchungen vor allem auf die einzelnen Texte beziehen, wird darüber hinaus auch zu zeigen sein, wie sich die ausgewählten Stücke durch das im inneren Kommunikationssystem Dargestellte zum herrschenden Geschlechterdiskurs des äußeren Kommunikationssystems positionieren. Dabei werden insbesondere geschlechterdiskursive Überschneidungen und interdiskursive Bezüge zwischen den Stücken herauszuarbeiten sein.

45 Vgl. Pfister, *Das Drama*, 339.

I.2 Methodische Vorüberlegungen

Ausgehend von dem hier skizzierten Problemaufriss können erste Überlegungen zur methodischen Vorgehensweise formuliert werden. Festzuhalten ist zunächst, dass diese interdisziplinär ausgerichtete Studie in erster Linie im Bereich der *gender*-orientierten Literaturwissenschaft zu verorten ist, da sie sich dramatische Texte zum Gegenstand macht und für deren Untersuchung auf zentrale theoretische Modelle und Konzepte aus den *Gender Studies* und dem maßgeblich von Pfister beeinflussten Bereich der Dramenanalyse zurückgreift. Gleichwohl spielen neben dramenanalytischen auch dramentheoretische und gattungsgeschichtliche Aspekte eine wichtige Rolle. Im Sinne eines methodischen Pluralismus bedient sich diese Arbeit gleichzeitig auch verschiedener anderer Bezugsdisziplinen, zu denen insbesondere die Theater-, Geschichts- und Sozialwissenschaften sowie die Linguistik zählen. Überdies liegt ihr insgesamt ein kontextorientierter Ansatz zu Grunde, der vornehmlich an den von Foucault geprägten Diskursbegriff, Greenblatts neuhistoristischer Auffassung von Literaturbetrachtung und an einen aus dem politischen Bereich geliehenen Aushandlungsbegriff anknüpft. Drama, Kontext, Diskurs und Aushandlung werden demnach an *gender*-relevante Fragestellungen angebunden.

Zudem muss eine textanalytische Studie, die die ‚kulturelle Arbeit' dramatischer Werke sichtbar zu machen versucht, diese „*in relation to* the religious beliefs, social practices, and economic and political circumstances that produced them", sehen.[46] Mit der expliziten Einbindung des soziohistorischen Kontextes der *Progressive Era* grenzt sich die Studie ausdrücklich von einem werkimmanenten Ansatz der Literaturbetrachtung ab, wenngleich die textanalytisch-interpretatorische Arbeit im Mittelpunkt steht.

In gewisser Weise sieht sich die Arbeit damit allerdings vor eine methodologische Herausforderung gestellt, die für interdisziplinäre Arbeiten generell symptomatisch ist, weil sie es oft mit einer Reihe wissenschaftlicher Ansätze zu tun haben, die mitunter sehr verschiedene, wenn nicht sogar gegensätzliche Erkenntnisinteressen vertreten und unterschiedliche methodische Zugänge favorisieren. Einerseits will diese Studie nämlich das „Verwurzeltsein" der dramatischen Texte „im historischen, politischen, soziologischen, wirtschaftlichen, ideengeschichtlichen, religiösen, philosophischen, naturwissenschaftlichen, literarhistorischen oder künstlerischen Umfeld seiner Entstehungszeit"[47] aufzeigen und die komplexe Vernetzung der Dramen im

46 Tompkins, *Sensational Designs*, xiii. Hervorhebung KT.

47 Korte et al., *Anglistik*, 105f.

Geschlechterdiskurs der *Progressive Era* beleuchten. Dies zu leisten würde allerdings bedeuten, eine sehr breite Materialbasis aus literarischen und nicht-fiktionalen Texten in die Untersuchung einzubeziehen. Schon allein in Anbetracht der „unüberschaubare[n] Menge an Material“ und der daraus resultierenden unbegrenzten „Anzahl der herstellbaren Bezüge“[48] kann es im Rahmen dieser Arbeit nicht um eine auf Vollständigkeit abzielende Untersuchung gehen, wie sie etwa Stephen Greenblatt selbst einst anstrebte. Dies erreichen zu wollen, „wäre absurd“, um mit Baßler zu sprechen. „[E]s muß,“ insistiert er, „ausgewählt werden.“[49] Die vorliegende Studie will demnach weder eine Nachahmung der Greenblatt'schen Methode darstellen noch will sie die von den *new historicists* bevorzugte Analysetechnik der *thick description*, „bei der das Geflecht der reziproken kulturellen Beziehungen *eingehend* erkundet wird“,[50] praktizieren. Sie will sich angesichts der von Baßler als notwendig erachteten Auswahl exemplarischer Texte allerdings auch nicht im Subjektivistischen oder Unbedeutsam-Banalen erschöpfen – eine Gefahr, vor der Laurenz Volkmann im Zusammenhang mit neuhistoristischen Studien ausdrücklich warnt.[51] Dieser eigentlich erforderlichen Materialbreite einerseits steht andererseits der methodische Anspruch dieser Arbeit entgegen, die in die Dramen hineinfließenden *gender*-bezogenen Diskursfäden, die textinternen Aushandlungsprozesse und das mitunter subtil in die Stücke eingearbeitete sozialkritische Differenzierungspotential durch tiefgründige Analysen ‚heben‘ zu wollen.[52] Anders formuliert: Erforderliche Materialbreite bei gleichzeitig notwendiger Selektivität stehen sich demnach zunächst in einem scheinbar

48 Moritz Baßler, „Einleitung: New Historicism – Literaturgeschichte als Poetik der Kultur“, *New Historicism. Literaturgeschichte als Poetik der Kultur*, hg. Moritz Baßler (Tübingen & Basel: A. Francke, [2]2001), 7-28: 12.

49 Baßler, „Einleitung: New Historicism“, 12.

50 Laurenz Volkmann, „New Historicism“, *Metzler Lexikon Literatur- und Kulturtheorie*, hg. Ansgar Nünning (Stuttgart & Weimar: J.B. Metzler, [4]2008), 540-542: 542. Hervorhebung KT.

51 Siehe Volkmann, „New Historicism“, 542. Siehe auch Alexander Preisinger et al., „Diskursforschung in der Literaturwissenschaft“, *Diskursforschung. Ein interdisziplinäres Handbuch. Band 1: Theorien, Methodologien und Kontroversen*, hg. Johannes Angermuller et al. (Bielefeld: transcript Verlag, 2014), 130-144: 139.

52 Mit einem ganz ähnlich gelagerten methodischen Kernproblem sieht die sich in den letzten Jahren herausbildende Intersektionalitätsforschung konfrontiert (siehe Schnicke, „Grundfragen intersektionaler Forschung“, 19). In dem Bemühen, für diesen Wissenschaftsbereich ein geeignetes methodisches Instrumentarium zu entwickeln, konstatiert Schnicke die Notwendigkeit der Reduktion, der die intersektionale Forschung ja „gerade entgegenarbeiten will“ (ebd.). Entsprechend resümiert auch er, „dass, wie bei jedem wissenschaftlichen Unternehmen, stets nur ein begrenzter Kontext einbezogen werden kann […]: An dieser Stelle kollidieren also die epistemologischen Pole von erstrebter,

unauflöslichen Paradoxon gegenüber. Dieser vermeintliche Widerspruch wird im Rahmen der vorliegenden Arbeit mit einem ‚methodischen Spagat' insofern zu überwinden versucht, als ich mich dem Ansatz Stefan Horlachers anschließe und zugunsten detaillierter „Zeitlupenstudien" von einer in diesem Kontext ohnehin nicht zu leistenden vollständigen Untersuchung der Makrostruktur absehe, die „zwangsläufig [ohnehin nur] eher allgemeine und grobe Entwicklungen [...] erfassen" würde.[53] Wie Horlacher vertrete ich die Auffassung, dass es sinnvoll erscheint, in „hochspezialisierten Lektüren" und „minutiösen Textanalysen" „*genauer hinzuschauen*, um auch subtilere Veränderungen und Entwicklungen sichtbar zu machen".[54] Die bereits mehrfach angesprochenen Pendelbewegungen in Bezug auf formal-ästhetische und geschlechterideologische Aspekte stellen solche ‚subtilen Veränderungen und Entwicklungen' innerhalb des kommerziellen Unterhaltungstheaters dar. Wenn Winko in Ergänzung zu ihrer Aussage, „die Diskursanalyse [ist] überwiegend kein Verfahren zur Einzeltextanalyse", dann doch relativierend einräumt, dass mit ihr trotzdem untersucht werden kann, „welche Diskurse in dem einzelnen Text thematisiert werden bzw. sich in ihm nachweisen lassen" und „wie die nachweisbaren Diskurse im Text zur Sprache kommen", d.h. „ob der Text sie reproduziert oder ob er sie – explizit oder implizit – unterläuft",[55] dann ist damit der Weg bereitet für eine fruchtbare Symbiose aus einem kontextorientierten Ansatz im neuhistoristischen Sinne und der Methode des *close reading*.[56] Letzteres meint hier zwar auch die intensive, „genau[e] Lektüre"[57], will den dramatischen Text in Abgrenzung zur „reinen Werkimmanenz"[58] aber ausdrücklich *nicht* als ein „in sich geschlossenes, durchkomponiertes Gebilde" verstanden wissen, dem ein ahistorischer, „autonome[r] Status" zugesprochen wird.[59]

---

konzeptioneller Komplexität und erreichbarer, pragmatischer Ausschnitthaftigkeit." (ebd.).

53 Horlacher, *Masculinities*, 126.

54 Horlacher, *Masculinities*, 18, 19, 126. Hervorhebung KT.

55 Simone Winko, „Diskursanalyse, Diskursgeschichte", *Grundzüge der Literaturwissenschaft*, hg. Heinz Ludwig Arnold und Heinrich Detering (München: Deutscher Taschenbuch Verlag, ^{7}2005), 463-478: 472.

56 Vgl. Jürgen Schlaeger, „Literaturkritik und Literaturtheorie", *Amerikanische Literaturgeschichte*, hg. Hubert Zapf (Stuttgart: J.B. Metzler, ^{3}2010), 499-532: 529.

57 Korte et al., *Anglistik*, 103.

58 Annette Simonis, „*New Historicism* und *Poetics of Culture: Renaissance Studies* und Shakespeare in neuem Licht", *Literaturwissenschaftliche Theorien, Modelle und Methoden*, hg. Ansgar Nünning (Trier: WVT, ^{4}2004), 153-172: 153.

59 Korte et al., *Anglistik*, 103. Zum werkimmanenten Analyseansatz, der Methode des *close reading* und der entsprechenden Kritik daran siehe auch die Beiträge im *Metzler Lexikon*

I.3 Zielstellungen

Auf der Grundlage der bisherigen Ausführungen lassen sich zusammenfassend eine Reihe prägnanter Zielstellungen formulieren:

So fragt die vorliegende Arbeit *erstens* nach den konkreten institutionellen Restriktionen und ökonomischen Rahmenbedingungen des kommerziellen Broadway-Theaters der *Progressive Era*, die es den Dramatikern im Spannungsfeld von Konformitätszwang und Reformbemühungen erschweren, sowohl formal-ästhetisch als auch geschlechterideologisch innovative Elemente auf die Bühne zu bringen. Dabei stehen weniger konkrete Dramen im Mittelpunkt, sondern die Frage, welche Faktoren die Herausbildung einer ganz eigenen dramatischen Form bewirkt haben.

Gleichermaßen will die Studie *zweitens* aufzeigen, dass formal-textstrukturelle Aspekte, zu denen in den Gesellschaftsstücken des Unterhaltungstheaters insbesondere der versöhnliche Dramenschluss zählt, geschlechterideologisch semantisiert sind und dass dementsprechend ein korrelativer Zusammenhang zwischen *happy ending* und *affirmation*, also der Bestätigung der geltenden Geschlechterordnung, besteht, der in einigen Dramen allerdings nicht konsequent hergestellt wird. Im Anschluss an das Konzept der ‚Ideologie der Form' wird hier die Annahme vertreten, dass textstrukturelle Eigenschaften „nicht bloße formale Aspekte sind, die nichts mit der Bedeutung von Texten zu tun haben", sondern dass literarische Formen „selbst eine Art von Ideologie sind bzw. Werte und Formen zum Ausdruck bringen".[60] Wenn, wie ausgeführt, das Korrelat aus *happy ending* und Ideologiekonformität die tradierte Ordnung der Geschlechter bestätigen soll, dann bedeutet dies im Umkehrschluss, dass die Aussparung eines versöhnlichen Dramenschlusses auf eine ablehnende bzw. gesellschaftskritische Haltung hinweisen würde, die wiederum vor dem Hintergrund der Aufführungsrestriktionen des Kommerztheaters jedoch theoretisch kaum denkbar ist. Die Arbeit will deshalb in besonderem Maße danach fragen, ob und wie das Strukturelement des *happy ending* semantisch bzw. geschlechterideologisch im Kontext des Broadway-Theaters neu besetzt, zumindest aber unterlaufen werden kann. Eine Grundannahme in diesem Zusammenhang besteht also darin, dass – um ein Stück zur Aufführung zu bringen oder Sanktionen zu

---

Literatur- und Kulturtheorie: Ansätze – Personen – Grundbegriffe, hg. Ansgar Nünning (Stuttgart: Metzler, ^{4}2008) von Raimund Borgmeier, „Werkimmanente Interpretation", 760-763, Ansgar Nünning, „Close Reading", 98 (=^{4}2008a) und Peter Wenzel, „New Criticism", 535-537.

60 Nünning und Nünning, „‚Gender'-orientierte Erzähltextanalyse", 38.

vermeiden – der versöhnliche Dramenschluss ein obligatorisches Struktur- bzw. Formelement ist, dessen ideologische Umdeutung bzw. Neubesetzung auf der Inhaltsebene erfolgen muss. Ob dies explizit oder subtil erfolgt, hat wiederum Auswirkungen auf den Erfolg eines Stückes. Auch der Aspekt der nachträglichen Textrevision wird in diesem Zusammenhang eine wichtige Rolle spielen. Ein Ziel der Arbeit besteht darin, zu zeigen, dass hinsichtlich der vermeintlich diskurs- und ideologieaffirmierenden Signalwirkung des *happy ending* keineswegs pauschal von einem „rigide[n] *form-to-function-mapping*"[61] ausgegangen werden kann, wie dies in der literaturkritischen Diskussion in Bezug auf das kommerzielle Unterhaltungstheater bislang der Fall war.

Die Studie eruiert *drittens* aus einer theatergeschichtlichen Perspektive heraus, welche soziokulturellen Faktoren das Herausbilden eines weitgehend veränderungsresistenten Massenpublikums mit starren Rezeptionsgewohnheiten *im Vorfeld* des Untersuchungszeitraums begünstigen konnten. Dabei geht es vor allem darum, die wechselseitige Beziehung zwischen Publikum und Theaterinstitution aufzeigen. Interessant ist nämlich der Umstand, dass sich das Publikum mit seinem Insistieren auf bestimmte Inszenierungsverfahren sein Theater selbst geformt hat. Gleichzeitig hat das Unterhaltungstheater diesem Erwartungsdruck aus finanziellen Motiven stets in solch einem Maße nachgegeben, dass sich die Rezeptionsgewohnheiten mit der Zeit verfestigten und Abweichungen davon – quasi im gegenseitigen Einvernehmen zwischen Publikum und Theater – später weder gewünscht noch möglich wurden.

Die Studie zeigt *viertens* anhand detaillierter, auf die Kategorien ‚Bühnenfigur', ‚Figurensprache' und ‚Bühnenraum' fokussierender Textanalysen auf, welche Diskurse und sozialkritischen Haltungen zur Geschlechterproblematik in die dramatischen Werke hineinfließen, wie die Stücke durch diese Diskursfäden im Äußeren miteinander verwoben sind und wie sie sich hinsichtlich des herrschenden Geschlechterdiskurses ihrer Entstehungszeit zueinander positionieren. Mit dieser komplexen Zielstellung dürfte deutlich geworden sein, dass die vorliegende Arbeit auf der Grundlage des Aushandlungskonzepts versucht, Text und Kontext zusammenzuführen.

Schließlich möchte die Arbeit *fünftens* aufzeigen, dass und weshalb eine pauschalisierende Diskreditierung des kommerziellen Broadway-Theaters der *Progressive Era* als „unliterarische[s] Unterhaltungstheater"[62] der tatsächlichen literarisch-ästhetischen Qualität der Werke keineswegs gerecht wird, gibt es doch unter den Dramatikern dieser Zeit auch solche, denen im Sinne der ‚kulturellen Arbeit' ein subtiles Unterlaufen gattungsbezogener

61 Nünning und Nünning, „‚Gender'-orientierte Erzähltextanalyse", 59.

62 Kaes, „Zwischen Avantgarde und Massenkultur", 46.

Konventionen auf inhaltlicher und struktureller Ebene – und damit eine gesellschaftskritische Behandlung der Geschlechterproblematik – im Rahmen ihrer restriktiven Möglichkeiten durchaus gelingt. Es sind diese Dramatiker, die trotz des Konformitäts- und Revisionsdrucks im Kommerztheater mutig genug sind, mit ihren Stücken neue Wege zu beschreiten, innovative Darstellungsverfahren zu integrieren und Motive einzuflechten, wie sie später für das avantgardistische Kleinkunsttheater charakteristisch werden sollten. Vor dem Hintergrund ihrer interdisziplinären Ausrichtung lässt die Studie neue Erkenntnisse erwarten, die eine Neubewertung des Unterhaltungstheaters in der literaturkritischen Diskussion nahelegen.

I.4 Konzeption und Textauswahl

Neben Hinweisen auf das der Arbeit zugrundeliegende Gliederungsprinzip wird in diesem Abschnitt verdeutlicht, wie die im Problemaufriss erwähnten Konzepte, Theorien und Begriffe in den nachfolgenden Kapiteln systematisiert und für eine *gender*- und kontextorientierten Ansatz fruchtbar gemacht werden können.

In dem sich hieran anschließenden, mit **Kontextualisierung** überschriebenen **Kapitel II** wird zunächst der kontextuelle Rahmen dieser Arbeit in zweifacher Hinsicht abgesteckt. Zunächst richtet sich der Fokus auf den Untersuchungs*zeitraum*, die *Progressive Era*, mit dem Ziel, den besonderen Charakter dieser vom Spannungsverhältnis aus Tradition und Reformgeist geprägten „transitional historical period“[63] darzustellen. Diese Kontextualisierung erfolgt, weil ein historisches Verständnis von den soziokulturellen, politischen und ökonomischen Bedingungen der Zeit sowie von der Vielfalt der sich herausbildenden gesellschaftlichen Reformbewegungen und Gegenbewegungen für das Textverständnis der dramatischen Werke unabdingbar ist. In diesem Zusammenhang findet auch eine kritische Auseinandersetzung mit dem *background*-Begriff statt, der insofern relevant ist, als die *Progressive Era* hier nicht als dekorativer Hintergrund der literarischen Texte verstanden wird, sondern diesen Kontext nach neuhistoristischem Verständnis auf verschiedenste Weise selbst erst konstituiert. Die Notwendigkeit einer geschichtlichen Auseinandersetzung mit dem Untersuchungszeitraum ist im Rahmen eines kontextorientierten Ansatzes deshalb nahezu selbsterklärend.

63 Patricia R. Schroeder, *The Feminist Possibilities of Domestic Realism* (Madison, NJ: Fairleigh Dickinson University Press, 1996), 74.

Sie ergibt sich aber auch mit Blick auf den Untersuchungs*gegenstand*, sprich das Drama als literarische Gattung bzw. das kommerzielle Theater des Broadways. Hierzu sind gattungsgeschichtliche und produktionsspezifische Besonderheiten zu beleuchten, die wiederum in einem engen Zusammenhang mit den oben angesprochenen soziokulturellen Gegebenheiten stehen. Wenn Benjamin McArthur, der sich in seiner Studie *Actors and American Culture, 1880-1920* umfassend mit dem Berufsstand des Theaterschauspielers im Spiegel kultureller Aspekte beschäftigt, schreibt: „A study of American actors begins with an understanding of the theatrical world in which they worked."[64], so kann analog dazu für die Auseinandersetzung mit dem amerikanischen Broadway-Drama der *Progressive Era* Folgendes gelten: ‚A study of American *drama* begins with an understanding of the theatrical world *for which they were written*.' Davon ausgehend erfolgt deshalb auch eine gattungstheoretische bzw. -geschichtliche Kontextualisierung, die neben genre-spezifischen Aspekten insbesondere auch theaterökonomische und institutionelle Faktoren berücksichtigt, die maßgeblich an der Herausbildung jener Form des Unterhaltungstheaters beteiligt sind, wie es sich in der *Progressive Era* darstellt. Zwar wurden die wirtschaftlichen Prinzipien einer auf Massenunterhaltung ausgerichteten Theaterindustrie in entsprechenden Grundlagenstudien bereits gut dargestellt;[65] und zwar wurde in mehr oder weniger gründlichen Textanalysen u.a. auch immer wieder die mangelnde literarische Qualität der Stücke beklagt, was wiederum – wie eingangs skizziert – eine Vernachlässigung des Kommerztheaters in der literaturkritischen Diskussion zur Folge hatte. Aber ein Zusammenhang zwischen den institutionell festgeschriebenen, ökonomisch bedingten Aufführungskonventionen einerseits und den vor diesem Hintergrund konkret verfassten Broadway-Dramen andererseits wurde bislang entweder gar nicht oder nur andeutungsweise hergestellt. Noch weniger ist dabei der Frage nachgegangen worden, ob und wie diese Stücke bzw. die Dramatiker diese restriktiven Darstellungsverfahren angesichts der brisanten Geschlechterthematik unterlaufen (können). Um, wie hier beabsichtigt, diese und ähnliche Fragestellungen anhand exemplarisch ausgewählter Werke untersuchen zu können, muss deshalb also zunächst die Spezifik des Broadway-Dramas der *Progressive Era* unter Berücksichtigung des komplexen Zusammenwirkens von Autor, Publikum, Theater, Text und Kontext herausgearbeitet werden. Solch

64 Benjamin McArthur, *Actors and American Culture, 1880-1920* (Philadelphia, PA: Temple University Press, 1984), 3.

65 Siehe z.B. Jack Poggi, *Theater in America. The Impact of Economic Forces, 1870-1967* (Ithaca, NY: Cornell University Press, 1968) und Petra Fröhlich, *Das nicht-kommerzielle amerikanische Theater* (Lampertheim: Schäuble Verlag, 1974).

eine systematische Zusammenschau liegt in Bezug auf den Untersuchungszeitraum und -gegenstand bislang nicht vor. Insgesamt soll Kapitel II aufzeigen, dass der optimistische Reformgeist der *Progressive Era*, nach Atkinson „one of the liveliest periods in American history"[66], zwar viele Bereiche des gesellschaftlichen Lebens durchdringt, das Broadway-Theater allerdings kaum bzw. erst sehr viel später erreicht. Im Vergleich zu den viel früher einsetzenden Modernisierungstendenzen in der amerikanischen Erzählliteratur und Lyrik gilt das amerikanische Drama dementsprechend als „verspätete Gattung"[67].

Kapitel III, das **Theoretisch-Methodische Grundlagen, Konzepte und Analysekategorien** genannt wird, erörtert in fokussierender Vertiefung die im Problemaufriss erwähnten Begriffe, Ansätze und zentralen Konzepte. Eine Vollständigkeit in der Darstellung wird dabei aber nicht angestrebt. Die für diese Arbeit relevanten theoretischen Grundlagen knüpfen vielmehr an bereits vorhandene Theorien und Konzepte an. Besonderes Augenmerk liegt auf der Auseinandersetzung mit dem Diskurs- und Kontextbegriff sowie dem Konzept der Aushandlung, das hier in Relation zum Untersuchungsgegenstand bzw. zur Spezifik der Kommunikationsstrukturen dramatischer Texte gesetzt wird. In einem weiteren Schritt widmet sich die Arbeit dem *gender*-Begriff sowie den Geschlechterdiskursen und zeitgenössischen Konzeptionen von Geschlecht. In Anbetracht der Tatsache, dass die Kategorie *gender* seit den 1970er Jahren immer wieder Gegenstand wissenschaftlicher Diskussionen ist, die von radikal-dekonstruktivistischen Haltungen, die Geschlecht als ganz und gar gesellschaftliches Konstrukt begreifen, bis hin zu konzeptuellen Erweiterungen und Anbindungen der *gender*-Kategorie an neuere Ansätze in der Geschlechterforschung wie den *Queer Studies, Transgender Studies, Gay and Lesbian Studies* oder *Intersectionality Studies* reichen,[68] erscheint eine Präzisierung des Konzepts, wie es hier verwendet wird, als sinnvoll und notwendig.[69] Im Zuge dessen wird an die von

66 Brooks Atkinson, *Broadway* (London: Cassell, 1970), 50.

67 Hubert Zapf, „Die verspätete Gattung: Das amerikanische Drama der Moderne", *Amerikanische Literaturgeschichte*, hg. Hubert Zapf (Stuttgart: J.B. Metzler, ^{3}2010b), 282-304: 282.

68 Siehe z.B. Doris Feldmann und Sabine Schülting, „Gender", *Metzler Lexikon Literatur- und Kulturtheorie: Ansätze – Personen – Grundbegriffe*, hg. Ansgar Nünning (Stuttgart: Metzler, ^{4}2008b), 244-245, Peggy Pascoe, „Gender", *A Companion to American Thought*, eds. Richard Wightman Fox and James T. Kloppenberg (Malden, MA: Blackwell, 1998), 272-275, Preisinger et al., „Diskursforschung in der Literaturwissenschaft", 138 sowie Juliette Wedl, „Diskursforschung in den Gender Studies", *Diskursforschung. Ein interdisziplinäres Handbuch. Band 1: Theorien, Methodologien und Kontroversen*, hg. Johannes Angermuller et al. (Bielefeld: transcript Verlag, 2014), 276-299: 276.

69 Auf die Notwendigkeit der begrifflichen Ausschärfung weist auch Vera Nünning hin: „Aufgrund [der] schillernden Konzeptualisierung von *gender* in unterschiedlichen Kontexten

Inge Stephan und Vera Nünning gestellten Fragen nach der Nützlichkeit bzw. Bedeutsamkeit der Analysekategorie *gender* für die Literaturwissenschaft angeknüpft.[70] Wenn sich die Arbeit im Anschluss an die Ausschärfung des *gender*-Begriffs den konfligierenden Geschlechterdiskursen der *Progressive Era* zuwendet, dann erfolgt dies ausdrücklich unter Berücksichtigung beider Geschlechter. Dementsprechend werden nicht nur verschiedene Vorstellungen von Weiblichkeit im Untersuchungszeitraum aufgezeigt, sondern auch die dazu in enger Wechselbeziehung stehenden Maskulinitätskonzepte diskutiert. Frauenemanzipation und Männlichkeitskrise sind demzufolge im Spiegel der gesellschaftlichen Veränderungen des Untersuchungszeitraumes in einem Zusammenhang zu betrachten. Dieser Aspekt wird hier deshalb explizit vorgehoben, weil beispielsweise in Studien aus dem Bereich der feministischen Literaturwissenschaft oftmals eine Fokussierung weiblicher Figuren bei einer gleichzeitigen Vernachlässigung männlicher Repräsentationsformen zu beobachten ist, während sich analog dazu das Augenmerk von Untersuchungen aus der literaturwissenschaftliche Maskulinitätsforschung verstärkt auf das männliche Geschlecht richtet.[71] Ohne den Wert dieser Ansätze innerhalb der feministischen Forschung oder der *Masculinity Studies* in Abrede stellen zu wollen, wird hier jedoch eine solche Gewichtung ausdrücklich zu vermeiden versucht.[72] Kapitel III schließt mit einem für das Anliegen der Arbeit zentralen Abschnitt, in dem die im Problemaufriss erwähnte notwendige Anbindung *gender*-theoretischer Fragestellungen an dramenanalytische Aspekte

---

muss dieser Begriff vor dem Hintergrund aktueller Debatten jeweils neu definiert werden." (Nünning, V., „*Gender* in der Literaturwissenschaft", 133, Anm. 4, Hervorhebung im Original).

70 Siehe Inge Stephan, „‚Gender'. Eine nützliche Kategorie für die Literaturwissenschaft", *Zeitschrift für Germanistik N.F.* 9 (1999), 23-35 und Nünning, V., „*Gender* in der Literaturwissenschaft", 131.

71 Aus der Vielzahl der innerhalb der Frauen- und Männerforschung erschienenen Studien können hier exemplarisch die Beiträge in dem von Fischer-Seidel herausgegebenen Band *Frauen und Frauendarstellung in der englischen und amerikanischen Literatur* (Tübingen: Narr, 1991) und David Grevens Monographie *Men Beyond Desire: Manhood, Sex, and Violation in American Literature* (New York, NY: Palgrave Macmillan, 2005) genannt werden. Ebenfalls sehr umfangreich ist die Liste jener Publikationen speziell zum amerikanischen Drama, wobei darin mitunter ganz konkrete Frauen- und Männerbilder untersucht werden. Zu nennen sind hierfür exemplarisch Deborah S. Kolbs „The Rise and Fall of the New Woman in American Drama", *Educational Theatre Journal* 27 (1975), 149-160 oder Carla J. McDonoughs Studie *Staging Masculinity: Male Identity in Contemporary American Drama* (Jefferson, NC: McFarland & Company, 1997).

72 Dies erfolgt u.a. in Anknüpfung an Horlacher, der in seiner Studie anregt, „die Analysen nicht auf die männlichen Charaktere zu beschränken, sondern […] auch die Frauengestalten bezüglich ihres Einflusses auf die Männlichkeitskonzeptionen der Protagonisten zu untersuchen" (Horlacher, *Masculinities*, 125).

erfolgt. Hierin wird ein systematisches wie gleichermaßen komplexes Analyseinstrumentarium entwickelt, das sich für eine *gender*-orientierte Dramenanalyse der Kategorien Bühnenfigur, Figurensprache und Bühnenraum eignet. Kriterien zur Analyse von Figurenkonzeption, -konstellation und -konfiguration spielen dabei ebenso eine Rolle wie Kriterien für die Untersuchung von *gender*-relevanten Aspekten der Figurenrede sowie figurensprachlicher Aushandlungsprozesse. Ausgehend von der Annahme, dass auch über räumliche Strukturen geschlechterdiskursiv geprägte Aushandlungsprozesse realisiert werden, widmet sich das Kapitel zudem eingehend raumkonzeptionellen und raumstrukturellen Fragestellungen auf der Makro- und Mikroebene der Dramen. Während mit Blick auf die Makroebene v.a. die Bedeutung offener, geschlossener oder auch alternativer Raumstrukturen analysiert wird, richtet sich auf der Mikroebene der Fokus auf figurale Raumbewegungen, subjektives Raumerleben und deren jeweilige *gender*-bezogenen Implikationen.

Den Hauptteil der Arbeit bildet das textanalytische **Kapitel IV**. Ausgehend von den zuvor erörterten theoretisch-methodischen Grundlagen und dem hieraus entwickelten Frage- und Analyseraster werden in diesem Teil vier exemplarisch ausgewählte Stücke in jeweils eigenen Kapiteln eingehenden Dramenanalysen unterzogen, wobei jeder Textanalyse jeweils Informationen zur Produktions-, Rezeptions- und ggf. Revisionsgeschichte sowie zum Handlungsverlauf, Figurenensemble usw. vorangestellt werden: James A. Herne, *Margaret Fleming* (1890/1914 [1929]), Rachel Crothers, *He and She* ([1910] 1917/1920), Zona Gale, *Miss Lulu Bett* (1920/1921) und Marion Craig Wentworth, *The Flower Shop* (1912).

Der Auswahl der hier zur Analyse herangezogenen Stücke liegt ein Kriterienkatalog zugrunde, der zum einen Vergleichsaspekte, d.h. eine zwischen allen Texten bestehende Schnittmenge, in den Blick nimmt; zum anderen berücksichtigt er aber auch Differenzkriterien, die sich, wenn es um die Analyse von *Aushandlungs*prozessen gehen soll, zwangsläufig auf formal-ästhetische und geschlechterideologische Unterschiede beziehen müssen.

So ist, die Gemeinsamkeiten betreffend, festzuhalten, dass *erstens* alle ausgewählten Dramen im Zeitraum der *Progressive Era* verfasst worden sind, wobei auf eine die gesamte Periode überspannende ‚Streuung' geachtet wurde. Entsprechend findet Hernes *Margaret Fleming* aus dem Jahre 1890, das den Beginn des Untersuchungszeitraumes markiert, ebenso Berücksichtigung wie Zona Gales *Miss Lulu Bett*, das in dem den Untersuchungszeitraum beschließenden Jahr 1920 verfasst wurde. Die übrigen Stücke sind in den dazwischen liegenden Jahren entstanden, sodass die Aus- und Behandlung der Geschlechterproblematik in ihrer Dynamik und Prozesshaftigkeit innerhalb der *Progressive Era* dargestellt werden kann. Gleichwohl ist zu betonen, dass dieser Prozess keinesfalls als ein geradliniger verstanden werden darf. Im Rahmen dieser Arbeit stellt der Aspekt des Dynamisch-Prozesshaften in Verbindung mit dem Aushandlungskonzept einen zentralen Gedanken dar, weil er sich im Grunde auf alle hier behandelten Gegenstandsbereiche – das kommerzielle Unterhaltungstheater, die dramatische Gattung, die amerikanische Gesellschaft und nicht zuletzt die Geschlechterfrage – übertragen lässt: Sie alle sind geprägt von einem Spannungsfeld aus Konvention und Innovation, und in all diesen Bereichen sind Aushandlungsprozesse im Gange, die jeweils die ihnen eigene Konflikthaftigkeit zu überwinden versuchen. Wie schwierig und langwierig diese Prozesse generell sind, zeigt sich auf besonders beeindruckende Weise in der Aushandlung der Geschlechterfrage. Wenngleich in der *Progressive Era* die Notwendigkeit für grundlegende Veränderungen in den Geschlechterbeziehungen immer augenscheinlicher wird, so ist gleichsam auch offensichtlich, dass sich dieses gesellschaftliche Konfliktfeld nicht ohne Weiteres auflösen lässt. Der Weg hin zu Geschlechterbeziehungen, die auf Prinzipien wie Gleichberechtigung von Mann und Frau, Selbstbestimmtheit und Freiheit fußen, ist nicht nur ein langer, sondern vor allem auch ein sehr steiniger Prozess. Es ist im Übrigen genau dieser Aspekt, auf den auch der Titel dieser Arbeit mit einem Zitat aus Crothers' *He and She* anspielt: „Men and women will go through hell over this before it shakes down into shape." (*HS*$_2$ 957).[73] Das Prozesshafte in der Lösungsfindung wird darin ebenso impliziert wie die besondere Problematik des Aushandelns selbst. Dass sich nicht nur Dramenautoren wie Rachel Crothers dessen bewusst sind, sondern dieses Bewusstsein in der Gesellschaft insgesamt ausgeprägt ist, zeigt beispielsweise das nachfolgende Zitat einer anonymen, zeitgenössischen Schreiberin für das *Ladies' Home Journal*: „[B]eside the free woman of the future there should stand a free man—there must stand a free man. […] I know that *it will be a long, long time before that free woman and that free man of my hopes are real.* Both of them are bound, trussed, strapped, and molded into a steel casing which is called ‚sex difference'."[74] Auch hier wird die zeitliche Dimension dieses konfliktträchtigen

73 In dieser Arbeit werden die hier untersuchten dramatischen Werke unter Angabe von Siglen und der jeweiligen Seitenzahl direkt im Fließtext zitiert. *HS*$_2$ 957 bezieht sich auf die Spätfassung von *He and She:* Rachel Crothers, *He and She.* In: *Representative American Plays*, ed. Arthur Hobson Quinn, 2nd, rev. ed. (New York, NY: The Century Company, 1920), 925-962: 957.

74 Es handelt sich bei diesem Text um eine mehrteilige Erzählung aus dem Jahr 1914, die in drei aufeinanderfolgenden Ausgaben (August bis Oktober) des *Ladies' Home Journal* unter dem Titel „A Free Woman: My Own Story of My Emancipation" veröffentlicht wurde. Die zitierte Passage stammt aus der Oktoberausgabe Vol. 31, No. 10 (1914): 83. Hervorhebung KT.

Aushandlungsprozesses explizit betont, den die vorliegende Arbeit mit der oben erwähnten ‚Textstreuung' zu berücksichtigen versucht.

Zweitens sind die ausgewählten Dramen dem kommerziellen Broadway-Theater zuzuordnen, wobei zu erwähnen ist, dass hiermit nicht – wie im Fall von *Margaret Fleming* und *The Flower Shop* – ausschließlich die tatsächliche Inszenierung in einem konkreten Broadway-Theaterhaus gemeint ist. Vielmehr ist die Zuordnung als Abgrenzungskriterium zum unabhängigen, avantgardistischen Kunsttheater zu verstehen, dessen Vertreter im Rahmen dieser Arbeit keine Berücksichtigung finden.[75] Die hier untersuchten Stücke unterliegen demzufolge allesamt den ökonomischen Mechanismen der kommerziellen Theaterindustrie und können deshalb, unabhängig davon, ob sie diese bedienen (und deshalb zur Aufführung kommen) oder unterlaufen (und deshalb mit Sanktionen belegt werden), als Vertreter des Broadway-Theaters gelten.

Drittens thematisieren diese Dramen auf eine wie auch immer geartete Weise die Geschlechterproblematik, wobei als zentraler und textverbindender Motivkomplex die Rolle der Frau im Spannungsfeld von tradiertem und modernem Weiblichkeitsverständnis auszumachen ist. Damit verwandte Themen und Motive wie beispielsweise die gesellschaftskritische Prüfung der Institution Ehe, die (Un-)Vereinbarkeit von Beruf und tradierter Geschlechterrolle, das Geschlechterverhältnis im Spiegel gesellschaftlicher Entwicklungen oder das Phänomen der krisenhaften Männlichkeit als Ausdruck eines veränderten Weiblichkeitsverständnisses werden in den Stücken ebenfalls behandelt. Dabei setzen – wie in den ‚Zeitlupenstudien' zu zeigen sein wird – die Dramen jeweils individuelle thematische Akzente, die wiederum in der Gesamtbetrachtung das breite Spektrum der Geschlechterproblematik aufzeigen.

Viertens verkörpern die Stücke eine für den Zeitraum spezifische Form des frühen Bühnenrealismus, der um die Jahrhundertwende insbesondere in den sog. *social problem plays* bzw. *discussion plays* Ausdruck findet. Alle hier untersuchten Stücke sind dem für die Zeit als ‚neuartig' geltenden Genre des Diskussionsstückes zuzuordnen. Gleichwohl aber stehen sie noch deutlich in der ‚alten' Tradition des sog. *well-made play* mit seinen restriktiven Gattungskonventionen und einer konservativen Aufführungspraxis. In gattungstheoretisch-formaler Hinsicht bewegen sich die Stücke somit selbst – wie das Amerika der

75 Angesichts der Fokussierung auf das kommerzielle Unterhaltungstheater werden deshalb z.B. Stücke weiblicher Autoren des unabhängigen Kunsttheaters wie Susan Glaspell nicht behandelt. Für Studien zu dieser Dramatikerin und ihren Stücken siehe z.B. Bach (1979) oder Hinz-Bode (2006).

Jahrhundertwende auch – in einem ambivalenten Spannungsfeld zwischen Konvention und Innovation. Wie die Dramatiker mit dieser Konflikthaftigkeit im Einzelnen umgehen, wird wiederum in den konkreten Textanalysen herauszuarbeiten sein.

Neben den beschriebenen Schnittmengen der ausgewählten Dramen gibt es eine Reihe von Differenzkriterien, die berücksichtigt werden müssen, um das Spektrum diskursiver Positionierungen im Spannungsfeld der *Progressive Era* aufzeigen zu können. So ist zum einen die bereits im Problemaufriss angesprochene Tatsache hervorzuheben, dass im Rahmen dieser Arbeit Texte sowohl männlicher als auch weiblicher Dramatiker analysiert werden, weil hier weder ausschließlich ‚weibliches Schreiben' bzw. weibliche Sichtweisen oder *female voices*[76] akzentuiert werden, noch von einer bestehenden Korrelation zwischen dem biologischen Geschlecht des Autors und einer bestimmten geschlechterdiskursiven Positionierung ausgegangen wird. Dass es aber vor allem weibliche Autoren sind, die um die Jahrhundertwende innerhalb des Kommerztheaters deutlicher sichtbar werden als in vorausgegangenen Perioden und sich auch verstärkt der Geschlechterthematik zuwenden, spiegelt sich in der hier vorgenommenen Textauswahl insofern wider, als sie zahlenmäßig stärker vertreten sind (Crothers, Gales, Wentworth) als ihre männlichen Pendants (Herne). Ein ‚feministisches Signal' soll davon jedoch ausdrücklich nicht ausgehen.

Ein weiteres Differenzkriterium bezieht sich auf die geschlechterdiskursive Verortung der Stücke im äußeren Kommunikationssystem. Wenn die hier vorgenommenen Dramenanalysen geschlechterbezogene *Aushandlungs*prozesse aufzuzeigen versuchen, dann muss die Textauswahl solche Stücke berücksichtigen, die neben diskurskonformen vor allem auch gegensätzliche, zumindest aber unterschiedliche Positionierungen zur Geschlechterproblematik aufweisen, ergibt sich doch, wie an anderer Stelle noch eingehender ausgeführt wird, erst durch eine gewisse Konflikthaftigkeit überhaupt erst ein Aushandlungsanlass. Konkret bedeutet dies, dass die tradierte Ordnung affirmierende Positionen ebenso untersucht werden wie Haltungen, durch die der herrschende Geschlechterdiskurs unterlaufen oder explizit abgelehnt wird. Die Pluralität der über die Figuren eines Stückes zum Ausdruck gebrachten geschlechterideologischen Einstellungen bildet eines der Kernelemente amerikanischer *discussion plays* dieser Zeit. In Anbetracht der Tatsache, dass sich ganz unterschiedliche Positionierungen innerhalb des kommerziellen *Mainstream*-Theaters finden lassen, verdeutlicht, dass der oftmals erhobene

76 Vgl. Wedl, „Diskursforschung in den Gender Studies", 279.

Vorwurf der Pauschalität und Undifferenziertheit, wie er eingangs im Problemaufriss erörtert wurde, ungerechtfertigt ist.

Die Anordnung der genannten Stücke im textanalytischen Teil erfolgt nicht chronologisch nach dem jeweiligen Entstehungsjahr. Kapitel IV liegt vielmehr ein Gliederungsprinzip zugrunde, das die Stücke zwei verschiedenen Teilen (Teil A, Teil B) zuweist und dementsprechend eine weitere Differenzierung von inhaltlich und strukturell verwandten Spielarten des *discussion play* im Untersuchungszeitraum nahelegt. Ausführlichere Erläuterungen und Begründungen zu dieser Untergliederung enthalten die den beiden Teilen jeweils vorangestellten Einleitungen.

An dieser Stelle beschränkt sich der Hinweis darauf, dass Teil A mit Hernes *Margaret Fleming*, Crothers' *He and She* und Gales *Miss Lulu Bett* drei Stücke enthält, von denen jeweils mindestens zwei verschiedene Textfassungen existieren bzw. rekonstruierbar sind. In jeweils eigenen Analysekapiteln werden diese Versionen im Spiegel zeitgenössischer Revisionspraktiken im kommerziellen Unterhaltungstheater nach einer ggf. unterschiedlichen Behandlung der Geschlechterthematik befragt, wobei sich das hermeneutische Interesse im Zuge dieser ‚internen Textvergleiche' auf die unterschiedlichen Inszenierungs- bzw. Darstellungsmöglichkeiten richtet, derer sich die Dramatiker innerhalb des eingangs umrissenen Spannungsfeldes in ihren Textfassungen bedienen. Um den Dramenanalysen nicht allzu viel vorwegzunehmen, sei lediglich erwähnt, dass die ursprünglichen Fassungen der drei Stücke aus Sicht der Theaterdirektoren und des Publikums jeweils in einem solchen Maße formal-ästhetische und sozio-ideologische Konventionen durchbrechen, dass man im Nachgang ihrer Theaterpremieren den kommerziellen Erfolg der Stücke gefährdet sieht und in der Konsequenz entsprechende Überarbeitungen der Originalfassungen von den Autoren einfordert. Ob und wie sich im Zuge der Textrevisionen die Aussageabsicht der Dramen ändert bzw. in welchem Verhältnis Früh- und Spätfassung(en) inhaltlich und formal-ästhetisch jeweils zueinanderstehen, sind zentrale Fragestellungen dieses textvergleichenden Analyseteils.

Teil B untersucht mit Wentworths *The Flower Shop* (1912) ein Drama, in dem die Notwendigkeit gesellschaftlicher Reformen nicht nur in aller Deutlichkeit zum Ausdruck kommt, sondern das in seiner ganz spezifischen Art ein konkretes, konstruktives und damit ‚wirklichkeitstaugliches' Lösungsmodell zur Überwindung des Geschlechterkonflikts anbietet. Wentworths Stück erweist sich als Sonderfall innerhalb der übergeordneten Problemstellung, weil es sich in keine der bestehenden Kategorien (diskursaffirmierendes Stück, radikal-feministisches Stück usw.) einordnen lässt und im Unterschied zu den in Teil A untersuchten Dramen auch nicht in unterschiedlichen Fassungen vorliegt. Der besondere Wert des Stückes liegt in seinem hybriden Charakter begründet – dies sowohl in formal-struktureller als auch in inhaltlicher Hinsicht. In *The Flower Shop* gelingt Wentworth eine sensible Vermittlung zwischen Tradition und Progression nicht nur in Bezug auf geschlechterideologische Fragen, sondern auch im Hinblick auf die dramatische Gattung. Auf beeindruckende Weise spiegelt sich in dem Stück der einzigartige Zeitgeist der *Progressive Era* wider. Autorin und Text gleichermaßen sind jedoch in- und außerhalb der literaturkritischen Diskussion weitgehend in Vergessenheit geraten, und der eigentliche Wert des Stückes wurde bislang nicht ‚gehoben'.

KAPITEL II

Kontextualisierung

II.1 Untersuchungszeitraum: Die *Progressive Era* (1890-1920)

Ziel dieses Kapitels ist es, eine historische Rahmung vorzunehmen, in die die hier untersuchten Dramen einzubetten sind. Nach Krasner sind bei der Kontextualisierung dramatischer Werke zum einen „cultural influences, political movements, and social change" zu beleuchten und zum anderen das Verhältnis „between dramatic literature and broader historical continuities and social transformations"[1] transparent zu machen. Im Anschluss an Horlacher soll der „ideengeschichtlich[e] und sozio-historisch[e] Hintergrund [...] nicht nur zu einem besseren Verständnis der [dramatischen Texte] beitragen, sondern auch erkennen lassen, wie ihre Autoren mit den Entstehungsbedingungen kreativ umgehen, sie transzendieren und wichtige kulturelle Entwicklungen antizipieren".[2] In Anbetracht der großen Fülle bereits vorliegender sozio-historischer Studien zu diesem Zeitraum, die vor allem im Zusammenhang mit dem Forschungsinteresse der *Women's Studies* und feministischen Literaturwissenschaft entstanden sind,[3] kann an dieser Stelle auf eine umfassende zeitgeschichtliche Darstellung verzichtet werden. Die nachfolgende Kontextualisierung beschränkt sich deshalb auf eine überblicksartige Skizzierung wesentlicher Aspekte, wobei auch, aber nicht nur, Bezüge zu den sich abzeichnenden Veränderungen der Geschlechterbeziehungen und Rollenverständnisse hergestellt werden. In erster Linie wird der Frage nachgegangen, weshalb in Zusammenhang mit der *Progressive Era* üblicherweise die Rede von einer Phase des Übergangs, der Transformation, des gesellschaftlichen Wandels ist, lassen sich doch ‚*transition*' und ‚*transformation*' in den entsprechenden Studien immer wieder als Schlüsselbegriffe ausmachen. Die nachfolgenden Ausführungen sind im Sinne von Horlacher als „implizite extraliterarische

1 Krasner, „Introduction", 2.

2 Horlacher, *Masculinities*, 128.

3 Wie im Problemaufriss erwähnt, hat die Frauenbild- bzw. Frauenforschung und später die feministische Literaturwissenschaft die Wende vom 19. zum 20. Jahrhundert als einen für die Untersuchung von Weiblichkeit hochinteressanten Zeitraum für sich entdeckt und im Zuge dessen den soziokulturellen Kontext der *Progressive Era* aufgearbeitet. Siehe z.B. Collins (2003), Cott (1977), Evans (1989), Frankel and Dye (1991), Kelley (1979), Kerber and de Hart (^{6}2004), Melosh (1993a), Riley (^{4}2007), Rothman (1978), Schneider and Schneider (1993), Smith-Rosenberg (1986), Welter (1973) und Woloch (1984).

© VERLAG FERDINAND SCHÖNINGH, 2020 | DOI:10.30965/9783657726172_003

Kontrast[- und Vergleichs]folie, als Brücken- und Andockstation zur ‚Lebenswelt'" der in den Stücken dargestellten Figuren zu verstehen, auf die „später bei der Lektüre der Textanalysen" zurückgegriffen werden kann.[4] Dieser Überblicksdarstellung vorangestellt ist jedoch zunächst ein Abschnitt, der sich mit der zeitlichen Einordnung der *Progressive Era* auseinandersetzt, weil diese durchaus kontrovers diskutiert wird.

II.1.1 *Zum Problem der Periodisierung*

Ohne die Ein- bzw. Abgrenzung von vorhergehenden und nachfolgenden Perioden kann eine Kontextualisierung des historischen Untersuchungszeitraumes kaum erfolgen. Hinsichtlich der *Progressive Era* lassen sich hierfür in der Forschungsliteratur allerdings unterschiedliche Angaben finden. Woronoff erklärt diesbezüglich, dass die „exact range" dieser Ära im Allgemeinen „questionable" sei und dass sich Historiker uneins darüber sind, welcher Zeitraum konkret anzugeben ist.[5] Cocks et al., die Verfasser eines *Historical Dictionary* zum Untersuchungszeitraum, konstatieren „[that] [s]cholars have no consensus about when to start and end the Progressive Era" und legen sich in ihrem Werk selbst auf die „late 1890s" bzw. das Jahr 1917, das den Kriegseintritt der U.S.A. in den Ersten Weltkrieg markiert, fest.[6] Fluck und Riley hingegen geben den Zeitraum zwischen 1890 und 1914 an, Bryan bestimmt die Jahre 1890 und 1900 zu den Eckdaten der *Progressive Era*, Schneider/Schneider und Rich beziehen sich auf die beiden Jahrzehnte zwischen 1900 und 1920 und bei Antoniazzi, Engle, Evans, Rudnick und Stephens werden die Jahre 1890 und 1920 angegeben.[7] Letzteren schließt sich auch Woronoff an, mit der

---

4 Horlacher, *Masculinities*, 128.

5 Jon Woronoff, „Editor's Foreword", *Historical Dictionary of the Progressive Era*, Catherine Cocks et al. (Toronto: The Scarecrow Press, 2009), vii-viii: vii.

6 Catherine Cocks et al., *Historical Dictionary of the Progressive Era* (Toronto: The Scarecrow Press, 2009), xxxv.

7 Siehe Winfried Fluck, „Realismus, Naturalismus, Vormoderne", *Amerikanische Literaturgeschichte*, hg. Hubert Zapf (Stuttgart: J.B. Metzler, ^{3}2010), 153-215: 200 und Glenda Riley, *Inventing the American Woman. An Inclusive History. Volume 2: Since 1877* (Wheeling, IL: Harlan Davidson, ^{4}2007), v. Siehe weiterhin Mark Evans Bryan, „American Drama, 1900-1915", *A Companion to Twentieth-Century American Drama*, ed. David Krasner (Malden, MA: Blackwell, 2005), 3-17: 4, Dorothy Schneider and Carl J. Schneider, *Women in the Progressive Era, 1900-1920* (New York, NY: Anchor Books Doubleday, 1993) und Charlotte J. Rich, *Transcending the New Woman. Multiethnic Narratives in the Progressive Era* (Columbia, MO: University of Missouri Press, 2009), 3, Barbara Antoniazzi, „‚No Guidance in Regard to Herself': Immigrants, Workers and American Womanhood in the Progressive Era", *Machine: Bodies, Genders, Technologies*, eds. Michaela M. Hampf and Maryann Snyder-Körber (Heidelberg: Universitätsverlag Winter, 2012), 159-180: 159, Engle, „An ‚Irruption of Women Dramatists'", 27, Sara M. Evans, *Born for Liberty: A History of Women in America* (New York, NY: The Free

Begründung, dass beide Jahreszahlen „reasonable boundaries"[8] darstellten. Wenn sich die vorliegende Arbeit bezüglich der zeitlichen Eingrenzung der *Progressive Era* ebenfalls auf die Rahmendaten 1890 und 1920 festlegt, dann geschieht dies aus folgenden Gründen: Sowohl aus politischer als auch aus theatergeschichtlicher Sicht stellen beide Jahreszahlen bedeutsame Eckpfeiler dar, die den Beginn bzw. das Ende einer historisch einzigartigen Periode markieren.

In politischer Hinsicht sind zwei Ereignisse von jeweils nationaler Tragweite auszumachen, die nicht nur einen kleinen Teil der Bevölkerung, sondern das ganze Land nachhaltig verändern sollten. Gemeint ist zum einen die Schließung der amerikanischen *frontier*, die mit dem Jahr 1890 assoziiert wird.[9] Die geographisch-territoriale Erschließung des nordamerikanischen Kontinents von Ost nach West, die „für den Prozess der nationalen Identitätsbildung [eine Schlüsselfunktion übernahm]", findet 1890 ihren offiziellen Abschluss, als „in diesem Jahr das Zensusbüro das Ende der *frontier* konstatierte".[10] Damit verschwindet „die *frontier* als räumliches Phänomen der amerikanischen Geschichte"[11]. Gleichzeitig wird das Land damit aber vor eine neue Herausforderung gestellt – die der nationalen Neustrukturierung und Einigung –, sodass politisch betrachtet eine neue Ära beginnt.

In Bezug auf politische Entwicklungen ist das Jahr 1890 mit einem weiteren bedeutsamen Ereignis verbunden, das den Beginn eines Prozesses markiert,

---

Press, 1989), 145, Lois Rudnick, „The New Woman", *1915, The Cultural Moment: The New Politics, the New Woman, The New Psychology, the New Art, and the New Theatre in America*, eds. Adele Heller and Lois Rudnick (New Brunswick, NJ: Rutgers University Press, 1991), 69-81: 69 und Judith L. Stephens, „Gender Ideology and Dramatic Convention in Progressive Era Plays, 1890-1920", *Performing Feminisms: Feminist Critical Theory and Theatre*, ed. Sue-Ellen Case (Baltimore, MD: Johns Hopkins University Press, 1990), 283-293: 283.

8 Woronoff, „Editor's Forword", vii.

9 Siehe z.B. Cocks et al., *Historical Dictionary*, xiii und 124 sowie Ursula Lehmkuhl, „Die Erschließung des amerikanischen Westens. Der amerikanische Grenzraum – die *frontier* als Region, Prozess und Mythos", *fundiert: Das Wissenschaftsmagazin der Freien Universität Berlin* 1 (2009), 64-70: 67 und Kurt Müller, „The ‚Search for Order' and the Crisis of Masculinity: The Naturalist American Novel and the Cultural Anxieties of the ‚Strenuous Age'", *Zeitschrift für Anglistik und Amerikanistik* 55.2 (2007), 123-138: 124, 125.

10 Lehmkuhl, „Die Erschließung des amerikanischen Westens", 67.

11 Lehmkuhl, „Die Erschließung des amerikanischen Westens", 67. Als historisch bedeutsames und gleichsam einschneidendes Ereignis kommentierte Turner das Ende der Expansionsbewegung: „For nearly three centuries the dominant fact in American life has been expansion. With the settlement of the Pacific coast and the occupation of the free lands, this movement has come to a check." (Frederick Jackson Turner, „The Problem of the West", *The Atlantic Monthly: A Magazine of Literature, Science, Art, and Politics* 78.467 (Sept. 1896), 289-297: 296).

der erst im Jahre 1920 seinen vorläufigen Abschluss finden sollte. Rekurriert wird hier auf die Fusionierung zweier Organisationen (der *National Woman Suffrage Association* und der *American Woman Suffrage Association*) zur *National American Woman Suffrage Association* (*NAWSA*) im Jahre 1890, deren gesetztes Ziel darin besteht, die verfassungsrechtliche Einführung des Frauenwahlrechts auf *nationaler* Ebene zu erwirken.[12] Als im Jahr 1915 Carrie Chapman Catt, eine damals sehr bekannte und engagierte Frauenrechtlerin, die Präsidentschaft dieser Vereinigung (erneut) übernimmt, setzt sie sich das ambitionierte Ziel, „to gain a suffrage amendment to the U.S. Constitution by December 1920"[13]. Zu diesem Zeitpunkt konnten Frauen insgesamt erst in nur elf Bundesstaaten wählen.[14] Mit der Gründung dieser nationalen Gesellschaft, der *NAWSA*, beginnt im Jahre 1890 für das *suffrage movement* eine, wie Riley sagt, „renewal phase"[15].

Insgesamt betrachtet stellt das Jahr 1890 demnach einen entscheidenden „turning point"[16] in der amerikanischen Geschichte dar. Mit ihm geht zugleich das sog. *Gilded Age*[17] zu Ende und wird eine neue Ära eingeleitet, die sich

---

12 Siehe Riley, *Inventing*, 329, 330, 284f.

13 Riley, *Inventing*, 330. Catt fungierte von 1900 bis 1904 schon einmal als Präsidentin der *NAWSA* (siehe ebd. 329).

14 Siehe Riley, *Inventing*, 329. Zu den wenigen Bundesstaaten, in denen das Frauenwahlrecht bereits eingeführt worden war, zählten Wyoming (1890), Colorado (1893), Utah und Idaho (1896). Siehe dazu Robert W. Cherny et al. (eds.), *Making America. A History of the United States* (Boston & New York: Houghton Mifflin Company, ⁴2006), 561. Für den weiteren Verlauf des *suffrage movement* auf nationaler Ebene sollte die Einführung des Frauenwahlrechts im Bundesstaat Kalifornien (1911) eine bedeutende Rolle spielen, weil von ihm, nicht zuletzt aufgrund seiner Bevölkerungsdichte, eine besondere Strahlkraft ausging. Die Einführung des Frauenwahlrechts in Kalifornien war „a crucial victory for woman suffrage nationwide" (Riley, *Inventing*, 285) und bewirkte, dass in den Folgejahren weitere Bundesstaaten nachzogen.

15 Riley, *Inventing*, 284.

16 Riley, *Inventing*, 261.

17 Nach dem Ende des *Civil War* (1861-1865) folgt zunächst die Ära der sog. *Reconstruction* (1865-1877), an die sich das sog. *Gilded Age* (1880-1890) anschließt. Mit diesem Zeitraum sind in erster Linie immense Wachstumsprozesse der amerikanischen Wirtschaft und Industrie sowie die Etablierung eines kapitalistischen Marktprinzips verbunden. Das Land unterzieht sich einem Wandlungsprozess „from a mainly agricultural and artisanal nation to the world's leading industrial [...] power." (Cocks et al., *Historical Dictionary*, xxvii). In der Folge dieser „unprecedented economic expansion" (Riley, *Inventing*, 261) erlebt Amerika mit dem *Gilded Age* eine Dekade, für die der materielle Wohlstand, der vom Optimismus geprägte Erfolgsgedanke des Einzelnen (aus dieser Zeit stammt das Konzept des *self-made man*) sowie zahlreiche technologische Errungenschaften charakteristisch sind. „Americans began living large. [...] The Gilded Age celebrated the outrageous, the splashy, and the outspoken." (Gail Collins, *America's Women. 400 years of Dolls, Drudges, Helpmates, and Heroines* (New York, NY: Perennial HarperCollins, 2003), 238, 242). Dass

sowohl in politischer, wirtschaftlicher und sozialer Hinsicht ganz und gar dem Reformgedanken verschreibt. „[...] [T]he nation turned," wie Riley resümiert, „from the excesses of the Gilded Age to the realities of Progressive Era Reform [...]."[18]

Analog zur Abgrenzung der *Progressive Era* von vorherigen Epochen lässt sich eine solche zeitliche Rahmung mit Bezug auf politisch bedeutsame Ereignisse auch für das Ende der Ära vornehmen. Das Jahr 1920 stellt, wie oben kurz angedeutet, im Kontext der Frauenrechtsbewegung einen Meilenstein in der amerikanischen Geschichte dar, weil nach einem jahrzehntelangen Kampf um die Einführung des Frauenwahlrechts auf nationaler Ebene am 26. August, also noch vor Ablauf der von der Bewegung gesetzten Frist,[19] das *19th Amendement*, das sog. *suffrage amendment*, schließlich ratifiziert wird.[20] Zur historischen Bedeutsamkeit dieses Tages schreibt Riley: „On 26 August 1920, the secretary of state proclaimed the ratification of the Nineteenth Amendment to the U.S. Constitution. American women could, at long last, vote. Seventy-two years had passed since the 1848 convention at Seneca Falls, where women had first asked for the franchise."[21]

---

es aber durchaus auch Schattenseiten gibt, wird in der Bezeichnung der Epoche bereits impliziert: „As the name implies, these years offered more style than substance. At first glance, the era may have shone like gold, but further inspection revealed base metal under the surface." (Riley, *Inventing*, 261). Schnell erkennt die amerikanische Bevölkerung, „that hard work did not guarantee success [and that] [d]espite their best efforts, many could not escape hardship and poverty" (Riley, *Inventing*, 261). Die Folgen dieser Entwicklung werden v.a. in der *Progressive Era* sichtbar.

18 Riley, *Inventing*, 264.

19 Siehe Anm. 13/II oben.

20 Siehe Riley, *Inventing*, 334-336 für eine detaillierte Darstellung der Abstimmungsprozesse, die schließlich zur Ratifizierung des *suffrage amendment* führen.

21 Riley, *Inventing*, 335. Die *Seneca Falls Convention* vom 19./20. Juli 1848 gilt als „first convention in the woman's movement" und zählt damit heute zu den ‚*anchor dates*' der Frauenrechtsbewegung in den USA (Alice S. Rossi (ed.), *The Feminist Papers. From Adams to de Beauvoir* (Boston, MA: Northeastern University Press, 1988), 410, 407). Kerndokument dieses Zusammentreffens ist die sog. *Declaration of Sentiments*, die sich formal und im Duktus sehr stark an der *Declaration of Independence* (1776) orientiert. Darin wird die Unterdrückung der Frau in achtzehn Anklagepunkten zur Sprache gebracht – „facts", die die „repeated injuries and usurpations on the part of man toward woman" sowie die „absolute tyranny over her" belegen sollen (Rossi, *Papers*, 416). Den Anklagepunkten folgt eine Forderung, die die historische Bedeutung dieses Dokuments erkennen lässt: „Now, in view of this entire disfranchisement of one-half the people of this country, their social and religious degradation—in view of the unjust laws mentioned, and because women do feel themselves aggrieved, oppressed, and fraudulently deprived of their most sacred rights, we insist that they have immediate admission to all rights and privileges which belong to them as citizens of the United States." (Rossi, *Papers*, 418). Siehe dazu auch Bonnie S. Anderson, *Joyous Greetings: The First International Women's Movement, 1830-1860* (New York, NY: Oxford University Press, 2000), 168-171.

Weil die Jahre 1890 und 1920 im Hinblick auf theatergeschichtliche Entwicklungen in Amerika ebenfalls bedeutsam sind, legen sie eine zeitliche Eingrenzung der *Progressive Era* auch aus dieser Perspektive nahe. Im Jahre 1890 nämlich kommt James A. Hernes *Margaret Fleming* zur Aufführung – ein Stück, in dem der Autor die Darstellungsprinzipien des u.a. auch von ihm theoretisierten Bühnenrealismus umsetzt, mit Konventionen bricht und das Theaterpublikum schockiert. Die Art und Weise, wie der Dramatiker seine Figuren in diesem Stück auftreten und sprechen lässt, wie er durch sie bislang tabuisierte Themen adressiert und den bis dahin gesellschaftlich akzeptierten *double standard of sexual morality* kritisch hinterfragt, hat einen solch großen Neuigkeitswert, dass das Drama – wenngleich es seiner Zeit weit voraus war und nur wenige Aufführungen erlebte – als ein die Epoche prägendes Werk bewertet wird.

Den Schluss- wenngleich nicht Höhepunkt der *Progressive Era* bilden aus theatergeschichtlicher Perspektive gleich mehrere Ereignisse. Im Jahre 1920 kommt zum einen Zona Gales *Miss Lulu Bett* auf den kommerziellen Theaterbühnen zur Aufführung – ein Stück, für das sie (wohlgemerkt in der revidierten Fassung) als erste Frau überhaupt den renommierten *Pulitzer Prize for Drama* erhält. Zum anderen bringt Rachel Crothers im gleichen Jahr die ebenfalls umgeschriebene Version ihres Dramas *He and She* auf die Bühne, mit dem sie Jahre zuvor im Kommerztheater erfolglos geblieben war. Ohne den Analysen dieser Dramen(-versionen) vorzugreifen, muss an dieser Stelle jedoch schon kurz auf die Bedeutsamkeit der überarbeiteten Fassungen eingegangen werden: Erstaunlich daran ist nämlich, dass beide Stücke erst in ihrer jeweils revidierten Form zu Kassenschlagern werden, weil sie sich nun scheinbar den genre- und *gender*-bezogenen Erwartungen des Publikums anpassen und die Darstellungskonventionen bedienen, die sie in ihren ursprünglichen Fassungen noch missachtet hatten. Das Jahr 1920 bildet gewissermaßen einen Schluss-, aber gattungsgeschichtlich gesehen eben keinen Höhepunkt, weil die Innovationsbemühungen der Dramatiker um einen gesellschaftskritischen Bühnenrealismus innerhalb des kommerziellen Broadway-Theaters offenbar auch 1920 noch an ihre Grenzen stoßen, weisen sich doch die überarbeiteten Stücke – zumindest auf der Textoberfläche – durch eine für das Publikum deutlich erkennbare Beibehaltung der bzw. Rückkehr zu herkömmlichen Darstellungsformen aus. Damit schließt sich gewissermaßen im Jahr 1920 ein Kreis, der 1890 mit Hernes Stück seinen Anfang genommen hatte. Sowohl in Bezug auf genre-spezifische als auch *gender*-bezogene Aspekte scheint das amerikanische Drama am Ende der *Progressive Era* 1920 immer noch an dem Punkt zu stehen, wo es sich bereits 1890 befand. So zumindest stellt sich die Bewertung des Broadway-Dramas in der bisherigen literaturkritischen Diskussion dar. Gleichzeitig markiert die Aufführung von Eugene O'Neills expressionistischem

Stück *The Emperor Jones* im Jahre 1920 den Beginn einer neuen literarischen Strömung, die sich innerhalb des avantgardistischen nicht-kommerziellen Kunsttheaters etablieren und nachhaltig auf die theatergeschichtliche Entwicklung in Amerika auswirken sollte. Theatergeschichtlich ist das Jahr 1920 somit auch deshalb von großer Bedeutung, weil sich spätestens mit O'Neills *The Emperor Jones* ein kulturkritisches, intellektuelles, experimentelles und (zumindest in seinen Anfängen) nicht-kommerzielles Theater fest etabliert, das „dem Broadway ernstlich Konkurrenz"[22] macht.

II.1.2 *Gesellschaftlicher Wandel*

Das der *Progressive Era* unmittelbar vorausgehende *Gilded Age* erweist sich, wie oben kurz erwähnt,[23] als eine wirtschaftlich bedeutsame Wachstumsphase, in der sich Industrialisierung und Urbanisierung als die markantesten Entwicklungsprozesse der Zeit herausstellen. Technische Erfindungen, industrielle Massenproduktion von Textilien und konservierbaren Lebensmitteln, vereinfachte und automatisierte Produktionsabläufe durch Fließbandarbeit, neue Berufsfelder für Männer und Frauen, innovative Stadtplanung und Wohnarrangements, umfassende Ausbauarbeiten der innerstädtischen Infrastruktur, Entwicklungen in der Kommunikationstechnologie etc. – all diese Aspekte zählen zu den Errungenschaften des *Gilded Age*. Dass diese Veränderungen allerdings auch ihre Schattenseiten insbesondere für die städtische Bevölkerung haben sollten, wird erst in der *Progressive Era* voll und ganz sichtbar, sodass Historiker berechtigterweise darüber debattieren, „how progressive the Progressive Era"[24] überhaupt war.

Befeuert durch die gewaltige Einwanderungswelle europäischer Immigranten im ausgehenden 19. Jahrhundert[25] steigen die bereits seit 1890 ohnehin schon durch den Zustrom ehemaliger Siedler und Farmer in die Höhe geschossenen Bevölkerungszahlen in den Städten noch einmal zusätzlich an. Rasch entsteht ein Überangebot von Lohnarbeitern im Niedriglohnsektor, was wiederum auch eine Folge der Öffnung von ehemals männlichen Arbeitern vorbehaltenen Tätigkeitsfeldern für Frauen ist, die nun ebenfalls auf den Arbeitsmarkt drängen.[26] Es entwickelt sich ein Konkurrenzkampf innerhalb der verschiedenen Gruppen (d.h. *native-born white men/white women, male/female immigrants, ethnic minority groups* etc.), der sich wiederum negativ

22 Kaes, „Zwischen Avantgarde und Massenkultur", 63.
23 Siehe Anm. 17/II.
24 Cocks et al., *Historical Dictionary*, xxxi.
25 Siehe Riley, *Inventing*, 269.
26 Siehe Riley, *Inventing*, 262.

auf die Lohnentwicklung auswirkt. Das mit aller Entschlossenheit betriebene Lohndumping zugunsten der Produktions- und Gewinnsteigerung in den Fabriken führt in der Konsequenz zu einer stetig steigenden Rate der Kinderarbeit, unwürdigen Arbeitsbedingungen, Verwahrlosung der städtischen Wohngebiete und mitunter sogar zu sozialem Abstieg in die Obdachlosigkeit, Prostitution oder Kriminalität. Um das Jahr 1890 herum, dem Beginn der *Progressive Era*,

> unrest seemed to hang over the United States like a dark cloud. [...] In the face of poverty, labor violence, urban slums, and spreading disease, numerous Americans gave up their fascination with the pursuit of wealth and the creation of gigantic corporations. [...] Meaningful transformations must occur, people said, in industry, business, education, government, race relations, the family, and women's roles.[27]

Trotz oder gerade wegen dieser Ernüchterung am Ende des *Gilded Age* erwächst ein einzigartiger Optimismus in der Bevölkerung, die amerikanische Gesellschaft durch umfassende Reformen verändern und verbessern zu können.[28] Der für die *Progressive Era* charakteristisch werdende Reformgeist liegt im ausgehenden 19. Jahrhundert sprichwörtlich in der Luft: „Reform was ‚in the air' everywhere, and many individuals and groups joined the crusade [...]."[29] Welches Ausmaß und vor allem welche Auswirkungen die reformbasierten Transformationsprozesse letztlich haben würden, war „[a]t the dawn of the new century" freilich noch nicht abschätzbar.[30] Aber es sind diese Reformbemühungen, die nicht nur den Zeitgeist um die Jahrhundertwende prägen, sondern der Epoche trotz der erwähnten Schattenseiten ihren Namen verleihen. So breit gefächert das Spektrum der Reformmaßnahmen auch sein mag, drei markante Phänomene haben sie alle gemein:

Die Reformen der *Progressive Era* sind *erstens* allesamt sehr eng mit grundlegenden Veränderungen des politischen Systems der Zeit verbunden. Dass die Neugestaltung des politischen Systems zum Dreh- und Angelpunkt der Reformbewegungen der *Progressive Era* wird, verdeutlichen Cherny et al.:

---

27 Riley, *Inventing*, 271.

28 Der Optimismusbegriff sollte zu einem der bedeutendsten in der Charakterisierung der *Progressive Era* werden. Schneider and Schneider beispielsweise sprechen in diesem Zusammenhang von einem „optimisti[c] can-do spirit" (*Women in the Progressive Era*, 242) und Müller macht den „optimistic belief in unlimited progress" als unverwechselbares Kennzeichen dieser Epoche aus („The ‚Search for Order'", 124).

29 Cherny et al., *Making America*, 639.

30 Cherny et al., *Making America*, 639.

> Progressivism, a phenomenon of the late nineteenth and early twentieth centuries, refers to new concepts of government, to changes in government based on those concepts, and to the political process by which change occurred. Those years marked a time of political transformation, brought about by many groups and individuals [...]. [...] Political reform took place at every level, from the cities to states to the federal government.[31]

Von zentraler politischer Bedeutung erweist sich in der *Progressive Era* die Rolle des amerikanischen Präsidenten. Insbesondere Theodore Roosevelt, der das Amt des Präsidenten der U.S.A. von 1901 bis 1909 innehat, „changed the nation's domestic policies more than any president since Lincoln – and made himself a legend. [...] He saw politics as a duty he owed the nation rather than as an opportunity for personal advancement [...] and he considered politics for forging an ethical and socially stable society."[32] Roosevelt hat einen entscheidenden Anteil daran, dass der Fortschrittsgedanke weiter getragen wird und Reformen in allen gesellschaftlichen Bereichen umgesetzt werden.[33] Unter ihm werden die Weichen gestellt, die die Regierung und Politik des Landes auch über seine Amtszeit hinaus nachhaltig prägen sollten: „The political changes of the Progressive Era fundamentally altered American politics and government in the twentieth century. The Progressive Era gave birth to many aspects of modern American politics."[34]

Im Kontext der Reformbewegungen spielt *zweitens* die Presse, insbesondere der Enthüllungsjournalismus eine wichtige Rolle, weil er den Reformen überhaupt erst den Weg bereitet.[35] Die *muckrakers*, wie die Enthüllungsjournalisten der *Progressive Era* seit der Jahrhundertwende genannt werden, „used metropolitan daily newspapers and mass-circulation magazines to expose poverty, despair, and business abuses".[36] Sie sorgen dafür, dass die Bevölkerung von den katastrophalen Missständen in den Fabriken und *slums*, von Kinderarbeit und Prostitution sowie von Korruptionsfällen in Politik und Wirtschaft erfahren, wodurch sich wiederum der Druck auf die Politik erhöht, auf diese Probleme mit entsprechenden Reformmaßnahmen reagieren zu müssen. Das Aufdecken von Missständen geschieht dabei, wie man sich denken kann, nicht allein aus dem Bedürfnis heraus, die Gesellschaft verbessern zu wollen, sondern in erster Linie aus profitbezogenen Motiven: „By the early 1900s,

31 Cherny et al., *Making America*, 674.
32 Cherny et al., *Making America*, 654.
33 Siehe Schneider and Schneider, *Women in the Progressive Era*, 12f.
34 Cherny et al., *Making America*, 639.
35 Siehe Cherny et al., *Making America*, 647.
36 Cocks et al., *Historical Dictionary*, xxxvii. Siehe auch Schneider and Schneider, *Women in the Progressive Era*, 7 sowie Atkinson, *Broadway*, 50.

magazine publishers discovered that their sales boomed when they presented dramatic exposés of scandal—political corruption, corporate wrongdoing, and other scandalous offenses.“[37] Nichtsdestotrotz hat der *muck-raking journalism* einen nicht zu unterschätzenden Anteil am sozialen Wandel und an den nahezu alle Bereiche des gesellschaftlichen Lebens einschließenden Reformen.[38]

Neben den Umstrukturierungen innerhalb des politischen Systems und dem Einfluss des Skandaljournalismus ist *drittens* für die Reformbewegungen der *Progressive Era* bezeichnend, dass vor allem Frauen maßgeblich involviert sind und immer stärker ins Licht der Öffentlichkeit treten. Die immer größer werdende Präsenz des weiblichen Geschlechts im außerhäuslichen Bereich und ihre wachsende Rolle innerhalb der Reformbewegungen liegt zum einen in den technologischen Erfindungen der Zeit (wie z.B. Kühlschrank, Waschmaschine, Staubsauger usw.) und den zahlreichen Innovationen (wie z.B. konservierbares *pre-cooked food*, industriell gefertigte Kleidung, fließendes Wasser im eigenen Haus usw.) begründet, denn diese erleichtern die Arbeit im Haushalt und setzen zeitliche Ressourcen frei, die Frauen nun in anderer Form nutzen.[39] „They had,“ schreibt Woloch, „less drudgery, better health, more energy, and more free time, which could now be devoted to outside activities.“[40] Außerdem führen die um die Jahrhundertwende im Rahmen des *birth-control movement* verfügbar gewordenen Verhütungsmittel und das proklamierte Konzept der *voluntary parenthood* bzw. *voluntary motherhood* zu sinkenden Geburtenzahlen und kleineren Familien, weil insbesondere bei Frauen das Bedürfnis wächst, sich von der physischen Belastung, die ihnen durch „continual pregnancy and childcare“ auferlegt wird, zu befreien.[41] Vor allem Frauen der amerikanischen *middle* und *upper middle class* profitieren von diesen Entwicklungen und beginnen sich, ob der nun zur Verfügung stehenden zeitlichen Kapazitäten, verstärkt für gesellschaftliche Belange und die Stärkung ihrer eigenen Rechte zu engagieren. „Middle-class women,“ schreibt Degler,

---

37 Cherny et al., *Making America*, 647.

38 Hierzu heißt es bei Douglas: „After about 1912, the muckraking movement abated. The public tired of the exposés, some of which seemed sensational and overly sordid. But muckraking already had exerted a major impact on the reform movement [...].“ (George H. Douglas, „Muckrakers“, *The Oxford Companion to United States History*, ed. Paul S. Boyer (Oxford: Oxford University Press, 2001), 520).

39 Siehe hierzu ausführlich die Ausführungen zum Konzept der *seperate spheres* und den zeitgenössischen Geschlechterdiskursen in Kapitel III.4.2 dieser Arbeit.

40 Nancy Woloch, *Women and the American Experience* (New York, NY: Knopf, 1984), 272.

41 Riley, *Inventing*, 267. Zum *birth-control movement* und dem Konzept der *voluntary motherhood* siehe ausführlich Riley, *Inventing*, 266f. bzw. 340-342.

> were the main beneficiaries of the lightening of the chores of the home [...]. These middle-class women became the bone and sinew of the feminist movement, which was almost entirely an urban affair. [...] With an increasing amount of time available to them in the city, and imbued with the historic American value of work, they sought to do good. And there was much to be done in the raw, sometimes savage, urban environment of the late nineteenth century.[42]

Weshalb das Heraustreten der Frau aus der häuslichen Sphäre und ihre aktive Mitwirkung in verschiedensten Reformbewegungen gesellschaftlich überhaupt akzeptiert wurde bzw. legitimiert werden konnte, sei bereits hier kurz angedeutet, um den Zusammenhang zwischen der tragenden Rolle des weiblichen Geschlechts innerhalb des Reformprogramms der *Progressive Era* zu verdeutlichen.[43] So ist zu erwähnen, dass das tradierte Weiblichkeitsverständnis von der Frau als „guardia[n] of virtue and morality"[44] auf eine solche Weise umgedeutet wird, dass sie diese Rolle auch außerhalb des häuslichen Bereichs ausfüllen kann. In Anbetracht der sozialen Missstände und gesellschaftlichen Verwahrlosung kann und muss es, so die zeitgenössische Argumentationslinie, ihre Aufgabe sein, „to mend, heal, and improve American society"[45]. Dazu heißt es bei Schneider und Schneider: „American women [...] had special reason to feel that by exercising their much-touted influence they could clean up the messes men had made. Mothers would improve children and, equally important, the environment in which those children lived. [They] [...] believed that they could cleanse their municipal, state, and federal houses to upgrade the quality of life."[46] Vor dem Hintergrund des als *municipal housekeeping* bezeichneten Konzeptes ließ sich das zu dieser Zeit als rollenuntypisch angesehene Verhalten gesellschaftlich engagierter Frauen nun durchaus rechtfertigen, ohne gegen die Prämissen des herrschenden Geschlechterdiskurses zu verstoßen. Zu Tausenden finden sich deshalb Frauen öffentlich in den sog. *women's clubs* zusammen, um über kulturelle, politische, wirtschaftliche sowie

42 Carl N. Degler, „The Changing Place of Women in America", *The Woman Question in American History*, ed. Barbara Welter (Hinsdale, IL: Dryden Press, 1973), 133-146: 135.

43 Eine ausführliche Erläuterung dieses Phänomens erfolgt, insbesondere unter Bezugnahme auf zeitgenössische Weiblichkeitsdiskurse, in Kapitel III.4.2. Darin wird u.a. auf die Umdeutung bzw. Erweiterung des viktorianischen Häuslichkeitsdiskurses und des Konzepts des *angel in the house* eingegangen. Im Mittelpunkt der Darstellung stehen dann weniger die Reformbewegungen der *Progressive Era* als vielmehr die Herausbildung konfligierender Geschlechterdiskurse.

44 Schneider and Schneider, *Women in the Progressive Era*, 12.

45 Riley, *Inventing*, 272.

46 Schneider and Schneider, *Women in the Progressive Era*, 12. Bei Riley heißt es zum Konzept des *municipal housekeeping*: „Women believed they had special talents and moral responsibilities compelling them to solve civic problems." (*Inventing*, 276).

bildungsbezogene Reformmöglichkeiten zu diskutieren. Was im frühen 19. Jahrhundert zunächst als privater Literatur- und Kunstzirkel im häuslichen Bereich beginnt, entwickelt sich am Ende des Jahrhunderts rasch und mit immer weiter ansteigenden Mitgliedszahlen zum einflussreichen *women's club movement*, dessen Wirkmächtigkeit bald auf nationaler Ebene zu spüren sein sollte.[47] Es sind diese *women's clubs*, aus denen die Reformbewegungen der *Progressive Era* in besonderem Maße mit hervorgehen.

Zu den wichtigsten Bereichen, in denen umfassende und für die Geschichte der Vereinigten Staaten nachhaltig wirkende Reformen zu verzeichnen sind, zählen, neben Veränderungen hinsichtlich der (insbesondere innerstädtischen) Infrastruktur[48] und des Finanz- und Bankwesens[49], auch Innovationen in der Bildungspolitik, beispielsweise durch die Gründung von *women's colleges* und erweiterte Zugangsmöglichkeiten für weibliche Studenten zu höheren Bildungseinrichtungen,[50] sowie des Arbeitsrechts, etwa durch die Etablierung von Schutz- und Präventionsmaßnahmen in Bezug auf Kinderarbeit oder die sexuelle Belästigung von Fabrikarbeiterinnen[51].

47 Siehe Cherny et al., *Making America*, 553. In diesem Zusammenhang schreibt Riley: „Many white-middle- and upper-class women chose to work for reform through their long-established, and increasingly politicized, women's clubs. By 1890, the women's club movement had grown to such proportions that individual clubs joined into a national association. Called the General Federation of Women's Clubs (GFWC), it encompassed two hundred clubs and twenty thousand members." (*Inventing*, 276).

48 Siehe Cherny et al., *Making America*, 544-550.

49 Die Veränderungen innerhalb des Finanzwesens betreffen in erster Linie Reformen im Steuerrecht, die Bankenregulierung oder etwa den durch entsprechende Gesetze geregelten Verbraucherschutz. Insgesamt ist in diesem Bereich eine stärkere Kontrolle großer Unternehmen durch die Politik zu beobachten.

50 Siehe Cherny et al., *Making America*, 550-552. Zutritt zu Universitäten erhalten Frauen bereits ab der Mitte des 19. Jahrhunderts, zu dieser Zeit allerdings nur in sehr begrenztem Maße. In der *Progressive Era* verbessern sich die Bildungsmöglichkeiten insbesondere für unverheiratete, junge Frauen der weißen Mittelschicht noch einmal schlagartig. Zur Etablierung der *women's colleges* und koedukativen Bildungseinrichtungen, den damit verbundenen Chancen, Restriktionen und Vorurteilen siehe z.B. Angelika Köhler, *Ambivalent Desires. The* New Woman *between Social Modernization and Modern Writing* (Heidelberg: Universitätsverlag Winter, 2004), 84-89 sowie Riley, *Inventing*, 272-274 und Woloch, *Women and the American Experience*, 276-283.

51 Siehe Cherny et al., *Making America*, 538-540. Eine zunehmend wichtige Rolle nehmen die Arbeitergewerkschaften, die sog. *labor unions* und *trade unions*, ein, die – solange sie ausschließlich aus den schwer zu ersetzenden ausgebildeten Fachkräften, den sog. *skilled workers*, bestehen – entsprechenden Druck auf die Fabrikbesitzer und Unternehmer ausüben können. Dies ändert sich spätestens mit der großen Einwanderungswelle, als mit der steigenden Zahl von Immigranten auch der Pool potentiell zur Verfügung stehender und damit leicht ersetzbarer Arbeitskräfte wächst.

Besonderes Augenmerk wird im Zuge des amerikanischen Reformprogramms außerdem auf die Wahrung bzw. Stärkung moralischer und humanitärer Werte gelegt. Die Gesellschaft als solche soll – salopp formuliert – ‚besser' werden, soll verantwortungsvolle Bürger hervorbringen. „Many," erklären Cherny et al., „[...] optimistically believed that responsible citizens, acting together, [...] could achieve social progress—improvement of the human situation."[52] So verpflichten sich insbesondere die oben erwähnten *women's clubs*, aber auch andere *interest groups* dem sog. *moral reform movement*, das in sich wiederum breit gefächert ist, unterschiedliche Schwerpunkte setzt und entsprechend verschiedene Zielsetzungen verfolgt. Zu den wichtigsten Bewegungen innerhalb der gesellschaftlichen Reformagenda zählen das *Temperance Movement*, das *Settlement House Movement*, die *Purity Campaign*, das *Birth Control Movement* und sich gegen Rassendiskriminierung engagierende Gruppierungen. Es ist bezeichnend, dass sich ausgerechnet innerhalb dieses auf ethisch-moralische Werte abzielenden Reformstranges vor allem Frauen der weißen Mittelschicht aktiv engagieren. Der Grund dafür ist, wie oben ausgeführt, in dem Umstand zu sehen, dass in eben diesem Reformbereich die Einflussnahme der Frau von der häuslichen auf die öffentliche Sphäre übertragen werden kann und sich die Aufgabe zur Erziehung tugendhafter Bürger nicht mehr allein auf den engen Kreis der Familie beschränkt.

So setzen sich beispielsweise die Anhänger des *Temperance Movement* für die „total abstinence from alcohol"[53] ein, weil Alkoholkonsum zum einen „for the disruption of family life"[54] verantwortlich gemacht wird und sich zum anderen als Hauptursache häuslicher Gewalt erweist. „A drunken husband," so Collins, „was an emotional burden, a potential physical danger, and a drain on the family finances."[55] Durch ein gesetzlich geregeltes Alkoholverbot sollte „the nation's biggest consumer industry"[56] gedrosselt, in erster Linie aber Frauen und Kinder sowie die Institution der Familie im Allgemeinen geschützt werden.

Zu den bedeutsamsten Reformprogrammen der *Progressive Era* zählt zweifelsohne das sog. *Settlement House Movement*. Bereits zu Beginn der Epoche zeichnet sich ab, dass die Behörden den sich stetig verschlimmernden sozialen Missständen und daraus resultierenden Problemen in den rasant wachsenden Städten nicht mehr Herr werden können.[57] Um die Tendenz zunehmender

52 Cherny et al., *Making America*, 640.

53 Cherny et al., *Making America*, 553.

54 Riley, *Inventing*, 280.

55 Collins, *America's Women*, 317.

56 Collins, *America's Women*, 316.

57 Siehe Riley, *Inventing*, 278f.

Armut, Verwahrlosung, Krankheit und Gewalt in den *slums* zu stoppen, müsse man, so die Reformierer, direkt vor Ort entsprechende Maßnahmen ergreifen. Aus dieser Einsicht heraus entstehen im ausgehenden 19. Jahrhundert nach englischem Vorbild auch in Amerika erste *settlement houses*,[58] d.h. „[c]ommunity center[s] operated by resident social reformers in a slum area to help poor people in their own neighborhoods“[59]. Bezeichnenderweise sind es in erster Linie (wieder) gebildete Frauen der weißen Mittelschicht, die sich in der *Settlement*-Bewegung engagieren – allen voran Jane Addams, die nach ihrer Rückkehr aus England, wo sie das Konzept der in den Armenvierteln Londons errichteten *settlement houses* kennenlernt, im Jahre 1889 gemeinsam mit Ellen Gates Starr eine solche Einrichtung – *Hull House* – in Chicago eröffnet.[60] *Hull House* wird gewissermaßen zum Inbegriff des *Settlement House Movement* in den U.S.A., nach dessen Vorbild bis 1910 etwa 400 weitere Einrichtungen entstehen.[61] Die sozialen Maßnahmen, die die engagierte Gemeindearbeit in *Hull House* umfasst, werden u.a. wie folgt beschrieben:

> Hull House offered a variety of services to the families of its neighborhood: a nursery, a kindergarten [...], classes in child rearing, a playground, and a gymnasium. Addams, Starr, and other Hull House activists also challenged the power of city bosses and lobbied state legislators, seeking cleaner streets, the abolition of child labor, health and safety regulations for factories, compulsory school attendance, and more. Their efforts brought national recognition.[62]

Weitere Angebote in den *settlement houses* schließen beispielsweise Koch- und Nähunterricht, Sprachunterricht für die überwiegend aus Europa stammenden Einwanderer sowie Wohnunterkünfte für unverheiratete Frauen der *working class* ein.[63] *Hull House* und andere *settlement houses* bieten zudem sozial engagierten Hochschulabsolventinnen der *middle class* Gelegenheit, praktische Erfahrungen in der Arbeit mit den Ärmsten der Gesellschaft zu sammeln. Addams, zunächst selbst die Verkörperung der „crisis felt by many upper-middle-class women who found themselves with lots of education and little to do that felt ‚real‘ or significant“[64], geht als gutes Beispiel voran und zeigt

---

58 „The settlement house idea,“ erläutern Cherny et al., „originated in England in 1884, at Toynbee Hall, a house in London's slums where idealistic university graduates lived among the poor and tried to help them.“ (*Making America*, 602).

59 Cherny et al., *Making America*, 602.

60 Siehe z.B. Collins, *America's Women*, 284-287 zur Geschichte von *Hull House*.

61 Siehe Cherny et al., *Making America*, 604.

62 Cherny et al., *Making America*, 604.

63 Siehe Cherny et al., *Making America*, 604.

64 Evans, *Liberty*, 148.

mit der Gründung von *Hull House* Möglichkeiten auf, wie solche Einrichtungen als „training grounds"[65] für berufliche Karrieren von lokalpolitisch engagierten Frauen der Mittelschicht dienlich sein können. Hierzu erklärt Riley: „In addition to helping the urban poor, settlement houses proved instrumental to the careers of the women who ran them. Settlement houses served as training schools for women activists, giving them experience in local politics and the attainment of power."[66] Überhaupt erweisen sich die *settlement houses* als Institutionen „[which were] created and staffed primarily by college-educated women"[67]. Aus dieser Bewegung heraus erwächst in der *Progressive Era* ein ganz neues, modernes Berufsbild – das der Sozialarbeiterin.[68]

Die Bandbreite der gesellschaftlichen Reformen im Untersuchungszeitraum ist mit den genannten Beispielen keinesfalls erschöpft. Sie können jedoch verdeutlichen, dass die *Progressive Era* insgesamt von einem Fortschritts- und Reformdenken geprägt ist, das sich nicht auf einen einzigen Aspekt herunterbrechen lässt. „There was," so Cherny et al., „no single progressive movement."[69] Die enorme Diversität der Reformbewegungen lässt die *Progressive Era* zu einem komplexen Phänomen werden, das gleichzeitig aber auch ein äußerst ambivalentes ist und sich deshalb auch heute noch als „minefield for scholarly interpretation"[70] erweist. Ambivalent ist es deshalb, weil Wachstumsoptimismus, Entwicklung und Fortschrittsglaube in dieser Zeit immer auch einhergehen mit Missständen, Konflikten und konservativen Gegenbewegungen.[71] Nicht in allen Bereichen des öffentlichen Lebens werden Veränderungen und Reformen begrüßt oder umgesetzt, und zum Teil stehen die Interessen einer Gruppierung im Widerspruch zu denen einer anderen. So entwickeln sich diverse Spannungsfelder, die die gesellschaftlichen Aushandlungsprozesse nicht nur verlangsamen, sondern auch erschweren. Reformgeist und Aushandlung bilden deshalb gewissermaßen zwei bedeutsame Grundmotive dieser Zeit. Das Amerika der *Progressive Era* stellt sich somit als eine *society in transition* und der Zeitraum selbst als *transitional period* dar, die zwar wichtige Impulse für die Entwicklung eines modernen Amerika setzen kann, in vielen

---

65 Evans, *Liberty*, 149.

66 Riley, *Inventing*, 279. Zu den erfolgreichen politischen Aktivistinnen, deren Karrieren in *settlement houses* begannen, gehören beispielsweise Florence Kelley (*Hull House*, Chicago) und Lilian Wald (*Henry Street Settlement House*, New York). Siehe hierzu ausführlicher Riley, *Inventing*, 279f.

67 Cherny et al., *Making America*, 604.

68 Siehe Evans, *Liberty*, 148 sowie Cherny et al., *Making America*, 604.

69 Cherny et al., *Making America*, 640.

70 Cocks et al., *Historical Dictionary*, xxx.

71 Siehe Cocks et al., *Historical Dictionary*, xxx.

Belangen – seien sie politischer, sozialer oder kultureller Art – aber auch hinter den optimistischen Erwartungen zurück- bzw. tradierten Strukturen gar verhaftet bleibt.

Besonders augenscheinlich wird dies im kommerziellen Broadway-Theater, das vornehmlich vom Geschmack der *white middle-class audience* beherrscht wird, die mit den sozialen Missständen der ‚realen' Welt und einer ernüchternden Gesellschaftskritik freilich nicht unbedingt konfrontiert werden will. „[T]he middle class," schreibt Atkinson, „controlled the theater and would not accept plays that were not flattering and soothing. [...] Power, passion, sacrifice, romance, salvation were the chief ingredients of the plays that worked. It was as if the realities of American life were too terrible to be faced."[72] Die brennenden Fragen der Zeit konnten demzufolge auf den kommerziellen Theaterbühnen kaum einen Platz finden, sodass – mit einigen allerdings wichtigen Ausnahmen – der gesellschaftliche Reformgeist auf inhaltlicher Ebene am Broadway-Theater ebenso vorbeigeht wie die oben angesprochenen kunstästhetischen Modernisierungstendenzen innerhalb der dramatischen Gattung. „Broadway," so noch einmal Atkinson, „was not only untouched by this political and cultural dynamism, but it was also unaffected by the vigor and diversity of the other arts".[73] Wie im anschließenden Kapitel zu zeigen ist, muss eine differenziertere Beurteilung des Broadway-Dramas der *Progressive Era* allerdings der maßgeblichen Rolle des Publikums und der Theaterindustrie sehr viel mehr Aufmerksamkeit schenken als dies, in Folge seiner literaturkritischen Abwertung als ‚unliterarisch' und ‚anspruchslos', bislang der Fall war.

Ferner sollte deutlich geworden sein, dass innerhalb der Reformbewegungen der *Progressive Era* das weibliche Geschlecht eine zentrale Rolle einnimmt. „Reform movements organized and led by women played an enormous role in Progressive Era efforts to improve urban life, labor conditions, education, child welfare, public health, and other issues."[74] Bezeichnenderweise sind es die sozial und politisch engagierten Frauen selbst, die ungeachtet ihrer Verdienste in der *Progressive Era* immer dann ins Kreuzfeuer der öffentlichen Kritik geraten, wenn es um die eigenen Rechte und Bedürfnisse geht. So stellt das Spannungsverhältnis zwischen tradiertem Rollenverständnis und emanzipierter Weiblichkeit ein zentrales, aber ebenso konfliktträchtiges Diskursfeld der *Progressive Era* dar, das insbesondere auch auf der Theaterbühne gesellschaftlich verhandelt wird, im kommerziellen Drama allerdings an eine

72 Atkinson, *Broadway*, 22.
73 Atkinson, *Broadway*, 50f.
74 Cocks et al., *Historical Dictionary*, xxxiii.

Reihe von Darstellungskonventionen gebunden ist, die es ebenfalls im nachfolgenden Kapitel zu konkretisieren gilt.

II.2 Untersuchungsgegenstand: Das Broadway-Theater der *Progressive Era*

Eine zeitgeschichtliche Kontextualisierung, wie sie im voranstehenden Kapitel zur *Progressive Era* vorgenommen wurde, dient dem Ziel, ein vertieftes historisches Verständnis für die Zeit zu entwickeln, in der die hier untersuchten Theaterstücke entstanden sind. Dieses Verständnis ist für die Rezeption und Analyse der Stücke unabdingbar, nehmen sie doch mehr oder weniger direkt immer wieder Bezug auf die für diese Epoche charakteristischen Themen, Reformbemühungen und Spannungsfelder. So finden sich darin beispielsweise im- und explizite Hinweise auf die sozialen Nöte der *working class*, insbesondere von (Fabrik-)Arbeiterinnen und jungen Immigrantinnen (z.B. in *Margaret Fleming, The Flower Shop*), auf das soziale Engagement gebildeter *middle class women* in *women's clubs* (z.B. in *The Flower Shop*), auf häusliche Gewalt physischer und psychischer Art (z.B. *Miss Lulu Bett, The Flower Shop*), aber auch auf die Annehmlichkeiten, die die Vertreter der *white middle class* ob ihres gesellschaftlich besser gestellten Status genießen (z.B. *He and She, Miss Lulu Bett, The Flower Shop*).

Dass in den Dramen auf die politischen und sozialen Entwicklungen ihrer Zeit überhaupt Bezug genommen wird und gesellschaftsaktuelle Themen direkt oder indirekt angesprochen werden können, steht wiederum in einem engen Zusammenhang mit der Entwicklung realistischer Darstellungsverfahren in der zweiten Hälfte des 19. Jahrhunderts. Während sich aber beispielsweise in der amerikanischen Erzählliteratur realistische Repräsentationsformen schon mindestens seit den 1850er Jahren etablieren – zunächst in Reisebereichten, dann in den Genres der *domestic novel* und *local color fiction* und spätestens ab den 1880er Jahren im realistischen Roman mit seiner zeit- und zivilisationskritischen Dimension –,[75] nimmt das amerikanische Drama und Theater zunächst kaum Kenntnis von dieser Entwicklung. Das liegt primär daran, dass das Publikum des Unterhaltungstheaters auf eine Spiegelung dessen, was ‚draußen' im ‚realen' Leben geschieht, keinen Wert legt und eine gesellschaftskritische Auseinandersetzung mit den Problemen und Fragen der Zeit nicht zum Gegenstand des kommerziellen Theaters zählt. Folglich sorgen auch Theaterbetreiber dafür, dass sozialkritische Stücke gar nicht erst aufgeführt

75 Siehe Fluck, „Realismus, Naturalismus, Vormoderne", 153ff.

werden. Einzig die Dramenautoren nehmen die realistischen Strömungen auf und sind um eine Erneuerung des Unterhaltungstheaters bemüht. Sie zeigten sich „full of hope and fresh ideas and were enthusiastic about new styles of craftsmanship“[76], sahen sich jedoch mit den äußerst restriktiven Aufführungskonventionen eines an Reform weitgehend uninteressierten Kommerztheaters konfrontiert. Diese für die *Progressive Era* symptomatische Spannung zwischen Tradition und Innovation, zwischen dem Festhalten an Bewährtem und dem Zulassen von Neuem, fließt in das Broadway-Drama der Zeit in zweifacher Hinsicht ein: Zum einen zeigt sie sich auf thematisch-inhaltlicher Ebene, weil brisante Themen, zu denen auch die Geschlechterproblematik zählt, nur in eng abgesteckten, ideologiekonformen Räumen auf die Bühne gebracht werden können. Zum anderen spiegelt sich diese Spannung auf formal-struktureller Ebene wider, weil kommerziell erfolgreiche Formate mit populären Handlungselementen von den Dramatikern ausnahmslos ‚geliefert‘ werden müssen. Dieses doppelbödige Spannungsfeld innerhalb des kommerziellen Theaters und die Art und Weise, wie Broadway-Dramatiker ihm begegnen, soll in diesem Kapitel deshalb ausführlicher dargestellt werden, weil das hier nur angedeutete komplexe Bedingungsgefüge aus historischem Kontext, sozialem Wandel und den zur Verfügung stehenden Inszenierungsmöglichkeiten im realistischen Broadway-Drama der *Progressive Era* bislang noch nicht ausreichend dargestellt worden ist.

Im ersten Abschnitt dieses Kapitels („Zwischen Tradition und Innovation“) werden deshalb zunächst die für das amerikanische Drama der Jahrhundertwende typischen, tradierten Darstellungsformen (Komödie, Melodrama, *well-made play*) sowie die gattungsspezifischen Entwicklungen hin zum realistischen Drama (*problem play, discussion play, social comedy*) nachgezeichnet, um eine gattungsgeschichtliche bzw. gattungstheoretische Verortungsfolie für die in dieser Studie untersuchten Stücke zu bilden. Der für die *Progressive Era* insgesamt kennzeichnende gesellschaftliche Transformationsprozess spiegelt sich wie gezeigt nicht nur in Politik und Wirtschaft wider, sondern kommt auch im soziokulturellen Bereich zum Tragen. Die gesellschaftlichen Entwicklungen der Zeit wirken, wenngleich in vergleichsweise geringerem Maße, beispielsweise auch auf Drama und Theater, verändern die dort behandelten Themen und bringen – wenn auch nur zögerlich – neue Formen hervor. So befindet sich das amerikanische Drama im Spiegel der gesamtgesellschaftlichen Veränderungen ebenfalls in einem Übergangs- bzw. Transformationsmodus, der aus dem Spannungsfeld von Konvention und Innovation, von Tradition und Reformbewusstsein erwächst.

76 Atkinson, *Broadway*, 4.

Die kommerziellen Broadway-Dramen der *Progressive Era* erweisen sich dabei oft selbst als Hybridformen, die einerseits noch sehr stark traditionsbehaftet sind, andererseits aber auch bereits ihre Schatten vorauswerfen auf jene gattungsbezogenen Neuerungen, wie sie um das Jahr 1915, spätestens aber ab 1920 deutlich werden. Von dieser Grundannahme ausgehend wird gezeigt, auf welche Weise tradierte Formate wie das Melodrama und das *well-made play* das frühe realistische Drama im Amerika der *Progressive Era* beerben und wie daraus wiederum eine besondere dramatische Form entsteht, die sich innerhalb des kommerziellen Unterhaltungstheaters in diesem Spannungsfeld zu verorten sucht. Solch eine gattungsgeschichtliche Einordnung ist notwendig, um die besondere Charakteristik amerikanischer Broadway-Dramen um die Jahrhundertwende verstehen zu können. Es geht dabei allerdings nicht um einen theatergeschichtlichen ‚*Über*-Blick' – den bieten bereits vorliegende Studien zur Geschichte des amerikanischen Dramas. Vielmehr soll hier die bereits erwähnte ‚Zeitlupentechnik' greifen, um dieses komplexe Bedingungsgefüge in seiner Spezifik darzustellen.

In einem zweiten Kapitelabschnitt („Zum Bedingungsgefüge von Produktion, Rezeption, Revision und Kommerz") werden die konkreten Produktionsmechanismen des kommerziellen Theaters sowie die „ganz besonderen Ansprüche des Publikums"[77] in den Blick genommen, um davon ausgehend die ‚ganz besonderen' Umstände und Herausforderungen, mit denen sich die Broadway-Dramatiker des Untersuchungszeitraumes konfrontiert sehen, nachzuzeichnen. Wenngleich hier primär die überlieferten Dramentexte im Vordergrund der Untersuchung stehen und weniger die tatsächlichen Inszenierungen der Stücke, kann eine so angelegte Studie weder ohne die Berücksichtigung der komplexen sozio-ökonomischen Praktiken der Institution, für die die Texte verfasst worden sind, noch ohne die Darstellung von damit verbundenen Einflussfaktoren auskommen. So ist allein schon deshalb auf die besondere Rolle des Broadway-Publikums, auf die von ihm eingeforderte Einhaltung der Aufführungskonventionen, auf den nicht zu unterschätzenden Einfluss der Theaterkritiker, auf die zunehmende Abhängigkeit der Theatermanager von den alles beherrschenden *booking agencies* in New York und nicht zuletzt auf die prekäre Situation der für das kommerzielle Unterhaltungstheater schreibenden Dramenautoren einzugehen, weil in kaum einem anderen Kulturbereich das wechselseitige Bedingungsgefüge von Produktion

77 Hartwig Isernhagen, „Das amerikanische Theater des zwanzigsten Jahrhunderts und sein Publikum: Ein Überblick über Tendenzen und Organisation", *Das amerikanische Drama*, hg. Gerhard Hoffmann (Bern: Francke, 1984), 39-56: 46f.

und Rezeption, Revision und Kommerz deutlicher zum Tragen kommt als im amerikanischen Drama und Theater der *Progressive Era*.[78]

II.2.1 *Zwischen Tradition und Innovation*

Charakteristisch für das amerikanische Drama und Theater ist, dass es sich erstens von Beginn an als populäres Volkstheater begreift, das seine wichtigste Funktion in der Unterhaltung eines breiten Massenpublikums sieht,[79] und dass es zweitens „[v]on Anfang an [...] eine enge Bindung mit dem Markt und dem Kommerz ein[geht]“[80]. Die Rolle des Publikums, dessen Urteil über Gefallen oder Nicht-Gefallen für den wirtschaftlichen Erfolg eines Stückes oder seines Bestehens im Theater überhaupt ausschlaggebend ist,[81] ist von jeher als eine für die Entwicklung des amerikanischen Dramas und Theaters wesentliche und zentrale zu beschreiben. Dem Bedürfnis der Zuschauer nach Zerstreuung und Ablenkung vom Alltäglichen begegnet das Theater ab dem 18. und vor allem im 19. Jahrhundert mit vielfältigen Unterhaltungsformaten. Dazu zählen insbesondere Pantomime, komische Sketche, akrobatische Zirkusvorführungen, Minstrel Show, Burlesque, Travestie, Vaudeville, Musical, Revue.[82] So verschieden diese Formate auch sein mögen – ein verbindendes Element ist ihre Fokussierung auf das Unterhaltungsmoment.

Neben diesen im weiteren Sinne mit dem Theaterschauspiel verwandten Formen entwickeln sich in den eigentlichen, ‚seriöseren‘ Theaterhäusern die Farce, vor allem aber das Melodrama zu den beliebtesten Genres.[83] Letzteres

---

78 Siehe Haas und Lohner, „Theater und Drama“, 9.

79 Siehe Berndt Ostendorf, „Vorformen und Nachbarformen des amerikanischen Theaters: Minstrel Show, Vaudeville, Burlesque, Musical, 1800-1932“, *Das amerikanische Drama*, hg. Gerhard Hoffmann (Bern: Francke, 1984), 11-26: 11 sowie Halfmann, „Amerikanisches Theater und Drama bis 1900“, 235.

80 Ostendorf, „Vorformen und Nachbarformen“, 23.

81 Atkinson verweist beispielsweise auf die Praxis des *first-nighter audience polling*, bei dem das Theaterpublikum unmittelbar nach der Premiere eines Stückes noch im Theater befragt wird, ob das Stück als ‚geeignet‘ (*fit*) oder ‚ungeeignet‘ (*unfit*) bewertet wird. Entschied sich die Mehrheit für letzteres, drohte dem Stück die unverzügliche Absetzung oder zumindest eine umfassende Überarbeitung. Siehe Atkinson, *Broadway*, 64.

82 Siehe hierzu Ostendorf, „Vorformen und Nachbarformen“ (1984), der in diesem lesenswerten Artikel einen Überblick über die verschiedenen Ausprägungen des populären Unterhaltungstheaters in Amerika gibt. Einen guten Überblick bietet auch Brooks McNamara, „Popular Entertainment“, *The Cambridge History of American Theatre. Volume II: 1870-1945*, eds. C.W.E. Bigsby and Don B. Wilmeth (Cambridge: Cambridge University Press, 1999), 378-410.

83 Zur Farce und ihren Varianten siehe z.B. das Kapitel ‚The Popular Farce‘ in Walter J. Meserve, *An Outline History of American Drama* (New York, NY: Feedback Theatrebooks & Prospero Press, ^{2}1997), 193-197.

erlebt seinen Höhepunkt im 19. Jahrhundert und dominiert als populärste Form über lange Zeit die Unterhaltungsindustrie – ein Umstand, der bis ins frühe 20. Jahrhundert nachwirken sollte.[84] Wenn im Folgenden kompakt auf bestimmte Genres und Formate konkreter eingegangen wird, dann geschieht dies mit dem Ziel, zunächst jene tradierten, aber dann auch innovativen Textelemente zu identifizieren, die im Broadway-Drama der *Progressive Era* zusammenfließen. Während zuerst mit den Ausführungen zum Melodrama und *well-made play* der Blick auf tradierte Formen des Unterhaltungstheaters gerichtet wird, fokussieren die sich daran anschließenden Abschnitte auf innovative Formate wie das nach europäischem Vorbild entstandene realistisch-sozialkritische Diskussions- und Problemstück. Aus dem Zusammenwirken dieser Faktoren entsteht erst die spezifische Dramenform, wie sie durch die hier ausgewählten Stücke repräsentiert wird.

Das Melodrama

Klaus Schwank betont die zentrale Bedeutung „dieses Genres für das amerikanische Drama" und verweist darauf, dass der „Großteil der Dramenproduktionen des 19. Jahrhunderts" im „Bereich des Melodramas" zu verorten ist.[85] Die Beliebtheit des Melodramas lässt sich u.a. darauf zurückführen, dass sich dieses Genre in besonderem Maße dazu eignet, genuin amerikanische Stoffe und Figuren auf eine Weise darzustellen, die den „populistische[n] Unernst des Publikums"[86] nicht unterläuft. Das Melodrama ist mit seinen vereinfachenden, stereotypisierenden Darstellungsmitteln dem Publikum leicht zugänglich und bedient zudem mit seiner romantisch-naiv verklärten Haltung die erwähnten Unterhaltungsbedürfnisse. Hinsichtlich formaler und inhaltlicher Aspekte lassen sich eine Reihe „typische[r] Ingredienzen des amerikanischen Melodramas"[87] ausmachen, zu denen folgende zählen:

> Die Grundform des Melodramas [...] ist gekennzeichnet durch übersteigerte Kontraste und ‚dramatische' Zuspitzungen, die vor allem Gefühlsreaktionen auslösen sollten (deshalb spricht man von ‚Rührstücken'). Die Kontraste zeigen sich dabei vor allem in der stereotypen Gestaltung der Charaktere, die entweder

84 Etwas negativer konnotiert kommentiert Kaes diesen Befund, wenn er davon spricht, dass „der Broadway – zumindest bis etwa 1920 – die Tradition des Theaters aus dem 19. Jahrhundert weiter[schleppte]". (Kaes, „Zwischen Avantgarde und Massenkultur", 47).

85 Schwank, „Das amerikanische Melodrama", 27. Auch Meserve spielt auf die zentrale Bedeutung des Melodramas für das amerikanische Drama und Theater an, indem er das Kapitel in seiner *Outline History* mit ‚The Age of Melodrama' überschreibt (siehe Meserve, *An Outline History*, 181-193).

86 Ostendorf, „Vorformen und Nachbarformen", 12.

87 Schwank, „Das amerikanische Melodrama", 30.

> ausgemachte Bösewichte sind, von Tugend geradezu triefen oder auch als harmlose Spaßmacher für *comic relief* sorgen sollen. Für die gefühlsauslösenden Zuspitzungen ist eine von vielen Wechselfällen durchzogene Handlung zuständig, bei der in der Regel die unschuldige Heldin oder der tugendhafte Held unter den Verfolgungen eines Schurken und seiner Helfer leiden muss und fast daran zugrunde geht, bis nach einer völlig unwahrscheinlichen, plötzlichen Wendung zum Guten kurz vor dem Ende die Tugend belohnt und das Laster bestraft werden. Deshalb sind die meisten Melodramen trotz des Durchgangs durch schlimmes Herzklopfen und ein Tränenmeer im Grunde optimistisch, und sie wurden gern für die Propagierung humanitärer und moralischer Anliegen benutzt.[88]

Harmon und Holman betonen außerdem folgende, besonders bühnenwirksame Gestaltungsmittel, die den Unterhaltungswert melodramatischer Stücke erhöhen und das Publikum in ihren Bann ziehen:

> [Melodrama is] a play, based on a romantic plot and developed sensationally, with little regard for motivation and with an excessive appeal to the emotions of the audience. The object is to keep the audience thrilled by the arousal anyhow of strong feelings of pity, horror, or joy. Poetic justice is superficially secured, the characters (either very good or very bad) being rewarded or punished according to their deeds. […] [T]ypically a *melodrama* has a happy ending […].[89]

In dieser idealtypischen ‚Reinform' findet sich das Melodrama in der Geschichte des amerikanischen Dramas und Theaters freilich nur selten. Es ist außerdem auch nicht auf ein „historisch eingrenzbare[s] Phänome[n]"[90] zu beschränken. „Der Begriff Melodrama," so schreibt Kurt Müller in diesem Zusammenhang, „ist […] nicht im Sinne einer exakt definierbaren Genrebezeichnung zu verstehen, sondern eher als ein sämtliche Gattungen durchdringendes Konventionsrepertoire."[91]

Dieses Spektrum aus ganz bestimmten, „genretypisch[en] Eigenschaften des Melodramas" kommt im amerikanischen Drama immer wieder zum Tragen und wird insbesondere ab den 1860er Jahren bis in das frühe 20. Jahrhundert hinein ‚perfektioniert und standardisiert'.[92] Sodann lassen sich bestimmte „melodramatisch[e] Handlungselement[e]"[93] auch noch deutlich in

88 Grabes, *Das amerikanische Drama des 20. Jahrhunderts*, 53. Hervorhebung im Original.

89 William Harmon and Hugh Holman, *A Handbook to Literature* (Upper Saddle River, NJ: Prentice Hall, 92003), 305. Hervorhebung im Original.

90 Schwank, „Das amerikanische Melodrama", 28.

91 Müller, *Das amerikanische Drama*, 19.

92 In Anlehnung an eine Formulierung in Halfmann, „Amerikanisches Theater und Drama bis 1900", 253.

93 Müller, *Das amerikanische Drama*, 20.

den dramatischen Werken des Broadway-Theaters um die Jahrhundertwende, insbesondere in den für diese Arbeit ausgewählten Stücken, nachweisen. Hierzu zählen, wie die Einzeltextstudien konkreter zeigen werden, beispielsweise die von mehreren Wendungen durchzogene Handlung, dramatische Zuspitzungen des zentralen Konfliktes, das Motiv der romantischen Liebesbeziehung, gefühlsauslösende Momente, humorvoll-komische Elemente in der Funktion des *comic relief* sowie schlussendlich die Wendung zum Guten, wobei letzteres lediglich aus der Perspektive des vorherrschenden Gesellschaftsdiskurses ein ‚gutes Ende' darstellt. Die damit gemeinte Affirmation der bestehenden Ordnung kann nämlich insbesondere aus gesellschafts- und *gender*-kritischer Sicht kaum als versöhnlicher Schluss gelten.

Das *well-made play*

Eine weitere dramatische Form, die – ähnlich wie das Melodrama – die Entwicklung des amerikanischen Dramas und Theaters in besonderem Maße prägt und in der *Progressive Era* noch spürbar nachwirkt, ist das sog. *well-made play*. Wiederum analog zum Melodrama bezeichnet der Begriff kein bestimmtes Genre, sondern bezieht sich vielmehr auf eine vor allem im 19. Jahrhundert populär gewordene dramatische Form, die ein bestimmtes Repertoire formaler Gestaltungsprinzipien aufweist, die beim Publikum besonders großen Zuspruch erfahren und damit tendenziell die Gefahr eines kommerziellen Risikogeschäftes minimieren. Diese Gestaltungskonventionen sind Teil „eine[r] rigide[n] Regelpoetik", die den Stücken „über[ge]stülp[t]" wird, um den erhofften kommerziellen Erfolg der Stücke zu garantieren.[94] Erreichen die immer wieder nach demselben Muster bzw. Erfolgsrezept (*formula*) gestrickten Stücke (*formula plays*) den Grad der Perfektion hinsichtlich der Plotstruktur, so werden diese Stücke auch als *well-made plays* bezeichnet.

Die Bezeichnung *well-made play* ist allerdings insofern eine problematische, als sie in ihrer Bedeutung ambivalent ist.[95] Die erwähnte Ambiguität ist das Resultat einer in verschiedenen (gattungs-)geschichtlichen Kontexten unterschiedlich erfolgten Verwendung des Begriffs. Kurz: Nicht immer wurde unter dem Begriff das gleiche gemeint oder verstanden. In seiner historischen Dimension hat der Begriff eine Bedeutungsverschiebung erfahren. Ursprünglich als positiv besetzter Ausdruck der Wertschätzung verwendet, ist die Bezeichnung eines Stückes als *well-made play* in der literaturkritischen Diskussion

---

94 Müller, *Das amerikanische Drama*, 20.

95 Siehe hierzu Patti P. Gillespie, „Plays: Well-Constructed and Well-Made", *Quarterly Journal of Speech* 58 (1972), 313-321: 313.

heute überwiegend negativ konnotiert. Verwies der Begriff zunächst auf „a degree of excellence“[96], hat er im Laufe der Zeit eine entwertende Bedeutungsveränderung erlebt. Entsprechend heißt es z.B. bei Taylor: „And yet the phrase, which seems obviously designed as a compliment, is almost invariably used in modern criticism as an insult.“[97] Der Grund für die geradezu gegensätzliche Auslegung und Verwendung des Begriffs ‚*well-made*‘ in der Literaturkritik ist in einer historisch variablen Beurteilung dessen zu suchen, was zu einer bestimmten Zeit als formal-ästhetisch anspruchsvolle Kunst definiert wird. Während im 19. Jahrhundert beispielsweise ein sorgfältig kalkulierter und „mit mathematischer Präzision durchkomponierte[r] Handlungs- und Figurenaufbau“[98] als Ausdruck des „highest level of theatrical art“ gepriesen wird,[99] entsprechen eben diese Merkmale aus heutiger Sicht kaum mehr dem Verständnis anspruchsvoller Kunst in dramatischen Werken. Die Broadway-Dramen der *Progressive Era* aber werden vom zeitgenössischen Zuschauer, Kritiker und Theaterbetreiber noch genau an diesem ursprünglichen Maßstab gemessen. Welche Kriterien dabei konkret herangezogen werden, sei nachfolgend und mit einem Blick auf die Entstehung des *well-made play* in Europa skizziert.

Als Begründer des *well-made play* gilt der französische Dramatiker Eugène Scribe (1791-1861),[100] der mit seiner in Frankreich als *pièce bien faite* benannten Dramenform – wie oben angedeutet – weniger auf ein ganz konkretes Genre abhebt, sondern damit vielmehr ein Merkmalsbündel bzw. eine Reihe allgemeiner „practices and tendencies“ meint, das flexibel auf die verschiedenen dramatischen Genres wie beispielsweise Komödien, Tragödien oder Melodramen angewandt werden kann.[101] Dementsprechend können z.B. sowohl komische, tragische als auch melodramatische Stücke als *well-made*

96 Gillespie, „Plays“, 313.

97 John Russell Taylor, *The Rise and Fall of the Well-Made Play* (New York, NY: Hill & Wang, 1967), 9. Siehe auch John A. Cuddon, *The Penguin Dictionary of Literary Terms and Literary Theory* (London: Penguin Books, ⁴1999), 980 sowie Robert Cohen, *Theatre* (New York, NY: McGraw-Hill, ⁶2003), 42.

98 Müller, *Das amerikanische Drama*, 20.

99 Cohen, *Theatre*, 42.

100 Siehe Douglas Cardwell, „The Well-Made Play of Eugène Scribe“, *The French Review* 56.6 (1983), 876-884: 876, Gillespie, „Plays“, 313, Jonnie Patricia Mobley, *The NTC's Dictionary of Theatre and Drama Terms* (Lincolnwood, IL: NTC Publishing Group, 1992), 163, Bernhard Reitz, „Versdrama, Melodrama, *problem play* und Komödie im 19. Jahrhundert – Einleitung“, *Das englische Drama und Theater von den Anfängen bis zur Postmoderne*, hg. Bernhard Reitz (Trier: WVT, 2016a), 165-175: 172 sowie John C. Tibbetts, *The American Theatrical Film: Stages in Development* (Bowling Green, OH: Bowling Green State University Popular Press, 1985), 61ff.

101 Cardwell, „The Well-Made Play“, 877.

plays bezeichnet werden, sofern sie bestimmte Gestaltungsprinzipien im Scribe'schen Sinne erfüllen. Zu diesen zählt in erster Linie die Einhaltung rigider Kompositionsregeln, denn das Konzept des *well-made play* bezieht sich auf „neatly and economically constructed play[s] which wor[k] with mechanical efficiency".[102] Zum Erreichen dieser Effizienz beruft sich Scribe auf die von Aristoteles geforderte Wahrung „der ‚drei Einheiten' von Raum, Zeit und Handlung".[103] Ein *well-made play* repräsentiert demnach die Form des geschlossenen Dramas mit einer „complete and whole action", die wiederum auf dem Prinzip der Wahrscheinlichkeit und Plausibilität basieren sollte.[104] Überzeugen können Plotstruktur und Handlung jedoch nur, wenn alle Elemente des Handlungsverlaufs, d.h. Szenen und Auftritte, Figurensprache und -konfigurationen exakt aufeinander abgestimmt sind und einander bedingen. Diesbezüglich erläutert Cardwell Scribes Ansatz wie folgt:

> Each scene must make a definite contribution to the development of the action. [...] A very important part of the structure of the well-made play is thus determined by the arrangement of the entrances and exits of the characters and the onstage combinations that result. The scenes are usually tightly linked together, as each prepares the next; the author must thus ensure that each succeeding scene has a combination of characters that will permit the action to move forward according to plan. [...] Indeed it could be argued that *the primary and most consistent characteristic of the well-made play is the thoroughness with which every action, every event, even every entrance and exit is prepared, explained, justified.*[105]

Nach Scribes Vorstellung müssen die einzelnen Konstituenten so arrangiert sein, dass „the removal or transposition of one incident" einen spürbaren, negativen Einfluss auf das Arrangement und die Wirkung des gesamten Stückes hätte.[106] „Theoretically," schlussfolgert Gillespie, „to disrupt or distort any of the consociations will result in a drama which is flawed, which is not well-constructed".[107] Obgleich die Handlungsführung zielgerichtet ist und (in Anbetracht der Wahrung der drei Einheiten) relativ schnell voranschreitet, finden sich im *well-made play* auch immer Hindernisse (*obstacles*), die es zu überwinden gilt, Zufälle (*coincidences*), die dem Prinzip der Plausibilität und Wahrscheinlichkeit eigentlich zuwiderlaufen, spannungssteigernde Elemente

102 Cuddon, *Literary Terms and Literary Theory*, 980.

103 Pfister, *Das Drama*, 331. Siehe auch Gillespie, „Plays", 315f. und Müller, *Das amerikanische Drama*, 20.

104 Gillespie, „Plays", 316.

105 Cardwell, „The Well-Made Play", 879, 882. Hervorhebung KT.

106 Gillespie, „Plays", 316.

107 Gillespie, „Plays", 316.

wie „mistaken identit[ies], misplaced documents"[108] oder Missverständnisse zwischen den Figuren.[109]

Letzteres verweist auf eine weitere, zentrale Komponente des *well-made play*, die sich sehr deutlich in den hier untersuchten Broadway-Dramen wiederfindet. Gemeint ist die zwischen den Figuren stattfindende Interaktion. Cardwell weist auf einen häufig zu beobachtenden Zusammenhang zwischen den im Handlungsverlauf auftretenden Komplikationen und den interfiguralen Kommunikationsprozessen hin: „Obstacles can be of any type, though they very often have to do with communication – either achieving it or preventing it."[110] Die stattfindende bzw. ausbleibende Informationsvergabe zwischen den Figuren erweist sich demnach als ein wichtiges Element der Plotstruktur, das wiederum eng mit dem Aspekt der Figurenkonfiguration verbunden ist: „As could be expected in plays where communication is so important, the combination of characters to be found on stage at a given moment is determined mainly by the potential for the transfer of information."[111] Welche zentrale Rolle Kommunikation allgemein in Scribes dramentheoretischen Konzept spielt, zeigt sich u.a. auch darin, dass in seinen *well-made plays* neben mündlichen Kommunikationsformen auch ein „constant use of letters and various documents and papers" zu beobachten ist – schriftliche Formate also, die in erster Linie als „suspense-building devices" fungieren.[112] In der Regel sind diese unterschiedlichen Kommunikationsformen in irgendeiner Weise mit der Hauptfigur des Stückes gekoppelt, sodass der Fokus auf die Entscheidungen, das Denken und Handeln dieser Figur gerichtet wird. Nicht selten kommt es dabei vor, dass bereits getroffene Entscheidungen einer (Haupt-)Figur kurzerhand revidiert werden und die Handlungslinie eine andere Richtung einschlägt: „In many of the plays a decision is made and then changed several times, with appropriate reactions by the other characters, before the final curtain. The *action swings back and forth* without making any real progress until the end."[113] Auf das Motiv der Pendelbewegung, d.h. das Hin- und Herschwanken im Denken und Handeln der Figuren, wird im Kontext der hier

108 Harmon and Holman, *Handbook*, 535.

109 Zum Aspekt der ‚Hindernisse' (*obstacles*) und ‚Zufälle' (*coincidences*) siehe Cardwell, „The Well-Made Play", 878, 884.

110 Cardwell, „The Well-Made Play", 878. Die Art und Weise der Figurenkommunikation, die über die Weiterführung oder Verzögerung der Handlung bestimmt, wird zudem wie folgt präzisiert: „Various bits of information may, in the course of the play, be communicated, withheld, distorted, falsified, or invented, causing the many ups and downs in the action." (ebd. 879).

111 Cardwell, „The Well-Made Play", 879.

112 Cardwell, „The Well-Made Play", 879, 883.

113 Cardwell, „The Well-Made Play", 878. Hervorhebung KT.

untersuchten Aushandlungsprozesse der Geschlechterproblematik zurückzukommen sein.

So ist es genau dieses Merkmal des *well-made play*, das sich für die Herausbildung des sozial-kritischen Diskussionsstückes am Broadway als besonders zuträglich erweisen und eine Adaption europäischer Formen an die amerikanische Theaterwelt ermöglichen wird. Diese Adaption ist deshalb möglich, weil das o.g. Pendeln der Figuren dem Publikum aus tradierten Formen bekannt ist (und deshalb akzeptiert wird). Gleichzeitig aber wird das Figurenpendeln in den Stücken der *Progressive Era* mit ‚neuen' Themen wie der Geschlechterfrage verknüpft, sodass im Spannungsfeld aus Konvention und Innovation eine zumindest potentiell fruchtbare Symbiose entsteht. Das voranstehende Zitat von Cardwell erweist sich aus einem weiteren Grund als interessant: Mit der Formulierung ‚until the end' deutet es darauf hin, dass die Schlussgebung im *well-made play* einen besonderen Stellenwert einnimmt, muss doch nach Maßgabe des geschlossenen Dramas die Handlung definitiv zu Ende geführt werden. Weil dieser textstrukturelle Aspekt auch im Hinblick auf die hier untersuchten Dramen von ganz wesentlicher Bedeutung ist, wird darauf im Folgenden detaillierter eingegangen.

So umwegig, komplex und konfliktreich eine Plotstruktur auch sein mag, in einem *well-made play* findet sie mit dem letzten Vorhang stets ihren Abschluss.[114] Die Lösung des Konfliktes bzw. die versöhnliche Geste durch ein *happy ending* in der Schlussszene eines Stückes ist für das *well-made play* demzufolge obligatorisch. Die Notwendigkeit, ein Stück mit einem ‚guten Ende' schließen zu müssen, erweist sich in Anbetracht der oben erwähnten, zahlreich vorkommenden Komplikationen, Zufälle und Wendungen innerhalb einer dennoch als plausibel erscheinenden Plotstruktur als besondere Herausforderung für den (sozialkritischen) Broadway-Dramatiker. Es ist nicht zuletzt dieser Umstand, der die Literaturhistoriker Nitze und Dargan bereits in den 1930er Jahren zu dem Urteil kommen lässt, dass es sich beim *well-made play* um ein „product of artifice rather than art" handele, wirken doch gerade die Schlussgebungen oft artifiziell und erzwungen.[115]

Scribe aber besteht auf der vollendeten Handlung, sieht er doch eine zentrale Funktion des Dramas darin, das Publikum zu unterhalten, dessen Erwartungen bzw. Rezeptionsbedürfnisse zu erfüllen und ihm „a sense of

---

114 Hierzu Cardwell: „They [i.e. the main plot and the sub-plot(s)] do have to end, for a stable situation must be established before the final curtain; […]." (Cardwell, „The Well-Made Play", 880).

115 William A. Nitze and Edwin P. Dargan, *A History of the French Literature: From the Earliest Times to the Present* (New York, NY: Holt, Rinehart & Winston, 1938), 680 zit. in Gillespie, „Plays", 313.

satisfaction" zu vermitteln.[116] Er gibt seinem Publikum jenes Ende „[which it] has come to desire".[117] Scribes „concern for pleasing his audience"[118] zählt zu den wichtigsten Prämissen seiner Philosophie, und seine Intention bestand in erster Linie darin:

> It is apparent that he [Scribe] sought above all *to entertain rather than to instruct or to correct* his audience [...]. Though there is a lesson in most of his plays, it is treated lightly and with good humor [...], so that the spectator has no sense of being preached to. There are also *no lessons that his audience would not agree with* [...]. The *primacy of entertainment* is the root of Scribe's philosophy of the theater, from which grow the principles that he observed almost without exception. [...] *He avoided ideas, events, or characters that would shock or displease* [...].[119]

Bedeutsam an Scribes ‚Philosophie des Theaters' ist der Umstand, dass er dem *well-made play* trotz seines primären Unterhaltungsanspruchs durchaus aber auch Raum gibt für „a social or moral message, or even [...] political commentary"[120], wenngleich diese, wie das voranstehende Zitat verdeutlicht, dem Publikum nur in ‚verträglicher' oder ‚zumutbarer' Form dargeboten wird. Festzuhalten ist demnach, dass sich im *well-made play* trotz der hochgradig artifiziell wirkenden Plotstruktur immer auch eine – wenngleich sehr begrenzte – wirklichkeitsbezogene bzw. ‚realistische' Dimension finden lässt, nimmt es mit seiner sozialen, moralischen oder politischen Botschaft doch Bezug auf die ‚realen' gesellschaftlichen Gegebenheiten der Zeit. Scribes *well-made plays* weisen eine „combination of truth and fiction"[121] auf, wobei mit ‚truth' ein gewisser Wahrheitsgehalt und moderat-gesellschaftskritischer Realitätsbezug gemeint ist, der sich immer im Akzeptanzbereich des Theaterpublikums zu bewegen hat. Der Dramatiker Scribe verleiht seinen Stücken eine „aura of reality"[122], indem er beispielsweise wirklichkeitsabbildende Settings mit den entsprechenden Requisiten, realistische Figuren, deren Sprachstil dem der Alltagssprache ähnelt, oder zeitgenössische Themen bzw. Probleme auf die Bühne bringt:

> [...] Scribe [...] introduce[s] *a new degree of realism in the theater* [...]. [...] The characters, the setting, the problems are *all taken* [...] *from the society of his time.*

116 Cardwell, „The Well-Made Play", 883.
117 Cardwell, „The Well-Made Play", 884.
118 Cardwell, „The Well-Made Play", 881.
119 Cardwell, „The Well-Made Play", 881, 883. Hervorhebungen KT.
120 Cardwell, „The Well-Made Play", 883.
121 Cardwell, „The Well-Made Play", 882.
122 Cardwell, „The Well-Made Play", 882.

> [...] [H]e fleshes out his plays with many *details chosen from reality*; hence, the use of contemporary manners, life-style, and surroundings and the presence and especially the manipulation of an abundance of stage properties, which are, to all appearances, real, and whose significance in the action and variety of uses represent *an important innovation in stagecraft*. Even his much-criticized style, by corresponding closely to the actual spoken language of the day, is part of the reality he transfers to the stage to help maintain the plausibility of his plots and thus to permit him to hold the interest of the spectator. [...] The *problems are real, or at least realistic*, but the solutions are simpler than in real life, less painful, for the purpose is to distract the spectator from his problems, not to force him to confront them.[123]

Das Bemerkenswerte am *well-made play* ist demzufolge, dass es sich trotz seiner hochgradig artifiziellen Konstruiertheit für realistische Darstellungsformen durchaus als anschlussfähig erweist.[124] Dies wiederum ist im Hinblick auf das Broadway-Drama der *Progressive Era* von besonderer Relevanz. Auch das *well-made play* beerbt nämlich, ähnlich wie das Melodrama, aufgrund dieser Anknüpfungsmöglichkeiten das amerikanische Drama und Theater der Jahrhundertwende nachhaltig und prägt es bis in die ersten beiden Jahrzehnte des 20. Jahrhundert hinein spürbar. Nicht nur in Frankreich, Großbritannien und anderen europäischen Ländern erfreut sich Scribes Dramenform größter Beliebtheit, sondern auch in Amerika erweist sich das *well-made play* innerhalb des profit-orientierten *Mainstream*-Theaters am Broadway in zweifacher Hinsicht als besonders kompatibel mit den dortigen Produktions- und Rezeptionsgewohnheiten: Zum einen ist dem *well-made play* und dem amerikanischen Massentheater die Priorisierung der Unterhaltungsfunktion gemein. Zum anderen begünstigt auch die ausgesprochene Orientierung an der Erwartungshaltung des Publikums die Symbiose von *well-made play* und Broadway-Theater. Beide Aspekte decken sich mit den sozio-ökonomischen Prinzipien des kommerziellen Theaterbetriebs in Amerika, sodass der Rückgriff auf Scribes „formula of success", wie Cardwell das Konventionsrepertoire des *well-made play* nennt,[125] beinahe zum Erfolgsgarant im amerikanischen Unterhaltungstheater wird. Auf Eugène Scribes Stücke rekurrierend spricht Stanton gar vom „highest point of adaptability for the commercial stage".[126] So nimmt es nicht Wunder, dass sich die Erfolgsformel des *well-made play* über einen solch langen Zeitraum im amerikanischen Kommerztheater behauptet und dass sich auch bis in das 20. Jahrhundert hinein in vielen kommerziellen

123 Cardwell, „The Well-Made Play", 882f. Hervorhebungen KT.

124 Siehe hierzu auch Reitz, „Versdrama, Melodrama, *problem play* und Komödie", 172f.

125 Cardwell, „The Well-Made Play", 877.

126 Stephen S. Stanton, „Shaw's Debt to Scribe", *PMLA* 76.5 (1961), 575-585: 576.

Stücken konkrete Elemente Scribe'scher Prägung ausmachen lassen. Konkret ist es die Gestaltung der komplexen Handlungsstruktur mit ihren zahlreichen Hindernissen, Zufällen und mehr oder weniger vorhersehbaren Wendungen, die sich auch in vielen kommerziellen Stücken der *Progressive Era* finden lassen. In letzteren ist das Hin- und Herpendeln bzw. das Schwanken der Figuren im Denken und Handeln sogar charakteristisch, vor allem dann, wenn die Aushandlung von Geschlechterrollen und Geschlechterbeziehungen zentraler Gegenstand des Stückes ist. Immer spielen hier auch – wie bei Scribe – diverse Briefe, Telegramme, Telefonate, Verträge und andere Dokumente eine Rolle, die für Komplikationen und dramatische Zuspitzungen sorgen. Und schließlich kann sich auch das Theaterpublikum des amerikanischen Unterhaltungstheaters noch im frühen 20. Jahrhundert einer Sache weitgehend versichert sein: die meisten Stücke enden – wie in der Scribe'schen Vorlage auch – mit einem versöhnlichen *happy ending* und bedienen somit die Erwartungen des zahlenden Publikums.

Neben Scribes Einfluss zeichnet sich auch die Handschrift anderer europäischer Dramenautoren deutlich im amerikanischen Drama und Theater ab. Auch diese gilt es hier unbedingt zu berücksichtigen, da sie zum Entstehen der besonderen dramatischen Form, wie sie in der *Progressive Era* im Kommerztheater in Erscheinung tritt, maßgeblich beigetragen haben.

Europäische Impulse: Ibsen, Shaw und die Entstehung gesellschaftskritischer Diskussions- und Problemstücke

Anders als in Amerika, wo sich das *well-made play* in seiner rigiden, aber kommerziell erfolgsträchtigen Form jeglichen Veränderungen gegenüber als überaus resistent erweist, entwickelt es sich im fortschrittlicheren Europa weiter. Dass die sog. „Scribe formula“[127] durchaus Potential für innovative Entwicklungen der dramatischen Gattung bietet, erkennen gegen Ende des 19. Jahrhunderts vor allem zwei europäische Dramatiker, die, wenngleich mit zeitlicher Verzögerung, „dem amerikanischen Drama entscheidende Impulse“ für die Entwicklung eines gesellschaftskritischen Bühnenrealismus „geben sollten“.[128] Die Rede ist von Henrik Ibsen (1828-1906) und George Bernard Shaw (1856-1950).

Die Werke beider Dramatiker weisen noch Züge der von Scribe begründeten Dramenform auf. Gleichzeitig aber heben sie sich auch von ihr ab und repräsentieren jeweils eigene dramatische Formen. Für beide Autoren bietet das *well-made play*, das die Anbindung an realistische Darstellungsformen

127 Stanton, „Shaw's Debt to Scribe“, 577.

128 Müller, *Das amerikanische Drama*, 20.

zumindest ansatzweise öffnet, eine Möglichkeit, zeitgenössische Themen und Probleme mit einem gewissen Maß an Gesellschaftskritik auf die Bühne zu bringen – immer aber in dem Bewusstsein „der Grenzen des auf der Bühne Durchsetzbaren"[129]. Anders als Scribe, der der seichten, leicht konsumierbaren Unterhaltung stets oberste Priorität gegeben und die Erwartungshaltung seines Publikums mit einem versöhnlichen Ende bedient hatte, wählt beispielsweise Ibsen den Weg der ungeschönten Konfrontation mit ernsten sozialen Themen und enthält dem Publikum das erwartete *happy ending* vor, wie am Beispiel seines wohl bekanntesten Stückes – *A Doll's House* (1879) – eindrucksvoll zu sehen ist.[130] Neben dem unkonventionellen Dramenschluss verwendet Ibsen in diesem sog. *social problem play*[131] als eine weitere Neuerung die dialogische Form der Diskussion, um die unterschiedlichen Standpunkte der Figuren auf der Bühne darzustellen und zu verhandeln.[132] Diese Neuerung sollte dem *discussion play*, einer verwandten Form des *social problem play*,[133] später – und vor allem durch Shaws dramatisches Werk – seinen Namen geben.[134] Zu den bekanntesten *social problem plays* bzw. *discussion plays* des Dramatikers

129 Reitz, „Versdrama, Melodrama, *problem play* und Komödie", 173.

130 Statt einer versöhnlichen Geste der beiden Eheleute endet das Stück wider Erwarten mit einem offenen Ende: Torvalds Ehefrau Nora verlässt in der Schlussszene des Stückes den Raum, lässt also Ehemann und Kinder zurück, um sich fortan ihrer Selbstverwirklichung zu widmen und nach dem Sinn ihres Lebens zu suchen. Auch das Publikum wird im Ungewissen zurückgelassen, da sich der weitere Fortgang der Handlung aus dem Dramenende nicht erschließen lässt. Aus der Sicht des zeitgenössischen Publikums erwies sich dieser Dramenschluss als äußerst unbefriedigend.

131 Im Anschluss an Harmon and Holman bezieht sich der Begriff des *social problem play* bzw. *problem play* im Allgemeinen auf „all serious drama in which problems of human life are presented as such" (*Handbook*, 402). Im engeren (und hier gemeinten) Sinn rekurriert der Begriff auf „the modern ‚drama of ideas,' as exemplified in the plays of Ibsen, Shaw, Galsworthy, and many others. It is most commonly used in the latter sense, and here it means the representation in dramatic form of a general social problem or issue, shown as it is confronted by the protagonist." (ebd. 402). Zum *problem play* bei Ibsen siehe auch Reitz, „Versdrama, Melodrama, *problem play* und Komödie", 173.

132 Innes beschreibt die Andersartigkeit in Ibsens Drama prägnant wie folgt: „From Aristotle on, action had been the core of drama; now Ibsen offered a radically different model. [...] Ibsen's characters sat down and talked. The clash of opinion replaced physical conflict, so that a play's resolution was the outcome of discussion." Christopher Innes, „‚Nothing but talk, talk, talk – Shaw talk': Discussion Plays and the Making of Modern Drama", *The Cambridge Companion to George Bernard Shaw*, ed. Christopher Innes (Cambridge: Cambridge University Press, 2000), 162-179: 162. Für Ibsens „substitution of serious discussion for the conventional unraveling of situation in the last act" siehe auch Stanton, „Shaw's Debt to Scribe", 576.

133 Siehe Cuddon, *Literary Terms and Literary Theory*, 914.

134 Innes weist George Bernard Shaw explizit als Begründer des *discussion play* als eigenständiges dramatisches Genre aus (siehe Innes, „‚Nothing but talk'", 163).

Shaw gehören u.a. *Mrs. Warren's Profession* (1902) und *Getting Married* (1908). Shaws Intention ist dabei von einer äußerst gesellschaftskritischen Haltung geprägt. Ähnlich wie Ibsen betrachtet auch er Drama und Theater nicht als bloßes Unterhaltungsmedium, sondern als „ein Mittel, durch die Offenlegung von Missständen gesellschaftliche Veränderungen einzufordern"[135]. So werden beispielsweise im erstgenannten Stück die Machtstrukturen in einer kapitalistischen Gesellschaft an den Pranger gestellt, die vor allem junge Frauen aus unteren Gesellschaftsschichten in die Armut und Prostitution treiben, wo sie in die Abhängigkeit von Betreibern entsprechender Rotlicht-Etablissements geraten und im Abwärtsstrudel dieser sozialen Ausbeutungsmechanismen als gefallene Frauen an den Rand der Gesellschaft gedrängt werden. In abgewandelter Form kommt das Prostitutionsmotiv auch in *Getting Married* zum Tragen – dort allerdings in metaphorischer Bedeutung in Bezug auf die gesellschaftliche Institution der Ehe, in der eine Frau in die ökonomische, physische und psychologische Abhängigkeit ihres Ehemanns gerät, aus der sie sich angesichts der zugunsten des Mannes ausgelegten Rechtsprechung selbst nicht wieder befreien kann. Entsprechend fordert das Stück in einer für die damalige Zeit drastischen Weise die Reformierung von *marriage and divorce laws* ein. Shaw spricht sich insgesamt ausdrücklich für eine Erneuerung des Dramas aus, weil ihm „die strukturellen Vorgaben des *well-made play* [...] zu eng [waren]"[136].

Während sich in Europa das Theaterpublikum für innovative Veränderungen thematischer und struktureller Art weitaus offener zeigt, bleiben Publikum und Kommerztheater in Amerika der bewährten Tradition des *well-made play* zunächst weiterhin verhaftet, wenngleich mit den europäischen Einflüsse durch Ibsen und Shaw allmählich auch gesellschaftskritische Themen und Haltungen in das Unterhaltungstheater Eingang finden.

Adaption an amerikanische Bedingungen

Als besondere Herausforderung für amerikanische Dramenautoren erweist es sich, europäische Dramenformen wie das gesellschaftskritische *discussion* bzw. *social problem play* mit den amerikanischen Gegebenheiten des von Melodrama und Komödie geprägten kommerziellen Unterhaltungstheaters geschickt zu verschmelzen. Eine Adaption dieser neuartigen Dramenformen an amerikanische Verhältnisse war im Broadway-Theater quasi verpflichtend,

135 Reitz, „Versdrama, Melodrama, *problem play* und Komödie", 173. Siehe auch Stanton, „Shaw's Debt to Scribe", 576.

136 Reitz, „Versdrama, Melodrama, *problem play* und Komödie", 173.

wollte man sich das Wohlwollen der Zuschauer und Kritiker – und damit das finanzielle Einkommen – auch weiterhin sichern.

Wie schwer sich das amerikanische Drama mit der Adaption europäisch geprägter Formate tat, zeigt exemplarisch die nur sehr zögerliche Etablierung der amerikanischen Gesellschaftskomödie (*social comedy*), einer verwandten Form des *social problem play*. Während diese Dramenform in europäischen Theaterhäusern großen Anklang findet, gelingt es in Amerika zunächst nur wenigen Dramatikern, *social comedies* erfolgreich auf die Bühne zu bringen. „Social comedy," so konstatiert Hartman in seiner frühen Studie zur Entwicklung der amerikanischen Gesellschaftskomödie, „or the comedy of manners [...] appears in America less frequently than any other form of drama."[137] Der Grund dafür ist in erster Linie in der besonderen Mischung aus Komik und Gesellschaftssatire zu suchen, für die sich das amerikanische Publikum des Unterhaltungstheaters wegen seiner besonderen Vorliebe für seichtes Entertainment mit stets glücklichem Ausgang weniger empfänglich zeigt.[138] Zwar dominiert in diesen Stücken der komisch-humorvolle Ton und damit der Unterhaltungsaspekt, gleichzeitig aber wird eben immer auch ein gesellschaftliches Problem der Zeit aufgegriffen, bühnenöffentlich besprochen und satirisch überspitzt (und damit auch deutlich gesellschaftskritisch) dargestellt. Die Möglichkeit, innerhalb der *social problem plays* die „gesellschaftliche Wirklichkeit differenziert dar[zu]stell[en]", spornt die Dramatiker an, „in kontroversen Fragen nicht länger nur die Meinung der Mehrheit vertreten [bzw. auf der Bühne darstellen] zu müssen".[139] Diese allzu „kritische (und selbstkritische) Auseinandersetzung mit Erfahrungswirklichkeit"[140] ist vom zahlenden Publikum im Unterhaltungstheater jedoch kaum erwünscht. Die für Broadway-Dramatiker bestehende Notwendigkeit bzw. Herausforderung, sich trotz aller Gesellschaftskritik immer auch im Bereich des für die Zuschauer Akzeptablen zu bewegen und in erster Linie die Unterhaltungsebene bedienen zu müssen, führt allerdings dazu, dass sich in Amerika angesichts des Risikos eines möglichen finanziellen Verlustgeschäftes weitaus weniger Autoren an diese Form heranwagen als an bewährte Erfolgsgaranten wie z.B. das melodramatische *well-made play*. Um das Publikum nicht zu verschrecken, bedarf

---

137 John Geoffrey Hartman, *The Development of American Social Comedy from 1787 to 1936* (Folcroft, PA: Folcroft Press, 1969), 1.

138 Nach Halfmann erklärt sich dieser Umstand damit, dass das amerikanische Publikum den Theaterbesuch als „Flucht aus der Alltagswelt und dadurch [als] Lebensströstung" betrachtet und sich davon Erheiterung, Zerstreuung und Unterhaltung verspricht (siehe Halfmann, „Amerikanisches Theater und Drama bis 1900", 258).

139 Reitz, „Versdrama, Melodrama, *problem play* und Komödie", 173.

140 Halfmann, „Amerikanisches Theater und Drama bis 1900", 258.

es seitens des Dramatikers eines gewissen Maßes an Fingerspitzengefühl oder, wie es bei Hartman heißt, „necessary qualifications for depicting the social life of his day".[141] Zu jenen Dramatikern, die dieses Genre früh beherrschen, gehören neben William Dean Howells vor allem auch Augustin Daly, Bronson Howard, Clyde Fitch und Jesse Lynch Williams.[142]

Was *social comedy, problem play* und *discussion play* gemeinsam haben, ist ihre deutliche Tendenz hin zu realistischeren Darstellungsformen. In Anbetracht „der historisch gewachsenen Fülle" an Definitionen, die zu klären versuchen, was unter dem Realismusbegriff zu verstehen sei, und den damit verbundenen, noch immer „andauernden Definitionsproblemen"[143] ist dies sicher nicht der Ort einer umfassenden Diskussion um die Bedeutung des Begriffs. Dennoch ist – mit der Intention, einer „Anwendung von R[ealismus] als Pauschalterminus bei der Evaluation von liter[arischen] und künstlerischen Artefakten"[144] entgegenzusteuern – an dieser Stelle knapp zu erläutern, welches Begriffsverständnis dieser Arbeit zugrunde liegt, um davon ausgehend die Entwicklung des amerikanischen Bühnenrealismus vor dem Hintergrund des kommerziellen Unterhaltungstheaters skizzieren zu können.[145]

141 Hartman, *American Social Comedy*, 2.

142 Siehe Hartman, *American Social Comedy*, 4. Zur *social comedy* siehe auch Halfmann, „Amerikanisches Theater und Drama bis 1900", 243f. und 255. William Dean Howells ist zwar in erster Linie als Romanschriftsteller und Literaturkritiker bekannt geworden, hat allerdings auch als Dramenautor eine wichtige Rolle „in the rise of realism in the United States and in the development of American social comedy" gespielt (Walter J. Meserve, „Introduction", *The Complete Plays of William Dean Howells*, ed. Walter J. Meserve (New York, NY: New York University Press, 1960b), xv-xxxiii: xv). Howells' dramatisches Werk, zusammengestellt in der genannten, von Meserve herausgegebenen Anthologie (1960a), umfasst beachtliche 36 Dramen. Auf Howells' (ebenfalls wenig bekannte und beachtete) Rolle als Theaterkritiker und Dramentheoretiker wird unten zurückzukommen sein.

143 Luc Herman, „Literaturtheorien des Realismus", *Metzler Lexikon Literatur- und Kulturtheorie: Ansätze – Personen – Grundbegriffe*, hg. Ansgar Nünning (Stuttgart: Metzler, ⁴2008), 608-609: 608. Auch Demastes verweist auf den Umstand, dass der Realismusbegriff eine „chameleon-like existence" führt, der seine Gestalt „at almost every turn" verändert (William W. Demastes, „Preface: American Dramatic Realism, Viable Frames of Thought", *Realism and the American Dramatic Tradition*, ed. William W. Demastes (Tuscaloosa, AL: University of Alabama Press, 1996b), ix-xvii: ixf.). Eine „fully delineated and universally satisfactory definition of realism" (ebd. x) könne und werde es nicht geben. Zur Problematik des Realismusbegriffs siehe auch Fluck, „Realismus, Naturalismus, Vormoderne", 171.

144 Herman, „Literaturtheorien des Realismus", 608.

145 Dass diese Präzisierung notwendig ist, zeigen die verschiedenen Ausprägungen des amerikanischen Bühnenrealismus, die sich bereits im Untersuchungszeitraum und vor allem ab den 1920er Jahren herausgebildet haben. Neben dem *Mainstream*-Realismus im kommerziellen Theater, um den es im Rahmen dieser Studie geht, sind beispielsweise

Der Realismusbegriff

Realismus wird hier *nicht* verstanden als Bezeichnung für eine konkrete litertaturgeschichtliche Epoche, sondern vielmehr als ein „historisch und soziologisch variabler", epochenübergreifender Darstellungsstil in Literatur und Kunst, der mittels verschiedener und für die jeweilige Periode charakteristischer Repräsentationstechniken die Wirklichkeit so objektiv, wahrheitsgetreu und ‚realistisch' wie möglich abzubilden versucht.[146] Demnach werden im Kontext dieser Arbeit dramatische Werke dann als realistische bezeichnet, wenn sie „den Eindruck ausgeprägter Wirklichkeitsnähe und ‚Lebensechtheit' evozier[en]"[147] und die Lebenswirklichkeit des Untersuchungszeitraums mimetisch widerspiegeln. Im Anschluss an Herbert Grabes

> handelt [es] sich also um Texte, die so gestaltet sind, dass in der Vorstellung der Leser [bzw. des Theaterpublikums] die Illusion einer Welt entsteht, die so große Ähnlichkeit mit lebensweltlicher Erfahrung von ‚Realität' aufweist, dass sie als ‚realistisch' angesehen werden kann bzw. dass im Theater eine Illusion von Lebenswelt erzeugt wird, wenn man der Anweisung des Dramentextes folgt. Anders gesprochen: In unseren Vorstellungen oder auf der Bühne reden und agieren Personen an bestimmten Orten zu bestimmten Zeiten in durch mehr oder weniger vertraute Gegenstände und Umstände charakterisierten Situationen so, wie wir es aufgrund unserer Erfahrungen in der Lebenswelt für plausibel halten.[148]

Die Anbindung an den historischen Kontext, in dem die Dramen entstanden sind, ist demnach durch die Stücke gewissermaßen selbst gegeben, weil sie auf die Gegebenheiten, Umstände und Probleme ihrer Zeit Bezug nehmen. Gleichwohl ist jedoch zusätzlich eine gewisse Kenntnis des soziokulturellen Kontextes und zeitgenössischer Diskurse für die literaturwissenschaftliche

Formen wie der symbolische Realismus (siehe Müller, *Das amerikanische Drama*, 35-40), der anthropologische Realismus, der psychologische Realismus oder etwa der ethnische Realismus zu nennen (siehe hierzu Grabes, *Das amerikanische Drama des 20. Jahrhunderts*, 11-26).

146 Halfmann spricht deshalb auch von einem „abbildlichen Realismus" („Amerikanisches Theater und Drama bis 1900", 258). Noch komplexer wird der Realismusbegriff, wenn man, in Anschluss an Demastes, nicht nur dessen historische, epochenübergreifende Variabilität in den Blick nimmt, sondern innerhalb einer Periode danach fragt, ob und inwiefern ein Stück als realistisch gelten könne. Dies dürfe, so Demastes, nicht einfach auf einer „either/or opposition" („Preface", xi) beruhen; vielmehr müsse der Realismusbegriff als eine Art „sliding scale" (ebd. xi) betrachtet werden.

147 Erhard Reckwitz, „Realismus-Effekt", *Metzler Lexikon Literatur- und Kulturtheorie: Ansätze – Personen – Grundbegriffe*, hg. Ansgar Nünning (Stuttgart: Metzler, ^{4}2008), 609-610: 609.

148 Grabes, *Das amerikanische Drama des 20. Jahrhunderts*, 9f.

Analyse der Texte unabdingbar, um bewerten zu können, wie ‚lebensecht' ein Stück in seiner Wirklichkeitsdarstellung tatsächlich ist, was konkret den „kulturellen Code"[149] eines realistischen Dramas ausmacht und durch welche Darstellungsmittel die vom Dramatiker intendierte realistische Wirkung erzeugt wird. Bedacht werden muss nämlich, dass durch das Dargestellte zwar zunächst der Eindruck einer ungetrübten Wirklichkeitsdarstellung entstehen soll, vor dem Hintergrund einer „zivilisationsbildenden und zivilisationskritischen Bedeutung" realistischer Literatur daran aber oft auch „Möglichkeit[en] einer neuen Bestimmung von Wirklichkeit"[150] ‚angedockt' sind.[151] So stellen realistische Dramen analog zum realistischen Roman „einen Versuch dar, Einfluss zu nehmen auf die Definition dessen, was als ‚wirklich' angesehen wird"[152]. Sie geben also vor, „ein Abbild von Wirklichkeit zu sein, um diese in konsensstiftender Weise neu definieren zu können"[153]. Dies im kommerziellen Theater mit seinen restriktiven Darstellungsvorgaben umzusetzen, erweist sich etwa im Vergleich zum realistischen Roman als wesentlich schwieriger. Die Rezeption realistischer Dramen erfordert dennoch eine kritische Distanz zum Text selbst, ist doch zu bedenken, dass die von den Dramenautoren dargestellte Realität immer auch eine subjektiv interpretierte Wirklichkeit ist, deren Darstellung mit einer bestimmten (zivilisationsbildenden) Wirkabsicht verbunden ist. Zusammenfassend sei hierzu Grabes zitiert: „Was der Leser nach Anweisung des Dramentextes illusioniert oder was im Theater präsentiert wird, hat allein schon aufgrund seiner Selektivität den Charakter gedeuteter Wirklichkeit. [...] Was im realistischen Drama und Theater begegnet, ist also nicht einfach ‚Realität', sondern immer zugleich schon gedeutete Realität."[154]

Diesem knappen Exkurs zum Realismusbegriff ist ergänzend hinzuzufügen, dass eine Untersuchung von realistischen Texten immer auch nach literarischen Genres differenzieren muss, da es *den* amerikanischen Realismus in der amerikanischen Literaturgeschichte nicht gibt. So weist beispielsweise Halfmann darauf hin, dass sich „die Entwicklung einer realistischen Kunst und Kunsttheorie [...] im Bereich der [amerikanischen] Erzählliteratur" sehr viel eher vollzog als im amerikanischen Drama, was vornehmlich daran lag, dass „Howells, Twain und James unter bereitwilliger Verarbeitung europäischer Einflüsse amerikanische Romane von Weltgeltung schrieben", während das

149 Zum Begriff des ‚kulturellen Code' siehe Reckwitz, „Realismus-Effekt", 610.

150 Fluck, „Realismus, Naturalismus, Vormoderne", 171.

151 Fluck, „Realismus, Naturalismus, Vormoderne", 171.

152 Fluck, „Realismus, Naturalismus, Vormoderne", 171.

153 Fluck, „Realismus, Naturalismus, Vormoderne", 171.

154 Grabes, *Das amerikanische Drama des 20. Jahrhunderts*, 11.

„amerikanische Drama im Griff des amerikanischen Theaters" mit seinem beharrlichen Festhalten am starren, aber Erfolg bringenden *formula play* gefangen blieb.[155] „American dramatic realism," so betont auch Brenda Murphy, „has consistently been about twenty years behind fictional realism in its development, but when theater historians look back, they generally chart the first impetus toward realism from theatrical and dramatic trends that developed during the late 1870s and early 1880s."[156] Die von Murphy angesprochenen Impulse gehen dabei von jenen Autoren realistischer Erzählliteratur aus, die mit realistischen Präsentationsformen bereits vertraut waren und diese nun auch für das amerikanischen Drama einforderten.

Reformbemühungen um einen amerikanischen Bühnenrealismus im kommerziellen Theater

Dass der sozialkritische Bühnenrealismus nach europäischem Vorbild in Amerika überhaupt auf fruchtbaren Boden stoßen konnte, ist auf den Umstand zurückzuführen, dass sich mit William Dean Howells, Hamlin Garland, Henry James, James A. Herne und anderen ab den 1870er Jahren eine Gruppe reformbereiter Kritiker, Theoretiker und Dramatiker bildet, die den tradierten Formen und Darstellungstechniken des Unterhaltungstheaters äußerst kritisch gegenübersteht und den Status quo des amerikanischen Dramas und Theaters insgesamt als sehr unbefriedigend empfindet. Interessanterweise gehören mit Howells und James dieser Gruppierung zwei Persönlichkeiten an, die sich primär im Bereich des erzählerischen Realismus als Kritiker, Theoretiker und Romanautoren einen großen Namen gemacht haben. Ihre kritischen und schriftstellerischen Aktivitäten dort haben aber auch den dramentheoretischen bzw. bühnenrealistischen Diskurs (vornehmlich theoretisch, aber zuweilen auch praktisch)[157] mit beeinflusst, sodass sie, gemeinsam mit

155 Halfmann, „Amerikanisches Theater und Drama bis 1900", 255.

156 Brenda Murphy, *American Realism and American Drama, 1880-1940* (Cambridge: Cambridge University Press, 1987), 1.

157 Zum dramatischen Werk Howells' siehe Anm. 142/II oben. Insbesondere Henry James ist in der literaturkritischen Diskussion als Dramenautor und -kritiker bis heute kaum bzw. noch weniger als Howells wahrgenommen worden. Dennoch verfasste auch James, beeinflusst von Ibsen, Shaw sowie dem britischen und französischen Theater, zwischen 1869 und 1909 eine Reihe dramatischer Texte, die – obwohl er über lange Strecken in England lebte – (auch) für ein amerikanisches Publikum gedacht waren und entsprechend amerikanische Themen behandelten. Auch wenn sich (analog zu Howells) sein Erfolg als Dramenautor in Grenzen hielt, setzte Henry James mit seiner Faszination für Form und Struktur in realistischen Erzähltexten auch wichtige Impulse für die Herausbildung eines realistischen Dramas in Amerika. Sein dramatisches Werk wurde in einer von Leon Edel herausgegebenen Anthologie, *The Complete Plays of Henry James* (London: Hart-Davis,

‚Praktikern' wie James A. Herne, zu den Vordenkern und Mitbegründern des amerikanischen Bühnenrealismus zählen; und es ist ihr Verdienst, dass das von Ibsen und Shaw entwickelte Diskussions- bzw. Problemstück – wenngleich in abgewandelter, d.h. an die amerikanischen Bedingungen angepasster Form – in die amerikanische Theaterlandschaft Einzug hält.

Eine nicht zu unterschätzende Rolle spielen in diesem Zusammenhang Howells und James, die bei Murphy als „Siamese Twins of Realism" bezeichnet werden.[158] Dies bezieht sich, so ist zu betonen, vorrangig auf deren herausragende Bedeutung als Schriftsteller und Theoretiker im Kontext der Herausbildung einer realistischen Erzählliteratur in Amerika, die auf die dramatische Gattung ‚abfärbt'. Den besonderen Stellenwert dieser beiden Autoren innerhalb dieser Entwicklung unterstreicht Murphy mit folgendem Statement: „The study of American literary realism's connection with American drama begins naturally with these two writers, who were the chief spokesmen for, as well as the practitioners of, realism in both fiction and drama [...]."[159] Ebenso bedeutsam sind zudem Hamlin Garland und James A. Herne, die sich wie Howells und James – inspiriert von der Umsetzung realistischer Darstellungsprinzipien in Werken der amerikanischen Erzählliteratur einerseits und der Rezeption dramatischer Werke von Ibsen, Shaw und anderen europäischen Dramenautoren in Amerika andererseits – zunehmend einer dramen*theoretischen* Auseinander- und, im speziellen Fall von Herne, auch praktischen Umsetzung auf der Theaterbühne widmen. Mit gewissen Einschränkungen in Bezug auf Henry James, dessen dramentheoretischer Ansatz sehr stark durch das französische *pièce bien faite* mit seiner Fokussierung auf kompositorische

1949a) erstmals veröffentlicht. Zu den wenigen, v.a. älteren Studien, die sich mit Henry James als Dramenautor auseinandersetzen, gehören Francis Fergusson, „James's Idea of Dramatic Form", *The Kenyon Review* 5.4 (1943), 495-507, Leon Edel, „Henry James: The Dramatic Years. An Introductory Essay", *The Complete Plays of Henry James*, ed. Leon Edel (London: Hart-Davis, 1949b), Kimball King, „Theory and Practice in the Plays of Henry James", *Modern Drama* 10.1 (1967), 24-33 sowie Helen Vane Steers unveröffentlichte Dissertation „Henry James on Stage: A Study of Henry James's Plays, and of Dramatizations by Other Writers Based on Works by James" (Louisiana State University, 1967). Henry James' theaterkritische Beiträge hat Allan Wade zusammengetragen und in dem Band *The Scenic Art: Notes on Acting and on the Drama, 1872-1901* (London: Hart-Davis, 1949) herausgegeben. In ihrer Monographie zum amerikanischen Bühnenrealismus widmet Brenda Murphy u.a. auch James und Howells ein eigenständiges Kapitel (Kap. 3, ‚The Literary Realists as Playwrights'), das die Rolle und Bedeutung beider als Dramenautoren und Theaterkritiker herausarbeitet. Siehe Murphy, *American Realism and American Drama*, 50-85, insb. 56-70 (James) und 70-81 (Howells).

158 Murphy, *American Realism and American Drama*, 1.

159 Murphy, *American Realism and American Drama*, 2.

„neatness and precision"[160] geprägt war und der vor allem dem Formaspekt in seinem dramatischen Werk besonders große Aufmerksamkeit widmete, ist den übrigen Genannten die wachsende Kritik an den *plot*-lastigen *well-made plays* mit ihren „extremely neat carpentry, and their carefully adjusted and brilliantly varnished sections"[161] gemein. Ferner verbindet sie der ausgeprägte Wunsch nach einer, wie Howells sagt, „nascent reform of the stage"[162]. Das amerikanische Drama, so Howells weiter, sei noch immer „very coarse, very shameless", habe aber durchaus das Potential „to purge and live cleanly, which ought to be encouraged by all who know its vast influence".[163] Dass die von Howells geforderte Reform längst überfällig geworden war, wird in Murphys Befund deutlich: „[T]he American theater was far from realistic in 1880. Its drama was primarily formulaic melodrama or comedy; its acting was stagy and self-conscious; its stagecraft was sensational."[164] Nur sehr zögerlich fassen die Prinzipien realistischer Darstellungsformen Fuß, aber das amerikanische Drama und Theater der 1880er Jahre „had," wie Murphy konstatiert, „the raw material for realism": „It simply *needed realist critics* to articulate its principles and *determined playwrights and managers* to put them into practice. The articulation and realization of realistic principles proved to be slow processes, but they had clear beginnings in the theater of the eighties"[165] – und, so kann ergänzt werden, erste erfolgreiche, aber kaum berücksichtigte Umsetzungen in den Jahrzehnten der *Progressive Era*.

Initiiert wurde dieser Prozess, wie erwähnt, in den 1870er und 1880er Jahren, als Howells, James, in besonderem Maße auch Herne und andere beginnen, ihre gattungstheoretischen Überlegungen zum realistischen Drama nicht nur praktisch auf der Bühne umzusetzen, sondern auch niederzuschreiben.[166]

160 Edel, „Henry James", 35.

161 William Dean Howells, „The Editor's Study", *Harper's New Monthly Magazine* (June 1890), 152-157: 152.

162 William Dean Howells, „The Editor's Study", *Harper's New Monthly Magazine* Vol. 83, No. 495 (August 1891), 476-479: 477. Diesem Reformgedanken schloss sich trotz seiner beinah obsessiven Fokussierung auf den Kompositionsaspekt auch Henry James an, der dem Drama generell mehr „substance" (Edel, „Henry James", 36) und Wirklichkeitsnähe verleihen wollte. Seine Reformanstrengungen richteten sich primär auf die lebenswirkliche Darstellung von Bühnenbild, Kostümen und die Sprache der Bühnenfiguren (vgl. ebd. 39f.).

163 Howells, „The Editor's Study (August 1891)", 477.

164 Murphy, *American Realism and American Drama*, 23.

165 Murphy, *American Realism and American Drama*, 23. Hervorhebungen KT.

166 Hervorzuheben ist in diesem Zusammenhang insbesondere James A. Hernes gattungstheoretischer und höchst einflussreicher Aufsatz „Art for Truth's Sake in the Drama", *Arena* 17 (1897), 361-370. Die zwischen 1875 und 1919 von William Dean Howells verfassten dramen- und theaterkritischen Beiträge wurden von Brenda Murphy zusammengetragen

Durch ihre gattungstheoretischen Überlegungen prägen sie die Entwicklung des amerikanischen Dramas nachhaltig, sodass sie heute zweifelsohne als Wegbereiter und Vordenker des amerikanischen Bühnenrealismus gelten können. Da sie hinsichtlich der verwendeten Begrifflichkeiten in ihren Ausführungen jedoch oft vage bleiben, kann von einer Dramen*theorie* im engeren Sinne freilich nicht gesprochen werden, denn die entsprechenden dramentheoretischen Kategorien mussten aus ihren Aufzeichnungen erst abgeleitet und in die heute übliche Fachsprache ‚übersetzt' werden.[167] Murphy leistet diese ‚Übersetzungsarbeit' in ihrer einflussreichen Monographie *American Realism and American Drama, 1880-1940* und benennt die folgenden sechs Kategorien, auf die die Dramentheoretiker bzw. Dramenautoren in diversen Abhandlungen mehr oder weniger konkret Bezug nehmen: ‚Bühnenkunst' (*stagecraft*), ‚Figurenkonzeption' (*character*), ‚Figurensprache' (*dialogue*), ‚Ideendrama' (*thought*), ‚Dramenform' (*structure*) und ‚Schauspielkunst' (*acting*).[168] Anhand von drei Beispielen, die den Kategorien *character, thought* und *structure* zuzuordnen sind, sei knapp skizziert, wie die erwähnte ‚Übersetzung' dieser frühen theoretischen Überlegungen in die heutige genretheoretische Terminologie konkret aussieht.[169]

James A. Hernes Ausführungen zur Figurengestaltung in seinem Stück *Hearts of Oak* (1879) sind beispielsweise hilfreich, weil sie das Verständnis des Dramatikers von einer ‚realistischen Figur' beleuchten (Kategorie *character* bzw. Figurenkonzeption). Nach seiner Auffassung seien tradierte Figurentypen wie beispielweise *hero, heroine* und *villain*, wie man sie im Melodrama zur Genüge findet, für die ‚realistische Mission' gänzlich ungeeignet. „The characters in these plays," so Herne, „were of a necessity more or less artificial."[170] In Bezug auf das o.g. Stück erläutert der Dramatiker:

> When I sat down to write „Hearts of Oak," I did not say to myself, „I'm going to write a play in which there shall be neither the traditional stage hero nor the stage villain." They are not true and therefore did not assert themselves, did not persist – that's all. Such characters do not exist in life, nor do they appear in any of my plays.[171]

---

und in *A Realist in the American Theatre. Selected Drama Criticism of William Dean Howells* veröffentlicht.

167 Vgl. Murphy, *American Realism and American Drama*, 28.

168 Siehe Murphy, *American Realism and American Drama*, 31.

169 Die Kategorie ‚Schauspielkunst' (*acting*) wird hier und nachfolgend insgesamt vernachlässigt, da sie für den Fokus dieser Arbeit nicht von primärer Bedeutung ist.

170 Herne, „Art for Truth's Sake", 364.

171 Herne, „Art for Truth's Sake", 368.

Die Figuren in realistischen Stücken sollten nach Hernes Verständnis also „representative", „full of humanity" und „full of great personality" sein.[172] Nicht Typen sollen dargestellt werden, sondern Figuren, die beispielsweise hinsichtlich ihrer Sprachverwendung und Kostümierung vom Publikum als Vertreter „[of] the common people" wahrgenommen werden.[173] Für die weitere Genese der realistischen Bühnenfigur im amerikanischen Drama war Hernes Ansatz grundlegend.

Auch im Hinblick auf die Kategorie *thought*, die zu fassen versucht, mit welchen Themen, Problematiken und ‚Ideen' im philosophischen Sinne sich dramatische Werke auseinandersetzen und mit welcher Absicht dies geschehen sollte, erweisen sich sowohl Howells' als auch Hernes Abhandlungen als aufschlussreich. Nach Howells' Dafürhalten beispielsweise müsse ein realistisches Stück so angelegt sein, dass sich in ihm das ‚wahre Leben' widerspiegelt, denn die primäre Funktion eines Stückes sei es „to illustrate life or to reproduce it."[174] Zudem müsse dabei ein deutlicher Bezug zum Hier und Jetzt des Dramatikers erkennbar werden, wie Murphy im Anschluss an Howells verdeutlicht: „The subject of the realist is not only life but also the specific life of his time and place, the objects of his immediate observation."[175] In realistischen Stücken müsse es zudem um „actualities of several kinds" gehen, idealerweise um gesellschaftsbezogene „problems" und „motives that impel people in life".[176] Dass viele der frühen realistischen Dramen in Amerika zum Genre des *problem play* mit seinem ausgeprägten Gegenwartsbezug zählen, ist vor diesem Hintergrund plausibel. Das Bedürfnis, sich auf der Bühne endlich von europäischen Klassikern zu lösen und sich mit „amerikanischen Themen, amerikanischer Gesellschaft und amerikanischer Geschichte" auseinanderzusetzen, wächst Mitte des 19. Jahrhunderts spürbar.[177] Noch deutlicher als bei Howells kommt dieser Aspekt bei Herne zum Ausdruck. Ähnlich wie Howells geht es auch Herne in realistischen Stücken primär um die Erzeugung einer Illusion von Lebenswirklichkeit und Wahrhaftigkeit – um *truth* also. Es käme in erster Linie darauf an, eine „*large* truth" auf der Bühne darzustellen; statt „attractive" und „beautiful" dürfe und müsse diese Wahrheit „ugly", „serious"

172 Herne, „Art for Truth's Sake", 365f.
173 Herne, „Art for Truth's Sake", 365, 366.
174 William Dean Howells, „The Plays of Eugène Brieux", *The North American Review* Vol. 201, No. 712 (1915), 402-411: 407.
175 Murphy, *American Realism and American Drama*, 26.
176 William Dean Howells, „The Play and the Problem", *Harper's Weekly* 39 (March 30, 1895a), 294.
177 Halfmann, „Amerikanisches Theater und Drama bis 1900", 235.

und „disagreeable" sein.[178] Der Eindruck von Lebensechtheit sei freilich dann am größten, wenn ein Drama an die Lebenswirklichkeit des Publikums anknüpfen, sprich aktuelle Aspekte, Bedingungen und Probleme einer Gesellschaft thematisieren würde.[179] Dann nämlich könne das amerikanische Drama aus dem Status des anspruchslosen Unterhaltungstheaters gehoben und das Publikum dazu befähigt werden, am gesellschaftlichen Diskurs über die Fragen und Probleme der Zeit teilzuhaben. Bei Herne liest sich dies wie folgt:

> I stand for art for truth's sake because it perpetuates the everyday life of its time, because it develops the latent beauty of the so-called commonplaces of life, because it dignifies labor and reveals the divinity of the common man.
>
> It is generally held that the province of the drama is to amuse. I claim that it has a higher purpose—that its mission is to interest and to instruct. It should not *preach* objectively, but it should teach subjectively; and so I stand for truth in the drama, because it is elemental, it gets to the bottom of a question. It strikes at unequal standards and unjust systems. It is unyielding as it is honest. [...] It sets forth clearly that the concern of one is the concern of all. It stands for the higher development and thus the individual liberty of the human race.[180]

Es ist u.a. Hernes Plädoyer für ‚Art for Truth's Sake' zu verdanken, dass das amerikanische Drama um die Jahrhundertwende zumindest ansatzweise den Weg hin zu einer seriöseren Gattung einschlägt. Die Darstellungskonventionen des Kommerztheaters schieben einer Etablierung neuer Formen allerdings rasch einen Riegel vor.

Ein drittes Beispiel bezieht sich auf die Kategorie *structure*, mit der sich die frühen Bühnenrealisten ob ihrer zunehmenden Unzufriedenheit mit den formalen Restriktionen des *well-made play* sehr intensiv auseinandersetzen. Wie Howells ist auch Herne der Ansicht, dass das *plot*-lastige „standard drama" oder „drama of plot", wie Herne das formal streng durchkomponierte *well-made play* auch nennt, zur Umsetzung bühnenrealistischer Repräsentationsformen

---

178 Herne, „Art for Truth's Sake", 362. Ein sehr ähnlicher Gedanke, wenngleich eingehüllt in eine metaphorische Sprache, findet sich in Howells' dramenkritischer Abhandlung „Degeneration" (1895b), in der er sich auf die in Ibsens Stücken verhandelten Themen bezieht und – wie Herne – für die Darstellung vor allem ‚unschöner Wahrheiten' plädiert: „A great many good, elderly minded people think it dreadful Ibsen should show us that the house we have lived in so long is full of vermin, that its drainage is bad, that the roof leaks and the chimney smokes abominably; but if it's true, is it not well for us to know it? It is dreadful because it is so, not because he shows it so; and the house is no better because our fathers got on in it as it is." („Degeneration", *Harper's Weekly* Vol. 39 (April 13, 1895b), 342).

179 Vgl. Herne, „Art for Truth's Sake", 363.

180 Herne, „Art for Truth's Sake", 369f. Hervorhebung im Original.

nicht geeignet sei.[181] Insbesondere die obligatorische ‚Wendung zum Guten' im *well-made play* sei mit der realistischen Darstellung ernsthafter gesellschaftsbezogener Probleme nicht kompatibel. Die „idea of a satisfactory denouement" würde, so waren sich Howells und Herne einig, immer auf Kosten der Wirklichkeitsdarstellung gehen.[182] Das erzwungene *happy ending* bzw. die Lösung des Konflikts in der Schlussszene eines *well-made play* sei in keiner Weise realitätskonform, denn „life does not solve moral [or social] problems, and thus does not provide closure to human experience"[183]. Ein Stück müsse, wie Howells mit Bezug auf Ibsens *problem plays* würdigend hervorhebt, ‚ästhetisch vollkommen', jedoch ‚ethisch-moralisch unvollkommen' sein: „[A]ny work of art that did so [i.e. provide a solution and closure] artificially in order to be satisfying aesthetically would fail at being true to human experience, and thus be *bad art from a realist's point of view*."[184] Wenn realistische Dramen einerseits gesellschaftliche Probleme aufgreifen bzw. kritische Fragen aufwerfen und andererseits für diese Probleme und Fragen aber keine künstlich herbeigeführten Antworten und Lösungen anbieten wollen, dann impliziert dies im Hinblick auf inhaltlich-strukturelle Aspekte zunächst eine grundlegende Kompatibilität bzw. korrelative Beziehung von ‚realistischer Darstellung' und ‚offenem Dramenschluss' – eine Kombination, die als solche im *well-made play* unzulässig ist, da die inhaltliche und formale Offenheit ein gewisses Maß an ‚ästhetischer Unvollkommenheit' suggeriert, die es tunlichst zu vermeiden galt. Formal-strukturell betrachtet erteilen die frühen Bühnenrealisten dem *well-made play* mit seinen restriktiven Gestaltungs- und Formprinzipien demnach eigentlich (d.h. nur in theoretischer Hinsicht) eine deutliche Absage. Dass eine vollständige Abkehr von diesen Konventionen auf der Broadway-Bühne praktisch gar nicht möglich war, liegt, wie erwähnt, an dem rigiden Regelkorsett des profitorientierten Unterhaltungstheaters, auf das in Abschnitt II.2.2 noch konkret einzugehen sein wird.

Die vorangegangenen Einblicke in die gattungstheoretischen Überlegungen von Howells und Herne mögen genügen, um exemplarisch zu veranschaulichen,

181 Herne, „Art for Truth's Sake", 363.

182 Vgl. Herbert J. Edwards, „Howells and Herne", *American Literature* 22.4 (1951), 432-441: 435.

183 Murphy, *American Realism and American Drama*, 39.

184 Murphy, *American Realism and American Drama*, 39. Hervorhebung KT. Die kursivierte Passage des Zitats deutet darauf hin, dass eine Diskrepanz dahingehend besteht, wie unterschiedlich das kommerzielle Drama aus kunstästhetischer Sicht beurteilt wird. So werden aus Zuschauer- und Theatersicht durchkomponierte, geschlossene Dramen als ‚*well-made*' beurteilt, während aus der Perspektive ‚realistischer Dramatiker' solche Stücke nur als ‚*bad art*' gelten können. Dieses Spannungsverhältnis sollte für das Kommerztheater der *Progressive Era* prägend werden.

worauf es diesen beiden Realisten im Zuge ihrer Reformbemühungen innerhalb des amerikanischen Dramas primär ankommt: Sowohl formal-strukturelle als auch inhaltsbezogene und figurenkonzeptionelle Aspekte stellen in ihrer Realismus-Agenda Schwerpunkte dar. Durch Brenda Murphys systematische Aufbereitung liegt inzwischen ein Spektrum gattungstheoretischer Kategorien mit den entsprechenden Merkmalsbündeln für das frühe realistische Drama in Amerika vor. Nachfolgend werden die wichtigsten Merkmale des amerikanischen Bühnenrealismus des späten 19. bzw. beginnenden 20. Jahrhunderts skizziert, wobei im Rahmen der vorliegenden Studie die Kategorien (a) ‚Bühnenkunst' (*stagecraft*), (b) ‚Figurenkonzeption' (*character*), (c) ‚Figurensprache' (*dialogue*), (d) ‚Ideendrama' (*thought*) und (e) ‚Dramenform' (*structure*) in besonderem Maße Berücksichtigung finden. Dieser Merkmalskatalog soll die genretheoretische Hintergrundfolie bilden, vor der die hier diskutierten Stücke gelesen und untersucht werden müssen. Auf sie ist deshalb ausführlicher einzugehen, weil formal-ästhetische und inhaltliche Aspekte Teil des komplexen Aushandlungsgebildes sind, das es hier herauszuarbeiten gilt.

(a) Mit *stagecraft* meint Murphy zum einen das Setting des jeweiligen Stückes (d.h. den konkreten Schauplatz einer Szene) und zum anderen die Ausgestaltung dieses Settings im Bühnenbild bzw. dessen verbalsprachliche Umsetzung im Nebentext und in den Figurenrepliken des gedruckten Textes. Beides wird zunehmend realistisch, d.h. die Wirklichkeitswelt mimetisch widerspiegelnd, dargestellt. Bewusst achten die Dramatiker nun auf die Stimmigkeit von Figur, Handlung und Schauplatz. Sollen beispielsweise Figuren der amerikanischen *middle class* auf die Bühne gebracht werden, so wird dies durch die Darstellung typischer *middle class*-Settings mit den entsprechenden Accessoires und Bühnenrequisiten (*stage props*) oder etwa die Ausstattung der Figuren mit statusgemäßer Kleidung zum Ausdruck gebracht. In erster Linie übernehmen Bühnenbild und Setting nun eine wichtige inhalts- und handlungsbezogene Unterstützungsfunktion, die konkret darin besteht, die Illusion von Wirklichkeit auf der Bühne zu erzeugen. Darüber hinaus weist die Präsentation bzw. „Zurschaustellung materieller Objekte" in einem *middle class home*, um bei diesem Beispiel zu bleiben, einen Diskursbezug zu einer sich herausbildenden ‚demonstrativen Konsumkultur' aus.[185] Anders formuliert: Materielle Objekte haben innerhalb der Stücke nicht nur dekorative Funktion, sondern stellen über die Textgrenzen hinaus auch einen

185 Barbara Eichhammer, „Waren- und Konsumkultur", *Viktorianismus. Eine literatur- und kulturwissenschaftliche Einführung*, hg. Doris Feldmann und Christian Krug (Berlin: Erich Schmidt Verlag, 2013), 99-112: 104, 105.

Diskursbezug zum soziokulturellen Phänomen der *conspicuous consumption* bzw. der *consumer culture* der *middle* und *upper class* her. Das rein dekorative Bühnenbild hat im realistischen Drama demnach keinen Platz mehr. Der Zuschauer soll beim Blick auf die Bühne den Eindruck gewinnen, einen aus dem realen Leben gegriffenen Wirklichkeitsausschnitt (*slice of life*) zu sehen, der zudem einen hohen Identifikationsgrad mit der eigenen Lebenswirklichkeit schafft. Dieser kann deshalb erzielt werden, weil die Stücke zum einen oft *middle class*-Protagonisten darstellen und das Publikum des Broadway-Theaters zum anderen selbst vornehmlich aus der *middle class* stammt.[186] Der Eindruck von Lebensechtheit wird bei der konkreten Bühneninszenierung im Theater durch eine neuartige Bühnenform, der sog. ‚Guckkastenbühne' (*picture-frame stage* oder auch *box-stage*) mit ihrer imaginären vorderen Wand (*fourth-wall illusion*) noch einmal zusätzlich verstärkt.[187] Im gedruckten Text hingegen kann die Illusionierung eines wirklichkeitsnahen Geschehens freilich nur über entsprechende Beschreibungen und Hinweise im Nebentext realisiert werden. Diesen zum Teil minuziösen Schilderungen kommt im realistischen Drama ein besonderer Stellenwert zu, weil die „Vergabe zusätzlicher Informationen"[188] über sie erfolgt, weshalb eine Textanalyse diese Beschreibungen nicht vernachlässigen darf. So fallen die Nebentexte mit Beschreibungen zur Szenerie, Kostümierung, Aussehen und Anordnung von Gegenständen, räumlichen Dimensionen usw. in vielen Stücken, insbesondere zu Beginn des Stückes bzw. eines neuen Aktes sehr umfangreich und detailliert aus. Sie erlauben es dem Leser, in seiner Vorstellung ein äußerst konkretes Bild vom Ort des Geschehens zu entwickeln. Nichtsdestoweniger sei daran

186 Vgl. Atkinson, *Broadway*, 22.

187 Im Anschluss an Grabes bezeichnet das Prinzip der ‚Guckkastenbühne' „eine dem realistischen Drama besonders angemessene Bühnenform", bei der die „vordere Wand zum Publikum hin mit Öffnen des Bühnenvorhangs weggenommen wird, um den Blick auf das hinter dieser Wand ‚gerade jetzt' ablaufende Geschehen freizugeben" (*Das amerikanische Drama des 20. Jahrhunderts*, 10). Siehe hierzu auch Müller, *Das amerikanische Drama*, 20 sowie Pfister, *Das Drama*, 44, Bernhard Asmuth, *Einführung in die Dramenanalyse* (Stuttgart: Metzler, ^{5}1997), 196 und Reitz, „Versdrama, Melodrama, *problem play* und Komödie", 167 sowie Bernhard Reitz, „Zwischen Konvention und Erneuerung: 1900 bis zur Jahrhundertwende – Einleitung", *Das englische Drama und Theater von den Anfängen bis zur Postmoderne*, hg. Bernhard Reitz (Trier: WVT, 2016b), 261-270: 261. Der sprichwörtliche Blick in das Wohnzimmer erzeugt den Eindruck des unmittelbar Miterlebten. Mit Bezug auf John Gassner, *Form and Idea in Modern Theatre* (New York, NY: Holt, Rinehart & Winston, 1956), 26f. erläutert Murphy, dass die *fourth-wall convention* das im realistischen Drama vorherrschende Prinzip ist, das es dem Zuschauer erlaubt, das auf der Bühne Gesprochene als Quasi-Involvierte zu belauschen, statt ihm nur zuzuhören (siehe *American Realism and American Drama*, 29).

188 Grabes, *Das amerikanische Drama des 20. Jahrhunderts*, 10.

erinnert, dass jede Schauplatzgestaltung, sei sie auch noch so wirklichkeitsnah, immer auch einen vom Dramatiker bewusst konstruierten, sorgfältig selektierten und bereits subjektiv gedeuteten Realitätsausschnitt darstellt.[189] Oft ist der dargestellte Raum semantisiert, funktional aufgeladen und spielt – gerade in Stücken, die die Geschlechterproblematik thematisieren – auf eine wie auch immer geartete Diskursreferentialität an.[190] Die Fokussierung auf einen kleinen Wirklichkeitsausschnitt zieht – wenn er denn glaubhaft und plausibel dargestellt werden soll – im realistischen Drama in der Konsequenz eine Reduzierung des zeitlichen Rahmens und damit auch des Handlungsumfangs, des Figurenensembles und der Anzahl der Schauplätze nach sich. Das realistische Drama knüpft diesbezüglich spürbar an die Tradition des „*well-made play* mit seiner konsequenten Einhaltung von Ort, Zeit und Handlung“ an.[191]

(b) Analog zur voranstehenden Kategorie erfährt auch die Darstellung und Konzeption der Figuren (Murphys Kategorie *character*) zwischen 1890 und 1920 eine deutliche Veränderung. Während Bühnenfiguren *vor* dem Untersuchungszeitraum lediglich als „immemorial puppets“ gelten konnten,[192] werden die Figuren im realistischen Drama nun in größerer Komplexität und psychologischer Tiefe gezeigt. Figuren realistisch darzustellen, bedeutet nunmehr, dem Publikum Einblicke in die „sociological as well as […] psychological and moral dimensions“[193] der Figuren zu gewähren. Statt stereotypisierter Figuren treten nun zunehmend individualisierte, real wirkende Figuren ‚mit

189 Siehe hierzu auch Grabes, *Das amerikanische Drama des 20. Jahrhunderts*, 11.

190 Zur Funktionalität und den Semantisierungsverfahren des Bühnenraums – insbesondere aus *gender*-analytischer Perspektive – siehe Abschnitt III.5.3 in dieser Arbeit.

191 Grabes, *Das amerikanische Drama des 20. Jahrhunderts*, 11. Ergänzt sei zudem: Dass viele der Dramen, auch die hier untersuchten, nur sehr wenige oder gar nur einen Schauplatz aufweisen (meistens das Wohnzimmer eines *middle class home*, weshalb diese Stücke mitunter auch als Wohnzimmer- bzw. *drawing room*-Stücke bezeichnet werden; vgl. Reitz, „Versdrama, Melodrama, *problem play* und Komödie“, 167), ist in einem direkten Zusammenhang mit der Erfindung der Guckkastenbühne zu sehen und stellt weniger eine paradigmatische Festschreibung in der Realismus-Agenda dar. So erläutert Reitz, dass die Einführung der Guckkastenbühne „technische Probleme [verursachte], denn auf einen schnellen Szenenwechsel durch Flachkulissen musste man nun verzichten. Drehbühnen gab es noch nicht, und für Umbauten eines aufwändigen Bühnenbilds waren die Pausen zu kurz. Dem mussten die Dramatiker Rechnung tragen.“ (ebd.). Dieser Umstand weist einmal mehr auf die wechselseitige Durchdringung von Drama (Text) und der zu einer bestimmten Zeit geltenden Aufführungspraxis (Kontext) hin. So ist die Häufung von *discussion* und *social problem plays* u.a. im Zusammenhang mit bühnentechnischen Entwicklungen der Zeit zu sehen.

192 Vgl. Murphy, *American Realism and American Drama*, 101 mit Bezug auf Howells.

193 Murphy, *American Realism and American Drama*, 39.

Persönlichkeit' auf, die dem Zuschauer im Gedächtnis bleiben.[194] Diese Wirkung wird vor allem deshalb erzielt, weil die Figuren oftmals in ihrer Auseinandersetzung mit einem tiefgreifenden Konflikt und inneren Zerrissenheit dargestellt werden, an denen das Publikum Anteil nimmt. Sie treten verstärkt in jenen Dramen auf, in denen die Geschlechterproblematik den thematischen Schwerpunkt bildet. So erreichen in den Stücken der *Progressive Era* vor allem solche Figuren den höchsten Grad der Individualisierung und Figurentiefe, die sich mit gegensätzlichen Rollenbildern konfrontiert sehen.[195] Die angesprochene Figurentiefe ist dabei keinesfalls nur bei weiblichen Figuren festzustellen (wie bisherige Studien zu suggerieren scheinen). Sie ist vielmehr auch in männlichen Figuren auszumachen, was wiederum auf eine gewisse Krisenhaftigkeit hindeutet, die zumindest in den frühen Studien gern übersehen wurde. Festzuhalten bleibt außerdem, dass selbstverständlich nicht alle im Stück auftretenden Figuren diese Komplexität aufweisen. Auch im realistischen Drama des Untersuchungszeitraumes sind herkömmliche Figurenstereotype und sog. *flat characters* anzutreffen.

(c) Eine dritte Kategorie, die sehr eng mit der voranstehenden verknüpft ist, bezeichnet Murphy als *dialogue* und meint damit die Sprachverwendung durch die im dramatischen Text auftretenden Figuren. Sollen Bühnenfiguren vom Publikum tatsächlich als ‚reale Personen' wahrgenommen werden, so muss dies selbstverständlich auch in der Art ihres Sprechens zum Ausdruck kommen. Die Figurensprache gewinnt im realistischen Drama um die Jahrhundertwende zum einen als Mittel der Figurencharakterisierung zunehmend an Bedeutung (z.B. zur Markierung gesellschaftlicher Klassenzugehörigkeit, des Bildungsgrades etc.), zum anderen dient sie auch dazu, die Illusion von Wirklichkeit im Zusammenspiel mit anderen Faktoren wie z.B. Bühnenbild und Kostümierung zu verstärken.[196] Die „Simulierung ‚lebensecht' wirkender gesprochener Sprache"[197] im realistischen Drama bedeutete gleichermaßen eine Absage an das bislang verwendete „stilted stage English" und eine Hinwendung zu „normal speech patterns" und „colloquial English".[198] Auf tradierte

194 Gassner verwendet für diese Form des Dramas den Begriff des *character drama*, der den Stellenwert der individualisierten Figurengestaltung betont, und weist James A. Hernes *Margaret Fleming* (1890) – insbesondere die Darstellung der Protagonistin – als erstes Stück dieser neuen Form aus (siehe John Gassner, „Realism in the Modern American Theatre", *American Theatre*, eds. John Russell Brown and Bernard Harris (London: Edward Arnold, 1967), 11-28: 11).

195 Siehe hierzu auch Murphy, *American Realism and American Drama*, 105.

196 Vgl. Murphy, *American Realism and American Drama*, 37.

197 Grabes, *Das amerikanische Drama des 20. Jahrhunderts*, 14.

198 Murphy, *American Realism and American Drama*, 93.

gattungstypische Darstellungsverfahren wie Selbstgespräche (*soliloquy*) und das Beiseitesprechen (*aside*) wird nunmehr weitgehend verzichtet, weil solche Kommunikationsformen der Illusionierung von Wirklichkeit entgegenwirken.[199] Autoren wie Augustus Thomas, William Dean Howells und James A. Herne gelten als Begründer dieser lebensechten Form der figuralen Sprachverwendung im amerikanischen Drama, wenngleich ihre Bemühungen lediglich den Grundstein für eine Entwicklung legen konnten, die erst viel später voll zum Tragen kommen sollte.[200]

(d) Hinsichtlich der Kategorie *thought* betont Murphy, dass diese die grundlegendsten Veränderungen im Untersuchungszeitraum erfahren habe und zudem eine allgemeine Entwicklungstendenz in den Dramen der Zeit zu beobachten sei.[201] Die kritische Auseinandersetzung mit gesellschaftsbezogenen Themen und Problemen der Zeit verhilft dieser Kategorie zu einem ‚Aufstieg' von – wie Murphy sagt – „generally the least considered element in the play to often the most considered".[202] Nach Krutch etabliert der Dramatiker im Zuge dieser Entwicklung immer stärker seinen Status als „*intellectual force* [...] of his time".[203] Die Wahrnehmung von Theater, Drama und Autor sowie insbesondere das Verständnis ihrer gesellschaftlichen Funktionen ändern sich damit grundlegend, wie Krutch weiter konstatiert: „The fact that ideas [d.h. Murphys *thoughts*] were to be found in works intended for acting furnished the startling suggestion that the theater might be used, not as a refuge for concoctions subliterary in form and childish in thought and sentiment, but

199 Vgl. Murphy, *American Realism and American Drama*, 36.

200 Exemplarisch sei hier auf Hernes Stück *Margaret Fleming* verwiesen, in dem die Sprachverwendung des Landstreichers Joe Fletcher auf dessen sozialen Status schließen lässt. Auch in Zona Gales *Miss Lulu Bett* ist die Sprache der Figuren dialektal gefärbt, wodurch die regionalen sprachlichen Besonderheiten des Schauplatzes zum Tragen kommen und die Figuren ‚real' wirken. Die Verwendung und Darstellung alltagsprachlich-dialektal gefärbter Strukturen wird später, d.h. konkret im frühen expressionistischen Drama, beispielsweise in O'Neills *The Emperor Jones* (1920) oder *The Hairy Ape* (1922) nahezu zur Perfektion gebracht. Die Integration realistischer Sprachverwendung in expressionistischen Dramen ist nur ein Beispiel für die Stilmischungen bzw. Hybriditäten, wie sie für den gesamten Untersuchungszeitraum charakteristisch sind – nicht nur innerhalb des kommerziellen Theaters. Zum Aspekt der Synthese realistischer und expressionistischer Stilelemente in den frühen Dramen Eugene O'Neills siehe Kurt Müller, *Inszenierte Wirklichkeiten. Die Erfahrung der Moderne im Leben und Werk Eugene O'Neills* (Darmstadt: Wissenschaftliche Buchgesellschaft, 1993), 66ff.

201 Siehe Murphy, *American Realism and American Drama*, 95.

202 Murphy, *American Realism and American Drama*, 95.

203 Joseph Wood Krutch, *The American Drama since 1918*, rev. ed. (London: Thames & Hudson, 1957), 21. Hervorhebung KT.

as *a platform for the dissemination of advanced ideas.*“[204] Bekanntlich teilten weder die profit-fixierten Theatermanager noch das auf Unterhaltung setzende Publikum diese Überzeugung. Zu den ‚schwierigen‘ weil brisanten Themen, die einer gesellschaftlichen Auseinandersetzung bedurften, zählen im Untersuchungszeitraum – wie gezeigt – u.a. die im Zusammenhang mit dem *Prohibition* bzw. *Temperance Movement, Social Activism* oder auch dem *Political Reform Movement* stehenden Aspekte. Als „most common social subject during the period“ erweist sich nach Murphys Einschätzung jedoch die Auseinandersetzung mit der Geschlechterproblematik – jener Thematik also, die im Broadway-Theater in der Regel nur dann den Zuspruch des Publikums erhält, wenn sich ihre Behandlung als diskursaffirmierend erweist, sich also im Rahmen des Konventionellen und Akzeptablen bewegt.[205] Bevorzugt greifen die Autoren verwandte Themen wie „marriage and divorce, the double standard, the topical issues of the emancipated ‚new woman‘ and women's rights“ in ihren *social problem* und *discussion plays* auf.[206] Zu ergänzen ist dieses Spektrum um die Darstellung und Aushandlung von *gender roles*, d.h. weiblichen und männlichen Rollen und Geschlechteridentitäten. Dass zwischen 1890 und 1920 besonders viele Stücke entstehen, die sich mit mindestens einem der oben genannten Themenbereiche bzw. den Kategorien *social class, gender* und *milieu* befassen, ist demzufolge – wie an anderer Stelle bereits ausgeführt – kein Zufall, sondern liegt in den gesellschaftlichen Entwicklungen dieser Zeit begründet. Zu betonen ist der Umstand, dass die bühnenöffentliche Verhandlung der genannten Themen in den Texten aber keinesfalls eine homogene ist. Die in den Stücken zum Ausdruck gebrachten Haltungen bewegen sich allerdings trotzdem meist (aber eben oft auch nur dem äußeren Anschein nach) im vorgegebenen Rahmen und Toleranzbereich des profit-orientierten Unterhaltungstheaters, sodass die Auseinandersetzung mit diesen Themen letztlich tendenziell eine eher konservativ-affirmative zu sein scheint, wie Murphy resümiert:

> On the whole, although the discussion of social issues became a standard feature of the drama during these early years of the twentieth century, it was a fundamentally conservative discussion. Although it might point out flaws in the reigning social order and suggest that action was needed to remedy them, this drama

204 Krutch, *The American Drama*, 14. Hervorhebung KT.

205 Murphy, *American Realism and American Drama*, 95f.

206 Murphy, *American Realism and American Drama*, 96. Für eine themenspezifische Klassifizierung der im Untersuchungszeitraum verfassten bzw. aufgeführten Stücke siehe Murphy (ebd. 96-101).

> did not advocate fundamental change. The beginning of a more radical attitude can be discerned toward the end of the period.[207]

Zwar ist Murphys Aussage weitgehend zuzustimmen, allerdings pauschalisiert sie allzu stark, und sie greift auch deshalb viel zu kurz, weil – wie die Textanalysen zeigen werden – die Stücke durchaus mehr leisten, als nur auf „flaws in the reigning social order" hinzuweisen. Wenn Murphy die Aushandlung gesellschaftlicher Themen wie die Geschlechterfrage als „a fundamentally conservative discussion" bezeichnet und dem Broadway-Drama der *Progressive Era* das Potential abspricht, für einen Wandel der Geschlechterbeziehungen zu plädieren, dann lässt sie außer Acht, dass die Untersuchung der Stücke im Kontext der Produktions-, Rezeptions- und Revisionspraktiken der Zeit viel differenzierter erfolgen muss, als dies bislang offenbar der Fall war.

(e) Die frühen Bühnenrealisten setzen sich in den der *Progressive Era* unmittelbar vorausgehenden Jahrzehnten zudem sehr intensiv mit formal-ästhetischen Gestaltungsprinzipien wie Plotstruktur und Dramenaufbau auseinander (Murphys Kategorie *structure*). Die Tatsache, dass das rigide Formkorsett des *well-made play* den Ansprüchen einer wirklichkeitsgetreuen Darstellung nicht oder nur sehr begrenzt genügen kann, veranlasst einige Dramentheoretiker dazu, den starren Gattungskonventionen eine generelle Absage zu erteilen. Exemplarisch wurde dies oben am Beispiel der gattungstheoretischen Überlegungen James A. Hernes bereits angedeutet.[208] Ein realistisches Drama, so die Argumentation, könne sich seine Struktur nicht von den „artificial conventions of theater" aufoktroyieren lassen; vielmehr müsse die Form des Stückes aus der Handlungsentwicklung und den „[natural] rhythms of life" erwachsen.[209] Insbesondere das obligatorische *happy ending* als verbindliches Strukturelement im *well-made play* wird vehement kritisiert, weil die formal erzwungenen Problemlösungen und Versöhnungen das ‚reale Leben' nicht widerspiegelten. *Closure* und *resolution*, die charakteristischen Formmerkmale des *well-made play*, werden im realistischen Drama bewusst ausgespart. Stattdessen konfrontiert es das Publikum mit „irresolution and

207 Murphy, *American Realism and American Drama*, 101. Murphy rekurriert im letzten Satz dieses Zitats auf das *little theater movement*, das – frei vom Konformitäts- und Kommerzzwang des Unterhaltungstheaters – seine ästhetisch-künstlerischen Gestaltungsmöglichkeiten für eine viel stärker radikal ausgerichtete Behandlung der Themen ausreizt. Siehe hierzu die Ausführungen im Problemaufriss (Abschnitt I.1) sowie Kapitel II.2.2 in dieser Arbeit.

208 Über Howells schreibt Murphy: „He [...] voiced contempt for the well-made play." (*American Realism and American Drama*, 44).

209 Murphy, *American Realism and American Drama*, 44, 45.

open-ended action"[210]. Insbesondere wenden sich die Bühnenrealisten dagegen, die Komplexität menschlichen Lebens so stark zu vereinfachen, dass seine Darstellung in konventionelle Plotmuster mit stets glücklichem Ausgang hineingepresst werden könne. Die Inkompatibilität von erzwungenem *happy ending* und Bühnenrealismus wird vor allem im Diskussions- und Problemstück deutlich, denn die kritische Auseinandersetzung mit gesellschaftlichen Themen kann innerhalb eines Stückes allenfalls angestoßen, nicht aber – und schon gar nicht immer – zum (versöhnlichen) Abschluss gebracht werden, es sei denn, die Lösung erwächst plausibel und nachvollziehbar aus der realistisch dargestellten Handlung und Figurenzeichnung.[211] In ‚Wirklichkeit' aber lassen sich gesellschaftsbezogene Probleme nicht ohne Weiteres so einfach und unmittelbar lösen. Die „hemmungslosen *deus ex machina-* und *happy ending*-Harmonisierungen", wie Halfmann die versöhnlichen Dramenausgänge aus der Tradition des *well-made play* etwas überspitzt bezeichnet,[212] stehen einer mimetischen Abbildung von Lebenswirklichkeit diametral entgegen und sind mit den Wirkabsichten der frühen Bühnenrealisten kaum vereinbar. Trotz aller Anstrengungen, das amerikanische Unterhaltungstheater zu reformieren, gelingt dies letztlich nur – aber immerhin – in Ansätzen. An zwei Aspekten zeichnet sich die Entwicklungsresistenz der Gattung besonders deutlich ab: am Insistieren auf geschlossene Dramenformen einerseits und der schriftstellerischen Gebundenheit an ‚vor-realistischen' Darstellungskonventionen andererseits.

1) Hätten sich die Bühnenautoren konsequent vom Diktat des ‚erzwungenen Schlusses' distanzieren können, so würde dies erstens für das realistische Drama implizieren, dass in diesen Stücken *mehrheitlich* – und nicht nur, wie im Rahmen dieser Arbeit gezeigt werden wird, vereinzelt – *open endings* zu finden sein müssten, die dem Theaterpublikum bekanntlich eine Antwort oder Lösung zunächst schuldig bleiben und die Fortführung der Debatte über die Grenzen des Textes hinaus herausfordern. Konsequent wäre in der Umsetzung der ‚Realismus-Agenda' also gewesen, die Stücke jeweils mit einem

210 Murphy, *American Realism and American Drama*, xii.

211 In diesem Zusammenhang erklärt Murphy jedoch einschränkend, dass die Entwicklung des amerikanischen Diskussionsstückes nicht mit einen vollständigen Verzicht auf versöhnliche Schlussszenen gleichbedeutend ist (siehe *American Realism and American Drama*, 109). So gibt es durchaus auch realistische Stücke, die mit einem *happy ending* schließen, ohne dass dies ‚aufgesetzt' und künstlich wirken würde: „The comic resolution could be maintained by allowing it to grow out of the discussion, by making the discussion the turning point in the action." (ebd.). In solchen Fällen ist das versöhnliche Ende „not simply the arbitrary end to the action that is demanded by the comic structure", sondern vielmehr „a conscious and willed action on the part of the characters" (ebd.).

212 Halfmann, „Amerikanisches Theater und Drama bis 1900", 254.

offenen Dramenschluss enden zu lassen und die Handlungsstruktur so anzulegen, dass das Herausbilden einer traditionellen Erwartungshaltung verhindert wird. Hierzu schreibt Murphy:

> In good drama of discussion there is no ‚expected' resolution to the conflict, as there is none to the conflict in life. The open ending of the drama of discussion does not allow the observer to impose a pattern of expectation on its representation of reality, because there is no convention for its closure, as there is none in life.[213]

Genau darin ist nämlich die Intention des realistischen Dramas zu sehen: Es will das Publikum ganz bewusst ohne ein konkretes Ergebnis aus der mikrokosmischen Lebenswelt der Figuren entlassen, um den Zuschauer über die Textgrenzen hinaus über den weiteren Handlungsfortgang spekulieren zu lassen bzw. um ihn dazu anzuregen, von der Textebene zu abstrahieren und die im Stück aufgeworfenen gesellschaftlichen Probleme kritisch zu hinterfragen. Die im Kleinen verhandelten Positionen sollen im Großen auf der gesellschaftlichen ‚Bühne' weiter diskutiert werden.[214] Über Aushandlungsprozesse im äußeren Kommunikationssystem soll, so die Agenda der Bühnenrealisten, der gesellschaftliche Status quo verändert werden. Das realistische Drama will dem Publikum außerdem vor Augen führen, dass das erwartete *happy ending* nur *eine* mögliche Lösung unter verschiedenen darstellt und dass das im offenen Schluss angedeutete weitere Handlungsgeschehen durchaus auch als ‚alternativer Realitätsentwurf' gesehen werden kann. All dies gelingt im Unterhaltungstheater nur wenigen Dramatikern um die Jahrhundertwende. „The problem here involves," wie Demastes mit Blick auf die konservative Erwartungshaltung des Publikums richtig erklärt, „the question of whether or not audiences are ready (intellectually capable) and willing (sufficiently open-minded) to consider the alternatives".[215] Mit Blick auf das zeitgenössische Kommunikationssystem liegt genau darin bekanntlich aber das Problem: Die *middle class audience* des Broadway lehnt dramenstrukturelle (und damit auch inhaltsverändernde) Neuerungen vehement ab, sodass die von den Bühnenrealisten angestrebten Neuerungen genre*theoretisch* zwar ausdifferenziert, in der Aufführungs*praxis* jedoch nicht konsequent umgesetzt werden können.[216] Zu ausgeprägt sind das Bedürfnis nach Unterhaltung oder die Vorliebe für

213 Murphy, *American Realism and American Drama*, 110.
214 Siehe Murphy, *American Realism and American Drama*, 108.
215 Demastes, „Preface", xii.
216 Murphy unterscheidet in diesem Zusammenhang zwischen „theoretic form" und „technical form" und meint mit letzterer jene „that manifests itself onstage" (*American Realism and American Drama*, xii).

altbewährte Formate und oberflächliche, vereinfachende Lösungen zu gesellschaftlich brisanten Themen wie der Geschlechterproblematik, als dass die ‚frischen Ideen' der Bühnenrealisten im Kommerztheater der Jahrhundertwende hätten vollumfänglich Fuß fassen können. Viele der frühen Bühnenrealisten wie Howells oder Herne aus der ersten Generation oder Crothers, Wentworth und Gale aus der zweiten, waren – um mit Atkinson zu sprechen – „modern at a time when nearly everyone else on Broadway was Victorian"[217]. In der Folge bedeutet dies, dass sich neuere, ‚realistische' Formen und Inhalte nach europäischem Vorbild, wie sie im *discussion play* und *social problem play* zu finden waren, zwar am Broadway etablieren können, sich dort aber keineswegs eine „rejection of conventional structures"[218] abzeichnet. Für viele der im Untersuchungszeitraum entstandenen Bühnenversionen bedeutet dies in textstruktureller Hinsicht die Ausformung eines Kompromisses aus tradierten und innovativen Formen sowie deutliche Konzessionen an den Publikumsgeschmack. So entstehen jene dramatischen Hybrid- und Übergangsformen, die für das amerikanische Unterhaltungstheater der *Progressive Era* einzigartig und charakteristisch sind. Vor diesem Hintergrund ist in den Analysen der dramatischen Texte jeweils danach zu fragen, wie diese ‚besondere Mischung' jeweils zum Tragen kommt und welche Signalwirkung dies im Spiegel der Aushandlung von Geschlechterfragen auf den gesellschaftlichen Diskurs hat.

2) Ferner hätte die konsequente Loslösung von den restriktiven Gestaltungsprinzipien für den realistischen Dramenautor einen Zuwachs an schriftstellerischer Autorität und Unabhängigkeit bedeuten müssen, die sich wiederum deutlich in den Bühnenstücken hätte widerspiegeln müssen – sowohl in formal-ästhetischer als auch inhaltlicher Hinsicht. Dass die Befreiung aus dem Regelkorsett des kommerziellen Theaters um die Jahrhundertwende vorerst noch eine Vision bleibt, zeigt der Umstand, dass sich formbezogene, gestalterische Freiheiten dem realistischen Bühnenautor des Kommerztheaters erst Jahrzehnte später im 20. Jahrhundert eröffnen sollten. Zu stark ist vorerst der Konformitätszwang und kommerzielle Erfolgsdruck, der es den frühen Bühnenrealisten untersagt, ihre gattungstheoretischen Überlegungen in aller Konsequenz auf der Bühne umzusetzen. Wären Herne, Howells und andere ihren ursprünglichen Vorstellungen kompromisslos gefolgt, so „hätte," wie Halfmann mutmaßt, „das amerikanische Drama in einem einzigen gewaltigen Sprung eine Entwicklung vollzogen, die tatsächlich [aber] noch Jahrzehnte in Anspruch nahm".[219] Konkret sollte es die drei Jahrzehnte umspannende

217 Atkinson, *Broadway*, 33.
218 Murphy, *American Realism and American Drama*, 109.
219 Halfmann, „Amerikanisches Theater und Drama bis 1900", 256.

Progressive Era dauern, bis auch das profit-orientierte Unterhaltungstheater bzw. dessen Publikum bereit war, sich den gattungsbezogenen Neuerungen stärker zu öffnen. In Hinblick auf diesen langen Entwicklungsprozess spricht Murphy von einer „long transition period" und meint damit konkret die Zeit zwischen James A. Hernes *Margaret Fleming* (1890) und den „first realistic efforts" des *little theater movement*, das mit den *Provincetown Players* um 1915 seinen Anfang nimmt. Resümierend hält Murphy fest:

> But this was the time it took for the commercial theater to absorb the new realistic principles and put them to use in commercially successful plays. [...] In short, most of the changes the realists had been calling for in the eighties and nineties began to take hold during the next twenty-five years. Realism's development during this period was chiefly a matter of refinement – greater depth and sophistication in the thought; more individuation and greater psychological depth in the characters; more meaningful and integrated representation of the milieu. *The one element of realistic drama that still had far to go in 1915 was structure.*[220]

Dass es insbesondere formale (*structure*), aber auch inhaltliche (*thought*) Aspekte sind, die sich in diesem Zeitraum in gattungstheoretischen Sinne als besonders entwicklungs- und reformresistent erweisen, ist auf die besonderen Mechanismen des kommerziellen Theaters als sozio-ökonomische (und sozialpolitische) Institution zurückzuführen. Dennoch, und dies gilt es hier zu zeigen, gelingt es einigen kommerziellen Bühnenautoren der *Progressive Era*, zumindest einige formal-ästhetische und inhaltliche Neuerungen geschickt in ihre Stücke einzuarbeiten und somit die realistische Agenda zumindest partiell umzusetzen. Darin ist das Verdienst dieser Stücke und ihrer Autoren zu sehen. Diese besondere Leistung sei abschließend mit einem treffenden Resümee Ulrich Halfmanns hervorgehoben:

> Es verdient, festgehalten zu werden, daß nicht nur ohne den realistisch-naturalistischen Einfluß von außen, sondern auch ohne die Korrosion des melodramatisch-eskapistischen Theaters, die diese amerikanischen Autoren ‚von innen' her betrieben, *Beyond the Horizon* und sein Erfolg (1920: 111 Aufführungen, 9017 verkaufte Exemplare) kaum möglich gewesen wären. Über die Leistung (zuweilen) mutiger Einzelautoren hinaus bedurfte es zur Wende freilich des Zusammenwirkens zusätzlicher, sich z.T. gegenseitig bedingender Entwicklungen und Kräfte: des Zerfalls des ‚Theatrical Syndicate' durch internen Zwist und (u.a. juristischen) Druck von außen; des Aufstiegs des Films, der dem Bedürfnis nach Spektakel und Sensation technisch leichter und effektvoller gerecht werden konnte als das Theater und deshalb das Publikum, aber auch Regisseure und Schauspieler von diesem abzog; der Einrichtung universitärer *drama workshops* (so des 1909 begründeten ‚47 workshop' von George Pierce

220 Murphy, *American Realism and American Drama*, 110f. Hervorhebung KT.

> Baker in Harvard); des Einflusses der europäischen ‚New Stage Craft' [...] und der Resonanz mehrerer Gastspiele führender europäischer Kunstbühnen (so des Dubliner ‚Abbey Theatre' 1911 und Max Reinhardts 1912); der Wirkung neuer kritischer Theaterzeitschriften wie *The Drama Quarterly* (1911ff.) und *Theatre Magazine* (1916ff.); vor allem aber der ‚Little Theatre'-Bewegung, der mit dem künstlerischen Erfolg der ‚Washington Square Players' und der ‚Provincetown Players' (1915ff.) der entscheidende Durchbruch zu einer lebensfähigen und vitalen Alternative zum kommerzialisierten Broadwaytheater gelang.[221]

Die für diese Arbeit ausgewählten Dramen können ohne eine Berücksichtigung des hier von Halfmann knapp skizzierten theatergeschichtlichen Hintergrundes nicht gelesen und verstanden werden, weil es gerade diese Entwicklungslinien sind, die die besondere Form der Stücke im Unterhaltungstheater erst hervorbringen.

Wenn in den voranstehenden Abschnitten verstärkt die Perspektive des Broadway-Publikums und dessen Einfluss auf strukturelle und inhaltliche Darstellungsverfahren in den Blick genommen wurde, soll im Folgenden der Fokus auf einen weiteren, zentralen Einflussfaktor gerichtet werden. Die Rede ist von der amerikanischen Theaterindustrie mit ihren auf Profitmaximierung ausgelegten Geschäftspraktiken. Die von Halfmann in voranstehendem Zitat erwähnten „sich [...] gegenseitig bedingende[n] Entwicklungen und Kräfte" werden im sich hieran anschließenden Kontextualisierungsabschnitt präzisiert, wobei auch dies *nicht* mit der Absicht geschieht, einen theatergeschichtlichen Überblick zu geben, sondern vielmehr konkret jene theaterökonomischen Faktoren herauszuarbeiten, die auf die Herausbildung der *Progressive Era*-Dramen, wie sie hier untersucht werden, maßgeblich eingewirkt haben. Im Folgenden verändert sich somit die Perspektive auf den Untersuchungsgegenstand insofern, dass nun weniger das Kunstästhetische oder die literarische Qualität der Stücke im Vordergrund stehen, sondern die Geschäftspraktiken, die diese Texte geformt haben. Solch eine Betrachtung bringt die Notwendigkeit mit sich, Rückbezüge auf bereits Ausgeführtes herzustellen, um das wechselseitige Beziehungsgefüge innerhalb des Gesamtkomplexes ‚Theater' zu durchdringen.

II.2.2 *Zum Bedingungsgefüge von Produktion, Rezeption, Revision und Kommerz*

„In den USA", so konstatiert Petra Fröhlich in ihrer theatergeschichtlichen Studie, „gilt das Theater von jeher als ein Zweig des Unterhaltungsgewerbes,

---

221 Halfmann, „Amerikanisches Theater und Drama bis 1900", 258f. Hervorhebung im Original.

über dessen Erfolg der Markt entscheidet."[222] Dies zeigt sich auf besonders prägnante Weise am New Yorker Broadway des späten 19. und beginnenden 20. Jahrhunderts. Diese „dramaturgisch[e] Wall Street"[223] mit ihren „eigenen inneren ökonomischen Gesetzen"[224] bestimmt auf unvergleichbare Weise die Aufführungspraxis und Produktionsbedingungen im kommerziellen Theater sowie die Entwicklung des amerikanischen Dramas im Untersuchungszeitraum und darüber hinaus. Gezeigt werden ausschließlich Stücke, die ‚Erfolg versprechend' sind. Am Broadway gilt ein Stück nur dann als ‚erfolgreich', wenn es über einen möglichst langen Zeitraum ein Massenpublikum in die Theaterhäuser lockt, hohe Einspielgewinne einfährt und in der Presse von Theaterkritikern angepriesen wird. In Anbetracht dieser ausgeprägten Profitorientierung ist es wenig verwunderlich, dass es den miteinander konkurrierenden Managern bei der Auswahl von Stücken für ihre Theaterhäuser damals nicht primär auf die künstlerisch-ästhetischen Qualitäten ankommt. Vielmehr stehen die finanziellen Erfolgschancen, die Aussichten auf maximale Gewinnausschüttung sowie die größtmögliche „wirtschaftlich[e] Sicherheit"[225] im Vordergrund. Um vor allem letztere zu gewährleisten, ist, wie ausgeführt, die Einhaltung verschiedenster Konventionen seitens der Dramenautoren, Regisseure und Theaterdirektoren absolut verpflichtend. Der vorgeschriebene Verzicht auf inhaltliche und künstlerisch-ästhetische Experimente und Innovationen soll die Wahrscheinlichkeit desaströser Risikogeschäfte minimieren. Produziert werden *mainstream*-fähige Stücke, die beim gesamten Publikum ‚ankommen', denn das kommerzielle Theater sieht seine Hauptaufgabe in erster Linie darin, möglichst „large audiences of middle-class people"[226] durch „leicht konsumierbare Unterhaltungsware" anzulocken und ihm die Art von „Amüsement, Unterhaltung [und] Zerstreuung" zu bieten, die es im Broadway-Theater zu finden hofft.[227] Die Notwendigkeit, sich stets am „nicht nur höchst, sondern höchstens mittelmäßigen Publikumsgeschmac[k]"[228] orientieren und die verfestigten, konservativen Rezeptionserwartungen bedienen zu müssen, verhindert, wie gezeigt, eine

222 Fröhlich, *Das nicht-kommerzielle amerikanische Theater*, ii.
223 Haas und Lohner, „Theater und Drama", 9.
224 Isernhagen, „Das amerikanische Theater", 45.
225 Isernhagen, „Das amerikanische Theater", 48.
226 Atkinson, *Broadway*, 4.
227 Kaes, „Zwischen Avantgarde und Massenkultur", 44, 45. Siehe auch Atkinson, *Broadway*, 4.
228 Haas und Lohner, „Theater und Drama", 25.

innovative Weiterentwicklung der dramatischen Gattung nach europäischem Vorbild.[229]

Weil das amerikanische Drama um die Jahrhundertwende noch immer spürbar in der Tradition von Melodrama und *well-made play* steht, und weil sich das Massenpublikum des Unterhaltungstheaters äußerst resistent jeglichen Veränderungen gegenüber zeigt, können sich sowohl thematische als auch darstellungsbezogene Neuerungen nur zögerlich etablieren. In der literaturwissenschaftlichen Forschung hat dieser Umstand über lange Zeit zu einer Konzentration auf das moderne amerikanische Drama und Theater des 20. Jahrhunderts geführt, dessen Anfänge in erster Linie mit der Entstehung des *Little Theater Movement* ab 1915 und dem Namen Eugene O'Neill in Verbindung gebracht werden.[230] Das als ‚unmodern' verrufene Drama und

229 Die Rückständigkeit des amerikanischen Theaterwesens und die konservativen Rezeptionserwartungen des Publikums haben nach Kaes den „unliterarischen Charakter der amerikanischen Theaterkultur" maßgeblich mitgeprägt (Kaes, „Zwischen Avantgarde und Massenkultur", 44). Die Wahrnehmung einer (vermeintlich) ästhetischen Anspruchslosigkeit im Kommerztheater kommt bei Kaes v.a. dann zum Ausdruck, wenn das amerikanische Theater verallgemeinernd als „unliterarische[s] Unterhaltungstheater" bezeichnet wird (ebd. 46). Auch bei Atkinson findet sich eine ähnlich negativ konnotierte Einschätzung, wenn er schreibt: „[...] [T]he Broadway of 1900 and of the first decade of the twentieth century was artistically trivial." (Atkinson, *Broadway*, 4).

230 Stellvertretend für solche Studien, die in ihrer Darstellung der amerikanischen Theatergeschichte bei O'Neill ansetzen, seien Joseph Wood Krutchs *The American Drama since 1918* (1957), Ronald H. Wainscotts Studie *The Emergence of the Modern American Theater 1914-1929* (New Haven & London: Yale University Press, 1997) und Sanford Sternlichts *A Reader's Guide to Modern American Drama* (Syracuse, NY: Syracuse University Press, 2002) genannt. Krutch beispielsweise begründet seine Fokussierung wie folgt: „[...] [T]he history of American playwriting was never a very important part of the history of American literature *until after the twentieth century had well begun.*" (*The American Drama*, 11f., Hervorhebung KT). Pauschalisierend fügt er hinzu, dass Stücke, die vor der bzw. um die Jahrhundertwende geschrieben wurden, „as entertainments quite frankly *upon a level below that of artistic pretension*" anzusehen seien (ebd. 12, Hervorhebung KT). Im Vorwort der revidierten Ausgabe betont er zudem: „Just before the First World War the American drama came *suddenly* to life. [...] Since 1918 we have had a succession of playwrights who deserve to be called ‚serious' in a sense that few of their predecessors do [...]." (ebd. xi, Hervorhebung KT). Dass die Entstehung des amerikanischen Dramas im zweiten Jahrzehnt des 20. Jhd. keine ‚plötzliche' war, sondern sich bereits in den ‚Übergangsjahren' davor abzeichnete, ignoriert die Studie. Wainscott (1997), dessen Überblicksdarstellung zum modernen amerikanischen Drama im zweiten Jahrzehnt des 20. Jahrhunderts ansetzt und die Periode davor weitgehend unberücksichtigt lässt, würdigt in besonderem Maße die herausragende Rolle Eugene O'Neills. In Sternlichts Band (2002) findet sich lediglich ein knapp gehaltenes, mit „The Nineteenth-Century Inheritance" überschriebenes Einleitungskapitel, das sich gerade einmal auf vier Zeilen Hernes *Margaret Fleming* widmet, während Crothers und andere völlig unbeachtet bleiben. Modernes ist in den Stücken der *Progressive Era* aus Sicht des Verfassers offenbar nicht auszumachen.

Theater *vor* O'Neill blieb für Literaturwissenschaftler lange uninteressant. So kommt beispielsweise Herbert Grabes zu folgender Einschätzung:

> Die Kritik ist sich darüber einig, dass das amerikanische Drama als Kunstform mit den Stücken des frühen O'NEILL beginnt, und verliert über die Dramen aus der Zeit davor so gut wie kein Wort. Und aus dem Blickwinkel der Erneuerung des europäischen Dramas [...] erscheinen die amerikanischen Dramen in der Tat für die Zeit antiquiert. Betrachtet man indes die amerikanische Entwicklung aus interner Perspektive, dann lässt sich bereits vor O'NEILL eine deutliche Qualitätssteigerung beobachten.[231]

Diese „deutliche", wenngleich auch sehr zögerlich einsetzende „Qualitätssteigerung" ist bis heute kaum wahrgenommen, geschweige denn an konkreten Texten nachgewiesen worden. Erst mit (a) dem aufkommenden Forschungsinteresse an den verschiedenen Ausprägungen eines amerikanischen Bühnenrealismus und dessen Bedeutung für die Entwicklung des modernen amerikanischen Dramas, (b) mit der Etablierung der feministischen Literaturwissenschaft und (c) mit der Herausbildung der *Cultural Studies* im Zuge des *cultural turn*,[232] rückt die Periode unmittelbar vor O'Neills frühem dramatischen Schaffen seit den 1980er Jahren etwas mehr in den Fokus.[233] Weil

---

231 Grabes, *Das amerikanische Drama des 20. Jahrhunderts*, 52.

232 Der sog. *cultural turn* in der zweiten Hälfte des 20. Jahrhunderts markiert einen Paradigmenwechsel von der „traditionellen Literaturwissenschaft" zu einer kultursoziologisch orientierten Literaturwissenschaft (Walter Göbel, „Kulturwissenschaft und Literaturwissenschaft", *Kulturwissenschaft interdisziplinär*, hg. Laurenz Volkmann und Klaus Stierstorfer (Tübingen: Gunter Narr Verlag, 2005), 109-119: 111). Während erstere ihren Fokus auf ästhetisch hochwertige Höhenkammliteratur innerhalb eines ‚elitären', geschlossenen „Kanon[s] hoher Literatur" (ebd. 111) legt (Hochliteratur bzw. *high culture*), interessiert sich letztere insbesondere für populäre Ausdrucksformen kultureller Praktiken (*popular culture*) und fragt in erster Linie nach den kulturellen Funktionen (auch) nicht-kanonisierter Texte. Siehe hierzu z.B. auch Antony Easthopes *Literary into Cultural Studies* (1991) zur veränderten Literaturauffassung innerhalb der *Cultural Studies* sowie Gary L. Harmon, der in seinem Beitrag die ‚functions of popular culture' herausarbeitet („On the Nature and Functions of Popular Culture", *Studies in Popular Culture* 6 (1983), 3-15).

233 Während der Dramenkritiker John Gassner der Zeit vor Eugene O'Neill noch jedwede Bedeutung abspricht (siehe hierzu Krasner, „Introduction", 1), weist Krasner darauf hin, dass sich diese Wahrnehmungen heute zu wandeln beginnen: „Today, however, perceptions are beginning to change." (ebd.). Wie zögerlich sich diese Wahrnehmungsveränderung allerdings vollzieht und dass sie noch längst nicht abschließend erfolgt ist, zeigt sich an Halfmanns bereits vor über 20 Jahren etwas zu optimistisch formulierter Feststellung, dass die Zeit des Desinteresses am amerikanischen Drama und Theater vor O'Neill vorbei sei (siehe Halfmann, „Amerikanisches Theater und Drama bis 1900", 225 sowie die Ausführungen hierzu im einleitendenden Problemaufriss). Als eine der wichtigsten Studien

sich das amerikanische Drama und Theater um die Jahrhundertwende, wie gezeigt, in einem für die Zeit insgesamt charakteristischen soziokulturellen Transformationsprozess befindet, entsteht auch innerhalb des Theaterwesens für Regisseure, Produzenten, insbesondere aber für Dramenautoren ein höchst interessantes Spannungsfeld zwischen Tradition und Innovation, zwischen auferlegten Restriktionen und künstlerischer Gestaltungsfreiheit. Dieses Spannungsfeld ist aber eben auch ein fruchtbares, weil es die oben angesprochene Qualitätssteigerung überhaupt erst einleitet und möglich macht. Dieser Umstand ist in der literaturkritischen Diskussion bislang weitgehend unbeachtet geblieben.

Zwar haben verschiedene theatergeschichtliche Studien gezeigt, wie sich aus den Anfängen heraus eine solch dezidiert kommerziell ausgerichtete Theaterindustrie am Broadway entwickeln konnte, eine Untersuchung der Zusammenhänge zwischen institutionellen Vorgaben und dem konkreten dramatischen Schaffen der *Progressive Era*-Autoren erfolgt dabei allerdings nicht. Auch textanalytische Einzelstudien beschränken sich zumeist auf die Ausdeutung der Textebene, fokussieren auf Handlungsgeschehen und Figurengestaltung, ohne die äußeren Entstehungsbedingungen eines Stückes zu beleuchten. Wenn im Folgenden überblicksartig auf wichtige Eckpunkte in der Geschichte des amerikanischen Unterhaltungstheaters – insbesondere auf die Gründung des *Theatrical Syndicate* – eingegangen wird, geschieht dies mit dem Ziel, die hier untersuchten Stücke im Kontext der damaligen Produktionsbedingungen lesen und deuten zu können. Konkret geht es nachfolgend darum, herauszuarbeiten, um welche institutionellen Restriktionen und Konventionen es sich

---

im Rahmen der jüngeren Forschung ist, wie der voranstehende Kapitelabschnitt bereits verdeutlicht hat, Brenda Murphys Monographie *American Realism and American Drama, 1880-1940* (1987) zu nennen. Sie weist die in der Forschung lange Zeit bestehende Grundannahme, amerikanische Dramatiker seien „too inferior as artists to have influenced the literary drama of O'Neill, Williams, Miller, and Albee" (ebd. ix), entschieden zurück und arbeitet die Leistung der frühen Bühnenrealisten heraus. Erwähnenswert sind stellvertretend außerdem die von William W. Demastes herausgegebene Aufsatzsammlung mit dem Titel *Realism and the American Dramatic Tradition* (1996a), die u.a. auch Beiträge zu Dramatikern der Vormoderne (James A. Herne, Rachel Crothers) enthält, sowie Walter J. Meserves Überblicksdarstellung *An Outline History of American Drama* (^{2}1997), die sich im Kapitel ‚From Profession to Art' (Seiten 128-217) ausführlich den gattungsspezifischen Entwicklungen (insbesondere dem Aufkommen des amerikanischen Bühnenrealismus und der Entstehung des gesellschaftskritischen Dramas um die Jahrhundertwende) widmet. Hinsichtlich deutschsprachiger Studien in der jüngeren Forschung, in denen die Jahrzehnte vor O'Neill als bedeutsame Impulsgeber für die Entwicklung des modernen amerikanischen Dramas gewürdigt werden, sind Herbert Grabes' *Das amerikanische Drama des 20. Jahrhunderts* (2003) sowie Kurt Müllers *Das amerikanische Drama: Eine Einführung* (2006a) hervorzuheben.

handelt, weshalb sie überhaupt erst entstehen konnten und wie sie sich auf die literaturästhetische Qualität der *Progressive Era*-Dramen des Broadway auswirkten. Nur vor diesem Hintergrund kann im textanalytischen Teil erst untersucht werden, wie die Bühnenautoren diesen institutionellen Vorgaben in ihren Stücken konkret begegnen.

Die Monopolisierung des amerikanischen Unterhaltungstheaters

Dass der Broadway zum Inbegriff der kommerziellen Theaterindustrie in Amerika wurde, ist keinesfalls ein zufälliges Phänomen. Seine zentrale Bedeutung ist vielmehr historisch gewachsen. Die Erfolgsgeschichte des Broadway ist zudem eine Geschichte von Zentralisierungs- und Monopolisierungsprozessen, deren Konsequenzen im Zeitraum der *Progressive Era* besonders deutlich spürbar werden.

Die Wurzeln dieser Zentralisierungs- und Monopolisierungsprozesse führen bis ins 18. Jahrhundert zurück, als sich in Amerika die sog. *stock companies* bildeten. Diese Ensembletheatergruppen „waren an ein bestimmtes Theater gebunden", weshalb sie auch unter der Bezeichnung *resident companies* bekannt sind.[234] Sie bestanden aus „einem festengagierten technischen und künstlerischen Stab" und arbeiteten unter der Leitung eines „Direktors, der entweder Eigentümer oder Pächter des Theaters war und das Haus – künstlerisch und finanziell weitgehend unabhängig – als selbständiger Intendant und Produzent leitete".[235] Innerhalb des Theaterwesens sollte diese Form der Unabhängigkeit bis Mitte des 19. Jahrhunderts verloren gehen, als nämlich die Direktoren der Theaterhäuser im Zuge des sich etablierenden *star system* nach englischem Vorbild immer stärker an Kontrolle und Macht einbüßten. Dies wiederum war eine Folge der sich im Theaterpublikum allmählich breitmachenden Unzufriedenheit, die vor allem auf die schlechten Produktionsbedingungen und die dadurch bedingten Qualitätseinbußen der *stock companies* zurückzuführen war.[236] Das Publikum forderte nicht nur bessere Stücke, sondern auch bessere Schauspieler, sodass sich die Theaterdirektoren zunehmend veranlasst sahen, besonders beliebte Schauspieler für Gastauftritte zu buchen. Zunächst beschränkte sich dies auf berühmte englische Schauspieler, die für kurze Zeit als Gaststar auftraten. Schnell erwiesen sich diese Aufführungen als Publikumsmagnet, was dazu führte, dass immer häufiger

234 Fröhlich, *Das nicht-kommerzielle amerikanische Theater*, 1.

235 Fröhlich, *Das nicht-kommerzielle amerikanische Theater*, 1. Siehe auch Poggi, *Theater in America*, 3.

236 Fröhlich, *Das nicht-kommerzielle amerikanische Theater*, 2.

‚externe' Stars gebucht werden mussten und die eigenen Produktionen eines Theaterhauses zunehmend in den Hintergrund traten.[237] Dazu schreibt Poggi:

> […] [F]or a few evenings the ordinary activities of the stock company were suspended while the star appeared in a variety of roles, playing usually to full houses at increased prices. After he left, the company went back to business as usual. But the public and the press heaped such praise on the stars that the manager soon found it difficult to get along without them.[238]

In der Konsequenz bedeutete dies für die *stock company*-Häuser, dass mit immer stärker abnehmenden Publikumszahlen gerechnet werden musste, „wenn sie Aufführungen nur mit dem festengagierten Ensemble ihres Hauses produzierten".[239] Für die Mitglieder des *stock company*-Ensembles selbst wirkten sich die Gastspiele der Stars insgesamt negativ aus, sodass die ohnehin schon geringe Qualität ihrer eigenen Produktionen noch einmal zusätzlich in Mitleidenschaft gezogen wurde. Die Starschauspieler aus dem Ausland verlangten nämlich solch immens hohe Gagen, dass die Einnahmen durch die Gastauftritte weitgehend für die Bezahlung der gebuchten Stars verwendet werden mussten und das eigene Ensemble immer weitere „Gagenkürzungen hinzunehmen" hatte.[240]

Die sich zunehmend verschlechternden Arbeitsbedingungen innerhalb einer *stock company* führten ab den 1830er Jahren dazu, dass sich immer mehr Ensemblemitglieder von ihren Schauspielgruppen lösten, um selbst als „begehrt[e] und hochbezahlt[e] Stars"[241] dem Ruf des Geldes zu folgen. Auf diese Art und Weise etablierte sich „nach dem Vorbild berühmter englischer Virtuosen"[242] allmählich ein amerikanisches *star system*. Zurück blieben in den *stock companies* schließlich die schlecht ausgebildetsten Schauspieler, die „selten fähig [waren], den Auftritt des Stars wirkungsvoll zu unterstützen".[243] Dass sich dieses Phänomen für die Entwicklung des Theaterwesens in Amerika insgesamt betrachtet als nachteilig erweisen sollte, weil es die Etablierung der sog. *combination companies* hervorbrachte, verdeutlicht Fröhlich:

237 Siehe Fröhlich, *Das nicht-kommerzielle amerikanische Theater*, 3.

238 Poggi, *Theater in America*, 4.

239 Fröhlich, *Das nicht-kommerzielle amerikanische Theater*, 3.

240 Fröhlich, *Das nicht-kommerzielle amerikanische Theater*, 3. Siehe auch McArthur, *Actors and American Culture, 1880-1920*, 10.

241 Fröhlich, *Das nicht-kommerzielle amerikanische Theater*, 3.

242 Fröhlich, *Das nicht-kommerzielle amerikanische Theater*, 3.

243 Fröhlich, *Das nicht-kommerzielle amerikanische Theater*, 4.

> Um die Mitte des 19. Jahrhunderts gingen die reisenden Virtuosen [...] dazu über, vor dem Beginn ihrer [Gast]Tournee selber einen oder zwei Schauspieler zu engagieren, die sie als ‚supporting players' begleiteten. Aus diesen kleinen Gruppen entwickelten sich in kurzer Zeit vollständige Ensembles, die ‚Combination Companies' oder ‚Road Companies', die unter Leitung eines Stars vorerst noch mit einem Repertoire verschiedener Dramen die amerikanischen Theater bereisten. Das Repertoire-System wurde jedoch bald aufgegeben und durch eine einzige, gründlich einstudierte Inszenierung mit der dazu gehörenden Bühnenausstattung ersetzt [...].[244]

Aus ästhetisch-künstlerischer Sicht verbesserte sich durch das von den *combination companies* bevorzugte *single play*-Prinzip zunächst zwar die Qualität der einzelnen Bühnenaufführungen bzw. Produktionen; das sich daraus entwickelnde *long run*-System[245] als vorherrschendes und bis heute geltendes Ökonomieprinzip zog allerdings in zweifacher Hinsicht negative Folgen nach sich:

Zum einen führte das *long run*-Prinzip in Verbindung mit dem *star* bzw. *single play*-System dazu, dass einzelne Schauspieler über zum Teil sehr lange Zeiträume auf eine bestimmte Rolle festgeschrieben wurden oder sich, wie das wohl extremste und gleichermaßen bekannteste Beispiel zeigt, zeitlebens gar nicht mehr von dieser Rolle zu lösen vermochten. Gemeint ist der berühmte Vater Eugene O'Neills, James O'Neill (1847-1920), der in seiner Rolle als Graf von Monte Cristo im gleichnamigen Bühnenstück Weltruhm erlangte und „zu einem der populärsten Bühnenstars seiner Zeit aufstieg"[246], aber zeitlebens in dieser Rolle gefangen blieb. So ist aus heutiger Sicht unumstritten: Das *long*

---

244 Fröhlich, *Das nicht-kommerzielle amerikanische Theater*, 4.

245 Das *long run*-System basiert auf der Annahme, dass die Produktion eines Stückes nur dann wirtschaftlich rentabel ist, wenn das Stück über einen möglichst langen Zeitraum aufgeführt wird. Erst durch lange Laufzeiten können die ursprünglichen Ausgaben für Requisiten, Bühnenbild, Kostüme etc. eingespielt und darüber hinaus zusätzlich Gewinne erzielt werden. Ein Stück wird demnach so lange produziert, „wie es kommerziell vertretbar ist" (Uwe Böker und Christoph Houswitschka, „Literaturwissenschaft", *Einführung in die Anglistik und Amerikanistik*, hg. Uwe Böker und Christoph Houswitschka (München: Beck, ^{2}2007), 165-251: 228).

246 Müller, *Inszenierte Wirklichkeiten*, 6f. Siehe hierzu auch Yvonne Shafer, *Eugene O'Neill and American Society* (València: Publicacions de la Universitat de València, 2011), 12, 45, 46 sowie David Krasner, „Eugene O'Neill: American Drama and American Modernism", *A Companion to Twentieth-Century American Drama*, ed. David Krasner (Oxford: Blackwell, 2005b), 142-158: 145. Für weitere bekannte Beispiele dieser Art siehe Fröhlich, *Das nicht-kommerzielle amerikanische Theater*, 7. Historisch betrachtet hat der „cult of celebrity" (McArthur, *Actors and American Culture, 1880-1920*, ix), wie er heute um berühmte Hollywood-Schauspieler betrieben wird, in dieser Periode seine Wurzeln.

run-System ver- und behinderte „the development of actors and playwrights alike"[247].

Zum anderen zog das *long run*-System eine noch stärkere Orientierung der Theaterindustrie am Publikumsgeschmack nach sich. Um lange Laufzeiten erzielen zu können, mussten die Bühnenstücke inhaltlich wie auch formal die Erwartungen eines sehr breiten Publikums erfüllen. Es musste sichergestellt werden, dass ein Stück den Nerv des Publikums treffen würde. Kompromisslose Anpassungen thematischer und struktureller Art an die Rezeptionsgewohnheiten der Zuschauer begünstigten die Entstehung eines kommerziellen *Mainstream*-Theaters, in dem es angesichts der Gefahr eines finanziellen Verlustgeschäftes lange Zeit keinen Raum für Innovation geben sollte.

Theatergeschichtlich betrachtet begünstigte das Aufkommen der reisenden *combination companies* die Zentralisierung und Monopolisierung des amerikanischen Theaterwesens. Diese Wirkung zeichnete sich jedoch nicht unmittelbar ab, denn die *combination companies* waren zunächst kleine, unabhängige Schauspielergruppen, die die Theater des inzwischen größtenteils infrastrukturell erschlossenen Landes bespielten und dabei Preise und Gagen selbst bestimmten.[248] Anfangs traten die Truppen nur in den Theatern der Großstädte auf, doch die wachsende Nachfrage führte rasch zu weiteren Aufführungen auf den Bühnen der kleineren Provinztheater. Finanziell betrachtet waren diese Zwischenstopps in kleineren Orten nicht nur notwendig, sondern auch rentabel: „Um die Kosten für die Eisenbahnfahrten zwischen den großen Städten aufzubringen, in denen sie meist schon eine Woche spielten, traten die reisenden Truppen mit ihrer Produktion für einen Abend auch in kleiner Orten auf, die an ihrer Reisestrecke lagen."[249] Da sich die Planung dieser Tourneen zunehmend als organisatorische Herausforderung erwies, die die Schauspielgruppen bald nicht mehr selbst bewältigen konnten, „konzentrierte sich die Zusammenstellung der reisenden Ensembles immer stärker" auf einen Ort – New York –, von dem aus zentral „künstlerische[s] und technische[s] Personal" engagiert und Tourneereisen arrangiert werden konnten.[250]

Es ist nicht verwunderlich, dass sich ausgerechnet New York zum Dreh- und Angelpunkt des amerikanischen Theaterwesens entwickeln sollte. Die Stadt hatte damals schon, wie Poggi erklärt, „a large population that was growing at

---

247 Maggie B. Gale, *J.B. Priestley* (New York & London: Routledge, 2008), 35.

248 Vgl. Fröhlich, *Das nicht-kommerzielle amerikanische Theater*, 5.

249 Fröhlich, *Das nicht-kommerzielle amerikanische Theater*, 6. Aus dieser Aufführungspraxis heraus entwickelte sich das sog. *one-night stand*-System, das heute beispielsweise noch bei der Tourneeplanung (welt-)bekannter Musiker Anwendung findet.

250 Fröhlich, *Das nicht-kommerzielle amerikanische Theater*, 6.

a faster rate than the total population of the country".[251] Dementsprechend groß war das Bedürfnis nach Unterhaltung. So ist es wenig überraschend, dass es nirgendwo sonst im Land so viele Theaterhäuser gab wie in New York.[252] Innerhalb der Stadt siedelten sich die meisten Theater entlang des Broadway an. Bevor die *combination companies* mit ihren Stücken auf Tour gingen, wurden die Stücke am Broadway aufgeführt, um die Erfolgschancen zu testen. Ziel dieser sog. *try-outs* war es, ein Stück zunächst möglichst lange in New York aufzuführen. Erst wenn sich ein Stück dort als kommerzieller Erfolgsgarant erwies, wurden für die *combination companies* sogenannte *road tours* gebucht. Der Broadway entwickelte sich damit zum Gradmesser eines jeden Stückes, das auf der kommerziellen Theaterbühne bestehen wollte.

Die Zentralisierung des amerikanischen Theaterwesens in New York und die Organisation von Aufführungen und Tourneen durch *booking agencies* veränderte die Rolle und Funktion des Theaterdirektors maßgeblich. War er zu Zeiten der *residential stock companies* noch sprichwörtlich Herr seines eigenen Hauses, verlor er mit dem Entstehen eines zentralen Buchungssystems zusehends an Einfluss – eine Entwicklung, die Fröhlich wie folgt beschreibt:

> Er verlor seine künstlerische Selbständigkeit, die er zuvor als Schauspieler, Intendant und gleichzeitiger Besitzer des Hauses innegehabt hatte. Er war nicht mehr Leiter eines eigenen Ensembles, sondern ausschließlich auf ‚Combination Companies' angewiesen. Er hatte am eigentlichen Herstellungsprozeß der Produktionen, die auf seiner Bühne gespielt wurden, keinen Anteil mehr. Seine Aufgabe beschränkte sich darauf, durch ein geschicktes Arrangement sein Theater in möglichst dichter Abfolge mit erfolgversprechenden Gastspielen zu füllen. Er wurde zu einem Geschäftsmann, dessen Interesse der vollen Ausnutzung seines Hauses galt.[253]

Dass diese „fortschreitende Arbeitsteilung zwischen ‚theatre managing' und ‚play producing', zwischen organisatorischen und künstlerischen Belangen"[254] vor allem die Machtposition der Buchungsagenturen stärkte, ist als eine durchaus folgenschwere Entwicklung zu werten. Als „geschäftliche Mittler zwischen den Ensembles und den Theaterbesitzern [...] verhandelten [die Buchungsagenturen] mit den Schauspieldirektoren über Termine und Gewinnaufteilung, arbeiteten für die Truppen genaue Tourneepläne aus und schlossen dazu für sie die nötigen Verträge".[255] Was sich zunächst für beide

---

251 Poggi, *Theater in America*, 8.

252 Siehe Poggi, *Theater in America*, 8.

253 Fröhlich, *Das nicht-kommerzielle amerikanische Theater*, 7.

254 Fröhlich, *Das nicht-kommerzielle amerikanische Theater*, 7f.

255 Fröhlich, *Das nicht-kommerzielle amerikanische Theater*, 8.

Seiten – Produzenten und Theaterdirektoren – positiv als Arbeitserleichterung in Bezug auf organisatorische Angelegenheiten darstellte, sollte sich schnell als ein von den Buchungsagenturen beherrschtes Kontrollsystem erweisen. Da die Agenturen ausschließlich finanziell erfolgversprechende Produktionen buchen würden, waren die Produzenten gezwungen, Stücke auf die Bühne zu bringen, die den Geschmack und die Erwartungen des Massenpublikums im Unterhaltungstheater bedienen würden. Diese ‚Bringpflicht' wurde an die Dramenautoren durchgereicht, die nun das liefern mussten, was gewollt war.[256] Die Ausrichtung am kommerziellen Profit zog die Vernachlässigung der künstlerisch-ästhetischen Ausgestaltung der Bühnenstücke nach sich. Gezeigt wurde, was die breite Masse sehen wollte: seichte Unterhaltung, konventionelle Formen, populäre Inhalte, wenig Innovatives und schon gar nicht Brisantes.[257] Fiel ein Stück in seinem *try-out* beim New Yorker Broadway-Publikum durch, bestand keine Aussicht mehr auf die Planung einer Tour. Daran konnte auch der Theaterdirektor nichts ändern, war er doch, wie oben ausgeführt, von den *booking agencies* abhängig geworden und musste darauf bedacht sein, sein Haus kostendeckend zu führen.

Das hier beschriebene Abhängigkeitsverhältnis begünstigte nicht nur eine noch stärkere Kommerzialisierung des *Mainstream*-Theaters, sondern führte gattungsgeschichtlich betrachtet auch zu jener Rückständigkeit des amerikanischen Dramas, die unter Literaturkritikern allzu oft beklagt wird. Während in den einschlägigen theater*geschichtlichen* Publikationen der Darstellung dieser institutionellen Zusammenhänge durchaus Raum gegeben wird, bleiben die Auswirkungen dieser theaterökonomischen Umstände für den Bühnenautor als eigentlicher Textproduzent zumeist unerwähnt. Es sind jedoch eben diese Rahmenbedingungen, die die Dramatiker dazu zwingen, Stücke zu schreiben, die den Konventionen des Unterhaltungstheaters sowohl inhaltlich als auch formal Rechnung tragen müssen, um vor den Produzenten (und damit auch vor den *booking agencies*) bestehen zu können. Demzufolge wird auch der einzelne Bühnenautor ein Teil dieses Abhängigkeitsverhältnisses, insbesondere dann, wenn die eigene Existenz vom Verkauf seiner Stücke an Produzenten abhängt, wie dies im Kommerztheater mit seinen überwiegend *professional playwrights* mehrheitlich der Fall ist.

Diese restriktiven Strukturen mit inhaltlich bzw. formal innovativen Stücken zu durchbrechen, blieb jahrzehntelang nahezu unmöglich und gelang bekanntlich vollständig auch erst im Rahmen der avantgardistischen Kunsttheaterbewegung fernab des Broadway. Den Dramenautoren innerhalb

256 Siehe Atkinson, *Broadway*, 81.

257 Siehe Atkinson, *Broadway*, 65.

des Broadway-Theaters standen grundsätzlich nur zwei Möglichkeiten zur Wahl: Entweder beugten sie sich den restriktiven Vorgaben des kommerziellen Theaterwesen und schrieben gesellschaftsfähige Stücke, die weder inhaltlich noch strukturell beim Publikum, Produzenten oder der Buchungsagentur Anstoß erregten; dann waren lange Laufzeiten und finanzieller Profit nahezu garantiert. Oder sie versuchten, diese Konventionen in dem Maße zu unterlaufen, dass innovative Elemente eingearbeitet werden konnten, die Akzeptanzgrenzen des Publikums aber nicht (vollkommen) überschritten wurden; wagten sie zu viel, riskierten sie ihren kommerziellen Erfolg. Im Kontext der Geschlechterproblematik sollte sich diese Gratwanderung als besonders große Herausforderung erweisen, der sich nur wenige Dramatiker – die von Halfmann gemeinten ‚mutigen Einzelautoren' – stellten.

Das *Theatrical Syndicate*

Die Macht der *booking agencies* wuchs stetig und wurde durch den Zusammenschluss von Theaterdirektoren aus einer Region zu den sog. *circuits* noch einmal zusätzlich gestärkt. Diese *circuits* entsandten einen einzigen Interessenvertreter nach New York, der dann mit der Buchungsagentur Verträge und Tourneepläne aushandelte. Aus Sicht der Theaterdirektoren hatte der Zusammenschluss zu regionalen Theaterverbänden zwei Vorteile: Erstens konnten durch nur einen Repräsentanten gleich für mehrere Theaterhäuser Verträge abgeschlossen werden. Zweitens glaubten die Theaterbesitzer, als Verband viel mehr „bargaining power"[258] im Verhandlungsprozess mit den *booking agencies* zu haben, als dies als isoliert stehendes Theaterhaus der Fall gewesen wäre. Auch aus Sicht der Produzenten und *combination companies* schien diese neue Struktur die Verhandlungen mit den Buchungsagenturen ebenfalls zu vereinfachen, weil sie nun in einer einzigen Transaktion ihre Aufführungen „in a group of theaters along an established route" buchen konnten.[259] Tatsächlich aber stärkte dieser Prozess erneut die Macht der *booking agencies*, da diese nun die Kontrolle über ganze Regionen und die darin ansässigen Theaterhäuser gewannen, insbesondere dann, wenn die *circuits* den Agenturen die „exklusiven Buchungsrechte für alle Gastspiele übertragen"[260] hatten. So lag die Entscheidung über die Auswahl der Stücke und Theaterhäuser gänzlich bei den Buchungsagenturen.

Die immer weiter voranschreitende Monopolisierung des Theaterwesens und der damit einhergehende Kontrollverlust waren den Produzenten und

---

258 Poggi, *Theater in America*, 10.

259 Poggi, *Theater in America*, 10.

260 Fröhlich, *Das nicht-kommerzielle amerikanische Theater*, 8.

Theaterdirektoren zunächst nicht bewusst. Sie nahmen diese Entwicklung lediglich als eine willkommene Form der Arbeitserleichterung wahr. Dementsprechend bereitwillig zeigten sie sich, die Dienste der *booking agencies* in Anspruch zu nehmen. David Belasco (1853-1931), ein zeitgenössischer Dramatiker, Produzent, Theaterdirektor und vehementer Gegner dieser Prozesse, verdeutlicht eindrücklich, weshalb es den Agenturen ein leichtes Spiel war, die Oberhand zu gewinnen: „This control was thus easily secured owing to the tempting prospect held out to the theater-owners. It was represented to them […] that they would be relieved of the necessity and work of securing attractions for their houses, and that this work would be done through the booking-office […], acting as a sort of theatrical clearing house."[261]

Bis 1890 hatten sich vor allem zwei New Yorker Agenturen, Erlanger & Klaw sowie Frohman & Hayman, großen Einfluss verschafft.[262] Neben diesen hatten sich auch Nixon & Zimmerman ein beachtliches regionales Machtmonopol erarbeitet.[263] Als sich diese drei am 31. August 1896 in New York zu einer Art Super-Verband, dem *Theatrical Syndicate*, zusammenschlossen, war der Weg bereitet für eine nahezu „unbeschränkte Herrschaft", die „vor allem die künstlerische Entwicklung des amerikanischen Theaters"[264] bis in das zweite Jahrzehnt des 20. Jahrhunderts hinein auf einzigartige wie gleichermaßen auch folgenreiche Weise beeinflussen sollte.

Dass das Syndikat ausgerechnet New York zu seinem Gründungsort und Sitz machte, war freilich kein Zufall, sondern, wie Lippman sagt, „a logical step in the evolution of the American theatre"[265]. Die Entstehung des Syndikats selbst bezeichnet Bernheim wiederum als „supremely logical development" und „inevitable step in the theatrical history of this country"[266] – eine Entwicklungsgeschichte, die sich aus seiner Sicht wie folgt zusammenfassen lässt:

> The formation of the Syndicate was in no sense a revolution, but was the clearest manifestation of an evolutionary process working within an institution that we can expect to find. Hayman, Frohman, Klaw, Erlanger, Nixon, Zimmerman did not super-impose themselves upon the theatre as Huns on raid from across the border of a foreign domain, but were eructed to the surface from within the

261 David Belasco, „The Theatrical Syndicate. One Side", *Cosmopolitan* 38 (December 1904), 193-198: 194.

262 Siehe Fröhlich, *Das nicht-kommerzielle amerikanische Theater*, 9.

263 Siehe Poggi, *Theater in America*, 11.

264 Fröhlich, *Das nicht-kommerzielle amerikanische Theater*, 10.

265 Monroe Lippman, „The Effect of the Theatrical Syndicate on Theatrical Art in America", *The Quarterly Journal of Speech* 26.2 (1940), 275-282: 275.

266 Alfred L. Bernheim, *The Business of the Theatre. An Economic History of the American Theatre, 1750-1932* (New York, NY: Benjamin Blom, 1964 [1932]), 46.

> depths of the theatre itself by the compelling action of the ferment that had been at work for decades before these men were born. They became dictators, to be sure, but they were literally forced to assume power. [...] The trend which the theatre had been pursuing for a hundred years prior to the birth of the Syndicate had preordained this birth. The *stock system* had been attacked by the *star system*, and this attack could not be stemmed. The stock-star system, in turn, evolved into the *combination system*. Theatre ownership and play producing were divorced. Theatres were coordinated in local groups [*circuits*], each tending to become a miniature trust. Play producing became highly centralized. The business of booking became necessary. Middlemen were sucked into the theatre [*booking agents*]. They created *booking offices* and organized the theatres into regional groups. Here was a solar system in the making, but lacking a sun—a center of gravity to keep each member to its appointed course. The traveling combination system needed a center of gravity; hence the *Theatrical Syndicate*. [...] From the economic standpoint a theatrical syndicate was necessary and inevitable, if the trend that was in motion was to continue.[267]

Die bei den drei genannten Agenturen zuvor unter Vertrag stehenden Theaterhäuser wurden zu einer großen Theaterkette, der sog. *theater chain*, zusammengeschlossen. Zum Zeitpunkt der Gründung des Syndikats gehörten ihm 33 sog. *first-class theater* in den bedeutendsten amerikanischen Großstädten der damaligen Zeit an (darunter Boston, Washington, Philadelphia, Chicago, San Francisco und New Orleans).[268] Davon waren 16 Theater im eigenen Besitz der Syndikatsmitglieder. Die übrigen 17 Häuser wurden von ihnen kontrolliert. Darüber hinaus besaß das *Theatrical Syndicate* die exklusiven Buchungsrechte für etwas 500 Provinztheater in kleineren Städten und Ortschaften, die „für die Festigung der Monopolstellung" von außerordentlich großer Bedeutung waren.[269] Das Syndikat verstand es, mithilfe seiner äußerst restriktiven Unternehmenspolitik immens hohen Druck auf Produzenten und Theaterbesitzer gleichermaßen auszuüben, sodass die Anzahl der vom Syndikat kontrollierten

267 Bernheim, *The Business of the Theatre*, 61. Hervorhebungen KT.

268 Siehe für diese und nachfolgende Angaben Bernheim, *The Business of the Theatre*, 49 sowie Poggi, *Theater in America*, 12, Fröhlich, *Das nicht-kommerzielle amerikanische Theater*, 9 und Belasco, „The Theatrical Syndicate. One Side", 194.

269 Fröhlich, *Das nicht-kommerzielle amerikanische Theater*, 9. Die kleinen, zwischen den Großstädten ansässigen Provinztheater waren v.a. deshalb wichtig, weil sie, wie erwähnt, halfen, die Reisekosten einer *combination company* auf einer Tournee zu reduzieren und weitere Gewinne einzuspielen. Bei Bernheim heißt es hierzu: „In order to prevent railroad fares from taking a disproportionately large slice out of gross receipts, the jumps between large cities had to be broken by engagements of one or two nights in the communities that were situated between them." (*The Business of the Theatre*, 49). Für die nur an einem oder zwei Abende gebuchten Provinztheater hat sich die Bezeichnung *one-night stand*-Theater etabliert. Siehe hierzu auch Fröhlich, *Das nicht-kommerzielle amerikanische Theater*, 5f. sowie Anm. 249/II oben.

Theaterhäuser sehr rasch wuchs. Auch die Zahl der sich im Besitz der Syndikatsmitglieder befindenden Theater stieg schnell an. Waren es im August 1896 noch 33 Theater, war die Zahl bis März 1898 bereits auf 53 angestiegen. Im Juni 1903 besaßen sie bereits 70 *first-class theaters*.[270]

Eines der Kernprinzipien der besagten Unternehmenspolitik beinhaltete, dass „ein Ensemble, das in einer Großstadt an einem Haus des Syndikats auftreten wollte, sich verpflichten mußte, nur in den syndikatseigenen Theatern der übrigen Großstädte zu spielen, die zu seiner Tournee gehörten, dafür aber in *allen* solchen Theatern".[271] Auch die vom Syndikat kontrollierten Provinztheater zwischen den Großstädten einer Tour mussten von den reisenden Ensembles bespielt werden. Verweigerte sich die Schauspieltruppe dieser Maßgabe, war das Syndikat in der Lage, die Tore aller seiner Theaterhäuser vor ihnen zu verschließen. Da aber die Schauspielgruppen und Produzenten auf Einnahmen angewiesen waren und „an overwhelming proportion of the theatres of the country"[272] vom Syndikat kontrolliert wurde, sodass es kaum Alternativen gab, beugten sie sich meist dem Druck und bespielten die vom Syndikat vorgegebenen Theaterhäuser.

Ein zweites zentrales Unternehmensprinzip des *Theatrical Syndicate* richtete sich auf die Besitzer der Theaterhäuser. Sie waren auf die *bookings* der Agenturen angewiesen. Weil die Entscheidung, wo welche Stücke aufgeführt werden sollten, allein beim Syndikat lag, konnten die Theaterbesitzer nicht wählerisch sein und ihrem persönlichen Qualitätsanspruch nicht mehr Rechnung tragen.[273] Hatten sie im Zuge der Entstehung der *combination companies* schon einmal beträchtlich an Einfluss verloren, so sollte sich dies nun in noch stärkerem Maße wiederholen. Belasco beschreibt diesen Umstand wie folgt:

> [T]he owners and managers of from five to seven hundred theatres in the United States of America are reduced to the status of servants—not public servants, as in a sense they should be, but servants of an organization whose representatives say to them, ‚Take what is given you, or you will get nothing!' No bones were made about that matter. It was simply borne in upon the minds of the theatre-owners that unless they accepted what was sent to them, when it was sent them,

270 Siehe Poggi, *Theater in America*, 13.

271 Fröhlich, *Das nicht-kommerzielle amerikanische Theater*, 9. Hervorhebung KT.

272 Bernheim, *The Business of the Theatre*, 59. Eaton spricht davon, dass das Syndikat in nur wenigen Jahren „the vast majority of theatres through the country" unter seine Kontrolle gebracht hatte (Walter P. Eaton, *At the New Theatre and Others. The American Stage: Its Problems and Performances, 1908-1910* (Boston, MA: Small, Maynard & Company, 1910), 7.

273 Siehe Eaton, *At the New Theatre*, 3.

> the names of their houses would be crossed off the booking-list and those houses would remain empty during the season. The result was an obvious one.[274]

Walter P. Eaton, ein Zeitgenosse Belascos, übte noch schärfere Kritik am Syndikat und sah die Funktion des Theaterdirektors auf die eines *janitor*, eines Hausmeisters, reduziert,[275] der in die Inszenierungen der Bühnenstücke in seinem eigenen Haus in keiner Weise mehr involviert war. Ob Produzent, Ensemble oder Theatermanager – in nur wenigen Jahren fand sich gewissermaßen „[d]as gesamte professionelle amerikanische Theater“[276] in den Händen einer einzigen kommerziellen Organisation wieder.

Während sich das Syndikat selbst als eine Instanz verstand, die Ordnung in das Chaos des Theaterwesens zu bringen beabsichtigte,[277] verurteilten Belasco, Eaton und andere Zeitgenossen wie beispielsweise auch der Dramatiker James A. Herne die Methoden des *Theatrical Syndicate* aufs Schärfste.[278] Im Zentrum ihrer Kritik stand dabei vor allem die ausschließlich auf den kommerziellen Profit ausgerichtete Unternehmenspolitik, die an kunstästhetischen Aspekten des Theaterwesens keinerlei Interesse hatte. Belasco beispielsweise bezeichnet das Syndikat als „octopus of greedy ignorance“, das das Drama als Kunstform umschlinge und alles Schöne darin erdrücke.[279] Angesichts der vom Syndikat an den Tag gelegten Profitgier zeigte sich Belasco vor allem um den Zustand des amerikanischen Dramas, vielmehr aber noch um dessen Zukunft, besorgt:

> The greater evil, the greatest evil of all, is the debasing influence exercised by certain members of the syndicate on the American stage. It is the influence of the greed of gain and of the lack of culture displayed by managers, who have no veneration, save a commercial one, for the traditions of the past; no thought, save a commercial one, for the possibilities of the future; no care, save a commercial one, for the potentialities of the present.[280]

Dass Belasco mit seiner Einschätzung Recht behalten sollte, spiegelt sich in den dramatischen Texten der Zeit wider. Diese Verbindung wird in bislang

274 Belasco, „The Theatrical Syndicate. One Side“, 195.

275 Siehe Eaton, *At the New Theatre*, 3.

276 Fröhlich, *Das nicht-kommerzielle amerikanische Theater*, 10.

277 Siehe Marc Klaw, „The Theatrical Syndicate. The Other Side“, *Cosmopolitan* 38 (December 1904), 199-201: 201.

278 Siehe Belasco, „The Theatrical Syndicate. One Side“, insb. 197f. und Eaton, *At the New Theatre* (1910).

279 Belasco, „The Theatrical Syndicate. One Side“, 193.

280 Belasco, „The Theatrical Syndicate. One Side“, 198.

erschienenen Studien jedoch nicht hinreichend hergestellt oder präzisiert, sodass nachfolgend ausgeführt wird, wie sich der Einfluss des alles beherrschenden Syndikats in der Schreibpraxis der Dramenautoren konkret niederschlägt.

‚The surrender of artistic ideals': Auswirkungen des *big business* auf das amerikanische Drama im Broadway-Theater

Vor diesem Hintergrund ist festzuhalten, dass sich einige Dramatiker der *Progressive Era* – bei Weitem nicht alle – vor allem ab dem Gründungsjahr des *Theatrical Syndicate* (1896) in einem scheinbar unauflöslichen Spannungsfeld befinden, weil ihre eigentlichen kunstästhetischen und gesellschaftsbildenden Ansprüche als Bühnenrealisten von den kommerziellen Interessen der Buchungsagenten überlagert bzw. weitgehend zurückgedrängt werden. Dass sich solch ein Umstand negativ auf die Entwicklung des Dramas als literarische Form auswirken muss, steht dabei außer Frage. So konstatiert beispielsweise Bernheim in seiner Studie: „That big business is at cross-purpose with art is self-evident. [...] Such policy cannot fail to have a depressing effect on art."[281] Auf die verheerenden Auswirkungen des vom *Theatrical Syndicate* beherrschten Buchungssystems auf die dramatische Gattung weist u.a. Eaton hin. In seiner vierzehn Jahre nach Gründung des Syndikats veröffentlichten Studie kommt er bereits zu folgender Einschätzung: „The past decade has seen *utter decay* in this country of the theatre with a standard."[282] Für diesen ‚Verfall' zeichnet er ausschließlich die sechs Syndikatsmitglieder verantwortlich, über die er in seinem vernichtenden Urteil Folgendes schreibt:

> However sharp their business brains may be, the majority of them are utterly devoid of artistic sensibility, refinement of taste, even of any practical skill in stage craft. They are utterly unfitted to control the destinies of a Fine Art, utterly unfitted to shoulder the responsibilities of influencing the thoughts, the tastes, the emotions of a vast portion of a public – for the man who assumes to present

---

281 Bernheim, *The Business of the Theatre*, 60.

282 Eaton, *At the New Theatre*, 3. Den negativen Einfluss des Syndikats auf das amerikanische Drama kritisieren neben Eaton auch andere Zeitgenossen wie beispielsweise Richard Mansfield, der in diesem Verband „a standing menace to art" sieht, Minnie Maddern Fiske (‚Mrs. Fiske') – eine der bedeutendsten amerikanischen Schauspielerinnen jener Zeit –, die die Syndikatsmitglieder als „incompetent men" bezeichnet, „who have all but killed art, worthy ambition and decency", oder schließlich James A. Herne, der insbesondere mit Blick auf den Dramenautor zu folgendem Urteil kommt: „The underlying principle of a Theatrical Trust is to subjugate the playwright and the actor. Its effect will be to degrade the art of acting, to lower the standard of the drama, and to nullify the influences of the theatre." (Mansfield, Fiske und Herne zit. in Norman Hapgood, „The Theatrical Syndicate", *The International Monthly* 1 (January 1900), 99-122: 107).

> a play ceases at once to be merely a business individual and becomes a public servant. For such service these men are ludicrously incompetent.[283]

Auf den Interessenkonflikt zwischen bzw. auf die „Antithese von Kunst und Kommerz"[284] hatte Belasco bereits 1904 in seinem bereits zitierten Artikel hingewiesen. Darin heißt es: „[...] [I]t remains an undoubted truth that no pursuit classified as an art can be [...] classified as a business."[285]

Unter dem Machtmonopol des Syndikats sehen sich viele Autoren früher oder später gezwungen, ihre kunstästhetischen Ideale zurückzustellen oder aufzugeben, weil es ihnen nicht gelingt bzw. sie gar nicht erst versuchen, die kleinen Freiräume, die das Kommerztheater trotz seines rigiden Regeldiktats für individuell gestaltete Inszenierungsformen offenlässt, für sich zu nutzen.[286] Insbesondere die Dramenautoren, die vom Verkauf ihrer Stücke leben, beugen sich diesem Druck aus (dem scheinbaren) Mangel an Alternativen und existenzbezogener Notwendigkeit heraus, wie Eaton verdeutlicht: „To refuse meant to starve. To obey meant not only the payment of a heavy and unjust toll, but also too frequently *the surrender of artistic ideals*."[287] Diese ‚Unterwerfung' unter das Diktat des Syndikats äußert sich, wie erwähnt, sowohl auf der Inhaltsebene der Dramen (z.B. durch die Affirmation des herrschenden Geschlechterdiskurses, die Bekräftigung der tradierten patriarchalischen Geschlechterordnung, die ideologiekonforme Inszenierung von männlichen

---

283 Eaton, *At the New Theatre*, 3f. Interessant ist auch hier, dass Eaton – anders als Klaw (1904) – den Dramatiker in einer öffentlichen und damit verantwortungsvollen Rolle sieht, weil er durch seine Bühnenstücke das Publikum mit Ideen (*thoughts*) nicht nur konfrontiert, sondern es auch im Sinne einer gesellschaftssensiblen Bildung beeinflusst.

284 Isernhagen, „Das amerikanische Theater", 48.

285 Belasco, „The Theatrical Syndicate. One Side", 198. Relativierend ist hierzu allerdings anzumerken, dass die Behauptung der absoluten Unvereinbarkeit von ästhetisch anspruchsvoller Kunst einerseits und Kommerzorientierung andererseits, wie sie Belasco zu postulieren versucht, in dieser Form natürlich auch nicht bestehen kann. Auch im Bereich der *high art* bzw. Hochliteratur spielen kommerzielle Aspekte durchaus eine Rolle. Belascos Äußerung findet seine Berechtigung in diesem Zusammenhang wohl eher als polemische Gegenposition gegen die vom Syndikat betriebene totale Kommerzialisierung des Theaters.

286 Ein verhältnismäßig prominentes Beispiel hierfür ist der kommerziell höchst erfolgreiche Dramatiker Clyde Fitch, der zwar durchaus an sozialen Themen interessiert war (siehe z.B. Stücke wie *The Truth* (1906), *A Happy Marriage* (1909), *The City* (1909)), für die Dauer seiner Karriere aber stets „a product of the commercial theatre" blieb (Meserve, *An Outline History*, 165. „Fitch never became a social dramatist of the first order," schreibt Meserve, „because he wrote for the ‚Syndicate' and remained ‚a man of the commercial theatre.'" (ebd. 163). Interessant an diesem Zitat ist auch hier, dass sich ‚seriöse soziale Themen' und ‚kommerzielle Syndikat-Dramen' offenbar weitgehend auszuschließen scheinen.

287 Eaton, *At the New Theatre*, 7. Hervorhebung KT in Anspielung auf die Abschnittsüberschrift.

und weiblichen Rollenbildern) als auch auf formal-struktureller Textebene (z.B. durch weitgehend vorhersagbare Handlungslinien, populäre Textelemente und Motive oder das versöhnliche *happy ending*[288]). Wo dies nicht geschieht, werden die Stücke vom Syndikat entweder kompromisslos abgelehnt und ihre Autoren sprichwörtlich auf eine schwarze Liste gesetzt,[289] sodass neue Stücke mit allzu offensichtlichen innovativen oder gar experimentellen Elementen von Vornherein kaum die Möglichkeit zur Inszenierung vor einem größeren Publikum erhalten; oder sie müssen nach Maßgabe des Syndikats inhaltlich so umgeschrieben und strukturell angepasst werden, dass sie sich schließlich im Rahmen der vorgegebenen Aufführungskonventionen bewegen. Im Hinblick auf die Konsequenzen der zuerst genannten *blacklisting*-Option für den Dramatiker konstatiert Fearnow,

> [that] [t]he formulaic commercial writing required by the syndicates held little allure for writers who saw themselves as serious artists and, to compound the situation, the monopolistic control of theatre production made it nearly impossible to make a reasonable living as a playwright, since there was little choice to sell one's work at terms offered by one of the two syndicates. If a writer were to write a serious play, unconforming to a commercial formula, there would be virtually nowhere for it to be staged.[290]

Und so überrascht es nach Fröhlichs Dafürhalten wenig, dass „[v]on den über 600 Produktionen, für die das ‚Theatrical Syndicate' zwischen 1896 und 1916 das Arrangement der Gastspiele übernahm, […] nur ein sehr geringer Prozentsatz literarische und künstlerische Bedeutung [hatte]".[291] Welche Dramen zu letzterem zählen bzw. was konkret ihren künstlerischen Wert eigentlich ausmacht, lässt Fröhlich allerdings offen.

Die zweite o.g. Option – das nachträgliche Umschreiben ursprünglicher Texte und deren regelkonforme Adaption an die Vorgaben des Syndikats – gehört gewissermaßen zur alltäglichen Praxis innerhalb des Systems. Oftmals wird, wie Fröhlich erklärt, „der Text […] nicht vom Autor selbst, sondern von einem

288 Unter Berufung auf Meserve (*An Outline History*, 164) verwendet Bryan den bezeichnenden Begriff des „Syndicate-required happy endin[g]" („American Drama, 1900-1915", 5).

289 Vgl. Atkinson, der diese Eliminierungspraxis am Beispiel ‚unbequem' gewordener Schauspieler verdeutlicht (*Broadway*, 5).

290 Mark Fearnow, „Theatre Groups and Their Playwrights", *The Cambridge History of American Theatre. Volume II: 1870-1945*, eds. C.W.E. Bigsby and Don B. Wilmeth (Cambridge: Cambridge University Press, 1999), 343-377: 345. Fearnows Rekurs auf ein zweites Syndikat bezieht sich auf die *Shubert Brothers*, die in Konkurrenz zum *Theatrical Syndicate* ein eigenes Theaterimperium aufbauten. Siehe hierzu genauer Anm. 294/II unten.

291 Fröhlich, *Das nicht-kommerzielle amerikanische Theater*, 11.

professionellen ‚play-doctor' überarbeitet".[292] Mitunter werden sogar Theaterkritiker angeheuert, um die Stücke umzuschreiben.[293] Auf diese Weise konnte sichergestellt werden, dass es im Sinne einer Risikominimierung nur zur Inszenierung solcher Stücke kam, die sich tatsächlich mit der Erwartungshaltung des Publikums deckten, d.h. Dramen, die z.B. die traditionelle Geschlechterordnung affirmierend darstellten und den herrschenden Geschlechterdiskurs in seiner Gültigkeit unterstrichen. Zum Teil – und das ist im Kontext dieser Arbeit von größter Wichtigkeit – nehmen die Autoren die geforderten Veränderungen in ihren Stücken aber auch selbst vor. Sie können sich dabei für eine Textrevision im Sinne des Syndikats entscheiden, die sowohl inhaltlich wie auch formal auf eine uneingeschränkte Konzession an den herrschenden Publikumsgeschmack hinauslaufen würde. In diesem Sinne wird auch den Textrevisionen der hier zu erörternden Autoren in der literaturkritischen Diskussion bis heute die vollständige Anpassung an die Konventionen des Kommerztheaters sowie an den herrschenden Geschlechterdiskurs unterstellt.

Tatsächlich, so die These dieser Studie, bedienten sich diese einer subtilen Doppelstrategie. Diese besteht darin, die Stücke so umzuschreiben, dass sie dem Anschein nach keine gesellschafts- bzw. diskurskritischen Inhalte und formal-ästhetischen Regelbrüche mehr aufweisen. Stattdessen aber findet im Zuge der Revision eine Verschiebung des ursprünglich auf der Textoberfläche Sichtbaren auf die Ebene des Subtextes statt. So bleibt, wenngleich vielleicht weniger erkennbar und zugänglich, die ursprüngliche Intention bzw. die Kritik an den geltenden geschlechterdiskursiven Normen auch in der revidierten Fassung erhalten, während die Darstellungskonventionen unterlaufen, aber (fast) nie vollständig durchbrochen werden, sodass der Dramatiker etwa ein *blacklisting* zu befürchten hätte. Zwar gab es – nach aktuellem Stand – nur einige wenige Dramatiker, die sich dieser Möglichkeit innerhalb des kommerziellen Unterhaltungstheaters bedienten – dazu gehören u.a. James A. Herne, Rachel Crothers und Zona Gale –, dennoch sind es genau diese ‚mutigen Einzelautoren', die zur Entwicklung der dramatischen Gattung hin zum modernen amerikanischen Drama trotz der restriktiven Aufführungs- und Produktionsbedingungen ein Stück weit beigetragen haben. Erstaunlicherweise wurden in der literaturkritischen Forschung bislang weder die unterschiedlichen, heute noch existierenden Textfassungen auf diese subtil eingearbeiteten, innovativen Elemente hin untersucht, noch wurde das Verdienst dieser Dramatiker aus gattungsgeschichtlicher Perspektive hinreichend

292 Fröhlich, *Das nicht-kommerzielle amerikanische Theater*, 24.

293 Entsprechend heißt es bei Atkinson: „It [i.e. the Syndicate] bribed critics by […] hiring them to rewrite plays […]" (*Broadway*, 14).

gewürdigt. Dies überrascht auch insofern, als beispielsweise Bernheim schon verhältnismäßig früh (1932) vermutete, dass sich das amerikanische Drama innerhalb dieser Periode trotz aller Restriktionen sehr viel stärker weiterentwickelt habe, als dies zunächst den Anschein hatte:

> […] [O]ur theatre, *as an art*, has made *marked progress during the past three decades*. It may still be far short of the ideal, *but it has advanced*. That [that] *progress has taken place in spite of the Syndicate*, the Shuberts and other commercial producers, is a hypothesis toward which I incline. But I am aware that it is only a hypothesis.[294]

Die vorliegende Arbeit macht es sich deshalb u.a. zur Aufgabe, dieses innovative Potential, das Bernheim bereits vermutetet hatte, aber nicht explizit ausmachen konnte, anhand der Analysen unterschiedlicher Textfassungen von Hernes *Margaret Fleming*, Rachel Crothers' *He and She* sowie Zona Gales *Miss Lulu Bett* sichtbar werden und den genannten Autoren die längst überfällige, verdiente Würdigung zuteilwerden zu lassen. Sie greift damit bewusst bekannte, d.h. in der Forschung schon berücksichtigte Dramatiker und Texte wieder auf, um zu verdeutlichen, dass die dazu vorliegenden Studien noch längst keine erschöpfenden Untersuchungen und Befunde darstellen. Sie impliziert mit der exemplarischen Analyse von Wentworths *The Flower Shop* gleichzeitig aber auch, dass es eine Reihe weiterer, noch weitgehend unbekannter Dramatiker und Werke geben mag, die es zu (unter-)suchen und ‚heben' lohnt, weil sie einen anderen produktiven Weg präsentieren, mit dem Spannungsfeld aus Tradition und Innovation innerhalb des Kommerztheaters umzugehen.

Dieser theatergeschichtlichen und -ökonomischen Überblicksdarstellung bleibt abschließend hinzuzufügen, dass das amerikanische Drama und Theater mit dem Aufkommen der avantgardistischen *Little Theater*-Bewegung

294 Bernheim, *The Business of Theatre*, 60. Hervorhebungen KT. Bernheim rekurriert in dem voranstehenden Zitat auf eine zweite, äußerst einflussreiche Buchungsagentur – die *Shubert, Inc.* –, die sich im Jahre 1900 aus der Opposition zum *Theatrical Syndicate* heraus formierte, die durch die neu eingeführte sog. *open-door policy* zunächst den Eindruck eines nach demokratischen Prinzipien arbeitenden Verbandes erweckte und so in kürzester Zeit viele Anhänger fand. Doch schon bald wurde deutlich, dass die Gebrüder Shubert die gleichen „monopolistischen Interessen" (Fröhlich, *Das nicht-kommerzielle amerikanische Theater*, 12) verfolgten wie das Syndikat. Zwischen diesen beiden Buchungsagenturen entfachte ein offener Konkurrenzkampf, der – unterbrochen durch diverse Vereinbarungen zur „friedlichen Koexistenz" und sogar einer vorübergehenden Zusammenarbeit (siehe ebd. 11-13) – im Jahre 1929 durch den New Yorker Börsenkrach für beide ein jähes Ende fand. Zum Shubert-Imperium siehe u.a. Kapitel XIV (‚Enter the Shuberts') bei Bernheim, *The Business of Theatre*, 64-67, Fröhlich, *Das nicht-kommerzielle amerikanische Theater*, 11-13 und insbesondere Poggi, *Theater in America*, 15-27.

um das Jahr 1915 bekanntlich eine deutlich spürbarere Entwicklung erfahren hat, die entsprechend intensiv auch bereits in der literaturwissenschaftlichen Forschung untersucht worden ist.[295] Kommerziell unabhängige Theatergruppen wie die *Provincetown Players*, die *Washington Square Players* und das sog. *Neighbourhood Playhouse* haben das Drama und Theater in Amerika durch innovative und experimentelle Stücke – insbesondere die des bedeutendsten Dramatikers Eugene O'Neill – nachhaltig verändert. Ihre wenig beachteten Wegbereiter sind jedoch im kommerziellen Broadway-Theater der *Progressive Era* zu suchen – und zu finden.

295 Zum *Little Theater Movement* sowie insbesondere zum Wirken Eugene O'Neills und Susan Glaspells bei den *Provincetown Players* siehe z.B. Judith E. Barlow (ed.), *Women Writers of the Provincetown Players: A Collection of Short Works* (Albany, NY: State University of New York Press, 2009), Gerald M. Berkowitz, *American Drama of the Twentieth Century* (London & New York: Longman, 1992), 16ff., C.W.E. Bigsby and Don B. Wilmeth, „Introduction", *The Cambridge History of American Theatre. Volume II: 1870-1945*, eds. C.W.E. Bigsby and Don B. Wilmeth (Cambridge: Cambridge University Press, 1999), 1-23: 10ff., Cheryl Black, *The Women of Provincetown, 1915-1922* (Tuscaloosa, AL: University of Alabama Press, 2002), Dorothy Chansky, *Composing Ourselves: The Little Theatre Movement and the American Audience* (Carbondale, IL: Southern Illinois University Press, 2005), Leona Rust Egan, *Provincetown as a Stage: Provincetown, the Provincetown Players, and the Discovery of Eugene O'Neill* (Orleans, MA: Parnassus Imprints, 1994), Fearnow, „Theatre Groups and Their Playwrights", J. Ellen Gainor and Jerry Dickey, „Susan Glaspell and Sophie Treadwell: Staging Feminism and Modernism, 1915-1941", *A Companion to Twentieth-Century American Drama*, ed. David Krasner (Malden, MA: Blackwell, 2005), 34-52: esp. 34-42, Grabes, *Das amerikanische Drama des 20. Jahrhunderts*, 61ff., Isernhagen, „Das amerikanische Theater", 50-52, Krasner, „Eugene O'Neill", Brenda Murphy, „Plays and Playwrights: 1915-1945", *The Cambridge History of American Theatre. Volume II: 1870-1945*, eds. C.W.E. Bigsby and Don B. Wilmeth (Cambridge: Cambridge University Press, 1999b), 289-342, Brenda Murphy, *The Provincetown Players and the Culture of Modernity* (Cambridge: Cambridge University Press, 2005), Müller, *Inszenierte Wirklichkeiten*, 26-36, Müller, *Das amerikanische Drama*, 29-34 sowie Barbara Ozieblo, *Susan Glaspell: A Critical Biography* (Chapel Hill, NC: University of North Carolina Press, 2000).

KAPITEL III

Theoretisch-methodische Grundlagen, Konzepte und Analysekategorien

Der Grundannahme folgend, dass innerhalb eines kontextorientierten Untersuchungsansatzes literarische Texte als ‚Inszenierungsfelder' gesellschaftlicher Diskurse verstanden werden, soll nun in einem ersten Schritt der Diskursbegriff Foucault'scher Prägung erläutert werden (III.1). Auf dieser Basis wird anschließend die Bedeutung des historischen Kontextes für eine *gender*-kritische Analyse dramatischer Werke verdeutlicht. Im Zuge dessen werden relevante Aspekte des *New Historicism* für einen Text-Kontext-zentrierten Ansatz referiert, an die diese Studie anknüpft (III.2). Dabei wird insbesondere auf die wechselseitige Durchdringung von literarischem Text und soziokulturellem Kontext eingegangen. An diese diskurs- und kontextbezogenen Ausführungen anknüpfend wendet sich die Arbeit dann (III.3) der zentralen Rolle von Sprache und Kommunikation innerhalb der diskursiv gesteuerten Herausbildung sozialer Wirklichkeit[1] zu. Im Fokus stehen dabei Dialog- und Kommunikationsstrukturen im inneren und äußeren Kommunikationssystem dramatischer Texte, wobei die sprachstrukturellen Besonderheiten der verschiedenen Ebenen in jeweils gesonderten Abschnitten eingehend herausgearbeitet werden. Auf dieser Grundlage kann dann in einem weiteren Abschnitt eine terminologische Ausschärfung des für diese Arbeit zentralen Konzeptes der Aushandlung (*negotiation*) erfolgen, die die zuvor erarbeiteten Besonderheiten bzw. insbesondere das Verhältnis der beiden Kommunikationssysteme im Lichte von Aushandlungsprozessen berücksichtigt. Da der Aushandlungsbegriff im Kontext (literatur-)wissenschaftlicher Studien heute beinahe inflationär gebraucht wird, ohne dass seine Bedeutung präzisiert worden wäre,[2] scheint eine intensive Auseinandersetzung mit diesem Konzept gerade im Hinblick auf das Drama mit seiner komplexen Kommunikationsstruktur unbedingt erforderlich. Im Zentrum des sich daran anschließenden

1 Siehe zu diesen Zusammenhängen Johannes Angermuller, „Einleitung. Diskursforschung als Theorie und Analyse. Umrisse eines interdisziplinären und internationalen Feldes", *Diskursforschung. Ein interdisziplinäres Handbuch. Band 1: Theorien, Methodologien und Kontroversen*, hg. Johannes Angermuller et al. (Bielefeld: transcript Verlag, 2014), 16-36: 22, 23.

2 Eine Ausnahme stellt Zimmermann (2006) dar, die sich in ihrer Studie zum amerikanischen realistischen Roman dem Aushandlungskonzept definitorisch annähert (siehe 56-59 und in Bezug auf realistische Erzählliteratur auch 72ff.).

 | DOI:10.30965/9783657726172_004

Abschnitts (III.4) steht zunächst der *gender*-Begriff, der in Anbetracht der Entwicklungen, die im Bereich der Geschlechterforschung seit ihrer Entstehung zu beobachten sind, ebenfalls einer Konkretisierung bedarf. In einem nächsten Schritt werden die im gesellschaftlichen Spannungsfeld der *Progressive Era* miteinander konfligierenden Geschlechterdiskurse und Konzeptionen von Geschlechtlichkeit beleuchtet, wobei Weiblichkeit und Männlichkeit gleichermaßen im Fokus stehen. Der den theoretischen Teil beschließende Abschnitt (III.5) sieht eine Anbindung *gender*-theoretischer Untersuchungsaspekte an zentrale dramenanalytische Kategorien vor. Das hierin entwickelte Analyseinstrumentarium konzentriert sich vor allem auf die Kategorien ‚Bühnenfigur', ‚Figurenrede' und ‚Bühnenraum' und präzisiert die methodischen Schritte für eine *gender*-orientierte Dramenanalyse.

III.1 Diskurs und Diskursanalyse

In Anbetracht der weit verbreiteten und vielfältigen Verwendung des Diskursbegriffs erscheint es sinnvoll, zu skizzieren, was im Kontext der hier vorliegenden Arbeit mit Diskurs gemeint ist.[3] Vornehmlich sind hierfür zwei Wissenschaftsdisziplinen zu nennen, die ein jeweils eigenes Verständnis des Diskursbegriffs entwickelt und für die Literaturwissenschaft fruchtbar gemacht haben: die Linguistik und die Sozialwissenschaften.

Innerhalb der *linguistischen Diskursanalyse*, in deren Fokus die „Situationsbedingtheit und dialogische Ausrichtung sprachlicher Äußerungen steht"[4], wird unter ‚Diskurs' eine zwischen mindestens zwei Sprechern stattfindende Unterhaltung verstanden. Diese Disziplin fokussiert „in der Regel zusammenhängende Rede, kohärente Texte" und interessiert sich für die Strukturen und

---

3 Zimmermann beispielsweise spricht von einem der „schillerndsten und vieldeutigsten Begriffe, die sich in den letzten Jahren in den geisteswissenschaftlichen Disziplinen durchgesetzt haben" (*Dialog, Dialogizität, Interdiskursivität*, 35) und Kilian verweist auf „eine Vielzahl von Bedeutungsnuancen", die die Verwendung des Diskursbegriffs in den verschiedenen Wissenschaftsdisziplinen „wie etwa der Erzähltheorie, der Linguistik, der Soziologie, der Sozialpsychologie, der Philosophie und der Kulturwissenschaft" hervorgebracht hat (Eveline Kilian, „Diskursanalyse", *Literaturwissenschaft in Theorie und Praxis. Eine anglistisch-amerikanistische Einführung*, hg. Ralf Schneider (Tübingen: Gunter Narr, 2004), 61-81: 62). Siehe hierzu auch Angermuller, „Diskursforschung", 20f. sowie Winko, „Diskursanalyse, Diskursgeschichte", 463. Insgesamt betrachtet erweist sich nach Einschätzung Angermullers „eine Definition des Diskursbegriffs [...] als ein schwieriger Balanceakt", weil das „weit[e] Spektru[m] unterschiedlicher, teils konträrer Verwendungsweisen von ‚Diskurs'" einer ‚einzigen' Begriffsbestimmung die Grundlage entzieht („Diskursforschung", 16).

4 Zimmermann, *Dialog, Dialogizität, Interdiskursivität*, 36.

Beziehungen zwischen den getätigten Äußerungen und ihren Sprechern, wobei diese Strukturen „nach linguistischen – zum Beispiel strukturalistischen oder sprechakttheoretischen – Verfahren analysiert“ werden.[5] Solch ein Untersuchungsschwerpunkt lässt u.a. dynamische Prozesse der Beziehungsaushandlung bzw. das interaktive Bemühen um Machtbesitz sichtbar werden. Ausgehend von der Annahme, dass mit und durch Sprache Machtbeziehungen ausgehandelt bzw. festgeschrieben werden,[6] versucht die linguistische Diskursanalyse zu ergründen, wie dies auf der sprachlichen Ebene durch die Gesprächsteilnehmer bewerkstelligt wird. Wird in Betracht gezogen, dass „es sich bei jeder Äußerung um einen auf frühere und in der Zukunft liegende Äußerungen gerichteten Akt handelt, der somit immer eine dialogische Ausrichtung hat“[7], erfordert die Diskursanalyse im sprachwissenschaftlichen Sinne eine Untersuchung aller Äußerungen, die Teil einer durch entsprechende Struktursignale gekennzeichneten Einheit sind.[8] Das Hauptaugenmerk liegt demzufolge nicht auf der Analyse von Satzstrukturen, sondern mit Kilian „auf über den Satz hinausgehende[n] sprachliche[n] Einheiten, und zwar in erster Linie auf die mündliche Rede, auf Redezusammenhänge und deren Funktionsweise hinsichtlich der Interaktionsdynamik zwischen den DialogpartnerInnen [...]“[9]. Im Bereich der Linguistik meint ‚Diskurs‘ somit „eine abgrenzbare Einheit eines gesprochenen oder geschriebenen Textes oder, spezifischer, jede Art von sprachlicher Kommunikation, die einen zielgerichteten Austausch zwischen einem Sender und einem Rezipienten beinhaltet“[10].

Bezogen auf den Untersuchungsgegenstand dieser Arbeit bedeutet dies, dass im Sinne einer *gender*-kritischen linguistischen Diskursanalyse die zwischen den Bühnenfiguren stattfindenden Dialoge vor allem in Hinblick auf jene sprachlichen Prozesse analysiert werden müssen, durch die Geschlechter- und zum Teil eben auch Machtbeziehungen ausgehandelt werden. Im Anschluss an Korte et al. ist das Ziel solch einer funktionalen Sprachbetrachtung, „Redemuster, Denk- und vor allem auch wieder Machtstrukturen in Texten aufzudecken: die (soziale) Position der Sprechenden und der angesprochenen Person mit ihren jeweiligen Wertvorstellungen, die thematisierte Welt mit den

---

5 Winko, „Diskursanalyse, Diskursgeschichte“, 464.

6 Siehe z.B. Eckhard Auberlen, „New Historicism“, *Literaturwissenschaft in Theorie und Praxis. Eine anglistisch-amerikanistische Einführung*, hg. Ralf Schneider (Tübingen: Gunter Narr Verlag, 2004), 83-115: 87 sowie Zimmermann, *Dialog, Dialogizität, Interdiskursivität*, 34, 74f. und Korte et al., *Anglistik*, 172f.

7 Zimmermann, *Dialog, Dialogizität, Interdiskursivität*, 36.

8 Siehe Korte et al., *Anglistik*, 57.

9 Kilian, „Diskursanalyse“, 62.

10 Kilian, „Diskursanalyse“, 63.

dafür verwendeten sprachlichen Mitteln und die Regelmäßigkeiten, die in einem Text auftreten"[11]. Wie Ulla Fix kritisch anmerkt, ist eine so verstandene Sprachanalyse in literarischen Texten aber bei Weitem keine Selbstverständlichkeit, denn häufig sei in den entsprechenden Studien eine „Vernachlässigung der Form" festzustellen.[12] Gerade in der Beschäftigung mit dramatischen Texten müsse sie jedoch besondere Beachtung finden, denn:

> [...] in ihrer spezifischen Sprachgestalt [sind die Texte] [...] von ihren Autoren ja nicht ohne Grund so formuliert, wie sie eben formuliert sind. Das heißt, in der Sprachform steckt ein Gestaltungs- und Ausdruckswille, den man aus meiner Sicht wahr- und ernst zu nehmen [*sic*] hat. [...] Dies gilt ganz besonders für literarische Texte, für deren Oberflächen in der Regel vom Produzenten [d.h. hier: vom (Dramen-)Autor] mehr als das sonst übliche Maß an Formulierungsaufwand aufgebracht wird. Daher muss die sprachwissenschaftliche Aufmerksamkeit vor allem der Frage gelten, wie man durch die Betrachtung der Form unter die Textoberfläche dringt, wie man ermittelt, was ‚darunter' liegt und was man den jeweiligen Sinn nennen könnte.[13]

In der vorliegenden Arbeit wird dem linguistischen Verständnis von Diskursanalyse insofern Rechnung getragen, als die Figurendialoge auch – aber nicht ausschließlich – hinsichtlich ihrer sprachlichen Umsetzung untersucht werden.[14] Gefragt wird vor allem danach, wie Aspekte der Geschlechterproblematik (z.B. Geschlechteridentitäten, Rollenerwartungen) zwischen den Figuren verhandelt werden. Dabei nimmt die Analyse der sprachlichen Gestaltung in den hier ausgewählten Dramen nicht nur Dialoge zwischen männlichen und weiblichen Figuren in den Blick, sondern auch zwischen Figuren gleichen Geschlechts, weil diese mitunter auch konfligierende Weiblichkeits- bzw. Männlichkeitsbilder repräsentieren und gewissermaßen ‚intra-geschlechtliche' Machtkämpfe zwischen tradierten und emanzipierten Rollenbildern verbal austragen. Darüber hinaus können anhand von Gesprächen zwischen Figuren, die dem gleichen Frauen- oder Männertypus zuzuordnen sind, Hinweise auf das ihnen zugrunde liegende weibliche bzw. männliche Selbstbild herausgearbeitet werden. Weiterhin sind die konkreten sprachlichen Mittel zu beleuchten, die eine signalgebende Wirkung im

11 Korte et al., *Anglistik*, 172f.

12 Ulla Fix, „Theatertexte lesen. Sprachwissenschaftliche Zugänge zu Theatertexten", *Sprache – Literatur – Literatursprache. Linguistische Beiträge*, hg. Anne Betten und Jürgen Schiewe (Berlin: Erich Schmidt Verlag, 2011), 197-210: 197.

13 Fix, „Theatertexte lesen", 197, 199f.

14 Siehe ausführlicher Kapitel III.3.1 für grundlegende Aspekte der Figurensprache in dramatischen Texten sowie III.5.2 für die hier angewandten Parameter zur Analyse der Figurensprache aus *gender*-theoretischer Sicht.

Hinblick auf konsensorientierte Dialoge einerseits und konfliktträchtige Dialoge andererseits haben.[15] Im Zusammenhang mit diskursanalytischen Fragestellungen sind deshalb auch da, wo es relevant erscheint, einzelne Satzstrukturen auf markante Besonderheiten hin zu untersuchen, ohne dass dabei der größere Rahmen, d.h. der Redekontext, aus dem Fokus gerät. Eine so angelegte Diskursanalyse in dramatischen Texten scheint vielversprechend und zeigt – mit Korte et al. – „wie Linguisten und Literaturwissenschaftler zusammenarbeiten können"[16].

Die *sozialwissenschaftlich ausgerichtete Diskursanalyse* geht hingegen von einem abstrakteren Diskursbegriff aus, der maßgeblich durch die Arbeiten Michel Foucaults geprägt wurde und seit den 1980er Jahren verstärkt auch Eingang in die Literaturwissenschaften gefunden hat. Wenngleich Foucault nach Zimmermanns Einschätzung „eine eindeutige Definition des Diskursbegriffes [vermeidet]" und auch Kilian anmerken muss, dass Foucaults diskurstheoretische „Überlegungen zu heterogen und zu wenig systematisch [sind], um von einer genuinen Diskurstheorie [...] sprechen [zu können]"[17], so lässt sich auf einer allgemein-abstrakten Ebene Folgendes festhalten: Foucault versteht unter ‚Diskurs' die Gesamtheit aller zu einem Wissensgebiet gehörenden Aussagen.[18] Gemeint ist, um es mit Foucault zu sagen, „die Menge von

15 Zur Definition von ‚konsensorientierten' und ‚konflikthaften' Dialogen siehe Abschnitt III.3.1, wo eine Typologie zur Analyse von Dialogformen herausgearbeitet wird.

16 Korte et al., *Anglistik*, 163. Dass die von Korte et al. angesprochene interdisziplinäre Kooperation zwischen Sprach- und Literaturwissenschaften unterschiedlicher Philologien gewinnbringend ist, zeigen beispielsweise der von Betten und Schiewe herausgegebene Band *Sprache – Literatur – Literatursprache. Linguistische Beiträge* (Berlin: Erich Schmidt Verlag, 2011a) in der Germanistik, der von Betten und Dannerer herausgegebene Sammelband *Dialogue Analysis IX: Dialogue in Literature and the Media, Selected Papers from the 9th IADA Conference, Salzburg 2003, Part I: Literature* (Tübingen: Niemeyer, 2005) mit Beiträgen aus der Anglistik/Amerikanistik, Romanistik und Germanistik sowie der jüngst erschienene Band von Chapman und Clark mit dem Titel *Pragmatic Literary Stylistics* (Basingstoke: Palgrave, 2014a), in dem die Verwendung von Sprache in literarischen Texten unterschiedlicher Gattungen aus sprachstilistischer und pragmatischer Perspektive untersucht wird.

17 Zimmermann, *Dialog, Dialogizität, Interdiskursivität*, 38 und Kilian, „Diskursanalyse", 63, Anm. 3. Siehe hierzu auch Kammler, der die Ursachen für die Schwierigkeiten einer Konzeptbestimmung ebenfalls vor allem darin sieht, „daß Foucault es vermeiden will, auch nur den Anschein zu erwecken, eine ‚Theorie' *des* Diskurses zu konstruieren [...]." (Clemens Kammler, „Historische Diskursanalyse (Michel Foucault)", *Neue Literaturtheorien*, hg. Klaus-Michael Bogdal (Opladen: Westdeutscher Verlag, 1990), 31-55: 33. Hervorhebung im Original).

18 Siehe Michel Foucault, *The Archaeology of Knowledge*, translated by A.M. Sheridan Smith (London & New York: Routledge, 2002 [1969]), 90. Foucault spricht a.a.O. von „the general domain of all statements".

Aussagen, die einem gleichen Formationssystem zugehören".[19] Die konkreten Wissensgebiete können aus unterschiedlichen Bereichen des gesellschaftlichen Lebens (z.B. der Politik, Wirtschaft, Religion, Wissenschaft, Medizin etc.) stammen, die sich wiederum in einen bestimmten Diskurs einbringen.[20] Die Auseinandersetzung mit einem „gemeinsamen Redegegenstand" (wie beispielsweise der Geschlechterproblematik) kann in den einzelnen Bereichen allerdings aus ganz unterschiedlichen, sogar gegensätzlichen Perspektiven erfolgen, sodass innerhalb des Diskurses ein Spannungsverhältnis zwischen den – wie Link und Link-Herr es nennen – konfligierenden ‚Spezialdiskursen' entsteht.[21] Die rivalisierenden Diskurse existieren dabei nebeneinander, wobei sich die dominanteren „durchsetzen und die anderen verdrängen bzw. zum Verstummen bringen"[22]. Die Aushandlung gesellschaftlicher Machtbeziehungen spielt demnach bei Foucault eine zentrale Rolle, geht es doch um die Stabilisierung bzw. das Unterlaufen dominierender Strukturen. Foucault nimmt an, dass Diskurse verwoben sind in einem „Geflecht von [gesellschaftlichen] Machtbeziehungen"[23]. Nach Foucault resultiert demnach aus dem Zusammenwirken bzw. dem Widerstreit aller Diskurse und Gegendiskurse das, „was eine Gesellschaft zu einem bestimmten historischen Zeitpunkt unter ‚Wahrheit' versteht"[24]. So gesehen konstituiert sich die historische Realität aus der Gesamtheit aller gesellschaftlichen Diskurse erst selbst. In der Konsequenz bedeutet dies mit den Worten Eveline Kilians, „daß es keine absolute Wahrheit gibt, sondern nur eine diskursiv produzierte, die genau deshalb Gültigkeit hat, weil sie den Regeln des betreffenden Diskurses genügt" und im Grunde „der Diskurs die Parameter setzt, innerhalb derer sich unser Denken bewegt".[25] In diesem Zusammenhang ist mit Winko ferner festzuhalten, dass „Diskurse [...]

---

19 Michel Foucault, *Die Archäologie des Wissens*, übersetzt von Ulrich Köppen (Frankfurt am Main: Suhrkamp, 1973 [1969]), 156. Siehe auch Kammler, „Historische Diskursanalyse", 38.

20 Siehe Kilian, „Diskursanalyse", 64 sowie Zimmermann, *Dialog, Dialogizität, Interdiskursivität*, 59.

21 Während Winko die Bezeichnung „Redegegenstand" verwendet („Diskursanalyse, Diskursgeschichte", 464), bevorzugt Kilian den Begriff des „Diskursgegenstandes" („Diskursanalyse", 64). Zum Begriff des ‚Spezialdiskurses' siehe Jürgen Link und Ursula Link-Heer, „Diskurs/Interdiskurs und Literaturanalyse", *Zeitschrift für Literaturwissenschaft und Linguistik* 20.1 (1990), 88-99: 92 sowie Ansgar Nünning, „Literatur, Mentalitäten und kulturelles Gedächtnis: Grundriß, Leitbegriffe und Perspektiven einer anglistischen Kulturwissenschaft", *Literaturwissenschaftliche Theorien, Modelle und Methoden. Eine Einführung*, hg. Ansgar Nünning (Trier: WVT, ^{4}2004), 173-198: 182f.

22 Zimmermann, *Dialog, Dialogizität, Interdiskursivität*, 38.

23 Kilian, „Diskursanalyse", 65. Siehe auch Angermuller, „Diskursforschung", 23.

24 Zimmermann, *Dialog, Dialogizität, Interdiskursivität*, 38.

25 Kilian, „Diskursanalyse", 65.

nicht aus sich selbst heraus [entstehen und regeln].“[26] Sie werden bei Foucault vielmehr als „Gebilde verstanden, [die] [...] durch [...] Kontrollmechanismen gelenkt“[27] werden. Er vertritt die Auffassung, dass „in jeder Gesellschaft die Produktion des Diskurses zugleich kontrolliert, selektiert, organisiert und kanalisiert wird – und zwar durch gewisse Prozeduren, deren Aufgabe es ist, die Kräfte und die Gefahren des Diskurses zu bändigen [...]“[28]. Gleichzeitig aber sind Diskurse nicht als starre Konturen zu verstehen, sondern als historisch wandelbare Komplexe, die von permanenten Kräfte- und Akzentverschiebungen geprägt sind.[29] Sie besitzen somit auch „eine produktive Kraft“ und können Veränderungen – Kilian spricht von „Richtungsänderung[en] oder Umkehrung[en]“ – innerhalb des gesellschaftlichen Diskurses bewirken,[30] beispielsweise dann, wenn die o.g. Kontrollmechanismen unterlaufen werden und sich der Gegendiskurs gegen den herrschenden Diskurs durchsetzt. Diskurse erfüllen damit auch eine wichtige gesellschaftsbildende Funktion, die auch in literarischen, insbesondere in dramatischen Texten zum Tragen kommt.

Für den Kontext der vorliegenden Arbeit bedeutet dies, dass die dramatischen Werke hinsichtlich affirmierender Sichtweisen (d.h. die tradierte Geschlechterordnung stabilisierende Kräfte) untersucht werden. Zu fragen ist, über welche Aushandlungsmechanismen die Stabilisierung des Herrscherdiskurses in den Dramen erfolgt und wodurch der Geltungsanspruch des dominierenden Diskurses zum Ausdruck kommt. Ferner ist zu untersuchen, wie die die Geschlechterordnung betreffenden Gegendiskurse (d.h. Diskurse, die z.B. für die Neuordnung der Geschlechterbeziehungen oder die gesellschaftliche Gleichberechtigung der Frau plädieren) in die Texte einfließen, wie sie ggf. unterdrückt oder negiert werden. Darüber hinaus stellt sich die Frage nach der diskursiven Verwobenheit der Stücke, nimmt doch die Vorstellung von miteinander vernetzten Texten sowohl bei Foucaults diskurstheoretischen

26 Winko, „Diskursanalyse, Diskursgeschichte“, 468.

27 Kilian, „Diskursanalyse“, 65. An gleicher Stelle benennt Kilian einige solcher Kontrollmechanismen, die sie auch als „äußer[e] Begrenzungsfaktoren“ und „Ausschlußmechanismen“ bezeichnet, weil sie durch entsprechende Verbote beispielsweise vorgeben, worüber gesprochen werden darf und welche Themen tabuisiert sind. Zu diesen Mechanismen zählen außerdem solche, die eine „kontrollierte Öffnung der Diskurse für bestimmte Gruppen und Individuen“ (ebd. 65) bewirken. Einen Ausschluss vom Diskurs setzt Kammler wiederum mit dem „diskursive[n] ‚Aus‘“, d.h. dem Unbeteiligt-Sein am öffentlichen Diskurs, gleich („Historische Diskursanalyse“, 43).

28 Michel Foucault, *Die Ordnung des Diskurses*, übersetzt von Walter Seitter (Frankfurt am Main: Fischer Taschenbuchverlag, [11]2010 [1972]), 10f.

29 Siehe Kilian, „Diskursanalyse“, 65 sowie Winko, „Diskursanalyse, Diskursgeschichte“, 467f.

30 Kilian, „Diskursanalyse“, 64, 66.

Überlegungen als auch in Greenblatts neuhistoristischem Ansatz eine zentrale Rolle ein.

III.2 Text und Kontext

Innerhalb der kontextorientierten Literaturwissenschaft wird dem von Stephen Greenblatt maßgeblich geprägten *New Historicism* – gerade im Hinblick auf gesellschafts- bzw. *gender*-bezogene Untersuchungsaspekte – ein besonderer Stellenwert zugeschrieben.[31] Grund dafür ist ein verändertes Verständnis von der Beziehung zwischen „sprachlichem Text und historischer Wirklichkeit".[32] Während in früheren kontextzentrierten Ansätzen „von einem ontologischen Grundunterschied" zwischen beiden ausgegangen und der „soziohistorischen Realität der Status einer textunabhängigen [...] Gegebenheit" zugeschrieben wurde, wird im neuhistoristischen Ansatz der „Gegensatz und die hierarchische Unterordnung von Realität vs. Text" aufgehoben.[33] Die erneute Hinwendung zum soziokulturellen Kontext – Zapf spricht in diesem Zusammenhang von

31 Greenblatt gilt als Begründer des *New Historicism* und nach Einschätzung Hubert Zapfs gleichzeitig auch als dessen „wohl profilierteste[r] Vertreter" (*Kurze Geschichte der anglo-amerikanischen Literaturtheorie* (München: Wilhelm Fink Verlag, ²1996), 232). Mit dem Begriff *New Historicism* findet eine zweifache Abgrenzung „gegen den New Criticism" einerseits und gegen „den Old Historicism" andererseits statt; Greenblatt prägte den Begriff „als wortspielerischen Gegenbegriff zum ‚New Criticism'" (Anton Kaes, „New Historicism: Literaturgeschichte im Zeichen der Postmoderne?", *New Historicism. Literaturgeschichte als Poetik der Kultur*, hg. Moritz Baßler (Tübingen & Basel: A. Francke, ²2001), 251-267: 253. Siehe hierzu auch Winfried Fluck, „Die ‚Amerikanisierung' der Geschichte im *New Historicism*", *New Historicism. Literaturgeschichte als Poetik der Kultur*, hg. Moritz Baßler (Tübingen & Basel: A. Francke, ²2001), 229-250: 247, Anm. 1. Greenblatt verwendete den Begriff ‚*New Historicism*' im Jahre 1982 erstmals in einem Sonder-Sammelband der Zeitschrift *Genre*, wobei der Begriff, wie Greenblatt später selbst schilderte, wohl eher aus der Not heraus entstand – nämlich bei dem Versuch, den in dem Band zusammengestellten Aufsätzen zur englischen Renaissance in der Einleitung einen gemeinsamen Rahmen zu geben (Siehe *Learning to Curse. Essays in Early Modern Culture* (New York & London: Routledge, 1990), 146). Siehe hierzu Auberlen, „New Historicism", 84 und Volkmann, „New Historicism", 540.

32 Zapf, *Kurze Geschichte der anglo-amerikanischen Literaturtheorie*, 230. Siehe hierzu auch Laurenz Volkmann, der ebenfalls konstatiert, „[that] it has become evident today that the line of division between spheres of history and literature, which was once assumed to be self-evident, is shifting." („Reconstructing a Useable Past: The New Historicism and History", *Why Literature Matters. Theories and Functions of Literature*, eds. Rüdiger Ahrens and Laurenz Volkmann (Heidelberg: Universitätsverlag Winter, 1996), 325-344: 326).

33 Zapf, *Kurze Geschichte der anglo-amerikanischen Literaturtheorie*, 230.

einer „Rehabilitation der geschichtlichen Dimension“[34] – geht einher mit einer deutlichen Absage an strukturalistische Ansätze, die sich seit den 1980er Jahren den Vorwurf der „Kontextblindheit und Standpunktlosigkeit“[35] gefallen lassen müssen, sowie mit einem „endgültigen Bruch mit jeder Art von textimmanenter Interpretation“[36], wie sie für den *New Criticism* charakteristisch ist.[37] Die kritische Haltung der *New Historicists* gegenüber textzentrierten Untersuchungsverfahren wird mit der Grundannahme erklärt, dass sich literarische Texte nicht losgelöst von dem sozial- und kulturgeschichtlichen Kontext, in dem sie entstanden sind, betrachten ließen.[38] Stattdessen wird der literarische „Einzeltext [...] aus seiner ästhetischen Isolation genommen und

---

34 Zapf, *Kurze Geschichte der anglo-amerikanischen Literaturtheorie*, 230. Bezeichnenderweise spricht Zapf von ‚Rehabilitation‘, d.h. einer erneuten, wohl aber veränderten Berücksichtigung der historischen Dimension. Dies impliziert, dass die Betrachtung des geschichtlichen Kontextes eines literarischen Textes keineswegs eine Erfindung des *New Historicism* darstellt. Darauf weist auch Volkmann mit seinem kritischen Blick auf den neuhistoristischen Ansatz hin: „History always mattered [...]. [...] In an effort to gain attention, New Historicists have oversimplified preceding voices of literary criticism so that we have come to believe that they were the first to call in other disciplines and to overcome the restrictions of the text; and they did this in spite of the fact that these fields of contextualization had already been tilled by predecessors.“ („Reconstructing a Useable Past“, 329f.).

35 Auberlen, „New Historicism“, 83.

36 Auberlen, „New Historicism“, 89.

37 Nach Korte et al. betrachten werkimmanente Ansätze wie der *New Criticism* den literarischen Text als „ein in sich geschlossenes, durchkomponiertes Gebilde“, das isoliert von „textextrinsischen Aspekte[n] der literarischen Kommunikation (Autor, Leser und Kontext)“ untersucht wird (*Anglistik*, 103). Im Fokus stehen „Sprachstrukturen und inhaltlich[e] Elemente, die innerhalb des Textes Beziehungen und Zusammenhänge herstellen“ (ebd. 103). Textzentrierte Ansätze wie der *New Criticism* „verstehen sich explizit als ahistorisch“ und unterstreichen den „autonome[n] Status eines literarischen Textes als sprachliches Kunstwerk“ (ebd. 103). Die „Praxis des New Criticism“ äußert sich in einer „prinzipielle[n] Ausklammerung und Verdrängung der Geschichte in der Textanalyse“ (Kaes, „New Historicism“, 254). Siehe hierzu auch Baßler, „Einleitung: New Historicism“, 8, Volkmann, „New Historicism“, 541 und „Reconstructing a Useable Past“, 328f. sowie Kirsten Wechsel, „Sozialgeschichtliche Zugänge“, *Grundzüge der Literaturwissenschaft*, hg. Heinz Ludwig Arnold und Heinrich Detering (München: Deutscher Taschenbuchverlag, 72005), 446-462: 455.

38 Diese betonte Kontextbezogenheit literarischer Texte eröffnet für die *New Historicists* Anknüpfungspunkte für eine literarische Diskursanalyse im Sinne Foucaults. Wird der literarische Text nämlich als eine zu einer bestimmten Zeit und an einem bestimmten Ort getroffene ‚Aussage‘ verstanden, dann kann man im Anschluss an Kammler das, „was [...] in der Literaturwissenschaft als ‚Kontext‘ einer Formulierung bezeichnet [wird]“, als „*Aussagefeld*“ eines „in Raum und Zeit individualisierbar[en]“ Diskurses bezeichnen („Historische Diskursanalyse“, 35, 34, Hervorhebung im Original).

auf das sozialgeschichtliche Spannungsfeld seiner Zeit eröffnet"[39]. In einem solchen Ansatz wird literarischen Texten ein veränderter Stellenwert hinsichtlich des gesellschaftlichen Selbstverständnisses und der kulturellen Selbstdarstellung zugeschrieben, da sie nicht mehr nur als „Abbilder einer vorgegebenen Wirklichkeit" verstanden werden, sondern vielmehr „Teil einer sozialen Praxis" und damit auch Teil eines „materiellen Gesamtzusammenhangs kultureller Selbstartikulation" sind.[40] Der literarische Text repliziert die historische Lebenswirklichkeit nicht nur, sondern partizipiert selbst auch „an den politischen und ideologischen Auseinandersetzungen seiner Zeit"[41]. In Anbetracht der Tatsache, dass literarische Texte also in einer „Doppelstellung als Reaktion auf gesellschaftliche Verhältnisse einerseits und als Instrument der gesellschaftlichen Auseinandersetzung andererseits" gesehen werden, erfährt Literatur im Zuge einer solchen Betrachtungsweise insgesamt nicht nur eine Um-, sondern vor allem auch eine Aufwertung.[42] Das zentrale Interesse der *New Historicists* gilt zum einen der Wechselbeziehung zwischen literarischem Text und soziohistorischem Kontext und zum anderen „insbesondere der Frage, wie die Literatur selbst zum sprachlich verdichteten Inszenierungsfeld" für die gesellschaftlichen Diskurse ihrer Zeit wird.[43]

Im Zuge dieser kontextorientierten Theoriebildung verändert sich nicht nur die Bedeutung literarischer Texte, sondern gleichermaßen auch die Auffassung von Geschichte.[44] Hier knüpft Greenblatts neuhistoristischer Ansatz deutlich an Foucaults nicht-lineare Geschichtsauffassung an.[45] Wie Foucault, der als „einer der geistigen Väter des New Historicism"[46] gilt, geht auch Greenblatt davon aus, dass sich Geschichte erst durch das gleichzeitige Zusammenwirken aller Texte – literarischer wie auch nicht-literarischer – konstituiert. Greenblatt teilt mit Foucault die „Vorstellung einer *Vernetzung von Texten*"[47]. ‚Geschichte' ist bei Greenblatt also „nicht mehr durch einfache

---

39 Zapf, *Kurze Geschichte der anglo-amerikanischen Literaturtheorie*, 232.

40 Zapf, *Kurze Geschichte der anglo-amerikanischen Literaturtheorie*, 230. Siehe hierzu auch Preisinger et al., „Diskursforschung in der Literaturwissenschaft", 138.

41 Zimmermann, *Dialog, Dialogizität, Interdiskursivität*, 74.

42 Zimmermann, *Dialog, Dialogizität, Interdiskursivität*, 75.

43 Zapf, *Kurze Geschichte der anglo-amerikanischen Literaturtheorie*, 230f. Zum erst genannten Aspekt, der Wechselbeziehung von Text und Kontext, siehe auch Wechsel, „Sozialgeschichtliche Zugänge", 455.

44 Siehe Korte et al., *Anglistik*, 194.

45 Vgl. Zapf, *Kurze Geschichte der anglo-amerikanischen Literaturtheorie*, 233, insb. dort auch Anm. 7.

46 Kaes, „New Historicism", 254.

47 Zapf, *Kurze Geschichte der anglo-amerikanischen Literaturtheorie*, 231 (Hervorhebung im Original). Wichtig ist in diesem Zusammenhang zu erwähnen, dass innerhalb dieser

Ursache-Wirkung-Beziehungen bestimmt, die ein ursächliches zeitliches Nacheinander und eine daraus ableitbare lineare Ereignislogik postulieren lassen", sondern Geschichte wird „als ein auch simultan zu betrachtendes Geflecht nebeneinander wirkender und in vielfältigen Wechselbeziehungen befindlicher Texte gesehen […]."[48] Greenblatt vertritt weiterhin die Auffassung, dass zwischen den miteinander vernetzten Texten ‚soziale Energien' (*social energies*) fließen, mit denen die Texte aufgeladen sind.[49] Die Zirkulation bzw. den Austausch dieser sozialen Energien bezeichnet er wiederum als „cultural transactions"[50] und meint damit den Prozess der Aushandlung (*negotiation*) gesellschaftsbezogener Themen innerhalb „eines umfassenden gesellschaftlichen Kommunikationsprozesses"[51]. Dabei geht der *New Historicism* ausdrücklich *nicht* davon aus, dass literarische Texte ausschließlich den herrschenden Diskurs stützen und der Stabilisierung der bestehenden gesellschaftlichen und politischen Strukturen dienen würden. Vielmehr gilt die Grundannahme, dass in die Texte sowohl affirmierende als auch „gegensätzlich[e] und widerstreitend[e] Elemente" einfließen, deren „spannungsvolle[s] Nebeneinander" erst durch den literarischen Text zum Tragen kommt.[52] Auch hier ist Foucaults

Theoriebildung die miteinander vernetzten Texte – sowohl literarische als auch nichtliterarische – in keinem hierarchischen Verhältnis zueinander stehen, sondern als einander gleichwertig verstanden werden, wie auch Volkmann erläutert: „In the textual universe there is no hierarchy of great texts and minor texts; all texts are equal as forms of cultural practice and as coexisting discourses, free to negotiate, to exchange and to circulate." („Reconstructing a Useable Past", 332). Auf die Vorstellung von der Gleichwertigkeit aller Texte wird – mit kritisch hinterfragender Haltung – gleich noch einmal zurückzukommen sein (siehe Anm. 52/III unten).

48 Zapf, *Kurze Geschichte der anglo-amerikanischen Literaturtheorie*, 231.

49 Siehe hierzu z.B. Auberlen, „New Historicism", 93, Fluck, „Die ‚Amerikanisierung' der Geschichte", 243 und Preisinger et al., „Diskursforschung in der Literaturwissenschaft", 138. Greenblatt vertritt die Haltung, dass die sozialen Energien im Laufe der Zeit nicht verloren gehen, sondern auch aus der historischen Distanz heraus aufgespürt werden können (siehe *Shakespearean Negotiations. The Circulation of Social Energy in Renaissance England* (Oxford: Oxford University Press, 1988), 7). Dafür jedoch bedürfe es einer Betrachtungsweise von Literatur im neuhistoristischen Sinne. „Der Interpret," so Auberlen, „spürt anhand von Texten den sozialen Energien nach, die bei deren Entstehung am Werk waren oder bei einer späteren Rezeption von der umgebenden Gesellschaft ins Spiel gebracht werden" („New Historicism", 93).

50 Greenblatt, *Shakespearean Negotiations*, 4.

51 Zimmermann, *Dialog, Dialogizität, Interdiskursivität*, 69.

52 Zimmermann, *Dialog, Dialogizität, Interdiskursivität*, 58, 76. Darin mag man den *besonderen* Stellenwert der Literatur innerhalb des gesellschaftlichen Diskurses erkennen, auch wenn Greenblatt die *Gleichwertigkeit* aller – also auch nicht-literarischer – Texte betont. Dass Greenblatt von der Gleichwertigkeit aller Texte ausgeht und dabei hervorhebt, dass literarische Texte im Rahmen einer neuhistoristischen Untersuchung von sozial- und

Einfluss spürbar. Die Vorstellung des *New Historicism* von einer sich aus dem Zusammenwirken vernetzter Texte konstituierenden historischen Realität bedeutet in der Konsequenz, dass Literatur „nicht mehr ‚vor Hintergründen' betrachtet [wird], sondern als Komponente gesamtkultureller Systeme, die mit anderen kulturellen Bedeutungssystemen in vielfältiger Weise vernetzt sind".[53] Im neuhistoristischen Sinne stellen die historischen Gegebenheiten zu einer bestimmten Zeit daher keine bloße Hintergrundfolie dar, vor der das im Text Dargestellte gelesen wird.[54] Für die Literaturbetrachtung bedeutet dies:

> Mit einem solchen Ansatz liest man also nicht Literatur für sich und verweist dann auf das kulturelle Umfeld, die historischen und gesellschaftlichen Gegebenheiten, die den Text geprägt haben oder sich in ihm widerspiegeln, sondern man findet die relevanten Elemente der Kultur, speziell die ‚sozialen Werte und Kontexte' im literarischen Text selbst. [...].[55]

Nach Baßler dürfe der Literaturwissenschaftler deshalb „die Berücksichtigung des historisch-kulturellen Umfeldes nicht länger als die Antwort begreifen [...], sondern [müsse sie vielmehr] als die Frage"[56] verstehen. Somit wird der

---

kulturgeschichtlichen Aspekten nicht privilegiert werden dürften, steht allerdings in starkem Widerspruch zur praktischen Umsetzung seiner Methode, nimmt er doch, wie Zapf kritisch anmerkt, „die Werke Shakespeares als zentrale Demonstrationsbeispiele für seine Argumente" (*Kurze Geschichte der anglo-amerikanischen Literaturtheorie*, 238). Insgesamt, so die Einschätzung Zapfs, seien „[d]ie Fragen der besonderen Rolle der Literatur [...] im New Historicism eher ausgeklammert als beantwortet" (ebd. 239).

53 Korte et al., *Anglistik*, 107. Wenn nachfolgend aus Formulierungsgründen dennoch auf den ‚Hintergrund'-Begriff zurückgegriffen wird, so geschieht dies im Sinne des neuhistoristischen Begriffsverständnisses.

54 Die Auseinandersetzung mit dem Verhältnis von Text und Kontext findet nicht erst im *New Historicism* statt, sondern spielte auch schon in älteren soziohistorischen Ansätzen eine (wenngleich anders gelagerte) Rolle: „Auch der Old Historicism hatte sich um die Rekonstruktion des historischen Kontextes gekümmert, doch das Verhältnis zwischen Literatur und Geschichte stellte sich da als simple Gegenüberstellung von Text und Hintergrund dar, wobei der sogenannte Hintergrund als fixiertes, kohärentes, nicht hinterfragbares Faktum fungierte, auf das sich der literarische Text wie auf einen Fixpunkt beziehen konnte." (Kaes, „New Historicism", 255).

55 Korte et al., *Anglistik*, 196. Siehe auch Peter Brooker et al., *A Reader's Guide to Contemporary Literary Theory* (Harlow: Pearson Longman, [5]2007), 181f., Volkmann, „Reconstructing a Useable Past", 339 sowie Winko, „Diskursanalyse, Diskursgeschichte", 466. Die Auflösung der Vordergrund-Hintergrund-Dichotomie in der neuhistoristischen Literaturbetrachtung geht wiederum auf Foucault zurück, der die These aufstellt, „daß es nichts ‚hinter' den Diskursen gebe" (ebd. 466).

56 Baßler, „Einleitung: New Historicism", 12.

„historische background […] notwendigerweise selbst zum Interpretandum".[57] Nach Auberlen problematisiert der *New Historicism*

> zu Recht den *background*-Begriff: Die im Text inszenierten zeitgenössischen Diskurse sind eben nicht bloßer Hintergrund, sondern gehen in zentrale Kategorien des gestalteten Textes ein, etwa in den Handlungsverlauf oder in die Figurenkonstellation, die Charakterisierung, die Metaphorik und die Schauplatzgestaltung.[58]

Für die vorliegende Arbeit ist das voranstehende Zitat deshalb bedeutsam, weil Auberlen die grundlegende Annahme, den literarischen Text als Inszenierungsfeld gesellschaftlicher Diskurse zu betrachten, mit den zentralen Analysekategorien literarischer (also auch dramatischer) Texte – ‚Figur' und ‚Raum' – zusammenführt, anhand derer sich wiederum die Entfaltung bzw. Aushandlung unterschiedlicher Diskurse prägnant darstellen lässt.[59] Auf der Grundlage der vorausgegangenen Ausführungen kann nun eine Anbindung des neuhistoristischen Ansatzes unter Berufung auf Foucaults Diskurstheorie an den Kontext dieser Arbeit erfolgen, wobei die dramatische Gattung bzw. die für sie typischen Diskursformen im linguistischen Sinne verstärkt ins Zentrum rücken.

III.3 Drama und Sprache

Dass ‚Sprache' im Allgemeinen (und die von Bühnenfiguren verwendete im Besonderen), ‚Dialog' und ‚Aushandlung' zu den Schlüsselbegriffen der hier vorliegenden Arbeit zählen, dürfte bereits deutlich geworden sein. Nichtsdestoweniger bedarf es in Anbetracht des komplexen Kommunikationsgebildes, das das Drama einerseits als solches darstellt und von dem es andererseits aber auch selbst ein Teil ist, zunächst einer präzisen Ausschärfung der genannten Begriffe – Sprache, Dialog, Aushandlung – im Kontext dramenanalytischer Untersuchungen.[60] Um der sprachlichen Komplexität dramatischer Texte

---

57 Kaes, „New Historicism", 255.

58 Auberlen, „New Historicism", 92. Hervorhebung im Original.

59 Dass dies in besonderem Maße durch die Analyse dramatischer Texte herausgearbeitet werden kann, zeigt sich beispielsweise auch in Greenblatts Schriften selbst, in denen er sich in erster Linie der elisabethanischen Zeit und dem *Bühnenwerk* William Shakespeares widmet.

60 Wenn es im Folgenden um die Besonderheiten sprachlicher Kommunikation im Drama geht, dann werden ‚Kommunikation' und ‚Interaktion' weitgehend synonymisch verstanden. Für eine Differenzierung beider Begriffe siehe Ernest W.B. Hess-Lüttich, „Dialog",

Rechnung tragen zu können, orientiert sich die vorliegende Arbeit maßgeblich an der von Manfred Pfister getroffenen Unterscheidung zwischen einem inneren und äußeren Kommunikationssystem.[61]

Im Anschluss an Pfister beschränkt sich das *innere Kommunikationssystem* ausschließlich auf die zwischen den Figuren eines Stückes stattfindende Kommunikation, d.h. „auf die monologischen oder dialogischen Repliken der Dramenfiguren“[62]. Gerade weil sich auch andere Gattungen, vorrangig die Erzählliteratur, der Kategorien ‚Figurenrede‘ und ‚Dialog‘ bedienen, scheinen Präzisierungen im Hinblick auf dramatische Texte notwendig. So steht in einem ersten Abschnitt (III.3.1) die Sprache der Bühnenfiguren im inneren Kommunikationssystem im Mittelpunkt, während sich der daran anschließende, zweite Abschnitt (III.3.2) dem äußeren Kommunikationssystem zuwendet. Dieses *äußere Kommunikationssystem* schließt sowohl das innere als auch außerhalb des Textes liegende Instanzen (wie beispielsweise den Autor oder das Publikum) mit ein, sodass es zu einer partiellen Überlagerung beider Ebenen kommt.[63] Allerdings – und das unterscheidet narrative von dramatischen Texten – existiert in Theaterstücken i.d.R. keine Vermittlungsinstanz, sodass die Position des Erzählers im Drama üblicherweise unbesetzt bleibt, sieht man von ‚episierenden Tendenzen‘ einmal ab.[64] Dies hat zur Folge, dass die vom Dramatiker intendierten Mitteilungsabsichten an das Außen vornehmlich über seine Figuren realisiert und vom Publikum als solche erkannt werden müssen. Bei diesem Kommunikationsprozess kommt erschwerend hinzu, dass sich „die vom Empfänger [d.h. vom Publikum] decodierten Inhalte nicht völlig mit den vom Sender [d.h. vom Dramenautor] encodierten decken“ müssen und die Nachricht bzw. Botschaft „mehr oder weniger verändert wird“.[65] Zudem muss das Gesagte nicht unbedingt mit den Ansichten des Autors übereinstimmen, sondern kann beispielsweise als ein für die Auseinandersetzung der Figuren notwendiges Argument in eine Szene integriert worden sein.[66] Dies zu erkennen, mag sich für das Publikum

---

Historisches Wörterbuch der Rhetorik. Band 2: Bie – Eul (Tübingen: Max Niemeyer Verlag, 1994), Sp. 606-621: Sp. 606.

61 Siehe hierzu Pfister, *Das Drama*, 19ff. und insb. zum äußeren Kommunikationssystem 49ff.

62 Pfister, *Das Drama*, 23.

63 Siehe Pfister, *Das Drama*, 67.

64 Siehe Pfister, *Das Drama*, 21.

65 Pfister, *Das Drama*, 50f.

66 Bei Asmuth heißt es hierzu ähnlich: „Sie [die indirekten Aussagen des Autors] können einen Teil der Figurenrede zum Inhalt haben, etwa die darin erwähnten Fakten, ohne daß der Autor die damit verbundenen Ansichten seiner Figuren teilt.“ (*Dramenanalyse*, 59).

als interpretatorische Herausforderung erweisen.[67] Die sprachliche Ausgestaltung der Figurenrede erfordert deshalb eine besonders sorgfältige Vorgehensweise seitens des Dramatikers, insbesondere dann, wenn es erstens um Kommunikations- und Aushandlungsprozesse zu gesellschaftssensiblen Themen wie etwa der Geschlechterfrage geht und die Stücke zweitens innerhalb eines äußerst restriktiven Rahmens, wie ihn das kommerzielle Broadway-Theater vorgibt, zur Aufführung gebracht werden sollen.

Diese einleitenden Ausführungen zum inneren und äußeren Kommunikationssystem lassen bereits erkennen, dass sich der Aushandlungsbegriff und die darin implizierten Aushandlungsprozesse zwischen den Bühnenfiguren einerseits und zwischen Autor–Text–Publikum andererseits als überaus komplexe Phänomene erweisen. Angesichts eines solch mehrdimensionalen Verständnisses von *negotiation* wird auch dieses Konzept im Folgenden terminologisch auszuschärfen sein (III.3.3). Die Grundlage werden dabei jene Wissenschaftsbereiche und Bezugsdisziplinen bilden, in denen der Aushandlungsbegriff seine Wurzeln hat und die das Konzept der *negotiation* für die Untersuchung literarischer Texte erst fruchtbar gemacht haben.

III.3.1 *Figurenrede und Dialog: Das innere Kommunikationssystem*

Wenn in diesem Abschnitt das innere Kommunikationssystem dramatischer Texte in den Fokus rückt, dann geschieht dies mit dem Ziel, den Dialogbegriff vor dem Hintergrund geschlechterbezogener Aushandlungsprozesse und der daran beteiligten Diskurse differenzierter zu betrachten. In einem ersten Schritt wird zunächst auf die Besonderheiten des literarischen Dialogs in Abgrenzung zum ‚realen' Alltagsgespräch eingegangen. Zudem erfolgt eine differenzierte Betrachtung des literarischen Dialogs, da im Vergleich von Figurendialogen in Erzähltexten und solchen in dramatischen Texten genrebedingte Unterschiede auszumachen sind, die im Rahmen von Dialoganalysen berücksichtigt werden müssen. In einem zweiten Schritt wird der Versuch einer Systematisierung verschiedener Dialogtypen unternommen, wird hier doch davon ausgegangen, dass im Zuge der Aushandlung von Geschlechterfragen ‚Dialog nicht gleich

67 Bezüglich der vom Publikum zu erbringenden Interpretationsleistung erklärt Asmuth Folgendes: „Das Drama, besonders das unkommentierte, von keinem ‚Erzähler' begleitete, ist grundsätzlich schwerer zu deuten als etwa Erzähltexte. Stärker als die Epik ist es auf das Interpretationsvermögen des Publikums angewiesen, mehr als sie erscheint es der Gefahr von Fehldeutungen ausgesetzt. Nur wenn sich der Autor außerhalb des Dramas [d.h. im äußeren Kommunikationssystem] im gleichen Sinne geäußert hat wie die ihn vertretenden Figuren, darf der Interpret sicher sein, daß sie tatsächlich in seinem Auftrag sprechen. Für viele Dramen gibt es derartige Zusatzerklärungen aber nicht." (*Dramenanalyse*, 60).

Dialog ist', sprich, dass je nachdem, welche Figuren miteinander sprechen, unterschiedliche Dialogformate identifiziert werden können. Dabei spielen insbesondere die sozio-ideologischen Haltungen der Figuren sowie ihre jeweilige Geschlechteridentität eine entscheidende Rolle. Die Grundlage für die beabsichtigte Systematisierung bildet wiederum Pfisters Beschreibungsmodell dramatischer Dialoge, das an *gender*- und aushandlungsbezogene Fragestellungen angebunden und an einem Punkt auch erweitert wird.

Ausgehend von der Prämisse, dass der Dialog „im Drama der grundlegende Darstellungsmodus" ist und ein dramatischer Text – anders als ein narrativer – ohne „die Rede der fiktiven Figuren" im inneren Kommunikationssystem nicht auskommen kann,[68] verwundert es wenig, dass sich die Literatur- und Sprachwissenschaften, aber auch andere Disziplinen, die Analyse der sogenannten ‚Figurenrede' zu einem Schwerpunkt ihrer Untersuchungen gemacht hat.[69] Dabei meint ‚Figurenrede' mit Ingarden „die von den dargestellten Personen ausgesprochenen Worte"[70], die wörtliche Rede bzw. die direkten Sprachäußerungen der Figuren eines Stückes also,[71] die wiederum den „Haupttext des Theaterstückes bilden"[72] und insbesondere in dramatischen Texten – von Monologen einmal abgesehen – nach Pfister mehrheitlich in Form „dialogische[r] Figurenrede"[73] auftreten. Pfisters Begriff der ‚dialogischen

68 Pfister, *Das Drama*, 23, 24. Zum Unterschied von Figurenrede in Drama und Epik siehe auch Asmuth, *Dramenanalyse*, 12.

69 Anne Betten und Jürgen Schiewe konstatieren ein wachsendes Interesse der Philologien „am interdisziplinären Gespräch über die Sprache in der Literatur" („Vorwort", *Sprache – Literatur – Literatursprache. Linguistische Beiträge*, hg. Anne Betten und Jürgen Schiewe (Berlin: Erich Schmidt Verlag, 2011b), 7-12: 8), und Siobhan Chapman und Billy Clark stellen in der Einleitung ihres Sammelbandes ebenfalls einen „very recent increase in interest in this area" fest („Introduction: Pragmatic Literary Stylistics", *Pragmatic Literary Stylistics*, eds. Siobhan Chapman and Billy Clark (Basingstoke: Palgrave Macmillan, 2014b), 1-15: 2). Neben der figuralen Sprachverwendung in dramatischen und narrativen Texten bilden die sprachliche Gestaltung der Erzähl(er)ebene in Prosatexten oder syntaktisch-lexikalische Auffälligkeiten des Sprachgebrauchs (z.B. Wiederholungen, Fragmente, Sprachbilder) weitere Untersuchungsschwerpunkte innerhalb dieser Forschungslinie.

70 Roman Ingarden, *Das literarische Kunstwerk* (Tübingen: Niemeyer, ^{4}1972), 408.

71 Siehe Asmuth, *Dramenanalyse*, 53 und außerdem Anne Betten, an deren „engere[m] Verständnis des literarischen Dialogs als Wiedergabe direkter Rede in Werken der dramatischen und epischen Literatur" die vorliegende Arbeit anknüpft („Analyse literarischer Dialoge", *Handbuch der Dialoganalyse*, hg. Gerd Fritz und Franz Hundsnurscher (Tübingen: Niemeyer, 1994), 519-544: 519).

72 Ingarden, *Das literarische Kunstwerk*, 403. Für Asmuth bilden die Figurenrepliken im Vergleich zu den von ihm besprochenen drei weiteren Möglichkeiten ebenfalls „[d]en Löwenanteil an der Kommunikation im Drama" (*Dramenanalyse*, 58, 59).

73 Pfister, *Das Drama*, 23. Siehe hierzu ausführlicher Kapitel 4.5 und 4.6 in Pfisters *Das Drama*.

Figurenrede' impliziert in Abgrenzung zur ‚monologischen Figurenrede' die Interaktion zwischen mindestens zwei oder mehr Figuren in einer Szene,[74] wobei speziell für das Drama gilt, dass die Figurenrepliken „unmittelbar aufeinander folgen" und im Unterschied zur Figurenrede in Erzähltexten nicht „durch erzählende Passagen miteinander verbunden sind"[75], sieht man vom epischen Theater einmal ab. Werden Figuren mit und durch Sprache zusammengeführt und entwickeln sich aus und über den Dialog die Beziehungen der Figuren zueinander, so bedeutet dies für die Analyse dramatischer Sprache, dass sie sich nicht auf isolierte Repliken beschränken darf, sondern – im Sinne der linguistischen Diskursanalyse – längere Sequenzen der Wechselrede der Figuren, d.h. vorausgehende und nachfolgende Repliken, sowie den Kontext der jeweiligen Kommunikationssituation in den Blick nehmen muss. Eine Analyse von Figurendialogen nimmt folglich das gesamte innere Kommunikationssystem eines dramatischen Textes mit all den darin interagierenden Figuren in den Blick.

Für eine textanalytische Annäherung an Figurendialoge des inneren Kommunikationssystems ist – vor allem im Hinblick auf realistische Stücke – zudem immer auch der Kunstcharakter der verwendeten Sprache im Auge zu behalten, handelt es sich doch bei der Figurenrede in dramatischen Texten nicht um eine wirklichkeitsgetreue Replikation der Alltags- bzw. Normalsprache – ein Eindruck, der aufgrund der fehlenden Erzählinstanz im Drama und der daraus resultierenden Unmittelbarkeit der Figurensprache entstehen kann –, sondern um vom Autor sorgfältig komponierte Repliken. Zur Unterscheidung alltagssprachlicher und literarischer Kommunikation schlägt Schultze die Begriffe ‚Gespräch' und ‚Dialog' vor, da sie unterschiedliche Assoziationen hervorrufen, die wiederum den Bereichen der Normal- und Literatursprache zugeschrieben werden können: „Während mit dem Wort ‚Gespräch' in erster Linie die Vorstellung eines ‚natürlichen', der Wirklichkeit zugehörigen Wortaustauschs geweckt wird, rückt der Begriff ‚Dialog' den Vorgang einer Unterredung aus dem Bereich einer realen Gesprächssituation heraus in die Vorstellungsebene einer literarisch gestalteten Welt."[76] Im Dialogbegriff klingt mit Schultze demnach „das Moment der Gestaltung, der Formgebung" bereits an, und der Dialog wird

---

74 In Bezug auf den Dialogbegriff unterscheidet Pfister nochmals zwischen der Form des ‚Zwiegesprächs'/‚Duolog', an dem zwei Figuren beteiligt sind, und dem ‚Mehrgespräch'/‚Polylog' mit drei oder mehr Figuren (siehe *Das Drama*, 197). Siehe außerdem Betten, „Analyse literarischer Dialoge", 520. Auf diese Unterscheidung wird im Kontext der Entwicklung eines Analyseinstrumentariums aus *gender*-theoretischer Sicht zurückzukommen sein (siehe Kapitel III.5.2).

75 Zimmermann, *Dialog, Dialogizität, Interdiskursivität*, 20.

76 Brigitte Schultze, *Der Dialog in F.M. Dostoevskys* Idiot (München: Sagner, 1974), 29.

bei ihr als „Darbietungsmittel" des „literarisch geformten Redewechsel[s]" verstanden.[77] An dieser begrifflichen Abgrenzung orientiert sich auch die vorliegende Arbeit, weil bei einer Untersuchung dramatischer Figurensprache insbesondere in realistischen Stücken der Kunst- bzw. Konstruktcharakter der Repliken unbedingt zu berücksichtigen ist. Asmuth spricht in diesem Zusammenhang vom „Kalkül des Autors" und konstatiert, dass dramatische Sprache zwar durchaus große Ähnlichkeiten mit normalsprachlichen Strukturen aufweisen kann, diese aber schon allein deshalb nie vollständig abbilden könne, weil sie „die alltäglichen Ausdrucksformen von Mündlichkeit, Spontaneität und Störanfälligkeit nie ganz erreicht".[78] Besonders anhand „schriftlich fixierte[r] Textsubstrat[e]",[79] d.h. anhand der verschriftlichten bzw. gedruckten Dramen als Lesetexte, wird erkennbar, dass typische Merkmale der authentischen, gesprochenen Alltagssprache wie beispielsweise *fragments* (Satzfragmente), *false starts* (syntaktische ‚Fehlstarts'), *discourse markers* (Gespräch strukturierende Signale), *backchannels* (Rückmeldungs- bzw. Feedbacksignale) und *overlaps* (Redeüberschneidungen) darin meist fehlen, da sich derartige Phänomene zum einen ohnehin nur schwer schriftlich bzw. drucktechnisch fixieren lassen und weil ihre Dokumentation zum anderen die „Lesbarkeit des Textes" beeinträchtigen würde.[80] Figurendialoge in dramatischen Texten sind i.d.R. und besonders in der gedruckten Form als Lesedrama ‚bereinigt', wie es bei Toolan mit Bezug auf literarische Dialoge allgemein heißt:

---

77 Schultze, *Der Dialog*, 29.

78 Asmuth, *Dramenanalyse*, 67, 76. Siehe außerdem Asmuth (ebd. 66-67) für detaillierte Erläuterungen der drei im Zitat genannten Aspekte (Mündlichkeit, Spontaneität, Störanfälligkeit). Anne Betten erklärt in diesem Zusammenhang, dass interessanterweise insbesondere in dramatischen Texten weitaus weniger alltagstreue bzw. alltagsähnliche Figurendialoge zu finden seien als in epischen Texten: „Wenn es auf den ersten Blick so aussieht, als sei […] der dramatische Dialog der am ehesten mit ‚natürlichen' Gesprächen vergleichbare Typus, weil er wie diese nur aus direkter Rede besteht […], so wird dabei nicht berücksichtigt, daß durch die höchst artifiziellen Rahmenbedingungen des Mediums Theater Zwänge zur Kondensierung, Intensivierung und Verdeutlichung entstehen […], die im epischen Kontext durch die Möglichkeit genauer Situationsbeschreibung entfallen. Dadurch aber ist die Wahrscheinlichkeit, gerade in der Figurenrede epischer Werke ein Höchstmaß an Vergleichbarkeit mit Alltagsdialogen vorzufinden, wesentlich größer als beim dramatischen Dialog […]." („Analyse literarischer Dialoge", 520f.).

79 Pfister, *Das Drama*, 35, 202 (sowie v.a.m.).

80 Vgl. Betten, „Analyse literarischer Dialoge", 530. Bei Asmuth finden sich weitere Merkmale gesprochener Alltagssprache. So nennt er „phonetische Verkürzungen", „Verschleifungen" sowie das Phänomen der „phonetischen, lexikalischen und syntaktischen Versprecher[r] und Selbstkorrekturen" (*Dramenanalyse*, 66f.).

> [...] [N]atural and fictional conversation differ in many ways. It is not merely that in fiction the talk is ‚tidied-up,' that there are relatively few unclear utterances, overlaps, false-starts, hesitations, and repetitions: there are also literary conventions at work governing the fictional representation of talk, so that the rendered text is quite different from a faithful transcription of a natural conversation.[81]

In einem früheren Beitrag hatte sich Toolan diesbezüglich schon einmal ähnlich geäußert und den literarischen Dialog bezeichnet als „an artificial version of talk, partly shaped by a variety of aesthetic and thematic intentions and conventions", wobei er in gleichem Zuge aber auch konstatiert, dass die Verfahren und Techniken zur Analyse von „naturally-occurring conversation" für die Untersuchung literarischer Dialoge trotzdem nutzbar gemacht werden können.[82] Zwar soll es im Rahmen der hier vorliegenden Arbeit *nicht* primär um die mikrostrukturelle Analyse der Figurenrede im Sinne der sprachwissenschaftlichen Dialogforschung gehen,[83] wohl aber können solche und andere, insbesondere kommunikationstheoretische Aspekte, wie beispielsweise das von Paul Grice beschriebene Kooperationsprinzip zwischenmenschlicher Kommunikation, – wenn auch im begrenzten Maße – herangezogen werden,[84] um im Zuge einer so ausgerichteten Untersuchung das Vorhandensein bzw. Fehlen kommunikationsbezogener Kooperation zwischen den beteiligten Figuren zu ergründen.[85] Dies wiederum lässt mit Blick auf die

81 Michael Toolan, „Analysing Conversation in Fiction. The Christmas Dinner Scene in Joyce's *Portrait of the Artist as a Young Man*", *Poetics Today* 8.2 (1987), 393-416: 393.

82 Michael Toolan, „Analysing Fictional Dialogue", *Language and Communication* 5.3 (1985), 193-206: 193. Toolan geht dabei von strukturellen und funktionalen Gemeinsamkeiten zwischen ‚natürlichen' und literarischen Dialogen aus. Er beruft sich zunächst auf diverse Theorien und Modelle der Konversations- bzw. linguistischen Diskursanalyse, um diese anschließend in der Analyse von Figurendialogen in Herman Melvilles „Bartleby, the Scrivener" und Ernest Hemingways „Cat in the Rain" zur Anwendung zu bringen.

83 Zur Sprachanalyse auf der „mikrostrukturellen Ebene der sprachlich-stilistischen Textur" – wie es bei Pfister heißt (*Das Drama*, 63) – siehe auch die Ausführungen bei Hess-Lüttich, „Dialog", Sp. 614 sowie Betten, „Analyse literarischer Dialoge", 521.

84 Zur Rezeption der Grice'schen Überlegungen in den Literatur- und Kulturwissenschaften siehe Ute Berns, „Grice, H. Paul", *Metzler Lexikon Literatur- und Kulturtheorie*, hg. Ansgar Nünning (Stuttgart & Weimar: Verlag J.B. Metzler, ^{4}2008), 267-268: 268.

85 Weshalb die von Grice aufgestellten Maximen zwischenmenschlicher Kommunikation für die Sprachanalyse in dramatischen Texten nur bedingt herangezogen werden können, erklärt Ulla Fix wie folgt: „Natürlich kann man Theaterdialoge, da sie fiktionale Texte sind, nicht naiv an den Grice'schen Maximen messen und z.B. auf ihre Wahrhaftigkeit hin überprüfen. [...] Die Maximen können kein Maßstab sein, an dem die Dialoge auf ihre ‚Angemessenheit' hin beurteilt und vielleicht sogar verurteilt werden. Es geht vielmehr darum, sich bewusst zu machen, warum und vor welchem Hintergrund sie verletzt

„makrostrukturelle Ebene der Figurenkonzeption, der Figurenkonstellationen und der Handlungsabläufe“[86] Rückschlüsse auf den (Miss-)Erfolg figuraler Aushandlungsbemühungen oder etwa ihrer geschlechterbezogenen Hegemonialansprüche zu. Dort nämlich, wo Dialogpassagen nicht bereinigt sind, sprich, wo z.B. *overlaps* oder *backchannels* doch auftreten, haben sie hinsichtlich der Aushandlungsprozesse eine signalgebende Wirkung. In diesem Zusammenhang sind anhand der Dialoge jene sprachlichen Signale (verbale wie non-verbale) und gesprächssituativen Besonderheiten herauszuarbeiten, die auf ein genuines Miteinander im Sinne der ‚dialogischen Dialoghaftigkeit‘ nach Pfister hinweisen bzw. dieses erschweren oder gar verhindern.[87] Unter *gender*-analytischen Gesichtspunkten ist dabei vor allem von Interesse, wie sich die Frauen- und Männerfiguren durch ihr jeweiliges Sprachverhalten einbringen, wie sie sich durch ihre Dialogführung zur Geschlechterproblematik positionieren bzw. welchen Weiblichkeits- bzw. Männlichkeitstypus sie repräsentieren. Dementsprechend muss eine Untersuchung in erster Linie auf die Sinnebene des Gesagten, also den Gehalt, abzielen, darf dabei aber damit im Zusammenhang stehende ‚linguistische‘ Aspekte des figuralen Sprechverhaltens nicht ignorieren.

Im Rahmen der hier vorgenommenen Dramenanalysen werden zudem die jeweiligen Dialogtypen und die ihnen zugrunde liegenden Kommunikationsprinzipien zu untersuchen sein, da die daraus gezogenen Schlüsse für die Präzisierung von Aushandlungsprozessen nutzbar gemacht werden können. Für eine solche Typologie bietet sich erneut Pfisters Beschreibungsmodell zur Monologhaftigkeit von Dialogen an, das hier allerdings um eine Tendenz erweitert und zudem an das Konsens-Konflikt-Modell angebunden wird.

Pfister geht von einem idealtypischen Figurendialog aus, den er als ‚dialoghaften Dialog‘ bezeichnet.[88] Diese idealtypische Redesituation liegt dann vor, wenn die Kommunikation der Sprecher störungs- und spannungsfrei abläuft, obwohl sie „zueinander in einem Verhältnis der Polarität und Spannung stehen“. Ferner ist für einen ‚dialoghaften Dialog‘ die „prinzipiell[e] Gleichberechtigung“ der Sprecher charakteristisch, die sich beispielsweise darin äußert, dass die Figuren „in ihren Repliken ständig aufeinander Bezug nehmen“ und „eine ausgewogene quantitative Relation ihrer Repliken“ zu erkennen

werden […]. Hintergrund ist die Grice’sche Vorstellung von Kooperativität und gelingender Kommunikation.“ („Theatertexte lesen“, 206f.).

86 Pfister, *Das Drama*, 63f.

87 Siehe Pfister, *Das Drama*, 182. Auf den Begriff des ‚dialoghaften Dialogs‘ wird gleich genauer eingegangen.

88 Zum ‚dialoghaften Dialog‘ sowie zu den nachfolgenden Zitaten hierzu siehe Pfister, *Das Drama*, 182.

ist. Von der Annahme dieser idealtypischen Dialogform ausgehend, erklärt Pfister, dass es zu Abweichungen kommen kann, die er wiederum als ‚Monologisierungstendenzen' bezeichnet. Liegen diese in einem Figurendialog vor, spricht Pfister vom ‚monologhaften Dialog'.

Er macht zwei verschiedene Monologisierungstendenzen aus: (Tendenz 1) Er spricht zum einen dann von einem ‚monologhaften Dialog', wenn sich die Figuren als „kommunikationsunfähig oder -unwillig" erweisen und in der Folge dessen „Verständnislosigkeit oder gravierende Mißverständnisse entstehen"[89]. Die „referentiellen Kontexte [der Figuren] [sind] so verschieden [...], daß jener Minimalkonsens fehlt, der Voraussetzung jeder funktionierenden Kommunikation ist".[90] Solch ein Dialog wirkt dann monologhaft, weil unter diesen Bedingungen weder der gegenseitige Austausch noch „die Möglichkeit einer echten Verständigung"[91] gegeben sind. Es entsteht beinahe der Eindruck, als fänden innerhalb des Dialogs zwei voneinander getrennte Monologe statt. Pfister spricht in diesem Zusammenhang von „gestörter Kommunikation"[92]. Ein ‚echter' Dialog kann auch deshalb nicht stattfinden, weil das Konfliktpotential häufig so groß und unüberbrückbar ist, dass die Auseinandersetzung einem verbalen „Kamp[f] zwischen den Sprechenden"[93] gleicht. Die Frontenverhärtung – um bei der Kampfmetaphorik zu bleiben – lässt eine inhaltliche Annäherung der interagierenden Figuren nicht zu, weil letztere in ihren Ansichten und Überzeugungen geradezu diametral entgegengesetzt zueinander stehen. In Bezug auf die hier untersuchten Dramen schließt diese Form solche Dialoge ein, bei denen Figuren – unabhängig vom (biologischen) Geschlecht und sozialen Status – mit gegensätzlichen Standpunkten zur Geschlechterproblematik aufeinandertreffen und eine Konsensfindung ausgeschlossen scheint. Denkbar sind Dialogsequenzen zwischen Ehepartnern, zwischen Eltern(teilen) und Kindern, Frauen-/Männerfiguren mit gegensätzlichen Vorstellungen von Weiblichkeit/Männlichkeit, Geschlechterrollen etc. Interessanterweise verwenden diese Figuren – das werden die Textanalysen zeigen – mitunter bildsprachliche Redemittel, die die oben angesprochene Kampfmetaphorik explizit aufgreifen.

(Tendenz 2) Ein Dialog wird bei Pfister auch dann als ‚monologhaft' bezeichnet, wenn die Figuren in ihren Positionen, Haltungen, Ansichten usw.

89 Pfister, *Das Drama*, 183.

90 Pfister, *Das Drama*, 183.

91 Zimmermann, *Dialog, Dialogizität, Interdiskursivität*, 57.

92 Pfister, *Das Drama*, 182. Auf die Verwendung von Kapitälchen wird hier, anders als im Original, verzichtet.

93 Ingarden, *Das literarische Kunstwerk*, 415. Bei Asmuth ist die Rede von „Wortgefechte[n]" als eine Form der konflikthaften „rhetorischen Auseinandersetzung" (*Dramenanalyse*, 142).

übereinstimmen und sich auf ein und denselben referentiellen Kontext beziehen. In dieser Form des ‚monologhaften Dialogs' „[b]esteht zwischen ihnen ein vollständiger Konsensus", sodass „es zu keinen semantischen Richtungsänderungen [kommt]; die Monologhaftigkeit ist dann so stark, daß man fast von einem Monolog mit verteilten Rollen sprechen könnte [...]"; anders formuliert: es „[liegt] hier ein einziger Kontext [vor], obwohl zwei Figuren sprechen".[94] Exemplarisch wären hierfür Dialoge zwischen Frauen-/Männerfiguren zu nennen, die sich – ganz gleich in welcher Konfiguration sie auftreten – in Bezug auf ihre geschlechterideologische Orientierung sehr ähnlich sind bzw. dahingehend vollkommen übereinstimmen.

Schematisch ließen sich die beiden Monologisierungstendenzen in der Zusammenfassung wie folgt darstellen (Abb. 1):

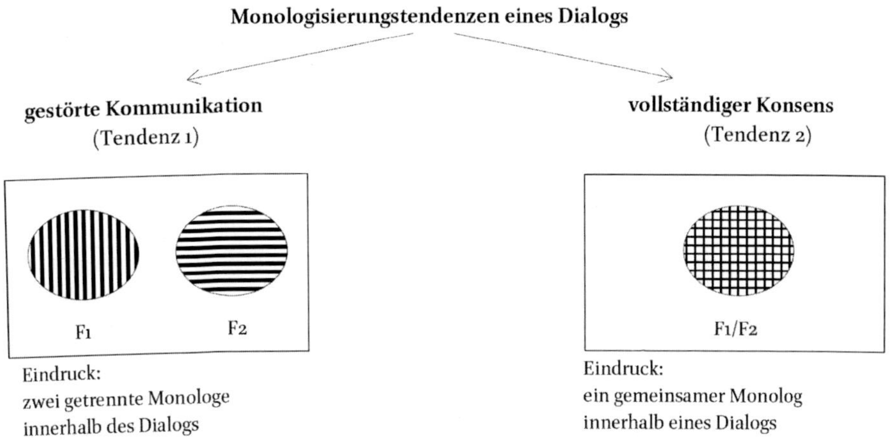

Abb. 1 Tendenzen des ‚monologhaften Dialogs' nach Pfister (F1 und F2 stehen symbolhaft für die interagierenden Bühnenfiguren)

Anhand dieser Ausführungen wird deutlich, dass Pfisters Beschreibungsmodell ‚monologhafter Dialoge' im Grunde auf das Konflikt-Konsens-Modell dialogischer Gesprächsstrukturen rekurriert.[95] Dementsprechend repräsentiert

94 Pfister, *Das Drama*, 183.

95 Eine umfassende Darstellung des Konflikt- bzw. Konsensmodells bietet Zimmermann, *Dialog, Dialogizität, Interdiskursivität*, 41-48, wobei dort weniger Figurendialoge im engeren Sinne den Bezugspunkt bilden, als vielmehr die zugrundeliegenden, gegensätzlichen Auffassungen von Wirklichkeitskonstitution. Zu nennen ist einerseits Michel Foucault, der „den Konflikt zur Grundkategorie seiner Wirklichkeitsauffassung [erklärt]" (ebd. 42) und für den Machtausübung bzw. Machtansprüche die grundlegenden Faktoren der Wirklichkeitskonstitution darstellen. Dem gegenüber stehen die Theorien von Martin Buber, Jürgen Habermas und Hans-Georg Gadamer, die im Kern von einem Dialogbegriff

die oben als Tendenz 1 (gestörte Kommunikation) bezeichnete Form einen konflikthaften Dialog, während Tendenz 2 (vollständiger Konsens) – wie die Bezeichnung schon suggeriert – eine auf Konsens basierende Dialogform darstellt. Dass Pfister beide Tendenzen unter der Bezeichnung ‚Monologhaftigkeit' fasst, ist zwar durchaus nachvollziehbar, allerdings auch irreführend, ist doch ‚monologhaft' einerseits negativ (Tendenz 1) und andererseits positiv (Tendenz 2) besetzt. In Bezug auf Pfisters Typologisierung ist zudem kritisch anzumerken, dass es lediglich zwei Pole beschreibt (nämlich Konflikthaftigkeit auf der einen Seite und Konsenshaftigkeit auf der anderen), aber dabei die Tatsache vernachlässigt, dass es sich hierbei um ein Spektrum handelt, innerhalb dessen sich dialogische Mischformen skalarisch bewegen, die im Kontext von Aushandlungsprozessen von besonderer Relevanz sind. Pfisters Beschreibungsmodell ist, um es für die vorliegende Arbeit fruchtbar zu machen, deshalb um eine dritte Tendenz zu erweitern. Diese ist gekennzeichnet durch eine, wie ich es nenne, ‚partielle Monologhaftigkeit'. Das Monologhafte ist dabei in der *gemeinsamen Gesprächsabsicht* der Figuren zu sehen, d.h. analog zum konflikthaften Dialog beziehen sich die Figuren auf zwei unterschiedliche referentielle Kontexte, sodass eine inhaltliche Spannung vorliegt. Im Gegensatz zum Konfliktdialog zeigen sich die Figuren hinsichtlich ihrer Einstellungen, Haltungen usw. jedoch weniger statisch. Vielmehr zeigen sie eine grundsätzliche Bereitschaft, sich inhaltlich einander anzunähern, um eine Konfliktlösung – und damit eine Konsensfindung – herbeizuführen. Das Monologhafte lässt sich somit in der gemeinsamen intentionsbezogenen Schnittmenge ausmachen, wenngleich die jeweils vertretenen Positionen der Figuren (zumindest zu Beginn des Dialogs) unterschiedlich sind. Anders formuliert: Die Figuren zeigen sich hinsichtlich ihrer Sprechhaltung grundsätzlich kooperativ und sind in ihrem Dialog auf Verständigung und Annäherung ausgerichtet, obwohl sie im Grunde (noch) konträre Ansichten und Meinungen vertreten. Liegt eine solche Intention auf beiden Seiten vor, ist die Voraussetzung für eine erfolgversprechende Aushandlung der Geschlechterproblematik gegeben. Dort wo sie fehlt, scheint eine Konsensfindung kaum möglich. Diese dialogische Mischform wird hier als ‚intentionsbezogener Konsensdialog' bezeichnet, wobei die oben angesprochene inhaltliche Konflikthaftigkeit hierbei impliziert wird. In den hier untersuchten dramatischen Texten sind für diese Konstellationen etwa Dialoge zwischen Frauen- und Männerfiguren

ausgehen, der die Konsensbildung durch kommunikatives Handeln impliziert. Zimmermann erklärt, dass „die Anhänger des Konsensmodells" den Dialogbegriff als grundsätzlich positiv besetzten verstanden wissen wollen, weil sie „die positive Leistung des Dialogs in der Hervorbringung eines einheitlichen Sinnganzen [sehen]" (ebd. 47).

denkbar, die eine voreheliche Paarbeziehung oder partnerschaftliche Ehe (die sog. *companionate marriage*) führen, sich grundsätzlich gegenseitig respektieren, wertschätzen und dabei doch gegensätzliche Haltungen etwa zur Rolle der Frau vertreten oder entwickelt haben. Ihnen wohnt ein Bewusstsein dahingehend inne, dass sie nur durch konstruktive Kommunikation und „kommunikative Vernunft"[96] den bestehenden Konflikt lösen und schließlich Konsens auch auf inhaltlicher Ebene erzielen können (Pfisters Tendenz 2). Damit ist also ein Dialog- bzw. Kommunikationsmodell benannt, das „einen dialogisch konzipierten Entscheidungs- und Wahrheitsfindungsprozess [verkörpert], der [...] auf einen Konsens hinstrebt"[97]. Im Rahmen einer begrifflichen Ausschärfung des Aushandlungskonzeptes wird auf diese Form noch einmal ausführlicher zurückzukommen sein.[98]

Auf der Grundlage der voranstehenden Überlegungen kann Pfisters Beschreibungsmodell (siehe Abb. 1 oben) so modifiziert und erweitert werden, dass die Prozesshaftigkeit und die damit verbundene Dynamik von *negotiation* in den Figurendialogen ebenfalls herausgearbeitet werden kann (Abb. 2):

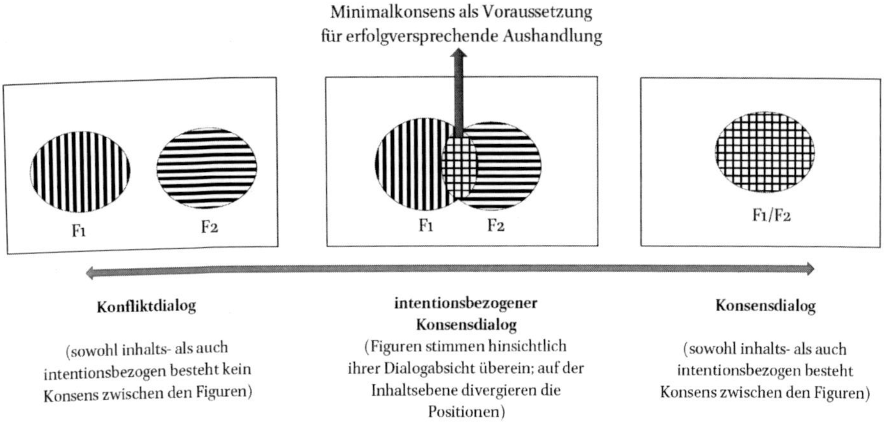

Abb. 2 Dialogformen unter Berücksichtigung prozessual-dynamischer Aspekte von ‚Aushandlung'

In Bezug auf den ‚intentionsbezogenen Konsensdialog' ist hinzuzufügen, dass damit zwar die Basis für eine inhaltliche Konsensfindung gelegt ist, es aber vom Gesprächsverhalten der Figuren abhängt, ob diese letztlich auch erzielt wird.

96 Zimmermann, *Dialog, Dialogizität, Interdiskursivität*, 47.
97 Zimmermann, *Dialog, Dialogizität, Interdiskursivität*, 47.
98 Siehe Kapitel III.3.3 zum Aushandlungsbegriff.

So kann beispielsweise der Fall eintreten, dass trotz gleicher Absichten die inhaltlichen Differenzen zwischen den Sprechern so groß sind (und bleiben), dass eine Konfliktlösung nicht ausgehandelt werden kann. Ferner kann die ‚Zusammensetzung' der gemeinsamen Schnittmenge so unausgewogen sein, d.h. dass z.B. die Bereitschaft einer Figur stärker ausgeprägt ist als die der anderen, sodass durch den Rückzug einer Figur letztlich ein Scheitern des Aushandelns nicht ausgeschlossen ist.

Insgesamt, dies sollte deutlich geworden sein, ist eine Bewegung in beide Richtungen grundsätzlich möglich. Die damit implizierte Gesprächsdynamik kommt mitunter in ‚Pendelbewegungen' zum Ausdruck, die zum Beispiel durch sich verändernde Umstände (wie unerwartete Handlungsentwicklungen, plötzlich veränderte Rahmenbedingungen oder eine Beeinflussung durch andere Figuren) in einer Figur ausgelöst werden können. In der Folge kommt es bei dieser Figur zu geschlechterideologischen Schwankungen und Positionsverschiebungen, die die oben skizzierten Differenzierungsgrenzen durchlässig werden lassen und den weiteren Aushandlungsprozess maßgeblich beeinflussen können. Anders formuliert: Im Handlungsverlauf können sich die Konsens- und Konflikthaftigkeit im Dialogverhalten einer Figur dynamisch verändern. Im Kontext dieser Arbeit ist dann die Rede von den oben erwähnten ‚Pendelbewegungen' – ein Begriff, der sowohl das (zeitweise) geschlechterideologische ‚Ausschlagen' (z.B. in Form einer Meinungsverschiebung einer Figur) als auch das ‚Zurückschwingen' implizieren kann, wobei Letzteres nicht zwingendermaßen eine vollständige Rückkehr in die ursprüngliche ‚Ausgangsposition' bedeuten muss, sondern z.B. auf ein Aufweichen, jedoch nicht auf ein vollständiges Verwerfen des vorherigen, wie auch immer gearteten Standpunktes zur Geschlechterrollenproblematik hinweisen kann.

Das Vorangegangene zeigt zum einen, wie eng Figur, Dialog und Handlung im Drama miteinander verbunden sind,[99] zum anderen wird deutlich, dass die Figuren bezüglich ihrer Sprechhaltungen nicht voreilig auf statische Kategorien festgelegt werden dürfen, sondern die Dynamik und Prozesshaftigkeit ihres Sprechens – und damit auch die mögliche Veränderung ihrer geschlechterideologischer Ansichten – im Zuge der Aushandlungsbemühungen *figuren-individuell* in den Blick genommen werden müssen. Dies wiederum erfordert eingehende Figurenanalysen, wobei die sich im Handlungsverlauf ständig verändernden Konfigurationen und Beziehungen der

99 Zu Interdependenz dieser Kategorien siehe auch Asmuth, *Dramenanalyse*, 8 und Pfister, *Das Drama*, 220.

Figuren zueinander in den hier beabsichtigten ‚Zeitlupenstudien' ebenfalls zu untersuchen sind.[100]

III.3.2 *Drama und Gesellschaft: Das äußere Kommunikationssystem*

Während im vorangegangenen Kapitelabschnitt das Hauptaugenmerk auf der Analyse von Dialogstrukturen des inneren Kommunikationssystems lag, rückt im Folgenden das äußere in den Mittelpunkt. Ziel ist es, die Besonderheiten der Kommunikationsinstanzen der äußeren Textebene (Autor, Drama, Publikum) herauszuarbeiten, um darauf aufbauend ein Instrumentarium für die Analyse von Aushandlungsprozessen zu entwickeln. Hervorzuheben ist zunächst, dass beispielsweise für Anne Betten die äußere Ebene einen höheren, primären Stellenwert einnimmt, bezeichnet sie doch „den literarischen Dialog im engeren Sinne, also [die] Figurenrede" als „sekundäre bzw. zweite Ebene [...], hinter der als eigentliche Kommunikationsebene die von Autor und Publikum anzusetzen ist".[101] In Anbetracht der Tatsache, dass sich die Mehrzahl dramenanalytischer Studien auf die Untersuchung der inneren Kommunikationssysteme beschränkt und Autor/Publikum als Instanzen weitgehend unberücksichtigt lässt, muss Bettens Priorisierung zunächst überraschen. Wird allerdings, wie in neuhistoristischen Studien, das äußere Kommunikationssystem als Schlüssel zu einer soziokulturellen Vergangenheit verstanden, die durch das innere System mitbestimmt wird, erklärt sich sein hoher Stellenwert durch entsprechende „Anschlussmöglichkeiten" für diskursanalytische Fragestellungen im Foucault'schen Sinne.[102]

In der literaturkritischen Diskussion besteht heute bekanntlich Einigkeit darüber, dass das Drama als literarische Gattung und das Theater als öffentliche Institution in besonderem Maße dazu prädestiniert sind, gesellschaftliche Verhältnisse darzustellen, diese wahlweise zu unterlaufen oder zu affirmieren und sich mit den in ihnen angelegten jeweiligen Wirkungsabsichten an ein breites öffentliches Publikum, an ein Kollektiv zu wenden.[103] Wie kaum eine andere Gattung ist das Drama in der Lage, eine effektive Außenwirkung zu erzielen, indem es sich an einen größeren Rezipientenkreis richtet, auf ihn wirkt, ihn mitunter im Denken und Handeln beeinflusst. Publikum, Bühnenautor und

---

100 Siehe hierzu ausführlicher Kapitel III.5.2, wo die Kriterien und Parameter für eine Analyse der Figurensprache aus *gender*-theoretischer Sicht und unter Berücksichtigung konfiguraler Aspekte im Einzelnen dargestellt werden.

101 Betten, „Analyse literarischer Dialoge", 520.

102 Kammler, „Historische Diskursanalyse", 45.

103 Siehe dazu u.a. Zapf, *Kurze Geschichte der anglo-amerikanischen Literaturtheorie*, 233, Fluck, „Die ‚Amerikanisierung' der Geschichte", 243, Auberlen, „New Historicism", 94f. sowie Pfister, *Das Drama*, 49ff.

dramatischer Text sind damit – wie Anne Betten in dem Zitat oben impliziert – Teil eines äußerst komplexen und mehrschichtigen Kommunikationsgebildes, das in einem bestimmten gesamtgesellschaftlichen Zusammenhang zu sehen ist und von verschiedenen Faktoren geprägt, gesteuert oder kontrolliert wird. Nach Pfister zählen dazu (1) autoren-, (2) inhalts- und (3) rezeptionssoziologische Einflussfaktoren.[104] In welchem Zusammenhang diese jeweils mit dem äußeren Kommunikationssystem stehen, wird nachfolgend knapp skizziert.[105]

(1) Vor allem dem Dramatiker als Textproduzenten wird eine besondere Rolle zugesprochen, da es dessen Stimme ist, die durch die Bühnenfiguren für das Publikum hörbar wird.[106] Seine Partizipation an der Aushandlung gesellschaftlicher Themen ist dabei immer auch mit einer bestimmten Aussageabsicht verbunden, wie bei Pfister zu lesen ist:

> Der Autor eines literarischen Textes, und das gilt in besonders evidenter Weise für Dramatiker, wendet sich mit seinem Text an eine Öffentlichkeit, tritt in öffentliche Kommunikation. Von daher schon ist seine Rolle als Literaturproduzent nicht Resultat einer völlig freien Entscheidung, einer autonomen Identitätssetzung, sondern orientiert sich an gesellschaftlich vorgegebenen Normierungen dieser öffentlichen Rolle, indem er diese *erfüllt* oder *innovativ durchbricht*.[107]

Pfister spricht hier explizit jene Optionen an, zwischen denen der Bühnenautor mit Blick auf die Art und Weise seiner Partizipation am öffentlichen Diskurs zu wählen hat: Er hat, wie dies in Bezug auf das Kommerztheater ausführlich bereits an anderer Stelle erläutert wurde, zwischen der Erfüllung, d.h. Affirmation geltender Normen, und dem bewussten Unterlaufen von Konventionen zu entscheiden. Eine sozio-ideologische Positionierung des Dramenautors zur Geschlechterproblematik findet also in jedem Fall statt. Dass die Analyse dramatischer Werke im Zuge eines kontextorientierten Ansatzes neben den Figuren im inneren Kommunikationssystem deshalb auch autorensoziologische Aspekte der äußeren Textebene berücksichtigen muss, ist

---

104 Siehe Pfister, *Das Drama*, 51ff.

105 Da darauf größtenteils bereits in den Kontextualisierungsabschnitten ausführlich eingegangen worden ist, werden an dieser Stelle zur Vermeidung von Redundanzen die bisherigen Erläuterungen lediglich ergänzt bzw. wesentliche Aspekte nur noch einmal benannt, um entsprechende Rückbezüge herzustellen.

106 Mit Kammler sei jedoch daran erinnert, dass die Positionen der figuralen Aussagesubjekte nicht notwendigerweise immer mit denen des Autors übereinstimmen müssen (siehe „Historische Diskursanalyse“, 34f.).

107 Pfister, *Das Drama*, 52. Hervorhebung KT.

für Pfister unumstritten. So sei bei der Textanalyse immer auch die „Frage nach der Relation des dramatischen Texts zum empirischen Autor in seiner Rolle als Dramenproduzent“ zu stellen.[108] Pfister betont gleichzeitig aber auch, dass es dabei „nicht um einen wissenschaftlich überholten Biographismus gehen [kann], der das Werk aus der Biographie des Autors individualpsychologisch genetisch zu erklären versucht“; vielmehr gelte es, „diese Position als wichtige, aber nicht die einzige Vermittlungsinstanz zwischen gesellschaftlichen und literarischen Sachverhalten“ zu betrachten.[109] Diesem Ansatz wird in der vorliegenden Arbeit insofern Rechnung getragen, als autorenbiographische Aspekte, sofern sie einen geschlechterthematischen Zusammenhang erkennen lassen, im Rahmen der Textanalysen durchaus Berücksichtigung finden, ohne sie zur Interpretationsgrundlage werden zu lassen.[110]

(2) Im Hinblick auf inhaltssoziologische Aspekte und ihre Wirkung auf das äußere Kommunikationssystem ist in erster Linie der Frage nachzugehen, wie die amerikanische Gesellschaft in den Stücken dargestellt wird, d.h. auf welche Diskurse und geschlechterbezogenen Vorstellungen konkret Bezug genommen wird und welches gesellschaftliche Modell in den Texten entworfen wird. Während inhaltssoziologische Faktoren für eine Untersuchung literarischer Texte generell bedeuts am sind, so trifft dies im besonderen Maße für das Drama zu.[111] So stellen Drama und Theater für Zapf „wohl zweifellos diejenigen literarischen Institutionen mit den stärksten gesellschaftlichen Rückkoppelungen“[112] dar. Der vom Dramenautor gewählte Umgang mit den Diskursen seiner Zeit entscheidet darüber, wie ausgeprägt die hier angesprochene Produktivkraft eines Dramas – seine ‚kulturelle Arbeit‘ – tatsächlich ist. Sie ist beispielsweise dann verhältnismäßig gering, wenn sich

108 Pfister, *Das Drama*, 51.

109 Pfister, *Das Drama*, 51.

110 Wie diese Berücksichtigung zu verstehen ist, sei an einem Beispiel erläutert: Äußert sich beispielsweise ein Dramatiker in einem nicht-literarischen Text aufgeschlossen zur Gleichberechtigung der Frau oder engagiert sich eine Dramatikerin außerhalb ihres literarischen Schaffens sozial oder politisch für die Frauenemanzipation, dann scheint es eher unwahrscheinlich, dass dramatische Werke solcher Autoren als Argumente für die Stabilisierung einer patriarchalischen Geschlechterordnung zu lesen sind. Wo dies durch den Text doch suggeriert wird, ist nach der Funktion einer solchen Diskrepanz zu fragen.

111 Siehe Korte et al., *Anglistik*, 195.

112 Zapf, *Kurze Geschichte der anglo-amerikanischen Literaturtheorie*, 233. Wenn Kilian nachfolgend allgemein von einem ‚Sonderstatus der Literatur‘ spricht, so gilt dies in besonderem Maße für das Drama: „Der Literatur kommt insofern ein Sonderstatus zu, als sie zum einen ein diskursiv abgegrenzter Gegenstand ist, [...] zum anderen aber selbst wiederum eine sprachliche Wirklichkeit produziert, die zu der ebenfalls diskursiv verfaßten, außerliterarischen Realität in einer variablen Ähnlichkeitsrelation steht.“ („Diskursanalyse“, 69).

ein Stück inhaltssoziologisch vollständig im Akzeptanzbereich des Publikums bewegt.[113] Dort aber, wo gesellschaftliche Zustände kritisch beleuchtet werden, wo der herrschende (Geschlechter-)Diskurs hinterfragt wird, wo die gesellschaftlichen Normierungen missachtet und wo theaterinstitutionelle Konventionen durchbrochen werden, erweisen sich inhaltssoziologische Aspekte für den Aushandlungsprozess der Geschlechterproblematik als besonders relevant. Für den textanalytischen Teil bedeutet dies, dass entsprechende Einzeluntersuchungen erforderlich sind, da sich diesbezüglich eine pauschalisierende Beurteilung der Stücke verbietet.

(3) Rezeptionssoziologische Einflussfaktoren schließlich beziehen sich auf die Macht des Theaterpublikums, das, wie Kapitel II.2.1 ausführlich gezeigt hat, gerade im kommerziellen Unterhaltungstheater nicht zu unterschätzen ist. So ist die Frage nach der „Relation zwischen dem dramatischen Text und seinen Rezipienten"[114] schon allein deshalb zu stellen, weil das Broadway-Publikum im äußeren Kommunikationssystem mit seiner Erwartungshaltung maßgeblich mitbestimmt, welche Inhalte bzw. vor allem wie diese Inhalte im inneren Kommunikationssystem verhandelt werden (müssen). Wenn sich also der Dramatiker im Profittheater an den „Interessen und intellektuelle[n] Voraussetzungen" seines „intendierte[n] Publikum[s]" orientieren muss, damit ihm die „ästhetisch[e] Kommunikation" und der „ökonomisch[e] Erfolg" gelingen können, dann wirkt sich dies durchaus auf die Be- und Aushandlung der Geschlechterproblematik in den Stücken aus.[115] Wenn Pfister von der „Interdependenz der Struktur des intendierten Publikums und der Struktur der dramatischen Texte" spricht, verweist er damit außerdem auf die Publikumsstruktur, d.h. auf die Zusammensetzung des Publikums, die je nach Theaterform und Repertoire „aus soziologisch je unterschiedliche[n] Publikumsschichten"[116] bestehen kann. Auch diese beeinflusst im äußeren Kommunikationssystem die Aushandlung der Geschlechterproblematik. Wie an anderer Stelle erwähnt, besteht das Broadway-Publikum der *Progressive Era* vornehmlich aus Vertretern der Mittelschicht, d.h. aus gebildeten Bürgern, die sich den im Vergleich zur preiswerten Stummfilmvorführung verhältnismäßig teuren Theaterbesuch leisten können.[117] Zwar ist dieses

113 Siehe Pfister, *Das Drama*, 58.

114 Pfister, *Das Drama*, 56.

115 Pfister, *Das Drama*, 56.

116 Pfister, *Das Drama*, 57.

117 Dass das Broadway-Publikum hinsichtlich seiner Zusammensetzung über lange Strecken homogen geblieben ist, verdeutlicht u.a. die Studie zur *audience composition* in den 1950/60er Jahren von William J. Baumol and William G. Bowen (*Performing Arts – The Economic Dilemma* (New York, NY: Twentieth Century Fund, 1966); siehe darin insb.

Broadway-Publikum ein Massenpublikum, d.h. im Hinblick auf Erwartungshaltung und Rezeptionsgewohnheiten ein in sich relativ homogenes Kollektiv, aber es bildet keinesfalls „die Gesamtgesellschaft, sondern [nur] ein kleines Segment der Gesamtgesellschaft“[118] ab. Dass nicht etwa die Arbeiterklasse, sondern eben die Mittelschicht mehrheitlich das Broadway-Publikum ‚stellt‘, hat wiederum inhaltssoziologische Konsequenzen. So will dieses Publikum „seine Erfahrungen von Gesellschaft, vor allem in Bezug auf gesellschaftlich-akzeptiertes Verhalten [...] bestätigt [...] bekommen“.[119] Orientiert sich der Bühnenautor nicht an der Erwartungshaltung des Publikums, d.h. an der sog. *audience demand*, und „durchbricht der dramatische Text durch formale und/oder ideologische Innovationen die Erwartungsnormen der zeitgenössischen Dramenrezipienten“[120], droht dem Dramatiker neben einem wirtschaftlichen Verlustgeschäft auch der Ausschluss vom öffentlich-gesellschaftlichen Diskurs. Im Hinblick auf Aushandlungsprozesse ist dies insofern relevant, als rezeptionssoziologische Faktoren demnach Einfluss nehmen auf die Ausformung von Macht- und Hierarchiestrukturen innerhalb einer Gesellschaft.

Wenn in den beiden vorangegangenen Abschnitten die Aushandlungsstrukturen im inneren bzw. äußeren Kommunikationssystem zunächst separat beleuchtet worden sind, muss im Folgenden danach gefragt werden, in welchem Verhältnis beide Textebenen zueinander stehen. In diesem Zusammenhang erfolgt eine definitorische Ausschärfung des Aushandlungsbegriffs, der sowohl die Prozesshaftigkeit des Aushandelns berücksichtigt als auch eine Rückanbindung an diskurstheoretische Überlegungen, wie sie in Kapitel III.1 ausgeführt wurden, ermöglicht.

III.3.3 *Aushandlung und Interdiskursivität: Zur Beziehung beider Kommunikationssysteme*

Angesichts der komplexen Kommunikationsstruktur dramatischer Texte ist von einem ebenso komplexen, mehrdimensionalen Aushandlungsbegriff

Kapitel 4, ‚The Audience‘, 71-97). Mit Bezug auf ihren Untersuchungszeitraum stellen die Autoren fest: „What is most noteworthy in the figures [...] is how little change in audience composition has occurred during the decade. One can say that today's audience is about the same as that of a decade earlier [...].“ (ebd. 87). Dies trifft in gleicher Form auch auf die Publikumsstruktur in der *Progressive Era* zu.

118 Pfister, *Das Drama*, 56.

119 Pfister, *Das Drama*, 57, 60. Noch in der Mitte des 20. Jahrhunderts stellen Baumol und Bowen mit Bezug auf das kommerzielle Unterhaltungstheater fest: „[...] the audience is drawn from an extremely narrow segment of the American population. [...] This finding has important implications for the nature of whatever growth has occurred in audience demand for the arts.“ (*Performing Arts*, 96).

120 Pfister, *Das Drama*, 56.

auszugehen. Dementsprechend erfolgt hier eine differenzierte Konzeptausschärfung, die zwischen einem engen und weitem Aushandlungsbegriff unterscheidet. Im Hinblick auf das innere Kommunikationssystem ist deshalb die Rede von einem eng gefassten Begriff, weil sich die Aushandlungsprozesse auf die innerhalb einer Textgrenze kommunizierenden Bühnenfiguren beschränken. Sprache und Aushandlung sind hier – d.h. im gedruckten oder aufgeführten Drama – konkretisiert, verschriftlicht oder hör-, bzw. im Falle non-verbaler Kommunikation, sicht- bzw. im Nebentext lesbar. Dem gegenüber sind die im äußeren Kommunikationssystem ablaufenden Aushandlungsprozesse weit weniger explizit oder fassbar, denkt man beispielsweise an Greenblatts Vorstellung vom Austausch sozialer Energien und hinein- bzw. hinausfließender Diskursfäden. Zudem ist *negotiation* auf der äußeren Textebene als offenes, unbegrenztes Phänomen zu verstehen, weil die Vielzahl potentiell relevanter Texte quasi unendlich ist. Bevor auf diese Differenzierung weiter eingegangen wird, soll zunächst in einem ersten Schritt geklärt werden, was allgemein unter dem Konzept der ‚Aushandlung' zu verstehen ist, welche Merkmale für Aushandlungsprozesse typisch sind und welche Parameter für die Untersuchung dramatischer Texte eine Rolle spielen.

Der Aushandlungsbegriff: Eine definitorische Annäherung an ein abstraktes Konzept

Der Aushandlungsbegriff, der im Englischen bekanntlich mit ‚*negotiation*' seine Entsprechung findet, stammt ursprünglich aus dem Bereich der Politik- und Wirtschaftswissenschaften und ist erst später von diversen anderen Disziplinen (z.B. von den Literaturwissenschaften oder auch der Fremdsprachendidaktikforschung) aufgegriffen und in seiner Bedeutung an die jeweils eigenen Gegenstandsbereiche adaptiert worden. Im „politischen bzw. ökonomischen Diskurs"[121] meint ‚Aushandlung' eine Form der Diskussion mit dem Ziel, ein gemeinsames Übereinkommen in Bezug auf ein bestimmtes Problem zu erreichen. In dieser ursprünglichen Grundbedeutung wird der Aushandlungsbegriff vor allem im Kontext wie auch immer gearteter diplomatischer Beziehungen verwendet. Dementsprechend listet auch das *Oxford English Dictionary* (*OED*) unter ‚*negotiation*' als heute gebräuchlichste Wortbedeutung folgende auf: „[a] discussion or process of treaty with another (or others) aimed at reaching an agreement about a particular issue, problem, etc., esp. in affairs of state".[122] Anselm Strauss, der sich in seiner Studie *Negotiations:*

121 Zimmermann, *Dialog, Dialogizität, Interdiskursivität*, 58.
122 „Negotiation", *Oxford English Dictionary, Online Edition*, 3rd. ed., University of Oxford Press. n.p.

Varieties, Contexts, Processes and Social Order (1988) mit den theoretischen Implikationen des Aushandlungsbegriffs auseinandersetzt, führt aus dem Bereich der (Wirtschafts-)Politik einige Beispiele an, die verdeutlichen sollen, in welchen Zusammenhängen Aushandlungen bzw. Aushandlungsprozesse dort üblicherweise eine Rolle spielen. Er nennt u.a. „business arrangements, labor relations, and international relations" sowie „labor bargaining, diplomatic negotiations, arms control negotiation, ‚conflict resolution,' and market bargaining".[123] Insgesamt betrachtet spielt das Aushandlungskonzept also vor allem im Zusammenhang mit (wirtschafts-)politischen und internationalen Beziehungen eine zentrale Rolle.[124]

Strauss geht außerdem davon aus, dass sich das Konzept der Aushandlung, welches er als „universal phenomenon"[125] verstanden wissen will, auch auf andere als die genannten Bereiche übertragen lässt. Seiner Meinung nach laufen beispielsweise bei der Entstehung gesellschaftlicher Strukturen und Ordnungen ganz ähnliche Prozesse ab wie in den oben aufgeführten Kontextbeispielen.[126] Für ihn stellt „die Aushandlung […] das entscheidende Prinzip […] beim Aufbau einer Gesellschaftsordnung" schlechthin dar.[127] Die Herausbildung einer *Geschlechter*ordnung als eine mögliche soziale Struktur wird dabei also mit eingeschlossen. Für Strauss gilt als gesetzt, dass erstens eine gesellschaftliche Ordnung – sei sie auch noch so repressiv – ohne irgendeine Form von Aushandlung gar nicht gebildet werden kann[128] und dass zweitens Aushandlungsprozesse für Konsensfindungen essentiell sind. Davon ausgehend formuliert er auf der allgemeinsten Ebene folgende Arbeitsdefinition für seinen Aushandlungsbegriff: „In this book [*Negotiations* (1988)], negotiation generally will stand for one of the possible means of ‚getting things accomplished' when parties need to deal with each other to get those things done."[129]

So (ver)einfach(t) diese Definition zunächst auch erscheinen mag, an ihr lassen sich die für Aushandlungsprozesse zentralen Merkmale, die zum Teil auch schon in der oben zitierten Definition des *OED* anklangen, herausarbeiten. Strauss' Verständnis von ‚Aushandlung' impliziert demnach, dass *mindestens*

123 Anselm Strauss, *Negotiations: Varieties, Contexts, Processes and Social Order* (San Francisco & London: Jossey-Bass Publishers, 1988), x. Siehe auch I. William Zartman, *Negotiation and Conflict Management. Essays on Theory and Practice* (London: Routledge, 2008), 9.

124 Siehe Zartman, *Negotiation and Conflict Management*, 2.

125 Strauss, *Negotiations*, x. Siehe auch Zartman, *Negotiation and Conflict Management*, 1.

126 Strauss, *Negotiations*, ixf.

127 Zimmermann, *Dialog, Dialogizität, Interdiskursivität*, 58.

128 Siehe Strauss, *Negotiations*, ix.

129 Strauss, *Negotiations*, 2.

zwei Parteien mit *gegensätzlichen* Haltungen oder Ansichten (im *OED*: ‚issue', ‚problem') in einen *gemeinsamen Dialog* (im *OED*: ‚discussion') treten, um auf dieser Basis auf einen *Konsens* bzw. eine Kompromisslösung hinzuarbeiten (im *OED*: ‚reaching an agreement'). Vor allem die Vorstellung des zielführenden Auf-etwas-Hinarbeitens impliziert die Prozesshaftigkeit des Aushandelns.[130] Für Strauss steht zudem fest: „[N]egotiation [...] always implies some *tension between parties*, else they would not be negotiating."[131] Ferner betont er, dass zunächst bestimmte Voraussetzungen erfüllt sein müssen, damit die Notwendigkeit einer Aushandlung, und damit auch die von Strauss erwähnte ‚Spannung', überhaupt erst entstehen und als solche wahrgenommen werden kann. Dazu zählt beispielsweise, dass bestimmte Ordnungsstrukturen bereits über einen längeren Zeitraum existieren und von den Parteien (mehr oder weniger stillschweigend) als konventionalisierte Normen[132] akzeptiert worden sein müssen. Erst ein sich veränderndes, erwachsendes Bewusstsein über die negativen Implikationen dieser Strukturen für den Einzelnen bzw. für bestimmte Gesellschaftsgruppen führt zu einer expliziten kritischen Hinterfragung der bislang geltenden Normen und verstärkt, wie Zartman es formuliert, die „demand for negotiation"[133] bei dem bzw. den Betroffenen. Durch Aushandlungsprozesse werden soziale Problem- und Konfliktlagen überhaupt explizit gemacht und damit für andere wahrnehmbar; sie schärfen dabei das Konfliktbewusstsein aller und bringen gleichzeitig die Unzufriedenheit der Benachteiligten und/

130 Dieser Aspekt findet bei Zartman stärkere Berücksichtigung: „Negotiation is the process of combining of divergent/conflicting positions through communication into a joint decision." (*Negotiation and Conflict Management*, 2). Zartman versteht Aushandlungsbemühungen gemeinhin also ebenfalls als *Prozess*; er spricht vom „negotiation process", der im Idealfall zu „satisfactory outcomes" führt, wobei er betont, dass die ausgehandelten Ergebnisse „mutually satisfactory" sein müssen, wenn die Ergebnisse für beide Parteien dauerhaft Bestand haben sollen (ebd. 2).

131 Strauss, *Negotiations*, 11f. Hervorhebung KT. Bei Zartman ist diesbezüglich, wie der Wortlaut in der voranstehenden Anmerkung zeigt, die Rede von „divergent/conflicting positions" (*Negotiation and Conflict Management*, 2).

132 ‚Norm' wird hier in Anlehnung an Mennell verstanden als „a standard of behavior to which people adhere to a greater or lesser extent." (Stephen Mennell, *Sociological Theory: Uses and Unities* (London: Nelson, 1974), 123). Normen, so Mennell, haben gesamtgesellschaftliche Gültigkeit, beziehen sich jedoch nicht immer auf alle Mitglieder einer Gesellschaft, sondern nur auf bestimmte Bevölkerungsgruppen, denen wiederum bestimmte gesellschaftliche Rollen und Rollenerwartungen zugeschrieben werden. Unter Bezugnahme auf Parsons (1961) schreibt Mennell: „Wherever there is ‚role differentiation', norms ‚define the rights and obligations applicable to one role but not another' ([Parsons] 1961: 42). Everyone may recognize and even accept the norms, but not everyone is bound by them because people occupy different roles." (*Sociological Theory*, 124).

133 Zartman, *Negotiation and Conflict Management*, 34.

oder Unterdrückten zum Ausdruck.[134] Häufig kommt es im Zuge dessen zur Koalitionsbildung derer, die die vorherrschenden Ordnungsprinzipien infrage stellen bzw. derer, die sie beibehalten wollen.

Trotz des o.g. Spannungsverhältnisses zwischen den Involvierten beinhaltet das Konzept der Aushandlung aber gleichzeitig auch „das Moment der auf eine Einigung bzw. einen Konsens hinstrebenden Kommunikation".[135] Konflikt und Konsens sind demzufolge gleichermaßen konstituierende Elemente in Aushandlungsprozessen. Besonders wichtig ist jedoch, dass in Anbetracht der Gegensätzlichkeit der Parteien die angestrebte Konsensfindung ohne Interaktion bzw. Dialog nicht erreicht werden kann, d.h. es bedarf des kommunikativen Miteinanders der Beteiligten, wobei ein gewisses Maß an Empathie, Diplomatie und genuiner Aushandlungs- und Problemlösungsbereitschaft auf beiden Seiten vorhanden sein muss, damit die Aushandlung überhaupt gelingen kann.[136] Aushandlungsprozesse sind somit immer auch kommunikative Prozesse,[137] die ohne Kooperations- und Annäherungsbemühungen des Einen in Bezug auf die Position des Anderen nicht zum Erfolg führen können. Hier eröffnen sich wichtige Schnittstellen für eine Anbindung des Aushandlungskonzeptes an die Analyse dramatischer Texte und die für sie „charakteristische Schachtelung der Kommunikationsebenen"[138], spielen doch hier Interaktion und Dialog sowohl auf der inneren als auch auf der äußeren Textebene eine tragende Rolle.

Der enge Aushandlungsbegriff: *Negotiation* im inneren Kommunikationssystem

Wie oben erwähnt, wird hier in Bezug auf das innere Kommunikationssystem von einem engen Aushandlungsbegriff ausgegangen, weil die Aushandlungsprozesse dort von den Figuren unmittelbar in Form verbaler und non-verbaler Kommunikation realisiert werden.[139] Eine der Grundannahmen ist dabei,

134 Siehe Zartman, *Negotiation and Conflict Management*, 34.

135 Zimmermann, *Dialog, Dialogizität, Interdiskursivität*, 58.

136 Vor diesem Hintergrund wurde oben in Abschnitt III.3.1 Pfisters Beschreibungsmodell für dialogische Kommunikationsformen im inneren Kommunikationssystem um die Form des ‚intentionsbezogenen Konsensdialogs' erweitert. Diese ‚Mischform' berücksichtigt Konflikt- und Konsensanteile gleichermaßen und sieht in der gemeinsamen Problemlöseabsicht und Klärungsbereitschaft der beteiligten Sprecher die Grundvoraussetzung für erfolgreiche Aushandlungsprozesse.

137 Siehe Zartman, *Negotiation and Conflict Management*, 2.

138 Zimmermann, *Dialog, Dialogizität, Interdiskursivität*, 59.

139 Dass sich die Aushandlungsprozesse im inneren Kommunikationssystem auch über die räumlichen Strukturen des Bühnensettings bzw. das im Nebentext beschriebene Bühnenbild vollziehen, soll an dieser Stelle zunächst unberücksichtigt bleiben. Auf die

dass sich im figuralen Sprechverhalten der Erfolg bzw. Misserfolg von Aushandlungen abzeichnet und ein genuines Bemühen der beteiligten Figuren um eine konstruktive Problemlösung bzw. dessen Fehlen anhand sprachlicher Strukturen und nicht-sprachlicher Signale erkennbar ist. Eine zweite Grundannahme besteht darin, dass neben linguistischen Aspekten der Figurenrede auch geschlechterdiskursive bzw. sozio-ideologische Färbungen des Gesagten über Richtung und Erfolg von Aushandlungsprozessen Auskunft geben. In den Figurenrepliken spiegelt sich wider, welche Geschlechterdiskurse bzw. ‚Diskursfäden' in die Art und Weise des Sprechens hineinfließen, d.h. es wird erkennbar, „welche Diskurse in dem einzelnen Text [bzw. durch die einzelne Figur] thematisiert werden"[140] und auf welche ‚Spezialdiskurse' die Figuren rekurrieren. Ferner wird deutlich, wie sich eine Figur einem bestimmten Diskurs gegenüber positioniert, d.h. ob sie diesen Diskurs affirmativ reproduziert, sozialkritisch hinterfragt oder sogar ablehnt. Werden die Haltungen anderer Figuren ebenfalls berücksichtigt, wird anhand der Dialoge sichtbar, wie und ob die Figuren bemüht sind, ihre mitunter gegensätzlichen Standpunkte zu verhandeln. Betrachtet man den einzelnen Text mit Baßler als eine „Diskursverarbeitungsmaschine", d.h. als ein „Gewebe aus Diskursfäden [...], die in ihn hineinführen und ihn konstituieren", so lassen sich die konkreten intratextuellen Aushandlungsprozesse anhand der figurensprachlich umgesetzten „Repräsentationsformen eines Diskurses" beschreiben.[141] Die von Baßler als ‚diskursive Verknotungen' im inneren Kommunikationssystem verstandenen Schnittstellen lassen sich demnach mit dem Begriff der ‚inner- oder intratextuellen Interdiskursivität' terminologisch fassen. Unter ‚Interdiskursivität' werden im Anschluss an Kammler, der sich auf die Arbeiten Jürgen Links beruft, „diejenigen diskursiven Elemente" verstanden, „die mehreren Diskursen gemeinsam sind".[142] Festzuhalten ist deshalb an dieser Stelle, dass

Analyse bzw. Untersuchungsparameter dieser raumstrukturellen Aushandlungsdimension wird in Kapitel III.5.3 unter Berücksichtigung *gender*-analytischer Aspekte gesondert eingegangen.

140 Winko, „Diskursanalyse, Diskursgeschichte", 472.

141 Baßler, „Einleitung: New Historicism", 14.

142 Kammler, „Historische Diskursanalyse", 47. Zum Begriff der Interdiskursivität siehe auch Zimmermann, *Dialog, Dialogizität, Interdiskursivität*, 59ff., Ute Gerhard et al., „Reintegrierender Interdiskurs", *Metzler Lexikon Literatur- und Kulturtheorie: Ansätze – Personen – Grundbegriffe*, hg. Ansgar Nünning (Stuttgart: Metzler, ^{4}2008), 324: insb. die Erläuterungen unter Ebene c), Kammler, „Historische Diskursanalyse", 47 sowie Link und Link-Heer, die „alle interferierenden, koppelnden, integrierenden usw. Quer-Beziehungen zwischen mehreren Spezialdiskursen ‚interdiskursiv' [...] nennen." („Diskurs/Interdiskurs und Literaturanalyse", 92).

Aushandlungsprozesse im inneren Kommunikationssystem sowohl über eine linguistische, also die Sprach*form* betreffende, als auch über eine diskursbezogene, also *inhalt*liche, Dimension realisiert werden. Eine Analyse von Aushandlungsprozessen muss dementsprechend beide Dimensionen berücksichtigen.

Darüber hinaus stellt sich die Frage, welche der zahlreichen Figurendialoge für eine solche Untersuchung überhaupt relevant sind. Ausgehandelt werden auf der inneren Kommunikationsebene der Dramen Geschlechterbeziehungen und -rollen, die (zunächst) nur für die zum Ensemble eines konkreten Stückes gehörenden Figuren gelten. In den hier ausgewählten Dramen sind diese Aushandlungsbemühungen zumeist auf den gesellschaftlichen Mikrokosmos der Familie beschränkt, d.h. konkret geht es um ganz bestimmte Beziehungsstrukturen zwischen den im Text dargestellten (zukünftigen) Ehepartnern, Familienmitgliedern und den mit ihnen in einer wie auch immer gearteten Verbindung stehenden Figuren (z.B. Freunde, Bekannte, Geschäftspartner etc.). Thematisch drehen sich die Dialoge etwa um weibliche/männliche Rollenbilder, um Rollenkonventionen und deren Missachtung, um Fragen der Gleichberechtigung innerhalb einer Paarbeziehung, um die Bedeutung der Ehe oder etwa um die (Un-)Vereinbarkeit von Beruf und Familie. Nicht alle dieser Dialoge erfüllen die Merkmale eines auf *negotiation* ausgerichteten Dialogs; manche sind ausgesprochene Streitgespräche, andere wiederum zeigen die miteinander interagierenden Figuren in völligem Einklang. Folgte man also der oben gegebenen Definition von Aushandlung uneingeschränkt, dann würde dies streng genommen für den textanalytischen Teil dieser Arbeit bedeuten, dass nur ‚intentionsbezogene Konsensdialoge' berücksichtigt werden dürften, weil die gemeinsame Absicht und Zielsetzung der Figuren, trotz inhaltlicher Differenzen einen Konsens zu finden, als konstituierendes Merkmal von ‚Aushandlungsdialogen' gilt. Anders formuliert: Reine Konfliktdialoge und Konsensdialoge (siehe Abb. 2 oben) dürften in die Analysen im Grunde nicht einfließen, weil ihnen entweder das Konsenselement (in Konfliktdialogen) oder das Konfliktelement (in Konsensdialogen) fehlt, oben allerdings hervorgehoben wurde, dass Aushandlungsprozesse beide Komponenten aufweisen müssen. Solch eine eng gesteckte Vorgehensweise würde hier allerdings zu kurz greifen, weil auch die übrigen Konflikt- und Konsensdialoge im inneren Kommunikationssystem im Hinblick auf die Wirkungs- und Aussageabsicht des gesamten Stückes eine bestimmte Funktion erfüllen und dementsprechend ‚ins Gewicht fallen'. Eine Untersuchung von komplexen Aushandlungsprozessen kann sich deshalb nicht auf nur eine Dialogform beschränken, wenn es ein komplexes Phänomen zu erklären versucht.

Die vorliegende Arbeit schließt deshalb in ihre Analyse *erstens* auch solche Dialoge ein, in denen zwischen den Figuren ein vollständiger Konsens im Pfister'schen Sinne besteht, d.h. die hier als ‚Konsensdialoge' bezeichneten Gespräche, in denen es scheinbar gar keinen Aushandlungsbedarf gibt, weil sich die Figuren in ihren Ansichten grundsätzlich ähnlich sind bzw. in allen Punkten übereinstimmen. Diese Dialoge sind gerade deshalb zu berücksichtigen, weil der Umstand, dass sich Figuren für die Durchsetzung der Sache im dramatischen Text für bzw. gegen etwas solidarisieren, gewissermaßen als argumentative ‚Entscheidungs- und Positionierungshilfe' in der Geschlechterfrage für das Publikum im äußeren Kommunikationssystem verstanden werden kann, d.h. diese Dialoge sind im Hinblick auf die ‚Außenwirkung' nicht zu unterschätzen. Will man die diskursive Durchdrungenheit von Text und Kontext, von innerer und äußerer Kommunikationsebene, herausarbeiten, so sind gerade auch diese ‚Konsensdialoge' ein wichtiger Teil des gesamten Aushandlungsprozesses.

Zweitens berücksichtigt diese Arbeit auch reine ‚Konfliktdialoge', d.h. Streitgespräche, in denen die Konfrontation zwischen den Figuren so verhärtet ist, dass eine konstruktive Aushandlung des Problems unmöglich wird und der Konflikt letztlich ungelöst bzw. weiterhin im Raum stehenbleibt. Wie gezeigt, wird diese Dialogform bei Pfister als ‚gestörte Kommunikation' bezeichnet. In den Analysen ist dementsprechend herauszuarbeiten, worin sich diese Störung auf der sprachlichen und inhaltlichen Dialogebene der Figuren zeigt. Auch diese Dialoge sind für die Darstellung des Gesamtphänomens ‚*negotiation*' funktional betrachtet bedeutsam, weil von ihnen beispielsweise eine appellative Wirkung ausgehen kann, die dann wiederum für Aushandlungsprozesse im äußeren Kommunikationssystem relevant wäre.

Und *drittens* wird im Kontext von Aushandlungsprozessen eine Dialogform berücksichtigt, auf die bisher noch nicht eingegangen worden ist, weil sie mit den für Aushandlungsgespräche typischen Merkmalen nicht kompatibel ist. Dieser Dialogform fehlt nämlich das Diplomatische in der Konfliktlösung. Es werden konkret also auch solche Dialoge untersucht, in denen zwar das Problem allem Anschein nach gelöst ist, aber nur, weil sich die dominantere Figur durchzusetzen vermag. D.h. auf der Dialogoberfläche wird nur ein scheinbar ‚echter' Konsens erzielt. Beim genaueren Hinschauen unter die Oberfläche erweist sich dieser Konsens als ein durch Machtausübung erzwungenes Diktat. Der Konflikt schwelt tatsächlich aber unter der Oberfläche weiter. In diesen ‚unechten Konsensdialogen' geht es primär also um die Durchsetzung von Machtinteressen. Es wird gewissermaßen nur eine Scheinlösung des Problems herbeigeführt, ohne das zwischen den Figuren ein wirklicher Konsens bestünde. Auch diese Dialogform hat mit Blick auf den gesamten Aushandlungsprozess eine gewisse Wirkkraft nach außen und darf im Rahmen der Textanalysen nicht vernachlässigt werden.

Die in diesem Abschnitt beschriebenen Kommunikationsstrukturen konstituieren in der Gesamtheit betrachtet den Aushandlungsprozess im inneren Kommunikationssystem eines dramatischen Werkes. Das Zusammenwirken aller kann schematisch dargestellt werden, wenn die innere Textebene als Rechteck gedacht wird, innerhalb dessen auf unterschiedliche Weise und mit unterschiedlichen Ergebnissen geschlechterbezogene Themen verhandelt werden (Abb. 3):

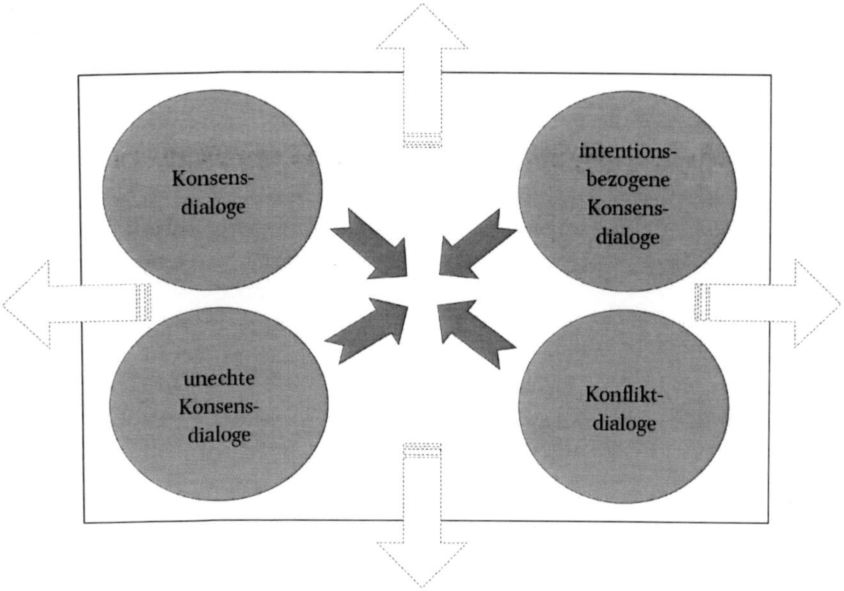

Abb. 3 Aushandlungsstrukturen im inneren Kommunikationssystem.

Der weite Aushandlungsbegriff: *Negotiation* im äußeren Kommunikationssystem

Im Kontext diskursanalytischer und neuhistoristischer Ansätze wird davon ausgegangen, dass Aushandlungsprozesse bzw. *negotiations* nicht nur auf der inneren Textebene stattfinden, sondern auch die Textgrenze durchdringen und in das äußere Kommunikationssystem hinausfließen, um dort an die im Inneren verhandelten gesellschaftlichen Diskurse ‚anzudocken', sie fortzuführen oder weitere (Spezial-)Diskurse zu initiieren. Unmittelbar ist vom Durchdringen der Diskurse im Kontext des Theaters und Dramas zunächst das Theaterpublikum betroffen, das sich – anders als der Leser eines Romans – nicht zurückziehen kann aus der, wie Greenblatt sagt, „public world of affairs to the privacy of the hearth“[143]. Je nach Wirkkraft und gesellschaftlicher Brisanz des verhandelten Diskursgegenstandes können die *negotiations* aber auch über das Publikum hinaus den gesamten Bereich der Öffentlichkeit erreichen und somit gesamtgesellschaftlich bedeutsam werden. Die Aushandlung der Geschlechterproblematik in der *Progressive Era* ist zweifelsohne ein Beispiel dafür.

Im Gegensatz zu den intratextuellen, figurenbezogenen *negotiations* erweisen sich die Aushandlungen im äußeren Kommunikationssystem aber als abstraktere, weniger präzise und v.a. nicht vollständig zu erfassende Prozesse. Sie werden verstanden als Austausch- und Zirkulationsbewegungen (*exchanges* und *circulations*) ‚sozialer Energien', mit denen die Texte aufgeladen sind – ein Phänomen, das Stephen Greenblatt bekanntlich als ‚kulturelle Tauschhandlungen' (*cultural transactions*) bezeichnet.[144] Wenn Baßler, wie oben ausgeführt, im Zusammenhang mit dem inneren Kommunikationssystem von ‚hineinführenden Diskursfäden' spricht, so gilt dies in entsprechend umgekehrter Richtung auch für das äußere Kommunikationssystem: Die Diskursfäden laufen – und darin besteht allerdings der Unterschied – in nicht sprachlich fixierter und damit auch nicht konkret fassbarer Form auch wieder „aus dem Text hinaus“ und sind „außerhalb des Textes vielfältig verwoben“[145]. Diese Vernetzung von Diskursen auf der äußeren Textebene kann dementsprechend als ‚außertextuelle Interdiskursivität' bezeichnet werden. In diesem außertextuellen Bereich werden die miteinander verbundenen Diskursfäden allerdings nur dann *explizit* sichtbar, wenn in anderen literarischen und nichtliterarischen Texten ein Bezug zu den im dramatischen Werk verhandelten Diskursen hergestellt wird, sprich eine sprachliche Fixierung außerhalb des Stückes erfolgt. Dies geschieht beispielsweise durch einen Autorenkommentar zu (s)einem dramatischen Text, durch Theaterkritiker in Rezensionen oder etwa durch intertextuelle, über die Figuren hergestellte Bezüge zwischen den Dramen verschiedener zeitgenössischer Autoren.[146] Dann entsteht das, was im

143 Greenblatt, *Shakespearean Negotiations*, 5.

144 Siehe hierzu auch Kapitel III.2 dieser Arbeit, an das hier angeknüpft wird. Siehe außerdem z.B. Auberlen, „New Historicism“, 93, Fluck, „Die ‚Amerikanisierung' der Geschichte“, 243 und Hebel, *Einführung in die Amerikanistik / American Studies*, 410f.

145 Baßler, „Einleitung: New Historicism“, 16.

146 Im Kontext des Untersuchungszeitraums kann als Beispiel für einen über Dramenfiguren explizit hergestellten intertextuellen bzw. interdiskursiven Bezug zwischen zwei Stücken Rachel Crothers' *A Man's World* (1910) und Augustus Thomas' *As a Man Thinks* (1911) genannt werden. Während Crothers in ihrem Stück den *double standard* kritisiert und ihre weibliche Hauptgestalt als emanzipierte Frau inszeniert, die sich für ihre feministischen Ideale einsetzt, stellt Thomas' Stück quasi eine direkte konservative Antwort auf Crothers' Drama dar. Als figurale Verkörperung des patriarchalischen

Sinne der neuhistoristischen Literatur- und Geschichtsbetrachtung an anderer Stelle bereits als ‚Vernetzung von Texten' beschrieben wurde, die es mit dem Ziel eines umfassenden Kulturverständnisses über eine bestimmte Epoche aufzuspüren gilt.

Zu fragen ist dann, welche Rolle der jeweilige Text in diesem Netzwerk von Texten spielt, wie er sich im öffentlich-gesellschaftlichen Bereich zum herrschenden (Geschlechter-)Diskurs positioniert und an den *negotiations* partizipiert bzw. diese selbst mit formt. Dabei sind wiederum institutionelle Restriktionen, konventionalisierte kulturelle Praktiken, der historische Kontext des Werkes sowie das dynamische Beziehungsgefüge zwischen Autor – Text – Publikum zu berücksichtigen,[147] denn nur so kann im Anschluss an Charles Bressler die kulturelle Bedeutung eines Textes im neuhistoristischen Sinne überhaupt ‚gehoben' werden:

> [A]ny interpretation of a text would be incomplete if we do not consider the text's relationship to the discourses that helped fashion it and to which the text is a response. From this point of view, a text becomes a battleground of competing ideas among the author, society, customs, institutions, and social practices that are all eventually negotiated by the author and the reader and influenced by each contributor's episteme. By allowing history a prominent place in the interpretive process and by examining the various convoluted webs that interconnect the discourses found within a text and in its historical setting, we can successfully negotiate a text's meaning.[148]

Geschlechterdiskurses insistiert Thomas' männliche Hauptgestalt, Frank Clayton, auf die Gültigkeit des *double standard* und verurteilt das vermeintlich unmoralische Fehlverhalten seiner Frau Elinor (eine Affäre, die sie im Gegensatz zu ihm allerdings nicht begangen hat) aufs Schärfste. Da Elinor erkennen muss, dass sie gegen die Wirkmächtigkeit des herrschenden Diskurses, demgemäß das Verhalten einer Frau anders (und zwar deutlich negativer) bewertet wird, als das eines Mannes, nicht ankommen kann, ordnet sie sich schließlich unter. Eine weitere im Stück auftretende Frauenfigur, Mrs. Seelig, kommentiert dies an einer Stelle mit den Worten: „It's unbearable the privileges these men claim—and the double standard of morality they set up. [...] All of them. And that woman dramatist [Rachel Crothers] with her play [*A Man's World*] was right. It is ‚a man's world.'" (Augustus Thomas, *As a Man Thinks*, in: *American Plays of the New Woman*, ed. Keith Newlin (Chicago, IL: Ivan R. Dee, 2000), 140-206: 183).

147 Die Ausführungen in den Kapitelabschnitten II.1 (zum „Untersuchungszeitraum"), II.2 (zum „Untersuchungsgegenstand") und III.2 (zum Verhältnis von „Text und Kontext") sollen diesen Aspekten in besonderem Maße Rechnung tragen.

148 Charles E. Bressler, *Literary Criticism. An Introduction to Theory and Practice* (Boston, MA: Longman, ^{5}2011), 191.

Wo diese „Querverbindungen und Überschneidungen"[149], diese *convoluted webs* im Außen, nicht explizit hergestellt werden, weil beispielsweise ein Stück ignoriert oder durch entsprechende Macht- und Kontrollmechanismen der Theaterindustrie vom öffentlichen Diskurs ausgeschlossen wird, ist nach den jeweiligen Gründen zu fragen. Aspekte der Produktions- und Rezeptionsgeschichte eines Stückes können hierfür aufschlussreich sein.

Dass das Aushandlungskonzept sowohl mit dem Diskurs- als auch mit dem Machtbegriff untrennbar verbunden ist, wird hier noch einmal in besonderer Weise augenscheinlich. Für Foucault gilt bekanntlich als gesetzt, dass „in jeder Gesellschaft die Produktion des Diskurses zugleich kontrolliert, selektiert, organisiert und kanalisiert wird".[150] Und Kaes zeigt zudem auf, in welcher Beziehung die genannten zentralen Begriffe schließlich auch zum neuhistoristischen Ansatz stehen:

> Wie Foucault interessiert sich der New Historicism für die Mechanismen von Macht, Autorität und Unterdrückung in der Geschichtsschreibung – Mechanismen, die ins Spiel kommen, noch bevor die Kommunikation zwischen Autor, Werk und Leser stattfindet –, denn die Macht entscheidet, ob ein Text überhaupt an die Öffentlichkeit gelangen kann oder nicht. Wer spricht, hat die Macht zu sprechen.[151]

Die wie auch immer geartete Isolierung eines Textes ist demnach ein Hinweis auf jene Machtmechanismen, die zugange sind, um den herrschenden Diskurs zu stärken. Da der ausgegrenzte Text, selbst wenn er nicht zur Aufführung gebracht werden kann, aber nun einmal existiert und gleichsam mit sozialen Energien aufgeladen ist wie andere Texte auch, ist er Teil des kulturellen Ganzen und damit Teil gesellschaftlicher Aushandlungsprozesse. Analog zu Paul Watzlawicks berühmten Axiom des ‚Nicht Nicht-Kommunizieren-Könnens' gilt hier, dass auch isolierte, vom Diskurs ausgeschlossene und scheinbar ‚unsichtbare' Texte als solche trotzdem bestehen, wirken und demzufolge berücksichtigt werden müssen. Diesem Anspruch wird hier im Zuge der Diskussion von Wentworths *The Flower Shop* versucht Rechnung zu tragen. Das Stück liegt, wie später noch ausführlicher darzustellen sein wird, als gedruckter Text vor, wurde für das Unterhaltungstheater verfasst, kam dort aber nie zur Aufführung. An der theateröffentlichen Aushandlung der Geschlechterthematik partizipierte Wentworths Stück demnach nicht direkt. Seine vom Theater

149 Zimmermann, *Dialog, Dialogizität, Interdiskursivität*, 59.

150 Foucault, *Die Ordnung des Diskurses*, 10.

151 Kaes, „New Historicism", 255. Zum Zusammenhang zwischen Foucaults diskurstheoretischen Überlegungen, seiner Auffassung von Machtstrukturen und deren Relevanz für den neuhistoristischen Ansatz siehe auch Volkmann, „Reconstructing a Useable Past", 332.

isolierte Existenz als gedruckter Text macht das Stück jedoch keineswegs ,unsichtbar'. Gerade die Art und Weise, wie die Dramatikerin die Geschlechterfrage in ihrem Lesedrama verhandelt, ist für den Gesamtkontext durchaus von besonderer Bedeutung.

Die Tatsache, dass das Konzept der Aushandlung immer auch etwas mit der Durchsetzung von Machtinteressen und der Etablierung bestimmter Machtstrukturen zu tun hat, macht den neuhistoristischen und diskursanalytischen Ansatz, wie er in den voranstehenden Kapitelabschnitten konturiert wurde, für eine *gender*-orientierte *Literatur*betrachtung anschlussfähig. Nun bedeutet dies nicht, dass der einzelne dramatische Text eine nachhaltige Veränderung gesellschaftlicher Ordnungsstrukturen wie z.B. der Geschlechterbeziehungen bewirken könnte; aber seine Partizipation am öffentlichen Aushandlungsprozess bestärkt oder unterläuft die zu einem bestimmten Zeitpunkt bestehende Geschlechterordnung, insbesondere dann, wenn verschiedene Texte identische oder ähnliche sozio-ideologische Positionen kommunizieren und aufgrund der gemeinsamen interdiskursiven Schnittmengen gewissermaßen ein ,Textkollektiv' im äußeren Kommunikationssystem bilden, das sich von anderen Texten abgrenzt.[152] Gerade Drama und Theater als gesellschaftliche Institutionen können dadurch eine bewusstseinssteigernde Wirkung in der Gesellschaft erzielen.[153] Sie sind „Teil des größeren diskursiven Kräftefeldes einer Kultur [...], von dem sie beeinflusst [werden], auf das sie aber auch ihrerseits aktiv Einfluß [nehmen]".[154]

Was Aushandlungsprozesse im äußeren Kommunikationssystem neben der oben angesprochenen ,Materialfülle' außerdem von denen im Inneren unterscheidet, sind ihre jeweilige Dauer, Intensität und Ergebnisse. Diese hängen letztlich vom Konfliktpotential des Aushandlungsgegenstandes und der Bereitschaft der Beteiligten zur Konsensfindung ab. Im Folgenden werden die drei genannten Kriterien im Kontext der Geschlechterproblematik in der *Progressive Era* kurz beleuchtet, um zu verdeutlichen, wodurch sich die Untersuchung von Aushandlungsprozessen auf der äußeren Textebene verkompliziert.

Anders als im inneren Kommunikationssystem eines kommerziellen Stückes, wo die figuralen *negotiations* im eng abgesteckten Darstellungsrahmen eines *well-made play* zu einem bestimmten Aushandlungsergebnis führen und deshalb auch oft direkt ablesbare Folgen für die Figuren haben,

---

152 Die Herausbildung von ,Textkollektiven' im äußeren Kommunikationssystem ist etwa vergleichbar mit der Solidarisierung von Figuren mit ähnlichen Einstellungen zur Geschlechterthematik im inneren Kommunikationssystem.

153 Greenblatt betrachtet insbesondere „das Theatralische als privilegierten Ort sozialer Transaktion" (Fluck, „Die ,Amerikanisierung' der Geschichte", 243).

154 Zapf, *Kurze Geschichte der anglo-amerikanischen Literaturtheorie*, 231.

gestaltet sich die Ergebnis- bzw. Konsensfindung außerhalb des Textes in der Regel komplexer. Sie ist zudem auch nicht durch eine zeitliche Struktur oder einen äußeren Rahmen begrenzt. Dass es sich bei der Aushandlung der Geschlechterfrage im amerikanischen Kontext um einen äußerst langwierigen Prozess handelt, verdeutlicht der lange Zeitraum der *Progressive Era* mit seiner Vielzahl von (dramatischen) Werken und Texten, die diese Problematik immer wieder aus verschiedenen Sichtweisen heraus thematisieren.[155] Sie sind nicht nur Ausdruck des anhaltenden Ringens der Gesellschaft um eine Antwort auf die Geschlechterfrage, sondern auch der im Kontext figurenkonzeptioneller Aspekte bereits genannten ‚Pendelbewegungen'. Sowohl das Hin- und Herpendeln als auch das konsequente Insistieren auf einem bestimmten sozioideologischen Standpunkt erschwert den Aushandlungsprozess nicht nur, sondern zieht ihn auch in die Länge. Die damit verbundene Intensität, mit der die Geschlechterproblematik im Untersuchungszeitraum verhandelt wird, erwächst wiederum aus dem Bewusstsein der Beteiligten über die möglichen Konsequenzen unerwünschter Aushandlungsergebnisse für die jeweilige Gruppe. Sofern kein ‚echter Konsens' erzielt wird, würden nämlich gesellschaftliche Ordnungsstrukturen geschaffen, die durch den Herrschaftsanspruch des Einen dem Anderen aufgezwungen werden würden. Der ursprüngliche Konflikt wäre damit freilich nicht gelöst, trotzdem läge aber ein aufoktroyiertes Ergebnis vor. Dass dies nicht die Grundlage einer funktionierenden Gesellschaft bilden kann, suggerieren wiederum die dramatischen Werke ‚von innen heraus', die – wie oben verdeutlicht – eine Vielzahl an Kommunikationsvarianten aufzeigen, von denen jedoch nur eine bestimmte Form (nämlich die hier als ‚intentionsbezogen' bezeichnete) für eine ausgewogene Konsensfindung im Äußeren geeignet ist. Was Stephen Mennell nachfolgend in Bezug auf die Aushandlung gesellschaftlicher Ordnungsstrukturen sagt, verdeutlicht einmal mehr den besonderen Stellenwert des Dramas und Theaters, weil dort

155 In Anbetracht der Hartnäckigkeit und Ausdauer, mit der sich im amerikanischen Kontext der herrschende Geschlechterdiskurs über viele Jahrzehnte hinweg zu behaupten und sozialkritische Gegendiskurse einzudämmen vermochte, lässt dies mit Blick auf die Aushandlung der Geschlechterbeziehungen erkennen, dass dieser Prozess weder ‚von kurzer Dauer' war noch, dass es sich dabei um eine ‚bedeutungslose Kleinigkeit' handelte. Er ist im Übrigen auch nicht mit dem Ende der *Progressive Era* abgeschlossen. Hier wird Bezug genommen auf Strauss, der in seinen Erläuterungen zum Aushandlungsbegriff auf Folgendes hinweist: „they [i.e. *negotiations*] […] may be of the *briefest duration* or take place over *long periods of time*, and, of course, they may be ‚over' the *merest trifles* or the *most momentous of issues*." (*Negotiations*, 25, Hervorhebungen KT). Zartman erklärt zudem, dass Aushandlungsprozesse im amerikanischen Kontext historisch betrachtet eine auffällig große Rolle spielten, sodass die amerikanische Gesellschaft als eine „negotiating society" bezeichnet werden könne (*Negotiation and Conflict Management*, 34).

die von Mennell genannten drei Optionen im wörtlichen Sinne, und verbunden mit einer appellativen Funktion, dem Publikum im Kleinen bzw. der Gesellschaft im Großen exemplarisch ‚vorgespielt' werden:

> How […] is a degree of harmony in society achieved? […] Social order is the result of some people being able to coerce others into obedience; or it rests on general agreement among the members of society; or it stems from their striking bargains with each other which are to everyone's individual advantage as well as the collective advantage. […] [S]ocial harmony is very often not achieved, and […] social order and disorder are very much relative terms.[156]

Interessant an Mennells Sichtweise ist die Annahme, dass die Stabilität sozialer Ordnungen vom Ausprägungsgrad gesellschaftlicher Harmonie, d.h. von der Zufriedenheit der Gesellschaft abhängt. Bezeichnend ist auch, dass diese ‚*social harmony*' nur über ein allgemeines Übereinkommen (‚*general agreement*') und Aushandeln (‚*bargains*') in der Gesellschaft erzielt werden kann, nicht aber über einen ‚Zwang zu Gehorsam', über Machtausübung also. Das Zitat impliziert ferner, dass das wachsende Problembewusstsein einer sich als unterdrückt oder ausgegrenzt wahrnehmenden Gruppe die bestehenden Strukturen kollektiv destabilisieren und einen Aushandlungsprozess initiieren kann, wenn die ‚soziale Harmonie' nicht mehr als solche empfunden wird. Hier eröffnen sich deutliche Anknüpfungspunkte an die von Anselm Strauss definierten gesellschaftlichen Rahmenbedingungen, aus denen die Erkenntnis über die Notwendigkeit gesellschaftlicher Aushandlungen überhaupt erst erwachsen kann: Es bedarf zunächst einer Sensibilisierung und Bewusstmachung, um bislang geltende Normen- und Wertesysteme kritisch hinterfragen bzw. verändern zu können. Werden im textinternen Mikrokosmos der Bühnenfiguren individuell bedeutsame Probleme im Kleinen verhandelt (z.B. die Ausübung eines Berufes einer bestimmten Frauenfigur, die konkreten Folgen für das partnerschaftliche Zusammenleben, die häusliche Gewalt, die eine bestimmte Figur erfährt usw.), für die es ebenso individuell-konkrete Hintergründe und Auslöser gibt, finden diese Problemfelder in den ‚großen Themen' der Gesellschaft ihre Entsprechung (z.B. in den biologischen, medizinischen, religiösen, politischen usw. Diskursen der Zeit). Entsprechend größer ist auch der soziokulturelle Kontext, den es zu berücksichtigen gibt, wenn der Frage nachgegangen wird, wo historisch betrachtet die Wurzeln dieses gesellschaftlichen Aushandlungsprozesses im Textäußeren zu suchen sind. Für die kommerziellen Dramen der

156 Mennell, *Sociological Theory*, 116f.

Progressive Era, die sich mit der Geschlechterproblematik auseinandersetzen, reichen diese mindestens bis Mitte des 19. Jahrhunderts zurück.[157]

Festzuhalten bleibt somit, dass hinsichtlich einer Untersuchung von Aushandlungsprozessen im äußeren Kommunikationssystem von der Prämisse auszugehen ist, „dass sowohl individuellen Bewusstseinsvorgängen wie auch überindividuellen, sinnlich wahrnehmbaren Phänomen [*sic*] der Welt ontologisch vorgängige Strukturen zugrundeliegen, welche die Oberflächenphänomene steuern und/oder die zwischen scheinbar disparaten Erscheinungen Kontinuität bzw. ‚Sinn' stiften"[158]. Zu berücksichtigen ist demzufolge die Tiefenstruktur der dramatischen Texte mit den ihnen – die Geschlechterthematik betreffenden – ‚vorgängigen Strukturen', Diskursen und Steuerungsmechanismen.

III.4 Geschlechterfrage und Diskurs

Wenn hinsichtlich der hier besprochenen Konzepte und theoretischen Prämissen bisher insbesondere der Kontext-, Diskurs- und Aushandlungsbegriff im Vordergrund standen, soll nun auf die Kategorie ‚Geschlecht' sowie auf die für den Untersuchungszeitraum relevanten Geschlechterdiskurse und -konzeptionen detaillierter eingegangen werden. Um die ‚Komponenten' des hier zugrundeliegenden interdisziplinären Untersuchungsansatzes zu komplettieren, muss daran anschließend die Kategorie ‚Geschlecht' mit Parametern der *gender*-orientierten Literaturwissenschaft sowie ausgewählten Kriterien der Dramenanalyse zusammengeführt und ein entsprechendes Analyseinstrumentarium entwickelt werden.

---

157 Rekurriert wird hier auf die sog. *Seneca Falls Convention* von 1848, auf die bereits im Kontextualisierungsabschnitt II.1 ausführlicher eingegangen wurde. Sie gilt für den amerikanischen Kontext als bewusstseinsschärfendes Moment für die gesellschaftliche Benachteiligung der Frau und sorgte für eine Sensibilisierung für ‚soziale Disharmonien'. In ihr finden die geschlechterbezogenen Aushandlungsprozesse ihren Ursprung. Wahrnehmbar werden sie später vor allem wieder zur Zeit des Amerikanischen Bürgerkriegs (1861-1865), bei dem Frauen, auch die der *white middle class*, plötzlich Aufgaben übernehmen konnten, die im Lichte tradierter Rollenvorstellungen eigentlich als „unwomanly" und „unladylike" galten (siehe Collins, *America's Women*, 202). Zum veränderten Frauenbild der Bürgerkriegszeit siehe z.B. auch Linda Grant DePauw, „Roles of Women in the American Revolution and the Civil War", *Social Education* 58.2 (1994), 77-79.

158 Annegreth Horatschek, „Tiefenstruktur", *Metzler Lexikon Literatur- und Kulturtheorie: Ansätze – Personen – Grundbegriffe*, hg. Ansgar Nünning (Stuttgart: Metzler, ⁴2008), 718-719: 718f.

III.4.1 *Der gender-Begriff*

Ähnlich wie der Diskursbegriff findet auch der *gender*-Begriff zunächst in einem anderen Wissenschaftsbereich, der Linguistik nämlich, Verwendung. Erst später wird er von anderen Disziplinen wie den Sozial-, Politik-, Geschichts-, Kultur- und Literaturwissenschaften aufgegriffen und für den jeweils eigenen Untersuchungsbereich nutzbar gemacht.[159] In seiner sprachwissenschaftlichen Ursprungsbedeutung wird *gender* bekanntermaßen als „lexikalisch-grammatische Kategorie"[160] verstanden, mittels derer beispielsweise bei Nomen zwischen den grammatikalischen Geschlechtern Maskulinum, Femininum und Neutrum unterschieden wird.[161] Nach Feldmann und Schülting war es „der Psychologe R. Stoller", der Ende der 1960er Jahre anregt, „den Begriff *g[ender]* aus der Grammatik zu entlehnen, um mit ihm soziokulturelle Funktionen von Männlichkeit und Weiblichkeit zu bezeichnen [...]."[162] Innerhalb der feministischen Theoriebildung etabliert sich der *gender*-Begriff in den 1970er Jahren und wird dort seitdem zur Unterscheidung zwischen biologischen Geschlecht (*sex*) und gesellschaftlich konstruiertem Geschlecht (*gender*) gebraucht.[163] Konkret bezeichnet *gender*

---

159 Wie groß das Spektrum jener Wissenschaftsdisziplinen inzwischen ist, die sich des *gender*-Konzeptes bedienen, verrät ein Blick in den von Inge Stephan und Christina von Braun herausgegebenen Band *Gender Studien – Eine Einführung* (Stuttgart: J.B. Metzler, 2000a).

160 Martina Mittag, „Gender Studien in den Kulturwissenschaften", *Kulturwissenschaft interdisziplinär*, hg. Klaus Stierstorfer und Laurenz Volkmann (Tübingen: Narr, 2005), 211-224: 212. Siehe auch Inge Stephan und Christina von Braun, „Einleitung", *Gender Studien – Eine Einführung*, hg. Inge Stephan und Christina von Braun (Stuttgart: J.B. Metzler, 2000b), 9-15: 9 sowie Stephan, „‚Gender'. Eine nützliche Kategorie", 27f.

161 Siehe Renate Hof, „Die Entwicklung der *Gender Studies*", *Genus – Zur Geschlechterdifferenz in den Kulturwissenschaften*, hg. Hadumod Bußmann und Renate Hof (Stuttgart: Kröner, 1995b), 2-33: 13. Elaine Showalter weist in diesem Zusammenhang auf den interessanten Umstand hin, dass in allen Sprachen, d.h. nicht nur in denen, die unterschiedliche Genera aufweisen, das Maskulinum i.d.R. die linguistische Norm darstellt. Mit Bezug auf die englische Sprache konstatiert sie: „Even in English, a language in which only nouns referring to human beings and animals are formally gendered (in contrast to languages such as French or German in which all nouns, including inanimate objects, places, and concepts have gender as well), the masculine form is generic, universal, or unmarked, while the feminine form is marked by a suffix or some other variant." („Introduction: The Rise of Gender", *Speaking of Gender*, ed. Elaine Showalter (New York, NY: Routledge, 1989), 1-13: 1).

162 Feldmann und Schülting, „Gender", 244.

163 Die so verstandene Bedeutung von *gender* geht auf Gayle Rubins einflussreichen Aufsatz, „The Traffic in Women", *Toward an Anthropology of Women*, ed. Rayna Rapp Reiter (New York, NY: Monthly Review Press, 1975), 157-210, zurück. Siehe hierzu z.B. auch Hof, „Die Entwicklung der *Gender Studies*", 11ff., Melosh, „Introduction", 1, Mittag, „Gender Studien",

im Anschluss an Feldmann und Schülting eine soziokulturelle Kategorie, die „nicht kausal mit dem biologischen Geschlecht verknüpft ist, sondern als eine kulturelle Interpretation des Körpers zu verstehen ist, die dem Individuum über eine Geschlechtsidentität und Geschlechterrolle einen spezifischen Ort innerhalb der gesellschaftlichen Ordnung zuweist".[164]

Die Einführung des *sex/gender*-Systems war notwendig geworden, weil die Untersuchungen der frühen feministischen Forschung zu der Erkenntnis geführt hatten, dass sich die Geschlechterdifferenz, also „das hierarchische Verhältnis zwischen Männern und Frauen, wie es in verschiedenen Aspekten einer Gesellschaft zum Tragen kommt",[165] und damit auch die gesellschaftliche Marginalisierung der Frau als soziokulturelle Konstrukte innerhalb eines von Männern bestimmten Diskurses erwiesen hatten.[166] Es konnte gezeigt werden, dass das Postulat der Geschlechterdifferenz einschließlich ihrer binären Zuschreibung von „geschlechtsspezifischen Eigenschaften – männlich aktiv versus weiblich passiv, rational versus emotional, produktiv versus reproduktiv usw."[167] insbesondere „im gesellschaftlichen und politischen Bereich"[168] funktionalisiert wurde, wobei diese diskursiv konstruierten Zuweisungen als „Verteilung von Gaben zugunsten des Mannes"[169] entlarvt werden konnten. Zudem wurde deutlich, dass „die Geschlechteropposition [als scheinbar ‚natürliche' Kategorie] bevorzugt eingesetzt [wurde], um gesellschaftliche Hierarchisierungen und Differenzierungen zu legitimieren,

213, Nünning, V., „*Gender* in der Literaturwissenschaft", 133, Joan W. Scott, „Gender: Eine nützliche Kategorie der historischen Analyse", *Texte zur Literaturtheorie der Gegenwart*, hg. Dorothee Kimmich (Stuttgart: Reclam, 2000), 416-440: 417, Showalter, „Introduction: The Rise of Gender", 1f., Inge Stephan, „Gender, Geschlecht und Theorie", *Gender Studien – Eine Einführung*, hg. Inge Stephan und Christina von Braun (Stuttgart: J.B. Metzler, 2000), 58-96: 58 sowie Stephan und von Braun, „Einleitung", 9f.

164 Feldmann und Schülting, „Gender", 244.

165 Doris Feldmann und Sabine Schülting, „Geschlechterdifferenz", *Metzler Lexikon Literatur- und Kulturtheorie: Ansätze – Personen – Grundbegriffe*, hg. Ansgar Nünning (Stuttgart: Metzler, ⁴2008d), 253.

166 Siehe Doris Feldmann und Sabine Schülting, „Gender Studies", *Metzler Lexikon Literatur- und Kulturtheorie: Ansätze – Personen – Grundbegriffe*, hg. Ansgar Nünning (Stuttgart: Metzler, ⁴2008c), 245-247: 247.

167 Natascha Würzbach, „Einführung in die Theorie und Praxis der feministisch orientierten Literaturwissenschaft", *Literaturwissenschaftliche Theorien, Modelle und Methoden. Eine Einführung*, hg. Ansgar Nünning (Trier: WVT, ⁴2004a), 137-152: 140. Siehe auch Feldmann und Schülting, „Geschlechterdifferenz", 253 sowie Christina von Braun, „Warum ‚Gender Studies'?", *Zeitschrift für Germanistik N.F.* 9 (1999), 9-22: 11.

168 Zimmermann, *Dialog, Dialogizität, Interdiskursivität*, 83.

169 Würzbach, „Einführung in die Theorie und Praxis", 140.

deren Konstruktcharakter auf diese Weise verdeckt [blieb]".[170] Dass die Kategorie *gender* Möglichkeiten eröffnet, die Wirksamkeit herrschender Diskurse im Hinblick auf geschlechterbezogene Machtverhältnisse zu beleuchten und damit Anknüpfungspunkte für den oben skizzierten diskursanalytischen Ansatz bietet, wird damit augenscheinlich.[171]

Nicht zuletzt durch die feministische Literaturkritik, die „[...] sich im engl[ischen] Sprachraum vor dem Hintergrund der politisch orientierten Frauenbewegung seit dem Ende der 1960er Jahre [entwickelt]"[172] hatte und bereits Mitte der 1970er Jahre als „eigenständiger Zweig der Literaturwissenschaft"[173] fest etabliert war, konnte durch die Untersuchung literarischer und vornehmlich von männlichen Autoren verfasster Texte gezeigt werden, dass beispielsweise die Weiblichkeitsdarstellung auf verschiedenen Wesensmerkmalen (z.B. Sanftmut, Passivität, Schwäche, Irrationalität, Emotionalität und vor allem Naturhaftigkeit etc.) beruhte,[174] die mit dem weiblichen Geschlecht assoziiert wurden. Die Gleichsetzung von Weiblichkeit mit Natur (bzw. Männlichkeit mit Geist/Kultur) ging mit einer impliziten Abwertung der Frau einher, die wiederum in ihrer gesellschaftlich untergeordneten Position zum Ausdruck kam.[175] Durch die diskursive Reproduktion von „fast immer gleichen

---

170 Zimmermann, *Dialog, Dialogizität, Interdiskursivität*, 83.

171 Siehe hierzu auch Erhart und Herrmann, „Feministische Zugänge", 502, Doris Feldmann und Sabine Schülting, „Geschlechtsidentität und Geschlechterrolle", *Metzler Lexikon Literatur- und Kulturtheorie: Ansätze – Personen – Grundbegriffe*, hg. Ansgar Nünning (Stuttgart: Metzler, ^{4}2008e), 254, Elisabeth Kuppler, „Weiblichkeitsmythen zwischen *gender, race* und *class: True Womanhood* im Spiegel der Geschichtsschreibung", *Genus – Zur Geschlechterdifferenz in den Kulturwissenschaften*, hg. Hadumod Bußmann und Renate Hof (Stuttgart: Kröner, 1995), 262-291: 279 und Scott, „Gender: Eine nützliche Kategorie", 434. Für Scott stellt *gender* „eine wesentliche Größe" dar, „in der Machtbeziehungen Bedeutung verliehen wird" (ebd.). Mit Bezug auf Scotts Konzeptualisierung von *gender* und Macht – letzteres wird bei ihr in Anlehnung an Foucault als „ein durch ‚Diskurse' produziertes, relatives und kontextualisiertes Phänomen" verstanden (Kuppler, „Weiblichkeitsmythen", 279) – heißt es bei Kuppler: „Macht von Männern über Frauen muß sich [...] ständig durch neue – z.B. religiöse, medizinische, psychologische – Diskurse legitimieren, was gleichzeitig die Chance von Veränderung mit sich bringt. Männliche Macht konstituiert sich [...] immer wieder in der Auseinandersetzung mit oppositionellen Diskursen von weiblicher Macht, etwa mit der Forderung nach Gleichberechtigung [...]." (ebd.).

172 Beinroth et al., „Feministische Literaturtheorie", 190.

173 Zimmermann, *Dialog, Dialogizität, Interdiskursivität*, 78.

174 Siehe z.B. Hof, „Die Entwicklung der *Gender Studies*", 7 und Würzbach, „Einführung in die Theorie und Praxis", 140.

175 Siehe Renate Hof, *Die Grammatik der Geschlechter: Gender als Analysekategorie der Literaturwissenschaft* (Frankfurt am Main: Campus Verlag, 1995a), 109.

Frauenbildern“[176] (z.B. das Bild der guten Mutter, des Engels im trauten Heim, der *true woman*, der Verführerin, der Ehebrecherin, der Prostituierten, der *femme fatale*, der *fallen woman*, der ledigen Mutter, der komischen Alten usw.)[177] in literarischen Texten und anderen kulturellen Ausdrucksformen entwickelte sich das Konzept der Weiblichkeit zum Inbegriff des Anderen, des Marginalen, des Untergeordneten, des Schwächeren, des Irrationalen, des Naturhaften. Diese kollektiven Weiblichkeitsvorstellungen verfestigten sich durch stetige diskursive Reproduktionsprozesse schließlich so stark, dass „gegen Ende des 19. Jahrhunderts aus dem, was ursprünglich als ‚symbolische‘ Zuweisung begriffen wurde, ein ‚Naturgesetz‘ geworden [war]“.[178] Da sich verschiedene Wissenschaftsdisziplinen wie z.B. die Medizin ebenfalls „ganz selbstverständlich“[179] auf dieses ‚Naturgesetz‘ beriefen, führte die scheinbar wissenschaftlich begründete Anbindung verschiedener Wesensmerkmale an das weibliche Geschlecht zu einer starren Geschlechterideologie,[180] die eine patriarchalische Gesellschaftsordnung begünstigte und den Dominanzanspruch des männlichen Geschlechts zunächst unhinterfragt und scheinbar plausibel legitimierte.

Mit Beginn der Frauenbewegung im 19. Jahrhundert und der sich daraus entwickelnden feministischen Forschung im 20. Jahrhundert wurden diese Denkstrukturen zunehmend in Frage gestellt. Die Ergebnisse der Frauenbildforschung (‚*Images of Women*‘ *Criticism*) hatten gezeigt, dass sich die vermeintlich naturgegebene Geschlechterdifferenz, die zur Legitimierung der patriarchalischen Gesellschaftsordnung gedient hatte, als kulturelles Konstrukt erwies. Mit der Einführung der *gender*-Kategorie wurde die Unhaltbarkeit des traditionellen Erklärungsmusters augenscheinlich.

---

176 Erhart und Herrmann, „Feministische Zugänge“, 501.

177 Siehe z.B. Doris Feldmann und Sabine Schülting, „Frauenbilder“, *Metzler Lexikon Literatur- und Kulturtheorie: Ansätze – Personen – Grundbegriffe*, hg. Ansgar Nünning (Stuttgart: Metzler, ^{4}2008a), 217-218: 217, Hof, „Die Entwicklung der *Gender Studies*“, 8, Lena Lindhoff, *Einführung in die feministische Literaturtheorie* (Stuttgart: Metzler, ^{2}2003), 16, Jutta Osinski, *Einführung in die Feministische Literaturwissenschaft* (Berlin: Erich Schmidt Verlag, 1998), 47, Gabriele Rippl, „Feministische Literaturwissenschaft“, *Einführung in die Literaturwissenschaft*, hg. Stefan Rieger und Miltos Pechlivanos (Stuttgart: Metzler, 1995), 230-240: 232 und Würzbach, „Einführung in die Theorie und Praxis“, 141.

178 von Braun, „Warum ‚Gender Studies‘?“, 12.

179 von Braun, „Warum ‚Gender Studies‘?“, 12.

180 Siehe hierzu auch Christina von Braun, „Gender, Geschlecht und Geschichte“, *Gender Studies – Eine Einführung*, hg. Inge Stephan und Christina von Braun (Stuttgart: J.B. Metzler, 2000), 16-57: 34. Von Braun erklärt a.a.O., dass das, was einst als „eine symbolische Geschlechterordnung entstanden war [d.h. Mann/Geist und Kultur vs. Frau/Natur], gegen Ende des 19. Jahrhunderts […] in eine Ideologie übergegangen war, die die Geschlechterordnung als biologisch bedingt betrachtete und mit der Natur selbst gleichsetzte“ (ebd.).

Inzwischen wird die Unterscheidung zwischen *sex* und *gender* (und damit die ‚Nützlichkeit der *gender*-Kategorie')[181] zum Teil in Frage gestellt und kritisiert – eine Debatte, die durch Judith Butlers einflussreiches Buch *Gender Trouble* (1990) initiiert wurde. Während der „Konstruktcharakter von *g[ender]*"[182] innerhalb der *Gender Studies* im Allgemeinen anerkannt wird, besteht jedoch in den verschiedenen Ausprägungen der Geschlechterforschung, insbesondere im Dekonstruktivistischen Feminismus, keineswegs Konsens über die Annahme eines biologischen bzw. naturgegebenen Geschlechts (*sex*). Butler beispielsweise geht davon aus, dass nicht nur das soziale Geschlecht ein diskursives Konstrukt sei, sondern dass auch die Unterscheidung eines männlich und weiblich markierten Körpers, also die menschliche Sexualität, ein Gesellschaftskonstrukt, also „ein[en] Effekt kultureller Diskurse"[183] darstelle. Oder anders mit den Worten Stephans: „Nach Butler besitzt der Körper keine dem Kulturationsprozeß vorgängige Identität, sondern erwirbt diese erst im Akt der Aneignung."[184] Der biologische Körper wird demnach, wie Butler sagt, ebenso wie das soziale Geschlecht, diskursiv erzeugt: „But ‚the body' is itself a construction […]. […] Bodies cannot be said to have a signifiable existence prior to the mark of their gender."[185] Indem Butler die Unterscheidung zwischen sozialem und biologischem Geschlecht ablehnt und auch die körperliche Geschlechtlichkeit als Konstrukt betrachtet, „geraten scheinbar feststehende Kategorien wie Natur, Kultur und Körper […] ins Wanken".[186]

In Anbetracht der Thesen Judith Butlers überrascht es wenig, dass in jüngeren Debatten nicht nur das Postulat eines *sex/gender*-Systems kritisch diskutiert, sondern darüber hinaus auch danach gefragt wird, „inwieweit […]

---

181 Die Formulierung rekurriert auf die hier bereits zitierten Aufsätze von Inge Stephan (1999) mit dem Titel „‚Gender'. Eine nützliche Kategorie für die Literaturwissenschaft" (1999) bzw. von Joan W. Scott, „Gender: Eine nützliche Kategorie der historischen Analyse" (2000).

182 Feldmann und Schülting, „Gender", 245.

183 Lindhoff, *Einführung in die feministische Literaturtheorie*, 4.

184 Stephan, „Gender, Geschlecht und Theorie", 72. Siehe auch Osinski, *Einführung in die Feministische Literaturwissenschaft*, 111.

185 Judith Butler, *Gender Trouble. Feminism and the Subversion of Identity* (New York, NY: Routledge, 1999 [reprint of 1990]), 13. Zur diskursiven Konstruktion des Geschlechtskörpers bei Butler siehe Hannelore Bublitz, *Judith Butler zur Einführung* (Hamburg: Junius Verlag, [3]2010), 10. Dort heißt es u.a.: „Der Körper existiert nach Butler […] nicht als voraussetzungslose Naturressource. Butler versteht ihn vielmehr als von Sprache und Diskursen durchdrungene Form, die die Materie annimmt." (ebd.). Sprache, Macht und Diskurs nehmen demzufolge in Bezug auf die Konstruktion der Geschlechtlichkeit eine ebenso zentrale Rolle ein wie bei der Konstruktion des sozialen Geschlechts.

186 Judith Butler, *Körper von Gewicht. Die diskursiven Grenzen des Geschlechts*, aus dem Amerikanischen von Karin Wördemann (Frankfurt am Main: Suhrkamp, [8]2014), 2.

es, trotz dieser Kritik, gerechtfertigt [sei], an dem Konzept *gender* als Analysekategorie festzuhalten“[187] bzw. ob „*gender* für die Literaturwissenschaft überhaupt [noch] von Bedeutung [sei]“.[188] Ungeachtet der Diskussionen über die Konstruktion von Körperlichkeit und Geschlechtsidentität, die in den *Gender Studies* in den letzten Jahrzehnten einen breiten Raum eingenommen haben, schließe ich mich Vera Nünnings Standpunkt an und beharre aus den folgenden Gründen ebenfalls „auf der nach wie vor ungebrochenen Bedeutung von *gender* für die literaturwissenschaftliche Arbeit“[189]:

1) Für die Untersuchung von gesellschaftlich konstruierten Geschlechterrollen bedarf es einer Analysekategorie, die sich eindeutig vom biologischen Geschlecht – eine Kategorie, an der ich trotz aller Einwände Butlers festhalte – unterscheiden lässt. In Abgrenzung zu Butler geht es hier nicht um die Dekonstruktion von Sexualität bzw. der Geschlechterdichotomie, sondern um die Analyse der diskursiven Konstruktion und Repräsentation von Weiblichkeit und Männlichkeit in dramatischen Texten, die in einem soziokulturellen Kontext entstanden waren, in dem Frauen und Männern aufgrund ihrer Sexualität eine soziale Geschlechterrolle zugewiesen wurde.

2) Die Einführung von *gender* in die Literaturwissenschaft in den 1970er Jahren ging mit einem Paradigmenwechsel einher, der sich darin äußerte, dass sich literaturwissenschaftliche Studien nicht mehr ausschließlich auf die Repräsentationsformen weiblicher Rollenbilder beschränkte, wie es die Frauenbildforschung in der frühesten Phase der feministischen Literaturwissenschaft getan hatte, sondern nunmehr auch die Darstellung von Männlichkeit berücksichtigte – eine Entwicklung, die sich auch in der sich verändernden Bezeichnung der Disziplinen (von der Frauenforschung bzw. *Women's Studies* zur Geschlechterforschung bzw. *Gender Studies*) widerspiegelt. Eine *gender*-orientierte Studie, in deren Zentrum die Analyse literarischer Texte steht, impliziert demzufolge automatisch, „dass sie ihr Augenmerk auf die literarischen Konstruktionen *beider* Geschlechter legt und außerdem den in feministischen Arbeiten häufig vernachlässigten korrelativen Bezug zwischen Männlichkeits- und Weiblichkeitsbildern untersucht“.[190]

3) Innerhalb der *Gender Studies* wird *gender* nicht nur als gesellschaftliches Konstrukt verstanden, sondern darüber hinaus auch als eine mit jeweils sozial und historisch bedingten kulturspezifischen Inhalten gefüllte

---

187 Hof, *Die Grammatik der Geschlechter*, 119.

188 Nünning, V., „*Gender* in der Literaturwissenschaft“, 131.

189 Nünning, V., „*Gender* in der Literaturwissenschaft“, 131.

190 Nünning, V., „*Gender* in der Literaturwissenschaft“, 143. Hervorhebung KT. Siehe auch Stephan und von Braun, „Einleitung“, 10.

Kategorie.[191] Neben der kulturspezifischen Bedeutung von *gender* tritt auch das Merkmal der historischen Veränderlichkeit hervor, welches auf jene „wandelbaren Zuschreibungen [rekurriert], [...] die zu bestimmten Zeiten [...] als ‚natürlich' männlich oder weiblich angesehen werden"[192]. Bereits ein kurzer Blick auf geschlechterbezogene Diskurse sowie die Entwicklungen, die beispielsweise das weibliche Geschlecht in Bezug auf seinen gesellschaftlichen Status vom 19. bis ins 21. Jahrhundert vollzogen hat, verdeutlicht die Flexibilität und Dynamik der Kategorie *gender*.[193] Ihr ist eine historische Dimension eingeschrieben, die mit Hinblick auf literaturwissenschaftliche Untersuchungen danach fragt, „wie kulturelle Entwürfe von Weiblichkeit oder Männlichkeit [...] konstituiert, stabilisiert und revidiert werden".[194] Es liegt demzufolge nahe, dass „der literarische Text in seiner historischen und kulturellen Spezifität, in seinen intertextuellen Bezügen [...] z.B. zu religiösen, politischen, medizinischen oder juristischen Diskursen gelesen [werden muss]".[195] Die „historische Perspektivierung [von *gender*], die nach Brüchen und Neudefinitionen der Geschlechterordnung fragt",[196] bietet hinsichtlich der literaturwissenschaftlichen Textanalyse somit nicht nur einen Anknüpfungspunkt an den oben skizzierten, von neuhistoristischen und diskursanalytischen Aspekten geprägten kontextorientierten Ansatz,[197] sondern ermöglicht darüber hinaus „eine Interdisziplinarität, die heute mehr denn je wünschenswert ist".[198] Für die Literaturwissenschaft hat sich die Kategorie *gender* seit ihrer Etablierung als Wissenschaftskategorie in den 1970er

---

191 Siehe Nünning, V., „*Gender* in der Literaturwissenschaft", 133. In diesem Zusammenhang konstatiert Nünning: „Bereits die Vielfalt dessen, was in unterschiedlichen Kulturen als ‚natürlich' männlich oder weiblich beurteilt [wird], weist darauf hin, dass Geschlechtsidentitäten kulturell und sozial konstruiert sind und nicht auf das biologische Geschlecht [...] zurückgeführt werden können." (ebd.).

192 Nünning, V., „*Gender* in der Literaturwissenschaft", 133.

193 Die Kategorie ‚Weiblichkeit' im Speziellen (und ‚Geschlecht' im Allgemeinen) ist also nicht mit immer gleichbleibenden Inhalten gefüllt, sondern ist flexibel und wandelbar. Analog gilt dies natürlich auch für die Kategorie ‚Männlichkeit'.

194 Feldmann und Schülting, „Gender Studies", 247.

195 Feldmann und Schülting, „Gender Studies", 247.

196 Feldmann und Schülting, „Gender Studies", 246.

197 Siehe hierzu auch Showalter, „Introduction: The Rise of Gender", 9.

198 Stephan, „‚Gender'. Eine nützliche Kategorie", 34. Zur Interdisziplinarität von *gender* siehe auch Stephan und von Braun, „Einleitung", 11 sowie Nünning, V., „*Gender* in der Literaturwissenschaft", 131f. Für eine konkrete Ausformung dieser Interdisziplinarität (hier: die Anbindung geschlechterkritischer Fragestellungen an den neuhistoristischen Forschungsansatz) siehe Judith Newton, „History as Usual?: Feminism and the ‚New Historicism'", *Cultural Critique* 9 (1988), 87-121.

Jahren und aufgrund ihrer „interdisziplinären Ausrichtung“[199] als eine äußerst produktive Kategorie erwiesen, die es ermöglicht, sowohl die Wirkmächtigkeit herrschender Geschlechterdiskurse als auch die Geschlechterbeziehungen als kulturspezifische Repräsentationsformen von Weiblichkeit und Männlichkeit in literarischen Texten zu untersuchen.

III.4.2 *Konfligierende Geschlechterdiskurse und -konzeptionen im Kontext der* Progressive Era

In der *Progressive Era* entsteht ein gesellschaftliches Spannungsfeld aus miteinander konfligierenden Geschlechterdiskursen. Im Mittelpunkt dieses Kapitels steht die Rekonstruktion jener Geschlechterdiskurse und „Diskursverflechtungen“[200], auf die die hier untersuchten dramatischen Texte rekurrieren. Eine umfassende Darstellung scheint in Anbetracht der bereits vorliegenden Forschungsbeiträge zu dieser inzwischen gut aufgearbeiteten Thematik unnötig,[201] weshalb sich die nachfolgenden Ausführungen auf zentrale Aspekte beschränken. Dafür bedarf es zunächst eines Blickes in die Zeit *vor* der *Progressive Era*, denn die diskursiven Ausformungen, die die gesellschaftliche Marginalisierung und Unterdrückung der Frau in der amerikanischen Gesellschaft befördern, haben, wie an anderer Stelle erwähnt,[202] ihren Ursprung im ersten Drittel des 19. Jahrhunderts.

Häuslichkeitsdiskurs, Sphären-Theorie und *true womanhood*

Für die Etablierung (und nachhaltige Stabilisierung) der hierarchischen Geschlechterordnung ist vor allem der Einfluss des sog. Häuslichkeitsdiskurses prägend, „der sich innerhalb der bürgerlichen Mittelklasse im Nordosten der Vereinigten Staaten in der ersten Hälfte des neunzehnten Jahrhunderts herausbildet“[203] und auf viktorianischen Moralvorstellungen beruht. Eine der Grundannahmen des Diskurses besteht darin, Frauen und Männern aufgrund ihrer moralisch-ethischen Wesenszüge[204] unterschiedliche Handlungsräume zuzuschreiben. Das auf dieser Prämisse beruhende Konzept

---

199 Nünning, V., „*Gender* in der Literaturwissenschaft“, 131.

200 Kuppler, „Weiblichkeitsmythen“, 285.

201 Siehe u.a. Collins (2003), Cott (1977), Evans (1989), Kerber (1988), Kerber and de Hart (^{6}2004), Oppermann (1986), Rothman (1978), Smith-Rosenberg (1986), Welter (1966, 1973) und Woloch (1984).

202 Siehe Kapitelabschnitt III.3.3 oben.

203 Zimmermann, *Dialog, Dialogizität, Interdiskursivität*, 95.

204 Rothman spricht in diesem Zusammenhang auch von „moral makeup“ (Sheila Rothman, *Woman's Proper Place: A History of Changing Ideals and Practices, 1870 to the Present* (New York, NY: Basic Books, 1978), 23).

der *separate spheres* sieht entsprechend die Differenzierung zwischen einer öffentlichen (*public*) und privaten Sphäre (*private sphere*) vor, wobei letztere dem weiblichen Geschlecht zugeordnet wird. „[T]he cult of true womanhood," schreibt Roberts, „structured the worlds of private and public, the home and the workplace, the family and the professions"[205]. Begründet werden diese geschlechtsspezifischen Raumzuweisungen durch die vermeintlich naturgegebenen – und damit gottgegebenen – weiblichen Wesensmerkmale und Tugenden, zu denen, wie Barbara Welter in ihrem „landmark essay"[206] zeigt, Frömmigkeit (*piety*), Keuchheit (*purity*), Gehorsam (*submissiveness*) und Häuslichkeit (*domesticity*) zählen.[207] Aufgrund dieser Eigenschaften, die ideologisch im Konzept der *true womanhood* gebündelt werden,[208] sei die Frau besonders

205 Mary Louise Roberts, „True Womanhood Revisited", *Journal of Women's History* 14.1 (2002), 150-155: 151.

206 Monika M. Elbert, „Introduction", *Separate Spheres No More: Gender Convergence in American Literature, 1830-1930*, ed. Monika M. Elbert (London & Tuscaloosa, AL: Rodopi, 2000), 1-25: 9.

207 Siehe Barbara Welter, „The Cult of True Womanhood", *American Quarterly* 18 (1966), 151-174. In ihrem Beitrag thematisiert Welter jenen Diskurs, der für die hierarchische Geschlechterordnung bis in das späte 19. Jahrhundert hinein prägend sein sollte. Der *cult of true womanhood* schließt sowohl Aspekte der als weiblich definierten Wesensmerkmale als auch das Konzept der *separate spheres* und des *cult of domesticity* ein. Die Bedeutung dieses Beitrages zeigt sich u.a. darin, dass sich auch jüngere Studien – z.B. Auflitsch (2006), Köhler (2004) und Zimmermann (2006) – darauf beziehen, wenn es um die Rekonstruktion zeitgenössischer Geschlechterdiskurse geht. Gleichwohl gibt es inzwischen auch Forschungsbeiträge, die insbesondere das Konzept der *separate spheres* kritisch hinterfragen bzw. einer Neubewertung unterziehen. So beobachtet beispielsweise Elbert unter Berufung auf Kerber (1988) „changing trends in defining women's sphere or women's space" und „a move away from separatism to a reconciliation or a blurring of the spheres" (Elbert, „Introduction", 9). Siehe hierzu auch Susanne Auflitsch, *Staging Separate Spheres: Theatrical Spaces as Sites of Antagonism in One-Act Plays by American Women, 1910-1930* (Frankfurt am Main: Peter Lang, 2006), 14f. Vor dem Hintergrund dieser kontrovers geführten Debatte um die Bewertung des *separate spheres*-Konzeptes schließe ich mich der Sichtweise Auflitschs an, die zum einen deshalb daran festhält, weil auch die oben erwähnten kritischen Studien die „general existence of separate spheres" (ebd. 14) nicht grundsätzlich in Frage stellen oder bestreiten; und zum anderen, weil das Konzept von ihr keineswegs als absolutes verstanden werden wissen will, sondern als „underlying structural dichotomy" (ebd. 15), welches wiederum als Analysemodell dazu dienen kann, in literarischen Texten zu untersuchen, wie das Paradigma ‚vergeschlechtlichter Räume' darin kritisiert, verhandelt oder (un-)bewusst unterlaufen wird.

208 Die Begriffe *true womanhood* und *true woman*, die Welter in ihrem Artikel (1966) verwendet, stammen aus der Zeit der *Progressive Era*. Parallel dazu finden auch die Bezeichnungen *virtuous womanhood* bzw. *virtuous woman* (siehe Rothman, *Woman's Proper Place*, 21) sowie *ideal womanhood* bzw. *ideal woman* synonymisch Verwendung (zu letzteren siehe Blanche Glassman Hersh, „The ‚True Woman' and the ‚New Woman' in Nineteenth-Century America: Feminist-Abolitionists and a New Concept of Womanhood",

prädestiniert, „die moralischen Werte der Gesellschaft“[209] zu bewahren. Sie gilt in Bezug auf Moral und Tugendhaftigkeit als dem Mann überlegen, weil sich ihre „[w]eibliche Reinheit“ von der „zügellosen Sexualität und Lebensweise von Männern“ unterscheide.[210] Auf der Basis dieser Argumentationsstrategien entwickelt sich eine gesellschaftliche Doppelmoral (*double standard of sexual morality*), mit der sich die Auslebung der sexuellen Triebhaftigkeit des Mannes rechtfertigen lässt, während im gleichen Zuge aber auf die Bedeutung weiblicher Keuschheit und Reinheit insistiert werden kann. Durch das „Gebot zur sexuellen Keuschheit“[211] wird die Frau innerhalb des *cult of true womanhood* gewissermaßen entsexualisiert. Entsprechend drastisch sind die gesellschaftlichen Sanktionen im Falle einer Missachtung: „So wurden Frauen, die das Gebot der ‚purity‘ durch vor- oder außereheliche Sexualität gebrochen hatten, moralisch verurteilt und gesellschaftlich geächtet.“[212] Ledige Mütter, Ehebrecherinnen und Prostituierte gelten in der Öffentlichkeit als *damaged goods, fallen woman* bzw. *fallen angel* oder *femme fatale*. Sie stehen als mittellose *social outcasts* am äußersten Rand der Gesellschaft.[213] Aus Furcht, dieses Schicksal könnte sie ereilen, sind Frauen darauf bedacht, den Verhaltenskodex der *true woman* innerhalb des „penibel abgesteckten Rahmen[s]“[214] zu befolgen. Gegen die – von Natur aus gegebene – sexuelle Triebhaftigkeit des Mannes, so das Postulat, müsse sich die ‚wahre Frau‘ erwehren können, denn nur darin würde sich die Wahrhaftigkeit ihrer weiblichen Tugendhaftigkeit widerspiegeln.[215]

Der Häuslichkeitsdiskurs insistiert darauf, dass die moralische Erbauung des Ehemannes und die tugendhafte Erziehung der Kinder ausschließlich

Woman's Being, Woman's Place: Female Identity and Vocation in American History, ed. Mary Kelley (Boston, MA: G.K. Hall & Co., 1979), 271-282: 272). In der Frauenbildforschung und *gender*-orientierten Literaturwissenschaft haben sich allerdings die bei Welter verwendeten Begriffe durchgesetzt. Daneben existiert auch das Konzept der *real womanhood* bzw. *real woman*, das sich allerdings nicht als Synonym des Konzepts der *true womanhood* verstanden wissen will, sondern bewusst davon abgrenzt (siehe hierzu konkreter Frances B. Cogan, *All-American Girl: The Ideal of Real Womanhood in Mid-Nineteenth-Century America* (Athens, GA: University of Georgia Press, 1989).

209 Zimmermann, *Dialog, Dialogizität, Interdiskursivität*, 95.

210 Kuppler, „Weiblichkeitsmythen“, 268.

211 Kuppler, „Weiblichkeitsmythen“, 275.

212 Kuppler, „Weiblichkeitsmythen“, 268.

213 Siehe Welter, „The Cult of True Womanhood“, 154.

214 Helga Oppermann, *Das Engelsmuster: Zur Theorie und Geschichte, Analyse und Interpretationen eines kulturellen Deutungsmusters des Weiblichen; Exemplifiziert an ausgewählten Stücken aus der amerikanischen Theaterliteratur der Zwanziger Jahre* (Hildesheim: Georg Olms Verlag, 1986), 48.

215 Siehe Welter, „The Cult of True Womanhood“, 155.

durch „die selbstlose Hingabe“ der *true woman* im häuslichen Bereich möglich sei, der wiederum „ein Gegengewicht zur korrupten Geschäfts- und Arbeitswelt“[216] im öffentlichen Bereich darstelle. Die Schlüsselrolle, die *domesticity* und *home* innerhalb des Diskurses spielen, wird bei Cott besonders deutlich: „[…] [T]he home ought to serve as a haven of PRIVACY from the stresses of the public life and commerce—a domain well-furnished physically and morally, which would be comforting and serviceable to a hardworking man, and also a nursery of spiritual and civic values in children, presided over by a calm, devoted, effective yet self-abnegating wife and mother.“[217]

Die in diesem Diskurs auf die Frau übertragene moralische Verantwortung geht nicht nur mit einer (scheinbaren) Aufwertung des Häuslichkeitsbereiches, sondern vor allem mit einer (ebenso scheinbaren) Glorifizierung der Frau in ihrer Rolle als Ehefrau und Mutter einher.[218] zunächst vor allem unter Berufung auf religiöse Diskurse wird sie quasi als „als Madonna aufs Podest gehoben“ und zum sog. *angel in the house* stilisiert.[219] Was aus Sicht der Frau positiv bewertet und als Zugewinn an gesellschaftlicher Einflussnahme

216 Zimmermann, *Dialog, Dialogizität, Interdiskursivität*, 98, 95.

217 Nancy Cott, „Domesticity“, *A Companion to American Thought*, eds. Richard W. Fox and James T. Kloppenberg (Malden, MA: Blackwell, 1998), 181-183: 182 (Hervorhebung im Original). Auf die Vorstellung von *home* als ‚physically well-furnished domain‘ – um die Worte Nancy Cotts aufzugreifen – geht Angel Kwolek-Folland in einem lesenswerten Artikel genauer ein („The Useful What-Not and the Ideal of ‚Domestic Decoration‘“, *Helicon Nine* 8 (1983), 72-83): Mit Bezug auf das viktorianisch geprägte *ideal of domestic decoration* erläutert sie, wie die *true woman* in ihrer Rolle als „chief moral teacher of the home“ (ebd. 82) über Möblierung und Dekoration des Heimes auf die tugendhafte Erziehung der Kinder sowie die moralische Erbauung des Ehemannes positiv (allerdings auch, wie die Autorin suggeriert, subversiv) Einfluss zu nehmen vermochte. Im Einklang mit dem *cult of true womanhood* waren Frauen dazu aufgefordert, „to transfer their sense of themselves as fountains of moral and religious values to the physical space of the house and the objects it contained“ (ebd. 74). Resümierend hält die Verfasserin fest: „The well-appointed home […] filled with appropriate objects, each having possible associate meanings or feelings, could serve as an educator in beauty, sensory awareness, patriotism, upward mobility, or whatever value the [female] homemaker believed was justified. If the mother had less opportunity to teach values in a direct and active way, she could impart values indirectly by providing home surroundings through which her family could find transcendent meanings.“ (ebd. 81). Siehe außerdem Angel Kwolek-Folland, „The Elegant Dugout. Domesticity and Moveable Culture in the United States, 1870-1900“, *American Studies* 25.2 (Fall 1984), 21-37.

218 Siehe Beverly R. Voloshin, „The Limits of Domesticity: The Female *Bildungsroman* in America, 1820-1870“, *American Literature, Culture, and Ideology. Essays in Memory of Henry Nash Smith*, ed. Beverly R. Voloshin (New York, NY: Peter Lang, 1990), 93-114: 94, und Hersh, „The ‚True Woman‘ and the ‚New Woman‘“, 272.

219 Würzbach, „Einführung in die Theorie und Praxis“, 141. Siehe auch Köhler, *Ambivalent Desires*, 38 (Anm. 24), 41.

und Partizipation betrachtet werden soll (und von vielen Frauen tatsächlich auch so empfunden wird),[220] offenbart sich tatsächlich aber als Regulierungsmechanismus des Herrscherdiskurses, denn die Betonung der „moralische[n] Überlegenheit der Frau […] ist untrennbar verbunden mit ihrem Ausschluss vom politischen und öffentlichen Leben".[221] Der Häuslichkeitsdiskurs bedient sich demzufolge einer Aufwertungsstrategie, die für das weibliche Geschlecht letztlich aber „Immobilisierung, Verfügbarmachung", Marginalisierung und schließlich „die totale Ausgrenzung aus öffentlichen Tätigkeitsfeldern" bedeutet – und damit im Grunde eine Abwertung darstellt.[222]

Die Einsicht, dass die hierarchische Geschlechterordnung ein gesellschaftliches Konstrukt darstellt,[223] führt seit den 1830er Jahren,[224] dem Beginn des sog. *first-wave feminism*, zu einer zunehmend kritischen Hinterfragung der traditionellen Geschlechterbeziehungen und Legitimierungspraktiken, die die Privilegierung des männlichen Geschlechts in der Gesellschaft absichern. Im weiteren Verlauf des 19. Jahrhunderts wird die oben angesprochene „Widersprüchlichkeit des Häuslichkeitsdiskurses"[225] immer augenscheinlicher und führt allmählich zu gesellschaftlichen Spannungen, da vor allem die Frauen der Mittelschicht den häuslichen Bereich zunehmend als einen Ort der gesellschaftlichen Isolierung und als persönliches Gefängnis – als *spatial confinement* und *female entrapment* – wahrnehmen.[226] Als im Zuge der voranschreitenden Industrialisierung und den damit verbundenen soziokulturellen wie technologischen Entwicklungen ab der Mitte des 19. Jahrhunderts[227] gleichzeitig die Forderung der Frau nach Gleichberechtigung, akademischer Bildung, beruflicher Tätigkeit und dem Zugang zur *public sphere* immer lauter

220 Innerhalb der *domestic sphere* wurde der Frau durchaus *ein Gefühl* von Macht und Einflussnahme zugestanden. Vielmehr noch: Dieser Eindruck sollte sogar entstehen und befördert werden, um ihre tatsächliche soziale Ausgrenzung und Machtlosigkeit zu überdecken. Die ideologische Widersprüchlichkeit von weiblicher Macht und selbstbestimmtem Handeln im Häuslichen einerseits bei gleichzeitiger Ohnmacht und Passivität im Öffentlichkeitsraum andererseits kommt in einer treffenden Formulierung von Angelika Köhler zum Ausdruck: „[W]omen were allowed to develop ‚power' […]." (*Ambivalent Desires*, 40).

221 Zimmermann, *Dialog, Dialogizität, Interdiskursivität*, 97.

222 Würzbach, „Einführung in die Theorie und Praxis", 141.

223 Von tragender Bedeutung sind in diesem Zusammenhang die Frauenrechtlerinnen der ersten Generation (1830-1860), die erkannten, „that at least some of the apparent differences between the sexes were due to cultural factors rather than to biology" (Hersh, „The ‚True Woman' and the ‚New Woman'", 276).

224 Siehe Köhler, *Ambivalent Desires*, 39.

225 Zimmermann, *Dialog, Dialogizität, Interdiskursivität*, 106.

226 Siehe Voloshin, „The Limits of Domesticity", 94.

227 Siehe Abschnitt II.1.2 in dieser Arbeit.

wird und daraus resultierend die ideologische Wirksamkeit des sich auf den religiösen Diskurs berufenden *cult of domesticity* verlorenzugehen scheint, erfährt der Häuslichkeitsdiskurs mit Nachdruck ein vom Herrschaftsdiskurs gesteuertes geschlechterideologisches *reinforcement*, indem nun der wissenschaftliche – insbesondere der biologisch-medizinische – Geschlechterdiskurs an Bedeutung gewinnt. „Die Geschlechterdifferenz erscheint zwar," wie es bei Zimmermann heißt, „nach wie vor als naturgegeben, jedoch rücken nun stärker die biologischen Unterschiede zwischen den Geschlechtern in den Vordergrund".[228] Es ist nicht mehr nur die moralische Überlegenheit oder Tugendhaftigkeit der ‚wahren Frau', die sie zum „moral guardian of the family and the nation"[229] im häuslichen Bereich prädestinieren. Vielmehr beruft sich der Diskurs jetzt auch verstärkt auf die unterschiedlichen physischen und psychischen Dispositionen der Geschlechter. Nach Kuppler „wurde der sich etablierende medizinische Diskurs im 19. Jahrhundert hauptsächlich dazu herangezogen, die ‚natürliche' Unterlegenheit der Frau gegenüber dem Mann aufgrund ihrer Körperhaftigkeit und ihrer geistigen Unfähigkeit [...] wissenschaftlich zu beweisen".[230] Mit vermeintlich wissenschaftlich fundierten Argumenten wird versucht, die Ideologie der getrennten Sphären nachhaltig zu stabilisieren:

> To a significant degree, medical authorities reinforced the idea of a separate women's sphere, that ‚the home is woman's kingdom' and her only kingdom. Physicians insisted that biological characteristics permitted women to pursue only certain special activities. Their very refinement and moral sensibility was the root cause of the prevalent female maladies and these maladies made active participation in the world outside the home impossible.[231]

---

228 Zimmermann, *Dialog, Dialogizität, Interdiskursivität*, 93.

229 Hersh, „The ‚True Woman' and the ‚New Woman'", 272. Für eine ähnliche Formulierung siehe auch Carl N. Degler, *At Odds: Women and the Family in America from the Revolution to the Present* (New York, NY: Oxford University Press, 1980), 26.

230 Kuppler, „Weiblichkeitsmythen", 283.

231 Rothman, *Woman's Proper Place*, 23. Zur Argumentation der überwiegend männlichen Ärzteschaft siehe auch Smith-Rosenberg, wo es u.a. heißt: „The male medical vision of women's physiology and sexuality served to reinforce a conservative view of women's social and domestic roles. The male argument was simple: genitals determined gender, gender determined social role to which economic options were ineluctably associated. In other words, as legitimate roles outside the home developed during the mid- and late nineteenth century, male allopathic physicians began systematically to transpose the Cult of True Womanhood (originally phrased in the language of religion) into a medical and scientific dogma. Any violation of the cult—such as demands for education or for employment outside the home, or the practice of fertility control—called forth furious jeremiads from the profession." (Carroll Smith-Rosenberg, *Disorderly Conduct: Visions of Gender in Victorian America* (New York, NY: Oxford University Press, 1986), 23).

Rothman verdeutlicht in dieser Textpassage, wie ausgeprägt die Diskursverflechtungen innerhalb des Häuslichkeitsdiskurses sind, wird doch das moralisch-tugendhafte Wesen der Frau (religiöser Diskurs) in einen direkten Zusammenhang mit ihrer vermeintlichen Fragilität und für Krankheiten besonders anfälligen Konstitution gebracht (medizinisch-wissenschaftlicher Diskurs). Als ‚schwaches Geschlecht' stehen der Frau nur bestimmte Aktivitäten offen, die wiederum ausschließlich im Bereich des Häuslichen auszuüben sind. Der Diskurs sieht vor, dass größere geistig-intellektuelle und körperliche Anstrengungen unbedingt zu vermeiden seien, da sich diese negativ auf die Gesundheit, insbesondere die Psyche der Frau, auswirken würden.[232] In Anbetracht ihrer gesellschaftlichen Verantwortung dürfe sie ihr eigenes Wohl nicht aufs Spiel setzen und nur, wenn überhaupt, mit äußerster Vorsicht agieren. Dieses Erklärungsmuster erhebt, wie Rothman im nachfolgenden Zitat zeigt, Anspruch auf Gültigkeit für das weibliche Geschlecht insgesamt. Dass der Diskurs dabei allerdings selektiv vorgeht und anscheinend nur auf Frauen bestimmter Gesellschaftsschichten zutrifft, während andere Frauen (nämlich die der *working class*) davon ausgespart werden, scheint damals noch kaum aufzufallen:

> By associating the normal bodily functions of women with disease and ill health, this ideology perpetuated the notion that women were not only inherently frail but also predisposed to insanity. Women were far more prone than men to nervous exhaustion [...], [and] fits of anxiety or even hysteria [...] could erupt at any time. Women who appeared particularly delicate had to exercise great caution, but by virtue of their anatomy, all women were susceptible and therefore had to avoid anxiety-producing and enervating situations.[233]

232 Welter beispielsweise zitiert einen Mediziner, der dem weiblichen Geschlecht intellektuelle Kapazitäten gänzlich abspricht: „Woman [...] has a head too small for intellect but just big enough for love." (zit. in „The Cult of True Womanhood", 159). ‚Unweibliche' Aktivitäten brächten, wie Smith-Rosenberg in Bezug auf den medizinischen Diskurs erläutert, das innere Gleichgewicht des fragilen weiblichen Körpers ins Wanken (siehe Smith-Rosenberg, *Disorderly Conduct*, 258). Insbesondere der weibliche Körper, der als „closed energy system" (ebd.) verstanden wurde, sei gegen äußere Einflussfaktoren (wie z.B. höhere Bildung in Universitäten) nicht gerüstet. Ganz anders könne damit der männliche Körper umgehen: „Within the male body, the higher organs – the brain and heart – dominated. Predictably, the reproductive organs dominated the female's body. The woman who favored her mind at the expense of her ovaries – especially the woman who spent her adolescence and early adulthood in college and graduate school – would disorder a delicate physiological balance. Her overstimulated brain would become morbidly introspective. Neurasthenia, hysteria, insanity would follow." (ebd.). Siehe auch Evans, *Liberty*, 147 und Rudnick, „The New Woman", 69.

233 Rothman, *Woman's Proper Place*, 24.

Angesichts der vermeintlich wissenschaftlichen Fundierung des Diskurses und seiner reproduktiven Kraft in nicht-fiktionalen (u.a. *newspapers, women's magazines, women's advice books*) und fiktionalen (u.a. *stories, novels, plays*) Medien- und Textformaten, überrascht es kaum, dass sich Frauen im Allgemeinen an diesen Verhaltenskodex halten. Dies ist ein beeindruckendes Beispiel dafür, wie über vermeintlich autoritatives Wissen Macht ausgeübt und Ordnungsstrukturen reguliert werden können. In diesem Zusammenhang schreibt Roberts: „[By] inscribing ‚true womanhood' onto the female body[,] [...] they [i.e. doctors and scientists] regulated not only women's behavior, but also an entire system of cultural practices, not least of which were the sexual division of labor and the sexual double standard."[234]

Dass sich der Häuslichkeitsdiskurs als herrschender Geschlechterdiskurs bis ins späte 19. Jahrhundert so hartnäckig behaupten und ideologisch wirksam sein kann, liegt in erster Linie an der Bedeutung von Religion und Wissenschaft als autoritäre Kontrollinstanzen der Gesellschaft. Es ist insbesondere dem maßgeblichen Einfluss „von Theologen und Medizinern, von Juristen und Moralisten und nicht zuletzt auch von Politikern" geschuldet, dass der Häuslichkeitsdiskurs „fungibel und aussagekräftig gehalten [werden konnte], indem [er], reaktiv und adaptiv äußerst flexibel, langfristig Interessen auszudrücken und zu vertreten in der Lage war, die den Vorstellungen einer signifikanten Mehrheit der Gesellschaft entsprachen".[235] Bis ins späte 19. Jahrhundert hinein gelingt es, die sich allmählich abzeichnenden „strukturelle[n] Veränderungen des gesamten sozialen Gefüges immer auch formend abzufangen" und die „determinierende Kraft [des Häuslichkeitsdiskurses] zu bewahren".[236] In dieser diskursiven Dehnbarkeit, die der *cult of domesticity* in Bezug auf seine inhaltliche Auslegung an den Tag legt, offenbart sich gleichzeitig auch sein Konstruktcharakter und dementsprechend auch seine Brüchigkeit. Seine ideologische Wirksamkeit, die in der ersten Hälfte des 19. Jahrhunderts schon einmal ins Wanken gekommen war, wird in der *Progressive Era* nun massiv und mehr denn je in Frage gestellt.[237] Zu offensichtlich sind die Willkürlichkeit der

---

234 Roberts, „True Womanhood Revisited", 151.

235 Oppermann, *Das Engelsmuster*, 36f.

236 Oppermann, *Das Engelsmuster*, 37.

237 So fragt beispielsweise Hewitt, eine Zeitgenossin der *Progressive Era*, mit Bezug auf die traditionelle Aufgabenverteilung innerhalb des *separate spheres*-Konzeptes nicht ganz ohne Ironie: „What are ‚distinctly feminine pursuits,' by the way? Sewing and cooking are two, let us say. Then what of our *tailors* and *bakers*? If men may sew and bake, why may not women keep books and superintend vast business enterprises? [...] Simply because men have sewed and baked and brewed from time immemorial, does not alter the fact that for all these ages they have been doing ‚women's work.'" (Emma Churchman Hewitt,

hierarchischen Geschlechterordnung und die Widersprüchlichkeit innerhalb des *cult of domesticity* inzwischen geworden, wie Rothman eindrücklich zeigt:

> That women were at once the more civilized, the more moral, the more virtuous of the two sexes and at the same time the victims of precarious health made for an odd duality of traits. Women were frequently sick, temporarily insane, and always susceptible to mental and physical derangement – and at the same time they possessed extraordinary moral strength, saintly devotion, and exemplary virtue. The ideology rendered them at once incompetent and competent, broken and whole, to be pitied and to be emulated.[238]

Interessanterweise entsteht aus der Widersprüchlichkeit des Häuslichkeitsdiskurses heraus ein impulsgebender Moment für sich emanzipierende Frauen, der es ihnen ermöglicht, die eng abgesteckten Grenzen der ihnen zugewiesenen Räume und Rollen zu überwinden, ohne die Vorstellung von *true womanhood* ideologisch zu unterlaufen. Bezeichnend ist nämlich, dass das diskursiv gesteuerte Insistieren auf der moralischen Überlegenheit und Tugendhaftigkeit der Frau eine Zunahme weiblichen Selbstbewusstseins bewirkt. So argumentieren sie beispielsweise im Kontext des *birth-control movement*, dass Frauen eigentlich gar keine eigenen Kinder bzw. nicht mehr so viele gebären müssten, um ihrer weiblichen Natur gerecht zu werden; ebenso gut könnten sie sich in der Rolle der „public mothers" für das Wohl und die Erziehung anderer Kinder einsetzen.[239] Ferner fordern die meist der Mittelschicht angehörenden Frauen, „in the name of domesticity"[240] ihre moralische Einflussnahme auch außerhalb der *private sphere* wirksam werden lassen zu können, wenn doch ihre gesellschaftliche Bedeutung so groß sei. Das weibliche Potenzial dürfe sich – so die Argumentation – nicht weiterhin nur auf ihre „domestic responsibilities"[241] beschränken, sondern müsse der ganzen Bevölkerung zuteilwerden. Die vormals diskursiv geschaffene ‚Tatsache', dass

---

„The ‚New Woman' in Her Relation to the ‚New Man'", *The Westminster Review* 147.3 (March 1897), 335-337: 336).

238 Rothman, *Woman's Proper Place*, 26.

239 Smith-Rosenberg, *Disorderly Conduct*, 263. Die Unterstützung der „public mothers" wäre, so die weitere Argumentation, beispielsweise im Bereich der „child-labor legislation", in Form von „visiting-nursing services" oder im Rahmen von Gesundheits- und Bildungsreformen denkbar (siehe ebd. 263).

240 Evans, *Liberty*, 148. Dazu erläutert Evans: „While assuring their critics that educated women certainly would be superior mothers, they went on to argue that those who chose careers over marriage would unleash maternal skills and capacities on a needy world – schooling the young, tending the poor, and improving the health of women and children." (ebd. 148).

241 Rothman, *Woman's Proper Place*, 4.

Frauen als „morally superior sex" gelten und demzufolge „special obligations and functions" zu erfüllen haben, wird demzufolge umgeformt zu einem „argumen[t] for broadening woman's sphere".[242] Für dieses Phänomen, d.h. „the idea that women now [...] enter[ed] [for instance] politics as an extension of the duties they fulfilled as wives and mothers", hat sich die Bezeichnung *municipal housekeeping* etabliert.[243] So gesehen verhilft der Häuslichkeitsdiskurs entgegen seiner ursprünglichen Absicht sogar selbst dazu, Frauen den Zugang zur *public sphere* zu ermöglichen bzw. diesen auch zu legitimieren.[244]

Die Ausweitung des weiblichen Handlungsraumes zeigt sich in den ebenso zahlreichen wie vielfältigen Reformprojekten des 19. Jahrhunderts, die „thousands of middle- and upper-class women"[245] anziehen. Das *Social Reform Movement* im 19. Jahrhundert ist demzufolge Ausdruck dessen, „in welcher Form Frauen sich kreativ [...] die Widersprüche innerhalb des *Cult of True Womanhood* zunutze machten und daraus eigene Ideen und Ideale ableiteten".[246]

Ausgehend von den voranstehenden Ausführungen bleibt festzuhalten, dass die Beschäftigung mit dem Häuslichkeitsdiskurs grundsätzlich einer differenzierten Betrachtung bedarf. Einen pauschalisierenden Blick auf ‚die' *true woman* kann es schon deshalb nicht geben, weil neben dem Idealtypus der *true woman*, die die Weiblichkeitsvorstellung des viktorianischen Geschlechterdiskurses ebenso verinnerlicht hat wie die vermeintliche Natürlichkeit einer hierarchischen Geschlechterordnung, auch andere Repräsentationsformen von Weiblichkeit existieren, die sich zwar grundsätzlich mit den Prämissen des *cult of true womanhood* decken, von ihnen aber gleichzeitig auch abweichen. In ihrer ideologisch-idealtypischen Form verinnerlicht die *true woman* die als „‚weiblich' definierte[n] Verhaltensmuster" des *angel in the house* sowie die an sie gestellten Rollenerwartungen als Ehefrau und Mutter so stark, dass diese „im Zuge der Sozialisation fest ins Handeln der Individuen über[gehen] [...] und schließlich als natürlich erachte[t] [werden]".[247] Frauen hingegen, die im

242 Hersh, „The ‚True Woman' and the ‚New Woman'", 274.

243 Cocks et al., *Historical Dictionary*, xxxiii. Stehen die Reformabsichten in einem Zusammenhang mit feministischen Zielsetzungen, ist auch von *domestic feminism* die Rede (siehe Riley, *Inventing*, 276).

244 Zu dieser diskursinhärenten Widersprüchlichkeit siehe auch Köhler, *Ambivalent Desires*, 52 sowie Nancy S. Dye, wo ebenfalls die Rede ist von „contradictions inherent in the ideology of separate spheres" („Introduction", *Gender, Class, Race, and Reform in the Progressive Era*, eds. Noralee Frankel and Nancy S. Dye (Lexington, KY: University Press of Kentucky, 1991), 1-9: 3).

245 Köhler, *Ambivalent Desires*, 39.

246 Kuppler, „Weiblichkeitsmythen", 275f.

247 Feldmann und Schülting, „Geschlechtsidentität und Geschlechterrolle", 254.

Rahmen des Häuslichkeitsdiskurses grundsätzlich ihre Rolle erfüllen, ihren Handlungsraum aber auf die *public sphere* ausweiten, erfüllen konzeptionell betrachtet immer noch die Eigenschaften der *true woman*, da sie die Bedeutung ihrer moralischen Einflussnahme nicht in Frage stellen, sondern sogar bejahen; sie verfügen allerdings über ein emanzipatorisches Bewusstsein, das sie für die Umdeutung bzw. Ausweitung der bestehenden Geschlechterideologie nutzbar machen können. Dementsprechend ist Kuppler dahingehend zuzustimmen, dass „offensichtlich mehrere Lesarten des *Cult of True Womanhood*" – und damit auch der *true woman* – nebeneinander möglich sind: „Einerseits als ideologische Rechtfertigung der eingeschränkten weiblichen Rolle als Ehefrau und Mutter, andererseits als moralische Legitimation, Frauenrechte einzufordern und in der Öffentlichkeit weiblichen Einfluß geltend zu machen."[248] Es ist die dem *cult of true womanhood* eingeschriebene „emanzipatorische Kraft"[249], die der Entwicklung eines ganz anderen, neuen Frauenbildes – dem der sog. *new woman* – am Ende des 19. Jahrhunderts den Weg bereitet und insbesondere im Zeitraum der *Progressive Era* ein diskursives Konfliktfeld entstehen lässt, in dessen Zentrum gegensätzliche Geschlechterdiskurse und Weiblichkeitsvorstellungen miteinander konkurrieren.

Frauenemanzipation, moderne Weiblichkeit(en) und die *new woman*

Obwohl dem Frauentypus der *new woman* bereits im 19. Jahrhundert im Kontext des *first-wave feminism* und des *abolition movement* der Weg bereitet wird,[250] etabliert sich eine bleibende Bezeichnung für dieses neue Weiblichkeitsbild, das dem der „old ‚True Woman' of Victorian culture"[251] kontrastiv entgegensteht, erst in den 1890er Jahren. Zwar wird in der Forschung darüber debattiert,[252] von wem und in welchem Zusammenhang der Begriff erstmals in der Funktion eines ‚Labels' verwendet wird, Einigkeit besteht jedoch dahingehend, dass dabei die englischen Romanschriftstellerinnen Sarah Grand und Marie Louise de la Ramée, besser bekannt unter ihrem Pseudonym Ouida, eine entscheidende Rolle spielen.[253]

---

248 Kuppler, „Weiblichkeitsmythen", 276.

249 Kuppler, „Weiblichkeitsmythen", 276.

250 Siehe Rudnick, „The New Woman", 69.

251 Kelly, „The New Woman", 203. Siehe auch Ellen Jordan, „The Christening of the New Woman: May 1894", *The Victorian Newsletter* 63 (Spring 1983), 19-21: 19.

252 Siehe Jordan (1983), Kelly (2014) und Köhler (2004).

253 Siehe hierzu Grands Artikel, „The New Aspect of the Woman Question", *North American Review* 158.448 (März 1894), 270-276, in dem die Bezeichnung erstmals verwendet wird, sowie den kurz darauf ebenfalls in dieser Zeitschrift veröffentlichten Artikel von

Konsens besteht auch darüber, dass es sich bei der *new woman* nicht um einen einzigen, eindeutig definierbaren Frauentypus handelt, sondern vielmehr um ein – wie es bei Kelly heißt – „rhetorical catch-all label"[254], das sich auf eine Vielzahl weiblicher Repräsentationsformen bezieht. In ähnlicher Weise plädiert auch Andreas Höfele dafür, den Begriff *new woman* weniger als „Bezeichnung eines eindeutig definierbaren Typus" zu verwenden, sondern vielmehr als „Sammelbegriff verschiedener Tendenzen".[255] Zu den bekanntesten dieser Typvarianten zählen u.a. die *pioneer woman*, das sog. *Gibson Girl*, der Frauentypus des *flapper*, das *college girl*, das *bachelor girl*, die berufstätige Ehefrau (*the professional wife*) sowie die junge unverheiratete Berufstätige (*the single professional woman*).[256] Letztere wird, sofern sie – gewollt oder ungewollt – auch im mittleren und reiferen Lebensalter ledig bleibt, eher abwertend auch als *spinster* bezeichnet.[257] Köhler definiert die

---

Ouida mit dem Titel „The New Woman" (Mai 1894), in dem die Verfasserin den Begriff großschreibt – für Jordan *das* Indiz für die nachhaltige Etablierung der Bezeichnung (siehe Jordan, „The Christening of the New Woman", 20f.). Dass dieser Prozess so rasch voranschreiten konnte, lag nach den Einschätzungen von Jordan (siehe ebd. 20), Köhler (siehe *Ambivalent Desires*, 5) und Kelly (siehe „The New Woman", 203) u.a. auch an der großen Aufmerksamkeit, die beispielsweise die Presse und Unterhaltungsliteratur der *new woman* in Form von „journal cartoons, popular songs, newspaper stories, and stage plays" (ebd.) widmeten. Zudem trug auch das Attribut *‚new'* zur raschen Popularisierung bei, trat der Begriff doch zu einer Zeit in Erscheinung, für die Innovationen und Veränderungen charakteristisch waren und die durch eine Vielzahl von *‚new-isms'* geprägt wurde (siehe Adele Heller and Lois Rudnick, „Introduction", *1915, The Cultural Moment*, eds. Adele Heller and Lois Rudnick (New Brunswick, NJ: Rutgers University Press, 1991), 1-13: 1 sowie Jordan, „The Christening of the New Woman", 21).

254 Kelly, „The New Woman", 203.

255 Andreas Höfele, „Dandy und New Woman", *Die ‚Nineties': Das englische Fin de Siècle zwischen Dekadenz und Sozialkritik*, hg. Manfred Pfister und Bernd Schulte-Middelich (München: Francke, 1983), 147-163: 158.

256 Für eine Charakterisierungsskizze und Diskussion der o.g. Repräsentationsformen der *new woman* siehe Köhler, *Ambivalent Desires*, 76-99, Angelika Köhler, „Die Kompromisse und die Vermittlungen der *Popular Culture*: das Gibson Girl und die *New Woman*", *Intercultural Studies: Fictions of Empire*, hg. Vera Nünning und Ansgar Nünning (Heidelberg: Universitätsverlag Winter, 1996), 211-223 und Martha H. Patterson, *Beyond the Gibson Girl: Reimagining the American New Woman, 1895-1915* (Urbana, IL: University of Illinois Press, 2005). Zum Typus der *pioneer woman* siehe zudem Lesley Ferris, „The Golden Girl", *The New Woman and Her Sisters. Feminism and Theatre, 1850-1916*, eds. Viv Gardner and Susan Rutherford (New York, NY: Harvester Wheatsheaf, 1992), 37-55: 42. Nach Ferris verkörpert die *pioneer woman* des amerikanischen Westens eine Variante der *new woman*, da sich ihre Lebensweise von der einer *true woman* drastisch unterschied und sie mit den „conventional codes of womanhood" brach (ebd.).

257 In der Bedeutung der *old maid* ist die Bezeichnung *spinster* deshalb auch negativ konnotiert.

spinster als Frau, „who [...] remain[ed] unmarried and therefore needed to be independent".[258] Anders als diese Formulierung nahezulegen scheinen, sind die Merkmale der Emanzipation und institutionskritischen Haltung zur Ehe aber nicht für alle *spinster*-Figuren konstituierend. So gab es durchaus auch *spinster* mit einer tradierten Rollenidentität, die trotz ihrer Heiratsbereitschaft aus verschiedenen Gründen auf dem Heiratsmarkt chancenlos blieben und gezwungenermaßen finanziell unabhängig sein, sprich ihren eigenen Lebensunterhalt verdienen, mussten.

Trotz der erwähnten Heterogenität ist, mit Ausnahme des *spinster*-Typus, all diesen Erscheinungsformen emanzipierter Weiblichkeit die Forderung nach Selbstbestimmung, Unabhängigkeit und Gleichberechtigung gemein. Zudem grenzen sie sich vom Weiblichkeitsbild der *true woman* ab, wenngleich dies in variierenden Ausprägungsgraden geschieht und – wie Köhler am Beispiel des *college girl* bzw. *bachelor girl* verdeutlicht – mitunter auf eine bestimmte, nur wenige Jahre umfassende Lebensphase begrenzt bleibt.[259] Köhler spricht mit Bezug auf die erwähnte Diversität moderner Weiblichkeitsbilder von „multifaceted versions of the New Woman" bzw. von einer „multiplicity of [...] images of the New Woman" – eine Vielfalt, die wiederum aus einem breiten Spektrum an Möglichkeiten resultiere, die sich emanzipierten Frauen zum Ausdruck ihrer Distanzierung von tradierten Rollenbildern eröffneten.[260] Bezeichnend ist deshalb auch, dass sich beispielsweise Leta S. Hollingsworth in einem frühen Artikel aus dem Jahre 1927 für eine Schreibweise der Bezeichnung ausspricht, die die Heterogenität moderner Weiblichkeitsformen impliziert: „The essential fact about the New *Women* is that they differ among themselves, as men do, in work, in play, in virtues, in aspirations and in rewards achieved.

258 Köhler, *Ambivalent Desires*, 97. Allerdings waren *spinster* nicht in jedem Fall finanziell unabhängig. „[A]n unmarried woman," schreibt Firestone, „[...] often took refuge under a relative's roof (usually a parent or sibling)." (Paul A. Firestone, *The Pulitzer Prize Plays: The First Fifty Years, 1917-1967. A Dramatic Reflection of American Life* (Milwaukee, WI: Limelight, 2008), 19). Als Gegenleistung für mietfreies (weil nicht bezahlbares) Wohnen übernahm sie häufig „domestic chores: cooking, laundry, mending, and caring for children." (ebd.).

259 Im Vergleich zu vorausgegangenen Perioden ist in der *Progressive Era* tendenziell – zumindest dem Anschein nach – eine größere gesellschaftliche Offenheit gegenüber einem moderneren Weiblichkeitsverständnis und den entsprechenden Lebensstilen zu verzeichnen. So wird, wie Köhler zeigt, die höhere Bildung junger Frauen an den *women's colleges*, die v.a. in den 1880er und 1890er Jahren entstehen, durchaus akzeptiert, allerdings nur vor dem Hintergrund, dass eine gute Bildung die Chancen auf dem Heiratsmarkt erhöht und die Rückkehr der *college girls* zur tradierten Frauenrolle nach dem Abschluss als gesetzt galt (siehe *Ambivalent Desires*, 90).

260 Köhler, *Ambivalent Desires*, 23, 27, 21.

They are women, not woman."[261] In ähnlicher Weise spricht auch Rudnick von einem „broad spectrum on which we can locate the new women of this era".[262] In diesem Sinne verbietet sich daher jegliche Pauschalisierung oder Stereotypisierung dieses Frauentypus.[263]

Und schließlich ist sich die Forschung auch dahingehend einig, dass sich der Typus der *new woman* nach aktuellen Erkenntnissen nicht (mehr) auf bestimmte ethnisch-soziale Gruppen begrenzen lässt, wie sich dies etwa zu Beginn der wissenschaftlichen Beschäftigung mit diesem Phänomen zunächst abzeichnete. Während anfänglich die *new woman* als junge, unverheiratete, gebildete, finanzielle unabhängige und selbstbestimmte Frau der weißen Mittel- und Oberschicht definiert wurde,[264] subsumiert der Frauentypus heute beispielsweise ebenso emanzipierte schwarze Frauen – die sog. *New Negro Woman*[265] – oder auch *working-class women*, die sich trotz ihrer finanziell und sozial schwächeren Position für eine Verbesserung der gesellschaftlichen Stellung der Frau engagieren und somit auf ihre ganz spezifische Weise an der Ausformung eigener ‚*new woman-images*' aktiv mitwirken.[266] Somit stellt der Typus der emanzipierten *new woman* ein gesellschaftlich-klassenübergreifendes Phänomen da. Gleichwohl ist jedoch zu berücksichtigen, dass

261 Leta S. Hollingsworth, „The New Woman in the Making", *Current History* 27.1 (1927), 15-20: 19. Hervorhebung KT. Interessant ist an diesem Zitat zudem, dass die Verfasserin auf ein ebenso breites Spektrum männlicher Repräsentationsformen verweist. Darauf wird an anderer Stelle noch einmal zurückzukommen sein (siehe Kapitel III.4.2).

262 Rudnick, „The New Woman", 73.

263 Siehe hierzu auch Köhler, *Ambivalent Desires*, 24.

264 Siehe z.B. Clara Juncker, „The New Woman in the Progressive Era", *Pre-Publications of the English Department of Odense University, The University of Southern Denmark* 148 (February/March 2007), n.p., Kelly, „The New Woman", 203 und Smith-Rosenberg, *Disorderly Conduct*, 245.

265 Hierzu erklärt Kelly: „Most examples of the New Woman have been taken from the white middle class (or higher), [...] but as more recent research has demonstrated, the Harlem Renaissance of the 1920s saw the rise of the New Negro Woman, often represented as a tragic mulatta. [...] [T]he New Negro Woman's history was distinct from that of the middle-class white New Woman and has, until recently, been absent from discussion of the New Woman type [...]" („The New Woman", 203f.). Zur *New Negro Woman* siehe außerdem z.B. Sherrard-Johnson (2007), Tomlinson (2002) und Patterson, *Beyond the Gibson Girl*, insb. Kapitel 2.

266 Siehe Rudnick, „The New Woman", 73. Rudnick weist in diesem Zusammenhang darauf hin, dass sich die Frauen der Arbeiterklasse insbesondere durch ihr Engagement in den Gewerkschaften verdient gemacht haben, indem sie sich z.B. für gerechtere Löhne und verbesserte Arbeitsbedingungen einsetzten. Ebenso bedeutsam war ihre Rolle in der Organisation von Arbeiterstreiks: „In this period, [...] working-class women established their leadership skills in unionizing unskilled workers. They were key organizers in some of the major labor strikes and acted as important catalysts in the political thinking of middle-class reformers." (ebd. 72).

hinsichtlich der sozialen Umstände und Motivation ihres emanzipatorischen Wirkens erhebliche Unterschiede zwischen den Frauen der Mittel- bzw. Oberschicht einerseits und den Frauen der Arbeiterschicht andererseits bestehen. Zwar haben sie grundlegende Zielsetzungen gemeinsam,[267] allerdings erweisen sich ihre Ausgangsbedingungen und Herangehensweisen durchaus als unterschiedlich:

> The obstacles to mutual understanding between working- and middle-class reformers in the early twentieth century rested on differences in experience and perspective. Middle-class new women took great pride in being self-supporting and found fulfillment in their work. In contrast, young [working-class] […] women rarely lived their independent lives; instead they contributed to the subsistence of their parents and siblings. Furthermore, work in textile mills, garment shops, and other industrial enterprises was hardly fulfilling. It exhausted the body and deadened the mind.[268]

Die romantisch-verklärte Vorstellung der Mittel- und Oberschicht von weiblicher Solidarität über die Grenzen gesellschaftlicher Schichten hinweg steht in der Realität, wie es bei Evans weiter heißt, den „economic particularities of working-class women's lives“[269] kontrastiv entgegen. Eine Untersuchung des *new woman*-Typus in literarischen Texten kann demzufolge ein sehr heterogenes Ergebnisbild hervorbringen, wie Rudnick betont: „When her image is examined closely in the writing of the era that defined her, what we discover are multiple and sometimes competing and contrasting images.“[270]

Für die vorliegende Arbeit bedeutet dies *erstens*, dass den Textanalysen ein im Sinne der voranstehenden Ausführungen weitgefasstes Verständnis des *new woman*-Typus zugrunde liegen muss, um das breite Spektrum moderner weiblicher Repräsentationsformen herausarbeiten zu können. *Zweitens* impliziert der hier verwendete kontextorientierte Ansatz, dass in den dramatischen Texten zum einen die konkreten individuellen Lebensumstände der *new woman*-Figuren im Spiegel der Zeit jeweils ausgeleuchtet werden müssen und zum anderen eine Deutung ihrer jeweiligen Rolle(n) im Aushandlungsprozess von Geschlechterbeziehungen im inneren und äußeren Kommunikationssystem

267 Bei Köhler heißt es hierzu: „But despite all diversity, women shared one common goal: to leave the narrowness of the traditionally female domestic sphere.“ (*Ambivalent Desires*, 5).

268 Evans, *Liberty*, 158.

269 Evans, *Liberty*, 158. Auf den Umstand, dass das Ausüben beruflicher Tätigkeiten in Fabriken, Wäschereien, Schreibstuben usw. für viele junge Frauen aus der Arbeiterschicht weniger Ausdruck weiblicher Unabhängigkeit und Selbstverwirklichung ist, sondern vielmehr „the only way of physical survival“ und damit eine existentielle Notwendigkeit darstellt, verweist auch Köhler (*Ambivalent Desires*, 51).

270 Rudnick, „The New Woman“, 73.

der Stücke nur unter Berücksichtigung des größeren, soziokulturellen Umfeldes vorgenommen werden kann – drängt sich doch, wie Ahrens schreibt, „[m]it dieser Variante des Frauenmotivs […] verstärkt eine Verbindung zu der sozialgeschichtlichen Entwicklung auf".[271] Ausgehend von den Überlegungen von Höfele (1983), Kelly (2014), Köhler (2004) und Rudnick (1991) wird der Begriff der *new woman* deshalb hier als ein *umbrella term* für Repräsentationsformen emanzipierter Weiblichkeit verwendet, ohne dabei pauschalisieren oder die variationsspezifischen Besonderheiten vernachlässigen zu wollen. *Drittens* ist für eine differenzierte Untersuchung der Umstand zu berücksichtigen, dass die *new woman* zwar aus profeministischer Perspektive als Positiverscheinung gewertet worden sein mag, im konservativen Teil der Gesellschaft aber überaus kritisch gesehen wurde. Im Kontext des herrschenden Geschlechterdiskurses betrachtete man sie in der *Progressive Era* mit Verachtung und verstand sie als Bedrohung für das gesellschaftliche Wohl,[272] was – wie der nachfolgende Kapitelabschnitt zeigen wird – als Ausdruck einer Männlichkeitskrise zu deuten ist. Diese betont kritische Sichtweise fand im öffentlichen Diskurs (etwa in Zeitungsartikeln, aber auch in literarischen Texten) insofern seinen

271 Rüdiger Ahrens, „Motivgeschichtliche Aspekte der *new woman* im englischen Drama der Jahrhundertwende" [1990], *Anglophone Kulturwissenschaft und Englische Fachdidaktik. Gesammelte Aufsätze von Rüdiger Ahrens*, hg. Matthias Merkl und Laurenz Volkmann (Heidelberg: Universitätsverlag Winter, 2004), 275-297: 276.

272 Siehe hierzu z.B. Kerry Powell, „New Woman, New Plays, and Shaw in the 1890s", *The Cambridge Companion to George Bernard Shaw*, ed. Christopher Innes (Cambridge: Cambridge University Press, 2000), 76-100), der zur Wahrnehmung und Darstellung der *new woman* in der Gesellschaft Folgendes konstatiert: „On the whole the New Woman was treated with contempt or fear because in various incarnations […] she reopened for discussion some deeply held assumptions about what it meant to be a man or a woman. […] [T]he New Woman was consistently a symbol of upheaval, threatening to dissolve the boundaries of gender and disrupt the maternal activities which nature was thought to have ordained for women." (ebd. 77). Vor dem Hintergrund dieser Wahrnehmung wurde die *new woman* in der Gesellschaft häufig als radikale Feministin und damit als ernst zu nehmende Bedrohung für die bestehende Gesellschaftsordnung dargestellt, um eine Grundlage zu schaffen, auf der die gesellschaftliche Zurückdrängung oder Bekämpfung der *new woman* legitim erschien. Eine besondere Rolle spielten dabei auch die übertrieben radikalfeministischen Darstellungsformen der *new woman* in literarischen Texten. Auf diese Weise wurde im Rahmen des Geschlechterdiskurses ein Bild der sich emanzipierenden Frau gezeichnet, das mit der Realität oft wenig zu tun hatte. Powell kommt diesbezüglich zu folgender Einschätzung: „For many […] the New Woman created intellectual panic […]. She was not so much a person […] as a constructed category which expressed metonymically some of the historic challenges being brought to bear in the 1890s on traditional ideas of woman, in particular, and gender as whole. […] [T]he New Woman seemed to be […] more an element of discourse than a real person or group of people." (ebd. 76, 77).

Niederschlag, dass die *new woman* als ‚gesellschaftliches Schreckgespenst' viel negativer oder radikaler dargestellt wurde, als sie es eigentlich war. Dies bezog sich beispielsweise auf ihre vermeintlich ablehnende Haltung zur Ehe und Mutterrolle. In Anbetracht solcher diskursiv gesteuerten Wahrnehmungs- und Deutungsgewohnheiten sind die hier ausgewählten Stücke demzufolge auch danach zu befragen, ob und inwiefern ein bestimmtes Bild der *new woman* bevorzugt bzw. auch gar nicht inszeniert wird.

Männlichkeitskonzepte, Männlichkeitskrise und der *new man*

Eine literaturwissenschaftliche Studie, die sich mit der Aushandlung der Geschlechterfrage beschäftigt, kann und darf sich spätestens seit dem Paradigmenwechsel – d.h. von einer auf die Analyse weiblicher Repräsentationsformen fokussierten Frauen(bild)forschung hin zu einer Untersuchung von Geschlechterbeziehungen, von Weiblichkeit und Männlichkeit in den *Gender Studies* – nicht mehr nur auf die Darstellung von Weiblichkeit in literarischen Texten beschränken. Walter spricht von „Etikettenschwindel", wenn „Gender-Studien gesagt wird, aber damit ausschließlich Frauenforschung gemeint ist".[273] Er moniert, dass es „[i]n der Mehrzahl der Fälle [gemeint sind die insbesondere in den 1990er Jahren auf dem Gebiet der *Gender Studies* erschienenen Beiträge] [...] inhaltlich ausschließlich um Frauen und deren Perspektive(n) auf das Geschlechterverhältnis [geht]" und dass ferner darin „Männer und Männlichkeiten [...] nicht vor[kommen] – oder nur als Negativfolie, von der sich Frauen und Weiblichkeit abhebt [*sic*]."[274] Und auch in seiner 2006 erschienenen Monographie merkt Horlacher an, dass „[n]och immer gilt, daß sich von den zahllosen Studien aus dem Bereich der *Gender Studies* nur vergleichsweise wenige mit Männlichkeit und noch erheblich weniger mit der Konstruktion von männlicher Identität in der viktorianischen und postviktorianischen Epoche befassen".[275] Wie Walter verweist auch McDonough auf die „*blind spots*"[276] in der Literaturkritik, die immer dann entstehen, wenn die Analyse männlicher Repräsentationsformen in *gender*-orientierten Studien vernachlässigt wird. Vor diesem Hintergrund will die hier vorliegende Arbeit der von Walter und Horlacher vorgebrachten Kritik Rechnung tragen und einen (weiteren) Beitrag zu einer „ihrem Namen tatsächlich gerecht

273 Willi Walter, „Gender, Geschlecht und Männerforschung", *Gender Studien – Eine Einführung*, hg. Inge Stephan und Christina von Braun (Stuttgart: J.B. Metzler, 2000), 97-115: 108.

274 Walter, „Gender, Geschlecht und Männerforschung", 108.

275 Horlacher, *Masculinities*, 121. Für einen ähnlichen Befund siehe auch Nünning, V., „*Gender* in der Literaturwissenschaft", 143.

276 McDonough, *Staging Masculinity*, 1. Siehe auch Walter, „Gender, Geschlecht und Männerforschung", 108.

werdenden *Geschlechterforschung*“[277] leisten. Allein die Tatsache, dass sich verändernde Weiblichkeitsvorstellungen direkt auf das Männlichkeitsverständnis bzw. das Verhältnis der Geschlechter zueinander auswirken, legt nahe, dass eine *gender*-orientierte Arbeit ohne die Untersuchung der Dynamik innerhalb einer vermeintlich fest etablierten Geschlechterordnung nicht auskommen kann. Sobald sich nämlich, wie Filene konstatiert, das Weiblichkeitsverständnis in irgendeiner Form zu wandeln beginnt, wirke sich diese Veränderung zwangsläufig auch auf die männliche Rollenidentität aus.[278] Männlichkeit ist demzufolge analog zu Weiblichkeit als soziokulturelles, historisch variables Konstrukt zu verstehen,[279] das in seiner jeweiligen Ausprägung nur im Wechselspiel mit dem jeweils gültigen, zu einer bestimmten Zeit als gesellschaftliche Norm definierten Weiblichkeitsideal gesehen werden kann.[280]

Die wissenschaftliche Auseinandersetzung mit Männlichkeit zählt, wie z.B. bei Feldmann nachzulesen ist, zu den jüngeren Forschungsbereichen, da sich die Frage „nach der Bedeutung von Männlichkeit“[281] bis in die 1970er zunächst gar nicht stellt. Erst als durch die *Women's Studies* bzw. feministisch orientierte Forschung traditionelle Weiblichkeitsbilder hinterfragt werden, entwickelt sich im Zuge dessen auch „[d]ie Notwendigkeit, Männlichkeit [...] zu problematisieren“[282]. Dass spätestens seit den 1980er Jahren innerhalb der Geschlechterforschung im Allgemeinen und in den sich neu herausbildenden

277 Walter, „Gender, Geschlecht und Männerforschung“, 108. Hervorhebung im Original.

278 Siehe Peter G. Filene, *Him, Her, Self: Sex Roles in Modern America* (Baltimore, MD: Johns Hopkins University Press, 1988), 69. Filene betont, „[that] [t]he ‚woman question‘ was, in fact, also a question about men“ und „[that] [a]ny revisions of the female part, in response to the ‚woman question,‘ would inevitably also change the male counterpart“ (ebd.). Im gleichen Zusammenhang schreibt Reeser mit Bezug auf Kimmel (^{3}2012): „Obwohl Frauengeschichte traditionell als Reaktion auf Männergeschichte verstanden wurde, könnte die Richtung der Beeinflussung durchaus auch umgekehrt werden, weil laut Kimmel Männlichkeitsdefinitionen historisch auf Änderungen in der Definition von Weiblichkeit reagieren.“ (Todd W. Reeser, „Englischsprachige Männlichkeitsforschung“, *Männlichkeit: Ein interdisziplinäres Handbuch*, hg. Stefan Horlacher et al. (Stuttgart: J.B. Metzler, 2016), 26-42: 30 mit Bezug auf Michael S. Kimmel, *Manhood in America: A Cultural History* (New York, NY: Oxford University Press, ^{3}2012)).

279 Siehe Feldmann und Schülting, „Geschlechtsidentität und Geschlechterrolle“, 454.

280 Siehe Michael S. Kimmel, „The Contemporary ‚Crisis‘ of Masculinity in Historical Perspective“, *The Making of Masculinities: The New Men's Studies*, ed. Harry Brod (Boston, MA: Allen & Unwin, 1987), 121-153: 122.

281 Doris Feldmann, „Literaturwissenschaft, *New Men's Studies* und das Drama der englischen Renaissance“, *Wann ist der Mann ein Mann? Zur Geschichte der Männlichkeit*, hg. Walter Erhart und Britta Herrmann (Stuttgart: J.B. Metzler, 1997), 134-148: 135.

282 Feldmann, „Literaturwissenschaft, *New Men's Studies* und das Drama“, 135.

Men's Studies bzw. *Masculinity Studies* ein „verstärktes Interesse an einem tieferen und differenzierteren Verständnis von Männlichkeit(en)"[283] erwächst, wird in der einschlägigen Forschungsliteratur zunächst als „response to feminism"[284] und als eine Entwicklung in Analogie „zu den *Women's Studies*, die sich in den 1970er Jahren etablierten"[285], verstanden. Neueste Studien betonen jedoch, dass es sich dabei keineswegs um eine Gegenreaktion – also nicht um einen *conservative backlash* –, sondern vielmehr um einen inzwischen fest etablierten, eigenen Forschungsbereich mit eigenen Forschungsschwerpunkten und theoretischen Ansätzen handelt, der interdisziplinär eine ganze Bandbreite von Anschlussmöglichkeiten an benachbarte Disziplinen bietet.[286]

---

283 Walter, „Gender, Geschlecht und Männerforschung", 107. Für diese relativ junge Forschungsrichtung werden, wie Walter außerdem verdeutlicht, eine Reihe unterschiedlicher Bezeichnungen verwendet, die auf eine „Vielzahl von höchst unterschiedlichen Ansätzen, Zugängen und Definitionen" verweisen (ebd. 97). Innerhalb der ‚seriösen', wissenschaftlichen Auseinandersetzung mit der Männlichkeitsthematik haben sich die Begriffe *Men's Studies, Masculinity Studies* und *Critical Studies on Men and Masculinities* etabliert. Diese sind im Anschluss an Horlacher deutlich zu trennen von den eher „reactionary perspectives which can rightly be considered as backlashes" (Stefan Horlacher, „Configuring Masculinity", *Configuring Masculinity in Theory and Literary Practice*, ed. Stefan Horlacher (Leiden: Brill Rodopi, 2015b), 1-10: 1 (Anm. 1), siehe auch Ulf Reichardt und Sabine Sielke, „What Does Man Want? The Recent Debates on Manhood and Masculinities", *Amerikastudien* 43.4 (1998), 563-575: 565). Im deutschsprachigen Raum haben sich die Bezeichnungen ‚Männerforschung' und ‚Männlichkeitsforschung' durchgesetzt. Insgesamt finden heute die Begriffe *Masculinity Studies* bzw. Männlichkeitsforschung bevorzugt Verwendung (siehe z.B. Reichhardt und Sielke, „What Does Man Want?", 565 (Anm. 14), Horlacher, „Configuring Masculinity", 1 sowie Reeser, „Englischsprachige Männlichkeitsforschung", 34), weil sie auf eine „semantische Verschiebung [...] innerhalb des Feldes" hindeuten – nämlich weg von der Annahme, dass das natürliche Geschlecht „an den männlichen Körper [...] gebunden" sei, hin zu der Annahme, dass „es sich um komplizierte und instabile Phänomene handel[e], die nicht einfach zu umreißen" seien (ebd.). „Der Begriff Männlichkeit [bzw. *masculinity*] kann," so Reeser, „seine soziale Konstruiertheit und demzufolge auch seine Verhandelbarkeit betonen" (ebd.; siehe auch Todd W. Reeser, „Concepts of Masculinity and Masculinity Studies", *Configuring Masculinity in Theory and Literary Practice*, ed. Stefan Horlacher (Leiden: Brill Rodopi, 2015), 11-38: 28).

284 Köhler, *Ambivalent Desires*, 55. Siehe auch Reichardt und Sielke, „What Does Man Want?", 565.

285 Doris Feldmann und Sabine Schülting, „Männlichkeit", *Metzler Lexikon Literatur- und Kulturtheorie: Ansätze – Personen – Grundbegriffe*, hg. Ansgar Nünning (Stuttgart: Metzler, ^{4}2008f), 454-455: 454.

286 Siehe Horlacher, „Configuring Masculinity", 1 sowie Feldmann und Schülting, „Männlichkeit", 454 und Horlacher et al., „Einleitung", *Männlichkeit: Ein interdisziplinäres Handbuch*, hg. Stefan Horlacher et al. (Stuttgart: Metzler, 2016b), 1-9: 3. Das Spektrum der Themen und Forschungsschwerpunkte ist breit gefächert: „So geht es in der M[ännlichkeit]sforschung um die Analyse von M[ännlichkeits]bildern und -stereotypen, um die Demontage

Längst vorbei sind also die Zeiten, in denen Männlichkeit „hardly more than an occasional topic“[287] war. Die Etablierung der Männerforschung als eigenständiger Wissenschaftsbereich und die – nach neuester Einschätzung – inzwischen „gründlich[e] Erforschung von Männlichkeit“[288] haben in den vergangenen drei Jahrzehnten eine Fülle von Publikationen in der Soziologie, Psychologie, Medizin und insbesondere auch in den Literatur- und Kulturwissenschaften hervorgebracht,[289] die ihren Fokus auf die Analyse

heroischer M[ännlichkeit]smythen sowie um die Erforschung von *male bonding* bzw. männlichen Bindungen und Gemeinschaften, welche die Vielschichtigkeiten und Differenzen von M[ännlichkeit] sowie die hierarchischen Machtverhältnisse innerhalb dieser M[ännlichkeit]en sichtbar werden lassen.“ (Feldmann und Schülting, „Männlichkeit“, 454). Darüber hinaus widmen sich weitere Ausrichtungen innerhalb der Männerforschung beispielsweise Aspekten wie der Homosexualität (*Gay Studies / Queer Studies*), des Transvestismus / Transgender / Intersex oder der männlichen (sowohl psychischen als auch physischen) Gewaltausübung gegen Männer bzw. Frauen (Gewaltforschung). Vor dem Hintergrund der in dieser Studie untersuchten Dramen der *Progressive Era* können die zuletzt genannten Forschungsschwerpunkte innerhalb der Männerforschung unberücksichtigt bleiben, da Fragen der Homosexualität oder des Transvestismus auf den kommerziellen *Mainstream*-Theaterbühnen im Untersuchungszeitraum nicht öffentlich verhandelt werden.

287 Horlacher, „Configuring Masculinity“, 1.

288 Horlacher et al., „Einleitung“, 1, siehe auch 3.

289 Siehe Horlacher, „At the Crossroads, Teil I“, 174, 180 sowie Horlacher et al., „Einleitung“, 1, 3. Die kaum mehr zu überblickende Fülle an Publikationen, von der Reichardt und Sielke bereits 1998 sprechen (siehe „What Does Man Want?“, 563) und von denen an dieser Stelle nur einige einschlägige bzw. neuere exemplarisch genannt werden können, reicht von a) (Überblicks-)Studien der historischen Männerforschung, die sich, z.T. aus kulturanthropologischer, soziologischer und psychoanalytischer Perspektive, mit Aspekten der Männlichkeitskonzeption, Männlichkeitskonstruktion und männlichen Identitätsbildung auseinandersetzen (z.B. Adams and Savran (2008), Arnold and Brady (2013), Bederman (2000), Benthien und Stephan (2003), Berger et al. (1995), Brandt (2007), Brandt (1997), die Beiträge von Carrigan et al., Filene und Kimmel in Brod (1987), Clatterbaugh (1990), Erhart und Herrmann (1997a), Gilmore (1991), Horlacher et al. (2016a), Meuser (^{3}2010), Mitchell (2011), Plath and Lussana (2009), Pleck (1981), Rotundo (1998), Steffen (2002) u.v.a.m.) über b) ethnisch-ethnologisch ausgerichtete Arbeiten, die sich mit Blick auf bestimmte ethnische Minderheiten der Relation von *masculinity* und *race* (hier insb. *black masculinity*) widmen (z.B. Buckner and Caster (2011), Henry Anthony (2013), Jackson and Hopson (2011), Kimmel (2013), Pochmara (2011), Stein (2015) u.v.a.m.) bis hin zu c) literatur- und kulturwissenschaftlich orientierten Studien, die ihren Schwerpunkt auf die Analyse von männlichen Repräsentationsformen in verschiedenen Untersuchungszeiträumen, der Konzeption männlicher Protagonisten im literarischen Werk diverser Autoren oder auf die Frage nach der Wirkung und Bedeutung fiktionaler Texte für die Konstruktion männlicher Identitäten legen. Für den Bereich der anglistischen Literaturwissenschaft sind beispielhaft Bourrier (2015), Horlacher (2006), MacDonald (2015), Mallett (2015), Rosen (1993), Solinger (2012) sowie z.B. die Beiträge von Karremann, Schneider, R., Scholz und Dropmann und Volkmann in Horlacher (2011) und

der Darstellung von Männlichkeitskonzepten und -bildern richten, sich mit Aspekten der männlichen Identitätsbildung bzw. Sozialisation auseinandersetzen und dabei die „multiple and ambiguous meanings against the background of different cultural, historical, and socioeconomic contexts of men's lives"[290] herausarbeiten. Ihnen gemeinsam ist die Grundannahme, dass, wie oben kurz angeklungen, Männlichkeit – analog zu Weiblichkeit – „nicht mehr als naturgegeben gilt, sondern psychische, soziale, ökonomische und politische Faktoren mit im Spiel sind, die nichts mit Genetik zu tun haben"[291]. Innerhalb der *Masculinity Studies* und *Gender Studies* wird, wie Feldmann schreibt, Männlichkeit demzufolge verstanden

> als ein Konzept, ein Konstrukt, ein Artefakt, als eine Fiktion oder ein Bild, das jeweils historisch verschieden verkörpert wird. Es geht nicht um eine allgemeingültige Definition des Männlichen, sondern um die Veränderungen und Grenzen von Männlichkeit, um deren Überformungen und Überschreitungen. Gemeinsam ist diesen Ansätzen, daß sie Männlichkeit als Bündel kultureller Normen begreifen und insofern einheitlich-überzeitliche Konzeptionen von Männlichkeit ablehnen.[292]

---

von Houswitschka, Bracher, Emig, Hosseini und Schötz in Horlacher (2015a) zu nennen. Innerhalb der amerikanistischen Literaturwissenschaft sind exemplarisch folgende Studien erwähnenswert: Ferry (2015), McDonough (1997), McKinley (2015), Müller (2007), Staudte (2014), Wahlström (2010) sowie z.B. die Beiträge von Matz, McAdams, Posner und Suk in Levmore and Nussbaum (2014). Darüber hinaus liegen zahlreiche Beiträge zu diversen Unterthemen vor, auf die hier nicht weiter eingegangen werden kann. Lediglich erwähnt seien die Themenkomplexe *masculinity & war* (z.B. *American Civil War*), *masculinity & religion* (z.B. *Jewish masculinity*), *masculinity & sports*, *masculinity & crime/violence* sowie die Darstellung von Männlichkeit in verschiedenen Formaten der *popular culture* wie z.B. *film, musical, music videos, TV series* etc. Siehe Horlacher et al., *Männlichkeit: Ein interdisziplinäres Handbuch*, hg. Stefan Horlacher et al. (Stuttgart: J.B. Metzler, 2016a) für einen Überblick über die verschiedenen Teildisziplinen, Ansätze und Themenbereiche innerhalb der Männlichkeitsforschung.

290 Köhler, *Ambivalent Desires*, 55f.

291 Feldmann, „Literaturwissenschaft, *New Men's Studies* und das Drama", 135. In diesem Zusammenhang heißt es bei McDonough: „If gender, as opposed to biological sex, is a construct, [...] it is a construct for both men and women. [...] If, as Simone de Beauvoir indicates, one is not born a woman but becomes one, so too it would seem that one is not born a man but becomes one." (*Staging Masculinity*, 5).

292 Feldmann, „Literaturwissenschaft, *New Men's Studies* und das Drama", 135. Siehe auch Stefan Horlacher, „*Men's Studies and Gender Studies at the Crossroads:* Transdisziplinäre Zukunftsperspektiven der Geschlechterforschung. Teil II", *Literatur in Wissenschaft und Unterricht* 37.3 (2004b), 267-286: 269.

Die Einsicht, dass es *die* Definition von Männlichkeit nicht gibt und vielmehr ein „plurale[s] Konzept von Männlichkeit“[293] anzunehmen ist, hat in der Folge eine ganzes Spektrum an Männerbildern und „Männlichkeiten zum Vorschein gebracht“ – nicht nur im Hinblick auf „historisch[e] Männlichkeitskonzepte“, sondern auch „innerhalb einer einzigen Gesellschaft“ und einer einzigen Epoche wie beispielsweise der *Progressive Era*.[294] Dementsprechend ist in der Forschung heute zunehmend die Rede von Männlichkeit*en* bzw. *masculinities*.[295] Gerade die Wende vom 19. zum 20. Jahrhundert stellt aus der Perspektive der *Gender Studies* im Allgemeinen und der *Masculinity Studies* im Besonderen einen interessanten Untersuchungszeitraum dar, weil „in Zeiten des Umbruchs“, zu denen die *Progressive Era* zweifelsohne zählt, „[n]eue Bilder und Inszenierungen von Männlichkeiten [...] ganz besonders deutlich hervor[treten]“ und diese „unterschiedliche[n] Männlichkeitsvorstellungen miteinander konkurrieren“.[296] Dass dies in direktem Wechselbezug zu den

---

293 Feldmann, „Literaturwissenschaft, *New Men's Studies* und das Drama“, 136. Reichardt und Sielke sprechen von einer „diversity and complexity of masculinities“ („What Does Man Want?“, 566) und bei Horlacher et al. (2016b: 2) ist die Rede von der „Prämisse eines pluralen Verständnisses von Männlichkeit(en)“ („Einleitung“, 2, siehe auch 3).

294 Walter Erhart und Britta Herrmann, „Der erforschte Mann?“, *Wann ist der Mann ein Mann? Zur Geschichte der Männlichkeit*, hg. Walter Erhart und Britta Herrmann (Stuttgart: J.B. Metzler, 1997b), 3-31: 11, 10.

295 Siehe Erhart und Herrmann, „Der erforschte Mann?“, 9 und Horlacher et al., „Einleitung“, 2. Durch die Pluralform des Begriffes werden nach Reeser beispielsweise Aspekte wie *race*, *class* oder Herkunft mitgedacht, sodass die Komplexität des Männlichkeitskonzeptes zum Tragen kommen kann (siehe „Concepts of Masculinity“, 28 und „Englischsprachige Männlichkeitsforschung“, 34). Neben *masculinities* finden im Kontext der englischsprachigen Männer- bzw. Männlichkeitsforschung weitere Begriffe wie z.B. *manliness*, *maleness* und *manhood* Verwendung, die mitunter synonymisch gebraucht werden, in ihrer Bedeutung aber doch voneinander abzugrenzen sind, um terminologische Missverständnisse zu vermeiden. Während *masculinity* auf bestimmte physische Eigenschaften (z.B. *powerful, virile, strong, superior, active*) und „the quality of being masculine“ rekurriert, wird mit *manliness* auch eine moralische Dimension mitgedacht (Köhler, *Ambivalent Desires*, 55, 56). Weist ein Mann die im viktorianischen Geschlechterdiskurs als ‚männlich‘ verstandenen Tugenden (d.h. „a strong character, a powerful will, and sexual self-restraint“, ebd. 56) auf, so gilt er als *manly*. *Manliness* ist demzufolge „a construct that does not describe an existing state but anticipates perfection, a standard to live up to: the Victorian ideal of manhood [...]“ (ebd.). *Maleness* hingegen rückt den biologischen Aspekt in den Fokus und bezeichnet die sexuelle Zugehörigkeit einer Person zum männlichen Geschlecht. Der Begriff *manhood* schließlich bezieht sich – sieht man von seiner generischen Verwendung in der Bedeutung ‚Menschheit‘ einmal ab – entsprechend der Definition des *Oxford English Dictionary* auf „[t]he adult state of man, as opposed to childhood“ und benennt demzufolge die (Lebens-)Phase des ‚Mannseins‘ („Manhood“, *Oxford English Dictionary, Online Edition*, 3rd. ed., University of Oxford Press. n.p.).

296 Erhart und Herrmann, „Der erforschte Mann?“, 20f.

sich verändernden Weiblichkeitskonzepten steht, wurde oben bereits erwähnt. Dem sei mit Horlacher noch Folgendes hinzugefügt:

> Faßt man die Konstruktion von Männlichkeit nicht als losgelöst, sondern als mit Bezug zur Weiblichkeit erfolgend auf, so wird die Frage nach der *negotiation* aktuell, der Verhandlung zwischen den Geschlechtern. Indem sich durch die mit der *New Woman*-Thematik einhergehende Veränderung von Weiblichkeit die Grenzen zwischen den Geschlechtern verschieben, wird auch der männliche Pol Veränderungen unterworfen. [...] Dabei stellt sich die Frage, wer diese Verhandlungen und Positionsveränderungen zwischen den Geschlechtern initiiert [...].[297]

Insgesamt haben – und darauf spielt auch das voranstehende Zitat an – die gesellschaftlichen Veränderungen um die Jahrhundertwende aus *gender*-analytischer Sicht „zu divergierenden und sich überlagernden Männlichkeits- und Weiblichkeitsmodellen [geführt], deren Gleichzeitigkeit [...] noch einmal den Konstruktcharakter von ‚Geschlecht' demonstrieren."[298] Die *Progressive Era* ist jedoch nicht allein ein konfliktreiches Spannungsfeld, innerhalb dessen sich Frauen und Männer im mehr oder weniger konstruktiven Dialog um *negotiation*, also um die Aushandlung bzw. Neuordnung der Geschlechterbeziehungen bemühen; sie ist gleichermaßen Ausdruck einer in die Krise geratenen Männlichkeit.

Kern – jedoch keineswegs der einzige Aspekt – dieser in der Geschlechterforschung „vielbeschworene[n] ‚Krise' der M[ännlichkeit]"[299] ist der

297 Horlacher, *Masculinities*, 124.

298 Erhart und Herrmann, „Der erforschte Mann?", 21.

299 Feldmann und Schülting, „Männlichkeit", 454. Wie bei Feldmann und Schülting klingt mit Blick auf das Konzept der Männlichkeitskrise auch bei Horlacher et al. ein kritischer Unterton an, wenn dort die Rede von einem „geradezu inflationär[en] Postulieren einer Krise" ist („Einleitung", 2). Die Autoren argumentieren, dass dieses „vermeintlich[e] Erklärungsmodell" als problematisch einzuschätzen sei, weil es „implizit die Idee einer nicht-krisenhaften, nämlich starken Männlichkeit als ‚normal' befördert und somit nicht selten traditionell hegemoniale Strukturen weiter verfestigt" (ebd.). Trotz dieser derzeit geführten Debatte halte ich an dem Konzept der krisenhaften Männlichkeit fest, weil es insbesondere im Hinblick auf die Aushandlung der Geschlechterproblematik in der *Progressive Era* die bei Horlacher et al. angesprochene ‚männliche Sorge' um den Zerfall hegemonialer Strukturen versinnbildlicht, die es durch die Affirmation traditioneller und aus männlicher Sicht als ‚normal' verstandener Rollenvorstellungen zu überwinden galt. Ausgehend von der Annahme, dass „bestimmte historische Momente als stärker krisenbelastet als andere erachte[t] [werden]" und dass „die Einstufung einer bestimmten Zeit als krisenhaft voraussetzt, dass es andere Zeiträume gibt, in denen Männlichkeit quasi frei von Angst und Krisen" ist (Reeser, „Englischsprachige Männlichkeitsforschung", 30, siehe auch Reeser, „Concepts of Masculinity", 20), kann mit Bezug auf den Untersuchungszeitraum der *Progressive Era* durchaus von einer Männlichkeitskrise gesprochen werden.

Umstand, dass das tradierte viktorianische Männlichkeitsideal aufgrund des sich verändernden Weiblichkeitsverständnisses und der Herausbildung neuer Frauenbilder brüchig zu werden droht und seine nachhaltige Stabilisierung diskursiv nicht länger legitimierbar scheint. In Anbetracht des Vordringens der Frau in die öffentliche Sphäre sieht das männliche Geschlecht seine Stellung in der Gesellschaft um die Jahrhundertwende zunehmend bedroht. So gesehen ist die Männlichkeitskrise im Anschluss an Michael S. Kimmel als *Reaktion* auf die voranschreitende Emanzipation der Frau zu verstehen,[300] die ferner verdeutlicht, „wie eng Männermacht und Männerangst beieinanderliegen“[301]. Dabei handelt es sich nicht um eine einzige, homogene Reaktion des männlichen Geschlechts, die allein auf die Stabilisierung der hierarchischen Geschlechterordnung oder ein *reinforcement* tradierter Rollenbilder abzielen würde, sondern um verschiedene *responses*[302], die das ganze Spektrum der nebeneinander existierenden bzw. sich in Konkurrenz zum ‚alten‘ Männertypus neu herausbildenden Repräsentationsformen von Männlichkeit sichtbar werden lassen. Sie sind auch Beleg dafür, dass die erwähnte *crisis of masculinity* ein ebenso facettenreiches, vielschichtiges Phänomen darstellt. Ausgehend von Kimmel, der zwischen drei *backlash*-Tendenzen differenziert,[303] wird nachfolgend ausgeführt, auf welche Art und Weise die Männlichkeitskrise zum Tragen kommt, wie ihr begegnet bzw. sie zu lösen versucht wird.

(1) Die aggressivste ‚Antwort‘ auf den sich anbahnenden Wandel der Geschlechterbeziehungen geht von der zahlenmäßig größten Gruppe ausgesprochen konservativ eingestellter Männer aus,[304] deren zentrales Interesse darin besteht, die patriarchalische Ordnung wieder herzustellen und die im

---

300 Siehe Kimmel, „The Contemporary ‚Crisis‘ of Masculinity“, 124f. In Bezug auf die ‚Direktionalität‘ sich verändernder Geschlechterbeziehungen argumentiert Kimmel: „The historical evidence suggests that while both masculinity and femininity are socially constructed within historical context of gender relations, definitions of masculinity are historically *reactive* to changing definitions of femininity.“ (ebd. 124). Kimmels Hypothese basiert auf der Annahme, „that since men benefit from inherited definitions of masculinity and femininity, they would be unlikely to initiate change.“ (ebd. 124f.).

301 Horlacher, „At the Crossroads, Teil I“, 173. Siehe auch Erhart und Herrmann, „Der erforschte Mann?“, 22.

302 Für einen Überblick siehe den Abschnitt ‚Masculinity in Crisis in the United States, 1880-1914‘ bei Kimmel, „The Contemporary ‚Crisis‘ of Masculinity“, 143-153.

303 S. Kenneth Clatterbaugh, *Contemporary Perspectives on Masculinity. Men, Women, and Politics in Modern Society* (Boulder, CO: Westview Press, 1990) unterscheidet zwischen sechs Perspektiven, an die Kimmels Kategorisierungen zum Teil anschließen. Siehe hierzu auch Reeser, „Englischsprachige Männlichkeitsforschung“, 26.

304 Selbstverständlich sei damit nicht impliziert, dass es nicht auch konservativ eingestellte Frauen gegeben hätte, die dem Wandel der Geschlechterordnung und der *new woman* nicht auch mit Kritik und Ablehnung begegnet wären. Da es hier jedoch explizit um

Zuge des *cult of true womanhood* festgeschriebenen Geschlechterrollen zu (re-)stabilisieren. Mit der Befürchtung, das weibliche Geschlecht könnte das durch ‚männliche' Attribute wie physische und psychische Stärke, Autorität und Selbstbestimmtheit definierte traditionelle Konzept des ‚harten Mannes' ins Wanken oder gar zu Fall bringen, ist auch die Angst – McDonough spricht von *male fear* – des gesellschaftlichen Versagens verbunden, gilt ein Mann zu damaliger Zeit doch nur als ‚richtiger' Mann, als *real man* bzw. *true man*, wenn er seiner Funktion als *breadwinner, provider* und *protector* gerecht wird.[305] Dementsprechend groß ist der Stellenwert des beruflichen Erfolgs für das männliche Selbstbild. Nicht zuletzt auch in Reaktion auf die Emanzipation der Frau, ihr Eindringen in die *public sphere* des Kommerzes und der Wirtschaft sowie ihr Streben nach ökonomischer Unabhängigkeit und Gleichberechtigung, erfährt der Männlichkeitsmythos des *self-made man*[306] um die Jahrhundertwende eine deutliche ‚Reaktivierung' bzw. ein diskursiv gesteuertes *reinforcement*. Das erklärte Ziel dieser sich bedroht fühlenden Männer ist demnach, „to push women out of the public domain and return them to the home as passive, idealized figurines"[307]. Angesichts dieses vehementen *reinforcement* von patriarchalischen Strukturen ist mit Susan Faludi zu Recht die Frage zu stellen, „what exactly [it is] about women's equality that even its slightest shadow threatens to erase male identity".[308] Dass Frauenemanzipation, feministische Bewegungen, Männlichkeitskrise und ‚männliche Gegenreaktionen' in einem Zusammenhang zu betrachten sind, wird bei Faludi ebenso deutlich, wie die Tatsache, dass dieser ‚Motivkomplex' kein historisches Einzelphänomen der *Progressive Era* darstellt, sondern immer wieder im Laufe der Geschichte zu bestimmten Zeiten in Erscheinung trat. Faludi selbst konzentriert sich in ihrer (zuweilen auch kontrovers diskutierten) Studie *Backlash: The Undeclared War Against American Women* (Erstveröffentlichung 1991) primär auf neuere Entwicklungen insbesondere im letzten Drittel des 20. Jahrhunderts, nimmt aber auch die historische Dimension (u.a. die frühen 1900er Jahre) in den Blick. Verallgemeinernd stellt sie fest, dass immer dann, wenn das Selbstbild des Mannes

---

die männliche Perspektive geht, wird die weibliche Sicht an dieser Stelle ein Stück weit vernachlässigt.

305 Siehe Susan Faludi, *Backlash: The Undeclared War against American Women* (New York, NY: Three Rivers Press, 2006 [1991]), 79, Köhler, *Ambivalent Desires*, 158 sowie McDonough, *Staging Masculinity*, 7.

306 Siehe Köhler, *Ambivalent Desires*, 59, Edward Anthony Rotundo, *American Manhood: Transformations in Masculinity from the Revolution to the Modern Era* (New York, NY: Basic Books, 1998), 168 und insb. auch Heike Paul, *The Myths That Made America. An Introduction to American Studies* (Bielefeld: transcript, 2014), 367ff.

307 Kimmel, „The Contemporary ‚Crisis' of Masculinity", 145.

308 Faludi, *Backlash*, 79.

als *breadwinner* durch die Emanzipationsbestrebungen der Frau ‚bedroht' wurde, entsprechende ‚Männer-initiierte' *backlash*-Tendenzen zu beobachten sind. Wenngleich sich folgendes Zitat nicht explizit auf die *Progressive Era* bezieht (sondern auf die 1980er), so lassen sich Faludis Aussagen doch auch durchaus darauf beziehen: „If establishing masculinity depends most of all on succeeding as the prime breadwinner, then it is hard to imagine a force more directly threating to fragile American manhood than the feminist drive for economic equality. And if supporting a family epitomizes what it means to be a man, then it is little wonder that the backlash erupted when it did [...]".[309]

Der Widerstand dieser konservativ eingestellten, sich durch die emanzipierte Frau bedroht fühlenden Männer äußert sich in Form schärfster Kritik, die in „a number of religious tracts, medical treatises and political pamphlets of this period"[310] einer breiten Öffentlichkeit zugänglich gemacht und in den Bereich des Häuslichen hineingetragen wird.[311] Ihre Kritik richtet sich in erster Linie gegen den Frauentypus der *new woman* und die frauenrechtlich engagierten Suffragetten, weshalb Kimmel diese Tendenz als *antifeminist backlash* bezeichnet. In den hier untersuchten Dramen wird dieser Männertypus beispielsweise in der Figur des Familienpatriarchen Dwight Deacon in Gales *Miss Lulu Bett* und des herrschsüchtigen Ehemanns William Ramsey in Wentworths *The Flower Shop* auf die Bühne gebracht. Dieser Figurentypus tritt mitunter durch aggressives (Sprach-)Verhalten oder einen Hang zu physischer häuslicher Gewalt in Erscheinung (*brute*) – insbesondere dann, wenn die Ehefrau, Tochter oder eine anderweitig weibliche Anverwandte die Grenzen ihrer tradierten Rollenzuschreibung gegen seinen Willen übertritt. Für diesen Männertypus sind Konfrontation, Kompromisslosigkeit und eine fehlende Bereitschaft zur konstruktiven Aushandlung der Problematik charakteristisch.

(2) Eine zweite, zwar sozio-ideologisch ähnlich eingestellte, aber weniger autoritär-aggressiv auftretende Gruppe ‚krisenhafter Männer' bündelt Kimmel in einer von ihm als *promale backlash* bezeichneten Tendenz, die Männlichkeit

309 Faludi, *Backlash*, 79.

310 Kimmel, „The Contemporary ‚Crisis' of Masculinity", 143.

311 Siehe z.B. die öffentlichen Attacken gegen die *new woman* in Hugh L. McMenamins „Evils of Woman's Revolt against the Old Standards", *Current History* 27.1 (October 1927), 30-32 und Anthony M. Ludovicis „Woman's Encroachment on Man's Domain", *Current History* 27.1 (October 1927), 21-25. Obwohl oder gerade weil beide Artikel im Jahre 1927, also fast ein Jahrzehnt nach der *Progressive Era*, veröffentlicht wurden, zeigen sie eindrücklich, wie vehement gegen den „decline of domesticity among women" (Ludovici, „Woman's Encroachment", 21) und den Zerfall des *double standard*, für den McMenamin in seinem Text inständig betet, er möge doch weiterhin bestehen bleiben, vorgegangen wird. Beide Autoren nehmen Bezug sowohl auf den religiösen als auch medizinischen Geschlechterdiskurs.

in erster Linie in einer „soziobiologisch-konservativen Perspektive“[312] denkt. Gemeinsam ist ihr mit der oben beschriebenen Gruppierung eine grundsätzlich konservative Haltung zur Geschlechterfrage, ihr Insistieren auf geschlechterspezifische Rollenzuweisungen, ihre Ängste um gesellschaftlichen Gesichtsverlust sowie das daraus resultierende Bemühen um die Wahrung der traditionellen Ordnung. Ihnen geht es in erster Linie darum, die Attribute, Werte und Tugenden des viktorianischen, d.h. ‚wahren‘ Männerbildes zu stärken, um eine Feminisierung der amerikanischen Gesellschaft zu vermeiden.[313] Im Unterschied zu den oben beschriebenen patriarchalischen Repräsentationsformen richtet sich hier die männliche Kritik, wie Kimmel verdeutlicht, nicht so sehr gegen die sich emanzipierende Frau als solche – sie sei, so das Zu- bzw. Eingeständnis, „not the enemy“, sondern lediglich symptomatischer Ausdruck eines durch die Industrialisierung und Modernisierung vorangetriebenen gesellschaftlichen Wandels „that had reduced the importance and visibility of masculinity“.[314] Vielmehr wird kritisiert, dass dem *true man* seine ihn definierenden Eigenschaften und Wesenszüge (wie beispielsweise physische Stärke, Robustheit und die Fähigkeit, sich in der rauen *public sphere* gegen Konkurrenten behaupten und für die Familie als Ernährer und Beschützer fungieren zu können) abhandengekommen zu sein scheinen und deshalb nun mit Nachdruck wieder eingefordert werden müssen. Wenn, wie beispielsweise bei Köhler, in diesem Zusammenhang von einem ‚neuen‘ Männertypus, einem ‚new man‘ oder einem „new concept of masculinity“ die Rede ist,[315] dann ist dies allerdings durchaus missverständlich: Es handelt sich hierbei nämlich nicht um den profeministischen *new man*, der – wie die Ausführungen im nachfolgenden Absatz verdeutlichen – das männliche Pendant der *new woman* repräsentiert, sondern vielmehr um den diskursiv ‚reaktivierten‘ Typus des *true man*, der angesichts voranschreitender gesellschaftlicher Veränderungen nach neuen Wegen sucht, um alte Strukturen und Männlichkeitsvorstellungen aufrechtzuerhalten.[316] Auch dieser Männertypus sieht sich in seiner Existenz

---

312 Horlacher, *Masculinities*, 43.

313 Siehe z.B. Ann Douglas, *The Feminization of American Culture* (London: Papermac, 1996 [1977]) und Müller, „The ‚Search for Order‘“, 135.

314 Kimmel, „The Contemporary ‚Crisis‘ of Masculinity“, 146.

315 Köhler, *Ambivalent Desires*, 62.

316 Das ‚Neuartige‘ äußert sich beispielsweise in veränderten Ausdrucksformen, zu denen die Erweiterung der ‚männlichen Sphäre‘ auf den Bereich des Sports zählt: Abgesehen von der ‚Reaktivierung‘ viktorianischer Männlichkeitstugenden (siehe Kimmel, „The Contemporary ‚Crisis‘ of Masculinity“, 147) manifestiert sich diese Form der „masculinist response to the crisis of masculinity“ (ebd. 148) demnach auch in *neuen*, ‚männlichen‘, d.h. wettkampforientierten Sport- und Freizeitaktivitäten, die wiederum eine *neue* ‚männliche Sphäre‘ bilden, deren Zugang dem weiblichen Geschlecht (zunächst) verwehrt

als ‚richtiger' Mann bedroht und ist geplagt von der Angst, seinen Platz in der Gesellschaft im Zuge des weiblichen Emanzipationsprozesses zu verlieren. Dieser in die Krise geratene Mann ist, wie McDonough sagt, in Sorge um eine „emasculation by women", sieht sich in ständiger Bedrohung durch „the powerful influence of women" und „fear[s] [that he is] not living up to an idea of manliness seen as stronger in a previous age or generation".[317] Ferner ist seiner Ansicht nach „any way of life that does not affirm this [traditional] ideal"[318] gar nicht lebenswert, was wiederum impliziert, dass alternative Männlichkeitskonzepte von Vornherein prinzipiell ‚unerwägt' und die Bereitschaft zu *negotiation* eher niedrig bleiben. Seine Krisenhaftigkeit manifestiert sich in Form von Orientierungslosigkeit als Folge gesellschaftlicher Veränderungen, für die er (noch) nicht bereit zu sein scheint. Exemplarisch verkörpert ist dieser Männertypus in den hier untersuchten Stücken beispielsweise in der Figur des Keith McKenzie in Crothers' *He and She*, der, dem viktorianischen Ideal des *true man* nachhängend, an alten Strukturen und Rollenbildern festhält, oder der des *bachelor* Neil Cornish in Zona Gales *Miss Lulu Bett*, der bei seiner Suche nach der *true woman* zunehmend von männlicher Existenzangst heimgesucht wird, weil es immer schwieriger zu werden scheint, eine geeignete Partnerin zu finden. Dieser Männertypus ist „all too often lost in a nostalgia for a set version of American manhood [...] [and] long[s] for a time and place in the tradition of American manhood when the world was whole and ‚men were men'."[319] Zwar tritt dieser konkrete Typus der inneren Einstellung nach als *true man*,

---

bleibt. Diese explizite Ab- bzw. Ausgrenzung dient vor allem der Konstruktion eines „*new* self-image which was increasingly based on an equation of physical strength and strength of character" (Köhler, *Ambivalent Desires*, 62, Hervorhebung KT). Anders formuliert: Um ‚Altes' zu reaktivieren, werden ‚neue' männlich besetzte Bereiche erschlossen, von denen die Frau ausgeschlossen bleiben soll. In diesem Kontext ist sodann auch die Begründung der *Boys Scouts of America*-Bewegung im frühen 20. Jahrhundert zu sehen, deren Zielsetzung darin besteht, „to re-create an ideal boyhood", „[to] counter the forces of feminization and maintain traditional manhood" und „to redirect male anxieties, to reassert a traditional masculinity, but all within the bounds of an extended complacency and obedience to the emerging industrial order" (Kimmel, „The Contemporary ‚Crisis' of Masculinity", 148, siehe auch Faludi, *Backlash*, 77, David I. Macleod, *Building Character in the American Boy: The Boy Scouts, YMCA, and Their Forerunners, 1870-1920* (Madison, WI: University of Wisconsin Press, 1983), 49 und Jeffrey P. Hantover, „The Boys Scouts and the Validation of Masculinity", *Journal of Social Issues* 34.1 (1978), 184-195. Hantover sieht den Erfolg und die rasche Akzeptanz der *Boys Scouts*-Bewegung um die Jahrhundertwende in einem „increased concern over the maintenance of traditional concepts of masculinity" (ebd. 184) begründet.

317 McDonough, *Staging Masculinity*, 11.

318 Köhler, *Ambivalent Desires*, 132.

319 McDonough, *Staging Masculinity*, 162.

also als ‚wahrer Mann' in Erscheinung, allerdings weist er angesichts seiner melancholisch-nostalgischen Art mitunter auch Züge auf, die ihn gemäß des viktorianischen Männlichkeitskodexes wiederum als ‚unmännlich', ‚schwach' und hilflos, also als *weakling* erscheinen lassen.

(3) Drittens wird die Krisenhaftigkeit des Mannes in der *Progressive Era* auch in einem um die Jahrhundertwende sich neu herausbildenden Männlichkeitskonzept offenkundig – dem des sog. *new man*, der als Antwort auf die bzw. als Ausweg aus der Männlichkeitskrise zu verstehen ist. Kimmel, der den Begriff *new man* bzw. *new men* selbst nicht verwendet,[320] bezeichnet diese zahlenmäßig kleinste Gruppe als *profeminist men* und erklärt: „Although fewer in number and less influential institutionally, a significant group of American men openly embraced feminist principles as a potential solution to the crisis of masculinity."[321] Der moderne, ‚neue' Mann ist nicht nur „tolerant [and] adaptable", sondern zeigt sich zudem bestens „prepared to redefine his place in the symbolic order".[322] Er verkörpert den idealen Partner der *new woman*, ihr männliches Pendant also. Was ihn von den ‚alten' Männerbildern unterscheidet, ist seine innere Einsicht und wirkliche Überzeugung, dass die tradierte, hierarchische Geschlechterordnung angesichts der Veränderungen in einer sich modernisierenden Gesellschaft nicht mehr standhalten kann. Innerhalb dieses profeministischen Paradigmas beginnt der *new man* das bislang „herrschende Männlichkeitsideal" als „ein patriarchales, gegen die Frauen gerichtetes Macht- und Unterdrückungsinstrument" zu verstehen und erkennt ferner, dass „der Mann die Grenzen des kulturell geschaffenen Männlichkeitsideals genauso überwinden [muss] wie die Frau die Grenzen des Weiblichkeitsideals".[323] Im *new man* erwächst somit das Bewusstsein, „that their traditional gender role pattern in which they had placed women in the private sphere of household and family [...] [is] no longer applicable to turn-of-the-twentieth-century conditions".[324] Die Erkenntnis, dass wandelnde Weiblichkeitsvorstellungen auch neue Männlichkeitskonzepte erfordern und sich demzufolge „das vermeintlich starke Geschlecht [...] neu positionieren und somit auch neu entwerfen muß",[325] bringt in der Folge u.a. die Anerkennung

320 In der hier gemeinten Bedeutung wird die Bezeichnung *new man* beispielsweise bei Kelly, „The New Woman", 215 verwendet. Siehe hierzu auch die Ausführungen im Problemaufriss (Kapitelabschnitt I.1 in dieser Arbeit).

321 Kimmel, „The Contemporary ‚Crisis' of Masculinity", 149.

322 Köhler, *Ambivalent Desires*, 130.

323 Horlacher, „At the Crossroads, Teil I", 175. Siehe hierzu auch Horlacher, *Masculinities*, 41 und Clatterbaugh, *Contemporary Perspectives*, 37-60.

324 Köhler, *Ambivalent Desires*, 68.

325 Horlacher, „At the Crossroads, Teil I", 169.

und Respektierung sich erweiternder weiblicher Handlungsräume sowie eine Neubewertung der Institution Ehe mit sich. Bei der *companionate marriage*, einem „new marital life-style," so Schneider und Schneider über das sich um die Jahrhundertwende herausbildende moderne Partnerschaftskonzept, „in which husband and wife perceived each other as equals, sharing joys and responsibilities in a partnership",[326] bewegt sich die *new woman* als gleichberechtigte Partnerin auf Augenhöhe mit dem *new man*, der die *public sphere*, den beruflichen Erfolg und das Bedürfnis nach Selbstbestimmtheit nicht länger für sich allein beansprucht. Es scheint wichtig und angebracht, in diesem Zusammenhang zu betonen, dass die dieser Tendenz zugrunde liegende Vorstellung von der Gleichberechtigung der Geschlechter nicht etwa auf männlichen Zugeständnissen, nicht auf einem Gewähren, Tolerieren oder Erlauben beruht – denn all diese Begriffe implizieren männliche Autorität und hierarchische Strukturen –, sondern dass die männliche Absage an das *separate sphere*-Konzept und den viktorianischen Weiblichkeitskult aus tiefer, wahrhaftiger Überzeugung erfolgt. Dies ist insofern bedeutsam, als insbesondere in den hier untersuchten dramatischen Texten mitunter männliche Figuren auf die Bühne treten, die zunächst allem Anschein nach diesen modernen profeministischen Typus – der aus einer entsprechend kritischen Haltung heraus auch als ‚weicher Mann' bzw. *soft male*, als „Gegenstück zum harten Mann" bezeichnet wird[327] – repräsentieren, jedoch in tradierte viktorianische Männlichkeitskonzepte zurückfallen und ‚alte' Autoritätsmuster reaktivieren, sobald beispielsweise der berufliche Erfolg der (Ehe-)Partnerin größer zu werden droht als der eigene. Diese Verhaltensweise, d.h. das In-alte-Rollen-Zurückfallen, ist wiederum Ausdruck dessen, dass das Lösen von tradierten,

326 Schneider and Schneider, *Women in the Progressive Era*, 150, 147f. Für eine ausführliche Diskussion zur *companionate marriage* als Modell der modernen Ehe siehe Rebecca L. Davis, „'Not Marriage at All, but Simple Harlotry': The Companionate Marriage Controversy", *The Journal of American History* 94.4 (March 2008), 1137-1163 und Christina Simmons, *Making Marriage Modern: Women's Sexuality from the Progressive Era to World War II* (Oxford: Oxford University Press, 2009), 105-137. Erwähnt sei an dieser Stelle nur, dass es sich bei der *companionate marriage* um ein modernes Konzept ehelicher Partnerschaft handelt, das vor allem „among white, middle-class American couples" (Davis, „Not Marriage at All", 1140) auf große Resonanz stößt, weil es dem progressiven Zeitgeist der Epoche Rechnung trägt. So schreibt Davis u.a.: „Such marriages embraced democratic family organization, produced fewer children, and prioritized couples' mutual emotional and sexual needs. [...] Young companionates rejected patriarchal family models and instead envisioned marriage as an equal partnership between spouses, bound by romantic rather than economic obligations, and committed to the fulfillment of each individual's emotional and sexual needs." (ebd. 1138, 1140).

327 Horlacher, *Masculinities*, 32, 33.

lang eingeübten männlichen Rollenbildern auch mit einem gewissen Maß an Verunsicherung und männlicher Krisenhaftigkeit einhergeht, die nicht kurzfristig, sondern nur im Rahmen eines langen (Aushandlungs-)Prozesses zu überwinden sind. Das Modell der partnerschaftlichen Ehe

> asked men to change more than women, for it redefined masculine roles. [...] [C]ompanionate marriage imposed new stresses and strains. It was hard for people to stop following the models of conduct of their parents, observed in childhood. It was hard to give up patriarchal authority. It was hard to change. [...] But companionate marriage [...] suited the New Woman—woman as free spirit and equal companion, not as subordinate saint.[328]

Dementsprechend häufig sind in den ausgewählten Dramen Männerfiguren anzutreffen, die sich einerseits fortschrittlich und aufgeschlossen geben, aber andererseits diesem neuen Ideal doch nicht gerecht werden können oder wollen, wenn es die Situation erfordert. Dabei sind die geschlechterideologischen Pendelbewegungen einer Figur zwischen den unterschiedlichen Männlichkeitskonfigurationen sowie die daraus resultierende Krisenhaftigkeit auf zwei Gründe zurückzuführen: Zum einen entpuppt sich insbesondere in Bewährungsproben von Paarbeziehungen[329] ihre vermeintlich moderne Einstellung zur Geschlechterthematik oftmals lediglich als „lip-service"[330], als Lippenbekenntnis und Pseudo-Liberalität also, sodass offenkundig wird, dass sich hinter dem vermeintlichen *new man* letztlich nur ein *true man* verbirgt, der sich von den tradierten Strukturen, innerhalb derer er seine Sozialisierung als Mann erfahren hat, niemals wirklich gelöst hat bzw. sich schlussendlich auch nicht lösen will. Zum anderen manifestiert sich – analog zur *new woman* – die Krisenhaftigkeit des ‚echten' *new man* in einem inneren Widerstreit zwischen der eigenen profeministischen Haltung und dem von außen übergestülpten Rollenkorsett, das von ihm die Einhaltung vorgegebener Verhaltensweisen einfordert (McDonough bezeichnet dies im nachfolgenden Zitat als *compulsory masculinity*). So gesehen unterliegen auch Männer einem von der Gesellschaft ausgeübten Rollendruck – Horlacher spricht auch von „Geschlechterrollenstreß"[331] –, der insbesondere im modernen *new man* ein inneres Spannungsfeld erzeugt. Hierzu heißt es bei McDonough:

---

328 Schneider and Schneider, *Women in the Progressive Era*, 148, 151.

329 Eine solche Bewährungsprobe kann beispielsweise in der Aushandlung der Frage bestehen, wie mit weiblicher Berufstätigkeit bei gleichzeitiger Erfüllung der Mutterrolle umzugehen ist.

330 Köhler, *Ambivalent Desires*, 132.

331 Horlacher, *Masculinities*, 124.

> Just as women are shaped and limited by a compulsory femininity [...], so are men constantly challenged to enact a compulsory masculinity [...]. [...] If a specific ideal of masculinity is accepted as the norm against which all other gendered behavior by men and women is measured [...] [then its] enactment [...] occurs at great cost to men forced to participate in the performance of masculinity, often limiting their ability to exhibit, value, or even to see other possibilities for themselves.[332]

Dass sich der *new man*, analog zur *new woman*, in einem Spannungsfeld aus äußerem Rollendruck und einem davon abweichenden Selbstbild bewegt, dass er, ebenso wie sein weibliches Pendant keineswegs nur auf durchweg positive gesellschaftliche Resonanz stößt und dass er, wie die *new woman* auch, Wege finden muss, mit seiner inneren Zerrissenheit umzugehen, ist in den Erörterungen der hier ausgewählten Dramen bislang nicht berücksichtigt worden.

Wie die voranstehenden Ausführungen verdeutlicht haben, manifestieren sich Männlichkeit im Allgemeinen bzw. krisenhafte Männlichkeit im Speziellen nicht in einer einzigen Form. Analog zu Weiblichkeit liegt vielmehr ein facettenreiches Spektrum unterschiedlicher Repräsentationsformen vor, dem im Hinblick auf die nachfolgenden Textanalysen mit einer entsprechend differenzierten Betrachtung Rechnung zu tragen ist. Konkret bedeutet dies, dass die männlichen Figuren der Stücke – analog zu den Frauenfiguren – hinsichtlich ihrer ideologisch geprägten Männlichkeitskonfigurationen sowie eventuellen Krisenhaftigkeiten eingehend befragt werden müssen, wenn, wie beabsichtigt, ein feinkörniges Bild von geschlechterbezogenen Aushandlungsprozessen herausgearbeitet werden soll. Das eben erwähnte Spektrum reicht dabei von „hostile and frightened response[s] from traditional-minded men“[333] bis hin zum inneren Konflikt des *new man*, dessen Krise aus dem Spannungsfeld miteinander konfligierender Männlichkeitsvorstellungen, einem ihm gesellschaftlich auferlegten, äußeren Rollenzwang und seinem eigenen, inneren Modernitätsbewusstsein erwächst. Mit einem geschärften analytischen Blick auf die individualisierende respektive individualisierte Darstellung männlicher Protagonisten trägt die Arbeit dem bei Riemer angesprochenen Paradigmenwechsel innerhalb der literaturwissenschaftlichen Männlichkeitsforschung insofern Rechnung, dass im Zuge eines „more intimate, *personal* concern“ verstärkt der Frage nachgegangen wird, „how cultural values, particularly those connected with ideals of masculinity, affect the lives of men on a *personal* [...]

332 McDonough, *Staging Masculinity*, 5f.

333 Smith-Rosenberg, *Disorderly Conduct*, 275f.

level, often creating dilemmas for the *individual male*".[334] Davon ausgehend wird im textanalytischen Teil u.a. den folgenden Leitfragen zur Analyse der Repräsentationsformen von Männlichkeit nachgegangen: Welche Formen und Konzepte von Männlichkeit werden in den kommerziellen Dramen der *Progressive Era* dargestellt? Wie wird Männlichkeit innerhalb eines Stückes verhandelt? Wird innerhalb eines Stückes für ein bestimmtes Männlichkeitsideal plädiert? Welches Weiblichkeitsverständnis bringen die männlichen Figuren zum Ausdruck? Wie positionieren sich die männlichen Figuren eines Stückes zum dominanten Geschlechterdiskurs und tradierten Männerbild? Wie gehen die männlichen Protagonisten mit Rollendruck und Rollenstress um? Wie äußert sich männliche Krisenhaftigkeit konkret? Werden alternative Männlichkeitskonzepte entworfen? Lassen sich diese in allen der hier untersuchten Texte wiederfinden?

Solche und ähnliche Fragen lassen hinsichtlich der hier ausgewählten Dramen neue Erkenntnisse erwarten, weil bisherige Studien zu diesen Texten primär weibliche Figuren und das Spannungsverhältnis zwischen *true woman* und *new woman* in den Blick genommen haben. Repräsentationsformen von Männlichkeit, Ausdrucksformen einer Männlichkeitskrise oder etwa die innere Konflikthaftigkeit männlicher Figuren haben m.W. bislang keine Rolle gespielt. Vor dem Hintergrund geltender Prämissen in der aktuellen literaturwissenschaftlichen Geschlechterforschung müssen deshalb die bislang vorliegenden Beiträge als unvollständig gelten, sollen doch in *gender*-bezogenen Untersuchungen beide Geschlechter gleichermaßen berücksichtigt werden. Dafür bedarf es, wie im einleitenden Problemaufriss angesprochen, eines Analyseinstrumentariums, das es ermöglicht, über die in der Tradition der *images of woman*- bzw. *images of man*-Forschung stehende bloße Identifizierung von Frauen- und Männerbildern in literarischen Texten hinauszugehen und geschlechterbezogene Aushandlungsprozesse im Lichte eines interdisziplinären Ansatzes, der sich aus einer diskursanalytischen, kontextorientierten und dramenanalytischen Perspektive speist, zu untersuchen. Im Folgenden gilt es nun, die für diese Arbeit relevanten Untersuchungsparameter für die Analyse dramatischer Texte zu synthetisieren und anwendbar zu machen.

334 James D. Riemer, „Rereading American Literature from a Men's Studies Perspective: Some Implications", *The Making of Masculinities: The New Men's Studies*, ed. Harry Brod (Boston, MA: Allen & Unwin, 1987), 289-299: 294. Hervorhebungen KT.

III.5 Dramenanalyse und *Gender Studies*

Es liegt nahe, dass eine *gender*- und kontextorientierte Untersuchung dramatischer Werke auf Analysekategorien zurückgreifen muss, anhand derer soziokulturelle und geschlechterdiskursive Prägungen einer bestimmten Zeit ablesbar werden. Im Hinblick auf dramatische Texte bieten sich dafür die Analysekategorien ‚Figur' und ‚Raum' in besonderem Maße an, da sie – und das mögen ihnen sämtliche dramengeschichtliche Überblicksstudien attestieren – historisch variabel sind und dementsprechend in verschiedenen Epochen bzw. literarischen Strömungen unterschiedlich realisiert werden. Über die Analyse von Figuren- und Raumdarstellungen können geschlechterideologische Einschreibungen zugänglich und sichtbar gemacht bzw. ‚gehoben' werden. Ziel dieses Kapitels ist es, in Bezug auf die Kategorien Bühnenfigur und Bühnenraum jene Kriterien herauszuarbeiten, die eine solche Untersuchung ermöglichen.

III.5.1 Gender-*orientierte Dramenanalyse: Bühnenfigur*

„Den Fokus *gender*-orientierter Textinterpretationen bilden," so konstatiert Vera Nünning in ihrem Aufsatz zur Bedeutung von *gender* in der Literaturwissenschaft, „zunächst einmal die Figuren".[335] Aus literaturwissenschaftlicher Sicht mag diese Aussage zunächst trivial erscheinen. Ob in der Erzähltext- oder Dramenanalyse – immer steht die Figur, sei sie auch noch so reduziert,[336] im Mittelpunkt der textinterpretatorischen Arbeit. Das Besondere an Nünnings Aussage ist vielmehr, dass auch für eine *gender*-orientierte Literaturbetrachtung die Figur im Zentrum steht, hierfür aber weder in der Narratologie noch im Bereich der Dramenanalyse geeignete Untersuchungsinstrumentarien bereitstehen.[337] Im Rahmen dieser Arbeit muss eine Anbindung von ‚*gender*' und ‚Figur' also erst erfolgen.

335 Nünning, V., „*Gender* in der Literaturwissenschaft", 142.

336 Siehe Pfister, *Das Drama*, 220.

337 So beklagt beispielsweise Marion Gymnich, dass „bisher die Figur immer noch als ‚Stiefkind' der *gender*-orientierten Narratologie gelten [muss]" („Konzepte literarischer Figuren und Figurencharakterisierung", *Erzähltextanalyse und Gender Studies*, hg. Vera Nünning und Ansgar Nünning (Stuttgart: Metzler, 2004), 122-142: 124). In Anbetracht der Tatsache, dass ein systematisches Beschreibungsverfahren dramatischer Texte aus *gender*-analytischer Sicht bislang noch gar nicht entwickelt worden ist, überrascht es kaum, dass Kriterien für eine *gender*-orientierte Figurenanalyse im Drama ebenfalls noch nicht vorliegen. Zwar hat Manfred Pfister in seinem einflussreichen Standardwerk *Das Drama* ein äußerst umfassendes und differenziertes „Repertoire von Kategorien für die Untersuchung von Dramenfiguren entwickelt", aber geschlechterbezogene Aspekte im Sinne der *Gender Studies* spielen darin keine Rolle. Gleiches trifft im Übrigen auch

In Anbetracht der verschiedenen, in der Literaturwissenschaft verwendeten Parallel- oder Alternativbezeichnungen für die in einem dramatischen Text Handelnden ist allerdings nicht immer eindeutig geklärt, was unter einer ‚Figur' überhaupt zu verstehen und v.a. wie ‚Figur' von anderen Begriffen wie ‚Person', ‚Charakter' oder ‚Typ(us)' abzugrenzen ist.[338] Diese Begriffsvielfalt resultiert nicht zuletzt aus den verschiedenen, miteinander konkurrierenden „literaturwissenschaftliche[n] Figurenkonzepte[n]", innerhalb derer – unabhängig von der literarischen Gattung – die „jeweils vorherrschenden Vorstellungen von literarischen Figuren" divergieren.[339] Unterschieden wird im Allgemeinen zwischen realistisch-mimetischen, strukturalistischen und rezeptionsorientiert-kognitiven Figurenkonzeptualisierungen.[340] Für eine Studie, die sich mit dramatischen Werken aus der Zeit des frühen amerikanischen Realismus beschäftigt, mag zunächst überraschen, dass sich nicht das realistisch-mimetische, sondern das rezeptionsorientiert-kognitive Figurenkonzept im Hinblick auf „Anschlussmöglichkeiten für *gender*-orientierte Fragestellungen" als besonders geeignet erweist.[341] Das realistisch-mimetische Figurenkonzept, das von einer „Äquivalenz der Figuren mit realen Personen" ausgeht, literarische „Figuren im Wesentlichen wie reale Personen [behandelt]" und augenscheinlich den Begriff der ‚Person' bevorzugt, gilt hingegen inzwischen als überholt,[342] denn dieses Konzept vernachlässigt die Tatsache, dass „eine fiktive dramatische Figur im Gegensatz zu eine[r] realen

---

auf jüngere Darstellungen wie etwa die von Fielitz zu (Sonja Fielitz, *Einführung in die anglistisch-amerikanistische Dramenanalyse* (Darmstadt: Wissenschaftliche Buchgesellschaft, 2010)). Eine Anbindung dramenanalytischer Aspekte an *gender*- oder auch diskursrelevante Fragestellungen erfolgt auch dort nicht.

338 Siehe Asmuth, *Dramenanalyse*, 90-93, Fielitz, *Dramenanalyse*, 75-78 und Pfister, *Das Drama*, 221f. sowie 245f. für entsprechende Definitions- und Abgrenzungsversuche.

339 Gymnich, „Konzepte literarischer Figuren", 125.

340 Siehe hierzu beispielsweise Göran Nieragden, „Literarische Figurendarstellung", *Metzler Lexikon Literatur- und Kulturtheorie: Ansätze – Personen – Grundbegriffe*, hg. Ansgar Nünning (Stuttgart: Metzler, ^{4}2008), 200 und Stephanie Bachorz, „Zur Analyse der Figuren", *Einführung in die Erzähltextanalyse: Kategorien, Modelle, Probleme*, hg. Peter Wenzel (Trier: WVT, 2004), 51-67: 52ff.

341 Gymnich, „Konzepte literarischer Figuren", 125. Nieragden bezeichnet den rezeptionsorientiert-kognitiven Ansatz als „Mittelweg zwischen den beiden Extrempositionen" („Literarische Figurendarstellung", 200).

342 Nieragden, „Literarische Figurendarstellung", 200 und Gymnich, „Konzepte literarischer Figuren", 125, 126. Den zentralen Kritikpunkt sieht Gymnich in der Gefahr, dass durch eine „Akzentuierung der ‚Lebensechtheit' von Figuren [...] der Status der Figur als fiktionales, auf textuellen Informationen basierendes Konstrukt nicht berücksichtigt wird und dass der Figur Eigenschaften, Motivationen und eine ‚Biographie' zugeschrieben werden, die jeder textuellen Grundlage entbehren" (ebd. 126).

[Person]“ letztlich doch ein „intentionales Konstrukt ist“.[343] Figuren mögen durchaus lebensecht wirken, müssen jedoch immer als „textuelle Konstrukte aufgefasst werden“, weil „der Satz an Informationen, durch den eine Figur in einem dramatischen Text bestimmt wird, ein endlicher und abgeschlossener ist und auch von einer noch so genauen Analyse allenfalls ausgeschöpft, nicht aber erweitert werden kann, während die Zahl der Informationen, die man über ein[e] real[e] [Person] in Erfahrung bringen kann, prinzipiell eine unbegrenzte ist“.[344] Diesen Aspekten tragen hingegen rezeptionsorientierte und kognitive Konzeptualisierungsansätze in besonderem Maße Rechnung, da sie „[i]m Gegensatz zu realistisch-mimetischen und strukturalistischen Figurenkonzepten […] sowohl dem rezipientenseitigen Eindruck von ‚Lebensechtheit‘ literarischer Figuren als auch dem Status von Figuren als fiktionale Konstrukte gerecht zu werden [vermögen].“[345]

Die vorliegende Arbeit knüpft deshalb an den rezeptionsorientiert-kognitiven Ansatz an und geht demzufolge von einem komplexen Figurenverständnis aus. Hinsichtlich der nachfolgenden Textanalysen wird im Anschluss an Pfister – um auf die terminologische Debatte zurückzukommen – die Rede von dramatischen ‚Figuren‘ sein, um „die ontologische Differenz zwischen fiktiven Figuren und realen [Personen] zu betonen“.[346] Demnach wird die

343 Pfister, *Das Drama*, 221.

344 Pfister, *Das Drama*, 221.

345 Gymnich, „Konzepte literarischer Figuren“, 129. Auf eine detaillierte Erläuterung des strukturalistischen Konzeptualisierungsansatzes literarischer Figuren wird an dieser Stelle verzichtet, weil nach Gymnich die darin vorgenommene radikale „Reduzierung literarischer Figuren auf Handlungsrollen“ – Pfister verweist in diesem Zusammenhang auf das Beispiel der Figuren im Schachspiel (siehe *Das Drama*, 221) – insgesamt „nur recht begrenzte Anschlussmöglichkeiten an Fragestellungen und Themen der *gender*-orientierten Literaturwissenschaft“ bietet („Konzepte literarischer Figuren“, 128; siehe hierzu auch Nieragden, „Literarische Figurendarstellung“, 200).

346 Pfister, *Das Drama*, 221. Neben dem ‚Personen‘-Begriff wird im Rahmen dieser Arbeit auch die Bezeichnung ‚Charakter‘ vermieden, da dieser Begriff im Anschluss an Asmuth seinen Konnotationen nach „nur einen Teil dessen […] [erfaßt]“ (*Dramenanalyse*, 92), was die Bezeichnung ‚Figur‘ eigentlich abzudecken beabsichtigt – ‚Charakter‘ rekurriert nämlich in erster Linie auf die durch eine Figur zum Ausdruck gebrachten ethisch-moralischen Werte und Tugenden. Wenn im Zusammenhang mit den hier vorgenommenen Figurenanalysen die Rede vom ‚Typus‘ bzw. ‚Typ‘ ist, dann geschieht dies vor dem Hintergrund, dass eine Figur möglicherweise überindividuelle Züge aufweist, die sich verallgemeinern und in anderen Figuren inner- und außerhalb des Textes wiederfinden lassen. Ein bekanntes Beispiel hierfür stellt der Typus der *true woman* dar. Wichtig scheint indes, dass ein Figurentypus nicht notwendigerweise auch ein Figurenstereotyp sein muss. So kann eine Frauenfigur dem Typus der *true woman* entsprechen, aber dennoch individuelle, d.h. „[e]inmalige und [u]nwiederholbare“ Merkmale aufweisen (Pfister, *Das Drama*, 245).

Bühnenfigur hier weder auf eine „rollengebundene Funktion"[347] reduziert noch wird die Lebensechtheit der Figur übermäßig hervorgehoben, auch wenn die ausgewählten Stücke auf die Lebenswirklichkeit der *Progressive Era* Bezug nehmen. Der Arbeit liegt vielmehr ein figurenkonzeptueller Ansatz zugrunde, der die Bühnenfigur sowohl als bewusst konstruiertes Textelement für die Aushandlung und Darstellung von Geschlechterrollen bzw. -diskursen versteht, gleichermaßen jedoch die Anbindung an reale, d.h. die soziokulturellen, politischen usw. Gegebenheiten der *Progressive Era* berücksichtigt. Letzteres ist im Lichte eines kontextorientierten Ansatzes nicht nur essentiell; eine so angedachte Figurenanalyse kann ohne die Berücksichtigung des soziokulturellen Kontextes gar nicht auskommen, ist doch nach Pfister „eine dramatische Figur von ihrem Kontext überhaupt nicht ablösbar, da sie ja nur in diesem Kontext existiert".[348]

Auf der Grundlage dieser einführenden Überlegungen ist nachfolgend zu klären, welche Kategorien für eine Figurenanalyse aus *gender*-theoretischer Sicht herangezogen werden können. Hinsichtlich einer Figurenanalyse auf der makrostrukturellen Ebene kann auf bewährte Kategorien der Dramenanalyse zurückgegriffen werden, um sie im Sinne der hier geplanten Untersuchungen mit *gender*-spezifischen Parametern zu korrelieren.[349] Aufgrund seines umfangreichen Kategorienrepertoires für die Untersuchung von Dramenfiguren ist Manfred Pfisters „hilfreiches Beschreibungsmodell" mit seinen „feinen Subdifferenzierungen" für diese Arbeit unverzichtbar.[350] Um Pfisters Systematik im Sinne des eingangs skizzierten Problemaufrisses fruchtbar zu machen, müssen vorhandene Kategorien dahingehend modifiziert werden, dass das „Augenmerk auf soziokulturelle und politische Aspekte der Produktion von Weiblichkeits- und Männlichkeitsvorstellungen"[351] gelenkt wird. Dabei erscheint es grundsätzlich sinnvoll, der Klarheit der Darstellung halber Pfisters analytische Unterscheidung von Figurenkonzeption, Figurenkonstellation und Figurenkonfiguration beizubehalten, wenngleich das Gesamtbild einer

347 Nieragden, „Literarische Figurendarstellung", 200.

348 Pfister, *Das Drama*, 221.

349 Die vorliegende Arbeit orientiert sich dabei zum einen an den dramenanalytischen Kategorien zur Figurenanalyse nach Pfister (*Das Drama*, 220-264) und zum anderen an Marion Gymnichs bereits mehrfach zitierten Beitrag von 2004 („Konzepte literarischer Figuren"), in dem sie darstellt, wie sich die Figurenanalyse anhand narrativer Texte mit *gender*-theoretischen Fragestellungen verbinden lässt. Ihre Überlegungen lassen sich ohne hier nennenswerte Abstriche auf die Analyse dramatischer Texte übertragen.

350 Nieragden, „Literarische Figurendarstellung", 200.

351 Gymnich, „Konzepte literarischer Figuren", 125.

Bühnenfigur sich bekanntlich erst durch die Synthese aller Einzelergebnisse ergibt.

Figurenkonzeption aus Sicht der *gender*-orientierten Dramenanalyse

Unter ‚Figurenkonzeption' wird mit Pfister bekanntlich „das anthropologische Modell [verstanden], das der dramatischen Figur zugrunde liegt".[352] Da es sich bei der Figurenkonzeption ferner um „eine rein historische Kategorie" und demnach um einen „historisch und typologisch variable[n] Satz von Konventionen" handelt, müssen die dramatischen Figuren „im geistes- und sozialgeschichtlichen Kontext eines bestimmten Menschenbildes gesehen werden", das für eine bestimmte Zeit charakteristisch und prägend ist.[353] Nichtsdestotrotz können einige „allgemeinere Parameter"[354] herangezogen werden, die für die Analyse der Figurenkonzeption dienlich sein können. Pfister entwirft hierfür „eine Reihe oppositiver Modelle"[355], die im Kontext dieser Arbeit berücksichtigt werden. Ohne diese Modelle (z.B. statische vs. dynamische, ein- vs. mehrdimensionale, geschlossene vs. offene Figurenkonzeption) an dieser Stelle ausführlich beschreiben zu wollen, soll jedoch nachfolgend skizziert und beispielhaft gezeigt werden, wie sie auf einer allgemeinen Ebene, d.h. ohne Bezugnahme auf ein bestimmtes Stück, mit geschlechterbezogenen Fragestellungen korreliert werden können.

Die Konzeption einer dramatischen Figur als statische oder dynamische ist in Bezug auf die Geschlechterproblematik insofern bedeutsam, als sich daran die Starrheit bzw. Flexibilität einer bestimmten Frauen- bzw. Männerfigur bezüglich vorherrschender Geschlechterdiskurse und geschlechterideologischer Prägungen ablesen lässt. Am Beispiel des weiblichen Rollenverhaltens bzw. der weiblichen Rollenidentität lässt sich dies wie folgt verdeutlichen: Eine in der Tradition des *true woman*-Typus stehende Figur kann einerseits für die Dauer der gesamten Handlung diesem Weiblichkeitsbild treu bleiben – sei es aus innerer Überzeugung oder sei es aufgrund einer dominanten Männerfigur, die die Erfüllung ihrer traditionellen Rolle einfordert. Sie bleibt demzufolge statisch. Sie kann sich im Verlauf der Handlung andererseits aber auch von dieser traditionellen Rollenidentität lösen, sich davon emanzipieren und eine moderne Auffassung der Geschlechterbeziehungen entwickeln. Diese dynamische Entwicklung kann sich selbstverständlich auch in umgekehrter

352 Pfister, *Das Drama*, 240.
353 Pfister, *Das Drama*, 241.
354 Pfister, *Das Drama*, 241.
355 Pfister, *Das Drama*, 241.

Richtung vollziehen, dann fällt die ursprünglich selbstbestimmte, nur dem Anschein nach emanzipierte Frauenfigur in tradierte Rollenmuster zurück. Ferner ist diese Entwicklung bzw. Statik selbstverständlich auch bei männlichen Figuren denk- bzw. beobachtbar. Doch nicht nur die Korrelation zwischen Statik/Dynamik und Weiblichkeit/Männlichkeit ist bedeutsam, sondern auch die Frage danach, ob es sich im konkreten Fall um eine als Haupt- oder Nebenfigur konzipierte Figur handelt. Aus *gender*-analytischer Sicht haben solche Fragestellungen sowohl für die Analyse der individuellen Bühnenfiguren als auch für die Einordnung der Gesamtaussage des Stückes eine immense Bedeutung, lassen sich doch ausgehend von den Untersuchungsergebnissen zu den konzeptionsbezogenen Entwicklungslinien der Figuren, ihren geschlechterdiskursiv beeinflussten Pendelbewegungen oder ihrer ideologiebezogenen Statik durchaus Aussagen über Diskurspositionierungen eines Textes (bzw. eines Dramatikers) zur Geschlechterfrage treffen.

Wird neben der statischen/dynamischen Konzeption auch die Dimensionalität einer Figur untersucht, ergibt sich insbesondere auch aus *gender*-analytischer Sicht ein differenzierteres Bild von dieser Figur. Eindimensional konzipierte Figuren, die Pfister unter Berufung auf E.M. Forster auch als ‚flache' Figuren bzw. *flat characters* bezeichnet, weil sie nur „durch einen kleinen Satz von Merkmalen definiert werden",[356] zeigen sich in Bezug auf die Geschlechterproblematik facettenlos, weil sie dazu tendieren, engstirnig auf einem einzigen – in der Regel ihrem eigenen – Standpunkt kompromisslos und uneinsichtig zu beharren. Diesen Figuren fehlt der Weitblick für gesellschaftliche Veränderungen sowie die Offenheit und Toleranz gegenüber alternativen Rollenmodellen. Ihnen mangelt es an psychologischer Tiefe und Multiperspektivität. So erweisen sich die Patriarchenfiguren in den hier untersuchten Stücken oftmals als ‚flache' Figuren, deren Merkmalssatz sich auf ihr Autoritätsgebaren reduziert, mit dem sie die Beibehaltung der tradierten Geschlechterordnung zu erzwingen versuchen. Tritt eine solch eindimensionale Männerfigur beispielsweise neben eine als mehrdimensional, d.h. als ‚runde' Figur bzw. *round character* konzipierte *new woman*-Figur, in deren Bewusstseinszustand, innere Konflikthaftigkeit und psychische Disposition sich der Zuschauer einfühlen und das durch sie verkörperte Alternativmodell ‚mitdenken' kann, so mag dies Auswirkungen auf die gesellschaftliche Akzeptanz dieses neuen Weiblichkeitsverständnisses im äußeren Kommunikationssystem haben. Die genannten Parameter müssen allerdings nicht notwendigerweise miteinander korrelieren. Beispielsweise kann eine *true woman*-Figur ihrer Konzeption nach durchweg statisch bleiben,

356 Pfister, *Das Drama*, 243.

ohne dabei eindimensional zu sein. Dies ist z.B. dann der Fall, wenn – wie oben angedeutet – ihre Rollenidentität nur eine aufgesetzte, von außen erzwungene Maske ist, von der sie sich nicht lösen kann, während ihr eigentliches Weiblichkeits- und Rollenverständnis dahinter dem einer selbstbestimmten, unabhängigen Frau entspricht. Wenn eine solche Figur Einblick gewährt in ihre innere Zerrissenheit (z.B. in vertraulichen Dialogen), dann vermag sich in dieser Diskrepanz ihre konzeptionelle Tiefe bzw. Mehrdimensionalität zu offenbaren.

Auch die Unterscheidung von offen und geschlossen konzipierten Figuren – bei letzteren differenziert Pfister nochmals zwischen explizit-geschlossenen und implizit-geschlossenen Figuren – kann aus *gender*-analytischer Sicht bedeutsam sein.[357] Geschlossen konzipierte Frauen- und Männerfiguren, die „durch einen Satz [mehr oder weniger] explizit gegebener Informationen vollständig definiert" werden und „dem Rezipienten [...] als vollständig und ohne unauflösbare Widersprüche" erscheinen,[358] tendieren dazu, hinsichtlich ihrer Positionierung zu *gender*-Fragen nicht nur transparenter, sondern in ihrer wie auch immer gearteten geschlechterideologischen Haltung auch gefestigter zu sein. Sie werden aus Zuschauersicht als *fully explained* wahrgenommen,[359] als Figuren also, die keine Fragen offen und Veränderungen im Denken und Handeln kaum erwarten lassen. Offen konzipierte Figuren hingegen nehmen „enigmatische Züge an, sei es, weil relevante Informationen – etwa zur Motivation der Figur – ausgespart bleiben, der Satz definierender Informationen vom Rezipienten also als unvollständig empfunden wird, sei es weil unauflösbare Widersprüche zwischen den einzelnen Informationen auftreten, oder sei es, weil diese beiden Momente zusammenwirken".[360] Insbesondere krisenhafte Frauen- und Männerfiguren, die von inneren Konflikten zerrieben werden und mit aller Anstrengung eine Problemlösung auszuhandeln versuchen, weisen geschlechterideologische Pendelbewegungen auf, die aus Zuschauersicht nicht immer nachvollziehbar sind. Die Handlungen und Entscheidungen dieser sog. *enigmatic characters*[361] werfen mitunter Fragen auf, die insbesondere beim offenen Dramenausgang nachklingen, aber im Hinblick auf die Aushandlung der Geschlechterfrage letztlich unbeantwortet bleiben.

357 Siehe Pfister, *Das Drama*, 246f. für detaillierte Erläuterungen zum Oppositionspaar ‚geschlossene vs. offene Figurenkonzeption'.

358 Pfister, *Das Drama*, 246, 247.

359 Siehe Pfister, *Das Drama*, 246.

360 Pfister, *Das Drama*, 247.

361 Siehe Pfister, *Das Drama*, 246.

Mit Bezug auf die voranstehende Skizzierung der Kontrastpaare statisch/dynamisch, ein-/mehrdimensional und geschlossen/offen bliebt abschließend *erstens* darauf hinzuweisen, dass es sich jeweils um „Extrempositionen eines Spektrums von Möglichkeiten"[362] handelt, innerhalb dessen sich die Figurenkonzeptionen bewegen. Da es in den ausgewählten Dramen vorrangig um Aushandlungsprozesse geht, sind neben klar definierten und extremen Konzeptionierungen bzw. Positionierungen zur Geschlechterproblematik auch Figuren zu erwarten, die figurenkonzeptionelle Grenzen verschwimmen lassen, weil sie sich (mitunter auch hin- und herpendelnd) in dem skalarisch angelegten Möglichkeitsspektrum zu verorten suchen.

Zweitens ist hervorzuheben, dass eine Analyse von Figurenkonzeptionen ohne die Berücksichtigung der verschiedenen Techniken der Figurencharakterisierung unmöglich ist.[363] Letztere werden an dieser Stelle nicht eingehend erläutert, da eine Anbindung dieser ohnehin als bekannt anzunehmenden, allgemeinen dramentheoretischen Aspekte an konkrete Figurenanalysen aus *gender*-kritischer Sicht wiederum im textanalytischen Teil der Arbeit erfolgt. Exemplarisch sei hier jedoch auf zwei Techniken – einer figuralen (a) und einer auktorialen (b)[364] – eingegangen, um die Art und Weise der geplanten Anbindungen zu demonstrieren.

(a) Analyse figuraler Figurencharakterisierung aus *gender*-kritischer Sicht: In einer Studie, die sich die Untersuchung der Geschlechterthematik zum Gegenstand macht, stellt sich unter anderem auch die Frage nach der Darstellung von weiblicher/männlicher ‚Körperlichkeit' auf der Theaterbühne. Da sich die nachfolgenden Drameninterpretationen auf verschriftlichte Textsubstrate und weniger auf konkrete Inszenierungen beziehen, muss sich die Analysearbeit auf die in den Dramen verfügbaren Informationen beschränken. Die Charakterisierung einer Figur bezüglich ihrer Körperlichkeit erfolgt dabei vor allem durch entsprechende Beschreibungen zur Physiognomie, Statur und Kostümierung im Nebentext und in den Bühnenanweisungen. Mitunter finden sich solche Hinweise aber auch mehr oder weniger explizit in den Repliken der Figuren. Im Lichte *gender*-analytischer Fragestellungen ist mit Blick auf die Repräsentationsformen weiblicher bzw. männlicher Körperlichkeit von zentralem Interesse, welche diskursiv geprägten Vorstellungen bzw. Bilder von

362 Pfister, *Das Drama*, 246.

363 Siehe Pfister, *Das Drama*, 241. Zum Repertoire der Charakterisierungstechniken siehe ebd. 250-264.

364 Figurale Techniken sind im Anschluss an Pfister solche, bei denen „die charakterisierende Information eine einzelne Figur zum Sender hat", während bei auktorialen Techniken die charakterisierende Funktion „allein auf die Position des impliziten Autors als ihr Aussagesubjekt bezogen werden kann" (Pfister, *Das Drama*, 251).

Weiblichkeit/Männlichkeit in den Dramen zum Ausdruck kommen bzw. durch die Figurenrepliken transportiert werden. Sprich: Figurenkonzeptionelle und -charakterisierende Aspekte zur Körperlichkeit sowie die damit verbundenen *gender*-bezogenen Implikationen lassen sich über figurensprachliche Analysen erschließen. Solche Untersuchungen können dann beispielsweise Aufschluss darüber geben, welches Verständnis von weiblicher/männlicher Körperlichkeit innerhalb des herrschenden Geschlechterdiskurses der *Progressive Era* als idealtypisch definiert wird. So können z.B. Kommentare anderer Figuren zur Physiognomie und Statur einer emanzipierten *new woman*-Figur, die sich mit ihrer sportlich-schlanken Gestalt in moderner Kleidung vom tradierten Bild der ‚weiblichen Frau' deutlich abgrenzt,[365] je nach Aussageintention des Stückes affirmierend oder ablehnend wirken. Ebenso ist denkbar, dass mit der Inszenierung körperlich-fragiler Weiblichkeit, also mit der bühnenwirksamen Darstellung des „nineteenth-century concept of the fragile and delicate image of the True Woman"[366] einerseits und des ‚starken Mannes' als Beschützer/Ernährer andererseits auf tradierte Rollenauffassungen innerhalb des biologisch-medizinischen Geschlechterdiskurses rekurriert wird. Bedeutsam ist in diesem Zusammenhang auch, inwiefern durch die Wahl der Kleidung/Kostüme (oder aber der Verzicht darauf) Rückschlüsse auf die Positionierung zur weiblichen/männlichen Sexualität gezogen werden können. Aufschlussreich ist hier die Frage, ob und wie Nacktheit vor dem Hintergrund des viktorianischen *cult of true womanhood* mit seiner Doktrin der *female passionlessness*[367] auf der Bühne thematisiert, bedient, unterlaufen oder auch tabuisiert wird.

(b) Analyse auktorialer Figurencharakterisierung aus *gender*-kritischer Sicht: Eine Form der auktorialen Figurencharakterisierung ist die Namensgebung. Die Namen von Figuren fungieren bekanntlich zunächst erst einmal als Bedeutungsträger, da sie dem Rezipienten direkt eine biologische Geschlechtszuweisung (*sex*), also eine Kategorisierung nach männlichen und weiblichen Bühnenfiguren ermöglichen. Von besonderem Interesse sind im Kontext dieser Arbeit vor allem die sog. *interpretive names*, die Pfister von den ‚sprechenden Namen', den sog. *telling names*, unterscheidet[368], und die vor dem Hintergrund des amerikanischen Bühnenrealismus mit seinen auf Lebensechtheit

365 Vgl. Köhler, *Ambivalent Desires*, 76.

366 Köhler, *Ambivalent Desires*, 81.

367 Zur *ideology of female passionlessness* siehe z.B. Nancy F. Cott, „Passionlessness: An Interpretation of Victorian Sexual Ideology, 1790-1850", *Signs* 4.2 (1978), 219-236.

368 Sprechende Namen stellen eine Form der explizit-auktorialen Figurencharakterisierung dar, weil der Dramatiker durch die Namensgebung „eine Figur schon vor ihrem ersten Auftritt" charakterisiert, indem er beispielsweise einen markanten Charakterzug der Figur (z.B. Gier, Intelligenz) hervorhebt (siehe hierzu Pfister, *Das Drama*, 262).

abzielenden Darstellungsverfahren in den hier untersuchten Dramen erwartungsgemäß häufiger anzutreffen sind als *telling names*. Im Gegensatz zu sprechenden Namen sind *interpretive names* „realistisch plausibel", weil sie „den realen Konventionen der Namensgebung" entsprechen.[369] Zudem ist der „charakterisierende Bezug auf die Figur implizit", was in der Konsequenz bedeuten kann, dass „dieser charakterisierende Bezug dem Rezipienten durchaus entgehen kann".[370] Aus *gender*-analytischer Perspektive kann ein *interpretive name* gerade deshalb von Bedeutung sein, weil beispielsweise die dem Namen eingeschriebenen Konnotationen und Implikationen als Anspielung auf bestimmte Aspekte des zeitgenössischen Geschlechterdiskurses oder auf bestimmte, diskursiv geprägte Weiblichkeits- bzw. Männlichkeitsvorstellungen fungieren können. Im Rahmen der hier untersuchten Stücke wird beispielsweise auf die *gender*-relevanten Semantisierungen von Vornamen wie Mary, Daisy oder Ruth sowie von Nachnamen wie Herford, Hartwell, Bell oder Knight zurückzukommen sein.[371] Interessant sind im Zuge solcher Analysen aus *gender*-kritischer Sicht vor allem auch Namen, deren geschlechterbezogenen Implikationen im Widerspruch zum eigentlichen Handeln und Denken der jeweiligen Figuren stehen. Wo diese Diskrepanzen, Ambiguitäten oder auch Doppelkonnotationen auftreten, ist jeweils nach ihren geschlechterideologischen Aussagewirkungen und funktionalen Bedeutungen inner- und außerhalb des Stückes zu fragen.

Figurenkonstellation aus Sicht der *gender*-orientierten Dramenanalyse

Neben figurenkonzeptionellen Aspekten ist die Untersuchung der Figurenkonstellationen sinnvoll. In quantitativer Hinsicht stellt sich dabei zunächst die Frage nach der zahlenmäßigen Geschlechterverteilung innerhalb eines Figurenensembles. So ist für die Analyse von diskursiven Aushandlungsformen in den (Diskussions-)Stücken bedeutsam, wie viele weibliche und männliche Figuren auftreten und in welcher Weise sie miteinander interagieren. Weil es in erster Linie um Aushandlungsprozesse geht, müssen die Figuren und ihre jeweiligen rollenbezogenen Funktionen innerhalb der Dynamik des *gesamten* Figurenensembles betrachtet werden. Dies schließt nicht nur die tatsächlich auftretenden Haupt- und Nebenfiguren ein, sondern insbesondere auch die sog. *off-stage*-Figuren, die nach Pfister „nur in den Repliken sprachlich

369 Pfister, *Das Drama*, 263.

370 Pfister, *Das Drama*, 263.

371 Solche Untersuchungen sind in den bislang vorliegenden Studien zu den hier ausgewählten Stücken m.W. nicht erfolgt.

thematisiert, jedoch nie szenisch präsentiert werden“[372]. Wenn beispielsweise von einer bestimmten, den *new man* verkörpernden Männerfigur nur gesprochen wird, diese aber niemals selbst auf die Bühne tritt, so mag dies implizieren, dass dieser Männertypus zwar konzeptionell und theoretisch (vor-)gedacht wird, im Spiegel der soziokulturellen Gegebenheiten allerdings (noch) nicht gesellschaftlich akzeptiert wird, d.h. im sprichwörtlichen Sinne noch nicht ‚bühnenreif‘ ist und deshalb (vorerst) unsichtbar bleiben muss.

In Bezug auf die Figurenkonstellation ist ferner interessant, ob sich beispielsweise weibliche Rollenentwürfe, seien es tradierte oder moderne, in den männlichen Pendants spiegeln (und umgekehrt), d.h. ob symmetrische Strukturen vorliegen oder hinsichtlich der Konstellation (und Konzeption) möglicherweise geschlechterbezogene Ungleichgewichte vorliegen. Diesbezüglich ließen sich dann etwa Aussagen über dominante bzw. marginalisierte Geschlechterpositionierungen und -repräsentationen innerhalb der einzelnen Stücke treffen, was wiederum für Aussagen über Aushandlungsprozesse im äußeren Kommunikationssystem bedeutsam wäre. Darüber hinaus kann die zahlenmäßige Reduzierung des Figurenensembles im Handlungsverlauf eines Stückes – etwa durch den Tod oder Weggang einer Figur – bedeutsam sein, wobei auch hier aus *gender*-kritischer Perspektive nach den Implikationen des Ausscheidens einer bestimmten Frauen- bzw. Männerfigur zu fragen ist.

Neben den bisher genannten quantitativen Kriterien zur Analyse figurenkonstellatorischer Aspekte sind Untersuchungen im Hinblick auf qualitative Korrespondenz- und Kontrastbezüge sinnvoll.[373] Von Interesse sind im Kontext dieser Arbeit vor allem die von Pfister angeführten Kriterien der Generationszugehörigkeit und des sozialen Status der Figuren. Mithilfe des Oppositionspaares ‚alt vs. jung‘ kann beispielsweise der generationsspezifische Blick der Figuren auf die Geschlechterproblematik beleuchtet werden, etwa dann, wenn in konfliktträchtigen Mutter/Vater-Tochter/Sohn-Beziehungen unterschiedliche Positionierungen zur Geschlechterfrage im Allgemeinen und zur Frauen-/Männerrolle im Speziellen verhandelt werden.[374] Überdies kann die sog. *raisonneur*-Figur, die in der Regel den Typus des ‚weisen Alten‘ verkörpert, hinsichtlich ihrer Positionierung zur Geschlechterproblematik untersucht werden. Da diese zumeist männlichen Figuren (*sex*) nicht nur auf einen großen Erfahrungsschatz blicken (*age*), sondern oft auch höhere bzw. gesellschaftlich angesehene Ämter begleiten – etwa in ihrer Funktion als Arzt oder Richter – und demnach der oberen Mittelschicht angehören

372 Pfister, *Das Drama*, 225.

373 Siehe hierzu Pfister, *Das Drama*, 227-232.

374 Vgl. Gymnich, „Konzepte literarischer Figuren“, 137.

(*class*), wird ihre Autorität und Überzeugungskraft in Geschlechterfragen in besonderem Maße betont (*male power*). In ihnen finden die mehrfach erwähnten ‚Diskursfäden' aus zeitgenössischen medizinischen und juristischen Diskurse entsprechende Anknüpfungspunkte. Innerhalb des Konstellationsgefüges in dramatischen Texten nimmt der *raisonneur* deshalb gewöhnlich eine zentrale und übergeordnete Funktion ein. Inwiefern dieser Figurentypus hinsichtlich der in den Klammern angegebenen Differenzmerkmale in den ausgewählten Dramen bedient, modifiziert oder gar unterlaufen wird, stellt demzufolge eine lohnenswerte Untersuchungsfrage dar. Dass die Berücksichtigung von Kriterien wie Alter, Geschlecht und Klassenzugehörigkeit zu interessanten Ergebnissen bezüglich der Figurenkonstellation führen kann, vermag beispielsweise auch eine Untersuchung der *spinster*-Figuren zu zeigen: Auch dieser Weiblichkeitstypus gehört, ebenso wie die *raisonneur*-Figur, den älteren Figurengruppen an, allerdings unterscheiden sich beide grundsätzlich in Bezug auf ihren sozialen Status, gilt doch aus zeitgenössischer Sicht eine unverheiratete ältere Frau als gesellschaftliche Außenseiterin. Ob und inwiefern sich die gesellschaftliche Randständigkeit der *spinster*-Figuren auch in den jeweiligen Figurenkonstellationen widerspiegelt oder ob sich ihre Position darin aufgrund figurenkonzeptioneller Modifikationen verändert und welche *gender*-bezogenen Implikationen dies hätte, bleibt zu untersuchen.

In Bezug auf die Kategorie ‚Figurenkonstellation' ist anhand der voranstehenden Ausführungen deutlich geworden, dass vor dem Hintergrund der skizzierten Untersuchungsfragen vor allem (dis)harmonische bzw. (dys) funktionale Figurenbeziehungen für die Textanalysen von zentraler Bedeutung sind. Dabei richtet sich schwerpunktmäßig der Blick sowohl auf glückliche als auch konfliktträchtige Paar- und Verwandtschaftsbeziehungen, innerhalb derer *gender*-bezogene Themen verhandelt werden. Die bühnenwirksame Inszenierung des Familien- und Ehemotivs steht dabei ebenso im Fokus wie die Thematisierung (oder Tabuisierung) von Ehebruch, Affäre und Scheidung sowie der Ausübung physischer und psychischer Gewalt innerhalb der Figurenbeziehungen.

Figurenkonfiguration aus Sicht der *gender*-orientierten Dramenanalyse

Rückschlüsse auf den Status einer Figur innerhalb des Figurenensembles, auf die Gewichtung der im Text dargestellten Rollenbilder sowie auf deren Bedeutung für die Aushandlung der Geschlechterproblematik lässt schließlich auch die Untersuchung der Konfigurationsstruktur eines Stückes zu. Wird hier im Anschluss an Pfister unter Konfiguration „die Teilmenge des [Figurenensembles verstanden], die jeweils an einem bestimmten Punkt des Textverlaufs auf der Bühne präsent ist",[375] dann stellt sich aus *gender*-analytischer Sicht die Frage, welche Frauen- und Männerfiguren gemeinsam auf die Bühne treten, wie häufig bestimmte Konfigurationen innerhalb eines Stückes wiederkehren bzw. welche Figuren niemals aufeinandertreffen. Dabei sind mit Blick auf die Untersuchung von Aushandlungsprozessen geschlechts*homogene* Figurengruppierungen (d.h. bezüglich des biologischen Geschlechts ausschließlich aus weiblichen oder männlichen Figuren bestehende Konfigurationen) ebenso von Interesse wie geschlechts*heterogene* Gruppierungen (d.h. sowohl aus Frauen- und Männerfiguren bestehende Konfigurationen), da beispielsweise innerhalb ‚reiner Männergruppierungen' *gender*-bezogene Aspekte zwar auch, aber eben nicht zwingend homogen diskutiert werden können. Somit kann sich z.B. in Gesprächen ‚unter Männern' die Multiperspektivität bezüglich der Geschlechterthematik aus der männlichen Perspektive offenbaren. Außerdem können durch die Analysen solcher ‚männerhomogenen Konfigurationen' – um bei diesem Beispiel zu bleiben – bestehende Korrespondenz- und Kontrastrelationen zwischen den Männerfiguren beleuchtet werden.[376] In den nachfolgenden Textanalysen sind auch deshalb reine ‚Männergespräche' bzw. ‚Frauengespräche' von Interesse, weil in solchen Konstellationen männliche bzw. weibliche Figuren (mit gleichen oder gegensätzlichen Männlichkeits- bzw. Weiblichkeitskonzeptionen) aufeinandertreffen und die Frage, ‚wann denn der Mann ein Mann' bzw. ‚wann die Frau eine Frau' sei, bühnenöffentlich ‚unter sich' verhandeln.[377] Gerade im Rahmen solcher Dialoge zeigt sich nicht nur das Spektrum unterschiedlicher Weiblichkeits- und Männlichkeitskonzeptionen, sondern auch die Tatsache, dass der ‚Kampf der Geschlechter' nicht notwendigerweise nur zwischen Mann und Frau ausgetragen wird.

In Verbindung mit figurenkonfigurativen Aspekten spielt außerdem die quantitativ erfassbare Bühnenpräsenz einer Figur, d.h. die Dauer und

---

375 Pfister, *Das Drama*, 235.

376 Gymnich, die Pfisters Terminologie aufgreift, verdeutlicht aus narratologischer Sicht am Beispiel geschlechtshomogener Figurengruppierungen die Relevanz solcher Korrespondenz- und Kontrastrelationen für eine *gender*-orientierte Untersuchung, die ohne Einschränkungen auf die Dramenanalyse übertragen werden kann (siehe „Konzepte literarischer Figuren", 137).

377 Die Formulierung rekurriert auf einen von Stefan Horlacher herausgegebenen Sammelband mit dem Titel *‚Wann ist die Frau eine Frau?' – ‚Wann ist der Mann ein Mann?': Konstruktionen von Geschlechtlichkeit von der Antike bis ins 21. Jahrhundert* (Würzburg: Königshausen & Neumann, 2010a). Siehe auch den darin enthaltenen Beitrag von Horlacher (2010b) sowie die Herausgeberschrift von Erhart und Herrmann mit dem Titel *Wann ist der Mann ein Mann? Zur Geschichte der Männlichkeit* (1997a).

Häufigkeit ihrer Auftritte sowie der Umfang ihrer Redeanteile[378], eine wichtige Rolle. Zeigt beispielsweise eine männliche Figur, die ein tradiertes Rollenverständnis repräsentiert, eine äußerst dominante Bühnenpräsenz, während die Anwesenheit einer emanzipierten *new woman*-Figur auf wenige Auftritte beschränkt bleibt, so hat dies möglicherweise Konsequenzen in Bezug auf die gesellschaftliche Akzeptanz dieser modernen Rollenidentität im äußeren Kommunikationssystem. Nichtsdestotrotz muss in Übereinstimmung mit Pfister einschränkend erwähnt werden, dass die quantitative Erfassung nicht automatisch auf den Status oder die Bedeutung dieser Figur (auch im Hinblick auf ihre Funktion als Haupt- oder Nebenfigur) schließen lässt.[379] So kann z.B. eine *raisonneur*-Figur vergleichsweise weniger Bühnenpräsenz zeigen als andere Figuren, aufgrund der oben angesprochenen Akzeptanz dieser Figur als Autoritätsinstanz mag sie innerhalb des Figurenensembles dennoch eine bedeutende Rolle spielen.

Was in diesem Kapitelabschnitt noch weitgehend unberücksichtigt geblieben, aus *gender*-kritischer Sicht für die Untersuchung von Aushandlungsprozessen jedoch von besonderem Erkenntniswert ist, ist die Kategorie der Figurenhandlung. Gemeint ist hier damit nicht „der übergreifende Handlungszusammenhang des ganzen Textes", sondern „die einzelne Handlung einer Figur in einer bestimmten Situation".[380] Geht man weiterhin mit Pfister von einer „dialektische[n] Bezogenheit der Kategorien Figur und Handlung" aus, und berücksichtigt man ferner, dass im Kontext dramatischer Texte Handlungen allein durch die Figuren getragen werden, weil im Gegensatz zu narrativen Texten i.d.R. die Erzählinstanz fehlt, und dass dabei die Sprache eine zentrale Rolle spielt, weil Handlung „in einem dramatischen Text häufig in der Sprachäußerung einer der Figuren vollzogen wird", dann stellt sich die Figurensprache als zentrale Analysekategorie dar.[381]

Wenn nachfolgend die Anbindung dramentheoretischer Kriterien zur Untersuchung der Figurensprache an *gender*-analytische Fragestellungen in einem gesonderten Kapitelabschnitt erfolgt, dann geschieht dies erstens in der grundlegenden Annahme, dass sowohl die Sprachhandlungen einer Figur als auch die nicht-verbalen Formen ihrer Kommunikation (Körpersprache, Gestik, Mimik) dazu dienen, identitäts- und rollenbezogene Eigenschaften sowie geschlechterideologische Einstellungen dieser Figur implizit und/oder

378 Auf das Kriterium der Redeanteile wird im sich hieran anschließenden Abschnitt III.5.2 detaillierter eingegangen, wenn dort solche Kriterien besprochen werden, die sich für eine Analyse der Figurensprache aus *gender*-kritischer Sicht als relevant erweisen.

379 Siehe Pfister, *Das Drama*, 226f.

380 Pfister, *Das Drama*, 269.

381 Pfister, *Das Drama*, 220, 169.

explizit zu beleuchten. Zweitens soll auf diese Weise der zentralen Bedeutung von Sprache im Kontext diskursanalytischer bzw. aushandlungsbezogener Untersuchungsansätze Rechnung getragen werden.

III.5.2 Gender-*orientierte Dramenanalyse: Figurensprache*

Eine Untersuchung des sprachlichen Handelns der in einem Stück auftretenden Figuren ist aus *gender*-kritischer Perspektive nicht zuletzt deshalb lohnenswert, weil sich eine Figur durch ihre (Körper-)Sprache erst selbst konstituiert und hinsichtlich geschlechterbezogener Aspekte positioniert, spielt doch, wie Gymnich verdeutlicht, „[f]ür die figurale Selbst- und Fremdcharakterisierung […] die Auseinandersetzung mit dem Themenkomplex ‚Geschlecht' und ‚Sexualität' häufig eine zentrale Rolle"[382]. In diesem Zusammenhang erläutert Pfister:

> [D]urch das, was eine Figur sagt, und dadurch, wie sie es sagt, stellt sie sich willkürlich oder unwillkürlich, bewußt oder unbewußt, explizit oder implizit selbst dar und wird sie, ergänzt durch außersprachliche Mittel der Selbstdarstellung, dem Rezipienten überhaupt erst als Figur mit einer bestimmten Charakterstruktur greifbar.[383]

Für eine *gender*-orientierte und diskursanalytische Studie sind diese Überlegungen allerdings nicht nur im Hinblick auf figurencharakterisierende Aspekte interessant. Sie erweisen sich außerdem für die in Kapitelabschnitt III.1 angesprochene linguistisch-interaktionale Diskursanalyse als anschlussfähig, weil sich über eine so verstandene Textbetrachtung nicht nur figurenbezogene (Charakter-)Eigenschaften, sondern auch hierarchische Machtstrukturen aufdecken lassen. Dies wiederum ist für die Analyse von Aushandlungsprozessen aus *gender*-kritischer Sicht bedeutsam. Ausgehend von der Prämisse, dass sich „Machtverhältnisse […] in der Sprache zeigen und […] durch Diskursanalysen aufgedeckt werden"[384] können, bedarf es also eines methodischen Instrumentariums, das in der Lage ist, diese geschlechterbezogenen Machtstrukturen bzw. die sprachlichen Verfahren, derer sich die Figuren zur Konstitution von Macht bedienen, sichtbar zu machen. Gefragt wird auf dieser mikrostrukturellen Ebene also u.a. nach Mechanismen des „Hervortretens und Sich-Behauptens", des „Sichtbar- und Erkennbar-Werden[s] durch Sprache"[385] einerseits und sprachlichen Regulierungsverfahren des Ausgrenzens und

382 Gymnich, „Konzepte literarischer Figuren", 135.
383 Pfister, *Das Drama*, 171.
384 Korte et al., *Anglistik*, 175.
385 Korte et al., *Anglistik*, 175.

Unterdrückens andererseits. Da im Kontext dieser Arbeit die Untersuchung der Figurensprache anhand der Textsubstrate erfolgt und sich *gender*-kritische Aussagen über das Sprachverhalten nur auf der Grundlage der im gedruckten Haupt- und Nebentext verfügbaren Informationen treffen lassen, können aufführungsspezifische, prosodische bzw. suprasegmentalische Aspekte wie Stimmqualität, Tonfall, Sprechtempo usw. – sofern sie überhaupt relevant sind – nur dann berücksichtigt werden, wenn Hinweise dazu explizit schriftlich fixiert sind. Für eine *gender*-kritische Analyse der Figurensprache erweisen sich in Anlehnung an Pfisters Beschreibungsmodell die sieben nachfolgend erläuterten Kriterien – (1) Redezeit, (2) Unterbrechungsfrequenz, (3) simultanes Sprechen, (4) Schweigen, (5) figuratives Sprechen, (6) Sprechhaltung, (7) nicht-verbale Kommunikation – als relevant,[386] wobei diese jeweils immer im Zusammenhang mit den in Abschnitt III.5.1 diskutierten Kategorien (Figurenkonzeption, -konstellation und -konfiguration) zu denken sind.

(1) In Verbindung mit der oben erwähnten Bühnenpräsenz einer Figur als ein möglicher Indikator für ihre Bedeutung innerhalb der Figurenkonstellation eines Stückes ist erstens die Redezeit einer Figur, d.h. der Raum, der einer Figur für ihr sprachliches Handeln innerhalb eines Stückes gegeben wird. Sowohl die Replikenlängen als auch die zahlenmäßige Aufteilung der Redeanteile innerhalb einer Szene können hier betrachtet werden. Zu fragen gilt beispielsweise, ob männliche Figuren länger und häufiger zu Wort kommen als Frauenfiguren, welche Bedeutung eine „symmetrische Verteilung der Replikenanteile"[387] innerhalb eines geschlechtsheterogenen Dialogs haben mag oder welche Rollentypen sprachlich unter- bzw. überrepräsentiert sind.

(2) Mit Blick auf die Aushandlung der Geschlechterproblematik erweist sich zweitens eine Untersuchung der sog. Unterbrechungsfrequenz in den Figurendialogen als lohnenswert, wobei es hier nicht um eine mathematisch genaue Berechnung gehen soll.[388] Wo sprechende Figuren häufig unterbrochen werden oder eine Figur der anderen auffällig oft ins Wort fällt, ist vielmehr nach *gender*- und machtbezogenen Implikationen dieses Verhaltens zu fragen.

---

386 In einem der Hauptkapitel seines Klassikers (Kapitel 4, 149-219) stellt Pfister ein sehr breites Spektrum möglicher Beschreibungsverfahren für die sprachliche Kommunikation der Bühnenfiguren vor. Die hier vorgeschlagenen sieben Kriterien bilden demnach nur einen Bruchteil dessen ab, was hinsichtlich figurensprachlicher Aspekte theoretisch untersuchbar ist. Vor dem Hintergrund *gender*-kritischer Fragestellungen und unter Berücksichtigung der in Kapitel II.2 ausführlich dargestellten genrespezifischen Besonderheiten des Broadway-Theaters der *Progressive Era* erweisen sich m.E. vor allem die hier genannten Aspekte als anschlussfähig.

387 Pfister, *Das Drama*, 198.

388 Eine solche findet sich beispielsweise bei Speyer (2003), der in seinem Dissertationsprojekt die Unterbrechungssequenz in Senecas Dramen untersucht.

Handelt es sich um eine emanzipierte Frauenfigur, die ihren konservativ eingestellten (männlichen) Dialogpartner immer wieder unterbricht, um ihre Haltung zur Rollenproblematik mit Nachdruck zum Ausdruck zu bringen? Oder ist es eine Patriarchenfigur, die „in ihrem rechthaberischen Dominanzstreben"[389] die nach Gleichberechtigung strebende Frauenfigur nicht ausreden lässt und sie in ihre traditionellen Rollenschranken verweist? Analog dazu ist freilich auch das Phänomen des gegenseitigen Aussprechen-Lassens von entsprechender Bedeutung, weil in diesen Fällen davon ausgegangen werden kann, dass die beteiligten Dialogpartner ihre jeweiligen Positionen darlegen können. Dies wiederum kann als Voraussetzung für gelingende Aushandlungsprozesse gelten.

(3) Für eine *gender*-bezogene Untersuchung der Figurensprache ist drittens der Aspekt des simultanen Sprechens interessant, d.h. die (partielle) Gleichzeitigkeit verschiedener Figurenrepliken. Während Pfister das simultane Sprechen in erster Linie als komisches Element „aus dem Bereich des *slap stick*"[390] charakterisiert, bleibt die Simultanität des Sprechens aus geschlechteranalytischer Sicht nicht notwendigerweise auf diese komische Funktion beschränkt: Sprechen beispielsweise eine emanzipierte Frauen- und eine patriarchalische Männerfigur oder eine *new woman* und eine *true woman* gleichzeitig, so kann dies zunächst als Ausdruck eines verbalen Machtkampfes um das Rederecht und – im übertragenen Sinne – als verbales Ringen um die Durchsetzung der jeweiligen geschlechterideologischen Positionierung gedeutet werden.

(4) Auch das umgekehrte Phänomen – das Schweigen der Figuren – kann viertens für eine *gender*-bezogene Textanalyse sehr aufschlussreich sein.[391]

389 Pfister, *Das Drama*, 201.

390 Pfister, *Das Drama*, 201. Das Komische im simultanen Sprechen ist im Effekt zu sehen, den das gleichzeitige Sprechen auf den Zuschauer hat. So entsteht der Eindruck einer gewissen (thematischen) Monologhaftigkeit des Dialogs (hier i.S.v. Einklang, Übereinstimmung), obwohl die Figuren gar nicht *mit*einander, sondern *neben*einander sprechen und sich ihre Äußerungen demzufolge nicht aufeinander beziehen können.

391 Da das Schweigen, wie Pfister konstatiert, „zwar keineswegs eine völlige Neuentwicklung des modernen Dramas ist", dort aber dann als besonders wirkungsvolles Gestaltungsmittel Verwendung findet, um „die Unmöglichkeit des Sprechens implizit [zu] thematisieren", ist es wenig überraschend, dass bereits verschiedene Untersuchungen zur Rolle des Schweigens in dramatischen Texten vorliegen. Siehe z.B. Hebach (2006), Krammer (2003) und Ostmeier (1997: v.a. 131-149). Weitaus seltener wurde bislang das Schweigen im Kontext *gender*-bezogener Aspekte untersucht. Im Bereich der germanistischen Literaturwissenschaft zeigt beispielsweise Verena Ronge (2011) am dramatischen Werk des österreichischen Schriftstellers Thomas Bernhard (1931-1989), welche Rolle das Schweigen von Figuren im Zusammenhang mit *gender*-bezogenen Fragestellungen spielen kann. Siehe Verena Ronge, „‚Reden ist Silber, Schweigen ist Gold'. Die Rolle des Schweigens bei

Das als „Spezialfall des Sprechens im Drama“[392] bezeichnete Schweigen tritt in verschiedenen Formen auf und erfüllt demensprechend unterschiedliche kommunikative Funktionen, die es im Einzelfall näher zu spezifizieren gilt. Die durch das Schweigen entstehenden Sprechpausen haben jedoch, wie Pfister betont, eines gemeinsam: „Pausen innerhalb der Repliken und Pausen zwischen den Repliken, Pausen, die von mimisch-gestischem Spiel gefüllt werden, und Pausen, die auch außersprachlich leer bleiben – sie alle verweisen auf Formen gestörter Kommunikation, auf ein monologisches Eingebundensein der Figur in die eigene Vorstellungswelt, auf Kontaktunfähigkeit, auf sprachliche Ohnmacht.“[393] Die Gründe des Schweigens sind somit differenziert zu betrachten: Es kann sowohl Ausdruck des Nicht-sprechen-Wollens als auch des Nicht-sprechen-Könnens sein. Aus *gender*-analytischer Sicht ist insbesondere Letzteres interessant, da die mit der damit implizierten Machtlosigkeit einer Figur auf der Sprachebene möglichweise diskursbezogene Konnotationen verbunden sind. Im Hinblick auf schriftlich fixierte Textsubstrate muss das Schweigen der Figuren an den entsprechenden Stellen allerdings entsprechend markiert oder explizit verbalsprachlich im Nebentext hervorgehoben werden, um überhaupt untersucht werden zu können.[394] Tritt es in den hier ausgewählten Texten auf, so ist danach zu fragen, welche Figur schweigt oder zum Schweigen gebracht wird. Aus *gender*-theoretischer Sicht wird „das Schweigen bzw. Nicht-Sprechen“ in der Regel mit dem weiblichen Geschlecht in Verbindung gebracht;[395] von Interesse wäre demzufolge, ob in den Texten (auch) männliche Figuren schweigen und in welchen Situationen sie dies tun. Ausgehend davon kann untersucht werden, um welchen weiblichen bzw. männlichen Rollentypus es sich bei den schweigenden Figuren handelt und worin die *gender*-bezogenen Implikationen und Funktionen ihres Schweigens zu sehen sind. Schweigen beispielsweise emanzipierte Frauenfiguren in Szenen, in denen vor allem konservativ eingestellte Männerfiguren zu Wort kommen, so kann dies als Ausschluss der Frau „vom herrschenden männlichen

---

Thomas Bernhard – eine gendertypologische Untersuchung“, *Phono-Graphien. Akustische Wahrnehmungen in der deutschsprachigen Literatur von 1800 bis zur Gegenwart*, hg. Marcel Krings (Würzburg: Könighausen & Neumann, 2011), 403-416.

392 Bernhard Jahn, *Grundkurs Drama* (Stuttgart: Klett, 2009), 94.

393 Pfister, *Das Drama*, 201f. Zum Zusammenhang von sprachlicher Macht und Ohnmacht der Geschlechter siehe beispielsweise Verena Ronge, „Alles nur Theater – Die Inszenierung männlicher (Sprach-)Macht und weiblicher (Sprach-)Ohnmacht in den Dramen Thomas Bernhards“, *Thomas-Bernhard-Jahrbuch* (2007/2008), 73-85.

394 Diese „möglichst genau[e] Notation der Pausen“ ist insbesondere in älteren Werken jedoch nicht immer zu finden, ist doch das Schweigen „erst im modernen Drama mit innovativer Konsequenz eingesetzt“ worden (Pfister, *Das Drama*, 202, 201).

395 Ronge, „‚Reden ist Silber‘“, 416.

Diskurs"[396] gelesen werden. Ihr Schweigen kann nach Ronge allerdings auch Ausdruck ihrer „Sprachmacht" sein, die sie nicht dadurch gewinnt, weil „sie als eine dem Mann in Hinblick auf die Sprechanteile ebenbürtige Partnerin dargestellt wird, sondern vielmehr […], [weil] ihr scheinbar machtloses Schweigen eine Aufwertung erfährt".[397] Diese Form des (weiblichen) Schweigens ist dann „weniger Ausdruck ihrer [sprachlichen] Unterlegenheit", sondern fungiert vielmehr als Bedeutung konstituierendes Element und „kommunikatives Zeichen" im Figurendialog,[398] die die sprachliche (und damit diskursive) Macht des Mannes unterläuft.

(5) Das figurative Sprechen, d.h. die Verwendung von sprachlichen Bildern, Metaphern, Symbolen, Vergleichen usw. in den Repliken, stellt einen weiteren möglichen, fünften Untersuchungsaspekt dramatischer Figurenrede dar. Das *gender*-analytische Interesse zielt dabei insbesondere auf solche „leitmotivisch wiederkehrenden Bildbereich[e]"[399] ab, die in einem Zusammenhang mit Weiblichkeits- und Männlichkeitsdiskursen der *Progressive Era* stehen. Denkbar sind hier Formulierungen, die beispielsweise die Bildbereiche Natur/Naturhaftigkeit, Kampf/Schlacht oder Licht/Dunkelheit/Blindheit aufgreifen und damit entsprechend auf das weibliche oder männliche Geschlecht anspielende Konnotationen hervorrufen. Zu fragen ist außerdem, welche Frauen- und Männerfiguren sich dieser Bildbereiche bedienen und welche Wirkabsichten sie damit jeweils verfolgen.

(6) Entscheidend für das Ge- bzw. Misslingen des dialogischen Sprechens und den Beziehungsaufbau zwischen den Figuren ist sechstens die figurale Sprechhaltung, die den Rede- und Antwortstil der Figuren mit einschließt. Die Art und Weise des Miteinander-Sprechens und Aufeinander-Eingehens gibt Aufschluss über „die Einstellung der jeweils redenden Person zu ihrem Gegenüber"[400]. Dieses Kriterium rekurriert demnach weniger auf die Inhaltsebene des Gesagten, sondern vielmehr auf die Beziehungsebene der

396 Ronge, „‚Reden ist Silber'", 406.

397 Ronge, „‚Reden ist Silber'", 409.

398 Ronge, „‚Reden ist Silber'", 408. Wenn Schweigen als Bedeutungsträger innerhalb zwischenmenschlicher Kommunikation verstanden wird, so greift hier Watzlawicks „Axiom der Unmöglichkeit, nicht zu kommunizieren" (ebd. 410). Hierzu erläutert Ronge weiterhin: „Ungeachtet der Frage, inwieweit das Schweigen einer Person in kommunikativer Absicht gesetzt wird, d.h. bewusst oder unbewusst, bzw. ob dieses Schweigen vom Empfänger als bewusster oder unbewusster Kommunikationsakt aufgefasst wird, findet bei jedem Zusammentreffen von zwei oder mehreren Personen eine permanente Übermittlung nonverbaler Signale und Informationen statt, selbst wenn kein Wort gewechselt wird." (ebd. 410).

399 Pfister, *Das Drama*, 216. Siehe auch Fix, „Theatertexte lesen", 207, 209.

400 Asmuth, *Dramenanalyse*, 69.

miteinander interagierenden Figuren. Aspekte wie Sympathie, Höflichkeit, Wertschätzung, Vertrautheit, Respekt und Intimität – und selbstverständlich auch ihre negativen Entsprechungen – können im dialogischen Austausch zum Ausdruck gebracht werden (etwa durch die Wortwahl oder bestimmte syntaktische Strukturen und grammatische Formen). Aus *gender*-analytischer Sicht kann beispielsweise gefragt werden, ob sich die Sprechhaltung einer männlichen Figur ändert, wenn sie mit Frauenfiguren unterschiedlicher Weiblichkeitstypen spricht. Darüber hinaus wäre beispielsweise auch zu untersuchen, wie sich Frauenfiguren mit einem identischen bzw. unterschiedlichen Rollenverständnis sprachlich begegnen. Ob Figuren tatsächlich aufeinander eingehen, d.h. in ihren Antworten auf vorher Gesagtes Bezug nehmen und einander zuhören, oder etwa auch aneinander vorbeireden, ist für den Erfolg ihrer Aushandlungsbemühungen ausschlaggebend.[401]

(7) Schließlich stellt das non-verbale Kommunikationsverhalten einer Figur für *gender*-orientierte Fragestellungen ein weiteres wichtiges Analysekriterium dar, weil anhand „nicht sprechend vollzogen[er]“[402] Handlungen wie Mimik, Gestik und performativer, ‚sprach-loser‘ Handlungen wie Umarmen, Trösten, Verabschieden, Abwenden usw. Haltungen sichtbar werden, die in Bezug auf die Geschlechterthematik relevant sein können, aber nicht explizit verbalisiert werden. Von besonderem Interesse sind in diesem Zusammenhang Abweichungen im verbalen und non-verbalen Handeln einer Figur. Wie Gymnich verdeutlicht, können solche Diskrepanzen aus *gender*-analytischer Sicht wichtige Hinweise auf den inneren Konflikt einer Figur liefern, vor allem dann, wenn sich beispielsweise eine Figur von der tradierten Geschlechterordnung distanziert, diese ablehnend-kritische Haltung „jedoch im verbalen und non-verbalen Handeln keinen Niederschlag findet“[403]. Mit besonderer Sorgfalt ist auf solche Diskrepanzen zu achten, kann doch das non-verbale Verhalten einer Figur als Ausdruck ihrer Gedanken und Gefühle gelesen werden. Fragt man nach den Ursachen dieser Diskrepanzen, so ist mit Gymnich eine mögliche Antwort in der „Wirkmacht sozialer Kontrollmechanismen“ zu finden, die darauf abzielen, „mittels negativer Sanktionen Verstöße gegen soziale Normen [zu] unterbinden“[404].

---

401 Toolan verwendet in diesem Zusammenhang den Begriff der *attentiveness* und meint damit die Notwendigkeit, die Interessen und Standpunkte aller am Dialog Beteiligten in einem ausgewogenen Verhältnis berücksichtigen zu müssen, wenn der Aushandlungsprozess gelingen soll. Siehe Toolan, „Analysing Fictional Dialogue“, 204.

402 Pfister, *Das Drama*, 169.

403 Gymnich, „Konzepte literarischer Figuren“, 136.

404 Gymnich, „Konzepte literarischer Figuren“, 136.

Komplementär zur *gender*-bezogenen Analyse der Bühnenfigur ist nach Formen und Funktionen geschlechtsspezifischer Raumdarstellungen bzw. des figuralen Raumverhaltens zu fragen. Hierfür ist zunächst eine Auseinandersetzung mit der Kategorie des Bühnenraums und dessen Konzeption notwendig.

III.5.3 Gender*-orientierte Dramenanalyse: Bühnenraum*

Die Kategorie ‚Raum' bzw. die Frage nach der Darstellung von Raum in fiktionalen Texten ist, wie Hubrath festgestellt hat, erst in den letzten Jahrzehnten verstärkt in den Fokus literatur- und kulturwissenschaftlicher Untersuchungen gerückt.[405] Im Zuge der Herausbildung dieses neuen Interessenfeldes hat innerhalb der *gender*-orientierten Literaturwissenschaft eine interdisziplinäre Anbindung der Raumkategorie an geschlechterbezogene Fragestellungen stattgefunden, wobei sich diesbezüglich insbesondere die Narratologie um eine kategoriengeleitete Systematik zur Analyse verschiedener Repräsentationsformen von *gendered spaces*[406], also von vergeschlechtlichten Räumen in Erzähltexten, verdient gemacht hat.[407] Für die Untersuchung der Raumdarstellung in dramatischen Texten hat Pfister wiederum – analog zur Figurenanalyse – eine umfassende Kategorienmatrix erstellt, die allerdings nur bedingt als Grundlage dienen kann, weil sie geschlechterbezogene Aspekte weitgehend unberücksichtigt lässt. Für die *gender*-kritische Raumanalyse in den hier ausgewählten Dramen können deshalb zum einen die beiden von Pfister vorgeschlagenen Aspekte zur Raumanalyse in dramatischen Texten (Raumkonzeption und Raumstruktur) und zum anderen die narratologischen Forschungsbeiträge zur Raumdarstellung aus einer *gender*-spezifischen Sicht herangezogen werden. Sowohl Pfisters strukturalistisches Raster als auch die erzähltheoretischen Konzepte und Kategorien einer *gender*-spezifischen Raumsemantik müssen für die hier beabsichtigte Raumanalyse allerdings noch modifiziert werden. Im Mittelpunkt steht dabei die Analyse der „Verräumlichung der Geschlechtermatrix"[408], d.h. die Frage nach dem Zusammenhang zwischen Raumgestaltung, Geschlechterdiskurs und der Repräsentation von Geschlechterverhältnissen

---

405 Siehe Margarete Hubrath, „Einführung", *Geschlechter-Räume. Konstruktionen von ‚gender' in Geschichte, Literatur und Alltag*, hg. Margarete Hubrath (Köln: Böhlau, 2001), 1-6: 1.

406 Der Begriff *gendered spaces* rekurriert auf die gleichnamige Studie von Daphne Spain aus dem Jahr 1992.

407 Siehe hierzu z.B. v.a. die Beiträge von Würzbach (2001 und 2004b) sowie von Allrath und Gymnich (2002, insb. 53-55), Grisard et al. (2007) und Olsson (2001).

408 Natascha Würzbach, „Raumdarstellung", *Erzähltextanalyse und Gender Studies*, hg. Vera Nünning und Ansgar Nünning (Stuttgart: Metzler, 2004b), 49-71: 68.

bzw. -differenzen in dramatischen Texten, wobei sowohl auf Textstrategien der expliziten Bedeutungszuweisung als auch „versteckt[e]“ Formen der „gendersensiblen Wahrnehmungs- und Darstellungsweisen“[409] zu achten ist.

Wenn im Folgenden die *gender*-relevanten Kriterien zur Analyse des Bühnenraums herausgearbeitet werden, beziehen sich diese ausschließlich auf die Untersuchung des „fiktive[n] Raum[s], in dem die dargestellte Geschichte sich entfaltet“ und nicht auf den „realen Bühnen- und Theaterraum“ eines Schauspielhauses.[410] Im Gegensatz zum realen Raum muss der fiktive Bühnenraum (d.h. der Schauplatz eines Stückes) als konstruierter, d.h. semantisierter Handlungsraum verstanden werden, der nicht nur als „Bedingungsrahmen für die Aktion der Figuren“[411] fungiert, sondern als Bedeutungsträger im dramatischen Text eine bestimmte Funktion erfüllt.[412] Bezogen auf den Kontext dieser Arbeit bedeutet dies, dass der Bühnenraum durch die Requisiten, Möbel, Dekorationselemente, die ihn füllen, beispielsweise als implizites Mittel zur Charakterisierung der Frauen- und Männerfiguren fungiert, d.h. über die Art und Weise, wie diese Figuren leben, erhält der Zuschauer bzw. Leser eventuell Hinweise auf die von dieser Figur repräsentierte Geschlechteridentität. Ferner kann der Bühnenraum auch als ‚Diskursraum‘ wirken, wenn z.B. die auf der Bühne repräsentierten Raumstrukturen bzw. die Raumaufteilung auf Aspekte des herrschenden Geschlechterdiskurses rekurrieren oder sich etwa in innovativen Raumentwürfen eine moderne Haltung zur Geschlechterthematik widerspiegelt. Der Bühnenraum als Handlungsort der Figuren wird hier aufgrund seines Konstruktcharakters somit grundsätzlich als ‚*gender*-semantisch markierter Raum‘ verstanden. Dies spiegelt sich, wie oben erwähnt, sowohl in raumkonzeptionellen als auch raumstrukturellen Aspekten wider.

Raumkonzeption im Kontext einer *gender*-orientierten Dramenanalyse

Unter dem Begriff der Raumkonzeption fasst Pfister die optischen Realisierungsverfahren des Schauplatzes. Im Kontext dieser Arbeit, die sich primär

409 Würzbach, „Raumdarstellung“, 68.

410 Pfister, *Das Drama*, 327.

411 Pfister, *Das Drama*, 339.

412 Der fiktive Bühnenraum hat, wie Ansgar Nünning sagt, keinen „ornamentalen Charakter“ (Ansgar Nünning, „Literarische(r) Raum/Raumdarstellung“, *Metzler Lexikon Literatur- und Kulturtheorie: Ansätze – Personen – Grundbegriffe*, hg. Ansgar Nünning (Stuttgart: Metzler, ^{4}2008b), 604-607: 606). Hanna Scolnicov, die den Bühnenraum ebenfalls als „constructed space“ versteht, betont in diesem Zusammenhang, dass dieser „organized, heightened and symbolic“ sei. Er erweise sich, so Scolnicov weiter, als „structured rather than arbitrary, calculated to be expressive and meaningful“ (Hanna Scolnicov, *Woman's Theatrical Space* (Cambridge: Cambridge University Press, 1994), 3).

auf den gedruckten Dramentext beruft, lassen sich raumkonzeptionelle Analysen freilich nur anhand entsprechender Informationen im Nebentext (z.B. einer Beschreibung des Schauplatzes, deiktische Regieanweisungen) und den Figurenrepliken (z.B. durch die Bezugnahme auf den Handlungsort) durchführen. Die Möglichkeiten der optischen Umsetzung rangieren dabei innerhalb eines Spektrums, das von hochgradiger Stilisierung und abstrakter Neutralität bis hin zur realistischen Konkretisierung reicht, wobei jeder dieser Realisierungsverfahren eine jeweils anders geartete Funktion zukommt.[413]

Ohne dem textanalytischen Teil etwas vorwegzunehmen, sei an dieser Stelle erwähnt, dass den ausgewählten Dramen jeweils eine mimetisch-realistische Raumkonzeption mit einem relativ hohen Konkretisierungsgrad zugrunde liegt. Die Favorisierung realistischer Darstellungsverfahren in der Literatur allgemein ist, wie gezeigt, in einem engen Zusammenhang mit den soziokulturellen Entwicklungen der Zeit zu sehen. Dementsprechend ist die Tendenz einer wirklichkeitsnahen Darstellung des Handlungsraumes im Drama im Kontext des im späten 19. Jahrhundert aufkommenden amerikanischen Bühnenrealismus zu sehen, auf den an anderer Stelle bereits ausführlich eingegangen wurde.[414] Es sei ebenfalls daran erinnert, dass innerhalb des Kommerztheaters die intendierte Erzeugung eines Eindrucks von Lebensechtheit auch auf der Ebene der Raumdarstellung durchaus schon als entscheidende genrebezogene Neuerung zu verstehen ist, die nicht durchgängig auf positive Resonanz des Broadway-Publikums stieß, war doch das Unterhaltungstheater der *Progressive Era* noch sehr stark tradierten (räumlichen) Inszenierungsverfahren verhaftet.[415] Eine übersteigerte Stilisierung oder gar Abstrahierung des Schauplatzes – sprich moderne Inszenierungsverfahren, wie sie ab dem frühen 20. Jahrhundert innerhalb des avantgardistischen Theaters zu finden sind – bot sich vor dem Hintergrund der Entwicklungsresistenz des Kommerztheaters nicht an. Auch die Wirkabsicht der Dramatiker hätte über eine Verfremdung des Raumes nicht erzielt werden können, war doch die realistische Raumdarstellung mit der Intention verbunden, „mimetisch auf die soziale Realität [zu] verweisen“[416], d.h. soziokulturelle Bezüge herzustellen und Identifikationspotenzial für das zeitgenössische Theaterpublikum zu schaffen. Über die „räumliche Annäherung des fiktiven Schauplatzes an die Realität der

413 Siehe Pfister, *Das Drama*, 345.

414 Siehe hierzu die Ausführungen zur realistischen Schauplatzgestaltung in Kapitel II.2.1, wo bereits zentrale Aspekte des frühen amerikanischen Bühnenrealismus dargelegt wurden (u.a. Illusion von Wirklichkeit und *fourth-wall illusion, picture-frame stage* und *slice-of-life*-Technik).

415 Siehe hierzu die Ausführungen in Kapitel II.2 dieser Arbeit.

416 Würzbach, „Raumdarstellung“, 49.

Rezipienten“[417] wird letztlich auch die Brücke geschlagen zwischen innerem und äußerem Kommunikationssystem. Wirklichkeitsbezogene Raumdarstellungen, erklärt Würzbach, „orientieren sich [...] bei aller grundsätzlich anzusetzender Konstruktivität an einem wie immer gearteten sozialen Konsens. Sie beziehen sich auf gesellschaftliche oder ästhetische Werte und Normen [...].“[418] In einen der Wirklichkeit nachempfundenen Bühnenraum fließen demnach auch immer Elemente zeitgenössischer Diskurse bzw. die im herrschenden Diskurs festgelegten Machtverhältnisse ein.[419] Gerade der Geschlechterdiskurs kommt in der Gestaltung und Semantisierung des Bühnenraums besonders deutlich zum Tragen. So kann beispielsweise die explizite Bezugnahme auf gesellschaftlich konventionalisierte Raumstrukturen und Raumzuweisungen zunächst die Affirmation derselben suggerieren und damit indirekt für die Beibehaltung traditioneller Geschlechterverhältnisse plädieren.

Wenn üblicherweise davon ausgegangen wird, dass sich realistische Raumdarstellungen weniger für eine kritische Auseinandersetzung mit der Geschlechterproblematik eignen als „Räum[e], die über unsere konkreten Wirklichkeitsvorstellungen hinausgehen“[420], so ist dem zwar grundsätzlich zuzustimmen; ein kritisches Potenzial sollte einer mimetisch-realistischen Raumkonzeption jedoch nicht gänzlich abgesprochen werden. Auch einer wirklichkeitsbezogenen Raumkonzeption können durchaus Diskrepanzen zwischen einer auf sozialen Konsens ausgerichteten Raumsemantik und dem geschlechterspezifischen Raumverhalten einer Figur (subversiv) eingeschrieben sein (z.B. in Form von Grenzüberschreitungen oder Erweiterungen der geschlechterspezifischen Handlungsräume). Ausgehend von raumkonzeptionellen Aspekten ist eine kritische Auseinandersetzung mit der Geschlechterproblematik demnach ebenso möglich wie die Erprobung oder Zurückweisung innovativer Raumvorstellungen. Wie die Aushandlung der Geschlechterproblematik über bzw. anhand räumlicher Repräsentationsformen erfolgt, gilt es deshalb in den Textanalysen zu untersuchen.

---

417 Pfister, *Das Drama*, 343.

418 Würzbach, „Raumdarstellung“, 62.

419 Hierzu heißt es bei Hubrath: „Verbindet man die Analyse von Räumen mit der Geschlechterfrage, so gerät zwangsläufig auch der Machtaspekt ins Blickfeld.“ („Einführung“, 1).

420 Würzbach, „Raumdarstellung“, 58.

Raumstrukturelle Aspekte der textanalytischen Makroebene: *Gender*-bezogene Implikationen einer offenen/geschlossenen Raumstruktur

Neben der Raumkonzeption kann auch die Analyse der Raumstruktur wichtige Erkenntnisse für eine *gender*-kritische Untersuchung liefern, wobei hinsichtlich raumstruktureller Aspekte zwischen einer Makro- und Mikroebene zu differenzieren ist. Auf der Makroebene, um die es in diesem Abschnitt gehen soll, stellt sich die Frage nach der Offenheit bzw. Geschlossenheit der in einem Drama angelegten Raumstruktur. Diese lässt sich wiederum über die Analyse der Schauplatzgestaltung erschließen, in die u.a. Kriterien wie Schauplatzfülle, Schauplatzwechsel und die Abfolge bzw. Wiederkehr von Schauplätzen Berücksichtigung finden.[421] Wenn im Fall einer offenen Raumstruktur der Schauplatz häufig wechselt, kann dies nach Pfister beispielsweise der Darstellung von Kontrastivität dienen. Die Geschlossenheit der Raumstruktur, d.h. die räumliche Konzentration bzw. die Konstanz des Schauplatzes, kann stattdessen auf die Isolation und Abgeschiedenheit von der Außenwelt verweisen.[422] Eine Dramenanalyse aus *gender*-kritischer Sicht untersucht jedoch nicht nur das Arrangement der Schauplätze, sondern ist vielmehr an den geschlechterbezogenen Implikationen interessiert. Ausgehend von diesem Erkenntnisinteresse ergeben sich für die Textanalysen einige Leitfragen zur Untersuchung der Raumstruktur auf der Makroebene: Welche Schauplätze wechseln sich ab (z.B. privater/öffentlicher Raum, Innen-/Außenraum)? Kehrt ein bestimmter Raum auffällig häufig wieder? Weshalb? Welche Räume sind weiblich/männlich konnotiert? Welche Figuren halten sich in den dargestellten Räumen auf? Ist das Kriterium der Schauplatzfülle bzw. des Schauplatzwechsels an eine bestimmte weibliche/männliche Figur gekoppelt? In welchen Räumen treten bestimmte Figuren besonders häufig oder gar nicht auf? Geht das Raumverhalten einer Figur mit deren gesellschaftlich zugewiesenen Rolle konform? Werden raum- und rollenbezogene Grenzen überschritten?

Für die Beantwortung dieser und ähnlicher Fragen sind in der textanalytischen Arbeit jedoch die genrespezifischen Besonderheiten zu berücksichtigen. So lässt die Tatsache, dass es sich bei diesen Stücken, wie ausgeführt, um *discussion plays* handelt und wie auch immer geartete Probleme innerhalb eines kleinen Figurenkreises verhandelt werden, nur eine geringe

421 Zur offenen und geschlossenen Raumstruktur in dramatischen Texten siehe Pfister, *Das Drama*, 334-338.

422 Siehe Pfister, *Das Drama*, 334f.

Schauplatzfülle und wenige Wechsel erwarten.[423] Die Diskussionen finden, bühnentechnisch durch das Format der Guckkastenbühne bedingt, meist an nur wenigen Schauplätzen statt. Wo Schauplatzerweiterungen durch bestimmte Figuren dennoch auftreten, ist demzufolge umso intensiver der Frage nach ihrer Funktion bzw. ihren *gender*-theoretischen Implikationen nachzugehen. Dies schließt insbesondere auch nicht-szenisch repräsentierte Räume, d.h. Räume, auf die durch entsprechende Repliken sprachlich Bezug genommen wird, ein.

Raumstrukturelle Aspekte der textanalytischen Mikroebene: Figurale Raumbewegung und subjektives Raumerleben aus *gender*-analytischer Sicht

Anhand des oben dargelegten Fragenkatalogs, der keineswegs Anspruch auf Vollständigkeit erhebt, wird deutlich, dass ein strukturalistisches Raster, wie Pfister es zusammengestellt hat, aus der Sicht der *Gender Studies* mit geschlechterbezogenen Parametern entscheidend erweitert werden kann. Was in den voranstehenden Ausführungen und insbesondere den formulierten Leitfragen deutlich geworden sein sollte, ist die Tatsache, dass die Raumkategorie aufs Engste mit der Kategorie Figur verbunden ist. Die Analyse des Bühnenraums ist somit auf der mikrostrukturellen Ebene um eine subjektbezogene, d.h. eine figurenspezifische Dimension zu ergänzen, die es ermöglicht, Aspekte wie das Raumverhalten bzw. die Raumbewegung[424] sowie die Raumerfahrung bzw. das Raumerleben[425] einer Figur in den *gender*-sensiblen Blick zu nehmen. Zur Untersuchung dieser Kategorien kann wiederum auf die von Pfister ermittelten strukturbezogenen Raumrelationen, die er in Form von räumlichen Oppositionspaaren (‚links' vs. ‚rechts', ‚oben' vs. ‚unten', ‚vorne' vs. ‚hinten', ‚innen' vs. ‚außen', ‚szenisch repräsentierter Raum' vs. ‚implizierter *off-stage*-Raum') zusammengestellt hat, zurückgegriffen werden. Eine Verknüpfung strukturalistischer Analysekategorien mit *gender*-orientierten Kategorien der Raumanalyse scheint sinnvoll und lohnenswert, weil sie zu anderen

423 Siehe hierzu die Ausführungen in Kapitelabschnitt II.2.1 in dieser Arbeit.

424 Die Begriffe ‚Raumverhalten' und ‚Raumbewegung' werden hier weitgehend synonymisch gebraucht, wobei jedoch durchaus kleine semantische Unterschiede bestehen. So bezieht sich ‚Raumbewegung' auf die tatsächlichen Wege bzw. Bewegungen, die eine Figur während eines Auftritts in dem fiktiven Raum vollzieht, während unter ‚Raumverhalten' das räumliche Bewegungsmuster einer Figur in der Gesamtschau, d.h. die Raumbewegungen über den gesamten Handlungsverlauf hinweg, gefasst wird. Demnach stellt der Begriff ‚Raumverhalten' die übergeordnete Kategorie dar, die die Raumbewegungen einer Figur einschließt bzw. sich aus ihr ergibt.

425 Auch die Begriffe ‚Raumerleben' und ‚Raumerfahrung' werden im Kontext dieser Arbeit synonymisch gebraucht.

oder präziseren als den bisher vorliegenden Textinterpretationen führen kann, sind doch die jeweils angewandten Semantisierungsverfahren diskursiv aufgeladen.

In einem *ersten* Schritt richtet sich nachfolgend das Augenmerk auf die figurale Raumbewegung bzw. das Raumverhalten. Zu differenzieren ist dabei zwischen Bewegungen innerhalb eines bestimmten Raumes und zwischen Bewegungen in verschiedenen Räumen. In einem *zweiten* Schritt rückt die Kategorie Raumerleben bzw. Raumerfahrung ins Zentrum der Betrachtung. Exemplarisch wird dabei auf verschiedene, aus *gender*-analytischer Sicht interessante Erfahrungsräume eingegangen, um zu skizzieren, wie diese im Bereich der Dramenanalyse bislang wenig beachtete Kategorie in den dramatischen Texten zielführend untersucht werden kann. Zu erwähnen bleibt, dass zwischen den genannten Kategorien (1 und 2) enge Vernetzungen bestehen, weshalb eine trennscharfe Ausdifferenzierung wie im Folgenden freilich nur zu theoriebildenden Zwecken erfolgen kann.

(1) Für die *gender*-orientierte Analyse der Figurenbewegungen im Raum bzw. des figuralen Raumverhaltens sind die relationalen Markierungen ‚links'/ ‚rechts', ‚vorne'/‚hinten' und ‚unten'/‚oben' in dem auf der Bühne dargestellten Raum (*on stage*) von Bedeutung.[426] Im Mittelpunkt steht demnach die Frage, wo sich eine Figur befindet bzw. wohin sie sich bewegt. Im Hinblick auf *gender*-analytische Textzugänge kann beispielsweise die Relation ‚links'/‚rechts' wichtige Hinweise auf etwaige unterschiedliche Rollenidentitäten zweier Figuren liefern. Stehen diese z.B. in größtmöglicher Distanz zueinander auf der linken und der rechten Seite des Bühnenraums, so kann damit die Konflikthaftigkeit der Geschlechterproblematik versinnbildlicht werden. In ihr zeigt sich die vermeintliche Unüberwindbarkeit oder Unvereinbarkeit der rollenbezogenen Gegensätze, die etwa durch soziale und/oder generationsbezogene Markierungen noch einmal zusätzlich verstärkt werden kann. So können sich, um dies exemplarisch zu konkretisieren, einerseits *true* (*wo*)*man* und *new* (*wo*) *man*, weibliche Figuren der *working class* und *middle class,* Tochter/Sohn und (Groß-)Mutter/(Groß-)Vater usw. konflikthaft gegenüberstehen. Andererseits kann die maximale Nähe solcher Figuren (z.B. zusammen links oder rechts stehend) – unabhängig vom biologischen Geschlecht, sozialen Status oder Alter – aber auch Übereinstimmung in *gender*-Fragen implizieren.

Den Relationen ‚vorne'/‚hinten' sowie ‚unten'/‚oben' können dahingehend geschlechterhierarchische Implikationen zugewiesen werden, dass – verdeutlicht am Beispiel der traditionellen Geschlechterordnung – männlichen Figuren im Vordergrund des Bühnenraums bzw. auf einer höheren Raumebene

426 Siehe Pfister, *Das Drama*, 339-341.

eine bedeutsamere oder dominantere Position innerhalb der Geschlechterhierarchie zugesprochen wird, als weiblichen Figuren im Hintergrund oder auf einer niedrigeren Raumebene.[427] Dass die Raumkategorie ‚oben' auch ‚weiblich' semantisiert sein kann, zeigen z.B. Texte, in denen Frauenfiguren aufgrund ihrer psychischen Dispositionen ‚unters Dach', sprich in die abgeschiedenen Randbereiche des Häuslichen ‚verbannt' und damit zum (familieninternen bzw. gesellschaftlichen) Außenseiter stilisiert werden.[428] Im Gegensatz zur Erzählliteratur, wo das Oppositionspaar ‚oben'/‚unten' öfter realisiert wird, nimmt es im Drama einen besonderen Stellenwert ein, „da die vertikale räumliche Achse nicht durchgehend in dramatischen Texten aktualisiert wird und daher ihre Aktualisierung stärker markiert ist als die der horizontalen Achse".[429] Dort, wo sie realisiert wird, ist entsprechend nach ihrer funktionalen Bestimmung und den *gender*-bezogenen Implikationen zu fragen.

Jedes der oben beschriebenen raumstrukturellen Gegensatzpaare kann *gender*-bezogene Kontrast- oder Korrespondenzrelationen auf der Figurenebene implizieren. Ein Sonderfall, der nicht in einem solchen Oppositionspaar aufgeht und der m.W. bislang weder in der *gender*-orientierten narratologischen noch in der dramatischen Raumanalyse berücksichtigt worden ist, stellt die Positionierung einer Figur in der Mitte des Bühnenraums (*center stage*) dar. In Verbindung mit Kriterien wie *sex, class, age* usw. sind aus *gender*-analytischer Sicht wiederum verschiedene Lesarten möglich, die v.a. im Hinblick auf das Aushandlungskonzept bedeutsam sind: So kann beispielsweise durch die zentrale Raumposition einer männlichen Figur deren besondere Bedeutung als autoritäre Instanz (z.B. als Familienpatriarch) hervorgehoben werden. Auch die Deutung als Vermittlungs- oder Aushandlungsinstanz zwischen links/

---

427 Exemplarisch kann für die Korrelation von ‚oben' und ‚männlich' in der hier beschriebenen Bedeutung – Affirmation der tradierten Geschlechterordnung – Martha Mortons Stück *A Bachelor's Romance* (1896/1912) genannt werden, in dem die männliche Titelfigur, David Holmes (ein Literaturkritiker, der für *The Review* schreibt), ein Apartment „*in the copula of a studio building*" bewohnt (Martha Morton, *A Bachelor's Romance: An Original Play in Four Acts*, [1896/1912] (Whitefish, MT: Kessinger Publishing, 2007), 3). Innerhalb seiner Dachwohnung führt noch einmal eine kleine Wendeltreppe ins Dachgewölbe hinauf, von wo aus er über einen Balkon auf die Dächer der Stadt blickt (siehe ebd. 3). Die Verbindung von räumlichem ‚Oben' mit Gelehrtheit/Bildung und Männlichkeit suggeriert, dass das Stück auf tradierte Maskulinitätskonzepte rekurriert. Ob dieser Eindruck im Handlungsverlauf bestätigt oder widerlegt wird, kann an dieser Stelle nicht weiter ausgeführt werden.

428 Man denke hierbei zum Beispiel an die Figur Bertha Mason in Charlotte Brontës Roman *Jane Eyre* (1847) oder an die Ich-Erzählerin in Charlotte Perkins Gilmans „The Yellow Wall-Paper" (1892).

429 Pfister, *Das Drama*, 340.

rechts positionierten Figuren bzw. Figurengruppen ist möglich. Und schließlich kann die Positionierung in der Raummitte auch auf die Unsicherheit bzw. Zerrissenheit einer Figur hinsichtlich ihrer Rollenidentität verweisen, sodass der wie auch immer geartete innere Konflikt der Figur über die räumliche Dimension versinnbildlicht wird.

Ferner müssen Standortveränderungen, d.h. Veränderungen der konkreten räumlichen Positionierung, berücksichtigt werden. So können abrupte Positionswechsel oder hektische Raumbewegungen auf eine bestimmte emotionale/psychische Disposition mit *gender*-relevanten Implikationen hinweisen. Stehen beispielsweise schnelle „Bewegung[en] [...] durch den Raum" mit dem Typus des Patriarchen in Verbindung, so kann dieses Raumverhalten Ausdruck seines Versuchs zur „Wahrung der Kontrolle über den Raum" bzw. als Anzeichen (s)eines möglichen Kontrollverlusts gelesen werden.[430] Aus der Anzahl verschiedener möglicher Interpretationen wird deutlich, dass bei einer Analyse der Raumbewegung auch immer Aspekte der Figurenkonzeption zu berücksichtigen sind.

Neben den bisher erläuterten oppositionellen Raumrelationen *innerhalb* eines bestimmten Schauplatzes existieren weitere Strukturbezüge zwischen verschiedenen, insbesondere *außen* gelegenen Handlungsorten, die für die Untersuchung der figuralen Raumbewegung bzw. für die Bewertung des figuralen Raumverhaltens ebenfalls relevant sind. Besonders hervorzuheben ist somit die sog. ‚Innenraum'/‚Außenraum'-Relation, da hier geschlechterspezifische Raumzuweisungen am sinnfälligsten zur Geltung kommen. ‚Innenraum' wird hier verstanden als der Bereich des Häuslichen, während mit ‚Außenraum' der öffentliche Bereich in der ‚Lebenswirklichkeit' eines bestimmten Stückes gemeint ist. Dieses Oppositionspaar ist somit insbesondere dann hilfreich, wenn es um die Analyse von ‚Vertextlichungsstrategien' des *separate spheres*-Konzeptes geht. Durch die Berücksichtigung von figuralen Raumbewegungen zwischen dem Innen und Außen lassen sich insbesondere Aussagen über die Statik bzw. Mobilität im Raumverhalten einer Figur treffen. In Anlehnung an Würzbach, die aus einer narratologischen Perspektive argumentiert, erscheint es grundsätzlich sinnvoll, „nach Statik oder Veränderung der Position [...], nach Arten der Bewegung und nach der Aufteilung des Raumes zu fragen", weil diese Aspekte für die „soziale Verortung" einer Figur „wesentlich[e] Bestimmungsfaktor[en]" darstellen.[431] In der binären Verknüpfung von

430 Würzbach, „Raumdarstellung", 67.

431 Natascha Würzbach, „Erzählter Raum: Fiktionaler Baustein, kultureller Sinnträger, Ausdruck der Geschlechterordnung", *Erzählen und Erzähltheorie im 20. Jahrhundert. Festschrift für Wilhelm Füger*, hg. Jörg Helbig (Heidelberg: C. Winter, 2001), 105-129: 119, 120.

Innenraum/weibliches Geschlecht bzw. Außenraum/männliches Geschlecht kommen beispielsweise „[g]eschlechterstereotype Bedeutungszuweisungen an Räume"[432] zum Ausdruck, wie sie für das ausgehende 19. Jahrhundert üblich waren.[433] Wenn sich z.B. eine weibliche Figur überwiegend im Innenraum (z.B. innerhalb eines Hauses oder Zimmers) bewegt, so ist dies vor dem Hintergrund zeitgenössischer Geschlechterdiskurse und Rollenvorstellungen – dem *cult of domesticity* bzw. *cult of true womanhood* – keineswegs ungewöhnlich. Folglich wäre die Verbindung Außenraum/Frau als Abweichung rollenadäquaten Raumverhaltens und damit als subversives Textelement zu werten, das den herrschenden Diskurs unterläuft. Darauf fokussierende Untersuchungen sind bislang vor allem im Bereich der *gender*-orientierten Erzähltextanalyse durchgeführt worden. Da sich „die grundlegende Aufteilung in private und öffentliche Sphäre"[434] mit den jeweiligen geschlechtsspezifischen Rollenzuweisungen auch im Drama der *Progressive Era* finden lässt, können analog zu narratologischen Arbeiten entsprechend wertvolle Ergebnisse auch im Hinblick auf die dramatische Gattung generiert werden.

Dass dies zum Teil schon geschehen ist, zeigt beispielsweise Susanne Auflitsch mit ihrer Studie *Staging Separate Spheres* (2006), in der sie den Schwerpunkt ihrer Untersuchung auf die ‚Innen'/‚Außen'-Relation legt. In den von ihr analysierten Stücken identifiziert sie das Konzept der *separate spheres* als „underlying structural dichotomy" und arbeitet davon ausgehend die „diverse responses to the dichotomy as encoded in the plays" heraus.[435] Obwohl Auflitschs Studie wertvolle Erkenntnisse geliefert hat, kann sie hier aus verschiedenen Gründen nur bedingt berücksichtigt werden: Erstens analysiert die Studie ausschließlich einaktige Stücke, die durch ihre genrebedingte Kompaktheit das Spektrum möglicher Raumstrukturen, wie es den hier untersuchten Dramen eingeschrieben ist, nicht abdecken. Indem sich Auflitsch auf die Dichotomie *public sphere* vs. *private sphere* beschränkt, bleiben zweitens andere raumstrukturelle Aspekte, wie sie oben skizziert wurden, weitgehend unberücksichtigt. Drittens stellt Auflitschs Fokussierung auf die Unterscheidung zwischen *theatrical space within* vs. *theatrical space without*[436] und

432 Würzbach, „Raumdarstellung", 51.

433 Siehe hierzu die Ausführungen in Kapitelabschnitt III.4.2 in dieser Arbeit.

434 Würzbach, „Raumdarstellung", 52.

435 Auflitsch, *Staging Separate Spheres*, 15.

436 Auflitsch verwendet die Begriffe *theatrical space within* und *theatrical space without* in Anlehnung an Scolnicovs Studie (1994), nimmt dabei allerdings eine semantische Modifizierung vor. Während bei Scolnicov die Dichotomie *theatrical space within/without* mit dem Bedeutungspaar *on-stage/off-stage* korrespondiert, wird es bei Auflitsch mit dem Konzept der *separate spheres* verknüpft: „The basic structural dichotomy underlying the

deren Anbindung an das Konzept der *separate spheres* hier nur eine von verschiedenen Untersuchungskategorien dar – eine Korrelation, die im Kontext dieser Arbeit allerdings auch zu kurz greift.[437] Viertens beschränkt sich Auflitschs Untersuchung auf 21 ausschließlich von weiblichen Autoren verfasste Stücke. Sie nimmt damit eine Eingrenzung des Gegenstandbereichs vor, den sie u.a. mit „the continuing scholarly neglect of one-act plays in general and women's one-act plays in particular"[438] begründet. Zwar ist sich dieser Einschätzung grundsätzlich anzuschließen,[439] allerdings bringt eine solche Fokussierung zwangsläufig eine verengte, in diesem Fall ausschließlich weibliche Sichtweise auf ‚vergeschlechtlichte Räume' bzw. Rauminszenierungen mit sich. Nichtsdestoweniger stellt die von ihr vorgenommene Anbindung raumstruktureller Kategorien an *gender*-analytische Aspekte einen wichtigen Schritt hin zu einer *gender*-orientierten Dramenanalyse dar.

Schließlich ist für eine so angelegte Analyse figuraler Raumbewegungen auch die raumstrukturelle Relation ‚szenisch präsentierter Schauplatz' (*on stage*) vs. ‚implizierter *off-stage*-Raum' bedeutsam, insbesondere dann, wenn man nach dem Verhältnis zwischen szenisch konkretisierten bzw. nicht konkretisierten Räumen und den darin auftretenden bzw. nicht auftretenden Frauen- und Männerfiguren fragt. Wenn zum Beispiel einerseits auf einen bestimmten, im Kontext des viktorianischen Geschlechterdiskurses als weiblich konnotierten Handlungsraum im häuslichen Bereich (z.B. Küche, Wohnzimmer, Kinderzimmer) nur verbalsprachlich in den Figurenrepliken

---

entire body of texts chosen for this discussion [i.e. in *Staging Separate Spheres*] is the dichotomy of separate spheres, which is connected to theatrical space. The theatrical space within signifies the domestic sphere, the theatrical space without signifies the public sphere." (Auflitsch, *Staging Separate Spheres*, 32).

437 Zudem wird m.E. nicht ganz deutlich, wie sich das Gegensatzpaar *on-stage/off-stage* zu der bei Auflitsch vorgenommene Korrelation von *theatrical space within/private sphere* und *theatrical space without/public sphere* verhält. In Anbetracht dieser sehr unterschiedlichen Begriffs- und Bedeutungsdifferenzierungen erscheint es sinnvoll, darauf hinzuweisen, dass im Kontext dieser Arbeit an den üblichen, von Pfister vorgeschlagenen Bezeichnungen ‚szenisch repräsentierte'/‚szenisch nicht-repräsentierte Schauplätze' in den Bedeutungen von *on-stage* bzw. *off-stage* festgehalten und von einer Verwendung der Bezeichnungen *theatrical space within/without* gänzlich abgesehen wird. Eine Korrelation von *theatrical space within/private sphere* und *theatrical space without/public sphere* nach Auflitsch wird hier ebenfalls nicht angenommen.

438 Auflitsch, *Staging Separate Spheres*, 23.

439 Siehe hierzu auch Kurt Müller, „Susanne Auflitsch, Staging Separate Spheres: Theatrical Spaces as Sites of Antagonism in One-Act Plays by American Women, 1900-1930; Including Bibliographies on One-Act Plays in the United States, 1900-1940, Regensburger Arbeiten zur Anglistik und Amerikanistik 48 (Frankfurt/M.: Lang, 2006), 388 pp.", Rezension, *Amerikastudien / American Studies* 51.4 (2006b), 598-601: 598.

Bezug genommen wird, dieser *off-stage*-Raum somit also nicht zum szenisch realisierten Setting eines Stückes zählt, während andererseits *on stage* zumeist männlich konnotierte Räume szenisch umgesetzt werden, dann wird diesem nur in der Vorstellung des Zuschauers existierenden *off-stage*-Raum indirekt eine randständige Bedeutung zugeschrieben, die insbesondere dann diskursaffirmierende Implikationen in sich trägt, wenn sich in der beschriebenen Raumdarstellung die Marginalisierung des weiblichen Geschlechts in einer patriarchalischen Gesellschaft spiegelt. Kurz gesagt: Die dem weiblichen Geschlecht traditionell zugewiesenen Räume sind innerhalb der Geschlechterordnung vergleichsweise weniger bedeutsam als männlich besetzte – ein Machtgefüge, das durch die *on-stage/off-stage*-Relation bühnenwirksam umgesetzt werden kann. Diese Form der Rauminszenierung (*off-stage*-Raum/tradierte Weiblichkeit vs. *on-stage*-Raum/tradierte Männlichkeit) kann allerdings auch diskurskritische Implikationen haben, dann nämlich, wenn die an diesen Raum traditionell gebundene Frauenfigur, die *true woman*, in anderen, eigentlich männlich konnotierten und szenisch präsentierten Handlungs(spiel)räumen auftritt. In diesem Fall wird die konventionalisierte „Trennung von geschlechtsspezifisch definierten und zugleich hierarchisierten“[440] Räumen durch das von der Norm abweichende Raumverhalten der weiblichen Figur, ihrem Heraustreten aus dem Bühnen-*Off* und Eintreten in sichtbare Räume, unterlaufen. Ein solches, durch die Verschiebung weiblicher Raumpräsenz initiiertes Sichtbarwerden in ‚rollenfremden' Räumen wird aus der Sicht des herrschenden Geschlechterdiskurses als „Raum- und Grenzüberschreitung“[441] der Frau gewertet. Es deutet zudem auf der raumstrukturellen Ebene auf eine gewisse subjektive Rollendistanz, d.h. auf eine Diskrepanz zwischen Rollendiktat und tatsächlicher Geschlechteridentität, hin. Nach Hubrath sind derartige Phänomene als – in diesem Fall weibliche – „Strategien zur (Wieder-) Aneignung von Räumen“[442] zu verstehen.

Im Sinne der terminologischen Klarheit ist im Zusammenhang mit dieser raumstrukturellen Relation abschließend noch Folgendes festzuhalten: Die bei Pfister vorgenommene semantische Gleichsetzung von ‚szenisch präsentiertem *on stage*-Raum' mit ‚Innenraum' bzw. ‚impliziertem *off-stage*-Raum' mit ‚Außenraum' kann, um dies dem textanalytischen Teil vorwegzunehmen, auf die hier untersuchten Dramen nicht ohne Weiteres übertragen werden.[443] Pfister geht davon aus, dass der implizierte *off-stage*-Raum „häufig“ auch ein

---

440 Hubrath, „Einführung“, 2.

441 Hubrath, „Einführung“, 2. Siehe auch Würzbach, „Raumdarstellung“, 52.

442 Hubrath, „Einführung“, 2.

443 Siehe Pfister, *Das Drama*, 341.

öffentlicher Außenraum ist.[444] Diese Korrelation erweist sich allerdings als zu pauschal, wenn man bedenkt, dass gerade in den *discussion plays* mit ihrer Tendenz zur quantitativen Schauplatzreduzierung nur durch Figurenrepliken oder Beschreibungen im Nebentext sehr häufig auf angrenzende *innerhäusliche Räume* Bezug genommen wird, diese Räume allerdings nie szenisch repräsentiert werden. Solche implizierten *off-stage*-Räume sind dann keine Außenräume. Somit ließe sich – verwendete man die Bezeichnungen von Auflitsch – auch nicht ohne weiteres sagen, dass Außenräume (also *theatrical spaces without*) stets der *public sphere* zuzuschreiben wären. Die Frage lautet demzufolge also nicht ‚Welche Sphäre (*domestic* oder *public*) korreliert mit Außenraum?', sondern ‚Welcher Raum (Innen- oder Außenraum) wird szenisch überhaupt realisiert und welche Figuren treten darin auf?' Zudem ist hinsichtlich der ‚Innenraum'/‚Außenraum'-Relation noch hinzuzufügen, dass dieses Oppositionspaar mit seinen zwei Polen – wie im Übrigen die anderen auch – als ‚durchlässiges' räumliches Strukturierungsverfahren zu verstehen ist, das den Figuren auch Zwischenräume bietet, die weder ausschließlich als Innen- noch ausschließlich als Außenraum aufgefasst werden. Die Rede ist von der szenischen Darstellung figuraler Grenz- und Schwellenräume. Da insbesondere solche Räume für die Analyse des figuralen Raumerlebens bzw. der Raumerfahrung relevant sind, werden diese nachfolgend unter diesem zweiten raumstrukturellen Aspekt (neben der Raumbewegung als ersten) besprochen.

(2) Für eine *gender*-orientierte Raumanalyse in dramatischen Texten erweist sich das Konzept des Raumerlebens bzw. der Raumerfahrung einer bestimmten Bühnenfigur ebenfalls als eine wichtige Untersuchungskategorie, wenngleich Pfister in seinem strukturalistischen Beschreibungsmodell dafür aus selbsterklärenden Gründen keine Analysekriterien bereitstellt. Hier kann vor allem wieder auf die Arbeiten aus der *gender*-orientierten Narratologie zurückgegriffen werden, wo eine solche Thematisierung bzw. Untersuchung figuralen Raumerlebens längst stattgefunden hat,[445] was in erster Linie daran liegt, dass in narrativen Texten – anders als in dramatischen Texten – das subjektive Raumempfinden normalerweise durch eine Erzähl- bzw. Fokalisierungsinstanz vermittelt wird und deshalb dem Erzähltextinterpreten grundsätzlich

444 Siehe Pfister, *Das Drama*, 341.

445 Hervorzuheben sind in diesem Zusammenhang v.a. die Arbeiten von Natascha Würzbach, die sich bereits eingehend mit Aspekten des figuralen Raumerlebens in Erzähltexten befasst hat. Wie ein bestimmter Raum wahrgenommen und erlebt wird, hängt laut Würzbach gemeinhin vom „Verhältnis des Subjekts zu seinem umgebenden Raum" ab, welches wiederum durch sein „Denken und Fühlen, durch seine Persönlichkeitsentwicklung sowie durch Standort und Bewegung […] bestimmt" wird („Erzählter Raum", 115).

zugänglicher ist als dem Drameninterpreten.[446] Dass das subjektive Raumerleben aufs Engste mit dem oben diskutierten Konzept der Raumbewegung verbunden ist, liegt dabei auf der Hand und verdeutlicht einmal mehr die notwendige Verknüpfung von ‚Figur' und ‚Raum' in der Analyse. Für eine Auseinandersetzung mit Aspekten des figuralen Raumerlebens in dramatischen Werken müssen die von der *gender*-orientierten Erzähltextanalyse bereitgestellten Kategorien allerdings noch an dramenspezifische Besonderheiten angepasst werden. So sind in entsprechenden Untersuchungen zum Raumerleben von Bühnenfiguren – abgesehen von eigenen oder fremden Figurenäußerungen – vor allem die Hinweise im Nebentext sowie nicht-sprachliche Elemente der Figurenkommunikation zu berücksichtigen.

Dass das Raumerleben eine subjektive Erfahrung darstellt, die wiederum in Abhängigkeit der jeweiligen *gender*-spezifischen Prägung individuell sehr unterschiedlich sein kann, zeigt sich beispielsweise dort, „[w]o männliche und weibliche Figuren […] denselben sozialen Raum teilen"[447]. Würzbach verdeutlicht dies am Beispiel des Innenraums ‚Haus':

> Das Haus bedeutet traditionell für den Mann einen temporären *Ruheort*, von dem aus er zu öffentlichen Orten der Bewährung und Bestätigung aufbricht. Für die Frau hingegen wurde es bis weit ins 20. Jahrhundert als der ihrer sozialen Rolle angemessene Standort betrachtet, dessen Grenzen sie nur selten überschreiten durfte. Dabei wird das Haus […] soziokulturell als *Schutzraum* und *Ort der familiären Geborgenheit* konzipiert […].[448]

Dass die Funktion des Hauses unterschiedlich, nämlich einerseits als Ruheort des Mannes und andererseits als Schutzraum für die Frau, bestimmt sein kann, deutet auf diskursive Steuerungsmechanismen hin, wie sie innerhalb des Häuslichkeitskults wirksam werden.[449]

Räume werden allerdings nicht nur aus weiblicher und männlicher Sicht unterschiedlich wahrgenommen und erlebt, sondern können auch ‚innerhalb eines Geschlechts' durchaus als ambivalent empfunden werden, wie Würzbach

---

446 Damit sei allerdings nicht impliziert, dass es eine solche Erzählinstanz im Drama grundsätzlich nicht gäbe. Zur Ebene der erzählerischen Vermittlung in dramatischen Texten siehe Ansgar Nünning und Roy Sommer, „Drama und Narratologie: Die Entwicklung erzähltheoretischer Modelle und Kategorien für die Dramenanalyse", *Erzähltheorie transgenerisch, intermedial, interdisziplinär*, hg. Vera Nünning und Ansgar Nünning (Trier: WVT, 2002), 105-128. Siehe außerdem die Erläuterungen zur Darstellung subjektiven Raumerlebens in Erzähltexten bei Würzbach, „Erzählter Raum", 115-119.

447 Würzbach, „Raumdarstellung", 52.

448 Würzbach, „Raumdarstellung", 53. Hervorhebungen KT.

449 Siehe hierzu die Ausführungen in Kapitelabschnitt III.4.2 in dieser Arbeit.

in Bezug auf das weibliche Geschlecht zeigt. So kann das Haus, um bei diesem Beispiel zu bleiben, „[...] für Frauen [...], wenn sie dort der männlichen Gewaltausübung ausgeliefert sind, eine ganz andere Bedeutung annehmen“[450]. Das Haus wird dann zunehmend als Gefängnis wahrgenommen und zu einem „Ort der physischen und psychischen Bedrohung“[451] umgedeutet. Im Zuge einer solchen Raumwahrnehmung verändert sich zwangsläufig aus weiblicher Perspektive auch die Wahrnehmung des Mannes, der, „in entering her house“, den Häuslichkeitsbereich zu seinem eigenen macht und „woman's space“ usurpiert.[452] Unter dem Einfluss männlicher Fremdbestimmung in dieser Bedrohungslage gelingt dann ein Wechsel vom Innen- zum Außenraum nur selten[453] – und wenn, dann häufig nur in Form von Ausbruchsszenarien (wie Flucht oder *elopement*) oder bewussten Grenzdurchbrechungen bzw. „Grenzüberschreitungen von Frauen in außerhäusliche Bereiche“.[454]

Damit erweist sich die räumlich-topographische Kategorie der ‚Grenze' als weiteres wichtiges Analysekriterium, wobei sich in Bezug auf Grenzdurchbrechungen der Blick insbesondere – aber nicht nur – auf das weibliche Geschlecht richtet, werden absichtliche weibliche Grenzüberschreitungen doch als Ausdruck „weibliche[r] Emanzipationsanstrengungen“[455] gedeutet, die in dieser Form vor dem zeitgenössischen soziokulturellen Hintergrund beim männlichen Geschlecht eher nicht zu beobachten sind.[456] Dementsprechend findet auch bei Scolnicov eine entsprechende Korrelierung zwischen emanzipierter Weiblichkeit und raumbezogener Grenzüberschreitung

450 Würzbach, „Raumdarstellung“, 53.

451 Würzbach, „Raumdarstellung“, 53. Zur semantischen Umdeutung des Hauses vom Ort der Geborgenheit zum Gefängnis siehe auch Würzbach, „Erzählter Raum“, 110, 112.

452 Scolnicov, *Woman's Theatrical Space*, 8.

453 Siehe Würzbach, „Raumdarstellung“, 53.

454 Würzbach, „Erzählter Raum“, 113. Siehe auch Scolnicov, *Woman's Theatrical Space*, 8 sowie Hubrath, „Einführung“, 2, Nünning, A., „Literarische(r) Raum/Raumgestaltung“, 606 und Würzbach, „Raumdarstellung“, 52.

455 Würzbach, „Raumdarstellung“, 52.

456 Hier finden Grenzüberschreitungen weniger in Bezug auf eine räumliche Dimension statt, sondern eher in einem moralisch-ethischen oder auch ideologischen Sinne. Exemplarisch ist in diesem Kontext das Motiv des Ehebruchs zu nennen, das im übertragenen Sinne als Überschreiten der Grenze des gesellschaftlich akzeptierten Verhaltenscodex verstanden werden kann. Aus zeitgenössischer Sicht würde beispielsweise auch das Einwilligen einer männlichen Figur in eine *companionate marriage* mit einer *new woman* als Grenzüberschreitung gewertet werden, weil eine so handelnde Männerfigur mit den geschlechterideologischen Prämissen der patriarchalischen Gesellschaftsordnung bricht.

innerhalb dramatischer Texte statt: „Woman's emancipation finds its theatrical expression in an actual, physical act of leaving the house."[457]

In welche Räume diese Ausbruchs- und Fluchtbewegungen weibliche Figuren führen, kann individuell sehr verschieden sein. Zu unterscheiden sind zum einen eindeutig „männlich besetzte Bildungs- und Arbeitsbereiche"[458] im öffentlichen Bereich und zum anderen „Übergangs- und Zwischenräum[e]"[459], die als Verbindungsbrücken zwischen *private* und *public sphere* zu verstehen sind. Von besonderem Interesse sind die an zweiter Stelle genannten Räumen, die Würzbach auch als „Schwellenbereich[e]"[460] bezeichnet. Dazu zählt beispielsweise der Garten, der zwar einen eng an das Haus gebundenen, territorial abgegrenzten Raum darstellt, gleichzeitig aber auch durchlässiger erscheint und der Frau einen Raum für „erste Emanzipationsschritte"[461] bietet, die sich zumeist der männlichen Kontrolle entziehen. Im Garten können durch die sich dort eröffnenden Möglichkeiten der weiblichen Kreativitätsentfaltung sowie durch die Erweiterung weiblicher Handlungskompetenzen erste Ansätze ihrer Selbstbestimmung und veränderten Identitätsentwicklung entstehen.[462] Er erweist sich somit „als ein imaginärer Freiraum [...], in dem traditionelle Geschlechterpolaritäten unterlaufen und verändert werden können"[463]. Die raumstrukturelle Funktionalität des Gartens beschränkt sich jedoch nicht nur auf die eines ‚vor-emanzipatorischen' Erprobungsraumes. So verdeutlicht Würzbach: „Der Garten kann in seiner Abgeschlossenheit [...] auch als Rückzugsraum vor Konflikten und Belastungen dienen und so zum kontemplativen Erlebnisraum werden."[464]

Neben dem Garten können als weitere Schwellenbereiche mit ähnlich gelagerten Funktionen außerdem Terrassen, Wintergärten u.ä. sowie architektonische Elemente wie Türen und Fenster genannt werden. Gerade letztere können – je nachdem, ob sie geschlossen oder geöffnet sind bzw. werden – als Ausdruck verwehrter, verhinderter oder sich anbahnender Emanzipation gelesen werden. In Bezug auf die raumsymbolische Bedeutung geschlossener Türen (und Fenster) konstatiert Scolnicov: „The door [and window, KT] becomes the symbol of either separation or communication (depending on whether it is closed or opened) between the [...] secure space of the house

457 Scolnicov, *Woman's Theatrical Space*, 8.
458 Würzbach, „Erzählter Raum", 121.
459 Hubrath, „Einführung", 2.
460 Würzbach, „Erzählter Raum", 121.
461 Würzbach, „Erzählter Raum", 121.
462 Siehe Würzbach, „Raumdarstellung", 54.
463 Hubrath, „Einführung", 3.
464 Würzbach, „Raumdarstellung", 54.

and the hostile […] world outside."[465] Zudem kann der weibliche (aber auch männliche) „Blick durchs Fenster"[466] aus *gender*-analytischer Sicht durchaus bedeutsam sein, wenn durch ihn beispielsweise auf die wie auch immer gearteten Sehnsüchte der Figuren angespielt wird.

465 Scolnicov, *Woman's Theatrical Space*, 7. Scolnicov will in der Offenheit/Geschlossenheit von Türen und Fenster zudem eine sexuell-erotisch aufgeladene Bedeutung sehen – eine Lesart, die im Kontext der hier untersuchten Dramen des frühen amerikanischen Bühnenrealismus keine Berücksichtigung findet. Bei Scolnicov heißt es: „Traditionally, the house has been associated with woman's social place, but it can also be seen to stand for her body and her sexuality. […] In the theatre, the contrast between interior and exterior space, between house and outside, is eroticized, and the seemingly innocent plot aimed at gaining access into the house takes on almost explicit overtones of penetration. The doors and windows of the house, as ways of entrance and of communication, assume in this context a heightened significance as bodily orifices." (ebd. 7f.).

466 Würzbach, „Raumdarstellung", 53.

KAPITEL IV

Die Aushandlung der Geschlechterfrage in Broadway-Dramen der *Progressive Era* (1890-1920)

Teil A – Die Aushandlung der Geschlechterproblematik im Spiegel zeitgenössischer Revisionspraktiken

In diesem ersten textanalytischen Teil werden mit James A. Hernes *Margaret Fleming* (Kapitel IV.1), Rachel Crothers' *He and She* (Kapitel IV.2) und Zona Gales *Miss Lulu Bett* (Kapitel IV.3) drei dramatische Werke untersucht, die in verschiedenen Textfassungen vorliegen bzw. in der Vergangenheit einmal in unterschiedlichen Versionen existiert haben. Sie stehen exemplarisch für jene Stücke des Untersuchungszeitraumes, die im Kontext der zeitgenössischen Revisionspraktiken des Kommerztheaters einer mehr oder weniger umfassenden Überarbeitung unterzogen werden mussten, um die vom *Theatrical Syndicate* vorgeschriebenen bzw. die im profitorientierten Unterhaltungstheater gemeinhin geltenden Aufführungskonventionen einzuhalten. Es handelt sich bei diesen drei Stücken ferner um Texte, deren Überarbeitungen von ihren jeweiligen Autoren selbst und nicht etwa durch extern hinzugezogene *play-doctors* oder Theaterkritiker vorgenommen wurden. Dieses Detail ist deshalb bedeutsam, weil die Dramatiker es somit selbst in der Hand hatten, die institutionellen Vorgaben für eine ideologiekonforme Behandlung der Geschlechterproblematik und der damit verbundenen Einhaltung bestimmter Textstrukturen entweder tatsächlich uneingeschränkt zu befolgen oder diese etwa in der revidierten Version zwar weitgehend umsetzen, gleichzeitig aber auch zu unterlaufen.[1]

Der Umstand, dass die Originalversionen der drei genannten Texte sowohl in inhaltlicher als auch formalstruktureller Hinsicht von diesen restriktiven Vorgaben – für damalige Verhältnisse – zum Teil radikal abweichen (z.B. durch sozial- und ideologiekritische Haltungen zur Geschlechterthematik, durch diskurskritische Positionierungen, durch realistische Darstellungsverfahren, durch inhaltlich und textstrukturell offen gehaltene Schlussgebungen), ihre

1 Siehe dazu die Ausführungen in Kapitelabschnitt II.2.2, insbesondere die Erläuterungen zu zeitgenössischen Revisionspraktiken des Unterhaltungstheaters und den Optionen, die sich Autoren für die Überarbeitung der eigenen Stücke boten.

 | DOI:10.30965/9783657726172_005

überarbeiteten Spätfassungen nach Einschätzung zeitgenössischer Theaterkritiker diese Konventionen dann aber doch noch bedienen, hat in der literaturkritischen Diskussion bekanntlich zu einer Pauschalentwertung und einer damit einhergehenden Vernachlässigung dieser Stücke in der Forschung geführt. Zwar wurde in bisher veröffentlichten Beiträgen zu diesen drei Dramen der Revisionsaspekt erwähnt,[2] insgesamt aber erweist sich die Revisionsproblematik im Kontext der hier übergeordneten *gender*-kritischen Fragestellung als ein unterbelichteter Untersuchungsbereich. So wird in der vorliegenden Studie dem bislang geltenden Befund – die Stücke stellten in ihren Originalfassungen diskurs- und ideologiekritische und mitunter auch von den verbindlichen zeitgenössischen Normen radikal abweichende Texte dar, während die Spätfassungen so verändert worden seien, dass sie nunmehr den herrschenden Geschlechterdiskurs bedienten und den zeitgenössischen Darstellungsstandards entsprächen – ausdrücklich widersprochen. Vielmehr wird hier die These vertreten, dass die revidierten Fassungen nur dem Anschein nach und nur auf der Textoberfläche tradierte Darstellungskonventionen einhalten, sie insgesamt aber hinsichtlich ihrer ursprünglichen Aussageabsichten und Positionierungen zur Geschlechterproblematik kaum etwas einbüßen. Dies gelingt u.a. durch subtile Inszenierungsverfahren und eine Verlagerung des gesellschafts- und *gender*-kritischen Potentials in den Subtext der Stücke. So mag zwar in den Spätfassungen der (oberflächliche) Eindruck eines ideologiekonformen Stückes entstehen, das sich (wieder) in tradierten Bahnen bewegt; letztlich aber gilt, dass insbesondere die überarbeiteten Fassungen sowohl inhaltlich als auch formalästhetisch anspruchsvoller und – salopp gesagt – ‚besser' sind, als ihre Originalversionen. Dies ist paradoxerweise das Resultat einer streng restriktiven Aufführungspraxis des Unterhaltungstheaters, die ‚mutige Einzelautoren', von denen bereits in Abschnitt II.2.2 die Rede war, dazu veranlasst, nach neuen, sprichwörtlich im Verborgenen liegenden Wegen zu suchen, um auch in den revidierten Textfassungen die ursprüngliche Aussageabsicht beizubehalten, ohne mit den Konventionen zu brechen. Diese Herausforderung bringt innovative Entwicklungen innerhalb einer insgesamt konservativ eingestellten Theaterindustrie mit sich, die sich letztlich positiv auf die Entwicklung der dramatischen Gattung in Amerika auswirken. Somit nehmen insbesondere die revidierten Textfassungen hinsichtlich der Etablierung eines modernen amerikanischen Theaters und

2 In Bezug auf *Margaret Fleming* siehe z.B. Reitz Mullenix (1992). Für *He and She* siehe z.B. Gottlieb (1979) und für *Miss Lulu Bett* siehe z.B. Atlas (2002). Für weitere Quellenangaben zur Revisionsthematik siehe die Hinweise in den entsprechenden Kapiteln.

Dramas einen besonderen Stellenwert ein, der ihnen bislang jedoch nicht zugestanden worden ist.

Wie nachhaltig die Revisionspraktiken des profit-orientierten Broadway auf das amerikanische Drama und Theater wirken, verdeutlichen die Entstehungszeiten der in diesem Teil untersuchten Stücke. Mit Blick auf Hernes *Margaret Fleming*, das 1890 entsteht und bis zu seiner Erstveröffentlichung 1930 mehrfach überarbeitet wird; mit Blick auf Crothers' *He and She*, das 1911 verfasst wird und 1920 in einer revidierten Version zur Aufführung kommt; und mit Blick auf Gales *Miss Lulu Bett*, das die Dramatikerin 1920 schreibt und noch im gleichen Jahr überarbeiten muss, um es kommerziell erfolgreich zur Aufführung bringen zu können, wird deutlich, wie veränderungsresistent und rückwärtsgewandt das kommerzielle Unterhaltungstheater als Institution in einer sonst auf gesellschaftlichen Fortschritt und Reform orientierten Zeit ist. Dennoch lässt sich in Anbetracht der Tatsache, dass Gales *Miss Lulu Bett* um 1920 noch das gleiche Schicksal ereilt wie dreißig Jahre zuvor Hernes *Margaret Fleming*, nicht automatisch schlussfolgern, dass die dramatische Gattung immer wieder auf tradierte Formate zurückgefallen sei oder in seiner Entwicklung grundsätzlich stagniert habe.

IV.1 James A. Herne, *Margaret Fleming* (1890/1914 [1929]): Das Motiv der ‚(er)krank(t)en Ehe' als Projektionsfeld für Kritik am patriarchalischen Geschlechtermodell

Im thematischen Kern seines Stückes *Margaret Fleming* setzt sich James A. Herne kritisch mit den Konventionen ehe- und partnerschaftlichen Zusammenlebens und den Geschlechterbeziehungen im patriarchalisch geprägten Amerika der Jahrhundertwende auseinander. Das Stück rekurriert dabei auf unterschiedliche diskursive Ausformungen oder ‚Diskursfäden' des zeitgenössischen Geschlechterdiskurses, wie den viktorianischen Mütterlichkeitskult und Häuslichkeitsdiskurs oder den *double standard of morality*, und verhandelt unter Berücksichtigung ethnischer und klassenspezifischer Aspekte unterschiedliche Vorstellungen und Konfigurationen von Weiblichkeit und Männlichkeit im Kontext der *Progressive Era*. Auf der Grundlage verschiedener Textfassungen dieses Stückes wird nachfolgend die Be- bzw. Aushandlung dieser Themen unter den eingangs formulierten Zielsetzungen eingehend untersucht.

IV.1.1 *Abriss über die Produktions-, Revisions- und Rezeptionsgeschichte*

Als James A. Herne im Jahre 1890 seine erste Version von *Margaret Fleming* schrieb, konnte er freilich nicht ahnen, welche Bedeutung dieses Stück für die Geschichte des amerikanischen Dramas und Theaters haben würde. Dass ein aufsehenerregendes Stück wie dieses die kommerzielle Theaterwelt seiner Zeit aber mindestens erschüttern würde, dürfte ihm als einem der Urväter des amerikanischen Bühnenrealismus allerdings durchaus bewusst gewesen sein. *Margaret Fleming* ist ein beeindruckendes Beispiel für das komplexe Wechselspiel zwischen den veränderungsresistenten Publikumsgewohnheiten, den äußerst restriktiven Aufführungskonventionen des kommerziellen Unterhaltungstheaters und den Visionen reformorientierter Dramenautoren der *Progressive Era*, die diese Rückwärtsgewandtheit des Theaters zu überwinden versuchen. Auf besonders drastische Art und Weise war das Stück von den Revisionspraktiken des Kommerztheaters betroffen. So liefert die bislang dokumentierte Produktions- und Rezeptionsgeschichte gesicherte Erkenntnisse darüber, dass dieses Stück in verschiedenen und zum Teil erheblich voneinander abweichenden Versionen existiert hat,[3] wenngleich „the precise number of individual revisions and when they occurred“[4] nicht überliefert ist. Unter Literaturkritikern ist die „existence of three specific versions“[5] allerdings unumstritten. Der Begriff ‚*existence*‘ ist in diesem Kontext allerdings etwas irreführend, weil damit aus heutiger Sicht nicht die tatsächliche materielle Verfügbarkeit drei verschiedener Textvorlagen gemeint ist. Erhalten geblieben ist nämlich nur ein einziges Manuskript, während sich die beiden übrigen Fassungen hinsichtlich des Handlungsverlaufs, auftretender Figuren, Konflikte usw. lediglich über Theaterkritiken und den darin wiedergegebenen Dialogpassagen sowie über Briefe, Memoiren involvierter Personen usw. rekonstruieren lassen. Da für eine Untersuchung von geschlechterbezogenen Aushandlungsprozessen hinsichtlich des äußeren Kommunikationssystems entscheidend ist, wann und wie diese Fassungen verändert worden sind, muss im Folgenden die Produktionsgeschichte des Stückes unter Berücksichtigung revisionsbezogener Aspekte skizziert werden.

---

3 Zur Produktions- und Rezeptionsgeschichte von *Margaret Fleming* siehe z.B. Bucks and Nethercot (1946), Denison (1996), Dithmar (1891), Edwards (1951), Edwards and Herne (1964), Garland (1891 und 1930), Hatlen (1956), Odell (1949), Perry (1978), Pizer (1955 und 1969), Reitz Mullenix (1992), Richardson (1993) und Wegner (1990).

4 Elizabeth Reitz Mullenix, „Katharine Corcoran and *Margaret Fleming*: Exploring the Feminist Dynamic“, *The Journal of American Drama and Theatre* 4.2 (1992), 63-81: 65.

5 Reitz Mullenix, „Katharine Corcoran and *Margaret Fleming*“, 65.

Das Stück entsteht, wie eingangs erwähnt, im Jahre 1890. Noch im gleichen Jahr, konkret am 4. Juli 1890, kommt es in seiner ursprünglichen Fassung im *Lynn Theatre* in Lynn, Massachusetts, zur Aufführung. Nach nur drei Vorstellungen wird *Margaret Fleming* allerdings wieder abgesetzt, weil es sich als kommerzieller Misserfolg erweist.[6] Dies hat in erster Linie mit neuartigen Inszenierungsverfahren, der brisanten Thematik und dem noch brisanteren Dramenschluss zu tun, auf den noch ausführlicher einzugehen sein wird. Nur so viel sei an dieser Stelle gesagt: Diese Originalversion enthält dem Publikum das eigentlich obligatorische *happy ending* vor und spricht sich gegen die tradierte Geschlechterordnung aus. Was unter Intellektuellen als kunstästhetische Innovation gepriesen wird, fällt beim übrigen Publikum vollständig durch. Diesbezüglich heißt es bei Reitz Mullenix:

> Although the play was received favorably by the critics, this praise was in no way mirrored at the box office. The content of the play was considered audacious for audiences whose tastes had been cultivated in dime museums, burlesque halls and in theatres whose fare never transcended spectacular melodrama.[7]

Das ‚normale', nicht-intellektuelle Publikum zeigt sich schockiert über die Thematik und die Art und Weise, mit der sie bühnenöffentlich verhandelt wird. Überdies wird sehr deutlich, dass die Zuschauer mehrheitlich an „traditional stage values" und „sugar-coated lies"[8] interessiert sind und von innovativen Inszenierungspraktiken nichts halten. Für dieses „first example of Ibsenesque realism"[9], das Herne mit *Margaret Fleming* auf eine amerikanischen Bühne bringt, war das Publikum des Unterhaltungstheaters noch nicht bereit. „He could not have chosen a worse time for his bold venture into advanced realism"[10] schreiben Edwards and Herne. Als Kenner des Kommerztheaters hätte er, so die Biographen des Dramatikers weiter, wissen müssen, „what the theatre-going public were paying to see in that year. The popular plays were sentimental melodramas [...] or romantic adventure dramas [...]."[11]

6 Siehe Reitz Mullenix, „Katharine Corcoran and *Margaret Fleming*", 64 und Arthur Hobson Quinn, „Introduction: *Margaret Fleming*", *Representative American Plays: From 1767 to the Present Day*, ed. Arthur Hobson Quinn, 6th ed., rev. & enl. (New York, NY: Appleton-Century Crofts, 1938a), 515-518: 516.

7 Reitz Mullenix, „Katharine Corcoran and *Margaret Fleming*", 64.

8 John Perry, *James A. Herne: The American Ibsen* (Chicago, IL: Nelson-Hall, 1978), 163.

9 Herbert J. Edwards and Julie A. Herne, *James A. Herne: Rise of Realism in the American Drama* (Orono, ME: University of Maine Press, 1964), 57.

10 Edwards and Herne, *James A. Herne*, 57.

11 Edwards and Herne, *James A. Herne*, 57.

Den konventionellen Praktiken des Kommerztheaters zunächst noch trotzend, gelingt es Herne, im darauffolgenden Jahr *Margaret Fleming* nochmals in seiner Originalfassung zumindest kurzzeitig auf die Bühne zu bringen. Im Mai und Oktober des Jahres 1891 wird das Stück für zwei bzw. drei Wochen in der *Chickering Hall* in Boston gespielt. Die Aufführungen im Frühjahr 1891 werden allerdings in der zweiten Woche wieder eingestellt, als sich abzeichnet, dass das Interesse der Öffentlichkeit extrem nachlässt und das Stück nicht einmal die Produktionskosten einspielen wird.[12] Der zweite Versuch, das Stück im Herbst 1891 erneut in Boston aufzuführen, scheitert ebenfalls. Das Bostoner Publikum „remained indifferent" und „unimpressed".[13] Im Dezember 1891 gelingt es Herne aber dennoch, sein Stück im *Palmer's Theatre* am New Yorker Broadway aufzuführen.[14] Allerdings erweist sich auch diese Inszenierung als verlustreicher Misserfolg.[15]

Für eine Neuinszenierung im Folgejahr, 1892, muss Herne sein Stück, will er es im *McVicker's Theatre* in Chicago zur Aufführung bringen, umfassend überarbeiten.[16] Aus der Biographie, die Hernes Tochter Julie Adrienne in Zusammenarbeit mit Herbert J. Edwards viele Jahre nach Hernes Tod über ihren Vater schreiben sollte, geht hervor, dass Herne, dessen Existenz vom Einspielgewinn seiner Stücke abhängt, aus finanzieller Not heraus einer Überarbeitung zustimmt.[17] In der veränderten Fassung, so ist es überliefert, soll *Margaret Fleming* ein konventionelles *happy ending* erhalten, das dem Publikum die obligatorische Aussöhnung der Hauptfiguren am Dramenschluss bietet.[18] James H. McVicker stellte Herne die Bedingung, das Stück in seiner

12 Siehe Edwards und Herne, *James A. Herne*, 68.

13 Edwards and Herne, *James A. Herne*, 69.

14 Siehe hierzu ausführlich Perry, *James A. Herne*, 168ff.

15 Hierzu berichten Edwards and Herne: „The matinee took place on December 9, 1891, and was an unequivocal failure. The audience was cold, and the critics, led by William Winter, exoriated the play." (*James A. Herne*, 69). *Margaret Fleming* war zum Zeitpunkt seiner Entstehung alles andere als ein vom Publikum gefeierter Kassenschlager. Dazu die Einschätzung nach Edwards and Herne mit Bezug auf die Rezeptionsgewohnheiten des Publikums: „Never was there a better demonstration of the fact that new developments in the theatre must await the general development of the public taste, for the theatre must depend upon the general public for its support." (ebd. 68). Es sei in diesem Zusammenhang an die eingangs dieser Studie zitierte Passage von Florence Kiper erinnert, in der sie auf diesen Umstand in ähnlicher Form hinweist (siehe Kapitel I.1).

16 Siehe Reitz Mullenix, „Katharine Corcoran and *Margaret Fleming*", 64.

17 Siehe Edwards and Herne, *James A. Herne*, 62, wo James A. Herne als „drowning man grasping a life-line" beschrieben wird (siehe auch ebd. 61).

18 Siehe Edwards and Herne, *James A. Herne*, 70f.

Radikalität zurückzunehmen – und zwar „to soften the play".[19] Zu diesen „public concessions"[20] zählten beispielsweise, der im Handlungsverlauf erblindeten Protagonistin am Ende des Stückes ihr Augenlicht wiederzugeben, ihr die Geburt des unehelichen Kindes ihres Ehemanns zu ersparen und „at least the hope of a reconciliation between husband and wife at the end" bestehen zu lassen.[21] Dass sich Herne – selbst Mitbegründer des sozialkritischen Bühnenrealismus in Amerika – gezwungen sieht, seine kunstästhetischen Ideale als Dramatiker zu verraten und dem Druck der übermächtigen Theaterindustrie nachzugeben, wird in bislang erschienenen Forschungsbeiträgen gern angenommen.[22] So schreibt beispielsweise Reitz Mullenix:

> *Herne was a businessman before he was an artist, and the need to make money by far outweighed his Ibsenesque leanings.* It was for this reason that the play was revised a number of times by the Hernes in an attempt to mitigate the controversial material and present the public with something more in tune with contemporary popular fare.[23]

---

19 Edwards and Herne, *James A. Herne*, 70. Der Begriff ‚Radikalität', dies sei an dieser Stelle festgehalten, ist ein historisch variabler und deshalb semantisch unterschiedlich besetzt, je nachdem von welcher Periode die Rede ist. Wenn im Rahmen dieser Textanalyse von der ‚Radikalität des Stückes' in Bezug auf Inszenierungsverfahren und *gender*-bezogene Themen gesprochen wird, dann geschieht dies in Orientierung darauf, was um 1890 als ‚radikal' erachtet wurde.

20 Perry, *James A. Herne*, 172.

21 Edwards and Herne, *James A. Herne*, 70. Siehe auch Perry, *James A. Herne*, 172.

22 Auf die Frage, inwiefern Hernes Bereitschaft zur Textrevision tatsächlich auch die Aufgabe seiner kunstästhetischen Ideale und Visionen bedeutet, wird noch einmal zurückzukommen sein (siehe unten IV.1.2). Diese bislang meist pauschal angenommene Korrelation wird hier nämlich in Frage gestellt.

23 Reitz Mullenix, „Katharine Corcoran and *Margaret Fleming*", 65. Hervorhebung KT. Gemeint ist mit „the Hernes" im Zitat neben James A. Herne auch dessen Ehefrau Katharine Corcoran Herne, die, wie Quinn anmerkt, „an active part in the original creation of the play" gespielt haben soll („Introduction: *Margaret Fleming*" (1938a), 516). Vor dem Hintergrund eines feministisch motivierten Erkenntnisinteresses geht Reitz Mullenix in ihrer Studie ausführlich der Frage nach Katharine Corcorans Involviertheit nach (67-79), um letztlich zu dem Schluss zu kommen, „[that] [a]lthough it has not yet been established how much influence either Herne or his wife had in shaping the play, the fact that Corcoran was deeply involved can not [*sic*] be refuted. Just how much influence Corcoran exerted and to what extent this influence shaped the three versions of the play probably will never be revealed." (ebd. 78). In ihrem Versuch, Spuren von Corcorans Einfluss in der Konzeption der Titelheldin Margaret Fleming nachzuweisen, unterscheidet sich Reitz Mullenix' feministisch geprägte Auseinandersetzung mit der Revisionsproblematik von dem hier zugrunde liegenden Ansatz, der – wie bereits ausgeführt – ausdrücklich *nicht* von einer Korrelation zwischen dem biologischen Geschlecht des Dramenautors und der im dramatischen Text zum Ausdruck kommenden geschlechterideologischen Positionierung ausgeht.

Welche Revisionsarbeiten Herne im Zuge der 1892er Produktion konkret vornimmt, ist heute nicht mehr nachvollziehbar, da weder die Originalversion noch die revidierte Fassung in Druckform existieren. Lediglich durch bereits ‚gehobene' Dokumente wie den oben genannten kann heute als gesichert gelten, dass das Stück zwischen 1890 und 1892 einer grundlegenden Revisionskur unterzogen wurde, die sich – so die allgemein vertretene Meinung – maßgeblich auf die geschlechterideologische Aussageabsicht des Stückes ausgewirkt haben soll. Als gesichert gilt auch, dass diese veränderte Fassung von 1892 zwei Jahre später noch einmal zur Aufführung kam (und zwar am 9. April 1894 im New Yorker *Fifth Avenue Theatre*)[24] und erneut 1907, sechs Jahre nach Hernes Tod, im *New Theatre* in Chicago. Dort wurde *Margaret Fleming* ein kommerzieller Erfolg, was in erster Linie daran lag, dass realistische Darstellungsverfahren inzwischen auf größere Resonanz stießen, als dies siebzehn Jahre zuvor bei der Premiere der Fall gewesen war.[25] Allerdings blieb dieser späte Erfolg nahezu unbemerkt, wie Edwards and Herne schreiben: „In Chicago, its great moment came, and there was no one to grasp it. The moment passed, and the opportunity never came again. *Margaret Fleming* dropped out of sight, to be rediscovered by scholars and historians of literature many years later."[26]

Dass *Margaret Fleming* zunächst in Vergessenheit gerät, ist auch dem Umstand geschuldet, dass ein verheerender Brand im Jahre 1909 sämtliche Manuskripte und Spielvorlagen vernichtet.[27] Die einzige noch verfügbare Fassung beruht auf einer von Katharine Corcoran Herne (und unter Mitwirkung von Hamlin Garland)[28] erstellten Rekonstruktion des Stückes aus dem Jahre 1914, die als Spielvorlage für eine Inszenierung im darauffolgenden

---

24 Siehe Edwards and Herne, *James A. Herne*, 71 und Quinn, „Introduction: *Margaret Fleming* (1938a)", 516.

25 Siehe Edwards and Herne, *James A. Herne*, 72.

26 Edwards and Herne, *James A. Herne*, 73.

27 Siehe Quinn, „Introduction: *Margaret Fleming* (1938a)", 516 und Reitz Mullenix, „Katharine Corcoran and *Margaret Fleming*", 67.

28 Siehe Mark Fearnow, „A New Realism", *The Oxford Handbook of American Drama*, eds. Jeffrey H. Richards and Heather S. Nathans (Oxford: Oxford University Press, 2014), 173-188: 178. Bei Reitz Mullenix' „Katharine Corcoran and *Margaret Fleming*" bleibt die Tatsache, dass Hamlin Garland an der Rekonstruktion des Stückes beteiligt war, unberücksichtigt. In Anbetracht ihrer Hypothese, die ‚feministisch orientierte' (vgl. ebd. 77) Katharine C. Herne hätte dem Stück „subtle feminist elements" (ebd. 79) eingeschrieben (siehe Anm. 23/IV oben), wäre jedoch der Frage nachzugehen, welche Rolle Garland bei der Rekonstruktion des Stückes tatsächlich spielte bzw. welchen Anteil er an der ‚feministischen Einfärbung' des Stückes gehabt hätte.

Jahr am *Keith's Bronx Theatre* in New York dienen sollte.[29] Es ist davon auszugehen, dass es aufgrund der Jahre, die zwischen der letzten Aufführung 1907 und der Rekonstruktion des Stückes im Jahre 1914 vergingen, erneut zu Veränderungen kam, die allerdings im Einzelnen nicht identifiziert werden können. Wichtig ist aber, dass diese 1914 erstellte Fassung die Textgrundlage für die Version darstellt, die Arthur Hobson Quinn in der 5. Auflage der von ihm herausgegebenen Anthologie *Representative American Plays* (1930) veröffentlicht. Die 1914er Fassung ist in Vorbereitung auf die Publikation von Katharine Corcoran Herne jedoch nochmals überarbeitet worden, wie Quinn schreibt: „*Margaret Fleming* is here published for the first time, from a text furnished by the courtesy of Mrs. Herne, who has revised the play especially for this edition."[30] Diese bei Quinn veröffentlichte Fassung ist die einzige in Druckform existierende, wobei im Grunde noch die Frage zu beantworten wäre, wo die von Corcoran rekonstruierte Version von 1914 verblieben ist.

Seit der Erstveröffentlichung des Stückes bei Quinn hat es, dies sei der Vollständigkeit halber ergänzt, verschiedene *revivals* gegeben, die das Stück beispielsweise auch einem (wenngleich sehr kleinen) Publikum im 20. und 21. Jahrhundert bekannt gemacht haben.[31] In Anbetracht dieser äußerst komplexen Produktionsschichte, die gespickt ist mit mehreren Textrevisionen, seien die wichtigsten Fakten nachfolgend noch einmal systematisiert dargestellt (siehe Abb. 4 unten).

Für die vorliegende Arbeit sind die Originalfassung von 1890 sowie die veröffentlichte Spätfassung von 1929/1930 vom primären Interesse. Letztere geht, wie Abb. 4 verdeutlicht, auf die Version von 1892 zurück, weil das Stück zu diesem Zeitpunkt jener entscheidenden Überarbeitung unterzogen wurde, die das Wesen des Stückes letztlich grundlegend veränderte. Durch die Sichtung verfügbarer Dokumente zur ursprünglichen Textfassung konnten bereits

---

29 Siehe hierzu Julie A. Hernes Brief an Arthur Hobson Quinn, zit. in Perry, *James A. Herne*, 192.

30 Arthur Hobson Quinn, „Introduction: *Margaret Fleming*", *Representative American Plays: From 1767 to the Present Day*, ed. Arthur Hobson Quinn, 5th ed., rev. & enl. (New York, NY: Appleton-Century-Crofts, 1930), 515-518: 517.

31 Rekurriert wird hier zum einen auf eine Neuinszenierung in Philadelphia im November 1930 (siehe Quinn, „Introduction: *Margaret Fleming*" (1938a), 518) sowie auf ein *revival* durch das New Yorker *Metropolitan Playhouse* im September/Oktober 2007. Erstaunlich ist, dass *Margaret Fleming* mehr als ein ganzes Jahrhundert nach seiner Entstehung seine bislang längste Spielzeit erlebt. Siehe hierzu den Spielplan und weitere Informationen zur Neuinszenierung unter „Margaret Fleming", Information on September/October 2007 Production, *Metropolitan Playhouse. The American Legacy*, New York, online, URL: http://www.metropolitanplayhouse.org/fleming.htm (zuletzt aufgerufen: 02.12.2019).

Textfassung	Dramenschluss	dokumentierte Aufführungen	Textvorlage
1890 **Originalfassung**	Zerwürfnis der Hauptfiguren nach Akt V; kein *happy ending*	– 4. Juli 1890: Lynn, MA. – Mai 1891: *Chickering Hall*, Boston – Oktober 1891: *Chickering Hall*, Boston – 9. Dezember 1891: *Palmer's Theatre*, New York	nein; Rekonstruktion der Originalfassung v.a. mithilfe von Theaterkritiken (Dithmar, Winter) teilweise möglich
1892 **Textrevision**	angedeutete Aussöhnung des Protagonistenpaares nach Akt IV; in Aussicht gestelltes *happy ending*	– 7.-16. Juli 1892: *McVicker's Theatre*, Chicago – 9. April 1894: *Fifth Avenue Theatre*, New York – 1907: Chicago	nein; Rekonstruktion der vorgenommenen Veränderungen auf der Grundlage von Theaterkritiken und Hinweisen Julie Hernes
1914 **Rekonstruktion**	angedeutete Aussöhnung des Protagonistenpaares nach Akt IV; in Aussicht gestelltes *happy ending*	– 1915: *Keith's Bronx Theatre*, New York	nein; allerdings ist ungeklärt, wo die Textrekonstruktion verblieben ist, da sie als Grundlage der Veröffentlichung bei Quinn gedient haben soll
1929 **Textrevision** **1930** **Veröffentlichung**	angedeutete Aussöhnung des Protagonistenpaares nach Akt IV; in Aussicht gestelltes *happy ending*	– 17.-18. November 1930: Philadelphia – September/Oktober 2007: *Metropolitan Playhouse*, New York	ja; Erstveröffentlichung 1930 in Arthur Hobson Quinns *Representative American Plays* (5th edition)

Abb. 4 Produktions- und Revisionsgeschichte von *Margaret Fleming*

Diskrepanzen hinsichtlich der formalen Gestaltung und Handlungsführung sowie im Umgang mit der Geschlechterproblematik ans Licht gebracht werden.[32] Weil diese Unterschiede wiederum Auswirkungen auf die Bewertung und Einordnung des Stückes im Kontext der übergreifenden Fragestellung dieser Arbeit haben, sollen im Folgenden die unterschiedlichen Versionen der Frühfassung von 1890 (soweit sie sich aus den zeitgenössischen Berichten und hierzu veröffentlichten Studien rekonstruieren lassen) und der Spätfassung von 1929/1930 einander gegenübergestellt werden.[33] Dabei ist insbesondere der Frage nachzugehen, inwiefern aus *gender*-kritischer Sicht *hinsichtlich der geschlechterideologischen Positionierung* bzw. Aussageabsicht des Stückes tatsächlich von zwei verschiedenen Texten die Rede sein kann, und ob hier nicht eigentlich zwischen tatsächlichem Textsubstrat einerseits und intendierter Aussage- und Wirkabsicht andererseits differenziert werden müsste. Zwar wird auch hier die grundlegend unterschiedliche ‚Materialität' der Textversionen nicht in Frage gestellt, jedoch wird in der vorliegenden Arbeit die These vertreten, dass in der Spätfassung trotz umfassender struktureller und inhaltlicher Veränderungen weder die Radikalität noch das gesellschaftskritische Potential, das der ursprünglichen Fassung eingeschrieben war, getilgt worden sind. In der Spätfassung spielt neben der Handlungs- und Figurengestaltung auf der Textoberfläche in besonderem Maße der Subtext des Stückes eine entscheidende Rolle hinsichtlich *gender*-bezogener Aushandlungsprozesse. Es ist m.E. dieser Aspekt, der in der literaturkritischen Diskussion bislang völlig übersehen wurde (und weniger die von Shepard-Barr angesprochene Revisionsthematik an sich)[34]. Einer pauschalisierenden Bewertung des Stückes, wie sie

---

32 Siehe Edward A. Dithmar, „Margaret Fleming", *The New York Times* (December 10, 1891), n.p., Garland (1890) zit. in Perry, *James A. Herne*, 142-144 sowie Dorothy S. Bucks and Arthur H. Nethercot, „Ibsen and Herne's *Margaret Fleming*: A Study of the Early Ibsen Movement in America", *American Literature: A Journal of Literary History, Criticism, and Bibliography* 17.4 (1946), 311-333: 318f.

33 Dabei gilt es auch, bisherige Annahmen – wie beispielsweise jene von Shepherd-Barr, die konstatiert, dass „the two versions [i.e. the 1890 and 1929 versions, KT] differ significantly" – einer kritischen Überprüfung zu unterziehen (Kirsten Shepherd-Barr, *Theatre and Evolution from Ibsen to Beckett* (New York, NY: Columbia University Press, 2015), 103). Wie in bisherigen Studien belässt es auch diese Verfasserin lediglich bei einer allgemeinen Feststellung, ohne sie mit aus textanalytischen Untersuchungen gewonnen Einsichten zu unterfüttern. Das gesetzte Ziel der nachfolgenden Untersuchung besteht demzufolge darin, derartige Grundannahmen nicht nur eingehender zu beleuchten, sondern vor allem hinsichtlich ihrer Richtigkeit auch kritisch zu hinterfragen.

34 Siehe Shepherd-Barr, *Theatre and Evolution*, 103. In ihrer Studie ist die Rede davon, dass sich „[m]any theatre historians" der Revisionsgeschichte des Stückes nicht bewusst seien oder die „textual instability" des Stückes nicht als bedeutsam erachten würden (ebd.). In Anbetracht der Tatsache, dass die Revisionsproblematik in den oben beispielhaft

etwa bei Perry zu finden ist – „Several revisions between 1890 and 1929 [...] diluted the work's original strength."[35] –, wird hier nicht zugestimmt.

IV.1.2 *Zur ‚unterschiedlichen' (?) Behandlung der Geschlechterthematik in den Fassungen von 1890 und 1914/1929*

Zur Handlungsführung in der Früh- und der Spätfassung

Im Hinblick auf die Frühfassung von *Margaret Fleming* ist Shepherd-Barrs Einschätzung zuzustimmen „[that] we have to rely on second-hand information about performance and reception to gain insight into the nature of the original text"[36]. Diese mitunter sehr ausführlichen Hinweise aus zweiter Hand sind insbesondere zwei Rezensionen zu entnehmen, die jeweils unmittelbar nach der Aufführung der Originalversion veröffentlicht wurden: Die Rede ist zum einen von Hamlin Garlands (wohlwollender) Rezension „Mr. Herne's New Play", die am 8. Juli 1890, also drei Tage nach der Premiere des Stückes in Lynn, MA, im *Boston Evening Transcript* erschien.[37] Zum anderen ist die Rede von Edward A. Dithmars (vernichtender) Kritik „James A. Herne's *Margaret Fleming*", die die *New York Times* am 10. Dezember 1891, also am Tag nach der Aufführung im *Palmer's Theatre* publizierte.[38] Beide Rezensionen weisen – ungeachtet der Unterschiede in der Bewertung des Stückes – große Gemeinsamkeiten hinsichtlich der Erörterung handlungs- und figurenbezogener Aspekte der Frühfassung auf, wenngleich die Aktmarkierungen leicht unterschiedlich ausfallen.[39] Aufschlussreich für eine Rekonstruktion der Originalfassung sind

---

genannten Arbeiten bereits vor 2015 – also vor dem Erscheinen von Shepherd-Barr Studie – durchaus immer wieder (mehr oder weniger tiefgründig) thematisiert worden ist, dürfte eine derartige Einschätzung kaum treffend sein.

35 Perry, *James A. Herne*, 191.

36 Shepherd-Barr, *Theatre and Evolution*, 103.

37 Hamlin Garland, „Mr. Herne's New Play", *Boston Evening Transcript* (July 8, 1890), 6. Garlands Rezension ist außerdem vollständig abgedruckt in Donald Pizer, „An 1890 Account of *Margaret Fleming*", *American Literature* 27.2 (1955), 264-267: 265-267.

38 Dithmars Kritik zu *Margaret Fleming* ist außerdem vollständig (und in besserer Druckqualität) in der von Brown and Moses herausgegebenen, wertvollen Sammlung von Theaterrezensionen abgedruckt (siehe Edward A. Dithmar, „James A. Herne's *Margaret Fleming* [1891]", *The American Theatre as Seen by Its Critics, 1752-1934*, eds. John Mason Brown and Montrose J. Moses (New York, NY: W.W. Norton & Company, 1934), 142-147).

39 Diesbezüglich scheinen Garlands Ausführungen verlässlicher zu sein, da er als enger Vertrauter der Familie Herne unmittelbar in die Vorbereitungen der Inszenierung in Lynn, MA eingebunden war und mit dem Stück entsprechend stärker vertraut war als Dithmar. Garlands Nähe zu den Hernes erklärt sicherlich auch z.T. seine betont wohlwollende Besprechung des Stückes in o.g. Rezension. Ungeachtet persönlicher Sympathien, die bestanden haben mögen, ist jedoch auch an den Umstand zu erinnern, dass Garland wie Herne zu den Vordenkern und Befürwortern des amerikanischen Bühnenrealismus

außerdem Garlands Artikel „Mr. and Mrs. Herne" (1891), der u.a. vollständige Reproduktionen diverser Figurendialoge enthält,[40] Benjamin O. Flowers Artikel „Mr. Herne's Contribution to American Dramatic Literature" (1899)[41] sowie die umfassende Dokumentation und Analyse zeitgenössischer Rezensionen in John Perrys Studie (1978), die sich ausführlich dem Leben und Schaffen James A. Hernes widmet. Unter Berufung auf die hier genannten Quellen stellt sich die Handlung in der Frühfassung wie folgt dar:

In seiner Originalfassung von 1890 ist *Margaret Fleming* als monumentaler Fünfakter konzipiert,[42] was sich in einem umfänglichen Repertoire an Figuren, Schauplätzen und Motiven manifestiert.[43] Der I. Akt, der insgesamt aus zwei Szenen besteht, zeigt Philip Fleming, die männliche Hauptfigur des Stückes, im Büro seiner Fabrik. Philip Fleming ist mit Margaret Fleming, der Titelheldin, verheiratet. Gemeinsam leben sie mit ihrer einjährigen Tochter Lucy in einem von Margaret geschmackvoll eingerichteten Haus. Es entsteht der Eindruck eines glücklichen Familienlebens. Die Expositionsszene entwirft zunächst ein sympathisches Bild des Familienvaters und Unternehmers. Erste Risse bekommt dieses Bild, als Philip in der Eingangspost lesen muss, dass die

zählt (siehe Kapitel II.2.1) und Garlands besondere Aufmerksamkeit, die er Hernes Stück widmet, vor allem vor diesem zuletzt genannten Hintergrund zu sehen ist.

40 Hamlin Garland, „Mr. and Mrs. Herne", *Arena* 4 (1891), 543-560.

41 Benjamin O. Flower, „Mr. Herne's Contribution to American Dramatic Literature", *The Coming Age* 2.1 (July 1899), 393-404. In seinem Artikel würdigt Flower den Beitrag Hernes zur Herausbildung eines amerikanischen Bühnenrealismus. Im Zuge dessen geht er auf drei seiner Stücke ein – neben *Margaret Fleming* auch *Shore Acres* (1892) und *Griffith Davenport* (1899). *Margaret Fleming* wird in seiner Originalfassung besprochen (siehe ebd. 396-399), obwohl das Stück zum Zeitpunkt der Veröffentlichung des Artikels bereits verändert worden war.

42 Dass *Margaret Fleming* ursprünglich als Fünfakter angelegt war, bleibt in manchen Studien unberücksichtigt. So ist beispielsweise bei Reitz Mullenix stets nur die Rede von der Überarbeitung des vierten Aktes, während Hinweise auf den ursprünglichen V. Akt fehlen: „[...] in all three versions of the play, Act IV was the only portion that underwent significant change [...]. While Acts I-III have undoubtedly undergone subtle change, drastic plot restructuring took place only with Act IV." (Reitz Mullenix, „Katharine Corcoran and *Margaret Fleming*", 65, 66).

43 Dass das Figurenensemble ursprünglich viel umfangreicher war, ist eine Tatsache, auf die auch Arthur Hobson Quinn hinweist: „The play in its earliest form contained several characters not in the revised version [...]." („Introduction: *Margaret Fleming*" (1938a), Anm. * auf S. 519). Dies bestätigt sich auch bei Odell, der weitere Figuren des ursprünglichen Ensembles explizit benennt: So treten neben den bekannten Figuren außerdem auch ein „Detective", „Inspector of Police" und ein „Officer" sowie die Figuren „Bill Haggerty", „Johnnie Lynch", „Ellen Cook", „Mrs. Brady", eine „Old Lady" und „Miss Edwards" auf (George C.D. Odell, *Annuals of the New York Stage, Vol. 15: 1891-1894* (New York, NY: Columbia University Press, 1949), 9f.).

Fabrik, die einst seinem Vater gehörte, in großen finanziellen Schwierigkeiten steckt, für die wiederum Philip verantwortlich ist. Noch stärker verändert sich das Bild zum Negativen, als Dr. Larkin, der Hausarzt der Flemings, in Philips Büro tritt, um ihn mit der Nachricht von der Geburt seines unehelichen Sohnes und dem schlechten Zustand der Mutter des Kindes, Lena Schmidt, zu konfrontieren. Mit der deutschstämmigen Lena, einer ehemaligen Fabrikarbeiterin der Flemings, hatte Philip eine Affäre, von der seine Ehefrau Margaret nichts weiß. Dr. Larkin fordert den Ehebrecher auf, die hochschwangere, im Sterben liegende Lena Schmidt unverzüglich aufzusuchen, woraufhin Philip zum Telefonhörer greift, um Margaret mitzuteilen, dass er aus geschäftlichen Gründen zum gemeinsamen Abendessen nicht erscheinen könne. Die erste Szene endet mit Philips Verlassen des Büros. Während Philip seiner früheren Geliebten einen Besuch abstattet, zeigt die zweite Szene des I. Aktes seine Frau Margaret, die sich im Wohnzimmer der Flemings liebevoll um Tochter Lucy kümmert. Unterstützung erhält sie dabei von Maria Bindley, dem deutschstämmigen Kindermädchen der Flemings. Wie sich herausstellt, ist Maria die Schwester der im Sterben liegenden Lena Schmidt. Bei einem Wutausbruch in Margarets Beisein schwört Maria Rache an dem Mann, der ihre Schwester in den Abgrund getrieben hat. Dass sich hinter diesem unbekannten Mann Philip verbirgt, weiß zu dem Zeitpunkt nur das Publikum. Erst spät am Abend kehrt Philip vom Besuch Lenas zurück. Margaret, zunächst verärgert über Philips Verspätung, zeigt sich rasch versöhnlich und kümmert sich hingebungsvoll um ihren vom anhaltenden Regen völlig durchnässten Ehemann.

Die Handlung des II. Aktes setzt am darauffolgenden Tag ein. Die Szene zeigt erneut das Wohnzimmer der Flemings. Gezeichnet wird das Bild einer glücklichen Familienidylle mit Philip, der, auf dem Fußboden liegend, mit Tochter Lucy spielt, und Margaret, die die neu eingestellte Köchin instruiert. Als Margaret kurz darauf das Haus verlässt, um Lena Schmidt zu besuchen – ein Versprechen, das sie am Vorabend Maria gegeben hatte –, tritt Dr. Larkin, der Margarets Augenerkrankung behandelt, in einem ungestörten Moment an Philip heran. Der Arzt informiert Philip über die Gefährlichkeit dieser Augenerkrankung und rät Philip, mit Margaret für eine gewisse Zeit zu verreisen, damit sie sich erholen könne. Mit Nachdruck verdeutlicht Dr. Larkin, dass Schockerlebnisse, wie beispielsweise Hinweise zur Affäre mit Lena Schmidt oder gar auf das uneheliche Kind, seiner Frau das Augenlicht kosten könnten.

Der III. Akt spielt im bescheidenen Haus von Mrs. Burton, die sich der mittellosen schwangeren Lena angenommen hatte, als diese auf der Suche nach einer vorübergehenden Bleibe gewesen war. Als Margaret dort eintrifft, ist Lena bereits verstorben. Dass Kind allerdings hat die Geburt zunächst überlebt. Neben Mrs. Burton findet sie dort auch Lenas Schwester Maria sowie das vor Hunger schreiende Neugeborene vor. Als Dr. Larkin ebenfalls erscheint, um nach der Patientin zu sehen, erkennt er die bedrohliche Situation und bemüht sich nach allen Kräften, Margaret dazu zu bringen, das Haus zu verlassen. Sie aber weigert sich vehement. Währenddessen findet Maria einen Brief der verstorbenen Schwester, in dem sie preisgibt, wer der Vater des Kindes ist. Während Maria in eine Tobsucht verfällt und androht, Philip nach dem Leben zu trachten, lässt Margaret unverzüglich nach ihm schicken. Während Margaret auf Philip wartet, lässt ihre Sehkraft immer weiter nach, bis sie schließlich vollständig erblindet. Das immer noch vor Hunger schreiende Kind veranlasst sie dazu, sich seiner anzunehmen. Als Philip schließlich den Raum betritt, beobachtet er Margaret, die im Begriff ist, das Neugeborene zu stillen. In diesem Moment fällt der Vorhang.

Die Handlung des IV. Aktes setzt vier Jahre später ein. Wie sich herausstellt, ist Lenas Kind kurz nach der Geburt gestorben. Maria, die aus Rache die Tochter der Flemings entführt hat, lebt inzwischen gemeinsam mit dieser und Joe Fletcher, einem ehemaligen Mitarbeiter Philips, der dem Zuschauer schon einmal kurz in der Expositionsszene begegnet ist, in der Hanover Street. Margaret, vollkommen erblindet und von den tragischen Ereignissen seelisch gezeichnet, hatte sich zunächst für die Dauer von sieben Monaten in eine psychiatrische Klinik in Utica, NY begeben, um sich anschließend mit dem Verkauf von Schulbüchern ihren Lebensunterhalt zu verdienen. Dies tut sie allerdings auch in der Hoffnung, durch die Vertretertermine in den Schulen der Region ihre Tochter Lucy wiederfinden zu können. Philip war, wie sich herausstellt, nach den Ereignissen um die Geburt seines unehelichen Kindes zunächst spurlos verschwunden. Nun aber trifft er auf Joe Fletcher, der im *Boston Common*, einem öffentlichen Stadtpark, einen kleinen Verkaufsstand betreibt. Durch die Erzählungen Philips schlussfolgert er, dass das fünfjährige Mädchen, das bei ihm und Maria lebt, gar nicht Lenas Kind ist, wie Maria ihn seit dem Tod ihrer Schwester glauben ließ, sondern dass es sich in Wahrheit um Lucy, also die Tochter der Flemings, handelt. Er führt Philip daraufhin in die Hanover Street, wo Maria ein kleines Lebensmittelgeschäft und eine direkt daran angrenzende Bar betreibt. Dort hilft die fünfjährige Lucy als Bedienung aus, serviert alkoholische Getränke und trinkt auch selbst davon. In dieser Szene tritt eine Miss Edwards („a worker in a mission school“[44]) in das Geschäft, um Lucy für einen Schulausflug aufs Land abzuholen – was Maria aber offenbar nicht zuzulassen scheint, denn Miss Edwards verlässt das Geschäft

44 Garland, „Mr. Herne's New Play“, 6.

kurz darauf ohne Lucy.[45] Daraufhin betritt Margaret das Geschäft. Sie ist, wie sich herausstellt, auf der Suche nach Miss Edwards – vermutlich, um mit ihr über den Kauf weiterer Schulbücher zu sprechen. Ohne zu wissen, dass es sich bei dem Kind im Laden um ihre eigene Tochter handelt (sie erkennt sie aufgrund ihrer Erblindung nicht), unterhält sich Margaret mit Lucy. Dabei vernimmt sie Marias Stimme und stellt sie zur Rede. Maria besteht darauf, dass es sich bei dem Mädchen um Lenas Tochter handelt. Sie gibt vor, aus Rache die Tochter der Flemings im Zuge der Entführung verkauft zu haben. Die Auseinandersetzung endet aber damit, dass Margaret ihre Tochter wieder zu sich nimmt und gemeinsam mit ihr Marias Geschäft verlässt. Auf der Straße treffen Mutter und Kind schließlich auf Philip und Joe. Margaret und Philip geraten in einen Streit über die gemeinsame Tochter, was wiederum zur Verhaftung aller fünf Beteiligten führt.

Der V. Akt spielt auf einer Polizeiwache, wo die Verhafteten erneut heftig aneinander geraten. In der Absicht, die Eheleute wieder miteinander zu versöhnen, lässt der Inspektor Margaret und Philip zunächst allein im Raum zurück, damit die beiden die Angelegenheit unter sich klären können. Doch sein Plan geht nicht auf: Margaret sagt sich als Ehefrau von Philip los, lehnt aber gleichzeitig eine Scheidung ab. Bei Garland wird sie mit den Worten „The wife-heart has gone out of me. Only the mother-heart remains." zitiert.[46] Auf ihre Frage, „What would you do if I had been unfaithful?"[47], weiß Philip keine Antwort. Als der Inspektor den Raum wieder betritt und sieht, wie sich Margaret und Philip die Hände reichen, missinterpretiert er die Situation. Es ist nicht, wie er annimmt, die erwartete Aussöhnung, sondern das von Margaret gefällte ‚Urteil', um das Philip sie mit den Worten „I ask you, my judge, to pronounce my sentence." gebeten hatte.[48] Der Handschlag am Ende steht somit symbolisch für Philips Bereitschaft, Margarets Entscheidung – „We'll respect each other as friends. We never could as man and wife."[49] – zu akzeptieren. Der Vorhang fällt schließlich, als sich der Inspektor in der Schlusssequenz von den vermeintlich ausgesöhnten Eheleuten verabschiedet und sich anderen Fällen zuwendet.

Die von Garland und Corcoran 1914 rekonstruierte, auf mehreren Textrevisionen beruhende und schließlich 1930 bei Quinn veröffentlichte Spätfassung umfasst nur noch vier statt der ursprünglichen fünf Akte. Während das Geschehen und die Figurenkonstellation in den Akten I bis III in den

---

45 Garlands Ausführungen hierzu sind eher vage. Bei Dithmar (1891) fehlt der Hinweis auf diese Szene völlig.

46 Garland, „Mr. Herne's New Play", 6.

47 Dithmar, „Margaret Fleming", n.p.

48 Garland, „Mr. and Mrs. Herne", 557.

49 Garland, „Mr. and Mrs. Herne", 558.

Grundzügen beibehalten werden, läuft die Handlungsführung im IV. Akt auf einen alternativen Dramenschluss hinaus. Im Folgenden wird deshalb vor allem auf die Unterschiede im Schlussakt eingegangen. Zunächst ist anzumerken, dass die vierjährige Zeitspanne zwischen dem III. und IV. Akt der Originalversion auf eine Woche verkürzt ist. In der Spätfassung ist die Tochter der Flemings also nicht fünf Jahre alt, sondern nach wie vor das einjährige Kind, das dem Zuschauer bereits im I. Akt begegnet. Die Aussparung dieses Zeitsprungs hat zur Folge, dass die ursprüngliche Handlung des IV. Aktes (im Geschäft der Fletchers in der Hanover Street) und des V. Aktes (auf der Polizeiwache) einschließlich der Schauplätze und Figuren (z.B. Miss Edwards, Inspector) vollständig getilgt wurden. Den Ausgangspunkt für die nachfolgenden Ausführungen bildet demnach der III. Akt mit der Szene in Mrs. Burtons *cottage*: Auch in der Spätfassung bezahlt Lena Schmidt die Affäre mit ihrem Leben, und wie in der ursprünglichen Version auch endet der III. Akt mit der ‚Stillszene', in der sich Margaret des Neugeborenen annimmt. In der Spätfassung stirbt das uneheliche Kind allerdings nicht – hier nun übrigens ein Sohn und nicht, wie ursprünglich ein Mädchen.[50] Auch die eigene Tochter Lucy wird hier nicht entführt. Im Unterschied zur Originalversion begibt sich Margaret nicht in eine psychiatrische Klinik und lebt später auch nicht vom Verkauf von Schulbüchern, sondern nimmt den unehelichen Sohn Philips bei sich auf, um ihn gemeinsam mit der eigenen Tochter großzuziehen. Philip, der von den Ereignissen überfordert ist, verschwindet aus Scham zunächst für sieben Tage spurlos.

Der IV. Akt zeigt in seiner veränderten Fassung zunächst die vollständig erblindete Margaret in ihrem Wohnzimmer sowie das Kindermädchen Maria, das sich nun um beide Kinder kümmert. Ebenfalls anwesend ist der Hausarzt Dr. Larkin, der auf eine Visite vorbeigekommen ist. Hinzu kommt schließlich auch Mr. Forster, der Fabrikmanager, der in Philips Abwesenheit die Geschäfte leitet. Was zunächst den Anschein eines belanglosen Besuchs hat, offenbart sich rasch als besondere Dringlichkeit. Forster vertraut sich zunächst Dr. Larkin mit der Information an, dass Philip zurückgekommen sei, um sich mit Margaret auszusprechen. Es ist der Hausarzt, der Margaret schließlich darüber in Kenntnis setzt und ihr im gleichen Zuge für die bevorstehende Begegnung mit Philip Mut zuspricht. Reumütig und voller Scham tritt Philip, der

50 Dass es sich in der Originalfassung bei Lenas Kind um ein Mädchen gehandelt haben muss, lässt sich damit erklären, dass Joe Fletcher vier Jahre lang geglaubt hatte, es sei Lenas Kind, das bei ihm und Maria wohne. Da das Kind allerdings in Wahrheit Margarets Tochter Lucy ist, lässt darauf schließen, dass Lenas Kind ebenfalls ein Mädchen gewesen sein muss.

zwischenzeitlich vor dem Hause gewartet hatte, herein. Es stellt sich heraus, dass er einen Selbstmordversuch unternommen hatte, diesen aber überlebte und die vergangenen Tage im Krankhaus verbracht hatte. In seiner Begegnung mit Margaret bittet er sie nun um Vergebung, die sie ihm allerdings verweigert. Zwar ist sie zum Wohle der beiden Kinder bereit, weiterhin mit Philip in dem gemeinsamen Haus zu leben, nicht jedoch, die Ehegemeinschaft in sexueller bzw. emotionaler Hinsicht fortzuführen. Sie fordert ihn auf, Verantwortung für beide Kinder zu übernehmen und sich für das Fortbestehen seiner in finanzielle Nöte geratenen Manufaktur einzusetzen. Für beide Aufgaben sichert sie ihm ihre Unterstützung zu. Mit der Entschlossenheit, ein besserer Mensch werden zu wollen, geht Philip mit neuem Tatendrang ans Werk. Das Stück endet mit Philips Wunsch, die beiden Kinder im Garten zu begrüßen. Das Schlusstableau zeigt Margaret, die einen Moment innehält, erleichtert seufzt und freudvoll ‚aufblickt', während Philip zu den Kindern geht.

Zusammenfassend lassen sich die strukturellen und handlungsbezogenen Unterschiede der Früh- und Spätfassung wie folgt darstellen (siehe Abb. 5 unten). Es ist insbesondere die Art und Weise, wie Margaret mit dem Ehebruch ihres Mannes umgeht, die für die Aussagekraft des Stückes entscheidend ist. Dabei kommt der Gestaltung des Dramenschlusses in beiden Versionen eine wesentliche Bedeutung zu, weil darin Implikationen im Hinblick auf die Verhandlung der Geschlechterproblematik und des Ehe(bruch)motivs mitschwingen.

Zur Schlussgebung in der Früh- und der Spätfassung: *Gender*-bezogene Implikationen

Es ist Hamlin Garland zu verdanken, dass wir heute zumindest ausschnitthaft eine Vorstellung davon haben, wie die ursprüngliche Schlussszene einmal ausgesehen hat. Sein bereits erwähnter Artikel „Mr. and Mrs. Herne" (1891) enthält einen von ihm reproduzierten Auszug[51] des abschließenden Dialogs zwischen Margaret und Philip, der im V. Akt auf der Polizeistation stattfindet. Auch seine 1890 im *Boston Evening Transcript* veröffentlichte Rezension enthält replikartige Formulierungen aus der Schlussszene. Unter Berufung

51 In Anbetracht der Tatsache, dass Garland diesen Artikel kurz nach der Premiere des Stückes veröffentlicht, ein enger Vertrauter Hernes ist und die Vorbereitung der Erstaufführung 1890 persönlich begleitet, kann davon ausgegangen werden, dass sich Garland bei der Wiedergabe des Schlussdialogs auf ein ihm zur Verfügung stehendes Manuskript der Originalversion stützt. Es kann somit durchaus von einer Reproduktion statt Rekonstruktion des Textes gesprochen werden.

Fassung / Akt	**Originalversion (1890)**	**Spätfassung (1914/1929)**
I. Akt	1. Szene: *Philips Büro* (Joe Fletcher, Dr. Larkin) 2. Szene: *Wohnzimmer der Flemings* (Margaret, Lucy, Maria)	
II. Akt	*Wohnzimmer der Flemings* (Margaret, Philip, Dr. Larkin)	
III. Akt	*Mrs. Burtons Hütte* (Maria, Margaret, Dr. Larkin, das Neugeborene, Philip)	
IV. Akt	1. Szene: *Boston Common* (Joe Fletcher, Philip) 2. Szene: *Marias Lebensmittelgeschäft und Bar in der Hanover Street* (Miss Edwards, Lucy, Margaret, Maria) 3. Szene: *Hanover Street* (Joe, Philip, Margaret, Lucy, Polizeibeamter)	*Wohnzimmer und Garten der Flemings* (Maria, Margaret, Dr. Larkin, Mr. Forster, Philip, die beiden Kinder) → ambivalenter Dramenschluss; ein im Schlusstableau bestenfalls angedeutetes *happy ending* (statt des bislang in der Forschung als konventionell/versöhnlich bezeichneten Endes)
V. Akt	*Polizeiwache* (die Flemings, die Fletchers, Lucy, Polizeibeamter) → kein *happy ending*, sondern Margarets ‚Urteil': freundschaftliche Beziehung statt Ehe, jedoch keine Scheidung	

Abb. 5 Struktur- und handlungsbezogener Vergleich der Früh- und Spätfassung von *Margaret Fleming*

auf beide Quellen sei nachfolgend die ursprüngliche Szene nach Garland wiedergegeben[52]:

Inspector.	When you want me, ring that bell. (*He leaves the room.*)
Philip.	Margaret!
Margaret.	Well!
Philip.	This is terrible.
Marg.	You heard the inspector. He calls it a „common case."
Philip.	Yes. I was wondering whether he meant that or only said it.
Marg.	I guess he meant it, Philip. We'll be crowded out of his thoughts before he goes to bed to-night. […]
Marg.	Ah, well, it's done now, and—
Philip.	Yes, it's done. For four years I've been like an escaped prisoner that wanted to give himself up and dreaded the punishment. I'm captured at last, and without hope or fear,—I *was* going to say without shame,—I ask you, my judge, to pronounce my sentence.
Marg.	That's a terrible thing to ask me to do, Philip.... (*She hesitates.*)
Philip.	Of course you'll get a divorce?
Marg.	Don't let us have any more ceremonies, Philip.... I gave myself to you when you asked me to. We were married in my mother's little home. Do you remember what a bright, beautiful morning it was?
Philip.	Yes.
Marg.	That was seven years ago. To-day we're *here!* […] I *am* calm. My eyes have simply been turned in upon myself for four years. I see clearer than I used to.
Philip.	Suppose I could come to you some day and say, Margaret, I'm *now* an honest man. Would you live with me again?
Marg.	(*Her face is pale and her sightless eyes are turned upon her husband.*) The wife-heart has gone out of me, Philip. Only the mother-heart remains.
Philip.	I'll wait, Margaret. Perhaps it may come back again. Who knows? […] Is it degrading to forgive?
Marg.	No; but it is to condone. Suppose *I* had broken faith with you?
Philip.	Ah, Margaret!
Marg.	I know! But suppose I had? Why should a wife bear the whole stigma of infidelity? Isn't it just as revolting in a husband? […] Then can't you see that it is simply impossible for me to live with you again?
Philip.	That's my sentence.... We'll be friends?

52 Für die nicht eingefärbte Passage siehe Garland, „Mr. and Mrs. Herne", 557f. Die grau eingefärbten Passagen stammen aus Garland, „Mr. Herne's New Play", 6. Es handelt sich bei letzteren allerdings um an das übrige Textformat angepasste Ausschnitte, da sowohl die Repliken als auch die Bühnenanweisungen in Garlands „Mr. Herne's New Play" als Fließtext und ohne die hier verwendete Formatierung und paratextuellen Elemente wiedergegeben wird. Die hier als Bühnenanweisung grau markierten Passagen und Figurenrepliken geben bis auf wenige syntaktische Ergänzungen wortwörtlich Garlands Beschreibungen wieder.

Marg. Yes, f r i e n d s. We'll respect each other as friends. We never could as man and wife.
(*As they clasp hands, something latent, organic rushes over her. She masters it, puts his hand aside.*)
Ring that bell.
Inspector. (*The inspector comes in and seeing them standing thus, rubs his hands jovially.*) Ah! you've come to an understanding, I see.
Philip. Yes, we understand each other.
Margaret. Better than we ever did before.
(*The inspector bows them out, returns to his desk, rings a bell.*]
Inspector. Send Davis in.
Curtain.

Wie der voranstehende Dialogauszug zeigt, kommt es in der ursprünglichen Schlussgestaltung zwar zu einem Konsens, nicht aber zum versöhnlichen, vom Publikum erwarteten *happy ending*. Herne verzichtet auf die, wie Fearnow schreibt, „expected melodramatic gesture of wiping the horror away with the rake's conversion and the heroine's super-human forgiveness"[53]. Die Protagonistin weigert sich vehement, Philips Verhalten lediglich als einen weiteren Fehltritt in einer offenbar langen Serie solcher ‚common cases' abzutun. Dabei verdeutlicht Margaret, dass sie mit der kulturell eingeübten Praxis des weiblichen Vergessens und Vergebens bricht und sich entschieden gegen die Tradition des Stillschweigend-darüber-Hinwegschauens stellt. Auf beeindruckende Weise gelingt es Herne, die Erblindung der Figur durch eine innere Weitsicht in Bezug auf die Ungerechtigkeit des *double standard of sexual morality* zu kompensieren. Margaret erkennt, dass tradierte kulturelle Praktiken durchbrochen werden müssen, um den gesellschaftlichen Status quo zu verändern. „[S]he recognizes," wie Denison richtig sagt, „that a simple act of forgiveness would facilitate the process of everyone forgetting everything of importance to be learned from his [Philip's] negative example".[54] Für Margaret ist es nur konsequent, dass eine betrogene Frau den Fehltritt ihres Ehemanns ebenso wenig dulden muss, wie dies auch umgekehrt der Fall wäre.

Bedeutsam an dieser Schlussszene ist zudem, dass Herne einen Rollentausch vornimmt, indem er die weibliche Figur entgegen aller Konvention zur Entscheidungsträgerin macht. Die Szene bedient sich einer juristischen Bildsprache („my judge", „my sentence"), sodass der Eindruck einer im Gerichtssaal stattfindenden Urteilsverkündung entsteht, bei der Margaret als

53 Fearnow, „A New Realism", 180.

54 Patricia D. Denison, „The Legacy of James A. Herne: American Realities and Realism", *Realism and the American Dramatic Tradition*, ed. William W. Demastes (Tuscaloosa, AL: University of Alabama Press, 1996), 18-36: 31.

Richterin fungiert. Ihr wird in dieser Rolle ein gewisses Maß an gesellschaftlicher Autorität zugesprochen, das auf das zeitgenössische Publikum äußerst befremdlich gewirkt haben dürfte. Was zunächst überrascht, ist, dass Herne seine Protagonistin von einer Scheidung absehen lässt. Dahinter könnte man in Anbetracht der Umstände ein ‚milderes Strafmaß' der ‚Richterin' sehen, was allerdings in einem Widerspruch zu der sonst zum Ausdruck gebrachten Konsequenz der Protagonistin steht. Denkbar ist vielmehr, dass sich hinter ihrer Replik „Don't let us have any more ceremonies." tatsächlich eine Kritik an der für Ehemänner augenscheinlichen Bedeutungslosigkeit rechtswirksamer Handlungen wie Eheschließungen verbirgt, auf die Margaret hier rekurriert. Was für Frauen einen rechtlichen Rahmen mit den entsprechenden Konsequenzen schafft, bleibt für Männer, so die Implikation, – auch im Falle eines Verstoßes – quasi folgenlos. Damit stellt sie ‚das Funktionieren' dieser Institution als solche generell in Frage. Wenn Margaret und Philip im Anschluss an diesen Wortwechsel „as friends" getrennte Wege gehen, bleibt das nachhaltig wirkende Schlusstableau einer unabhängigen und selbstbestimmten Frau einerseits und eines geläuterten, zur Verantwortung gezogenen Ehebrechers andererseits im Raum stehen. Kompromisslos plädiert das Stück für einen *single standard* und zeigt der betrogenen Ehefrau damit eine Alternative zur marode gewordenen Ehe auf. Die Aussicht auf eine spätere Annährung der beiden Figuren „as man and wife" wird dem Stück bzw. der über die Grenze des Textes hinausreichenden Handlung durch Margarets Replik, „We never could as man and wife.", mit aller Entschiedenheit entzogen. Begründet liegt dies zum einen in der Wortwahl, denn mit „never" wird die Möglichkeit der Aushandlung von Vornherein ausgeschlossen. Zum anderen ist es das von Margaret initiierte Auflösen des Handschlags (*„puts his hand aside"*), das neben der ‚sachlich-materiellen Lossagung' von Philip auch eine emotional-körperliche Distanzierung impliziert.

Damit lässt Herne seine Protagonistin auf radikale Art und Weise mit den Prämissen des *cult of true womanhood* brechen. James A. Herne „had given American drama a new heroine—a woman independent, frank, and intelligent", schreibt Edwards.[55] Margaret Fleming verkörpert damit gewissermaßen den Prototyp der *new woman* im amerikanischen Theater, die der tradierten Geschlechterordnung eine deutliche Absage erteilt und mit ihrer im Spiegel der Zeit durchaus als drastisch zu bewertenden Entscheidung am Ende des Stückes eine bis dahin unbekannte Radikalität auf die Bühne bringt. Einen Aushandlungsspielraum mit dem Ziel einer gemeinsamen Konsensfindung nach tradierten (also patriarchalisch geprägten) Vorstellungen gibt es

55 Edwards, „Howells and Herne", 438.

in dieser Frühfassung nicht. Wenngleich am Ende des oben zitierten Dialogs ein gemeinsamer Konsens gefunden wird (Philips „Yes, we understand each other." und Margarets „Better than we did before."), so wird doch deutlich, dass es sich um eine Lösung handelt, die maßgeblich durch die Bedingungen Margarets bestimmt wird. Dass eine männliche Figur der von einer Frauenfigur definierten Art des Umgangs mit dem Ehebruch seine Zustimmung gibt, bewegt sich deutlich außerhalb des konventionellen Rahmens der Zeit. Das Dramenende dieser frühen Fassung des Stückes sendet damit ein deutliches emanzipatorisches Signal. Relativierend bleibt aber festzuhalten, dass eine abschließende Bewertung der weiteren, innerhalb des Textes ablaufenden Aushandlungsprozesse des Stückes kaum möglich ist, „unless a manuscript of the original play is discovered"[56].

In der Spätfassung stellt sich die Schlusssequenz in Bezug auf Handlung und Setting bekanntlich anders dar. Allein der Schauplatzwechsel – die Szene spielt nun wie erwähnt im Hause der Flemings – mag auf ein weniger drastisches Ende hinweisen, weil mit der Darstellung des Wohnzimmers Assoziationen von Häuslichkeit und Familienidylle geweckt werden. Dialogsequenzen wie die nachfolgenden suggerieren ebenfalls, dass eine Aussöhnung der Eheleute durchaus möglich bzw. wahrscheinlich ist:

MARGARET. (*Shaking her head and smiling sadly.*) There is nothing to forgive. And, I want to forget.
PHILIP. (*Bewildered by her magnanimity but full of hope.*) Then you will let me come back to you? You will help me to be a better—a wiser man?
MARGARET. (*Smiling gently.*) Yes, Philip.

(*MF* 542f.)[57]

PHILIP. Well, what do you want me to do? Shall I go away?
MARGARET. No. Your place is here. You cannot shirk your responsibilities now.
PHILIP. I do not want to shirk my responsibilities, Margaret. I want to do whatever you think is best.
MARGARET. Very well. It is best for us both to remain here, and take up the old life together. It will be a little hard for you, but you are a man—you will soon live it down.

(*MF* 543)

56 Fearnow, „A New Realism", 180.

57 Alle Primärtextzitate aus der Spätfassung von *Margaret Fleming* beziehen sich auf die Veröffentlichung des Stückes in Arthur Hobson Quinn, *Representative American Plays: From 1767 to the Present Day*, 6th, rev. & enl. ed. (New York, NY: Appleton Century-Crofts, 1938), 513-544, die mit der Erstveröffentlichung in der 5. Auflage von 1930 identisch ist. Nachfolgend werden diese Zitate mit *MF* und der/n entsprechenden Seitenzahl/en direkt im Fließtext in Klammern angegeben.

MARGARET. There is no use now lamenting what was done yesterday. That's finished. Tomorrow? What are you going to do with that?
PHILIP. There does not seem any ‚tomorrow' worth while for me. The past—
MARGARET. The past is dead. We must face the living future. [...] I will help you—we will fight this together.

(*MF* 544)

PHILIP. [...] Margaret, some day I am going to earn your respect, and then—I know, I shall be able to win you back to me all over again.
MARGARET. (*Smiling sadly.*) I don't know. That would be a wonderful thing. (*She weeps silently.*) A very wonderful thing. [...]

(*MF* 544)

Margarets signalisierte Unterstützung und Güte, ihr Einverständnis zum erneuten Zusammenleben mit Philip sowie ihr ausgeprägter Zukunftsoptimismus, von dem sich Philip inspirieren lässt, geben dem Zuschauer durchaus genügend Anlass, an ein bevorstehendes *happy ending* zu glauben. Und diese Erwartungshaltung wird allem Anschein nach noch einmal zusätzlich unterstrichen, wenn man die Hinweise auf Margarets Körpersprache im Nebentext der Schlusspassage beachtet:

PHILIP. [...] I'd like to see Lucy. (*He looks around.*) Where is she?
MARGARET. They are both out there. (*She indicates with a turn of her head.*) In the garden.
(PHILIP *goes quickly to the door opening upon the garden and gazes out eagerly.* MARGARET, *at the table, pauses in her work, gives a long sigh of relief and contentment. Her eyes look into the darkness and a serene joy illuminates her face. The picture slowly fades out as* PHILIP *steps buoyantly into the garden.*)

(*MF* 544)

Es ist Margarets Mimik sowie die oben besprochenen, positiv konnotierten Textelemente, die in der Summe Kritiker dazu veranlasst haben, in diesem veränderten Dramenschluss einen signifikant anderen, konventionellen, weniger radikalen erkennen zu wollen.[58] Hinsichtlich der Textstruktur und

58 Siehe z.B. Fearnow, der von einer Modifizierung des Stückes „toward a more conventional melodramatic form" spricht („A New Realism", 178); Perry, der die Spätfassung als „a more conventional work" bezeichnet (*James A. Herne*, 193); oder Reitz Mullenix, die konstatiert, „[that] [t]his final rewrite of the play makes a distinct switch from ‚the radicalism on the woman question' to a conventional, sentimental viewpoint in which the hint of reunion between Margaret and Philip assuages images of separation and declared independence" („Katharine Corcoran and *Margaret Fleming*", 66); Wegner spricht von einem „romanticized [...] ending of the play" (Pamela S. Wegner, „*Margaret Fleming*: James A. Herne's Contributions to American Realism", *New England Theatre Journal* 1.1

Schauplatzgestaltung besteht daran freilich kein Zweifel. Was allerdings die *gender*-bezogene Aussageabsicht dieses Dramenausgangs betrifft, um die es hier vorrangig geht, so stellt sich die Situation weitaus weniger eindeutig dar.

So ist beispielsweise keineswegs abschließend geklärt, worauf sich Margarets zweifelsohne positiv besetzte Körpersprache am Ende (ihr „*long sigh of relief and contentment*" und die „*serene joy* [*that*] *illuminates her face*") eigentlich bezieht. Ist es tatsächlich ihre Zuversicht, in mehr oder weniger ferner Zukunft in Philip auch wieder einen Ehemann sehen zu können, den sie respektiert und wertschätzt? Oder ist es vielmehr ein Ausdruck von Zufriedenheit und innerer Genugtuung, Philip dazu bewegt zu haben, sich seiner väterlichen Verantwortung beiden Kindern gegenüber zu stellen, die Konsequenzen seines Fehltritts als solche anzunehmen und insbesondere auch dem unehelichen Sohn eine Zukunftsperspektive zu bieten? Denn schließlich zeigt ein Blick auf die diesem Schlusstableau vorausgehenden, oben ausgesparten Dialogpassagen, dass es durchaus eine beträchtliche Zahl geschlechterideologischer Überschneidungen mit der ‚radikalen' Originalfassung gibt, die wiederum darauf schließen lassen, dass die der Spätfassung pauschal unterstellte Abschwächung hin zu einem konventionellen Stück gar nicht so eindeutig ausfällt, wie dies gern angenommen wird.

Nach wie vor ist es nämlich Margaret, die am Ende des Stückes alle Entscheidungen trifft und Philip jeweils in der bewusst gewählten Imperativform ansagt, was zu tun ist. Sie ist es, die Philip beauftragt, den unehelichen Sohn ebenso hingebungsvoll großzuziehen wie die leibliche Tochter: „[…] you must do something for your child. […] Give him a name, educate him. Try to make atonement for the wrong you did his mother." (*MF* 543, 544). Sie ist es auch, die ihn an seine Verantwortung als Fabrikbesitzer erinnert und darauf besteht, dass er sich fortan mit größerer Sorgfalt und der Unterstützung des kompetenten Mr. Forster um die Geschäfte kümmert: „Go to the mill tomorrow morning and take up your work again […]." (*MF* 543). Und sie ist es wiederum auch, die einem Zusammenleben mit Philip zwar zustimmt, nicht aber in Form einer ehelichen Partnerschaft: „(*At the word ‚wife'* MARGARET *rises, shrinking from him as though some dead thing was near her.* […]) No! Philip, not that! No! (*She puts out her hand to ward him off.*) […] The wife-heart has gone out of me." (*MF* 543). Wie in der Frühfassung lehnt sie auch hier ihre tradierte Rolle als Ehefrau ab. Wie zuvor verweigert sie sich dem tradierten Kodex des weiblichen Vergessens und Vergebens („Can't you understand? It is not a question of forgetting, or of forgiving—[…] Can't you understand? Philip!",

(1990), 19-29: 26) und Bucks and Nethercot bezeichnen den neuen Dramenschluss als „a relatively happy one" („*Margaret Fleming*", 321).

MF 543). Und wie in der Originalversion verkörpert Margaret den Typus der selbstbestimmten, unabhängigen Frau, die mit ihrer Charakterstärke einer ‚schwachen' Männerfigur – angedeutet durch Bühnenanweisungen wie „*weary and broken*", „*humbly*", „*murmurs*", „[*o*]*verwhelmed with shame*" (*MF* 542) und „[*b*]*eseechingly*", „[*a*]*bashed*" (*MF* 543) – gegenübergestellt ist und damit einmal mehr die tradierte Ordnung der Geschlechterbeziehungen unterläuft.

Die Figur hat demnach an Stärke und Willenskraft nichts eingebüßt, was auch Wegner feststellt, wenn sie sagt, „[that] the force of Margaret's character [...] remain[s] intact"[59]. Von einer genuinen Aushandlung mit dem Ziel einer gemeinsamen Konsensfindung kann hier keineswegs die Rede sein. Anders als in einem ‚intentionsbezogenen Konsensdialog' treten sich mit Philip und Margaret keine Verhandlungspartner auf Augenhöhe gegenüber, die ihre gegensätzlichen Positionen gegeneinander abwägen, um davon ausgehend einen Konsens auszuhandeln. Vielmehr verkörpert Margaret den dominanteren Part, die längst eine für sie selbst akzeptable Problemlösung generiert hat, die sie Philip wiederum aber lediglich nur ‚vorsetzt' oder aufoktroyiert, jedoch nicht zur Diskussion stellt. Demzufolge handelt es sich auch in der Spätfassung beim Aufeinandertreffen der beiden Figuren in der Schlussszene um einen sog. ‚unechten Konsensdialog', bei dem sich – meinem Begriffsverständnis nach – der Schwächere (in diesem Fall Philip) beugt und damit gewissermaßen einen scheinbaren Konsens eingeht, der sich mit Philips eigenen Vorstellungen allerdings nicht deckt. Ihm, so zeigt die direkte Gegenüberstellung der zum Teil bereits zitierten Repliken prägnant, schwebt etwas ganz anderes vor:

> PHILIP. All my life, Margaret, I will make amends for what I have done. I will atone for my ignorance—Oh, my wife—my dear, dear wife. [...]
>
> MARGARET. No Philip, not that! No! [...] The wife-heart has gone out of me.
>
> (*MF* 543)

Analog zur Frühfassung des Stückes gibt Margaret also auch hier die Rahmenbedingungen vor, unter denen ein weiteres Zusammenleben mit Philip aus ihrer Sicht überhaupt möglich scheint. Einen Verhandlungsspielraum, in dem auch Philip ein Mitspracherecht hätte, gibt es in diesem Sinne auch in der Spätfassung nicht. Eine Zurücknahme der extremen Position der weiblichen Hauptgestalt oder stichhaltige Belege für eine sich anbahnende Aussöhnung ist deshalb nicht feststellbar. Und wenn im Nebentext mit Hinweisen wie „*smiling sadly*" (*MF* 542), „*brokenly*" (*MF* 543) oder „*she weeps silently*"

59 Wegner, „*Margaret Fleming*", 26.

(*MF* 544) immer wieder darauf hingewiesen wird, wie verletzt und enttäuscht Margaret ist, dann kann die Körpersprache der Protagonistin ebenfalls kaum als positives Vorzeichen für ein bevorstehendes *happy ending* gelesen werden.

Überdies fällt in der Spätfassung Margarets Kritik am *double standard* sogar noch schärfer aus als zuvor. So heißt es nun:

> MARGARET. [...] Ah, Philip, how I worshipped you. You were my idol. Is it my fault that you lie broken at my feet? [...] Suppose—I—had been unfaithful to you? [...] There! You see! You are a man, and you have your ideals of—the—sanctity—of—the thing you love. Well, I am a woman—and perhaps—I, too have the same ideals. I don't know. But, I, too cry ‚pollution.' [...] Ah, Philip, the old Margaret is dead. The truth killed her.
>
> (*MF* 543)

Zwar wird in dieser veränderten Fassung auf die oben erwähnte Replik aus der Originalversion, „We never could as man and wife.", verzichtet, allerdings dürfte die ‚neue' Formulierung, „the old Margaret is dead", mit der sich die Protagonistin auf ihre Rolle als Ehefrau bezieht, dem sinngemäß entsprechen. Und wenn sich Margaret schließlich mit den Worten, „You must teach him [Philips unehelichen Sohn] never to be ashamed of her [Lena], to love her memory" (*MF* 544), auch für die Würde der *fallen woman* einsetzt und Lena mit ihrer Aussage, „motherhood is a divine thing" (*MF* 544), „in den Geltungsbereich des viktorianischen Mütterlichkeitskults mit einbezieht"[60], dann kann dies zwar durchaus als ein Verfahren zur Abschwächung der ursprünglich vorhandenen Radikalität des Stückes gelesen werden, kaum aber als Ausdruck eines durch und durch konventionellen Stückes.

Vielmehr entsteht am Dramenende der Spätfassung eine Situation, die, wenn man sie isoliert betrachtet, eine ideologische Bewertung im Sinne des tradierten Geschlechterdiskurses kaum zulassen dürfte. Zwar mag die extreme Haltung der Originalversion durch die Tilgung der Polizeipräsidiums-Szene einerseits und durch die hinzugefügten, Unterstützung signalisierenden Gesten Margarets andererseits ein Stück weit zurückgenommen worden sein, aber die ursprünglich eingeschriebene Kritik an der gesellschaftlichen Doppelmoral ist auch – wenn nicht sogar stärker – in der Spätfassung noch sehr deutlich spürbar.

Zusammenfassend kann somit Folgendes festgehalten werden: Im Unterschied zu bisherigen Untersuchungen, die die Spätfassung im Vergleich zur Originalfassung als die konventionellere, weil ideologiekonforme betrachten,

60 Müller, *Das amerikanische Drama*, 22.

konnte hier, insbesondere in der vergleichenden Analyse der beiden Schlussszenen gezeigt werden, dass das kritische Potential in der überarbeiteten Fassung nicht nur erhalten ist, sondern dass diese auch weitere ideologie- und diskurskritische Elemente enthält, die einer ‚Abqualifizierung' des Stückes als konventionelles, sich stark am Melodramatischen orientierendes Unterhaltungsstück widersprechen.[61] Durch eine ausschließliche Fokussierung auf den Dramenschlusses lässt sich dieses Potential in seiner Gesamtheit jedoch freilich nur schwer ‚heben'. Aus diesem Grund erfolgt hieran anschließend eine detaillierte Textanalyse der Spätfassung, die aufzuzeigen versucht, wie das angesprochene kritische Potential auch in den übrigen Teilen der Spätfassung zum Tragen kommt.

IV.1.3 *Formen und Funktionen paratextueller Markierungen der Geschlechterproblematik*

Im inneren Kommunikationssystem des Stückes wird die *gender*-Problematik nicht nur auf der Inhalts- und Handlungsebene des Textes verhandelt, sondern auch auf einer paratextuellen Ebene. So treten in Hernes Stück geschlechterdiskursive Aspekte und deren gesellschaftsbezogenen Implikationen bereits vor dem eigentlichen Einsetzen der Handlung prägnant hervor. Eine erste deutliche Markierung erfolgt durch die Titelwahl *Margaret Fleming*, die die Aufmerksamkeit auf eine Repräsentantin des vermeintlich ‚schwachen Geschlechts' lenkt. Die Hervorhebung einer weiblichen Hauptfigur im und gleichsam durch den Titel spiegelt deren signifikante Rolle für den Handlungsverlauf wider. In diesem Sinne steht die explizite Nennung der Protagonistin für die Priorisierung weiblicher Präsenz und Sichtbarkeit.

Eine weitere paratextuelle Markierung, die Rückschlüsse auf die spezifische Behandlung der Geschlechterproblematik erlaubt, zeigt sich im Aufbau des

61 Statt die Spätfassung als ein ‚angepasstes' Stück voreilig zu verurteilen, ist somit eher der Frage nachzugehen, worin bzw. wodurch das ursprünglich Neuwertige auch in der veränderten Fassung nach wie vor wirksam wird. Dass es durchaus lohnenswert ist, dies aufzuspüren, liegt u.a. auch darin begründet, dass beispielsweise Benjamin O. Flower oder auch William Dean Howells – beides Zeitgenossen und enge Vertraute Hernes – davon überzeugt waren, dass der Dramatiker seine gesellschaftskritische Agenda und kunstästhetischen Gestaltungsprinzipien nie ohne Weiteres aufgegeben hätte. So charakterisiert der zuerst Genannte Herne etwa als „one of a very few dramatists […] *who have refused to surrender their art* to the demand for cheap and essentially ephemeral production,—productions which […] have sought to cater to a pleasure-loving public without leading or directing thought in a serious or worthy manner" (Flower, „Mr. Herne's Contribution", 395, Hervorhebung KT), und Howells äußert sich in ähnlicher Weise, wenn er von Hernes „*fidelity to the ideal of truth*, the only ideal worth having" spricht (Howells zit. in Edwards and Herne, *James A. Herne*, 68, Hervorhebung KT).

Figurenverzeichnisses[62] in der von Quinn veröffentlichten Spätfassung von *Margaret Fleming*, das hier zur Veranschaulichung vollständig wiedergegeben sei:

CAST OF CHARACTERS

PHILIP FLEMING, *mill owner.*
DOCTOR LARKIN
JOE FLETCHER
MR. FOSTER, *manager of the mill.*
WILLIAMS, *foreman.*
BOBBY, *office boy.*
CHARLIE BURTON
MARGARET FLEMING, *wife of Philip Fleming.*
MARIA BINDLEY, *a nurse.*
MRS. BURTON
HANNAH, *the cook.*
JANE, *a maid.*

(*MF* 519)

Das Personenverzeichnis akzentuiert drei wesentliche Aspekte, die zum einen Einblicke in wesentliche textinterne Strukturen sowie in die Gestaltung der Figurenkonstellation geben und zum anderen Hinweise auf den intersektionalen Zusammenhang der Kategorien *class* und *gender* in diesem Stück liefern.

Erstens sind die Figuren entsprechend ihrer biologischen Geschlechtszugehörigkeit (*sex*) in zwei Gruppen gegliedert. Dass zunächst die männlichen Figuren genannt werden, die den weiblichen auch zahlenmäßig überlegen sind, untermauert die bis in die *Progressive Era* hinein (und darüber hinaus) bestehende Geschlechterhierarchie. Während, wie oben gezeigt, der Titel des Stückes eine weibliche Figur im Zentrum platziert, spiegelt sich im Figurenverzeichnis die traditionelle Geschlechterhierarchie. Die durch den Titel suggerierte Priorisierung des Weiblichen wird im Figurenverzeichnis sogleich wieder zurückgenommen, denn an die erste Stelle wird namentlich die männliche Hauptfigur Philip Fleming gesetzt, wodurch diesem wiederum eine scheinbar handlungstragende Rolle im Stück zugeschrieben

62 Ein bei Perry abgedruckter Programmzettel zur Aufführung vom 9. Dezember 1891 im New Yorker *Palmer's Theatre* weist die ursprünglich im Stück auftretenden Figuren namentlich aus, bietet aber im Unterschied zur oben wiedergegebenen Figurenliste keine Informationen hinsichtlich verwandtschaftlicher Beziehungen, beruflichen Tätigkeiten, Funktionen usw. (vgl. Perry, *James A. Herne*, 151). Im Hinblick auf die nachfolgend noch näher erläuterten Strukturprinzipien sind beide Auflistungen allerdings identisch.

wird.[63] Bereits vor dem Einsetzen der Handlung senden die paratextuellen Elemente somit widersprüchliche Signale und setzen das sich zwischen der Affirmation des herrschenden Geschlechterdiskurses (Figurenverzeichnis) und dem innovativen Aufbrechen tradierter Ordnungsstrukturen (Titelgebung) schwingende ‚Aushandlungspendel' in Gang, das dem Publikum über den gesamten Handlungsverlauf eine eindeutige geschlechterideologische Positionierung erschweren wird.

Erwähnenswert ist zudem, dass die wohl tragischste Figur des Stückes, Lena Schmidt, als *off-stage*-Figur konzipiert ist und deshalb namentlich im Figurenverzeichnis gar nicht aufgeführt ist. In ihrer Rolle als *fallen woman* verkörpert sie die gesellschaftlich Aussätzige, die dementsprechend auch nicht als *on-stage*-Figur (bühnenöffentlich) auftreten darf. Als mittellose Fabrikarbeiterin, die einer ethnischen Minderheit angehört, und als Ehebrecherin, die das uneheliche Kind ihres Liebhabers zur Welt bringt, ist Lena Schmidt über die Kategorien *gender, class* und *ethnicity* gewissermaßen mehrfach marginalisiert, sodass sich das ‚Unsichtbar-Machen' dieser Figur als implizite Kritik an einem mangelnden Interesse des zeitgenössischen Theaterpublikums an sozialen und ethnischen Randgruppen im Allgemeinen und sozial schwach gestellten Frauen im Besonderen deuten lässt.

Neben der Ausdifferenzierung der Figuren nach ihrem biologischen Geschlecht ist ein *zweites* Strukturprinzip des Figurenverzeichnisses in der sozio-ökonomischen Hierarchisierung der Figuren zu sehen. Konkret bedeutet dies, dass die beiden Figurengruppen (Männer- und Frauenfiguren) innerhalb ihrer Gruppierung jeweils nach dem sozialen Status und ihrer Schichtzugehörigkeit angeordnet sind (*class*). Zuerst werden jeweils ökonomisch privilegierte Figuren von einem höheren sozialen Status genannt. Als Angehörige der *middle class* genießen bei den männlichen Figuren etwa Philip Fleming, Dr. Larkin und Mr. Forster das höchste gesellschaftliche Ansehen,[64]

63 Dass diese Priorisierung des Männlichen später im Stück ebenfalls wieder zurückgenommen wird, zeigt sich anhand der physischen Abwesenheit der männlichen Hauptfigur Philip über weite Teile des Handlungsverlaufs.

64 Eine gewisse Inkonsequenz zeigt sich allerdings in Bezug auf die Figur Joe Fletcher, dessen Positionierung innerhalb des Figurenensembles zwischen Dr. Larkin und Williams nicht so recht in dieses Schema passen mag. Erklärbar wird seine Positionierung möglicherweise dann, wenn dies als versteckter Hinweis auf seinen früheren Status gelesen wird, war Joe Fletcher doch zu Zeiten, als Philips Vater das Unternehmen leitete, ein geschätzter Mitarbeiter und gehörte der *middle class* an, bevor er dem Alkohol verfiel und sozial in die *lower class* abstürzte. Insofern ist seine Positionierung im Figurenverzeichnis als ein semantisch zweifach aufgeladener Hinweis auf ein besseres Leben in der Vergangenheit einerseits und als Indiz seiner krisenhaften Lebenssituation in der Handlungsgegenwart zu verstehen. Ausführlicher wird auf den gesellschaftlichen Status dieser

während auf der weiblichen Figurenseite die Titelheldin Margaret Fleming den obersten Rang einnimmt. Komplettiert wird das Spektrum, unter Beibehaltung der geschlechterspezifischen Hierarchie, durch Vertreter der *lower class* (Williams und Bobby bzw. Maria, Mrs. Burton, Jane und Hannah).

Drittens gibt das Figurenverzeichnis durch Hinweise auf die jeweiligen (beruflichen) Tätigkeitsfelder und gesellschaftlichen Funktionen der Figuren zusätzlich Aufschluss über das vermeintlich vorherrschende Geschlechterrollenverständnis im Stück. Während den männlichen Figuren als Unternehmer (Philip), Arzt (Dr. Larkin) oder Fabrikmanager (Mr. Foster) verantwortungsvolle Aufgaben außerhalb der häuslichen Sphäre übertragen sind, werden den weiblichen Figuren als Dienstmagd (Jane), Köchin (Hannah) und Kindermädchen (Maria) ‚typisch weibliche' Aufgaben im häuslichen Bereich zugewiesen. Hinsichtlich der weiblichen Figurengruppe ist ein Aspekt besonders erwähnenswert: Während die meisten weiblichen Figuren im Figurenverzeichnis mit Hinweisen auf ihre beruflichen Tätigkeiten versehen sind, wird Margaret als *„wife of Philip Fleming"* eingeführt. Diese weiblich angelegte, vom viktorianischen Geschlechterdiskurs geprägte Rollenzuschreibung lässt (für den Leser/Zuschauer) eine traditionelle Frauenfigur erwarten und kann entsprechend als *reinforcement* der patriarchalischen Geschlechterordnung gelesen werden, in der Frauen wie Margaret (nur) als Anhängsel des Ehemannes in Erscheinung treten (dürfen). Diese Erwartungen werden, wie zum Teil schon gezeigt und noch weiter zu demonstrieren ist, im Laufe des Stückes unterlaufen. Zunächst aber unterstreicht das Figurenverzeichnis die scheinbar unumstößliche Gültigkeit des viktorianischen Weiblichkeitskults, der für Frauen der Mittelschicht die Rolle der Ehefrau (und Mutter) als einzige gesellschaftlich bedeutsame Funktion vorsieht. Frauen der unteren bzw. Arbeiterschicht wiederum werden von dem *cult of true womanhood* ausgespart. Für Jane, Hannah und Maria ist ihre berufliche Tätigkeit eine existentielle Notwendigkeit, die keineswegs zu verwechseln ist mit den nach finanzieller Unabhängigkeit, beruflicher Karriere und Selbstentfaltung strebenden emanzipierten Frauen der *middle class*.

Zusammengefasst wird anhand der paratextuellen, handlungsexternen Ebene deutlich, dass bei Hernes *Margaret Fleming* bis auf die Titelgebung zunächst alles für ein ideologiekonformes Stück spricht, das die Erwartungen eines die traditionelle, hierarchische Geschlechterordnung bestätigenden Textes bedient. Dass dem Stück auf der eigentlichen Handlungsebene aber *gender*-kritische Aspekte eingeschrieben sind, die diese Erwartungen stetig

---

Figur sowie die in der Inszenierungsweise implizierten Gesellschaftskritik in Abschnitt IV.1.4 eingegangen.

unterlaufen, erschließt sich dem sozialkritischen bzw. *gender*-sensiblen Leser oder Zuschauer erst im weiteren Verlauf. Der folgende Kapitelabschnitt konzentriert sich deshalb nunmehr auf die Frage nach der Gestaltung und Funktion institutionalisierter Formen von Geschlechterbeziehungen auf der Handlungsebene des Stückes. Ein besonderes Augenmerk liegt auf den gegensätzlichen Ausprägungen idealtypischer Ehen, krisenhafter Beziehungen und deren figuren- bzw. raumästhetischer Funktionalisierung im Rahmen einer bühnenwirksamen Aushandlung der Geschlechterproblematik.

IV.1.4 *Gescheiterte, marode und versagte Ehen als Ausdruck eines krisenhaften Geschlechtermodells*

Ein Blick auf die miteinander verflochtenen Figurenkonstellationen verdeutlicht, dass die Aushandlungen von Geschlechteridentität und Geschlechterrollen über den Status der Figuren in Partnerbeziehungen realisiert werden. Gemeint sind zum einen die gescheiterte Beziehung zwischen Maria Bindley und Joe Fletcher, zum anderen die Affäre zwischen Lena Schmidt und Philip Fleming und schließlich die durch Philips Ehebruch und uneheliches Kind in die Krise geratene Ehe zwischen Margaret und Philip. Nicht zuletzt wäre hinsichtlich der im Stück angelegten Paarbeziehungen noch Dr. Larkin zu nennen, der als vermeintlich weitsichtige *raisonneur*-Figur alle Paarbeziehungen kommentiert, selbst jedoch, wie an einer Stelle im Stück angedeutet wird, in kinderloser Ehe mit einer (bezeichnenderweise als *off-stage*-Figur konzipierten) pflegebedürftigen Frau lebt, die offenbar an einer nicht näher spezifizierten Krankheit leidet (siehe *MF* 531). Aufgrund der besonderen Bedeutung dieser *raisonneur*-Figur für das Stück erfolgt deren eingehende Untersuchung deshalb nicht primär im Kontext der Paarbeziehungen, sondern in einem gesonderten Kapitel zu seiner Funktion als gesellschaftliches Korrektiv bzw. Regulativ.

Hinsichtlich der genannten Partnerbeziehungen wird die These vertreten, dass die jeweils weiblichen Figuren quasi als Prismen fungieren, anhand derer – erstens – weibliche und männliche Rollenbilder gleichermaßen in unterschiedlicher Weise gebrochen werden und über die – zweitens – eine dem Stück eingeschriebene Kritik an der Institution Ehe und den im Stück dargebotenen Manifestationsformen ‚lasterhafter Männlichkeit'[65] verlautbar

65 Die Bezeichnung ist angelehnt an eine Formulierung bei Denison, wo in Bezug auf Philip von einem „profligate husband" und „a profligate past", einem lasterhaften Ehemann mit einer ebensolchen Vergangenheit also, die Rede ist („The Legacy of James A. Herne", 27). Sie wird hier im Sinne von *profligate masculinity* in einer verallgemeinerten Bedeutung verwendet, weil weder die männliche Hauptfigur (Philip) noch die männlichen Nebenfiguren (Joe, Dr. Larkin) in diesen Paarbeziehungen das idealtypische Männlichkeitsbild

wird. Für das Vorhaben, die im Stück diesbezüglich wirksamen Aushandlungs- und Inszenierungsverfahren aufzuzeigen, ist es sinnvoll, das binäre Ordnungsprinzip der Paarkonstellation analytisch aufzubrechen, sprich die weiblichen bzw. männlichen Figuren in ihrer Situierung zu bestehenden Geschlechterdiskursen separat in den Blick zu nehmen. Dies geschieht mit dem Ziel, zunächst konkrete Einzelsichtweisen herauszuarbeiten, um anschließend auf dieser Basis in einer integrativen Zusammenschau die *gender*-spezifische Mehrperspektivität des Stückes zu erhellen. Zentral ist dabei die komplexe Frage, welche Rolle normative Einstellungen zur Institution Ehe, zu emotionaler bzw. moralischer Integrität und triebgeleiteter Sexualität für bühnenwirksame Verhandlungen von Weiblichkeit und Männlichkeit im Rahmen der Figurenkonzeption bzw. Figurenkonstellation spielen.

Zur Bedeutung der *class/gender*-Intersektionalität im Spiegel komödientypischer Unterhaltungselemente

Die folgenden Ausführungen konzentrieren sich zunächst auf Maria Bindley und Joe Fletcher, da diese *minor characters* hinsichtlich der Geschlechterproblematik in *Margaret Fleming* von der Forschung bislang weitgehend vernachlässigt worden sind.[66] Sofern die beiden Figuren überhaupt Erwähnung finden, geschieht dies meist mit einem knappen Hinweis auf die Unterhaltungsfunktion dieser humoristisch gezeichneten Figuren, die gewissermaßen als Konzession an die tradierten Publikumserwartungen zu verstehen seien.[67] Zwar mag man in Maria und Joe durchaus Figuren mit einem gewissen Unterhaltungswert sehen, die in dem Stück für die *comic relief* sorgen; sie allerdings auf diese Funktion zu reduzieren, würde die in dieser Paarkonstellation wirksam werdende *gender*-Kritik übersehen. So gelingt es Herne unter dem ‚Deckmantel' der Situationskomik nämlich beispielsweise, über die Figur Maria ein gesellschaftliches Tabuthema – das der weiblichen Gewalterfahrung im häuslich-familiären Bereich – anzusprechen, oder mit der Figur Joe ein negativ besetztes Männlichkeitsbild zu konturieren, das die vermeintliche Stabilität der Ehe(-institution) etwa durch seinen Alkoholkonsum ins Wanken bringt.

---

des *true man* (oder *new man*) verkörpern. Sie erscheinen als Männer mit Schwächen, Makeln und Lastern emotionaler, moralischer und sexuell-triebhafter Art.

66 In beinahe allen bisher erschienenen Einzelstudien zu diesem Stück konzentrieren sich die Verfasser ausschließlich auf das Protagonistenpaar Margaret und Philip, während Maria und Joe unerwähnt bleiben. Vgl. z.B. Fearnow (2014), Reitz Mullenix (1992), Richardson (1993) und Wegner (1990).

67 Siehe z.B. Flower, „Mr. Herne's Contribution", 396 und Denison, „The Legacy of James A. Herne", 33.

Maria Bindley ist, wie im Verlauf der Handlung deutlich wird, eine deutschstämmige Einwanderin, die einst gemeinsam mit ihrer Schwester Lena nach Amerika gekommen ist. Marias Zugehörigkeit zum „‚ethnische[n]' Teil der Bevölkerung"[68] wird im Nebentext explizit durch den Verweis auf die dialektale Besonderheit ihrer Sprache hervorgehoben („*German woman* [...] [who] *speaks with a not too pronounced German accent.*", *MF* 526). Marias Akzent fungiert als *class marker*, der sie als Vertreterin einer sozialen und ‚ethnischen' Minderheit ausweist. Plastizität gewinnt die Figur u.a. durch die Strategie der – wie ich es nennen möchte – ‚*off-stage*-Biographie'. So gibt ein Zwiegespräch, in dem sich Maria Margaret Fleming anvertraut, Einblicke in ihr bisheriges „unhappy life" (*MF* 527). Diese biographischen Hintergrundinformationen sind relevant, weil sie eher beiläufig – und deshalb in der Forschung noch weitgehend unberücksichtigt – Aufschluss über einen von männlicher Gewaltausübung geprägten Lebensweg der Figur geben. Diese manifestiert sich etwa in Marias traumatischen Erfahrungen mit ihrem gewalttätigen Vater, den sie als „brute" (*MF* 527) bezeichnet. Mit dieser Anspielung auf patriarchale häusliche Gewalt entwirft Herne ein aussagekräftiges Hintergrundgeschehen, das wiederum im Sinne einer Geschlechterkritik als indirekte Vermittlungsstrategie fungiert. Konkret äußert sich dies im Text durch Marias wiederholte Gewaltausbrüche, die verdeutlichen, dass sie sich der väterlichen Gewalt selbst durch große räumliche Trennung nicht nur nicht entziehen kann, sondern diese Form ‚männlicher Aggression' so weit verinnerlicht hat, dass sie einen Teil ihrer weiblichen Identität ausmacht. Erwähnenswert ist, dass Herne damit vermutlich Bezug auf diese, innerhalb des medizinischen Diskurses der Zeit weit verbreitete Überzeugung nimmt: „[N]ot just essential genetic matter but also learned values and characteristics could be passed from parents to offspring".[69] Marias kindliche Gewalterfahrungen bilden somit auch den Kern für die Ausformung ihres destruktiven Verhaltensmusters. Überdies erscheint vor diesem Erfahrungshintergrund das Verlassen der Heimat nicht mehr nur wie eine abenteuerliche Reise dieser beiden jungen Frauen in das verheißungsvolle *promised land*, von dem sie sich ein besseres Leben versprechen; angesichts der Gewalterfahrung, die vermutlich beide Frauen im elterlichen Haus durch den Vater erlebt haben, erfährt die romantisierte, mit Optimismus und Zukunftshoffnung verbundene Auswanderungserfahrung eine semantisch negativ besetzte Aufladung, ist sie

68 Müller, *Das amerikanische Drama*, 22.

69 Dawn Keetley, „The Ungendered Terrain of Good Health: Mary Grove Nichols's Rewriting of the Diseased Institution of Marriage", *Separate Spheres No More: Gender Convergence in American Literature, 1830-1930*, ed. Monika M. Elbert (Tuscaloosa, AL: University of Alabama Press, 2000), 117-142: 126.

im Stück doch vielmehr als Fluchtszenario vor dem gewalttätigen Vater zu lesen. Für beide Frauen erfüllt sich, wie das Stück eindrücklich zeigt, die zunächst von Zuversicht geprägte Erwartungshaltung der Figuren allerdings nur anfänglich – nämlich in Marias Ehe mit Ralph Bindley (vgl. *MF* 527) und Lenas Arbeit in der Fabrik der Flemings[70] –, bevor beide Figuren über ihre jeweiligen (Ver-)Lusterfahrungen mit Joe Fletcher bzw. Philip Fleming erneut ein leidvolles, tragisches Schicksal ereilt.

Die Kritik an einer moralisch verkommenen Männlichkeit, wie sie sich in der Figur Joe Fletchers äußert, wird in dem Stück unter dem Eindruck einer positiv besetzten, allerdings als *off-stage*-Figur konzipierten Männerfigur noch einmal zusätzlich unterstrichen. So idealisiert Maria ihren verstorbenen ersten Ehemann Ralph Bindley: „My first husband […] vas a goot, honest man." (*MF* 527). Darin klingt nicht nur eine nostalgische Sehnsucht nach vergangenen Zeiten an; vielmehr spielt die Formulierung „good and honest" auch auf das Bild des idealen Ehemanns an, der in dieser Form – salopp ausgedrückt – ‚Geschichte ist'. Das Nicht-(mehr)-Vorhandensein dieses Idealtyps in Marias Lebenswirklichkeit wird symbolisch durch Ralph Bindleys Tod untermauert. Dass Herne einer glücklichen Ehe keine Bühnenpräsenz verschafft, setzt ein deutlich gesellschaftskritisches Zeichen hinsichtlich der Wertigkeit dieser Institution sowie in Bezug auf das Rollenmodell des ‚guten Ehemannes' als positiv konnotierte Repräsentation von Männlichkeit. Joe hingegen erscheint, wie die übrigen männlichen Figuren des Stückes auch, als ‚realer', vor allem aber negativ besetzter Gegenentwurf zu diesem Idealbild. Joe Fletchers „moral nature" (*MF* 524) ist nämlich, wie Margaret Flemings nachfolgende Schilderungen zu Joes Fehlverhalten zeigen (vgl. *MF* 530), weitgehend korrumpiert. Die nachfolgende Replik bezieht sich auf die Ehe von Maria und Joe, die allerdings schon vor dem Einsetzen der Handlung gescheitert war: „She [i.e. Maria] went out on the road to sell goods and left him in charge of the shop. When she came back he was gone and he had sold out the place to a secondhand dealer." (*MF* 530). Durch das Motiv des Veräußerns von Eigentum, das ihm nicht gehört, und das Motiv des ‚Sich-aus-dem-Staub-Machens' wird deutlich, dass sich diese Figur dem männlichen Protektionsmuster des zeitgenössischen Geschlechterdiskurses, und damit auch seiner Verantwortung als *provider* und

70 Zwar wird im Stück an keiner Stelle explizit erwähnt, dass Lena eine ehemalige Arbeiterin in der Fabrik der Flemings ist, allerdings legt Joes Hinweis, dass Philip „hed [sic] so many girls [out'n the mill]" (*MF* 523), diesen Umstand nahe. Zudem spricht Hamlin Garland in seiner Rezension vom 8. Juli 1890 in Bezug auf Lena von einem „mill girl" („Mr. Herne's New Play", 6) und auch Dithmar schreibt am 10. Dezember 1891 in der *New York Times* „[that] she has been employed by Fleming" (Dithmar, „Margaret Fleming", n.p. bzw. Dithmar, „James A. Herne's *Margaret Fleming* [1891]", 144.

supporter, entzieht. Zudem ist er es auch, der Marias Bemühungen, sich durch harte Arbeit ein neues, besseres Leben aufzubauen, das Wasser abgräbt. Für Maria, die sich mit ihrem kleinen Geschäft eine eigene Existenzgrundlage geschaffen hatte und für die die Erfüllung des *American Dream* und von *upward mobility* dadurch greifbar geworden waren, bewirkt Joes Handeln ein soziales Abrutschen auf den Status eines Dienstmädchens. Die an der Figur Joe geübte Kritik wird noch einmal zusätzlich unterstrichen, als deutlich wird, dass Joe die Situation aus seiner Sicht, in der er nicht Maria, sondern sich selbst als Opfer sieht, in der Expositionsszene des Stückes Philip gegenüber ganz anders darstellt hatte:

PHILIP. (*Surprised.*) Married? (JOE *nods his head.*) Where's your wife?
JOE. Left me. (*He gives a sigh of self-pity.*)
PHILIP. (*Touched.*) Left you! [...]
How did it happen? What did you do?
JOE. (*Innocently.*) Not a durn thing! [...] She kept a gent's furnishing store down in South Boston, and I married her. [...] She fixed me up a pack and sent me out on the road to sell goods, and when I got back, she was gone. There was a new sign on the store, ‚Isaac Litchenstein [*sic*], Ladies and Gents' Drygoods.' (*He draws a big sigh.*)
PHILIP. And you've never seen her since?
JOE. (*Shaking his head sadly.*) No, siree, never!
PHILIP. [...] That's pretty tough, Joe.

(*MF* 524)

Zwar stehen sich mit Marias und Joes Sichtweisen zwei gegensätzliche Schilderungen der Ereignisse gegenüber, sodass zunächst der Zuschauer dazu aufgefordert ist, selbst zu entscheiden, wer von beiden die Wahrheit sagt bzw. sich als Lügner/in entpuppt, allerdings operiert das Stück mit subtilen Verfahren der Sympathielenkung, die wiederum zugunsten Marias angelegt sind.

So versteht es Joe zwar, sich zu Beginn der Handlung (I. Akt, 1. Szene) mit mitleidserregenden Gesten die Sympathien Philips (und des Zuschauers) zu erschleichen, allerdings gelingt es Herne, Darstellungsformen einzusetzen, die im Verlauf der Handlung ein sukzessives Abnehmen dieses Sympathievorschusses bis hin zur Umkehrung in Antipathien bewirken. Anfänglich gibt sich Joe nämlich in der Opferrolle, zeigt sich (entsprechend der Hinweise im Nebentext oben) als unschuldig, traurig und in Selbstmitleid zerfließend – eine Rolle, die man(n) ihm zunächst durchaus ‚abkauft'. Zudem erweist sich Joes Körpersprache als aufschlussreich. Mitleidheischend hustet er fortwährend (vgl. *MF* 522), „[*h*]*is voice* [...] *broken and husky*" (*MF* 523) und mimt den Gebrochenen und Bedürftigen, der sich mit Haustürgeschäften mühsam durchs Leben schlagen muss. Weil er nicht nur Philip, sondern auch das Publikum glauben lässt, Maria habe ihn in diese missliche Situation gebracht, liegen die Sympathien zunächst noch immer auf seiner Seite. Auch sein schäbiges Äußeres bewirkt, dass man zunächst geneigt ist, dieser Figur empathisch zu begegnen. So trägt Joe, als er in der Eröffnungsszene Philips Büro betritt, *„a shabby linen coat* [...] *which hangs, crushed and limp, from his neck to his ankles.*“, „[*a*] *battered hat*“ und *„spreading shoes* [*showing*] *the stains of the road*“ (*MF* 522) – Kleidung also, die als *class marker* fungiert und Joe als eine heruntergekommene *middle class*-Figur ausweist.

Gleichzeitig aber drängen sich zunehmend Joes unangenehme Eigenschaften in den Vordergrund, zu denen sein Hang zum Lügen, Übertreiben und Schmarotzen und sein gesteigerter Alkoholkonsum gehören. Der Sympathievorschuss schrumpft, als er sich beispielsweise selbst eine *„generous portion“* von Philips gutem Whiskey einschenkt (*MF* 523) und sich unter dem Vorwand, kein Wechselgeld für einen Schwamm, den er Philip aufschwatzt, dabei zu haben, später auch noch ein Trinkgeld von Philip ergaunert. Zudem entlarven sein berechnender Blick (*„a keen shrewd eye“*, *MF* 522), sein gleichermaßen einnehmendes wie schmeichlerisches Lächeln (*„a genial and ingratiating smile“*, *MF* 522) und ein *„shy twinkle in his eye“* (*MF* 523) seine nicht nur für den Zuschauer, sondern auch für die übrigen Figuren leicht durchschaubare Abgebrühtheit. Darüber hinaus wird Joes vermeintliche Cleverness als ‚Geschäftsmann‘ im Laufe der ersten Szene als Selbstinszenierung entlarvt. Joes prahlerischer Auftritt als „professional corn doctor“ und „[i]nventor of Dr. Fletcher's famous cough mixture“ (*MF* 523) mit eigener Visitenkarte (vgl. *MF* 523) wirkt nämlich eher absurd-komisch und untergräbt seine scheinbare ‚ärztliche‘ Autorität im selben Maße wie die Tatsache, dass die wiederholten Hustenanfälle die Wirkungslosigkeit des von ihm angepriesenen Heilmittels, „to cure coughs—colds, hoarseness and loss o' voice“ (*MF* 523), ironisch in Szene setzen. Dennoch drängt er Philip ein Fläschchen auf. Dieser lehnt wohlweißlich dankend ab, entscheidet sich notgedrungen aber für den Kauf des o.g. Schwamms. In seiner übersteigerten Selbstglorifizierung wertet Joe das Zustandekommen des ‚Geschäfts‘ als Beweis seiner hervorragenden kaufmännischen Kompetenzen: „I thought I could sell ye something.“ (*MF* 523).

Ohne Zweifel birgt die humoristische Überzeichnung viel Unterhaltungswert und ist, wie oben angedeutet, als Zugeständnis an das Publikum des Unterhaltungstheaters zu sehen, das auf die Behandlung sozialkritischer Themen bekanntlich empfindlich reagierte. Bei aller Komik ist diese Szene aber v.a. hinsichtlich der Darstellung ethisch-moralisch verkommener Männlichkeit besonders aufschlussreich, gibt sie doch den wohl bekanntesten, männlich besetzten US-amerikanischen Aufstiegsmythos – *from rags to riches* – im doppeltem Sinne (der Lächerlichkeit) preis. Dass der typenhaft überzeichnete

Joe, der Maria, die sich bekanntlich als Eingewanderte im fremden Land eine eigene Existenz aufgebaut hatte, finanziell und emotional ruiniert und dabei, gewissermaßen antithetisch, gerade *nicht* das Bild des *self-made man* verkörpert, ist als deutliche Kritik an dieser Art überhöhter männlicher Selbstinszenierung zu verstehen. Die Negativzeichnung dieser Männerfigur soll vermutlich beim Publikum zu der Einsicht führen, dass es für eine stabile Gesellschaft, in der Ehe und Familie weiterhin bedeutende Stützpfeiler darstellen sollen, (Ehe-) Männer braucht, die all jene Eigenschaften aufweisen sollten, die Joe abgehen. Zwar mag die Figur durchaus auch als komisch empfunden worden sein, in seiner Inszenierung als heruntergekommene *middle class*-Figur, die es letztlich selbst zu nichts gebracht hat und im Zuge des versuchten Aufstiegs andere ruiniert, dürfte sich Hernes *middle class*-Publikum wohl aber getroffen bzw. zumindest angesprochen gefühlt haben, war doch einst auch einmal Joe vor seinem sozialen Absturz ein Vertreter dieser sozialen Klasse, ein geschätzter Mitarbeiter im Unternehmen der Flemings[71], der entsprechend gesellschaftliche Anerkennung genoss und jene Werte und Attribute repräsentierte, mit denen sich die *middle class* im Allgemeinen identifiziert (z.B. *moral integrity, etiquette, social manners, material success and self-made fortune*)[72]. Wenn mit der Inszenierung Joes als ‚gefallener Antiheld' der *middle class* diese Werte ins Gegenteil verkehrt werden, dann steht bei Herne die *middle class* selbst im Fokus seiner Gesellschaftskritik, die auf den hinter den o.g. Werten tatsächlich zum Vorschein kommenden Verfall derselben (*moral decline*) abzielt.

Herne geht hier sogar so weit, dieser Figur tradierte Männlichkeitsattribute gänzlich abzusprechen und diese in Form einer Rolleninversion auf eine weibliche Figur zu übertragen. Auf beeindruckende Weise verdeutlicht dies der nachfolgend zitierte Dialogausschnitt, bei dem Herne an Maria und Joe eine Umkehrung tradierter Rollenzuschreibungen vornimmt und damit seiner Kritik an einer moralisch verkommenen Männlichkeit noch einmal zusätzlich

71 Zwar lässt das Stück offen, in welcher Beziehung Joe Fletcher zu Philip bzw. dem Familienunternehmen der Flemings in der Vergangenheit tatsächlich stand, allerdings weist die Vertrautheit, mit der sich Joe und Philip in der Expositionsszene begegnen, darauf hin, dass Joe zu einer Zeit, als Philips Vater das Unternehmen leitete, einmal eine wie auch immer geartete Rolle gespielt haben muss. In seiner Rezension zur Aufführung der Originalfassung des Stückes vom 9. Dezember 1891 schreibt Dithmar: „He [Joe Fletcher] was formerly an employe [*sic*] of Fleming […]." (Dithmar, „James A. Herne's *Margaret Fleming* [1891]", 144). Edwards and Herne werden sogar noch etwas präziser: „Joe Fletcher [is] an old foreman of his father's who had grown up with the mill and whom Philip had known since childhood […]." (*James A. Herne*, 58). Diese Hinweise lassen den Schluss zu, dass die Originalversion diesbezüglich möglicherweise explizite Hinweise enthielt, die im Zuge der mehrfachen Textrevisionen allerdings getilgt worden sind.

72 Siehe Paul, *The Myths That Made America*, 383.

Nachdruck verleiht. Zu erwähnen ist an dieser Stelle, dass die Figurennamen ‚Maria' und ‚Joe' (Kurzform für Joseph) in Anspielung auf das biblische Idealpaar Maria und Joseph zu lesen sind, die wiederum als ironische Markierung ihrer gescheiterten Ehe fungieren. In dieser Szene des II. Aktes treffen Maria und Joe erstmals nach Joes Verschwinden im Haus der Flemings wieder aufeinander:

> MARIA. (JOE *is in the act of carrying the glass to his lips. He hears* MARIA'S *voice and stands terrified.* MARIA *sees him and becomes inflamed with indignation. She puts her hands on her hips and glares at him.*) Vell, you dom scoundrel!
>
> JOE. (*Soothingly extending a hand to her.*) There now, Maria, keep cool. Don't lose your temper.
>
> MARIA. (*Mocking him.*) Yah, don't lose my temper. Didn't I tell you never to darken dis house again? Du teufel aus Hölle! (*She makes a lunge at him. He dodges and hops on tip-toe from side to side in a zig-zag.*)
>
> JOE. Just a minute, Maria! (*He gulps.*) I can—I can explain—the whole—thing. (*He makes a desperate bolt, but* MARIA *is on his heels. He stumbles and falls sprawling upon his hands and face, with his head to the front, in the center of the room. She swoops upon him, digs her hands into the loose folds of his coat between the shoulders and drags him to his feet. He limps with fright, puffing and spluttering, awkwardly helping himself and dropping the sign.*) Maria, for God's sake, don't! I ain't ever done anything to you.
>
> MARIA. (*Dragging him toward the window.*) Ach, Gott! No, you have never done nutting to me. [...] (*She throws him through the French window. He stumbles and staggers out of sight.* MARIA *picks up the sign and flings it after him. All the time she is scolding and weeping with anger.*) [...] Don't you dare come here no more to a decent house, you loafer. [...] (*She sinks into the chair at the right of the table, leans her arms across the table, buries her face in them and sobs bitterly. All her fury has vanished and she is crushed and broken.*)
>
> (*MF* 534)

Zwar operiert Herne hier mit dem konventionellen Komödienmotiv der walkürenhaft starken, teutonischen Frau und bedient damit die Unterhaltungsbedürfnisse des Publikums; diese Szene auf das Komisch-Unterhaltsame zu reduzieren, würde aber die geschlechterbezogenen, diskurskritischen Implikationen abermals übersehen. Marias körperliche Überlegenheit und Dominanz, mit der sie sich Joe gegenüber behaupten kann, bewirkt einerseits eine Umkehr der tradierten Geschlechterhierarchie. Andererseits hat der Akt des Hinauswerfens selbst symbolischen Charakter und ist entsprechend semantisch aufgeladen: Auch wenn Maria als *lower class woman* und in ihrer Rolle als Kindermädchen der Flemings keinesfalls mit Margarets gesellschaftlicher Position der *middle class lady* vergleichbar ist, so sind zwischen den beiden Frauen hinsichtlich ihres Bemühens um ‚moralische Verbesserung' doch parallele Muster zu erkennen. Wie Margaret später auch geht es Maria hier ebenfalls um die (Wieder-)Herstellung moralischer Integrität, jagt sie doch diesen „teufel aus Hölle" aus dem „decent house" der Flemings. Anders als Margaret, die dem fehlgetretenen Ehemann später die Möglichkeit zur moralischen Besserung geben wird, muss bei Maria der heruntergekommene Rüpel im wahrsten Sinne des Wortes aus dem Bilde verschwinden: Joes Rauswurf aus dem vermeintlich ‚anständigen Haus' der Flemings markiert nicht nur seinen Abgang in der Szene, sondern auch das Ende seiner Bühnenpräsenz im Stück. Auch wenn Maria also bestimmten Idealen der *middle class* nachzueifern scheint, müsse – so eine mögliche Implikation – die beispielgebende gesellschaftsbildende Funktion und Verantwortlichkeit letztlich doch bei der Mittelschicht als Stützpfeiler der Gesellschaft liegen, denn am Ende bewirkt nur Margarets Handeln eine moralische Besserung Philips, während Marias ‚Lösung' ins Leere läuft. Nichtsdestoweniger zeigt sich im Handeln Marias in dieser Szene ihr energisches Bemühen darum, das scheinbar moralisch einwandfreie *middle class home* der Flemings von Joe als Personifizierung des *moral decay* freizuhalten. Denkbar ist, dass Herne diese Parallelität in den Handlungsmustern der beiden Frauenfiguren anlegt, um zu zeigen, wie und dass Frauen im Kontext des gesellschaftlichen Wandels zunehmend initiativ werden. Einen Aspekt, den man in der oben dargelegten Lesart außerdem ausmachen kann, ist die Vorstellung, dass für eine ‚gesunde' Gesellschaft mit ‚gesunden Ehen' Männlichkeit insgesamt, d.h. gesamtgesellschaftlich, neu zu denken ist und dass bestimmte moralisch-ethische Werte in Bezug auf Geschlechterbeziehungen nicht nur für die Mittelschicht Gültigkeit haben sollten. Diese *gender*-kritische Deutung des Subtextes wird freilich durch die humoristische Überzeichnung der Figuren bis zu einem bestimmten Grad überdeckt. Man kann davon ausgehen, dass Herne in Rücksichtnahme auf die Gattungskonventionen und die Rezeptionsgewohnheiten des Publikums eine allzu harsche Konfrontation mit dieser brisanten Thematik vermeiden will. Er wählt deshalb einen Mittelweg und balanciert zwischen Konvention und Innovation, indem er einerseits Unterhaltungsmomente bietet, gleichzeitig aber auch seine Gesellschaftskritik im Subtext platziert.

Zur Kritik an der kulturell akzeptierten Praxis des männlichen Ehebruchs

Wie der gescheiterten Ehe von Maria Bindley und Joe Fletcher wurde auch der Affäre zwischen Philip Fleming und Lena Schmidt in der Forschung bislang wenig Beachtung geschenkt. Gerade innerhalb der ‚versagten' Ehekonstellation Philip/Lena erweisen sich jedoch Inszenierungsmodi des Verschweigens, Verschleierns und Verdrängens als interessant, denen wiederum *gender*-kritische Wirkweisen vor allem im Hinblick auf eine sich als unmoralisch manifestierende Männlichkeit eingeschrieben sind. Bedeutsam ist dabei die textliche Konkretisierung von Lena als *off-stage*-Figur im Spannungsfeld zwischen weiblicher Selbstverleugnung und patriarchalischer Fremdbestimmtheit.

Erste Hinweise auf Lena und ihr außereheliches Verhältnis zu Philip gibt deren Schwester Maria zu Beginn des Stückes (I. Akt, 2. Szene). Nach dem plötzlichen Verschwinden ihrer Schwester, das wohl mit Lenas Erkenntnis, in anderen Umständen zu sein, zu tun hat, begibt sich Maria auf die Suche nach ihr und trifft dabei eines Tages auf „an olt friend" (*MF* 527), Chris Anderson. Durch seinen im Stück nicht explizit ausgeführten Zeugenbericht erfährt Maria, dass er Lena in einem öffentlichen Park an der Seite eines wohlhabendes Mannes gesehen habe: „[...] und Chris, he tell me that two or three weeks before he see her by the public gartens. Und she vas valking by the arm of a fine, handsome gentleman—und she look smiling and happy." (*MF* 527). Der Hinweis auf Lenas Glücksempfinden lässt Maria schlussfolgern, dass für die jüngere Schwester der Traum von einem besseren Leben in diesem fremden Land im Gegensatz zu ihrem eigenen Lebensweg Wirklichkeit geworden ist: „I tink maybe she is married to dot man [...]." (*MF* 527). Nicht zuletzt die Tatsache, dass sich der „fine, handsome gentleman" gemeinsam mit Lena Arm in Arm im öffentlichen Raum zeigt, unterstreicht diesen Eindruck noch einmal zusätzlich, lässt doch die körperliche Nähe und das ‚offizielle' Sich-Zeigen im Kontext des viktorianischen Verhaltenskodex nur eine, nur diese Deutung zu. Als Maria ihre Schwester schließlich in dem kleinen Städtchen Canton, dem Schauplatz des Stückes, auffindet und die wahren, schicksalhaften Umstände erfährt, bahnt sich die Tragödie an. So berichtet Maria: „Ach Gott! She is going to be a mutter—und she is no man's vife!" (*MF* 527). Vor dem Hintergrund ihres sozialen Status als „first-generation, German working-class woman"[73] und unverheiratete Mutter droht Lena eine gesellschaftliche Marginalisierung im doppelten Sinne. Das Ausmaß dessen spiegelt sich später nochmals in einer ähnlichen Replik Marias: „[...] but my poor sister don't have any of dese tings [i.e. ‚a home und a husband and fine clothes'], because she is only de poor mistress." (*MF* 538). Dennoch weigert sich Lena aus Liebe und Loyalität zu dem Verführer, die Identität des Liebhabers preiszugeben. „She says she loves dis man, und she vill make him no trouble," berichtet Maria (*MF* 527).

73 Denison, „The Legacy of James A. Herne", 27.

Lenas Perspektive wird, da sie als *off-stage*-Figur konzipiert ist, primär über Fremdkommentare vermittelt. Die einzige – wenn man so will – verbale ‚Selbstauskunft' erfolgt in Form einer kurzen schriftlichen Nachricht, die die im Sterben Liegende an Philip verfasst, nachdem dieser auf Dr. Larkins Drängen ihr einen (Anstands-)Besuch abgestattet hatte:

> Canton, June 10,
>
> DEAR MR. FLEMING:
> You was good to come to see me, and I thank you. I will not trouble you no more. I am sorry for what has happened. I know you never loved me and I never asked you to, but I loved you. It was all my fault. I will never trouble you no more. You can do what you like with the baby. I do not care. Do not be afraid, I shall never tell. They tried to get me to but I never shall. Nobody will ever know. No more at present, from your obedient servant,
>
> LENA SCHMIDT.
>
> (*MF* 538)

Lenas Brief verdeutlicht, dass ihre Haltung vornehmlich über Motive der Selbstentwertung kommuniziert wird, die von ernüchterter Resignation (dem zweimaligen „I will not trouble you no more.") bis zur bedingungslosen Unterwürfigkeit („your obedient servant") reichen. Die eigene Schuldhaftigkeit hat sie offenbar so stark verinnerlicht, dass sie sich bei ihrem Verführer entschuldigt. Ihr Versprechen, sich von Philip zurückzuziehen, spiegelt sich auf der textstrukturellen Ebene darin, dass das oben erwähnte Zusammentreffen von Philip und Lena ein *off-stage*-Ereignis bleibt. Dass dieses Ereignis im Stück als Leerstelle im Handlungsgeschehen bzw. lediglich als impliziertes *off-stage*-Geschehen konzipiert ist, verweist indirekt auf das Unbehagen der (männlichen) Gesellschaft, sich mit derartigen Problemen auseinandersetzen zu müssen. Lenas Rückzug und Selbstverleugnung zeigen außerdem, dass sie die Vorstellung von einer gemeinsamen glücklichen Zukunft aufgibt, den verflossenen Geliebten zugleich von seiner Verantwortung entbindet und damit alle Schuld auf sich nimmt („It was all my fault."). Dieses Verhalten führt unweigerlich zur Selbstauslöschung, die sich symbolisch im Kindbetttod manifestiert. Mit der Eliminierung dieser Figur bedient das Stück die ‚eingeübte' Erwartung dessen, wie gesellschaftlich mit solch tragischen *fallen woman*-Figuren anscheinend verfahren werden sollte: Durch den Akt der vor- bzw. außerehelichen Sexualität bzw. Schwangerschaft macht sich Lena schuldig und degradiert so zu einem „member of some lower order"[74]. „[S]uch a crime," erläutert Barbara Welter mit Bezug auf den viktorianischen

74 Welter, „The Cult of True Womanhood", 154.

Geschlechterdiskurs, „brought madness or death".[75] Betrachtet man das Stück in seiner Gesamtheit, das – wie Donald Pizer schreibt – die „attack on the double standard of sexual morality" zu seinem „central theme" macht,[76] dann wird deutlich, dass Hernes oben beschriebenes Aussparungsverfahren nicht bloß dem dramatischen Ökonomieprinzip geschuldet ist, sondern durchaus einer Kritik an diesen und ähnlichen Verhaltensmustern dient. Wenn Herne die Figur Lena und das mit ihr in direktem Zusammenhang stehende Geschehen im *Off-stage* anlegt, dann verstärkt er damit paradoxerweise die Präsenz (und Brisanz) jener „kind of ugly truth that American drama had generally avoided"[77]. Der Dramatiker hält der Öffentlichkeit also einen Spiegel vor und zeigt auf drastische Weise, wie mit Lena, die exemplarisch für so „many impoverished young women of immigrant status who worked in nineteenth-century industrial settings"[78] steht, umgegangen wird. Und tatsächlich lässt die Art und Weise, wie Philip mit seinem Fehltritt umgeht, die Sympathien für diese Figur immer weiter schwinden – zumindest aus weiblicher Perspektive, stellten aus männlicher Sicht unter Berufung auf den *double standard* derartige Liaisons ja keineswegs *criminal acts*, sondern das Ausleben von ihm diskursiv zugesprochenen „liberties" dar, wie bei Thomas deutlich wird: „[...] [U]nchastity, in the sense of sexual relations before marriage or outside marriage, is for a man, if an offense, none the less a mild and pardonable one, but for a woman a matter of the utmost gravity. [...] Both before and after marriage men were permitted liberties [...]. [...] But on the other hand if a woman once fell from virtue her recovery might be impossible."[79]

Dass Philip trotz der Legitimierung solcher Liaisons durch den herrschenden Geschlechterdiskurs nichts unversucht lässt, seine Liebschaft mit Lena zu verschweigen, geschieht nicht etwa aus Sorge um das Schicksal der Geliebten, sondern vielmehr in dem Ansinnen, seine eigene Reputation in der Gesellschaft und insbesondere im Hinblick auf seine Ehe mit Margaret zu wahren.

---

75 Welter, „The Cult of True Womanhood", 154.

76 Donald Pizer, *Hamlin Garland's Early Work and Career* (New York, NY: Russell & Russell, 1969), 87.

77 Denison, „The Legacy of James A. Herne", 25.

78 Denison, „The Legacy of James A. Herne", 25. Denison verweist außerdem darauf, dass Lenas Schicksal exemplarisch für die finanzielle und sexuelle Ausbeutung so vieler anderer Fabrikarbeiterinnen steht, „when [they] me[e]t [their] ‚boss'" (ebd.). Die Bekämpfung der sexuellen Belästigung junger, vor allem immigrierter Fabrikarbeiterinnen durch männliche Mitarbeiter oder Vorgesetzte war, wie in Kapitelabschnitt II.1.2 (siehe v.a. Punkt (4) der beschriebenen Reformbewegungen) verdeutlicht, eine von vielen Maßnahmen zur Reformierung der amerikanischen Gesellschaft.

79 Keith Thomas, „The Double Standard", *Journal of the History of Ideas* 20.2 (1959), 195-216: 195.

Bezeichnend ist dabei, dass auch in Philips Augen stets Lena die Schuldige ist. So erwähnt er im Gespräch mit Dr. Larkin (I. Akt, 1. Szene), dass er Lena zunächst „all the money she wanted" (*MF* 525) geboten hatte, um Canton unbemerkt verlassen zu können. „I tried to get her away months ago, but she wouldn't do it. She was as stubborn as a mule," versucht sich Philip zu rechtfertigen (*MF* 525) – eine Schuldzuweisung, die Lena, wie oben gezeigt, offenbar sehr stark verinnerlicht hat. Auch sein Versuch, Lena zu einer (illegalen) Abtreibung zu bewegen, um auf diese Weise die Affäre vertuschen zu können, scheitert.[80] Erneut versucht sich Philip zu rechtfertigen, und wiederum ist dies mit einer eindeutigen Schuldzuweisung verbunden: „If she'd done as I told her to, this thing would never have happened." (*MF* 525).

Philips Überzeugung, durch die schuldhaft handelnde Lena überhaupt erst in diese Situation gekommen zu sein, führt – entgegen der allgemeinen gesellschaftlichen Akzeptanz von männlicher Triebhaftigkeit – in Hernes Stück allerdings nicht dazu, sich automatisch aus der Verantwortung ziehen zu können.[81] Bewegte sich das Stück, die Figur Lena betreffend, aus Sicht der Öffentlichkeit bislang im Rahmen traditioneller Erwartungen, weicht es nun mit einer ungewohnt kritischen Haltung zu dieser Praxis vom Konventionellen ab: Wenn Dr. Larkin betont, „[that] [t]he *girl's* not to blame", weil sie lediglich „a product of her environment" sei und unter den „present social conditions" unweigerlich auf die schiefe Bahn geraten musste (*MF* 525), zeigt sich daran, dass Herne keineswegs mit einfachen bzw. den üblichen Problemlösungen aufwartet.[82] Nicht nur wird hier aus einer gesellschaftskritischen Position heraus mit aller Deutlichkeit auf die sozialen Missstände der Zeit Bezug genommen, wie sie in den Arbeitervierteln und insbesondere unter der ethnischen Bevölkerung vorzufinden sind; was hinsichtlich einer *gender*-kritischen

80 Vgl. Denison, „The Legacy of James A. Herne", 25 und Wegner, „*Margaret Fleming*", 24. Zwar wird das Abtreibungsmotiv nicht explizit als solches im Text benannt – *birth control* und *abortion* gelten gleichermaßen als Tabuthemen in der *Progressive Era* –, allerdings kann der Hinweis auf eine Gefängnisstrafe (vgl. *MF* 525), die sowohl Lena als auch der praktizierende Arzt riskiert hätten, als Anspielung darauf gelesen werden.

81 Im viktorianischen Amerika wird die männliche Triebhaftigkeit quasi als ‚natürlicher' Teil seines Wesens verstanden. „[Men]," erklärt Barbara Welter, „being by nature more sensual than they [i.e. women], […] would sin and sin again, they could not help it, but woman, stronger and purer, [were not allowed to] give in […]." („The Cult of True Womanhood", 155).

82 Hamlin Garlands Einschätzung lautet ähnlich. In Reaktion auf eine vernichtende zeitgenössische Theaterrezension verteidigt Garland das Stück und spricht vom Mut des Dramatikers Herne, mit *Margaret Fleming* einer „too easy solution of a life problem" eine deutliche Absage zu erteilen (Garland im *Boston Evening Transcript* (9. Mai 1891: 6) zit. in Perry, *James A. Herne*, 159.

Perspektive noch bedeutsamer ist, ist die Kritik am ethisch und moralisch unvertretbaren Verhalten verheirateter Männer der Mittelschicht, für die Philip repräsentativ steht. Herne erteilt dem *double standard* damit eine deutliche Absage und richtet seine Kritik dementsprechend gegen den herrschenden Geschlechterdiskurs. Wenn Dr. Larkin den verantwortungslos handelnden Philip mit den Worten „But you! God Almighty! If we can't look for decency in men like you—representative men,—where in God's name are we to look for it, I'd like to know?" (*MF* 525) konfrontiert, dürfte sich durch diese Kritik auch der männliche Teil des *middle class*-Publikums angesprochen fühlen. Philips erneuter Rechtfertigungsversuch – „Well, after all, I'm no worse than other men." (*MF* 525) – bezieht gewissermaßen die männlichen Zuschauer mit ein in die Gruppe derer, die sich möglicherweise durch ähnlich unmoralisches Verhalten schuldig gemacht haben. Insofern gibt der geläuterte Philip damit ein kollektives Schuldeingeständnis ab, dem sich auch das männliche Publikum nicht entziehen kann. Im Übrigen bezieht sich Philip in ähnlicher Weise zu Beginn des Stückes schon einmal auf das kollektive Wir der männlichen *middle class* – nämlich dort, wo Philip davon spricht, dass es im Sozialisations- und Reifungsprozess eines Mannes gewissermaßen ‚normal' sei, sich sprichwörtlich die Hörner abzustoßen, ohne bei „all that foolishness" (*MF* 523) mit Konsequenzen rechnen zu müssen: „I've sowed my wild oats. [...] Every man gets a pretty full crop of those [...] before he gets through." (*MF* 523). Diese den Männern vorbehaltene ‚kulturelle Praxis' und Doppelmoral werden in Hernes Stück angeprangert, wobei die tragische Figur der Lena, die stellvertretend für „so many girls" (*MF* 523) steht, dieser Kritik durch ihren Tod noch einmal zusätzlich Nachdruck verleiht.

Hernes kritische Haltung wird, dies sei abschließend ergänzt, im Zuge dieser Szene zusätzlich mithilfe einer semantisch aufgeladenen Lichtregie zum Ausdruck gebracht – ein von Herne bevorzugt verwendetes realistisches Darstellungsverfahren, auf das im nachfolgenden Abschnitt noch intensiver einzugehen sein wird. Im Kontext der Expositionsszene ist zu beobachten, dass sich in deren Verlauf die Lichtverhältnisse verändern: Beginnt die Szene zunächst mit „[*b*]*right sunlight flood*[*ing*] *the room*" (*MF* 521), trübt sich der Himmel allmählich ein („*The sunlight leaves the room. It is growing cloudy outside.*", *MF* 524) bis es schließlich zu regnen beginnt („*The rain begins to fall, beating heavily against the window.*", *MF* 525). Bezeichnend ist die Gegenläufigkeit der Prozesse – ebenfalls ein von Herne bevorzugtes Inszenierungsverfahren: Während auf der Inhaltsebene sprichwörtlich immer mehr Details über Philips Affäre und seine unmoralischen Verschleierungsversuche ‚ans Licht kommen', legt die sukzessive Verdunkelung des Raumes in ihrer sympathiereduzierenden Funktion (nicht nur im wörtlichen Sinne) einen dunklen Schatten über die Figur.

Somit steht aus *gender*-analytischer Sicht im Hinblick auf den Handlungsstrang um die für die weibliche Figur tragische Liebschaft zwischen Philip und Lena am Ende die Erkenntnis, dass sich Herne mit der Eliminierung der ohnehin nur als *off-stage*-Figur konzipierten *fallen woman* zwar zunächst durchaus im Rahmen zeitgenössischer, tradierter Rezeptionserwartungen bewegt, seine Kritik entgegen gesellschaftlicher Normen und aufführungsbezogener Konventionen dann aber auf die männliche Hauptfigur lenkt, um im Spiegel seines verantwortungslosen Handelns – über die innere Textebene hinaus – die allgemein akzeptierte Libertinage des Mannes anzuprangern. So betrachtet fordert Herne sein (männliches) Publikum eindringlich auf, „to think deeply about the nature of personal responsibility and cultural conventions“[83].

Crossing (*class*) *lines: Female bonding* und das *blindness*-Motiv als Ausdrucksformen einer Kritik an der viktorianischen Geschlechterordnung

Dass Margaret die Grenzen des traditionellen Mütterlichkeitskults durchbricht, sich im Sinne eines *female bonding* für die Würde der Verstorbenen sowie für eine prosperierende Zukunft des unehelichen Kindes ihres Ehemanns einsetzt und damit eine unkonventionelle Ausweitung des zeitgenössischen Weiblichkeitsdiskurses der *true woman* vornimmt, wurde in Kapitelabschnitt IV.1.2 am Beispiel des Dramenschlusses bereits gezeigt. In dem Vorhaben, ähnlich *gender*-kritisches Potential aus dem Subtext des Stückes zu ‚heben‘, ist nachfolgend auf das Motiv des *female bonding* in Verbindung mit dem *blindness*-Motiv einzugehen. Wenn dabei der Fokus auf die letzte Szene des III. Aktes, die sog. ‚Stillszene‘ in Mrs. Burtons *cottage*, gerichtet wird, in der die Protagonistin Margaret Fleming erstmals mit dem Fehltritt ihres Mannes und dessen unehelichem Kind konfrontiert wird, dann geschieht dies, weil daran verdeutlicht werden kann, wie Herne Aushandlungsmöglichkeiten eines *class*-übergreifenden *female bonding* auslotet und sich dabei gleichzeitig raum- und lichtgestalterischer Kontrastverfahren bedient, die in einem Zusammenhang mit *gender*-bezogenen Implikationen zu sehen sind. Eine besondere Rolle spielen dabei Hell-Dunkel-Kontraste und raffiniert eingesetzte Ausleuchtungsverfahren des Bühnenraums.

Der Akt der weiblichen Solidarisierung in der ‚Stillszene‘ am Ende des III. Aktes, um die es hier im Kern geht, wird wiederum durch eine Szene vorbereitet, die sich für eine Analyse in diesem Kontext ebenfalls als aufschlussreich erweist und auf die deshalb hier kurz eingegangen wird. Gemeint ist das

83 Denison, „The Legacy of James A. Herne“, 25.

Aufeinandertreffen von Dr. Larkin und Margaret, das im Haus der Mrs. Burton[84] stattfindet. Margaret erfährt von dem Arzt, dass Lena inzwischen verstorben ist, das Kind aber die Geburt überlebt hat. In ihrer Entschlossenheit, „[to] take care of this baby" (*MF* 537), verkörpert Margaret zwar die weiblichen Rollenattribute der umsorgenden Mutter, wie es der *cult of true womanhood* vorsieht, unterläuft dabei aber sowohl die etablierten Geschlechterbeziehungen als auch die soziale Ordnung als solche. Während Dr. Larkin in Antizipation der herannahenden Katastrophe (vgl. *MF* 537) nichts unversucht lässt, Margaret zum Verlassen des mit Unmoral ‚belasteten' Ortes zu bewegen, widersetzt sich die Protagonistin der männlichen Autorität des Arztes und fordert Letzteren selbst zum Verlassen auf, was er sodann auch rasch tut (vgl. *MF* 539). Hier schon zeichnet sich ab, dass sich die weibliche Hauptgestalt nicht eindeutig dem traditionellen Frauentypus der *true woman* zuordnen lässt, auch wenn sie einige charakteristische Merkmale aufweisen mag. Hernes Stück, so kann mit Reitz Mullenix festgestellt werden, „both frames Margaret as a progressive heroine while also displaying the baggage of stereotype [of the *true woman*] [...] that this emerging ‚New Woman' carries with her."[85]

Was nun im weiteren Handlungsverlauf folgt, ist die oben erwähnte ‚Stillszene', die geprägt ist von einem proportional größeren Anteil nicht-sprachlicher Textanteile und dem Einsatz von – wie ich es nennen möchte – figuralen und lichtsymbolischen *fade-out-* und Fokussierungstechniken. Beide Gestaltungsprozesse – Ausblenden und Fokussieren – laufen parallel ab und sind unmittelbar mit dem Handeln der Protagonistin verknüpft. Sie weisen einerseits auf die zunehmende Isolierung der Protagonistin hin, die im Moment ihrer vollständigen Erblindung und scheinbar größten Einsamkeit ihren dramaturgischen Höhepunkt findet. Gleichzeitig wird die Figur durch lichtgestalterische Mittel aber auch im – sowohl wörtlichen als auch übertragenen

84 Der Name ‚Burton' ist im Übrigen als *interpretive name* zu verstehen, da er sowohl auf phonologischer als auch semantischer Ebene interessante Deutungsdimensionen für die Thematik des Stückes eröffnet: Phonologisch betrachtet weist ‚Burton' eine auffällige Ähnlichkeit mit dem englischen Substantiv *burden* (dt., fig.: Last, Bürde) auf. Der Umstand, dass sich Mrs. Burton der sozial ‚gefallenen Frau' Lena Schmidt annimmt, kann durchaus als gesellschaftliche Bürde verstanden werden, weil die Figur damit einer gesellschaftlich Aussätzigen Hilfe und Unterstützung bietet, die sie sonst nirgendwo mehr erwarten darf. In der Konsequenz ist zudem denkbar, dass Mrs. Burton selbst in die Kritik der Öffentlichkeit geraten könnte, sollte bekannt werden, wem sie Unterschlupf gewährt. Wenn Dr. Larkin an einer Stelle zu Philip sagt, „Why, do you realize, if this thing should become known, it will stir up a stench that will offend the moral sense of every man, woman and child in this community?" (*MF* 525), dann wäre auch Mrs. Burton als darin Involvierte unmittelbar betroffen.

85 Reitz Mullenix, „Katharine Corcoran and *Margaret Fleming*", 72.

Sinne – ‚hellsten' Moment ihres Handelns und Denkens ganz fokussiert gezeigt. Wie zu zeigen sein wird, steht das raum- und bewegungsbegrenzende Motiv der Blindheit mit einer grenzüberschreitenden Erweiterung des geschlechterideologischen Blicks der Protagonistin in einem engem Zusammenhang. Diese hier nur knapp konturierten Prozesse verleihen der ‚Stillszene' eine innere Komplexität, die in einem signifikanten Gegensatz zu der oben charakterisierten minimalistischen, weil primär über nicht-sprachliche Zeichen realisierten äußeren Darbietung steht.

Auf der figuralen Ebene äußert sich das *fade-out* darin, dass alle zu Beginn der Szene anwesenden Figuren – Dr. Larkin, Maria und Mrs. Burton – nach und nach die Bühne verlassen (vgl. *MF* 539, 540), bis Margaret schließlich mit dem Neugeborenen der verstorbenen Lena allein im Raum zurückbleibt. Mit jedem Figurenabtritt intensiviert sich die Stille im Raum, nimmt das Beklemmungsgefühl des Zuschauers zu und wird die schicksalsträchtige Situation der im Szenenverlauf immer stärker fokussierten Protagonistin spürbarer. Über das figurale *fade-out* gelingt es Herne, die Spannung stetig zu erhöhen und eine Zuspitzung des inneren Konfliktes der weiblichen Hauptfigur dramaturgisch vorzubereiten. Dieser dreht sich um die Frage, wie mit dem Ehebruch und unehelichen Kind umzugehen sei.

Raumgestalterisch wird dieser Prozess begleitet von sich verändernden Lichtverhältnissen und Hell-Dunkel-Kontrasten, wobei hier wiederum noch einmal zwischen zwei unterschiedlichen Ebenen – einer raumbezogenen, äußeren und einer figuralen, inneren – zu differenzieren ist, die allerdings motivisch-semantisch miteinander verbunden sind: In beiden Fällen geht es um das Motiv des ‚geschärften Blickes'.

Zum einen ist im Verlauf der Szene eine sich allmählich intensivierende Sonneneinstrahlung zu beobachten, die in ähnlicher Funktion wie oben zur Fokussierung der Protagonistin dient: Das zunächst durch das Fenster ‚gebündelt' einfallende Sonnenlicht im Hintergrund („*Sunlight streams in through two windows at the back*", *MF* 536) umspielt im weiteren Verlauf die Protagonistin („*The sunlight streaming through the window falls upon her.*", *MF* 540), bis diese schließlich von hinten durch eine „*soft flood of sunshine*" (*MF* 540) *halo*-artig angestrahlt wird. Das von außen einfallende Licht breitet sich also im Raum aus und bewirkt gleichzeitig, indem es sich von hinten wie ein Lichtmantel eng um Margaret und das neugeborene Kind legt, dass die Protagonistin mehr und mehr zum zentralen Fixpunkt im Bühnenraum wird.

Zum anderen nimmt aber gleichzeitig die Sehkraft der Figur, also die ‚innere Lichtquelle' zur Wahrnehmung des Außen, sukzessive ab – ein Prozess, der non-verbal über die immer unkoordinierter werdenden Raumbewegungen und eine unmissverständliche Körpersprache der Figur kommuniziert werden. Die Protagonistin hat, da sie – von der Präsenz des Neugeborenen einmal abgesehen – in diesem Moment die einzig handlungsfähige Figur auf der Bühne ist, keine Redeanteile, die den Verlust ihres Augenlichts kommentieren würden.[86] Entsprechende Belege finden sich deshalb ausschließlich im Nebentext, wo es etwa heißt: Margaret *„gazes into space"*, *„stares into space"*, *„gropes her way to the sofa"*, *„stumbles toward the table"* und *„knocks against the low chair"* (*MF* 540). Dem Zuschauer wird die vollständige Erblindung der Figur spätestens dann bewusst, als Philips Hereintreten von Margaret unbemerkt bleibt, obwohl sie mit weit geöffneten Augen direkt in seine Richtung schaut (*„her eyes wide open, staring into his—her face calm and remote"*, *MF* 540).

Aus *gender*-analytischer Sicht ist die Frage, welche Intention Herne mit der Erblindung seiner weiblichen Hauptfigur verfolgt haben mag, eine besonders spannende, da sich dahinter keineswegs (nur) ein melodramatisches *plot*-Element in gewohnter Tradition verbirgt, sondern eine geschlechterdiskursiv aufgeladene Komponente, deren Bedeutung sich erst im Kontext der Stillszene erschließt. Konkret bedeutet dies, dass Margarets Handeln und ihre Erblindung in einem direkten Zusammenhang zu denken sind. Diesen Zusammenhang gilt es nachfolgend zu beleuchten.

Am Ende des III. Aktes nämlich stillt Margaret vor den Augen des gerade hereingetretenen Philip (und wahrscheinlich zur Empörung des zeitgenössischen Publikums) den unehelichen, neugeborenen Sohn ihres Mannes: „[...] *she unbuttons her dress to give nourishment to the child, when*

---

86 Für James A. Herne stellt, wie gezeigt, die lebensechte Figurendarstellung ein zentrales Prinzip seiner realistischen Agenda im Drama dar. Auf künstlich wirkende Inszenierungsverfahren wie den *soliloquy*, also das Selbstgespräch einer Bühnenfigur, verzichtet er gänzlich, weil auch ‚im wirklichen Leben' Formen des lauten Denkens, des Kommentierens der eigenen Handlung oder der Informationsvergabe an einen implizierten Zuhörer kaum anzutreffen sind. So erscheint auch in einem von Benjamin O. Flowers und Hamlin Garland verfassten Rundbrief zur Bewerbung der Aufführung von *Margaret Fleming* in der Bostoner *Chickering Hall* im Mai 1891 in der Ankündigung folgender Beisatz: *„Margaret Fleming* – ‚An American Play without a Soliloquy'" (zit. in Perry, *James A. Herne*, 151). Während in melodramatischen Stücken das Selbstgespräch als genretypisches Inszenierungsverfahren bevorzugt zum Einsatz kommt, setzt Herne in der oben beschriebenen Szene ganz auf die Körpersprache und -bewegungen seiner Figuren, um Emotionen, Bewusstseinszustand und physische Verfassung der Figur zum Ausdruck zu bringen – eine gattungsbezogene Neuerung, die selbst Edward Dithmar, einer der schärfsten zeitgenössischen Kritiker Hernes, ein Stück weit anerkennend zur Kenntnis nimmt. So schreibt Dithmar: „The piece is consistent. It is realistic in everything. We see human beings as they are. There are no soliloquies. The mediations of the characters are not spoken aloud. The author has steered clear of all the old conventions of the drama." („James A. Herne's *Margaret Fleming* [1891]", 143). Siehe hierzu außerdem Wegner, *„Margaret Fleming"*, 22.

the picture fades away into darkness." (*MF* 540). Bis heute ist unter Kritikern nicht abschließend geklärt, wann genau der Vorhang in dieser Szene fällt, sprich wieviel das Publikum von dieser ‚Stillszene' tatsächlich zu sehen bekommt – zeitgenössische Theaterrezensionen weichen in ihren Darstellungen diesbezüglich zum Teil beträchtlich voneinander ab. Sie geben allerdings Hinweise darauf, dass die ‚Stillszene' in ihrer ursprünglichen Fassung ein größeres Maß an radikaler Direktheit aufgewiesen haben muss, als in der revidierten Version. So soll Margarets partielle Nacktheit, als sie Lenas Kind zu stillen beginnt, deutlicher zu sehen gewesen sein als in der Spätfassung.[87] Ungeachtet dieser noch nicht abschließend geklärten Problematik steht jedoch fest, dass diese Szene in mehrfacher Hinsicht mit der viktorianischen Tradition bricht und deshalb von zeitgenössischen Kritikern aufs Schärfste verurteilt[88] wurde, wobei die Exponiertheit des weiblichen Körpers *ein*, allerdings nicht *das* ausschlagende Moment für diese Kritik ist:

Zum einen zeigt sich Hernes Publikum also schockiert, weil der Dramatiker mit der – für damalige Verhältnisse – skandalösen Darstellung weiblicher Körperlichkeit bzw. Nacktheit (oder auch nur deren Andeutung) einen gesellschaftlichen Tabubruch begeht. Mindestens ebenso entrüstet dürfte das Publikum auf den Akt des (bühnen-)öffentlichen Stillens reagiert haben, untersagt der puritanisch-viktorianisch geprägte Verhaltenskodex dies doch ausdrücklich. So weist Shepherd-Barr, die sich in ihrer Studie aus einer darwinistisch-naturalistischen Perspektive heraus mit dieser Stillszene eingehend beschäftigt, darauf hin, dass „[e]ven today in the United States [...] the issue of breast-feeding one's own child in public is controversial, let alone doing

87 Ein zeitgenössischer Theaterkritiker, William Winter, schildert die Szene in der Originalfassung (1890/1891) beispielsweise wie folgt: „In that play a righteously offended wife *bares her bosom to the public gaze* in order to suckle a famished infant [...]." (zit. in Bucks and Nethercot, „Margaret Fleming", 318; Hervorhebung KT). Der Theaterkritiker Edward A. Dithmar schreibt über die Originalszene: „Well, Philip staggers into the room just as Margaret has decided what to do with the child, and *the sagacious prompter rings down the curtain just in time*." („James A. Herne's *Margaret Fleming* [1891]", 145). Und ein dritter, anonymer Rezensent spricht mit Bezug auf die Inszenierung von 1891 von „[...] Mrs. Herne's unbuttoning the front of her dress to give Lena's baby a lunch. *The curtain drops on her display of underclothing*." (zit. in Perry, *James A. Herne*, 158; Hervorhebung KT; Katharine C. Herne übernahm im Rahmen dieser Inszenierung die Rolle der Margaret Fleming). Siehe zu dieser Problematik auch Shepherd-Barr, die in ihren Ausführungen schlussfolgert, „[that] [t]he original version may in fact have been much more forthright about the nursing, as the reviews indicate" (*Theatre and Evolution*, 106).

88 Siehe hierzu die Zusammenstellung entsprechender Quellen in Bucks and Nethercot, „Margaret Fleming", 317, Edwards and Herne, *James A. Herne*, 60, Perry, *James A. Herne*, 158 und Denison, „The Legacy of James A. Herne", 29.

it for someone else's baby, which is practically taboo [...] in Western culture."[89] Entsprechend brüskiert zeigten sich Kritiker und Publikum gleichermaßen über „Herne's bold treatment of breast-feeding in 1890"[90].

Zum anderen, und das ist der entscheidendere Grund, begegnet die Öffentlichkeit dieser Szene vor allem deshalb mit Ablehnung, weil Herne seine Protagonistin die geschlechterideologisch abgesteckten Grenzen des *cult of true womanhood* in zugespitzter und in Anbetracht der bis hierher ideologiekonformen Darstellung der Figur auf unerwartete Weise überschreiten lässt. Bis zu diesem Punkt nämlich erfüllt Margaret „exakt das prototypische Geschlechtsrollenmuster, das der traditionellen viktorianischen Frau in einer Ehebeziehung zugewiesen war"[91], und bedient Herne in Bezug auf das Protagonistenpaar die patriarchalische Geschlechterordnung. Zwar lässt sich in den bislang vorliegenden Studien immer wieder nachlesen, dass sich das Stück im Hinblick auf die Darstellung seiner Hauptfiguren, Margaret und Philip, durchaus im konventionellen Rahmen des herrschenden Geschlechterdiskurses bewegt, präzisiert oder eingehender erläutert wurde diese Feststellung bisher allerdings kaum.[92] Exkursartig sei dies deshalb anhand zweier Aspekte und entsprechender Primärtextzitate konkretisiert, bevor die Argumentationslinie auf die ‚Stillszene' des III. Aktes, um deren Wirkweisen es hier im Kern geht, zurückgeführt wird. Zunächst aber liegt das Augenmerk auf der Frage, weshalb Hernes Protagonistenpaar zunächst den Eindruck erweckt, sie würden ideologiekonform und diskursaffirmierend handeln:

(1) Der Eindruck, *Margaret Fleming* bediene uneingeschränkt tradierte Geschlechterbilder, entsteht zunächst, weil sich die weibliche Hauptfigur selbstlos, aufopfernd und rührig – alles Attribute der *true woman* – um ihren Ehemann kümmert, als dieser völlig durchnässt und ermüdet spät am Abend (und zwar vom Besuch bei der schwangeren Geliebten, was Margaret freilich nicht weiß) zurückkehrt. So wischt Margaret beispielsweise die Wasserpfütze auf, die Philip beim Hereintreten verursacht hat (vgl. *MF* 529), und stellt somit unverzüglich die häusliche Reinheit wieder her; sie lässt ihm das Abendbrot servieren (vgl. *MF* 529); sie bereitet ihm einen heißen Tee (vgl. *MF* 530); sie bittet ihn, seine Sorgen mit ihr zu teilen, um ihm die Last von den Schultern

89 Shepherd-Barr, *Theatre and Evolution*, 106.

90 Shepherd-Barr, *Theatre and Evolution*, 108.

91 Müller, *Das amerikanische Drama*, 22.

92 Stellvertretend sei hier Reitz Mullenix zitiert, in deren Studie sich der vage Hinweis auf ideologiekonforme Inszenierungsformen in *Margaret Fleming* wie folgt liest: „Margaret [...] is placed upon the domestic pedestal, enshrined by fresh flowers, babies and sunlight. In addition [...] Margaret is depicted as a moral icon and, like her prototypes, deifies motherhood." („Katharine Corcoran and *Margaret Fleming*", 77).

zu nehmen,[93] (vgl. *MF* 530); sie lässt ihm ein „mustard foot bath" ein (*MF* 530); sie bringt ihm ein Glas mit Brandy, „a handsome dressing gown and slippers", die sie ihm zuerst noch am Kaminfeuer aufwärmt (vgl. *MF* 530) und entschuldigt sich schließlich noch dafür, ihn – „after all [he's] been through today" (*MF* 530) – von seiner verdienten Erholung abgehalten zu haben: „Oh, how selfish of me. You should have gone to bed the moment you came." (*MF* 530). Das alles erledigt sie, wie die Hinweise im Nebentext mehrfach belegen, überaus eifrig: „*swiftly*", „[*q*]*uickly*", „*she rushes out*", „*returns quickly*" (*MF* 530). Im Sinne des viktorianischen Häuslichkeitskults tut sie – ganz in Übereinstimmung mit dem Bild des *angel in the house* – alles dafür, ihrer obersten Aufgabe, dem Ehemann einen angenehmen Rückzugsort von der rauen Geschäftswelt der *public sphere* zu bieten, gerecht zu werden. Dementsprechend hoch ist die räumliche Bewegungsfrequenz und die damit verbundene physische Aktivität, die sie innerhalb der *domestic sphere* an den Tag legt. Im Kontrast dazu verweilt Philip im Szenenverlauf mehr oder weniger an einer Stelle – bezeichnenderweise in unmittelbarer Nähe zum Wohnzimmerkamin.[94] In der häuslichen Sphäre, dies bestätigt das Stück, ist die Frau zum Wohle des Mannes die tonangebende Entscheidungsträgerin – entsprechend nennt Philip sie an einer Stelle auch „,*boss*'" (*MF* 530, Hervorhebung im Original).[95] Hier rekurriert das Stück affirmativ auf den viktorianischen *cult of domesticity* und die Doktrin der *separate spheres*, die der Frau bekanntlich eine signifikante Rolle innerhalb der Häuslichkeitssphäre zugesteht: „While the man ventured forth into the world, the woman at home gained an independent realm of her own, one that was no longer constantly under male domination. Domestic life was [...] under *female control*. [...] Within her own domestic space [...] she had gained both a new

93 Wenn Herne seine Protagonistin Margaret „Oh, please tell me—do. Let me share your trouble." sagen und sie dabei „*her arms about his* [Philip's] *shoulders*" (*MF* 530) legen lässt, dann zeichnet der Dramatiker damit das idealtypische Bild der viktorianischen *true woman*, die dafür Sorge trägt, dass der von der „world of business, professions, politics, and money making" (Woloch, *Women and the American Experience*, 114) geplagte Ehemann im eigenen Heim einen Ort der Behaglichkeit, Aufheiterung und des Zuspruchs findet. Zum Bild der „woman as comforter" im Kontext des Häuslichkeitsdiskurses siehe Welter, „The Cult of True Womenhood", 163.

94 Auf dieses Motiv und seiner Funktion im Stück wird im Folgenden noch intensiver eingegangen. Es sei aber zumindest an dieser Stelle bereits im Zusammenhang mit dem situativen Kontext der Szene erwähnt.

95 Dass die Bezeichnung ‚*boss*' im dramatischen Text doppelt markiert ist – zum einen durch die Kursivierung und zum anderen durch die Anführungszeichen – deutet darauf hin, dass sie von Philip, dem eigentlichen Familienoberhaupt, nur scherzhaft gemeint ist und Margaret diese ‚Rolle' ausschließlich im Geltungsbereich des Häuslichen ‚spielen' darf. Das Spielerisch-Scherzhafte in dieser Szene wird unterstrichen durch das im Nebentext innerhalb weniger Zeilen fünfmal erwähnte Lachen der Figuren (vgl. *MF* 530f.).

degree of *autonomy* and a new degree of *authority* over others.“[96] Auch das oben beschriebene rührige Umsorgen des geschwächten, kränkelnden Ehemannes ist im Kontext von Einflussnahme und der Etablierung von Machtstrukturen zu verorten: Weibliche Fürsorglichkeit verleiht, wie Welter in Bezug auf den viktorianischen Weiblichkeitskult schreibt, der ‚Haus-Herrin‘ ein höheres Maß an Autorität: „Nursing the sick, particularly sick males, not only made a woman feel useful and accomplished, but increased her influence. [...] [S]ome women were only happy when their husbands were ailing that they might have the joy of nursing him to recovery [...].“[97] In idealtypischer Form verkörpert Margaret in dieser Szene demnach die *true woman* der amerikanischen Mittelschicht, deren Tätigkeiten und Aktionsradius zwar auf einen „enclosed, limited, private space“[98] beschränkt bleiben, dafür aber innerhalb dieses Raumes beträchtlich an Bedeutung und Einfluss gewinnen. Wenn Nancy Woloch anmerkt, „[that] [t]he middle-class home was [...] viewed as an emotional space, a refuge from the competitive world, and a source of stability and order [...] [a]nd [that] it was now under feminine sway“,[99] dann wird deutlich, dass sich dieses Idealbild des amerikanischen *middle class home* in der zu Beginn des Stückes gezeigten Familienidylle der Flemings exakt widerspiegelt.

(2) Zudem evoziert das Stück zunächst auch deshalb den Eindruck, ein ideologie- und diskurskonformes zu sein, weil Margaret von Beginn an das Bild der fürsorglichen Mutter bedient. So wird sie beispielsweise in der zweiten Szene des I. Aktes mit der soeben gestillten Tochter Lucy im Schoß in einem Schaukelstuhl und – bezeichnenderweise auch – in unmittelbarer Nähe zum Kamin gezeigt: „MARGARET *is seated in a low rocking-chair near the fire with the baby in her lap. A large bath towel is spread across her knees.* [...] *She fastens the last two or three buttons of her dress.*“ (*MF* 526f.). Sie spricht zu dem Kind mit einer „*cooing, soothing voice*“ und „*begins to sing a lullaby*“ (*MF* 527). Mithilfe dieses Tableaus setzt Herne die „new iconography of motherhood“[100],

96 Woloch, *Women and the American Experience*, 114. Hervorhebung KT.

97 Welter, „The Cult of True Womanhood“, 164.

98 Woloch, *Women and the American Experience*, 116.

99 Woloch, *Women and the American Experience*, 116.

100 Woloch, *Women and the American Experience*, 118. Erklärend heißt es hierzu a.a.O.: „The increased importance of child rearing contributed to an authority shift in the family. Paternal power dropped a notch as maternal affection became the main psychological force at home. The mother was now the primary child rearer, the crucial dispenser of values and former of character. [...] [T]he mother's significance was celebrated on all sides. [...] Magazines featured scenes of mothers at home, surrounded by children, in affectionate poses. In literature directed at women, motherhood was celebrated as the ultimate opportunity for self-sacrifice and, simultaneously, the ultimate role of female power. [...] No opportunity was lost to celebrate the social utility of motherhood.“

wie sie für die populären Frauenzeitschriften und Familienratgeber des 19. Jahrhunderts charakteristisch geworden war, idealtypisch auch in seinem Stück in Szene und knüpft an den viktorianischen Mütterlichkeitsdiskurs an, innerhalb dessen die Rolle der Mutter und ihre soziale, zivilisationsbildende Verantwortung für eine stabile, moralisch integre und prosperierende Gesellschaft eine beträchtliche Aufwertung erfahren hatte. Margaret füllt diese Rolle vollkommen aus und verkörpert gewissermaßen in idealtypischer ‚Reinform' die viktorianische *true mother.*

Betrachtet man die zwei voranstehend erläuterten Aspekte für sich, wird deutlich, dass Herne im I. Akt seines Stückes mit diskursaffirmierenden Komponenten arbeitet, die dem Publikum zunächst wenig Zündstoff oder Grundlage für eine ablehnende Haltung bieten. In der Gesamtschau des Stückes offenbart sich aber, dass Herne in diesen frühen Szenen nur deshalb mit den Prinzipien der *discourse affirmation* und *reinforcement* operiert, um sie im weiteren Handlungsverlauf in sehr ähnlicher, aber eben entscheidend erweiterter, innovativ modifizierter, vor allem aber ideologie- und diskurskritischer Form erneut auf die Bühne zu bringen. Dies sei wiederum an zwei Aspekten exemplarisch verdeutlicht:

Zum einen fungiert das oben erwähnte Kaminfeuer nämlich nicht nur als zentrale Lichtquelle im sonst gedimmten Raum; dieses atmosphärische Licht des Kaminfeuers ist hier bereits funktional und diskursiv aufgeladen, erzeugt es doch *halo*-artig *„a soft radiance about* MARGARET *and the child*" (*MF* 527) und spielt damit zunächst bildsymbolisch darauf an, was die Protagonistin später noch – und zwar mit Bezug auf das uneheliche Kind – explizit diskursaffirmierend über die Rolle der Mutter sagen wird: „motherhood is a divine thing" (*MF* 544). Herne verwendet das *domestic fireside*-Motiv bewusst, weil es einen festen Bestandteil des viktorianischen Weiblichkeits- und Häuslichkeitsdiskurses darstellt, den er hier – wie oben ausgeführt – zunächst zu bekräftigen scheint. Es steht symbolisch für den Inbegriff des Häuslichen, für „the warmth and safety of [the] home"[101], und fungiert als „great guardian of society against the excesses of human passions"[102], wie es in einem zeitgenössischen Dokument heißt. Entsprechend häufig tritt es leitmotivisch in dramatischen Texten auf, die in einer wie auch immer gearteten Form auf den viktorianischen *cult of true womanhood* bzw. den *cult of domesticity* rekurrieren.[103]

101 Welter, „The Cult of True Womanhood", 162.

102 S.C. Thacher, „Influence of the Female Character. Lesson 70", *The Young Ladies' Class Book. A Selection of Lessons for Reading in Prose and Verse*, ed. Ebenezer Bailey (Boston, MA: Gould, Kendall & Lincoln, 1835), 164-168: 166.

103 Auch in Rachel Crothers' *He and She* findet sich das Motiv im Rahmen von Aushandlungen zur Frauenrolle wieder (siehe hierzu Kapitel IV.2.5).

In welchem Zusammenhang steht nun aber diese frühe Szene zur aufsehenerregenden ‚Stillszene' des III. Aktes? Bildkompositorisch und motivisch betrachtet wirft dieses ideologiekonforme Kaminfeuer-Tableau des I. Aktes sprichwörtlich seine Schatten voraus, entspricht es doch exakt dem Szenario, das sich dem Zuschauer auch am Ende des III. Aktes in der ‚Stillszene' bietet, in der Margaret, hier im Lichtkegel des einfallenden Sonnenlichtes sitzend, das uneheliche Kind ihres Ehemanns stillt. Lichtsymbolik (hier das Kaminfeuer, dort das Sonnenlicht), Bühnenraum (hier das Wohnzimmer der Flemings, dort das Wohnzimmer in Mrs. Burtons *cottage*) und Figurenkonfiguration (hier Mutter mit *ihrem* Kind, dort Mutter mit *einem* Kind) – all dies wird im I. Akt formal-strukturell vorweggenommen, wird eingangs sprichwörtlich in einem betont wohlwollenden, diskursaffirmierenden Licht inszeniert, weil sich Margaret genau im Rahmen der ihr zugewiesenen Rolle bewegt. Im III. Akt bleibt das textstrukturelle Gerüst zwar gleich, allerdings wird das Tableau inhaltlich-semantisch anders besetzt. Diese modifizierte und um eine innovativ-unkonventionelle Komponente erweiterte Inszenierungsform ist so angelegt, dass sie – und das ist das Entscheidende – in der Folge eine Empörung des Publikums auslösen soll, was wiederum einmal mehr die in der Gesellschaft existierende Doppelmoral bloßlegt. Denkbar ist, dass Herne mit dieser Motiv- bzw. Tableaudopplung im III. Akt auf die Konstruiertheit der viktorianischen ‚Mutterverehrung' hinweist, die nämlich dann offenbar ihre ideologischen Grenzen findet, wenn es sich um das uneheliche Kind des untreuen Ehemannes handelt. Dann nämlich ist nicht mehr der außereheliche Fehltritt des Mannes das moralisch Verwerfliche, sondern das nunmehr als unorthodox verurteilte Handeln der eigentlich liebevollen ‚Mutter', die ihre zivilisationsbildende Fürsorge einem ‚verlorenen Kind', einem *fallen child*, schenkt, das diese Fürsorge in den Augen der Gesellschaft aber offenbar nicht verdient. Über eine sorgfältig komponierte Raum- und Lichtgestaltung, die trotzdem wirklichkeitsecht wirkt, gelingt es Herne, dem Publikum in der ‚Stillszene' des III. Aktes die Paradoxie des viktorianischen Mütterlichkeitskults auf subtile Weise vorzuführen.

Eine ähnliche Motivdopplung ist in Bezug auf das oben unter (1) angesprochene *boss*-Motiv zu sehen. In der zweiten Szene des I. Aktes trifft Margaret selbst sämtliche Entscheidungen, die mit der Fürsorge des vom Regen durchnässten, erschöpft zuhause eintreffenden Ehemanns zu tun haben: der Tee, das Bad, die trockene Kleidung usw. In diesem Kontext bezeichnet Philip seine Frau, seinen *angel in the house*, scherzhaft als ‚*boss*', also quasi als ‚Haus-Herrin' – eine Rolle, die einer verheirateten Frau im Rahmen des Häuslichkeitsdiskurses bekanntlich ja durchaus zugewiesen war, aber eben auch ausschließlich auf die *domestic sphere* begrenzt blieb. Wenn dann am Ende des Stückes Margaret in der Schlussszene in aller Entschiedenheit und Ernsthaftigkeit alle Entscheidungen über die weitere Zukunftsgestaltung selbst trifft und Philip diese Entscheidungen widerspruchslos akzeptieren muss, dann weitet sie das ursprünglich scherzhaft gemeinte Rollenspiel entscheidend aus und bedient sich eines Autoritätsrahmens, der innerhalb des herrschenden Geschlechterdiskurses für das weibliche Geschlecht gar nicht vorgesehen ist. Sie verweigert sich der im patriarchalischen Geschlechterdiskurs eingeforderten Unterordnung der Frau, lehnt die kulturelle Praxis des weiblichen Vergebens und Vergessens ab und attackiert die sexuelle Doppelmoral der Gesellschaft[104]. Wie im obigen Beispiel operiert das Stück auch hier nach dem gleichen Strukturprinzip: Zunächst legt Herne eine Szene an, die die Geschlechterverhältnisse in der tradierten Ordnung abbildet, um diese dann später im Handlungsverlauf im Sinne einer an die gesellschaftlichen Umstände der Zeit angepassten, innovativen Diskurserweiterung bzw. Grenzüberschreitung erneut zur Disposition zu stellen.

Auch der Umstand, dass es sich bei dem unehelichen Sohn um das Kind eines verarmten *working class girl* handelt und sich Margaret in der ‚Stillszene' ungeachtet aller gesellschaftlicher Klassenunterschiede und im Sinne eines *class*-übergreifenden *female bonding* symbolisch für die Würde der Frau und des Kindes im Allgemeinen einsetzt, ist eine solche Grenzüberschreitung, die die kritischen Reaktionen auf diese Szene zusätzlich befeuert. Lenas Schicksal bzw. ihr sozialer Abstieg zum Status einer *fallen woman* ist, wie Herne über seine *raisonneur*-Figur Dr. Larkin versichern lässt, eine fremdverschuldete – es sei an Dr. Larkins Replik „The *girl's* not to blame." (*MF* 525, Hervorhebung im Original) erinnert. Indem sich Margaret durch den symbolischen Akt des Stillens mit Lena solidarisiert und sich des fremden Kindes annimmt, zeigt sie modellhaft auf, dass sich die Gesellschaft den „present social conditions" (*MF* 525) stellen und Verantwortung übernehmen muss. Mit dieser Botschaft knüpft das Stück an den zivilisationsbildenden Zeitgeist der *Progressive Era* an, der, wie gezeigt, von einem gesellschaftlichen Reformgedanken getragen wird.

Ausgehend von den voranstehenden Ausführungen kann nun auf die oben gestellte Ausgangsfrage nach der Funktion des Blindheitsmotivs in dieser ‚Stillszene' zurückgekommen werden: Die oben erläuterten geschlechterideologischen Grenzüberschreitungen, bei dem sich das Stück, wie gezeigt, auf – für damalige Verhältnisse – radikale Weise aus dem Rahmen der viktorianischen Geschlechterordnung herausbewegt, stehen der ebenso drastisch wirkenden Erblindung der Protagonistin gegenüber. Zwar stellt der

104 Letzteres rekurriert auf eine Formulierung in Edwards and Herne, wo die Rede ist von „Herne's attack upon the double standard of morality" (*James A. Herne*, 61).

Verlust des Sehvermögens ein melodramatisches Darstellungsmittel dar, das die Handlung des Stückes gewissermaßen mit jener Sensationstragik versieht, wie sie das Publikum auf der Bühne sehen möchte, allerdings ist das Blindheitsmotiv selbst gleichzeitig auch semantisch und funktional aufgeladen (siehe Abb. 6).

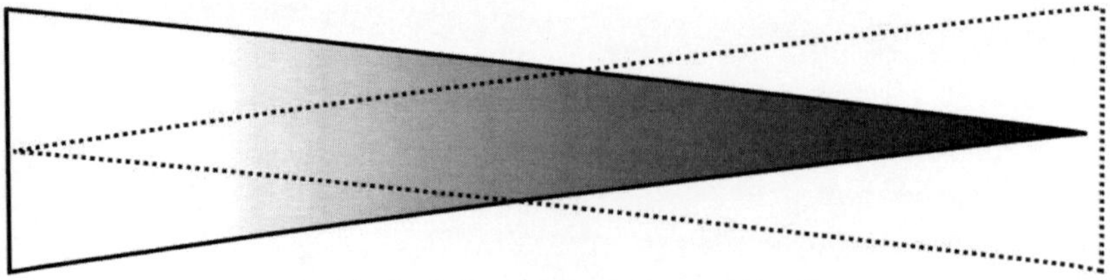

Abb. 6 Zusammenwirken von *blindness*-Motiv und *gender*-Kritik

Mit der ‚inneren' Verdunklung schafft Herne seiner Protagonistin nämlich paradoxerweise einen Raum, in dem sie über geltende Normen der Geschlechterordnung und den *double standard of sexual morality* sprichwörtlich hindurchsieht, als gäbe es sie nicht. In Abb. 6 ist dieses erweiterte ‚Sichtfeld' rechts durch die gestrichelte Linie des transparenten Feldes markiert. Dass diese flügelartige Raumerweiterung in der Abbildung weiß ausgefüllt ist, obwohl die Protagonistin erblindet ist, hat dabei Symbolcharakter. Mehrfach wird im Nebentext darauf hingewiesen, dass Margaret ins Leere starrt: „*gazing into space*", „*stares into space*" (*MF* 540) – ganz so, als sähe sie nichts. Streng genommen tut sie das in Bezug auf die äußere Wirklichkeitswelt auch nicht. Aber wenn gleichzeitig mehrfach erwähnt wird, in welchem Bewusstseinszustand sich die Figur befindet, dann wird deutlich, dass sie Dinge wahrzunehmen beginnt, die sonst niemand sieht oder sehen will – nicht ohne Grund steht Margaret isoliert im Bühnenraum. Die Hinweise auf ihren Bewusstseinszustand lesen sich wie folgt: „*as though she were gazing at things beyond her comprehension*", „*drifts away into that inner consciousness where she evidently finds peace*" (*MF* 540). Durch die Erblindung nimmt sie das gesellschaftliche Außen mit seiner sexuellen Doppelmoral, mit der sozialen Marginalisierung ‚gefallener Frauen' und unehelicher Kinder, mit der kulturellen Praxis des weiblichen Vergessens und Vergebens, mit dem doppelbödigen Mütterlichkeitskults usw. nicht mehr wahr. All dies ‚über-sieht' sie bzw. sieht sie nicht mehr. Ihre Blindheit eröffnet ihr paradoxerweise ein ‚diskurs-erweiterndes Blick-Feld' für eigene Visionen von einer ‚besseren' Gesellschaft und von reformierten

Geschlechterbeziehungen. Margaret entwickelt eine ganz eigene ‚Sicht' auf die Dinge, die schon Hamlin Garland richtig als „inward light"[105] bezeichnet hatte, ohne zu konkretisieren, was er damit meint. Margaret, durch die Erblindung physisch und räumlich noch stärker eingeschränkt und schwächer als zuvor, erlangt – so viel sagt Garland – zu „convictio[n] and strength"[106], die ihr, wie ich meine, eine sozio-ideologische Weitsicht verleihen. Was sie gesamtgesellschaftlich im Großen denkt, setzt sie – und das verdeutlicht später der Dramenschluss – im Kleinen innerhalb ihres persönlichen Mikrokosmos in die Tat um. Die innere Zufriedenheit darüber, dass ihr dies gelingt, mag sich in ihrem Lächeln im Schlusstableau des Stückes widerspiegeln, das – wie an anderer Stelle erwähnt[107] – irrtümlicherweise bislang als Hinweis auf eine bevorstehende Aussöhnung gelesen wurde.[108] Betrachtet man diese Schlusssequenz, die an dieser Stelle noch einmal in Kurzform zitiert sei, vor dem Hintergrund der hier vorgeschlagenen Lesart der ‚Stillszene', so lässt sich darin kaum das oft herbeigesagte traditionelle *happy ending* erkennen: „MARGARET [...] *gives a long sigh of relief and contentment. Her eyes look into the darkness and a serene joy illuminates her face.*" (*MF* 544, Unterstreichung KT).

IV.1.5 *Unterminierung und Rolleninversion: Die* raisonneur-*Figur in* Margaret Fleming

Dass sich James A. Herne in seinem Stück für eine Überwindung des viktorianischen Geschlechtermodells ausspricht, manifestiert sich auch anhand eines im Handlungsverlauf zu beobachtenden sukzessiven Autoritäts- und Kontrollverlusts der traditionellen *raisonneur*-Figur, die in *Margaret Fleming* durch die Figur des Dr. Larkin verkörpert wird. Im Folgenden wird verdeutlicht, wie dies im Stück konkret zum Tragen kommt und wie es dem Dramatiker Herne mithilfe rolleninverser und kontrastiver Inszenierungstechniken gelingt, die konservative Haltung des *raisonneur* in zunehmenden Maße als rückwärtsgewandte, unzeitgemäße zu entlarven und dabei gleichzeitig die Stimme der progressiv eingestellten, zukunftsorientierten weiblichen Hauptgestalt lauter werden zu lassen. Margaret, dies soll gezeigt werden, wird im Zuge dessen zum Korrektiv des Korrektivs.

Im Expositionsakt begegnet Dr. Larkin dem Publikum zunächst als autoritative Korrektiv- und Regulativfigur, die dem traditionellen Typus des *raisonneur*

105 Garland, „Mr. and Mrs. Herne", 559.

106 Garland, „Mr. and Mrs. Herne", 559.

107 Siehe Abschnitt IV.1.2 oben.

108 Stellvertretend für andere Studien seien hierzu Bucks and Nethercot zitiert: „In any case, the later ending becomes a relatively happy one. [...] In the revised version [...] there is the possibility of later forgiveness and reconciliation; [...]." („Margaret Fleming", 321, 322).

entspricht. In dieser Funktion entsteht – wie auch schon im Hinblick auf andere Figuren oder Darstellungsverfahren gezeigt – zu Beginn der Eindruck, als würde das Stück tradierte Rollen und Strukturen affirmativ bedienen, als würde Dr. Larkin jene „large, broad-brushed moralistic judgments" liefern, die von „raisonneurs in well-made plays"[109] traditionsgemäß zu erwarten sind. Seine ärztliche Autorität rechtfertigt innerhalb des viktorianischen Geschlechterdiskurses im ausgehenden 19. Jahrhundert seine gesellschaftliche Sonderstellung, die es ihm wiederum erlaubt, nicht nur physische Erkrankungen medikamentös zu behandeln, sondern gleichzeitig das aus seiner Sicht moralisch-ethische Fehlverhalten anderer zu be- bzw. verurteilen. Beide Rollen, Arzt und *raisonneur*, verleihen ihm eine gewisse Macht, die im zeitgenössischen Geschlechterdiskurs seine Legitimierung findet. Wichtig ist, dass sich Larkins Kritik oder Bewertung nicht nur auf die stückinternen Figuren bezieht, sondern sich indirekt immer auch an das Publikum im äußeren Kommunikationssystem richtet. In Übereinstimmung damit heißt es diesbezüglich bei Denison, die sich bislang als einzige zumindest ansatzweise mit der *raisonneur*-Figur in *Margaret Fleming* beschäftigt hat: „When the raisonneur, Doctor Larkin, prescribes cures for the physical ills of individual patients, they seem rather oddly to be intended for society as a whole."[110] Seine Appelle haben stets didaktisch-erzieherischen Charakter und sind im Zusammenhang mit einer gesellschaftsbildenden Funktion zu sehen. Im I. Akt zeigt sich dies beispielsweise konkret in Dr. Larkins Kritik an Joe Fletcher, dem verwahrlosten Straßenverkäufer, den er in Anbetracht seines gesellschaftlichen Abstiegs als „sad example of what liquor and immorality will bring a man to" (*MF* 524) bezeichnet. Vor dem Hintergrund des seinerzeit in der amerikanischen Gesellschaft drastisch angestiegenen Alkoholkonsums warnt Dr. Larkin das implizierte Publikum vor den Folgen eines derartigen moralischen Fehlverhaltens.

Wie Dr. Larkin als Regulierungsinstanz seinen Einfluss geltend zu machen versucht, zeigt sich überdies auch in den zahlreichen Ratschlägen, die er anderen Figuren erteilt. Unter der Maßgabe, innerhalb der durcheinandergeratenen (Geschlechter-)Ordnung im Fleming'schen Mikrokosmos die alte Stabilität wieder herstellen zu wollen, gibt er konkrete Handlungsanweisungen, die immer auch mit einer Strategie des (Ver-)Schweigens, Verstummens und räumlichen Distanzierens verbunden sind. Wenn Philip im Dialog mit Dr. Larkin beispielsweise ankündigt, Margaret „this whole, miserable story" (*MF* 532) – sprich seine Affäre und das uneheliche Kind

109 Beide Zitate aus Denison, „The Legacy of James A. Herne", 28.

110 Denison, „The Legacy of James A. Herne", 26.

mit Lena – beichten zu wollen, rät ihm der *raisonneur* dringend davon ab: „Best keep silent forever." (*MF* 532). In Antizipation einer noch größeren gesellschaftlichen Un-Ordnung, die diese Geschichte, sollte sie bekannt werden, verursachen würde (vgl. *MF* 525), ‚verschreibt' Dr. Larkin in seiner Funktion als behandelnder ‚Bereitschaftsarzt im Dienste der Gesellschaft' seinem Patienten quasi eine ‚Schweigekur'. Einen ähnlichen Ratschlag – bemerkenswert ist hier die Verwendung einer syntaktisch und semantisch nahezu identischen Formulierung – erteilt er Maria, der Schwester der Verstorbenen: „You'd best keep quiet. Have nothing whatever to say in this matter." (*MF* 541). Neben Philips Schweigen tritt somit das Schweigen von Maria, die als Einzige der verstorbenen Lena eine Stimme hätte geben können. Für Dr. Larkin aber stellt Maria eine Gefährdung für die von ihm angestrebte Stabilisierung der alten Ordnung dar. Wenn es nach ihm ginge, hätte, wie an einer Stelle deutlich wird, auch das neugeborene Kind Lenas besser sterben sollen, um diese Angelegenheit vollends aus der Welt zu schaffen: „It would be better for it if it had gone with her." (*MF* 537).

Neben den verschriebenen ‚Schweigekuren' verfolgt Dr. Larkin außerdem eine Strategie der geographischen Re-Lokalisierung bzw. Distanzierung seiner ‚Patienten', in deren Kern sich die Annahme verbirgt, dass man sich nur weit genug vom Konfliktfeld entfernen müsse, um es vergessen bzw. ‚un-sicht-bar' zu machen. Interessant ist im Rahmen dieser Lesart wiederum die mehrfache Verwendung von räumlichen Motiven. Auffällig oft – und in der für ihn typischen Sprechweise – rät Dr. Larkin seinem ‚Patienten' Philip, doch einmal zu verreisen:

> DOCTOR. (*Rising from his chair.*) You'd better get Mrs. Fleming away from here until this thing blows over.
>
> (*MF* 526)

> DOCTOR. (*Abruptly.*) You'd better get Mrs. Fleming away from here for a few weeks.
>
> (*MF* 532)

Mit einer ähnlichen Empfehlung wendet er sich – unter Angabe falscher Gründe – an Margaret, der er lehrmeisterhaft mit erhobenen Zeigefinger sogleich dieselbe Maßnahme verschreibt:

> DOCTOR. (*Kindly.*) […] He's probably a little over-worked. It might be a good idea to have him go away for a week or two.
>
> MARGARET. (*Entering into the suggestion.*) Yes … a little trip somewhere would help him a lot, I'm sure.
>
> DOCTOR. (*Holding up his finger.*) But, you must go with him, though.
>
> (*MF* 531)

Interessanterweise entpuppt sich die Strategie der geographischen Re-Lokalisierung in *Margaret Fleming* insgesamt als kulturelle, männliche Praxis des Verschleierns von normabweichendem oder unmoralischem Verhalten. So bedient sich Philip derselben Strategie, als er versucht, Lena möglichst schnell loszuwerden, um die Affäre verheimlichen zu können:

> PHILIP. [...] I've made arrangements for her to go away as soon as she is well enough.
>
> (*MF* 532)

Und schließlich ist es Dr. Larkin selbst, der sich in seiner Rolle als Ehemann, in der er im Handlungsverlauf nur ein einziges Mal in Erscheinung tritt, darum bemüht, seine an einer nicht näher spezifizierten Krankheit leidende Ehefrau zu einem Ortswechsel zu bewegen. Auf Margarets Frage, wie es Mrs. Larkin gehe, antwortet er: „She's doing very nicely. I'm going to try to get her up to the mountains this summer." (*MF* 531). Zwar erweist sich dies dem Anschein nach zunächst als wohlwollende Geste eines fürsorglichen Ehemanns, der Umstand aber, dass die als *off-stage*-Figur konzipierte Ehefrau des Arztes keine Kinder gebären kann[111], legt nahe, dass auch seine Ehe, wenn nicht marode, dann aber doch mindestens so ‚erkrankt' ist, dass er sein persönliches (Ehe-)Problem wenigstens zeitweise zu verbergen versucht. Somit zieht sich das Bild der ‚*diseased marriage*' – um das im Titel dieses Analysekapitels verwendete Motiv noch einmal aufzugreifen – gewissermaßen leitmotivisch durch das gesamte Stück und durch alle Figurenbeziehungen. Dass ausgerechnet die *raisonneur*-Figur in kinderloser Ehe mit einer unheilbar kranken Frau lebt, also gewissermaßen selbst der idealtypischen Vorstellung viktorianischer Männlichkeit nicht entspricht, aber dennoch als gesellschaftliches Korrektiv/Regulativ anderen vorschreibt, was ‚am besten' zu tun sei, kann durchaus als ironischer Kommentar des Dramatikers auf die Wertigkeit solcher gesellschaftlichen Autoritätsinstanzen verstanden werden. Der soziale Status des *raisonneur* wird demnach in *Margaret Fleming* zunächst zwar diskurskonform bestätigt, im weiteren Handlungsverlauf aber immer stärker unterlaufen.

Der Status dieser Figur wird nämlich durch Margaret Fleming erschüttert, als diese sich zunehmend weigert, seinen Anweisungen Folge zu leisten. Eine Schlüsselszene, die eine grundlegende konzeptionelle Veränderung der *raisonneur*-Figur erkennen lässt, ist die in einem anderen Zusammenhang bereits

111 Darauf lässt Dr. Larkins scherzhaft gemeintes Angebot, Margarets Tochter Lucy für „ten thousand dollars" (*MF* 531) für sich und seine Frau käuflich erwerben zu wollen, schließen.

eingehend besprochene Szene in Mrs. Burtons *cottage*, in der Dr. Larkin und Margaret aufeinandertreffen. Mehrfach und eindringlich, aber letztlich immer erfolglos, bemüht sich Dr. Larkin wiederum in der für ihn typischen Sprechart, die überraschend auftauchende Margaret zum Verlassen des Hauses zu bewegen. Exemplarisch sei hierzu folgende Textpassage zitiert:

> DOCTOR. (*Going to her, brusquely.*) Mrs. Fleming, you'd best not remain here—the girl is dead. Go home.
> MARGARET. (*Shaking her head.*) Oh, no!
> DOCTOR. Come, you must go home! (*He almost pushes her out of the room in his urgency.*)
> MARGARET. (*Resisting him gently.*) Ah, no, doctor!
>
> (*MF* 537)

Sein Kontrollverlust wird deutlicher, als plötzlich Lenas Brief an Philip auftaucht. Zwar gelingt es Dr. Larkin zunächst, diesen Brief an sich zu reißen, als er ihn aber zu zerreißen droht, fordert Margaret ihn zur Herausgabe auf:

> MARGARET. (*Putting her hand out gently.*) You must not destroy that letter, doctor. Give it back to me. (DR. LARKIN *returns the letter reluctantly* [...])
>
> (*MF* 538)

Als Margaret *ihn* schließlich zum Verlassen des Hauses auffordert, hat Dr. Larkin jegliche Möglichkeit einer handlungsregulierenden Einflussnahme verloren:

> MARGARET. [...] Please go. [...] Please go!
> DOCTOR. Mrs. Fleming, as your physician, I order you to leave this place at once.
> MARGARET. No, doctor [...]
> DOCTOR. [...] Mrs. Fleming, you have no right to do this. [...] (*Growing desperate, and throwing his arms about her.*) Mrs. Fleming, you must leave this place! Come home.
> MARGARET. No. Doctor, please leave me alone. (*She draws herself from him.*) [...] (*Then with a sweet intimacy, she goes to him.*) A woman has a strange feeling for the physician who brings her child into the world—I love you—I have always obeyed your orders, haven't I? (*She speaks brokenly.*)
> DOCTOR. (*Quietly.*) Always.
> MARGARET. Then, let me be the doctor now, and order you to leave this house at once. [...]
> (*The* DOCTOR *leaves the room quietly.*)
>
> (*MF* 539)

Bemerkenswert ist an diesem Textauszug, dass Dr. Larkin seine Rolle als Regulativ zwar vollständig einbüßt, Margaret aber an keiner Stelle seine Autorität als Arzt in Frage stellt. Interessant ist die in diesem Zusammenhang zu beobachtende Differenzierung zwischen *physician* und *doctor*, die die Protagonistin in ihren Repliken vornimmt. Während Margaret seine Kompetenzen als *physician* – also als Arzt – durchaus sehr schätzt und sich durch die Geburt der Tochter mit ihm auf besondere Weise verbunden fühlt, spricht sie ihm seine Rolle als *doctor* – also als gesellschaftliche Korrektiv- bzw. Regulativinstanz – gänzlich ab. Zwar beansprucht sie diese Rolle nun für sich („let me be the doctor now"), allerdings füllt sie sie im Hinblick auf ihre sozio- und geschlechterideologische Haltung ganz anders, nämlich geradezu gegensätzlich aus, wie die nachfolgenden Ausführungen verdeutlichen.

Margarets Zukunftsorientierung und progressive Einstellung zur Geschlechterfrage zeigen sich prägnant in der Gartenszene des Schlussaktes (vgl. *MF* 541), in der die Protagonistin und Dr. Larkin erneut aufeinandertreffen. Diese nur wenige Repliken umfassende Passage erweckt zunächst den Eindruck, als tauschten zwei Pflanzenliebhaber ihre Erfahrungen im Hobbygärtnern aus. Vielmehr aber ist diese Szene subtil mit einer bedeutungsträchtigen Metaphorik des Blühens/Gedeihens einerseits und Vertrocknens/ Verkümmerns andererseits aufgeladen, die – der Redensart nach ‚durch die Blume gesprochen' – eine Kritik an dieser rückwärtsgewandten *raisonneur*-Figur erlaubt und gleichzeitig die progressive Haltung der weiblichen Hauptfigur positiv bewertet. Diese Diskrepanz spiegelt sich bühnenwirksam in der Gegenüberstellung des blühenden Gartens der Protagonistin, der als „the loveliest garden in Canton" (*MF* 542) Bewunderung findet, und der verdorrten, weil von Ungeziefer („yellow bugs") befallenen „scrubby bushes" (*MF* 541) des Arztes. Wenn Dr. Larkin davon berichtet, dass die Käfer all seine Rosenbüsche angefressen hätten („The bugs eat 'em all up.", *MF* 541), und sich zudem im weiteren Gespräch herausstellt, dass er seine Pflanzen viel zu spät mit Insektenmittel besprühte – nämlich erst, als das Ungeziefer die Rosen längst befallen hatte („When I saw the rose bugs.", *MF* 541), dann lassen sich Larkins Maßnahmen beim Pflanzenschutz auf seine Lösungsstrategien im Hinblick auf gesellschaftliche Problemstellungen übertragen: Er reagiert immer erst *ad hoc* zu einem Zeitpunkt, wenn das Problem bereits so akut geworden ist, dass seine Maßnahmen – seine, wie Denison sagt, „attempts to tend to the physical and spiritual ills of [the] society"[112] – nicht mehr oder kaum greifen können. Was für den verspäteten Pflanzenschutz gilt, trifft im übertragenen Sinne also auch auf seine Art der Behandlung von gesellschaftlichen Problemen zu,

112 Denison, „The Legacy of James A. Herne", 27.

wie im Zusammenhang mit der Affäre um Philip und Lena gezeigt werden konnte: Dr. Larkin fokussiert nicht die Ursache oder den ‚Keim' des Problems, sondern bekämpft mit fragwürdigen Methoden seine Folgen. Margarets ironischer Kommentar – „That's a fine time to spray bushes." (*MF* 541) – lässt erkennen, was sie von dieser im doppelten Sinne unzeitgemäßen Herangehensweise hält. Wenn sie ihm außerdem den Hinweis gibt, „that the time to prevent trouble is to look ahead" (*MF* 541), dann offenbart sich darin die Bedeutung von Voraussicht und Weitblick nicht nur in Bezug auf die Blumen im eigenen Garten, sondern auch in Bezug auf eine – um in der Bildsprache zu bleiben – florierende, wachsende, gesunde Gesellschaft. Über diese weitsichtige Zukunftsorientierung verfügt Dr. Larkin, der am Schluss des Stückes seinen Status als „traditional *raisonneur*"[113] längst eingebüßt hat, nicht. Im Anschluss an Denison kann somit festgehalten werden, „[that] Doctor Larkin is replaced by his patient Margaret, whose eyes [in spite of her blindness, KT] see more clearly than his do [...]."[114] Wenn Dr. Larkin an einer Stelle anerkennend und in ehrlicher Bewunderung („*Admiringly.*", *MF* 541) zu Margaret sagt, „What a brave, cheery little woman you are." (*MF* 541), dann zeigt sich darin eine konzeptionell grundlegend veränderte Figur, „who [now, KT] advises on medical matters and leaves cultural diagnosis to others who see the world not in prescriptive terms but from multiple perspectives"[115].

Zu erwähnen bleibt abschließend noch, dass dem Garten als Schauplatz dieser Szene eine *gender*-symbolische Bedeutung eingeschrieben ist. Trotz der Erblindung der Protagonistin und ihrer dadurch beträchtlich eingeschränkten physischen Bewegungsmöglichkeiten fungiert der Garten „in seiner [räumlichen] Abgeschlossenheit" in Hernes *Margaret Fleming* nicht als weiblicher „Rückzugsraum"[116], sondern als offener Erfahrungsraum, innerhalb dessen die weibliche Hauptgestalt eine neue weibliche Rollenidentität entwickeln und Visionen von einem modernen Geschlechtermodell nicht nur entwerfen, sondern auch realisieren kann. Nicht ohne Grund hält sie sich, wie das Stück verrät, sehr oft dort auf („She's there a great deal now [...].", *MF* 541). Und nicht ohne Grund wird im Nebentext darauf hingewiesen, dass die Türen und Fenster, also räumliche Schwellen, zum Garten hin geöffnet sind („*The doors and window leading into the garden are open.*", *MF* 540). An die Stelle eines sichtbaren, begrenzten Raumes (also des tatsächlichen Gartens) tritt in Margarets innerer Dunkelheit ein dennoch bzw. gerade deshalb nach allen

113 Denison, „The Legacy of James A. Herne", 24.
114 Denison, „The Legacy of James A. Herne", 30.
115 Denison, „The Legacy of James A. Herne", 32.
116 Beide Zitate aus Würzbach, „Raumdarstellung", 54.

Seiten unbegrenzter, multidimensionaler, kontemplativer ‚Frei-Raum', den sie sich wie kaum eine andere Frauenfigur im Unterhaltungstheater des Untersuchungszeitraums auf solch eine innovative Art und Weise für den Entwurf von eigenen Visionen moderner Geschlechterbeziehungen zu eigen macht.

IV.2 Rachel Crothers, *He and She* ([1910] 1917/1920): Konfigurationen von Weiblichkeit und Männlichkeit im Spannungsfeld der *career vs. home*-Debatte

Anders als James A. Herne rückt Rachel Crothers in ihrem Stück *He and She* nicht die Verhandlung des *double standard of sexual morality* in den thematischen Fokus. Vielmehr geht die Autorin der Frage nach, inwiefern Beruf/Karriere einerseits und Ehe/Familie andererseits im Kontext der *Progressive Era* miteinander vereinbar sind – insbesondere für emanzipierte Frauen, die beides gleichermaßen anstreben. Obwohl diese Fragestellung im Stück primär aus der Sicht verschiedener Frauenfiguren beleuchtet wird – ein Grund dafür, dass das Stück in den 1970er bis 1990er Jahren insbesondere in der feministischen Literaturkritik Beachtung findet –, richtet Crothers den Blick gleichzeitig auch auf die (bislang in der literaturkritischen Diskussion weniger beachtete) männliche Perspektive und ergründet anhand verschiedener ‚Konfigurationen von Männlichkeit' die emotiv-psychologische Dimension der *home vs. career*-Debatte aus männlicher Sicht. Wie schon in James A. Hernes *Margaret Fleming* stehen auch in Crothers' *He and She* mehr oder weniger glückliche, potentielle, versagte oder gescheiterte Paarkonstellationen im Mittelpunkt, über die verschiedene Aspekte des zeitgenössischen Geschlechterdiskurses verhandelt werden. So nimmt das Stück u.a. Bezug auf die *male superiority vs. female inferiority*-Debatte, wie sie beispielsweise innerhalb des medizinisch-biologistischen Diskurses der Zeit geführt wird, und thematisiert in diesem Zusammenhang die von der patriarchalischen Geschlechterordnung geprägten Vorurteile gegenüber (berufstätigen) Frauen sowie das Phänomen der *male fear* als Ausdruck der zeitgenössischen Männlichkeitskrise. Das Stück greift außerdem ‚Diskursfäden' wie den des viktorianischen Mütterlichkeitskults, des *cult of true womanhood* und des Häuslichkeitskults auf und verknüpft sie u.a. mit Themen wie der weiblichen/männlichen Naturhaftigkeit, des Selbstwertgefühls sowie der weiblichen/männlichen Schuldhaftigkeit in moralischen Fragen, um nur einige zu nennen. Anhand dieser knappen Skizzierung lassen sich an dieser Stelle „the play's ambiguities and complexities"[117] hinsichtlich

117 Lois C. Gottlieb, *Rachel Crothers* (Boston, MA: Twayne Publishers, 1979), 61.

der Aushandlung der Geschlechterproblematik bestenfalls nur andeuten. Diese gilt es im Rahmen der nachfolgenden ‚Zeitlupenstudie' detailliert zu untersuchen.

Noch einmal zusätzlich erhöht sich dieser Komplexitätsgrad in Anbetracht des Umstandes, dass Crothers' *He and She* in zwei (bzw. möglicherweise sogar drei) unterschiedlichen, vollständig erhaltenen Fassungen vorliegt.[118] Zwar wurde in früheren Forschungsbeiträgen hin und wieder auf die Existenz verschiedener Versionen hingewiesen,[119] aufgrund der irrtümlichen Annahme, die revidierte Spätfassung von 1920 sei „essentially the same"[120] wie die früheren Fassungen, wurde Letzteren in der literaturkritischen Diskussion allerdings bislang keine Beachtung geschenkt. Eine Untersuchung der Frühfassung(en) bzw. eine vergleichende Analyse der Versionen steht m.W. bis heute aus.

Ausgehend von der These, dass sich die hier untersuchte frühere Fassung von 1917 und die revidierte Spätfassung von 1920 zwar hinsichtlich ihrer Plot- und Konfliktstrukturen sowie Figurenkonstellationen einerseits sehr ähnlich und diesbezüglich in der Tat ‚essentially the same' sind, sich andererseits aber vor allem im Hinblick auf raum- und figurenkonzeptionelle Darstellungsverfahren deutlich voneinander unterscheiden, was sich wiederum auf die geschlechterideologische Aussage- und Wirkabsicht der jeweiligen Textversion auswirkt, wird nachfolgend eine vergleichende Analyse angestrebt, die differenzierend die Funktionen und Wirkungen dieser Veränderungen aufzuzeigen versucht. Dies geschieht zum einen unter besonderer Berücksichtigung der spezifischen Produktionsbedingungen des kommerziellen Broadway-Theaters, mit denen sich Rachel Crothers über ihre gesamte Karriere hinweg arrangieren muss; zum anderen erfolgt in der nachfolgenden Komplementäranalyse eine Einschränkung dahingehend, dass in Anbetracht der Anzahl bislang erschienener einschlägiger Studien zur Spätfassung dieses Stückes[121] hier insbesondere auf solche Textbesonderheiten eingegangen wird, die entweder bislang weitgehend bzw. völlig unbeachtet geblieben sind und/oder im Rahmen einer textvergleichenden Untersuchung beider Fassungen neue Erkenntnisse zur Aus- und Behandlung der Geschlechterproblematik in *He and She* erwarten lassen. Dabei werden insbesondere jene text-, raum- und figurenkonzeptionellen Verschiebungen ‚gehoben', die aufgrund der oben festgestellten Beachtung von nur einer Textfassung in der bisherigen

118 Siehe hierzu ausführlicher die Ausführungen im nachfolgenden Abschnitt IV.2.1.

119 Siehe z.B. Judith E. Barlow, „*He and She* by Rachel Crothers", *Contemporary Women Dramatists*, ed. Kathryn A. Berney (London: St. James Press, 1994b), 291-292: 291.

120 Gottlieb, *Rachel Crothers*, 156, Anm. 3.

121 Zu nennen sind hier v.a. Burke (1996), Frank (2003), Gottlieb (1979), Murphy (1987, 1999a) und Richardson (1993).

literaturwissenschaftlichen Auseinandersetzung mit diesem Stück bis heute im Verborgenen lagen.

IV.2.1 *Zur Produktions- und Revisionsgeschichte von* He and She

Der Weg zur Theaterbühne des New Yorker Broadway erweist sich für Crothers' *He and She* nicht nur als langer und steiniger, sondern im Anschluss an Lois Gottlieb auch als äußerst verwirrender.[122] Er ist geprägt von den unermüdlichen Versuchen der Autorin, ihrem Stück einen Platz im Zentrum der kommerziellen Theaterwelt zu geben. Wenngleich es im Kontext des Unterhaltungstheaters nichts Außergewöhnliches ist, dass Stücke es erst über lange Umwege bis auf die Bühnen des Broadway schaffen, so stellt sich die Produktionsgeschichte von *He and She* dennoch als einzigartige dar, wie ein anonym verfasster Artikel in der *New York Times* aus dem Jahr 1920 zeigt: „Dispiriting tales of years spent in awaiting production of a particular play are far from infrequent in the world of the theatre, but the case of Rachel Crothers's ‚He and She,' while savoring a bit of the unusual pre-production stories, nevertheless has angles which make it unique."[123] Wie aus dieser Quelle weiter hervorgeht, verfasst Crothers ihr Stück, das in der Originalversion (OV) den Titel *He and She* trägt, bereits im Februar 1910. Allerdings sollte es mehr als anderthalb Jahre dauern, bis das Drama erstmals aufgeführt werden konnte – jedoch fernab des Broadway. Für diese „out-of-town"-Inszenierung im Oktober 1911 erwirbt Roi Cooper Megrue, ein sog. „play broker", die Produktionsrechte.[124] Und so wird das Stück, allerdings mit einem veränderten Titel (*The Herfords* – dem Namen der Familie, die im Mittelpunkt der Handlung steht), in Poughkeepsie im Bundesstaat New York erstmals einem Theaterpublikum präsentiert. Aber weder bei Kritikern noch beim Publikum stößt Crothers' Drama auf positive Resonanz, sodass es nach nur zwei Wochen abgesetzt wird. Das Interesse an dem Stück schwindet, und so bleibt die Autorin in ihrem Bemühen, „to convince commercial managers of a profitable New York run"[125], zunächst erfolglos.

Nachdem George C. Tyler, ein Theateragent und sog. *purchaser*, im darauffolgenden Jahr die Rechte an dem Stück erwirbt, kommt es – vermutlich erneut unter dem Titel *The Herfords* – am 5. Februar 1912 im *Plymouth Theatre* in Boston zur Aufführung. In dieser zweiten Produktion wird das Stück einige Monate in Boston gespielt, bevor es durch den Süden und Westen tourt.[126]

122 Siehe Gottlieb, *Rachel Crothers*, 50.

123 „The History of ‚He and She'", *The New York Times* (February 22, 1920), X6.

124 „The History of ‚He and She'", *The New York Times* (February 22, 1920), X6.

125 Gottlieb, *Rachel Crothers*, 50f.

126 Siehe „The History of ‚He and She'", *The New York Times* (February 22, 1920), X6 sowie Brenda Murphy, „Feminism in the Marketplace: The Career of Rachel Crothers", *The*

Allerdings gelingt es auch diesmal nicht, Kritiker und Publikum zu überzeugen. „Crothers's renewed effort," schreibt Gottlieb, „failed once again to reach New York".[127] Zwar signalisieren einige Theateragenten in den darauffolgenden Jahren ihr Interesse an dem Stück, sehen letztlich aber doch von einer Produktion in der Theatermetropole ab. Das Risiko eines Verlustgeschäfts scheint zu groß zu sein.

Erst fünf Jahre später, im Frühjahr 1917, erwerben Cohan & Harris die Produktionsrechte und bringen es „in Atlantic City during the week of June 26" zur Aufführung.[128] Die Kritik fällt jedoch wiederum so schlecht aus, dass die Vorstellungen bereits eine Woche später wieder eingestellt werden. In Anbetracht dieser bis hierher sehr überschaubaren Produktionsgeschichte und schlechten Einspielquoten mag es überraschen, dass Arthur Hobson Quinn dieses Stück, nunmehr wieder mit seinem ursprünglichen Titel *He and She*, in die Erstausgabe seiner Anthologie *Representative American Plays* aufnimmt, die ebenfalls 1917 erscheint. Im Einleitungstext zu Crothers' Stück schreibt Quinn: „*He and She* is now printed for the first time through the courtesy of the author, from a manuscript revised especially by her for this collection."[129] Welche Veränderungen im Zuge dieser Veröffentlichung durch die Autorin vorgenommen werden, ist bislang nicht überliefert. Fest steht jedoch, dass es sich bei dieser Fassung von 1917 (HS_1) zwar um eine frühe, nicht aber um die ursprüngliche Version (OV) handeln kann.[130]

Erst 1920, also drei Jahre nach der Erstveröffentlichung bei Quinn bzw. der bis dahin letzten Inszenierung, unternimmt Rachel Crothers einen finalen Versuch, ihr Stück am Broadway aufzuführen. Dies gelingt ihr diesmal vermutlich deshalb, weil sie zu diesem Zeitpunkt als Dramatikerin und Produzentin inzwischen einen sehr großen Bekanntheitsgrad im Unterhaltungstheater

---

Cambridge Companion to American Women Playwrights, ed. Brenda Murphy (Cambridge: Cambridge University Press, 1999a), 82-97: 86.

127 Gottlieb, *Rachel Crothers*, 51.

128 „The History of ‚He and She'", *The New York Times* (February 22, 1920), X6. Unter welchem Titel das Stück in Atlantic City inszeniert wird, ist aus den bisher zugänglichen Quellen nicht zu ermitteln.

129 Arthur Hobson Quinn, „Introduction: *He and She* by Rachel Crothers", *Representative American Plays*, ed. Arthur Hobson Quinn, 1st ed. (New York, NY: Century, 1917), 925-928: 928.

130 Für den möglichen Verbleib der Originalversion könnte Gottlieb den entscheidenden Hinweis geben. So könnte es sich bei dem bei Gottlieb erwähnten „undated manuscript" (*Rachel Crothers*, 156, Anm. 3) mit dem Titel *The Herfords*, das sich in der *Theater Collection* der New York Public Library befindet, tatsächlich um die ursprüngliche Textfassung handeln. Eine Sichtung dieses Manuskripts könnte Aufschluss über die im Zuge der Veröffentlichung vorgenommenen Veränderungen geben.

erlangt hatte, mit einigen ihrer anderen Stücke bereits kommerziell sehr erfolgreich gewesen war und zudem in dieser dritten Produktion die Rolle der weiblichen Hauptfigur, Ann Herford, nun selbst übernahm.[131] Dennoch bringt es das *revival* von 1920 im New Yorker *Little Theatre* erneut wieder nur auf sehr wenige, nämlich insgesamt nur 28 Aufführungen, bevor das Stück abgesetzt und für viele Jahre von den kommerziellen Theaterbühnen verschwinden wird.

Es kann als gesichert gelten, dass diese vierte Produktion von 1920 wiederum auf einer anderen Textfassung beruht als die Aufführungen von 1912 oder 1917, da etwa zeitgleich auch in der zweiten, veränderten und erweiterten Auflage von Quinns Dramenanthologie (1920) eine revidierte Version von *He and She* erscheint (HS_2). Es ist diese Textfassung, auf die sich die gesamte, bislang erschienene Forschungsliteratur zu diesem Stück bezieht – vermutlich deshalb, weil Gottliebs Aussage („no earlier-dated version of the play can be confirmed“[132]), die auf die revidierte Fassung von 1920 rekurriert, über Jahrzehnte hinweg unhinterfragt geblieben ist. Dass Gottlieb, die die bislang einschlägigste Studie zu Crothers und ihrem dramatischen Werk vorgelegt hat, die nur drei Jahre zuvor veröffentlichte Textversion HS_1 nicht zur Kenntnis genommen hat, muss verwundern.[133] Dass es sich bei dieser Fassung aber tatsächlich um eine frühere und vor allem *andere* Version handelt, kann – wie die Komplementäranalysen in der vorliegenden Studie zeigen werden – heute kaum mehr in Frage gestellt werden. Dies stellt im Übrigen auch Judith E. Barlow bereits im Jahre 1994 fast beiläufig, und deshalb vermutlich kaum wahrgenommen, fest: „The play was first published in Quinn's *Representative American Plays* in 1917, but the more familiar version is the revised one, which Crothers prepared for later editions of the anthology and which reflects changes made for the 1920 production.“[134] Indem sich die

131 Siehe Gottlieb, *Rachel Crothers*, 51 sowie „The History of ‚He and She'“, *The New York Times* (February 22, 1920), X6 und Barlow, „*He and She* by Rachel Crothers“, 291. Auch in Woollcotts Artikel „The Play“ (1920b), in dem das gesamte Figurenensemble einschließlich aller Besetzungen in dieser Inszenierung abgedruckt ist, erscheint Crothers' Name in der Rolle der weiblichen Hauptfigur Ann. Siehe Alexander Woollcott, „The Play [Rachel Crothers' *He and She*]“, *The New York Times* (February 13, 1920b), 16.

132 Gottlieb, *Rachel Crothers*, 51.

133 Ein möglicher Grund könnte darin gesehen werden, dass die bibliographischen Angaben, insbesondere die Seitenzahlen des Stückes, in den beiden Ausgaben von Quinns Anthologie (1st ed. 1917, 2nd ed. 1920) identisch sind und Gottlieb ohne genaue Textprüfung davon ausgegangen ist, dass es sich deshalb auch um identische Texte handeln muss. Zu den bibliographischen Angaben beider Textversionen siehe das Literaturverzeichnis sowie Anm. 143/IV unten.

134 Barlow, „*He and She* by Rachel Crothers“, 291. In einem anderem Beitrag datiert Barlow die Veröffentlichung der revidierten Version nicht auf 1920 (2nd ed.), sondern

vorliegende Arbeit insbesondere den von Barlow erwähnten „changes" und ihren jeweiligen *gender*-kritischen Implikationen widmet, kann innerhalb der literaturkritischen Diskussion eine Lücke in der Aufarbeitung dieses Stückes und insbesondere hinsichtlich seiner Revisionsgeschichte geschlossen werden.

Der Vollständigkeit halber sei im Hinblick auf die Produktionsgeschichte erwähnt, dass Crothers' *He and She* in der jüngeren Vergangenheit mehrere Neuinszenierungen erlebt hat, von denen insbesondere zwei erwähnenswert sind. Im Juni 1980, sechzig Jahre nach der letzten und einzigen Aufführung in New York City, erfährt das Stück unter der Produktionsleitung von Emily Mann ein *revival* in der Theatermetropole. Durch die *BAM Theater Company*, die sich der „ongoing search for good but ‚forgotten' plays"[135] verschrieben hat, gelangt Crothers' *He and She* an der *Brooklyn Academy of Music* zu später Popularität. So spricht Rezensent David Sterritt von einem „triumph" und würdigt in seinem Resümee Autorin und Stück gleichermaßen wie folgt: „In sum, Crothers has left nothing out, from professional pride to parental tenderness. She understands her subject from the inside out [...]. It's a funny, intelligent, and frequently moving experience, in the company of characters who could have been created yesterday instead of seven decades ago. Cheers to the BAM for digging out this splendid show."[136]

Dass Rachel Crothers' *He and She* auch fast einhundert Jahre nach seiner Entstehung am Broadway gespielt wird, ist unter anderem auch der 1992 gegründeten *TACT* (*The Actors Company Theatre*) zu verdanken, die sich in ähnlicher Mission wie die oben angesprochene *BAM* dem Ziel verschrieben hat, „to presen[t] neglected or rarely produced plays of literary merit"[137]. Dazu heißt es auf der *TACT Website*: „Our aim is not just to unearth historic works, but to rediscover plays that, because of the time, the culture and the climate, once again speak directly to modern audiences."[138] Dass dazu offenbar auch *He and She* gehört, zeigt der Spielplan der *2005/2006 Season*: Am 19., 20. und 21. November 2005 kommt Crothers' Stück unter der Produktionsleitung von Kyle

---

fälschlicherweise auf 1925 – dem Erscheinungsjahr der dritten Ausgabe von Quinns Anthologie. Siehe Judith E. Barlow, „Crothers, Rachel", *Contemporary Women Dramatists*, ed. Kathryn A. Berney (London: St. James Press, 1994a), 50-53: 51.

135 David Sterritt, „A Strikingly Modern Look at Feminism – in a 1910 Drama. ‚He and She': A Play by Rachel Crothers. Presented by BAM Theater Company at the Brooklyn Academy of Music." Review. *The Christian Science Monitor* (June 5, 1980). Online. URL: http://www.csmonitor.com/1980/0605/060503.html (zuletzt aufgerufen: 05.12.2019).

136 Sterritt, „A Strikingly Modern Look at Feminism", n.p.

137 „About TACT", *TACT The Actors Company Theatre*. Online. URL: http://tactnyc.org/tact2/about.php (zuletzt aufgerufen: 05.12.2019).

138 „Production History", *TACT The Actors Company Theatre*. Online. URL: http://tactnyc.org/tact2 /production_history.php (zuletzt aufgerufen: 05.12.2019).

Fabel in der *Florence Gould Hall* in Manhattan zur Aufführung und wird von Theaterkritiker Harry Forbes als „vital and engrossing production“[139] gepriesen.

Obwohl die Neuinszenierungen von 1980 und 2005 Crothers' Stück wiederum nur denkbar kurz auf den Theaterbühnen des Broadway aufleben lassen, so sind sie dennoch ein Beleg nicht nur für das anhaltende Interesse an diesem Drama und seiner Autorin, sondern auch für den Stellenwert, den *He and She* trotz seiner überschaubaren Produktionsgeschichte, die in Abb. 7 noch einmal kompakt im Überblick dargestellt ist, in der Geschichte des amerikanischen Unterhaltungstheaters einnimmt.

Ausgehend von der hier rekonstruierten Produktions- und Revisionsgeschichte des Stückes und den derzeit zugänglichen Quellen bleibt festzuhalten, dass zwar einige, aber noch immer nicht alle Fragen abschließend geklärt sind. So wäre beispielsweise zu prüfen, ob und inwiefern sich das in der *New York Public Library* lagernde undatierte Manuskript mit dem Titel *The Herfords* von der veröffentlichten Textfassung von 1917 unterscheidet.[140] Sollten Unterschiede – insbesondere hinsichtlich des Dramenschlusses – feststellbar sein, könnte es sich bei dem Manuskript, wenn nicht um die Originalfassung, dann doch um eine sehr frühe Version des Stückes handeln. Da aus den verfügbaren zeitgenössischen Rezensionen der Jahre 1911 (Poughkeepsie) und 1912 (Boston) nicht eindeutig hervorgeht, wie das Stück in seiner Ursprungsversion endet, muss dies bis auf Weiteres eine Blindstelle in der literaturwissenschaftlichen Aufarbeitung des Stückes bleiben, denn es kann nicht automatisch geschlussfolgert werden, dass auch die Originalversion mit einem traditionellen *happy ending* schließt, wie dies in der Fassung von 1917 der Fall ist. So ist beispielsweise in Anbetracht des biographischen Hintergrundes der Autorin[141]

139 Harry Forbes, „He and She. BackStage Review“, November 21, 2005, *TACT The Actors Company Theatre*. Online. URL: http://tactnyc.org/tact2/press_item.php?id=14&show=8&sid=2 (zuletzt aufgerufen: 05.12.2019).

140 Eine solche Überprüfung war im Rahmen der Recherche- und Forschungsarbeit dieser Studie nicht zu leisten. Sie wäre aber vor allem deshalb lohnenswert und aufschlussreich, weil Lois C. Gottlieb, die bislang einzige Forscherin, die auf die Existenz dieses Manuskripts hingewiesen hat, die bei Quinn veröffentlichte Version von 1917 nicht kennt, sondern sich in ihrer Untersuchung auf die Fassung von 1920 bezieht (Gottlieb zitiert die 7. A. von Quinns *Representative American Plays* von 1953). Folglich wäre zu untersuchen, ob mit dem Manuskript eine weitere, dritte Textfassung von *He and She* vorliegt und wie sich diese Fassung hinsichtlich ihrer geschlechterideologischen Aussageabsicht ggf. anders positioniert als die bislang bekannten.

141 Der Dramatikerin wird in ihrer Kindheit das Rollenbild der emanzipierten *new woman* quasi durch die eigene Mutter, Dr. Marie Depew Crothers, beispielhaft vorgelebt. Die Mutter studiert am *Woman's Medical College of Pennsylvania* Medizin und eröffnet im Jahre 1883 in Bloomington, IL – der Heimat der Crothers – ihre eigene gynäkologische Praxis. Fortan arbeitet sie neben ihrem Mann – Rachel Crothers' Vater, Dr. Eli Kirk

Textfassung	Dramenschluss	dokumentierte Aufführungen / Spieldauer	Textvorlage
Februar 1910 **Originalfassung (OV)** ***He and She***	nicht bekannt	– keine dokumentierten Aufführungen in 1910	nein bzw. bislang nicht bekannt
1911 ursprünglicher Titel ***He and She***	nicht bekannt	– Oktober 1911: Poughkeepsie, NY; Roi Cooper Megrue; – zwei Wochen; Anzahl der Aufführungen unbekannt	nein bzw. bislang nicht bekannt
1912 veränderter Titel ***The Herfords***	nicht bekannt	– 5. Februar 1912: *Plymouth Theatre*, Boston; George C. Tyler; mit anschließender *road tour* im Süden / Westen; Anzahl der Aufführungen unbekannt	evtl. ja; undatiertes Manuskript mit dem Titel *The Herfords* in der *Theater Collection* der *New York Public Library*
1917 **Textrevision** **Erstveröffentlichung (Frühfassung HS_1)** ursprünglicher Titel ***He and She***	konventionelles *happy ending*	- - -	ja; Textrevision durch Autorin und Erstveröffentlichung HS_1 bei Quinn, *Representative American Plays* (1st ed., 1917)
1917 keine Informationen zum Titel; evtl. Rückbenennung in ***He and She***	konventionelles *happy ending*	– Ende Juni 1917: Atlantic City; Cohan & Harris; – eine Woche; genaue Anzahl und Version der Aufführungen (OV, HS_1) unbekannt	(ja); in dem Falle, dass 1917 nicht mehr die Fassung von 1910 aufgeführt wird (OV), sondern bereits die Version, die im gleichen Jahr bei Quinn veröffentlicht wird (HS_1)
1920 **Textrevision** **Neuveröffentlichung (Spätfassung HS_2)** ursprünglicher Titel ***He and She***	vermeintliches *happy ending*	– 12. Februar - März 1920: *Little Theatre*, NYC; – 28 Aufführungen; genaues *closing date* unbekannt	ja; Textrevision durch Autorin und Neuveröffentlichung HS_2 bei Quinn, *Representative American Plays* (2nd ed., 1920)
1980 ***revival*** HS_2	vermeintliches *happy ending*	– Juni 1980: *Brooklyn Academy of Music; BAM Theatre Company*	ja
2005 ***revival*** HS_2	vermeintliches *happy ending*	– 19.-21. November 2005: *Florence Gould Hall*, NYC; *TACT The Actors Company Theatre*	ja

Abb. 7 Produktions- und Revisionsgeschichte von *He and She*

sowie ihrer kritischen Haltung zum herrschenden Geschlechterdiskurs ihrer Zeit[142] durchaus denkbar, dass sie ihrer ursprünglichen Fassung ein unkonventionelles Ende gegeben haben könnte. Dafür spräche zum einen, dass der Dramenschluss in der 1917er Version (HS_1) ein – wie noch genauer auszuführen sein wird – überaus traditioneller ist, der so gar nicht zum sonst auffällig *gender*-kritischen Rest des Stückes passen will. Weil dort, wie die Analyse noch verdeutlichen wird, konkret die Schlussszene besonders künstlich und aufgesetzt wirkt, kann dies durchaus ein Indiz dafür sein, dass die Autorin ursprünglich einen ganz anderen Dramenausgang vorgesehen hatte, sich in Anbetracht ihrer erfolglosen Bemühungen um ein Broadway-Engagement dann aber doch für den konventionskonformen Dramenschluss entscheidet. Dafür spräche zum anderen auch, dass Rachel Crothers in ihrem 1909 verfassten Stück *A Man's World*, das mit gerade einmal 71 Aufführungen aus kommerzieller Sicht beinahe genauso erfolglos war wie *He and She*, schon einmal ein Ende gewählt hatte, das mit sämtlichen Darstellungskonventionen des kommerziellen Unterhaltungstheaters radikal brach. Es ist deshalb durchaus vorstellbar, dass Crothers ihr vielleicht ursprünglich ebenso radikales Ende in *He and She* nachträglich abschwächt, um zu vermeiden, dass es ein ähnliches Schicksal ereilt wie *A Man's World*, das Crothers zu keiner Zeit einer Überarbeitung unterzogen hatte. Während also über den Verbleib der Originalversion bzw. über die darin gewählte Handlungsführung und Konfliktlösung vorerst weiter Unklarheit herrschen muss und sich deshalb mögliche Szenarien bis auf Weiteres nur im Bereich des Spekulativen bewegen, kann sich hingegen der vergleichende Blick auf die beiden tatsächlich existierenden Fassungen von 1917 (HS_1) und 1920 (HS_2) richten,[143] da – wie eingangs ausgeführt – auch die Frage nach dem

---

Crothers, der ebenfalls Arzt ist. „Dr. Marie Crothers's career," schreibt Gottlieb, „brought a permanent influence to bear on the life and writings of her youngest daughter [Rachel Crothers]." (*Rachel Crothers*, 15).

142 Es ist kein Zufall, „[that] Crothers's plays are filled with strong, independent, talented women" oder dass einige ihrer Figuren in Konflikt geraten „with the norms of their environment and propose theories and ideologies which attempt to change people or change society" (Gottlieb, *Rachel Crothers*, 16, 32).

143 Die frühere Fassung von 1917 wird nachfolgend mit der Kennung HS_1 markiert. Alle daraus zitierten Textpassagen beziehen sich auf Arthur Hobson Quinn (ed.), *Representative American Plays*, 1st ed. (New York, NY: The Century Company, 1917), 925-962. Die revidierte Spätfassung von 1920 wird nachfolgend mit der Kennung HS_2 markiert. Alle daraus zitierten Textpassagen beziehen sich auf Arthur Hobson Quinn (ed.), *Representative American Plays*, 2nd, rev. ed. (New York, NY: The Century Company, 1920), 925-962. Diese revidierte Fassung von 1920 ist auch in allen nachfolgenden Ausgaben der Quinn'schen Textsammlung (3rd ed. 1925, 4th ed. 1928, 5th ed. 1930, 6th ed. 1938, 7th ed. 1953) und ihren jeweiligen Nachdrucken enthalten und wurde darüber hinaus auch bei Richardson

Verhältnis dieser beiden Versionen zueinander bislang zu den Blindstellen in der Forschung zählt.

IV.2.2 Essentially the same: *Gemeinsamkeiten der Fassungen von 1917 und 1920*

Handlung und Konfliktstruktur in der Früh- und Spätfassung

In Bezug auf die Handlungsführung, Konfliktstruktur und Figurenkonstellation weisen HS_1 und HS_2 eine Reihe von Gemeinsamkeiten auf. Im Kern dreht sich die Handlung jeweils um die Figuren Tom und Ann Herford, ein New Yorker Künstlerehepaar der *middle class*, das „auf den ersten Blick [eine] perfekte Künstlerehe [führt]“[144]. In was Eisenhauer als „a dream companionate marriage“[145] bezeichnet, gibt sich Tom zumindest anfänglich als aufgeschlossen-liberaler Ehemann, der die Karriere seiner talentierten Frau fördert und unterstützt. Ein Konflikt zwischen den beiden keimt jedoch auf, als sich Ann kritisch zu Toms Entwürfen eines Wandfrieses äußert, die er für einen hochdotierten Bildhauerwettbewerb angefertigt hat. Als Tom versichert, dass er sein Bestes gegeben habe und es für kurzfristige Änderungen seiner Entwürfe ohnehin zu spät sei, bietet ihm Ann ihre eigenen Skizzen an, die sie ohne sein Wissen erstellt hatte. Zwar lobt Tom die künstlerische Qualität ihrer Arbeiten in hohem Maße, lehnt Anns Angebot letztlich allerdings mit der Begründung ab, dass ihre Entwürfe zwar gut, für einen solch hochkarätigen Wettbewerb jedoch nicht gut genug seien. Der Konflikt spitzt sich zu, als sich Ann dazu entschließt, mit ihren Entwürfen selbst an dem Wettbewerb teilzunehmen und in der Folge – und entgegen der Erwartungen aller anderen – diesen auch noch gewinnt, während Tom nur auf dem zweiten Platz landet. Zwar mimt er zunächst den guten Verlierer, doch schon bald bricht der Konflikt auf, als Tom – tief in seinem Selbstwertgefühl getroffen – „in patriarchalische Denk- und Verhaltensmuster“ zurückfällt und seiner Frau „jede weitere künstlerische Tätigkeit zu verbieten sucht“[146], da er befürchtet, dass Ann durch die Arbeit ihren traditionellen Pflichten als Ehefrau und Mutter nicht mehr nachgehen können wird. Ein hitziger Streit entbrennt, weil sich Ann vehement weigert, ihren Beruf aufzugeben. Die Auseinandersetzung der beiden wird plötzlich unterbrochen durch das unerwartete Eintreffen der sechzehnjährigen

---

and Watt (1995) sowie im Verlag Feedback Theatrebooks & Prospero Press (2001) veröffentlicht.

144 Müller, *Das amerikanische Drama*, 28.

145 Drew Eisenhauer, „She and She: Rachel Crothers and Susan Glaspell's Turn to Playwriting“, *Disclosing Intertextualities: The Stories, Plays, and Novels of Susan Glaspell*, eds. Martha C. Capentier and Barbara Ozieblo (Amsterdam: Rodopi, 2006), 115-135: 130.

146 Beide Zitate aus Müller, *Das amerikanische Drama*, 28.

Tochter Millicent, die in einem Mädcheninternat untergebracht, von dort aber weggelaufen ist, um den Eltern von ihrer Verlobung mit dem Chauffeur des Internats zu berichten. Diese, so wird deutlich, kam zustande, weil Ann aufgrund ihres hohen Arbeitspensums der Tochter untersagt hatte, in den Ferien nach Hause zu kommen. In ihrem Bedürfnis nach emotionaler Zuwendung hatte sich Millicent deshalb dem Chauffeur zugewandt. Am Ende des Stückes entschließt sich Ann, ihre Arbeit als Bildhauerin aufzugeben, um sich fortan wieder der Tochter widmen zu können. Mit dem Ziel, Millicent von ihren Heiratsplänen abzubringen, fasst Ann den Entschluss, ihre Entwürfe an Tom abzutreten, damit er ihren Wandfries anfertigen kann, während sie in Millicents Begleitung eine längere Überseereise nach Europa unternehmen wird. Tom willigt ein, und der Schlussvorhang fällt.

In diesen Haupthandlungsstrang um das Protagonistenpaar Ann und Tom ist eine Nebenhandlung eingeflochten, die sich um den Beziehungskonflikt zwischen Toms Assistenten Keith McKenzie und Anns enger Freundin Ruth Creel dreht. Keith und Ruth, die seit mehreren Jahren verlobt sind, beabsichtigen, in Kürze zu heiraten. In sich immer wiederholenden Diskussionen offenbart sich jedoch, dass Keith den Vorstellungen einer traditionellen, patriarchalischen Geschlechterordnung verschrieben ist, die den Ansichten der emanzipierten Karrierefrau Ruth, die sehr erfolgreich in einer Zeitschriftenredaktion arbeitet, diametral entgegenstehen. Als sie Keith von ihrer Beförderung zur Redaktionsleiterin berichtet, fordert er sie auf, ihre Arbeit aufzugeben und sich ihren häuslichen Pflichten zuzuwenden. Da für Ruth ein solcher Schritt an Selbstaufgabe und Identitätsverlust grenzt, wendet sie sich von Keith ab und beendet die Beziehung. Daraufhin macht Keith seiner Enttäuschung gegenüber Toms Schwester Daisy Luft, die als Sekretärin der Herfords arbeitet. Anders als Ruth betrachtet Daisy jedoch ihren Beruf nicht als Möglichkeit der Selbstverwirklichung, sondern als notwendiges Übel, das ihr lediglich die Existenz sichert. Insgeheim fühlt sich Daisy zu Keith hingezogen, kann ihm dies in Anbetracht des geltenden gesellschaftlichen Verhaltenskodex, der ihr als Frau eine solch emotionale Direktheit untersagt, allerdings nicht offenbaren. Von Keith wiederum bleibt Daisys Interesse an ihm unbemerkt, da er Daisy – wie die übrigen Figuren auch – irrtümlicherweise als emanzipierte Karrierefrau sieht, die nach Selbstverwirklichung strebt und sich ihre Unabhängigkeit bewahren möchte. Die einzige Figur, die Daisys Maskerade durchschaut, ist Anns Vater, Dr. Remington, der im Stück den Figurentypus des *raisonneur* verkörpert und alles dafür tut, dass zusammenkommt, was seiner Ansicht nach zusammen gehört. So ist er es schließlich auch, der durch sein manipulatives Einwirken als *matchmaker* dafür sorgt, dass Keith und Daisy am Ende zueinander finden.

Betrachtet man ausschließlich die Oberflächenstruktur der Handlungsführung und die Konfliktdarstellung, so entsteht aufgrund zahlreicher Parallelen durchaus der Eindruck, als unterschieden sich die beiden Textversionen hinsichtlich ihrer geschlechterideologischen Aussageintention nicht. Gestützt wird dieser Eindruck durch die paratextuellen Markierungen, die in beiden Fassungen ebenfalls identisch sind.

Formen und Funktionen paratextueller Markierungen der Geschlechterproblematik

Wie in *Margaret Fleming* weist auch Crothers' *He and She* paratextuelle Markierungen der Geschlechterproblematik auf, die beim Leser bzw. Publikum eine bestimmte Erwartungshaltung entstehen lassen. Und wie in Hernes Stück sind diese Markierungen auch bei Crothers im Titel und Figurenverzeichnis ihres Textes zu finden.

Was Crothers' Titelgebung von Hernes unterscheidet, ist die semantische Offenheit und die daraus resultierende Mehrdeutigkeit des Titels, die zunächst bewusst die Information zurückhält, wer mit ‚*he*' und ‚*she*' eigentlich gemeint ist. Anders als Herne lenkt die Autorin den Fokus also nicht von Vornherein auf die weibliche Hauptgestalt ihres Stückes und verzichtet damit auf eine Priorisierung bestimmter (weiblicher bzw. männlicher) Figuren. Gleichwohl hebt sie aber den Aspekt einer wie auch immer verstandenen Männlichkeit und Weiblichkeit als thematischen Kern ihres Stückes hervor. ‚*He*' und ‚*she*' fungieren somit als allgemeine Platzhalter, die durch die in wechselnden Konfigurationen auftretenden Figuren variabel besetzt werden können. Entsprechend können – um einige Beispiele zu nennen – damit zum einen die bestehenden bzw. potentiellen Paarbeziehungen Tom/Ann, Keith/Ruth oder Keith/Daisy gemeint sein. Denkbar sind zum anderen auch verwandtschaftliche Beziehungen wie etwa bei Tom/Daisy, einer Bruder-Schwester-Beziehung, oder bei Dr. Remington/Ann, einer Vater-Tochter-Beziehung. Diese von Crothers bewusst gewählte Verallgemeinerungstendenz im Titel wirft überdies die Frage auf, welche Figurenperspektive im Verlauf der Handlung primär beleuchtet bzw. welche Figur(eneinstellung) dadurch möglicherweise präferiert wird.

Bei aller Offenheit ließe sich in der Voranstellung des männlichen Pronomens im Titel hinsichtlich der patriarchalischen Geschlechterordnung, in der die Frau dem Mann nach- bzw. untergeordnet ist, ein diesbezüglich affirmatives Textsignal erkennen, spielt doch im Stück die hierarchische Ordnung von *male superiority* und *female inferiority* eine wesentliche Rolle. Bezeichnenderweise heißt das Stück *He and She*, nicht *She and He*. So gesehen trägt der Titel zur Herausbildung einer traditionellen Erwartungshaltung bei – eine von Crothers als Broadway-Dramatikerin durchaus intendierte Haltung. Tatsächlich aber unterläuft das Stück diese Erwartungshaltung später immer wieder. Zudem ist der Zuschauer aufgrund der immer wieder wechselnden Figurenkonfigurationen und Pendelbewegungen im Stück dazu angehalten, die Geschlechterproblematik aus einem breiten männlichen und weiblichen Perspektivenspektrum heraus zu verfolgen bzw. zu bewerten. Letztlich wird über die variabel füllbaren Positionen von ‚*he*' und ‚*she*' eine ganze Bandbreite an Männer- und Frauenrollen dargestellt, die für Crothers' *middle class audience* durchaus (aber eben nicht nur) Identifikationspotential bieten und somit zu einer intensiven Auseinandersetzung mit der Geschlechterproblematik anregen.[147]

Im Unterschied zum mehrdeutigen, weil allgemein gehaltenen Titel impliziert das Figurenverzeichnis, das nachfolgend vollständig wiedergegeben sei, in beiden Textfassungen gleichermaßen eine scheinbar eindeutig traditionell ausgerichtete geschlechterideologische Verortung des Stückes:

> CAST OF CHARACTERS
>
> TOM HERFORD, *a sculptor*
> ANN HERFORD, *his wife*
> DAISY HERFORD, *his sister*
> MILLICENT, *his daughter*
> DR. REMINGTON, *his father-in-law*
> KEITH MCKENZIE, *his assistant*
> RUTH CREEL, *his wife's friend*
> ELLEN, *a maid*
>
> (HS_1 / HS_2 929)

Interessanterweise weist dieses Figurenverzeichnis im Vergleich zu Hernes *Margaret Fleming* eine ganz andere Struktur auf, suggeriert aber dennoch sehr ähnliche Aussageabsichten. Aus *gender*-analytischer Sicht ist hieran besonders bedeutsam, dass die Funktion Toms als Familienoberhaupt, sprich einer traditionell männlichen besetzten Rolle, dreifach markiert und damit geschlechterideologisch aufgeladen ist. So wird er *erstens* namentlich zuerst genannt, wodurch sein vermeintlich besonders großer Stellenwert als Hauptfigur des Stückes impliziert wird. *Zweitens* werden alle nachfolgend

147 Die von Crothers in den Jahren 1911/1912 kurzzeitig vorgenommene Umbenennung des Stückes in *The Herford* bewirkt hingegen eine Perspektivenverengung bzw. Konkretisierung, die wiederum das oben angesprochene Identifikations- und Betroffenheitspotential hinsichtlich des Publikums deutlich zurücknimmt und einen Raum zur Distanzierung von Bühnengeschehen und Figuren schafft. Es mögen diese Aspekte gewesen sein, die die Dramatikerin dazu bewegt haben, ihr Stück spätestens ab 1917 wieder unter dem ursprünglichen Titel *He and She* aufzuführen.

aufgeführten Figuren über das jeweilige Verwandtschafts- bzw. Beziehungsverhältnis zu ihm definiert, wenngleich doch z.B. in Ruths Fall die Ergänzung ‚*Ann's friend*' oder bei Dr. Remington der Zusatz ‚*Ann's father*' viel plausibler und neutraler erscheinen würde. Durch die unübersehbare Wiederholung des Possessivpronomens ‚*his*' im Figurenverzeichnis wird jedoch nicht nur seine übergeordnete Position als Referenzfigur für alle anderen, sondern auch seine ‚starke Männlichkeit' bzw. ‚männliche Stärke' betont. *Drittens* weist ihn der Zusatz ‚*a sculptor*' als traditionellen *breadwinner* und *provider* zumindest für die unmittelbar mit ihm verwandten Figuren aus, die wiederum auf ihre jeweiligen weiblichen Rollen als *wife, sister* und *daughter* innerhalb dieses Familienkreises reduziert werden. Die Information, dass auch Ann als Bildhauerin bzw. Daisy als Sekretärin arbeiten, wird im Figurenverzeichnis offenbar bewusst ausgespart, um das Bild einer traditionellen Familienordnung und Rollenverteilung zu suggerieren.

Zusammenfassend kann festgehalten werden, dass die paratextuellen Markierungen, insbesondere im Figurenverzeichnis, in beiden Fassungen im Wesentlichen den Eindruck bestärken, es handele sich bei *He and She* um ein Theaterstück, das in gewohnter Weise den herrschenden Geschlechterdiskurs und die konservative Erwartungshaltung des Broadway-Publikums bedient. Die im Paratext angelegten Erwartungen werden dann aber nur, wie die nachfolgenden Analysen zeigen werden, in der *Schluss*sequenz *einer* Fassung (HS_1) tatsächlich bestätigt, während sie in der revidierten Spätfassung (HS_2) unterlaufen werden. Auf diesen Aspekt wird in Abschnitt IV.2.3. noch detaillierter einzugehen sein.

Crothers' Spiel mit Weiblichkeitsstereotypen im Spiegel der *career vs. home*-Debatte

Ein Vergleich beider Textfassungen lässt eine weitere Parallele erkennen, die sich auf die Darstellung der beiden weiblichen Nebenfiguren Daisy und Ruth bezieht. In bisherigen Studien zur Spätfassung des Stückes wird die Funktion dieser beiden Frauenfiguren dahingehend definiert, dass sie in ihrer Verkörperung als *true woman* (Daisy) bzw. *new woman* (Ruth) auf der Figurenebene jene gegensätzlichen Weiblichkeitskonfigurationen repräsentieren, zwischen denen sich die weibliche Hauptgestalt Ann in Bezug auf ihre eigene Rollenidentität offenbar zu entscheiden hat. So schreibt etwa Brenda Murphy: „These two minor characters serve to emphasize the choices open to the protagonist Ann"[148] In Gary A. Richardsons Auseinandersetzung mit

148 Murphy, „Feminism in the Marketplace", 83. In einer anderen Veröffentlichung formuliert Murphy ähnlich: „These two characters exist primarily to emphasize the conflict of the play's protagonist, Ann […]." (*American Realism and American Drama*, 99).

den drei Frauenfiguren wird indirekt ebenfalls deutlich, dass der Verfasser der Ansicht ist, dass „[t]he ideological conflict over the role of women" durch die Gegenüberstellung der beiden Antagonistinnen Daisy und Ruth in der *subplot*-Handlung geschickt in das Stück integriert wird, um Anns „difficult dilemma" auf der Figurenebene durch entsprechende Personifikationen der beiden Konfliktpole abzubilden.[149] Zwar sind diese Funktionszuschreibungen durchaus richtig, allerdings greifen sie zu kurz, weil sie einen wesentlichen Aspekt unberücksichtigt lassen.

In einem Vergleich von Früh- und Spätfassung wird nämlich außerdem deutlich, dass die Dramatikerin zur Darstellung dieser beiden Frauenfiguren in beiden Textversionen Inszenierungsverfahren wählt, die sich als ‚Spiel mit stereotypisierten Weiblichkeitsvorstellungen' ihrer Zeit beschreiben lassen und den beiden Figuren eine gewisse Ambiguität verleihen.[150] Konkret bedeutet dies, dass Crothers mit Daisy und Ruth zwei Frauenfiguren auf die Bühne bringt, die ihrem *äußeren* Erscheinungsbild nach Assoziationen mit bestimmten Weiblichkeitsmustern hervorrufen, die jedoch dem eigentlichen, also *inneren* Rollenverständnis bzw. dem tatsächlichen Selbstbild der Figuren diametral entgegenstehen. Unter dem Eindruck ihrer jeweils missverstandenen Rollenidentität leiden die beiden Frauen insofern, als es Daisy in ihrer Erscheinung als „big, plucky, independent thing" (*HS*$_2$ 933) zunächst nicht gelingen kann, „to make a home—to bring up children—and to keep a man's love" (*HS*$_{1/2}$ 949) und sich Ruth als „little delicate fragile [woman]" (*HS*$_2$ 933) ausgesprochen schwertut, sich in der männerdominierten Welt ihrer Zeitschriftenredaktion durchzusetzen, obwohl sie „a mind bigger than most [...] *men*" hat (*HS*$_2$ 933, Hervorhebung im Original). Beide Frauen – und das verbindet sie trotz ihrer gegensätzlichen Figurenkonzeption auf tragische Weise – sind gezwungen, eine Rolle zu spielen, die ihrer wahren Identität nicht entspricht. Dieses ironische Spiel mit stereotypengeleiteter Fremdwahrnehmung und

149 Gary A. Richardson, *American Drama from the Colonial Period through World War I: A Critical History* (New York, NY: Twayne Publishers, 1993), 256-257 zu dieser Thematik, 256 für die Zitate.

150 Hierzu sei, der Analyse ein Stück weit vorgreifend, angemerkt, dass sowohl die Konzeptionen der weiblichen Nebenfiguren Daisy und Ruth als auch die Gestaltung der Nebenhandlung als solche in beiden Fassungen nahezu identisch sind. Zwar sind im Zuge der Textrevision diverse Figurenrepliken ergänzt, modifiziert oder eliminiert worden, insgesamt haben diese Veränderungen jedoch keinen Einfluss auf die Gesamtwirkung. Da sich in der Komplementäranalyse bzw. Zusammenschau der beiden Textfassungen ein besonders detailliertes Bild der beiden Frauenfiguren erstellen lässt, weil die beiden Versionen diesbezüglich wie zwei ineinander passende Puzzleteile wirken und sich einander ergänzen, wird hierzu nachfolgend aus beiden Fassungen gleichermaßen zitiert, um insbesondere die figurenkonzeptionellen Nuancen aufzeigen zu können.

tatsächlicher Innensicht der Figuren dient in Crothers' Stück der Aufdeckung (und Zurschaustellung) gesellschaftlicher Pauschalisierungs- und Kategorisierungstendenzen. Anhand der Figuren verdeutlicht die Dramatikerin in beiden Textfassungen gleichermaßen, dass die diskursiv erzeugte Korrelation von weiblicher Fragilität und beruflicher Untauglichkeit ein gesellschaftliches Konstrukt ist, das den herrschenden Geschlechterdiskurs stützen und eine kritische Hinterfragung des viktorianisch geprägten Geschlechtermodells verhindern soll.

Daisy zum Beispiel vermittelt aufgrund ihres selbstbewussten Auftretens, ihrer kräftigen Statur – im Stück wird sie u.a. als *„self-reliant looking"* (*HS*$_1$ 934) und *„strong"* (*HS*$_2$ 933) bzw. „big strong girl", „look[ing] big" und „look[ing] broad" (*HS*$_2$ 946) beschrieben – und nicht zuletzt aufgrund ihres vermeintlichen Engagements in ihrer Arbeit als Sekretärin den Eindruck einer unabhängigen, ambitionierten Karrierefrau, die „not that kind [of woman]" (*HS*$_1$ 943) ist, „who would be [...] glad to live in a little flat and [...] just [...] be the nicest thing in a world to some man" (*HS*$_1$ 949). Insbesondere ihre Körperlichkeit verleiht der Figur maskuline Züge, die offenbar automatisch als Beleg ihrer beruflichen Ambitionen gedeutet werden. Entsprechend wird sie von fast allen Figuren falsch eingeschätzt und wird ihr Verhalten fehlinterpretiert – ein Umstand, dessen sie sich selbst durchaus bewusst ist, wie eine Replik in der Spätfassung verdeutlicht: „I know just what I seem like to other people [...]." (*HS*$_2$ 935). So sagt beispielsweise Tom über seine Schwester Daisy, dass sie „*one* woman who is fit for business" sei (*HS*$_1$ 935, Hervorhebung im Original). Überdies glaubt auch Keith, mit seiner Einschätzung – „You don't care anything for men and you're independent and like your own way." (*HS*$_1$ 942, vgl. auch *HS*$_2$ 935) – richtig zu liegen und sieht sich aus seinem ‚eingeübten' Blickwinkel heraus immer wieder in seiner Ansicht bestärkt. Als Daisy beispielsweise zu Keith sagt, dass sie sich später am Abend noch an den Schreibtisch setzen werde, um die Büroarbeit zu erledigen, sieht Keith seine Wahrnehmung von ihr als beflissene Karrierefrau bestätigt: „You're a wonder, Daisy. You don't mind sitting up late to get your letters off, do you?" (*HS*$_1$ 942). Und auch als Daisy ihre falschen Kalkulationen korrigiert und sich mit „How could I make such a mistake?" (*HS*$_1$ 942) über ihren Irrtum wundert, hält Keith eine in sein Wahrnehmungsschema passende Erklärung bereit: „You made it because you add so *fast*, I suppose." (*HS*$_1$ 942, Hervorhebung im Original). In Wirklichkeit aber erweist sich Daisy als inkompetent – eine Tatsache, die vor allem in der Frühfassung des Stückes auffallend deutlich hervorgehoben wird (vgl. *HS*$_1$ 934, 941f. sowie *HS*$_2$ 937). So stellt sich heraus, dass ihr die erwähnten Rechenfehler nicht unterlaufen, weil sie so schnell rechnet, sondern weil sie gar nicht besonders gut rechnen kann; im Nebentext erfolgt der Hinweis, „[*that she is*] *counting on* *her fingers*" (HS_1 941). Langsamkeit und Fehlerhäufung, nicht Fleiß und beruflicher Ehrgeiz, sind sodann auch die Gründe ihrer abendlichen Mehrarbeit, durch die sie ihre mangelnde Begabung zu kompensieren versucht.

Im Kontrast dazu wird Daisy gleichzeitig in beiden Fassungen immer wieder in Szenarien gezeigt, die dem Bild der emanzipierten Karrierefrau, die kein Interesse an Ehe, Familie und Häuslichkeit zu haben scheint, widersprechen. Dieser rollenbezogenen Pendelbewegungen der Figur sorgen sodann auch für Irritationen unter den übrigen Figuren.[151] Sie zeigen Daisy in ungewöhnlichen Situationen bzw. (Sprach-)Handlungen und heben – wie die nachfolgenden Beispiele implizieren – ihre an das Bild der fürsorglichen, häuslichen *true woman* anknüpfenden Qualitäten hervor, die sie in Anwesenheit männlicher Figuren allerdings nie explizit anspricht, sondern nur indirekt offenbart. So sieht man sie beispielsweise mal nähend oder „*singing in the library*" (HS_1 945), mal den Wohnbereich der Herfords *downstairs* dekorierend („Got pictures and curtains up down stairs.", HS_1 934) oder mal Remingtons Krawatte richtend („Oh, your tie's awefully crooked. Pull it around. No, this way. And there's a spot on it. Too bad! (*Rubbing the tie with her handkerchief.*)", HS_1 934). Auch als sich Keith in einer nur in der Spätfassung vorhandenen Szene in den Finger schneidet, ist Daisy „[*w*]*ith a sudden tenderness*" sofort zur Stelle, um mit ‚typisch weiblicher' Fürsorge die Schnittwunde „*with her own handkerchief*" (HS_2 935) zu verbinden. Am deutlichsten tritt die wahre Rollenidentität Daisys in Erscheinung, als sie – bezeichnenderweise kurz nachdem Ruth die Verlobung mit Keith aufgelöst hat – im Gespräch mit Keith einen fehlenden Knopf an dessen Jacke entdeckt und diesen prompt annäht (vgl. $HS_{1/2}$ 949). In der Spätfassung singt sie dabei sogar „*an old ditty*", in das Keith summend einstimmt (HS_2 949), wodurch der Eindruck weiblicher Fürsorge, Wärme und Häuslichkeit noch einmal zusätzlich unterstrichen wird. Von Daisys geschicktem Umgang mit Nadel und Faden gleichermaßen beeindruckt und irritiert, fragt Keith, „How does it happen you're so handy with a needle? I thought you were all for business?" ($HS_{1/2}$ 949). Dieses sich ihm nun präsentierende Bild von Daisy mag so gar nicht in sein Wahrnehmungsschema passen. Zwar zeigt er sich erstaunt über Daisys Verhalten („Sometimes you kind of stump me,

151 Beispielsweise verleiht Ann ihrer Verwunderung an einer Stelle der Frühfassung wie folgt Ausdruck: „Sometimes, though, she rather puzzles me. Something comes into her voice or face that contradicts her whole personality." (HS_1 941). Und wenn Daisy zum Beispiel in der Spätfassung zu Ruth sagt, „[that] it is not possible for a man and woman to love each other and live together and be happy—unless the man is—*it*.", dann zeigt sich auch Ruth angesichts solcher Äußerungen verwundert: „How any girl who makes her own bread and butter can be so old fashioned as you are—I can't see." (HS_2 956, Hervorhebung im Original).

Daisy—you sort of get me guessing.“, HS_1 942), aber in seiner Überzeugung, dass die *true woman* „a thing of the past“ sei und Frauen gemeinhin „all *brain* nowadays“ seien (HS_1 949 bzw. HS_2 950, Hervorhebung im Original), gelingt es Keith nicht, aus seinem stereotypen Schubladendenken herauszutreten und in Daisy die *true woman* zu erkennen, die sie eigentlich ist. Daisy selbst ist es im Rahmen des viktorianisch geprägten *code of female conduct* nicht gestattet, dem begriffsstutzigen Keith ihre wahre Identität oder Gefühlslage zu offenbaren, geschweige denn, ihm Avancen zu machen. Immer ist sie gezwungen, durch die Blume zu sprechen und es bei Andeutungen zu belassen: „The trouble is—a *woman* can't *ask*. Even if a man is—just at her hand—and she knows she could make him happy—she can't *tell* him—she can't open his eyes—she has to hide what might make things right for both of them. Because she is a woman.“ (HS_2 950, Hervorhebung im Original)[152]. Da Keith allzu stark mit seinen eigenen Versagensängsten als ‚richtiger Mann' beschäftigt ist, bleibt er blind für Daisys Versuch, ihm durch diese doch eindeutige Anspielung ‚die Augen zu öffnen'. Entsprechend ‚sieht' er nicht, „[that Daisy is] putting up the bluff of being independent and happy“ (HS_1 949 bzw. HS_2 950). Auf das Blindheitsmotiv wird in diesem Zusammenhang gleich noch einmal zurückzukommen sein. Interessant ist zunächst, dass Keiths tiefsitzenden Ängste um die schwindenden Chancen auf ein traditionelles Leben – Richardson spricht in diesem Zusammenhang von Keiths „pervasive anxiety“[153] – auf der Figurenebene spiegelbildlich die Befürchtungen der Gesellschaft reflektieren, dass die *new woman* in bislang männlich besetzte Sphären vordringen und die traditionelle *true woman* vollkommen verdrängen könnte. Darin nämlich manifestiert sich bekanntlich die Männlichkeitskrise des traditionellen *true man*. Keith steht damit exemplarisch für all jene Männer, die pauschal gesprochen in jeder berufstätigen Frau eine *new woman* erkennen wollen, die die bestehende Geschlechterordnung zu gefährden droht.

Dass derartige Pauschalisierungstendenzen, wie sie Keith präsentiert, nicht der Realität entsprechen; dass sich aufgrund des äußeren Erscheinungsbildes einer Frau nicht automatisch auf einen bestimmten Frauentypus schließen lässt; dass es neben dem emanzipierten Frauentypus auch weiterhin Frauen mit einem traditionellen Weiblichkeitsverständnis gibt – Daisy selbst sagt, „They're lying around *thick*.“ (HS_1 949 bzw. HS_2 950, Hervorhebung im Original);

152 Diese Replik existiert in beinahe identischer Form auch in der Frühfassung (vgl. HS_1 949). Dort wird durch einen nach dem ersten Satz eingeschobenen Hinweis im Nebentext – „(*Controlling her voice.*)“ – deutlich, wie sehr Daisy um Kontrolle und Fassung ringen muss.

153 Richardson, *American Drama*, 256.

und dass die Ängste der Gesellschaft demnach weitgehend unbegründet sind, wird anhand der Figur Daisy eindrucksvoll verdeutlicht. Demonstrativ lässt Crothers ihre Figur Daisy sodann auch sagen: „I'm working because I have to. There's no *man* in my horizon." (*HS*$_1$ 940, Hervorhebung im Original). Und: „[...] I'm not expressing my soul in my job—merely earning by [*sic*] bread and butter." (*HS*$_2$ 936). Crothers appelliert damit gewissermaßen an das implizierte Publikum, zu differenzieren und – vereinfacht gesagt – genauer hinzuschauen. In beiden Fassungen (vgl. *HS*$_1$ 950 und *HS*$_2$ 950f.) ist Keiths eingeschränktes Wahrnehmungs- und Differenzierungsvermögen, das Dr. Remington im figurativen Sinne als „a [bad] case of short sightedness" (*HS*$_2$ 951) bezeichnet, sodann auch an das Motiv der Blindheit gekoppelt. Wenn Remington zu bedenken gibt, dass er selbst „pretty blind—but thank God not quite as blind as [...] Keith" sei und letzteren dazu auffordert, „[to] [o]pen your eyes and look around" (*HS*$_2$ 951), dann zeigt sich daran, dass das Blindheitsmotiv – wie auch die Analyse von James A. Hernes *Margaret Fleming* gezeigt hat – von einigen Broadway-Dramatikern offensichtlich bevorzugt dazu verwendet wird, das Nicht-(Über-)Sehen-Wollen bzw. -Können geschlechterideologischer Grenzziehungen oder Horizonterweiterungen ihrer Figuren zum Ausdruck zu bringen.

Im Hinblick auf die Figur Ruth ist eine ähnliche, wenngleich auf einen anderen Weiblichkeitstypus abzielende Inszenierungsform festzustellen, wie Crothers sie bei Daisy wählt. Da sich der Zusammenhang zwischen weiblicher Körperlichkeit und beruflicher Kompetenz im Vergleich zu Daisy gerade umgekehrt verhält, kann von einem figurenkonzeptionellen Kontrastverfahren gesprochen werden. Anders als Daisy wird Ruth im Nebentext der Frühfassung nämlich als zierliche, besonders feminine Frau in das Stück eingeführt. Dort heißt es, Ruth sei „*a slender blonde woman about 30—pretty—delicate and extremely feminine*" (*HS*$_1$ 931). Ruths Attraktivität und Weiblichkeit einerseits, aber auch ihre – dem äußeren Erscheinungsbild nach – auf Zerbrechlichkeit und physische Schwäche hindeutenden Eigenschaften spiegeln sich in diversen Figurenrepliken. So bezeichnet Tom sie in der Frühfassung beispielsweise als „awfully pretty" und „a great little woman" (*HS*$_1$ 933); sie selbst nennt sich in ironischer Anspielung auf das populäre Weiblichkeitsstereotyp des ‚schwachen Geschlechts' „little and weak" (*HS*$_1$ 933). Auch in der Spätfassung wird auf die oben genannten Figurenmerkmale Ruths hingewiesen, wenngleich Crothers hier auf den eine Figur üblicherweise beschreibenden Nebentext verzichtet. Entsprechende Hinweise sind deshalb den Figurenrepliken zu entnehmen: In Bezug auf Ruths Körperform sieht beispielsweise Ann in Ruths „beautiful bones without a superfluous ounce of flesh on them" den „most alluring charm a woman can have" (*HS*$_2$ 946). Und auch die bereits oben zitierte

Replik, in der Keith seine Partnerin als „little delicate fragile“ (HS_2 933) bezeichnet, verweist auf die Zierlichkeit der Figur. Daneben deuten auch die von Daisy verwendeten Attribute „skinny“ und „narrow“ auf eine entsprechende Körperform hin (HS_2 946). Beide Textfassungen evozieren demzufolge im Hinblick auf Ruth das Bild einer äußerst attraktiven, aber aufgrund ihrer Statur anscheinend auch schutzbedürftigen Frau durch einen männlichen *protector*. Damit bedient Ruth in Bezug auf ihr äußeres Erscheinungsbild durchaus das viktorianisch geprägte Weiblichkeitsmuster, das auf den ersten Blick keine Anzeichen einer emanzipierten Karrierefrau erkennen lässt.

Dieses stereotype Weiblichkeitsbild wird analog zu Daisy ebenfalls wieder in beiden Fassungen gleichermaßen gebrochen, da Ruths Selbstbild mit der Außenwahrnehmung anderer Figuren nicht korrespondiert, sondern geradezu gegensätzlich ist. Während Ruth für andere aussieht „like the little cuddly kind who ought to be the clinging one“ (HS_1 940), betrachtet sie sich selbst in erster Linie als intelligente Frau, die es durchaus mit ihren männlichen Kollegen aufzunehmen vermag. Eine Dialogpassage der Frühfassung gewährt entsprechend einen Einblick in die Innensicht der Figur: „Feminine! I'm sick of the word. Of course I'm feminine. I like pretty things to wear—and I'm afraid of mice—but that's no reason I should pretend I haven't any brains and bow down to a man all my life.“ (HS_1 940). In Ruth wird hinsichtlich figurenkonzeptioneller Aspekte sodann – und quasi als implizite Kritik an den starren tradierten Weiblichkeitsvorstellungen – Femininität demonstrativ mit beruflichem Erfolg korreliert. Analog zur Darstellung Daisys dient auch hier Crothers' Spiel mit der Figurenambiguität der Aufweichung tradierter Weiblichkeitsstereotype bzw. der Dekonstruktion pauschalisierender Weiblichkeitskonfigurationen. Im Unterschied zu Daisy erweist sich Ruth nämlich als überaus kompetent, ambitioniert und erfolgreich in ihrem Beruf, den sie im Gegensatz zu Daisy über alles liebt (vgl. z.B. HS_1 948). Als Redakteurin eines Frauenmagazins ist sie, um mit Toms Worten zu sprechen, „a howling success“ (HS_1 933). Sie ist eine *career woman*, die sich aus eigener Kraft und Begabung die Karriereleiter emporgearbeitet hat,[154] obgleich sie in ihrem männerdominierten Arbeitsumfeld immer wieder

154 Die biographischen Informationen zu ihrer Figur Ruth streut die Dramatikerin entsprechend ihres Status als Nebenfigur sparsam ein. Eine nur in der Spätversion vorhandene Replik Ruths gewährt jedoch einen kleinen Einblick in ihr offenbar von Schicksalsschlägen geprägtes Leben. So sagt Ruth u.a. „I've never had a home for a minute—in my whole life—nor a relative since I was three—[…].“ (HS_2 936). Vor diesem eher düsteren autobiographischen Hintergrund zum einen und in Anbetracht ihres hart erarbeiteten beruflichen Erfolgs als Redakteurin zum anderen verkörpert Ruth quasi die *self-made woman*, also das weibliche Pendant zur „prototypically male formula […] of the self-made man“ (Paul, *The Myths That Made Ameica*, 368, 370). Zum soziokulturellen

mit Klischees und Vorurteilen konfrontiert wird, die sie allerdings mit ihren weiblichen ‚Waffen' zu bekämpfen weiß, wie das folgende Vertrauensgespräch zwischen Ruth und Ann in der Frühfassung belegt:

RUTH.	[…] I'm so sick of pretending that I'm overawed by a man's superior intelligence, that I don't know what to do. Why, I have to manage every man on the magazine—by wheedling and flattering.
ANN.	(*Laughing.*) Those are your weapons.
RUTH.	Yes, and I hate them. I never dare to say what I think in a sensible, businesslike way. It would be such a relief to say—‚I *know* it's *wrong*, and that settles it—you go to the devil'; but I have to smile and smile and *appeal*. I can't even be my *real* self with Keith—[…]

(*HS*₁ 939f., Hervorhebung im Original)

Ähnlich wie Daisy sieht sich auch Ruth mit einem weiblichen Verhaltenskodex konfrontiert, der es ihr untersagt, ihr wahres Ich zu zeigen. Sie leidet darunter, den ihr nur vermeintlich überlegenen männlichen Redaktionskollegen Ehrfurcht und Respekt vortäuschen zu müssen, während sie ihre tatsächliche Kompetenz hinter einer Fassade des *wheedling, flattering, smiling* und *appealing* zu verbergen hat – Verhaltensmuster also, die sich im Rahmen des viktorianischen Weiblichkeitsdiskurses bewegen. Sie kann, um die Kernaussage des voranstehenden Zitats noch einmal aufzugreifen, nicht sie selbst sein.

Eine nur in der Spätfassung vorhandene Dialogpassage unterstreicht hingegen, mit welcher Hingabe und Kompetenz Ruth ihre Aufgabe ausfüllt bzw. wie sie es versteht, ihr ‚weibliches Verhandlungsgeschick' gezielt einzusetzen:

KEITH.	How are you?
RUTH.	Dead. This day's been twenty-four hours long. (*Sitting at left end of table.*)
KEITH.	(*Coming down to* RUTH.) Has anything gone wrong?
RUTH.	No—but a young author from the eloquent West has been fighting me since nine o'clock this morning.
KEITH.	What about?
RUTH.	He's got a perfectly magnificent story—or idea for one, rather—but it's so crudely written that it's impossible to publish it.
DAISY.	I suppose you can re-write it for him.
RUTH.	No, he won't let me. Wants to do it all himself. Oh, he's so stubborn and so funny and so splendid. So outlandishly conceited and so adorably boyish I wanted to slap him one minute and kiss him the next.

(HS_2 935)

Phänomen der *self-made woman* schreibt Paul: „The myth of the self-made man can also be related to women" (ebd. 398). Übertragen auf Crothers' Stück lässt sich feststellen, dass Ruth den Inbegriff von „female self-making" und „[w]omen's upward mobility" repräsentiert (ebd. 399, 401).

Nicht nur betont das Textzitat ihre Qualitäten als fähige Lektorin; der Auszug verdeutlicht außerdem, dass Ruth in einer männerdominierten Arbeitswelt standhaft bleibt und auch schwierige Auseinandersetzungen nicht scheut. Die typischen Eigenschaften einer *true woman* – *submissiveness* und *inferiority* –, die sie durch ihr äußeres Erscheinungsbild, wie gezeigt, durchaus suggeriert, weist sie entgegen der (Publikums-)Erwartungen also nicht auf. Noch deutlicher kommt dies zum Tragen, als Ruth ihrem Partner Keith vom Grund ihrer Beförderung berichtet:

> RUTH. Well—last week there was a row in the office over a matter concerning the policy of the magazine and I differed with all the men in my department. At last I was sent for by the Editor in Chief. He was terribly severe at first, and I was frightened to pieces—but I stuck to my guns—and bless your soul he sent for me again today and said they had had a meeting of the directors and that they decided—oh, it's too—
>
> KEITH. What? What?
>
> RUTH. They had decided to make me Editor of the Women's Magazine. (*Fights back her tears.*) Isn't it funny?
>
> (HS_2 948)[155]

Die Tatsache, dass sich Ruth gegen „all the men in [her] department" durchsetzt, ihren Ansichten treu bleibt („stuck to my guns") und sich in der männerbeherrschten Berufswelt von der vermeintlichen „man's superior intelligence" nicht einschüchtern lässt, verleihen dieser Figur eine innere (Charakter-)Stärke, die ihrer scheinbaren physischen Schwäche entgegengestellt wird.[156]

Zusammenfassend lässt sich in Bezug auf Daisy und Ruth festhalten, dass an beiden Frauenfiguren deutlich wird, mit welcher Sorgfalt Crothers ihre Figuren

155 Diese Passage ist in beiden Textfassungen nahezu identisch (vgl. HS_1 948). Eine geringfügige, aber aus einer *gender*-kritischen Perspektive betrachtet durchaus bedeutsame Abweichung besteht darin, dass Ruth in der Frühfassung lediglich in das Redakteuren-Team des Magazins aufgenommen wird („They had decided to put me on the Editorial Staff.", HS_1 948), während sie in der revidierten Textfassung bezeichnenderweise zum „Editor of the Women's Magazine" befördert wird. Durch diese geringfügige Veränderung wird Ruths Erfolg vor dem Hintergrund des Konzepts der *self-made woman* und weiblicher *upward mobility* (siehe oben Anm. 154/IV) noch einmal wirkungsvoller in Szene gesetzt.

156 Oppermann erklärt sich Ruths Stärke mit der „Familienlosigkeit" der Figur (siehe hierzu Anm. 154/IV oben), die „darauf hin[deutet], daß sie das Weiblichkeitsmuster des ‚Angel in the House' und die darauf sich berufenden Erwartungen der Umwelt nicht verinnerlicht hat, da ihr die weiblichen Bezugs- und Vorbildpersonen gefehlt haben." (*Das Engelsmuster*, 269). Ruth habe, schreibt Oppermann weiter, „keine fertige Definition von Weiblichkeit mit auf den Weg bekommen" (ebd.) und habe „formende frühkindliche Eindrücke der konventionellen Frauenrolle nicht empfangen" (ebd. 271), sodass das „Engelsmuster für sie ohne Gültigkeit oder Verbindlichkeit ist" (ebd. 273).

konzipiert. Die Dramatikerin schreibt beiden Nebenfiguren eine komplexe Ambiguität ein, die durch die jeweilige Widersprüchlichkeit von körperformbezogener Außenwahrnehmung einerseits und geschlechterideologischer Selbstpositionierung andererseits eine Brechung stereotyper Weiblichkeitsvorstellungen bewirkt und entsprechend provokativ eine Aufweichung starrer, kategoriengeleiteter Pauschalisierungen vom zeitgenössischen Publikum einfordert. Dabei scheint Crothers großen Wert darauf zu legen, ihre Figuren weitgehend wertungsfrei darzustellen bzw. sie nicht gegeneinander auszuspielen. Zwar mögen, um dies am Beispiel der Mutterrolle zu illustrieren, Ruths extreme Äußerungen wie „But I don't want children.", „It's children—children—that hold a woman back.", „[...] I'm not the mother type." (*HS*$_1$ 940) bzw. „I think being a mother is the most gigantic, difficult, important and thankless thing in the world.", „It would bore me stiff to take care of a baby.", „(*Making herself comfortable on the couch.*) I'm not going to *have* children." (*HS*$_2$ 945, Hervorhebung im Original) das konservative Theaterpublikum durchaus schockiert haben, allerdings dürften auch Daisys „mid-Victorian ideas" (*HS*$_2$ 939), wie sie in Repliken wie „[...] That's enough to use all the brain a woman's got—to make a home—to bring up children—and to keep a man's love." (*HS*$_1$ 949) oder „[...] [I]f I ever *do* marry, I'll *marry* and do all the things that belong to my side of the game." (*HS*$_2$ 945, Hervorhebung im Original) zum Ausdruck kommen, unter dem Eindruck der Moderne, der Frauenemanzipation und der Reformierung bestehender Geschlechterbeziehungen insbesondere beim progressiv eingestellten Publikum mindestens ebenso extrem, weil entschieden rückwärtsgewandt gewirkt haben.

Festzuhalten ist, dass Crothers erstens auf ungewöhnliche und deshalb innovative Weise beide Figuren einer verallgemeinernden Kategorisierung entzieht und zweitens beiden Figuren gleichermaßen Raum für ein, wie Fearnow es nennt, „full and fair hearing [...] without judgement from the playwright"[157] gewährt. Dass Rachel Crothers beide Figurenkonzeptionen auch im Zuge der Textrevision nahezu unverändert lässt – die Ergänzung bzw. Eliminierung einzelner Repliken ist an dieser Stelle vernachlässigbar –, kann als Beleg dessen angesehen werden, dass die Dramatikerin darauf insistiert, verschiedenen Weiblichkeitskonfigurationen auch in der revidierten Fassung eine Stimme innerhalb der Aushandlung der *career vs. home*-Debatte zu geben, um ‚eingeübte' stereotype, pauschalisierende Sichtweisen auf *die* berufstätige Frau aufzubrechen. Wenn in einigen Studien bislang argumentiert wurde,

157 Fearnow, „Theatre Groups and Their Playwrights", 186. Fearnow bezieht sich in seinen Ausführungen nur auf die *new woman*-Figur Ruth. Diese Formulierung trifft jedoch, wie gezeigt, auf beide Frauenfiguren und beide Fassungen gleichermaßen zu.

dass in der revidierten Spätfassung von Crothers' *He and She* insofern eine Priorisierung des *true woman*-Typus vorgenommen wird, weil die *new woman*-Figur Ruth an einer Stelle das Stück verlässt und für die verbleibende Dauer der Handlung nicht wieder in Erscheinung tritt,[158] dann ist dieses Argument insofern nicht sehr stichhaltig, als nicht nur Ruth, sondern auch Daisy zu einem sehr frühen Zeitpunkt des Schlussaktes, nämlich in der 2. Szene, aus dem Bühnengeschehen ausscheiden[159] (siehe Abb. 8).

III. Akt (Spätfassung HS_2)						
Szene	1	2	3	4	5	6
Tom			x	x		x
Ann				x	x	x
Daisy	x	x				
Milli.				x	x	
Dr. R.		x	x	x		
Keith		x				
Ruth	x	x				
Ellen						

Abb. 8
Konfigurationsstruktur des III. Aktes (HS_2)[160]

158 Frank schreibt z.B.: „Ruth Creel, a professional journalist who ended her engagement when her fiancé insisted she leave her career after marriage, […] soon disappears from the play" (Glenda Frank, „Rachel Crothers", *Dictionary of Literary Biography. Vol. 266: Twentieth-Century American Dramatists. Fourth Series*, ed. Christopher J. Wheatley (Detroit, MI: Gale Research, 2003), 43-56: 47). In ähnlicher Weise konstatiert Gottlieb, „[that] Ruth […] disappears from the play in the crucial last act, so her preference for childlessness disappears as an alternative life-style in the play" (*Rachel Crothers*, 57).

159 Der Vollständigkeit halber sei ergänzt, dass es sich in der Frühfassung ähnlich verhält. Dort verlässt Daisy die Handlung in III/4, während Ruth in der davor gezeigten Szene III/3 letztmalig auftritt. Diese geringfügige Abweichung hat jedoch keinen Einfluss auf die Gesamtwirkung des Stückes und kann deshalb vernachlässigt werden.

160 Cothers' Stück selbst weist außer den Markierungen der drei Akte keine Szenenmarkierungen auf. Für die Erstellung der Konfigurationsstruktur und Einteilung des Textes in Szenen dienten die Auf- und Abgänge der Figuren bzw. die sich dadurch jeweils verändernden Konfigurationen als Referenzpunkte. Der Auftritt bzw. die Anwesenheit einer bestimmten Figur in einer bestimmten Szene ist in der Abbildung jeweils mit ‚x' markiert. Die Reihenfolge der aufgelisteten Figuren entspricht der des Figurenverzeichnisses im Stück, die in beiden Fassungen, wie gezeigt, identisch ist. Layout-bedingt wurden die Namen zweier Figuren (Millicent und Dr. Remington) mit ‚Milli.' bzw. ‚Dr. R.' abgekürzt.

Zwar suggeriert das Stück über den Schlussakt hinaus ein glückliches Zusammenfinden der *true woman* Daisy und des *true man* Keith, damit ist jedoch nicht gleichzeitig impliziert, dass nicht auch die emanzipierte *new woman* Ruth mit ihrer Entscheidung weniger glücklich wäre. So richtet sich Ruths Frage, „But what about *me*—and what I want and have to have—in order to be *happy*?“ (HS_2 948, Kursivierung von ‚*happy*‘ KT), die sie stellvertretend für die emanzipierte *new woman* ihrer Zeit zu stellen scheint, nicht nur an Keith, sondern an das implizierte Publikum bzw. die Gesellschaft im Allgemeinen. Gerade weil Crothers ihren beiden Frauenfiguren den Raum für eigene Entscheidungen gibt, sie ihr jeweils individuell unterschiedlich definiertes Empfinden von Glück – *happiness* wird in diesem Stück leitmotivisch verwendet – finden lässt und im Falle von Ruth und Keith eben *nicht* zusammenführt, was auch nicht zusammengehört, zeigt das Stück (dem Publikum) doch auf, dass es für jede Frau einen Lebensentwurf entsprechend ihres Weiblichkeitsverständnisses gibt bzw. geben sollte, ohne dass traditionelle Strukturen dadurch bedroht wären. Weil die Inszenierung dieser Figuren mit ihren jeweiligen Konflikt- und Handlungslinien in beiden Fassungen nahezu identisch ist, kann diesbezüglich durchaus gelten, dass beide Versionen in diesem Punkt ‚*essentially the same*‘ sind.

IV.2.3 Essentially different: *Zur unterschiedlichen Behandlung der Geschlechterthematik in den Schlusssequenzen von HS_1 und HS_2*

Wurden im voranstehenden Kapitelabschnitt die Parallelen zwischen beiden Textversionen herausgearbeitet, so widmet sich dieses Teilkapitel den Unterschieden.[161] Innerhalb der literaturkritischen Diskussion um Rachel Crothers' *He and She* wurde die Gestaltung und vor allem die Aussageabsicht der Schlussszene in HS_2 immer wieder thematisiert – und zum Teil unter zeitgenössischen Kritikern auch kontrovers diskutiert.[162] Da die frühere Fassung HS_1 bislang noch nicht Gegenstand literaturwissenschaftlicher bzw. *gender*-kritischer Untersuchungen gewesen ist, scheint eine Komplementäranalyse der beiden Schlusssequenzen vor allem deshalb sinnvoll und lohnenswert, weil hier – der nachfolgenden Analyse ein Stück weit vorgreifend – davon ausgegangen wird,

161 Dieser Untersuchungsaspekt wird unten im Kernabschnitt dieses Kapitels (IV.2.5) aufgegriffen und vertieft. Die Vergleichsanalyse der beiden Schlussszenen erfolgt an dieser Stelle ganz bewusst in einem vorgeschalteten, separaten Abschnitt, da die von den Schlussszenen jeweils unterschiedlich ausfallenden Wirkungen und auktorialen ‚Botschaften‘ den Hintergrund für die sich anschließende Zeitlupenstudie des jeweils ‚übrigen‘ Textes bilden soll.

162 Siehe dazu die Ausführungen weiter unten in diesem Abschnitt.

dass sich die beiden Schlussszenen zwar durchaus sehr ähneln und faktisch auch zum gleichen Resultat führen (Anns Verzicht auf jegliche künstlerische Tätigkeit und ihr Rückfall in das viktorianisch geprägte Weiblichkeitsmuster), sie sich jedoch im Hinblick auf ihre *gender*-bezogenen Implikationen, die im Subtext des Schlusstableaus mitschwingen, maßgeblich voneinander unterscheiden: Während HS_1 mit einem traditionellen *happy ending* und der, aus Sicht des zeitgenössischen Publikums, erwarteten diskursaffirmierenden Konfliktlösung aufwartet, handelt es sich bei HS_2 nur scheinbar um einen harmonischen Dramenausgang.

Der situative Kontext ist in beiden Versionen identisch: In der dem Schlussdialog zwischen Ann und Tom vorausgehenden Szene berichtet Millicent im vertrauten Gespräch mit der Mutter ausführlich von den Geschehnissen im Internat, ihren heimlichen Treffen mit dem Chauffeur und ihrer Verlobung mit selbigem. Bei dieser Szene handelt es sich in HS_1 wie auch in HS_2 um die längste des gesamten Stückes. Sie steht somit in starkem Kontrast zu den sonst mitunter sehr kurzen, episodenhaften Auftritten und verlangsamt die Handlungsentwicklung bzw. intensiviert somit gleichzeitig auch die Bedeutung der Handlung in dieser Schlüsselszene. Bezeichnenderweise fällt Ann die Entscheidung, ihre Karriere als Bildhauerin an den Nagel zu hängen, um mit Millicent nach Europa zu reisen, schon während dieser Unterredung. Und bezeichnenderweise trifft sie diesen weitreichenden Entschluss ohne Tom, der sowohl im wörtlichen als auch übertragenen Sinne von dieser Unterredung und Entscheidungsfindung ausgeschlossen wird.[163] Man mag in diesem selbstbestimmten Handeln quasi ein letztes ‚Aufbäumen' der Protagonistin gegen den Rollendruck und die Restriktionen des viktorianischen Weiblichkeitsdiskurses sehen, der zumindest für ambitionierte Frauen der Mittelschicht ein Nebeneinander von Karriere und Familie nicht vorsieht. Bis hierhin sind die beiden Szenen des Mutter-Tochter-Gesprächs identisch.

Was dann jeweils folgt, ist der Schlussdialog zwischen Ann und Tom, in dem deutlich wird, dass Ann die Beendigung ihrer künstlerischen Tätigkeiten und die Rückkehr in das tradierte Weiblichkeitsmuster in den beiden Fassungen tatsächlich sehr unterschiedlich bewertet. In einer direkten Gegenüberstellung der Schlusssequenzen, die nachfolgend vollständig wiedergegeben werden, können diese Unterschiede aufgezeigt werden.

163 In beiden Fassungen geht Ann in dem Moment, als sich Millicent ihr anvertraut, zur Tür und verschließt diese von innen (vgl. $HS_{1/2}$ 959). Im weiteren Verlauf wird im Nebentext beschrieben, wie Tom versucht, die Tür zu öffnen, von Ann allerdings aufgefordert wird, draußen zu warten: „Millicent and I are talking. Wait just a few minutes, Tom." ($HS_{1/2}$ 961).

TOM. Has she told you everything?
ANN. Everything.
TOM. What have you said to her? What are you going to do?
ANN. I'm going to take her away—and win her till she sees—till she gives up—of her own free will. I shall have to have the wisdom of all the ages. I shall have to be more fascinating than the boy. That's a pretty big undertaking, Tom. I wonder if I'll be equal to it.
TOM. You mean you're going to give up your frieze and go away with her? (ANN *nods.*) *Can* you? You're sure, Ann, that's what you want to do?
ANN. I'm only sure that Millicent needs me. Her whole life depends on just what I can do for her now. I've looked down into her heart. She's so sweet, so innocent—so helpless. Oh, how she needs me. How can I ever be thankful enough I found it out in time!
TOM. I know what all this means to you, dear girl. I wonder if you—can ever see it—as it is—to me?
ANN. (*Clinging to him.*) Oh, love me, Tom. Love me.
(*He holds her—kissing her.*)
ANN. (*Moving away.*) Put out the lights. (*She opens the door.* TOM *turns out the lights.* ANN *stands in the light, which comes in from the hall and puts out a hand to* TOM.
He goes to her—putting an arm about her. They go off.)
(*After a moment the curtain falls.*)

(HS_1 962, Hervorhebung im Original)

Dieser Schlussdialog in HS_1 vermittelt glaubhaft den Eindruck einer erleichterten Protagonistin, die Schlimmeres gerade noch rechtzeitig verhindern kann. Da sich Ann auf die Bedeutung ihrer eigentlichen Rolle als Mutter besinnt, scheint dieser Dramenschluss zu suggerieren, dass sie einsieht, mit ihren ‚unnatürlichen' Ambitionen als Künstlerin selbst auf Abwege geraten zu sein und quasi im letzten Moment doch noch auf den rechten Weg zurückfindet, wofür sie sich als überaus dankbar erweist: „How can I ever be thankful enough I found it out in time!" Entsprechend glaubwürdig wird auch die Bedeutung der Mutterrolle als die einzig wahre Aufgabe, die eine Frau *er*füllt und *aus*füllt, in dieser Version betont. Anns Replik, „I shall have to have the wisdom of all the ages. I shall have to be more fascinating than the boy. That's a pretty big undertaking, Tom. I wonder if I'll be equal to it.", impliziert, dass die standesgemäße Erziehung der eigenen Kinder solch eine gewaltige Aufgabe darstellt, dass deshalb im Leben einer Frau ‚naturgemäß' ohnehin kein Platz für Beruf und Karriere bleibt. Dementsprechend ist hier – mit einer Ausnahme – auch gar keine Rede mehr vom Preisgewinn oder etwa Anns herausragendem Talent als Künstlerin. Die einzige Replik, die sich darauf bezieht („You mean you're going to give up your frieze and go away with her?"), klingt eher nach einer Vergewisserungsfrage Toms, auf die er ohnehin eine bejahende Antwort erwartet.

In HS_1 wird somit die Möglichkeit weiblicher Berufstätigkeit zumindest für *mothers* der *white middle class* aus dem Stück eliminiert, sodass das Ende der Frühfassung ein deutliches Zeichen zugunsten tradierter Geschlechterrollen und des herrschenden Geschlechterdiskurses setzt. Gestützt wird dies durch eine prononciert versöhnliche Körpersprache beider Protagonisten. Indem sich Ann sprichwörtlich an den starken Mann klammert („*Clinging to him.*") und um seine Liebe bittet („Oh, love me, Tom. Love me."), betont sie ihre eigene Schutzbedürftigkeit und Schwäche, die ihr im Kontext des viktorianischen Weiblichkeitsdiskurses zugeschrieben werden. In seiner Rolle als Familienoberhaupt und Ehemann nun wieder bestätigt, zeigt sich Tom dann auch bereit, ihr die erbetene emotionale Zuwendung zu geben („*He holds her—kissing her.*"). Das versöhnlich wirkende Schlusstableau wird dann noch einmal intensiviert, als Ann – im Modus des Melodramatischen – beim Verlassen des Raumes im Gegenlicht des Flurs an der Tür stehenbleibt und, Tom ihre Hand entgegenreichend („*puts out a hand to* TOM"), in glorifizierter, beinahe madonnenhafter Inszenierung der idealtypischen *true woman* mit ihm gemeinsam Arm in Arm sprichwörtlich dem Licht entgegengeht („*He goes to her—putting an arm about her. They go off.*"). Dieser finale Bühnenabgang weckt Assoziationen des *Walking-into-the-sunset-and-living-happily-ever-after*-Motivs, das auf eine glückliche Zukunft der Protagonisten hindeutet.

In der revidierten Fassung HS_2 von 1920 liest sich die Schlusssequenz mit den hier grau markierten Veränderungen bzw. Ergänzungen wie folgt:

TOM. Has she told you everything?

ANN. Everything.

TOM. What have you said to her? What are you going to do?

ANN. I'm going to take her away—and win her till she sees—till she gives up of her own free will—I shall have to have the wisdom of all the ages. I shall have to be more fascinating than the boy. That's a pretty big undertaking, Tom. I wonder if I'll be equal to it.

TOM. You mean you're going to give up your frieze and go away with her? (Ann *nods her head.*) You can't do it, Ann.

ANN. (*Rising and moving away.*) Oh, yes, I can.

TOM. You cannot. Don't lose your head. You're pledged to finish it and deliver it at a certain time. You can't play fast and lose with a big piece of work like that.

ANN. *You'll have to make my frieze*, Tom.

TOM. I will not! I utterly and absolutely refuse to. You make Millicent behave and break this thing up and you go on with your—[←]

ANN. I can't. I can't. She's been in danger—absolute danger.

TOM. How?

ANN. Oh, I'll tell you. I'll tell you. She ran away to me—to me—and I was pushing her off. My little girl! She's got to be held tight in my arms and carried through.

TOM. I'm not going to allow this to wipe out what you've done. I'll settle her— [←]

ANN. Tom, you can't speak of it to her—not breathe it—

TOM. Of course I will.

ANN. No you won't. If we cross her she'll get at him some way—somehow.

TOM. I'm not going to let you sacrifice yourself for a wayward— [←]

ANN. It's my job. She is what I've given to life. If I fail her now—my whole life's a failure. Will you make my frieze, dear, will you?

TOM. No. It's *yours*. You've got to have the glory of it. Ann, I haven't been fair—but you're going to have this and all that's coming to you. I'm not going to let anything take it away from you. It's too important. My God, you've not only beaten me—you've won over the biggest men in the field—with your own brains and your own hands—in a fair, fine, hard fight. You're cut up now—but if you should give this thing up—there'll be times when you'd eat your heart out to be at work on it—when the artist in you will *yell* to be let out.

ANN. I know. I know. And I'll hate you because you're doing it—and I'll hate myself because I gave it up—and I'll almost—hate—her. I know. I know. You needn't tell me. Why I've seen my men and women up there—their strong limbs stretched—their hair blown back. I've seen the crowd looking up—I've heard people say—„A woman did that" and my heart has almost burst with pride—not so much that *I* had done it—but for *all* women. And then the door opened—and Millicent came in. There isn't any choice, Tom—she's part of my body—part of my soul. Will you make my frieze, dear, will you? (*Falling against him.*)

TOM. (*Taking her in his arms.*) My darling! I'll do whatever makes it easiest for you. Don't think I don't know *all—all*—it means to you. My God, it's hard.

ANN. (*Releasing herself and going to the hall door.*) Put out the light. I hope she's asleep. (*They go out into the lighted hall. After a moment the curtain falls.*)

(HS_2 962, Kursivierung im Original, zur Bedeutung von [←] siehe unten)

Wie die direkte Gegenüberstellung der Textpassagen eindrucksvoll zeigt, besteht augenscheinlich ein wesentlicher Unterschied in der Länge der Schlusssequenz. Crothers gibt der Schlussszene in HS_2 fast zweieinhalbmal so viel Raum wie in der früheren Fassung. Es sind zum einen die ergänzten Repliken und zum anderen die konkreten Hinweise auf Gestik und Körpersprache im Nebentext, die die Aussage- und Wirkabsicht im Vergleich zur früheren Version signifikant verändern.

Der erheblich erweiterte Umfang des Schlussdialogs ist eine Konsequenz der (vergeblichen) Bemühungen Toms, Ann von ihrer Entscheidung abzubringen. Besonders die Anfangssequenz des Gesprächs ist geprägt von schnellen Wortwechseln, in denen dem Gegenüber jeweils klarzumachen versucht wird, was er/sie tun oder nicht tun kann bzw. wird (siehe die Wiederholungen von

‚I/you can't' und *‚I/you can*' bzw. *‚I/you will*' und *‚I/you won't*' bzw. *‚I'm not going to*'). Interessant ist in diesem Zusammenhang, dass immer dann, wenn sich Tom gegen Anns Entschlüsse stellt und eigene Maßnahmen zu formulieren versucht, er rigoros von Ann unterbrochen wird. Seine Repliken beginnen dann mit *‚I will not*' und *‚I'm not going to*'. Im voranstehenden Textzitat sind diese Stellen mit [←] gekennzeichnet. Im Kontext einer linguistischen Diskursanalyse, die bekanntlich auf die Untersuchung von sprachlich realisierten Aushandlungen von Macht- und Dominanzverhältnissen abzielt, wäre festzustellen, dass Ann hier deutlich die Oberhand behält und Toms männliche Autorität als Familienoberhaupt (erneut) unterläuft: Anns Sprechverhalten zeugt von einer gewissen Konsequenz, die sie – wie oben ausgeführt – schon einmal während des Mutter-Tochter-Gesprächs zum Ausdruck brachte, als sie Tom sprichwörtlich ausschloss und seine Teilhabe am Diskurs verhinderte.

In Anbetracht der offenbar ernst gemeinten Aussagen Toms, dass er nicht zulassen wolle, dass Ann ihre Karriere wegen der launenhaften Sperenzchen der Tochter beendet, stellt sich jedoch die Frage, weshalb Ann dennoch so vehement auf ihren Plan insistiert. Ist Toms Einsicht nicht das, worauf sie gehofft hatte? Ein möglicher Grund ihres Verhaltens könnte darin gesehen werden, dass sie nun, da Tom offenbart hat, welchen patriarchalisch geprägten Denkmustern er in Wahrheit verschrieben ist, keine gemeinsame Basis mehr für eine *companionate marriage* sieht. Zu viel ist aus ihrer Sicht im Zuge der Auseinandersetzung zerbrochen, als dass sie jetzt noch an eine ‚akzeptable Alternativlösung'[164] glauben könnte. Wenn sie im II. Akt noch mit „Tom—you can kill our love by just what you do now." (*HS*$_2$ 955) vor den Folgen seines Handelns gewarnt hatte, so sieht es nun ganz danach aus, als sei dies tatsächlich eingetreten. Für Ann kommt Toms Einsicht, dass seine Äußerungen verletzend und sein Verhalten egoistisch gewesen waren, als er von Ann die Rückkehr „to the things a woman's always had to do" (*HS*$_2$ 955) forderte, schlichtweg zu spät, denn ähnlich wie Hernes Protagonistin Margaret Fleming ist auch Ann nicht bereit, zu vergessen und zu verzeihen.[165] Erst am Schluss realisiert Tom, welchen Preis auch er für Anns Verzichtentscheidung zu zahlen haben wird,[166] weil die Künstlerin, wie er selbst sagt, in ihr weiterleben wird („the artist in you will *yell* to be let out"). In Antizipation dieser krisenhaften

---

164 Siehe Richardson, *American Drama*, 260.

165 Siehe hierzu Kapitel IV.1.2 in dieser Arbeit.

166 Bislang vorliegende Studien fokussieren in erster Linie auf die weibliche Hauptgestalt und diskutieren die emotionalen Auswirkungen ihrer Verzichtentscheidung auf sie selbst. Welche Folgen diese vermeintliche Konfliktlösung für Tom haben wird, ist eine Fragestellung, die in der literaturkritischen Diskussion des Stückes bisher weitgehend vernachlässigt worden ist.

Zukunft gibt auch Ann zu verstehen, dass Gefühle des (Selbst-)Hasses in ihr aufkeimen werden („And I'll hate you because you're doing it—and I'll hate myself because I gave it up—and I'll almost—hate—her."). Somit ist durch die Rückkehr zur tradierten Ordnung der Konflikt dieser Figuren nur scheinbar gelöst, während er unter der Oberfläche weiter schwelt – ein Umstand, dessen sich die beiden Figuren, wie die längeren Schlussrepliken im oben zitierten Ausschnitt zeigen, durchaus sehr bewusst sind.

Dass sich der Konflikt bereits spürbar auf die emotionale (Ent-)Bindung zwischen Ann und Tom auswirkt, verdeutlicht insbesondere der Nebentext, dessen Beschreibungen auf eine emotionale wie räumliche Distanzierung Anns hinweisen. Auch wenn sie am Ende, ähnlich wie in HS_1, seine körperliche Nähe sucht („*Falling against him.*") und findet („*Taking her in his arms.*"), so löst sie sich doch bezeichnenderweise in jenem Moment aus der Umarmung („*Releasing herself and going to the hall door.*"), als Tom einwilligt, ihren Fries anzufertigen. Auch in dieser Textfassung gehen beide in den beleuchteten Flur, allerdings werden hier die Hinweise auf Anns entgegengereichte Hand und Toms Umarmung ausgespart. Assoziationen eines *Happily ever after* wie in der früheren Version werden in diesem Schlusstableau nicht evoziert. Von einem versöhnlichen *happy ending* und einer Affirmation der tradierten Geschlechterordnung kann hier im Gegensatz zur früheren Textfassung kaum die Rede sein. Vielmehr lässt, wie im Anschluss an Kurt Müller festgehalten werden kann, „der Schluss [...] ungelöste Spannungsmomente erkennen, die den konventionellen Rahmen des Broadwaystücks sprengen"[167].

Dass das Stück in seiner revidierten Fassung mit dieser pessimistischen Note endet, kann als implizierte Kritik an den starren gesellschaftlichen Konventionen der Zeit gelesen werden, die die Krise emanzipierter Weiblichkeit und Männlichkeit unausweichlich herbeiführen, weil die Gesellschaft offenbar (noch) keine tragfähigen Lebensmodelle für Frauen und Männer wie Ann und Tom bereithält. Im Grunde haben beide keine Wahl, wie es im Schlussdialog an einer Stelle entsprechend heißt: „There isn't any choice."[168] Crothers lässt Ann hier nicht ‚*I* don't have a choice' sagen, sondern formuliert ähnlich

167 Müller, *Das amerikanische Drama*, 29.

168 In diesem Zusammenhang sei auch Folgendes erwähnt: Häufig wurde, wie an anderer Stelle bereits ausgeführt, in verschiedenen Studien betont, dass die beiden weiblichen Nebenfiguren des Stückes, Daisy und Ruth, die beiden Optionen versinnbildlichten, die Ann zur Wahl stünden. Dass dem letztlich aber gar nicht so ist, zeigt sich allein schon daran, dass weder Ruth noch Daisy verheiratet sind oder Kinder haben, sodass sich deren Situation mit Anns also gar nicht vergleichen lässt. Deren Lebensentwürfe stehen für Ann damit grundsätzlich gar nicht (mehr) zur Disposition.

verallgemeinernd, wie sie dies schon im Titel tut.[169] So scheint die mit dem Schlussvorhang implizierte Botschaft zu sein: Wer auch immer sich hinter dem ‚*he*' und ‚*she*' letztlich verbergen mag – weder Frauen wie Ann, die „stellvertretend für die zahlreichen Künstlerinnen ihrer Zeit [steht]"[170], noch Männer wie Tom, die sich zwar mit dem modernen Typus des *new man* identifizieren, sich aber der Wirkmächtigkeit des herrschenden Geschlechterdiskurses nicht entziehen können und ebenso in traditionelle Männlichkeitsrollen zurückgedrängt werden, haben auch um 1920 letztlich (noch) keine Wahl. So ist der Rückfall in tradierte Geschlechterrollen im Gegensatz zur Frühfassung HS_1 kein freiwilliger, sondern ein gesellschaftlich erzwungener, der, wie das Ende suggeriert, seine Spuren hinterlassen wird. Beide, nicht nur Ann, „succum[b] to the pressure" und „bo[w] to the patriarchal vision of what makes a woman [and a man, KT] valuable".[171] Am Ende des Stückes scheint sich zu bewahrheiten, was die *raisonneur*-Figur des Stückes, Dr. Remington, zu Beginn des III. Aktes andeutet: „Men and women will go through hell over this before it shakes down into shape." (HS_2 957). Auch der Reformgeist der *Progressive Era* hat, wie Crothers in der 1920er Fassung sagen zu wollen scheint, in Bezug auf die Geschlechterproblematik offenbar wenig bewirken können. „Crothers draws," schreibt Teichmann, „no optimistic arrows of tranquility for the future. Rather, Crothers pessimistically predicts the inevitable unrest, contention, and resistance yet to come."[172]

Wenngleich dieser Dramenschluss bei manchen von Crothers' zeitgenössischen, konservativ eingestellten Kritikern und Zuschauern, insbesondere den männlichen,[173] auf positive Resonanz stieß, weil sie darin die Bestätigung ihrer eigenen patriarchalisch geprägten Ansichten wiederzufinden glaubten und entsprechend annahmen, „that she [Crothers] th[ought] [...] that a woman would do better to chose [*sic*] the domestic existence [over a creative career]"[174], so müssen doch zumindest bei Teilen des Publikums

169 Siehe Abschnitt IV.2.2 in diesem Kapitel.

170 Müller, *Das amerikanische Drama*, 29.

171 Sally Burke, *American Feminist Playwrights: A Critical History* (New York, NY: Twayne Publishers, 1996), 48.

172 Sandra Gail Teichmann, „Rachel Crothers (1878-1958)", *American Women Writers, 1900-1945. A Bio-Bibliographical Sourcebook*, ed. Laurie Champion (Westport, CT & London: Greenwood Press, 2000), 82-86: 82.

173 Siehe Yvonne Shafer, *American Women Playwrights, 1900-1950* (New York, NY: Peter Lang, 1995), 23.

174 Woollcott, „The Play [Rachel Crothers' *He and She*]", 16. Zur zeitgenössischen Rezeption des Stückes schreibt Teichmann, „[that] [c]ritics responding to *He and She* (mis) underst[oo]d Crothers's argument to be for women remaining in the domestic sphere." („Rachel Crothers", 84). Bei Barlow heißt es hierzu: „Most reviewers of the 1920

gewisse Zweifel an der ‚Echtheit' dieses vermeintlichen *happy ending* aufgekommen sein, blieb doch der große Zuspruch und kommerzielle Erfolg des Stückes auch 1920 aus. Weder Traditionalisten, die von den kritischen Neben- oder Untertönen des Dramenschlusses möglicherweise Witterung aufnahmen, noch Progressive, die sich entsprechend vielleicht ein betont modernes Ende erhofft hatten, konnte Crothers mit ihrem Stück zufriedenstellen. Glaubte man(n) 1920 zumindest teilweise, dass die Spätfassung ein konventionskonformes Stück sei, so besteht heute in der literaturkritischen Diskussion des Textes doch weitgehend Konsens darüber, dass es sich *nicht* um ein ideologiekonformes, „highly conventional ending" handelt und Crothers' Haltung zur Geschlechterfrage nur „seemingly [...] with the men['s point of view] in the play"[175] übereinstimmt. Wenn Burke richtig konstatiert, dass „the 1920 version of *He and She* [...] decidedly feminist"[176] ist, dann wird deutlich, dass sich die beiden Schlusssequenzen hinsichtlich ihrer Positionierung zur Geschlechterfrage doch erheblich voneinander unterscheiden. Das revidierte Ende erweist sich auf der Ebene des Subtextes im Vergleich zur Frühfassung in seiner Aussageabsicht als pessimistischer, kritischer und – gemessen am zeitgenössischen Standard des kommerziellen Broadway-Theaters – auch als unkonventionell. Die zuvor auf der Grundlage sämtlicher paratextueller Markierungen gebildete Erwartungshaltung[177] wird durch diese Schlussszene unterlaufen.

Was an dieser Stelle festzuhalten bleibt, ist der Umstand, dass erstaunlicherweise *beide* Fassungen kommerzielle Misserfolge waren. Während dies im Hinblick auf HS_2 mit seinem, wie gezeigt, nur vermeintlich diskursaffirmierenden, tatsächlich aber gesellschaftskritischen, unkonventionellen Dramenschluss noch nachvollziehbar ist, stellt sich unweigerlich die Frage, weshalb HS_1 mit

---

production saw Ann's giving up of her sculpting commission as Crothers' assertion that women belong in the home, not in the career world." („*He and She* by Rachel Crothers", 292). Ausschlaggebend für diese Reaktion war, wie Brenda Murphy schildert, vermutlich eine Pressemitteilung kurz vor dem *revival* von 1920, in der das Stück als ein die tradierte Geschlechterordnung affirmierendes beworben wurde: „This new play strikes a new note in the ever-growing battle of the sexes. From a different angle [Crothers'] searching pen has drawn a picture of family life and shows inevitably how the call of home must everlastingly come first." (*press release* zit. in Murphy, „Feminism in the Marketplace", 92). Welche Wirkung diese manipulative, vielleicht sogar bewusst in die Irre führende Pressemitteilung hatte, beschreibt Murphy: „With the help [of this] press release, *He and She* was generally misunderstood by both the public and the reviewers. [...] [T]he *Evening Telegram* took the producers' bait, declaring that ‚Miss Crothers takes a conservative view of the woman question. [...] [S]he wisely puts the task of wife and mother in the first place'." (ebd. 92).

175 Beide Zitate aus Shafer, *American Women Playwrights*, 25, 22.

176 Burke, *American Feminist Playwrights*, 49.

177 Siehe Abschnitt IV.2.2 in diesem Analysekapitel.

seinem konventionellen, ideologiekonformen, genuinen *happy ending* beim Publikum ebenfalls durchfiel und weshalb eine Überarbeitung dieser frühen Fassung eigentlich notwendig geworden war. Die Vermutung liegt nahe, dass die Gründe dafür außerhalb der Schlussszene, also im ‚Textinneren' zu suchen sind, da ja – wie gezeigt – beide Fassungen auch hinsichtlich ihrer paratextuellen Markierungen und groben Handlungslinien identisch sind. Es ist demzufolge anzunehmen, dass im *text body* der Frühfassung HS_1 bestimmte Darstellungsverfahren zum Einsatz kommen, die die Wirkung des Schlusses konterkarieren. Für die frühe Version würde dies bedeuten, dass sie beispielsweise hinsichtlich der Figurenkonzeptionen, Plotstruktur und den Realisierungsformen des Bühnenraums so innovative, gesellschaftskritische oder gar radikale Elemente enthalten muss, dass auch ein konventioneller Dramenschluss an der grundsätzlich ablehnenden Reaktion des Publikums nichts mehr ändern konnte. Und umgekehrt würde dies mit Blick auf die Spätfassung HS_2 bedeuten, dass ihr unkonventioneller Dramenschluss gewissermaßen alle bis dahin den herrschenden Geschlechterdiskurs affirmierenden Textsignale am Ende wieder aufhebt, sodass die Öffentlichkeit auch diese Version ablehnte. So gesehen würden sich beide Fassungen diametral-spiegelbildlich, also chiastisch zueinander verhalten, grundsätzlich aber an ihrem (geschlechterideologischen) Gehalt kaum etwas einbüßen. Graphisch ließen sich diese hier nur knapp skizzierten Strukturverschiebungen wie folgt darstellen (Abb. 9):

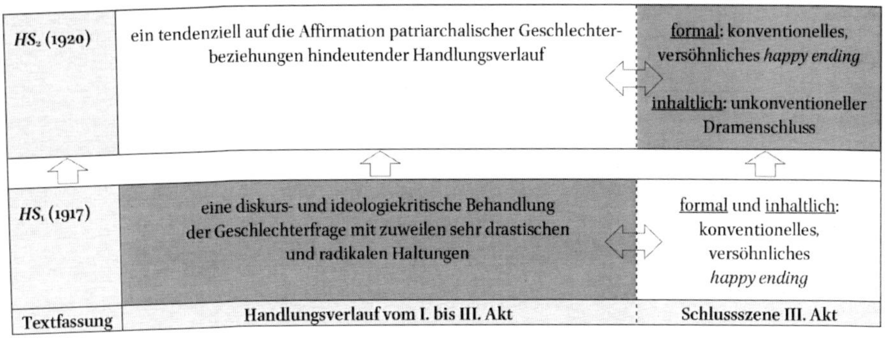

Abb. 9 Textstrukturelle und geschlechterideologische Verschiebungen in den beiden Fassungen von Crothers' *He and She*

Die in Abb. 9 angedeuteten strukturellen und inhaltlichen Verschiebungen stellen die Kernpunkte der hier vertretenen These dar. Sie werden deshalb in dem hierzu zentralen Kapitelabschnitt IV.2.5. hinsichtlich ihrer jeweiligen Funktionen und Wirkungen in den beiden Textfassungen von *He and She* noch zu präzisieren und eingehend zu untersuchen sein. Zunächst soll jedoch anhand eines knappen Blicks auf Crothers' dramentheoretischen Ansatz gezeigt werden, dass derartige Verschiebungsphänomene von der Dramatikerin durchaus sehr bewusst gewählt wurden und als Beleg ihrer textkompositorisch besonders sorgfältigen Herangehensweise gelten können. Rachel Crothers arbeitet, so meine These, mit „highly controlled"[178], d.h. mit vor dem Hintergrund einer ganz bestimmten Wirkabsicht sorgfältig ausgewählten Text- und Darstellungsverfahren, die immer, also auch in der revidierten Fassung von *He and She*, im Einklang mit ihren gesellschafts- bzw. *gender*-kritischen Ansichten und Aussagintentionen stehen. Der nachfolgende exkursartige Blick auf Crothers' *dramatic approach* kann diesbezüglich interessante Erkenntnisse liefern.

IV.2.4 *Crothers' dramentheoretischer Ansatz im Spiegel der Aufführungskonventionen des Broadway-Theaters*

Genau wie James A. Herne ist auch Rachel Crothers als „commercial playwright"[179] und „theatre professional"[180] eine feste Größe im profitorientierten Unterhaltungstheater der *Progressive Era* und hat, wie Doris Abramson sagt, während ihrer gesamten Karriere „her eye on Broadway success"[181]. Sie gilt als „an astute businesswoman who conceived of theater as both a forum and a source of income that would enable her to continue her career"[182]. Mit den restriktiven Aufführungskonventionen des Kommerztheaters ist die Dramatikerin bestens vertraut und lernt sehr schnell, dass sich der große kommerzielle Erfolg nur dann einstellt, wenn die Rezeptionsgewohnheiten des Publikums bedient werden. Sodann verwundert es wenig, dass „the economics of the commercial stage" ihr dramatisches Werk fortwährend formten und beeinflussten.[183] Für Crothers als „Broadway feminist"[184] – so bezeichnet Abramson die Dramatikerin –, die sich in vielen ihrer Dramen mit der gesellschaftlich brisanten Geschlechterthematik auseinandersetzt, erweist sich die Gratwanderung zwischen Konvention und Innovation sowohl in

---

178 Frank, „Rachel Crothers", 54.

179 Ronald H. Wainscott, „Plays and Playwrights: 1896-1915", *The Cambridge History of American Theatre. Volume II: 1870-1945*, eds. Don B. Wilmeth and Christopher Bigsby (Cambridge: Cambridge University Press, 1999), 262-288: 284.

180 Murphy, „Feminism in the Marketplace", 96.

181 Doris Abramson, „Rachel Crothers: Broadway Feminist", *Modern American Drama: The Female Canon*, ed. June Schlueter (Rutherford et al.: Fairleigh Dickinson Press et al., 1990), 55-65: 64.

182 Frank, „Rachel Crothers", 46.

183 Jeff Turner, „Staging Desire: Queer Readings of American Theater History (Review)", *Theatre Journal* 55.3 (2003): 567-568: 567.

184 Abramson, „Rachel Crothers", 55.

inhaltlicher als auch formal-ästhetischer Hinsicht wie bei Herne und anderen Broadway-Dramatikern als besondere Herausforderung. Nach dem finanziellen Misserfolg, den Crothers mit *A Man's World* (1909) erlebt,[185] weil das Stück hinsichtlich seiner ausgesprochen diskurs- und ideologiekritischen Haltung zur Geschlechterthematik für damalige Verhältnisse als zu radikal empfunden wird, erkennt die Autorin offenbar, wie wichtig es ist, gesellschaftskritische Positionen im Allgemeinen und *gender*-kritische im Besonderen in einem vermeintlich konventionellen Unterhaltungsstück so zu verpacken, dass sich das Stück weitgehend noch im Akzeptanzbereich des konservativen Publikums bewegt.

Einige Kritiker bewerten Crothers' Anpassung durchaus negativ, weil die Dramatikerin damit ihre feministische Agenda den Konventionen des Kommerztheaters unterworfen habe.[186] Demgegenüber sieht Abramson in dieser dramatischen Praxis eher eine subversive Strategie:

> Crothers tucked woman-centered questions into [...] well-crafted Broadway productions. [...] [S]he did choose to create commercially pleasing plays into which she folded ideas [...]. [...] [She] had to disguise her ardor for a feminist message. She put critics off guard at times by giving them the polished comedies that Broadway audiences wanted, and inserting into them some questions about women's point of view.[187]

Sehr ähnlich liest sich diese Einschätzung: „Crothers [...] learned how to package her ideas in forms that her audience accepted as entertainment, and she had the extraordinary talent to carry it off."[188] Dieses außergewöhnliche Talent, von dem hier die Rede ist und für das Crothers von zeitgenössischen Dramatikern und Literaturkritikern gleichermaßen geschätzt wird, bezieht sich zum einen auf ihre herausragende Fähigkeit, ein Stück so zu konstruieren, „[that she] did not [have to] deviate from her realistic construction and

---

185 Siehe Gottlieb, wo es in Bezug auf *A Man's World* heißt: „The play was not a commercial success, with only seventy-one performances at New York's Comedy Theater." (*Rachel Crothers*, 39). Siehe auch Keith Newlin, „Introduction", *American Plays of the New Woman. Six Plays from the Early Twentieth Century about the ‚Proper' Role of Women*, ed. Keith Newlin (Chicago, IL: Ivan R. Dee, 2000), 1-35: 12.

186 Siehe Murphy, die mit Bezug auf Crothers' Karriere Folgendes schreibt: „Crothers quickly adapted to their [i.e. the audience's] demands, subjugating feminist ideology to formal standards of comedy" („Feminism in the Marketplace", 91). Ganz ähnlich lautet Franks Einschätzung dazu: „She wanted commercial success and learned quickly to tailor the plays to audience expectations." („Rachel Crothers", 55).

187 Abramson, „Rachel Crothers", 55, 57, 64.

188 Murphy, „Feminism in the Marketplace", 96.

realistic staging“[189]. Zum anderen ist damit auch Crothers’ Geschick gemeint, „to be able to walk a fine line between introducing unpleasant subject matter and alienating audiences.“[190] Ausdruck der Wertschätzung ihres Talents, die Crothers bereits zu Lebzeiten erfährt, ist überdies eine von Arthur Hobson Quinn ergangene Einladung zu einer Vorlesungsreihe an der University of Pennsylvania mit dem Titel *The Art of Playwriting* im Jahre 1928. Neben solch führenden Dramatikern ihrer Zeit wie Jesse Lynch Williams und Langdon Mitchell hält Crothers als „singular woman in a world of men“[191] einen Vortrag in dieser Reihe. „[S]he was,“ hebt Abramson das Besondere daran hervor, „invited and taken seriously even in academe“.[192] Zwar enthalte, wie Shafer meint, Crothers’ Vortrag mit dem Titel „The Construction of a Play“ nicht unbedingt „anything very profound“[193], dennoch vermag er meiner Einschätzung nach bislang wenig beachtete Einblicke in Crothers’ Methode zu gewähren – Aspekte, die sich im Kontext der nachfolgenden Vergleichsanalyse als relevant erweisen.

So spricht Crothers unter anderem über grundlegende Voraussetzungen, die ein Dramatiker für das kommerzielle Broadway-Theater mitbringen muss. Dies ist, neben einem nicht weiter definierten ‚dramatischen Instinkt‘[194], ein umfassendes Wissen über die Produktionsmechanismen des Unterhaltungstheaters. Vor dem Hintergrund ihrer eigenen Erfahrungen mit den restriktiven Aufführungskonventionen und Revisionspraktiken des Kommerztheaters liest sich der nachfolgende Auszug geradezu wie eine Warnung der Dramatikerin an die jüngere Generation, die sich noch immer mit denselben institutionellen Rahmenbedingungen konfrontiert sieht wie sie selbst:

> A play goes through more hands before it reaches its public, than any other form of art. That’s why I say to the young writer: *know your theatre from the ground up, and the more you know of all the factors in the production of your play the*

---

189 Shafer, *American Women Playwrights*, 34. So schreibt beispielsweise auch Richard A. Cordell, ein zeitgenössischer Literaturkritiker und Theaterhistoriker, im Jahre 1929 über Crothers: „Her plays are all aimed directly at stage presentation; her eye is on the contemporary audience; she knows precisely how to utilize legitimate stage business […]: she is a master of dramatic economy.“ (Richard A. Cordell, *Representative American Plays: British and American from Robertson to O’Neill* (New York, NY: Thomas Nelson & Sons, 1929), 499 zit. in Abramson, „Rachel Crothers“, 58).

190 Shafer, *American Women Playwrights*, 34.

191 Abramson, „Rachel Crothers“, 58.

192 Abramson, „Rachel Crothers“, 58.

193 Shafer, *American Women Playwrights*, 34.

194 Siehe hierzu Rachel Crothers, „The Construction of a Play“, *The Art of Playwriting. Lectures Delivered at the University of Pennsylvania on the Mask and Wig Foundation*, ed. Arthur Hobson Quinn (Philadelphia, PA: University of Pennsylvania Press, 1928), 115-134: 121f.

> *more as you meant it will come to your public.* [...] [A]ll the other minds can't see and know the play as deeply and vividly as the author does; and if the author is trained and equipped and has the gift for all that goes into the staging of a play, he gets a result which does more for the play than the outsider can do.[195]

Crothers spricht in ihrem Vortrag ferner über die in ihren Stücken wirksam werdenden „laws of playwriting“[196] sowie ihren individuellen Ansatz beim Verfassen kommerzieller Broadway-Stücke, durch die ihre Dramen eine gewisse „subtle inner quality“[197] erhalten, die wiederum dem außenstehenden Betrachter, sei es der kritische Theatermanager oder sei es der Zuschauer, mitunter unbemerkt entgehe und die nur durch die Hand des Dramenautors selbst in ein Stück hineingeschrieben werden könne. So unklar bei Crothers die Bedeutung des oben erwähnten ‚dramatischen Instinkts‘ bleibt, so vage bleibt auch, was Crothers unter der ‚subtilen inneren Qualität‘ verstanden wissen will. Hinter dieser Formulierung mag sich ein versteckter Hinweis der Dramatikerin auf jene subversive Agenda verbergen, wie sie Abramson etwa im Zitat oben herausgestellt hat. Crothers legt dabei insbesondere Wert auf eine sorgfältig konstruierte, nichtsdestoweniger aber auch plausible und vor allem realistische Plotstruktur und Handlungsdarstellung,[198] gilt doch der Bühnenrealismus in ihren Augen als „the highest form of dramatic writing“[199]. Zu den Aspekten, auf die Crothers in diesem Zusammenhang eingeht, gehören u.a. verschiedene Möglichkeiten der funktionalen Raumkonzeption bzw. der Einsatz wirkungsvoller Raumbewegungen der Figuren. So weist sie beispielsweise darauf hin, dass die Auf- und Abgänge ihrer Figuren oder etwa der Aufenthalt einer Figur in einem bestimmten Raum stets funktional motiviert seien, also immer auch bestimmte Wirkabsichten damit verfolgt würden, und es nie nur darum ginge, ‚Leute lediglich auf die oder von der Bühne zu bekommen‘.[200] Auch die sorgfältige Konstruktion der Figurenrede bzw. des dramatischen Dialogs, den sie als „that magic thing which is the blooming of all the other elements in the play“ bezeichnet, nimmt in ihrem Ansatz einen besonderen Stellenwert ein, weil erst durch die Sprache der Figuren ihr jeweils individueller Charakter in seiner Komplexität zum Ausdruck komme und erst dadurch ein Stück überhaupt erst zum Leben erwache.[201]

195 Crothers, „The Construction of a Play“, 130. Hervorhebung KT.
196 Crothers, „The Construction of a Play“, 129.
197 Crothers, „The Construction of a Play“, 130.
198 Siehe Crothers, „The Construction of a Play“, 122-124.
199 Crothers, „The Construction of a Play“, 126.
200 Crothers, „The Construction of a Play“, 125.
201 Crothers, „The Construction of a Play“, 129.

Vergegenwärtigt man sich erstens, wieviel Aufmerksamkeit Crothers der sorgfältigen Konstruierung text- und raumstruktureller sowie figuren- und sprachbezogener Komponenten in ihren Stücken widmet, und bedenkt man zweitens die besonderen Herausforderungen, die eine gesellschaftskritische Verhandlung der Geschlechterproblematik innerhalb des Kommerztheaters für die Dramatikerin mit sich bringt, dann kann eine Analyse eben dieser Aspekte vor allem im Hinblick auf die unterschiedlichen Fassungen eines Stückes von allergrößter Bedeutung sein. Ausgehend von dieser knappen Skizzierung ihres eigenen dramatischen Ansatzes ist es – ähnlich wie bei James A. Herne – eher unwahrscheinlich, dass Rachel Crothers im Zuge der Überarbeitung von *He and She* ihre *gender*-kritische und bühnenrealistische Agenda vollkommen aufgibt.

IV.2.5 *Eine* gender-*kritische Vergleichsanalyse ausgewählter Themen und Motive in den Fassungen von 1917 und 1920*

Die oben in Abb. 9 skizzierten strukturellen und inhaltlichen Verschiebungen werden in der nachfolgenden Vergleichsanalyse anhand ausgewählter Aspekte präzisiert sowie hinsichtlich ihrer jeweiligen Funktionen und Wirkungen in den beiden Textfassungen von *He and She* eingehend untersucht. Ziel dieser Darstellung ist es, aufzuzeigen, dass die vermeintlich ideologiekonforme Frühfassung HS_1 trotz des *happy ending* sehr stark polarisierende bzw., für damalige Verhältnisse, radikale Haltungen zur Geschlechterfrage – sowohl pro-feministischer als auch traditionalistischer Art – präsentiert, sodass durch die ausgesprochene Konflikthaftigkeit des Geschlechterkampfes ein ‚gutes Ende' im Sinne einer konstruktiv ausgehandelten Problemlösung in dieser Fassung eigentlich kaum erreichbar scheint. Dass sich der Konflikt, wie in IV.2.3. gezeigt, letztlich aber doch noch durch ein, aus Sicht der Traditionalisten, versöhnliches Ende quasi wie in Luft auflöst und damit sämtliche pro-feministischen Haltungen ausgelöscht werden, liegt allein an den restriktiven Aufführungskonventionen des Kommerztheaters. Nur so lässt sich das künstlich und aufgesetzt wirkende *deus ex machina*-Ende überhaupt erklären. Umgekehrt soll anhand der revidierten Fassung HS_2 verdeutlicht werden, dass die Polarisierungen und radikalen Haltungen der früheren Fassung zugunsten einer traditionalistischen Sichtweise im Text deutlich zurückgenommen wurden und Crothers bis zur Schlussszene die Erwartung des konservativen Publikums auf ein versöhnliches Ende zu bedienen scheint, um dann aber, wie ebenfalls in IV.2.3. dargestellt, – aus pro-feministischer Sicht – quasi *just in time* die bis dahin gemachten Zugeständnisse an den Publikumsgeschmack im *final curtain* zurückzunehmen und stattdessen mit einer, wenn nicht zukunftspessimistischen, dann aber doch (er)nüchtern(d)en Note bezüglich des gesellschaftlichen ‚Vorankommens' im Aushandlungsprozess der Geschlechterproblematik zu schließen.

Textstrukturelle Verschiebungen und ihre *gender*-bezogenen Implikationen

Was in einem Vergleich der beiden Fassungen zunächst ungeachtet aller handlungs- und figurenbezogener Aspekte auffällt, ist der unterschiedliche Textumfang: Die frühere Fassung HS_1 ist deutlich länger als die revidierte Spätversion HS_2. Zwar verzichtet Crothers in ihrem Stück generell auf explizite Szenenmarkierungen, dennoch lassen sich mithilfe des Kriteriums des Figurenauftritts bzw. -abgangs einzelne Szenen als Sinn- und Handlungseinheiten identifizieren. Für die beiden Textversionen ergeben sich daraus folgende Strukturen (Abb. 10):

	I. Akt	II. Akt	III. Akt	Szenen gesamt
HS_1 (Anzahl Szenen)	19	12	10	41
HS_2 (Anzahl Szenen)	17	12	6	35

Abb. 10 Anzahl und Verteilung der Szenen in den Fassungen HS_1 und HS_2

Die von Crothers vorgenommene Kürzung ihres Stückes um sechs Szenen wirkt sich nicht nur auf die Handlungs- und Konfigurationsstruktur der Fassungen aus, sondern verändert zum Teil auch die jeweiligen *gender*-bezogenen Implikationen bzw. Aussageintentionen der jeweiligen Texte.

Wenngleich, wie Abb. 10 verdeutlicht, der III. Akt im Zuge der Textrevision quantitativ gesehen die umfangreichsten Kürzungen erfahren hat, sind die angesprochenen strukturellen und *gender*-ideologischen Verschiebungen interessanterweise vor allem aber im I. Akt zu beobachten, weshalb dieser im hier vorliegenden Teilkapitel in den Fokus der Analyse rückt. Eine rein quantitative Betrachtung der Text- bzw. Oberflächenstruktur ist demzufolge wenig aufschlussreich, weil der Formaspekt immer auch im Zusammenhang mit inhaltlichen Aspekten zu sehen ist. Tatsächlich nämlich bewirken die scheinbar geringfügigen Strukturveränderungen im Expositionsakt um gerade einmal zwei Szenen eine wirkungsvolle Verschiebung in der Behandlung der Geschlechterproblematik, die sich in HS_2 von Beginn an als eine etwas andere darstellt, als dies in der Frühfassung der Fall ist. Es handelt sich dabei also um markante Unterschiede auf der inneren Strukturebene des I. Aktes, die sich wiederum nur über eine Analyse der Konfigurationsstrukturen feststellen lassen. Die jeweilige Struktur der Figurenkonfigurationen im I. Akt der beiden Fassungen stellt sich im Vergleich wie folgt dar (siehe Abb. 11 unten).

Anhand dieser Detaildarstellung sind insbesondere drei interessante Phänomene ablesbar, die in den nachfolgenden Abschnitten jeweils eingehender besprochen und vor allem hinsichtlich ihrer Implikationen für die Inhaltsebene der jeweiligen Textversion untersucht werden.

Zur Bedeutung der Strukturverschiebung in der Expositionsszene

Ein erster wesentlicher Unterschied besteht in der Konzeption der Expositionsszene I/1. Wenn in *HS*$_1$ die beiden Nebenfiguren Ruth und Keith das Stück eröffnen und durch ihre gegensätzlichen, extremen Ansichten zur *career vs. home*-Debatte das Publikum gewissermaßen unmittelbar mit der Konflikthaftigkeit ihrer Beziehung konfrontieren, dann ist auch der Zuschauer gezwungen, sich innerhalb dieser polarisierenden Konstellation sofort entweder auf die Seite der emanzipierten Karrierefrau und *new woman* Ruth oder des äußerst konservativ eingestellten, von patriarchalischen Denkmustern geprägten *true man* Keith zu stellen. Der geschlechterbezogene Kernkonflikt der *Progressive Era* zwischen traditionellem Männerbild und emanzipierter Weiblichkeit, sprich der als *the battle of the sexes* bezeichnete Geschlechterkampf zwischen Mann und Frau, wird damit von Beginn an ins Zentrum des Stückes gerückt. Im Hinblick auf die Sympathielenkungsstrategien des Stückes und die Publikumswirkung spielt diese erste Szene demnach eine signifikante Rolle. Durch ihre jeweils extremen Haltungen bringen die beiden Figuren das Publikum – einfach gesagt – gleich zu Beginn entweder hinter oder gegen sich. Vor allem das konservative Publikum wird in Keiths Repliken, wie z.B. „I can't stand it to see you like this [i.e. so tired from work]." (*HS*$_1$ 931), „You're going to stop all work on the magazine forever—and marry me in the fall." (*HS*$_1$ 931) oder „[...] that's all wrong and unnatural. [...] *No* man could understand that in *any* woman." (*HS*$_1$ 932, Hervorhebung im Original), seine eigenen Ansichten bestätigt finden. Ruth hingegen wird, mit Aussagen wie „You don't understand that I like to be little and weak—and loved and spoiled and still want to fight with the world and wring my living out of it because I have ability to do a certain thing well." (*HS*$_1$ 932), insbesondere jene (weiblichen) Zuschauer ansprechen, die wie sie Karriere und Familie miteinander in Einklang zu bringen versuchen und nicht bereit sind, durch die Willkür des Mannes auf die Rolle der Ehefrau reduziert zu werden, wenn sie sich doch eigentlich in Beruf und Karriere selbstverwirklichen möchte und könnte. Dass eine Annäherung oder gar fair ausgehandelte Konsensfindung der beiden Figuren unwahrscheinlich ist, zeigt sich – wohlgemerkt bereits in der Auftaktszene – schließlich in folgendem Wortwechsel:

I. Akt (Frühfassung HS_1)																			
Szene	1	2	3	4	5	6	7	8	9	10	11	12	13	14	15	16	17	18	19
Tom		x	x	x	x	x	x	x	x	x								x	x
Ann								x	x	x	x	x	x	x				x	x
Daisy						x						x			x	x			
Milli.									x										
Dr. R.				x	x	x	x	x	x					x		x	x	x	
Keith	x	x	x	x				x						x	x		x	x	
Ruth	x	x									x	x	x	x	x				
Ellen																			

I. Akt (Spätfassung HS_2)																	
Szene	1	2	3	4	5	6	7	8	9	10	11	12	13	14	15	16	17
Tom	x	x		x	x	x				x	x	x		x			x
Ann		x	x								x	x	x	x	x		x
Daisy					x	x	x	x		x	x					x	
Milli.						x				x	x		x				
Dr. R.										x	x					x	x
Keith	x			x	x	x	x	x	x	x	x						x
Ruth			x					x	x	x	x				x		
Ellen																	

Abb. 11 Konfigurationsstruktur des I. Aktes in den Fassungen HS_1 und HS_2

KEITH. Ruth, I wish I could make you see it as I do.
RUTH. And I wish I could make you see it as I do.

(HS_1 931)

In der revidierten Fassung HS_2 ist dieses Spannungspotential im Geschlechterkampf insofern ein Stück weit zurückgenommen, als in der Auftaktszene I/1 nun nicht mehr Ruth und Keith in einer verbalen Konfrontation gezeigt werden, sondern mit Tom und Keith zwei Männerfiguren auf die Bühne treten, die die *career vs. home*-Debatte aus ihrer männlichen Perspektive heraus verhandeln:

KEITH. I've been thinking a lot about it all lately.
TOM. About you and Ruth, you mean?
KEITH. Yes. She'll marry me in the fall if I let her keep on working.
TOM. And?
KEITH. Well—I—Hang it all! I don't *want* her to. I can take care of her now. At first it was different—when I was grubbing along—but since I've been with you, you've put me on my feet. I'll never be *great*—I know that all right—but I can take care of her.
TOM. (*Working at frieze.*) But she *wants* to keep on, doesn't she?
KEITH. Yes, but—
TOM. Good Heavens, boy—you're not bitten with that bug I hope. „I want my girl by my own fireside to live for me alone."
KEITH. Oh—
TOM. Why Ruth Creel's a howling success—the way she's climbed up in that magazine—why in the name of Christopher, do you want her to stop?
KEITH. (*At right end of table, figuring mechanically on some papers on table.*) How can she keep on at that and keep house too?
TOM. Well they *do*, you know—somehow.

(HS_2 931f., Hervorhebungen im Original)

Zwar ist der thematische Kern des Gesprächs im Vergleich mit HS_1 identisch, allerdings wird hier die *new woman* – personifiziert durch Ruth – nicht *unmittelbar* zur Zielscheibe gesellschaftlicher Kritik, da ihre Einstellungen über eine Vermittlungsinstanz ‚gefiltert' und damit weniger radikal präsentiert werden. Mit Tom wird ihr bezeichnenderweise ein *männlicher* Fürsprecher an die Seite gestellt, der, wie der voranstehende Auszug gezeigt hat, Ruths Standpunkt in ihrer Abwesenheit verteidigt und somit der *new woman* – nun aber in abgeschwächter Form – eine Stimme gibt, was sich wiederum sympathielenkend zugunsten dieses weiblichen Figurentypus auswirkt.

Gleichzeitig erfährt die Szene durch dieses ‚Männergespräch' eine Fokusverlagerung dahingehend, dass deutlich wird, dass die *career vs. home*-Debatte im Grunde eine von Männern initiierte ist, die damit offenbar ein viel größeres

Problem haben als die emanzipierten Frauen, die – wie das Stück versichert – durchaus in der Lage sind, Beruf und Familie ‚*somehow*' miteinander in Einklang zu bringen. Die Krise ist demnach vor allem auch eine ‚männliche'. Diese Fokusverschiebung impliziert demnach, dass sich im Hinblick auf die Geschlechterfrage eine einseitige Betrachtung der ‚Mann vs. Frau'-Problematik im Grunde verbietet und stattdessen eine differenziertere Auseinandersetzung mit dem Spektrum an Männlichkeits- und Weiblichkeitskonfigurationen erforderlich ist, die vor allem einer mehrperspektivischen Annäherung an die Problematik, auch innerhalb eines Geschlechts, Rechnung trägt.[202]

Dass die revidierte Fassung, *gender*-bezogene Positionen betreffend, abgeschwächt ist und im Vergleich zur Frühfassung diplomatischere Töne hinsichtlich einer konstruktiven Aushandlung des Geschlechterkonflikts anschlägt, ist auch daran zu erkennen, dass solche Repliken wie in HS_1, die auf die geschlechterideologische ‚Starrheit' der Figuren hinweisen, aus der Spätfassung eliminiert wurden. Somit besteht in HS_2 zumindest theoretisch zunächst noch eine begründete Hoffnung auf eine fair und konstruktiv ausgehandelte Konsenslösung und Annäherung – und zwar nicht nur stückintern für Keith und Ruth, sondern auch im übertragenen Sinne für die zahlreichen konfliktbeladenen Paarbeziehungen zwischen *new woman* und *true man* im äußeren Kommunikationssystem, für die diese beiden Figuren stellvertretend stehen.

Strukturelle Hinweise auf eine veränderte Behandlung der Mutter-Tochter-Problematik

Ein weiterer erkennbarer Unterschied zwischen den beiden Versionen des Expositionsaktes besteht in Millicents Bühnenpräsenz, die von der Früh- hin zur Spätfassung des Stückes deutlich zunimmt und dementsprechend auch auf eine veränderte Behandlung der Mutter-Tochter-Problematik schließen lässt. Wie Abb. 11 oben verdeutlicht, hat Millicent im I. Akt der Frühfassung HS_1 nur einen einzigen Auftritt (I/9), während sie in der revidierten Textversion HS_2 in vier Szenen zu sehen ist (I/6, I/10, I/11, I/13). Ihre einzige Szene in HS_1 zeigt Millicent, die im Nebentext als „*extremely pretty girl of sixteen, charmingly dressed*" (HS_1 936) beschrieben wird, als junge Frau, die während der Schulferien ihre ersten Erfahrungen in der New Yorker *middle class*-Gesellschaft sammelt. In Begleitung ihrer Freundinnen (und teilweise auch deren Mütter) nimmt sie

202 Richardsons sich auf auf HS_2 beziehende Einschätzung, „[that] it [i.e. *He and She*] focuses almost exclusively upon women and takes as a given the cultural presumption that men will not change", kann deshalb nicht in dieser pauschalisierenden Form stehenbleiben (Richardson, *American Drama*, 260).

standesgemäß an diversen *luncheons* teil (vgl. HS_1 936) – also jenen „lighter informal midday meal[s]“, die insbesondere *middle class women* als „social event“[203] wahrnehmen, um sich der New Yorker Öffentlichkeit bzw. auf dem Heiratsmarkt zu präsentieren. Zudem besucht Millicent die für junge, unverheiratete Frauen der *middle class* üblichen *matinee*-Vorstellungen im Theater (vgl. HS_1 936).[204] Von der Attraktivität des Großstadttreibens fasziniert („New York's so attractive now—and there's *so* much to do!“, HS_1 936, Hervorhebung im Original), stellt Millicent am Ende ihrer Ferien mit Begeisterung fest, dass „[e]very minute of [her] vacation [...] simply heavenly perfect“ (HS_1 936) gewesen ist. Als Millicent am letzten Ferientag ihre Mutter bittet, einen weiteren Tag bleiben zu dürfen, weil sie unbedingt zu einer „special matinee“-Vorstellung gehen möchte („a play [she's] crazy to see“, HS_1 937), zu der Ann sie begleiten soll, schlägt Ann ihr diesen Wunsch aus: „It's been demoralizing for you in town. School is certainly the best place for a girl. [...] You've had enough of that sort of thing now—[...] Don't be cross with me, dear. I'm trying to do something which will mean much more to you in the future than going to matinees.“ (HS_1 937). Hier wird deutlich, dass Ann sehr viel daran liegt, ihre Tochter zu einer gebildeten, selbstbewussten, freien jungen Frau zu erziehen, die nicht – wie so viele andere *society girls* – in die ‚Heiratsfalle‘ tappt. Aus Anns Sicht übt das Großstadtleben einen zu großen, negativen Einfluss auf ihre Tochter aus, der sich wiederum nicht nur in Millicents Faszination für das öffentliche Leben, sondern vor allem auch in ihrem äußeren Erscheinungsbild widerspiegelt, das so gar nicht dem Ideal der Mutter entspricht. Bezeichnend hierfür ist Anns Reaktion, als sie ein Paar Ohrringe an Millicent entdeckt:

---

203 Joel Shrock, *The Gilded Age. American Popular Culture through History* (Westport, CT: Greenwood Press, 2004), 98.

204 Ähnlich wie ein informelles *luncheon* stellt auch der Besuch einer *matinee*-Vorstellung eine Möglichkeit für junge Frauen dar, sich der Öffentlichkeit zu präsentieren. *Matinees* etablieren sich, wie Butsch erklärt, bereits Mitte des 19. Jahrhunderts und bieten vor allem „middle-class Victorian women a public place of their own, where they could go without escort [...]. [...] Women seem to have responded quickly to this new entertainment. [...] But this new public women's world of consumption was restricted to afternoons; evening performances still required a male escort.“ (Richard Butsch, *The Making of American Audiences: From Stage to Television, 1750-1990* (Cambridge: Cambridge University Press, 2000), 76). Siehe hierzu auch Viv Gardner, „The Invisible Spectatrice: Gender, Geography and Theatrical Space“, *Women, Theatre and Performance. New Histories, New Historiographies*, eds. Maggie B. Gale and Viv Gardner (Manchester: Manchester University Press, 2000), 25-45: 33f. und 41.

ANN. What have you got in your ears?
MILLICENT. Ear-rings, of course.
[...]
ANN. Millicent! Take them out, at once.
MILLICENT. Oh, mother! *All* the girls wear them!
ANN. It doesn't matter if every girl in Christendom wears them. It's very bad taste for a girl of sixteen. Take them out.
MILLICENT. (*Taking the earrings out.*)

(HS_1 936, Hervorhebung im Original)

Ähnlich aufgebracht reagiert Ann auf Millicents Make-up und Frisur: „You have powder on your nose—which I have positively forbidden. [...] You will not wear your hair that way again—either." (HS_1 937). Als Millicent, die das weibliche Schönheitsideal der gehobenen *middle class*-Gesellschaft trotz ihres jugendlichen Alters offensichtlich schon weitgehend verinnerlicht hat, der Mutter dann auch noch ihre „highest heels [she's] ever had" zur Schau stellt und überdies ankündigt, „[that] next year [she's] going to have a train"[205] (HS_1 937), reißt Ann schließlich der Geduldsfaden. Dabei wird deutlich, welche Erziehungs- und Bildungsideale Ann vertritt und dass sich diese von denen anderer Mütter (wie z.B. der von Schulkameradin Fanny, die ihre Tochter zu allen möglichen *social events* begleitet, um sie in den New Yorker Kreisen bekannt zu machen; vgl. HS_1 937) grundsätzlich unterscheiden:

ANN. Do you know what you ought to be doing?
MILLICENT. What?
ANN. Wearing skirts up to your knees till you're twenty.
MILLICENT. Oh, horrors!
ANN. And running and jumping and playing and growing into stunning women ready for anything.
MILLICENT. Ready for what?
ANN. Ready for life—with strong bodies and fresh minds. That's the way I'd like to keep you.
MILLICENT. Well, I'm glad you're not regulating the laws, mother. [...]
[...] (*Going out.*)
ANN [*to* TOM, KT]. [...] It's absurd the things girls are doing now-a-days. I wish to goodness other mothers weren't such fools. They don't keep girls young. [...] This is just the time in her whole life when she needs discipline, and a quiet, healthy, simply, normal routine. This school comes nearer giving it to her than anything I can find.

(HS_1 937f.)

205 Gemeint ist mit *train* in diesem Kontext die Schleppe eines Abendkleides.

Diese kritischen Äußerungen, mit denen Ann nicht nur die Sozialisierungs- und Erziehungsformen der *middle class*-Gesellschaft hinterfragt, sondern auch das tradierte, viktorianisch geprägte Mutterbild ihrer Generation anprangert, dürften beim Publikum kaum auf positive Resonanz gestoßen sein. Viele Mütter, so die Implikation ihrer Aussagen, tragen eine gewisse Mitschuld, wenn sie ihre Töchter viel zu schnell und möglichst jung ‚unter die Haube bringen' wollen und so für den Fortbestand jener tradierten weiblichen Lebensbahnen sorgen, die die *true woman*-Generationen ihrer eigenen Mütter und Großmütter bereits eingeschlagen hatten. Für diese „rising generation" (‚of stunning women with strong bodies and fresh minds') (*HS*$_1$ 938) bedarf es in einer sich verändernden, modernen Gesellschaft auch daran angepasster Erziehungs- und Bildungsformen bzw. einer Loslösung von Traditionen, die im Spiegel der Zeit (zumindest aus Anns Perspektive) nur als unzeitgemäß und rückständig gelten können. Darin ließe sich durchaus ein Bezug zum reformpädagogischen Erziehungs- und Bildungskonzept des frühen 20. Jahrhunderts erkennen, das mit innovativen, maßgeblich von John Dewey (einem Zeitgenossen Crothers') entwickelten Ansätzen, wie dem des demokratischen und erfahrungsbasierten Lernens und Heranwachsens, einen Gegensatz zu den tradierten Erziehungs- und Sozialisierungsformen einer viktorianisch geprägten Gesellschaft darstellt. Anns ideologie- und diskurskritische Ansichten wirken im Stück auch deshalb so radikal, weil Crothers sie quasi ohne Widerspruch von konservativer Seite im Raum stehen lässt. Ann kann ihre Meinung offen kundtun und erfährt keinen Gegenwind, weil beispielsweise die erzkonservativste Figur in *HS*$_1$, Dr. Remington, während des Streitgesprächs zwischen Mutter und Tochter den Raum verlässt (bzw., aus Sicht der Dramatikerin gesprochen, den Raum verlassen muss): „REMINGTON. (*Rising.*) Well, the best way for me to keep out of a fight is to leave." (*HS*$_1$ 938). Und auch Tom, an den sich Millicent an einer Stelle um Unterstützung bittend wendet, zieht es vor, sich nicht in Erziehungsfragen, mit denen traditionsgemäß ohnehin bekanntlich die Frau betraut ist, einzumischen: „Your mother knows best, of course, Millicent, about that sort of thing." (*HS*$_1$ 938). Das konservative Theaterpublikum hat in Anns Plädoyer vermutlich kaum seine eigene Haltung zu dieser Problematik wiederfinden können.

Ganz anders verhält es sich in der revidierten Fassung *HS*$_2$: Zielt in *HS*$_1$ die Kritik der *new woman* Ann auf jene Mütter der *middle class* ab, die an den aus ihrer Sicht falschen Erziehungsidealen nach wie vor festhalten, so richtet sich die Kritik in *HS*$_2$ nun auf die *new woman* Ann selbst, die ihren mütterlichen Pflichten nicht mehr nachzukommen vermag, da sie sich in erster Linie mit ihrer Arbeit befasst. In *HS*$_2$ wird quasi die Kritikrichtung umgekehrt, wobei die Figur der Tochter wiederum diejenige ist, über die sich diese Kritik manifestiert. Die besondere Bedeutung Millicents spiegelt sich in einer im Vergleich zur Frühfassung deutlich erhöhten Bühnenpräsenz: Trat Millicent in HS_1 lediglich in einer Szene auf, ist sie in HS_2 nun in insgesamt vier Szenen auf der Bühne zu sehen. In zwei der vier Szenen (I/6 und I/10) tritt Millicent ohne Ann auf, weil Letztere im Atelier an einer Frauenstatue arbeitet und nicht gestört werden will. Der *workroom*, wie er im Stück genannt wird, verkörpert demzufolge einen isolierten Raum, aus dem (nicht nur) die Tochter ausgegrenzt bleibt, wie das nachfolgende Textzitat aus Szene 6 zeigt:

MILLICENT. Father, where's mother?
TOM. In the work-room. But you can't go in. (*As* MILLICENT *starts to work-room.*)
MILLICENT. Why not?
TOM. She's finishing something and said not to let *any* one stop her.
MILLICENT. Oh *dear*! I think I *might*. It's awfully important. Couldn't I just poke my head in the door a minute?
TOM. Not for a second.
MILLICENt. Sakes, I wish Mother wouldn't work in my Christmas vacation. It's an awful bore. Don't you think she might stop the little while I'm at home, Aunt Daisy?
DAISY. None of my business. Don't ask me.

(HS_2 934, Hervorhebungen im Original)

Nicht nur die Tatsache, dass es sich nun in der revidierten Fassung bezeichnenderweise um die Weihnachtsferien, also traditionsgemäß die Zeit der Familie, handelt, in der diese Szene spielt, sondern auch Millicents Hinweis darauf, dass ihre Ferien alles andere als „simply heavenly perfect" (HS_1 936), sondern vielmehr „an awful bore" waren, werfen ein betont negatives Licht auf Ann in ihrer Rolle als Mutter, das im Vergleich zu HS_1 nun von anderer Qualität ist. Mögen sich die Zuschauer in der Frühfassung an Anns Kritik am Erziehungsideal der *middle class* sowie an ihren gegen die kulturellen Verheiratungspraktiken gerichteten Haltungen gestört haben und fehlte es, wie erwähnt, dort an Gegenstimmen zu Anns Ansichten, so ist es nun in HS_2 die unverzeihliche Vernachlässigung der Tochter durch die karriereorientierte Mutter, die im Fokus der Kritik steht. Die erwähnte umgekehrte Kritikrichtung in HS_2 bewirkt hier einen viel stärkeren Sympathieverlust in Bezug auf die *new woman*-Figur Ann, der zusätzlich noch einmal dadurch intensiviert wird, weil es in der Spätfassung nun auch weitere Figuren gibt, die implizit oder explizit ihre Kritik an Ann verlautbaren. Im oben zitierten Dialogausschnitt lässt Crothers beispielsweise das Verhalten ihrer weiblichen Hauptgestalt durch Daisy kommentieren. Zwar ist Daisys Kritik hier nicht explizit, jedoch lassen Wortwahl, Sprechhaltung und Satzstruktur in „None of my business. Don't ask me." durchaus erkennen, wie sich Daisy – die traditionelle *true woman* im Stück – indirekt zu Anns Verhalten positioniert. Weil diese ‚Kritikverschiebung' insgesamt eine Bestärkung der konservativ-traditionalistischen Sichtweise bewirkt, die in der Frühfassung so nicht zu finden ist, kann dies als nachträgliche Konzession Crothers' an die Erwartungshaltung des Theaterpublikums gewertet werden.

In einer späteren Szene (I/10) gestaltet sich die Situation zwischen Mutter und Tochter ähnlich. Das Motiv des Wartens – zwischen den beiden Auftritten Millicents in I/6 und I/10 liegen drei Szenen – verstärkt die Wirkung der fehlenden mütterlichen Zuwendung noch einmal zusätzlich. Auch die Kommentierung durch eine andere Figur, diesmal ist es die *raisonneur*-Figur Dr. Remington, findet sich in dieser Szene wieder:

REMINGTON. [...] Where's your mother?
MILLICENT. In the cave. (*Pointing to workroom.*)
REMINGTON. Can't she be excavated? Go and dig her out.
MILLICENT. They won't let me in. You do it.
REMINGTON. Hasn't anybody got the courage to do it? (KEITH *starts towards the door with box.*)
DAISY. Not me.
REMINGTON. Well, McKenzie, go and tell her to let the work go thunder and come and see her dad. (KEITH *goes into workroom.*)

(HS_2 937)

Wenn Millicent den *workroom* inzwischen abwertend als ‚Höhle' bezeichnet, aus der man Ann (mit den Worten Dr. Remingtons) regelrecht ‚ausgraben' müsse, dann wird deutlich, dass Anns Verhalten kaum mehr Unterstützung findet und die Kritik an berufstätigen Frauen, die gleichzeitig auch Mutter und Ehefrau sind, in dieser Textfassung stärker in den Vordergrund rückt. Als Ann in der darauffolgenden Szene (I/11) schließlich aus dem Atelier herauskommt und Millicent erneut vertröstet, dürften die Publikumssympathien für die Protagonistin weiter geschwunden sein:

MILLICENT. Mother, when can I see you? Alone I mean?
ANN. After awhile. [...]
MILLICENT. [...] But I have to see you about something.
ANN. You do? [...]
MILLICENT. Mother, may I stay home from school one more day?
ANN. Gracious! Is that what you want to see me about?
MILLICENT. That's just one thing. Can't I, mother. All the girls are staying over. Mayn't I? Please—please.
ANN. I have to think a little. Let's wait and talk it over. [...]

(HS_2 938)

Zu diesem Gespräch zwischen Mutter und Tochter kommt es dann schließlich in Szene I/13, in der durch Millicents Worte, „Thank goodness, mother. I can't wait any longer." (HS_2 941), der Entzug der mütterlichen Zuwendung durch das Motiv des Wartens noch einmal besonders stark hervorgehoben wird. Zwar wird Anns kritische Einstellung zum Großstadtleben und Erziehungsideal der *middle class* auch in der revidierten Fassung wieder aufgegriffen, allerdings führt ein Vergleich zu „Fanny's mother" diesmal dazu, dass Ann mit ihren „terribly strict ideas" (HS_2 941) als ‚schlechte Mutter' dasteht, weil sie ihrer Tochter all die Dinge untersagt, die andere Mütter ihren Töchtern gewöhnlich erlauben:

> MILLICENT. Oh, now mother! Fanny's mother's had a party or something for her *every* single night. She took her to the Plaza to dance after the matinee today and I've never been to a hotel or any exciting place in my life. [...]
>
> (HS_2 941, Hervorhebung im Original)

Die Vernachlässigung, die Millicent durch ihre Mutter offenbar im Verlauf der Weihnachtsferien erfahren hat, wird hierdurch erneut sehr stark betont. Und als im Laufe des Gesprächs Anns Gedanken just in dem Moment abdriften, als Millicent über „Fanny's brothe[r]" (HS_2 941) ins Schwärmen kommt, erreicht der Entzug der mütterlichen Zuwendung trotz der physischen Anwesenheit beider Figuren seinen vorläufigen Höhepunkt:

> MILLICENT. [...] He's older, you know and more fun. He got full dress clothes this Christmas—long tails, you know, and he looks perfectly—Mother, you're not listening. (ANN*'s eyes have gone back to the frieze again.*)
>
> ANN. Yes, I am dear—Yes I am. Full dress clothes.
>
> (HS_2 941)

Wie die voranstehenden Ausführungen gezeigt haben, spart die Dramatikerin in ihrer revidierten Version in Bezug auf die Mutter-Tochter-Problematik nicht daran, ihre weibliche Hauptfigur in der Verkörperung der *bad mother* zur Zielscheibe gesellschaftlicher Kritik zu machen, die sich durch den Einsatz bestimmter Sympathielenkungsverfahren im Handlungsverlauf stetig intensiviert. Anns Berufstätigkeit, die aus Sicht der Figur offenbar eine höhere Priorität einnimmt als ihre mütterlichen Pflichten, findet bei kaum einer anderen Figur Zuspruch, weil sie zur emotionalen Vernachlässigung der Tochter führt. Diesbezüglich bewegt sich das Stück in seiner überarbeiteten Fassung von Anfang an stärker im Rahmen des viktorianischen Weiblichkeitsdiskurses, weil durch die Kritik an Ann als ‚schlechte Mutterfigur' der viktorianische

Mütterlichkeitskult indirekt bekräftigt und somit die konservative Haltung des Publikums bedient wird.

Gender-bezogene Implikationen der veränderten Bühnenpräsenz des *raisonneur*

Markante Strukturverschiebungen innerhalb des Expositionsaktes beider Fassungen sind außerdem in Bezug auf die *raisonneur*-Figur des Stückes festzustellen.[206] So geht aus der Darstellung der Konfigurationsstruktur in Abb. 11 oben hervor, dass Crothers die Bühnenpräsenz der *raisonneur*-Figur im I. Akt von zehn Auftritten in HS_1 auf vier Szenen in HS_2 reduziert. Überdies verlagert Crothers den Eintritt der Figur in das Handlungsgeschehen deutlich nach hinten: Während Dr. Remington in HS_1 bereits in Szene 4 die Bühne betritt, geschieht dies in HS_2 erst in Szene 10. In der Zusammenschau dieser Angaben ergibt sich somit folgende Darstellung (Abb. 12):

I. Akt	**HS_1**	**HS_2**
Anzahl der Auftritte (in ... Szenen)	10	4
Zeitpunkt des ersten Auftritts (in Szene I/...)	4	10

Abb. 12 Bühnenpräsenz der *raisonneur*-Figur Dr. Remington im I. Akt der beiden Fassungen

Inwiefern Crothers diese Umkehrung der Strukturrelationen (10-4 / 4-10) tatsächlich bewusst gewählt hat, kann freilich nicht beurteilt werden. Dessen ungeachtet sind diese Verschiebungen aus *gender*-analytischer Sicht aber mit einer Bedeutungsab- bzw. -zurücknahme der *raisonneur*-Figur verbunden, die wiederum mit Blick auf das gesamte Stück ins Gewicht fällt. So wird der Einfluss dieser Figur, die in HS_1 den traditionellen Typus des autoritären Familienpatriarchen verkörpert und äußerst extreme, radikal-antifeministische Positionen vertritt, in der Spätversion HS_2 deutlich zurückgenommen. In seiner Radikalität und vornehmlich gegen die *new woman* gerichteten Kritik deutlich gemäßigt, bietet der *raisonneur* in der Spätfassung deshalb weitaus

206 Die Ausführungen in diesem Abschnitt beschränken sich auf den quantitativen Aspekt seiner Bühnenpräsenz sowie die damit verbundenen *gender*-bezogenen Implikationen in den zwei Textfassungen. Für eine detaillierte Untersuchung dieser Figur (mit Fokus auf die unterschiedliche Konzeptionierung des *raisonneur* in HS_1 und HS_2) siehe den gesonderten Abschnitt (383ff.) unten.

weniger Identifikationspotential für das konservativ eingestellte Publikum und wirkt deshalb auch weniger polarisierend. Um zwei Beispiele zu nennen: Repliken wie „She ought to have *six* children now instead of one." (HS_1 934, Hervorhebung im Original) oder „All women are the marrying kind." (HS_1 943) sind in der revidierten Textversion HS_2 nicht mehr enthalten. Nicht nur wird Dr. Remington in HS_2 weniger Raum für seine ohnehin ‚entschärften' Ansichten gegeben; auch das Konfliktpotential, das von dieser Figur ursprünglich ausging, ist in dieser Form nicht mehr vorhanden. Diese Abschwächung findet demnach, wie die Analyse unten noch genauer zeigen wird, ihren Niederschlag nicht nur in quantitativer Hinsicht, sondern auch in einer veränderten Konzeption der Figur, da Dr. Remington in der Spätfassung des Stückes – dies sei an dieser Stelle der Analyse vorweggenommen – in die Rolle des traditionellen *raisonneur*, der lediglich als autoritativer Kommentator des Geschehens fungiert, zurückgeführt wird und nun auch deutlich humoristischere Züge trägt, als die radikal eingestellte Patriarchenfigur der Frühfassung.

Ausgehend von den in diesen drei voranstehenden Abschnitten analysierten Strukturverschiebungen innerhalb des I. Aktes und ihren jeweiligen *gender*-bezogenen Implikationen für die Inhaltsebene der jeweiligen Textfassung kann abschließend festgehalten werden, dass Crothers im Zuge der Textrevision insgesamt um die Zurücknahme eines wie auch immer gelagerten Spannungs- und Konfliktpotentials bemüht zu sein scheint. Der revidierte Expositionsakt lässt eine gemäßigtere Grundhaltung erkennen und wirkt durch einen insgesamt diplomatischeren Duktus weniger polarisierend und provokativ auf das Publikum. Er fordert dazu auf, sich mit dem im weiteren Verlauf des Stück präsentierten Meinungsspektrum der Figuren und den geschlechterideologischen ‚Pendelbewegungen' konstruktiv auseinanderzusetzen – oder mit den Worten Abramsons, über die „pressing questions of her [Crothers'] time"[207] nachzudenken – zumindest solange, bis die Autorin in der Schlussszene eine eigene vorläufige Antwort auf die Geschlechterfrage zu geben scheint, die, wie gezeigt, in der revidierten Fassung wenig optimistisch ist.

Dass insbesondere die Spätfassung mit ihrer Anspielung auf die Notwendigkeit von Dialog und Aushandlung insgesamt stärker als die radikale Frühfassung dem reformorientierten Zeitgeist der *Progressive Era* entspricht, zeigt sich in besonderem Maße in der vergleichsweise langen 11. Szene des I. Aktes, in der, wie die Konfigurationsstruktur in Abb. 11 oben verdeutlicht, alle handlungstragenden Figuren gemeinsam auf der Bühne stehen und in exakt dieser Szene die *career vs. home*-Problematik – bezeichnenderweise bei Tee und

207 Abramson, „Rachel Crothers", 57.

Kuchen – ausdiskutieren (vgl. HS_2 938-940). Diese Aushandlungsszene fehlt in der Frühfassung.

Raumstrukturelle Verschiebungen und ihre *gender*-bezogenen Implikationen

Während in den voranstehenden Abschnitten strukturelle Veränderungen innerhalb des I. Aktes im Fokus standen, weitet sich der textanalytische Blick in diesem Teilkapitel nun auf einen quasi das gesamte Stück überspannenden Aspekt. Im Mittelpunkt steht nachfolgend eine detaillierte Untersuchung der den Textfassungen HS_1 und HS_2 zugrundliegenden Raumkonzeptionen und ihren jeweiligen *gender*-bezogenen Implikationen. Als besonders aufschlussreich erweist sich eine Vergleichsanalyse räumlicher Strukturen wiederum deshalb, weil erst durch die Gegenüberstellung beider Textfassungen sichtbar wird, welchen zentralen Stellenwert die Gestaltung des Bühnenraums bei Crothers im Hinblick auf die Aushandlung der Geschlechterthematik eigentlich einnimmt.[208]

Da bis heute keine Studien zur Frühfassung HS_1 vorliegen, lässt insbesondere eine vergleichende Raumanalyse aus *gender*-kritischer Sicht und im Kontext der Revisionsproblematik aufschlussreiche Erkenntnisse über Crothers' Beitrag zur Aus- und Behandlung der Geschlechterthematik im kommerziellen Unterhaltungstheater erwarten. Analog zu den voranstehenden Abschnitten gilt auch hier, dass über das Raumkonzept der Frühfassung HS_1 eine für die damalige Zeit als radikal oder extrem, in jedem Fall aber unkonventionell geltende Haltung zur Geschlechterthematik, in diesem Falle eine moderne, innovativ-progressive, kommuniziert wird, während die Spätfassung HS_2 diesbezüglich deutlich gemäßigter wirkt.

208 Von allen bislang vorliegenden Studien zu Crothers' *He and She* geht nur eine einzige, nämlich Gottliebs (1979), überhaupt auf das Setting des Stückes (wohlgemerkt nicht auf die Raumkonzeption) ein. Ihre Ausführungen zum Handlungsschauplatz (der Spätfassung HS_2 von 1920) sind jedoch nicht nur denkbar knapp gehalten (sie beschränken sich auf etwa eine halbe Seite bzw. achtzehn Zeilen), sondern verbleiben zudem überwiegend auf einer deskriptiven Darstellungsebene (vgl. *Rachel Crothers*, 52). Lediglich in allerdings fast beiläufigen Anmerkungen der Verfasserin, wie z.B. „[T]he setting enhances the play's theme." (ebd.), deutet sich ein komplexerer Bedeutungszusammenhang zwischen raumkonzeptionellen und inhaltlichen Aspekten an, auf den Gottlieb jedoch nicht näher eingeht. Demnach zählen die raumkonzeptionellen Besonderheiten zu den bislang weitgehend vernachlässigten Untersuchungsaspekten in der literaturkritischen Diskussion dieses Stückes.

‚Downstairs' und *‚upstairs'*: Zur Re-Semantisierung der vertikalen Raumrelation

Zunächst fällt hinsichtlich der Raumkonzeption auf, wie ausführlich diese in beiden Fassungen jeweils beschrieben wird (vgl. $HS_{1/2}$ 931). Was diesbezüglich an anderer Stelle über die Bedeutung des Nebentextes in realistischen Bühnenstücken bzw. den *discussion* und *problem plays* der *Progressive Era* gesagt wurde,[209] trifft in Crothers' *He and She* in besonderem Maße zu: Die Raumbeschreibungen sind so detailliert, dass sich auch heute noch ohne Weiteres ein authentisches Bühnenbild nach den konkreten Vorstellungen der Dramatikerin rekonstruieren ließe. Wichtiger als die Absicht einer mimetischen Wirklichkeitsabbildung ist jedoch, wie ebenfalls im theoretischen Teil dieser Arbeit ausgeführt, die von den frühen Bühnenrealisten des Untersuchungszeitraums häufig vorgenommene (geschlechterideologische) Semantisierung des Bühnenraums und die damit verbundene Diskursreferentialität dieser Raumdarstellungen. Wenn also in beiden Fassungen von *He and She* die raumarchitektonische Ordnungsrelation ‚unten'/‚oben' bzw. *‚downstairs'/‚upstairs'* realisiert wird, was – wie in Kapitelabschnitt III.5.3. gezeigt – vor allem in dramatischen Texten oft auf eine besondere raumsemantisch-funktionale Markierung hindeutet, weil diese vertikale Raumachse seltener dargestellt wird als die horizontale, so ist in diesem konkreten Fallbeispiel nach den Implikationen zu fragen, die auch, aber nicht nur *gender*-kritischer Art sind.

In Bezug auf Crothers' Stück erweist sich diese Fragestellung umso mehr als eine besonders relevante, weil die Raumkategorien ‚unten'/‚oben' in den beiden Textversionen nicht nur unterschiedlich, sondern bezeichnenderweise auch umgekehrt besetzt sind: Das Haus des Künstlerehepaares Ann und Tom Herford, um das es hier im Kern geht, besteht aus zwei separaten Bereichen – einem Künstleratelier mit Arbeitsraum (dem sog. *studio* und *workroom*) einerseits und dem Wohnbereich der Herfords mit diversen Räumen andererseits. In der Frühfassung HS_1 befindet sich die Künstlerwerkstatt *upstairs*, während sie im Zuge der Textrevision von Crothers nach unten, *downstairs*, verlegt wurde. Ausgehend von diesen ersten Feststellungen ließe sich die vertikale Raum(an)ordnung in der direkten Gegenüberstellung der beiden Fassungen zunächst vereinfacht wie folgt darstellen (siehe Abb. 13 unten).

Vereinfacht ist diese schematische Darstellung der veränderten Raumanordnung in Abb. 13 deshalb, weil sie die im Zuge der Textrevision vorgenommenen Veränderungen noch nicht vollständig und nicht differenziert genug abbildet. Betrachtet man nämlich jeweils die Beschreibungen der Raumkonzeptionen im Nebentext, so zeigt sich, dass Crothers zwar in beiden

---

209 Siehe hierzu die Ausführungen zu (a) *stagecraft* in Kapitelabschnitt II.2.1 dieser Arbeit.

	HS_1	*HS_2*
upstairs	Atelier	Wohnbereich
downstairs	Wohnbereich	Atelier

Abb. 13 Umkehrung der vertikalen Raum(an)ordnung in den Fassungen HS_1 und HS_2

Fassungen mit den Kategorien ‚*upstairs*'/‚*downstairs*' operiert, die räumlich-architektonischen Ebenen, die sie in der jeweiligen Textfassung damit im konkreten Fall meint, jedoch unterschiedlich definiert sind.[210] So heißt es beispielsweise in HS_1 mit Bezug auf das „*Herford Studio in New York*": „*The street backing of the private houses opposite shows that the room is on the top floor.*" (HS_1 931). Im Nebentext der Spätfassung erfolgt der explizite Hinweis darauf, dass sich das Atelier „*in the basement floor of a large old fashioned house in lower New York*" (HS_2 931) befindet. Die Künstlerwerkstatt befindet sich in HS_1 demzufolge im Ober- bzw. obersten Geschoss („*on the top floor*", also *upstairs*), während es sich in HS_2 im Kellergeschoss[211] („*in the basement floor*", also *downstairs*) befindet. Je nachdem, auf welche Fassung man sich also bezieht, erscheint damit der Wohnbereich einmal unter dem Atelier (HS_1) und einmal darüber (HS_2), ohne dass er selbst dabei seine ursprüngliche Ebene (Erdgeschoss, *ground floor*) verändern würde (siehe Abb. 14 unten).

Zwar wird im Unterschied zum Atelier die tatsächliche Raumebene des *living room* in keiner der beiden Fassungen explizit erwähnt, wohl aber lassen die sehr ähnlichen bzw. in Teilen sogar identischen Beschreibungen des Wohnzimmers in HS_1 und HS_2 den Schluss zu, dass sich die ursprüngliche architektonische Ebene des *living room* im Zuge der Textrevision nicht verändert hat. So geht aus beiden Beschreibungen hervor, dass das großzügig gestaltete Wohnzimmer im Erdgeschoss den zentralen Bezugspunkt des Hauses bildet, von dem aus Verbindungen zur „library" sowie zu der ebenfalls in beiden

210 Zu erwähnen ist an dieser Stelle, dass beide Bereiche (also Wohn- und Arbeitsbereich) in den entsprechenden Szenen jeweils tatsächlich auf der Bühne realisiert und nicht nur in Form von *word scenery* vergegenwärtigt werden.

211 Dass „*basement floor*" hier tatsächlich als Kellergeschoss (und nicht etwa als ein unteres Geschoss) zu verstehen ist, lässt sich z.B. auch aus einer Replik Dr. Remingtons ableiten, in der er sich an einer Stelle über die Kälte im gefliesten Kellergeschoss (Atelier) beschwert und darauf drängt, nach oben in das warme Wohnzimmer zu gehen: „Because I don't mind saying my feet are like ice from this confounded brick floor [down here]." (HS_2 940).

Fällen erwähnten „hall“ (HS_1 945, HS_2 944) und den daran angrenzenden Privat- und Funktionsräumen des Hauses bestehen. Dass der, wie erwähnt, großzügig gestaltete Wohnbereich innerhalb des Gebäudes (unverändert) zentral angeordnet ist und damit beispielsweise bei Besuchern des Hauses zuerst betreten bzw. vor allem betrachtet werden würde, ist im Kontext soziokultureller Praktiken der *middle* und *upper classes* bzw. der *consumer culture* und *conspicuous consumption* zu lesen.[212] Er nimmt diesen zentralen Ort innerhalb des Hauses also deshalb ein, weil die üblicherweise im Wohnbereich zur Schau gestellten Möbelstücke, Kunstwerke, Statussymbole, Dekorationselemente usw. eine repräsentative, statusaffirmierende Funktion hatten und entsprechend wahrgenommen werden sollten. Dies wird vor allem in HS_2 besonders augenscheinlich, in der die Beschreibung des *living room* nicht nur viel mehr Raum einnimmt als in der Frühfassung, sondern auch eine Fülle an räumlichen Details aufweist, die die erwähnte zentrale Bedeutung und den (auch materiellen) Wert des Wohnbereichs im Kontext der *middle class family* hervorhebt, wie die Unterstreichungen im nachfolgenden Textzitat verdeutlichen:

> *The living room in the Herford house.*
> *The room is <u>long and wide</u>, dignified and restful in proportions. At center back <u>a large fireplace</u> with a severe mantel <u>in cream marble</u>. A <u>wide window</u> covers <u>the entire left wall</u>, and <u>wide doors</u> at right <u>lead into the library</u>. A single door at back, left of fireplace, <u>leads into the hall</u>. The walls are hung in a soft dull <u>silk</u> which throws out the strong simple lines of the woodwork. A <u>bright wood fire</u> is burning and soft lights throw <u>a warm glow</u> over the gray carpet and the <u>furniture which is distinguished and artistic</u> but distinctly comfortable, <u>giving the room the air of being much lived in and used</u>.*
>
> (HS_2 944, Unterstreichungen KT)

Auf der Basis dieser Beobachtungen kann das oben in Abb. 13 dargestellte makrostrukturelle Raumkonzept entsprechend modifiziert und ausdifferenziert werden (siehe Abb. 14 unten).

Ausgehend von der grundsätzlichen Überlegung, dass in Crothers' Stück das Künstleratelier sinnbildlich für Beruf/Karriere in der *public sphere* bzw. der Wohnbereich für Familie/Häuslichkeit in der *domestic sphere* stehen, wird augenscheinlich, dass die Dramatikerin die auf der Figurenebene geführte

---

212 Auf diese Diskursreferentialität wird im Zuge der Analyse von Wentworths *The Flower Shop* noch genauer eingegangen (siehe IV.4.3), weil dieser Aspekt dort eine größere Rolle spielt als in Crothers' *He and She*. An dieser Stelle sei auf den Diskurs- und Kontextbezug nur hingewiesen, um den hier hergestellten Zusammenhang zwischen, grob gesprochen, Raumkonzeption, *class* und Gesellschaftsdiskurs, zu erhellen.

	HS_1	HS_2
Obergeschoss bzw. oberstes Geschoss *top floor*	**Atelier** ***upstairs***	--- (nicht besetzt bzw. nicht spezifiziert)
Erdgeschoss *ground floor*	**Wohnzimmer** ***downstairs***	**Wohnzimmer** ***upstairs***
Kellergeschoss *basement floor*	--- (nicht besetzt bzw. nicht spezifiziert)	**Atelier** ***downstairs***

Abb. 14 Ausdifferenzierte Darstellung der makrostrukturellen Raumkonzeptionen in den Fassungen HS_1 und HS_2

career vs. home-Debatte auch auf der räumlichen Strukturebene spiegelt. Folglich stehen Raumkonzeption und Geschlechterthematik in *He and She* in einem Zusammenhang, was jedoch nicht heißen soll, dass die Bedeutung der raumstrukturellen und -konzeptionellen Verschiebungen ausschließlich in *gender*-bezogenen Aspekten aufgehen würde. Wohl aber lässt sich sagen, dass Crothers' Entscheidung, das Atelier im Zuge der Textrevision als ‚bewegliches' Element zu verstehen und den Wohnbereich als ‚fixen' und vor allem zentralen Referenzpunkt (insbesondere im Hinblick auf die weibliche Hauptgestalt) unverändert zu lassen, durchaus als Anspielung auf den Häuslichkeitsdiskurs gelesen werden kann. Unabhängig davon nämlich, wo sich das Atelier letztlich befindet, bleiben für Ann die künstlerischen Ambitionen zweitrangig, weil sie entsprechend des Diskurses in erster Linie ihre Funktionen als *wife, mother* und *homemaker* in der *domestic sphere* zu erfüllen hat. So wird beispielsweise in diversen Repliken der *raisonneur*-Figur Dr. Remington immer wieder deutlich, dass er Ann viel lieber ausschließlich im Wohn- als im Arbeitsbereich sehen würde, wobei sich seine Verwendung von ‚*upstairs*' und ‚*downstairs*' der jeweiligen Raumkonzeption im Stück variabel anpasst. Entsprechend wird daran auch deutlich, dass die nachfolgenden Repliken in der jeweils anderen Textfassung nicht ‚funktionieren' würden, ohne die geschlechterideologische

Aussageabsicht der Figur prägnant zu verändern bzw. komplett ins Gegenteil zu verkehren:

TOM. (*Rushing in from hall—carrying a large roll of drawings.*) Where's Ann?

REMINGTON. I left her downstairs* where she belongs.

(HS_1 943, Unterstreichung KT, **downstairs* hier: *living room*)

ANN. [...] it would make me very happy indeed if you wabbled enough to admit that this is a beautiful studio and that having it in the house is the most sensible thing in the world.

REMINGTON. It would be all right if you'd stay upstairs* and mind your own business. Tom, if you don't look out you'll be so mixed up you'll be upstairs* keeping house and Ann will be downstairs* keeping shop.

(HS_2 938, Unterstreichung KT; **downstairs* hier: *studio, upstairs* hier: *living room*)

Nicht nur verdeutlichen neben den bereits oben zitierten Passagen aus dem Nebentext auch diese Figurenrepliken, dass die Raumkategorien ‚*upstairs*' und ‚*downstairs*' in den Fassungen unterschiedlich semantisiert sind; die Dialogauszüge charakterisieren Dr. Remington indirekt auch als patriarchalisch geprägten Traditionalisten, der an der ‚natürlichen' Korrelation von Weiblichkeit und Häuslichkeitssphäre überhaupt keinen Zweifel hegt. Durch seine Wortwahl – *belong* und *stay* – (siehe die Unterstreichungen oben) wird zudem seine Überzeugung von der Undurchlässigkeit der geschlechterspezifischen Sphären zum Ausdruck gebracht. Dies spiegelt sich zudem auch in einer weiteren Replik der Figur aus der Frühfassung wider: „A work shop's a work shop and a home is a home. They ought to be kept separate." (HS_1 934).

Crothers' Atelierinszenierung im Spannungsfeld von künstlerischer Gestaltungsfreiheit (HS_1) und restriktiven Darstellungskonventionen (HS_2)

Neben den raumstrukturellen Verschiebungen auf der vertikalen Raumachse und den damit verbundenen Bedeutungsveränderungen lassen sich an den unterschiedlichen Raumkonzeptionen des Stückes weitere Besonderheiten ausmachen, die auf eine semantisierte bzw. funktional aufgeladene Raumdarstellung schließen lassen. Diese beziehen sich weniger auf bestimmte makrostrukturelle Raumrelationen wie ‚oben'/‚unten', sondern vielmehr auf die Ausgestaltung und Inszenierung eines konkreten *Innen*raumes auf der mikrostrukturellen Textebene. Gemeint ist das Künstleratelier des Protagonistenpaares. Auch hier sind im Zuge der Textrevision von der Dramatikerin umfassende raumkonzeptionelle Änderungen vorgenommen wurden, deren Bedeutungsverschiebungen diesmal nicht (nur) im Zusammenhang mit *gender*-bezogenen Aspekten, sondern vor allem auch mit einer versteckten Kritik an der Rückständigkeit des kommerziellen Unterhaltungstheaters als gesellschaftliche Institution zu sehen sind. In der nachfolgenden Vergleichsanalyse der beiden Atelierkonzeptionen wird zu zeigen versucht, wie Rachel Crothers sowohl gesellschafts- bzw. geschlechter- als auch theaterbezogene Aspekte über räumliche Strukturen kritisch verhandelt und dass die konkrete, sprich szenisch realisierte Raumdarstellungsebene von einer Metaebene überlagert wird, die die Autorin quasi als Plattform ihrer Kritik für sich nutzbar macht.

Im Hinblick auf die Raumkonzeption des Ateliers in der Frühversion HS_1 fallen in der ausführlichen Beschreibung der Künstlerwerkstatt zunächst vor allem die Größen- und Ausleuchtungsdimensionen ins Auge (siehe HS_1 931). So verfügt das im Obergeschoss gelegene Atelier über ein *„very wide studio window"*, *„[a] wide fireplace"*, *„[a] large cupboard"*, *„a large revolving table"* sowie *„double doors at the back"*, die weit geöffnet sind und somit einen Blick in den dahinterliegenden *workroom* gewähren. Neben der räumlichen Tiefendimension des Ateliers wird zudem durch einen *„long narrow table with chairs at either side"*, der sich *„[i]n the center of the stage"* (HS_1 931) befindet, auch die großzügige Breite des Raums betont. Dass der Raum zudem lichtdurchflutet ist und über mehrere Lichtquellen verfügt, wird nicht nur durch den bereits erwähnten großen Kamin und das übergroße Atelierfenster impliziert, sondern findet an einer Stelle sogar explizit Erwähnung, als Tom und Keith den gerade hereingetretenen Besucher, Dr. Remington, durch die gerade erst nach einem aufwändigen Umbau fertiggestellten Werkstatträume führen:

TOM.	But the best thing in the room is the light.
KEITH.	North, mind you—
TOM.	And plenty of it.
KEITH.	Had the wall knocked out for that.
TOM.	They didn't want to do it at first, but the landlord gave in when Ann got hold of him.
REMINGTON.	I can imagine that.

(HS_1 933)

Dass in diesem Dialogausschnitt das einströmende Licht als „the best thing in the room" hervorgehoben wird, mag im Zusammenhang mit einem Atelier zunächst nichts Ungewöhnliches sein, benötigt doch gerade der Künstler einen gut ausgeleuchteten Raum. Aus *gender*-analytischer Sicht erweist sich dieser explizite Hinweis auf die Lichtverhältnisse im Raum allerdings als symbolträchtig, steht die zugunsten einer intensiveren Raumausleuchtung herausgerissene Wand doch sinnbildlich auch für das Durchbrechen (geschlechter-) ideologischer Grenzziehungen, für Offenheit, Liberalität, Progressivität und den Freiheitsgedanken im aufklärerischen Sinne allgemein.

Alle bisher genannten Raummerkmale des *Herford Studio* (also das Einrichten des Künstlerateliers im Obergeschoss des Hauses, die Größendimensionen des Raumes, die Ausrichtung des Ateliers nach Norden für eine optimale Ausleuchtung der Künstlerwerkstatt) sind Ausdruck eines innovativen, neuartigen Atelierkonzeptes, das sich, wie Birgit Jooss in ihren beeindruckenden ‚Atelier-Studien' gezeigt hat,[213] um die Jahrhundertwende in Europa herausbildet. In ihren Untersuchungen exemplarisch ausgewählter Künstlerateliers spricht die Verfasserin u.a. ebenfalls die Größe der dort vorhandenen Atelierfenster als primäre Lichtquelle an, verweist auf die Größendimensionen der Atelierräume und berichtet von nach Norden ausgerichteten Künstlerwerkstätten.[214] Die bei Crothers so explizit betonten Besonderheiten des *Herford Studio* in der Frühfassung *HS_1* sind demnach von der Dramatikerin nicht kontextfrei gewählt, sondern weisen eine deutliche, intendierte Diskursreferentialität im Hinblick auf kunstästhetische Entwicklungen in Europa auf, von denen Crothers ebenso Kenntnis gehabt haben muss wie von der Entstehung eines europäischen Avantgardetheaters im späten 19. Jahrhundert, von dem sie sich möglicherweise inspirieren ließ.

Nicht nur das Interieur des Künstlerateliers, sondern auch das im vorangegangenen Kapitelabschnitt besprochene architektonische Gesamtarrangement von ‚Arbeitsraum oben' und ‚Wohnbereich unten' (*HS_1*) stellt einen deutlichen Bezug zum zeitgenössischen kunstästhetischen Diskurs her. Im historischen und geistesgeschichtlichen Kontext betrachtet, handelt es sich im Anschluss an Birgit Jooss bei der „enge[n] Verbindung zwischen Wohnung [...] und Werkstatt" um ein innovatives „Konzept der Ateliergestaltung",[215] das „innerhalb der Tradition des 19. Jahrhunderts absolut neue Akzente setzte"[216]. Die räumliche Nähe von Künstler- und Lebensraum gilt in der damaligen Zeit demnach als modern und wird in Crothers' Stück von verschiedenen

213 Siehe Birgit Jooss, „Das Atelier als Spiegelbild des Künstlers", *Künstlerfürsten: Liebermann, Lenbach, Stuck*, hg. von der Stiftung *Brandenburger Tor* (Berlin: Nicolai, 2009), 57-66 und *Ateliers als Weihestätten der Kunst: Der ‚Künstleraltar' um 1900* (München: Verein zur Förderung der Villa Stuck e.V., 2002).

214 Siehe Jooss, „Das Atelier als Spiegelbild des Künstlers", 61 sowie *Ateliers als Weihestätten der Kunst*, 9, 10.

215 Jooss, „Das Atelier als Spiegelbild des Künstlers", 61, 60.

216 Jooss, *Ateliers als Weihestätten der Kunst*, 51.

Figuren auch explizit als solches wahrgenommen. So spricht beispielsweise Dr. Remington – der es bislang vorgezogen hatte, die Besichtigung des umgebauten Hauses so lange wie möglich hinauszuzögern (was indirekt auf seine Ablehnung der Raumkonzeption schließen lässt) – von den „new quarters" (*HS*$_1$ 933); und Ann bezeichnet die „house and [...] studio combination" (*HS*$_1$ 934) als „new arrangement" (*HS*$_1$ 936). Diese expliziten Hinweise auf die für die *Progressive Era* allgemein charakteristische Tendenz zur ‚*newness*' beziehen sich hier also weniger auf die Neu-*wertigkeit* der materiellen Raumausstattung, sondern vielmehr auf die Neu-*artigkeit* des Raumkonzeptes – sprich auf, wie Tom an einer Stelle sagt, „the idea of having the studio here in the house" (*HS*$_1$ 934).

Wenn Crothers diese innovativen Trends innerhalb des europäischen Atelierdiskurses aufgreift, um sie in *HS*$_1$ bezeichnenderweise in New York, dem Schauplatz und Inszenierungsort ihres Stückes zugleich, einer breiten, aber grundständig konservativ eingestellten (Theater-)Öffentlichkeit zu präsentieren, dann kann darin eine vermutlich vom Publikum als provokant wahrgenommene, zumindest aber befremdlich wirkende Modernisierungsabsicht der Dramatikerin sowohl im Hinblick auf die Geschlechterordnung als auch im Hinblick auf das traditionsverhaftete, veränderungsresistente Kommerztheater als Institution der Darstellenden Künste gesehen werden, wobei sich vor allem Letzteres dem durchschnittlichen Theaterbesucher wohl weniger erschlossen haben mag. Das in *He and She* inszenierte Raumkonzept der Frühfassung *HS*$_1$ ist demzufolge in zweifacher Hinsicht semantisiert:

Zum einen präsentiert es aus *gender*-analytischer Sicht auf der makrostrukturellen Ebene mit den Kategorien *downstairs* und *upstairs* ein Raumarrangement, in dem sich nicht nur die ehemals streng getrennten Sphären zunehmend vermischen, sondern die traditionellen Geschlecht-Raum-Korrelationen von *domestic sphere* und Weiblichkeit einerseits bzw. *public sphere* und Männlichkeit andererseits weitgehend auflösen. Insbesondere weibliche Raumbegrenzungen und weibliche Bewegungs(spiel)räume werden zumindest in der Frühfassung des Stückes aufgehoben, wie eine Replik Anns verdeutlicht: „I'm going to be upstairs and downstairs and in my lady's chamber. That's why it's so perfect." (*HS*$_1$ 936). Die Durchlässigkeit der Sphären im Sinne eines *mixed spheres*-Ideals wird in *He and She* zumindest modellhaft im mikrokosmischen Kreis der Herford-Familie in Szene gesetzt.

Zum anderen wird das Atelier auf der mikrostrukturellen Ebene selbst zum modernen Kunstraum. Es wird quasi zur Bühnenkulisse im doppelten Sinne funktionalisiert, die dem Publikum bzw. der Öffentlichkeit anhand eines konkret realisierten Ateliers die – aus Künstlersicht – idealtypische Vorstellung von ‚grenzenlosen', sprich restriktionsfreien Künstlerräumen sowie die dringende Notwendigkeit jener kunstästhetischen Innovationen suggerieren soll, wie sie sich in Europa längst vollzogen haben – und zwar nicht nur in Bezug auf die Gestaltenden Künste (wie die Bildhauerkunst im Stück), sondern in Bezug auf die Künste im Allgemeinen, d.h. einschließlich der Darstellenden Kunst im Theater. Anders formuliert: Über ein innovatives, radikal anders gestaltetes Atelierkonzept inszeniert Crothers im inneren Kommunikationssystem ihres Stückes einen fiktiven innovativen Künstlerraum, der zumindest den Künstlerfiguren textintern jene künstlerischen Freiheiten bietet, die ihr als Dramatikerin im äußeren, ‚realen' Kommunikationssystem des Broadway weitgehend verwehrt bleiben. Das unkonventionell gestaltete Atelier der Frühfassung wird somit zur inszenierten Vision eines idealtypischen Bühnenraums und steht sinnbildlich für die Umsetzung einer avantgardistischen Kunstauffassung nach europäischem Vorbild. Crothers, selbst in der Konventionsmaschinerie des profitorientierten Unterhaltungstheaters gefangen, hebt sozusagen durch diese innovative Atelierinszenierung auf die Notwendigkeit kunstästhetischer Reformen und Modernisierungen in einer weitgehend entwicklungsresistenten Theaterindustrie ab und plädiert indirekt und modellhaft für mehr ‚Frei-Räume' des Künstlers (bzw. Dramatikers innerhalb des Theaters), die – so die Implikation – längst überfällig sind.

Dass Crothers ihr konservatives *middle class*-Publikum sowohl durch ihre geschlechter- als auch institutionskritischen Rauminszenierungsverfahren provoziert haben dürfte, ist naheliegend. Befeuert wird diese Provokation allerdings noch zusätzlich, weil sich im Verlauf der Handlung herausstellt, dass der Umbau des Hauses bzw. des Ateliers nach europäischem Vorbild auf die Idee der *weiblichen* Hauptgestalt Ann zurückgeht, die demzufolge nicht nur mehr Einfluss, sondern vor allem einen stärker ausgeprägten künstlerischen Freiheits- und Fortschrittsgedanken in sich trägt als die männliche Künstlerfigur Tom.[217] Dass insbesondere Ann bei den Modernisierungsarbeiten im Haus bzw. Atelier als Initiatorin und kreativer Kopf eine zentrale Rolle gespielt hat, kommt in diversen Äußerungen verschiedener Figuren zum Ausdruck, denen Dr. Remington allerdings oftmals nur etwas Kritisches zu entgegnen hat:

TOM.	Well—what do you think of it? Pretty fine, un? Do you acknowledge *Ann did a good job*?
REMINGTON.	Oh, considering it's a man's work shop designed by a woman, I suppose it's as good as could be expected.

(*HS*$_1$ 933, Hervorhebung KT)

217 Auf die konzeptionellen Besonderheiten der beiden Künstlerfiguren bzw. ihre unterschiedlichen Konzeptionierungen in den beiden Textfassungen wird in Abschnitt IV.2.5 noch einmal zurückzukommen sein.

KEITH.	[*Going to open cupboard.*] All these drawers and shelves to hold things, and with little compartments just the right size for certain tools.
TOM.	Great, isn't it? *Ann did all that.*
REMINGTON.	A woman ought to be able to make a good cupboard.

(HS_1 933, Hervorhebung KT)

RUTH.	*Ann knew what she* was about when *she took this old house and did it over.* Didn't she?

(HS_1 933, Hervorhebung KT)

Provozierend wirkt die Betonung weiblicher Kreativität auch deshalb, weil anhand der Umsetzung des modernen Raumkonzeptes nach Anns Vorstellungen deutlich wird, dass es im Grunde die weibliche Hauptfigur ist, die im Vergleich zu ihrem männlichen Pendant Tom über weitaus mehr künstlerisches Potential und Imagination verfügt – ein eindeutiger Affront gegen die patriarchalische Geschlechterordnung, die den männlichen Künstler zum Kunstgenie stilisiert, dessen meisterlichen Fähigkeiten für weibliche Künstler ‚naturgemäß' unerreichbar bleiben. Nicht zuletzt zeigt sich bekanntlich aber in ihrem Gewinn des Bildhauerwettbewerbs Anns künstlerische Überlegenheit.

Bedeutsam ist diesbezüglich vor allem aber, dass sich die Besonderheiten der Raumkonzeption im Allgemeinen und des Ateliers im Speziellen – sprich die Offenheit der Raumstruktur, die Geräumigkeit, die Ausleuchtung sowie die moderne Schlichtheit in der Ausstattung – in der Konzeption Anns als Künstlerfigur bzw. in ihren Kunstwerken selbst wiederfinden. Im Kontext des zeitgenössischen Atelierdiskurses um 1900 war es, wie Jooss versichert, durchaus üblich, davon auszugehen, „dass der Raum Rückschlüsse auf den Bewohner des dargestellten Raums zulässt, jener also Teil seiner Persönlichkeit war"[218]. So spiegeln sich beispielsweise die Attribute, mit denen Anns Fries-Entwürfe beschrieben werden („strong", „clear", „alive", „new", HS_1 938, 939), oder die Eigenschaften, mit denen Ann im Nebentext vorgestellt wird („*strong*", „*confident*", HS_1 936), oder ihre Einstellung gegenüber künstlerischen Gestaltungsmöglichkeiten („There are no limitations.", HS_1 938) sehr deutlich in ihrer Konzeption des Ateliers wider. Insbesondere die Künstlerwerkstatt erweist sich damit quasi als externalisiertes Abbild ihres Künstler-Ichs. Birgit Jooss spricht in diesem Zusammenhang vom „Atelier als Spiegelbild des Künstlers"[219]. In Crothers' *He and She* ist das „individualistische Künstleratelie[r]"[220], um noch einmal mit Jooss zu sprechen, somit unverkennbar mit der Subjektivität der weiblichen

218 Jooss, *Ateliers als Weihestätten der Kunst*, 17.

219 Jooss, „Das Atelier als Spiegelbild des Künstlers", 57.

220 Jooss, *Ateliers als Weihestätten der Kunst*, 18.

Hauptfigur verbunden – eine dem herrschenden Künstlerdiskurs der Zeit widersprechende Darstellung. Dass dieses „old house" (HS_1 932) des Künstlerehepaares in der Frühfassung von *He and She* einer kompletten (und für die Zeit auch radikalen) Modernisierungskur unterzogen und ihm ausgerechnet durch die weibliche Künstlerfigur ein vollkommen neuartiges Raumkonzept verpasst wird, ist – wie gezeigt – in einem viel komplexeren Bedeutungszusammenhang zu sehen, als es das Stück auf den ersten Blick vermuten ließe.

Ein verändertes Bild entsteht in der revidierten Spätfassung des Stückes, in der die vormals innovativen Raumkomponenten im Zuge der Überarbeitung entweder eliminiert oder zumindest deutlich abgeschwächt werden. Wie oben ausgeführt, erfährt das Stück aufgrund der umgekehrten vertikalen Raumanordnung der ‚*upstairs*'/‚*downstairs*'-Kategorien zunächst eine wesentliche Veränderung hinsichtlich der makrostrukturellen Ebene. Gleichzeitig sind in HS_2 mit der Verlagerung des Ateliers nach unten in das Kellergeschoss architektonische Veränderungen innerhalb des Künstlerateliers verbunden, die wiederum so markant sind, dass die Vermutung naheliegt, dass Crothers diese nachträglichen ‚Umbauten' nicht grundlos vorgenommen, sondern vielmehr bewusst gewählt und funktional aufgeladen hat. Ausgehend von der These, dass diese architektonischen Verschiebungen in einem Zusammenhang mit Crothers' implizierter Kritik an den restriktiven gestalterischen Möglichkeiten von Künstlern im Allgemeinen und an der Rückständigkeit des kommerziellen Theaterwesens im Speziellen zu lesen sind, erweist sich eine Analyse der veränderten Atelierkonzeption auf mikrostruktureller Ebene als naheliegend.[221]

Die nachträgliche Verlagerung des Ateliers in den Keller des Hauses impliziert zunächst einmal, dass das Element der künstlerischen Freiheit, wie es etwa ‚oben' in der innovativen Atelierkonzeption der Frühfassung zum Tragen kommt, grundlegend zurückgenommen wird, evoziert doch die Vorstellung eines Kellerraumes eher Assoziationen von räumlicher Enge, Gedrängtheit, schlechteren Lichtverhältnissen und Kälte. Dies mag insgesamt symbolisch für jene einschränkenden Bedingungen stehen, die etwa Dramatiker hinsichtlich ihrer künstlerischen Möglichkeiten innerhalb des

221 Zu betonen bleibt an dieser Stelle, dass die nachfolgend auszuschärfenden Strukturverschiebungen primär im gerade erwähnten Kontext einer autorenintendierten Kritik zu betrachten sind und nur indirekt mit der Geschlechterthematik in Verbindung stehen. Da die Restriktivität von Inszenierungsmöglichkeiten am Broadway aber insbesondere in Stücken ihre (Aus-)Wirkung zeigt, die sich wie *He and She* mit der Geschlechterproblematik gesellschaftskritisch auseinandersetzen, ist Letztere quasi als indirekt partizipierendes Diskurselement mitzudenken. Nicht zuletzt ist auch in HS_2 das Atelier natürlich als Handlungsraum für die im Stück auftretenden weiblichen und männlichen Künstlerfiguren konzipiert, sodass der *gender*-Aspekt immer auch ‚präsent' bleibt.

kommerziellen Unterhaltungstheaters erfahren. Der Spielraum, etwa an den Grundmauern des Hauses im Keller architektonische Veränderungen vorzunehmen, um die Arbeitsbedingungen für den Künstler zu verbessern, scheint zudem ebenso begrenzt. Übertragen auf den Dramatiker mag dies bedeuten, dass in Anbetracht des mächtigen Überbaus der Theaterindustrie von innen heraus scheinbar ebenso wenig eine Öffnung und Erweiterung bühnenwirksamer Inszenierungsverfahren zu erreichen ist. Nähert man sich der Atelierkonzeption der Spätfassung analytisch wie hier aus dieser doppelbödigen Perspektive heraus an – also einerseits mit einem die ‚reale', konkretisierte Bühnenrauminszenierung betrachtenden Blick und andererseits aus einer die Atelierkonzeption als allegorische Raumdarstellung verstandenen Perspektive –, eröffnet sich eine lohnende Analysedimension, die die bisher unentdeckte Komplexität des Stückes zu erhellen vermag.

Das sich im Kellergeschoss befindende *Herford Studio* der Spätfassung weist, analog zur Frühfassung, u.a. wieder die „*double doors*" sowie den „*long table*" in der Mitte der Bühne auf (*HS*$_2$ 931). Im Unterschied zur Frühfassung lässt das Atelier der revidierten Textversion allerdings zwei interessante Besonderheiten an der Deckenkonstruktion erkennen, die im Nebentext wie folgt beschrieben werden:

> *The ceiling of the half of the room which is towards the audience is much higher than the other part—showing that the room which is on the floor above has been used to give height to this part of the studio. The break made in the ceiling is supported by an interesting old carved column—very evidently brought from Italy—and in the overhanging part of the wall is set a very beautiful old Italian frieze in bas relief—a few faded colors showing.*
>
> (*HS*$_2$ 931)

Die o.g. naheliegenden Assoziationen eines Kellerraumes an Enge und Begrenztheit bedient die Beschreibung im Nebentext entgegen erster Erwartungen freilich nicht. Den voranstehenden *stage directions* entsprechend wird durch die erhöhte Raumdecke im vorderen *downstage*-Bereich und die durch einen Deckenumbruch nach hinten abfallende Raumhöhe im *upstage*-Bereich ein außergewöhnliches (und damit zumindest noch partiell innovatives) Künstleratelier geschaffen, weil es trotz seiner eigentlich ja starren Raumbegrenzungen offenbar doch Möglichkeiten zur Veränderung bietet, die – wie es im Nebentext heißt – „*to the needs of a sculptor*" (*HS*$_2$ 931) angepasst worden sind. Wie in der Frühfassung wird auch hier bereits deutlich, dass Crothers diese architektonischen Besonderheiten bewusst in die Raumkonzeption des Stückes integriert, um darüber diskurs- bzw. gesellschaftskritische Botschaften zu transportieren:

So steht *erstens* die zunächst im wörtlichen Sinne zu verstehende bauliche Deckenanhebung nicht nur für eine vertikale Raumerweiterung und Platzgewinnung für das künstlerische Schaffen der konkreten Bühnenfiguren Tom und Ann, sondern im übertragenen Sinne auch für einen von innen heraus erweiterten Handlungs- und Gestaltungsspielraum des Künstlers allgemein. Dass Crothers insbesondere dem kreativen Künstlerpaar ihres Stückes (v.a. Ann) die Fähigkeit zuspricht, innovative räumliche Veränderungen innerhalb der vermeintlich starren, vorgegebenen (Ordnungs-)Strukturen vorzunehmen, ist gerade deshalb im Hinblick auf eine auktoriale Kritik am konservativen Theaterwesen von symbolträchtiger Bedeutung, weil dies suggeriert, dass auch von innen heraus, d.h. vom Künstler, Dramatiker selbst ausgehend, Veränderungen möglich sind und restriktive Konventionen durchaus unterlaufen werden können, ohne dabei die tragenden Mauern, sprich die Theaterinstitution als solche zu untergraben.

Interessant, weil semantisch-funktional aufgeladen, ist *zweitens* die oben im Textzitat erwähnte italienische Säule („*an interesting old carved column*"), die den überhängenden Wandvorsprung an der Decke, der wiederum mit einem alten italienischen Wandfries („*a very beautiful old Italian frieze in bas relief*") verziert ist, von unten her stützt. Auffällig ist hierbei die explizite und mehrfache Betonung von zeitgeschichtlich älteren Kunstelementen, die in das Atelierkonzept integriert sind. Dass Crothers das veränderte, also mit neuen Bauelementen und -strukturen versehene Atelier „mit Versatzstücken aus der Antike"[222] kombiniert, ist wiederum vor allem aus (a) gesellschafts- und (b) theaterkritischer Sicht bedeutsam.

(a) In der Verbindung von Altem und Neuen spiegelt sich in diesem außergewöhnlichen Atelierkonzept gewissermaßen das gesellschaftliche Spannungsfeld zwischen Tradition und Innovation, wie es für die *Progressive Era* charakteristisch ist: Während die moderne Deckenkonstruktion im übertragenen Sinne als Anspielung auf ein reformiertes, fortschrittliches Gesellschaftsmodell gelesen werden kann (das auch den Geschlechteraspekt einschließt), steht die antike Säule für ein gewisses Traditionsbewusstsein. An die Stelle der Radikalität der Frühfassung mit ihrer herausgerissenen Mauer, die Neuem Platz schafft und Altes eliminiert, tritt in der revidierten Version also, wenn man so will, ein gemäßigteres Konzept, das sowohl tradierten Vorstellungen als auch zukunftsorientierten Visionen einen gemeinsamen Raum gibt. Im Nebeneinander von Tradition und Innovation wird quasi ein für die *Progressive Era* als *transitional period* ‚übergangstaugliches' Gesellschaftsmodell mit einer Behelfskonstruktion entworfen. Mit dieser Kompromiss- und

222 Jooss, „Das Atelier als Spiegelbild des Künstlers", 59.

Übergangslösung, die auch in geschlechterideologischen Dimensionen zu denken ist, bewegt sich die abgeschwächte Textfassung hinsichtlich seiner der Raumkonzeption eingeschriebenen Gesellschaftskritik deutlich stärker im konventionellen Rahmen des Unterhaltungstheaters als die Frühfassung HS_1.

(b) Gleichzeitig ist der überarbeiteten Atelierkonzeption im Subtext eine deutlichere Kritik am kommerziellen Theaterwesen eingeschrieben. Die Tatsache, dass sich Rachel Crothers noch im Jahr 1920 offenbar dazu veranlasst sieht, ihre moderne Atelierkonzeption in HS_1 mit den entsprechenden Implikationen in der Spätfassung zurückzunehmen, durch antike Strukturelemente Assoziationen von Traditionsbewusstsein zu evozieren und das Bühnengeschehen schließlich in einen gemäßigteren Rahmen zurückzuführen, sind Indizien für eine auch am Ende des Untersuchungszeitraumes noch weitgehend zu beobachtende Entwicklungsresistenz des Broadway-Theaters und seines Publikums. Die Verlagerung des Ateliers in das Kellergeschoss und die beispielsweise damit verbundene geringere Ausleuchtungsintensität der Künstlerwerkstatt stehen demzufolge sinnbildlich auch für die begrenzten Inszenierungsmöglichkeiten im kommerziellen Unterhaltungstheater sowie für die Beschneidung oder Abdeckelung künstlerischer Kreativität und Innovation. Der kreative Künstler und Freigeist – sei es der Bildhauer wie im Stück oder der Dramatiker im Broadway-Theater – wird im Kellergeschoss, also auf der untersten Ebene des Gebildes, sprichwörtlich vom übergestülpten restriktiven Gerüst des Konventionellen, dem übermächtigen Überbau des Kommerztheaters, erdrückt. Seiner Kunst sind sprichwörtlich ‚von oben' Grenzen gesetzt, die er von innen heraus – dafür steht die partielle Deckenanhebung – zumindest ansatzweise zu erweitern versucht. Die Vorstellung von künstlerischer Grenzenlosigkeit bleibt dabei jedoch (vorerst) eine Vision. Nicht ohne Grund wurde zur Verdeutlichung dieser kritischen Botschaft die oben zitierte Replik Anns („There are no limitations.", HS_1 938) in der revidierten Spätfassung vollständig eliminiert.

Ergänzt wurde hingegen eine in diesem Zusammenhang interessante Dialogpassage, in der Millicent von einer Theatervorstellung berichtet, die sie mit ihren Freundinnen am New Yorker Broadway besuchte. Das Theaterstück mit dem bezeichnenden Titel „The Flame of Love" ist nach Millicents Dafürhalten „the best play in town" – nicht zuletzt auch deshalb, weil der männliche Hauptdarsteller „the best looking thing [she] ever saw in [her] life" sei (HS_2 934). Nicht zufällig evozieren Crothers' Hinweise auf den Dramentitel und die männliche Rollenbesetzung deutliche Assoziationen vom traditionellen, kommerzialisierten Theaterwesen ihrer Zeit, in dem durch melodramatische Unterhaltungsstücke einerseits (als solches darf ein Stück mit dem Titel ‚Die Flamme der Liebe' wohl durchaus gelten) und durch publikumswirksame

Starbesetzungen andererseits (wie beispielsweise durch einen populären männlichen *star actor*) möglichst große Zuschauermengen angelockt werden sollen, während auf innovative Entwicklungen im Drama und Theater des Kommerztheaters auch im zweiten Jahrzehnt des 20. Jahrhunderts, dem Entstehungszeitraum von *He and She*, noch weitgehend verzichtet wird. Dass Millicent in „The Flame of Love" jene „controversial and highly developed female characters with New Woman qualities"[223] erleben würde, wie sie Crothers selbst mit Frank Ware in *A Man's World* oder Ruth Creel in *He and She* auf die Bühne bringt, ist demnach eher unwahrscheinlich. Die Inszenierung bzw. Millicents Wahrnehmung tradierter Weiblichkeits- und Männlichkeitsbilder scheint in Anbetracht des fiktiven Dramentitels wesentlich plausibler. Wenn Crothers ihre Protagonistin Ann an einer Stelle sagen lässt, „New York is dreadful. It really is!" (HS_2 941), dann gilt diese Kritik wohl nicht nur diesem fiktiven Stück, sondern dem Unterhaltungstheater ihrer Zeit insgesamt, von dem sie aber gezwungenermaßen selbst auch ein Teil ist.

So betrachtet ergibt sich eine interessante Analogie, weil in der Zusammenschau von *erstens* dem veränderten Atelierkonzept der Spätfassung, *zweitens* der künstlich, aber eben auch nur zum Teil erweiterten Raumhöhe sowie *drittens* der dargelegten Verknüpfung von modernen mit antiken Raumelementen eine im übertragenen Sinn verstandene Ist-Zustandsdarstellung des Unterhaltungstheaters der Zeit gesehen werden kann. Das Künstleratelier der revidierten Textfassung ist demnach weitgehend genauso in alten Raumstrukturen gefangen wie Crothers' Stück im Konventionskorsett des kommerziellen Broadway-Theaters. Das Raumkonzept der Spätfassung stellt – wie das veränderte Stück selbst auch – lediglich eine den Umständen der Zeit geschuldete Kompromisslösung dar, die von der idealtypischen Vorstellung der Dramatikerin wohl bedeutend abweichen dürfte.

Anhand dieser komplexen Verschränkung von raumkonzeptionellen Besonderheiten und institutions- und zuweilen auch ideologiekritischen Aspekten in *He and She* zeigt sich einmal mehr, dass man Crothers Unrecht täte, würde man sie in die Ecke des pauschal als kommerzorientiert und literarisch anspruchslos abqualifizierten Broadway-Theaters stellen – um eine Formulierung Jeff Turners aufzugreifen, der von „a closeted Rachel Crothers"[224] spricht. In Crothers' Stück spiegelt sich, so heißt es bei Todd, die herausragende Fähigkeit, „to write plays based on the requirements of the commercial theatre

223 Kelly, „The New Woman", 204.
224 Turner, „Staging Desire", 567.

and its audiences“[225]. Und was Lois Gottlieb mit Bezug auf Crothers' frühe Stücke im Allgemeinen sagt, kann am Beispiel raumbezogener Inszenierungsverfahren in *He and She* konkretisiert werden: „[…] Crothers's apprentice plays reflect not only the forces of the commercial American theater of her time, but also the advance current of American drama, inspired by the European movement as well as by the challenge to create an authentically American drama.“[226]

Wenn Lois Gottlieb (in Bezug auf die revidierte Spätfassung HS_2) allerdings auch schreibt, „The setting of Crothers's three-act drama, a spacious old New York home, *externalizes the ideal of Tom and Ann Herford* […] to forge *an egalitarian marriage* […].“,[227] dann wird deutlich, dass die Interpretation der Spätfassung HS_2 als isolierter Einzeltext nur einen Bruchteil der tatsächlichen raumkonzeptionellen Implikationen zu erfassen vermag bzw. unweigerlich zu anderen Schwerpunktsetzungen führen muss. Selbstverständlich kann man Gottlieb u.a. nicht vorwerfen, die Frühfassung HS_1 nicht gekannt zu haben; die hier dargelegten Untersuchungsergebnisse zu Crothers' früher Raumkonzeption in HS_1 haben aber im Rahmen der Komplementäranalyse zu neuen Einsichten geführt, die die Spätfassung diesbezüglich in ein verändertes Licht rücken und die dementsprechend eine Revision bisheriger Annahmen, wie etwa denen bei Gottlieb, nahelegen. Entscheidend ist, dass durch die Komplementäranalyse die eigentliche Komplexität von Crothers' Raumkonzeption mit ihren raffinierten strukturellen Verschiebungen sichtbar gemacht und die eigentliche kunstästhetische Qualität ‚gehoben' werden konnte.

Figurenkonzeptionelle Verschiebungen und ihre *gender*-bezogenen Implikationen

Neben text- und raumstrukturellen Verschiebungen sind deutliche Veränderungen im Vergleich beider Textfassungen auch auf der figurenkonzeptionellen Ebene festzustellen. Anhand ausgewählter Themen und Motive werden im Folgenden die aus *gender*-analytischer Sicht wichtigsten figurenbezogenen Veränderungen nachgezeichnet.

225 Lynn D. Todd, „Rachel Crothers“, *Dictionary of Literary Biography. Vol. 7, Part I, A-J: Twentieth-Century American Dramatists*, ed. John MacNicholas (Detroit, MI: Gale Research, 1981), 134-141: 140.

226 Gottlieb, *Rachel Crothers*, 19.

227 Gottlieb, *Rachel Crothers*, 52. Hervorhebung KT.

Zur unterschiedlichen Darstellung der weiblichen und männlichen Künstlerfigur in den beiden Textfassungen

Wie die Raumanalyse der Frühfassung im vorangegangenen Kapitel verdeutlicht hat, entwirft Crothers mit der architektonischen Verschmelzung von Künstlerwerkstatt und Wohnbereich ein innovatives Raumkonzept, das den beiden Künstlerfiguren Ann und Tom nicht nur in Bezug auf ihre Kunst, sondern auch hinsichtlich ihrer Lebensentwürfe Möglichkeiten des Experimentierens bietet. Die Inszenierung eines unkonventionellen künstlerischen Entfaltungsraumes korrespondiert insbesondere in der Frühfassung von *He and She* (und in abgeschwächter Form auch in *HS_2*) mit dem Aufbrechen tradierter Geschlechterrollen und etablierter Geschlechterbeziehungen. In den Rollen von Ehemann/Ehefrau, Vater/Mutter und Künstler/Künstlerin ist es den tragenden Figuren des Stückes zunächst möglich, in ihrem besonderen Raumarrangement ohne (gesellschaftliche) Einflüsse von außen in einem künstl(er)i(s)chen Vakuum zu leben. Sie verkörpern zumindest mit dem Einsetzen der Handlung den privilegierten, freiheitlichen Lebensentwurf der Moderne schlechthin. Diesen Idealzustand erklären sie in der Frühfassung wiederholt explizit zur perfekten Grundlage ihrer Partnerschaft und ihres künstlerischen Schaffens:

> ANN. Our scheme is a success because it's the natural right relation between men and women.
>
> (*HS_1* 940)

> ANN. Our life is the ideal thing for a man and woman.—The perfect thing[.] […]
>
> (*HS_1* 944)

> TOM. Ann and I are more to each other because she's worked with me. Where can you find anything to beat it? We're a damned sight happier than any other couple I know. We're working *together*—for the same thing.
>
> (*HS_1* 944, Hervorhebung im Original)

Wenngleich, wie in diesen Repliken, durch die Verwendung der Pronomen ‚*our*' und ‚*we*', durch Formulierungen wie ‚*Ann and I*' und ‚*working together*' Assoziationen von Gemeinsamkeit und Gleichwertigkeit evoziert werden, oder durch Positivcharakterisierungen wie Toms „[…] [Y]ou're the most wonderful woman in the world." (*HS_1* 944) und Anns „[…] [Y]ou're a great, generous, open-minded, big-natured, perfectly sane, well-balanced, level-headed, progressive, unprejudiced man[.] […]" (*HS_1* 944f.) gegenseitige Wertschätzung zum Ausdruck gebracht wird, so lässt sich in dieser inszenierten, ironisch wirkenden Prononcierung von *male and female companionship* doch gleichzeitig auch der Scheincharakter einer nur vermeintlich harmonischen Paarbeziehung erkennen.

Dass sich die beiden Figuren gar nicht so ähnlich sind, wie das Stück zunächst suggerieren will, zeigt sich, wie oben kurz angedeutet, vornehmlich im durchaus unterschiedlichen künstlerischen Potential der Figuren, in der Darstellung ihres künstlerischen Schaffens und ihrer jeweiligen Konzeption als Künstlerfigur. So entpuppt sich insbesondere Toms vermeintlich außergewöhnliches Künstlerpotential im Verlauf der Handlung doch eher als durchschnittliches Talent, und seine Kunstwerke erweisen sich als weitaus konventioneller als das Stück zunächst andeutet. Dies korrespondiert mit seiner sich ebenfalls im Handlungsverlauf allmählich herausstellenden konservativen Einstellung zur Geschlechterfrage und seinem Rückfall in patriarchalische Denkmuster. Umgekehrt erweist sich Ann als eigentliches Künstlergenie, deren kunstästhetisches Gespür für Innovation in Analogie zu ihrer Aufgeschlossenheit hinsichtlich veränderter, modernisierter Geschlechterbeziehungen zu sehen ist.

In Übereinstimmung mit der allgemein radikaleren Grundtendenz der Frühfassung (sieht man einmal von der konventionskonformen Schlussszene ab) bringt Crothers in HS_1 mit ihrer weiblichen Hauptgestalt Ann eine Frauenfigur der *middle class* auf die Bühne, die dem tradierten Weiblichkeitsbild ihrer Zeit so gar nicht entsprechen mag. Wenn Ann im I. Akt in ihrem mit Tonerde beschmutzten *„blue linen working smock“* und mit zurückgekrempelten Ärmeln die Bühne betritt, ihre *„figure of a woman about three feet high, in modeling wax“* hereinträgt und dabei die von Keith und Tom angebotene Hilfe entschieden ablehnt (HS_1 935f.), wird dem Publikum eine betont selbstsichere, ambitionierte, kreative, vor Vitalität und Imaginationskraft sprühende Künstlerin im Typus der *new woman* präsentiert, die sich ihres künstlerischen Talents durchaus bewusst ist und dies auch offen ausspricht, ohne dabei arrogant zu wirken. So sagt sie beispielsweise über ihre Frauenskulptur: „I couldn't come in till I finished my lady. Isn't she nice? She's ready to be cast now. Come and look at her, Tom. She's pretty good.“ (HS_1 936). Und als sie Tom im weiteren Verlauf ihre eigenen Entwürfe für den Bildhauerwettbewerb zeigt, kann sie die Brillanz ihrer Skizzen selbst kaum in Worte fassen:

> ANN. Since you've been working at your frieze [...] an idea has come to *me*—for a frieze like this. At first I thought the idea was too big for me—impossible—that I never could carry it out—and then I said—I won't *let* myself be afraid. I *will* do it, and it's grown and grown night and day till it's taken possession of me—and now I've *got* it. It's all strong and clear and *sure*. [...] I tell you something has come to me.

> My idea isn't charming—it's big! [...]—There's something there—something alive and new as sure as I'm standing here before you, Tom. Something I've vaguely felt for years has come now in full force—[...].
>
> (*HS*$_1$ 938f., Hervorhebungen im Original)

Die Darstellung einer solch selbstbewussten weiblichen Künstlerfigur wird auf das konservative Theaterpublikum wohl sehr befremdlich gewirkt haben. Ein gewisses Maß an Sympathie gewinnt die Figur aber zunächst dennoch, weil sie trotz ihrer offensichtlich sehr erfolgreichen Künstlertätigkeit als eine betont ‚weibliche Frau', charakterisiert durch eine *„very feminine personality"* (*HS*$_1$ 936), in das Stück eingeführt wird. Sympathielenkend wirken auch die Fremdbeurteilungen der vornehmlich männlichen Figuren (mit Ausnahme der patriarchalischen *raisonneur*-Figur), die das Talent der Künstlerin nicht nur *er*-, sondern auch *an*erkennen. Mit Repliken wie den nachfolgenden wird Anns Rolle als ambitionierte Künstlerin im Stück durch die männlichen Figuren bühnenöffentlich legitimiert und das Spannungspotential dementsprechend abgeschwächt:

> TOM. Good Lord, she's a sculptor. She's got more ability in her little finger than Keith has in his whole body. [...]
>
> (*HS*$_1$ 934)

> TOM. [...] Ann's different of course. She's a gifted woman. She has a finer critical sense than I have myself.
>
> (*HS*$_1$ 935)

Besonders deutlich kommt das künstlerische Potential der Protagonistin zum Ausdruck, als sich die drei männlichen Figuren (Tom, Keith, Dr. Remington) um den großen Arbeitstisch in der Mitte des Ateliers versammeln, um Anns *frieze*-Entwürfe kritisch zu begutachten (*„The three men stand above the table."*, *HS*$_1$ 943). Dass in diesem Tableau Assoziationen eines richterlichen Prüfstandes geweckt werden, in dem männliche Richter als Autoritätsinstanzen über das Werk einer Künstlerin urteilen, ist nicht zufällig gewählt. Schon vor der ‚Urteilsverkündung' wird Ann gewissermaßen prophylaktisch von Tom gewarnt, dass sie die von ihm vorgenommene Bewertung ihrer Skizzen mit ganzer Härte treffen könnte und sie sein Urteil ‚wie ein Mann' hinnehmen müsse: „And I'm going to tell you the truth—just as I see it. If it's good, all right; if it's bad, all right. I'm going to hit hard—right between the eyes—and I expect you to take it—like a man." (*HS*$_1$ 939). Bezeichnend, weil unerwartet, ist dann jedoch, dass sich insbesondere die männlichen Künstlerfiguren Tom und Keith beeindruckt zeigen und, „honestly and impersonally" (*HS*$_1$ 939), sogar in Anns Anwesenheit die hochwertige Qualität ihrer Entwürfe betonen bzw. eingestehen müssen:

TOM.	Ann, I've seen your drawings.
ANN.	Well?
TOM.	They're beautiful.
ANN.	(*Scarcely able to speak.*) Oh—
TOM.	It's almost—big—your idea; in fact, I don't know but that it is.
ANN.	Oh, Tom—I—it's too good to be true. I—*Do* you think that? (*Coming up to the table.*)
KEITH.	They're *very* beautiful, Mrs. Herford. I only wish I could do something half as good.

(*HS_1* 943, Hervorhebungen im Original)

Dass Ann das eigentliche Künstlergenie verkörpert, hebt Tom an anderer Stelle auch Dr. Remington gegenüber noch einmal explizit hervor, wenn er in Bezug auf ihre Entwürfe sagt: „It's a *tremendous* thing she's done—Nobody knows that as well as I do. She's got something in her that I haven't—she's not so conventional as I am. This thing will *make* her." (*HS_1* 957, Hervorhebung im Original).

Dem unkonventionellen Bild des weiblichen Künstlergenies stellt Crothers in der Frühfassung mit Tom somit eine vergleichsweise schwache männliche Künstlerfigur entgegen, dessen künstlerische Schaffenskrise sich im Handlungsverlauf sogar zu einer existentiellen Krise auswächst. Seine Konventionalität im künstlerischen Gestalten wird ihm, wie er erkennen muss, kaum den Gewinn des Bildhauerpreises einbringen können, was ihn wiederum in finanzielle Bedrängnis führt. So gesteht er Keith gegenüber ein: „I need the money, Keith. [...] I've got to make money. This thing would set me right—lift the debt and make it possible to work for the *real* thing. [...] I've been trying to bluff it for Ann's sake, but it's become an obsession to me. I waken in a cold sweat and think I've lost and can't throw it off. I've sort of lost faith in myself." (*HS_1* 947, Hervorhebung im Original). Im Kontext des patriarchalischen Geschlechterdiskurses muss die Darstellung dieser ‚doppelt besetzten Männlichkeitskrise' – sprich die Schaffenskrise des vermeintlichen Künstlergenies zum einen und das drohende Versagen in seiner Rolle als *provider* und *breadwinner* zum anderen – in einem Broadway-Stück als unkonventionell und provokant gesehen werden. Auch die Tatsache, dass sich der männliche Protagonist der Krisenhaftigkeit seiner Situation bewusst ist, sich emotional öffnet und über sein Versagen bühnenöffentlich spricht, darf durchaus als innovative Inszenierungsform eines männlichen Selbstbildes im Unterhaltungstheater gedeutet werden, die aus Sicht des konservativen Publikums ein gewisses Maß an Spannungspotential in sich birgt. Im Vertrauensgespräch mit Keith gibt Tom sodann auch zu, dass es ihm trotz aller Bemühungen nicht gelingen konnte, seine Entwürfe zu verbessern. Im Gegensatz zu Ann fehlt es ihm an Einfallsreichtum, Imagination und Kreativität:

> KEITH. [...] (*Taking up some work from the table and going down to* TOM'S *frieze.*) Well—how do you feel about it today?
>
> TOM. I don't think I've improved it any in this last change. I've worked at it so long I don't know whether it's good or bad.
>
> KEITH. But it is a *big* improvement. You're tired of it. You've lost your judgement.
>
> TOM. I admit that. I only made this last change because Mrs. Herford is so strong for it. She thinks it's much better.
>
> KEITH. Mrs. Herford is right. It *is* better. Why can't you—
>
> TOM. No, I can't. I'm sick of it. [...] I've put all I know into it—and I'll be hanged if I know now whether it's good or bad. [...] I'd send the model off tomorrow if it wasn't for Mrs. Herford. She wants me to keep on working. She says it lacks feeling. I suppose it does. It's dead to *me*. I have no feeling about it any more. In the beginning I thought—by Jove—here's the chance of my life—I'll go in and win.—But somehow the more I've worked the less I've—(*He stops again—looking at his work.*)
>
> (HS_1 933, Hervorhebungen im Original)

Bemerkenswert ist ferner, dass Tom seine Schaffenskrise nicht nur im Rahmen des oben auszugweise zitierten Männergesprächs offenbart, sondern sich diesbezüglich auch Ann gegenüber öffnet, die durchaus bereits erkannt hat, „[that] Tom's depressed and worried over his frieze—isn't doing his best work." (HS_1 939). Anns Enthusiasmus und Schaffenskraft kontrastieren im nachfolgenden Dialog prägnant mit Toms künstlerischer Antriebslosigkeit, die ihn offenbar beinahe in Selbstaufgabe und Resignation zu führen droht:

> ANN. [...] (*Going to his model.*) You *must* get this commission. You *must!*
>
> TOM. I'm afraid I won't.
>
> ANN. That's ridiculous. You're tired of it. Put it away for a week and then go at it again—and an inspiration will come. That's what it needs.
>
> TOM. That's easy enough to say.
>
> ANN. I've never known you to feel this way about your work before. What is it, dear? Doesn't the change itself inspire you? [...]
>
> TOM. You needn't try to boost me any more, Ann. I've dried up on it. I haven't anything more to put into it.
>
> ANN. If you give up, of course you haven't. If you stop now, you stop just this side of something big. You've got it *in* you. Get it *out*. I know—I *know*, Tom, what power you have. Grit your teeth and make one more tremendous go at it ... and *hit* it.

TOM. I won't hit anything higher in this. [...] I can't go beyond myself. I know my limitations. [...] I've tried to lash myself into it—I want to win more than I ever wanted anything in my life. But I tell you it's dead—and unless a miracle happens, that's the way it will stand.
(*HS*₁ 938, Hervorhebungen im Original)

Vor diesem Hintergrund erscheint seine Begründung, mit der er Anns selbstloses Angebot, ihre hervorragenden Entwürfe statt seiner nur mittelmäßigen Skizzen für den Bildhauerwettbewerb zu nutzen, rigoros ablehnt, geradezu absurd: Anns Entwürfe seien, so Tom, „not—so strong" wie seine (*HS*₁ 943). Mit aller Vehemenz versucht er, sein Selbstbild als Künstler aufrechtzuerhalten, da selbst in seinem vermeintlich aufgeschlossenen Weltbild die Vorstellung einer ihm künstlerisch überlegenen Frau, insbesondere seiner eigenen Ehefrau, nicht zu existieren scheint. Entsprechend offenbart er an einer Stelle: „I don't know that it's a good thing from any standpoint to have it known that I failed, but my wife succeeded." (*HS*₁ 953).

Ausschlaggebend für die Zurückweisung ihrer Skizzen mag auch der Umstand sein, dass es im Kontext des Bildhauerwettbewerbs um die Gestaltung eines „fifty foot frieze for a three million dollar government building" (*HS*₁ 933) geht – ein Hinweis, der in der Spätfassung im Übrigen nicht enthalten ist. Crothers' damit angedeutete Korrelation von sich traditionsgemäß eigentlich ausschließenden Bereichen (Politik, Künstlergenie, Weiblichkeit) bewegt sich deutlich außerhalb des für die Zeit geltenden Gesellschaft- bzw. Geschlechtermodells. Trotz seiner eigenen offenkundigen Unzulänglichkeit als Künstler schmälert Tom deshalb aus Prinzip die Qualität ihrer Entwürfe: „I couldn't possibly use it. It's a woman's work. Your treatment is too light for a huge building like that. It isn't in the range of what they want." (*HS*₁ 943). Mehrfach noch wird Tom im weiteren Verlauf betonen, dass sich die nach weiblichen Vorstellungen entworfene Gestaltung eines monumentalen Wandfries in einem Regierungsgebäude „way out of the range" (*HS*₁ 944) bewegt und nicht dem entspricht, „what they want" (*HS*₁ 944). Dass Tom einerseits annimmt, genau beurteilen zu können, was die Jury von den Künstlerentwürfen zu erwarten scheint, während er andererseits in Bezug auf seinen eigenen Entwurf jegliches Urteilsvermögen verloren hat, verdeutlicht, wie Crothers die idealtypische Vorstellung des männlichen Künstlergenies in der Frühfassung *ad absurdum* führt. Wenn Tom versucht, durch die Strategie des *belittlement* sein geschwächtes Ego als Mann und Künstler auf Kosten seiner Ehefrau zu rehabilitieren, dann bewirkt dies geradezu das Gegenteil, weil die Krisenhaftigkeit seiner Situation dadurch nur umso stärker hervorgehoben wird. Verbalsprachlich drückt sich seine *male fear* in der Verwendung von Diminutiva aus, wobei vor allem die Verniedlichungsformen in der Anrede

Anns dazu dienen, sie als Frau und Künstlerin gleichermaßen im sprichwörtlichen Sinne ‚klein' zu machen, seine Ängste zu überwinden und seine männliche Autorität wieder herzustellen: „You funny girl!", „My dear girl[.]", „[…] you have a charming idea and have made some beautiful sketches, but good heavens, child—[…]", „But, Ann, little woman—you couldn't do anything for a scheme as big as this." (HS_1 939) sowie „dear girl" und „dear child" (HS_1 944) sind nur einige Belege für Toms Herabsetzungsstrategie. Dass er Ann nicht als gleichwertige Künstlerin betrachtet, sondern in ihr lediglich seine Muse sieht, deren Rolle entsprechend der Vorgaben des viktorianischen Weiblichkeitskults darauf reduziert bleibt, das männliche Künstlergenie immer wieder neu und insbesondere „in his moments of despondency" zu inspirieren,[228] wird in folgendem Dialogausschnitt deutlich, in dem Tom ihre Entwürfe zwar einerseits ablehnt, aus diesen aber andererseits auch neue Motivation und Inspiration für das eigene Werk zieht:

TOM. […] It isn't in the range of what they want.
ANN. (*Quietly.*) Oh!
TOM. But do you know what it has done for me? It's thrilled me—taken me off my feet.
ANN. Oh—
TOM. It's done what you wanted it to. Lifted me out of myself and put new life into me.
ANN. Oh, I'm glad—
[…]

228 Dass sich die Konstellation aus „celebrated [male] sculptor" und „the sculptor's [female] assistant […] [who] devote[s] herself to sustain her husband's genius" im Rahmen der patriarchalischen Geschlechterordnung bzw. des viktorianischen Weiblichkeitskults bewegt, verdeutlicht ein im 19. Jahrhundert und darüber hinaus populärer Frauenratgeber mit dem Titel *Women of Worth: A Book for Girls*, illustrated by W. Dickes, ed. unknown (New York, NY: James G. Gregory, 1863), aus dem die voranstehenden Zitate entnommen sind (jeweils ebd. 263). Dieser von einem anonymen Herausgeber zusammengestellte Sammelband enthält biografische Skizzen über „distinguished women" – wohlgemerkt *true women* – der Zeit, zu denen u.a. auch „Ann Flaxman, The Sculptor's Assistant" (ebd. 263-266) zählt. Darin wird die weibliche Titelgestalt, „an artist of promise herself", wie Welter schreibt, als idealtypische Verkörperung der *true woman* dargestellt, die – wie es der Diskurs vorsieht – „submerged her own talents to work for her husband" (Welter, „The Cult of True Womanhood", 160). Als „enthusiastic admirer of his genius" beschränkte sich die Rolle Ann Flaxmans darauf, „[to] chee[r] and encourag[e] him in his moments of despondency" („Ann Flaxman, The Sculptor's Assistant", 263). Die in Crothers' *He and She* mit den Figuren Tom und Ann präsentierte Konstellation spiegelt diesen Motivkomplex auf erstaunlich ähnliche Art und Weise wider. Auffällige Parallelen bestehen dabei nicht nur hinsichtlich der Namensgebung, sondern vor allem in der Darstellung der weiblichen Künstlerfigur, deren eigenes Talent als Künstlerin zurückgestellt werden muss, um dem Erfolg des Künstler-Ehemanns zu sichern.

TOM. I'll go to work with fresh air in my lungs now.—You've—I can't *tell* you how much you've done for me, Ann.

ANN. I'm so thankful.

TOM. (*Going to his frieze.*) You've sort of started something in me—shaken me up. And by Jove, I begin to feel as if I might—

ANN. Might win?

[...]

ANN. I'm glad my poor little scheme has done that. Even if it—is only—a woman's work.

(HS_1 943f., Kursivierung im Original, Unterstreichungen KT)

Insbesondere der Nutzen, den Tom für sich selbst daraus zieht, wird in dieser Textpassage durch die zahlreichen Wiederholungen der Pronomen ‚*me*', ‚*my*', ‚*myself*' und ‚*I*' in den Vordergrund gerückt, während Anns (Künstler-)Persönlichkeit kaum mehr wahrnehmbar ist. Wenngleich es zunächst den Anschein hat, als ließe sich Ann davon beeindrucken – Anns Euphorie ist hier deutlich gedämpft („*Quietly.*") und auch ihre Repliken sind, bedingt durch Toms abrupte Unterbrechungen, äußerst kurz –, so deutet sich vor allem im ironischen Unterton ihrer letzten beiden Äußerungen („I'm so thankful.", „I'm glad my poor little scheme has done that.") eine innere Abwehrhaltung an, die sie davon abhält, sich in das tradierte Rollenbild der Muse, die stets im Schatten des vermeintlichen Künstlergenies zu stehen hat, abdrängen zu lassen.

Es sind schließlich die auf Affirmation dieser Musen-Rolle abzielenden Äußerungen des Dr. Remington – „Ann, I'm proud of you. [...] I don't know what greater thing you could want it to do—than to inspire your husband." (HS_1 944) –, die Ann den Entschluss fassen lassen, sich gegen diese Herabsetzung zu wehren und ihre Entwürfe selbst für den Wettbewerb einzusenden. Anns Selbstbewusstsein ist so gestärkt, dass selbst die von Tom und Dr. Remington unternommenen Versuche, sie davon abzuhalten, nichts bewirken können: Anns Vater bezeichnet ihr Vorhaben als „foolish", und Tom prognostiziert ihr die Vergeblichkeit ihrer Bemühungen („and to no purpose", HS_1 944). Trotz dieser Einschüchterungsversuche der männlichen *raisonneur*- bzw. Künstlerfigur bleibt Ann – in einer für die Zeit unkonventionellen Weise – standhaft, stark und umsichtig. So hat sie (in Personifizierung der Stimme Rachel Crothers'), stellvertretend für die emanzipierten Frauen ihrer Zeit, längst erkannt, dass sich hinter dem männlichen Autoritätsgebaren im Grunde eine tiefsitzende Angst vor gesellschaftlichen Veränderungen verbirgt: „Everybody's so afraid she's going to hurt somebody if she grows an inch or does something new." (HS_1 940). Wenn sie sagt, dass ihr der mögliche Misserfolg nichts ausmache, sie lediglich wolle, dass sich ihr ‚*poor little scheme*' mit dem Rest der mehrheitlich wohl von männlichen Künstlern eingereichten Entwürfe messen solle und ohnehin „plenty of mediocre stuff" (HS_1 944) zur

Bewertung von einer vermutlich männlichen Jury eingesandt werden würde, dann schlägt sie die beiden Männer gewissermaßen mit ihren eigenen Argumenten. Um das Bild des, wie oben beschrieben, „great, generous, open-minded, big-natured, perfectly sane, well-balanced, level-headed, progressive, unprejudiced man" aufrechterhalten zu können, bleibt Tom – sich angesichts seiner *male fear* wohl auch ein Stück weit selbst Mut zusprechend – zunächst nichts anderes übrig, als Ann in ihrem Unternehmen vorerst doch zu unterstützen: „If she wants to send it in, why not? Why not? What harm can it do?" (*HS*$_1$ 944).

Die Antwort auf diese Frage erhält Tom sodann durch Anns Gewinn des Künstlerwettbewerbs, der ihn mit einer Situation konfrontiert, für die – so zeigt Crothers' Stück auf beeindruckende Weise – die Gesellschaft (noch) keine Lösungsmodelle bereithält. So manifestiert sich folglich die Konflikthaftigkeit dieser männlichen Figur in einem unsicheren, beinahe orientierungslosen Pendeln zwischen patriarchalisch geprägten Denk- und Verhaltensmustern einerseits und seinen Bemühungen, sich in seiner Selbstwahrnehmung als *new man* von eben diesen lösen zu wollen. Wenn er in einem ersten Impuls positive Reaktionen auf ihren Sieg zeigt (beispielhaft können dafür seine Repliken „I am, dear—very—very glad—for you." und „It's splendid! Splendid, Ann." (*HS*$_1$ 951) zitiert werden), ihn später jedoch patriarchalische Denkformen einholen, die er offenbar doch stärker verinnerlicht hat, als ihm zunächst bewusst war, dann offenbart sich darin seine ganz persönliche Männlichkeitskrise, mit der er nicht umzugehen weiß. So insistiert Tom, wie der nachfolgende Dialogausschnitt verdeutlicht, auf seine traditionelle Funktion als *male provider* und *breadwinner* und schließt die Möglichkeit, dass eine Frau diese Rollen ebenso wie ein Mann ausfüllen könnte, rigoros aus:

TOM.	Let me tell you one thing, Ann, in the beginning. I'll never touch a penny of the money. […] Not a cent of it. […] That's your money. Put it away.
ANN.	I never heard you say anything so absolutely unreasonable before in my life.
TOM.	If you think I'm unreasonable, all right. But that's understood about the money. We won't discuss it.
ANN.	Well, we *will* discuss it. Why shouldn't you use my money as well as I yours?
TOM.	That's about as different as day and night.
ANN.	Why is it?
TOM.	Because *I'm* taking care of *you*. […] You're doing it because you want to. I'm doing it because I've *got* to. If you were alone it would be a different thing. But I *am* here, and so long as I am I'll make what keeps us going. […] Good heavens! Do you think I'm going to use your money? Don't try to run my end of it.

(*HS*$_1$ 953, Hervorhebungen im Original)

Überdies fordert er von Ann die Erfüllung ihrer traditionellen Pflichten als *wife* und *mother* ein und fällt in ein dualistisch gedachtes, hierarchisches Geschlechtermodell zurück, in dem Frauen nicht dieselben Rechte und Freiheiten für sich beanspruchen dürfen, wie sie Männern zugesprochen werden:

> TOM. I *am* a man—and you're my wife and Millicent's our daughter. Unless you come back to the things a woman's always had to do—and always will—we can't go on. […] You're a woman and I'm a man. You're not free in the same way. If you won't stop because I ask it—I say you *must*!
> ANN. You can't say that to me. You can't!
> TOM. I do say it.
> ANN. No!
> TOM. I say it because I know it's right.
> ANN. It isn't.
> TOM. I can't make you see it.
> ANN. It isn't.
> TOM. I don't know how—but everything in me tells me it's right.
> (HS_1 954, Hervorhebungen im Original)

Insbesondere in diesem zweiten Zitatbeispiel wird anhand des schnellen Wortwechsels, der Kürze der Repliken und der Verwendung von Imperativen und Verneinungen deutlich, wie verhärtet die Fronten in diesem Konfliktdialog sind. Die Gegensätzlichkeit der Ansichten lässt eine konstruktive Aushandlung des Problems deshalb immer unwahrscheinlicher werden.

Allerdings fällt auch auf, dass Toms Äußerungen eher holzschnittartig, beinahe schablonenhaft wirken – fast so, als würde er Ansichten automatisiert abspulen, die – so seine eigene Feststellung an anderer Stelle – „[he] seem[s] to have heard […] before" (HS_1 934), aber im Grunde nicht dem entsprechen, was er tatsächlich denkt. Er äußert Ansichten, von denen er nicht weiß, weshalb er sie vertritt. Mit der bühnenöffentlichen Darstellung dieser Form männlicher Verunsicherung begibt sich Crothers gewissermaßen auf sehr dünnes Eis im Unterhaltungstheater, denn nicht der innere Konflikt der Protagonistin Ann, sondern die Krisenhaftigkeit der männlichen Hauptgestalt Tom wird hier stärker in den Vordergrund gerückt; nicht die Frauenfrage steht im Zentrum der Frühfassung, sondern – wie es an einer Stelle in HS_1 explizit heißt – „the man question" (HS_1 941).

Besonders deutlich wird diese Fokussierung der Männlichkeitskrise in einem Dialog zwischen Tom und Dr. Remington, in dem die Dramatikerin ihre männliche Hauptgestalt in zeitlicher Distanz zum oben zitierten Streitgespräch mit Ann über die Konflikthaftigkeit seiner Situation im Allgemeinen sowie die Gründe seines ungerechten Verhaltens im Speziellen reflektieren lässt

(*HS*$_1$, Szene I/6, 956-957). Der breite Raum, den Crothers ihrem Protagonisten dafür gibt, kommt in Toms vergleichsweise langen Repliken und den daraus resultierenden hohen Redeanteilen zum Ausdruck. Die bedeutsamsten Passagen dieses Reflexionsgesprächs, das zuweilen Züge eines *stream-of-consciousness*-Monologs der männlichen Hauptfigur trägt, lesen sich wie folgt:

> REMINGTON. Why shouldn't you be jealous?
>
> TOM. Not in your life I'm not. I'm not such a skunk as that—to let her help me for years and then—turn like a dog when she gets there. I tell you it's something *else*. Something hit me all of a heap to-night when I opened that letter and saw that she got it. Something sort of gave way under my feet—
>
> REMINGTON. Of course—
>
> TOM. No, not of course at all—it was strange. It was a new thing. I couldn't get a grip on myself—I tried to—but I couldn't. Instead of saying, „Ann, you've done a *big thing*—big for any *man* and I'm proud of it,"—I—I couldn't say it—a nasty feeling got me—and I said things that made me look—I saw it in her face—the amazement—the disgust and the disappointment—but I couldn't stop. […] I don't know *where* it will carry her. I don't want to drag her back. But when I think of it—something gets me here.—(*Touching his heart.*) She seems gone—somehow—gone away from me. Doctor, for the Lord's sake don't think I'm mean—it's something else, I tell you. I can't explain it—if she were a man—if another man had got it—I'd take my licking without whining and as I looked at her to-night I wished she *were* a man so I could hit her on the back and say, „Well, by golly you're all right—you've won out." I can't tell you what it is, Doctor—I love her so that I—I—[…] But it's a funny thing—as she's worked there with me in the studio all these years—coming and going in her pretty little dresses—clever as hell and not afraid of anything; so game—such a good pal and making headway like a steam engine—much as I loved to have her there at my elbow—sometimes when it came time to stop work—sometimes I've wished I hadn't seen her all day that I had her to go home to—that I could see her for the first time fresh and rested and waiting for *me* and that I was running the machine alone for *her*—(*His voice breaks and he turns away.*) It isn't ordinary jealousy—I don't know *what* it is. She'll never understand—I've knocked the whole business in the head now—all that she thought I was—is done for.
>
> (*HS*$_1$ 957, Kursivierungen im Original, Unterstreichungen KT)

Mit einfachen Antworten – sprich, dass etwa Eifersuchtsgefühle in Bezug auf das künstlerische Talent seiner Frau der ausschlaggebende Grund für sein ungerechtes Verhalten sein könnten – wartet Crothers, wie das Textzitat verdeutlicht, nicht auf („It isn't ordinary jealousy."). Stattdessen scheint die Dramatikerin – den Blick stets auf das implizierte Theaterpublikum gerichtet – der Frage nachgehen zu wollen, worin der Kern dieser, in der Figur Toms verkörperten, *crisis of masculinity* besteht und wodurch die damit verbundene *male fear* in ihm ausgelöst wurde. Crothers zwingt, indem sie Toms Repliken mit ihren auffallend häufig verwendeten Wiederholungen von ‚*something*' und Formulierungen wie ‚*I can't explain it.*' oder ‚*I don't know what it is.*' (siehe die Unterstreichungen im Textzitat oben) betont vage hält, nicht nur die Figur auf der inneren Textebene, sondern auch den Zuschauer im äußeren Kommunikationssystem zur intensiven Auseinandersetzung mit dieser ‚unbequemen' Problematik. Wenngleich die Autorin sowohl ihrer Figur als auch dem Publikum eine explizite Antwort auf die Frage, was sich hinter dem so oft erwähnten ‚*something*' verbergen mag, schuldig bleibt, so dürfte über die im Subtext implizierte Botschaft deutlich geworden sein, dass die Männlichkeitskrise – nicht nur Toms – eine Folge der bereits vorangeschrittenen Frauenemanzipation ist, für die Ann in der Verkörperung der *new woman* stellvertretend steht. Die zukunftsorientierte *new woman* macht, wie das im Zitat evozierte Bild der „steam engine" – ein für das Zeitalter der Modernisierung typisches Motiv – impliziert, rasante Fortschritte („making headway") und überwindet tradierte Weiblichkeitsvorstellungen, während sich der patriarchalisch geprägte Mann in Ermangelung alternativer Handlungsmuster an veraltete Strukturen klammert, die – wie Tom im weiteren Dialogverlauf anmerkt – „date back to about the time of Noah's Ark" (HS_1 957). Weil die Gesellschaft für diese veränderten Rahmenbedingungen, die sich bekanntlich auch auf die Männlichkeitskonfigurationen der Zeit auswirken, keine Handlungsmodelle bereithält und Männer emanzipierter *self-made women* wie Ann mit einem Gefühl der Nutzlosig- oder gar Überflüssigkeit zurücklässt (z.B. „I've wished [...] that I was running the machine alone for *her*"), flüchtet man(n) sich zur Wiederherstellung des eigenen stabilen Selbstbildes in hierarchische Geschlechtermodelle und tradierte Rollenvorstellungen. Somit ist es im Grunde die Handlungsohnmacht des Mannes im Umgang mit den sich verändernden Bedingungen, die eine fortschrittliche Entwicklung der Gesellschaft bzw. Geschlechterbeziehungen, wenn nicht unterbinden, dann doch erheblich verzögern und erschweren.

Diese (bühnen-)öffentliche Kritik an der gesellschaftlichen, vor allem aber männlichen Rückwärtsgewandtheit dürfte beim konservativ eingestellten Broadway-Publikum vermutlich kaum auf positive Resonanz gestoßen sein. Mit der unkonventionellen Darstellung einer emanzipierten, erfolgreichen weiblichen Künstlerfigur einerseits und der Inszenierung einer in mehrfacher

Hinsicht krisenhaft gezeichneten Männerfigur andererseits geht Crothers schon deutlich über die restriktiven Aufführungskonventionen des Kommerztheaters hinaus, um dann aber, wie in Abschnitt IV.2.3. gezeigt, quasi in einer 180-Grad-Wendung mit einer aufgesetzt wirkenden *deus-ex-machina*-Lösung zu schließen, bei der Handlung und Figuren gleichermaßen in altbekannte Bahnen zurückgelenkt werden und die diskurs- und gesellschaftskritischen Aspekte zurückgenommen sind. Der kommerzielle Misserfolg dieser Fassung zeigt jedoch, dass das Stück vom Publikum trotz der traditionellen Schlussgebung im Großen und Ganzen als zu radikal bzw. extrem in der Behandlung der Geschlechterproblematik wahrgenommen wurde.

In der revidierten Textfassung HS_2, der insgesamt gemäßigteren Version des Stückes, verfolgt die Dramatikerin im Hinblick auf die Darstellung des Künstlerehepaars eine veränderte Inszenierungsstrategie, die sich im Gegensatz zur Frühfassung nun deutlich stärker im Rahmen des Konventionellen bewegt. Dies äußert sich u.a. in einer jeweils modifizierten Konzeption der beiden Künstlerfiguren, die sich von Handlungsbeginn an nun stärker tradierten Weiblichkeits- bzw. Männlichkeitsvorstellungen annähert als dies in der Frühfassung der Fall war. War es dort noch Ann selbst, die von ihrem künstlerischen Talent überzeugt war, vor Selbstbewusstsein strahlte und den Mut besaß, den Entschluss zu fassen, ihre eigenen Entwürfe für den Bildhauerwettbewerb einzusenden, so sind diese Eigenschaften des emanzipierten *new woman*-Typus in der revidierten Fassung deutlich zurückgenommen. Analog dazu wird Tom in der veränderten Version nun nicht mehr vordergründig als eine sich in einer tiefen künstlerischen wie existentiellen Krise befindenden Männerfigur dargestellt, sondern tritt, tradierten Männlichkeitsvorstellungen entsprechend, mit ge- bzw. übersteigertem Selbstvertrauen und im Bewusstsein seines vermeintlich unübertrefflichen Talents als Künstler auf die Bühne. Entsprechend wurde im Übrigen der Reflexionsmonolog der Frühfassung (siehe HS_1 956-957) in der überarbeiteten Textversion stark eingekürzt, in seiner emotionalen Intensität deutlich abgeschwächt und, vor allem in Bezug auf Remingtons Rolle als *raisonneur*, funktional verändert (vgl. HS_2 957). Die eben knapp umrissenen konzeptionellen Verschiebungen der beiden Künstlerfiguren manifestieren sich im Text der Spätfassung wie folgt:

(1) Im Hinblick auf Ann werden in der veränderten Textversion einige Dialogpassagen ergänzt, in denen sich konservativ eingestellte Figuren (Daisy, Keith) über das künstlerische Talent Anns unterhalten und in ihren (auch an das implizierte Publikum gerichteten) Repliken ausdrücklich versichern, dass sie Tom selbstverständlich nicht das Wasser reichen kann, „[because] Tom *is the artist*" (HS_2 934, Hervorhebung im Original):

KEITH. She does beautiful work for a woman—but ye gods—she's not in *this* class.

[...]

KEITH. So she has [genius]—in a way. She has more imagination than the governor, but, great Peter, when it comes to execution and the real thing she isn't *in* it with him. How could she be? She's a woman.

RUTH. Don't be any more anti-deluvian or prehistoric than you can help, Keith. Don't *you* think Ann's more original and really innately gifted than Tom is, Daisy?

DAISY. *I do not.* She's terribly good. Of course—no doubt about that—but good Lord, Tom's *great*—a really *great* artist.

(HS_2 936, Hervorhebungen KT)

Diese Fremdeinschätzungen wirken zum einen sympathielenkendend zugunsten der männlichen Künstlerfigur und schaffen zum anderen im Hinblick auf das konservative Publikum ein gewisses Identifikationspotential, sehen die Zuschauer in dieser fremdvermittelten Darstellung einer erfolgreichen, künstlerisch seiner Frau vermeintlich weit überlegenen Männerfigur ihre traditionalistischen Vorstellungen von hierarchischen Geschlechterbeziehungen zunächst bestätigt.

(2) Solche auf Toms künstlerisches Talent bezogenen, im Modus des *sweet-talk* gehaltenen Figurenäußerungen von Keith und Daisy finden sich auch in Toms Anwesenheit wieder. So ist insbesondere Keith voller Bewunderung für das vermeintliche Künstlergenie, das er fast durchgängig mit ‚*governor*' anspricht, was in diesem Kontext so viel wie ‚Chef' oder ‚Meister' bedeutet: „It's a great thing, Governor! Going to be a walk-away for you. You'll win it as sure as guns. I *know* it. I bet you land the $100,000.00 as sure as you're standing there, governor." (HS_2 932, Hervorhebung im Original). Auch Daisy hegt keine Zweifel an Toms Sieg im Bildhauerwettbewerb: „I adore it [i.e. the frieze]. I hope you haven't any doubts about winning. [...] I never was so sure of anything in my life." (HS_2 933f.).

(3) Die von Daisy und Keith fremdvermittelten Charakterisierungen von Ann werden sodann auch in deren Innensicht, sprich ihrem Selbstbild als Künstlerin, gespiegelt. Anns Selbstbild ist nämlich nun im Unterschied zur Frühfassung deutlich stärker von Selbstzweifeln und Unsicherheit in Bezug auf ihr eigenes Können geprägt. So zögert sie – ihrem eigenen kunstästhetischen Urteilsvermögen ein Stück weit misstrauend – es beispielsweise quasi bis zur letzten Minute hinaus, Tom gegenüber ihre Zweifel an der Qualität seiner Entwürfe mitzuteilen: „I was never *sure*, until today, dear." (HS_2 942, Hervorhebung im Original). Es bedarf offenbar nun in HS_2 eines hohen Maßes an Überwindung, ihm ihre kritische Meinung zu seinen Modellen mitzuteilen (vgl. HS_2 932).

(4) In ähnlicher Weise wie bei Ann spiegelt sich umgekehrt das oben unter (1) beschriebene fremdvermittelte (Positiv-)Bild der talentierten männlichen Künstlerfigur auch in dessen eigenen Repliken wider. Überzeugt vom eigenen Talent und mit übersteigertem Selbstvertrauen – im Nebentext der Spätfassung erfolgt der explizite Hinweis, „[*that*] [*h*]*e wears the stamp of confidence and success*" (HS_2 931) – betont Tom mehrfach die außergewöhnliche Qualität seiner Friesmodelle:

TOM. [...] It [i.e. his frieze] *does* look pretty good out here. Doesn't it? (*He goes up on the steps—to touch the frieze.*)

(HS_2 931, Hervorhebung im Original)

TOM. [...] somehow today it [i.e. the frieze] looks as if it stood a pretty good chance.

(HS_2 934)

Folgerichtig weist er die von Ann geübte Kritik an seinem Fries entschieden zurück:

TOM. Well—it's the best that's in me. [...] It's improved a lot I think—in the working [...]. [...] Say it—Say it. What have you got on your mind?

ANN. I don't know that I can—but in the beginning it had a feeling of swiftness, of rushing—swirling—as if your soul were at loose in it, Tom—too big, too free to be held in and confined. But, somehow, now that it's finished—

TOM. Go on.

ANN. That wild thing has gone out of it. It's crystallized into something magnificent but a little conventional.

TOM. Good heavens, Ann, you can't call that *conventional*?

ANN. Well—orthodox then. It's noble of course—but that inexplainable thing which made it great—is *gone*—for me. Perhaps it's just me—my imagination—because I care so much.

TOM. It is imagination. It's much stronger than when I began. [...] What I've done I've got through a certain strong solid boldness. That's why I think this stands a good chance. It's the very best thing I've ever done, Ann, by all—[...] I don't see what you mean at all, dear girl. Thanks a lot—but I think you're wrong this time. (*He goes into the workroom.* [...])

(HS_2 932f., Hervorhebungen im Original)

Und auch als Ann ihre eigenen Friesskizzen präsentiert, wird ihr durch Tom vermittelt, dass er selbstverständlich in einer höheren Liga spielt als sie: „[...] but ye gods, child, it [i.e. Ann's frieze] isn't in *this* class" (HS_2 943, Hervorhebung im Original).

(5) Anns Rückführung in ein dem tradierten Weiblichkeitsverständnis eher entsprechendes Frauenbild äußert sich schließlich auch darin, dass es in der revidierten Version nun eine andere, von außen regulierende Figur braucht, die Ann überhaupt erst von ihrem außergewöhnlichen Talent überzeugen und sie zum Einsenden ihrer Entwürfe ermutigen muss. Die unterstrichenen Textpassagen markieren dabei sprachliche Versatzstücke, die Ann im weiteren Verlauf aufgreifen wird:

RUTH. Ann—I've been thinking. You're a fool to give away your ideas. Make your models and send them in yourself.
ANN. What?
RUTH. Certainly. Why not?
ANN. Oh, Ruth—I couldn't. Some day I will. Some day.
RUTH. Some day! You've got the biggest idea you've ever had. Do it—send it in—yourself—on your *own feet.*
ANN. Tom would think I was out of my—
RUTH. *You* know it's good—don't you?
ANN. *Yes, I do.*
RUTH. It belongs to *you*—and if you don't take care of it and give it its chance, you kill something which is more important than you are. Don't forget *that.* You're not just a talented woman, you've got *downright genius*, and you ought to make everything give way to that. *Everything.* If you don't you're weak.

(*HS*$_2$ 942, Kursivierung im Original, Unterstreichungen KT)

Erst durch *new woman*-Figur Ruth in ihrem Selbstvertrauen als Frau und Künstlerin gestärkt, ist Ann in der Lage, den drei Männern (Tom, Keith, Dr. Remington), die – analog zur Frühfassung – Anns Entwürfe kritisch begutachten, ihren Entschluss mitzuteilen.[229] Dass Ann sich dabei, wie das nachfolgende Zitat anhand der Unterstreichungen verdeutlicht, sehr stark an der Sprachvorlage Ruths orientiert, ist ein weiterer Beleg ihrer im Vergleich zur Frühfassung nun deutlich stärker betonten Verunsicherung:

ANN. (*Standing at right—facing the three men.*) Then do you know what I'm going to do?
KEITH AND TOM. What?
ANN. Make my models and send them in myself.
TOM, KEITH AND REMINGTON. What?
ANN. Why not?
REMINGTON. You don't mean it, daughter.

229 In diesem Zusammenhang schreibt Richardson richtig: „The gender solidarity represented by Ruth is of key importance to Ann's decision to submit her work to the contest." (*American Drama*, 258).

ANN.	I do. I mean it with my whole soul.
REMINGTON.	Why do you want to do anything so foolish?
ANN.	Because I *made* it. Because it's my work. You all say it's good. Why shouldn't I send it? I don't mind failure. I only want it to stand its little chance with the rest. I love it. It means more to me than I can possibly—why shouldn't I? I *want* to.

(HS_2 944, Kursivierung im Original, Unterstreichungen KT)

Zusammenfassend kann in Bezug auf die Darstellung des Künstlerehepaares in der Spätfassung festgehalten werden, dass (zumindest bis zum Beginn der Schlussszene) der Eindruck vermittelt wird, dass die Figuren an tradierte Weiblichkeits- bzw. Männlichkeitsvorstellungen angepasst worden sind. Dem Bild der scheinbar nur durchschnittlich talentierten, sehr unsicher wirkenden Künstlerin wird in HS_2 eine starke Männerfigur gegenübergestellt, sodass mit dieser hierarchischen Paarkonstellation die Erwartungshaltung des Publikums zunächst bedient wird. Wenn im weiteren Handlungsverlauf bekanntlich durch Anns Gewinn des Bildhauerwettbewerbs bzw. Toms Versagen als vermeintliches Künstlergenie die bis dahin vermittelten Figurenkonzeptionen ins Gegenteil verkehrt und die Zuschauererwartungen unterlaufen werden, zeichnet sich darin ein bewusst ironisiertes Spiel der Dramatikerin (a) mit den Aufführungskonventionen des Kommerztheaters, (b) den Rezeptionsgewohnheiten des Publikums sowie (c) den gesellschaftlichen Geschlechterstereotypen ab.

Zur unterschiedlichen Konzeption der *raisonneur*-Figur in den beiden Textfassungen

Wie oben in Abschnitt IV.2.5 schon ausgeführt, sind im Hinblick auf die *raisonneur*-Figur Dr. Remington in einer vergleichenden Analyse des Expositionsaktes beider Fassungen *textstrukturelle* Verschiebungen zu beobachten, die sich vor allem in der veränderten Bühnenpräsenz des *raisonneur* ausdrücken. Zudem wurde erwähnt, dass mit der Veränderung quantitativer Faktoren auch eine Verschiebung *figurenkonzeptioneller* und *-funktionaler* Art verbunden ist. Letzteres soll in diesem Abschnitt aufgegriffen und vertieft werden.

Den nachfolgenden Ausführungen liegt dabei erstens die Leitthese zugrunde, dass die *raisonneur*-Figur Dr. Remington, der wegen seines Alters[230], der daraus resultierenden Lebenserfahrung und nicht zuletzt aufgrund seines ausgewiesenen „scientific status“[231] diese Rolle in *He and She* für sich

230 Dr. Remington ist, wie es im Nebentext heißt, „*a man of sixty*“ (HS_1 933) und in der Spätfassung „*65*“ (HS_2 937).

231 Gottlieb, *Rachel Crothers*, 55.

beansprucht, in der Frühfassung *HS_1* gleichsam auch den traditionellen Typus des autoritären Familienpatriarchen verkörpert, der äußerst extreme, radikal-antifeministische Positionen vertritt, die wiederum aus seiner tiefen Überzeugung eines biologisch determinierten, naturgegebenen Geschlechter(rollen)unterschiedes erwachsen. Die Darstellung dieser *raisonneur*-Figur fällt in der frühen Textversion insofern aus dem konventionellen Inszenierungsrahmen, als Dr. Remington im Unterschied zur idealtypischen Ausprägung eines *raisonneur* massiv in das Geschehen eingreift, die Handlungen der übrigen Figuren entsprechend beeinflusst und die Dinge gemäß seiner Ansichten zu lenken beabsichtigt. Sein (Sprech-)Verhalten ist dabei, wie noch genauer zu zeigen sein wird, von einer gewissen Schärfe, Dominanz und Kompromisslosigkeit geprägt, mit der er die übrigen Figuren für seine Ansichten einzunehmen versucht. Üblicherweise die Rolle eines „very common character in the well-made play" einnehmend ist die *raisonneur*-Figur in der Regel „not closely connected to the central action" und dient als „level-headed personification of reason".[232] Crothers' *raisonneur* hingegen tritt in der Frühfassung des Stückes mit sehr stark subjektivistisch-traditionalistisch geprägten Ansichten und in einer ausgeprägten Regulierungs- und Korrektivfunktion in Erscheinung.

Ein zweiter Aspekt der Leitthese besteht in der Grundannahme, dass in der revidierten Textfassung *HS_2* die *raisonneur*-Figur in ihrer aggressiven Radikalität deutlich zurückgenommen ist. Crothers lässt sie nun entsprechend ihrer traditionellen Funktionszuschreibung primär als besonnene Kommentatorfigur auftreten, die das Geschehen und die Handlungen der Figuren im Spiegel soziokultureller Entwicklungen (aber durchaus immer noch aus (s)einer konservativ-nostalgischen Perspektive[233] heraus) kritisch bewertet. Wenngleich Remingtons traditionalistische Ansichten also noch immer durchscheinen, wirkt die Figur in seiner vormals hauptsächlich gegen die *new woman* gerichteten Kritik nun deutlich gemäßigter und weniger polarisierend und reaktionär. Mitunter bringt die Figur für die Argumente um die *career vs. home*-Debatte beider Geschlechter gleichermaßen Verständnis auf. Dies schlägt sich wiederum im (Sprech-)Verhalten der Figur nieder. Zudem erhält die *raisonneur*-Figur in der Spätfassung humoristischere Züge,[234] wodurch Remington insgesamt als sympathischere Figur in Erscheinung

232 Für die Zitate siehe Harmon and Holeman, *Handbook*, 419.

233 Diesen Eindruck beschreibt z.B. auch Gottlieb, wo es heißt, dass Remington „with a nostalgia for the more simple days" auf die zeitgenössische Entwicklung der Geschlechterbeziehungen blickt (*Rachel Crothers*, 55).

234 Exemplarisch kann in diesem Zusammenhang an Szene II/6 erinnert werden, in der Remington gemeinsam mit Daisy und Keith nach der Brille sucht und sich die

tritt und das von dieser Figur ursprünglich ausgehende Provokations- und Konfliktpotential zugunsten einer gestärkten Glaubwürdigkeit und Autorität insgesamt abgeschwächt wird. Dieser positive Eindruck wird untermalt durch eine viel ausführlichere Beschreibung der Figur in dem sie einführenden Nebentext. Darin heißt es: „DR. REMINGTON [...] *is inclined to portliness and his keen humor and kindliness are combined with an understanding and wisdom which make him a very lovable man* [...] *He has a twinkling readiness to tease but the weight and dignity of a successful and important physician.*“ (HS_2 937).

In Bezug auf den Geltungsbereich der voranstehenden Leitthesen ist ergänzend festzuhalten, dass die in bisherigen Studien vorgenommene Bewertungen dieser *raisonneur*-Figur ein Stück weit relativiert werden müssen, da – wie mehrfach erwähnt – sich diese nur auf die Spätfassung HS_2 von *He and She* beziehen. Wenn im Hinblick auf figurenkonzeptionelle Aspekte der revidierten Version beispielsweise bei Burke die Rede von einem „quintessential patriarch“ ist, der gemäß seiner konservativen Haltung zur Geschlechterfrage „‚mid-Victorian‘ [...] at best and medieval at worst“ ist,[235] oder wenn Dr. Remington bei Narbona-Carrión als „extremely male-chauvinist“ und „the highest exponent of unjust considerations related to women“ bezeichnet wird,[236] dann ist zu betonen, dass diese Charakterisierungen vor dem Hintergrund der nun verfügbar gewordenen Frühfassung HS_1 in dieser Form nicht mehr stehenbleiben können. Im Vergleich beider Textfassungen erweisen sich die oben zitierten Figurenbeschreibungen nämlich vielmehr mit Blick auf die Früh- und weniger auf die Spätfassung als zutreffend. Demzufolge ist eine literaturkritische Neubewertung dieser *raisonneur*-Figur vorzunehmen, die die Inszenierungsformen in beiden Textversionen mit ihren jeweiligen *gender*-bezogenen Implikationen gleichermaßen berücksichtigt.

Ausgehend von diesen Grundannahmen wird nachfolgend an zwei exemplarisch gewählten Aspekten herausgearbeitet, welche Wirkungen und Implikationen aus *gender*-analytischer Sicht mit den figurenkonzeptionellen bzw. funktionellen Verschiebungen auszumachen sind. Der Fokus richtet sich zunächst auf Dr. Remingtons Doppelrolle als *raisonneur*- und Vaterfigur, die er im Rahmen der Vater-Tochter-Beziehung zu Ann einnimmt, bevor

Doppeldeutigkeit des Dialogs zwar für Daisy (und das Publikum) erschließt, Keith jedoch sprichwörtlich weiter im Dunkeln tappt. Siehe hierzu Abschnitt IV.2.2 oben.

235 Burke, *American Feminist Playwrights*, 46.

236 María Dolores Narbona-Carrión, „The Woman Artist as Portrayed by Rachel Crothers and Heather McDonald“, *Codifying the National Self: Spectators, Actors and the American Dramatic Text*, eds. Barbara Ozieblo and María Dolores Narbona-Carrión (Brüssel: Peter Lang, 2006), 69-85: 76.

anschließend seine Einflussnahme auf den Schwiegersohn Tom näher beleuchtet wird.

(1) Dass die Vater-Tochter-Beziehung zwischen Dr. Remington und Ann eine grundsätzlich ambivalente ist, erschließt sich dem Publikum schon zu einem frühen Zeitpunkt der Dramenhandlung in beiden Fassungen. Die Replik, mit der Ann ihren Vater jeweils im Expositionsakt zur Besichtigung des neuen Atelier-Wohn-Arrangements im Haus begrüßt, weist in der Formulierung eine Reihung von Attributen auf, die auf das zwiegespaltene Verhältnis der beiden Figuren und zudem auch auf eine gewisse Ambiguität der *raisonneur*-Gestalt[237] selbst schließen lässt. In der Frühfassung liest sich diese Gruß-Replik wie folgt: „Well you nice, horrid, cross, sweet old thing. […]" (HS_1 936). In nur geringfügig veränderter Form findet sich diese Äußerung auch in der Spätversion wieder (vgl. HS_2 938); sie wurde dort aber um das Attribut „adorable" ergänzt, wodurch die zahlenmäßig überwiegenden positiven Charaktereigenschaften der Figur etwas stärker in den Vordergrund rücken und sie, entsprechend der oben zitierten Ankündigung im Nebentext, sympathischer erscheinen lassen als in der Frühfassung. Die Gegenüberstellung von ‚*nice*'/ ‚*sweet*' einerseits und ‚*horrid*'/‚*cross*' andererseits ist als eine Anspielung auf das zwar warmherzige, aber vor allem auch konflikthafte Verhältnis der beiden Figuren zu lesen, das sich, „as usual", – wie eine Replik Remingtons verrät – in Form von „little argument[s]" entlädt (vgl. $HS_{1/2}$ 953). Im thematischen Kern geht es in diesen ‚kleinen Auseinandersetzungen' immer um die Berufstätigkeit der emanzipierten *middle class woman* im Allgemeinen und Anns Künstlerkarriere im Speziellen, die Dr. Remington aufs Schärfste kritisiert. So kommt in einer weiteren, ebenfalls in beiden Textfassungen vorhandenen Replik der Protagonistin zum Ausdruck, dass der Konflikt zwischen Vater und Tochter ein dauerhafter und vor allem ein generationsübergreifender Geschlechterkonflikt ist: „But you've *always* fought me, father. You've *never* thought I had any right to work—never believed I had any ability. […]" (HS_1 852, HS_2 953, Hervorhebung im Original). Während der Grundkonflikt der Figuren also in beiden Fassungen angelegt ist, erweist sich jedoch die Intensität der Auseinandersetzung um die *career vs. home*-Problematik sowie die funktionelle Ausrichtung der *raisonneur*- bzw. Vater-Figur im Vergleich der Texte als unterschiedlich.

In der Frühfassung fällt auf, wie hart Remington mit der eigenen Tochter ins Gericht geht – insbesondere in dem Moment, als Ann den Entschluss fasst, ihre Entwürfe für den Bildhauerwettbewerb selbst einzusenden. Konfrontiert

237 Dieser Aspekt klingt bei Gottlieb an, wenn sie konstatiert, dass Crothers die Autorität der Figur „with a mixture of awe and dismay" behandelt (*Rachel Crothers*, 55).

mit dieser Entscheidung, droht der immer-schwelende Konflikt zwischen den beiden zu eskalieren. Die Situation spitzt sich zu, als Remington unter Berufung auf den biologistischen Geschlechterdiskurs unnachgiebig insistiert, dass die einzig wahre Rolle der Frau die der Mutter sei: „That's [i.e. being a sculptor/working woman] not what you were meant for. That's not the greatest thing you can do. [...] All the laws of creation hold it back from you. You are a married woman—a mother. [...] you ought to have more children;—this studio ought to be a *nursery.*" (HS_1 944, Hervorhebung im Original). Dem wiederum stellt Ann ihre moderne Sichtweise als emanzipierte Frau entgegen: „Oh, father! Won't a woman ever mean anything more to you than something to bring children into the world? [...] You can't tell a woman any more she can't do things *just because she's a woman.*" (HS_1 944, Hervorhebung im Original). Die Standpunkte der beiden Figuren sind augenscheinlich so gegensätzlich, dass eine konstruktive Aushandlung oder gar dialogische Annäherung (der Generationen und Standpunkte gleichermaßen) unmöglich scheint. Dieser Eindruck bestätigt sich im weiteren Verlauf der Handlung, als Ann den Wettbewerb für sich entscheiden kann und die Kritik des Vaters mit aller Härte zu spüren bekommt:

ANN. [...] (*To* DR. REMINGTON.) Now, father, don't you think getting *that* is better than being nursemaid or housekeeper? Now don't you honestly?

REMINGTON. I do not.

ANN. What?

REMINGTON. I do not.

ANN. Oh, I can laugh at you theories now. You haven't a leg to stand on. [...] (*Going to* DR. REMINGTON.) Be a dear father and say you're glad.

REMINGTON. It's ridiculous. (*He says this so harshly that* ANN *starts—the others look at him in surprise.*) It's ridiculous, I say. I'd rather you'd failed a thousand times over—for your own good.

ANN. (*With quick anger.*) How *can* you be so hard and narrow, father?

REMINGTON. Hard and narrow be hanged! I'm an old man. I know women better than you know yourselves. Who cares a hang whether you make statues or write books? The men beat you at it anyway. They cook your food and make your own hats and dresses better than you do yourselves. But the one thing we can *not* do is to bear children and take care of them. Why in God's name don't you women stick to your own job and make *it* a success? *No*—I'm *not* proud of you. I wish you'd failed for your own sake. You've interfered with your husband's business.

(HS_1 952, Kursivierungen im Original, Unterstreichungen KT)

Auch dieser Ausschnitt weist vonseiten des *raisonneur* keine Anzeichen für einen auf Konsens gerichteten Aushandlungsdialog auf. Im Gegenteil: Mit Nachdruck und äußerst „*harshly*“ bekräftigt er seine traditionalistische Haltung zur Geschlechterfrage, und die von Crothers geschickt platzierten Satzwiederholungen in Remingtons Repliken – gemeint sind die jeweils zweimal verwendeten, oben unterstrichenen Formulierungen ‚*I do not.*‘, ‚*It's ridiculous.*‘ und ‚(*I'd rather* bzw. *I wish*) *you'd failed*‘ – sind Belege seiner Unnachgiebig- und Engstirnigkeit, die die Protagonistin dazu veranlassen, ihren Vater als „*hard and narrow*“ zu bezeichnen. Insbesondere die längere Schlussreplik im voranstehenden Textzitat, in der Remington die gesellschaftliche Funktion der Frau auf ihre Reproduktionsleistung reduziert und gleichzeitig auf die Trivialität weiblicher Berufstätigkeit hinweist, trägt zur Unüberbrückbarkeit des Vater-Tochter-Konflikts bei.

Im Grunde dürfte das konservative Theaterpublikum vermutlich seine eigene, vom viktorianischen Geschlechterdiskurs geprägte Haltung in Remingtons Repliken eigentlich bestätigt sehen; weil aber die Art und Weise seines Sprechens nicht nur Ann, sondern auch die übrigen Figuren erstaunen lässt („*the others look at him in surprise*“), und weil er sich immer stärker in Rage redet, untergräbt er quasi selbst seine Rolle als ‚*level-headed personification of reason*‘ und verliert dadurch an Autorität und Glaubwürdigkeit. An einer Stelle der Frühfassung lässt Crothers eine Figur über Remington dementsprechend sagen: „You're rabid on the woman question, doctor.“ (HS_1 934). Es ist denkbar, dass Crothers in der frühen Version des Stückes ihre *raisonneur*-Figur also deshalb mit diesen unsympathischen, radikal-reaktionären und beinahe fanatischen Charakterzügen auftreten lässt, um – ein Stück weit provozierend – das Publikum zum kritischen Hinterfragen dieser vermeintlichen Vernunftsinstanz im kommerziellen Unterhaltungstheater anzuregen. Wenn diese vermutlich autorenintendierte Auseinandersetzung des Publikums mit einer so inszenierten *raisonneur*-Figur vielleicht auch nicht zur absoluten Distanzierung geführt haben mag, so dürfte diese vom Idealtypus abweichende Inszenierungsform doch für Unbehagen im Publikum gesorgt haben, findet es doch traditionell in diesem Figurentypus eine Identifikationsfigur.

Bezeichnenderweise wird das hier beschriebene Provokationspotential der *raisonneur*-/Vater-Figur in der Spätfassung des Stückes deutlich zurückgenommen, wodurch sich die Konzeption der Figur in dem in der revidierten Fassung allgemein zu beobachtenden gemäßigteren Rahmen bewegt, sieht man – wie ausgeführt – von der Gestaltung und Wirkung der Schlussszene ab. Die erwähnte Mäßigung der Figur äußert sich primär darin, dass beispielsweise der oben zitierte Konfliktdialog zwischen Vater und Tochter sehr stark gekürzt, markante Fremdcharakterisierungen wie „You're rabid on the woman question, doctor." eliminiert und frühere Pauschalbewertungen zur Geschlechterproblematik, wie sie etwa durch Remington in der Schlussreplik im Dialogzitat oben zum Ausdruck kommen, ausgespart werden. Hat Dr. Remington seine Tochter in der Frühfassung noch mit scharfen Angriffen und äußerst extremen Ansichten sprichwörtlich zur Räson bringen wollen, so zeigt er sich nun deutlich gemäßigter und bringt – traditionalistische und progressive Haltungen zur Geschlechterfrage gleichermaßen abwägend – Verständnis für beide Seiten auf. Remingtons Positionierung zur *career vs. home*-Problematik, vor deren Hintergrund er auch das Handeln seiner Tochter bewertet, fällt nun sowohl inhaltlich als auch sprachlich anders aus. So gibt er sich „a damned sight more advanced" und bei Weitem „not so moth-eaten as [he] may look" (*HS_2* 939), als er seine persönliche Sichtweise zu weiblicher Berufstätigkeit im Allgemeinen erläutert: „It isn't a question of her *right* to do things—nor her ability—God knows—plenty of 'em are beating men at their own jobs now. Why, I sometimes think she'll go so far that the great battle of the future will be between the sexes for supremacy." (*HS_2* 939, Hervorhebung im Original). Hinsichtlich des Aussagegehalts steht diese Replik geradezu im absoluten Gegensatz zu seinem in der Frühfassung postulierten Standpunkt. Remingtons Einschätzung orientiert sich nun deutlich stärker an den gesellschaftlichen Entwicklungen der Zeit. Wenngleich er seine persönliche geschlechterideologische Gesinnung, die eine sich am viktorianischen Geschlechterdiskurs orientierende ist, nicht vollends aufgibt, so vermag er, in der Spätfassung des Stückes von dieser subjektiv gefärbten Ebene zu abstrahieren und eine an das implizierte Publikum gerichtete, weitgehend neutral-objektive Bewertung der gesamtgesellschaftlichen Situation vorzunehmen. An seiner resümierenden Feststellung, „It's a hopeless subject for conversation. What everybody says is true. That's the rub." (*HS_2* 939), lässt sich sodann deutlich ablesen, dass die ursprüngliche Korrektiv- bzw. Regulativfunktion der Figur zugunsten einer Vermittler- und Kommentatorfunktion ersetzt wurde. Gleichwohl implizieren seine Einschätzungen die Notwendigkeit der Annäherung und Aushandlung, wenn in dieser „great battle of the future" eine konstruktive Lösung gefunden werden soll. Die der *raisonneur*-Figur traditionell zugewiesene Rolle als Vernunftsinstanz, die die Gesellschaft zu Dialog und Verständigung mahnt, kommt im Unterschied zur Frühfassung hier wieder deutlich zur Geltung. Interessant ist mit Blick auf figurenkonzeptionelle Aspekte daran vor allem, dass die Figur trotz einer Rückanbindung an die traditionelle funktionale Ausrichtung des *raisonneur*-Typus dennoch gleichzeitig progressiver wirkt. Entgegen der Charakterisierungen von Burke und Narbon-Carrión – beide beschreiben, wie eingangs des Kapitelabschnitts ausgeführt, Dr. Remington in der Spätfassung als „quintessential patriarch" bzw. „extremely male-chauvinist" – mag man diese negativ konnotierten Figurenmerkmale in Anbetracht der voranstehenden Ausführungen nicht mehr recht erkennen können. Seine patriarchalische Autorität weicht einer von Vernunft geprägten Haltung, die dem Zeitgeist der *Progressive Era* eher entspricht und demnach weniger rückwärtsgewandt ist. Crothers gelingt es, diesen theatergeschichtlich ‚alten' Figurentypus funktional so aufzuladen, dass er seine traditionelle Rolle ausfüllt, dabei aber, wenn nicht progressive, dann aber doch zumindest zeitgemäße Signale an das äußere Kommunikationssystem aussendet.

(2) Diese figurenkonzeptionelle bzw. funktionale Verschiebung ist auch im Hinblick auf die Beziehung zwischen Dr. Remington und Tom zu beobachten. In seiner ausgeprägten Korrektivfunktion versucht die *raisonneur*-Figur in der Frühfassung HS_1 auf den Schwiegersohn einzuwirken, der im (Künstler-)Schatten seiner erfolgreichen Frau zusehends seinen Einfluss als *head of the household* zu verlieren scheint. Bezeichnend ist dafür u.a. eine frühe Szene im Expositionsakt (I/5), in der sich Dr. Remington im Gespräch mit Tom entschieden gegen die modernen Ansichten seiner Tochter stellt und insbesondere den Schwiegersohn dafür verantwortlich zeichnet, diese zugelassen zu haben: „[...] You're blinded. Instead of being her husband, her protector—her master—you've let *her* lead *you*, and she's led you into these tomfool ideas of equality and companionship, man-and-woman-hand-in-hand-in-the-workshop-together business, and she'll make *hell* of it for you before she gets through. [...]" (HS_1 934, Hervorhebung im Original). Indirekt lässt diese Replik den an Tom gerichteten Vorwurf anklingen, unter dem Einfluss (s)einer Frau seinen Status als ‚richtiger' Mann eingebüßt zu haben. Interessanterweise lässt Crothers den *raisonneur* dafür das Blindheitsmotiv in einer grammatikalischen Passivkonstruktion („You're blinded.") verwenden, durch die dem Protagonisten Tom jene männliche Handlungsohnmacht und Schwäche bescheinigt wird, die Remington so scharf kritisiert. In diesem Kontext sind auch weitere Repliken zu sehen, wie etwa: „She's hypnotized you." (HS_1 934), „You see—she's confused you. You've lost your grip." (HS_1 935) oder „If you'd stood on your own feet and kept your business in your own hands you'd have got this thing [i.e. den Gewinn des Bildhauerwettbewerbs] yourself and been the head of your own house." (HS_1 952). Immer schwingt in diesen Formulierungen die Kritik Remingtons am männlichen Kontroll- und Machtverlust des modernen, ‚neuen' Mannes mit, den es im Sinne des traditionellen Männlichkeitsbildes zu ‚korrigieren' gilt. Der vermeintlich besonnen agierende *raisonneur* beruft sich dabei im Kontext eines vertraulichen Männergesprächs mit Tom (HS_1, III/6, 956f.) auf die „natural male instincts [...] of protecting the female—of building her house and keeping her *in* it" (HS_1 957, Hervorhebung im Original) und fordert Tom – in der für ihn in der Frühfassung

charakteristischen Imperativform – auf, für die Wiederherstellung seiner ‚wahren' Männlichkeit zu kämpfen:

> REMINGTON: […] [T]he *natural* instincts of the man have broken out. You've been trying to hide 'em for years, and it took this thing [i.e. Ann's victory in the competition] to wake 'em up. […] You and Noah and all the rest of us are just the same. We cover it up and fool ourselves but when the crisis comes we get up and *fight* with all the barbaric fight in us. Go on—fight for your right—for your place—you want to keep her—you want her for your *wife*—not a rising young sculptor. Don't be afraid of being stubborn—it's only your weakness she'll despise. […]
>
> (HS_1 957, Hervorhebungen im Original)

Überzeugt von der nach wie vor bestehenden Gültigkeit dieser vermeintlichen Naturgesetze kann eine Missachtung derselben aus Remingtons Sicht bestenfalls zu männlicher Selbsttäuschung („We cover it up and fool ourselves"), schlimmstenfalls aber zu gesellschaftlichem Chaos führen, welches der *raisonneur* in seinen apokalyptisch-pessimistischen Zukunftsvisionen mitunter gern auch als *crisis* oder *hell* bezeichnet. So etwa in folgender Replik der Frühfassung: „Tom, if you let her do this you're a fool. I warn you. […] Damn it! It's none of my business, but you're getting ready to raise merry hell here some day." (HS_1 944).

Ein Vergleich der beiden Textfassungen in diesem Punkt lässt erkennen, dass die unter (2) bis hierhin zitierten Repliken der *raisonneur*-Figur in der revidierten Version HS_2 allesamt getilgt wurden. Zwar findet das oben erwähnte Männergespräch zwischen Dr. Remington und Tom auch in der Spätfassung statt (vgl. HS_2, III/3, 957), allerdings in stark veränderter und deutlich reduzierter Form. Festzustellen ist insbesondere eine von der ursprünglichen Art und Weise abweichende (Sprech-)Haltung des *raisonneur*. Statt massiver Regulierungsbemühungen sind nun empathische Verstehensbekundungen zu beobachten. Ohne an dieser Stelle den Dialog in aller Vollständigkeit zu zitieren, so lassen die nachfolgend anzitierten Reaktionen Remingtons auf Toms Repliken doch einen deutlichen Unterschied zur Konzeption der *raisonneur*-Figur in der Frühfassung erkennen:

> REMINGTON. I know. I know.
> TOM. […] –she doesn't *need* me any more. *That's* what hurts.
> REMINGTON. Of course, it hurts.
> TOM. […] I've acted like a skunk.
> REMINGTON. Y-e-s—I guess you have—so have I—unjust—pig-headed. No more right to say the things I've said to her […]
> TOM. […] I want her here—*mine*. But I s'pose that's rotten and wrong.

Remington. Yes—I s'pose it is. [...] Men and women will go through hell over this before it shakes down into shape. *You're* right and *she's* right and you're tearing each other like mad dogs over it because you love each other.

(HS_2 957, Kursivierungen im Original, Unterstreichungen KT)

Mit Verständnis signalisierenden Formulierungen wie ‚*I know*' und ‚*of course*', affirmativen Wendungen wie ‚*yes, I guess*' oder ‚*yes, I s'pose it is*' und Eingeständnissen wie ‚*so have I*' und ‚*no more right to say the things I've said to her*' schlägt Remington deutlich gemäßigtere Töne an. Zudem verzichtet Remington auf Vorwürfe und Handlungsanweisungen in Befehlsform. Stattdessen spiegelt sich analog zu (1) auch im Dialog mit Tom die Einsicht wider, ‚[that] what everybody says is true': „*You're* right and *she's* right [...]."

Die Polarisierungs- und Pauschalisierungstendenzen der Frühfassung werden in der veränderten Version aufgegeben zugunsten eines differenzierteren Blicks auf die Geschlechterproblematik. Darin lässt sich wiederum die figurenkonzeptionelle Verschiebung dieser *raisonneur*-Gestalt von einer polarisierenden Steuerungsinstanz hin zu einem kommentierenden Mediator ausmachen. Und wie zuvor bei Ann spielt der *raisonneur* in der Spätfassung auf die Notwendigkeit konstruktiver Aushandlungsanstrengungen der Gesellschaft an, „before it shakes down into shape". Darin verbirgt sich sodann auch die implizite Botschaft, die die Dramatikerin Crothers in der Spätversion ihres Stückes, hier insbesondere in der ‚ernüchternden' Schlussszene zu kommunizieren versucht.

IV.3 Zona Gale, *Miss Lulu Bett* (1920/1921): Die Geschlechterproblematik im Spiegel von Rezeption, Revision und *renegotiation*

Man würde der Dramatikerin Zona Gale wohl kaum Unrecht tun, wenn man sie in Anbetracht ihres einzigen großen kommerziellen Erfolges, den sie mit ihrem Stück *Miss Lulu Bett* am Broadway erzielte, als *one-hit wonder* bezeichnete. Vor allem als Romanautorin des amerikanischen Mittleren Westens bekannt geworden und als Verfasserin einer Fülle von dort angesiedelten *local color stories* in die Literaturgeschichtsbücher eingegangen, tritt sie auf der theatergeschichtlichen Bühne in Amerika lediglich als Randfigur in Erscheinung. Und dennoch nimmt sie dort einen heute allerdings kaum mehr wahrgenommenen und oftmals vergessenen, aber nichtsdestotrotz unstrittigen, festen Platz ein: Als erste Frau in der Geschichte des *Pulitzer Prize for Drama* überhaupt erhielt sie diesen renommierten Preis für *Miss Lulu Bett* im Jahre 1921, wenngleich die Umstände ihrer Nominierung und Auszeichnung umstritten sind.[238] Vor diesem Hintergrund haben sich Kritiker, Literaturwissenschaftler und Dramenhistoriker in der Vergangenheit und bis in die jüngste Gegenwart hinein immer wieder schwergetan, das dramatische Werk dieser Autorin im Allgemeinen sowie ihr Stück *Miss Lulu Bett* im Besonderen zu bewerten und den Stellenwert beider in der Geschichte des amerikanischen Dramas und Theaters zu definieren. Im Vorwort seiner Biographie über die Autorin weist Harold P. Simonson auf dieses Dilemma hin:

> In evaluating a writer as little remembered as Zona Gale, the danger of minimizing her work is as great as the curiously tempting one of exaggerating its importance. [...] Zona Gale as a minor figure in American literature remains such at the conclusion of this study [...]. To say this, however, is not to belittle her considerable importance.[239]

Sich behutsam in diesem Spektrum zwischen Bedeutungsminimierung und -übertreibung, zwischen *minor* und *considerable importance* bewegend, versucht das vorliegende Analysekapitel, sich dem preisgekrönten Stück und seiner Autorin erneut kritisch anzunähern. Erneut deshalb, weil dies sowohl seitens zeitgenössischer Theaterkritiker als auch im Kontext der von der feministischen Literaturwissenschaft angestoßenen ‚Hebung' vergessener oder unbekannter Dramatikerinnen und ihrer Werke in den 1980ern und 1990ern und darüber hinaus bereits mehr oder weniger aufschlussreich oder differenziert geschehen ist, wie in IV.3.2 noch genauer gezeigt wird.

Das Erkenntnisinteresse dieser hier angestrebten Re-Lektüre des Stückes richtet sich dabei weniger auf die inzwischen bereits gut dargelegten Charakterisierungen der Hauptfiguren oder etwa die Beschreibung der im Stück repräsentierten Weiblichkeitsbilder wie beispielsweise die von *wife* (Ina) oder *spinster* (Lulu). Vielmehr erfolgt, ausgehend von der zentralen Fragestellung dieser Arbeit, eine intensive Auseinandersetzung mit der Revisionsproblematik des Stückes und den Implikationen des veränderten Schlussaktes hinsichtlich der *gender*-bezogenen Aussageabsicht des Textes und den zugrundeliegenden Aushandlungsprozessen im inneren und äußeren Kommunikationssystem des Textes. Zwar haben sich einige der bislang erschienenen Forschungsbeiträge der Revisionsthematik bereits punktuell zugewandt, allerdings greifen die darin formulierten Untersuchungsergebnisse oft zu kurz (zum Teil beschränken sie sich auf die bloße Beschreibung der veränderten Handlungsführung im Schlussakt oder etwa auf die Feststellung, dass sich die Dramatikerin nachträglich aus kommerziellen Gründen zu

238 Siehe hierzu ausführlicher Abschnitt IV.3.2 unten.

239 Harold P. Simonson, *Zona Gale* (New York, NY: Twayne, 1962), n.p. („Preface").

einem traditionellen *happy ending* hat drängen lassen), oder sie beantworten die Frage nach den Auswirkungen der Textrevision auf figurenkonzeptionelle sowie themen- und genrespezifische Aspekte nicht bzw. nicht abschließend. Die Untersuchung dieser Zusammenhänge kann sich allerdings, so die hier vertretene Grundannahme, als erkenntnisreich erweisen und dazu beitragen, die literaturkritische Diskussion dieses Stückes um forschungsrelevante Einsichten zu ergänzen.

Neben diesen textstrukturellen und formal-ästhetischen Gesichtspunkten rücken in dieser Untersuchung freilich auch die Figuren des Stückes (erneut) in den Mittelpunkt der Analyse, wobei nun – anders als bisher – vor allem figuren*konzeptionelle* Besonderheiten, Parallelen und Verschiebungen vor dem Hintergrund der unterschiedlichen Textfassungen von primärem Interesse sind. Dabei richtet sich hier, wiederum anders als bisher, der Fokus stärker auf die im Stück entworfenen Männlichkeitskonfiguration*en*. Sieht man von umfassenden Charakterisierungen der Titelheldin Lulu einmal ab, so widmen sich die meisten Figurenstudien zu Gales Drama nämlich in erster Linie der männlichen Hauptgestalt des Stückes (Dwight), während andere Männerfiguren (wie beispielsweise Neil Cornish) insbesondere unter dem Aspekt von konventionell oder modern verstandener Maskulinität oder etwa der *crisis of masculinity* bislang kaum oder gar keine Berücksichtigung fanden.

Analog dazu befasst sich dieses Untersuchungskapitel auch mit den bislang wenig(er) beachteten weiblichen Nebenfiguren (Monona, Mrs. Bett), die – folgt man der Einschätzung eines zeitgenössischen Kritikers – „not absolutely vital to the story“[240] sein sollen und im Zuge der Adaption des gleichnamigen Romans für die Theaterbühne angeblich genauso gut hätten eliminiert werden können. Dass aber gerade diese beiden Figuren(-konzeptionen) ein gewisses Innovationspotential in sich bergen, das wiederum v.a. hinsichtlich des Subtextes sowie raum- und bewegungsbezogener Aspekte von besonderer Bedeutung ist, soll anhand detaillierter Textanalysen herausgearbeitet werden. Wie noch genauer zu zeigen sein wird, ist beispielsweise die Figur der Mrs. Bett im Zusammenhang mit figurenkonzeptionellen Verschiebungstechniken unverzichtbar und nimmt somit auch im Kontext der Revisionsproblematik eine zentrale Rolle ein. Zona Gale verwendet, so die hier der Analyse vorangestellte These, im Zuge der Textrevision die (noch näher zu erläuternden) Verschiebungstechniken mit der Intention, die dem Stück ursprünglich eingeschriebene radikale *gender*-Kritik bzw. das in der Originalversion noch deutlich zu erkennende Emanzipationsmotiv in die veränderte, auf den ersten

240 Heywood Broun, „How They Found Miss Lulu Bett“, *Collier's. The National Weekly* 67.5 (January 29, 1921), 13, 30: 30.

Blick weitaus konventionskonformer wirkende Fassung verlagern zu können. Diesen bislang noch nicht aufgezeigten komplexen Zusammenhang zwischen Textrevision, Handlungsführung, Figurenkonzeption, Subtext und Wirkabsicht gilt es hier auszuschärfen.

Die genannten Analyseschwerpunkte können an dieser Stelle die tatsächliche, zumeist jedoch verkannte Komplexität des Stückes und seiner Figuren freilich nur im Ansatz skizzieren. Wenn sich Goddard mit ihrer Formulierung „a study in complexity"[241] auf die Figur Lulu Bett beschränkt, so kann diese ohne Abstriche rahmenerweiternd auch für das Stück *Miss Lulu Bett* gelten. Eine genaue Analyse dieses Dramas erweist sich in der Tat nämlich dann als ‚*a study in complexity*', wenn seine textkonstituierenden Komponenten – wie etwa die *simple storyline, little action, banal dialogues* sowie die Darstellung von *monotony and domestic routine in small-town, rural America* – nicht, wie dies Gales zeitgenössische Kritiker allzu oft taten,[242] als Ausdruck mangelnder Expertise der Romanautorin in der Welt des kommerziellen Unterhaltungstheaters mit seinen restriktiven Aufführungskonventionen abgetan, sondern als innovative Elemente verstanden werden, wie sie für das moderne, avantgardistische Kunsttheater beispielsweise einer Susan Glaspell oder eines Eugene O'Neill charakteristisch werden sollten.

Der Vergleich zu Glaspell und O'Neill ist hier keineswegs zufällig gewählt. Dass Gales dramatisches Schaffen allgemein in den Kontext des *Little Theatre Movement* zu rücken ist, zeigt sich u.a. daran, dass mindestens zwei ihrer Stücke – *The Neighbours* (1914) und *Miss Lulu Bett* (1920) – in diversen Produktionen nicht-kommerzieller Kleintheatergruppen zur Aufführung kommen.[243] Dazu zählt u.a. die Gruppe der *Washington Square Players*, deren „Aufführungspolitik," wie Kurt Müller schreibt, sich „am Maßstab künstlerischer Qualität" orientiert und „die für die weitere Entwicklung [der amerikanischen Kleintheaterbewegung] außerordentlich bedeutsam werden sollte"[244]. Dass also Gales Stücke dort inszeniert werden, kommt nicht von ungefähr. Auf den zweiten Blick – denn bislang wurde diesem Umstand kaum Beachtung geschenkt – weisen Gales Dramen also offenbar ähnliche literarische Qualitäten auf, wie sie beispielsweise in den Stücken Susan Glaspells zu finden sind, die bekanntlich als Mitbegründerin der zweiten einflussreichsten Theatergruppe, den *Provincetown Players*, erfolgreich wurde und heute entsprechend als „die

241 Leslie Goddard, „Zona Gale", *Dictionary of Literary Biography. Vol. 228: Twentieth-Century American Dramatists, Series 2*, ed. Christopher J. Wheatley (Detroit, MI: Gale Group, 2000), 73-80: 77.

242 Siehe dazu ausführlicher Abschnitt IV.3.2. in diesem Kapitel.

243 Siehe Goddard, „Zona Gale", 75f.

244 Müller, *Das amerikanische Drama*, 30.

bedeutendste weibliche Stimme […] im amerikanischen Drama des frühen zwanzigsten Jahrhunderts [gilt]“[245]. Beide Autorinnen verbinden auffallend viele Ähnlichkeiten sowohl im Bereich des privaten Lebens als auch hinsichtlich ihres literarischen Schaffens.[246] Bedeutsamer noch als die biographischen Parallelen zwischen Gale und Glaspell sind im Kontext dieser Arbeit allerdings die Gemeinsamkeiten hinsichtlich innovativer, realistischer Inszenierungsverfahren, die – seien es Aspekte wie Dialogführung, Motivauswahl, Figurenhandlungen oder Schauplatzgestaltung – häufig auch mit einer symbolhaften Bedeutungsdimension aufgeladen sind.[247] Thematisch ist Gale und Glaspell zudem das Interesse an einer ideologiekritischen Neuverhandlung von Geschlechterkonfigurationen gemein, die in ihren Werken im Allgemeinen darauf abzielt, Frauen für ihr Recht auf ein selbstbestimmtes Leben zu sensibilisieren und die bestehende männerdominierte Geschlechterordnung zu hinterfragen. In diesem Zusammenhang konstatiert Craig: „In their work and lives, Gale and Glaspell raised the call for women to lead self-governing and fulfilling lives. […] [T]hey assaulted the barriers that were hampering women.“[248] Ohne in ihren folgenden Ausführungen allzu konkret zu werden, spricht die Verfasserin in Bezug auf beide Dramatikerinnen gleichermaßen von bedeutsamen „contributions to [the] American theatre“:

> [T]he broad strokes of their innovations are these: Along with their contemporary Eugene O'Neill, they deserve credit for the creation and popularization of a native dramatic realism, one centered on regionalism and the family. They also helped to bring the experiences of women to mainstream stages, in plays that challenged the prevailing attitudes about women.[249]

245 Müller, *Das amerikanische Drama*, 40.

246 Siehe dazu ausführlicher Carolyn Casey Craig, *Women Pulitzer Playwrights: Biographical Profiles and Analyses of the Plays* (Jefferson, NC: McFarland, 2004), 22f. In einem gesonderten Abschnitt ihrer Studie widmet sich die Verfasserin explizit dem „common ground of Gale and Glaspell“ und führt unter den „striking parallels“ in den Biographien beider Autorinnen u.a. folgende auf: „Both grew up in small Midwestern towns, started out as news reporters, and wrote notable fiction before they attempted playwriting. […] Both women brought their home towns into their fiction—slightly disguised. Both became acknowledged writers of local color, focused on the detail of everyday living. In the simplest rituals and objects, they found a wellspring for the real drama of life, and keys to its deeper meaning.“ (ebd. 22).

247 Exemplarisch seien mit Blick auf Gales *Miss Lulu Bett* und Glaspells *Trifles* (1916) an dieser Stelle das Gesangs- und Vogelmotiv sowie die räumliche Begrenzung des weiblichen Handlungs- und Bewegungsradius auf die Häuslichkeitssphäre genannt. Beide Motivkomplexe sind geschlechterideologisch semantisiert in den genannten Stücken in ähnlicher Funktion und Bedeutung zu finden.

248 Craig, *Women Pulitzer Playwrights*, 23, 24.

249 Craig, *Women Pulitzer Playwrights*, 24.

Insbesondere Zona Gale hätte, so resümiert Craig, einen weitaus nachhaltigeren Beitrag zum amerikanischen Drama und Theater leisten können, wenn sie sich „outside the concerns of box office or Broadway“[250] bewegt hätte.

Konkret darzulegen, dass und wie es Zona Gale insbesondere mit *Miss Lulu Bett* trotz aller Restriktivität des Kommerztheaters gelingt, die (von Craig oben nur vage angedeuteten) innovativen Inszenierungsformen auf die Broadway-Bühne zu bringen, soll Ziel und Gegenstand dieses Kapitels sein. Ausgehend von dem hier zugrunde liegenden Erkenntnisinteresse erscheint es umso lohnenswerter, insbesondere die Text-Subtext-Kontext-Relation in der nachfolgend angestrebten ‚Zeitlupenstudie' von *Miss Lulu Bett* eingehender zu beleuchten. Dass neben dem dramatischen Text *Miss Lulu Bett* auch eine jeweils gleichnamige Roman- und Filmversion existieren, deren Handlungslinien von denen des Stückes mitunter beträchtlich abweichen, wird der Vollständigkeit halber deshalb ausgeführt, weil beide Formen als Varianten eines Textes an der Aushandlung der Geschlechterproblematik partizipieren und somit Teil eines äußerst komplexen intertextuellen Referenzsystems sind. Der Fokus aber richtet sich freilich primär auf die detaillierte Analyse der beiden dramatischen Versionen.

IV.3.1 A simple play: *Plotstruktur, Handlungsführung und Figurenkonstellation*

Handlung und Geschehen des Stückes scheinen schnell zusammengefasst, legen doch Aussagen wie beispielsweise Galens' „The storyline of *Miss Lulu Bett* is quite simple“[251], Shafers „The story is simple“[252] oder Downers oben in der Kapitelüberschrift zitierte Formulierung „*Miss Lulu Bett* is a simple play“[253], nahe, dass Gales Text doch eher überschaubar und unkompliziert sei.[254] Zwar

---

250 Craig, *Women Pulitzer Playwrights*, 24.

251 David Galens, *Drama for Students. Vol. 17* (Farmington Hill, MI: Gale-Thomson, 2003), 133.

252 Shafer, *American Women Playwrights*, 220.

253 Alan S. Downer, *Fifty Years of American Drama, 1900-1950* (Chicago, IL: Henry Regnery, 1951), 55.

254 Für eine ähnliche Wortwahl siehe z.B. auch Craig, *Women Pulitzer Playwrights*, 30, Henry James Forman, „Zona Gale: A Touch of Greatness“, *The Wisconsin Magazine of History* 46.1 (1962), 32-37: 33 und Goddard, „Zona Gale“, 76, 77. Es mögen solche oder ähnliche Formulierungen gewesen sein, die Kritiker automatisch auf ein ebenso ‚einfach gestricktes', sprich literaturästhetisch ‚unattraktives' Drama haben schließen lassen. Allzu oft, so scheint es, hat die äußere, zunächst einfach wirkende Form des Stückes Kritiker in die Falle der oberflächlichen Textbetrachtung tappen lassen. Dass insbesondere die Handlungs-, oder wie Müller sagt, „Ereignisarmut“ eines Stückes (*Das amerikanische Drama*, 90) zu einem der charakteristischen Züge des modernen Dramas werden sollte, hinter der sich eine unerwartete Bedeutungstiefe verbirgt – man denke dabei

mögen solche Feststellungen in Bezug auf Handlung und Geschehen tatsächlich nicht völlig von der Hand zu weisen sein – insbesondere dann nicht, wenn man sich auf nur *eine* Fassung des Textes bezieht oder etwa über die zahlreichen Irrungen und Wirrungen des Schlussaktes, wie sie für das *well-made play* charakteristisch sind, hinwegsieht, – mit Blick auf formal-ästhetische, strukturelle und intertextuelle Aspekte treffen sie allerdings nicht zu. In Anbetracht der Tatsache nämlich, dass mit der Romanversion, der frühen Dramenfassung, dem später revidierten III. Akt des Stückes[255] und schließlich auch einer gleichnamigen Filmversion insgesamt vier verschiedene Textvarianten von *Miss Lulu Bett* existieren, sind die oben zitierten Aussagen doch eher mit Vorsicht zu genießen. Insbesondere die Frage nach der intertextuellen Verhandlung *gender*-bezogener Aspekte innerhalb eines so komplexen, aus vier Varianten bestehenden Textsystems kann in Anbetracht der zentralen Fragestellung dieser Arbeit nicht außer Acht gelassen werden.

Miss Lulu Bett gewährt dem Zuschauer Einblick in den familiären Mikrokosmos der Deacons. Die Handlung des I. Aktes setzt bezeichnenderweise im *dining room* der Deacons ein. Bezeichnend ist dies deshalb, weil *eating, cooking* und *nourishment* im Stück, wie noch genauer auszuführen sein wird, leitmotivisch verwendet werden und insbesondere in enger Anbindung an die Titelheldin stehen. Die Deacons gehören, wie der paratextuelle Hinweis

beispielsweise an Samuel Becketts *Waiting for Godot* (1953) –, deutet sich in einem Stück wie Gales *Miss Lulu Bett* bereits an. Downers schon 1951 formulierte Mahnung an den Literaturwissenschaftler, sich von der vermeintlichen Simplizität dieses Dramas nicht täuschen zu lassen, hat augenscheinlich allerdings kaum Gehör in der literaturkritischen Betrachtung des Stückes gefunden: „In the final evaluation, however, it is important to observe to what use these elements [i.e. simple play, simple realism, everyday speech, everyday characters, everyday locale] have been put, what function the play as a whole serves.“ (Downer, *Fifty Years of American Drama*, 55).

255 Wenngleich nur der III. Akt des Stückes nachträglich umgeschrieben wurde, während der I. und II. Akt unverändert blieben, ist im Rahmen dieser Arbeit dennoch die Rede von einer Früh- und Spätfassung bzw. von einer Original- bzw. revidierten Fassung, die jeweils den gesamten Text meint. Dies basiert auf der Annahme, dass sich die Veränderung auch nur eines einzigen Textteils auf die Bedeutung der übrigen Textteile bzw. des Subtextes des Gesamtwerkes auswirken kann. Alle Primärtextzitate aus *Miss Lulu Bett* beziehen sich auf die von Judith E. Barlow herausgegebene Anthologie *Plays by American Women, 1900-1930* (2001, 87-161), die beide Versionen des Schlussaktes enthält. Zitate, die sich auf den ‚gemeinsamen‘ I. und II. Akt des Stückes beziehen (87-144), werden in dieser Arbeit unter dem Siglum *MLB* und der jeweiligen Seitenzahl direkt im Text in Klammern angegebenen. Zur Unterscheidung zwischen Zitaten aus dem ursprünglichen Schlussakt (154-161) und dem revidierten Schlussakt (145-153) werden die Siglen *MLB* III_{OV} für ersteren und *MLB* III_{RV} für letzteren mit der entsprechenden Seitenzahl und Klammerschreibweise ebenfalls direkt im Text verwendet. Bezüge zur Stummfilmversion werden mit dem Siglum MLB_{SF} mit der jeweiligen Zeitangabe im Format [hh:min:ss] im Text gekennzeichnet.

eingangs des Stückes versichert, der *middle class* an, wobei sich dies primär auf Dwight Deacon, seine Frau Ina und die beiden Töchter Diana und Monona bezieht und weniger auf die übrigen Figuren des Stückes. Als erfolgreicher Zahnarzt, Friedensrichter und geschätzte Persönlichkeit in einer im Stück nicht näher benannten amerikanischen Kleinstadt gefällt sich Dwight sichtlich gut in seiner Rolle des patriarchalischen Familienoberhaupts. Die Schere zwischen Selbst- und Fremdwahrnehmung geht in Bezug auf diese Figur allerdings weit auseinander. Die übrigen Figuren nämlich erleben Dwight Deacon als „a pompous, self-satisfied man“[256] und „smug dictatorial keeper of“[257], wie er selbst an einer Stelle sagt, „a house full of women“ (*MLB* III_{RV} 148). Er verkörpert, wie Lynn Rhoades resümiert, „the stereotype of the male breadwinner: tactless, insensitive, domineering, self-important and tyrannical. [...] The epitome of tactlessness and putty cruelty, [...] [h]e is seldom missed, and in fact, his absences become [...] occasions for relief. Dwight [...] represents Gale's satiric portrait of the stereotypical head of the household, the epitome of patriarchal power.“[258] Sein despotisches Machtgebaren bekommen alle Familienmitglieder, insbesondere aber Inas Schwester Lulu Bett sowie die Mutter der beiden, Mrs. Bett, zu spüren.

Mittellos nach dem Tod des Vaters bzw. Ehemanns zurückgeblieben, finden Lulu und ihre Mutter im Haus der Deacons eine Bleibe, in der sie inzwischen seit mehr als fünfzehn Jahren leben. Dort allerdings werden sie eher geduldet als willkommen geheißen. Während die vermeintlich senile und zuweilen als unzurechnungsfähig erklärte Greisin Mrs. Bett von allen Familienmitgliedern (mit Ausnahme Lulus) weitgehend ignoriert wird, ist es vor allem Lulu, die immer wieder zur Zielscheibe der unzähligen Verbalangriffe des tyrannischen Schwagers wird.[259] Sich entschlossen dagegen zur Wehr zu setzen vermag sie in Anbetracht des erwähnten Abhängigkeitsverhältnisses (zumindest zu Beginn der Handlung) allerdings kaum. Viel zu sagen hat Lulu schließlich nicht, verkörpert sie doch eher den Status einer *household drudge* oder

256 Broun, „How They Found Miss Lulu Bett“, 13.

257 Craig, *Women Pulitzer Playwrights*, 38.

258 Lynn Rhoades, „Maid or Writer? The Rhetoric of Conformity and Rebellion in *Miss Lulu Bett*“, *Midamerica: The Yearbook of the Society for the Study of Midwestern Literature* 23 (1996), 73-89: 76.

259 Während es im dramatischen Text bei witzig gemeinten Verbalangriffen und Spottbemerkungen bleibt – immerhin ist das Stück in seinem Untertitel ja als „An American Comedy of Manners“ (*MLB* 87) deklariert –, kommt es in der Stummfilmversion sogar zu körperlichen Übergriffen der Patriarchengestalt auf Lulu. Das Motiv der *domestic violence*, das im Broadway-Theater ohne Zweifel zum Publikumsaufreger geworden wäre, findet in der Filmversion vermutlich auch deshalb Verwendung, um damit ein breiteres Publikum für das neue Medium zu gewinnen.

„maid-of-all-work“[260] als den eines gleichwertigen Familienmitglieds: Lulu hat als Gegenleistung für freie Kost und Logis, die Dwight ihr und der Mutter gewährt, sämtliche Haushaltsarbeiten für die Deacons zu verrichten – vom Kochen über das Versorgen von Lebensmitteln bis hin zur Erziehung ihrer Nichten Diana und Monona. Da Lulu selbst nahezu mittellos ist, erweist sich das trostlose Dasein im Hause des Schwagers zunächst als alternativlos.

Eine Veränderung ergibt sich am Ende der Expositionsszene, als ein Brief die Nachricht vom unerwarteten Besuch Ninians, Dwights weitgereistem Bruder, ankündigt. Ninians Eintreffen bringt vor allem in Lulus eintöniges Leben unverhoffte, aber willkommene Abwechslung: Nicht nur zeigt er im Unterschied zu den übrigen Figuren ein genuines Interesse an ihr als Persönlichkeit; er kritisiert auch aufs Schärfste die Art und Weise, wie Lulu im Hause seines Bruders schikaniert und ausgenutzt wird; und schließlich ist er es auch, der Lulu dazu ermutigt, ihr Leben selbst in die Hand zu nehmen. Als ihm Lulu offenbart, schon seit mehr als sechs Jahren nicht mehr in der Stadt gewesen zu sein, lädt Ninian sie und die Deacons spontan zu einem Theaterbesuch und *dinner* ein. Etwas zu früh in die Stadt aufgebrochen, fordert Dwight Lulu in seiner typisch herabwürdigenden Art auf, zum Zeitvertreib für etwas *entertainment* der kleinen Gesellschaft zu sorgen: „Well—Lulu, you dance on the table.“ (*MLB* 113). Auf Ninians ‚rettenden‘ (weil Gesicht wahrenden) Gegenvorschlag hin kommt es dann aber zu einem Rollenspiel, bei dem er und Lulu sich in einer *mock wedding* gegenseitig das Eheversprechen geben. Da Dwight kraft seines Amtes als Friedensrichter die Ehe für rechtskräftig erklärt, führen die Geschehnisse des Abends die Frischvermählten, die von der Möglichkeit einer Annullierung absehen, nun nicht mehr ins Theater, sondern am Ende von I/2 in die gemeinsamen Flitterwochen.

Vier Wochen vergehen nach der Hochzeit im I. Akt, als Lulu in II/1 plötzlich wieder bei den Deacons auftaucht. In den Flitterwochen, so berichtet Lulu, hatte Ninian ihr gestanden, vor achtzehn Jahren schon einmal geheiratet zu haben. Jedoch wisse er über den Verbleib seiner früheren Gattin Cora Waters, die ihn nach nur zwei Ehejahren verlassen habe, nichts Genaueres. Er mutmaßt, dass sie inzwischen verstorben sein könnte.[261] Weil Lulu mit dieser Ungewissheit allerdings nicht leben kann, entschließt sie sich (auch in Ermangelung von Alternativen) bis zur Aufklärung der Umstände in ihr

260 Shafer, *American Women Playwrights*, 220.

261 Für Firestones Darstellung (siehe *The Pulitzer Prize Plays*, 30) zu den Umständen ihres Todes – er konstatiert, dass Ninian glaube, vom Unfalltod seiner früheren Frau auf einer Autoreise durch Südamerika gelesen zu haben – gibt es im dramatischen Text keine Hinweise oder Belege.

altes Leben zurückzukehren. Aus Sorge um seinen gesellschaftlichen Ruf – das Bekanntwerden der Hintergründe von Lulus Rückkehr würde für einen Skandal in der Kleinstadt sorgen – macht Dwight es der Rückkehrerin in II/2 allerdings zur Bedingung, über das Vorgefallene strengste Verschwiegenheit zu bewahren. In seiner ‚zensierten', gesellschaftstauglichen Version würde man die Öffentlichkeit glauben lassen, dass Ninian schon nach kurzer Zeit Lulus überdrüssig geworden sei und die Geschichte von seiner früheren Ehe nur erfunden habe, um Lulu wieder loszuwerden. Lulu, die durch die gemeinsame Zeit mit Ninian, ihre Reiseeindrücke und die gesammelten Erfahrungen nun spürbar verändert wirkt, lässt sich auf diese Forderung nicht ein und besteht auf die Wahrheit. Als sie von Dwight die Adresse Ninians einfordert, verweigert er ihr jedoch die Herausgabe derselben. Lulus Drohung, an die Öffentlichkeit zu gehen, falls Dwight seinem Bruder nicht augenblicklich schreiben sollte, zeigt Wirkung: Dwight verfasst den Brief an Ninian und muss zudem auch Lulus Forderung, den Brief an sie auszuhändigen, nachgeben. Eine Woche vergeht, bis Ninians Antwortbrief in II/3 eintrifft. Dwight und Ina sind allerdings zu dieser Zeit gerade verreist, und so bleibt Ninians Brief – wegen Dwights ausdrücklichen Verbots, seine Post zu öffnen – für einige Tage ungelesen liegen. Es ist Mrs. Bett, die sich über das Verbot schließlich hinwegsetzt und den Brief öffnet: Eine darin enthaltene Zeitungsanzeige bringt zumindest Gewissheit über die Eheschließung zwischen Ninian und Cora Waters. Lulu, nun wissend, dass Ninian diese Geschichte nicht erfunden hat, um sie loszuwerden, zeigt sich darüber hocherfreut. Ob Cora Waters noch lebt und damit noch immer Ninians rechtmäßige Ehefrau ist, bleibt zu diesem Zeitpunkt der Handlung allerdings weiterhin offen.

Ein Nebenhandlungsstrang zeigt in dieser Szene (II/3) auch die ältere Tochter Diana (Di), die mit gepackter Tasche bereitsteht, um mit dem Nachbarsjungen Bobby Larkin durchzubrennen. Weil Di die Art und Weise, wie ihr Vater Dwight sie behandelt, nicht länger ertragen kann, scheint ihr *elopement* bzw. die Hochzeit mit Bobby die einzige Möglichkeit, aus ihrem Leben auszubrechen. Die beiden werden allerdings in ihrem Vorhaben jäh gestoppt, als Dwight und Ina unverhofft vorzeitig von ihrer Reise zurückkehren und in Anbetracht der gepackten Koffer Dianas Plan durchschauen. Die Angelegenheit um Di und Bobby gerät allerdings schnell in den Hintergrund, als Dwight den geöffneten Brief entdeckt und nun den Bericht Lulus über die Ehe Ninians mit Cora Waters sozusagen schwarz auf weiß bestätigt findet – was im Übrigen die Ehe mit Lulu wiederum nichtig macht. Aus Angst, sein gesellschaftlicher Ruf könne im Lichte dieser Ereignisse großen Schaden nehmen, verbietet er Lulu erneut, mit der Wahrheit an die Öffentlichkeit zu gehen und fordert zudem von ihr, Stillschweigen über dieses „family secret" (*MLB* 142) zu wahren.

Erwartungsgemäß weigert sich Lulu, dieser Forderung nachzukommen, muss letztlich allerdings doch nachgeben, als Dwight – seine, wie Craig sagt, „last card from his deck of tricks“[262] spielt, indem er Lulu verdeutlicht, dass sie Ninian mit dem Bekanntwerden der Wahrheit ins Gefängnis bringen würde, weil das Führen einer Doppelehe eine Straftat darstelle. „This,“ erläutert Craig, „defeats the cornered Lulu.“[263] Aus Liebe zu Ninian gibt Lulu am Ende des II. Aktes schließlich doch das eingeforderte Versprechen. Ihr Schicksal scheint damit besiegelt zu sein.

In der Originalfassung des III. Aktes (*MLB* III_{OV}), dessen Handlung am nächsten Morgen einsetzt, findet ein Schauplatzwechsel statt. Mit dem gefassten Entschluss, fortzugehen, weil sie mit dem Familiengeheimnis (bzw. mit dieser Lebenslüge) weder im Haus der Deacons noch in der Kleinstadt weiterhin leben kann, betritt Lulu das Klaviergeschäft ihres Bekannten Neil Cornish, von dem sie sich verabschieden möchte. Zudem hat sie inzwischen durch einen weiteren Brief Ninians erfahren, dass Cora Waters lebt und Ninians erste Ehe demnach noch immer rechtsgültig ist. Mit der Erkenntnis, nun frei zu sein, will sich Lulu aufmachen in ein neues, selbstbestimmtes Leben. Davon können sie, wie die Schlusssequenz zeigt, weder die verzweifelt wirkenden Heiratsanträge Neil Cornishs noch das plötzliche Eintreffen der Deacons im Klavierladen abhalten. Das Stück in seiner ursprünglichen Version schließt mit einem offenen Ende – Lulus Bühnenabgang, bezeichnenderweise inszeniert als das Überschreiten einer Türschwelle, steht symbolisch für den Beginn einer zwar ungewissen, aber von allen häuslichen und ideologischen Zwängen befreiten Zukunft.

Auch der revidierte Schlussakt (*MLB* III_{RV}), dessen Handlung räumlich in das Haus der Deacons (zurück-)verlegt wird, greift das Aufbruch-Motiv auf: Die Sequenz zeigt zunächst Lulu, wie sie sich von ihrer Mutter verabschiedet. Letztere bedauert zwar Lulus Weggang, rät ihr letztlich aber zu dem längst überfälligen Schritt in ein freies, selbstbestimmtes Leben. Kurz nachdem Lulu die Szene verlassen hat, trifft völlig unerwartet Ninian mit der Nachricht ein, dass Cora Waters tatsächlich bereits verstorben und die Ehe mit Lulu demzufolge rechtsgültig sei. Er ist mit dieser Neuigkeit zurückgekommen, um sich mit Lulu auszusöhnen. Als er erfährt, dass er Lulu verpasst hat, eilt er davon, um sie zurückzuholen. Kurz darauf betritt jedoch Lulu erneut die Szene. Vom Schaffner, so berichtet sie, habe sie am Bahnsteig erfahren, dass Ninian gerade mit einem anderen Zug eingetroffen sei, woraufhin sie zu den Deacons zurückkehrte. Da Ninian inzwischen aber bereits Lulu hinterhereilt,

262 Craig, *Women Pulitzer Playwrights*, 40.
263 Craig, *Women Pulitzer Playwrights*, 40.

verpassen sich die beiden erneut. Erst als Monona, die Ninian nachgeschickt wurde, ihn zurückbringt, treffen die beiden letztendlich im Hause der Deacons aufeinander, wo es schließlich zur Aussöhnung kommt. Das Stück in seiner veränderten Fassung schließt demnach mit einem durch Ninians *deus ex machina*-Auftritt möglich gewordenen *happy ending*, das dem Publikum ein glückliches Eheleben des Protagonistenpaares in Aussicht stellt.

Der Vollständigkeit halber sei angeführt, dass am Ende der Romanversion, sprich der ältesten Fassung des Textes, ein Brief Ninians Gewissheit darüber bringt, dass Cora Waters, „[the] wife who had deserted him",[264] noch lebt. Zwar verlässt Lulu – wie später in der Bühnenadaption *MLB* III_{OV} auch – das Haus der Deacons, allerdings nur, um sogleich ihren Verehrer Neil Cornish zu heiraten. Die Romanfassung schließt demzufolge aus Sicht des konservativ eingestellten Lesers, der ebenso wie der Theaterzuschauer konventionsgemäß einen versöhnlich-romantischen Ausgang erwartet, mit eben diesem erhofften *happy ending*.

Die 1921 produzierte Stummfilmfassung von Regisseur William deMille, die die bislang wohl am wenigsten untersuchte Textvariante von *Miss Lulu Bett* darstellt, nähert sich der Schlussgestaltung der Romanversion wieder an, wenngleich die Handlungsführung in Teilen doch erheblich von den übrigen Versionen abweicht. So wird beispielsweise dem *elopement*-Motiv um Di und Bobby Larkin im Film bedeutend mehr Raum gegeben. Dort nämlich kann Lulu die Nichte am Bahnhof, wo sie mit gepacktem Koffer auf den Zug wartet, gerade noch vom Durchbrennen und einer unüberlegten Blitzhochzeit abhalten. Lulu und Diana kehren ins Haus der Deacons zurück, wo Dwight abermals den gepackten Koffer entdeckt. Sofort verdächtigt er Lulu, irgendetwas im Schilde zu führen, und verlangt von ihr eine Erklärung. Lulu, die Diana noch im Bahnhof versprochen hatte, Dwight nichts zu verraten, hält Wort und lässt Dwight in seinem Glauben, dass Lulu es war, die davonlaufen wollte. Dass Lulu über ihre vermeintlichen Beweggründe nicht mit der Sprache herausrücken will, erzürnt Dwight wiederum so arg, dass er sie in einem Tobsuchtsanfall kurzerhand aus dem Haus wirft. Erst als Ina zu bedenken gibt, dass nun niemand mehr da sei, der die Haushaltsarbeiten erledigen würde, lenkt Dwight ein und gewährt Lulu mit den Worten „I can't turn my wife's sister out into the streets, Lulu, so I've decided to forgive you." (MLB_{SF} [01:06:38])[265]

---

264 Simonson, *Zona Gale*, 81.

265 Zur Dekodierung dieser Angabe siehe Anm. 255/IV oben. Dass verbalsprachliche Äußerungen in einem Stummfilm vorkommen, mag zunächst verwundern. Im Genre des Stummfilms zählt es jedoch zu den üblichen Konventionen, dass wichtige Repliken zur besseren Nachvollziehbarkeit der Handlungsentwicklung dem Zuschauer für mehrere Sekunden über Texttafeln eingeblendet werden. Die oben zitierte Replik Dwights stellt

weiterhin einen Platz in seinem Haus. Lulu, selbstbewusster und stärker als zuvor, durchschaut Dwights wahre Motive – „[his] right to exercise authority over her, even in the guise of forgiveness“[266] – und eröffnet Dwight, dass sie es in seinem Haus nicht länger aushält und er sich von nun an selbst um den Haushalt kümmern müsse. In der Küche mit Töpfen und Geschirr um sich werfend, verlässt Lulu mit den Worten „I hate you! I hate your house! I wouldn't stay in it—I'm through.“ (*MLB*$_{SF}$ [01:08:03]) schließlich nicht nur die Küche, sondern auch das Haus der Deacons. Die Handlung der Schlusssequenz des Films setzt einen Monat später ein: Lulu, die inzwischen eine Anstellung in der städtischen Bäckerei bekommen hat, zum ersten Mal in ihrem Leben für ihre Arbeit entlohnt wird und insgesamt ein gutes Auskommen hat, betritt eines Tages das Schulgebäude, in dem Neil Cornish – vormals in der Verkörperung des erfolglosen Klavierverkäufers und gescheiterten Juristen – nun als allseits geschätzter Schulleiter arbeitet.[267] Dort überbringt sie ihm die Nachricht, dass Ninian ihr in einem Brief mitgeteilt habe, dass Cora Waters noch lebt. Lulu und Neil gestehen sich in einer – aus heutiger Sicht – überaus kitschigen Szene ihre Liebe zueinander. Der Film endet mit einer innigen Umarmung der beiden

solch eine Kernaussage dar, weil sie kurz vor dem Ende des knapp zweistündigen Stummfilms eine Wendung in der Handlung herbeiführt und deshalb in ihrer Bedeutung verbalsprachlich visualisiert werden muss.

266 Lea Jacobs, *The Decline of Sentiment: American Film in the 1920s* (Berkeley, CA: University of California Press, 2008), 44.

267 Überhaupt ist die Figur des Neil Cornish in der Filmversion nicht nur sympathischer angelegt, sondern wird dort (anders als in den Dramenversionen) aufgrund seines sozialen Aufstiegs insgesamt, d.h. auch in seiner Männlichkeit ‚aufgewertet‘ (zur Inszenierung dieser Figur in den Dramenversionen siehe Abschnitt IV.3.5 unten). Dies ist ein Befund, der insbesondere im Hinblick auf die Inszenierung von Männlichkeit im neuen Medium Film bedeutsam zu sein scheint. Jacobs' Studie, *The Decline of Sentiment: American Film in the 1920s*, die sich der Filmversion von *Miss Lulu Bett* unter dem Aspekt des „Hollywood Naturalism“ zuwendet, beschränkt sich in ihren Ausführungen allerdings lediglich auf die folgende Feststellung: „The character Neil Cornish is introduced much earlier in the plot, and he witnesses Lulu's mistreatment by her family before Ninian's arrival. When she returns from Georgia he treats her sympathetically in the face of the town gossips who assume that she has been rejected by her husband. He is also made a more respectable suitor, a schoolmaster, and is acted by the handsome Milton Sills, who was known for playing stalwart types.“ (ebd. 41f.). Eine entsprechende Vergleichsstudie, die die Analyse der Figur Neil Cornish in Roman-, Dramen- und Filmversion zu einem zentralen Untersuchungsschwerpunkt macht, verspricht unter dem Aspekt der intermedialen Aushandlung von Männlichkeit lohnenswert und aufschlussreich zugleich zu sein; sie ist im Rahmen der vorliegenden Arbeit jedoch nicht zu leisten.

in Cornishs Klassenraum[268] und lässt somit auch in dieser verfilmten Version keinen Zweifel am *happy ending*.

In der Zusammenschau lassen sich die unterschiedlichen Handlungslinien bzw. Schlussgestaltungen in den vier Textvarianten von *Miss Lulu Bett* wie folgt darstellen (Abb. 15):

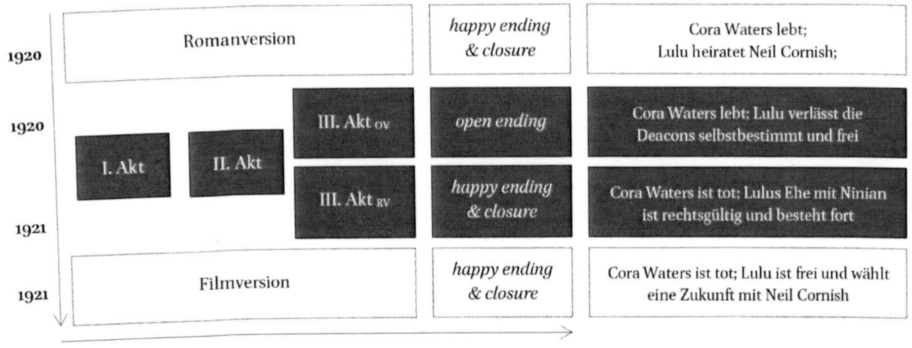

Abb. 15 Textversionen und Schlussgestaltungen von Zona Gales *Miss Lulu Bett*

Dass ein- und derselbe Text in diesen verschiedenen Fassungen existiert und es vor allem immer wieder die Schlusssequenzen und Figurenkonzeptionen sind, die einer umfassenden Überarbeitung unterzogen werden, ist ein bemerkenswertes Phänomen ‚kultureller Arbeit', dem es im Kontext des kommerziellen Unterhaltungstheaters und der Aushandlung der Geschlechterproblematik in besonderem Maße nachzuspüren gilt. Die u.a. durch Abb. 15 sichtbar gewordenen textstrukturellen und geschlechterdiskursiven Pendelbewegungen sind, wie ausgeführt, charakteristisch für die Zeit der *Progressive Era* als *transitional period*. Ausgehend von den eingangs angeführten Gründen für eine Re-Lektüre des Stückes und einer ‚mikroskopischen' Neubetrachtung der

268 Die Wahl des Klassenraumes als Schauplatz für das versöhnliche *happy ending* hat durchaus symbolischen Charakter: Als Ort der Bildung und Erziehung ist das Schulgebäude insofern funktional aufgeladen, als es dem Zuschauer aufzuzeigen scheint, was – salopp formuliert – das Beste für die Gesellschaft sei. Übertragen auf die Geschlechterthematik scheint das traditionelle Filmende zu insinuieren, dass Partnerschaft, Ehe und Familie gemäß des herrschenden Geschlechterdiskurses für die Frau im Speziellen und die Gesellschaft im Allgemeinen grundsätzlich (noch immer) erstrebenswerter seien als die verschiedenen Ausprägungen weiblicher Emanzipation. So gesehen schließt die Filmversion mit einem inneren Widerspruch, der aus ‚progressiv-liberaler' Schauplatzgestaltung (Stichwort: Schule als Ort aufgeklärten, vorurteilsfreien Denkens) und ‚rückwärtsorientiertem' Diskursbezug (Stichwort: Festhalten an der tradierten Geschlechterordnung und *gender roles*) erwächst.

Revisionsproblematik richtet sich nachfolgend der Blick auf die Entstehungsgeschichte und Rezeption des Stückes.

IV.3.2 *Von* highly acclaimed *bis* largely ignored*: Zur Produktions-, Rezeptions- und Revisionsgeschichte*

So verschieden die Textfassungen von *Miss Lulu Bett* sind, so verschieden sind auch die kritischen Stimmen – zeitgenössische wie jüngere –, die diese hinsichtlich ihrer literaturästhetischen Qualität(en) zu beurteilen versuchen. Wenn im Folgenden markante Eckpunkte in der Produktionsgeschichte des dramatischen Textes sowie wesentliche Linien der Rezeptionsgeschichte aller Textvarianten im Detail nachgezeichnet werden, dann geschieht dies primär in der Absicht, die komplexen Wirkzusammenhänge von Autor, Text, Publikum, Genrekonventionen, Geschlechterproblematik und sozio-ökonomischen Aspekten im Kontext des kommerziellen Theaters der *Progressive Era* aufzuzeigen. Das in Kapitelabschnitt II.2. des Theorieteils dieser Arbeit allgemein dargestellte vielschichtige Wirkungsgefüge mit seinen ineinandergreifenden, sich gegenseitig beeinflussenden Faktoren kann anhand dieses Stückes aufgrund der relativ guten Datenlage mit konkreten Inhalten gefüllt und veranschaulicht werden. Nicht nur in inhaltlich-formaler Hinsicht, sondern auch in Bezug auf produktions-, rezeptions- und revisionsbezogene Gesichtspunkte erweist sich Gales *Miss Lulu Bett* als ‚*a study in complexity*'.

Der Fokus richtet sich nachfolgend auch auf die überaus erfolgreiche Romanversion, da diese erstens parallel zu den Aufführungen am Broadway weiterhin intensiv rezipiert wurde und zweitens dadurch die (Un-)Popularität der Dramenfassung(en) im Kommerztheater maßgeblich mit beeinflusst hat. Dass in der anschließenden Darstellung in besonderem Maße textrevisionistische Aspekte zu berücksichtigen sind, ist dabei quasi selbsterklärend. Im Zuge dessen soll zudem die eingangs des Kapitels angesprochene Problematik – die ambivalente Haltung von Gales Kritikern zur Beurteilung ihres Stellenwertes und dem ihres Werkes in der amerikanischen Literatur- und insbesondere Theatergeschichte – aufgegriffen werden, um in Anschluss an Noe und Neff zu erörtern, „why [...] an author whose work was so noted and acclaimed during her life [is] so little studied today"[269].

Produktion, Vermarktung und Rezeption der Romanversion

Die Geschichte von Miss Lulu Bett, der Figur, hat ihre Wurzeln in einem früheren Roman der Autorin, *Birth* (1918), wie Gales Biograph Harold P. Simonson erklärt:

---

269 Marcia Noe and Nancy Neff, „Reading *Miss Lulu Bett*: The Reception History of a Midwestern Classic", *Midwestern Miscellany* 31 (2003), 9-16: 14.

„For the story Zona Gale had taken an episode originally intended for *Birth* but cut out to shorten the already too lengthy novel."[270] In *Birth* ist die Figur der Lulu Bett lediglich als Nebenfigur konzipiert. Für ihren Folgeroman *Miss Lulu Bett* erweitert Gale die ‚ausgesonderte' Episode sorgfältig, gestaltet die Handlung komplexer und schreibt die Figur zur Titelheldin ihres neuen Erzählbandes um. In der Folge entsteht ihr Erfolgsroman, mit dem sie die literarische Welt ihrer Zeit, u.a. auch Edith Wharton, die in *Miss Lulu Bett* „a major literary achievement, a ‚turning-point'"[271] sieht, nachhaltig beeindrucken sollte. Wenngleich die Romanversion von *Miss Lulu Bett* nach ihrer Veröffentlichung im Jahre 1920 rasant schnell zum Bestseller avanciert und es binnen kürzester Zeit auf die Liste der „20 Books Most Widely Read"[272] schafft, gestaltet sich der Weg zu diesem Ruhm doch schwieriger, als es auf den ersten Blick scheint. Folgt man der Darstellung von Simonson, so muss die Autorin in ihrem Bemühen um einen Verleger nämlich bereits seit dem Vorjahr des Erscheinens ihres Romans immer wieder Absagen und Rückschläge verkraften: „Early in 1919 Zona Gale began sending her new manuscript on its rounds to magazine editors [...]. Six editors rejected it straightaway, even though it could have been run as a magazine serial. Finally Rutger Jewett of D. Appleton Company agreed to publish it as a book."[273] Es mag an den „meager sales"[274] ihrer früheren Romane oder aber an ihrem außergewöhnlichen Erzählstil gelegen haben, dass sich die Verleger zunächst in Zurückhaltung und Skepsis üben.

Dass *Miss Lulu Bett* in seiner ursprünglichsten Form dann aber doch zu einem der erfolgreichsten und meist gelesenen Werke seiner Zeit werden sollte, verdankt die Autorin nicht zuletzt auch einer von D. Appleton äußerst hartnäckig betriebenen Vermarktungskampagne. Ähnlich wie im kommerziellen Theater nimmt auch innerhalb der Erzählliteratur der Profitgedanke einen hohen Stellenwert ein, wenngleich der Konformitätszwang im Hinblick auf die Einhaltung von Genrekonventionen – durch den der finanzielle Erfolg bekanntlich abgesichert werden soll – bei Weitem nicht so ausgeprägt ist wie im Broadway-Theater. Was Simonson in seiner Studie knapp als „vigorous

270 Simonson, *Zona Gale*, 79. Hervorhebung im Original.

271 Simonson, *Zona Gale*, 82 mit Bezug auf Edith Wharton.

272 „The 20 Books Most Widely Read", *The New York Herald* (January 4, 1921), 5. Diese Liste, zu dieser Zeit angeführt durch Edith Whartons *The Age of Innocence*, wurde von der New York Public Library auf der Grundlage des Lese- und Ausleihverhaltens seiner Besucher zusammengestellt. *Miss Lulu Bett*, direkt hinter Whartons Roman rangierend, gehört demgemäß ebenso zu den „20 books [...] most eagerly sought for at [the] Central Circulation Room" (ebd.).

273 Simonson, *Zona Gale*, 78f. Für die Erstausgabe des Romans siehe Zona Gale, *Miss Lulu Bett* (New York, NY: D. Appleton & Company, 1920).

274 Simonson, *Zona Gale*, 79.

promotion“[275] umreißt, spiegelt sich konkret in den zu Gales Roman zahlreich veröffentlichten, großzügig gestalteten Werbeanzeigen, die in den führenden Tageszeitungen New Yorks und darüber hinaus zu finden sind. Diese sind zudem oft auch mit überaus positiven Kurzrezensionen bekannter Literaturkritiker versehen, die die Verkaufszahlen beim Verlagshaus in die Höhe treiben sollen. Ein repräsentatives Beispiel hierfür ist die Anzeige, die am 25. April 1920 in der *New York Tribune* erscheint. Darin wird *Miss Lulu Bett* als „unusual novel“ gepriesen und die überragende literarische Qualität des Buches durch ein über dem Buchtitel abgedrucktes Zitat Heywood Brouns, einer der einflussreichsten Literaturkritiker der damaligen Zeit, in großen, unübersehbaren Lettern beworben: „Of all American novels received in the last six month's [*sic*] Zona Gale's ‚Miss Lulu Bett‘ seems at the top of the list.“[276] Unterfüttert wird Brouns Einschätzung durch weitere wohlwollende Zitate anderer Zeitgenossen – wie beispielsweise durch May Sinclairs „I've read it with great admiration for the firm, concentrated mastery of its technique. Miss Gale is to be congratulated on her power of doing so much in so little space.“, William Lyon Phelps' „‚Miss Lulu Bett‘ is an admirable novel. A notable example of realistic art.“ oder Hildegarde Hawthornes „So alive, that it leaves you feeling that you have actually met and known Lulu Bett, her sister, and the other characters.“[277] Diese Beispiele mögen genügen, um zu verdeutlichen, dass zeitgenössische Kritiker der Romanautorin Gale „excellent craftsmanship“[278] bescheinigen, insbesondere im Hinblick auf ihren prägnanten, extrem verdichteten Erzählstil, die realistische Darstellungsweise sowie die, wie Simonson sagt, „economical and strong [characterizations]“[279] ihrer Figuren.

Die Veröffentlichung der Romanversion und der sich bald darauf einstellende Erfolg des Buches zieht in der Folge nicht nur eine Flut von „favorable reviews“[280] nach sich, sondern führt letztlich auch dazu, dass sich jene Zeitschriftenverleger, die Gales Manuskript zunächst abgelehnt hatten, nun um die Rechte zur Veröffentlichung des Textes als Fortsetzungsroman reißen. Es ist schließlich die *New York Tribune*, die sich diese Rechte sichert und mit einer raffiniert kalkulierten Vermarktungsstrategie[281] das Lese- und damit auch das Kaufinteresse weiter stimuliert.

---

275 Simonson, *Zona Gale*, 79.

276 „Miss Lulu Bett. An unusual novel by Zona Gale“, *The New York Tribune* (April 25, 1920), 11.

277 „Miss Lulu Bett. An unusual novel by Zona Gale“, *The New York Tribune* (April 25, 1920), 11.

278 Noe and Neff, „Reading *Miss Lulu Bett*“, 15.

279 Simonson, *Zona Gale*, 82.

280 Noe and Neff, „Reading *Miss Lulu Bett*“, 10.

281 Eine detaillierte Analyse von in der *New York Tribune* im August/September 1921 geschalteten gedichtartigen Annoncen zur Bewerbung des Romans (die hier aus

Wenn der Produktion und Rezeption der Romanversion von *Miss Lulu Bett* hier verhältnismäßig viel Raum gegeben wird, obwohl sich die vorliegende Arbeit schwerpunktmäßig auf die Analyse dramatischer Texte konzentriert, dann geschieht dies aus folgendem Grund: Die massenwirksame Bewerbung und Verfügbarmachung eines literarischen Werkes, in dessen Kern es um die Rolle der Frau, die Darstellung patriarchalischer Strukturen innerhalb der amerikanischen *middle class family* und die gesellschaftliche Institution der Ehe geht, als Fortsetzungsroman in einer führenden Tageszeitung New Yorks bewirkt unweigerlich eine Partizipation am Aushandlungsprozess eben dieser Aspekte. Angelika Köhler, die in ihrer Studie *Ambivalent Desires* (2004) u.a. das Bild der *new woman* im „American turn-of-the-century magazine market" untersucht (z.B. in *The Atlantic Monthly*), stellt fest, „[that] the magazines played an important role in the discursive construction and reconstruction of a modern female identity".[282] Im Unterschied zu den von Köhler untersuchten *magazines* und *periodicals*, zu deren Zielgruppen in erster Linie „more or less educated white middle-class women" zählen,[283] richtet sich eine Zeitung wie *The New York Tribune* auch bzw. in besonderem Maße an ein gebildetes (männliches) Leserpublikum. Analog zu den bei Köhler untersuchten (Frauen-)Zeitschriften partizipieren demnach vornehmlich für Männer geschriebene Tageszeitungen wie die *Tribune, Herald* oder *Times* in ähnlicher Form am öffentlich verhandelten Geschlechterdiskurs. Berücksichtigt man vor diesem Hintergrund den Umstand, dass Lulu Bett am Ende der Romanfassung Neil Cornish heiratet und sie damit quasi von der Rolle des *spinster* in Dwight Deacons Haus in die Rolle der *wife* im eigenen Heim wechselt, so sendet dieses vermeintliche *happy ending* aus *gender*-analytischer Sicht und ganz im Sinne der wohl mehrheitlich konservativen männlichen Leserschaft doch eher zögerliche Signale im Hinblick auf die Emanzipation der Frau.

Es ist genau dieser Punkt, in dem sich die Reaktionen auf den Roman ‚*gender*-spezifisch' unterscheiden: Aus der Sicht der zeitgenössischen männlichen Leserschaft, die vermutlich bei einer Zeitung wie der *New York Tribune* einen vergleichsweise hohen Anteil ausgemacht haben dürfte, bewegt sich Lulu auch am Ende des Romans noch im Rahmen traditioneller Weiblichkeitskonzeptionen, denn für diese Leser stellt Lulus Handeln – weil sie zunächst

Raumgründen unterbleiben muss) könnte die Wirkweisen der zum Einsatz gebrachten Vermarktungsstrategien aufzeigen.

282 Köhler, *Ambivalent Desires*, 71, 70. Dazu heißt es weiter: „The periodicals provided an important public space for the discussion of patterns of male and female roles thus influencing women's process of ‚self'-orientation." (ebd. 71).

283 Köhler, *Ambivalent Desires*, 70.

als *spinster* ohnehin nur von randständiger gesellschaftlicher Bedeutung ist[284] und später auch als *wife* einen dem Mann untergeordneten Status einnimmt – keinen Angriff auf den herrschenden Geschlechterdiskurs dar, wird doch am Romanausgang durch die Zusammenführung Lulus mit Neil Cornish nicht nur die traditionelle Rollenverteilung aufrechterhalten, sondern auch die Ehe als gesellschaftliche Institution in ihrer Bedeutung bestätigt. „Marriage in 1920," so darf sich der männliche Leser scheinbar auch noch am Ende der *Progressive Era* gewiss sein, „was still a better choice for women that [*sic*] remaining single".[285]

Weibliche, pro-emanzipatorisch eingestellte Leser hingegen mögen in der Schlussgebung des Romans durchaus Anzeichen einer „empowered and emancipated woman" gesehen und die Geschichte als „a story of female empowerment rather than of female victimization" gelesen haben,[286] was sie sich vermutlich damit erklären, dass Lulu deutlich gereifter und selbstbestimmter agiert als zu Beginn der Romanhandlung. Lynn Rhoades konstatiert, dass Lulus Geschichte als „journey of self-recognition" und „journey to self-discovery"[287] verstanden werden kann, ist ihre Entscheidung für Neil Cornish und die Ehe doch keine erzwungene, sondern vielmehr eine bewusst gewählte. Diese Entscheidungsfreiheit allein sei ein hinreichender Beleg für die Emanzipation der Titelheldin des Romans.[288]

Aus heutiger Sicht mag man in dem *happy ending* des Romans wohl nur noch bedingt optimistische Signale für die Darstellung einer sich emanzipierenden Frauenfigur sehen. Die Mehrheit der zeitgenössischen *middle class*-Leser jedenfalls sieht in dem Roman ihre traditionelle Haltung zu Familie, Häuslichkeit und Frauenrolle bestätigt, was der Popularität des Romans insgesamt sehr zuträglich war. Bedeutsam ist diese ausgesprochen positive Rezeption des Romans im Hinblick auf die Bühnenadaption insofern, als der intensiv beworbene Erzählband, dessen Erfolg sprichwörtlich in aller Munde war, eine entsprechende Erwartungshaltung beim Theaterpublikum hat entstehen lassen, die dann bekanntlich durch die Frühfassung des Stückes aber nicht erfüllt wird.

---

284 Vgl. Oppermann, *Das Engelsmuster*, 307.

285 Marilyn Judith Atlas, „From Novel to Plays: Zona Gale and the Marriage Plot in Three Versions of *Miss Lulu Bett*", *Midwestern Miscellany* 30 (2002), 35-43: 38.

286 Für beide Zitate: Noe and Neff, „Reading *Miss Lulu Bett*", 10 bzw. 13.

287 Rhoades, „Maid or Writer?", 79.

288 Zu dieser pro-feministischen Interpretation des Romanschlusses siehe v.a. Noe and Neff, „Reading *Miss Lulu Bett*", 13f. und Rhoades, „Maid or Writer?", 84ff.

Zur Adaption des Erfolgsromans für den Broadway

Es gilt als gesichert, dass das Potential des Erzählstoffes für die Theaterbühne unmittelbar mit dem Erscheinen des Romans erkannt wurde. So schreibt Leslie Goddard: „When it became a best-seller, at least one critic noted its obvious dramatic potential."[289] August Derleth zitiert in seiner biographischen Studie über Zona Gale vermutlich eben diesen Kritiker der *Chicago Tribune*, der die Eignung des Stoffes für die Bühne in seiner Rezension explizit erwähnt: „The technique makes the book almost as clear cut as a play. Indeed, when Miss Gale settles down to the dramatization of her story, as she undoubtedly will, her task will be a singularly easy one."[290] Konsens besteht inzwischen allgemein auch darüber, dass es tatsächlich Zona Gale selbst war, die ihren Roman für die Theaterbühne adaptierte. Über die weiteren Umstände lassen sich diesbezüglich in den bislang zugänglichen Quellen jedoch zum Teil recht widersprüchliche Angaben finden. So schreibt beispielsweise Derleth, „[that] she did not herself want to dramatize the book" und dass Gale gemeinsam mit dem späteren Produzenten des Stückes, Brock Pemberton, entschieden habe, „that some one else should do it".[291] Craig hingegen konstatiert: „As much as Zona wanted to adapt the book herself, she was afraid to."[292] Auch die Erklärungen für die Gründe, die schließlich doch dazu führen, dass Gale ihren Roman selbst adaptiert, sind widersprüchlich. Einerseits schreibt die *New York Times* am 28. November 1920, „[that] twelve experienced American playwrights bid for the chance of dramatizing Zona Gale's novel"[293], während andererseits bei Goddard Gegenteiliges nachzulesen ist: „No professional playwrights expressed interest in adapting the story, so Gale dramatized it herself; despite having virtually no professional theater experience [...]."[294] Nach Heywood Broun wiederum ereignet es sich wohl so: „Various successful journeymen playwrights were approached, but each wanted to twist or turn away from the story as written."[295] Schließlich ist es wohl die Entscheidung

---

289 Goddard, „Zona Gale", 76.

290 August Derleth, *Still Small Voice: The Biography of Zona Gale. Illustrated* (New York, NY: D. Appleton-Century Company, 1940), 143. Konkrete Quellenangaben zu dieser Rezension (wie auch zu all den übrigen Zitaten in Derleths Buch) lässt der Autor in seiner biographischen Studie zu Zona Gale vermissen, sodass der Ursprung solcher Zitate bzw. die Echtheit seiner Quellen in weiterer Recherchearbeit zu überprüfen wäre.

291 Derleth, *Still Small Voice*, 143.

292 Craig, *Women Pulitzer Playwrights*, 30.

293 „Books and Authors", *The New York Times* (November 28, 1920), 56. Siehe auch „Zona Gale Reached Life-Time Ambition in ‚Miss Lulu Bett'", *The Washington Herald* (October 9, 1921), IV1.

294 Goddard, „Zona Gale", 76.

295 Broun, „How They Found Miss Lulu Bett", 13.

des Produzenten Pemberton, der Gale dazu bewegt, die Bühnenadaption trotz ihrer Unerfahrenheit in der kommerziellen Theaterindustrie selbst vorzunehmen. Pemberton wird in diversen Quellen wie folgt zitiert:

> The more I consider the matter, the more convinced I am that you [Zona Gale] are the one to make *Lulu Bett* into a play. I am so afraid that anyone else would miss the flavor of the book and we must have that. While there is a great deal of dialogue ready to be lifted from your pages, much will have to be written, and it would be easy even for a sympathetic person to change the characterization in the new dialogue. [...] When you have finished, if there is any need [for] changes, we can call in a play carpenter.[296]

Was an diesem Zitat markant ist, ist die Tatsache, dass das Innovative an Gales Roman, sprich die außergewöhnliche Form der Figurencharakterisierung, die lebenswirkliche Darstellung sowie die sprachliche Realisierung der Figurendialoge, von diesem Theaterproduzenten früh erkannt wird und diese Neuartigkeit in die Bühnenfassung übertragen werden soll. Möglicherweise ist darin der Grund zu sehen, weshalb sich bereits etablierte Dramenautoren des Broadway von dem Angebot der Bühnenadaption des Romans distanzieren, sind sie doch mit den strengen Konventionen und den Inszenierungsmöglichkeiten des kommerziellen Unterhaltungstheaters bestens vertraut und realisieren, dass Gales unkonventioneller Stil in dieses Muster nicht passt. Es mag deshalb sowohl an der Unerfahrenheit Gales als Dramenautorin als auch an der Kühnheit des – wie diversen zeitgenössischen Quellen zu entnehmen ist[297] – noch sehr jungen und deshalb vermutlich ebenso unerfahrenen Produzenten Pemberton gelegen haben, dass die für die Zeit doch recht radikale und ‚unzensierte' Frühfassung des Stückes auf die Broadway-Bühne gelangt.

In nur wenigen Tagen, zwischen Ende Oktober und Mitte November 1920, entsteht sodann die erste Bühnenfassung von *Miss Lulu Bett*, in der bekanntlich die unverheiratete Titelheldin am Ende des Stückes die Deacons verlässt,

---

296 Brock Pemberton zit. in Derleth, *Still Small Voice*, 143 und Craig, *Women Pulitzer Playwrights*, 30. Es handelt sich dabei um einen an Zona Gale adressierten Brief Pembertons vom 24. Oktober 1920 (s. Anm. 34 in Craig, *Women Pulitzer Playwrights*, 299). Interessant ist darin auch die Anspielung auf die gängige Praxis der sog. *play carpenters* oder auch *play doctors*, auf die in Abschnitt II.2.2. dieser Arbeit hingewiesen wird.

297 Siehe z.B. „Zona Gale Reached Life-Time Ambition in ‚Miss Lulu Bett'", *The Washington Herald* (October 9, 1921), IV1 sowie John L. Toohey, *A History of the Pulitzer Prize Plays* (New York, NY: Citadel Press, 1967), 21. In beiden Dokumenten ist die Rede von Brock Pemberton als „young producer". Woollcott weist in seiner Rezension zur Erstaufführung des Stückes am Broadway darauf hin, dass die Produktion des Stückes erst „his [Pemberton's] second venture as a producer of plays along Broadway" gewesen sei (Alexander Woollcott, „The Play [Zona Gale's *Miss Lulu Bett*]", *The New York Times* (December 28, 1920a), 17).

um ein selbstbestimmtes, freies Leben zu führen. Pemberton, der offenbar als einer der wenigen Produzenten im kommerziellen Theaterbetrieb bereit ist (bzw. den Mut aufbringt), sowohl inhaltlich als auch formal-ästhetisch neue Wege zu bestreiten, zeigt sich von Gales Frühfassung begeistert. In einem Brief an Gale schreibt er:

> I am thrilled with the play. It is the kind of thing I hoped to get and feared I wouldn't—was sure I wouldn't, in fact, if I had to call in an outsider. No one but you could have done what you have done because no one but you could have written the book. The play has the same direct, incisive quality the book had; it cuts to the quick, and lays bare the lines [lives] of the character[s]. In its simplicity, sincerity and reality[,] it strikes a new note in the theatre. I don't recall anything that approaches it.[298]

Gale scheint es demnach gelungen zu sein, die dramaturgischen Verfahren nach Maßgabe ihres Produzenten umzusetzen. Letztere präzisiert die Autorin in ihrem Artikel „The Pleasures of Playwriting", der 1921 in der *New York Tribune* erscheint: „He [Brock Pemberton] said: ‚If the action is there and if the people are there, and if we knock out the wall of their home and look in on them, we shall get life.'"[299] Dass dieses realistische Inszenierungsverfahren im Jahre 1921 scheinbar immer noch als innovativ gilt, wo doch andere Dramatiker wie beispielsweise James A. Herne oder Rachel Crothers weitaus früher – mit Hernes *Margaret Fleming* (1890) beträgt die Zeitspanne immerhin mehr als dreißig Jahre – damit gearbeitet hatten, unterstreicht im Übrigen einmal mehr, wie zögerlich sich innovative Darstellungsformen im amerikanischen Kommerztheater der *Progressive Era* durchsetzen.

Neben diesem dramaturgischen Aspekt gewährt Gale in o.g. Artikel „The Pleasures of Playwriting" zudem auch einen Einblick in den Prozess des Adaptierens als solchen. Grundsätzlich sei „the making of a book into a play", so die Autorin, „a joyous task for the playwright, provided he is also the author"[300]. Gleichwohl ist sich Gale, wie in dem Artikel weiter deutlich wird, der besonderen Herausforderung bewusst, der sich ein bühnenadaptierter Text im Allgemeinen stets stellen muss. Gemeint sind die durch die Rezeption der Romanversion bereits geprägten bzw. vorgefertigten Vorstellungen des

---

298 Brock Pemberton in einem Brief an Zona Gale vom 13. November 1920, zit. in Derleth, *Still Small Voice*, 143f. Die Klammermarkierungen im Zitat verweisen auf Abweichungen bei Craig, die in ihrer Studie dieses Dokument in Teilen ebenfalls zitiert (*Women Pulitzer Playwrights*, 31).

299 Zona Gale, „The Pleasures of Playwriting", *The New York Tribune* (May 1, 1921), F9.

300 Gale, „The Pleasures of Playwriting", F9.

Publikums von den auftretenden Figuren und der Handlungsentwicklung. „The audience," schreibt Gale,

> of course, arrives prejudiced. They come to see, not an unknown field, but a field which they have in effect helped to create. They come to see not the author's idea of his own characters which—if he wrote both the book and play—may be expected to be at least approximate—but to see their own idea of his characters. And the criticism of the play may be: ‚They are not my idea of the characters—at all.'[301]

Ausgehend von diesen Überlegungen bleibt festzuhalten, dass sich die Bühnenversion von *Miss Lulu Bett* noch vor seiner Broadway-Premiere quasi mit einer ‚doppelten Erwartungshaltung' konfrontiert sieht, die sich als eine Synthese aus rezeptionsbedingten Aspekten einerseits und institutionellen Gepflogenheiten andererseits erweist.

Seine Uraufführung schließlich erlebt das Stück in seiner Frühfassung jedoch zunächst nicht direkt am Broadway, sondern, wie Craig sagt, in „two unorthodox previews"[302]. Zunächst wird *Miss Lulu Bett* auf Gales Drängen hin fernab vom Broadway in Wisconsin, der Heimat der Autorin, von den *Wisconsin Players* aufgeführt. Dies ist, im Anschluss an Derleth, insofern „unusual"[303], als eine professionelle Broadway-Produktion aus Wettbewerbsgründen in der Regel keine Konkurrenzinszenierungen außerhalb der Theatermetropole zulässt, es sei denn, das Stück geht auf die Initiative des gleichen Produzenten hin auf eine *road tour*. Die Tatsache, dass Gale ihr Stück dieser nicht-kommerziellen Theatergruppe zur Verfügung stellt, unterstreicht zum einen ihren fortdauernden „support for little theater"[304]. Zum anderen wird deutlich, dass Gales dramatisches Schaffen nicht primär an profit-orientierte Motive gebunden ist, wie Kritiker ihr es später vorwerfen sollten.

Eine zweite außergewöhnliche Inszenierung erlebt das Stück, wie die *New York Times* rückblickend am 27. Dezember 1920 schreibt, am 26. Dezember 1920 im *Sing Sing Prison* in Ossining, NY. In dem kurzen Zeitungsbericht heißt es:

> ‚Miss Lulu Bett,' a dramatization of the novel by Zona Gale, was given its try-out, under the direction of Brock Pemberton, on Sing Sing Prison's new stage, a gift to the prisoners by David Belasco, this evening preparatory to its first public show

301 Gale, „The Pleasures of Playwriting", F9.

302 Craig, *Women Pulitzer Playwrights*, 31.

303 Derleth, *Still Small Voice*, 144.

304 Goddard, „Zona Gale", 75.

tomorrow night. The performance was the first ever given on a regular theatrical stage in the old prison. More than one thousand inmates attended.[305]

Dass Zona Gale für die Vorpremiere ihres Stückes, in dem das Motiv des *imprisonment* – dem Gefangensein in tradierten (weiblichen wie männlichen) Geschlechterrollen – eine zentrale Rolle spielt, ausgerechnet ein Gefängnis wählt und zudem „a wife-murderer and a bigamist“[306] als Bühnenarbeiter engagiert, zeugt einmal mehr von ihrer ironisch-sarkastischen Haltung in Bezug auf die (nicht nur *gender*-bezogenen) Werte- und Moralvorstellungen der *middle class*, die sie mit den überzeichneten Figuren ihres Stückes, insbesondere Dwight und Ina, eben dieser *middle class audience* am Broadway noch hundertfach vorführen sollte. Auch die ambivalente Haltung der Autorin gegenüber dem Kommerztheater spiegelt sich in der Wahl des Inszenierungsortes wider, bedenkt man nämlich, dass Zona Gale, um mit Shafers Worten zu sprechen, nicht gerade viel Wert darauf legte, „to be involved with the theatre in New York“[307]. Seine Premiere am New Yorker Broadway erlebt *Miss Lulu Bett* schließlich am 27. Dezember 1920 im *Belmont Theater.*

Zur Rezeption der Frühfassung

Erwartungsgemäß wird Gales Bühnenadaption mit sehr durchwachsenen Reaktionen in der Theatermetropole empfangen.[308] Das Lager der Kritiker spaltet sich in zwei Gruppen – die der Befürworter und die der Gegner einer pro-emanzipatorischen Figurendarstellung.

Die erstgenannte Gruppe repräsentiert jene Kritiker, die das Stück wegen seiner außergewöhnlichen sprachlich-stilistischen Bühnenrealisierung, der ungewöhnlichen Art der Figurencharakterisierung und nicht zuletzt aufgrund des offenen Endes mit seinem ungewissen, aber optimistisch stimmenden Ausgang für die emanzipierte Titelheldin in höchstem Maße loben. Mitunter wird die Frühfassung des Stückes mit Henrik Ibsens *A Doll's House* (1879) verglichen,[309] enden doch beide Stücke vor dem letzten Vorhang mit dem

305 „‚Miss Lulu Bett‘ at Sing Sing“, *The New York Times* (December 27, 1920), 15. Siehe zu dieser Inszenierung auch die Ankündigung „Play to Open at Sing Sing. ‚Miss Lulu Bett‘ Will Be Christmas Performance at Prison“, *The New York Times* (December 20, 1920), 4.

306 Toohey, *A History of the Pulitzer Prize Plays*, 19.

307 Shafer, *American Women Playwrights*, 227f.

308 Im Vergleich zu Oppermanns Studie, in der die Verfasserin konstatiert, dass die zeitgenössische Rezeption der Frühfassung „heute nurmehr schwer einzuschätzen“ sei (*Das Engelsmuster*, 313), hat sich die Datenlage inzwischen deutlich verbessert.

309 Siehe z.B. Judith E. Barlow, „Introduction“, *Plays by American Women, 1900-1930*, ed. Judith E. Barlow, rev. ed. (New York, NY: Applause, 2001), ix-xxxiii: xxiv, Burke, *American Feminist Playwrights*, 73, Goddard, „Zona Gale“, 76, Shafer, *American Women Playwrights*,

symbolischen Bühnenabgang der Titelheldin, die sich beim Überschreiten der Türschwelle gänzlich vom tradierten Rollenkorsett lossagt und in ein freies, selbstbestimmtes Leben aufbricht. „In this," schreibt Broun über das Ende, „there is freedom and release for Lulu."[310] Manche Theaterkritiken rücken zudem die Transformation vom Erzähl- zum Bühnentext in den Vordergrund ihrer insgesamt positiven Diskussion. Ein Rezensent der *Washington Herald* betont: „[…] [A]ll the collection of character studies, […] which made the book one of the year's best sellers, have been skillfully translated to the stage."[311] Dass der Autorin die Adaption des Textes für die Theaterbühne hervorragend gelungen sei, konstatiert auch Ludwig Lewisohn, der in der Frühfassung von *Miss Lulu Bett* eine wichtige Errungenschaft für die Entwicklung des amerikanischen Theaters sieht:

> At the end of the first performance of ‚Miss Lulu Bett' (Belmont Theater) it was difficult not to be persuaded that here was *the most genuine achievement of the American stage since Eugene O'Neill's ‚Beyond the Horizon.'* One saw at once that Miss Zona Gale had not mechanically dramatized her novel, but had turned her original fable into a play and had given it in its new form a weightier and severer ending. […] Now it is not too much to say that no other American dramatist has succeeded in so fully and richly transferring to the stage the exact moral atmosphere of a class, a section, and a period, as Miss Gale. […]—these things that project the strain and tug and essential hollowness and maladjustment of the lives involved, *mark an enormous advance in the American drama* […].[312]

Heywood Broun pflichtet Lewisohn bei und spricht ebenfalls von einem „powerful play, the like of which rarely has been seen on our stage"[313]. Wenige Wochen später sollte Broun an anderer Stelle den Stellenwert des Stückes für das amerikanische Drama und Theater nochmals in ähnlich euphorischer Weise hervorheben: „‚Miss Lulu Bett' is the great American drama for which everybody has been waiting […]."[314] Besonders wohlwollend sind auch die

---

222 und Cynthia Sutherland, „American Women Playwrights as Mediators of the ‚Woman Problem'", *Modern Drama* 21.3 (1978), 319-336: 324.

310 Heywood Broun, „‚Miss Lulu Bett' Is of Fine Fabric Though Often Crude", *The New York Tribune* (December 28, 1920), 6.

311 „‚Miss Lulu Bett' Begins Engagement at Garrick", *The Washington Herald* (October 9, 1921), IV1.

312 Ludwig Lewisohn, „Drama. Native Plays", *The Nation* (February 2, 1921), 189. Hervorhebungen KT. Dass Lewisohn Gales Stück mit der literarischen Qualität von Texten eines Eugene O'Neill assoziiert, ist – wie eingangs des Kapitels ausgeführt – keinesfalls abwegig.

313 Heywood Broun, „Books", *The New York Tribune* (January 7, 1921), 8.

314 Broun, „How They Found Miss Lulu Bett", 13.

Kritiken von Frank Crane und Elizabeth Beatly, die beide in derselben Ausgabe der *New York Tribune* vom 31. Januar 1921 nachzulesen sind:

> ‚Miss Lulu Bett' is simply an amazing performance. It is the average American home with one wall removed. *It is realism in the only way that realism becomes art* that is to say, it is realism treated with genius; [...] The whole play is not only delightful—*it is perfect art.* [Frank Crane]

> The entire production is a rare treat. I think the play seems even more perfect than the book, and I didn't suppose that such a thing could be a possibility. [Elizabeth Beatly][315]

Das Stück in seiner ersten Fassung stößt, wie erwähnt, jedoch nicht nur auf positive Resonanz. Das Lager derer, die das Stück und seine Autorin aufs Schärfste attackieren, setzt sich aus besonders traditionalistisch eingestellten Theaterkritikern und dem mehrheitlich konservativen *middle class*-Publikum zusammen, dessen Erwartungshaltung, sprich die Hoffnung auf ein *happy ending* für Lulu, mit dieser Frühfassung jäh enttäuscht wird. Besonders hart geht der Theaterkritiker Alexander Woollcott mit dem Stück ins Gericht. Sein kritisches Urteil liest sich in der Rezension vom 28. Dezember 1920 wie folgt:

> [...] [T]he stray visitor to the Belmont would find there *a rather dull and flabby play*, one somewhat *sleazily put together by a playwright who has but slight sense of dramatic values and no instinct at all for the idiom of the theatre*. Of that curious distillation of the pettiness and exasperation of life which she was able to put into the finest veins of her book, not much is carried unspoilt as tonic for the play.[316]

Negativer und reißerischer hätte eine kritische Rezension vermutlich kaum ausfallen können. Woollcotts hier nur in Auszügen zitierte Rezension ist auch in anderer Hinsicht aufschlussreich: Wenn er darin beispielsweise auch äußerst positiv konnotierte Formulierungen wie „considerable enjoyment", „great fun" oder „a good many sources of genuine pleasure" verwendet, die sich allesamt auf seine subjektive Wahrnehmung der Bühnenfiguren beziehen, so zeichnet sich darin doch sehr deutlich seine eigene, traditionalistisch geprägte Erwartung dessen ab, was das Kommerztheater dem Publikum (und den Kritikern) zu bieten habe: vergnügsame Unterhaltung. Ausgerechnet in jenen Figuren, die Zona Gale in all ihrer Tragik darstellt (v.a. also die weiblichen Figuren des Stückes), will Woollcott das Komisch-Humorvolle, das

---

315 „More Eulogizing for Lulu!", *The New York Tribune* (January 31, 1921), 6. Hervorhebungen KT.

316 Woollcott, „The Play [Zona Gale's *Miss Lulu Bett*]", 17. Hervorhebungen KT.

Unterhaltsame in dieser, wie er an gleicher Stelle schreibt, „comedy in three acts" erkennen.[317] In Anbetracht der Sozialkritik, die sich hinter der Darstellung dieser *middle class family* und ihrem Umgang mit Lulu verbirgt, kann Woollcotts Kommentar durchaus als zynischer verstanden werden, der wohl eher dazu dient, jene Missstände zu übertünchen, auf die Gale in ihrem Stück hindeutet. Während für Kritiker wie ihn ganz offensichtlich das traditionelle Unterhaltungsmoment des Broadway-Theaters im Vordergrund steht, bleibt das Gesellschaftskritische bzw., im Hinblick auf die Geschlechterthematik, das Ideologiekritische in Gales Stück wenn zwar nicht unbemerkt, dann zumindest doch unerwähnt oder unterschwellig als ästhetisch ‚mangelhaft' markiert im Raum stehen. Auf die dem Stück eingeschriebene Sozialkritik geht Woollcott jedenfalls nicht ein – ein bemerkenswerter Aspekt, auf den noch einmal zurückzukommen sein wird. Und so bleibt eine explizite Auseinandersetzung mit dieser Kritik auch dem breiten Publikum ‚erspart', das traditionsgemäß ja bekanntlich ebenfalls mit der Erwartung an ein unterhaltsames Stück ins Theater strömt.

Wenige Tage später, Anfang Januar 1921, holt Woollcott in seiner Kolumne in der *New York Times*, die den bezeichnenden Titel „Second Thoughts on First Nights" trägt, zum erneuten Verbalangriff aus, der diesmal noch stärker als zuvor auf die vermeintliche Inkompetenz der Dramatikerin Gale abzielt:

> Zona Gale could probably appreciate just now the paragraph in Louis N. Parker's ‚How to Write a Play,' in which he says: ‚Nor can I advise you to dramatize a novel. [...]' For Miss Gale, after trying to transmute her best story for the purpose of the theatre, must now be enduring daily the sage repetitions of the ancient pronunciamento that somehow novelists cannot write for the stage, that good books do not make good plays [...]—all old rubber-stamps of dramatic criticism, which you are just about to discard as worn out when along comes a play like ‚Miss Lulu Bett' and makes the indispensable. Certainly, in this instance the vitality, the dramatic interest and, what is more, the poignant actuality of the story [...] was largely lost in the process of dramatization. Doubtless she set herself an impossible task, as though she had tried to pour a plate of cooled fudge back into the saucepan whence it sprang.[318]

Ebenfalls als schonungslos in seinem Urteil erweist sich Heywood Broun, der sich in ein und derselben Rezension (!) sowohl dem Stück als auch der Dramatikerin gegenüber zuerst wohlwollend äußert (siehe die Zitate oben), dann jedoch eine 180-Grad-Wende vollzieht und die Qualität der

317 Woollcott, „The Play [Zona Gale's *Miss Lulu Bett*]", 17.

318 Alexander Woollcott, „Second Thoughts on First Nights", *The New York Times* (January 9, 1921), 72.

Bühnenadaption als auch das Potential der Dramatikerin äußerst kritisch kommentiert. Hat er oben noch von einem „powerful play" und „the great American drama for which everybody has been waiting" gesprochen, bezeichnet er *Miss Lulu Bett* nun als „often crude and sometimes tedious" und stellt fest:

> ‚Miss Lulu Bett' is not quite a good play, but it is of the stuff of which great plays are made. [...] Zona Gale, who has dramatized her own novel Miss Lulu Bett doesn't quite know her way. [...] Miss Gale is not good enough yet to stand the test [...].[319]

Auch Brouns Rezension enthält im Übrigen keinen Kommentar zu der durch das Stück vermittelten Sozialkritik. In der Formulierung, *Miss Lulu Bett* sei „not quite a good play" ließe sich bestenfalls indirekt erkennen, dass Brouns Referenzpunkt hier das traditionelle *well-made play* mit seinem versöhnlichen *happy ending* und diskursaffirmierenden Signal ist. Gemessen an den tradierten Inszenierungsformen des Broadway-Theaters erweist sich Gales Stück demnach als „deviation from etablished custom"[320], was Broun mit der fehlenden Erfahrung und Kompetenz der Dramatikerin erklärt. Die ambivalente Haltung Brouns könnte nicht stärker zum Ausdruck kommen als in dieser Rezension, in deren Titel er die Textur des Stückes einmal als „fine fabric" und im gleichen Atemzug auch als „often crude" bezeichnet. Es mögen diese und andere ähnlich gelagerte Theaterkritiken gewesen sein, die mit ihren, um eine Formulierung Goddards aufzugreifen, „balanced contradictions"[321] zu der eingangs des Kapitels erwähnten Unentschlossenheit von Kritikern, Literaturwissenschaftlern und Dramenhistorikern hinsichtlich einer literaturkritischen Bewertung des Stückes und seiner Autorin beigetragen haben. Welche Motive Heywood Broun für seine ‚Pendelbewegungen' auch gehabt haben mag – sie spiegeln die für die *Progressive Era* charakteristischen Spannungen und „the shifting currents"[322] dieser Zeit zwischen Tradition und Innovation wider, mit der offenbar auch Kritiker nicht immer produktiv oder konstruktiv umzugehen wissen.

Diese ambivalente Haltung gegenüber der Frühfassung des Stückes ist interessanterweise insbesondere bei jenen Rezensenten wie Woollcott oder Broun zu beobachten, deren Theaterkritiken ausgesprochen negativ ausfallen.

---

319 Broun, „‚Miss Lulu Bett' Is of Fine Fabric Though Often Crude", 6.

320 Robert C. Benchley, „Foreword", *Miss Lulu Bett: An American Comedy of Manners* (New York, NY: D. Appleton, 1921), xiii-xvi: xvi.

321 Goddard, „Zona Gale", 74.

322 Goddard, „Zona Gale", 74.

Was dabei nämlich, wie oben kurz angedeutet, besonders ins Auge fällt, ist der Umstand, dass sie *Miss Lulu Bett* nicht etwa, wie man es vielleicht erwarten würde, aufgrund seines gesellschaftskritischen Gehalts, seiner vor allem durch den Schlussakt deutlich werdenden Kritik am patriarchalischen Geschlechterdiskurs oder seiner unkonventionellen Inszenierung einer sich emanzipierenden Frauenfigur kritisieren, sondern, wie gezeigt, ihre Kritik vornehmlich an textkompositorisch-ästhetischen Aspekten festmachen. Dies erscheint insofern merkwürdig, als ja von anderen Kritikern gerade die ästhetische Dimension, die hier vor allem die verdichtete Textstruktur, die lebensnahe Sprachverwendung, die realistische Schauplatzinszenierung und Figurendarstellung meint, als besonders positiv und gelungen bewertet wird. Das eigentlich Provokante (und Offensichtliche), an dem man sich aus Sicht überaus konservativer Rezensenten hätte stören können, ist die Umwandlung des *happy ending* im Roman in das offene Ende der frühen Dramenversion, das die emanzipierte Lulu zeigt. Der unkonventionelle Dramenschluss mit seinen geschlechterbezogenen Implikationen ist aber erstaunlicherweise gar nicht Gegenstand der expliziten Kritik, wobei doch (nicht nur aus heutiger Perspektive) eindeutig ist, dass die Originalversion des Dramas aufgrund dieser unkonventionellen Schlussgebung ‚durchfiel' bzw. – um mit Broun zu sprechen – den ‚Test' im Kommerztheater nicht bestand. Weshalb also fokussieren Rezensenten wie Woollcott und Broun auf ästhetische, textstrukturelle Gesichtspunkte und halten den Kern ihrer eigentlichen Kritik an der Behandlung der Geschlechterfrage zurück? Es ist zu vermuten, dass die Kritik an Gales Darstellung von *gender*-bezogenen Themen ausbleibt, damit die eigenen Vorbehalte gegen die progressiven bzw. emanzipatorischen Aspekte des Stückes nicht preisgegeben werden müssen, dass also die betont negative Bewertung ästhetischer Kriterien (wie etwa die Komposition der Plotstruktur) nur vorgeschoben ist. Dass sich das Broadway-Publikum so ausdauernd gegen ästhetische Neuerungen und experimentelle Inszenierungsformen im amerikanischen Drama und Theater stellte, mag auch damit zusammenhängen, dass es durch solche einflussreichen Rezensenten wie Woollcott und Broun gewissermaßen für tradierte Darstellungsverfahren ‚konditioniert' wurde.[323]

Inwieweit vom Rezensionsgeschäft tatsächlich eine solche Wirkungsmacht ausgehen kann, darüber lässt sich sicher streiten. Interessant ist jedoch,

323 Die besondere Rolle von Theaterkritikern im Untersuchungszeitraum, ihre Schlüsselfunktion für den kommerziellen Erfolg eines Stückes und ihre wachsende Einflussnahme durch Printmedien wird auch bei Haas und Lohner kurz erwähnt (siehe „Theater und Drama", 13, 25), wäre aber insgesamt noch eingehender zu erforschen.

dass sich Gales Publikum an den vermeintlichen ästhetischen Mängeln, die Woollcott, Broun und ggf. andere in *Miss Lulu Bett* erkennen wollen, weniger stört. Was für die Zuschauer entscheidend ist, ist der Umstand, dass ihnen das im Roman noch vorzufindende *happy ending* in der frühen Dramenfassung vorenthalten wird und dass damit das Theatererlebnis ihrerseits nicht die Erwartungen erfüllt, die sie an das Unterhaltungstheater herantragen. In diversen Quellen ist überliefert, dass Gale und Pemberton unmittelbar nach der Broadway-Premiere hunderte von Zuschriften protestierender Zuschauer erhalten, die sich darüber beschweren, dass dieser Dramenausgang „unsatisfying", „too depressing" oder „disappointing" sei.[324] Darauf ‚getrimmt' zu sein, tradierte formal-ästhetische Aspekte des *well-made play* positiv zu bewerten, führt beim Publikum dazu, dass das Fehlen derselben unweigerlich als Defizit deklariert wird. Hierzu konstatiert Goddard: „[...] [W]hile *the ambiguous ending* might have pleased some progressive critics [siehe die positiven Rezensionen oben], it apparently did not please audiences."[325]

Diesen hier skizzierten Zusammenhang zwischen Theatertradition, Kritikermeinung und Publikumsrezeption thematisiert beispielsweise auch Lewisohn, wenn er 1921 schreibt:

> [...] [T]he critics, who are wedded to a rigid and mechanical theory of technique and divorced from any fellowship with that creative imagination which builds its fit form anew every time it is exercised, promptly declared ‚Miss Lulu Bett' to be undramatic and sighed that Miss Gale had not called upon the assistance of [a play carpenter]. The public, persuaded and abetted by such criticism, agreed to find the play dull and in the second week of its career a new third act was substituted for the original one.[326]

Offenbar ist der Konformitätszwang und Erfolgsdruck des Broadway so gewaltig, dass sich die Dramatikerin durch die Resonanz des Publikums genötigt sieht, den Schlussakt ihres Stückes zu revidieren und dem Theaterpublikum das zu bieten, wonach es fordert – ein traditionelles *happy ending*. „The author," schreibt Patricia R. Schroeder hierzu, „felt compelled to change it to ensure the play's successful run".[327]

---

324 Siehe Barlow, „Introduction", xxiv, Simonson, *Zona Gale*, 85 und Toohey, *A History of the Pulitzer Prize Plays*, 21.

325 Goddard, „Zona Gale", 76. Hervorhebung KT.

326 Lewisohn, „Drama", 189.

327 Schroeder, *The Feminist Possibilities*, 55. Siehe für dieses Zitat auch Patricia R. Schroeder, „Realism and Feminism in the Progressive Era", *The Cambridge Companion to American Women Playwrights*, ed. Brenda Murphy (Cambridge: Cambridge University Press, 1999), 31-46: 35.

Produktion und Rezeption der Spätfassung

Wie schon zuvor, als Gale das Romanende für die Bühnenadaption geändert hatte, zieht auch die erneute Revision des (Dramen-)Schlusses, die nun eine versöhnliche Zusammenführung des Protagonistenpaares Lulu und Ninian vorsieht, „a torrent of criticism“[328] nach sich. Und wiederum gibt es zwei Lager, die über die literarische und formal-ästhetische Qualität des Stückes streiten. Die Seiten haben die zeitgenössischen Kritiker, wie Goddard anmerkt, dabei allerdings gewechselt: „Those critics who had previously approved Gale's depiction of women's independence now railed against her for giving in to popular, conventional tastes.“[329] Ludwig Lewisohn beispielsweise, der die Frühfassung in den höchsten Tönen gelobt hatte, sieht all das, was das Innovative des Stückes zuvor ausgemacht hatte nunmehr durch die konventionelle Schlussgebung zunichte gemacht: „Her act of liberation is thus stultified and with it the significance and strength of the dramatic action sacrificed at one blow.“[330] Andere Kritiker, darunter Heywood Broun, werfen Zona Gale vor, nur allzu offensichtlich auf den kommerziellen Profit am Broadway aus zu sein. In seinem Artikel in der *New York Tribune* vom 6. Februar 1921 nimmt er Gales Konzessionen an den Publikumsgeschmack zum Anlass, einmal grundsätzlich mit der veränderungsresistenten *happy ending*-Tradition im Unterhaltungstheater abzurechnen:

> The box office is, if nothing else, a good indication of how many people want to see a play. If too few of them want to it is perhaps fair to ask what is the matter with the play, as well as what is the matter with the audiences. […] It is perhaps a good theater and fairy-tale tradition that they [i.e. the male and female protagonist of a play] lived happily ever after, and it is probably true that marriage is a happy ending for a majority of plays. But the ‚happy ending‘ tradition for the whole of the theater, whether in terms of marriage or wealth or anything else, seems about as wise as demanding feathers on the tail of everything, from a tomtit to a mountain lion.[331]

---

328 Simonson, *Zona Gale*, 85.

329 Goddard, „Zona Gale“, 76.

330 Lewisohn, „Drama“, 189.

331 Heywood Broun, „The Stage and Its People: As We Were Saying“, *The New York Tribune* (February 6, 1921), III1. Interessanterweise werfen diese Aussagen des Kritikers ein besonderes Licht auf die oben dargelegte ambivalente Haltung des Rezensenten zur Frühfassung des Stücks. Bemerkenswert ist, dass sich hier die Diskussion um ein formal-ästhetisches Textelement, in diesem Fall das *happy ending*, dreht, der eigentlich gemeinte Kern seiner Ausführungen – nämlich die geschlechterideologischen Implikationen dieses Formelements – aber wiederum nicht explizit benannt wird. Indirekt lässt sich Brouns eigene Haltung, zu der er sich wie andere offenbar bewusst bedeckt zu halten versucht, daraus aber durchaus ableiten.

Während Zona Gale einerseits also für ihre, wie Barlow sagt, „capitulat[ion] to popular tastes“[332] von zeitgenössischen Kritikern wie Lewisohn und Broun scharf angegriffen wird, zeigen sich andere angesichts der nun traditions- und geschmackskonformen Schlussgebung äußerst wohlwollend gegenüber der Dramatikerin und ihrem revidierten Stück. Ein anonymer Rezensent des *Evening Star* bezeichnet die neue Bühnenfassung von *Miss Lulu Bett* als „dramatic masterpiece“ und fügt in seiner Begründung hinzu: „It has a dialogue that scintillates, it has delightful comedy, touching pathos, moments of suspense, and the power of imparting the benediction of complete satisfaction.“[333] Der Kritiker beschreibt damit gewissermaßen alle ‚Zutaten‘ für jene melodramatischen Rührstücke, wie sie für die amerikanische Theaterbühne des 19. Jahrhunderts charakteristisch und populär waren. Offenbar, so zeigt die Bewertung des Kritikers, hat dieses ‚Erfolgsrezept‘ auch gegen Ende der *Progressive Era* noch nicht allzu viel an Bedeutung oder Wirksamkeit eingebüßt – auch dies ist ein Beleg für die allzu zögerlichen Veränderungen im amerikanischen Drama und Theater. Ein anderer, ebenfalls anonymer Rezensent verleiht seiner positiven Kritik hinsichtlich des veränderten Schlusses mit seinem konventionellen *happy ending* insofern Ausdruck, als dass er Gales Stück kurzerhand in *Miss Lulu Better* umbenennt.[334]

Besonders gut kommt die neue Bühnenversion aber vor allem beim Publikum in New York an, was sich nicht nur in steigenden Zuschauerzahlen, sondern auch in der beträchtlichen Anzahl an Aufführungen widerspiegelt, die das Stück nach seiner Überarbeitung am Broadway und darüber hinaus *on the road* erleben sollte.[335] „Playgoers,“ so merkt Shafer an, „were pleased

332 Judith E. Barlow, „Miss Lulu Bett“, *The Columbia Encyclopaedia of Modern Drama. Vol. 2: M-Z*, eds. Gabrielle H. Cody and Evert Sprinchorn (New York, NY: Columbia University Press, 2007), 912.

333 „Amusements“, *The Evening Star*, Washington D.C. (October 11, 1921), 17.

334 Siehe Toohey, *A History of the Pulitzer Prize Plays*, 21.

335 Die Angaben hierzu variieren zum Teil erheblich. So ist bei Toohey von 176 Aufführungen die Rede (siehe *A History of the Pulitzer Prize Plays*, 17), bei Sutherland sind es „186 performances“ („American Women Playwrights“, 324), Goddard spricht von 201 Aufführungen (siehe „Zona Gale“, 77), in der *Internet Broadway Database* liest man von 198 Aufführungen („Miss Lulu Bett“, *IBDB*, online, URL: https://www.ibdb.com/broadway-production/miss-lulu-bett-9014, zuletzt aufgerufen: 13.12.2019) und Shafer merkt an, „[that] the play was performed 600 times“ (*American Women Playwrights*, 222). Letztere Angabe erscheint, selbst wenn sie die Aufführungen der *road tour* mit einschließt, doch recht hoch gegriffen, insbesondere auch dann, wenn man den Zahlen von Engle glaubt: „[…] [D]uring the 1919-20 season, of 141 plays, musicals, and spectacles produced in New York, at least forty-five achieved more than 100 performances or approximately three months, with sixteen chalking up between 200 and 452 performances.“ (*New Woman Dramatists in America, 1890-1920*, 8 mit Bezug auf Mantle Burns (ed.), *The Best Plays of*

with the new ending“[336] und die Kontroverse, die die Textrevision ausgelöst hatte, „gave it [i.e. *Miss Lulu Bett*] significant publicity and helped to increase its popularity“[337], wie Atlas konstatiert. Über fünf Monate lang (bis Juni 1921) wird die Spätfassung in New York vor besetzten Rängen gespielt[338] und ab dem Herbst 1921 auf eine ausgedehnte (wenn auch kommerziell nicht ganz so erfolgreiche) *road tour* geschickt[339] – im Übrigen in Kooperation mit den in Konkurrenz zum mächtigen *Theatrical Syndicate* stehenden *Shubert Brothers*.[340]

Der *Pulitzer Prize* für *Miss Lulu Bett*: Ein kritischer Blick auf Nominierung und Auszeichnung

Zona Gales Stück löst zum dritten Mal in seiner Rezeptionsgeschichte eine heftige Debatte unter Kritikern aus, als die führenden Tageszeitungen New Yorks am 30. Mai 1921 die Preisträger in den verschiedenen Kategorien des *Pulitzer Prize* bekanntgeben und *Miss Lulu Bett* als bestes Drama der Spielzeit 1920-1921

191-1920 (Boston, MA: Small, 1920), 335-337). Unabhängig von der tatsächlichen Anzahl der Aufführungen kann in Anbetracht solcher Größenordnungen in Bezug auf Gales *Miss Lulu Bett* aber definitiv von einem Broadway-Hit gesprochen werden; zur Erinnerung: Rachel Crothers' *He and She* schafft es 1920 in seiner revidierten Fassung auf gerade einmal 28 Aufführungen (siehe Kapitel IV.2.1. in dieser Arbeit).

336 Shafer, *American Women Playwrights*, 222.

337 Atlas, „From Novel to Plays“, 41. Siehe hierzu auch Barlow, „Introduction“, xxiv sowie Simonson, *Zona Gale*, 85.

338 Siehe Jane F. Bonin, *Major Themes in Prize-Winning American Drama* (Metuchen, NJ: Scarecrow Press, 1973), 8.

339 Das Stück in seiner revidierten Fassung mit dem *happy ending* wurde vom Publikum keinesfalls so wohlwollend aufgenommen, wie es aus heutiger Sicht (z.B. bei Barlow, „Introduction“, xxiii) dargestellt wird. Bei Barlow heißt es: „On tour the play received almost unanimous raves […].“ (ebd.). Wie eine differenziertere Analyse der bei der *road tour* zum Einsatz gebrachten Vermarktungsstrategien (die hier aus Platzgründen ausbleiben muss) aufzeigen könnte, verliefen die Ticketverkäufe nur schleppend, und oftmals wurde das Stück vor nur spärlich gefüllten Rängen aufgeführt, sodass durch eigens engagierte *press agents* das Stück intensiv beworben werden musste, um die *road tour* vor dem kommerziellen Ruin zu bewahren (siehe hierzu z.B. die folgenden Beiträge namentlich unbekannter Verfasser in *The Daily Times: The Five O'Clock Edition*: „Miss Lulu Bett Is Praised By Richmond Critic“ (October 8, 1921) und „„Miss Lulu Betts‘ [*sic*] Deserves Your Patronage“ (October 10, 1921) sowie den Artikel „Amusements“, *The Evening Star*, Washington D.C. (October 11, 1921), 17).

340 Siehe z.B. hierzu die entsprechenden Vermerke in „„Miss Lulu Bett‘ Begins Engagement at Garrick“, *The Washington Herald* (October 9, 1921), IV1 und „Movies & Theaters. Shubert St. Charles Theatre“, *The Herald* (November 10, 1921), n.p.

die Konkurrenz hinter sich lässt.[341] Kontrovers wird ihre Auszeichnung gleich aus verschiedenen Gründen diskutiert:

Zum einen sorgt der Umstand, dass mit *Miss Lulu Bett* ein ursprünglich als Roman veröffentlichter Text, der erst im Nachhinein für die Bühne adaptiert wurde, den Preis erhält, für Aufregung, wird doch in der damals offiziellen Beschreibung der Kategorie *Drama* die Originalität des Preisträgers als explizites Merkmal hervorgehoben: „[T]he Pulitzer Prize of $1,000 for the American original play, performed in New York, which shall best represent the educational value and power of the stage in raising the standard of good morals, good taste and good manners."[342] In der 1921 noch recht jungen Geschichte der *Pulitzer Prize*-Verleihungen ist Gales Stück, wie Toohey erläutert, „the first adaption to win the Prize, in violation of the terms of the Pulitzer citation [...]. The judges probably felt that since Miss Gale had adapted her own novel, the originality of the play was not in question."[343] Zudem dürften die nicht abreißende Popularität des Stückes in New York und die durch die zahlreichen Aufführungen eingespielten Gewinne – „money," schreibt Forman, „[was] rolling freely"[344] – die oben genannten Einwände der Kritiker entkräftet haben. Es sollte im Übrigen fast ein weiteres Jahrzehnt vergehen, bevor der Preis in dieser Kategorie wieder an einen adaptierten Text verliehen werden sollte.[345]

Zum anderen lassen sich in den überlieferten Dokumenten Hinweise darüber finden, dass Zona Gale der Preis vor allem auch (oder ausschließlich?)

---

341 Siehe hierzu „Zona Gale Receives $1,000 Award for Original American Play, ‚Miss Lulu Bett'", *The New York Times* (May 30, 1921), n.p. sowie „Columbia Awards Medals and $30,000 Prizes in the Arts", *The New York Herald* (May 30, 1921), 7.

342 „Columbia Awards Medals and $30,000 Prizes in the Arts", *The New York Herald* (May 30, 1921), 7. Heute ist der *Pulitzer Prize for Drama* im Übrigen mit 15.000 US-Dollar dotiert, und die Beschreibung der Kategorie liest sich heute so: „The Pulitzer Prize for Drama for a distinguished play by an American author, preferably original in its source and dealing with American life." („Drama", *The Pulitzer Prizes. Honoring Excellence in Journalism and the Arts*, online, URL: https://www.pulitzer.org/prize-winners-by-category/218, zuletzt aufgerufen: 13.12.2019).

343 Toohey, *A History of the Pulitzer Prize Plays*, 19.

344 Forman, „Zona Gale", 33.

345 Es handelt sich dabei um Marc Connellys Stück *The Green Pastures*, für das er 1930 den *Pulitzer Prize* erhielt. Connelly, „for decades a major figure in the Broadway theater", wie die *Washington Post* anlässlich seines Todes im Jahre 1980 schreibt, adaptierte Roark Bradfords *Ol' Man Adam an' His Chillun* (1928) für die Theaterbühne (Martin Weil, „Marc Connelly, ‚Green Pastures' Author, Dies", *The Washington Post* (December 22, 1980: n.p.), online, URL: https://www.washingtonpost.com/archive/local/1980/12/22/marc-connelly-green-pastures-author-dies/3a8987d1-6a3a-466d-8a5a-ae49cab13301/, zuletzt aufgerufen: 13.12.2019). Anders als Zona Gales *Miss Lulu Bett* stammte der Ursprungstext demnach nicht aus seiner eigenen Feder.

wegen ihres Geschlechts zugesprochen wurde, weil sich, wie Hohenberg konstatiert, die Jury wohl einig darüber war, „that it would be a handsome thing to give the prize to a woman"[346]. Und weiter heißt es in der Begründung der Jury: „As the award has not gone to a woman before perhaps it would be a graceful concession to give her this year's prize."[347] Der Umstand, dass im Jahre 1920 das Frauenwahlrecht in Amerika eingeführt wird, mag bei diesem ‚Zugeständnis' durchaus eine Rolle gespielt haben, wobei es allerdings fast schon zynisch wirkt, angesichts dieser gesellschaftlichen Errungenschaft aus feministischer Sicht ein Theaterstück zu ehren, das mit seinem nachträglich eingeschriebenen *happy ending* die Protagonistin in ein traditionelles Weiblichkeitsmuster zurückführt. Diese Jury-Entscheidung führt faktisch aber dazu, dass in jenem Jahr beispielsweise Eugene O'Neills *The Emperor Jones* für die Preisvergabe unberücksichtigt bleibt. O'Neill, der sich zu diesem Zeitpunkt bereits einen Namen als Dramatiker gemacht hatte, konnte im Jahr zuvor, 1920, den Preis mit *Beyond the Horizon* gewinnen. Dass O'Neills *The Emperor Jones* gemäß des Jury-Urteils in seiner literarischen, formal-ästhetischen Qualität einem Stück wie Zona Gales *Miss Lulu Bett* nachstehen sollte, löst 1921 unter Theaterkritikern sofort heftige Proteste aus – allen voran Heywood Broun, der sich diesbezüglich in der *New York Tribune* wie folgt zu Wort meldet:

> The recent awards of the annual Pulitzer prizes for an [...] American play of the year are pretty apt to create comment. Few, we think, will agree with the committee in giving the play prize to Zona Gale's ‚Miss Lulu Bett.' [...] To our mind, the play deserves [...] a high ranking among the native plays of the season, but we do not think it should be placed ahead of ‚The First Year,' by Frank Craven, ‚The Emperor Jones,' by Eugene O'Neill, or ‚The Bad Man,' by Porter Emerson Browne.[348]

Trotz aller kritischen Einwände sei, wie Goddard einräumt, O'Neills Stück im Grunde ohnehin gar kein legitimer Mitbewerber gewesen: „[...] [T]hat play was notably handicapped [...] because it was not considered a full-length play."[349]

Und schließlich scheint es drittens einen persönlichen Grund dafür gegeben zu haben, dass Zona Gale den Preis in jenem Jahr erhält. Mit Hamlin Garland als einer der drei Juroren findet die Autorin offenbar einen engen Vertrauten in der Jury, wie folgendes Zitat andeutet: „I know her intimately and

346 John Hohenberg, *The Pulitzer Prizes. A History of the Awards in Books, Drama, Music, and Journalism, Based on the Private Files over Six Decades* (New York, NY: Columbia University Press, 1974), 51.

347 Hamlin Garland zit. in Hohenberg, *The Pulitzer Prizes*, 51.

348 Heywood Broun, „Books", *The New York Tribune* (June 1, 1921), 10.

349 Goddard, „Zona Gale", 77.

I know her work in fiction as well as in the drama."[350] Dieser Umstand verleiht der Preisvergabe aus der Sicht einiger Kritiker einen unangenehmen Beigeschmack, habe doch die Tatsache, dass „Gale's friend Hamlin Garland" der Jury angehörte, zweifelsohne ihre Chancen auf den Sieg erhöht.[351]

Welche Umstände für die Vergabe des *Pulitzer Prize* an *Miss Lulu Bett* letztlich ausschlaggebend gewesen sein mögen, sie haben – weil sie offenbar primär auf kommerzielle, *gender*-bezogene und persönliche Aspekte abheben, während die literaturästhetischen kaum eine Rolle spielen – möglicherweise dazu geführt, dass Zona Gales zwar als erste weibliche Preisträgerin in die Chroniken der amerikanischen Theatergeschichte eingegangen ist, ihr Stück vor diesem Hintergrund jedoch über weite Strecken und insbesondere in der jüngeren literaturkritischen Diskussion kaum gewürdigt wurde. Im Jahr der Preisverleihung aber erfährt das Stück nicht zuletzt durch die kontrovers diskutierte Jury-Entscheidung einen erneuten Popularitätsschub,[352] so dass sich *Paramount Pictures* im August 1921 die Filmrechte an Gales Stück sichert und noch im gleichen Jahr den gleichnamigen Stummfilm, aber – wie ausgeführt – wiederum mit einem veränderten Schluss – in die Kinos des Landes bringt.[353] Diese Stummfilmfassung sollte u.a. im Jahre 2007 im Rahmen des *San Francisco Silent Movie Festival* ein *revival* erleben.[354]

Produktion und Rezeption in der Gegenwart

Nach dem großen Erfolg der Roman-, Bühnen- und Filmversionen in den Jahren 1920 und 1921 gerät Gales *Miss Lulu Bett* rasch und für lange Zeit in Vergessenheit. Erst mit dem Aufkommen der feministischen Literaturwissenschaft und ihrem Interesse an von Frauen verfassten Stücken, ihren *new woman plays*, wird vor allem die Dramenfassung in den 1970er und 1980er Jahren wieder ‚gehoben' und Gegenstand der Frauen(bild)forschung.[355] Im Zuge dieser Wiederentdeckung für die literaturkritische Diskussion erlebt das Drama *Miss Lulu Bett* v.a. in den 1980ern mehrere *revivals* der Originalversion mit seinem

350 Hamlin Garland zit. in Hohenberg, *The Pulitzer Prizes*, 51.

351 Goddard, „Zona Gale", 77.

352 Derleth merkt diesbezüglich an: „Naturally, with the added stimulus given it by the Pulitzer Prize award, *Miss Lulu Bett* continued to play to capacity audiences." (*Still Small Voice*, 149f.).

353 Siehe Derleth, *Still Small Voice*, 151 sowie Shafer, *American Women Playwrights*, 222. Hierzu lautet die entsprechende Ankündigung der Verfilmung: „,Miss Lulu Bett,' Zona Gale's play, is to be produced as a Paramount picture by William deMille. Production of the picture will begin at once in the Lasky Studio at Hollywood." („,Lulu Bett' To Be Filmed", *The New York Tribune* (August 14, 1921), 2).

354 Für Rezensionen zu dieser Stummfilmversion siehe z.B. Kramer (2013) und Darr (2007).

355 Siehe z.B. Bonin (1973), Sochen (1973), Sutherland (1978) und Stephens (1985).

offenen Ende (nämlich 1982, 1984 und 1988).[356] Zum Teil werden, wie im Falle der Inszenierung von 1985 im *Horizons Theater* in Washington, D.C., aber auch beide Versionen hintereinander in einer Vorstellung aufgeführt, um dem Publikum einen Einblick „into the playwright's creative process" zu geben und es dem Zuschauer zu überlassen, darüber zu entscheiden, welches der beiden Dramenschlüsse letztlich „the real ‚happy ending'" darstelle.[357]

Auch im 21. Jahrhundert scheint der Broadway sein Interesse an Gales Erfolgsstück nicht verloren zu haben: Das New Yorker *Mint Theater* inszeniert *Miss Lulu Bett* im Jahr 2000 erneut in einer fast vierwöchigen Spielzeit mit dem ursprünglichen, „more powerful ending".[358] Und zehn Jahre später sollte das Stück das bis heute vermutlich vorerst letzte professionell produzierte *revival* am Broadway erleben: Die *Workshop Theater Company* lässt das Stück im Jahre 2010 ebenfalls noch einmal „with the original feminist ending"[359], so die Rezensentin Deirdre Donovan, auf der New Yorker Theaterbühne aufleben.[360]

So sporadisch die professionellen Neuinszenierungen des Stückes in der jüngeren Vergangenheit sind, so punktuell erfolgt auch nur seine literaturkritisch-wissenschaftliche Diskussion, die etwa in den späten 1980er Jahren einsetzt. Von einer umfassenden Aufarbeitung des dramatischen Werks im literatur- und *gender*-orientierten Wissenschaftsdiskurs kann deshalb bislang kaum die Rede sein. Im deutschsprachigen Raum beschränkt sich die Beschäftigung mit dem Stück m.W. auf Helga Oppermanns inzwischen etwas

---

356 Siehe Goddard, „Zona Gale", 80 und Shafer, *American Women Playwrights*, 224. Für Rezensionen zu diesen *revivals* siehe McLennan (1983) für die Aufführung im *Milwaukee Repertory Theater* im Jahre 1982 sowie Bommer (1988) und Christiansen (1988) für die Inszenierung von 1988 im *Center Theater* in Chicago.

357 Shafer, *American Women Playwrights*, 224.

358 Elyse Sommer, „*Miss Lulu Bett*. A *CurtainUp* Review", *CurtainUp: The Internet Theater Magazine of Reviews, Features, Annotated Listings* (March 2000), online, URL: http://www.curtainup.com/misslulubett, zuletzt aufgerufen: 13.12.2019). Siehe Sommer (ebd.) für die vollständige Rezension zu diesem *revival*.

359 Deidre Donovan, „*Miss Lulu Bett*. A *CurtainUp* Review", *CurtainUp: The Internet Theater Magazine of Reviews, Features, Annotated Listings* (March 2010), online, URL: http://www.curtainup.com/lulubett10.html, zuletzt aufgerufen: 13.12.2019).

360 Nicht als vollumfängliche Theaterinszenierung, sondern als inszeniertes Lesedrama tritt *Miss Lulu Bett* jüngst in einer professionell arrangierten *Play Reading Series* in Erscheinung. Anlässlich des 100. Jahrestages der *Pulitzer Prize*-Verleihungen veranstaltete die *Thinking Cap Theatre Group* im *Vanguard Theater* (Ft. Lauderdale, Florida) von Februar bis Dezember 2017 eine Leseserie zu von Frauen verfassten *Pulitzer Prize*-Dramen unter dem Titel *GAP – Gender and the Pulitzer Prize: A Yearlong Play Reading Series*. Den Auftakt machte am 12. Februar 2017 Zona Gales *Miss Lulu Bett*. Das Programm sah u.a. auch Lesungen von Susan Glaspells *Allisons' House*, Marsha Normans *'night, Mother* und Beth Henleys *Crimes of the Heart* vor. Siehe hierzu die *Pulitzer Prize*-Website (URL: https://www.pulitzer.org/event/gap-gender-and-pulitzer-prize, zuletzt aufgerufen: 13.12.2019).

in die Jahre gekommene Studie von 1986, die im Kontext der Frauenbildforschung u.a. Gales Protagonistin Lulu Bett hinsichtlich des Engelsmusters als kulturelles Deutungsmuster des Weiblichen analysiert. Nicht ganz unproblematisch ist dies insofern, als das viktorianisch geprägte Ideal einer Frau als *angel in the house* eine auf die *middle class* projizierte Weiblichkeitsvorstellung ist, zu der Lulu in ihrer Rolle als *household drudge* und *spinster* nicht zählt. Im anglophonen literaturwissenschaftlichen Diskurs sind in Bezug auf die Dramenversion vor allem die kürzeren Studien von Shafer (1995), Burke (1996) und Schroeder (1996, 1999) zu erwähnen.[361] Darüber hinaus bleibt es in den 1990ern recht ruhig um die Dramatikerin und ihr Stück. Erstaunen muss, dass, obwohl *Miss Lulu Bett* in zeitgenössischen wie auch jüngeren Studien für seinen wichtigen Beitrag zur Entwicklung des realistischen Dramas und Theaters in Amerika gewürdigt wird, in der wohl einschlägigsten Studie zum amerikanischen Drama und Bühnenrealismus von Brenda Murphy (1987), abgesehen von einem kurzen Eintrag in der Bibliographie, völlig unberücksichtigt bleibt. In den 2000ern scheint zumindest in Amerika das Interesse an Zona Gale und *Miss Lulu Bett* wieder aufzuleben, wie nicht nur die oben erwähnte Neuinszenierung des Stückes aus dem Jahr 2000, sondern auch diverse Veröffentlichungen im gleichen sowie in den Folgejahren belegen. Erwähnenswert sind insbesondere die Beiträge von Goddard (2000), Izzo (2000), Atlas (2002), Bilderback (2003), Ackerman (2004) und Craig (2004). Auf den ersten Blick scheint die Anzahl der Publikationen den Eindruck zu vermitteln, als sei Gales *Miss Lulu Bett* in der jüngeren Forschung inzwischen umfassend untersucht worden. Da es sich dabei aber zum Teil nur um kurzbiographische Darstellungen zur Autorin (Goddard, Izzo), um Einordnungen des Stücks in den Kanon der von Dramatikerinnen verfassten *Pulitzer Prize*-Dramen (Craig) oder um enggeführte Untersuchungen zu ausgewählten Themen und Motiven handelt (*marriage plot* bei Atlas, *patriarchy* in Bilderback), bestätigt sich dieser Eindruck bei genauerer Betrachtung nicht. Entsprechend ist Noe und Neff hinsichtlich ihrer Einschätzung zuzustimmen, „[that] *Miss Lulu Bett* has been left behind by modern literary scholarship“[362].

Seit inzwischen etwa fünfzehn Jahren zeichnet sich in der Literaturwissenschaft nun aber ein sinkendes Interesse sowohl an der Dramatikerin als auch an *Miss Lulu Bett* ab. Eine Ursache dafür könnte in der weit verbreiteten Überzeugung liegen, dass zu diesem kommerziellen Broadway-Stück in Anbetracht der genannten Publikationen bereits alles gesagt worden sei, was es zu sagen

361 Lynn Rhoades' Studie (1996) ist ebenfalls nennenswert, allerdings analysiert die Verfasserin darin die Romanversion von *Miss Lulu Bett*.

362 Noe and Neff, „Reading *Miss Lulu Bett*“, 15. Hervorhebung im Original.

gäbe, und eine weitere Auseinandersetzung damit kaum einen neuen Erkenntnisgewinn erwarten ließe. Die Tatsache aber, dass von diesem Text bekanntlich insgesamt vier verschiedene Fassungen in unterschiedlichen Genres existieren, von denen jede Version ein anderes Ende aufweist und damit auch die Geschlechterproblematik auf immer andere Art und Weise verhandelt wird, ist m.E. nicht hinreichend untersucht worden. Gerade die *gleichzeitige* Veröffentlichung der beiden Dramenfassungen durch die Autorin im Jahre 1921 wirft Fragen nach ihrer Intention und impliziten Botschaft auf, weshalb das Stück insbesondere vor dem Hintergrund eines textrevisionistisch orientierten Erkenntnisinteresses, wie es in der vorliegenden Arbeit der Fall ist, wieder in den Fokus gerückt werden sollte.

Indem dieses Kapitel seinen Untersuchungsschwerpunkt stärker auf revisionistische, textstrukturelle Aspekte sowie die Analyse von Form-Inhalt-Relationen im Zusammenhang mit der Geschlechterproblematik legt (und weniger auf die Identifikation von Rollenbildern), knüpft es an Alan Ackermans formalistischen Ansatz in seiner Studie von 2004 an,[363] in der er, wie eingangs erwähnt, für eine Re-Lektüre beider Dramenfassungen plädiert: „Form," so resümiert Ackerman, „is also thematized in the publication of multiple endings[,] and appreciation of that aspect of the play may lead to a re-reading of the play's two endings."[364] Ausgehend von der Grundannahme, dass durch die Veröffentlichung beider Dramenversionen formale Aspekte bewusst thematisiert werden, widmet sich der nachfolgende Kernabschnitt des Kapitels insbesondere der Frage, wie die Geschlechterproblematik über formale, figurenkonzeptionelle und textstrukturelle Gestaltungsmöglichkeiten verhandelt wird und in welcher formal-ästhetischen Beziehung beide Fassungen des Stücks zueinander stehen.

---

363 Ackerman wählt einen formalistischen Untersuchungsansatz, um Korrelationen zwischen *gender* und Sprachverwendung zu untersuchen. Er geht davon aus, dass Sprache (analog zur Unterscheidung von geschlechterspezifischen Räumen in eine häusliche und öffentliche Sphäre) in separate, wiederum geschlechtsspezifische sprachsystemische Bereiche unterteilt ist. So sieht Ackerman entsprechende Zusammenhänge zwischen Weiblichkeit und Phonetik einerseits und zwischen Männlichkeit und Grammatik andererseits. Ausgehend davon untersucht Ackerman anhand verschiedener Figuren in *Miss Lulu Bett*, wie geschlechterhierarchische Strukturen, aber auch identitäts- und wirklichkeitsbildende Prozesse sprachlich geformt, bedient oder unterlaufen werden. Siehe Alan Ackerman, „Infelicities of Form in Zona Gale's *Miss Lulu Bett*", *Journal of American Drama and Theatre* 16.1 (2004), 50-68.

364 Ackerman, „Infelicities of Form", 66.

IV.3.3 A play with two endings: *Auseinandersetzung mit der Revisionsproblematik*

Die Bewertung des revidierten Schlussaktes in der jüngeren literaturkritischen Diskussion

Im Unterschied zur zeitgenössischen, überwiegend positiven Rezeption der veränderten Spätfassung mit seiner versöhnlichen Schlussszene wird in der jüngeren literaturkritischen Diskussion der revidierte Text vor allem aus der Perspektive der feministischen Literaturwissenschaft als allzu konventionell und traditionsbehaftet be-, oder wenn man so will, entwertet. Gales nachträgliche Textkorrektur habe die emanzipierte Titelheldin der Frühfassung in ein Weiblichkeitsmuster zurückfallen lassen, das dem viktorianischen Frauenbild deutlich näher stehe als dem modernen Weiblichkeitsverständnis. Entsprechend kommt beispielsweise Judith Barlow, die die revidierte Fassung in ihrer Untersuchung als „watered-down version" bezeichnet, zu folgendem Ergebnis: „While there are dramatic virtues in the new last act (unity of place, for example, is preserved), it is clear that Gale *capitulated to popular tastes* and *betrayed her original intentions* by inserting a more easily acceptable conclusion."[365] Auch nach Sally Burkes Dafürhalten habe Gales Textrevision zu einer nachträglichen Eliminierung der feministischen Botschaft geführt: „Gale seems too willingly self-deceived in her effort to *rationalize away the* dramatic effectiveness and *feminist message of her original ending*."[366] Diese Beispiele mögen genügen, um zu verdeutlichen, wie sich die überwiegend negative Bewertung der Spätfassung in der gegenwärtigen (feministischen) Diskussion des Stückes gestaltet. Indem primär die kommerziellen Motive der Autorin und die damit in Verbindung stehenden Konzessionen an den konservativen Publikumsgeschmack als Argumente dafür angeführt werden, dass insbesondere die Spätfassung aus heutiger Sicht nicht gerade zu den Glanzlichtern des amerikanischen Dramas und Theaters zählen könne, wird nicht nur eine nahezu einstimmige, sondern vor allem auch einseitige, undifferenzierte Beurteilung vorgenommen. *Miss Lulu Bett* habe, folgt man Shafer, lediglich einen gewissen Unterhaltungswert: „The play is not great dramatic literature, but it is certainly an entertaining [...] play."[367] Zwar ist Gales Textrevision selbstverständlich im Kontext der restriktiven Aufführungskonventionen des Kommerztheaters, der Publikumserwartungen und des auf

365 Barlow, „Introduction", xxiv. Hervorhebung KT. In einer Veröffentlichung jüngeren Datums wiederholt Barlow ihre Bewertung: „[...] Gale capitulated to popular tastes and rewrote the conclusion again, reuniting Lulu with a widowed Ninian." („Miss Lulu Bett", 912).

366 Burke, *American Feminist Playwrights*, 73. Hervorhebung KT.

367 Shafer, *American Women Playwrights*, 223.

die Dramatiker ausgeübten Konformitätsdrucks zu sehen, jedoch darf ausgehend von der Überarbeitung des Stückes nicht automatisch auf eine verminderte oder gar fehlenden literarische Qualität der Spätfassung geschlossen werden. Eine derartige Bewertung greift zu kurz und wird der Komplexität des Stückes in keiner Weise gerecht. In uneingeschränkter Übereinstimmung mit Alan Ackerman wird deshalb hier der folgende Standpunkt vertreten:

> Gale's substitution of a second ending shortly after the play's premiere need not be read simply as evidence that she ‚capitulated to popular tastes and betrayed her earlier intentions,' though the exigencies of the popular theatre doubtlessly played a role in that decision. But it is possible to see the writing and publication of two endings as perfectly consistent with the play's deep preoccupation with form itself.[368]

Ackerman sieht in der Präsentation (und Veröffentlichung) verschiedener Dramenausgänge ein Plädoyer der Autorin für eine differenziertere Weltsicht mit „diverse solutions"; eine Weltsicht, die der „limitation of the Deacon family's worldview", im Stück markiert durch „historical and socioeconomic terms", entgegenstehe.[369] Akzeptierte die Gesellschaft, dass verschiedene, gleichwertige Lösungen („endings") möglich seien und jedes Individuum für sich persönlich die Bedeutung von (*happy*) *ending* definieren dürfe, dann könnte dies – so Ackerman – zu einer Erweiterung des Horizonts im Kleinen und zu gesellschaftlichem Fortschritt im Großen führen. So plausibel Ackermans gesellschaftsphilosophische Lesart auch sein mag, sie lässt eine entscheidende Aushandlungsebene, die der *negotiation of gender roles* in diesem Stück, weitgehend außer Acht.

In der vorliegenden Studie, die als Ergänzung zu bzw. Erweiterung von Ackermans interessantem Ansatz zu verstehen ist, werden die Form-Inhalt-Relation und die Revisionsthematik aus einer dezidiert *gender*-analytischen Perspektive heraus untersucht. In diesem Untersuchungsansatz wird davon ausgegangen, dass im Rahmen einer Textanalyse beide Fassungen des Stückes gleichwertig neben- sowie in einem direkten Bezug zueinander betrachtet werden müssen, um die von der Dramatikerin intendierte Bedeutung des Stückes und die verschiedenen Dimensionen von *negotiation* auf der Text- und Subtextebene erfassen zu können. Anders formuliert: Die beiden Textfassungen sind selbst Teil eines komplexen intertextuellen Aushandlungsprozesses und

368 Ackerman, „Infelicities of Form", 66.

369 Ackerman, „Infelicities of Form", 67. Letzteres meint die paratextuellen Angaben im Primärtext zum *setting* des Stückes: „The time is ‚the present.' Place is ‚the middle class'." (ebd. 67, vgl. auch *MLB* 88).

müssen deshalb unter dem Gesichtspunkt formal-ästhetischer Textgestaltungs- bzw. Revisionsverfahren entsprechend komplementär zueinander gesehen werden. Nur so lässt sich erschließen, dass im Zuge der Textrevision – so die hier zugrundeliegenden Thesen – weder das Emanzipationsmotiv (oder, wie Burke oben sagt, die *feminist message*) aus der Spätfassung eliminiert oder, mit Burke, ‚wegrationalisiert' worden ist, noch die Dramatikerin ihre ursprünglichen Intentionen ‚verraten' hat, wie Barlow insinuiert.

Ein kritischer Blick auf bisherige Erklärungsansätze zur Revisionsproblematik

Der Gedanke, dass sich hinter dem neuen Schlussakt mit seinem glücklich vereinten Protagonistenpaar doch mehr verbergen könnte als nur das angebliche kommerzielle Interesse der Dramatikerin, ist in der (neueren) Forschung schon einmal formuliert worden. In ihrem Artikel von 2002 schreibt Marilyn Judith Atlas: „I think there is more to this changed ending than a desire to please the public."[370] In ihrem Versuch, dieses ‚Mehr' zu ergründen und Erklärungsmodelle für das nachträglich eingeschriebene *happy ending* zu finden, beruft sich die Verfasserin allerdings ausschließlich auf Zona Gales Biographie im Allgemeinen bzw. ihren sozialen Status als alleinstehende Frau im Speziellen. So führt Atlas an, dass die Dramatikerin offenbar eine äußerst ambivalente Einstellung zur Ehe gehabt haben soll, hatte sie doch über viele Jahre hinweg allein gelebt, bevor sie relativ spät in ihrem Leben, nämlich im Alter von 54 Jahren, heiratete. Atlas sieht darin gewisse Parallelen zwischen der Dramatikerin und ihrer Protagonistin Lulu und argumentiert, dass sich in den bzw. durch die beiden Schlussgebungen die erwähnte Ambivalenz der Autorin im Text widerspiegele:

> Perhaps Zona Gale was willing to change the ending because she herself was confused over whether marriage would not, after all, be a better solution than a single, independent life. Her changing the play's ending to a more family-friendly version [...] allows for the possibility that Zona Gale's own ambivalence toward single life, for she was herself still single, as well as her discomfort with her anger and confusion about the proper way to cope with emotional betrayal or to control feelings of bitterness when one is being belittled and abused, influenced her willingness to go for a safe ending that offered closure and romance instead of risk, open-endedness, and embittered, unsolvable irony. [...] It seems to me that Zona Gale's ambivalence toward marriage was causing her first to allow Lulu Bett to remain single, [...] and then, giving in to perhaps personal as well as critical pressure to revert to the marriage plot [...].[371]

---

370 Atlas, „From Novel to Plays", 39.

371 Atlas, „From Novel to Plays", 39.

Wie das voranstehende Zitat verdeutlicht, bewegt sich Marilyn Judith Atlas' Argumentation eher im Bereich des Spekulativen und fußt weniger auf dem real existierenden dramatischen Text. Zwar können, wie in Abschnitt III.3.2. dieser Arbeit zur Interdependenz von Autor und Text ausgeführt, autorensoziologische Aspekte für die Deutung eines dramatischen Werkes relevant sein, allerdings dürfe es nach Manfred Pfister bekanntlich nicht darum gehen, den dramatischen Text aus der Biographie des Dramatikers heraus ‚individualpsychologisch genetisch' erklären zu wollen, insbesondere dann nicht, wenn es sich – so wie bei Atlas – um Vermutungen handelt.

Will man die Interdependenz zwischen Autorin und Text, zwischen Zona Gale und *Miss Lulu Bett* beleuchten, dann darf sich der Blick weniger auf affektiv-emotionale Aspekte richten, sondern muss, wie Simonson sagt, „Gale's non-literary interests"[372] in den Fokus nehmen. Diese nämlich sind nachweislich belegt und können zur Erklärung herangezogen werden. Gales politisches und soziales Engagement für die Emanzipation der Frau gilt in der Forschung als unumstritten. Es besteht weitgehend Konsens darüber, dass sie als eine der prominentesten Akteurinnen in den Reform- und Frauenrechtsbewegungen ihrer Zeit gelten kann.[373] Neben ihrem schriftstellerischen Schaffen setzt sich Zona Gale für die politische und soziale Gleichberechtigung der Frau, für die Einführung des Frauenwahlrechts und für weibliche Selbstbestimmung ein. Sie wirkt in diversen Reformbewegungen der *Progressive Era* mit und engagiert sich an der Seite einflussreicher Zeitgenossinnen wie Jane Addams für die Verbesserung von Lebensperspektiven und Bildungsmöglichkeiten für sozial benachteiligte Frauen.[374] Gales „concern for social reform"[375] und ihr „strong social commitment"[376] spiegeln sich zweifelsohne in ihrem literarischen Werk wider. Es steht außer Frage, dass Gales wachsendes soziales und politisches Bewusstsein ihr literarisches Schreiben nachhaltig prägt und beeinflusst.[377] Das Wissen um ihr sozio-politisches Engagement ist, wie Bilderback klarstellt,

372 Simonson, *Zona Gale*, 66.

373 Ihre Bedeutung ist nach Simonsons Einschätzung „probably unmatched by any other woman writer of her day." (*Zona Gale*, 51).

374 Siehe hierzu z.B. Craig, *Women Pulitzer Playwrights*, 28f., John F. Moe, „Zona Gale", *Dictionary of Literary Biography. Vol. 78: American Short-Story Writers, 1880-1910*, ed. Bobby Ellen Kimbel (Detroit, MI: Gale Research, 1989), 174-178: 175f., Pamela N. Warford, „Zona Gale", *Dictionary of Midwestern Literature. Vol. I: The Authors*, ed. Philip A. Greasley (Bloomington & Indianapolis, IN: Indiana University Press, 2001), 210-211: 210 und insb. Simonson, *Zona Gale*, 51-66.

375 Simonson, *Zona Gale*, 54.

376 Moe, „Zona Gale", 176.

377 Siehe Simonson, *Zona Gale*, 52.

„integral to understanding her work“[378]. In Bezug auf Gales Erzählwerk sei hierfür exemplarisch ihr Roman *A Daughter of the Morning* (1917) genannt. Gale thematisiert darin die sozialen Missstände und miserablen Arbeitsbedingungen für Frauen der *working class* und stellt mit Cosma Wakely eine sozial engagierte weibliche Hauptfigur der Arbeiterschicht in den Mittelpunkt, die sich für die Verbesserung dieser desaströsen Bedingungen einsetzt. Vergleichbare Einflüsse sind auch in ihrem Stück *Miss Lulu Bett* klar konturiert und finden in Motiven wie *female domestic entrapment, patriarchal power structures, exploitation of women's domestic work* oder *lack of women's self-determination* ihren literarischen Ausdruck.

Vor diesem Hintergrund bleibt erstens festzuhalten, dass die Berücksichtigung autorensoziologischer Aspekte dann sinnvoll ist, wenn sich tatsächlich ein konkreter, fundierter Autor-Text-Bezug herstellen lässt. In der Auseinandersetzung mit Zona Gale und ihrem literarischen bzw. dramatischen Werk bedeutet dies im Anschluss an Harold Simonson: „Any assessment of Zona Gale's [literary] career must include her widespread activity in the social, political, educational, and philosophical issues of her day.“[379] Zweitens ist durch die Beleuchtung ihres nicht-literarischen Wirkens deutlich geworden, auf welchen Prinzipien und geschlechterideologischen Überzeugungen der Autorin die dramatische Frühfassung von *Miss Lulu Bett* fußt: Wenn Gale ihre Protagonistin frei und unabhängig in ein selbstbestimmtes Leben aufbrechen lässt, dann spiegelt sich in dieser Schlussgebung Gales Vision emanzipierter Weiblichkeit. Von einer „ambivalence toward single life“, wie Atlas sie in der Bühnenversion des Textes erkennen will, gibt es m.E. keine Hinweise. Auch Barlows These – Zona Gale habe in der revidierten Spätfassung vor dem Publikumsgeschmack kapituliert und dabei ihre ursprünglichen Intentionen verraten (*capitulation and betrayal*) – scheint in Anbetracht des nachgewiesenen Interesses der Dramatikerin an weiblicher Emanzipation und soziopolitischer Progression[380] als allzu vereinfacht dargestelltes Erklärungsmodell. Dass sich eine Frau wie Zona Gale, die in Bezug auf soziale,

---

378 Riann Bilderback, „Male Fraud: Zona Gale Travesties Patriarchy in *Miss Lulu Bett*“, *Midwestern Miscellany* 31 (2003), 17-23: 17.

379 Harold P. Simonson, „Zona Gale“, *Dictionary of Literary Biography. Vol. 9: American Novelists, 1910-1945. Part 2: F. Scott Fitzgerald – O.E. Rölvaag*, ed. James J. Martine (Detroit, MI: Gale Research Company, 1981), 39-42: 41.

380 Vgl. hierzu Gales Statement zu ihrer politischen Grundphilosophie in John F. Moe, wo sie wie folgt zitiert wird: „I have been a progressive since progressivism was born as a social movement in Wisconsin. I was never more convinced than now of the state's need of the idealism, the democracy, and the social devotion of the progressive movement.“ (Gale zit. in Moe, „Zona Gale“, 175).

politische und feministische Themen ihrer Zeit so (wie Barlow selbst sagt) „determined and outspoken"[381] ist, unter dem Eindruck des Kommerztheaters vollkommen von ihren Überzeugungen und Prinzipien abgewandt haben soll, scheint ohne nähere textbasierte Begründung wenig plausibel. Im Anschluss an Craig ist schlussendlich von folgender Prämisse auszugehen: „Zona Gale the artist was inseparable from Zona Gale the feminist and activist."[382] Gales geschlechterideologische Gesinnung und politische Haltung sind in der Tat untrennbar mit ihrem literarischen Werk verbunden. Dass die Dramatikerin, wie Barlow behauptet, aus dem Gefühl der Unbehaglichkeit (*uneasiness*) heraus beide Schlussakte gleichzeitig in einem Band veröffentlicht haben soll, greift als Erklärungsmodell ebenfalls zu kurz.[383] Dieser Schritt scheint vielmehr eine bewusste ‚Einladung' an den Leser zu sein, die beiden Versionen nebeneinanderzustellen, um im direkten Vergleich zu erkennen, dass – abgesehen von der offensichtlichen strukturellen Transformation des offenen Schlusses in ein Bühnenstück mit *closure* – sie sich im Hinblick auf *gender*-kritische Implikationen oder etwa die ‚Einwebung' des Emanzipationsmotivs doch viel ähnlicher sind, als zunächst vermutet.

Dass die soziopolitische bzw. geschlechterideologische Orientierung der Dramatikerin Gale auf der einen Seite und die traditionskonforme Gestaltung des revidierten Schlussaktes auf der anderen Seite nicht so recht zueinanderpassen wollen, ist bislang nur von Cynthia Sutherland angesprochen, wenngleich auch nicht eingehender hinterfragt, worden. In ihrem Betrag aus dem Jahr 1978 schreibt Sutherland: „Such capitulation to public opinion evident in the modification of the ending by a writer who had supported the Woman's Peace Union, the Woman's Peace Party (Wisconsin), Jane Addams and the Hull-House workers, and who later helped to write the Wisconsin Equal Rights Law[,] has considerable significance."[384] Zwar spricht auch sie von „capitulation to public opinion", vermutet aber immerhin, dass dieser Umstand in Anbetracht der biographischen Aspekte von „considerable significance" sei. Wenn Sutherland im Anschluss daran schlussfolgert, dass dieser Autor-Text-Widerspruch Ausdruck eines „new style of mediation used by playwrights who continued to dramatize aspects of the ‚woman problem' in the 1920's"[385] sei, dann scheint die eigentliche Komplexität und Bedeutungstiefe der Revisionsproblematik damit vielleicht bestenfalls ‚angezapft', allerdings längst noch

381 Barlow, „Introduction", xxiv.

382 Craig, *Women Pulitzer Playwrights*, 37.

383 Barlow schreibt: „Gale, obviously uneasy with her revision, included both versions of the conclusion when the play was published." („Introduction", xxiv).

384 Sutherland, „American Women Playwrights", 324.

385 Sutherland, „American Women Playwrights", 324f.

nicht allumfänglich erklärt zu sein. Insofern muss sich die Suche nach dem von Marylin J. Atlas ins Spiel gebrachte ‚Mehr', das sich hinter der Revision des Dramas verbirgt, anders ausrichten.

Zona Gales Sicht auf die Inszenierungspraktiken und Publikumserwartungen im Broadway-Theater

Bevor sich der Fokus auf die eingehende Analyse der beiden Fassungen des Stückes richtet, kann und muss im Sinne einer mehrperspektivischen Betrachtung in Ergänzung zu den oben dargelegten autorensoziologischen Aspekten danach gefragt werden, welche Hinweise die Dramatikerin möglicherweise selbst zu ihrer Sicht auf die Revisionsthematik gibt. Dass eine Auseinandersetzung mit Gales Autorperspektive sinnvoll und notwendig scheint, zeigen die gegensätzlichen Auslegungen in diversen Forschungsbeiträgen. So ist beispielsweise bei Craig und Atlas nachzulesen, dass Gale den Schlussakt der Frühfassung bevorzugt (*preferred*) haben soll, während Barlow und Goddard schreiben, dass die Dramatikerin das neue Ende vehement verteidigt (*defended*) habe.[386] Auch hieran zeichnet sich im Übrigen das geschlechterdiskursive Pendeln oder Oszillieren als ‚Dauersymptom' der *Progressive Era* ab – eine Konstante, eine Tendenz auszumachen ist mit Blick auf den Untersuchungszeitraum insgesamt nur schwer möglich. Der Frage nach Zona Gales angeblicher Ambivalenz kann nichtsdestotrotz dennoch nachgegangen werden. Hierfür erweisen sich drei Eigenkommentare der Autorin als aufschlussreich, die jeweils Rückschlüsse auf ihre persönliche Haltung zur Überarbeitung des Stückes zulassen. Es handelt sich dabei um einen Zeitungsartikel vom 31. Januar 1921 („Cinderella Bett"), eine Pressemitteilung bzw. ein „statement about the change [of the ending]"[387] und einen weiteren Zeitungsartikel vom 1. Mai 1921 („The Pleasures of Playwriting").

Wodurch nun ist überhaupt erst der Eindruck entstanden, dass Gale dem traditionellen *happy ending* ihres überarbeiteten Stückes den Vorzug gegeben haben soll? Es ist der Zeitungsartikel „Cinderella Bett" zum einen und die *press release* zum anderen, die diese Deutungslinie unterfüttern. In beiden

---

386 Bei Craig heißt es hierzu: „Several critics [like Heywood Broun and Ludwig Lewisohn] objected; they preferred the old ending, Lulu setting off alone. At heart, Zona agreed […]." (*Women Pulitzer Playwrights*, 32). In ähnlicher Form schreibt Atlas: „[…] Gale was directed to change it, and she did, creating a new third act, but she preferred the original version." („From Novel to Plays", 38). Barlow hingegen konstatiert, „[that] Gale defended the new ending" („Miss Lulu Bett", 912), und Goddard erklärt: „[…] Gale defended her revised ending, arguing not only that happy endings sometimes do occur in life, but that the play is just the story of one woman […]." („Zona Gale", 76).

387 Derleth, *Still Small Voice*, 146.

Dokumenten nimmt Gale persönlich Stellung zur Revision des Schlussaktes und scheint im Zuge dessen ihren neuen Dramenausgang offenbar tatsächlich zu verteidigen. In der *New York Tribune* schreibt sie am 31. Januar 1921 an den Redakteur des Blatts unter dem Beitragstitel „Cinderella Bett“:

> [...] [T]he play originally had the motif which you suggest [i.e. the motif of liberation]. Lulu Bett did go out into the world alone. And nobody liked the last act. Whereas, the moment it was changed to the quite ordinary consummation of marriage the response of people was genuine. This is, perhaps, because the common experience affords as many examples of marriage as of going out into the world alone. [...] Liberation is inspiration. [...] ‚Miss Lulu Bett‘ is not propaganda. It does not urge upon women the desirability of going out into the world. It shows one woman, merely, waking up to new values in life. And it chances to be love—and not art—which awakens her, as from day to day continues to occur.[388]

In einer Pressemitteilung schreibt Zona Gale zudem:

> *Miss Lulu Bett*, as a play, has an ending which is technically known as ‚happy‘. [...] *Miss Lulu Bett*, the play, takes on by simple means the ending which life does actually compass over and over again. [...]—if a play is to present life—it must not always end an episode unhappily, because life does not always do so. It is true that the ironic, the satiric, the tragic, the casual, [...] must constitute many and many a curtain. But not all.[389]

Beide Stellungnahmen ließen sich zunächst durchaus als glaubhafte, wörtlich zu nehmende Rechtfertigungen der Autorin lesen. Unter Berücksichtigung der vorausgegangenen Ausführungen zu Gales soziopolitischem Engagement, ihrem gesellschaftskritischen Blick auf das ‚wahre Leben‘ und nicht zuletzt in Anbetracht ihrer in der Frühversion realisierten ursprünglichen Darstellungsabsicht mag dies allerdings nicht ganz einleuchten wollen. So scheint es wahrscheinlicher, dass sich Gale in beiden Dokumenten einer Art *double talk*-Strategie bedient, mittels derer sie sich an zwei verschiedene *audiences* mit entsprechend unterschiedlichen Intentionen wendet: So mag die Strategie einerseits dazu dienen, Theatermanager, im Auftrag des Syndikats arbeitende *agents* und insbesondere auch das naive Publikum zufriedenzustellen, andererseits aber auch versteckte Ironiesignale an jenen Teil des Publikums zu

---

388 Zona Gale, „Cinderella Bett“, *The New York Tribune* (January 31, 1921), 8.

389 Zona Gale zit. in Derleth, *Still Small Voice*, 146. Erscheinungsort und -datum dieser *press release* sind nicht bekannt. Wie an anderer Stelle bereits erwähnt, lässt Derleths Studie sämtliche Quellenangaben vermissen. Seinem Leser aber versichert er, dass Zona Gale es war, die diese Pressemitteilung verfasst hat: „[...] and finally Zona herself gave out a statement about the change.“ (ebd. 146).

senden, den man als *more sophisticated* bezeichnen könnte. Als erwägenswert erweist sich diese Lesart, wenn man berücksichtigt,

- dass *erstens* die Pressemitteilung erst auf den ausdrücklichen Wunsch des Produzenten hin veröffentlicht wurde, um die Kritiker des revidierten Schlussaktes zu beruhigen und den kommerziellen Erfolg des Stückes nicht zu gefährden,[390] und dass es sich deshalb wohl eher um einen strategischen, markt-sensiblen[391] Schachzug handelt, als um eine seriöse Stellungnahme der Dramatikerin zum Status der *happy marriage* in der Gesellschaft;
- wie auffallend häufig und eindringlich, *zweitens*, Zona Gale dem Leser unter Berufung auf die vermeintliche Tatsache zu versichern versucht, dass ihr Stück mit dem versöhnlichen Schluss doch das wirkliche Leben abbilde („the ending which life does actually compass over and over again"), dass es in der Realität doch auch nicht immer nur *unhappy endings* gebe („must not always end an episode unhappily, because life does not always do so") und dass ein Stück auch einmal mit einem versöhnlichen Schluss enden müsse, weil das wahre Leben eben auch so spiele;
- dass *drittens* in Formulierungen wie „the play takes on by *simple means*" oder „it was changed to the *quite ordinary* consummation of marriage" (Hervorhebung KT) eine ironische Anspielung auf die eher drögen Vorlieben des Broadway-Publikums zu finden sein mag, das erst, nachdem das Stück nachträglich das konventionelle *happy ending* erhalten hatte, mit einer „genuine response", wie es in „Cinderella Bett" heißt, reagiert;

dann ließen sich diese öffentlichen Statements der Dramatikerin als versteckte Kritik nicht nur an den Mechanismen des Unterhaltungstheaters (Punkt 1 und 2), sondern auch an den veränderungsresistenten Rezeptionsgewohnheiten des Theaterpublikums (Punkt 3) lesen. Gerade im kommerziellen Unterhaltungstheater zeige sich, so die Implikation, eine ausgeprägte Aversion gegen sozialkritische, realistische Inszenierungsverfahren. Entsprechend wird oben (Punkt 2) genau jener Zustand dargestellt, den das Kommerztheater gerade *nicht* zulässt. Und wenn Gale ‚glückliche Ehen' mit der ‚Darstellung von Lebenswirklichkeit' in einem Atemzug nennt, könnte man meinen, dass sie das Kommerztheater in seiner Besessenheit mit versöhnlichen *happy endings* regelrecht auf die Schippe nimmt, bedenkt man auch, dass in der

390 Siehe hierzu das bei Craig zitierte Telegramm Brock Pembertons an Zona Gale, in dem er eine schriftliche Stellungnahme zum nachträglich umgeschriebenen *happy ending* von der Dramatikerin anfordert (*Women Pulitzer Playwrights*, 32).

391 Die Formulierung ist Ackerman entliehen, der in seinem Beitrag von „market-sensible writing" spricht („Infelicities of Form", 67).

Progressive Era die Scheidungsraten geradezu explodieren.[392] Liest man beide Schriftstücke aus dieser Perspektive heraus, so mag man darin durchaus einen ironisch gemeinten Kommentar der Dramatikerin zu jenem Umstand erkennen, der dazu führte, ihr Stück nachträglich an die Rückständigkeit des kommerziellen Unterhaltungstheaters – „love" statt „art", „simple" und „ordinary" statt „inspiration" and „desirability" – angepasst haben zu müssen. Festzuhalten bleibt vorerst also, dass beide Dokumente nur auf den ersten Blick die Argumentation, Gale stehe voll und ganz hinter dem revidierten Dramenschluss, stützen, sie bei genauerer Überprüfung dieser Lesart jedoch nicht überzeugend standhalten können.

Davon ausgehend ist zu fragen, welche Hinweise es gibt, die nahelegen, dass die nachträgliche ‚Einpressung' des Schlussaktes in ein konventionskonformes Muster bzw. die Rückführung der Figuren in tradierte Geschlechterrollen *nicht* mit einer ideologischen und soziopolitischen Kehrtwende Zona Gales gleichzusetzen sind. Die Antwort darauf vermag ein an anderer Stelle bereits zitierter Artikel der Dramatikerin zu geben, den sie im Zusammenhang mit *Miss Lulu Bett* verfasst. In „The Pleasures of Playwriting", erschienen in der *New York Tribune* vom 1. Mai 1921, manifestiert sich das Bewusstsein der Autorin über die Restriktivität des Broadway-Theaters, die einerseits aus der zementierten Erwartungshaltung des Publikums erwächst und diese andererseits aber auch gleichzeitig selbst mit befördert. Wenn Gale beispielsweise schreibt, „The stage is a great, beautiful room, filled with a haunted sense of expectation, from the curve of the proscenium to the top-most seat.",[393] kritisiert sie damit implizit den systembedingten Mangel an Innovationsmöglichkeiten, für die es im wörtlichen Sinne am Broadway keinen (freien) Platz, zumindest keinen sichtbaren, gibt. Zudem wird durch die Kontrastierung von „a great, beautiful room" auf der einen Seite und „a haunted sense of expectation" auf der anderen das spannungsgeladene Spektrum dessen, was Theater sein könnte und was es unter dem Einfluss tradierter Rezeptionshaltungen und Inszenierungsverfahren tatsächlich ist, aufgemacht. Von zentraler Bedeutung in diesem Artikel, der quasi einen knappen Einblick in die dramentheoretische Agenda der Autorin bietet, ist die sich daran anschließende Passage, in der Gale halb rhetorisch, halb ernst gemeint fragt:

> Is it indeed true that the future will feel that only one sort of thing may happen there [i.e. in that great beautiful room, filled with a haunted sense of

392 Siehe hierzu z.B. William L. O'Neill, „Divorce in the Progressive Era", *American Quarterly* 17.2, Part I (1965), 203-217 sowie Freed and Foster (1969), Grisworld (1986), Koster (1942) und Riley (1991).

393 Gale, „The Pleasures of Playwriting", F9.

> expectation]? [...] Or will new meanings creep beneath the very words themselves [...]—and some day shall we interpret the word ‚action' differently? [...] As already, it may be, other nations are beginning to interpret it?[394]

Interessant an diesem Zitat sind zwei Aspekte: Zum einen wird darin deutlich, dass Gale viel an Innovation und Veränderung innerhalb des Theaters liegt und dass sie sich dabei an den Entwicklungen ‚anderer Nationen' orientiert. Vermutlich sind damit vor allem europäische Nationen gemeint, in denen sich innovative Gestaltungsmöglichkeiten im Drama und Theater augenscheinlich bereits zu etablieren begonnen haben. Zum anderen ist Gales Anspielung auf die Subtextebene bemerkenswert, derer sich ein Dramenautor bedienen könne, um seinem Stück ggf. von der Textebene abweichende Bedeutungen einzuschreiben („new meanings creep beneath the very words themselves"). Wenn Gale in einer anderen Passage des Artikels davon spricht, dass das Drama als literarische Gattung keine „utterly fixed for[m]" darstelle, sondern „from age to age" variiere und in seiner Form „fluid" sei,[395] offenbart sich darin ihr Bewusstsein für ‚erweiterbare' Inszenierungs- und Bedeutungsräume auch innerhalb eines dramatischen Textes. Die Subtextebene, in die ‚neue Bedeutungsdimensionen' ob der Restriktivität des Kommerztheaters zunächst noch ‚hineinkriechen' müssen und womöglich von der Textebene überlagert (und deshalb möglicherweise auch unentdeckt, verborgen) bleiben, stellt für Zona Gale augenscheinlich einen solchen erweiterten Inszenierungsraum dar, den sie sich – wie Herne und Crothers auch – in *Miss Lulu Bett* für ihre Agenda zunutze macht.

Mit Blick auf die Revisionsproblematik in *Miss Lulu Bett* scheint mir diese dramentheoretische Verortung der Autorin ein Schlüsselelement für die Analyse des veränderten Schlussaktes zu sein. Ein Artikel, den Gale bewusst mit „The Pleasures of Playwriting" überschreibt und in dem die Verfasserin auf die Möglichkeit einer Subtextebene verweist, lässt darauf schließen, dass sie sich dieser Bedeutungsebene in der Spätfassung ihres Stücks tatsächlich bedient und gewissermaßen ‚Vergnügen', *pleasure*, darin findet, die ursprüngliche Wirkabsicht und Bedeutung von der Text- in die Subtextebene zu verlagern, ohne dass dies den kommerziellen Erfolg des Stückes gefährden oder die Aufführungskonventionen radikal durchbrechen würde. Demzufolge kann der veränderte Schlussakt (wie auch die oben zitierten Stellungnahmen der Dramatikerin) als bewusst inszeniertes ironisches Spiel mit den Konventionen des Theaters wie auch mit den Rezeptionsgewohnheiten des Publikums gelesen

394 Gale, „The Pleasures of Playwriting", F9.

395 Gale, „The Pleasures of Playwriting", F9.

werden, wobei für den zeitgenössischen Leser die Frage unbeantwortet bleibt, welcher der beiden Dramenausgänge die geschlechterideologische Haltung Zona Gales am ehesten repräsentiert. Gale lässt ihre Kritiker und Zuschauer gleichermaßen in einem Zustand des Pendelns.

Nicht zuletzt intensiviert ein in der Erstausgabe von *Miss Lulu Bett* (1921) veröffentlichter „Open Letter" von Thomas H. Dickinson die Diskussion um das von der Dramatikerin präferierte Ende. Dickinson, ein namhafter Literaturkritiker und Theaterhistoriker seiner Zeit, schreibt hier in seinem den beiden Dramenfassungen vorangestellten offenen Brief an die Autorin (und den implizierten Leser):

AN OPEN LETTER
from
THOMAS H. DICKINSON

August 5, 1921

DEAR MISS GALE:

Any foreword that I can write to your play, *Miss Lulu Bett*, must be addressed to you, and others must read it, if at all, over your shoulder. As an artist you are, of course, not interested in definitions, being absorbed rather in always nearer and nearer approximation; but I shall not, on that account, forbear to remark how much your novel, and the play that followed it, have widened the practice of the arts that they represent. [...] [O]ne is filled with wonder that you, an artist heretofore of the more discursive type, should have out-theatred the theater when you come to practice on its narrow stage. [...] We are told that a true play is like a score for an orchestra; that it is a series of expert notes directed to the conductor and his players. Of no play of recent years is this so truly the case as of *Miss Lulu Bett*. [...]

As for your two endings, that is for you to say. Frankly the matter doesn't interest me greatly, for it goes back to the consideration of the drama as a social art, while I, forgetting its dependent state, would prefer to think of it as the product of the free spirit of the writer. [...]

Granting, as I do, that you may have two endings I see no reason why you should not have a dozen if you wish and if circumstances require them. All I ask is that one of these be the ending of your choice. If one of these endings be the artist's own I care not what ending he writes in collaboration. The best thing you have done in offering to the reader your two endings is to show him the documents in the case. To this extent you have taken another step toward that declaration of the independence of dramatic authorship that is sorely needed.

For the craftsmanship of your play, for the combined burden and opportunity [...], for the courage of its refusals, not less than of its manifest innovations, I, with thousands of others, well-wishers for the American theater, am profoundly grateful to you.

THOMAS H. DICKINSON[396]

396 Thomas H. Dickinson, „An Open Letter from Thomas H. Dickinson", *Miss Lulu Bett. An American Comedy of Manners*, by Zona Gale (New York & London: D. Appleton & Company, 1921), ix-xi: ix-xi. Hervorhebungen im Original.

Abgesehen von seinen überaus wohlwollenden Worten in Bezug auf Gales Fähigkeiten als Dramatikerin („you [...] have out-theatred the theater") und der literarischen Qualität ihres Stückes („the craftsmanship of your play"), dringt auch hier – ähnlich wie in Gales Artikeln – Dickinsons Kritik an der Rückständigkeit und Restriktivität des Theaters sowie an der Abhängigkeit des Dramas als ‚öffentliche Kunstform' („social art") von den vorherrschenden Ansichten und Einstellungen des Theaterpublikums im Kleinen und den diskursiven Strömungen in der Gesellschaft im Großen deutlich durch. So ist bei ihm die Rede von „definitions", dem rigiden Regelkorsett des Broadway-Theaters also; von „its [i.e. the drama's] dependent state", von „burden", den Erschwernissen also, die Dramenautoren angesichts des Konformitätszwangs begegnen; und jenen „circumstances", die das Verfassen alternativer Dramenschlüsse erfordern. Insbesondere im Broadway-Theater kann seiner Einschätzung nach ein Stück nur selten „the product of the free spirit of the writer" sein. Letzteres stellt für Dickinson augenscheinlich einen künstlerischen Idealzustand dar, der angesichts der Rückwärtsgewandtheit des kommerziellen Unterhaltungstheaters allerdings kaum erreichbar scheint. Ohne auf die Diskussion über Gales „own ending", sprich das von ihr sowohl formal-ästhetisch als auch geschlechterideologisch bevorzugte Ende, im Detail einzugehen, sieht Dickinson in der Veröffentlichung beider Schlussakte selbst bereits ein wichtiges Verdienst („the best thing you have done"), weil diese Maßnahme sowohl die restriktive Konventionalität des Theaters als auch die Veränderungsresistenz des Publikums in besonderem Maße bloßlegt. Schlussendlich erweist sich das demonstrative Gegenüberstellen von angestrebter Innovation (Frühfassung) und auferzwungener Konvention (Spätfassung) in der Erstausgabe des Stückes von 1921 als ein wichtiger Schritt „toward that declaration of the independence of dramatic authorship that is sorely needed". Bezeichnenderweise spricht Dickinson stets nur von *dem* Stück („the play", „your play"). Er betrachtet Früh- und Spätfassung demnach als textliche Einheit, in der sich beide Versionen komplementär zueinander verhalten. So bleibt auch bei ihm vermutlich bewusst offen, welcher Fassung das oben erwähnte Lob eigentlich gilt. Wie Gale lässt auch Dickinson den Leser und Kritiker diesbezüglich in einem Modus des Pendelns zurück.

Im Grunde ist dieser offene Brief somit weniger an Zona Gale, sondern vielmehr als Kritik an den Leser, den Theaterzuschauer und das Theater gerichtet; das Dokument stellt damit ebenfalls – d.h. wie das Stück in seinen beiden Fassungen, die Pressemitteilungen und die dramentheoretische Skizze Gales – ein diskursives Element innerhalb der komplexen Aushandlung der Geschlechter- und Revisionsthematik um *Miss Lulu Bett* dar. Jeder der genannten Texte macht sich in der Diskussion über Geschlechterkonfigurationen unweigerlich auch den Formaspekt zum Thema. In dieser Komplexität spiegelt sich einmal mehr jenes Phänomen, das Alan Ackerman, wie an anderer Stelle ausgeführt, zutreffend als *deep preoccupation with form itself* beschrieben hat.

IV.3.4 Deep preoccupation with form itself: *Figurenkonzeptionelle und textstrukturelle Verschiebungstechniken*

Im Hinblick auf bisherige Studien ist generell festzustellen, dass sie sich in ihren Analysen fast ausnahmslos auf den originalen, unkonventionellen Dramenschluss konzentrieren. Offenbar hat die Feststellung über Gales (und Lulus) ‚Einknicken' vor der Wirkmächtigkeit von Theatertradition (und Geschlechterrollenkonvention) ausgereicht, um den revidierten Schlussakt in die Schublade der als ‚unliterarisch' geltenden Texte beiseitezulegen. Entsprechend knapp wird das neue Ende in diesen Beiträgen mit dem kurzen Hinweis auf seine geschlechterideologische und genrebezogene Konventionstreue ‚abgehandelt'. Die weitere literaturwissenschaftliche Beschäftigung mit Gales Stück hat diese Sichtweise bis heute geprägt: Keine der einschlägigen Studien hat sich bislang mit dem neuen Schlussakt, seinen Figuren und strukturellen Besonderheiten *eingehend* beschäftigt, sodass die von der Autorin verwendeten figurenkonzeptionellen und textstrukturellen Verschiebungstechniken im Grunde noch gar nicht erkannt worden sind.

Dies ist insofern zu bedauern, als durch die bisher konsequente analytische Fokussierung auf die Titelheldin Lulu Kritikern wie Forschern gleichermaßen entgangen ist, dass sich durch die Textrevision nicht nur die Konzeption Lulus, sondern auch die der Nebenfigur Mrs. Bett verändert hat. Bedeutsam ist dies deshalb, weil die hier in einer eingehenden Analyse herauszuarbeitenden Verschiebungstechniken an die Figuren Miss Lulu Bett und Mrs. Bett geknüpft sind. Obwohl das Stück mit Ina und Mrs. Bett eine weitere Mutter-Tochter-Beziehung aufweist, ist festzustellen, dass zwischen Lulu Bett und Mrs. Bett eine besondere Form der Verbundenheit vorliegt, die sich neben dem verwandtschaftlichen Verhältnis insbesondere auch in figurenkonzeptioneller und textstruktureller Hinsicht als eine Form der *gender solidarity* im Stück mit seinen verschiedenen Fassungen spiegelt.

Figurenkonzeptionell ähnlich sind sich die beiden Figuren insofern, als sie bis zum Ende des II. Aktes eine parallel angelegte dynamische Entwicklung im Handlungsverlauf nehmen. Im Hinblick auf geschlechterbezogene Aspekte bedeutet dies konkret, dass zunächst beiden Figuren ein emanzipatorisches Motiv in ihrer dynamischen Entwicklung eingeschrieben ist.[397] Figuren-

397 ‚Emanzipatorisches Motiv' meint hier jene weiblichen Charakteristika und Handlungsweisen, die auf ein modernes, in jedem Falle vom viktorianisch geprägten Frauenbild abweichendes Weiblichkeitsverständnis hindeuten. Hierzu zählen neben der Darstellung

konzeptionelle Unterschiede sind dann jedoch im ursprünglichen Schlussakt III_{OV} festzustellen. Während sich bei Lulu dort die dynamische Figurenentwicklung linear fortsetzt und sie bekanntlich als emanzipierte Frauenfigur am Ende der Schlussszene die Deacons verlässt, um in ein selbstbestimmtes Leben aufzubrechen, ist bei der Mutterfigur ein Rückfall in alte Verhaltensmuster zu beobachten, wie man sie etwa zu Beginn der Handlung im Expositionsakt wahrnehmen kann. Die dynamisch-lineare Figurenentwicklung sowie das emanzipatorische Motiv sind in III_{OV} sodann nur noch in einer Figur, Lulu, figurenkonzeptionell angelegt.

Wird, wie hier beabsichtigt, der revidierte Schlussakt III_{RV} als komplementär zum ursprünglichen verstanden, liefert eine entsprechende Vergleichsanalyse interessante Erkenntnisse über figurenkonzeptionelle und textstrukturelle Verschiebungen. Stellt man sich die beiden Schlussakte nämlich als übereinandergelegte Transparentpapiere vor, dann werden wie in einem Palimpsest die älteren Strukturen hinter den neuen sichtbar. Im Rahmen eines solchen Abgleichs der Fassungen lässt sich erkennen, dass die figurenkonzeptionellen Besonderheiten des ursprünglichen Schlussaktes prinzipiell als solche auch noch im revidierten Schlussakt III_{RV} auszumachen sind, nun aber figural neu besetzt bzw. umbesetzt werden. Entsprechend ist das emanzipatorische Motiv und die dynamisch-lineare Figurenentwicklung nun nicht mehr in der weiblichen Hauptfigur Lulu zu finden, sondern in der Nebenfigur Mrs. Bett. In III_{RV} ist es bekanntlich Lulu, die durch ihre Aussöhnung mit Ninian und dem damit verbundenen *happy ending* in ein traditionelles Weiblichkeitsmuster zurückfällt. In der Konzeption der Mutterfigur sind hingegen deutliche Hinweise auf die lineare Fortsetzung ihres im Expositionsakt begonnenen und im II. Akt fortgeführten Entwicklungsprozesses zu finden. Diese Verschiebung führt also, so die These, in der Spätfassung zu einer *Ver*lagerung des feministisch-emanzipatorischen Motivs von Miss Lulu Bett auf Mrs. Bett, nicht aber – wie in der Forschung zuweilen dargestellt – zu seiner vollständigen *Aus*lagerung bzw. Eliminierung aus der vermeintlich konventionskonformen Textrevision.[398] Die hier beschriebenen Entwicklungslinien der Figuren bzw. die ihnen zugrunde liegenden Figurenkonzeptionen werden im Rahmen dieser Arbeit als ‚dynamisch-linear' bzw. ‚dynamisch-retrograd' bezeichnet. Obwohl der Rückfall in tradierte Weiblichkeitsmuster aus *gender*-kritischer Sicht einen ‚ideologischen Rückschritt' darstellt, so ist dieser aber dennoch Teil einer

weiblicher Stärke auch der ungebrochene Wille, die eigenen Ansichten durch eine eigene Stimme zu artikulieren und sich gegen die Patriarchengestalt Dwight zu behaupten.

398 Siehe Abschnitt IV.3.3 oben.

dynamischen Figurenentwicklung. Grafisch ließen sich diese intertextuellen Verschiebungslinien wie folgt darstellen (Abb. 16):

	Akt I	Akt II	Akt III$_{OV}$	Akt III$_{RV}$
dynamisch-linear konzipierte Figur (mit eingeschriebenem Emanzipationsmotiv)	Miss Lulu Bett Mrs. Bett	Miss Lulu Bett Mrs. Bett	Miss Lulu Bett	Mrs. Bett
dynamisch-retrograd konzipierte Figur (Rückfall in ein traditionelles Frauenbild)	---	---	Mrs. Bett	Miss Lulu Bett

Abb. 16 Figurenkonzeptionelle und geschlechterideologische Verschiebungen in den beiden Fassungen von Gales *Miss Lulu Bett*

Im Folgenden gilt es, das in Abb. 16 Dargestellte im Lichte einer *gender*-kritischen ‚Zeitlupenvergleichsstudie' herauszuarbeiten. Zunächst richtet sich der Blick auf die Konzeption und Darstellung der weiblichen Hauptgestalt in beiden Textfassungen.

Miss Lulu Bett: Konzeption, Darstellung und Entwicklung in den beiden Textfassungen

Dass die Figur der Miss Lulu Bett einen zu Emanzipation und weiblicher Selbstbestimmung hinführenden Entwicklungsprozess durchläuft, der in der Frühfassung des Stückes seinen konsequenten Abschluss findet, ist keineswegs eine neue Erkenntnis. So schreibt dazu beispielsweise Judith L. Stephens in ihrer Studie aus dem Jahr 1985: „During the course of the play, Lulu is shown in the process of deliberation. Her character is slowly developed and strengthened through her growing ability to make decisions and assume control of her life."[399] Im Jahr 2000 greift Goddard diesen Gedanken auf und beschreibt Lulus Entwicklung als „transformation from a meek household drudge into an independent woman"[400]. Drei Jahre später fast Bilderback seine Beobachtungen zu Lulus Veränderungen wie folgt zusammen: „Zona Gale's *Miss Lulu Bett* relates the story of a woman who rises above patriarchal authority and finds

399 Judith L. Stephens, „The Compatibility of Traditional Dramatic Form and Feminist Expression", *The Theatre Annual: A Journal of Performance Studies* 40 (1985), 7-23: 12.

400 Goddard, „Zona Gale", 76.

her own voice and direction in life. [...] Lulu's changes in character are gradual, giving the play force and credibility. Her progression throughout the play leads to a climactic rebellion in which she recognizes and appropriates her power in order to direct her own fate."[401] Was diese und andere Darstellungen neben dem *development*-Motiv eint, ist ihre Bezugnahme auf die Originalversion des Stückes. Diese Beobachtungen zur Konzeption und Darstellung der weiblichen Hauptgestalt lassen sich jedoch nicht ohne Weiteres auf die revidierte Dramenfassung übertragen, die in den genannten Beiträgen weitgehend unberücksichtigt bleibt.

Was der nachfolgenden Figurenanalyse voranzustellen ist, ist der explizite Hinweis darauf, dass sich, obwohl Akt I und II identisch sind und damit freilich auch die Entwicklungslinien der Figur bis zum Ende des mittleren Aktes identisch verlaufen, die Untersuchung figurenkonzeptioneller und textstruktureller Aspekte keineswegs nur auf die vom restlichen Text separierten Dramenausgänge beziehen darf. Weil der konzeptionelle *blueprint* der Hauptfigur – und dies gilt analog dann auch für die Analyse Mrs. Betts – in den ersten beiden Akten gelegt wird, ist vielmehr der gesamte Text in den Blick zu nehmen, will man die erwähnten Entwicklungslinien und insbesondere die tiefenstrukturellen Verschiebungen herausarbeiten.

Akt I & II als figurenkonzeptioneller *blueprint* der weiblichen Hauptfigur

Ungeachtet dessen, welche Entwicklung bzw. Wendung die Figurendarstellung im Schlussakt nehmen wird, ist festzustellen, dass Lulu, „a spinster of thirty-three",[402] mit dem Einsetzen des Handlungsgeschehens in ihrer Rolle als Küchenmagd und Haushaltshilfe in das Stück eingeführt wird. Die nachfolgend zitierte Anmerkung im Nebentext, die der ersten Sprechhandlung Lulus vorausgeht, hat dabei im Hinblick auf die konzeptionelle Anlage dieser Figur signalgebende Wirkung, weist sie doch auf die primäre Funktion Lulus im Deacon-Haushalt hin: „*Enter* LULU BETT. *She carries a plate of muffins.*" (*MLB* 90). Diese und weitere, sehr ähnliche Bühnenanweisungen lassen sich gerade in der Expositionsszene des Stückes zahlreich finden, wie die folgenden Textzitate exemplarisch zeigen: „*Enter* LULU.", „LULU [...] *is clearing the table.*", „*Exit, carrying plates.*", „*Enter* LULU, *clearing table.*", „*Exit with dishes.*", „LULU *enters with tea and toast.*", „*Enter* LULU, *collects her mother's dishes, folds cloth* [...]." (*MLB* 93-99). Weisen das häufige Betreten und Verlassen des als Wohnbereich inszenierten Bühnenraums zunächst auf eine hohe Bewegungsdynamik

401 Bilderback, „Male Fraud", 23.
402 Barlow, „Miss Lulu Bett", 912.

bzw. Raumbewegungsfrequenz hin, die im Spiegel des zeitgenössischen Kontextes für eine weibliche Figur eher untypisch ist – sind doch bekanntlich Raumbewegung, Aktivität und dynamische Bewegungsmuster vornehmlich männlich konnotierte Eigenschaften –, so relativiert sich dieser erste Eindruck von Lulu unmittelbar, weil an das Bewegungsmotiv immer auch eine häusliche Aufgabe gekoppelt ist, die sie im Zusammenhang mit der jeweiligen Raumbewegung verrichtet. Entsprechend weisen die hochfrequentierten Auf- und Abgänge in Lulus Fall nicht auf aktive Partizipation am Familienleben hin, sondern unterstreichen vielmehr die hohe Arbeitsintensität in einem räumlich sehr eng abgesteckten Bewegungsradius, der für die Protagonistin vorerst auf die *domestic sphere* beschränkt bleibt. Die monotone, zyklische Abfolge der zu verrichtenden Arbeiten ist zudem eine Anspielung auf die relative Bedeutungslosigkeit der Figur im Haus Dwight Deacons: In Lulus Tun findet sich nichts Besonderes, denn die Erledigung dieser immer wiederkehrenden Aufgaben ist für die Familienmitglieder so selbstverständlich und beiläufig geworden, dass sie kaum mehr wahrgenommen, geschweige denn geschätzt werden. Überhaupt wird Lulu trotz ihrer hohen Bühnenpräsenz unmittelbar mit dem Einsetzen der Handlung zu einer randständigen Figur, zu einer „faceless drone“,[403] stilisiert, deren Tun und Sein von der Familie als „unerheblich, nebensächlich und belastend“[404] gewertet wird.

In ihrer Außenseiterrolle als *spinster* wird Lulu außerdem auch zur Zielscheibe unzähliger Verbalangriffe und Verspottungen, die nicht nur von Dwight, sondern auch von ihrer Schwester Ina ausgehen, die sich – ob ihrer Funktion als Gattin eines Familienpatriarchen – wiederum selbst dem damit verbundenen Rollendruck und der Autorität des tyrannischen *head of the household* beugen und aus Motiven des Selbstschutzes mit Dwight gegen Lulu solidarisieren muss.[405] Die oben erwähnte räumliche Isolation Lulus in der *domestic sphere* weitet sich demzufolge auch auf eine psychologisch-emotionale aus. Selbst im vermeintlich geschützten Raum der *middle class family* erfährt Lulu Leid und Demütigung. Die gesellschaftliche Unterprivilegiertheit ihres *spinster*-Daseins

403 Schroeder, *The Feminist Possibilities*, 54.

404 Oppermann, *Das Engelsmuster*, 305.

405 Mit Kommentaren wie „She's fearlessly careless. And Dwight, she looks so bad—when there's company I hate to have her around.“ (*MLB* 89f.) und „She has a terrible will, hangs on to her own ideas, and hangs on—“ (*MLB* 91) verbündet sich Ina mit Dwight gegen Lulu. Inas Verhalten ist Teil ihres weiblichen Taktierens, um nicht selbst in die Missgunst des tyrannischen Patriarchen zu fallen. Entsprechend erweisen sich viele der zwischen Dwight und Ina stattfindenden Unterhaltungen als ‚unechte Konsensdialoge‘, in denen Ina ihre Zustimmung nur vortäuscht. Unterschwellig aber sind oftmals Spannungsmomente festzustellen, die ‚um des lieben Hausfriedens willen‘ nicht explizit gemacht oder aufgelöst werden.

bekommt sie im Großen wie im Kleinen zu spüren. Der Hinweis darauf, dass Lulu die oben beschriebenen Tätigkeiten seit nunmehr fünfzehn Jahren ausübt (vgl. *MLB* 102), unterstreicht ihren untergeordneten Status zusätzlich und lässt die Möglichkeit einer Veränderung unter dem Patriarchat Dwight Deacons kaum wahrscheinlich werden.

Dass sich Lulu Bett ihrem Schicksal jedoch nicht hingibt und sich gegen die Schikanierung durch ihre eigene Familie, insbesondere durch Dwight, wehrt, zeigt sich zuerst in diversen Auflehnungshandlungen, die zunächst jedoch als ‚stiller Protest' entweder völlig unbemerkt oder – aus Ermangelung der Fähigkeit der anderen, die ironisch-sarkastischen Kommentare Lulus entsprechend deuten zu können – in ihrer eigentlichen Bedeutung unverstanden bleiben. In ihrer Studie bezeichnet Oppermann diese Auflehnungshandlungen als „Ersatzhandlungen" bzw. „kompensativ[e] Gesten" Lulus, die sowohl Ausdruck „ihres durchaus berechtigten Zorn[s] und Widerwillen[s]" sind als auch zur Wahrung ihres „seelische[n] Gleichgewicht[s]"[406] dienen. Wenngleich die Verfasserin richtig konstatiert, dass sich in der „Vehemenz dieser kompensativen Gesten [...] die eigentliche Stärke ihrer Persönlichkeit [er]ahnen [lässt]", so kommt sie doch zu dem Schluss, dass Lulu „ihre kerkerhafte Isolation in der Familie ihrer Schwester ohne Widerspruch und ohne Widerstand [akzeptiert]."[407]

Anders als Oppermann wird hier im Anschluss an Bilderbacks Studie davon ausgegangen, dass diese Handlungen durchaus Ausdruck ihres inneren Widerstands sind und den Ausgangspunkt jener figuralen Entwicklung bilden, wie sie für eine dynamische Figurenkonzeption charakteristisch ist. Bilderback spricht in Bezug auf die Darstellung Lulus in der Originalfassung des Stückes von „evolution" bzw. „[gradual] changes in character" und erkennt in Lulu eine Progression „from verbal acts of rebellion to rebellious action", die wiederum „in her climactic departure from the Deacon household" ihren Höhepunkt findet.[408] Bilderbacks Untersuchungsansatz wird hier für die nachfolgende Figurenanalyse aufgegriffen, jedoch aus folgenden Gründen modifiziert und erweitert: Zum einen darf sich eine Analyse der Figurenentwicklung nicht allein auf die verbalsprachliche Dimension („verbal acts") beschränken, sondern muss, um die Progression in ihrer Komplexität beleuchten zu können, auch die nicht-sprachliche Dimension dieser Auflehnungshandlungen einbeziehen. Letzteres bleibt bei Bilderback unberücksichtigt, weil sich seine handlungsbezogenen Analysen auf die von den übrigen Figuren explizit wahrgenommenen verbalen Handlungen Lulus beschränken, während die

406 Oppermann, *Das Engelsmuster*, 305.
407 Oppermann, *Das Engelsmuster*, 305, 308.
408 Bilderback, „Male Fraud", 23, 18.

im Verborgenen stattfindenden oder wortlosen Handlungen in seiner Untersuchung ausgespart werden. Zum anderen muss Bilderbacks Ansatz um den Aspekt der Redeanteile und der Sprechhaltung ergänzt werden, da Häufigkeit, Länge und linguistische Merkmale von Repliken für die figurenkonzeptionelle Einordnung, insbesondere aus *gender*-kritischer Sicht, diesbezüglich bekanntlich wichtige Hinweise liefern können. Zwar erwähnt Bilderback, dass Lulu ihre eigene Stimme findet,[409] allerdings ist dies bei ihm – ohne diese Lesart in Abrede stellen zu wollen – ausschließlich im übertragenen Sinne gemeint. Eine Untersuchung des Textes kann zeigen, dass Lulus Redenanteile in der Frühfassung jedoch tatsächlich sowohl quantitativ als auch qualitativ kontinuierlich zunehmen und sich die Art und Weise ihres Sprechens im Verlauf der Handlung prägnant verändert.

Die Bedeutung non-verbaler Elemente im Kontext des auflehnend-protestierenden Figurenhandelns der Protagonistin soll nachfolgend an zwei Beispielen herausgearbeitet werden, wobei der Vollständigkeit halber erwähnt sei, dass nicht-sprachliches Handeln vom situativ eingebetteten Sprachhandeln der beteiligten Figuren freilich nicht isoliert betrachtet werden kann. Immer ist auch die verbalsprachliche Kommunikationsebene wie auch der situative Kontext in die Analyse einzubeziehen. Exemplarisch für Lulus nonverbale Auflehnung gegen die Art und Weise, wie mit ihr umgegangen wird, ist die Blumen-Episode (vgl. *MLB* 91), in der Dwight während einer Mahlzeit den in der Mitte des Tisches platzierten Blumentopf mit einer Tulpenzwiebel entdeckt, dessen Kauf er in seiner Funktion als Hausherr nicht genehmigt hatte. Lulu selbst nimmt nicht am Tisch Platz, sondern serviert der Familie Muffins („[...] *She carries a plate of muffins.*“, *MLB* 90). Die Situation liest sich wie folgt:

DWIGHT: [*Observes the tulip.*] Flowers! Who's been having flowers sent in?
INA: Ask Lulu.
DWIGHT: Suitors?
LULU: It was a quarter. There'll be five flowers.
DWIGHT: You bought it?
LULU: Yes. Five flowers. That's a nickel apiece.
DWIGHT: Yet we give you a home on the supposition that you have no money to spend, even for the necessities. [...] The justice business and the dental profession do not warrant the purchase of spring flowers in my home.
[...] [*Exit* LULU.]

(*MLB* 91)

409 Siehe Bilderback, „Male Fraud“, 23.

Lulus untergeordneter Status innerhalb der Familie spiegelt sich im voranstehenden Zitatausschnitt in der von Dwight angeordneten Notwendigkeit, die Umstände des Blumenkaufs, insbesondere die finanziellen Aspekte, im Detail darlegen zu müssen. Interessanterweise nimmt sich Ina – wohlwissend, dass Dwight den eigenmächtigen Kauf der Blumen als weibliches Fehlverhalten werten wird – selbst aus der Schusslinie und verweist Dwight sofort an Lulu („Ask Lulu."). Beinahe reflexartig erklärt sich Lulu gegenüber Dwight und legt ihre Kaufhandlung einschließlich der ökonomischen Überlegungen offen. Dieses regelrechte Abspulen von Erklärungen und Rechtfertigungen deutet auf ein internalisiertes, verfestigtes Verhaltensmuster hin, was wiederum darauf schließen lässt, dass Dwight in seiner Funktion als Hausherr vermutlich routinemäßig die Handlungen seiner Familienmitglieder abfragt und kontrolliert. Dieser den weiblichen Figuren auferlegte Zwang zur Transparenz und Offenlegung jeden Schrittes, sei er auch noch so klein, ist auf der Textoberfläche nicht nur Ausdruck seines patriarchalischen Machtanspruchs, sondern lässt sich auf der Subtextebene auch als implizite Kritik an Dwights Pedanterie verstehen, für die es kraft seiner Ämter und finanziellen Möglichkeiten im Grunde gar keinen Anlass gibt. Die Tatsache, dass der Blumentopf nur 25 Cent bzw. „a nickel apiece" gekostet hat, verstärkt den Negativeindruck dieser Patriarchenfigur zusätzlich. Dessen ungeachtet aber lässt Dwight es sich nicht nehmen, Lulu auf das bestehende Abhängigkeitsverhältnis hinzuweisen: Derartige eigenmächtige Handlungen in einem auch noch so kleinen Rahmen sind ihr ‚in seinem Hause' nicht gestattet. Dwights Maßregelung scheint sodann auch seine Wirkung zunächst nicht zu verfehlen: Wortlos und vermeintlich geläutert verlässt Lulu nach dieser Standpauke den Raum.

Wenig später aber betritt Lulu die Bühne erneut, jedoch nur sehr kurz und deshalb von den anderen völlig unbemerkt. Unkommentiert nimmt sie den Blumentopf vom Tisch und wirft ihn aus dem Fenster: „*Enter* LULU. *She takes flowerpot from table and throws it out the window. Exit* LULU." (*MLB* 91). Diese stille Protesthandlung ist allein gegen Dwights patriarchale Reglementierung innerhalb der Familie gerichtet, durch die weibliche Individualität im Allgemeinen systematisch unterdrückt wird. Interessant ist in diesem Zusammenhang ein expliziter Hinweis auf den Blumentopf gleich zu Beginn des Stückes: „*In the center of the table is a pink tulip in a pot.*" (*MLB* 89). Der Farbakzent in einem sonst eher dunklen Raum – im Nebentext ist u.a. die Rede von einem „*oak sideboard*" und „*a soft old brown divan*" (*MLB* 89) – ist von der Dramatikerin geschickt gewählt: Das grobe, dunkle Mobiliar dominiert den Wohnraum und vermittelt den Eindruck erdrückender Enge, ähnlich wie Dwights Kontrollsucht die Individualität der weiblichen Familienmitglieder erdrückt. Weibliche Subjektivität und Selbstbestimmung finden in seinem Haus keinen Platz. Durch die rosafarbene Tulpe wird – in Assoziation mit einer für Femininität stehenden Farbe und der ebenfalls mit Femininität verbundenen Naturhaftigkeit der Blume – ein kleiner, fast unscheinbarer Akzent gesetzt, der kontrastiv neben der (erdrückenden) Dominanz des Männlichen steht. Lulus Hinweis im zitierten Dialogausschnitt oben, dass sich aus der Zwiebel insgesamt fünf Tulpenblüten entwickeln werden („There'll be five flowers."), ist in diesem Zusammenhang von symbolischer Bedeutung: Sie stehen für die fünf weiblichen Familienmitglieder (Ina, Di, Monona, Lulu, Mrs. Bett), die im vermeintlichen Schutzraum der *middle class family* ähnlich wie eine Blume gedeihen, prosperieren und erblühen sollen. Lulus Akt, sprich das Hinauswerfen des Blumentopfes aus dem Fenster, versinnbildlicht allerdings, dass sich im Deacon-Haushalt der Stellenwert einer Frau offenbar in ihrer eigenen Unbedeutsamkeit erschöpft und die individuelle Entfaltung der Frau hier quasi schon im Keim erstickt wird. Dies spiegelt sich, wenn Zona Gale kurz *nach* Lulus Wegwerfen der Blumen ihre Patriarchenfigur Dwight sagen lässt, „Just coming home here and sort of settling down—[...]. Look at this room. See this table. Could anything be pleasanter?" (*MLB* 92). Seinem Empfinden nach fehlt es in seinem Haus an nichts. In der für ihn typischen Selbstüberhöhung nimmt er seine Familie als musterhaft wahr und übersieht in seiner Verblendung das Leid der anderen. In Dwights Replik bestätigt sich der Eindruck, dass sämtliche weibliche Bemühungen um die Erfüllung eigener Vorstellungen – und sei es auch nur die gut gemeinte Dekoration des Raumes – stets ins Leere laufen.

Bezeichnend ist jedoch, dass Lulus non-verbaler Protest gegen Dwight im Kontext dieser Tulpen-Episode seine Fortsetzung findet: Am Ende der Expositionsszene betritt Lulu – diesmal mit „*tea and toast*" (*MLB* 98) – erneut den Raum. An ihrem Kleid findet sich die erste Blüte der Tulpenpflanze in Form einer Ansteckblume wieder. Welche konkrete Handlung zwischen dem Wegwerfen des Blumentopfes und dem Anstecken der Blüte stattfindet, bleibt im Stück eine Leerstelle; bedeutsam ist jedoch, dass sich Lulu mit dieser bereits erblühten Tulpe bzw. dessen, was sie symbolisiert (Lebenswille, Individualität, Standhaftigkeit trotz widriger Umstände), so stark identifiziert, dass sie daraus Kraft schöpft, sich von den Gemeinheiten Dwights nicht unterkriegen zu lassen. Somit ist in dem Anstecken der Blüte eine Fortsetzungshandlung ihres inneren Auflehnens gegen den Patriarchen zu sehen. Aus dessen Sicht stellt diese eigenmächtige Handlung allerdings einen erneuten Angriff auf seine Rolle als Hausherr dar, der deshalb ebenfalls nicht unkommentiert bleibt:

> [LULU *enters with tea and toast.*] [...] [DWIGHT *spies the tulip on* LULU'S *gown.*]
> DWIGHT: Lulu. One moment. You *picked* the flower on the plant?
> LULU: Yes. I—picked it.

DWIGHT: She buys a hothouse plant and then ruins it!
LULU: I—I—[*She* [*exits*]; *the door slams.*]

(*MLB* 98)

Für den kontrollbesessenen Patriarchen Dwight ist wiederum bezeichnend, wie er Lulu die von ihr durch den Satz „*I*—picked it." (Hervorhebung KT) postulierte Individualität sofort wieder entreißt, indem er sie in der darauffolgenden Replik nicht direkt adressiert, sondern das Pronomen *she* verwendet und in der dritten Person über Lulu spricht, als wäre sie gar nicht anwesend. In diesem Konfliktdialog setzt sich das Aushandeln und Ringen um weibliche Individualität insofern fort, als dass sich Lulu durch das zweifache Insistieren auf die eigene Identität („I—I—") ihre Stimme zurückholt und – da sie unmittelbar darauf beim Verlassen der Bühne mit unüberhörbarer Intensität die Tür zuschlägt – dabei quasi auch das letzte Wort in diesem Disput behält. Von einer einvernehmlichen Konsensfindung, wie sie in konstruktiven Aushandlungsdialogen angestrebt wird, kann angesichts dieses abrupten Dialogabschlusses freilich nicht gesprochen werden. Vielmehr deutet die Konflikthaftigkeit dieser Situation auf weitere Auseinandersetzungen zwischen diesen beiden Figuren hin. Für Lulus Entwicklung im Stück nimmt diese, aus mehreren Komponenten bestehende Protesthandlung jedoch eine Schlüsselfunktion für den weiteren Handlungsverlauf ein, kann darin doch der Beginn ihrer figurenkonzeptionellen „transformation"[410] gesehen werden. Über die Grenze des inneren Kommunikationssystems hinaus kann die gesamte Blumen-Episode gleichzeitig aber auch als indirekte Kritik am um 1920 offensichtlich noch immer nicht überwundenen Patriarchat, an der Unterdrückung weiblicher Selbstbestimmung und der scheinheiligen Moral der Mittelschicht gelesen werden.

Neben solch nicht-sprachlichen Handlungen zeigt sich an mehreren Stellen im Stück, wie Lulu mit den ihr widerfahrenden Ungerechtigkeiten sprachlich umzugehen gelernt hat. Teil ihres inneren Protests ist eine verbalsprachliche Strategie, bestimmten Aussagen Dwights, aber mitunter auch Inas, mit intelligentem Witz, überraschender Schlagfertigkeit und Ironie zu begegnen. Diese Fähigkeit ist konzeptionell in der Figur Lulu fest angelegt, d.h. sie ist von Beginn an existent, tritt aber erst im Zuge des figuralen Entwicklungsprozesses immer stärker in Erscheinung. Lulus „sarcastic remarks"[411] verleihen dem Stück trotz seiner tragischen Dimension eine komisch-humoristische Note, die aber niemals zu Lasten der Protagonistin geht oder sie unsympathisch erscheinen

410 Craig, *Women Pulitzer Playwrights*, 43.
411 Bilderback, „Male Fraud", 21.

ließe. Da Lulus ironisch gemeinte Äußerungen von den übrigen Figuren stets wörtlich genommen werden, während die indirekte, eigentliche Botschaft ihrer Repliken unverstanden bzw. ungehört bleibt, wird insbesondere die Patriarchengestalt Dwight der Lächerlichkeit preisgegeben und somit in seiner Funktion als Autoritätsinstanz zeitweise untergraben. Insgesamt entsteht diesbezüglich der Eindruck, als hätte Gale ihrer Figur jene *double talk*-Strategie eingeschrieben, derer sie sich selbst im äußeren Kommunikationssystem bedient.[412] Das Wirksamwerden dieser Strategie in Lulus Figurenrede sei an zwei ausgewählten Episoden exemplarisch verdeutlicht.

(Episode 1) Als Lulu, wie so oft im Stück, der Familie zubereitete Speisen serviert, fragt Dwight nach den aktuellen Fischpreisen. Die zunächst an Ina gerichtete Frage wird von dieser (aus Gründen der Unkenntnis) an Lulu weitergegeben, woraus sich ein Dialog zwischen Dwight und Lulu entwickelt, der sich wie folgt liest:

DWIGHT:	[*Frowning at* LULU]. How much is salmon the can now, Ina?
INA:	How much is it, Lulu?
LULU:	The large ones are forty, that used to be twenty-five. And the small ones that were ten, they're twenty-five. The butter's about all gone. Shall I wait for the butter woman or get some creamery?
DWIGHT:	Not at meal time, if you please, Lulu. The conversation at my table must not deal with domestic matters.
LULU:	I suppose salmon made me think of butter.
DWIGHT:	There is not the remotest connection. Salmon comes from a river. A cow may drink from a river, she may do that, but I doubt if that was in your mind when you spoke—you're not that subtle.
LULU:	No, that wasn't in my mind.

(*MLB* 93)

Auch über diesen scheinbar belanglosen Dialog über Lebensmittelpreise werden geschlechterbezogene Aspekte verhandelt, wobei der Zitatausschnitt selbst diesbezüglich viel komplexer ist, als es zunächst den Anschein hat. Zum einen trägt Dwight aus dem unmittelbar davor stattfindenden Gespräch ein gewisses Maß an Groll gegen Lulu in die oben wiedergegebene Dialogsituation hinein: Als Dwight sich nämlich nach dem Aufenthaltsort seiner ältesten Tochter Di erkundigt und Lulu ihm mitteilt, dass sie bei einer Freundin sei und man ihm dies bereits schon einmal gesagt hatte („We told you that this noon.", *MLB* 93), erweist sich Lulu aufgrund ihres Informationsvorsprungs und der Tatsache, Dwight beim Vergessen ertappt zu haben, in diesem Moment als Überlegene und Aktive (Stichwort *knowledge as power*), während Dwight

412 Siehe hierzu die Ausführungen in Abschnitt IV.3.3 oben.

ob seiner Unwissenheit nur der Status des passiven Informationsempfängers zukommt. Sein an Lulu gerichtetes *„frowning"* im Zitateingang oben verleiht seiner inneren Unzufriedenheit über diese Rollenumkehrung deutlichen Ausdruck. Dass er dies nicht auf sich wird sitzen lassen wollen, ist dabei genauso erwartbar wie Inas Unvermögen, über haushaltsbezogene Aspekte Auskunft geben zu können, versagt sie doch diesbezüglich das gesamte Stück hinweg auf ganzer Linie. Indem sie Dwights Frage im oben zitierten Dialog unbeantwortet an Lulu übergibt („How much is it, Lulu?"), die wiederum sehr detaillierte Informationen liefern kann, manövriert sich Ina in ihrer Rolle als vermeintliche Hausherrin – ähnlich wie zuvor schon Dwight – ebenfalls in die passive Abseitsposition einer Nichtswissenden. In beiden Fällen ist es demnach Lulu, die einmal mehr unter Beweis stellt, dass sie diejenige ist, die für das Funktionieren dieser Familie sorgt. Mit den Worten Bilderbacks ist Lulu „[t]he true head of the household"[413]. Als Lulu dann jedoch eigeninitiativ die knappen Buttervorräte im Hause thematisiert, ist dies für Dwight ein willkommener Anlass, Lulu erneut zu maßregeln und ihr die Besprechung von „domestic matters" am Tisch zu untersagen, wenngleich er es zuvor doch selbst war, der mit seiner Frage nach den Fischpreisen die Lebensmittelthematik sprichwörtlich auf den Tisch gebracht hatte. Diese Widersprüchlichkeit in Dwights Handeln bzw. den offensichtlichen *double standard*, dessen sich Dwight immer dann bedient, wenn es ihm passt, quittiert Lulu mit „I suppose salmon made me think of butter." Lulus sarkastisch gemeinte Aussage allein hätte genügt, um Dwight der Lächerlichkeit preiszugeben. Die Dramatikerin jedoch legt ihm ein pseudofachliches bzw. pseudo-psychoanalytisches Referat in den Mund („There is not the remotest connection. Salmon comes from a river. A cow may drink from a river, she may do that [...]"), das dieser selbstverliebten Patriarchenfigur ein Defizit an Sprachsensibilität einerseits und ein Übermaß an Egozentriertheit andererseits bescheinigt. Gleichzeitig ist bezeichnenderweise er es auch, der Lulu eine scheinbar nur ihm vorbehaltene Scharfsinnigkeit abspricht („you're not that subtle"). Für Dwight ist diese Angelegenheit somit abgeschlossen und sprichwörtlich vom Tisch. Wie zuvor im Kontext der Tulpen-Episode findet allerdings auch diese Lebensmittel-Episode ihre Fortsetzung: Als im weiteren Verlauf der Szene die Türklingel läutet und Dwight verärgert fragt, wer wohl die Dreistigkeit besäße, ihn während der Mahlzeit zu stören, antwortet Lulu mit dem für sie charakteristischen Witz: „Maybe that's the butter woman." (*MLB* 94). Auch die eigentliche Botschaft dieser Bemerkung geht an Dwight verloren, der das Gesagte ob seiner eigenen Begrenztheit wiederum nur

---

413 Bilderback, „Male Fraud", 19.

wörtlich, nämlich als Thematisierung der von ihm wenig geschätzten *domestic matters*, nehmen kann: „Lulu, no more about the butter, please." (*MLB* 94).

(Episode 2) Im weiteren Verlauf der Expositionsszene entdeckt Dwight einen an ihn adressierten Brief im Wohnzimmer, der ihm – so die Hausregel – unmittelbar nach dem Eintreffen hätte ausgehändigt werden müssen. Dies aber haben Ina und Lulu allem Anschein nach versäumt, wofür sie sich entschuldigen. Interessant an diesem Wortwechsel sind vor allem Lulus Repliken:

> [DWIGHT *sees on clock shelf a letter.*]
> INA: Oh, Dwight! It came this morning. I forgot.
> LULU: I forgot too. And I laid it up there.
> DWIGHT: Isn't it understood that my mail can't wait like this?
> LULU: I know. I'm sorry. But you hardly ever get a letter.
> DWIGHT: Of course pressing matters go to my office. Still my mail should have more careful—[*He reads.*] Now! What do you think I have to tell you?
>
> (*MLB* 97)

Während es durchaus plausibel ist, dass sich Ina als ‚hörige Ehefrau' in aller Form bei Dwight entschuldigt, um nicht weiter in dessen Missgunst zu fallen, muss Lulus Verhalten doch etwas verwundern: Nicht nur macht sie ein eigentlich nicht mehr erforderliches Eingeständnis ihres Versäumnisses („I forgot too."), nachdem doch Ina bereits die Schuld auf sich genommen hat; Lulu übernimmt durch die Ergänzung von „And I laid it up there." gleichsam auch die Hauptverantwortung dieses (weiblichen) Fehlverhaltens. Was nicht so recht zum ernstgemeinten Charakter ihrer Entschuldigung passen mag, ist das einleitende „And" in diesem Nachtrag, das in der diskursiven Funktion eines *teaser*, also als provozierendes Reizwort, die Negativwirkung ihres Nicht-Handelns bewusst intensiviert. Die Sache, so die implizierte Bedeutung dieser Konjunktion, wiege doch eigentlich noch viel schlimmer, hat sie den vermeintlich wichtigen Brief doch nicht nur vergessen, sondern auch noch zur Seite gelegt, obwohl sie doch eigentlich über die Dringlichkeit der Zustellung wisse („I know."). Dem Dialog oben ist zu entnehmen, dass sich Dwights Selbstverständnis als Familienoberhaupt aus einem Informationsmonopol heraus konstituiert. Auch hier gilt das Motto: *power through knowledge*. So betont er an anderer Stelle im Stück: „My dear Lulu, you know how I hate having my mail interfered with. […] I prefer always to open my own letters." (*MLB* 129). Insofern ist Ackerman zuzustimmen, wenn er konstatiert, dass der Erhalt eines Briefes dem Patriarchen ein Gefühl von „pleasure und power" verleiht.[414]

414 Ackerman, „Infelicities of Form", 62.

Während also Dwight mithilfe seiner Hausregel, ihm sämtliche Posteingänge unverzüglich zuzustellen, seine übergeordnete Stellung und Wichtigkeit als Hausherr zu behaupten versucht, relativiert bzw. untergräbt Lulu durch ihr hier einmal unterstelltes bewusstes Beiseitelegen seiner *mail* Dwights männlichen Geltungsanspruch als *head of the household*. Wenn sie im oben zitierten Dialog dann auch noch „But you hardly ever get a letter." hinzufügt, wird der erwähnten Bedeutungsminimierung Dwights noch einmal zusätzlich Ausdruck verliehen. So gesehen kann in Lulus Verhalten erneut eine Auflehnungs- bzw. Protesthandlung gegen das Patriarchat Dwight Deacons gelesen werden, die sie nach außen hin allerdings geschickt in einen ‚typisch weiblichen' Sprechakt, nämlich dem des unterwürfigen Entschuldigens gegenüber einer männlichen Autorität für das eigene scheinbare Versagen, zu verpacken weiß.

Interessant an dem oben zitierten Dialogausschnitt ist auch, wie Dwight mit dem von ihm irgendwie vage wahrgenommenen, durch Lulu evozierten Autoritäts- und Kontrollverlust intuitiv umzugehen versucht: Zunächst ist er bemüht, seine eigene Wichtigkeit durch Formulierungen wie „my office", „my mail" und „pressing matters" wieder herzustellen, ändert dann aber im Zuge des Lesens – bewusst oder unbewusst – seine Strategie (siehe den Satzabbruch im Zitat oben). Die im Brief enthaltenen Informationen, auf die zunächst nur er Zugriff hat, verschaffen diesmal ihm einen Wissensvorsprung gegenüber den anwesenden weiblichen Figuren und damit bekanntlich auch Macht, die er nun – nachdem seine Bedeutsamkeit durch Lulu durch die Missachtung seiner Regeln in Abrede gestellt worden war – zu seiner eigenen Rehabilitierung als Hausherr ausspielen kann. So besteht die kommunikative Absicht seiner Frage, „What do you think I have to tell you?", nicht in einer wörtlich zu nehmenden Meinungs- oder Ideenabfrage seiner Zuhörerinnen; sie dient vielmehr zur Betonung seiner eigenen Wichtigkeit als Hausherr, der ‚naturgemäß' mehr weiß, als alle anderen. Die diskursive Aushandlung *gender*-bezogener Aspekte um Macht und Überlegenheit findet demnach hier in erster Linie über den Subtext statt. Wenngleich Dwight in dieser Situation letztlich anscheinend doch wieder die Oberhand gewinnen kann, so bleibt doch festzuhalten, dass sich Lulu, konsequent und ohne bestehende Rollenzuschreibungen radikal zu durchbrechen, gegen Dwights Kontroll- und Machtgebären auflehnt, wenngleich ihre Strategien zunächst fast unbemerkt und subtil bleiben.

Dies ändert sich im weiteren Verlauf der Handlung, denn Lulus Entwicklungsprozess nimmt vor dem Hintergrund der Begegnung mit Ninian, Dwights weitgereistem Bruder, noch deutlichere Züge an. Die anfänglich recht zögerlich zum Ausdruck gebrachten nicht-sprachlichen und sprachlichen Auflehnungshandlungen gehen mit voranschreitendem Handlungsgeschehen allmählich in explizite, selbstbestimmte und ernstgemeinte

Entscheidungshandlungen über,[415] die – nunmehr frei von jedweder Ironie und Komik – für Lulu als sich emanzipierende Frau von großer Bedeutung sind. Die nachfolgend dargelegten Beispiele solcher Handlungen werden hier entgegen Bilderbacks Auffassung nicht als „active step[s] toward *rebellion*" oder „small acts of *rebellion*" verstanden,[416] sondern als Ausdruck gereifter Einsichten darüber, was es bedeutet, auf der Grundlage eigener Bedürfnisse und Haltungen individuell bedeutsame Entscheidungen zu treffen. Anders formuliert: Lulus Entscheidungen sind nun zunehmend nach innen gerichtete, auf das Wohl der eigenen Person bedachte Handlungen und weniger nach außen gerichtete Auflehnungs- und Protesthandlungen (im Sinne von Bilderbacks *rebellion*) gegen Dwights Tyrannei. Hervorzuheben ist in diesem Zusammenhang außerdem, dass der Grad ihrer Selbstbestimmtheit und ihres Selbstbewusstseins im Verlauf des Geschehens kontinuierlich zunimmt, ohne dass dies in einen negativ besetzten Egoismus umschlagen würde: Orientiert sich Lulu anfänglich noch sehr stark an Ninian, der sie mehrfach regelrecht dazu ermuntern muss, auch einmal ihren eigenen Bedürfnissen gerecht zu werden, so trifft sie ihre Entscheidungen mit fortschreitendem Verlauf des Geschehens zunehmend selbstständig. Den Höhepunkt dieser Entwicklung stellt dabei bekanntlich Lulus Entscheidung in der Schlussszene der Originalfassung dar, die Familie zu verlassen.

Solch eine bewusste Entscheidungshandlung findet sich erstmals in I/2, als Ninian die konsternierte Lulu zu einem „[d]inner and a show" (*MLB* 105) in die Stadt einlädt. Dass solch eine Möglichkeit der räumlichen Grenzüberschreitung – das Verlassen der *domestic sphere* und eine Partizipation am Leben in der *public sphere* – zunächst in Lulus Vorstellung nicht einmal existiert, spiegelt sich in ihrer Replik „Ina and Dwight do that sometimes. I can't imagine me." (*MLB* 105) wider. Aus ihrer Sicht sprechen mehrere Gründe gegen diesen Ausflug in die Stadt. Teils aus Unsicherheit, teils aus geschlechterideologischer Sozialisation heraus, teils aus Pflichtbewusstsein in Bezug auf ihre häuslichen Aufgaben äußert Lulu ihre Bedenken (eingeleitet durch das dreifache „Oh"), die bei Ninian jedoch kein Gehör finden, wie u.a. die Satzunterbrechungen in den folgenden Zitatbeispielen verdeutlichen:

> LULU: Oh, you don't want me to go.
> NINIAN: Yes, sir, I'll give you one good time.
> […]

415 Bei Stephens beschränkt sich diese Beobachtung auf den allgemeinen Hinweis „Lulu also makes increasingly important decisions during the play", ohne dies aber genauer darzulegen („The Compatibility", 13).

416 Bilderback, „Male Fraud", 21. Hervorhebung KT.

LULU: Oh, the pies—
NINIAN: Forget the pies [...].
LULU: Oh, maybe Ina won't go....
NINIAN: Leave Ina to me.
[*Exit* NINIAN.]

(*MLB* 105f.)

Erst allmählich reift der Gedanke in Lulu, dass sich Ninians Idee tatsächlich in die Realität umsetzen ließe. Indem er ihr sämtliche Zweifel nimmt und auf all ihre Bedenken eine Antwort findet, wächst Lulus Selbstvertrauen und ihr Bewusstsein über ‚Frei-Räume' auch für Frauen wie sie. Dies äußert sich in Lulus Repliken nach Ninians Abgang insofern, als sie Monona und ihre Mutter Mrs. Bett in ungewohnt bestimmter, aber dennoch höflicher Art und Weise zur Mithilfe beim Aufräumen der Küche auffordert, um sich noch rechtzeitig für den Stadtausflug zurechtmachen zu können: „Mother, mother! Monona, put the rest of those apples back in the basket and carry them out. [...] We mustn't leave such a looking house. [...] Mother, please pick up these things for me—quick." (*MLB* 106). An dieser Stelle vollzieht sich der Wandel Lulus vom *passive receiver* zum *active doer*. Als Lulu ihrer Mutter den Grund für die Eile erklärt („Mother, Mr. Deacon—Ninian, you know—wants Ina and Dwight and me to go to the theater tonight in the city.", *MLB* 106) und letztere ihr bestätigt, „It'll do you good." (*MLB* 106), gelangt auch Lulu ganz bewusst zu dieser Einsicht („Yes, mother. I [*sic*] will.", *MLB* 106), die sodann auch die Grundlage ihres weiteren Handelns bildet.

Lulus zweite einschneidende Entscheidung, nämlich nach der *mock wedding* tatsächlich mit Ninian verheiratet zu bleiben, die Ehe nicht annullieren zu lassen und stattdessen mit ihm die gemeinsame Reise in die Flitterwochen anzutreten (siehe *MLB* 113-115), spiegelt in struktureller Hinsicht schablonenhaft den Verlauf des voranstehenden Beispiels wider: Zunächst zeigt sich Lulu noch recht unsicher und ungläubig („Oh, no, no!", „Why—why—that couldn't be... .", „How could you want me?", „But you—you said you wanted—oh, maybe you're just doing this because—", *MLB* 114), bevor sie sich schließlich – von Ninian ausdrücklich nach ihren ganz eigenen Wünschen bzw. Willen befragt („Would *you* be willing to go with me? Would you? [...] Would *you* be willing to go with me?", *MLB* 114, Hervorhebungen im Original) – für die Ehe entscheidet.

Die beiden voranstehenden Beispiele dürfen jedoch nicht darüber hinwegtäuschen, dass Ninian, der immer ganz auf „[his] own pleasure" (*MLB* 107) bedacht ist, wie er an einer Stelle selbst sagt, an Lulus Entscheidungsfindung maßgeblichen Anteil hat, sie darin gewissermaßen lenkt und in seinem Sinne beeinflusst. So stellt er ihr beispielsweise mit dem Ziel, sie von der Aufrechterhaltung der Ehe zu überzeugen, immer auch Suggestivfragen, die sie kaum negativ beantworten kann (z.B. „Good enough—eh, Lulu?“, *MLB* 114; „You'd like that, wouldn't you?“, *MLB* 115). Ninians Rolle ist somit eine ambivalente, weil er einerseits als Sympathieträger fungiert, der Lulu in seiner Funktion als ‚Emanzipationskatalysator‘ zu mehr Selbstbestimmung und Individualität verhilft; andererseits weist er negativ besetzte, weil auf einen ausgeprägten Egoismus hinweisende Charakterzüge auf, die ihn weniger sympathisch erscheinen lassen. Zu betonen ist diese Einschränkung deshalb, weil es Lulu im weiteren Verlauf (insbesondere nach ihrer Trennung von Ninian, der ihr in den Flitterwochen gestanden hatte, dass er bereits verheiratet ist) gelingt, sich aus dieser (männlichen) Manipulation heraus zu lösen und fortan genuin eigene Entscheidungen zu treffen.[417] Auch hierfür seien zwei Beispiele gegeben.

Bezeichnend für Lulus inzwischen erlangte Selbstbestimmtheit ist beispielsweise die Konsequenz, mit der sie die von Neil Cornish mehrfach an sie herangetragenen Heiratsanträge[418] freundlich, aber bestimmt ablehnt (vgl. II/3, *MLB* 134; *MLB* III_{OV} 157; *MLB* III_{OV} 160; *MLB* III_{OV} 161), obwohl das von ihm in Aussicht gestellte gemeinsame Heim im „Warden house“ (*MLB* 157), Cornishs geerbter Geldbetrag über $500 (vgl. z.B. *MLB* 134) und ein gesellschaftlich akzeptiertes Leben an seiner Seite als *wife* (im Gegensatz zur gesellschaftlich geächteten *spinster* bzw. *fallen woman*) für sie durchaus lukrativ gewesen sein dürften. Für Lulu aber zählt nicht die materielle und soziale Absicherung, sondern ein selbstbestimmtes Leben in Freiheit und Unabhängigkeit. Im Anschluss an Bilderback kann deshalb festgehalten werden: „[...] [S]he kindly rejects him [i.e. Neil Cornish] because she is now aware that a man is not necessary in order for her to live a fulfilling life. [...] Lulu has gained not only a voice but also self-respect and pride.“[419]

Charakteristisch für die veränderte, oder wie Bilderback sagt, „new Lulu“[420] ist auch die Art und Weise ihres Sprechens in Dialogen mit Dwight Deacon. Nach dem Abbruch der Flitterwochen bzw. ihrer Rückkehr zu den Deacons zeigt sich Lulu demnach nicht nur äußerlich verändert[421]; ihr neu erlangtes

---

417 Dies gilt auch dann noch, als Lulu nach der Trennung von Ninian zu den Deacons zurückkehrt und erneut den Angriffen Dwights ausgesetzt ist, denen sie nun aber entschiedener als zuvor begegnet. Diese Beobachtung findet sich auch bei Stephens, die hierzu Folgendes anmerkt: „Although Lulu has returned to the Deacon household, she is now very much changed from the passive creature she was in the first act.“ („The Compatibility“, 13).

418 Darauf wird im Zusammenhang einer Analyse der von Neil Cornish verkörperten Männlichkeitskonfiguration in Abschnitt IV.3.5 unten noch einmal zurückzukommen sein.

419 Bilderback, „Male Fraud“, 22, 23.

420 Bilderback, „Male Fraud“, 23.

421 Diverse Repliken anderer Figuren verweisen auf das veränderte Erscheinungsbild der Protagonistin nach ihrer Rückkehr. So ist bei Diana die Rede von einem „perfectly beautiful dress“ (*MLB* 125), und Ina bemerkt zudem eine Veränderung in Lulus Frisur, die

Selbstbewusstsein kommt auch in einem prägnant veränderten Sprechverhalten zum Ausdruck.[422] Zu spüren bekommt dies Dwight, als er Lulu einreden will, dass Ninian ihrer höchstwahrscheinlich wohl überdrüssig geworden sei und deshalb die Geschichte von der ersten Ehefrau erfunden habe, um Lulu loszuwerden. Lulu, die nicht glauben will, dass Dwights Version der Wahrheit entspricht, fordert von ihm Ninians Adresse ein, um ihn selbst um eine Stellungnahme bitten zu können. Dwight jedoch weigert sich, ihr diese Adresse auszuhändigen – wiederum eine Inszenierungsform männlicher Macht und Überlegenheit, da ihm das Einbehalten von Informationen das von ihm beanspruchte Kontroll- und Wissensmonopol innerhalb der Familie sichert. Während sich die ‚alte' Lulu vermutlich gefügt hätte, begegnet die ‚neue' Lulu dem Patriarchen Dwight nun mit energischem Widerstand und Beharrlichkeit. Zur Illustration ihres veränderten Sprechverhaltens sei dieser Konfliktdialog, wenn nicht in seiner Vollständigkeit, dann doch in großen Teilen, nachfolgend zitiert. Die verschiedenen Hervorhebungen durch Fettdruck (Lulu) und Unterstreichung (Dwight) verdeutlichen in Lulus Fall deren Entschlossenheit im eigenen Handeln bzw. in Dwights Fall dessen Bemühungen, seine Autorität zu wahren[423]:

DWIGHT: […] The truth is Lulu's husband has tired of her and sent her home. We may as well face it.

[…]

LULU: […] Dwight, **I want you to give me** Ninian's Oregon address.

DWIGHT: You want what?

LULU: Ninian's Oregon address. It's a funny thing but I haven't it.

DWIGHT: It would seem that you have no particular need for that particular address.

LULU: Yes I have. **I want it.** You have it haven't you, Dwight?

DWIGHT: Certainly I have it.

LULU: Won't you **please** write it down for me? [*She offers him tablet.*]

DWIGHT: My dear Lulu, now why receive anything? No good can come by—

---

sie als „strange" (*MLB* 126) bezeichnet. Zum veränderten Aussehen Lulus schreibt beispielsweise Firestone: „[…] Lulu has no choice but to return to her brother-in-law's home and kitchen. But she does not return to her drab, unattractive, cotton housedress and apron. She has transformed herself into a fashion plate, in the high style of the Roaring Twenties, having seen in her travels how the outside, voguish world lives and dresses." (*The Pulitzer Prize Plays*, 30).

422 Eine ähnliche Feststellung formuliert Stephens, wobei sich bei ihr der Hinweis auf ein verändertes Sprechverhalten der Protagonistin darauf beschränkt, dass Lulu „more assertively, more confidently than before" spricht, ohne dies genauer auszuführen („The Compatibility", 13).

423 Auf die Bedeutung der grau markierten Textpassagen wird im Anschluss näher eingegangen.

LULU: **But** why shouldn't I have his address?
DWIGHT: If everything is over between you why should you?
LULU: **But** you say he's still my husband.
DWIGHT: If my brother has shown his inclination as plainly as I judge that he has it is certainly not my place to put you in touch with him again.
LULU: I don't know whose place it is. **But I've got to know more—I've got to know more**, Dwight. [...] **Dwight! I won't live like that. I want to know** the truth. **You give me** Ninian's address.
DWIGHT: My dear Lulu! My *dear* Lulu! You are not the one to write to him. Have you no delicacy?
LULU: So much delicacy that I want to be sure whether I'm married or not.
DWIGHT: Then I myself will take this up with my brother. I will write to him about it.
LULU: Here's everything—**if you're going to write him, do it now.**
DWIGHT: My dear Lulu! don't [*sic*] be absurd.
[...]
LULU: **Dwight, you write that letter** to Ninian. **And you make him tell you** so that you'll understand. I know he spoke the truth. But **I want you to know.**
DWIGHT: M—m. And then I suppose as soon as you have the proofs you're going to tell it all over town.
LULU: **I'm going to tell it all over town** just as it is—**unless you write that letter** to him.
INA: Lulu! Oh, you wouldn't!
LULU: I would. I will.
DWIGHT: And get turned out of the house as you would be?
INA: Dwight. Oh, you wouldn't!
DWIGHT: I would. I will. Lulu knows it.
LULU: **I shall tell what I know and then leave your house** anyway **unless you get Ninian's word. And you're going to write him now.**
[...]

(*MLB* 125-127)

Die voranstehende Auseinandersetzung verdeutlicht auf beeindruckende Weise, dass Lulus zuvor häufig zu beobachtenden sarkastischen Kurzrepliken (als Ausdruck ihrer Reaktion auf Dwights Maßregelungen), deren eigentlichen Bedeutungen von Dwight nicht einmal verstanden worden waren, nun Repliken weichen, die unter Verwendung bestimmter grammatikalischer Strukturen zum einen explizite, an Dwight gerichtete Handlungsaufforderungen aufweisen und zum anderen Formulierungen enthalten, die der Entschiedenheit ihres Handelns Nachdruck verleihen: Konkret wird die Verwendung von Imperativformen („you give me", „do it now", „you make him tell you") sowie von entschlossene Handlungsabsicht bekundenden Verbformen („I won't live like that", „I'm goingt to tell it", „I shall tell [...] and leave") in Lulus Repliken augenscheinlich, die sie allerdings erst dann wählt, als ihre Bitte („Won't you please write it down for me?"), also der zunächst höflich-respektvolle Versuch, die Angelegenheit einvernehmlich zu klären, an Dwight abprallt. Zudem verleiht sie durch Formulierungen wie „I want you to give me", „I've got to know more" und „I want to know" ihren eigenen Bedürfnissen stärker Ausdruck und hält Dwights vermeintlichen rhetorischen Fragen („why receive anything?", „why should you?") jeweils ein insistierendes „But" entgegen. Lulus ursprüngliche Unsicherheit, wie sie in den oben besprochenen Beispielen zu finden war, hat sich nunmehr umgewandelt in unerschütterliche Konsequenz und unbeirrbare Entschlossenheit.

Ferner ist in diesem Dialog mit Blick auf Dwights Sprechverhalten, konkret auf sein verbalsprachliches Ringen um Recht, Kontrolle und die Wahrung der eigenen Machtposition, interessant, wie er durch die für ihn im Stück typischen Wort- und Satzwiederholungen die Oberhand zu behalten versucht. Sein viermaliges „My dear Lulu" ist keineswegs als ernstgemeinte, Sympathie bekundende Anrede zu verstehen, sondern vielmehr als formelhaft verwendete, leere Worthülse, die durch die Verwendung von *my dear* eine gewisse Überlegenheit des Sprechers zum Ausdruck bringt, der – von oben herabschauend – Lulu die Abwegigkeit ihrer Forderung zu verstehen zu geben versucht. Gleichzeitig zeugt der repetitive Gebrauch dieser Formel aber auch von einem Mangel an Kreativität und Einfallsreichtum, sodass die von ihm suggerierte Überlegenheit gleichzeitig auch wieder in Frage gestellt wird. Prägnant äußert sich Dwights Ideenlosigkeit auch in den oben grau markierten Dialogpassagen. Lulu verwendet darin zunächst die Formulierung „I would. I will.", um ihrer Entschlossenheit Ausdruck zu verleihen. Dwight bedient sich kurz darauf exakt dieses Sprachmusters mit der Absicht, Lulus Drohung („I'm going to tell it all over town") mit einer implizierten Gegendrohung („And get turned out of the house as you would be?") zu neutralisieren. Seine Wiederholung von „I would. I will." läuft allerdings ins Leere, weil sich Lulu davon gänzlich unbeeindruckt zeigt – ebenfalls ein Zeichen ihres veränderten Selbstbildes.[424] Dwights beinah verzweifelt wirkender Versuch, seine Autorität zu behaupten, indem er sich durch seine Replik „Then *I myself* will take this up with my brother. *I will write* to him about it." (Hervorhebung KT) selbst wieder in die Rolle des Agierenden manövriert, ist im Grunde Ausdruck seines Scheiterns bzw. muss als Teilerfolg für Lulu gewertet werden, erreicht sie doch

424 Freilich ließe sich Dwights Aufgreifen dieser Formulierungen theoretisch auch als eine sarkastisch-parodistische Imitation des Kommunikationsstils von Lulu deuten. Diese Lesart aber würde der Figur eine sprach- und kommunikationssensible Dimension zusprechen, die sonst nirgends im Text angelegt ist – im Gegenteil. Gerade diese Fähigkeit wird ihm im Stück indirekt mehrfach abgesprochen.

ihr ursprüngliches Ziel. Lulu übernimmt somit in diesem Konfliktdialog eine aktive Rolle: sie behauptet ihre Position, sie insistiert auf ihr Recht der Wahrheitssuche, sie dient als Wortgeberin und gewinnt am Ende der Auseinandersetzung die Oberhand.

Dies zeigt sich in der darauffolgenden Episode auch insofern, als dass sie Dwight nicht nur dazu bringt, den Brief an Ninian augenblicklich zu verfassen, sondern ihr selbigen auch, wenngleich spürbar widerwillig, auszuhändigen:

DWIGHT: [*Writes.*] [...]
There, Lulu. The deed is done. Now I hope you're satisfied. [*Places the letter in his pocket.*]
LULU: **I want you to give me** the letter to mail, **please.**
DWIGHT: Why this haste, sister mine? I'll mail it in the morning.
LULU: **I'll mail it now.**
DWIGHT: I may take a little stroll before bedtime—I'll mail it then. [...]
LULU: **I'll mail it now.**
DWIGHT: I suppose I'll have to humor your sister, Ina. Purely on your account you understand. [*Hands the letter.*]

(*MLB* 128)

Strukturell folgt dieser Wortwechsel dem Muster des oben zitierten Dialogs: Lulus quasi-höflicher Forderung nach der Herausgabe von Informationen[425] folgt Dwights Beschwichtigung durch eine herabsetzende Anrede (diesmal „sister mine“) und das Formulieren einer rhetorischen Frage („Why this haste?“). Wie zuvor versucht er auch in dieser Situation die Rolle des Agierenden zu behaupten, indem er derjenige sein will, der den Brief auf der Post aufgibt und den Zeitpunkt dafür selbst festlegt („I'll mail it then“). Aus Dwights Perspektive besteht ein wesentlicher Unterschied darin, ob er der Versender einer Nachricht ist und den Brief persönlich dem Postamt übergibt oder ob er von Lulu zur Herausgabe des Briefes aufgefordert wird: Ersteres ist Ausdruck seiner Rolle als aktiv Entscheidender, Letzteres ist Ausdruck seines Kontroll- und Machtverlusts. In einem sog. *face-saving act*, einem Versuch also, sein Gesicht als Mann und *head of the household* zu wahren, gibt er schließlich vor, nur aus Rücksicht auf die verwandtschaftliche Beziehung Lulus zu seiner Frau Ina den Brief an Lulu zu übergeben („I'll have to humor your sister,

425 Die Formulierung ihrer Aufforderung nach dem Muster „I want you to give me“ impliziert Lulus Entschlossenheit. Das nachgeschobene „please“ artikuliert sie – im positiven Sinne gemeint – gewohnheitsmäßig, weil Höflichkeit und Respekt im Umgang mit anderen einen Teil ihrer Persönlichkeit ausmachen. Vgl. in diesem Zusammenhang auch Oppermann, die der Protagonistin u.a. ein sanftes Wesen, Rücksichtnahme sowie eine Tendenz zur Unterordnung zuschreibt (*Das Engelsmuster*, 312).

Ina"). Tatsächlich aber ist es Lulus vehementes Insistieren, das ihn zur Aushändigung zwingt. Im Gegensatz zu Dwights Wiederholungen im Dialog oben verfehlen nämlich Lulus Wiederholungen ihre Wirkung nicht: Ihr zweimaliges „I'll mail it now." unterstreicht einmal mehr ihre Entschlossenheit zum selbstbestimmten Handeln, die – suggeriert durch die syntaktische Kompaktheit des Satzes – nicht verhandelbar ist.

Im weiteren Verlauf der Handlung, konkret in Szene II/3, wird Lulus verändertes Sprechverhalten um eine weitere Dimension erweitert, die die figurenkonzeptionell dynamisch angelegte Entwicklung der Protagonistin unterstreicht: Die Länge ihrer Repliken und damit auch ihre Redezeit nehmen in der genannten Szene deutlich zu. In einer erneuten Auseinandersetzung mit Dwight kommt es nämlich zum Eklat, als dieser von Lulu fordert, über Ninians inzwischen bestätigte und noch immer gültige erste Ehe mit Cora Waters Stillschweigen zu wahren und so die Familie vor einem öffentlichen Skandal zu schützen. Die Vorstellung, mit diesem Geheimnis leben zu müssen, um die Familienehre nicht zu beschmutzen, lässt Lulu sprichwörtlich aus der Haut fahren. In ihrem Selbstbewusstsein sichtlich erstarkt, wehrt sie sich mit aller Macht gegen das ihr aufoktroyierte Schicksal. An keiner anderen Stelle im Stück wird der Tragik der Figur und ihrem Leid, das sie im Hause der Deacons ertragen muss, eindringlicher Ausdruck verliehen als in diesem emotionalen Aufschrei:

DWIGHT: [...] I want you to promise me that you won't shame us like this before all our friends.

LULU: You want me to promise what?

DWIGHT: I want you—I ask you to promise me that you will keep this with us—a family secret.

LULU: No! No! I won't do it! I won't do it! I won't do it!

DWIGHT: You refuse to do this small thing for us?

LULU: Can't you understand anything? I've lived here all my life—on your money. I've not been strong enough to work they say—well, but I've been strong enough to be a hired girl in your house—and I've been glad to pay for my keep. ... But there wasn't a thing about it that I liked. Nothing about being here that I liked. ... Well, then I got a little something, same as other folks. I thought I was married and I went off on the train and he bought me things and I saw different towns. And then it was all a mistake. I didn't have any of it. I came back here and went into your kitchen again—I don't know why I came back. I suppose it's because I'm most thirty-four and new things ain't so easy any more—but what have I got or what'll I ever have? And now you want to put on to me having folks look at me and think he run off and left me and having them all wonder. I can't stand it. I can't stand it. I can't. ...

DWIGHT: You'd rather they'd know he fooled you when he had another wife?

LULU:	Yes. Because he wanted me. How do I know—maybe he wanted me only just because he was lonesome, the way I was. I don't care why. And I won't have folks think he went off and left me.
DWIGHT:	That is wicked vanity.
LULU:	That's the truth. Well, why can't they know the truth?
DWIGHT:	And bring disgrace on all of us?
LULU:	It's me—It's me—
DWIGHT:	You—you—you—you're always thinking of yourself.
LULU:	Who else thinks of me. And who do you think of—who do you think of, Dwight? I'll tell you that, because I know you better than any one else in the world knows you—better even than Ina. And I know you'd sacrifice Ina, Di, mother, Monona, Ninian—everybody, just to your own idea of who you are. You're one of the men who can smother a whole family and not even know you're doing it.

(*MLB* 142)

Was Dwight als „small thing" abtut, bedeutet für Lulu eine Lebenslüge, die sie nicht ertragen kann. Die Tragweite seiner Forderung wird Dwight ob seiner Fokussierung auf die eigene Person und Ehre nicht bewusst, weshalb Lulus Frage „Can't you understand anything?" auch nach der emotionalen Schilderung ihrer Situation verneint werden muss. Zu Empathie und Perspektivwechsel ist Dwight nicht in der Lage. Im Gegensatz zu Lulu, deren Blick auf die Dinge sich durch die raum- bzw. horizonterweiternde Erfahrung mit Ninian wesentlich geschärft und gleichzeitig geweitet hat, bleibt Dwight uneinsichtig auf sich selbst fixiert. Sein „You—you—you—you're always thinking of yourself" bescheinigt ihm sodann auch die Unfähigkeit zur sachlichen Bewertung der Situation, wodurch auch seine Glaubwürdigkeit im Amte eines Richters in diesem Stück insgesamt ins Wanken gerät. Lulu hingegen erweist sich als Frau mit Verstand und Weitblick – beides erlaubt es ihr, so selbstbewusst aufzutreten, wie sie es in dieser Episode tut. Dem Familienpatriarchen mit dieser Direktheit begegnen zu können, ist das Resultat eines Entwicklungsprozesses, der die Protagonistin schließlich moralisch, emotional und kognitiv allen anderen Figuren gegenüber überlegen sein lässt: Sie verkörpert am Ende des II. Aktes eine selbstbewusste Frau mit eigenen Prinzipien, eigener Haltung und eigener Stimme.

Miss Lulu Bett im Schlussakt der Originalfassung

Seine lineare Fortsetzung bzw. seinen Höhepunkt findet dieser Entwicklungsprozess im Schlussakt der ursprünglichen Dramenfassung (*MLB* III_{OV}). Lulus Entscheidung, das von Dwight eingeforderte Versprechen *nicht* zu geben, mit seiner Version der Wahrheit *nicht* zu leben und die Familie schlussendlich zu verlassen, um in ein freies, unabhängiges und vor allem selbstbestimmtes Leben aufzubrechen, erweist sich als logische Konsequenz ihres bis hierhin graduellen, linearen Emanzipationsprozesses. In dieser ersten Fassung des Schlussaktes, der im Unterschied zu den beiden anderen Akten nur aus einer einzigen Szene besteht, erinnert nichts mehr an die *household drudge* der Expositionsszene. Die Originalversion betont vor allem die Reifung der weiblichen Hauptgestalt zu einer Persönlichkeit, die im Zuge eines tiefgreifenden Reflexions- und Erkenntnisprozesses ihr Selbst gefunden hat und fortan ihr Leben nach den eigenen, subjektiv bedeutsamen Vorstellungen gestaltet. Dabei handelt es sich bei ihrer Entscheidung, die Deacons zu verlassen, keineswegs um eine unüberlegte Spontanreaktion, sondern um einen gereiften, bewusst getroffenen Entschluss. Der Aspekt der Bewusstwerdung spiegelt sich insbesondere in Repliken wie „I'm going ... I'm *going!*" (*MLB* III$_{OV}$ 156, Hervorhebung im Original) und „That so—I am [free now]. I hadn't thought of that." (*MLB* III$_{OV}$ 157) wider. Das Verstehen und Verinnerlichen ihrer eigenen Handlungsfähigkeit kommt darin zum Ausdruck.

Teil dieses Erkenntnisprozesses ist ferner auch Lulus Einsicht, dass es nicht die *Person* Ninian war, zu der sie sich hingezogen fühlte. Vielmehr war es die *Gelegenheit*, die sich durch Ninians Erscheinen bot, der Tyrannei Dwight Deacons bzw. ihrem *spinster*-Dasein zu entfliehen und an der Seite von Ninian ein von der Gesellschaft als ‚weibliche Norm' definiertes Leben in der Rolle der *wife* zu führen. Sagt Lulu in II/3 über Ninian noch „You know I love him. I'll always love him." (*MLB* 143), hat sich dies in Folge einer offenbar grundlegenden Auseinandersetzung mit sich selbst im Schlussakt relativiert, denn dort heißt es: „I wanted somebody of my own. That's the reason I done what I done. I know that now. [...] I thought I wanted somebody of my own. Well, maybe it was just myself." (*MLB* III$_{OV}$ 158, 160). Die Findung des eigenen Ich und die Wahrnehmung der eigenen Bedürfnisse stellen für Lulu neue Erfahrungen dar, die sie den übrigen Figuren zu erklären versucht. Ihre Repliken im ursprünglichen Schlussakt sind deshalb häufig selbstreferentiell – siehe nachfolgend die wiederholte Verwendung von Pronomina in der 1. Person Singular – und enthalten auf die Zukunft gerichtete Handlungspläne, in denen Lulu sich als selbstbestimmt agierendes Subjekt sieht:

LULU: [...] *I think I'd like to speak* for *myself*. Dwight, *I've left your home* for good and all.
LULU: [...] In any case, *I've left your home*.
LULU: [...] *I meant to go* somewhere else and work.
LULU: [...] *I want to see* out of *my own eyes*. For the first time *in my life*. [...]
LULU: [*At the door*.] Good-by. Good-by, all of you. *I'm going* I don't know where—to work at I don't know what. But *I'm going from choice*! [*Exit*. [...]]

(*MLB* III$_{OV}$ 159-161, Hervorhebungen KT)

Dass Lulu über sich und ihre eigenen Bedürfnisse in dieser Form spricht, wirkt insbesondere auf Dwight und Ina befremdlich. So merkt Ina an einer Stelle an: „Lulu, you don't act like yourself." (*MLB* III_{OV} 159). Auch Dwight missfällt, wie sich Lulu gibt und fordert sie auf, ihr sonderbares Verhalten („your amazing behavior", *MLB* III_{OV} 159) zu erklären. Überdies schlussfolgert er, dass es Lulu in Anbetracht ihrer verwunderlichen Äußerungen wohl offenbar nicht gut gehe („I imagine you're not quite well.", *MLB* III_{OV} 160) und bezeichnet das Gesagte als „nonsense" (*MLB* III_{OV} 159) und „ridiculous talk" (*MLB* III_{OV} 160). Am Ende aber geht Lulu tatsächlich und bricht – symbolhaft inszeniert durch das Übertreten der Türschwelle – in eine neues Leben auf. Die sinnbildliche Offenheit des Raumes am ebenso strukturell offenen Ende des Stückes steht der kerkerhaften Eingeschlossenheit Lulus zu Handlungsbeginn kontrastiv entgegen.

Aus feministischer Sicht stellt dieser Handlungsausgang die Vollendung eines weiblichen Emanzipationsprozesses dar, der von der Dramatikerin innerhalb des Textrahmens bzw. der dargestellten Handlung konsequent und linear zum logischen Abschluss geführt wird. Das von Gale gewählte *open ending* mit seiner implizierten optimistischen Sicht auf die Zukunft der Protagonistin suggeriert überdies die Weiterentwicklung der Figur in diesem positiven Sinne. *Gender*-Konservative und traditionalistische Theaterkritiker hingegen sehen in dieser Schlussgestaltung einen radikalen Bruch nicht nur mit den Aufführungskonventionen des Broadway-Theaters, sondern auch mit der um 1920 immer noch vorherrschenden, viktorianisch geprägten Vorstellung von Weiblichkeit. Eine *spinster*-Figur, die sich gegen die gesellschaftlich einzig tolerierte Form ihres Daseins – nämlich ihres möglichst unsichtbaren, unauffälligen, isolierten Verbleibens im geschlossenen Familienkreis – stellt, um in ein völlig ungewisses, aber freies Leben aufzubrechen, ist ein Novum im amerikanischen Unterhaltungstheater, das bekanntlich auf wenig positive Resonanz stieß.

Miss Lulu Bett im Schlussakt der revidierten Fassung

Der in der literaturkritischen Diskussion weniger beachtete, revidierte Schlussakt *MLB* III_{RV} bietet dem Theaterpublikum am Broadway bekanntlich das erwartete *happy ending* mit der versöhnlichen Zusammenführung des Protagonistenpaares nach dem Muster des *well-made play*. Die veränderte Handlungsführung – sprich Ninians überraschende Rückkehr mit der Botschaft, dass seine erste Ehefrau verstorben sei und somit die Eheschließung mit Lulu nach wie vor Gültigkeit habe – wirkt sich direkt auf die Konzeption der weiblichen Hauptfigur aus. Anders als in der Originalversion findet Lulus Emanzipationsprozess keinen linearen Abschluss. Zwar plant sie auch im revidierten Schlussakt zunächst ihren Weggang, ändert dann aber spontan ihren Entschluss, als sie erfährt, dass Ninian zurückgekehrt ist. Die nachfolgend zitierten Schlussrepliken des Stückes implizieren die harmonische Aussöhnung bzw. *happy reunion* der Figuren und stellen dem Publikum durch den Hinweis auf ein eigenes Heim und das sich auf Lulu und Ninian beziehende „we“ und „us“ eine gemeinsame Zukunft des Paares in Aussicht:

NINIAN:	Lulu, can you forgive me?
LULU:	But Cora Waters ... what of her?
DWIGHT:	Yes, what about your other wife?
NINIAN:	I haven't any other wife—just Lulu.
MRS. BETT:	Cora Waters is dead. [...]
LULU:	Ninian, is it true?
NINIAN:	Yes, it's true.
[...]	
NINIAN:	Will you come back to me, Lulu?
MRS. BETT:	Better take him, Lulie. You can have that fifty to furnish up the parlor.
LULU:	Oh, mother! I wish we could have you with us.
NINIAN:	Do you forgive me?
LULU:	I forgave you in Savannah, Georgia.

CURTAIN

(*MLB* III_{RV} 153)

Von der emanzipierten, selbstbestimmten Lulu der Originalfassung ist im überarbeiteten Dramenschluss kaum mehr etwas übrig geblieben. Ihren ursprünglichen Plan hat sie mit dem Wiedererscheinen Ninians unverzüglich verworfen, und der Fokus auf ihre eigenen Bedürfnisse und individuellen Lebensvorstellungen geht in dieser Version verloren. Zudem trifft sie keine eigenen Entscheidungen mehr, sondern folgt den Ratschlägen anderer („Better take him, Lulie.“). Insbesondere in ihrer Schlussreplik bedient sie das gleich zweimal von Ninian erbetene bzw. – übertragen auf das gesellschaftliche Große und Ganze – erwartete weibliche Verhaltensmuster des *forgiving*: Durch ihren Akt des Vergebens wird nicht nur Ninians höchst fragwürdiges Verhalten zum moralischen Blindfleck im Stück erklärt – sein unehrliches, sich am Rande der Legalität bewegendes Verhalten lassen ihn zu einem „false Prince Charming“[426] werden –, sondern auch der Weg geebnet, der die sprichwörtlich aus der Rolle gefallene Frauenfigur in konventionelle Bahnen zurückführt.[427]

426 Rhoades, „Maid or Writer?“, 80 sowie 84. Zu Ninians „acts of dishonesty“ bzw. „Ninian's deceitful nature“ siehe auch Bilderback, „Male Fraud“, 20.

427 Die zitierte Dialogpassage mit ihrer diskursiven Anspielung auf die im viktorianischen *Cult of True Womanhood* als Tugend verstandene Geste des Vergebens erinnert an die Schlussszene in James A. Hernes *Margaret Fleming* (1890), in der das Motiv des weiblichen

Im Zuge dessen erfolgt also die vom Publikum erwartete Rückführung der Figur in eine traditionelle Weiblichkeitskonfiguration.

Aus *gender*-kritischer, feministischer Sicht kann diese Schlussgebung demnach kaum als Schritt hin zu einem veränderten, modernen Weiblichkeitsverständnis gewertet werden. Lulu tauscht, so könnte man es überspitzt formulieren, den Haushalt der Deacons gegen den von Ninian ein. Wenngleich das Stück am Ende kein konkretes Bild von der gemeinsamen Zukunft des Paares entwirft, so ist doch anzunehmen, dass sich für Lulu weder hinsichtlich ihres Wirkungsortes noch der zu erledigenden Häuslichkeitspflichten etwas grundlegend ändern wird. Zwar wird der Statuswechsel von *spinster* zu *wife* eine positivere Wahrnehmung Lulus in der Öffentlichkeit bewirken, aber wie zuvor in Dwight Deacons Haus ist ihre Beziehung zu Ninian eine geschlechterhierarchische. Die Vorstellung einer gleichberechtigten *companionate marriage* ist in dem Stück nicht angelegt, haben doch Ninians manipulatives Einwirken auf Lulu schon vor der Ehe sowie Lulus Berichte über die kurze gemeinsame Zeit mit Ninian in den Flitterwochen andeuten lassen, wie ungleich die Rollen innerhalb dieser Beziehung verteilt wären. Lulus Äußerung in II/3, „[…] I went off on the train and he [i.e. Ninian] bought me things" (*MLB* 142) impliziert ein Abhängigkeitsverhältnis, in dem Ninian in der Rolle des *male provider* und spendablen Gönners hierarchisch über der mittellosen Lulu steht. Exakt dieses Abhängigkeitsverhältnis zwischen Dwight und Lulu spiegelt sich in einer anderen Replik in derselben Szene: „Dwight gives me what I have." (*MLB* 131). Betrachtet man den Ausgangs- und Endpunkt des Stückes in der Kombination von Akt I, II und III_{RV}, dann ist aufgrund des Rückfalls Lulus in ein tradiertes Weiblichkeitsmuster ihre Entwicklung als dynamisch-retrograd zu bezeichnen. Im Kontext *gender*-bezogener Aspekte kann somit von einem dynamisch-linearen, konsequent zum Abschluss gebrachten Entwicklungsprozess wie in der Frühfassung nicht die Rede sein, sodass mit den Worten Judith L. Stephens gelten kann: „Her [i.e. Lulu's] move towards autonomy is sacrificed by disrupting the linear progression of her character through the final stage of decisive action."[428]

Dieser dem Stück nachträglich eingeschriebene Bruch mit der ursprünglichen Figurenkonzeption wird nicht erst in den oben zitierten Schlussrepliken

Vergebens in Bezug auf männliches Fehlverhalten ebenfalls verhandelt wird (siehe hierzu Abschnitt IV.1.2 in dieser Arbeit). Anders als Hernes Titelheldin, die in beiden Textfassungen des Stückes bekanntlich mit der Konvention des Vergebens und Vergessens bricht, bedient Zona Gales Protagonistin in ihrem Stück aus dem Jahre 1920 genau jene Konvention, die mit Hernes frühem *Progressive Era*-Drama von 1890 längst überwunden schien.

428 Stephens, „The Compatibility", 15f.

augenscheinlich, sondern deutet sich bereits schon eher in den Dialogen des revidierten Schlussaktes III_{RV} an. Konkret ist Lulus Sprechverhalten gemeint, das sich im Unterschied zur Originalfassung nicht hin zu einem selbstbewussten Artikulieren eigener Ansichten entwickelt. Vielmehr lässt sich in der Art ihres Sprechens (bzw., treffender, ihres Nicht-Sprechens) eine deutliche Zurücknahme ihres Auftretens als Individuum ausmachen. Stellt sie sich in III_{OV} noch furchtlos und schlagfertig der direkten Auseinandersetzung mit Dwight, so wird sie in der überarbeiteten Version III_{RV} zum passiven Aushandlungsobjekt ohne eigene Stimme. Der folgende Auszug aus dem revidierten Schlussakt verdeutlicht dies exemplarisch. Die Szene beschreibt jenen Moment, als Monona mit Ninian, der Lulu zum Bahnhof hinterhergelaufen war, zurückkehrt und alle Figuren im Deacon-Haus aufeinandertreffen:

> [*Enter* MONONA *with* NINIAN.]
> […]
> MONONA: Here he is, grandma.
> LULU: Oh …
> NINIAN: What's that your [*sic*] saying, Dwight?
> INA: Forevermore!
> LULU: Ninian …
> NINIAN: Lulu … So I didn't miss you [i.e. Lulu's departure for the train station, KT]
> DWIGHT: Ha! ha! … The happy bridegroom comes at last. What's the meaning of this, Ninian?
> NINIAN: I'll bet he's made life beautiful for you since you got back. Anything more to say, Dwight?
> DWIGHT: Yes, Lulu was planning to run away. … I was telling her she'd better stay here at home where she'd have us to stand by her.
> NINIAN: Yes, I've heard how you stood by her. You're a magnificent protector, you are!
> DWIGHT: Look here, Nin, don't you feel that you have to sacrifice yourself. Lulu is well enough off here.
> INA: She was quite happy until you came, Ninian.
>
> (*MLB* III_{RV} 152)

Bezeichnend in diesem Dialogausschnitt sind Lulus Ein-Wort-Repliken, die allerdings weitgehend inhaltslos sind und sich für den weiteren Gesprächsverlauf als bedeutungslos erweisen. Obwohl Lulu anwesend ist, ihr Name mehrfach genannt und sie einige Male direkt angesprochen wird, bleibt sie in dieser Situation eine stille, passive Zuhörerin. Formulierungen mit expliziten Bezugnahmen auf ihre Person, wie beispielsweise „I was telling her", „she'd have us to stand by her", „Lulu is well enough off" und „she was quite happy", verdeutlichen ihren Status als Gesprächsgegenstand, den sie im Vergleich zur

Originalversion des Stückes gegen ihre Rolle als selbstredendes Individuum eingetauscht hat. Ninians plötzliche Rückkehr im Schlussakt macht Lulus Entwicklungsprozess, der im I. Akt ebenfalls durch Ninians Erscheinen ausgelöst wird, rückgängig, sodass es im Hinblick auf die Protagonistin Lulu unmittelbar vor dem letzten Vorhang zu einem – bezeichnenderweise durch eine männliche Figur initiierten – konzeptionellen Bruch in der Figurenentwicklung kommt.

Lulus Entschluss, die Familie zu verlassen (in der Spätfassung stellt dies das retardierende Moment dar), Ninians plötzliche Rückkehr und die damit im Zusammenhang stehende unerwartete Wendung in einer sich bereits vollziehenden Handlung der Protagonistin (Abbruch der Handlung als erneute Spannungssteigerung) sowie die aus traditionalistischer Sicht ‚gerade noch rechtzeitig' erfolgte ‚Rettung' der Titelheldin durch den herbeigeeilten ‚Prinzen'[429] und die dadurch ermöglichte Rückführung der Figuren in tradierte Geschlechterrollen entsprechen exakt jenen Aufführungskonventionen, die es zu berücksichtigen gilt, wenn für den *Mainstream* verfasste Stücke in kommerziell rentablen *long runs* am Broadway bestehen wollen. Da *Miss Lulu Bett* in seiner revidierten Fassung genau diese zu bedienen scheint, verwundert es nicht, dass das Stück in seiner veränderten Version den Erfolg einspielte, der ihm letztlich auch zum Gewinn des *Pulitzer Prize* verhalf.

Gales vermeintliches Einknicken unter dem Diktat der restriktiven Unterhaltungsindustrie hat in der Folge bekanntlich dazu geführt, dass sich Literaturkritiker und Theaterhistoriker vor allem in der jüngeren Forschung von der Autorin und ihrem angepassten Stück abwenden. Ganz augenscheinlich hat, wie gezeigt, die konventionskonforme Textüberarbeitung mit dem nachträglich eingeschriebenen „sentimental and conservative ending"[430] das Stück nicht nur, aber insbesondere auch für die feministische Literaturwissenschaft unattraktiv gemacht. Mit der Begründung, dass das Emanzipationsmotiv sowie sämtliche „feminist values" im Zuge der Textrevision aus dem Stück

429 Manche Literaturkritiker, wie beispielsweise Downer und Goddard, bedienen sich in Bezug auf Ninian des Motivs des *Prince Charming* (siehe Downer, *Fifty Years of American Drama*, 53 und Goddard, „Zona Gale", 77). Dass diese Männerfigur jedoch viel kritischer zu betrachten ist, als dies u.a. auch Craig tut, die in Ninian einen ‚progressiven Mann' erkennen will, der Frauen als „worthy equals" betrachtet (Craig, *Women Pulitzer Playwrights*, 42), wurde oben bereits angedeutet. Neben Lynn Rhoades' Bezeichnung des ‚falschen Märchenprinzen' (siehe oben) weist auch Firestones Formulierung, „Ninian is a devil-may-care, aging Don Juan" darauf hin, dass diese Figur in Wirklichkeit nicht das verkörpert, wonach es zunächst aussieht (*The Pulitzer Prize Plays*, 31).

430 Ackerman, „Infelicities of Form", 66.

eliminiert worden seien, verschwindet *Miss Lulu Bett* aus der Liste innovativer *new woman*-Stücke.

Während es naheliegt, dass sich textanalytische Studien in erster Linie auf die Titelheldin eines Dramas fokussieren und weniger auf die im Stück auftretenden Nebenfiguren, lohnt sich letztgenannte Schwerpunktsetzung im Hinblick auf die Spätfassung von *Miss Lulu Bett* aus den eingangs des Kapitels dargelegten Gründen aber besonders. Was in bisherigen Studien nämlich m.E. nicht beachtet wird, ist die Tatsache, dass sich im Zuge der Textrevision nicht nur der konzeptionelle *blueprint* der weiblichen Hauptfigur Miss Lulu Bett verändert, sondern auch die Darstellung der Nebenfigur Mrs. Bett deutliche figurenkonzeptionelle Verschiebungen aufweist, die vor dem Hintergrund *gender*-orientierter Fragestellungen bedeutsam sind (siehe Abb. 16 oben). Im Mittelpunkt des nachfolgenden Abschnitts steht deshalb die eingehende Analyse der Nebenfigur Mrs. Bett. Gezeigt wird, dass und wie sich im revidierten Text das Verhältnis der dynamisch-linear und dynamisch-retrograd konzipierten Figur im Vergleich zur Frühfassung umkehrt und dass das emanzipatorisch-feministische Motiv – entgegen der Argumentation in bisherigen Studien – nicht eliminiert, sondern figural verschoben, sprich figural neu besetzt wird. Die Analyse soll demnach verdeutlichen, dass mit Blick auf die überarbeitete Textfassung nur oberflächlich betrachtet von einer an traditionelle Inszenierungsverfahren des kommerziellen Unterhaltungstheaters vollständig angepassten Textversion gesprochen werden kann. Auf der Subtextebene nämlich finden sich *gender*-kritische Motive der Originalversion wieder.

Mrs. Bett: Konzeption, Darstellung und Entwicklung in den beiden Textfassungen

In keiner der bislang veröffentlichten Studien zu Gales *Miss Lulu Bett* ist die Figur der Mrs. Bett Gegenstand einer vertiefenden Analyse. Meist beschränken sich Anmerkungen zu dieser Figur auf den Hinweis ihrer Randständigkeit innerhalb des Figurenensembles oder ihrer vermeintlichen Bedeutungslosigkeit im Kontext der dargestellten Handlung. Möglicherweise ist diese stiefmütterliche Behandlung der Figur in der literaturkritischen Diskussion ‚historisch' gewachsen, wenn beispielsweise einflussreiche zeitgenössische Theaterkritiker wie Heywood Broun der Figur schon 1921 bescheinigen, dass sie für das Stück verzichtbar sei.[431] In der jüngeren Diskussion spiegelt sich diese Haltung. Judith E. Barlow zum Beispiel erwähnt die Figur in ihrem Beitrag kurz in einem Satz und beschreibt sie darin als „a [sardonic] widow who grudgingly accepts

431 Siehe Broun, „How They Found Miss Lulu Bett", 30.

her dependence on her son-in-law but retaliates with caustic comments about the ‚cockroach' her daughter [Ina] married."[432] Harold P. Simonson schreibt zu dieser Figur: „Old Mrs. Bett, shriveled and disaffectionate, occasionally ‚sasses' Dwight but is herself a narrow-minded person given to ‚tantrums'."[433] Yvonne Shafer sieht in „old Mrs. Bett" eine verwirrte Greisin „who can't seem to figure out what's going on",[434] und Sally Burke schließlich hebt mit ihrer Formulierung „Mrs. Bett, mother of Ina and Lulu" primär auf die figurale Beziehungsstruktur innerhalb des Stückes ab und ergänzt, dass die Figur findet, „that age and her widowed status necessitate a struggle to be recognized as a person".[435] Dass Mrs. Bett in der literaturkritischen Auseinandersetzung mit diesem Stück bisher so wenig Aufmerksamkeit geschenkt wurde,[436] muss allein schon deshalb erstaunen, weil die voranstehenden Zitate mit ihren Anspielungen auf Mrs. Betts sarkastisch-bissiges Sprechverhalten („caustic comments", „occasionally ‚sasses' Dwight") oder auf ihre Auflehnung gegen die ihr von Dwight zugeschriebenen Bedeutungslosigkeit als Individuum („necessitate a struggle to be recognized as a person") auf die eigentliche Komplexität dieser Figur hinweisen. Überraschen muss dies ferner, weil bereits sehr früh in der literaturkritischen Diskussion des Stückes, im Jahr 1921, durch Robert C. Benchley, Verfasser des Vorwortes zur Erstveröffentlichung, das innovative Potential dieser Figur explizit hervorgehoben wird. In seinem Vorwort heißt es: „[...] [The] disillusioned ‚Grandma Bett' [...] constitute[s] a refreshing rearrangement of the hitherto idyllic characters of [...] Old Age. In the interest of truth,

432 Barlow, „Introduction", xxiii.

433 Simonson, *Zona Gale*, 82.

434 Shafer, *American Women Playwrights*, 221.

435 Burke, *American Feminist Playwrights*, 72.

436 Eine Ausnahme bildet die Studie von Rachel Thomas mit dem Titel „Aging Ragefully: A Look at Aging Women in Four Contemporary American Dramas" (2015), bei der es sich allerdings um eine unveröffentlichte Masterarbeit an der Western Kentucky University handelt. Wenngleich diese Arbeit einige interessante Ansätze und Überlegungen enthält, ist die Analyse dieser Figur damit m.E. noch lange nicht erschöpft. Zum einen fokussiert Thomas ausschließlich auf die Spätfassung (vgl. ebd. 8), zum anderen beschränken sich ihre Beobachtungen hinsichtlich der Darstellung der Figur im revidierten Schlussakt auf die (nicht zufriedenstellende) Erkenntnis, dass Mrs. Bett darin (a) „a much softer, more likable character" (ebd. 24) sei und (b) dass sie ihrer Umwelt am Schluss zu verstehen gebe, „that she is more aware of her surroundings than she sometimes appears to be" (ebd. 25). Insbesondere die Analyse des besonderen Verhältnisses zwischen Mrs. Bett und ihrer Tochter Lulu (ebd. 22-26) greift zu kurz. Zudem können die konzeptionellen Veränderungen der Figur, die im Zuge der Textrevision zu beobachten sind, durch die Aussparung der Originalversion in der Studie nicht nur nicht erfasst, sondern auch nicht ins Verhältnis zur unterschiedlichen Darstellung der Hauptfigur gesetzt werden. Damit bleibt bei Thomas eine wesentliche Funktion dieser Figur unberücksichtigt.

then, Miss Gale has violated many sacred dramatic rules. […] She has given us an old lady who is not sweet […].“[437] Dass die Figur der Mrs. Bett

- *erstens* weder auf den traditionellen Weiblichkeitstypus der ‚senilen Alten‘, oder wie es bei Paul A. Firestone heißt, „hilariously batty old mother“[438], reduziert werden kann noch in textanalytischen Studien aufgrund ihres Status als vermeintlich unbedeutende Randfigur ausgespart werden darf,
- *zweitens* deutliche figurenkonzeptionelle Parallelen zur weiblichen Hauptgestalt des Stückes aufweist und diese Mutter-Tochter-Beziehung für das feministische Motiv des Stückes in beiden Fassungen von besonderer Bedeutung ist, und
- *drittens* im komplementären Vergleich mit der Protagonistin Lulu in beiden Textfassungen des Stückes auffallend ähnliche, allerdings reziprok verlaufende Entwicklungslinien zeichnet, wodurch sich textstrukturelle und figurenkonzeptionelle Verschiebungen zwischen den beiden Dramenversionen ergeben,

gilt es nachfolgend herauszuarbeiten. Eine Grundannahme dieser Analyse ist dabei, dass sich die eigentliche Komplexität der Figur sowie ihre Funktion im Stück nur erschließen lassen, wenn beide Dramenversionen komplementär zueinander betrachtet und die im Zuge der Textrevision vorgenommenen Veränderungen im Kontext einer textübergreifenden Aushandlung der Geschlechterproblematik gelesen werden. Der sich hieran anschließenden Komplementäranalyse dieser Figur liegt die These zugrunde, dass die beiden Konzeptionen von Mrs. Bett in solch einem Maße voneinander abweichen, dass im Hinblick auf die Originalversion des Stückes von einer dynamisch-retrograd angelegten Figur und in Bezug auf die revidierte Fassung von einer dynamisch-linear konzipierten Figur gesprochen werden kann, sodass sich im Vergleich zur Titelheldin Miss Lulu Bett die jeweiligen Konzeptionen reziprok zueinander verhalten (vgl. Abb. 16 oben).

Analog zur oben dargelegten Analyse der weiblichen Hauptfigur Miss Lulu Bett gilt auch hier, dass die Figur der Mrs. Bett im I. und II. Akt der Früh- und Spätfassung konzeptionell betrachtet identisch angelegt ist, da in beiden Fassungen diese Akte bekanntlich identisch sind. Wesentliche figurenkonzeptionelle Unterschiede sind deshalb – abermals analog zu Miss Lulu Bett – ausschließlich in den beiden Schlussakten III_{OV} und III_{RV} auszumachen. Nichtsdestoweniger darf sich auch hier eine Analyse nicht auf die Darstellung der Figur am Ende des Stückes beschränken. Um die hier zunächst noch hypothetisch angenommenen Verschiebungstechniken sowie ihre Funktions- und

437 Benchley, „Foreword“, xvi.
438 Firestone, *The Pulitzer Prize Plays*, 29.

Wirkweisen aufzeigen zu können, ist die Figurendarstellung in den beiden Textversionen jeweils in ihrer Gesamtheit zu betrachten.

Akt I & II als figurenkonzeptioneller *blueprint* der weiblichen Nebenfigur

Die Expositionsszene I/1 ist, wenngleich Mrs. Bett darin zu Beginn noch gar nicht anwesend ist, für die Vorab-Charakterisierung der Figur insofern bezeichnend, als dass die Rolle, die sie innerhalb des Familienkreises einnimmt, von Beginn an klar definiert scheint. Als sich die Familie bereits zur gemeinsamen Mahlzeit im *dining room* eingefunden hat (mit Ausnahme Lulus, die die Speisen bekanntlich nur serviert, selbst aber nicht einnimmt), stellt Dwight fest, dass Mrs. Bett fehlt. Sich nach ihr erkundigend erfährt er von Ina, dass sie wieder einmal an einem ihrer offenbar zahlreichen Tobsuchtsanfälle leidet und sich in ihr Zimmer zurückgezogen hat. Der Grund dafür ist, wie aus Inas Bericht hervorgeht, ein außerhalb des Handlungsrahmens stattgefundener Streit mit ihrer Mutter über die Verwendung des neuen Geschirrs (vgl. *MLB* 92). In Dwights Antwort darauf – „Oh ho, mama has a tantrum, eh? My dear Ina, your mother is getting old. She don't [*sic*] have as many clearheaded days as she did." (*MLB* 91) – spiegelt sich sodann wider, wie er Mrs. Bett wahrnimmt bzw. sehen will: eine senile Greisin, die nicht mehr Herr ihrer Sinne ist und – sowohl physisch als auch psychisch – weitgehend isoliert von den übrigen Familienmitgliedern lebt. Da diese zunächst fremdvermittelte Einschätzung in I/1 durch die autoritative Stimme der Patriarchengestalt Dwight kommuniziert wird, gibt es seitens des Theaterpublikums vorerst keinen Anlass, an ihrer Richtigkeit zu zweifeln.

Der Zuschauer wird auch im Anschluss gewissermaßen weiter hinters Licht geführt, weil sich dieses fremdvermittelte Bild der Figur im weiteren Verlauf der Expositionsszene zu bestätigen scheint. Als nämlich gegen Ende der Szene die Nachricht über Ninians Besuch eintrifft und sich alle anderen Figuren im Beisein von Mrs. Bett über diese unerwartete Neuigkeit unterhalten, wird in deren Replik, „Who's coming? Why don't you say who's coming? You all act so dumb." (*MLB* 97), deutlich, dass sie dem Gespräch offenbar nicht folgen kann, wurde doch bereits zuvor durch eine Replik Dwights („My brother, from Oregon", *MLB* 97) explizit erwähnt, um wen es sich handelt.

Auch in Szene I/2 hat es den Anschein, als würde Mrs. Bett im Sumpf ihrer zunehmenden Demenz versinken: Obwohl sie im Verlauf dieser Szene insgesamt dreimal über den spontanen Theaterbesuch in der Stadt informiert wird (vgl. *MLB* 106, 107, 109), erweckt sie den Eindruck, als erführe sie beim vierten Mal erstmalig davon:

MRS. BETT:	Where you going anyway?
LULU:	The theater, mama.
MRS. BETT:	First I've heard of it.

(*MLB* 112)

Dass der Zuschauer diesem sowohl fremd- als auch selbstvermittelten Bild der ‚senilen Alten' jedoch nicht allzu viel Glauben schenken sollte, deutet sich in bestimmten Einzelrepliken der Figur an, die wiederum Brüche in dieser Figurenkonzeption erkennen lassen. Durch selbstreferentielle Äußerungen wie „Mama hears a-plenty." (*MLB* 99, an Lulu gerichtet) und „You needn't think I forgot about the platter, because I ain't. […]" (*MLB* 98, an Ina gerichtet)[439] in I/1 lässt die Figur kurz durchblicken, dass sie keinesfalls so unzurechnungsfähig und vergesslich ist, wie dies von den anderen Familienmitgliedern angenommen wird. Diese kurzen Offenbarungsmomente bleiben allerdings von den anderen unbemerkt bzw. unkommentiert. Im Anschluss an Thomas kann festgehalten werden: „[…] [S]he [i.e. Mrs Bett] is much more observant than most of the characters give her credit for […]. […] [H]er forgetfulness is not quite what it seems."[440] Die Figur erweist sich demnach als komplexer und zugleich ambivalenter als es zunächst scheint.

Analog zum oben dargelegten Entwicklungsprozess der weiblichen Hauptgestalt Lulu ist auch im Hinblick auf die Figur Mrs. Bett im Verlauf des Geschehens solch eine Veränderung auszumachen, die wiederum im I. und insbesondere im II. Akt deutliche Merkmale einer dynamischen Figurenkonzeption erkennen lässt. Wie bei Lulu wird auch anhand dieser Entwicklung sichtbar, dass sich Mrs. Bett nicht widerstandslos den Gemeinheiten des „mean-spirited little home tyrant"[441] Dwight aussetzt, sondern sich sowohl physisch als auch verbalsprachlich dagegen auflehnt. Was oben in Bezug auf Lulu Bett als explizit-sichtbare Auflehnungshandlungen beschrieben wurde, findet sich bei Mrs. Bett somit in ganz ähnlicher Form wieder. So lässt sich beispielweise beobachten, dass Mrs. Bett immer dann das Haus der Deacons verlässt und ihrer befreundeten Nachbarin, der *off-stage*-Figur Grandma Gates, einen Besuch abstattet, wenn die Konfliktsituationen im eigenen Heim unerträglich werden. Der Name ‚Gates' kann insofern als *interpretive name*

---

439 Dieses Zitat bezieht sich auf die oben erwähnte *off-stage*-Auseinandersetzung zwischen Ina und Mrs. Bett, in der es um die Verwendung kostbaren Geschirrs zum alltäglichen Mittagessen geht (vgl. *MLB* 92).

440 Thomas, „Aging Ragefully", 9, 12.

441 „Mr. Galsworthy in War and Peace. Miss Lulu Bett by Zona Gale", *The New York Times* (March 28, 1920), X1.

gelesen werden, als sich durch das Haus der Nachbarin für Mrs. Bett ein Zufluchtsraum bietet, dessen ‚Tore' sich im wörtlichen Sinne immer dann öffnen, wenn eine räumlich-physische Distanzierung von Dwight (und Ina) bzw. dem Haus der Deacons insgesamt, das analog zu Lulus Empfinden auch für sie einen Ort der Isolation und Unterdrückung symbolisiert, nötig scheint. Wenngleich der Bewegungsradius wie bei Lulu letztlich auf den Bereich des Häuslichen beschränkt bleibt, so bietet ihr der Ortswechsel zumindest kurzzeitig die Gelegenheit, der Tyrannei des Patriarchen bzw. ihrer eigenen sozialen Isolation zu entfliehen.

Bezeichnend ist jedoch, dass das Haus der Nachbarin als Ort des Desolaten, des Krankhaften markiert ist, wie die nachfolgenden Zitate aus II/2 verdeutlichen. Darin nämlich macht sie von ihrer Ausbruchsstrategie erstmalig Gebrauch, als Dwight und Lulu im Kontext der oben erwähnten Brief-Szene aneinandergeraten und Lulu von ihm die Herausgabe der Adresse bzw. das Verfassen des Briefes an Ninian erzwingt. Als sich der Konflikt zuspitzt, gibt Mrs. Bett zur Kenntnis: „I'm going through the kitchen to set [*sic*] with Grandma Gates. She always says my visits are like a dose of medicine. [*Exit* MRS. BETT.]." (*MLB* 129). Die explizite Erwähnung der „kitchen" als dem des weiblichen Geschlechts traditionell zugeschriebenen Orts deutet nicht nur auf eine ähnliche Isolierung der *off-stage*-Figur Gates hin, für die der Besuch der Nachbarin eine heilende Wirkung hat („a dose of medicine"); die zitierte Replik entwirft implizit insbesondere für Lulu eine negative Zukunftsperspektive, da ihr mit Blick auf die gesellschaftliche Randposition als *old maid* bzw. *spinster* ein ähnliches Schicksal bevorsteht wie den beiden alten Damen. In II/3 stattet Mrs. Bett der Nachbarin erneut einen Besuch ab, diesmal vermutlich, weil die Stille des Hauses – Dwight und Ina sind zu diesem Zeitpunkt verreist – inzwischen ebenso erdrückend und unerträglich geworden ist wie Dwights Anwesenheit. Stille und Einsamkeit sind damit ebenfalls Ausdruck von gesellschaftlicher Isolation.[442] Entsprechend heißt es: „[...] How still it is here! [...] Well, I guess I'll step over to Grandma Gates's a spell. See how her rheumatism is. I'll be back before long—I'll be back. ... [*Exit.* [...]]." (*MLB* 135). Insbesondere ihre zweifache Rückversicherung „I'll be back" lässt die Alternativ- und Ausweglosigkeit ihrer Situation erkennen, die interessanterweise in Lulus Rückkehr zu den Deacons ihre textstrukturelle Entsprechung findet. Wie Lulu ist auch ihr die Rückkehr in die häusliche Isolation und soziale Bedeutungslosigkeit gewiss.

---

442 Gale greift das Motiv der Einsamkeit als Ausdrucksform sozialer Isolation auch im Zusammenhang mit der Darstellung ihrer Männerfigur Neil Cornish auf. Siehe hierzu ausführlicher Abschnitt IV.3.5 unten.

Eine zweite Form der Auflehnung gegen Dwight ist in der bewussten Missachtung seiner Hausregeln zu finden. Bezeichnend dafür ist vor allem Szene II/3 (*MLB* 130-144), in deren ersten Teil (*MLB* 130-137) nur Lulu, Mrs. Bett und der befreundete Klavierverkäufer Neil Cornish anwesend sind. Dwight und Ina sind, so verrät eine Replik Lulus, bereits seit etwa einer Woche verreist (vgl. *MLB* 131). Nachdem Dwight vor seiner Abreise Lulu in II/2 noch einmal ausdrücklich untersagt hatte, eintreffende, an ihn adressierte Briefe während seiner Abwesenheit zu öffnen („My dear Lulu, you know how I hate having my mail interfered with. You shall see the letter [from Ninian] all in good time when Ina and I return.“, *MLB* 129), folgt sie seiner Anweisung und legt den in Szene II/3 tatsächlich angekommenen Brief zur Seite. Dies geht aus einer an Cornish gerichteten Replik hervor: „He [i.e. Ninian] has written. The letter's in there on the piano. [...] Dwight doesn't like me to touch his mail. I'll have to wait till he comes back.“ (*MLB* 132). Im Verlauf der Szene betritt Mrs. Bett die Bühne. In einer Handlung, die an Lulus Betreten des Raumes und das Hinauswerfen der Tulpen in Szene I/1 erinnert, steuert auch Mrs. Bett hier gezielt auf den Brief zu, um ihn vom Klavier zu nehmen und kurz darauf mit ihm den Raum wieder zu verlassen:

> [*Enter* MRS. BETT.]
> [...]
> [MRS. BETT *appears beside the piano, lifts and examines the letters lying there.*]
> [...]
> LULU: Mother! Those are Dwight's letters—don't you touch them.
> MRS. BETT: I ain't hurting them or him neither. [*Disappears, the letters in her hand*]
> [...]
>
> (*MLB* 132)

Was danach im *Off-stage* geschieht, lässt das Stück – wie in Lulus Tulpen-Szene – offen. Vor dem Hintergrund des nachfolgenden Dialogausschnitts wird jedoch erkennbar, wie diese Leerstelle zu füllen ist:

> LULU: Oh, no. [MRS. BETT *appears at the door with a letter.*]
> MRS. BETT: Lulie, I guess you didn't notice. This one's from Ninian.
> LULU: Mother—
> MRS. BETT: I opened it—why of course I did. It's from Ninian. [*Holds out unfolded letter and an old paper clipping*] The paper's awful old—years back, looks like. See. Says „Corie Waters, music hall singer—married last night to Ninian Deacon“—Say, Lulie, that must be her.
> LULU: Yes, that's her. That's her—Cora Waters... . Oh, then he *was* married to her just like he said!
>
> (*MLB* 132-133, Hervorhebung im Original)

Mrs. Bett widersetzt sich – stellvertretend für Lulu – absichtlich den Anweisungen Dwights, um so seine Autorität als *head of the household* zu untergraben. Der Umstand, erst auf seine Rückkehr warten zu müssen, um ihn dann einen Brief öffnen zu sehen, dessen Adressat er gar nicht ist, stellt für Mrs. Bett solch eine große Erniedrigung für Lulu dar, dass sie ‚ganz selbstverständlich' den Brief für sie öffnet („I opened it—why of course I did. It's from Ninian"). Vergleicht man diese Episode mit der Brief-Szene aus dem I. Akt (vgl. oben und *MLB* 97), in der Dwight Lulu mit Nachdruck daran erinnert, dass sie ihm seine Post unverzüglich zu übergeben habe („[...] my mail can't wait like this." (*MLB* 97), wird deutlich, dass sich Mrs. Bett nun eben jenes Arguments bedient. Sie postuliert, indem sie Dwights Äußerung aus der Perspektive Lulus denkt, durch ihre Handlung quasi einen *single standard*, verhilft Lulu damit zu einem Informationsvorsprung gegenüber Dwight und lehnt sich – gewissermaßen stellvertretend und solidarisch für die zwischenzeitlich verunsicherte Lulu – gegen das von Dwight für sich beanspruchte Kontroll- und Machtmonopol auf.[443]

Interessant an dieser Episode sind weitere Parallelen zur oben erwähnten Tulpen-Szene der Expositionsakts: (1) So wie Lulu den Blumentopf mit seinen fünf Trieben aus dem Fenster wirft, so verlässt Mrs. Bett hier mit einer Handvoll Briefe – die Rede ist immer von *letters* – den Raum. Bezeichnenderweise betritt Mrs. Bett kurz darauf nur mit *einem*, nämlich Ninians geöffneten Brief die Bühne, genau wie Lulu mit nur *einer* gepflückten Ansteckblume an ihrem Kleid in Szene I/1 auf der Bühne erscheint. (2) Bemerkenswert ist ferner, dass Gale – analog zu Lulus Blumen-Szene – den eigentlichen Auflehnungsakt gegen Dwight (bei Lulu das Abbrechen der Blüte, bei Mrs. Bett das Öffnen des Briefes) im *Off-Stage*, sprich im für den Zuschauer nicht einsehbaren, imaginären Handlungsraum, belässt und sowohl die übrigen Figuren als auch den implizierten Zuschauer beim Folgeauftritt der Figuren mit dem Resultat dieser *off-stage*-Handlung konfrontiert. Die beiden Szenen weisen demnach strukturell betrachtet sehr ähnlich verlaufende Auflehnungshandlungen auf. Sie zeigen zudem, dass die beiden Frauenfiguren in konzeptioneller Hinsicht sehr ähnlich angelegt sind. Und schließlich verdeutlichen die Szenen auch exemplarisch, wie sorgfältig und subtil Zona Gale die geschlechterdiskursbezogenen (Aus-) Handlungsfäden in ihr Stück einwebt und trotz dieser höchst komplexen, konstruierten Textstruktur *gender*-bezogene Botschaften über den Subtext in realistisch wirkende Inszenierungsformen einflechtet. Im Kern dieser Botschaft

443 Auf den Aspekt der weiblichen *gender solidarity* bzw. *gender conspiracy* zwischen diesen beiden Figuren und deren Funktion wird unten (IV.3.4) noch einmal zurückzukommen sein.

scheint die Dramatikerin auf eine besondere Verbindung zwischen diesen beiden Frauenfiguren hinweisen zu wollen und legt durch solche strukturellen Parallelen den Grundstein für eine weibliche Geschlechtersolidarität (*female gender solidarity*), die insbesondere später in den Schlussakten von Bedeutung sein wird.

Neben den beschriebenen Auflehnungshandlungen von Mrs. Bett wird – wiederum analog zur Figurenkonzeption Lulus – auch anhand ihres Sprechverhaltens deutlich, dass es sich bei ihr um eine mehrdimensionale Figur handelt, die sich im weiteren Verlauf des Geschehens in den beiden ersten Akten dynamisch entwickelt. Wie Lulu ist ihre Sprechweise gegenüber Dwight (und Ina) durch Schlagfertigkeit, Witz, Ironie und Sarkasmus gekennzeichnet, die beide jedoch nicht zu deuten verstehen oder es vorziehen, darauf nicht zu reagieren, um ihr Gesicht zu wahren. Exemplarisch können hierfür zwei Dialogausschnitte aus Szene II/1 angeführt werden. Im nachfolgenden ersten Beispiel sprechen Dwight und Mrs. Bett gleichzeitig (*overlap*), wodurch sich Dwight in seiner hegemonialen Männlichkeit angegriffen sieht. Entsprechend weist er Mrs. Bett verbal in die Schranken und erinnert sie in der ersten Replik indirekt an seinen Anspruch auf das Redemonopol. Mrs. Bett jedoch bietet ihm schlagfertig und unbeeindruckt Paroli:

> [*Both talking at once*]
> DWIGHT: Mother Bett! Are you talking, or am I?
> MRS. BETT: I am. But you don't seem to know it.
> DWIGHT: Let us talk, pussy, and she'll simmer down. Ah—nothing new from the bride and groom?
> INA: No, Dwight. And it's been a week since Lulu wrote. […]
> (*MLB* 118f.)

Bezeichnend ist Dwights Reaktion auf diese unerwarteten, weil nicht rollenkonformen, Widerworte („I am. But you don't seem to know it."): Er deutet Mrs. Betts Replik als Ausdruck eines erneuten Wutanfalls, von dem sie sich offenbar erst einmal abregen müsse („simmer down"). Thomas' Feststellung bezüglich der Wahrnehmung und Deutung von Mrs. Betts Handlungen (und dies schließt Sprachhandlungen mit ein) durch Dwight bringt dies präzise auf den Punkt: „Every action […] Mrs. Bett takes that causes Dwight any kind of discomfort is referred to as an action that is not considered with a sound mind. […] [A]ny actions which do not contribute to the fulfillment of his will would not be anything but crazy."[444] Dwights Erklärungsmuster, dass Mrs. Bett nicht ganz bei Sinnen sei, dient ihm als Legimitation, ihre Äußerung ignorieren zu

444 Thomas, „Aging Ragefully", 14.

können. Die darin implizierte, an ihn gerichtete Kritik an der Unterdrückung der weiblichen Stimme erlaubt er sich dabei ebenfalls zu überhören. Um sich einer Auseinandersetzung mit dieser Kritik zu entziehen, wendet er sich nicht nur sprachlich, sondern auch physisch von Mrs. Bett ab. Er dreht sich Ina zu und initiiert einen abrupten Themenwechsel („Ah—nothing new from the bride and groom?"). Durch dieses verbale Ablenkungsmanöver rehabilitiert er sich gewissermaßen selbst als vermeintlicher Wortführer, der den familieninternen Diskurs nach seinen Vorstellungen zu lenken vermag. Wenngleich er seine Souveränität als Familienoberhaupt dadurch scheinbar wieder herstellen kann, ist Dwights Reaktion doch auch Ausdruck seiner durch Mrs. Betts Replik verursachten Verunsicherung, die unterschwellig bestehen bleibt. Ihrer staccato-artig artikulierte, kompakt formulierte Antwort („I am. But you don't seem to know it.") – alle darin verwendeten Wörter sind einsilbig – wohnt eine gewisse Direktheit und Stärke inne, mit der Dwight nicht umzugehen weiß. Ihr liegt ferner ein Sprechrhythmus zugrunde, der nicht nur prägnant und eindringlich ist, sondern auch über diese Dialogpassage hinaus nachhallt und damit gegenwärtig bleibt. Die Machtverhältnisse zwischen den beiden Figuren, die hier sowohl über die Text- als auch Subtextebene verhandelt werden, sind damit also noch nicht abschließend geklärt.

In einem zweiten Beispiel aus der gleichen Szene (II/1) wiederholt sich das eben beschriebene Interaktionsmuster strukturell auf beiden Seiten – mit dem Unterschied, dass Mrs. Betts ironischer Kommentar nun auf Ina abzielt, die in identischer Form wie Dwight reagiert: Sie ignoriert die Bemerkung der Mutter, wendet sich an einen Dritten, in diesem Falle Dwight, und wechselt abrupt das Thema:

> INA: [...] Dear me, I wish Lulu was here to leave in charge. I certainly do miss Lulu—lots of ways.
> MRS. BETT: 'Specially when it comes mealtimes. [*sic*]
> INA: Is that somebody coming here?
> DWIGHT: Looks like it—yes, so it is. [...]
>
> (*MLB* 119)

Mrs. Betts Replik „'Specially when it comes mealtimes." wirkt einerseits witzig-humorvoll, impliziert andererseits auf der Subtextebene auch eine ernst gemeinte Kritik an der Tochter Ina, deren Beziehung zu Lulu offenbar nicht auf genuiner geschwisterlicher Zuneigung gründet, sondern eher einem nüchternen Dienstverhältnis gleichkommt, ist es doch Lulu, die all jene häuslichen Arbeiten verrichtet, zu denen Ina selbst nicht in der Lage ist. Durch Mrs. Betts Kommentar wird somit das eigentlich positiv besetzte, weil Emotionalität und Verbundenheit suggerierende Motiv des Vermissens als ein von Ina inszeniertes entlarvt, wodurch – ähnlich wie zuvor Dwight – nun Ina in ein negatives Licht gerückt wird. Darüber verunsichert, wie sie mit einer solchen Bemerkung umgehen soll, imitiert sie Dwights Verhaltensmuster und führt durch ihre an Dwight gerichtete Frage („Is that somebody coming here?") einen abrupten Themenwechsel herbei. Mrs. Betts Schlagfertigkeit bewirkt somit in beiden hier analysierten Fällen eine Erschütterung scheinbar etablierter Macht- und Ordnungsstrukturen in der Familie. Die Spontanität und Schlagfertigkeit ihrer Reaktionen bescheinigen ihr zudem eine weitaus größere Zurechnungsfähigkeit und mentale Fitness als dies in der Expositionsszene zunächst den Anschein haben mag.

Was Mrs. Betts Sprechverhalten neben ihrer Scharfsinnigkeit außerdem kennzeichnet, ist ihre Tendenz zu, wie es an einer Stelle explizit heißt, „plain talk" (*MLB* III_{RV} 153), d.h. eine Art und Weise des Sprechens, bei der die Dinge klar, ehrlich, unmissverständlich und direkt ausgesprochen werden. Dies zeigt sich *erstens* beispielsweise in der Artikulation ihrer Sichtweise auf die von Dwight und Ina geleistete Erziehungsarbeit, die sie mit Blick auf Dianas und Mononas Verhaltensweisen insgesamt als Versagen auf ganzer Linie bewertet (II/1). So vergleicht sie Dwight und Ina in ihren Rollen als „father and mother" etwa mit dem Verhältnis zwischen zwei streitsüchtigen „weathercocks" oder zwischen „a cat and dog" (*MLB* 118), weil der von ihnen an den Tag gelegte Dissens in Erziehungsfragen zu Konflikten und Spannungsmomenten führt, deren Folgen sich im Verhalten beider Töchter widerspiegeln.[445]

Klartext spricht sie *zweitens* auch in Szene I/2, in der Dwight seine Pläne für eine Überseereise nach Europa erwähnt, die er letztlich aber doch nicht realisieren kann. Die Gründe dafür legt er allerdings nicht dar. Dies erledigt Mrs. Bett stellvertretend für ihn:

445 Die Inkonsequenz, Planlosigkeit und Widersprüchlichkeit ihrer Erziehungsarbeit zeigt sich beispielsweise prägnant in einer Episode in II/1. Darin bittet zunächst Diana ihre Eltern um die Erlaubnis, in die Bibliothek gehen zu dürfen. Nach einigem Hin und Her erlaubt es ihr die Mutter schließlich, jedoch nur unter der Auflage, auch die jüngere Schwester Monona mitzunehmen („Very well, Di, you may go and take your sister.", *MLB* 118). Als dann aber Dwight seine Frau daran erinnert, dass sie Monona als Bestrafung für deren Essverhalten („because she wouldn't eat her egg", *MLB* 118) doch eigentlich frühzeitig ins Bett schicken wollte, schwenkt Ina schließlich wieder um: „Yes, that's so, I did. Monona, you can't go." (*MLB* 118). Sowohl Monona als auch Diana lernen durch das Verhalten der Eltern, was es bedeutet, Willkürentscheidungen ausgesetzt zu sein. Die Erfahrung fremdbestimmten Handelns prägt das weibliche Selbstbild dieser beiden Figuren demnach schon sehr früh in ihrem jeweiligen Sozialisationsprozess. Für eine eingehende Analyse früher Weiblichkeitskonfigurierungen am Beispiel Mononas siehe Abschnitt IV.3.5 unten.

DWIGHT: I thought Ina and I might get over to the other side this year, but I guess not—I guess not.
MRS. BETT: Pity not to have went [*sic*] while the going was good.
DWIGHT: What's that, Mama Bett? [*Enter* LULU.] Ah, the lovely Lulu. [...] (*MLB* 110)

Mrs. Betts ironisch-bissige Anspielung auf die offenbar doch nicht allzu üppig ausfallenden finanziellen Ressourcen der Familie entlarven Dwight indirekt als aufgeblasenen Angeber, der oftmals dazu neigt, sich größer darzustellen, als er eigentlich ist (z.B. in *MLB* III$_{RV}$ 147, wo er von sich sagt: „[...] I flatter myself I'm a good provider."). Gefahr laufend, sich mit dem in Mrs. Betts Replik implizierten Vorwurf, ein *bad provider* zu sein und damit seine ihm diskursiv zugeschriebene Rolle nicht standesgemäß ausfüllen zu können, auseinandersetzen zu müssen, nutzt er Lulus Hereintreten als willkommenen Anlass, um – in der für ihn typischen Weise – einen Themenwechsel herbeizuführen. Mrs. Betts pointierte Bemerkung lässt sich dadurch jedoch trotzdem nicht ausradieren.

Drittens äußert sich die Direktheit ihres Sprechens auch in Repliken, die zum Ausdruck bringen, was sie persönlich von Dwight hält. Dabei macht es offenbar keinen Unterschied, ob sie zu ihrer Tochter Ina spricht („How do you stand him? The lump!", *MLB* 98) oder mit Bobby Larkin, dem Jungen aus der Nachbarschaft. Als dieser in Szene I/1 die Bühne betritt und nach Dwight fragt („Where's Mr. Deacon?"), antwortet Mrs. Bett mit „Gone, thank the Lord!" (*MLB* 98). In nur vier (im Übrigen abermals einsilbigen) Worten und in der für sie charakteristischen Sprechweise bringt Mrs. Bett ihre innere Einstellung zu Dwight auf den Punkt: Dwights Abwesenheiten stellen für sie Momente dar, für die *frau* dankbar sein muss. Sein Wegbleiben ist somit positiv konnotiert, wodurch das Motiv des Vermissens hier – entgegen seiner üblichen emotionalen Bedeutung – gerade gegensätzlich semantisiert wird: Dwights Abwesenheit wird hier nicht als schmerzliches, sondern freudvolles Ereignis empfunden.

Die drei voranstehenden Beispiele mögen genügen, um aufzuzeigen, dass sich die Figur der Mrs. Bett über ihre unverblümte Direktheit nicht nur aus dem Schatten ihrer konstellatorischen Randständigkeit herausbewegt, sondern auch eine nicht zu unterschätzende Rolle hinsichtlich des Einsatzes von Sympathielenkungsverfahren spielt. Wie Ackerman in seiner Studie zu der Einschätzung gelangen kann, „[that] Mrs. Bett has hardly been a practitioner of plain talk herself in the rest of the play",[446] ist in Anbetracht der oben analysierten (und im Stück weiter zu findenden) Textbelege nicht nachvollziehbar.

Eine zentrale Szene im Hinblick auf den dynamischen Entwicklungsprozess der Figur ist die letzte Szene des II. Aktes (II/3), in der Mrs. Bett in sprachlicher

446 Ackerman, „Infelicities of Form", 62.

Hinsicht eine ganz andere Facette von sich zeigt. Wie erwähnt ist diese insgesamt recht lange Szene (*MLB* 130-144) zweigeteilt: Im ersten Teil (*MLB* 130-137), um den es nachfolgend primär gehen soll, sind Mrs. Bett, Lulu und Neil Cornish zu sehen. Die sich auf der Rückkehr von einem Familienbesuch befindenden Figuren Dwight und Ina treten erst im zweiten Teil der Szene auf (*MLB* 137-144). Mit dem Auftakt der Szene wird eine Atmosphäre geschaffen, die sich prägnant von denen der übrigen Szenen unterscheidet: Die Handlung spielt am Abend und ist zudem auf die Veranda verlegt, die – wie es im Nebentext heißt –, vom Mondlicht geflutet wird. Auch die Innenräume des Hauses dahinter sind beleuchtet, wodurch ein stimmungsvolles Bühnenbild erzeugt wird: „*Evening, a week later. Stage flooded with moonlight, house lighted.*" (*MLB* 130). Die Szene beginnt mit diesem Hinweis: „LULU *and* CORNISH *are finishing a song together,* LULU *accompanying.*" (*MLB* 130). Das von der Dramatikerin sorgfältig komponierte Tableau mit seinem funktionalisiertem Einsatz von Licht und Ton erzeugt eine bewusst übertriebene romantische Stimmung, die zudem ein Gefühl von Lebendigkeit und Harmonie transportiert, das sonst in diesem Haus nicht zu finden ist. Der halböffentliche Raum der Veranda erweist sich insbesondere für die beiden Frauenfiguren Lulu und Mrs. Bett als bedeutungsvoller Schwellenraum, in dem sie sonst in Dwights Anwesenheit nicht oder kaum anzutreffen sind. So zeigt sich beispielsweise im Auftakt der vorherigen Szene II/2, die ebenfalls die Veranda zum Schauplatz hat, dass Mrs. Bett es explizit ablehnt, sich gemeinsam mit Dwight in diesem Raum aufzuhalten. Auf Dwights Frage „Ah, Mama Bett. Coming out to enjoy the evening air?" antwortet Mrs. Bett mit „No, I thank you." (*MLB* 124). Hier nun in Szene II/3 betritt sie die Veranda aber, um Lulus Gesang und Klavierspiel zu lauschen. In der für sie typischen *plain talk*-Manier stellt sie kurz darauf fest, „Ain't it nice with the folks all gone?" – es handelt sich im Übrigen abermals um einsilbige Wörter – und kommentiert Lulus Musizieren mit „It sounded real good." (*MLB* 132). Es ist diese Replik, die signalgebend für ein verändertes Verhalten ist, das in der Folge – wohlgemerkt in Dwights und Inas Abwesenheit – einen Einblick in eine ganz andere, emotionale Seite der Figur gewährt. So offenbart sie Lulu und Neil Cornish nicht nur, dass sie früher selbst einmal ein Instrument spielte („I use' to play on the melodeon.", *MLB* 132), sondern erzählt auch Episoden aus ihrem früheren Leben:

> MRS. BETT: That was when I was first married. We had a little log house in a clearing in York State. I was seventeen—and he was nineteen. While he was chopping I use' to sit on a log with my sewing. Jenny was born in that house. I was alone at the time. I was alone with her when she died, too. She was sixteen—little bits of hands she had—[...]
>
> (*MLB* 132)

Nicht nur die Emotionalität und auf Lulu bezogene Vertrautheit, die in diesem Zitatausschnitt zum Ausdruck kommen, weisen auf ein verändertes Sprechverhalten der Figur hin. Auch die Länge ihrer Replik markiert einen deutlichen Kontrast zu ihren bisherigen Äußerungen, die, wie die voranstehenden Beispiele mehrfach gezeigt haben, meist auf den Umfang von sog. *one-liners* mit einsilbigen Wörtern beschränkt blieben. Zudem nimmt die Sprechfrequenz der Figur in diesem ersten Teil der Szene signifikant zu, was primär daran liegt, dass sie mit Lulu ‚echte' Gespräche führt, in denen sich beide als ebenbürtige Gesprächsteilnehmer respektvoll begegnen – eine Erfahrung also, die ihnen in den Konfliktdialogen mit Dwight und Ina, bei denen es in erster Linie um die Verhandlung von Machtverhältnissen geht, nicht zuteilwird.

Bezeichnend für ein verändertes Figurenverhalten ist außerdem die folgende Dialogsequenz, die sich unmittelbar an die oben zitierte Figurenreplik anschließt:

> MRS. BETT: [...] Can't we have some more playin' and singin'?
> LULU: After a while, mama—dear.
> MRS. BETT: It went kind of nice—that last tune you sung. [*Hums the air. Enters house.*]
>
> (*MLB* 132)

Ihr Wunsch, sich diese für sie offensichtlich ganz besondere Atmosphäre so lang wie möglich zu bewahren, wirkt umso eindringlicher, als sie die Melodie des von Lulu und Neil eingangs gesungenen Liedes schließlich selbst zu summen beginnt und die im Lied beschriebene friedvolle Stimmung (im Liedtext ist u.a. die Rede von „sweet repose", „rest" und „calm", *MLB* 130) in einem symbolischen Akt in das sonst von Dwights Tyrannei ‚vergiftete' Haus hineinträgt. Ebenso bezeichnend ist auch, dass sich mit Dwights und Inas Rückkehr im zweiten Teil der Szene (vgl. *MLB* 137-144) ihr Verhalten schlagartig ändert: Redebeiträge und Repliklängen nehmen abrupt ab. Obwohl Mrs. Bett für einen Großteil des zweiten Szenenabschnitts anwesend ist, spricht sie darin nur dreimal (vgl. *MLB* 138, 140).

Ausgehend von den voranstehenden Ausführungen ist im Hinblick auf die Figur der Mrs. Bett zusammenfassend festzuhalten, dass sich *erstens* die Konzeptionen der beiden Frauenfiguren, Lulu Bett und Mrs. Bett, in mehrfacher Hinsicht sehr ähneln und deren Darstellungsverfahren im I. und II. Akt inhaltlich, sprachlich und strukturell markante Parallelen aufweisen. *Zweitens* ist hervorzuheben, dass Mrs. Bett sowohl ihr Handeln als auch ihr Sprechen strategisch einsetzt, indem sie beides an die jeweilige Situation und die anwesenden Figuren anpasst. Daran wiederum lässt sich die konzeptionelle Komplexität der Figur erkennen, die dem eingangs vermittelten Eindruck einer eindimensionalen, flachen Figur entgegensteht. *Drittens* ist zu betonen, dass, obwohl ihr Verhalten mit Dwights Erscheinen innerhalb der oben zuletzt besprochenen Szene in ein altes Muster zurückfällt, das Wissen um die ‚andere Seite' der Figur dem aufmerksamen Zuschauer trotzdem präsent bleibt. Für die Darstellung der Figur im originalen, insbesondere aber im revidierten Schlussakt ist dies von zentraler Bedeutung.

Mrs. Bett im Schlussakt der Originalfassung

In der Erstfassung des Schlussaktes (III_{OV}), dessen Handlung in Neil Cornishs Klaviergeschäft angesiedelt ist, vollzieht sich in der bis hierhin dynamisch-linearen Figurenentwicklung Mrs. Betts ein Bruch. Während sich, wie ausgeführt, Lulu Betts Transformation hin zu einer selbstbestimmten Frau in III_{OV} linear fortsetzt, sind in Bezug auf Mrs. Bett nun Verhaltensmuster zu beobachten, die denen des zu Handlungsbeginn gezeigten sehr ähneln und deshalb als Rückfall zu deuten sind. Wie im Expositionsakt bleibt Mrs. Bett in III_{OV} nun wieder als Randfigur deutlich im Hintergrund des Geschehens, auf dessen Verlauf sie keinen Einfluss hat. Ihre sehr wenigen und kurzen Repliken stehen in einem starken Gegensatz zur Komplexität und Frequenz ihres Sprechens am Ende des II. Aktes: Nur sechsmal meldet sich Mrs. Bett zu Wort, wobei es sich dabei entweder um das wiederholte Ausrufen von Lulus Namen handelt, als die Familie in Cornishs Laden aufeinandertrifft („Lulie, Lulie, […].", *MLB* III_{OV} 158, „Lulie … Lulie! …", *MLB* III_{OV} 159, „Lulie, Lulie …", *MLB* III_{OV} 161), oder um das Formulieren von *Wh*-Fragen, die wiederum Ausdruck ihres offenbar eingeschränkten Wahrnehmungsvermögens sind:

MRS. BETT: What you talking—what you talking. I want to know but I ain't got something in my head… . Lulie, you ain't going to get married again, are you—after waiting so long?

(*MLB* III_{OV} 160)

MRS. BETT: Where you goin' now, for pity sakes?

(*MLB* III_{OV} 160)

MRS. BETT: Who's going to do your work now, I'd like to know?

(*MLB* III_{OV} 161)

In ihrem Ringen um Verstehen und Orientierung erinnern Mrs. Betts Verhalten und Sprechweise an das aus dem I. Akt bekannte Weiblichkeitsbild der ‚senilen Alten'. Hatte es zwischenzeitlich den Anschein, als könne sie sich davon emanzipieren, nähert sich die Figur konzeptionell diesem Frauentypus wieder deutlich an. Der Rückfall in dieses Muster nimmt augenblicklich alle zuvor angedeuteten Fortschritte zurück und relativiert die Vorstellung einer in dieser

Figurenkonzeption angelegten Tiefenstruktur. Letztlich ist die Entwicklungslinie der Figur in III_{OV} als eine dynamisch-retrograde zu bezeichnen, weil – im Unterschied zur Darstellung Lulus im originalen Schlussakt – eine Weiterentwicklung über die Textgrenze hinaus unwahrscheinlich wird.

Betrachtet man die Konzeption der Figur einmal nur in der Originalversion des Stückes und lässt die mehrfach erwähnten, durch die revidierte Fassung sichtbar werdenden Verschiebungsverfahren für einen Moment außer Acht, dann muss die im Schlussakt III_{OV} herbeigeführte Rückführung der Figur in ein tradiertes Weiblichkeitsmuster doch gerade deshalb sehr verwundern, weil ihre bis hierhin lineare Figurenentwicklung eigentlich genauso linear hätte fortgesetzt werden können wie die Lulus in der Frühfassung. Es stellt sich somit die Frage, weshalb sich Gale zu diesem Schritt entschließt. Berücksichtigt man, wie deutlich sich die Figur der Mrs. Bett in den ersten beiden Akten entwickelt, dann scheint es beinahe so, als ob die Autorin mit dieser Figur ursprünglich einmal ‚mehr vorhatte', dann möglicherweise aber deshalb eine Rückführung der Figur in alte Muster formal-ästhetisch forciert, um den Fokus nicht von der Titelgestalt abzulenken. Aus der Sicht des aufmerksamen Zuschauers, der die zunächst lineare Entwicklung der Figur mitverfolgt und bei dem hinsichtlich des weiteren Handlungsverlaufs im Schlussakt wahrscheinlich auch entsprechende Erwartungen an die Figur entstehen, dürfte die retrograde Entwicklung Mrs. Betts dann wohl zu einer Frustration dieser Erwartungen geführt haben, weil diese konzeptionelle Umkehr aus Zuschauersicht unmotiviert und ästhetisch irritierend ist. Bedenkt man nun aber, dass Zona Gale mit der an sie herangetragenen Aufforderung, den Schlussakt umzuschreiben, nicht nur gezwungen ist, Lulus konzeptionellen *blueprint* durch die Herbeiführung des versöhnlichen *happy ending* zu verändern, sondern damit gleichzeitig auch eine Möglichkeit erhält, sich auch noch einmal der Figur der Mrs. Bett konzeptionell anzunähern, um vielleicht nun ihre ursprünglichen Darstellungsabsichten bezüglich dieser Figur nachträglich bühnenwirksam werden zu lassen, dann kann und sollte sich die Aufmerksamkeit in der Analyse des revidierten Schlussaktes besonders auf diese Figur und ihrer (nicht nur geschlechterideologischen) Funktionalisierung in III_{RV} richten. Liest man den nachträglich geänderten Schlussakt (auch) unter diesen Vorzeichen, dann ist denkbar, dass Gale nicht nur die oben erwähnte ‚Frustrationserfahrung' des Zuschauers in der Frühversion wieder gutmacht, sondern auch ihr eigenes formal-ästhetisches Dilemma nachträglich auflöst.

Mrs. Bett im Schlussakt der revidierten Fassung

Ganz anders präsentiert sich die Figur nun im revidierten Dramenausgang *MLB* III_{RV}. Hier nämlich setzt sich die im ursprünglichen Stück angelegte dynamisch-lineare Figurenentwicklung fort, was sich primär an der Wiederaufnahme von (1) Motiven, (2) Aspekten der Figurenrede und (3) diversen Auflehnungshandlungen beobachten lässt.

(1) Gleich zu Beginn des revidierten Schlussaktes III_{RV} zitiert die Dramatikerin Motive aus der letzten Szene des II. Aktes und stellt über diese Anknüpfung nachträglich eingearbeitete, motivische Verknotungspunkte zwischen den ‚alten' und ‚neuen' Textteilen her, die in dieser Form zwischen I./II. Akt einerseits und dem ursprünglichen Dramenschluss III_{OV} andererseits nicht gegeben sind. So beginnt etwa auch der Schlussakt auf der Veranda und zeigt die Figur Mrs. Bett sichtbar erheitert und singend (vgl. *MLB* III_{RV} 145, 146). Beide Motive – Schwellenraum- und Gesangsmotiv – dienen augenscheinlich dazu, die Atmosphäre und, wichtiger noch, die Gemütsstimmung der Figur aus dem II. Akt in den neuen Schlussakt zu transportieren. Die Implikation dieses Motivzitats ist vermutlich darin zu sehen, dass das gelöste, unbeschwerte Auftreten der Figur, das dem Zuschauer in Szene II/3 begegnet, (wo es dann aber mit Dwights und Inas Erscheinen augenblicklich zurückgenommen wird), hier nun im revidierten Schlussakt *nicht* aus dem *blueprint* der Figur eliminiert wird, sondern als charakterisierende Eigenschaft konzeptionell fest in der Figur angelegt ist. Von Dwights und Inas Anwesenheit lässt sie sich im revidierten Schlussakt nun nicht mehr beeindrucken.

(2) Auch hinsichtlich des Sprechverhaltens weist die Figurenkonzeption in III_{RV} deutliche Parallelen zum II. Akt auf. So sind beispielweise die Sprechanteile, die Häufigkeit der Repliken sowie die Komplexität ihrer Äußerungen in sehr ähnlicher Weise gestaltet. Besonders in der Eingangssequenz des Schlussaktes (vgl. *MLB* III_{RV} 145-146) wird deutlich, dass Mrs. Bett mit Lulu ‚echte' Dialoge führt und aktiv an der Gesprächsgestaltung partizipiert. Diese Eigenschaften waren ihr in der Originalfassung des III. Aktes, wie gezeigt, verlorengegangen. Die Verwirrung und Orientierungslosigkeit der Figur aus dem ursprünglichen Schlussakt sind einer klaren Denk- und Sichtweise gewichen, die wiederum keinen Anlass dazu gibt, die Figur als senil oder unzurechnungsfähig zu bezeichnen. Wie die Hervorhebungen im nachfolgenden Dialogzitat aus der erwähnten Anfangssequenz in III_{RV} zeigen – es handelt sich dabei um ein Vier-Augen-Gespräch zwischen Mrs. Bett und Lulu –, enthalten Mrs. Betts Repliken auffallend viele auf eine geschärfte Wahrnehmung und geistige Klarheit hinweisende Textsignale:

LULU: I can't live here and have people think Ninian left me. I can't tell the truth and bring disgrace on Ninian. And I can't stay here in Dwight's kitchen a day longer. Oh, mother! I wish you could see—

MRS. BETT: Why, Lulie, *I do see* that.

LULU:	You do, mother?
MRS. BETT:	*I've often wondered* why you didn't go before.
LULU:	Oh, mother, you dear—
MRS. BETT:	You needn't think because I'm old I don't *know a thing or two.*
[...]	
LULU:	Dearest, I mean I was so afraid you wouldn't understand—
MRS. BETT:	*Why wouldn't I understand,* I'd like to know? *You speak like I didn't have a brain in my skull.*

(*MLB* III_{RV} 145f., Hervorhebungen KT)

In diesem Zusammenhang ist auch eine weitere, wenig später geäußerte Replik der Figur zu sehen, die nicht nur als Anspielung auf ihre mentale Agilität zu lesen ist, sondern in erster Linie als ein weiterer Beleg für die oben erwähnten textstrukturellen Verknotungspunkte fungiert: Ihre Äußerung, „Mother knows a-plenty." (*MLB* III_{RV} 148), ist ein syntaktisch-lexikalisches Versatzstück aus der Expositionsszene, in der Mrs. Bett das bereits zitierte „Mother hears a-plenty." (*MLB* 99) sagt. Auch darin spiegelt sich die figurenkonzeptionelle Progressionslinie zwischen I./II. und III_{RV}.

Besonders prägnant äußern sich die angesprochenen Parallelen im Sprechverhalten der Figur in den verbalen Auseinandersetzungen mit Dwight. Dass Mrs. Bett ihm gegenüber sprichwörtlich kein Blatt vor den Mund nimmt, ist ein Figurenmerkmal, das dem Theaterpublikum bereits aus den ersten beiden Akten bekannt ist. Anders als im ursprünglichen Schlussakt, der keine Belege für Mrs. Betts *plain talk* enthält, kommt nun im veränderten Dramenschluss ihre Tendenz, die Dinge klar auszusprechen, erneut deutlich zum Tragen. Als sich Dwight beispielsweise schockiert über Lulus Weggang zeigt (sie befindet sich zu diesem Zeitpunkt gerade auf dem Weg zum Bahnhof) und über sie sagt, „Lulu must be completely out of her mind." (*MLB* III_{RV} 147), entgegnet ihm Mrs. Bett unverblümt, ehrlich und in der gewohnt staccato-artig einsilbigen Direktheit mit: „First time I've known her to show good sense in years." (*MLB* III_{RV} 147). In der Gegenüberstellung von „out of her mind" (Dwight über Lulu) einerseits und „good sense" (Mrs. Bett über Lulu) andererseits manifestiert sich die polarisierende Beziehung der beiden, die der entsprechend interessierte Zuschauer aus dem ursprünglichen Schlussakt bereits kennt – allerdings von Dwight und Lulu, nicht aber von Dwight und Mrs. Bett. In III_{RV} ist es also Mrs. Bett, die die Dinge beim Namen nennt, sich der direkten Auseinandersetzung mit dem Patriarchen stellt und beide, Dwight und Ina, mit ungeschönten Wahrheiten konfrontiert, die letzteren wiederum sichtlich unangenehm sind. Die Tatsache etwa, dass Dianas gescheiterter Versuch, mit Bobby Larkin durchzubrennen, eine Verzweiflungstat war, „only to get away from you" (*MLB* III_{RV} 148), oder etwa, dass Lulu Ninian heiratete, „only to get shed of both of you" (*MLB* III$_{\text{RV}}$ 148), brüskiert Dwight und Ina so sehr, dass sie ihre Töchter aus dem Raum schicken und Mrs. Bett ermahnen, nicht in dieser Direktheit zu sprechen („How can you talk so!", „Mother Bett!", „Mother, you ought not to use such language [...]", *MLB* III$_{\text{RV}}$ 148). In ihrem Selbstbewusstsein aber sichtlich gewachsen, lässt sich Mrs. Bett von solchen Ermahnungen nicht mehr einschüchtern und geht sogar so weit, Dwight an einer Stelle als „cockroach" (*MLB* III$_{\text{RV}}$ 148) zu bezeichnen, worauf Dwight im Übrigen nichts zu entgegnen weiß. Dessen sprachliche Gelähmtheit und, wenn man so will, männliche Ohn-Macht (denn ohne Sprache keine Macht), kommt besonders deutlich in der nachfolgend zitierten Auseinandersetzung mit Mrs. Bett zum Ausdruck, in der sie ihm nicht nur die Leviten liest, sondern insgesamt seine Qualitäten als *head of the household* in Frage stellt. Ausgangspunkt des Streits ist Dwights Beschwerde darüber, dass Lulu verschwunden und das Frühstück dementsprechend noch nicht zubereitet ist:

DWIGHT:	Ready for breakfast, Mama Bett?
MRS. BETT:	No, I ain't ready.
DWIGHT:	Neither is the breakfast. Lulu must be having the tantrum.
MRS. BETT:	I s'pose you think that's funny.
DWIGHT:	Lulu ought to think of you—old folks ought to have regular meals—
MRS. BETT:	Old? Old? Me, old?
DWIGHT:	Well, you're hungry. That's what makes you so cross, Mama Bett.
MRS. BETT:	All you think of is food, anyhow.
DWIGHT:	Who has a better right? Who provides the food we eat?
MRS. BETT:	That's all you're good for.
DWIGHT:	Well, I may not amount to much in this old world of ours but I flatter myself I'm a good provider.
MRS. BETT:	If I was going to brag I'd brag original.
DWIGHT:	You mustn't talk like that. You know you're my best girl.
MRS. BETT:	Don't you best-girl me.
DWIGHT:	There, there, there ...
MRS. BETT:	Now look at you. Walking all over me like I wasn't here—like I was nowhere.
DWIGHT:	Now, Mama Bett, you're havin' the tantrum.
MRS. BETT:	Am I? All right then I am. What you going to do about it? How you going to stop me? [*sic*]
DWIGHT:	Now, now, now, now ...

(*MLB* III$_{\text{RV}}$ 146f.)

Gleich in mehrfacher Hinsicht ist dieser Dialogausschnitt aus diskurs- und *gender*-analytischer Perspektive überaus aufschlussreich. Grundsätzlich ist im Hinblick auf formal-strukturelle Aspekte zu beobachten, dass sowohl die relative Kürze der Sprachäußerungen beider Figuren – es handelt sich fast ausschließlich um *one-liner* – als auch die alternierenden Figurenrepliken (*alternate turns*) auf einen konflikthaften Schlagabtausch hindeuten, bei dem – ausgehend von der äußeren Form des Dialogs – beide Figuren dem Anschein nach auf Augenhöhe agieren. Auch dies ist ein Indiz für die Stärke und Standhaftigkeit der Figur Mrs. Bett, die dem Hausherrn Paroli bietet und damit dem eingangs vermittelten Bild der ‚senilen Alten' bzw. der Darstellung dieses Frauentypus im originalen Schlussakt deutlich widerspricht. Interessant ist der Dialogausschnitt vor allem aber wegen seiner inhaltlichen und sprachlichen Komplexität.

So werden Machtverhältnisse und Geschlechterrollen nicht nur auf der Textoberfläche, sondern vor allem auch über die Subtextebene verhandelt. Der Analyse vorangestellt sei der Hinweis, dass Thomas' Lesart hier nicht vollumfänglich geteilt wird, da diese doch etwas zu optimistisch ausgelegt scheint. Die Verfasserin bezeichnet Dwights Beziehung zu Mrs. Bett nämlich als „an affectionate, playful one" und konstatiert, „[that] [b]y calling Mrs. Bett his ‚best girl,' Dwight is suggesting he is fond of her and values her".[447] Entgegen dieser Darstellung wird hier davon ausgegangen, dass es sich um ein konfliktgeladenes Spannungsverhältnis handelt, für das es sowohl inhaltlich als auch sprachlich entsprechende Belege gibt. Anhand von fünf Aspekten lässt sich feststellen, dass der zunächst formal erzeugte Eindruck von Ausgewogenheit zwischen den Konfliktparteien täuscht, da es letztlich Mrs. Bett ist, die das Gespräch dominiert: *Erstens* lassen sich auch in diesem Textzitat verschiedene Ausprägungen des für die Figur charakteristischen *plain talk* finden. Mit Aussagen wie „All you think of is food, anyhow." oder „That's all you're good for." wagt sie explizit auszusprechen, was andere insgeheim vermutlich nur denken. In ihren Aussagen wird Dwights Bedeutung als *head of the household* auf eine einzige pragmatische Rolle, nämlich die des Familienernährers, reduziert. In jeder anderen Hinsicht erweist er sich in ihren Augen nicht nur als Versager, sondern in erster Linie als unausstehlicher Haustyrann, der die übrigen Familienmitglieder, Mrs. Bett eingeschlossen, für verrückt erklärt („Lulu must be having the tantrum.", „That's what makes you so cross, Mama Bett.") oder ihnen das Wort verbietet („You mustn't talk like that."), um seine Position zu wahren.[448] Dass ihm dies in der oben wiedergegebenen Auseinandersetzung nicht gelingt, liegt u.a., *zweitens*, an Mrs. Betts Schlagfertigkeit. Mit Repliken wie „If I was going to brag I'd brag original." entwertet sie die glorifizierende Selbstdarstellung Dwights als „good provider" unverzüglich. Charakteristisch für ihre Sprechweise im revidierten Schlussakt allgemein und speziell im

447 Thomas, „Aging Ragefully", 14.
448 Siehe hierzu auch Thomas, „Aging Ragefully", 14f.

voranstehenden Zitat ist *drittens* der verbale Widerstand, den sie immer dann leistet, wenn Dwight zum Ausdruck bringt, was er in ihr sieht: Mit „Old? Old? Me, old?“ und „Don’t you best-girl me.“ distanziert sie sich von, wie Thomas richtig schreibt, „his preexisting ideas of an elderly lady“[449] und weist ihn in letzterem Beispiel mit fast drohendem Unterton in die Schranken: Weder will sie sich als *old* verstanden wissen, noch akzeptiert sie Dwights diminutive Herabstufung zum kindhaften *girl*. Zudem, so verdeutlicht der Dialogausschnitt *viertens*, ist Dwight nicht in der Lage, mit dieser forschen Art weiblichen Sprechens umzugehen. Seine einzige, allerdings in diesem Fall erfolglos bleibende Strategie besteht darin, das von Mrs. Bett Artikulierte immer dann als Ausdruck physischer und psychischer Beeinträchtigung zu deuten („Well, you’re hungry. That’s what makes you so cross, Mama Bett.“, „Now, Mama Bett, you’re havin’ the tantrum.“), wenn es sich aus seiner Sicht um inhaltlich-sprachliches Fehlverhalten, sprich unkonventionelles weibliches Rollenverhalten, handelt. Oftmals ist er aber auch, wie der Dialogausschnitt – hier nochmals in reduzierter Form – *fünftens* verdeutlicht, gar nicht in der Lage, sprachlich angemessen auf Mrs. Betts ‚Drohungen‘ zu reagieren:

MRS. BETT:	Don’t you best-girl me.
DWIGHT:	There, there, there …
MRS. BETT:	Am I? All right then I am. What you going to do about it? How you going to stop me?
DWIGHT:	Now, now, now, now …

In beiden Fällen führen Mrs. Betts direkte Konfrontationen, denen auch ein gewisses Maß an verbaler Aggressivität („Don’t you“) und Provokation („What you going to do about it? How you going to stop me?“) innewohnt, zur sprachlichen Ohnmacht der männlichen Figur. In Bezug auf seine Artikulationsfähigkeit zeigt sich Dwight so gelähmt, dass es ihm sprichwörtlich die Sprache verschlägt und er außer inhaltslosen Wiederholungen einsilbiger Wörter nichts mehr zu sagen im Stande ist. Der ungewohnten weiblichen Stärke vermag er weder sprachlich noch inhaltlich etwas entgegenzusetzen. Folgt man Ackermans formalistischem Ansatz, innerhalb dessen er die Hypothesen formuliert, dass erstens Sprachbeherrschung mit Macht gleichzusetzen und zweitens männliche Sprachverwendung häufig durch lineare und kausale (also komplexe) Strukturen markiert sei,[450] dann kann in Dwights rudimentär-redundanter Sprachverwendung ein deutlicher Kontroll- und Machtverlust

449 Thomas, „Aging Ragefully“, 15.
450 Siehe Ackerman, „Infelicities of Form“, 57, 55.

gelesen werden.[451] Wenngleich er in der oben zitierten Dialogsequenz sprichwörtlich das letzte Wort behält, sollte dies in Anbetracht der voranstehenden Ausführungen nicht unbedingt als Zeichen männlicher Überlegenheit verstanden werden. Im Gegenteil.

(3) Neben der Wiederaufnahme von Motiven und der Fortsetzung ihres selbstbewussten Sprechverhaltens zeichnet sich die dynamisch-lineare Figurenentwicklung vom Expositions- bis hinein in den revidierten Schlussakt III_{RV} auch in Mrs. Betts Auflehnungshandlungen ab, die sich primär gegen Dwight, aber auch gegen die Tochter Ina richten. Hierfür seien zwei Beispiele gegeben: Als sich Lulu in der Eingangssequenz des neuen Schlussaktes von ihrer Mutter verabschiedet, übergibt diese ihr $50, die sie (ursprünglich mit Rücksicht auf Dwight) eigentlich zur Begleichung ihrer eigenen Beerdigungskosten für ihn angespart hatte: „And I ain't got much. Only enough to bury me nice. [...] Mother wants to help you. Here, Lulie, you take my funeral fifty. Joke on Dwight to make him bury me." (*MLB* III_{RV} 146). Zwar ermöglicht sie Lulu durch diese Geldzuwendung einen vorerst gesicherten Neubeginn in der Fremde, gleichzeitig erlaubt ihr dieser fast subversiv zu bezeichnende Akt, sich an Dwight für alles, was ihr in seinem Hause widerfahren ist, zu rächen. Bildlich gesprochen erfolgt damit die große ‚Abrechnung' tatsächlich am Schluss, wobei Dwight derjenige sein wird, der – auch im übertragenen Sinne – für alles ‚bezahlen' wird.

Eine zweite, jedoch weitaus komischere Auflehnungshandlung findet sich in der Fortsetzung einer Serie von Mrs. Betts Nachbarschaftsbesuchen bei der *off-stage*-Figur Grandma Gates, die dem Zuschauer aus den vorausgegangenen Handlungsabschnitten bereits namentlich bekannt ist. Als in der entsprechenden Episode nach und nach alle Figuren zum Frühstück erscheinen und feststellen müssen, dass Lulu verschwunden und die Mahlzeit noch gar nicht zubereitet ist, erklärt sich Ina bereit, sich selbst darum zu kümmern. In dieser Situation kommt es zu folgendem Gespräch:

451 Dass in Bezug auf Dwight in der Tat von mangelnder Sprachbeherrschung die Rede sein kann, zeigt sich an verschiedenen Stellen im Stück, wenn Dwight bestimmte Wörter falsch ausspricht. So sagt er etwa „ku-ween" (*MLB* 109) für *queen*, „costoom" (*MLB* 110) für *costume*, „deboo" (*MLB* 111) für *debut* und „rendezvous" (*MLB* III_{RV} 147), das er vermutlich so ausspricht, wie es geschrieben wird, da er von Ina entsprechend korrigiert wird („That's randevoo, Dwightie. Not rendezvous.", ebd.). Auch *chef* spricht er falsch aus, woraufhin er von Ina ebenfalls berichtigt wird: „That's sheff, Dwightie. Not cheff." (*MLB* 112).

DI:	Hello, family! What's the matter with breakfast?
MRS. BETT:	There ain't any.
INA:	Di, let's you and I get breakfast just to show Aunt Lulu that we can.
MRS. BETT:	Say if you two are going to get breakfast, I'll go over to Grandma Gates for a snack.

(*MLB* III_{RV} 147)

Allein Mrs. Betts „There ain't any." wirkt an dieser Stelle besonders komisch, weil es sich dabei keineswegs um eine neutral artikulierte Feststellung handelt. Vielmehr fungiert die Replik, ähnlich wie es mitunter auch in Lulus Sprechverhalten zu beobachten ist, als *teaser*, weiß doch Mrs. Bett im Gegensatz zu allen anderen Figuren längst über die Hintergründe der Situation, sprich über Lulus Weggang, Bescheid. Noch komischer wirkt ihre zweite Replik im Ausschnitt oben, weil Mrs. Bett – wohlwissend, dass Ina unfähig ist, irgendwelche Küchenarbeiten zu verrichten – es vorzieht, bei der Nachbarin zu essen, als Inas ungenießbare Speisen zu verzehren.[452] Sie versagt damit der Tochter Ina jene (moralische) Unterstützung, die sie der anderen Tochter, Lulu, zuteilwerden lässt. Analog zur Darstellung der Figur in den Akten I und II deuten auch diese Repliken allesamt darauf hin, dass Mrs. Bett über Witz, Verstand und Scharfsinn verfügt.

Eine ähnliche Situation entsteht im weiteren Verlauf, als Lulu vom Bahnhof in das Haus der Deacons zurückkehrt und dort quasi unverzüglich mit der nicht erfolgten Zubereitung des Frühstücks konfrontiert wird:

DWIGHT:	What about our breakfast, may I ask?
LULU:	Haven't you had your breakfast, Dwight? I had mine in the bakery.
MRS. BETT:	In the bakery! On expense!

(*MLB* III_{RV} 151)

Auch hier fungiert Mrs. Betts Replik als *teaser*, da sie, hier in der Rolle der stichelnden Kommentatorfigur, noch einmal zusätzlich Öl ins Feuer gießt. Komisch ist diese Situation auch deshalb, weil es Mrs. Bett selbst war, die der Tochter zuvor ihre vormals für Dwight bestimmten „funeral fifty" gegeben hatte, die Lulu dieses besondere Frühstück „in the backery" erst ermöglichen. Wohlwissend, wie penibel Dwight auf seine Haushaltskasse achtet – es sei an

---

452 Dass sie damit richtig liegen sollte, zeigt sich später, als davon die Rede ist, dass Inas „flapjacks" farblich nicht von „coffee" zu unterscheiden seien (vgl. *MLB* III_{RV} 150) und dass Ina in ihrem Vorhaben, das Familienfrühstück zuzubereiten, auf ganzer Linie gescheitert sei („[…] she's burned all over and she's so cross.", *MLB* III_{RV} 150).

die Aufrechnung des Tulpenkaufs in I/1 erinnert –, trifft sie Dwight mit ihrer spitzen Bemerkung direkt an seinem wunden Punkt. Auch darin ist eine gezielte Auflehnung gegen seine Reglementierungen zu sehen.

Auf der Grundlage der vorausgegangenen Figurenanalyse kann zusammenfassend festgehalten werden, dass mit Blick auf die Darstellung von Mrs. Bett im I./II. Akt und im revidierten Schlussakt III_{RV} von einer linearen Weiterführung der dynamischen Figurenentwicklung gesprochen werden kann. Anhand der Textbelege konnte verdeutlicht werden, dass es im Unterschied zur originalen Fassung des Stückes hier nicht zu einem konzeptionellen Bruch kommt, sondern dass sich eine Vielzahl von Verknotungspunkten finden lassen, die das Auftreten der Figur in III_{RV} plausibel machen und mit der bisherigen Darstellung in Einklang bringen. Somit spiegelt sich in Mrs. Betts Figurenkonzeption jene dynamisch-lineare Entwicklungslinie, wie sie für Miss Lulu Bett in der Originalfassung herausgearbeitet werden konnte.

Dass sich diese lineare Entwicklung auch über die Textgrenze hinaus in der gedachten, wie auch immer gearteten weiteren Handlung ebenso linear fortsetzt, ist in einer Replik der Figur noch im revidierten Schlussakt angelegt. Wenn Mrs. Bett zu ihrer Tochter Lulu bei der Verabschiedung sagt, „You needn't to worry about me. If I get lonesome I can give Dwight the dickens." (*MLB* III_{RV} 146), dann impliziert diese Äußerung eine gewisse Handlungskonsequenz im Umgang mit Dwight, wie sie sich im revidierten Dramenschluss deutlich abzeichnet.

Die detaillierten Komplementäranalysen zur Titelheldin Lulu Bett und der Nebenfigur Mrs. Bett in diesem Kapitel haben gezeigt, so das Resümee, dass beide Entwicklungslinien weitgehend identisch, im Hinblick auf beide Textversionen jedoch reziprok und – der Stilfigur des Chiasmus ähnelnd – diametral entgegengesetzt zueinander verlaufen; herausgearbeitet wurde auch, dass die vermeintlich unbedeutende Nebenfigur Mrs. Bett für die Kommunikation der diskurskritischen bzw. feministischen Botschaft in der Spätfassung eine zentrale Rolle spielt, wird doch durch sie im revidierten Schlussakt die autorenintendierte Kritik am Patriarchat und an tradierten Weiblichkeitsvorstellungen noch hörbar, wenngleich die eigentliche, vormals emanzipierte Protagonistin des Stücks nunmehr einen traditionellen Weg in das nachträglich eingeschriebene *happy ending* einschlägt. Die Analysen haben außerdem punktuell bereits gezeigt, dass es zwischen beiden Frauenfiguren markante Parallelen gibt, die die hier beschriebenen Verschiebungstechniken aus figurenkonzeptioneller Sicht überhaupt erst plausibel und möglich machen. Dass diese Schnittmenge so stark ausgeprägt ist, dass von *female gender solidarity* gesprochen werden kann, ist Gegenstand der nachfolgenden Schlussbetrachtung dieses figurenanalytischen Kernkapitels.

Gender solidarity als Voraussetzung der figurenkonzeptionellen und textstrukturellen Verschiebungen

Dass das Stück mit den Konstellationen Mrs. Bett/Lulu einerseits und Mrs. Bett/Ina andererseits zwei Mutter-Tochter-Relationen aufweist, wurde oben bereits ebenso erwähnt wie die Tatsache, dass sich beide Beziehungsstrukturen hinsichtlich ihrer emotional-affektiven Ausprägung markant voneinander unterscheiden. Während das Verhältnis zwischen Ina und ihrer Mutter als spannungsreich und konfliktgeladen beschrieben werden kann, lassen sich in der Beziehung zwischen Lulu und Mrs. Bett in mehrfacher Hinsicht Verbindungslinien ausmachen, die die Grundlage nicht nur für ein vertrauensvolles Verhältnis zwischen den Figuren, sondern auch für die oben ausführlich dargestellten figurenkonzeptionellen und textstrukturellen Verschiebungsverfahren zwischen den beiden Textversionen bilden. Was in den vorausgegangenen Figurenanalysen hinsichtlich dieser Gemeinsamkeiten punktuell angedeutet wurde, sei an dieser Stelle synthetisierend zusammengeführt, um zu verdeutlichen, woraus die hier zunächst noch hypothetisch in den Raum gestellte *gender solidarity* zwischen den beiden Frauenfiguren erwächst. Gleichzeitig soll durch entsprechende Gegenbeispiele gezeigt werden, dass diese Form der besonderen Geschlechtersolidarität zwischen Mrs. Bett und Ina nicht besteht.

Die zwischen Lulu und Mrs. Bett festzustellende *gender solidarity* erwächst unter anderem auf der Grundlage figurenkonzeptioneller Verbindungen, die sich wiederum an bestimmten figurenübergreifenden Motiven festmachen lassen. Ein solch verbindendes Motivelement zwischen Lulu und Mrs. Bett ist ihre gemeinsame Liebe zur Musik. Während, wie oben gezeigt, Mrs. Bett in Szene II/3 Gefallen an Lulus Klavierspiel bzw. Gesang findet, sogar selbst mit einstimmt und in einer längeren Replik die anwesenden Figuren (bzw. indirekt den Zuschauer) wissen lässt, dass sie in früheren Jahren selbst auch einmal ein Instrument spielte, zeichnet sich im Vergleich mit Ina ein ganz anderes Bild ab. Letztere nämlich hat für den Gesang ihrer eigenen Tochter Monona offenbar wenig übrig, was sich primär darin äußert, dass sie dieser mehrfach das Singen verbietet (vgl. *MLB* 92, 124). Über das verbindende Motiv des Musizierens manifestiert sich somit die besondere Beziehung zwischen Lulu und Mrs. Bett; in Bezug auf Ina fungiert es als Kontrastelement.

In besonderem Maße aber spiegelt sich, wie angedeutet, diese emotionale Verbundenheit im Sprechverhalten und Sprachstil der Figuren wider. So sind die Repliken beider, insbesondere die an Dwight und Ina gerichteten, oftmals ironisch-sarkastisch aufgeladen, wie anhand der oben gegebenen Zitatbeispiele eingehend verdeutlicht wurde. Lulu und Mrs. Bett ist die Fähigkeit zum intelligenten und vor allem auch sprachsensiblen Witz gemein, die es ihnen wiederum erlaubt, auf einer Bedeutungsebene zu kommunizieren, die Dwight und Ina verschlossen bleibt. Beide, Lulu und Mrs. Bett, beherrschen die an anderer Stelle schon einmal erwähnte Strategie des *double talk*. Reiben sich Dwight und Ina vornehmlich an basalen Aspekten des korrekten Sprachgebrauchs (wie z.B. der Beachtung von Ausspracheregeln) auf, verfügen Lulu und Mrs. Bett jeweils über ein hohes Maß an Sprachbewusstheit. Übertragen auf die in diesem Fall metaphorisch gemeinte Analysekategorie des Raumes bedeutet dies, dass sich beiden Figuren, Lulu und Mrs. Bett, ein imaginärer Sprach-Raum eröffnet, der allein ihnen vorbehalten bleibt. Dieser für andere unerreichbare Sprach-Raum wird damit zum gemeinsamen Zufluchtsort innerhalb des durch Isolations- und Ausgrenzungserfahrungen geprägten realen Hauses. Dass sich beide Frauenfiguren trotz ihrer zuweilen bedrückenden Lage im Hause des Patriarchen diese besondere Form des Sprechens bewahrt haben, ist deshalb nicht nur Ausdruck einer weiblichen Kommunikationsstrategie, sich sprachlich seiner Gemeinheiten zu erwehren, ohne dass er dies realisieren würde; es ist auch eine diskursive Strategie zur Verhandlung von *power relations*, mittels derer sich durch die sprachliche Überlegenheit der beiden Frauenfiguren die vermeintlich unantastbare Machtposition des despotischen Hausherrn (sprachlich) untergraben lässt.

Dass Lulu und Mrs. Bett sowohl im wörtlichen als auch im übertragenen Sinne die gleiche Sprache sprechen, zeigt sich ferner in jenen Textpassagen, in denen zwischen beiden ‚echte' Kommunikation stattfindet und deutlich wird, dass – im Unterschied zu den übrigen Figuren – beide respektvoll miteinander umgehen. Besonders anschaulich wurde dies, wie dargelegt, in Szene II/3, deren Handlung sich größtenteils in Dwights Abwesenheit vollzieht und in der sich komplexe, genuine Dialoge zwischen beiden entfalten. Aber auch in der Expositionsszene, in der die Familie über Ninians angekündigten Besuch spricht, zeichnet sich ab, dass es Lulu ist, die sich ihrer Mutter kommunikativ in besonderer Weise zuwendet, während die übrigen Figuren an Mrs. Bett vorbeireden, als wäre sie gar nicht anwesend:

DWIGHT: [...] It's company.
INA: Oh, Dwight, who?
DWIGHT: My brother, from Oregon.
INA: Ninian coming here?
DWIGHT: Some day next week. [...]
INA: Dwight, it's been years since you've seen him.
DWIGHT: Nineteen—twenty. Must be twenty.
INA: And he's never seen me.
DWIGHT: Nor Lulu.
INA: And think where he's been. South America—Mexico—Panama and all. We must put it in the paper.

MRS. BETT:	Who's coming? Why don't you say who's coming? You all act so dumb.
LULU:	It's Dwight's brother, mother. His brother from Oregon.
MRS. BETT:	Never heard of him.
LULU:	[*Taking photograph from shelf*] That one, mother. You've dusted his picture lots of times.

(*MLB* 97f.)

Während die andere Tochter, Ina, damit beschäftigt ist, Möglichkeiten zu eruieren, wie sich Ninians Besuch möglichst standesgemäß und öffentlichkeitswirksam in der Lokalpresse darstellen lässt, ist es Lulu, die in einer Geste der Geduld – dass es sich bei dem Besucher um Dwights Bruder Ninian handelt, war ja zuvor bereits erwähnt worden – des Informationsbedürfnisses der Mutter annimmt. Dass sich Lulu die Zeit für Erklärungen nimmt, ist Ausdruck ihrer besonderen emotionalen Verbindung zur Mutter, die sich in dieser Form bei Ina nicht erkennen lässt.[453]

Für die besonders tiefe emotionale Beziehung von Lulu und Mrs. Bett lassen sich im Text weitere Belege finden. Exemplarisch sei hierzu nochmals ein Dialogausschnitt aus der Expositionsszene zitiert, in dem das innige Verhältnis der beiden Figuren zum Tragen kommt:

[*Enter* MOTHER BETT.]

DWIGHT:	Well, Mother Bett, hungry now?
MRS. BETT:	No, I'm not hungry.
INA:	We put a potato in the oven for you, mama.
MRS. BETT:	No, I thank you.
DWIGHT:	And a muffin, Mama Bett.
MRS. BETT:	No, I thank you.
LULU:	Mama, can't I fix you some fresh tea?
MRS. BETT:	That's right, Lulie. You're a good girl. [...]
INA:	Sit here with us, mama.
MRS. BETT:	No, I thank you. [...]

(*MLB* 93)

Bezeichnenderweise lehnt Mrs. Bett alle Angebote von Ina und Dwight mit zwar höflichen, aber knapp gehaltenen und durch das wiederholte „No" betont negativ markierten Repliken ab. Lulus Vorschlag hingegen greift sie auf und verwendet in ihrer Äußerung ausgesprochen positiv konnotierte Formulierungen („that's right", „good girl"). Auch die Koseform „Lulie", die

453 „Ina and Mrs. Bett," konstatiert demzufolge Thomas richtig, „appear to have no relationship apart from Ina's role as [Mrs. Bett's daughter]", und fügt dem noch ihre Beobachtung zu, „[that] [t]he two characters are never seen alone together" (Thomas, „Aging Ragefully", 21).

nicht nur in dieser Textpassage vorkommt, lässt von Beginn an auf ein vertrautes Verhältnis zwischen Mutter und Tochter schließen. Die kommunikativ-emotionale Grundhaltung zwischen Lulu und Mrs. Bett ist demnach eine positive, einander zugewandte und auf Konsens ausgerichtete. So spricht auch Lulu ihre Mutter häufig mit „dear“, „dearest“ oder „mother dearest“ an (siehe z.B. *MLB* 115). Auffallend oft sind diese gegenseitigen liebevollen Bekundungen auch in der Eingangssequenz des revidierten Schlussaktes zu beobachten, in der Lulu bis zu ihrem Bühnenabgang insgesamt siebenmal „mother darling“, „dear“, „dearest“ oder „mother dearest“ verwendet und Mrs. Bett im gleichen Textabschnitt ihre Tochter ebenfalls insgesamt siebenmal mit „Lulie“ anspricht (vgl. *MLB* $\mathrm{III}_{\mathrm{RV}}$ 145f.). Diese quantitative Ausgewogenheit steht sinnbildlich für das ebenso ausgewogene emotionale Empfinden der Figuren füreinander. Der wohl innigste Moment in diesem Kontext folgt in der Verabschiedungsszene, sprich jenem Moment in $\mathrm{III}_{\mathrm{RV}}$, in dem Lulu zum Bahnhof aufbricht, bevor es dann doch zu der oben erörterten konventionellen Schlussgebung kommt:

LULU: Good-by—dear—good-by. [...]
[LULU *kisses her and turns away left.*]
MRS. BETT: Lulie. Mother loves you. You know that, don't you?
LULU: Dearest, yes—yes, I do know.
[*She goes. Mrs. Bett trembles, turns* [...].]

(*MLB* $\mathrm{III}_{\mathrm{RV}}$ 146)

Angesichts dieser emotional aufgeladenen Szene wird sehr klar erkennbar, dass die Dramatikerin in der revidierten Fassung mit einem deutlichen Fingerzeig auf die besondere Beziehung der beiden Figuren hinweist, um die Aufmerksamkeit – stärker als zuvor in der Originalversion – auf diese Nebenfigur zu lenken. Im ursprünglichen Schlussakt nämlich ist dieses Abschiedsszenario nicht enthalten.

Es sind, um zu einer abschließenden Einschätzung der voranstehenden Komplementäranalysen zu kommen, diese figurenkonzeptionellen Parallelen, die die komplexen Verschiebungen zwischen den beiden Textfassungen überhaupt erst möglich und plausibel machen. Übersieht man diese Schnittmenge zwischen der Hauptfigur Miss Lulu Bett und der Nebenfigur Mrs. Bett, bleibt der Blick auf die eigentliche textstrukturelle Komplexität und das ‚Einweben‘ des weiblichen Emanzipationsmotivs in *beiden* Textfassungen verstellt. In Anbetracht der im Rahmen dieser ‚Zeitlupenuntersuchung‘ aufgezeigten Tiefenstruktur können jene undifferenzierten Pauschalbe- bzw. -entwertungen des Stückes, wie sie an anderer Stelle oben zitiert wurden, dem dramatischen Text im Allgemeinen und der revidierten Textfassung im Speziellen kaum mehr gerecht werden. Auch ist im Zuge dieser Analyse deutlich geworden, dass sich eine Untersuchung vermeintlich unbedeutender Figuren wie Mrs. Bett nicht nur als lohnenswert, sondern auch als überaus aufschlussreich erweisen kann. Dass Mrs. Bett bislang kaum im Fokus literaturkritischer Diskussionen stand, mag wohl daran liegen, dass im Typus der ‚senilen Alten' stehende Frauenfiguren allgemein weniger zugetraut wird, etwas mit der autorintendierten Wirkabsicht oder dem Ausgang eines Stückes zu tun zu haben, gelten sie traditionsgemäß doch eher als Außenseiter- bzw. Randfiguren. Mit Mrs. Bett als eine nur vermeintlich in diesem Typus stehende Figur scheint Zona Gale einen Impuls dafür geben zu wollen, konditionierte Rezeptionsgewohnheiten doch einmal kritisch zu hinterfragen. Die Figur der Mrs. Bett wurde nicht ohne Grund an anderer Stelle – nämlich oben in Kapitel IV.3.4 – als eine der innovativen Elemente dieses Stückes bezeichnet. In besonderem Maße trifft dies auf ihre Darstellung im revidierten Schlussakt III_{RV} zu, in dem sie neben der bereits eingehend dargestellten Mutter- und Greisinnenrolle auf der Inhaltsebene außerdem auf einer metadramatischen Ebene als Kommentatorfigur fungiert. Dass an die letztgenannte Funktion zusätzlich auch eine institutionskritische Dimension gekoppelt ist, die – wie nachfolgend gezeigt wird – dezidiert auf die restriktiven Inszenierungsverfahren des kommerziellen Broadway-Theaters abzielt, macht diese Figur im Speziellen und die revidierte Version des Stückes im Allgemeinen nach gegenwärtigem Erkenntnisstand zu einer der innovativsten, komplexesten und zugleich am meisten unterschätzten dramatischen Formen innerhalb des profitorientierten Unterhaltungstheaters der *Progressive Era*.

Metatextuelle Markierungen einer autorintendierten Genre- und Theaterkritik im revidierten Schlussakt

Die Kritik der Autorin an den restriktiven Aufführungs- und Genrekonventionen des Kommerztheaters findet im revidierten Schlussakt ihren Ausdruck in einer Reihe von Repliken, die sich bei näherer Betrachtung als ‚doppelbödig' erweisen, da sie sich sowohl in ihrem konkreten Bezug zur Inhalts- und Handlungsebene des Textes als auch auf einer metatextuellen Ebene verstehen lassen. Auch hier bedient sich Zona Gale wieder der bereits erwähnten *double talk*-Strategie. Bezeichnenderweise handelt es sich dabei hauptsächlich um Repliken der Nebenfigur Mrs. Bett, wodurch die oben herausgearbeitete Bedeutung dieser Figur für die Aushandlung nicht nur *gender*-, sondern nunmehr auch theaterinstitutioneller Aspekte in diesem Stück (und darüber hinaus) noch einmal zusätzlich unterstrichen wird. Im Kern richtet sich Gales Kritik gegen die institutionell erzwungene Einhaltung jener Plotelemente, wie sie für das melodramatische *well-made play* des

19. Jahrhunderts charakteristisch sind: spannungssteigernde Elemente, unerwartete (aber nicht immer plausibel scheinende) Handlungsentwicklungen, retardierende Momente, die vom Publikum erwartete Wendung zum Guten im romantischen *love plot* sowie das obligatorische *happy ending*, das die Handlung mit einer versöhnlichen Note zum Abschluss bringt. Wie diese Aspekte vornehmlich durch und in Mrs. Betts Repliken kritisch-ironisch kommentiert werden, gilt es nachfolgend aufzuzeigen.

Eine entscheidende Veränderung erfährt die Plotstruktur des revidierten Schlussaktes bekanntlich durch Ninians unerwartetes Erscheinen. In Anbetracht der bisherigen Handlungsentwicklung und des von der Figur bis zu diesem Punkt gezeichneten Bildes als unzuverlässiger, impulsiver Lebemann, dessen Verhalten so wenig vorhersehbar wie berechenbar scheint, muss dieses ergänzte Plotelement als weitgehend unschlüssig und unmotiviert gelten. Quasi wie aus dem Nichts taucht Ninian ‚zuverlässig und pünktlich' als *deus ex machina* aus dem Bühnen-*Off* wieder auf, um Lulu – die im Begriff ist, in ein selbstbestimmtes Leben aufzubrechen – ‚gerade noch rechtzeitig' von ihrem Vorhaben abzuhalten und damit nicht nur sie, sondern das Stück insgesamt in diskurskonforme Bahnen zurückzulenken. Zona Gale unternimmt mit diesem erzwungenen Kunstgriff eine ihren ursprünglichen Darstellungsabsichten widersprechende Kehrtwende, die sie sodann auch nicht unkommentiert lässt:

> [*Enter* NINIAN.]
> DI: Uncle Ninian! Well it's just about time you showed up.
> NINIAN: You're right, Di. But I came as soon as I could.
>
> (*MLB* III_{RV} 149)

Dianas Bemerkung ist mit einem ironischen Unterton aufgeladen und zielt darauf ab, die starren Vorgaben des Unterhaltungstheaters, begleitet von einem auktorialen Augenzwinkern der Dramatikerin, ins Lächerliche zu ziehen. Wenn Gale den ‚pünktlichen Rückkehrer' dann auch noch „You're right" sagen lässt, dann ist dies nicht minder ironisch gemeint, weil die damit zum Ausdruck gebrachte vermeintliche Affirmation tradierter Produktions- und Rezeptionsgewohnheiten zugleich auch verspottet wird. Ninians nachgeschobener Satz, „But I came as soon as I could.", könnte zudem auch als Hinweis auf eine gezielte Verzögerungstaktik der Dramatikerin gelesen werden, die – sich gegen die Einhaltung dieser Konvention und die Erfüllung der Publikumserwartung sträubend – ihre *deus ex machina*-Figur so lange wie nur möglich vom Bühnenauftritt zurückzuhalten versucht.

Nicht nur auf das plötzliche Auftauchen der Figur, sondern auch auf die ‚sensationelle Neuigkeit', die Ninian für Figuren und Zuschauer gleichermaßen *in petto* hat, folgt ein mit Genrekritik aufgeladener Kommentar. Hier nun ist es Mrs. Bett, die zum Sprachrohr der Dramatikerin wird:

NINIAN:	[...] I've found that the woman I married died in Rio years ago. Here's a letter from the consul.
MRS. BETT:	Dead? Ain't that nice! But what ailed you all the time? A man with any get-up-and-get would have known that all along.
NINIAN:	I'm not excusing myself any, Mother Bett.

(*MLB* $\mathrm{III}_{\mathrm{RV}}$ 149)

Mrs. Betts ironisches „Ain't that nice!" ließe sich in Hinblick auf seine genrekritische, metatextuelle Bedeutung sinngemäß mit ‚*How convenient!*' übersetzen und meint damit, dass durch die Nachricht vom Ableben der früheren Gattin die Ehe zwischen Ninian und Lulu nunmehr rechtsgültig und damit der Weg für das erwartete *happy ending* geebnet ist. Ohne den Tod der *off-stage*-Figur Cora Waters wäre, wie dies in der Originalversion des Stückes gezeigt wird, die für das *well-made play* obligatorische Aussöhnung des Protagonistenpaares nicht möglich gewesen. Im revidierten Schlussakt des Stückes ist also – entsprechend der allgemeinen Genrekonventionen nach Douglas Cardwell – Ninian verantwortlich „for the long-awaited revelation of the facts that will make possible the happy ending"[454]. Interessanterweise muss sich – zum nunmehr dritten Mal im gesamten Handlungsverlauf – die Dramatikerin erneut des dramaturgisch wirkungsvollen Mittels eines ominösen Briefes (hier: „a letter from the consul") bedienen, um diese Richtungsänderung in der Plotstruktur herbeiführen zu können. Wie an anderer Stelle ausgeführt[455] stellt der Brief im *well-made play* ein gleichermaßen bewährtes wie beliebtes Format dar, durch das Handlungslinien kurzerhand in andere Bahnen gelenkt, Probleme (*obstacles*) aus dem Weg geräumt und vermeintlich feststehende Handlungsabsichten von Figuren, meist die der Hauptfiguren, umgeworfen werden können. Nicht selten, und so auch in *Miss Lulu Bett*, bewirkt die im Brief enthaltene Information ein *gender*-ideologisches Zurückpendeln der Protagonistin in die entgegengesetzte Richtung. In Lulus Fall ist es die bereitwillige Rückkehr nicht nur zu Ninian, sondern auch zu einer tradierten Frauenrolle, wo sie doch eben noch im Begriff war, in ein selbstbestimmtes Leben als emanzipierte Frau aufzubrechen. Mrs. Betts Replik in oben zitiertem Dialogausschnitt enthält aber mit „But what ailed you all the time? A man with any get-up-and-get would have known that all along." gleichzeitig auch eine kritische Hinterfragung dieser Plotentwicklung und spielt darauf an, dass

454 Cardwell, „The Well-Made Play", 880.

455 Siehe Abschnitt II.2.1. zum *well-made play* in dieser Arbeit.

die Rückkehr Ninians und die verspätete Information zum Tod seiner ersten Ehefrau nicht so recht schlüssig erscheinen wollen. Zona Gale, die ganz offensichtlich mit der Umformung der Handlungsstruktur hadert, weil letztere den Prinzipien realistischer Inszenierungsverfahren zuwiderläuft, lässt sodann den Zuschauer durch Ninians „I'm not excusing myself, Mrs. Bett." wissen, dass ihr offenbar bewusst ist, dass es weder für Ninians plötzliches Auftauchen noch für die Eliminierung der *off-stage*-Figur Cora Waters hinreichend plausible Motive gibt. Das Stück wird quasi inhaltlich und strukturell an konventionelle Darstellungsverfahren angepasst, ohne dass die Wendung im Handlungsverlauf nachvollziehbar wäre. Im *well-made play* nimmt, wie Stanton einmal geschrieben hat, die Einhaltung formal-textstruktureller Vorgaben einen höheren Stellenwert ein, als die Stringenz in der Handlungsentwicklung: „In the well-made play the demands and artifices of the plot consistently take precedence over the will and motivations of the characters."[456] Ninians Replik – „I'm not excusing myself" – ließe sich in seiner metatextuell genrekritischen Bedeutung somit als ‚*I know. There is no reasonable explanation for my late return. That's just the way it is with well-made plays.*' lesen.

Ein weiteres, dem Stück nachträglich eingeschriebenes melodramatisches Versatzstück ist im Motiv des Sich-Verpassens zu sehen, das innerhalb der Plotstruktur als retardierendes Moment fungiert. Mit dem Ziel, die Spannung vor dem *final curtain* noch einmal zu steigern und die Zuschauer kurzzeitig noch einmal im Unklaren darüber zu lassen, ob denn das Protagonistenpaar tatsächlich zueinanderfindet, lässt Gale Ninian just in dem Augenblick eintreffen, als Lulu gerade das Haus verlassen hat, um zum Bahnhof zu gehen. Dem Klischee entsprechend eilt Ninian ihr kurzerhand nach. In diesem Kontext entsteht der folgende kurze Dialog:

> NINIAN: Run? Watch me.
> [*Exit running.*]
> DI: Oh! Grandma, isn't it just too romantic?
> MRS. BETT: What do you mean—rheumatic?
>
> (*MLB* III$_{RV}$ 150)

Die Repliken beider Frauenfiguren sind als ironische (Di) bzw. sarkastische (Mrs. Bett) Kommentare zu bewerten, die hinsichtlich ihrer eingeschriebenen Kritik auf die unumstößliche Notwendigkeit einer glücklich endenden, romantischen *love story* im *well-made play* abzielen. In Dianas Replik ist es die spezielle Wortwahl der Autorin, die aus einer romantisch-verklärten Äußerung einen ironisch gemeinten Kommentar werden lässt: Diana sagt

456 Stanton, „Shaw's Debt to Scribe", 578.

„Isn't it just too romantic?", nicht ‚Isn't it romantic?'. Durch das eingeschobene, eigentlich nicht notwendige *just too* erhält die Replik erst ihre metatextuelle Kommentarfunktion mit ironisierender Note. Was die Dramatikerin von der obligatorischen Darstellung einer verzwickten, bis zum Ende hin offengelassenen Liebesgeschichte hält, kommt zudem in Mrs. Betts Replik zum Ausdruck, in der *romantic* durch *rheumatic* ersetzt wird. Werden hier also bestimmte Plotelemente des Stückes indirekt als krankhafte Erscheinung ausgelegt, wird deutlich, dass sich Gale von den restriktiven Strukturen und Inszenierungsverfahren, insbesondere von der Vorgabe, dass eine Liebesgeschichte stets im *living happily ever after* enden müsse, kritisch distanziert und diese Konvention im (Theater-)Zeitalter der *Progressive Era* als eine in die Jahre gekommene, sprich unzeitgemäße und längst überholte, betrachtet.

Zudem bleiben die Irrungen und Wirrungen, die durch das Motiv des Sich-Verpassens entstehen, ebenfalls nicht unkommentiert. Kaum ist Ninian nämlich aus dem Haus geeilt, betritt Lulu plötzlich wieder die Bühne. Zwar wird im Stück erklärt, wodurch ihre plötzliche Rückkehr motiviert ist (sie habe nämlich vom Schaffner am Bahnhof erfahren, dass sie Ninian gerade verpasst habe); weshalb sich aber Ninian und Lulu auf der Suche nacheinander zwischen Haus und Bahnhof nicht begegnen, bleibt rätselhaft oder – in Vernachlässigung des Plausibilitätsprinzips – bewusst ungeklärt. Dass dieses künstlich-konstruierte, für das Genre des *well-made play* aber typische Durcheinander nicht nur bei den Figuren im Stück, sondern vermutlich auch beim Theaterpublikum für Verwirrung sorgt, wird von Mrs. Bett mit einer spitzen Bemerkung kommentiert:

> MRS. BETT: I can count up to 'leven in this house that's went after you or went after them that went after them—oh land! ...
>
> (*MLB* III_{RV} 151)

Will man in Mrs. Bett die nicht mehr ganz zurechnungsfähige ‚senile Alte' sehen, dann mag man diese Replik als Ausdruck ihre geistigen Verwirrung sehen. Folgt man jedoch der hier in den voranstehenden Analyseabschnitten vorgeschlagenen Lesart, dann erweist sich Mrs. Bett als umsichtige, gewitzte Figur, die hier im Dienste der Dramatikerin, quasi als *mouthpiece of the author*, die Genrekonventionen des *well-made play* parodiert.

Neben dieser Kommentatorfunktion tritt die Figur im revidierten Schlussakt außerdem in einer *stage manager*-ähnlichen Funktion auf und sorgt – freilich wieder mit einem kritischen Augenzwinkern – dafür, dass die Handlung ‚doch bitte geordnet' in den konventionellen Bahnen des *well-made play* zum Abschluss gebracht werden möge. Als beispielsweise Lulu vom Bahnhof zurückkehrt, um nach Ninian zu suchen, wird Mrs. Bett zur Spielleiterin, die anderen Figuren Regieanweisungen gibt und so zu einem struktur- und handlungsbestimmenden Element des Stückes wird:

> [*Enter* LULU.]
> LULU: Mother—
> [...]
> MRS. BETT: [*Softly*] Monona! You run down the road as tight as you can and catch Uncle Ninian—quick—Sh-sh-sh—
>
> (*MLB* III_{RV} 150)

In dem Bewusstsein, dass das obligatorische *happy ending* nur herbeigeführt werden kann, wenn sich beide Protagonisten tatsächlich begegnen, beauftragt sie Monona, Ninian zurückzuholen. Mrs. Bett greift damit handlungssteuernd in das weitere Geschehen ein und sorgt durch ihr insistierendes „Sh-sh-sh—" dafür, dass Lulu nicht bereits vor dem großen Finale, der im *well-made play* obligatorischen *scène à faire*[457], vorzeitig von den Neuigkeiten und dem dadurch möglich gewordenen *happy ending* erfährt. Auch Di, die Lulu diesbezüglich aufzuklären versucht, hält Mrs. Bett in ähnlicher Form ab, um den Spannungsbogen möglichst lange aufrechtzuerhalten:

> DI: Why, Aunt Lulu, haven't you heard—
> MRS. BETT: Sh-h-h-h—Leave it burst.
>
> (*MLB* III_{RV} 151)

Bezeichnenderweise sind es in beiden Fällen die jüngsten Figuren des Stückes (Monona und Di), die Klartext sprechen und Lulu über das Geschehen aufklären wollen; und immer ist es die stückälteste Figur (Mrs. Bett), die sie – in der Funktion eines Theaterregisseurs – von diesem Vorhaben jeweils konsequent abhält, zielt doch das lautmalerische *sh-h-h-h-* darauf ab, beide Figuren zum Schweigen zu bringen. Die Analogiebildung vor dem Hintergrund der restriktiven Inszenierungspraktiken des Kommerztheaters liegt nahe: Es scheint, als wolle Gale damit implizieren, dass die jüngere, unvoreingenommene (Theater-)Generation, hier in der Verkörperung von Monona und Diana, nichts mehr von den verstaubten, restriktiven Gepflogenheiten des Unterhaltungstheaters, den Strukturvorgaben des *well-made play* oder der tradierten Ordnung der Dinge wisse oder wissen wolle und deshalb die Angelegenheiten anders, sprich auf eine neue, zeitgemäßere Art und Weise anzugehen versuche. Die Wirkmächtigkeit tradierter Theaterformen erweist

457 Siehe Cardwell, „The Well-Made Play", 877 sowie Taylor, *The Rise and Fall of the Well-Made Play*, 16.

sich aber offenbar noch immer als so groß, dass derartige Bemühungen unweigerlich ins Leere laufen (müssen). Im Stück findet dies seine Entsprechung in der hier ironisierten Inszenierung von Mrs. Bett als *stage manager*-ähnliche Figur, die das Geschehen in III_{RV} im Sinne der Tradition autoritativ zurück in gewohnte Bahnen lenkt, bevor die Handlung sprichwörtlich (wieder) aus dem Ruder läuft.

Man mag darin eine weitere Ebene der Analogiebildung erkennen: Fast drängt sich der Eindruck auf, als spiegelte sich die Dramatikerin Gale selbst wider, die sich bei ihrem Versuch, dem Publikum des Jahres 1920 eine inhaltlich wie strukturell neuartige dramatische Form zu präsentieren, von der institutionalisierten Regulierungsinstanz des Kommerztheaters wieder in konventionelle Bahnen zurückgezwungen findet. Um diesen Zwang zu veranschaulichen, bedient sich die Dramatikerin im revidierten Schlussakt des Stückes in Gestalt von Mrs. Bett einer demonstrativ eingesetzten *stage manager*-ähnlichen Figur, die gewissermaßen als stellvertretende ‚bühnenpolizeiliche' Regulierungsinstanz dafür sorgt, dass die Handlung nun tatsächlich in ‚geordneten' Bahnen verläuft, tradierte Plotelemente des *well-made play* tatsächlich bedient und sämtliche Abweichungen von Tradition und Konvention sofort unterbunden werden. Paradoxerweise sorgt sie damit einerseits zwar für die Wahrung tradierter Formen im Kommerztheater; andererseits verkörpert sie aber in Anbetracht der Art und Weise, mit der diese Rolle in Szene gesetzt wird, selbst auch ein innovatives Element im Stück. Freilich ist Mrs. Bett in dieser Funktion noch weit entfernt von den typischen Spielleiterfiguren, wie man sie später im modernen Drama antreffen wird; wohl aber weist auch sie zumindest im Ansatz die später als charakteristische Merkmale geltenden Züge dieses Figurentypus auf: etwa die des metadramatischen Kommentators, der das Geschehen auf dieser metatextuellen Ebene kritisch reflektiert; oder etwa die des spielinternen Regisseurs, der anderen Figuren genaue Handlungsanweisungen beispielsweise zu Bühnenabgängen oder Sprecheinsätzen gibt, selbst aber auch eine Spielrolle ausfüllt.[458]

Auch vor diesem Hintergrund lässt sich deshalb argumentieren, dass Zona Gales Stück in seiner revidierten Form trotz der traditionellen Schlussgebung gar nicht so konventionell und angepasst ist, wie es dem Stück bislang nachgesagt wird. Allein das Vorhandensein eines *happy ending* kann nicht der

458 Ähnliche Funktionen mag man auch in den *raisonneur*-Figuren bei Herne und Crothers erkennen können, denn auch sie versuchen, wie gezeigt, auf die Handlungs- und Denkweisen anderer Figuren einzuwirken. Weder Hernes Dr. Larkin in *Margaret Fleming* noch Crothers' Dr. Remington in *He and She* ist allerdings das o.g. metadramatische Moment eingeschrieben, das bei Mrs. Bett festzustellen ist.

Gradmesser für die literarische Qualität dieses Stückes sein, ist ihm doch in der veränderten Schlussfassung außerdem eine autorintendierte Genrekritik eingeschrieben, die sich im Kern gegen die Entwicklungsresistenz des kommerziellen Unterhaltungstheaters richtet und vornehmlich über die Figur der Mrs. Bett kommuniziert wird.

Dass die Dramatikerin ausgerechnet diese Figur zum Sprachrohr ihrer genre- und institutionsbezogenen Kritik macht, mag im Übrigen auch damit zusammenhängen, dass sich die Figur bereits in der ursprünglichen Textfassung, konkret in Szene I/2, schon einmal kritisch zum Theater als gesellschaftliche Institution äußert. Auf Ninians Frage, „Oh, Mrs. Bett! Won't you come to the theater with us tonight?“ (*MLB* 106) antwortet jene: „No. I'm fooled enough without fooling myself on purpose.“ (*MLB* 107). Betrachtet man diese Replik komplementär zum später ergänzten revidierten Schlussakt III_{RV}, eröffnet sich für diese zunächst unscheinbare Randbemerkung der Figur im Nachhinein eine metatextuelle Bedeutungsebene und entsteht das, was oben als motivischer Verknotungspunkt zwischen ‚alten' und ‚neuen' Textteilen bezeichnet wurde. Und liest man schließlich die obige Replik als implizite Kritik am kommerziellen Unterhaltungstheater insgesamt – einem Theater, das Innovationen unterbindet, die Welt romantisch verklärt und den Zuschauer auf diese Weise sprichwörtlich, wie Mrs. Bett sagt, ‚zum Narren hält' –, stellt sich die Frage, ob nicht etwa darin – also im metadramatischen Moment dieser Figur – die ursprüngliche Darstellungsabsicht Gales zu suchen ist, die, wie an anderer Stelle erörtert, in der Originalversion mit der Figur offenbar ‚Größeres' vorhatte.

IV.3.5 *Von* sassy girls *und* wussy men: *Unkonventionelle Geschlechterkonfigurationen in* Miss Lulu Bett

Nicht nur im Hinblick auf jene figurenkonzeptionellen und textstrukturellen Aspekte, die in Verbindung mit den Figuren Lulu Bett und Mrs. Bett zu sehen sind, beschreitet Zona Gale innerhalb des Kommerztheaters neue Wege. In diesem Zusammenhang verdienen auch zwei bisher weitgehend unberücksichtigte Nebenfiguren besondere Beachtung, die, wohl wegen der bislang ziemlich einseitigen Fokussierung auf die Zentralfiguren wie die Titelfigur Miss Lulu Bett und die Patriarchenfigur Dwight, in dieser Form m.W. vor *Miss Lulu Bett* noch nicht auf der kommerziellen Theaterbühne zu finden waren. Es handelt sich zum einen um das *stage child* Monona (die jüngste Figur des Stückes), und zum anderen um die *bachelor*-Figur Neil Cornish, die jeweils als gesellschaftliche Produkte eines an unzeitgemäßen Idealen und Praktiken festhaltenden Weiblichkeits- und Männlichkeitsdiskurses ins Bild gesetzt werden und dabei den jeweiligen Figurentypus in einem neuen – und für das damalige Publikum wohl eher verstörenden – Licht erscheinen lassen.

Running in circles: Das Motiv der Kreisbewegung als Symbol veränderungsresistenter weiblicher Rollenzuschreibungen

Kinderfiguren, männliche wie weibliche, werden spätestens im Zuge des sich um die Jahrhundertwende herausbildenden Bühnenrealismus zu einem festen Bestandteil des amerikanischen Dramas und Theaters. Dabei sei es keineswegs so, wie Katharine Lord in der Ausgabe der *New York Times* vom 2. März 1913 konstatiert, „that the child is necessary simply for purposes of realism—that is, the mere realism of stature, of voice, of manner".[459] Es sei vielmehr, so die Verfasserin a.a.O. weiter, „the spirit of childhood, the unexplained something that emanates from a little child", das dem Bühnenstück eine besondere Note verleihe. Die Kindgestalt im Allgemeinen erweise sich nicht nur als „delight to the audience and an artistic addition to illusion—which is the soul of all drama", sondern auch als „refining influence upon audience and actor alike", erklärt Lord.[460] In dieser beinahe glorifizierenden Überhöhung der dramatischen Kindgestalt liegt dann auch der Grund, weshalb diese Figuren in den entsprechenden Stücken traditionsgemäß als moralisch reine, tugendhafte Wesen dargestellt werden, wie der zeitgenössische Theaterkritiker Heywood Broun schreibt: „Generally a child is treated by a dramatist as unbelievably saintly [...]."[461] Die Inszenierung kindlicher Unschuld entspricht demnach den Rezeptionserwartungen des Publikums. Häufig besteht die Funktion der Kindfigur in der (Wieder-)Herstellung einer brüchig gewordenen Familienidylle. So gesehen kommt dieser Figurentyp üblicherweise als harmoniestiftendes Element des Figurenensembles zum Tragen. Bei Zona Gales Monona ist das anders. Diese Figur wirkt verstörend, weil sie mit diesen tradierten Inszenierungsverfahren bricht.

Die freche, unerzogene und vor allem nervige Göre weicht prägnant vom konventionellen Mädchentypus des *good girl* ab.[462] Dass Monona bei Kritikern – damals wie heute – kaum Beachtung gefunden hat, muss erstaunen.

---

459 Katharine Lord, „Children on the Stage of the Theatre", *The New York Times* (March 2, 1913), 16.

460 Lord, „Children on the Stage", 16.

461 Broun, „How They Found Miss Lulu Bett", 30.

462 An einer Stelle (vgl. *MLB* III_{OV} 160) bedient sich Dwight explizit der Bezeichnung des *good girl*. Aus dem situativen Kontext heraus lässt sich schlussfolgern, dass Dwight mit diesem Weiblichkeitsbild vor allem Eigenschaften wie uneingeschränkten Gehorsam gegenüber dem Familienpatriarchen und standesgemäßes Verhalten assoziiert.

Zwar weisen einige wenige zeitgenössische Kritiker auf diese konzeptionelle Abweichung oder, positiver formuliert, innovative Darstellung der Kindfigur in Gales Stück hin, allerdings bleibt diese Beobachtung bis in die jüngere literaturkritische Diskussion hinein eine weitgehend unberücksichtigte Randbemerkung. So schreibt beispielsweise Robert C. Benchley in seinem bereits zitierten Vorwort zur Dramenpublikation im Jahre 1921:

> […] [S]he [i.e. Zona Gale] has […] brought, whining and scuffling before the footlights, our first normal stage-child, in the unpleasing person of the recalcitrant ‚Monona.' For years we have seen no small children on the stage who did not spend their time coming downstairs in their nighties to reunite uncongenial parents or bringing tears to the hard eyes of adventuresses by telling them that they looked ‚des like muvver.' It was with the full force of an original dramatic creation therefore that ‚Monona Deacon,' the world's most disagreeable stage-child, came swimming petulantly into our ken. She […], with [her] […] articulate hatred of the rest of the family, constitute[s] a refreshing rearrangement of the hitherto idyllic characters of Childhood […].[463]

Im gleichen Jahr schreibt der oben erwähnte Theaterkritiker Broun über Zona Gales Monona:

> The play […] presents one of the most fascinating children whom the drama has introduced to us in years. […] Monona […] is studiously bad and unlovely in thought and word. As a startling innovation in stage customs the character is a constant delight.[464]

Und dreißig Jahre später, 1951, sollte Alan S. Downer der Literaturkritik in seiner Studie *Fifty Years of American Drama, 1900-1950* noch einmal einen Hinweis auf die vom üblichen Erwartungsbild abweichende Figurendarstellung geben:

> Contrary to expectation, the youngest daughter is anything but a curly-headed toddler; she is thoroughly unpleasant, spoiled, and not the least attractive.[465]

Neben den in den voranstehenden Zitaten zu findenden Hinweisen auf die Originalität und Andersartigkeit der Figur in Gales *Miss Lulu Bett* ist es vor allem die betont negative Attribuierung Mononas, die ins Auge sticht: Mit *unpleasing, disagreeable, bad, unlovely* und *spoiled* wird quasi der Anti-Typus der idealisierten Kindfigur beschrieben. Simonson bezeichnet „[l]ittle

---

463 Benchley, „Foreword", xv.

464 Broun, „How They Found Miss Lulu Bett", 30.

465 Downer, *Fifty Years of American Drama*, 54.

Monona“ in seiner Studie gar als „a whiny, recalcitrant pest“.[466] Wie sich diese Charaktereigenschaften konkret im Verhalten der Figur widerspiegeln und worin vor allem im Kontext der Geschlechterthematik die Intention einer solchen Figurendarstellung besteht, ist Gegenstand der nachfolgenden Analyse.

Monona, als jüngstes Mitglied der Deacon-Familie, teilt mit Lulu insofern ein ähnliches Schicksal, als auch sie innerhalb des Hauses mehr oder weniger in räumlicher und psychischer Isolation lebt. Sie wird als Person nicht wahr- oder ernstgenommen, konsequent vom Diskurs der Erwachsenen ausgeschlossen, zum Schweigen gebracht oder in einen anderen Raum geschickt. Entsprechend wird sie von Mrs. Bett in der für sie charakteristischen Weise des *plain talk* wiederholt als „poor neglected child“ (vgl. *MLB* 112, III_{RV} 150) bezeichnet. Aus ihrer Isolation heraus versucht sich Monona sowohl im übertragenen als auch wörtlichen Sinne Gehör zu verschaffen, was sich u.a. darin äußert, dass die Phasen ihrer Bühnenpräsenzen in den meisten Fällen mit einem ohrenbetäubenden, schiefen Gesang oder schrillen Geräuschen einhergehen, durch die sie die Aufmerksamkeit der Erwachsenen auf sich zu ziehen versucht. Insgesamt siebenmal wird in den Bühnenanweisungen darauf verwiesen:

> [*Enter* MONONA. [...] *begins a terrible little chant on miscellaneous notes.*] (*MLB* 89)
>
> [MONONA *sings her terrible little chant.*] (*MLB* 92)
>
> [MONONA *chants her chant.*] (*MLB* 93)
>
> [MONONA *shrieks.*] (*MLB* 98)
>
> [MONONA *is heard chanting.* [...] MONONA *cries.*] (*MLB* 112)
>
> [MONONA *chants softly.*] (*MLB* 117)
>
> [MONONA [...], *chanting.*] (*MLB* 124)
>
> [MONONA *sings a silly song.*] (*MLB* III_{RV} 149)

Ihre Versuche, Aufmerksamkeit zu erregen und Gehör zu finden, scheitern jedoch kläglich, wird sie von ihrer Mutter Ina doch entweder zum Stillsein aufgefordert oder aber direkt zum Schlafen geschickt, wie die ergänzten Unterstreichungen in den nachfolgenden Zitatbeispielen verdeutlichen.

---

466 Simonson, *Zona Gale*, 82.

INA:	[...][MONONA *sings her terrible little chant.*] Quiet, pettie, quiet!	(*MLB* 92)

[MONONA *shrieks.*]

INA:	Bedtime. Now, Monona, be mama's little lady... . Monona, quiet, pettie, quiet... . [...]	(*MLB* 98)

[MONONA *is heard chanting.* [...] *Enter* MONONA.]

MONONA:	Where you going?
INA:	To the city, dear. [Monona *cries.*] Now quiet, pettie, quiet—

(*MLB* 112)

INA:	Monona! Go upstairs to bed at once.
MONONA:	It's only quarter of.
INA:	Do as mama tells you.
MONONA:	But—
INA:	Monona! [*She goes, kissing them all good-night and taking her time about it. Everything is suspended while she kisses them and departs, walking slowly backward.*]

(*MLB* 120)

[INA *seated.* MONONA [...], *chanting.*] [...]

INA:	Now, Monona, sit down and be quiet. [...]	(*MLB* 124)

Angesichts der Bemühungen, Monona zum Schweigen zu bringen, weil ihr Gesang unerträglich ist, wirkt der nachfolgend zitierte Wortwechsel zwischen den Eltern über das vermeintliche Gesangstalent der Tochter umso komischer:

INA:	[...] Dwight, I wonder if Monona really has a musical gift.
DWIGHT:	She's a most unusual child. Do you know it?

(*MLB* 124)

Bei aller Komik unterstreicht diese kurze Textpassage gleichzeitig aber auch das oben erwähnte Unvermögen der Elternfiguren, die Tochter als Persönlichkeit bzw. in ihrer Individualität wahrzunehmen. „Dwight and Ina," bemerkt auch Thomas, „do not pay any serious attention to her".[467]

Eine zweite Strategie ihres kindlichen Bemühens, die Aufmerksamkeit der Erwachsenen auf sich zu ziehen, äußert sich in einer Form der ‚passiven Teilhabe' am Familiendiskurs: Um daran wenigstens in irgendeiner Form partizipieren zu können, positioniert sich Monona oft in räumlicher Nähe zu den Erwachsenen, um deren Gesprächen lauschen zu können. Wenngleich sie sich daran nicht aktiv beteiligen darf, nimmt sie doch über das Zuhören

467 Thomas, „Aging Ragefully", 19.

Informationen zu Gesprächsinhalten, Umgangsformen und Konflikten der Erwachsenenwelt auf, mit denen sie dann allerdings allein gelassen wird, weil – mit Ausnahme Lulus und Mrs. Betts – keine der übrigen Figuren ‚seriöse' Gespräche mit Monona führt.[468] Zudem wird sie immer dann, wenn sie beim Zuhören ertappt wird, von Ina, wenn nicht direkt ins Bett, dann – im wörtlichen Sinne – zum *Herum*-Laufen fortgeschickt (Unterstreichungen KT):

> INA: Monona, don't stand listening to older people. Run around and play. [MONONA *runs a swift circle and returns to her attitude of listener.*]
>
> (*MLB* 95)

> INA: Monona. Stop listening! Run around and play. [MONONA *runs her circle and returns.*] Well, look at that clock. It's almost your bedtime, anyway.
>
> (*MLB* 97)

> INA: For pity sakes, aren't you in bed yet?
> MONONA: It's only quarter of.
> INA: Well you may go to bed *now* because you have sat there listening. How often must mama tell you not to listen to grown people.
> MONONA: Do they always say something bad?
> INA: Monona, you are to go up to bed at once. [*She makes her leisurely rounds for kisses.*]
>
> (*MLB* 128)

> INA: Monona! Stop listening. Now run away and play. [...]
>
> (*MLB* III_{RV} 148)

Mononas Herumlaufen ist, wie die Regieanweisungen des Nebentextes zeigen, im Grunde ‚Sinn-los', weil sie stets nur im Kreis rennt und folglich immer an den Ausgangspunkt zurückkehrt. Dass Gale das Motiv der Kreisbewegung wählt, ist vermutlich kein Zufall. Indem Monona den mütterlichen Befehl des Im-Kreis-Rennens wörtlich nimmt, wird der Befehl selbst *ad absurdum* geführt und kann als kindliche Widerstandshandlung gegen die mütterlichen Erziehungspraktiken verstanden werden, deren Sinn sich nicht nur dem Kind, sondern

468 Prägnant zeigt sich dies beispielsweise in dem Auftaktdialog des Stückes in I/1, in dem Dwight seine jüngste Tochter als „baby" bezeichnet und auf Mononas Protest hin („I ain't a baby.") eine Sprechhaltung einnimmt, die jeder Seriosität in der Auseinandersetzung mit dem Kind entbehrt. So sind seine Repliken gespickt mit Wortredundanzen und Parallelismen: „Ain't. Ain't. Ain't.", „We shall have to take you in hand, mama and I. We shall-have-to-take-you in hand." (*MLB* 89). Für eine Analyse dieses Eingangsdialogs aus linguistischer Sicht siehe Ackerman, „Infelicities of Form", 56f.

auch dem Zuschauer nicht erschließt. Dem Befehl ist neben der Aufforderung zu einer konkreten physischen Handlung (der des Rennens) zudem auch eine geschlechterideologische Bedeutungsdimension eingeschrieben, die auf die Festschreibung von Weiblichkeit auf bestimmte Rollenmuster hindeutet, aus denen es im wörtlichen wie im übertragenen Sinne offenbar keinen Ausweg gibt. So lernt Monona schon im Kindesalter, womit Weiblichkeit innerhalb des herrschenden Geschlechterdiskurses assoziiert wird: Passivität, Ausschluss aus bestimmten Bereichen und Diskursen, Konformität, Fremdbestimmtheit und Reduzierung auf bedeutungsarme, dekorative Handlungen innerhalb der *domestic sphere*. Schon früh übt sie, instruiert durch die Mutter, ‚typisch weibliche' Verhaltensmuster ein und erfährt, dass weibliche Existenz monoton und im weiteren Sinne auch nicht auf das Erreichen eines bestimmten individuellen Ziels ausgerichtet ist. Durch die kreisförmige Bewegung wird bildhaft impliziert, dass eine Frau – insbesondere aus der *middle class*, zu der auch Mononas Familie zählt – sowohl hinsichtlich ihres gesellschaftlichen Status als auch in Bezug auf ihre Persönlichkeitsentfaltung sprichwörtlich auf der Stelle tritt.[469] Ihre soziale Funktion ist entsprechend des Diskurses nicht auf Entwicklung, Aufstieg oder Individualität ausgerichtet. So ist denn

469 Lohnenswert erscheint in diesem Zusammenhang ein kurzer Blick auf die ältere Tochter der Deacons, Diana. Vermutlich in ganz ähnlicher Weise wie Monona erzogen und sozialisiert, zeigt sich an ihr exemplarisch, welche Optionen sich jungen Frauen der *middle class*, die aus dem ‚Teufelskreis' tradierter Weiblichkeitskonfigurationen ausbrechen wollen, bietet. Gale entwirft für diese Figur zwei Ausbruchszenarien, von denen die erste allerdings scheitert und die zweite die Figur andeutungsweise in ein tragisches Ende stürzen lässt. Im ersten Ausbruchszenario versucht Diana mit Bobby Larkin durchzubrennen, in der Absicht, ihn zu heiraten, um somit der Tyrannei ihres Vaters zu entfliehen. Weil dieser Versuch scheitert, ist sie gezwungen, nach Hause zurückzukehren, wo ihr sofort wieder die gleichen emotionalen Leiderfahrungen zuteilwerden. Wie Lulu wird auch sie ständig zur Zielscheibe von Dwights unzähligen Witzeleien und Verspottungen, die sie kaum mehr ertragen kann. So deutet sich in der nachfolgenden Replik an, worin ein zweites Ausbruchszenario besteht: „Papa, if you make fun of me any more I'll—I'll let the first train of cars I can find run over me.... [*Sobs as she runs to house*]" (*MLB* 140). Dass die Ankündigung ihres Suizids weder scherzhaft gemeint noch unrealistisch ist, zeigt sich zum einen in Dianas Körpersprache: Im Schluchzen spiegelt sich das Leid der Figur. Zum anderen deutet sich dieses tragische Schicksal auf paralinguistischer Ebene, nämlich im Namen der Figur an, wird sie im Stück doch durchweg kurz ‚Di' genannt, das in der phonetischen Realisierung als [daɪ] dem engl. Verb *‚to die'* entspricht. Und drittens wird das Selbstmordmotiv in einem anderen Kontext nochmals im originalen Schlussakt des Stückes aufgegriffen, als es darum geht, herauszufinden, wohin Lulu gegangen sein könnte, nachdem sie die Nachricht von der Rechtsgültigkeit der ersten Ehe Ninians mit Cora Waters erhalten hatte. Die einzige (im Übrigen von Mrs. Bett) in Erwägung gezogene Option wird darin gesehen, dass Lulu in Anbetracht ihrer tragischen Situation – dass Cora Waters noch lebt, bedeutet für Lulu schließlich, dass sie bei Dwight

auch, mit Ackermans Worten, Mononas Performanz nicht „ends-directed“[470]. Interessant ist zudem, dass sich die erwähnte Monotonie und Kreisförmigkeit weiblichen Daseins auch auf paralinguistischer Ebene im Namen der Figur widerspiegelt: Durch die Silbenstruktur des Namens ‚Mo-no-na‘ und die graphemische Geschlossenheit der darin enthaltenen Vokale ‚o‘ und ‚a‘ gehen beide Aspekte bereits im Namen der Figur auf.

Was, so bleibt zu fragen, mag Zona Gale mit dieser unkonventionell inszenierten Mädchenfigur beabsichtigt haben? Vor dem Hintergrund der Geschlechterproblematik könnte eine mögliche Intention der Dramatikerin darin bestanden haben, ihrem bekanntlich als *comedy of manners* untertitelten Stück bewusst jene Leichtigkeit zu nehmen, die – wie sonst üblich – über die Kindfigur vermittelt wird. Mit und durch Monona (und dies trifft in ähnlicher Weise auf Di zu)[471] entwirft Gale jedoch eine düstere Zukunftsperspektive, weil die von Generation zu Generation weitergegebenen Rollenfestschreibungen ganz augenscheinlich eine Veränderung der Geschlechterbeziehungen und -konfigurationen verhindern. Die Tragik der Figur äußert sich sodann auch an einer Stelle prägnant, wenn es im Nebentext heißt, „[MONONA *weeps silently.*]“ und Dwight, sich an seine Frau wendend, dies mit „It's best to overlook.“ kommentiert (*MLB* 118). Gales Kritik richtet sich auf das in Dwights Replik implizierte Tabuisieren und Ignorieren einer als schmerzlich empfundenen Weiblichkeit, die in diskursiven bzw. geschlechterideologischen Strukturen gefangen bleibt. Dass die Dramatikerin dabei nicht nur den Mikrokosmos der Deacon-Familie im inneren Kommunikationssystem des Stückes, sondern die Gesellschaft im Großen im Blick hat, liegt nahe.

„I don't amount to much“: Versagensängste, Verzweiflung und Einsamkeit – der ‚schwache‘ Mann und die *crisis of masculinity*

Wenn Neil Cornish in der Expositionsszene des Stückes die Bühne betritt, ist die Zuschauerwahrnehmung dieser Figur durch Dwights fremdperspektivisch vermitteltes Bild bereits (im positiven Sinne) vorgeprägt. Dwight nämlich beschreibt den *bachelor* Neil eingangs als strebsamen „nice fellow“, der nicht nur einen „piano store“ betreibt, sondern nebenher nach Ladenschluss auch noch Jura studiert und zudem mit einer „little inheritance“ aufwarten kann (vgl. *MLB* 96). Damit scheint er vor allem für unverheiratete Töchter der *middle*

---

bleiben muss – vermutlich wohl den Freitod gewählt habe: „Probably she's drowned in the river and they'll get her out with her hair all stringy—“ (*MLB* III$_{OV}$ 155).

470 Ackerman, „Infelicities of Form“, 55.

471 Siehe Anm. 469/IV oben.

class (wie beispielsweise Di) eine ‚gute Partie' darzustellen,[472] repräsentiert er im Kontext des amerikanischen Erfolgsmythos allem Anschein nach doch den tüchtigen ‚selbstgemachten' Mann, der es durch viel Fleiß und Anstrengung zu etwas bringt. Entgegen diesem ersten, fremdvermittelten Eindruck stellt sich dann aber rasch heraus, dass Cornish quasi den Anti-Typus des erfolgreichen *self-made man* verkörpert und ob seiner mangelnden Kompetenzen als *business man* von starken Selbstzweifeln und Versagensängsten geplagt wird. Neil Cornish ist demnach alles andere als ein „‚prince' in the traditional sense"[473].

Wenngleich der von Neil Cornish repräsentierte Männertypus des erfolglosen *bachelor* keine Erfindung Zona Gales ist, so kann seine Inszenierung in *Miss Lulu Bett* dennoch als innovativ gelten, weil die erwähnte Negativzeichnung dieser Figur entgegen tradierter Publikumserwartungen am Ende nämlich keine Wendung zum Guten nimmt. Anders als Rachel Crothers' Keith McKenzie in *He and She*, an den Neil Cornish konzeptionell sehr stark erinnert, bleibt Gales Figur das erwartete *happy ending* verwehrt.[474] Während Crothers' McKenzie trotz seiner professionalen Defizite mit der *true woman*-Figur Daisy am Ende des Stückes letztlich doch noch eine geeignete Partnerin an die Seite gestellt wird, scheitert Gales Neil Cornish in der Dramenversion von *Miss Lulu Bett* nicht nur in beruflicher und privater Hinsicht auf ganzer Linie; auch formal-strukturell betrachtet sieht sich dieser allzu sehr rückwärtsgewandte, an alten Geschlechtervorstellungen festhaltende Männertypus des *true man* in seiner (Bühnen-)Existenz bedroht, wird er in der revidierten Fassung III_{RV} doch schlichtweg aus dem Stück herausgeschrieben.[475] Die Inszenierung der Figur als ‚schwacher Mann', der in seiner Verzweiflung und Krisenhaftigkeit zunehmend vereinsamt, bleibt im Stück konstant. Eine ‚Erlösung' von seiner Krise durch die ‚Heil bringende' Frau (in diesem Falle Lulu) als „‚private Therapeutin'

472 Vgl. auch Simonson, der in diesem Zusammenhang davon spricht, dass Neil von den Deacons „as an eligible husband for Di" in Erwägung gezogen wird (*Zona Gale*, 81).

473 Rhoades, „Maid or Writer?", 84.

474 Siehe hierzu die Ausführungen in Kapitel IV.2.2 in dieser Arbeit.

475 Interessant ist, dass Gale hinsichtlich dieser Männerfigur in der gleichnamigen Romanversion wie auch in der späteren Verfilmung bekanntlich einen anderen Ausgang, nämlich einen konventionskonformen, wählt. Wie in Abschnitt IV.3.1 ausgeführt, kommt es im Unterschied zur Bühnenfassung in den anderen beiden Textvarianten von *Miss Lulu Bett* (Roman und Film) zum versöhnlichen *happy ending*, sprich zur glücklichen Zusammenführung von Lulu und Cornish. Dass Gale ausgerechnet in dem öffentlichkeitswirksameren, weil an ein Massenpublikum gerichtetes, Format des Theaterstücks diesen unkonventionellen Ausgang wählt, unterstreicht ihr Bemühen um innovative Inszenierungsformen im eingefahrenen kommerziellen Theaterbetrieb des Broadway.

des Mannes“[476] bleibt hier aus. Den diskursbezogenen Implikationen dieser krisenhaft dargestellten Männlichkeit gilt es in diesem abschließenden Abschnitt auch deshalb nachzuspüren, weil die Figur in der literaturkritischen Diskussion des Stückes weitgehend unbeachtet geblieben ist oder dort, wo ihr Aufmerksamkeit geschenkt wurde, m.E. missverständlich dargestellt wird. Die Meinung von Carolyn Casey Craig, dass Neil Cornish einen progressiven Mann verkörpere, der bereit sei, Frauen als gleichwertige Partnerinnen anzusehen,[477] wird hier entsprechend ebenso wenig geteilt, wie Marilyn Atlas' Hoffnung, „that Neil Cornish eventually will be Miss Lulu Bett's husband“[478].

Dass Neil Cornish eine in Bezug auf Geschlechterfragen grundsätzlich konservativ-traditionalistisch eingestellte Männerfigur verkörpert, die dem viktorianischen Männlichkeitsideal des *true man* trotz gesellschaftlicher Veränderungsprozesse noch immer stark verhaftet ist und der tradierten Rollenverteilung beinahe wehmütig nachhängt, wird u.a. daran deutlich, dass er Lulus weibliche Qualitäten als *homemaker* mehrfach positiv hervorhebt, fortwährend über sein bescheidenes Dasein als vereinsamter *bachelor* lamentiert und dadurch indirekt seiner Sehnsucht nach einem eigenen *home* Ausdruck verleiht. Er offenbart sich damit als ‚defizitärer Mann‘[479], der ohne Frau und Heim seine gesellschaftliche Funktionsbestimmung als ‚echter Mann‘ zu verfehlen droht. Entsprechend ausgeprägt sind seine Versagensängste sowie der für eine Männlichkeitskrise charakteristische Rollenstress, der aus der Befürchtung erwächst, den sozialen Erwartungen an eine „männliche ‚Normalbiographie‘“[480] nicht standhalten zu können. Letzteres äußert sich prägnant in Form des Motivs männlicher Vereinsamung, die den gesellschaftlich zu scheitern drohenden Mann immer weiter in die Krise stürzt und schlimmstenfalls zum isolierten Außenseiter werden lässt. In Neil Cornishs wiederholten, sich vom Expositionsakt bis in den originalen Schlussakt hindurchziehenden Hinweisen auf seine leidvollen Einsamkeitserfahrungen manifestiert sich der angesprochene Rollenstress, der für ihn nur schwer zu ertragen ist. An den entsprechenden Stellen heißt es:

> CORNISH: [...] I do get pretty lonesome evenings.
>
> (*MLB* 96)

---

476 Michael Meuser, *Geschlecht und Männlichkeit. Soziologische Theorie und kulturelle Deutungsmuster* (Wiesbaden: VS Verlag für Sozialwissenschaften, ³2010), 154.

477 Siehe Craig, *Women Pulitzer Playwrights*, 42.

478 Atlas, „From Novel to Plays“, 38.

479 Vgl. Meuser, *Geschlecht und Männlichkeit*, 148.

480 Meuser, *Geschlecht und Männlichkeit*, 327.

CORNISH: [...] I dropped in because I got so lonesome I didn't know what else to do—that is, I mean... .

(*MLB* 109)

CORNISH: [...]—I'm awful lonesome myself. [...]

(*MLB* III_{OV} 158)

Der für ihn einzig mögliche Weg aus dieser Krise scheint die Suche nach einer geeigneten Partnerin zu sein, die ihn von seiner Einsamkeit erlöst.

In Lulu erkennt er diese für ihn ideale *true woman*, die ihm das ersehnte Heim bereiten und die erhoffte Geselligkeit bieten könnte. Dass Lulu dafür als Partnerin in Frage kommen würde, hat ihm ihr Wirken im Hause der Deacons gezeigt, das er im Zuge seiner Nachbarschaftsbesuche mehrfach beobachten konnte: „You've been a jewel in their home—[...] I've watched you there ... [...] You made the whole place go." (*MLB* III_{OV} 156). Voller Bewunderung spricht er zu ihr, wenn er feststellt, welches Allroundtalent in Lulu steckt: „I guess you can do most anything you set your hand to, Miss Lulu. Look after Miss Di and sing and play and cook—" (*MLB* 131). Neben ihren Kochkünsten sind es insbesondere auch Lulus „solid virtues" (*MLB* 111), die es ihm angetan haben. Wie tief Cornishs Gefühle für Lulu wirklich sind, lässt das Stück offen. In Anbetracht der Krisenhaftigkeit seiner Situation liegt allerdings die Vermutung nahe, dass es ihm nicht so sehr um Lulu als Persönlichkeit geht, sondern vielmehr darum, durch eine partnerschaftliche Beziehung zu einer ‚passenden' Frau ein soziales Scheitern in seiner Männlichkeit zu verhindern. Ein solches Versagen als Mann ist gemäß des damaligen gesellschaftlichen Standards nur dann abzuwenden, wenn es ihm gelingt, eine Partnerin zu finden, für die er in der tradierten Männerrolle des *provider* und *breadwinner* sorgen kann. Neil, so wird im folgenden Zitat besonders deutlich, ist offenbar nicht an Lulu als Individuum interessiert, sondern sieht in ihr lediglich eine Möglichkeit, der Krisenhaftigkeit seiner Lage zu entfliehen.

CORNISH: [...] This is no place to live. Look—look here. [*He draws the green curtain revealing the mean little cot and washstand.*] I guess living so is one reason why I want to get married. I want some kind of a home.

(*MLB* III_{OV} 158)

Insbesondere im letzten Satz der an Lulu gerichteten Replik manifestiert sich Cornishs tiefe Verzweiflung, deutet sich doch in der Wortwahl ‚*some kind of home*' das Ausmaß des männlichen Rollendrucks dergestalt an, dass es ihm (inzwischen) nicht (mehr) um die Persönlichkeit der Partnerin, sondern allgemein ‚irgendwie' um das Erreichen der gesellschaftlich definierten

Männlichkeitsnorm geht. Seine Bewunderung für Lulu ist demnach nicht subjektgebunden, sondern wächst sich zu einer allgemeinen „Idealisierung der Frau" aus, die einen „positiven Gegenhorizont [zu seiner] defizitären männlichen Existenz" bildet.[481] Für Lulu, die es leid ist, auf die Rolle der *household drudge* reduziert zu werden, stellt Neils implizierte Heiratsofferte freilich kaum eine attraktive Perspektive dar.

Auch die wenig schmeichelhafte Thematisierung seiner Defizite und Inkompetenzen, durch die er sich selbst als Versager charakterisiert, dürfte Lulu kaum im positiven Sinne beeindruckt haben. So sagt er in II/3 über sich:

> CORNISH: I guess I don't amount to much. I'll never be a lawyer. I'm no good at business and everything I say sounds wrong to me.
>
> (*MLB* 134)

In der Originalfassung des Schlussaktes $\mathrm{III}_{\mathrm{OV}}$ wiederholen sich diese Aussagen in ähnlicher Form, wodurch die Art und Weise seiner Negativdarstellung als *weakling* oder *loser* beinahe pathologische Züge annimmt:

> CORNISH: [...] I—I don't believe I'm ever going to be able to do anything with the law. [...] And I'm not much good in a business way. Sometimes I think I may never be able to make any money. [...] I'm no good at business. I'll never be a lawyer. And—and everything I say sounds wrong to me. [...]
>
> (*MLB* $\mathrm{III}_{\mathrm{OV}}$ 158)

Die zahlreichen Negativausdrücke (*don't, never, not, no good, wrong*) in dieser Replik unterstreichen nicht nur die ausgeprägte Charakterschwäche der Figur, sondern zeigen trotz seiner Fähigkeit zur Selbstreflexion, die man ihm zugutehalten kann, sein Unvermögen auf, nach konstruktiven Lösungswegen zu suchen. Insbesondere der letzte Satz im Zitat oben – „and everything I say sounds wrong to me" – liest sich im Sinne der erwähnten Reflexionsfähigkeit der Figur als ein Hinweis darauf, dass Cornish diffus zu spüren scheint, dass er (vergeblich) eine ‚falsche' Rolle zu spielen versucht, aus dieser (un-)bewussten Einsicht heraus aber letztlich keine Überwindungsstrategie für sich zu entwickeln vermag. Cornish zerfließt geradezu in Selbstmitleid, wenn er sich sein eigenes Versagen vor Augen führt.[482] Gale – in Anspielung auf den

---

481 Meuser, *Geschlecht und Männlichkeit*, 148.

482 Eine Gegenüberstellung seiner Repliken mit denen von Keith McKenzie in Crothers' *He and She* zeigt die oben erwähnten konzeptionellen Parallelen zwischen beiden Männerfiguren erneut auf. So lässt Crothers ihre Figur in beiden Fassungen des Stückes Folgendes sagen: „I work—Gosh, how I work! But I'll never *do* anything. [...] I work like a dog and

Krisendiskurs – inszeniert diesen ‚schwachen Mann', der es einfach zu nichts bringen mag, als verweichlichte Memme, als kraftlosen *softie* und *wuss*, dem es an Vitalität, Zukunftsoptimismus und Entschlossenheit mangelt. Diesem Männertypus gehen quasi all jene Qualitäten ab, die die Herausforderungen der *Progressive Era* an den modernen Mann stellt, wenn er sich auf den sozialen Wandel und die damit einhergehenden Veränderungen in den Geschlechterbeziehungen einzulassen vermag. Neil, so wird deutlich, ist diese Flexibilität nicht gegeben. Stattdessen klammert sich die Figur in seiner Verunsicherung an altbewährte Strategien zur (Wieder-)Herstellung seiner männlichen Geschlechteridentität, indem er in der Originalfassung des Stückes aus seiner Verzweiflung heraus seiner Auserwählten gleich vier Heiratsanträge macht (vgl. *MLB* 134, *MLB* III_{OV} 157f., 160, 161). Seine krampfhaften Versuche, Lulu für sich zu gewinnen, scheitern allerdings, obwohl oder gerade weil er Lulu mit monetären Argumenten zu locken versucht. Entsprechend heißt es beim ersten Antrag in II/3:

> CORNISH: [...] Do you think we could possibly arrange—[...] I guess maybe you've heard something about a little something I'm supposed to inherit. Well, I got it. Of course, it's only five hundred dollars. We could get the little Warden house and furnish up the parlor with pianos—that is, if you could ever think of marrying me.
>
> (*MLB* 134)

Mit wiederum sehr ähnlichem Wortlaut wiederholt er sich an anderer Stelle:

> CORNISH: [...] Do you think you could possibly stay here with me? [...] I haven't got anything. I guess maybe you've heard something about a little something I'm supposed to inherit. Well, it's only five hundred dollars... . That little Warden house—it don't cost much—you'd be surprised. Rent, I mean. I can get it now. I went and looked at it the other day but then I didn't think ... well, I mean, it don't cost near as much as this store. We could furnish up the parlor with pianos ... that is, if you could ever think of such a thing as marrying me.
>
> (*MLB* III_{OV} 157)

never get anywhere. If Ruth throws me over, I'll never have the home I'm working for. That's all I want—a home. I'll never have it now. [...] I'm no good." (*HS_1* 949, *HS_2* 950, Hervorhebung im Original). Wie auch Gales Neil Cornish verfällt Crothers' Keith McKenzie dem Modus des selbstbemitleidenden Jammerns, das als Ausdruck seiner Männlichkeitskrise gelesen werden kann.

Lulu, die sich in der Originalfassung bekanntlich zu einer selbstbestimmten Frau entwickelt, lehnt Cornishs Angebot ab, „because“, wie Bilderback schreibt, „she is now aware that a man is not necessary in order for her to live a fulfilling life“.[483] Wenn Cornish in seinem Bemühen um Lulu zudem mehrfach versichert, für seine zukünftige Frau nach bestem Wissen und Gewissen sorgen bzw. sie glücklich machen zu wollen, dann ist doch durch seine ausgesprochen negativ-defizitäre Selbstdarstellung bereits deutlich geworden, dass er die ihm traditionell zugeschriebene Männerrolle des *breadwinner* und *provider* gar nicht auszufüllen in der Lage wäre. Sein Bestreben, konventionelle Geschlechterkonfigurationen diskursiv zu reaktivieren, geht einher mit Selbstverblendung, Realitätsverlust und, wie gezeigt, zunehmender Vereinsamung.

Gale knüpft damit an einen ‚Faden‘ des männlichen Krisen- bzw. Defizitdiskurses an, innerhalb dessen die Position des Mannes als Ernährer der Frau bzw. der Familie grundsätzlich in Frage gestellt wird. Es ist denkbar, dass sie diesem Männertypus, der sich angesichts seiner Krisenhaftigkeit in alte Ordnungsstrukturen zu flüchten versucht, statt sich – bezogen auf sein Männlichkeitsverständnis – auf den sozialen Wandel einzulassen, generell eine Absage erteilt. Dass der Männertypus, wie ihn Neil Cornish verkörpert, vor dem zeitgeschichtlichen Hintergrund der *Progressive Era* zum ‚Auslaufmodell‘[484] degeneriert, dass herkömmliche Strategien zur Restabilisierung tradierter Männlichkeitskonfigurationen längst unwirksam geworden sind und dass es nunmehr einer konstruktiven Suche „nach einer anderen Männlichkeit“[485] bedarf, bringt Zona Gale pointiert zum Ausdruck, wenn sie Neil Cornish in der revidierten Fassung ihres Stückes gar nicht mehr auftreten lässt. Im Hinblick auf die implizierte Aussageabsicht ist Gale im Vergleich zu Rachel Crothers insofern radikaler, als sie für die Männlichkeitskrise des erfolglosen, vereinsamten *bachelor* keine Lösungsmöglichkeit anbietet, sondern seinen Beitrag und Nutzen für eine progressive Entwicklung einer sich modernisierenden Gesellschaft grundsätzlich in Frage stellt. Verkürzt dargestellt lässt sich dies im Kern auf die Feststellung herunterbrechen, dass die Reaktivierung alter Strategien für neue Herausforderungen keine hinreichende Lösung darstellt. Für eine konstruktive Neuverhandlung der Geschlechterrollen und Geschlechterbeziehungen „in

483 Bilderback, „Male Fraud“, 22.

484 Die Formulierung rekurriert auf eine Passage in Meuser, in der es im Zusammenhang mit der „Krise des Mannes“ heißt: „[V]on seiner angestammten hegemonialen Position mehr und mehr verdrängt, als ‚Auslaufmodell‘ einer längst zu Ende gegangenen Epoche karikiert, verstrickt er sich in ein Gewirr von Zweifeln, Verunsicherungen und Ängsten, denen nur wenige Hoffnungen entgegenstehen.“ (*Geschlecht und Männlichkeit*, 319).

485 Lothar Böhnisch, *Die Entgrenzung der Männlichkeit. Verstörungen und Formierungen des Mannseins im gesellschaftlichen Übergang* (Opladen: Leske + Budrich, 2003), 59.

der Folge der Emanzipation des weiblichen Geschlechts“[486] braucht es nicht ‚alte‘ Männlichkeitskonfigurationen in ihren verschiedensten Ausprägungen, sondern einen anderen, einen ‚neuen Mann‘, nach dem allerdings – so wohl Gales Einschätzung – auch am Ende der *Progressive Era* noch zu suchen bleibt.

Teil B – Konventionell in der Form – Innovativ in der (Aus)handlung

Mit Marion Craig Wentworths *The Flower Shop* (1912) steht in diesem zweiten textanalytischen Teil der Arbeit ein ‚Sonderfall‘ unter den *Progressive Era*-Dramen zur Diskussion, der eben deshalb hier in einem gesonderten Abschnitt Würdigung findet (Kapitel IV.4), weil sich das Stück als ‚Hybridtext‘ im Hinblick auf textstrukturelle und geschlechterideologische Aspekte den bisher bekannten Klassifikationsmodellen entzieht: *The Flower Shop* liegt weder in verschiedenen Textfassungen vor, in denen – wie im Falle von Hernes *Margaret Fleming*, Crothers' *He and She* und Gales *Miss Lulu Bett* – die Geschlechterproblematik intertextuell (nach-)verhandelt wird und dabei mal die eine, mal die andere Pendelrichtung stärkere Gewichtung findet, noch bezieht das Stück als in sich geschlossenes Einzeltextsystem hinsichtlich seiner geschlechterdiskursiven Ausrichtung eine radikale Position – sei es im Sinne einer radikal-feministischen Orientierung wie beispielsweise Rachel Crothers' *A Man's World* (1909) oder im Sinne einer extrem konservativen, den patriarchalischen Geschlechterdiskurs affirmierenden Haltung wie in Augustus Thomas' *As a Man Thinks* (1911). Was also macht Wentworths *The Flower Shop* zu dem – aus theatergeschichtlicher, literaturwissenschaftlicher und *gender*-kritischer Sicht – einzigartigen Stück, das es m.E. nach repräsentiert? Zwei Aspekte sind diesbezüglich bedeutsam: (1) die besondere Spielart der Inhalt-Form-Relation und (2) die gewählte Form der Veröffentlichung des dramatischen Textes für ein größeres Publikum. Beide Dimensionen stehen in einem engen Zusammenhang, den es nachfolgend auszuschärfen gilt, um jene Grundlage zu schaffen, auf der das textanalytische Kapitel zu *The Flower Shop* gelesen werden kann.

(1) Die Antwort auf die voranstehende Fragestellung ist zum einen in der innovativen Verflechtung von ‚alten‘ formal-ästhetischen, textstrukturellen Aspekten mit ‚neuen‘ inhaltlichen, *gender*-bezogenen Aspekten im Schlussakt des Stückes zu finden, nachdem in den vorausgegangenen Akten und Szenen die Geschlechterthematik im üblichen Rahmen des *discussion play* der

486 Böhnisch, *Die Entgrenzung der Männlichkeit*, 59.

Progressive Era verhandelt wird. Im Schlussakt aber gelingt der Autorin glaubhaft eine neuartige, ‚hybride' Schlussgebung, die einerseits zwar alle genrespezifischen Konventionen des *well-made play* erfüllt und damit zumindest in struktureller, formal-ästhetischer Hinsicht die konservativen Publikumserwartungen bedient, andererseits aber auch gleichzeitig einen neuen Weg im Hinblick auf die Lösung der stückinternen Geschlechterproblematik beschreitet, der den Reformgeist der *Progressive Era* auf- bzw. einfängt und – mit Blick auf das äußere Kommunikationssystem – einen konstruktiven, ‚realitätstauglichen' Lösungsansatz für den gesellschaftlichen ‚Umgang' mit der Emanzipation der Frau im Allgemeinen und mit der mehrheitlich abgelehnten, weil als Bedrohung empfundenen *new woman* im Speziellen anbietet. Wentworths *happy ending* erweist sich – im Unterschied zu den in Teil A analysierten Stücken mit ihren nachträglich eingeschriebenen, vermeintlich versöhnlichen Dramenausgängen, die aber dennoch nicht so recht ‚glücklich' wirken wollen – als ‚echtes' *happy ending*, das weder für Traditionalisten noch für Modernisten einen bitteren Nachgeschmack hinterlässt oder womöglich andeuten würde, dass eine der beiden Hauptfiguren die ausgehandelte Lösung im Sinne eines ‚unechten Konsenses' nur dem Anschein nach mitträgt. Dem ist nicht so. Wentworths *new woman*, Margaret Bell, gefährdet niemanden, weil sie, selbst als ‚Hybridfigur' konzipiert, durchaus auch traditionelle Ansichten (etwa zum Stellenwert der Ehe) vertritt und am Ende nicht nur ihr männliches Pendant, den *new man*, sondern auch ihren Platz in der Gesellschaft findet. Dennoch mag eine Frauenfigur der *middle class*, die *wife* und *business woman* zugleich verkörpert und in ihrem Partner, den *male companion*, dann ‚auch noch' einen männlichen Befürworter dieser modernen Weiblichkeitskonfiguration findet, für das zeitgenössische Publikum um 1912 durchaus eine Provokation dargestellt haben. Wentworths Lösung im Geschlechterkonflikt des Protagonistenpaares stellt aus heutiger Sicht einen ‚wahren' Kompromiss dar, der aus einem konstruktiven Dialog zwischen Mann und Frau, durch gegenseitige Annäherung, Perspektivwechsel und Empathie für die jeweils andere Seite heraus erwächst und bei dem es keinen ‚Verlierer' gibt.

Es ist insbesondere auch die männliche Perspektive, die Wentworth in ihrem Stück stärker in den Blick nimmt und neben dem Konzept des konstruktiven Aushandlungsdialogs zum zweiten Schlüsselelement für die Lösung des Geschlechterkonflikts erklärt. So wird deutlich, dass es für eine dauerhafte Überwindung und Beilegung des Geschlechterkampfes der Erfüllung dreier Faktoren bedarf, die allesamt vom männlichen Geschlecht ausgehen müssen, um perspektivisch betrachtet den gesellschaftlichen Fortschritt zu sichern: erstens, das Überwinden des männlichen Stolzes und die Lossagung vom männlichen Anspruch auf Kontrolle, Macht und Autorität gegenüber dem weiblichen Geschlecht; zweitens, das Loslassen des Mannes von tradierten Rollenvorstellungen, die angesichts sich längst abzeichnender Modernisierungsbewegungen in der Gesellschaft ohnehin bereits als überholt und unzeitgemäß gelten müssen; und drittens, die männliche Einsicht, dass der Emanzipationsprozess der Frau durch den hartnäckigen Widerstand der Traditionalisten (sprich: durch die diskursiv massiv vorangetriebene Reaktivierung des patriarchalisch geprägten Geschlechterdiskurses) zwar vielleicht (ab-)gebremst, aber keineswegs mehr aufgehalten oder gar rückgängig gemacht werden kann. Das Stück verdeutlicht auf beeindruckende Weise, dass dem Mann hinsichtlich einer Beilegung des Geschlechterkonflikts eine enorme gesellschaftliche Verantwortung zugeschrieben wird. Ohne sein einsichtiges Nachgeben würde dieser Kampf auf unbestimmte Zeit weitergeführt werden, da die Frau in Anbetracht des bereits vorangeschrittenen Emanzipationsprozesses in ihren Bemühungen um Gleichberechtigung und Selbstbestimmung kaum mehr ‚einknicken', ‚zurückrudern' oder gar resignieren wird.

Was Crothers' *raisonneur*-Figur Dr. Remington im Schlussakt der revidierten Fassung von *He and She* andeutet – „Men and women will go through hell over this before it shakes down into shape. *You're* right and *she's* right and you're tearing each other like mad dogs over it because you love each other." (*HS*$_2$ 957, Hervorhebungen im Original)[487] –, findet in Wentworths *The Flower Shop* seine konkrete Bühnenrealisierung. Dass Mann und Frau in einem erbitterten Kampf der Geschlechter sprichwörtlich ‚durch die Hölle gehen', wird in ihrem Stück über verschiedene Figurenkonstellationen und Handlungslinien dargestellt. Im Unterschied zu den hier in Teil A untersuchten Stücken konzipiert Wentworth jedoch eine Männerfigur, die im Zuge ihrer Aushandlungsdialoge mit der weiblichen Hauptgestalt eine Bewusstseinsveränderung vollzieht und in der Folge dessen tatsächlich Einsicht hat und konsequent einlenkt. Mit Stephen Hartwell, der männlichen Hauptgestalt des Stückes, bringt die Dramatikerin demnach einen neuen Männertypus auf die Bühne, der über Dialog und Verständigung mit der *new woman* zu all den oben genannten Einsichten gelangt, der sich dem gesellschaftlichen Wandel anzupassen vermag, der nicht mehr hin und her pendelt oder seine neuen, nur scheinbar verinnerlichten Überzeugungen am Ende doch wieder verwirft und der zudem in der Lage ist, die Krisenhaftigkeit des Mannseins im Spiegel der Frauenemanzipation als solche offen zu artikulieren, ohne dabei in Selbstmitleid zu zerfließen oder der alten Geschlechterordnung in nostalgischer Verklärtheit nachzutrauen.

---

487 Siehe hierzu ausführlich Kapitel IV.2.5 in dieser Arbeit.

Wentworths Schlussgestaltung ‚funktioniert' (will heißen: wirkt als progressiver Lösungsansatz glaubhaft), weil sich dieser konstruktive, auf echten Konsens ausgerichtete Aushandlungsprozess des Protagonistenpaares vor einer weiteren, als Kontrastfolie angelegten Handlungs- und Konfliktlinie abspielt, innerhalb derer der Geschlechterkonflikt als erbitterter Kampf zwischen einem machtbesessenen Patriarchen und einer *new woman* inszeniert wird. Gemeint sind hier die harten Auseinandersetzungen zwischen William Ramsey und Margaret Bell, die sich im Kern um die spannungsgeladene Aushandlung der Weiblichkeitskonfiguration Louises, Ramseys Ehefrau, drehen. ‚Aussichtsloser Stellungskampf' (Margaret und Ramsey) und ‚diplomatisches Verhandlungsgespräch' (Margaret und Hartwell) – um in der Bildsprache (des Stückes) zu bleiben – werden in Wentworths Stück als Spielarten im Umgang mit der Geschlechterproblematik gegenübergestellt. Und weil in der *battle of the sexes*, sprich innerhalb der Dreieckskonstellation um Ramsey, Louise und Margaret aufgrund der auf allen Seiten festgefahrenen geschlechterideologischen Positionen kein konstruktives Vorankommen im Aushandlungsprozess mehr möglich ist, wird im Vergleich zur parallel geführten, positiv gezeichneten Handlungslinie umso deutlicher kommuniziert, dass eine dauerhafte, gesellschaftlich tragfähige Lösung nur unter Berücksichtigung demokratischer Prinzipien erzielt werden kann. Hierfür ist Wentworths *The Flower Shop* ein entschiedenes Plädoyer. Dem wird auch insofern Rechnung getragen, als das Stück bzw. seine Autorin in Bezug auf das breit angelegte Figurenensemble – es treten insgesamt dreizehn Figuren auf – keine Pauschalverurteilungen bestimmter Weiblichkeits- und Männlichkeitskonfigurationen vornimmt, sondern stattdessen den jeweiligen Einzelfall differenziert betrachtet, subjektive Entscheidungen oder Haltungen zur Geschlechterfrage akzeptiert und ein Nebeneinander von verschiedenen Rollen- und Beziehungsmodellen respektiert. *The Flower Shop* bildet ein Gesellschaftspanorama ab, das sämtliche Gesellschaftsschichten einbezieht und ganz bewusst auch Unterschichtencharaktere ausführlich zu Wort kommen lässt. Diese betont fortschrittlich-demokratische Ausrichtung des Stückes ist erstens – um dies noch einmal zu betonen – eingewoben in die für die damalige Zeit geltenden, restriktiven formal-strukturellen Darstellungskonventionen des *well-made play* im amerikanischen Unterhaltungstheaters. Und sie steht zweitens in einem sehr starkem Kontrast zu der überaus konflikthaften Ehe zwischen Ramsey und Louise, deren Beziehung durch das Dominanzstreben des patriarchalischen Ehemanns nicht zuletzt auch in emotional-affektiver Hinsicht großen Schaden nimmt, weil die Ehefrau bühnenöffentlich zum Opfer männlicher Machtbesessenheit gemacht wird. Dem im Stück zum Tragen kommenden Prinzip der ‚demokratischen Diskurskultur' steht dieses Negativbeispiel diametral entgegen.

(2) Ein zweiter Punkt, der Wentworths Stück zum erklärten Sonderfall innerhalb des Untersuchungszeitraums macht, erwächst aus der Form der Darbietung, die die Autorin für die Veröffentlichung ihres dramatischen Textes wählt. Was in Hinblick auf produktions- und rezeptionsbezogene Aspekte nämlich auf den ersten Blick erstaunen muss, ist der besondere Umstand, dass Wentworths Stück, obwohl es

– sämtliche formale Gattungsmerkmale eines *well-made play* erfüllt (z.B. die Einhaltung der drei Einheiten, das versöhnliche *happy ending*, die Auftritte ‚typischer' Figuren),
– bewährte Motive und Plotelemente integriert (wie z.B. das obligatorische romantische *love plot*, die Einbindung diverser Briefe und Dokumente, spannungssteigernde Elemente wie Geheimniskrämerei, Erpressung, Ultimaten usw.)
– und sich in formal-ästhetischer Hinsicht uneingeschränkt in den konventionellen Bahnen des restriktiven Unterhaltungstheaters bewegt,

offenbar trotzdem zu keinem Zeitpunkt seiner Entstehung oder danach eine professionelle Produktion am Broadway erfahren hat. Angesichts der aktuellen Quellenlage lassen sich weder Hinweise für eine kommerzielle Bühneninszenierung finden noch sind in den ‚theaternahen' Zeitungen zeitgenössische Rezensionen zu diesem Stück aufzuspüren. Es mögen der Weitblick oder das Gespür der Dramatikerin für die Mechanismen des restriktiven Kommerztheaters gewesen sein, die sie davon abhielten, dieses Stück mit seiner Inszenierung emanzipierter Männlichkeit, seiner innovativen Schlussgebung und seinen unkonventionellen *gender*-bezogenen Implikationen am Broadway zur Aufführung zu bringen. Die tatsächlichen Gründe oder Umstände sind derzeit nicht ermittelbar und werden möglicherweise auch zukünftig nicht zu erhellen sein.[488] Vielleicht hatte die Autorin selbst keine Ambitionen, in das kommerzielle Theatergeschäft des Broadway ‚einzusteigen'. Vielleicht fehlte es ihr an Kontakten zu Broadway-Produzenten, die bereit gewesen wären, das Stück einer relativ unbekannten Dramatikerin aus dem Mittleren Westen in New York auf die Bühne zu bringen. Wie dem auch sei – ein Aspekt muss trotz aller Mutmaßungen verwundern: *The Flower Shop* erscheint kurz nach seiner Entstehung nicht als inszeniertes Theaterstück auf der Bühne, sondern als gedrucktes Lesedrama in Buchform. Die Frage, die sich unweigerlich stellen muss, lautet sodann: Aus welcher Motivation heraus entscheidet sich Wentworth für diese Form der Veröffentlichung ihres Textes?

488 Hierzu wären weitere intensive Recherchearbeiten in den relevanten Archiven notwendig, die im Rahmen dieser Studie allerdings nicht zu leisten waren.

Fast hat es den Anschein, als habe die Autorin – die im Übrigen eine direkte Zeitgenossin Rachel Crothers' und, wie letztere, ebenfalls eine ausgewiesene Kennerin des Theaters ist[489] – antizipiert, dass weder Publikum noch Theater für solch einen hybriden Text, für solch eine innovative Schlussgestaltung, für solch ein modern inszeniertes Männlichkeitsbild, für so viel Demokratie in der Aushandlung des Geschlechterkonflikts, aber auch für so viel Gesellschaftskritik im Jahre 1912 ‚bereit' oder empfänglich waren. Bedenkt man, welches Schicksal Zona Gales *Miss Lulu Bett* noch 1920 ereilt, dann ist es durchaus denkbar, dass Wentworth durch die Veröffentlichung ihres Dramas in der weniger aufsehenerregenden Buchform möglicherweise einer Ablehnung oder Revision ihres Stückes zuvorkommen wollte, die im Falle einer Inszenierung des Stücks am Broadway sehr wahrscheinlich geworden wäre. Die Wahl eines anderen, ‚leiseren', semi-öffentlichen Kanals, innerhalb dessen solche Revisionspraktiken nicht üblich sind, könnte durchaus eine bewusste gewesen sein.

Solche Lesedramen, die auch unter der Bezeichnung des Buchdramas bzw. *closet drama* geführt werden, sind „von vornherein nicht unmittelbar in Hinblick auf eine Aufführung konzipiert – entweder, weil die Autoren den bestehenden Theaterverhältnissen skeptisch gegenüberstehen, oder weil ihre Vorstellungen [etwa in Bezug auf das Bühnenbild oder die Komplexität der Handlung, KT] bühnentechnisch nicht realisierbar sind".[490] Da, wie oben gezeigt, Letzteres auf Wentworths Stück angesichts seiner formalen Gattungskonformität kaum zutreffen kann, scheint es naheliegender, dass sich die Autorin vor dem Hintergrund der restriktiven Darstellungsverfahren am Broadway tatsächlich von vornherein bewusst gegen eine Inszenierung ihres Stückes im Öffentlichkeitsraum des Theaters entscheidet. Was dabei unter rezeptionstheoretischen Gesichtspunkten eine zentrale Rolle gespielt haben könnte, ist die Überlegung, dass der Verzicht auf eine „kollektive Rezeption"[491] des dramatischen Textes im Theater bzw. die Bevorzugung einer individuellen Lektüre des gedruckten Dramas jeweils unterschiedliche Auswirkungen auf die Art der Reaktion bzw. *response* auf diesen Text haben kann. Auch wenn bekanntlich gilt, dass ein dramatischer Text „seine wahre Bestimmung […] erst auf der Bühne [findet]" und „[a]ls bloßes ‚Lesedrama' […] unvollendet [bleibt]",[492] so hat die Lektüre eines gedruckten dramatischen Textes im Vergleich zur Rezeption seiner

489 Wentworth lehrte, ähnlich wie Crothers, Dramenkurse an der Universität und beschäftigte sich in besonderem Maße mit inhaltlichen und formalen Besonderheiten der Gattung. Siehe dazu ausführlicher Abschnitt IV.4.1 unten.

490 Pfister, *Das Drama*, 39.

491 Pfister, *Das Drama*, 62.

492 Asmuth, *Dramenanalyse*, 10.

Bühneninszenierung aus rezeptionsästhetischer Sicht den wesentlichen Vorteil der subjektiven Meinungs- bzw. Urteilsbildung. Diese bleibt nämlich zunächst erst einmal unbeeinflusst von kollektiven Rezeptionserfahrungen, die, wie Pfister erklärt, oft auch ‚homogenisierende' Wirkungen haben können[493]. Im Fall des Broadway-Publikums mit seinen konservativen Rezeptionsgewohnheiten äußert sich diese in einer weitgehend homogen-ablehnenden Reaktion auf inhaltlich oder formal-ästhetisch innovative Stücke. Die hier in Teil A analysierten Stücke haben am Beispiel der Revisionsproblematik deutlich gezeigt, wie inhaltlichen und formalen Innovationen im Kommerztheater üblicherweise begegnet wurde.

Möglicherweise waren es solche Überlegungen, die Wentworth dazu veranlassten, ihr Stück als Lesedrama zu veröffentlichen. Und möglicherweise stellt die Veröffentlichung des Stückes als Lesedrama einen weiteren Ansatz dar, das Kommerztheater ‚von innen heraus' zu reformieren – ähnlich wie Herne, Crothers und Gale dies im Kontext der rigiden Revisionspraktiken des Kommerztheaters in den Spätfassungen ihrer Stücke mit den geschickt eingearbeiteten Verschiebungsverfahren taten. Welchen Hintergrund es tatsächlich auch immer gegeben haben mag: Die Tatsache, dass Wentworths *The Flower Shop* offenbar als eine so wertvolle Lektüre erachtet wird, dass es zuerst im Jahr 1912 und dann nochmals im Jahr 1924 als Lesedrama in Buchform erscheint, aber zu keiner Zeit als Bühneninszenierung realisiert wird, deutet auf eine spezielle Form ‚kultureller Arbeit' der *Progressive Era*-Autorin hin, die es vor dem Hintergrund der übergeordneten Fragestellung dieser Arbeit eingehender zu untersuchen lohnt.

IV.4 Marion Craig Wentworth, *The Flower Shop* (1912): Der konstruktive Aushandlungsdialog als Lösungsansatz des Geschlechterkonflikts

Dass Marion Craig Wentworths *The Flower Shop* etwa achtzig Jahre nach seiner Entstehung überhaupt unter dem Radar der Literaturkritik erscheint, ist maßgeblich das Verdienst von Patricia R. Schroeder, die sich in den 1990ern aus einer feministisch orientierten Perspektive heraus dem Stück annähert.[494]

493 Zur Homogenisierungstendenz bei kollektiven Rezeptionsprozessen siehe Pfister, *Das Drama*, 63ff. Mit Bezug auf die kollektive Rezeption eines Stückes im Theater spricht Pfister von „sozialpsychologisch-gruppendynamische[n] Prozessen […], in denen sich die individuellen Reaktionen wechselseitig verstärken und dabei einander anpassen, also zu einer relativ homogenen Gruppenreaktion führen" können (ebd. 64).

494 Ihre beiden Publikationen zu dem Stück stammen aus den Jahren 1996 und 1999. Hervorzuheben ist diesbezüglich jedoch, dass es sich dabei dem Wortlaut nach um fast

Andere veröffentlichte Studien zu dem Stück liegen bislang m.W. nicht vor. Dass Wentworths *The Flower Shop* lange Zeit unentdeckt bleibt, mag an den eingangs beschriebenen Umständen seines Erscheinens gelegen haben, die bei Schroeder allerdings unbeachtet bleiben. Interessant an dieser Studie ist jedoch die vergleichende Untersuchung zwischen Rachel Crothers' *A Man's World* und Wentworths *The Flower Shop*. Die Verfasserin arbeitet im Zuge ihrer Analysen eine Reihe frappierender Gemeinsamkeiten inhaltlicher, figurenkonzeptioneller und darstellungsbezogener Art heraus:

> [Both] plays [...] use realism to explore the plight of the career woman [...]. Both plays focus on independent women with satisfying work to do, and both emphasize the central character's connections with a community of women who exhibit various stages of feminist awareness. Both plays explore the economic and social forces that propel women into marriage, and both depict women in conflict with the men they love when it comes to balancing a home and a career.[495]

Zwar stellt Schroeder die genannten Parallelen überzeugend dar, ihre Deutung der beiden Dramenausgänge, insbesondere die von Wentworths Stück, erweist sich jedoch als zu undifferenziert. Crothers' radikal-feministischem Dramenschluss mit einer emanzipierten Protagonistin, die kompromisslos hinter ihren Prinzipien steht und am Ende des Stückes der Ehe eine Absage erteilt, stünde, so Schroeder, in Wentworths Drama eine ,konventionelle Schlussgestaltung' gegenüber, die die Verfasserin als ,erzwungenes Ende' bezeichnet, das zudem die Komplexität der Geschlechterproblematik allzu stark ,vereinfacht' darstelle.[496] Während Schroeders Einschätzung zu Crothers' Stück zuzustimmen ist, kann Gleiches in Bezug auf Wentworths Text kaum gelten. Wenn nämlich Schroeder selbst noch erwähnt, dass sich Wentworths weibliche Hauptgestalt ihre ökonomische Unabhängigkeit als Betreiberin eines *flower shop* auch in der Ehe bewahren kann, so deutet sich doch in dieser knappen Skizzierung des Schlusses bereits an, dass sich *The Flower Shop* zwar einerseits strukturell in konventionellen Bahnen bewegen mag, andererseits jedoch das Formmerkmal des versöhnlichen *happy ending* semantisch neu besetzt wird. Wie bei Gales *Miss Lulu Bett* gilt auch für Wentworths Stück: *There is more to this ending.*

Wentworths *The Flower Shop* verdient demnach ebenfalls eine differenziertere Betrachtung, die zwar an Schroeders Studie anknüpfen kann, dabei aber das angesprochene Phänomen der formal-strukturellen Konventionalität des

---

identische Beiträge handelt, da letzterer eine ,Auskopplung' aus Schroeders 1996 erschienener Monographie ist.

495 Schroeder, „Realism and Feminism", 38. Siehe auch Schroeder, *The Feminist Possibilities*, 71.

496 Siehe Schroeder, „Realism and Feminism", 43f. bzw. auch *The Feminist Possibilities*, 77f.

Textes bei gleichzeitiger inhaltlicher Neuausrichtung stärker in den Blick nehmen muss und die, vor dem Hintergrund produktions- und rezeptionsbezogener Aspekte, zudem auch stärker nach den *gender*-diskursiven Implikationen fragt. Im Unterschied zu Schroeders Studie wird im Zuge der hier erfolgten Textanalyse zudem das gesamte Figurenensemble betrachtet, da die Konstellationsstruktur des Stückes in einem engen Zusammenhang mit der Aushandlungsproblematik zu sehen ist.

IV.4.1 *Marion Craig Wentworth – Biographischer Abriss und Anmerkungen zum dramatischen Werk*

Mit Marion Craig Wentworth (1872-1942)[497] wird in diesem Kapitel das Augenmerk auf eine Dramatikerin gerichtet, die zu den fast völlig in Vergessenheit geratenen Autorinnen der *Progressive Era* zählt. Bis heute ist kaum etwas über das Leben Wentworths überliefert, wie beispielsweise die knappe Darstellung bei Tylee et al. zeigt:

> Marion Craig was born in Minnesota, in 1872. After graduating from the University of Minnesota in 1894, she studied at the Curry School of Expression in Boston and then stayed on in Boston to become a teacher of expression. She married in 1900, had one son, and divorced in 1912.[498]

Neben diesen biographischen Eckdaten weisen Tylee et al. außerdem darauf hin, dass Wentworth als politisch engagierte Aktivistin tätig war, viel reiste und öffentliche Lesungen gab, um im Zuge der „pre-war American Women's Suffrage Campaign" für deren Unterstützung zu werben.[499] Wie Zona Gale war demzufolge auch Wentworth an gesellschaftlichen Reformen interessiert. In der April-Ausgabe der Monatsschrift *The Socialist Woman* aus dem Jahr 1908 ist sie nicht nur auf dem Zeitschriften-Cover abgebildet, sondern wird im Text „[a]mong the best woman artists of the Socialist movement"[500] geführt. Dass

497 Über die genauen Lebensdaten von Marion Craig Wentworth bestand lange Zeit Unklarheit. Während in Tylee et al. die Information zum Sterbejahr der Autorin noch fehlt (vgl. Claire M. Tylee et al. (eds.), *War Plays by Women: An International Anthology* (London & New York: Routledge, 1999), 13), wurde diese in der von Sutphen et al. herausgegebenen Gedichtsammlung von 2006 mit dem Jahr 1942 angegeben. Vgl. hierzu Joyce Sutphen et al. (eds.), *To Sing Along the Way: Minnesota Women Poets from Pre-Territorial Days to the Present* (Moorhead, MN: New Rivers Press, 2006), 42, 232.

498 Tylee et al. (eds.), *War Plays by Women*, 13.

499 Tylee et al. (eds.), *War Plays by Women*, 13.

500 *The Socialist Woman: A Monthly Magazine* 11.1 (April 1908): 2. Hinsichtlich dieser Zeitschrift ist erwähnenswert, dass ihr Titel im März 1909 in *The Progressive Woman* geändert wird und ab der November-Ausgabe 1913 erneut einen anderen Namen, diesmal *The Coming Nation*, erhält (siehe Kathleen L. Endres, „The Progressive Woman", *Women's*

sich Wentworths soziopolitisches Engagement in ihrem dramatischen Werk widerspiegelt, zeigt sich konkret auch in ihren Texten.

Zu Wentworths literarischem Schaffen liegen bislang allerdings ebenfalls nur sehr wenige gesicherte Informationen vor. Sutphen et al. konstatieren hierzu nur knapp: „She was chiefly known as a playwright."[501] Bekannt ist aber auch, dass sie neben dramatischen insbesondere auch lyrische Texte verfasste, von denen eine Auswahl beispielsweise in ihrem Gedichtband *Iridescent Days: Poems* (1939) erschien. Die Tatsache, dass Wentworth mit ihrem Gedicht „Farewell to Autumn" in der 2006 veröffentlichten Anthologie *To Sing Along the Way: Minnesota Women Poets from Pre-Territorial Days to the Present* von Sutphen et al. vertreten ist,[502] lässt darauf schließen, dass sich die Autorin zu Lebzeiten zumindest regional tatsächlich auch einen Namen als Lyrikerin gemacht hatte, der noch bis heute – wenn auch eher leise – nachhallt.[503]

Im Hinblick auf Wentworths Schaffen als Dramenautorin kann allgemein festgehalten werden, dass sich, wie angedeutet, das soziale und politische Engagement der Autorin ähnlich wie bei Zona Gale sowohl thematisch als auch ideologisch deutlich in ihren Stücken widerspiegelt.[504] Neben *The Flower Shop* ist in diesem Zusammenhang v.a. der im Vorfeld des Ersten Weltkrieges entstandene Einakter mit dem Titel *War Brides* hervorzuheben, der auch heute noch zu den wichtigsten *War Plays by Women* – so die gleichnamige Anthologie von Tylee et al. – zählt. Das von den Herausgeberinnen dieser Sammlung

---

Periodicals in the United States: Social and Political Issues, ed. Kathleen L. Endres and Therese L. Lueck (Westport, CT: Greenwood Press, 1996), 308-315 sowie Kathleen L. Endres, *„The Progressive Woman", Women's Rights in the United States: A Comprehensive Encyclopedia of Issues, Events, and People*, ed. Tiffany K. Wayne (Santa Barbara, CA: ABC-CLIO, 2015), 193-194: 193f.). Der durch die verschiedenen Titel angedeutete Zusammenhang zwischen emanzipierter Weiblichkeit, Gesellschaftsreform, Fortschrittsdenken und der Idee des *nation building* ist dabei ebenso bezeichnend wie der Umstand, dass Marion Craig Wentworth auf dem Titelblatt der April-Ausgabe 1908 explizit Erwähnung findet.

501 Sutphen et al. (eds.), *To Sing Along the Way*, 232.

502 Sutphen et al. (eds.), *To Sing Along the Way*, 42.

503 Entsprechend heißt es in einem Interview mit Wanek, einer der Herausgeberinnen des o.g. Gedichtbandes: „They [i.e. the Minnesota women] had had big reputations at the time […] [but] were instantly forgotten when they died." Connie Wanek zit. in Stephanie Hemphill, „Women's Poetry Collected in a New Book", Minnasota Public Radio, Interview with Connie Wanek, co-editor of *To Sing Along the Way: Minnesota Women Poets from Pre-Territorial Day to the Present* (2006), March 23, 2007. Online. URL: https://www.mprnews.org/story/2007/03/22/womenpoets (zuletzt aufgerufen: 09.01.2020).

504 Während Wentworth in ihren Stücken v.a. diverse gesellschaftsbezogene und politische Aspekte ihrer Zeit aufgreift, spiegeln sich in ihren lyrischen Texten insbesondere jene Motive wider, die sie in späteren Jahren auf ihren langen Reisen sammelt. Dazu heißt es bei Sutphen et al.: „In her later years she traveled a good deal, and her poems reflect this." (*To Sing Along the Way*, 232).

als „feminist anti-war play" und von Sutphen et al. als „pacifist play" bezeichnete Stück entstand im September 1914, wurde 1915 zunächst im *Century Magazine* und später auch in Buchform bei einem New Yorker Verleger veröffentlicht.[505] Am 25. Januar 1915 kam *War Brides* schließlich erstmals im New Yorker *B.F. Keith's Palace Theatre* zur Aufführung.[506] Der Erfolg des Dramas war so überragend, dass nur ein Jahr später daraus eine gleichnamige Filmversion produziert wurde und zudem gleich zwei *road companies*, die zeitgleich durch das Land tourten, das Stück einem breiten Publikum zugänglich machten.[507] Dieser kurze Blick auf die Produktions- und Rezeptionsgeschichte von *War Brides* verdeutlicht, dass Wentworth damals durchaus keine unbekannte Dramatikerin war, ihr allerdings ein ähnlicher Erfolg mit *The Flower Shop* verwehrt geblieben ist.

Wentworth schreibt das dreiaktige Stück im Jahre 1911. Ein Jahr später wird es als Lesedrama bei dem Bostoner Verlag R.G. Badger veröffentlicht.[508] Von verschiedenen Literaturkritikern wurde das Stück irrtümlicherweise mehrfach als *suffrage play* bezeichnet.[509] Diese Kategorisierung ist jedoch irreführend, denn *The Flower Shop* ist in erster Linie kein politisches Stück mit einer frauenrechtlichen Agenda. Vielmehr stehen die Aushandlung verschiedener Weiblichkeits- und Männlichkeitskonfigurationen, die gesellschaftliche Bedeutung der Institution Ehe, die finanzielle Unabhängigkeit von (Ehe-)Frauen sowie die konflikthafte Situation emanzipierter Frauen, die sich im Spannungsfeld zwischen feministischen Idealen und ihrer Liebe zu einem (zunächst noch

505 *War Brides. A Play in One Act, The Century Magazine* (February 1915), 527-550. In Buchform erschien *War Brides* im gleichen Jahr beim Century Verlag in New York.

506 Siehe Tylee et al. (eds.), *War Plays by Women*, 13 sowie Sutphen et al. (eds.), *To Sing Along the Way*, 232.

507 Siehe Tylee et al. (eds.), *War Plays by Women*, 13 sowie Sutphen et al. (eds.), *To Sing Along the Way*, 232.

508 Marion Craig Wentworth, *The Flower Shop: A Play in Three Acts* (Boston: R.G. Badger, 1912). Alle Primärtextzitate in dieser Arbeit beziehen sich auf diese Ausgabe und werden nachfolgend parenthetisch direkt im Text mit dem Siglum *TFS* und der entsprechenden Seitenzahl gekennzeichnet.

509 Siehe Tylee et al. (eds.), *War Plays by Women*, 13, Karin Ikas, „*A Message to the Emperor*' & The Battle of the Cradle: Gendered Nationalism & Identity Politics in the Great War", *Gender Debat(tl)ed: Gender and War – Special Issue of gender Forum* 5 (2003), 20 Abs.: Abs. 14, online, URL: https://cdn.atria.nl/ezines/web/GenderForum/2005/No12/genderforum/articles-9.htm (zuletzt aufgerufen: 09.01.2020), Sutphen et al. (eds.), *To Sing Along the Way*, 232 sowie Susan H. Smith, *Plays in American Periodicals, 1890-1918* (New York, NY: Palgrave Macmillan, 2007), 181.

konservativ eingestellten) Mann aufreiben, im thematischen Mittelpunkt des Stückes.[510]

Über mögliche Aufführungen des Stückes im kommerziellen Theaterbetrieb in Boston (wo die Autorin eine Zeit lang lebte), New York oder anderswo liegen, wie eingangs erwähnt, m.W. bislang noch keine gesicherten Daten vor.[511] Bis auf Weiteres muss somit gelten: Für das Stück sind keine produktionsgeschichtlichen Daten dokumentiert. Über die Gründe, weshalb *The Flower Shop* offenbar nie kommerziell produziert wurde, lassen sich zum gegenwärtigen Zeitpunkt also nur Hypothesen aufstellen. Neben dem hier präferierten rezeptionstheoretischen Ansatz, wie er oben skizziert wurde, könnte es durchaus auch einen pragmatischen Grund gegeben haben, der mit Wentworths beruflichem Werdegang zusammenhängt. So wäre vorstellbar, dass Wentworth, die etwa im Entstehungszeitraum des Stückes an der *Curry School of Expression* in Boston lehrte und später auch zur *drama class* am Bostoner *Wellesley College* Kontakte pflegte,[512] ihr Drama lediglich zu Unterrichtszwecken verwendete und eine Produktion im kommerziellen Theater von Vornherein nie angestrebt hatte.[513] Dass dies aber keineswegs bedeutet,

510 Lediglich an zwei Stellen erfolgt im Text eine kurze Anspielung auf das Frauenwahlrecht (s. *TFS* 19, 61), jedoch wird in keinem der beiden Fälle dieser Aspekt durch die Figuren des Stückes näher ausgeführt. Dass es der Autorin nicht primär um das Frauenwahlrecht geht, wird im Text sogar explizit zum Ausdruck gebracht: Wenn im Stück von der ‚neuen Freiheit für Frauen' („new freedom for woman", *TFS* 19) die Rede ist, will die Protagonistin diese weniger als Wahlrecht verstanden wissen, sondern meint damit vielmehr „economic freedom" (*TFS* 19).

511 Wenn Karin Ikas diesem Drama eine „quite successful performance history in Britain and the United States" attestiert, so wäre dies nachträglich noch durch eine entsprechende Quellenangabe zu belegen. Vgl. hierzu das vollständige Zitat, in dem es wörtlich heißt: „Her suffrage drama *The Flower Shop* (1912), for example, has a quite successful performance history in Britain and the United States." („*‚A Message to the Emperor'*", Abs. 14, online).

512 In der Anmerkung zu einem Drama mit dem Titel *The Golden Touch: A Play for Young People by Young People, with an Appendix on Group Play-Making: or, How ‚The Golden Touch' Was Written* (1927) wird – wie eine Recherche im Katalog der New York Public Library ergibt (URL: https://www.nypl.org/) – explizit auf die Mitwirkung Wentworths hingewiesen: „Written by Katherine Jewell Evert's drama class, Dana Hall, Preparatory School Wellesley ... under the direction of Marion Craig Wentworth".

513 Dass dies durchaus eine übliche Praxis war, erläutert beispielsweise Auflitsch: „Many colleges and universities established dramatic clubs and some eventually even playwriting classes." (siehe *Staging Separate Spheres*, 62f.). Exemplarisch kann hierzu die von Arthur Hobson Quinn initiierte Ringvorlesung an der *University of Pennsylvania* mit dem Rahmentitel „The Art of Playwriting" (Februar bis April 1928) genannt werden, an der auch Rachel Crothers mitwirkte und u.a. über die grundlegenden Prinzipien des *playwriting* sprach (siehe Arthur Hobson Quinn, „Foreword", *The Art of Playwriting.*

dass Wentworth nicht auch eigene Stücke für öffentliche Theaterbühnen schrieb und darin sogar – wie Rachel Crothers in ihren Stücken auch – die weibliche Hauptrolle übernahm, zeigt eine Passage aus der o.g. April-Ausgabe von *The Socialist Women*, in der es heißt: „Mrs. Wentworth is herself the author of a play, ‚What Is Mine,' pronounced by Frohman [as; *sic*] one of the great plays of the future. It will be produced during the coming spring in Boston, with Mrs. Wentworth in the role of leading woman."[514] Interessant ist die namentliche Nennung von Frohman, der – sollte es sich um Charles Frohman handeln – im Jahre 1896 mit fünf weiteren Geschäftspartnern das *Theatrical Syndicate* gegründet hatte.[515] Insofern deutet sich in diesem Zitat an, dass auch im zeitgenössischen Kommerztheater durchaus Interesse an einer Autorin wie Wentworth bestand.

Wentworth ist jedenfalls, den verfügbaren Quellen zufolge, eine ausgewiesene Expertin der dramatischen Gattung und mit den institutionellen Gepflogenheiten des Unterhaltungstheaters offenbar bestens vertraut. Dass ihr viel an einer Reformierung und Neuausrichtung des Theaters liegt, verdeutlicht einmal mehr die o.g. Ausgabe von *The Socialist Woman*, in der mehrfach betont wird, dass sich die Autorin als „interpreter of modern dramas" versteht und in den Großstädten des amerikanischen Ostens über „several seasons" sehr erfolgreich Lesungen moderner Dramen absolviert.[516] Vermutlich rekurrieren diese Formulierungen eher auf avantgardistische Dramen europäischen Ursprungs als auf *plays made in America*, bot doch das heimische Theater bis in das zweite Jahrzehnt nach der Jahrhundertwende hinein bekanntlich kaum Modernes. Interessant ist in diesem Zusammenhang, dass Wentworth zur Darbietung dieser modernen Stücke nicht etwa die Inszenierung auf der Bühne, sondern die Form der dramatischen Lesung wählt, um die Texte einem größeren Publikum bekannt zu machen. Eine gewisse Vorliebe Wentworths für den gedruckten dramatischen Text ist demnach nicht von der Hand zu

---

Lectures Delivered at the University of Pennsylvania on the Mask and Wig Foundation by Jesse Lynch Williams, Langdon Mitchell, Lord Dunsany, Gilbert Emery, Rachel Crothers, ed. Arthur Hobson Quinn (Philadelphia, PA: University of Pennsylvania Press, 1928), n.p. In ähnlicher Art und Weise dürfte Marion Craig Wentworth an den Hochschulen in Boston tätig geworden sein. Dickinson beschreibt diesen Umstand sogar unter expliziter Bezugnahme auf Wentworth: „Many of the writers of plays have written for a particular audience or following. [...] The plays of Marion Craig Wentworth [...] have been written for school and club use." (Thomas H. Dickinson, *Playwrights of the New American Theater* (New York, NY: Macmillan, 1925), 276).

514 *The Socialist Woman* 11.1. (April 1908), 2.

515 Siehe Kapitel II.2.2 zum *Theatrical Syndicate* in dieser Arbeit.

516 *The Socialist Woman* 11.1 (April 1908), 2.

weisen. So ist denn auch zu vermuten, dass dies bei der Veröffentlichung von *The Flower Shop* als Lesedrama eine Rolle spielt.

Um diesen produktions- und rezeptionsgeschichtlichen Abriss zum Abschluss zu bringen, sei noch einmal auf die vom in Boston ansässigen Verlag Four Seasons herausgebrachte Neuausgabe des Stückes aus dem Jahre 1924 verwiesen. Ein nicht genannter Rezensent kommentiert diese in *The Saturday Review of Literature* vom 14. Februar 1925 wie folgt:

> The question of woman's independence, of her ability to maintain her integrity and ‚freedom' while submitting to the ‚bonds of matrimony,' may have been bitterly disputed in 1911, when this play was written. Even today there may be some backwater social centers where the husband or fiancé displays a mind and will of adamantine marble when his bride displays a desire to work. To most, however, the *issues and arguments of this drama are old and obvious; nor does the manner of presentation add any novelty to the play.*[517]

Allein der Umstand, dass *The Flower Shop* zwölf Jahre nach seiner Erstveröffentlichung noch einmal eine Neuauflage erfährt, spricht dafür, dass seine inhaltliche Botschaft auch für die 1920er Jahre noch eine größere Relevanz und Aktualität hat, als ihr der anonyme Rezensent hier zugestehen möchte. Dass das Stück sowohl in inhaltlicher als auch formal-ästhetischer Hinsicht weitaus innovativer ist, soll in diesem Kapitel durch eine ‚Zeitlupenstudie' gezeigt werden.

IV.4.2 *Handlungsführung, Figurenensemble und Schauplatzgestaltung aus* gender-*analytischer Sicht*

After all these years: Zur Vorgeschichte der dargestellten Handlung

Der Schauplatz des Geschehens, das an einem Nachmittag einsetzt und noch am Abend desselben Tages endet, ist ein kleiner Blumenladen in einer namentlich nicht näher spezifizierten „*inland American city*" (*TFS* 8). Geführt wird das Geschäft von Margaret Bell, der weiblichen Hauptfigur des Stückes, die eigentlich Margaret Kendall heißt und früher einmal eine erfolgreiche Opernsängerin war. Nachdem sie ihre Gesangskarriere aus gesundheitlichen Gründen abrupt beenden musste, eröffnete sie diesen Blumenladen, den sie seit nunmehr drei Jahren erfolgreich betreibt. Margaret Bell ist eine attraktive Geschäftsfrau, die als solche allerdings unverheiratet und kinderlos geblieben ist. Aus diversen dialogisch vermittelten Expositionsinformationen über die Vergangenheit geht hervor, dass ihre frühere Beziehung zu William Ramsey unmittelbar vor

517 „The New Books", *The Saturday Review of Literature* (February 14, 1925), 529. Hervorhebung KT.

der Vermählung aufgrund unterschiedlicher Ansichten zur Rolle der Frau in Ehe und Gesellschaft zerbrach. Ramsey hatte von Margaret das Ende ihrer beruflichen Tätigkeit als Opernsängerin gefordert, um sich ganz ihrer Rolle als Ehe- und Hausfrau widmen zu können. Dieser Forderung kam Margaret, die sich ihre finanzielle Unabhängigkeit und persönliche Freiheit auch in der Ehe weiterhin bewahren wollte, nicht nach und trennte sich daraufhin von Ramsey. Auch ihre spätere Beziehung zu Stephen Hartwell endete abrupt, obwohl beide innere Verbundenheit und aufrichtige Liebe füreinander empfanden (und dies zum Handlungszeitraum des Stückes auch noch immer tun). Grund für die plötzliche Trennung von Hartwell war Margarets Stimmbändererkrankung, die zum Verlust ihrer Singstimme und damit auch zum Ende ihrer Gesangskarriere führte. Weil sie ohne jegliches Einkommen und ohne berufliche Alternativen schließlich in die völlige Mittellosigkeit zu geraten drohte, lief sie aus Angst, sie könnte gegen ihre eigenen emanzipatorischen Prinzipien verstoßen und Hartwell nicht aus Liebe, sondern aus finanzieller Notwendigkeit heraus heiraten, davon, änderte ihren Namen und eröffnete schließlich den *flower shop*, in dem sie nun – drei Jahre später – sowohl Ramsey als auch Hartwell wiederbegegnet. Damit setzt die eigentliche Handlung des Stückes ein.[518]

The present: Zusammenfassung der szenisch präsentierten Handlung

Im Zusammentreffen von Margaret, Hartwell, Ramsey und Louise – letztere ist nicht nur die Frau William Ramseys, sondern auch eine Freundin Margarets aus alten Zeiten, als beide noch gemeinsam als Opernsängerinnen auftraten – entspinnt sich unmittelbar mit dem Handlungsbeginn zwischen diesen vier Figuren eine komplexe Konfliktstruktur, die sich in Form von zwei parallel verlaufenden Handlungssträngen durch das gesamte Stück hindurch zieht und in der weiblichen Hauptgestalt Margaret ihren zentralen ‚Verknotungspunkt' findet. Entscheidend verkompliziert wird die Beziehungs- und Konfliktstruktur des Stückes durch den Umstand, dass zwischen den beiden Männern Ramsey und Hartwell ebenfalls eine direkte Verbindung besteht. Ramsey ist nämlich Stephen Hartwells Kampagnen- und Pressemanager in seiner Bewerbung um das Richteramt, wodurch innerhalb der Figurenkonstellation neue Verbindlich- und Abhängigkeiten entstehen, die – ganz im Sinne des *well-made play* – für das nötige Maß an Spannung, Intrigenhandlung und Emotionalität sorgen. Innerhalb des Beziehungsdreiecks Ramsey-Margaret-Hartwell gerät

518 Das Konfliktgefüge, welches sich im Verlauf der Handlung aus der Figurenkonstellation Ramsey-Margaret-Hartwell heraus entwickelt, wird im Zusammenhang mit der zentralen These dieses Kapitels weiter unten (siehe Abschnitt IV.4.4) eingehender erläutert.

die Protagonistin nämlich selbst sprichwörtlich zwischen die Fronten und findet sich sehr rasch im Epizentrum ihrer inneren Konflikthaftigkeit wieder.

Den Ausgangspunkt für die Entstehung des ersten Konfliktfeldes bildet Margarets Wiederbegegnung mit dem Geschäftsmann William Ramsey und dessen Ehefrau Louise. Innerhalb dieser Konstellation ist, wie oben in IV.4.2 angedeutet, besonders das Verhältnis zwischen Ramsey und Margaret von Spannungen geprägt. Mit Blick auf die Vorgeschichte der beiden Figuren umreißt Schroeder den Konflikt wie folgt: „Margaret ha[d] rejected [...] the extremely chauvinistic William Ramsey who years before had wanted Margaret to renounce her career as an opera singer in order to marry him."[519] Inzwischen ist Louise, die – wie Margaret später auch – ihre Gesangskarriere aufgrund einer Erkrankung beenden musste, mit Ramsey verheiratet, der quasi als Inbegriff des patriarchalisch geprägten Männlichkeitstypus auf die Bühne tritt und mit aller Konsequenz an der Vorstellung hegemonialer Männlichkeit festhält. Auf die Ehe mit Louise hatte er sich also nur deshalb eingelassen, weil deren Rückkehr zur Opernbühne aufgrund des Stimmverlustes vollkommen ausgeschlossen war. Als diese ihrer Freundin Margaret aber nun im Zuge des Wiedersehens im *flower shop* (und in Abwesenheit Ramseys) anvertraut, dass ihre Gesangsstimme nach der Geburt ihrer Tochter wider Erwarten doch zurückgekehrt ist, entschließt sich Margaret, Louise bei der Fortsetzung ihrer Bühnenkarriere behilflich zu sein – wohl wissend, dass sie damit einen Konflikt mit Ramsey heraufbeschwört und den scheinbaren Ehefrieden der Ramseys ins Wanken bringt.

Im zweiten, etwas zeitverzögert einsetzenden Problemfeld steht Margarets Beziehung zu Stephen Hartwell im Mittelpunkt. Im Zuge ihres erneuten Aufeinandertreffens im II. Akt wird deutlich, dass beide noch immer echte Liebe füreinander empfinden. Dies jedoch löst einen inneren Konflikt in Margaret aus: Einerseits verspürt sie das starke Verlangen nach finanzieller Unabhängigkeit und Freiheit – ein Bedürfnis, dem sie sich durch ihren *flower shop* im sprichwörtlichen Sinne Raum verschafft hat. Andererseits scheinen ihr genau diese Werte gefährdet zu sein, würde sie sich erneut auf eine Liebesbeziehung mit dem vermögenden, aus einer aristokratischen Familie stammenden Stephen Hartwell einlassen. Eine Heirat würde nämlich die Schließung ihres Blumengeschäftes bedeuten, da Hartwell als Staatsanwalt und Bewerber auf das Richteramt im Licht der öffentlichen Wahrnehmung stünde und eine Ehe mit einer Ladenbetreiberin aus seiner Sicht und der seiner Familie schlichtweg undenkbar wäre. Innerhalb dieses Handlungsstrangs wird demnach die Unvereinbarkeit von *marriage* und *woman's career* sowohl aus männlicher und

---

519 Schroeder, „Realism and Feminism", 42f. Vgl. auch Schroeder, *The Feminist Possibilities*, 76.

weiblicher Perspektive als auch vor dem Hintergrund des jeweiligen sozialen Status der Figuren verhandelt. Zusätzliche Brisanz erfährt dieser Konflikt, wie angedeutet, durch Ramseys Funktion als Manager in Stephens Wahlkampfkampagne um das Richteramt. Weil Ramsey auf Stephens Erfolg (oder eben auch Misserfolg) maßgeblich Einfluss nehmen kann, wird dieser Umstand vor allem in Anbetracht des ersten, oben geschilderten Problemfeldes besonders bedeutsam: Mit Stephen hat er gegen Margaret ein Druckmittel in der Hand, das er dann anzuwenden droht, wenn Margaret nicht von ihrer feministischen Agenda im Allgemeinen und für Louise im Speziellen ablassen sollte. So gesehen ist es – analog zur Beziehung zwischen Margaret und Louise – auch Ramsey möglich, Hartwell für seine patriarchalisch geprägten Ansichten zu instrumentalisieren.

Um die Wiederherstellung bzw. Reformierung der alten Geschlechterordnung innerhalb dieser Viererkonstellation beginnt sodann ein unerbittlicher Kampf zwischen den Geschlechtern. Ganz in der Tradition des rigide durchkomponierten *well-made play* stehend kommt es im Handlungsverlauf dann auch immer wieder zu Komplikationen, höchst unwahrscheinlichen Zufällen, mehr oder weniger vorhersehbaren Wendungen und nicht zuletzt zu geschlechterideologischen Pendelbewegungen der involvierten Figuren, die versuchen, sich unter dem (Ein-)Druck von Konvention und Tradition über ihr eigenes Verständnis von Weiblichkeit bzw. Männlichkeit im Klaren zu werden. Aufgelöst wird die gesamte Konfliktstruktur im III. Akt wie folgt: (1) Da Louise letztlich doch davon absieht, ihre Karriere als Opernsängerin wieder aufzunehmen und sich dazu entschließt, ihrer Rolle als *wife* und *mother* auch weiterhin ‚treu' zu bleiben, sieht Ramsey keinen Anlass mehr, gegen Margaret und Hartwell zu intrigieren. (2) Margaret, die sich im Spannungsfeld zwischen ihrem „desire for autonomy versus her love for Hartwell"[520] fast aufreibt, entschließt sich kurz vor der Schlussszene *gegen* ihren *flower shop* und *für* Hartwell. Als sie jedoch von Louises ‚Einknicken' erfährt, verwirft sie ihre gerade gefällte Entscheidung unverzüglich wieder. Damit scheint ein versöhnliches Ende für die Protagonistin auszubleiben. Als jede Hoffnung erloschen scheint, taucht Hartwell aber plötzlich im *flower shop* wieder auf und sorgt mit den Worten „I think we will keep the flower shop" (*TFS* 117) für das *happy ending* (der ‚etwas anderen Art'). Die hier nur stark verkürzte Darstellung des Dramenschlusses wird dem Stück freilich noch nicht gerecht. Auf die Fragen, worin die Gesamtaussage des Stückes im Kern besteht und weshalb es sich bei Wentworths Schlussszene im III. Akt nicht um einen konventionellen

520 Schroeder, „Realism and Feminism", 43. Vgl. auch Schroeder, *The Feminist Possibilities*, 77.

Dramenausgang handelt, ist deshalb im Rahmen einer gesonderten Untersuchung zurückzukommen.[521]

Zur Komplexität und Bedeutung des Nebenpersonals

Eine Darstellung des Handlungsgeschehens in *The Flower Shop* wäre unvollständig, wenn man nicht auch auf die Nebenhandlungen bzw. die Nebenfiguren des Stückes eingehen würde. Der *flower shop* ist als einziger Schauplatz des Stückes der räumliche Dreh- und Angelpunkt der gesamten Handlung, da alle auftretenden Figuren – seien es Margarets Mitarbeiter, Kunden, Freunde oder Bekannte – zu verschiedenen Zeiten und in immer neuen Konstellationen an diesem Ort zusammentreffen. Der Verkauf von Pflanzen ist dabei allerdings nur von nachgeordneter Bedeutung, denn in erster Linie fungiert der Blumenladen in diesem ‚Musterbeispiel' eines *discussion play* als Aushandlungsort für *gender*-bezogene und sozialkritische Themen wie z.B. die Rolle der Frau innerhalb einer patriarchalischen Gesellschaft oder die vermeintliche Unvereinbarkeit von Karriere und Ehe für berufstätige Frauen.[522] Diskutiert und verhandelt werden diese und andere Aspekte aus ganz unterschiedlichen sozialen Blickwinkeln innerhalb eines Ensembles von Nebenfiguren, das sich in quantitativer wie qualitativer Hinsicht von denen anderer Stücke unterscheidet.

Die Gruppe der *minor characters* umfasst insgesamt acht Figuren. Die nicht nur zahlenmäßige Vielfalt dieser *dramatis personae* weist außerdem eine Reihe strukturell-funktionaler Besonderheiten auf, die in einem engem Zusammenhang mit der Verhandlung der Geschlechterthematik stehen. Zum einen sind mit Polly, Lena, Mary und Dave (Margarets Aushilfen) die Stimmen der *lower class* ebenso vertreten wie die der *upper middle class*, die durch die Figuren Mrs. Knight, Mrs. Summers, Cornelia von Schlegel und Charles Dunn (Margarets Kunden) repräsentiert werden. Darüber hinaus fungiert der Theatermanager Joseph Ten Eyck als Repräsentant des ökonomisch erfolgreichen *middle class*-Unternehmers. Neben der gesellschaftlichen Schichtzugehörigkeit der Figuren ist zum anderen auch das *gender*-bezogene Rollenspektrum, innerhalb dessen die Gesprächsthemen verhandelt werden, breit gefächert. So werden weibliche Perspektiven ebenso dargestellt wie männliche, wobei dies jeweils vor dem Hintergrund konkreter Weiblichkeits- (z.B. *business woman, female artist, spinster, fiancée, wife, mother, widow, lower class girl, working class girl,*

---

521 Siehe Abschnitt IV.4.4 unten.

522 Zur charakterisierenden Funktion des Schauplatzes im Zusammenhang mit der Protagonistin siehe Abschnitt IV.4.2 unten. Auf die symbolische Bedeutung des *setting* im Kontext der *gender*-Thematik und der Aushandlung von Geschlechterrollen der weiblichen Nebenfiguren des Stückes wird in den jeweiligen Teilabschnitten in Kapitel IV.4.3 eingegangen.

fallen woman) und Männlichkeitsbilder (z.B. *business man, politician, theater manager, husband, bachelor, lower class boy*) geschieht, die die Figuren des Stückes für sich beanspruchen bzw. bedienen. Gleichzeitig repräsentiert das Figurenensemble ein demographisches Spektrum im Sinne einer komplexen Altersstruktur, wird doch die Geschlechterthematik aus dem Blickwinkel der jüngeren Generation genauso verhandelt wie aus der Sicht älterer Figuren. In diesem Sinne kann, so ist zusammenfassend festzuhalten, der *flower shop* gleichermaßen als Mikrokosmos der Gesellschaft und öffentliche Diskussionsplattform für die sozialen Fragen der Zeit gesehen werden, auf der soziale Kategorien wie *gender, class, social milieu* und *age* in verschiedenen Figurenkonstellationen zusammenfließen, wodurch das Stück insbesondere auch aus der Perspektive der Intersektionalitätsforschung interessant ist.

Es ist naheliegend, dass sich die Dramatikerin nicht um die Inszenierung eines so umfangreichen Nebenpersonals bemühen würde, wenn damit nicht auch *gender*-kritische Implikationen verbunden wären, die über die Nebenhandlungen kommuniziert werden sollen. Das Stück weist neben den beiden Haupthandlungssträngen nämlich außerdem zwei *sub-plots* auf, die in den bislang erschienenen Studien von Patricia R. Schroeder nur marginal bzw. gar nicht berücksichtigt worden sind.[523] Da diese Nebenhandlungen mit ihren jeweiligen Figurenkonstellationen im Hinblick auf die *gender*-kritische Gesamtaussage des Stückes einerseits und für den Rollenaushandlungsprozess der weiblichen Hauptgestalt andererseits jedoch durchaus bedeutsam sind, erweist sich eine genauere Untersuchung als lohnenswert.[524]

Der erste Personenkreis schließt die der *upper middle class* bzw. auch der *leisure class* zuzuordnenden Nebenfiguren Mrs. Summers, Mrs. Knight, Cornelia von Schlegel und Charles Dunn ein, wobei der stückinterne Fokus auf den drei Frauenfiguren liegt. Bei diesen handelt es sich um Margarets Kundinnen, die in jeweils eigenen Szenen und auch nur jeweils ein einziges Mal auftreten. Zwar geht es den genannten Frauenfiguren auch um die Tätigung ihrer Einkäufe, vor allem aber werden durch sie die individuell verschiedenartig gelagerten Ehekonflikte sprichwörtlich ‚auf den Ladentisch gepackt' und bühnenöffentlich diskutiert. Auf den ersten Blick scheinen diese episodenhaften Auftritte thematisch-motivisch nicht miteinander verbunden zu sein, sodass ein Handlungszusammenhang zunächst nicht erkennbar ist. Dass dieser Eindruck täuscht, soll an angegebener Stelle anhand genauer Szenenanalysen gezeigt

---

523 Schroeder (1996, 1999) geht nur auf den Figurenkreis der *working class girls* (Lena, Polly, Mary) ein, wobei sich ihre Ausführungen dazu jedoch auch eher nur als deskriptiv denn *gender*-analytisch erweisen. Die Nebenfiguren der *upper middle class* (Mrs. Summers, Mrs. Knight, Cornelia von Schlegel) finden bei Schroeder zudem gar keine Erwähnung.

524 Siehe Abschnitt IV.4.3 unten.

werden, um daraus anschließend die Bedeutung dieser Figurenauftritte für die *gender*-bezogene Gesamtaussage des Stückes herauszuarbeiten.

Die zweite Nebenhandlung wird getragen von Margarets Aushilfen Polly, Lena, Mary und Dave. Analog zur ersten Gruppe liegt auch hier der stückinterne Fokus auf den drei Frauenfiguren. Im Verlauf des Geschehens treten sie immer wieder im *flower shop* auf, um die Institution der Ehe sowie die Motive, die Frauen allgemeinhin zur Heirat bewegen, zu diskutieren. Dabei werden verschiedene Positionen verhandelt, mittels derer auch die sozialen Hintergründe von Frauen der *lower class* näher beleuchtet werden. Auch diese Dimension des Stückes spielt im Hinblick auf seine *gender*-kritische Gesamtaussage eine nicht zu vernachlässigende Rolle und ist deshalb Teil der Untersuchung.

In der Zusammenschau aller im Stück auftretenden Haupt- und Nebenfiguren kann die figurale Gesamtkonstellation unter Berücksichtigung der komplexen Konflikt- bzw. Handlungsstruktur wie folgt dargestellt werden (siehe Abb. 17 unten).

Bevor im Folgenden ausführlicher auf die beiden *sub-plots* und ihre jeweiligen Figuren einzugehen ist, ist zunächst eine Erörterung des Schauplatzes angebracht, der für diese den räumlichen Rahmen bildet, ist doch der im Titel angesprochene *flower shop* nicht nur dekoratives Bühnenbild, sondern als ein inszenierter Bühnenraum zu verstehen, der funktional und semantisch aufgeladen ist.

Inszenierung und Funktionalisierung des Bühnenraums

In der bereits mehrfach erwähnten Studie von Patricia R. Schroeder findet der *flower shop* als Schauplatz des Stückes nur am Rande Erwähnung. Ihre Anmerkungen erschöpfen sich in dem knappen Hinweis, dass es sich um ein „realistic set"[525] handele, wobei sie sich vornehmlich auf die „functioning doors and its attention to detail"[526] bezieht. Diese bei Schroeder noch eher allgemein gehaltene Beobachtung lohnt es aber durchaus aufzugreifen und zu präzisieren, weil vor dem Hintergrund *gender*-analytischer Fragestellungen festzustellen ist, dass sich hinter Wentworths Raumkonzeption weitaus mehr verbirgt als die pragmatische „Konstituierung [eines] Raumes" für die „Aktionen und Aktivitäten der Figuren" mit ihren „Auftritten und Abgängen" durch ‚funktionsfähige Türen'.[527] Auch die hochgradige Konkretisierung des Raumes durch die bei Schroeder angesprochene Fülle an Details dient

525 Schroeder, „Realism and Feminism", 44. Vgl. auch Schroeder, *The Feminist Possibilities*, 78.

526 Schroeder, „Realism and Feminism", 39. Vgl. auch Schroeder, *The Feminist Possibilities*, 73.

527 Die Zitate stammen aus Pfister (*Das Drama*, 353), der sich a.a.O. mit der allgemeinen, d.h. nicht *gender*-spezifischen Frage nach den unterschiedlichen Funktionen von szenisch konkretisierten Räumen auseinandersetzt.

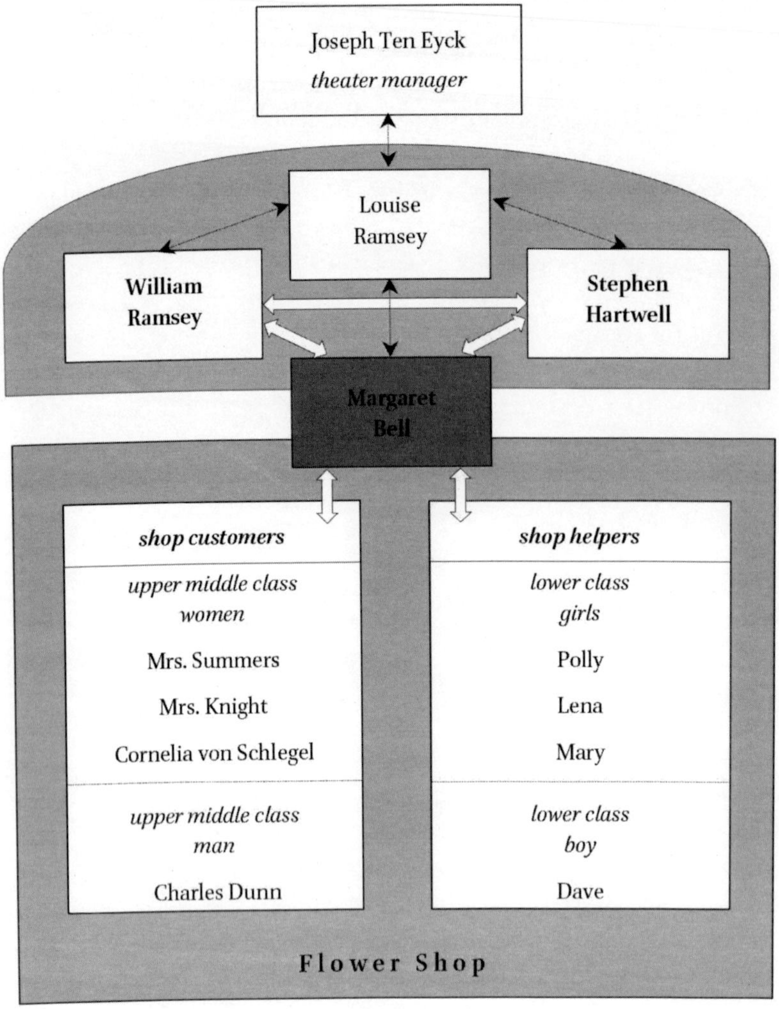

Abb. 17 Figurenkonstellation in Marion Craig Wentworths *The Flower Shop* (1912)

keineswegs nur der Inszenierung eines möglichst lebensecht wirkenden, realistischen Handlungsraumes.

Wentworths *flower shop* ist, wie nachfolgend genauer gezeigt wird, neben der Absicht, die Lebenswirklichkeit des zeitgenössischen Kontextes im *setting* möglichst detailgetreu nachzuahmen, zudem auch geschlechterdiskursiv semantisiert und funktional in dreifacher Hinsicht aufgeladen: So hat die von der Dramatikerin gewählte Rauminszenierung mit Blick auf die weibliche Hauptgestalt des Stückes *erstens* eine figurencharakterisierende Funktion. Der *flower shop* stellt *zweitens* einen Zufluchtsort für die weiblichen Nebenfiguren der *upper middle class* sowie ein räumlich konkretisiertes ‚Auffangnetz' für die gesellschaftlich randständigen oder gefallenen Figuren der *lower class* dar. *Drittens* spiegelt sich in der Raumkonzeption die im Stück angelegte geschlechterideologische bzw. gesellschaftsbezogene Grundidee für einen konstruktiven Umgang mit der Geschlechterproblematik wider. Insgesamt, dies sei der nachfolgenden Erörterung dieser drei Aspekte vorweggenommen, erweist sich Wentworths Raumkonzeption im Kontext des *Mainstream*-Theaters der *Progressive Era* als innovativ, weil es vorausgreift auf die experimentellen Rauminszenierungen der avantgardistischen *little theater*-Bewegung.

(1) Der *flower shop* in seiner figurencharakterisierenden Funktion: Dass Wentworths Wahl hinsichtlich eines möglichen Handlungsschauplatzes ausgerechnet auf ein Blumengeschäft fällt, ist aus *gender*-analytischer Perspektive durchaus konsequent. Der Ort hat im Hinblick auf die Protagonistin Margaret Bell nämlich insofern eine figurencharakterisierende Funktion, als er die innere Konflikthaftigkeit dieser Figur nach außen hin vergegenständlicht und von Beginn an zur Hauptproblematik des Stückes erklärt. Margaret Bell verkörpert, wie im Verlauf der Handlung immer deutlicher wird, einen ‚hybriden Weiblichkeitstypus', der – figurenkonzeptionell betrachtet – Wesensmerkmale der emanzipierten, selbstbestimmten *new woman* mit Eigenschaften der traditionellen *true woman* in sich vereint. So verkörpert sie einerseits die erfolgreiche *business woman*, die sich selbstständig eine eigene Existenz in finanzieller Unabhängigkeit aufgebaut hat; andererseits verspürt Margaret aber auch das Bedürfnis nach Liebe, Ehe und einem *traditional home*. Beide Seiten ihres Wesens geraten zunehmend in Konflikt. Dieses Spannungsverhältnis zieht sich nicht nur leitmotivisch durch das gesamte Stück, sondern wird durch das Titelmotiv quasi als allumspannende Rahmenproblematik der eigentlichen Handlung vorangestellt. Eine Betrachtung der Schauplatzbezeichnung aus linguistischer Sicht erweist sich diesbezüglich als aufschlussreich.

Das aus zwei Wortkomponenten bestehende Kompositum ‚*flower shop*' spielt mit seinem Bestandteil ‚*shop*' zum einen auf Margarets Tätigkeit als selbstständige Unternehmerin in einer traditionell primär von Männern besetzten Geschäftswelt (*public sphere*) an. Dem herrschenden Geschlechterdiskurs entsprechend eigentlich eher männlich konnotiert, rekurriert es hier aber auf den Frauentypus der unabhängigen, emanzipierten, nach Selbstverwirklichung strebenden *new woman*. Andererseits bewirkt die andere, bedeutungsbestimmende Wortkomponente ‚*flower*' eine ‚feminisierende Abschwächung' dieser männlich konnotierten Komponente, wird doch im Kontext zeitgenössischer Geschlechterdiskurse die Naturhaftigkeit, auf die das Lexem ‚Blume' anspielt, bekanntermaßen als diskursiv geprägtes Weiblichkeitsmerkmal der *true woman* erachtet. Damit rückt die Figur wieder stärker in die Nähe des traditionellen Frauenbildes, ohne dieses vollumfänglich zu repräsentieren. Durch das Titel- bzw. Schauplatzmotiv nimmt Wentworth somit noch vor dem ersten Auftritt der Protagonistin indirekt eine *gender*-bezogene Charakterisierung ihrer Hauptfigur vor. Diese Ambivalenz begleitet die Protagonistin in ihrer Konflikthaftigkeit das gesamte Stück hindurch bis hinein in die Schlussszene im III. Akt. Die im Schauplatzmotiv angelegte Hybridität findet demnach ihre Entsprechung in der ambivalenten Figurenkonzeption der Protagonistin. Das Nebeneinander von ‚*flower*' und ‚*shop*', von Merkmalen der *true woman* und *new woman* weist von Beginn an auf mögliche Pendel- bzw. Oszillationsbewegungen dieser Figur im Zuge ihres individuellen Aushandlungs- und Identitätsfindungsprozesses hin, lässt jedoch gleichzeitig von vornherein offen, welchem Weiblichkeitsmuster die Protagonistin am Ende zuzuordnen sein wird.

(2) Der *flower shop* als Zufluchtsort: Für die weiblichen Nebenfiguren des Stückes hat Margarets *flower shop* eine besondere Bedeutung, die über die wörtliche – also ein Ort, an dem man Blumen käuflich erwerben kann – weit hinausgeht. Für Margarets *upper middle class*-Kundinnen beispielsweise symbolisiert der *flower shop* einen Zufluchtsort, um zumindest zeitweise ihren patriarchalisch-konservativ geführten Ehen bzw. Partnerschaften, ihren goldenen Käfigen, zu entfliehen. Das kleine Blumengeschäft wird zum Ort weiblicher Solidarisierung, zum Ort der Offenbarung, Demaskierung und Wahrheitsschilderung. An einer Stelle wird deutlich, wie die Protagonistin selbst ihren *flower shop* wahrnimmt: „Since I have been in this work I have been allowed to look intimately into the lives of scores of women. Sometimes I think my flower shop is a temple – this room a confessional, and I the priestess – so many hearts have been opened to me here." (*TFS* 20). Margarets Blumenladen repräsentiert demnach einen Raum, in dem Missstände offengelegt und Rollenmasken abgelegt werden können, ohne dass dies mit Konsequenzen oder Repressalien für die Frauen verbunden wäre. Das Stück kreiert somit einen geschützten Artikulationsraum – und zwar nicht nur für Margarets Kundinnen, sondern stellvertretend auch für das weibliche (*upper*)

middle class-Publikum –, in dem Stimmen Gehör finden, die überall sonst verstummen müssen.[528]

Auch für Margarets *shop helpers* repräsentiert der Blumenladen einen besonderen Ort. Vor allem für die *spinster*-Figur Lena und die *fallen woman*-Figur Mary erweist sich der *flower shop* als ein Raum, der beiden in Anbetracht ihrer gesellschaftlichen Randständigkeit eine existentielle Grundlage bietet. Margarets Blumengeschäft bildet die Basis für eine gesellschaftlich akzeptierte Erwerbstätigkeit, die beide Figuren im Status der *lower class girls* – zumindest theoretisch – davor bewahren kann, durch das soziale Netz hindurch- und in tabuisierte bzw. moralisch fragwürdige Bereiche wie die der Prostitution (Mary) bzw. der Zweckehe (Lena) hinein- bzw. zurückzufallen. Das Stück schafft durch seinen Schauplatz somit auch einen Verhandlungsraum für geschlechterbezogene Aspekte aus der Perspektive von *lower class characters*, die einer einseitigen, vereinfachten Betrachtung der Thematik – etwa aus der Sicht der oberen Mittelschicht – entgegenwirkt.

(3) Der *flower shop* als Aushandlungsort geschlechter- und gesellschaftsbezogener Themen: Eine dritte, für das Stück ganz wesentliche Funktion des inszenierten Bühnenraums liegt in seiner Konzeption und szenischen Konkretisierung begründet. Beides erschöpft sich nicht – wie erwähnt – in der Absicht der Dramatikerin, etwa durch eine übermäßige Detailfülle die Lebenswirklichkeit ihrer Zeit möglichst genau abzubilden. Eine Analyse der im Nebentext beschriebenen Raumdetails lässt erkennen, dass der *flower shop* als ‚hybrider Raum' (*hybrid space*) konzipiert ist, der mithilfe räumlicher Strukturen und der darin eingebetteten botanischen Vielfalt einen Ort der Andersartigkeit (oder Neuartigkeit) schafft (*a space of otherness*). Diese wiederum steht, wie nachfolgend genauer erläutert wird, in einem direkten Sinnbezug zu dem im Stück angelegten Lösungsansatz des Geschlechterkonflikts.

In den *stage directions* wird der Schauplatz zu Beginn des Stückes wie folgt beschrieben:

> *Scene: A white spacious room of a flower shop in an inland American city. It is filled with a profusion of growing green things; bay trees, ferns, box, high-overarching palms massed in groups; ivy plants, asparagus, and delicate, feathery sprays of green hanging from the walls and ceiling, with here and there a plaster cast of a Greek god looking through the leaves; gay blossoming shrubs and bushes banked*

528 Auf das Motiv der weiblichen Stimme, auf das in dieser Formulierung angespielt wird, wird mehrfach zurückzukommen sein, erweist es sich doch in Wentworths Stück als Leitmotiv innerhalb eines Bedeutungsspektrums, das von öffentlicher Artikulation (Operngesang) bis hin zum metaphorisch gemeinten Morden der weiblichen Stimme (vgl. *TFS* 17) reicht.

in tiers on the floor, –azaleas, white lilacs, Easter lilies, red and pink rambler roses. Great jars of cut flowers stand on the long worktable against the wall at the right.

Large doors at the back, guarded by stone Japanese temple posts, lead into the salesroom, where may be seen a bit of the counter, the street door and the show window, another tangle of plants and flowers. A carved stone bench brought from some old Italian garden is in the center of the stage under a tall palm, and another, quite similar, stands near the massive table on the left – a few chairs of quaint design are conveniently placed. Side doors to left and right, one leading to the street, the other to a conservatory. A window in the wall to the left at the back.

(*TFS* 8f.)

Die Beschreibung der räumlichen Strukturen und Requisiten erzeugt auf der konkreten Darstellungsebene das Bild eines Raumes, der durch eine besondere Durchmischung neuartiger und traditioneller Elemente charakterisiert ist. Vertraute Pflanzen und antike Möbel finden sich zwischen exotischen, eher ungewohnten Gewächsen und Bauelementen wieder. So evoziert die beschriebene Ausgestaltung des Blumenladens mit Farnen, Efeu, riesigen Palmen, Spargel- und Buchsbaumpflanzen, Lorbeerbäumen sowie von der Raumdecke und den Wänden hängenden Grünzweigen einerseits die Vorstellung eines exotischen Blätterwaldes, was auf das Publikum zunächst befremdlich wirken mag. Die im Nebentext ebenfalls genannten japanischen Tempelsäulen komplettieren diesen Eindruck des Ungewohnten, Neuen und Exotischen. Gewöhnlicher hingegen erscheint die Auswahl an Schnittblumen, die in großen Gefäßen ordentlich aufgereiht an der Wand stehen („*Great jars of cut flowers stand on the long worktable against the wall at the right.*“). Auch die Plastik einer griechischen Gottheit, die altmodischen Stühle oder die antike, italienische Gartenbank dürfte dem zeitgenössischen Publikum eher vertraut gewesen sein als die asiatischen Dekorationselemente und exotischen Pflanzen.

Worin nun besteht der Zusammenhang zwischen einem Schauplatz, der als hybrider Raum konzipiert ist, und der Aushandlung der Geschlechterproblematik? In der Raumkonzeption ist, wie gezeigt, die Vorstellung von Hybridität, von einem Nebeneinander von Alt und Neu angelegt. Übertragen auf die *gender*-bezogene Aussageabsicht des Stückes bedeutet dies, dass die der Rauminszenierung zugrunde liegenden Prinzipien auch für die Lösung des Geschlechterkonflikts gelten können: Gemäß dieser idealtypischen Vorstellung müsse es in der Gesellschaft ebenfalls ein gleichberechtigtes Nebeneinander tradierter und innovativer Weiblichkeits- und Männlichkeitskonfigurationen bzw. Beziehungsmodelle geben dürfen, die allesamt gleichermaßen akzeptiert werden und nicht in Konkurrenz zueinander stehen. In einer fortschrittlichen Gesellschaft, die auf demokratischen Prinzipien basiert, müsse die *new woman*/der *new man* genauso eine Daseinsberechtigung haben wie traditionell geprägte Frauen- und Männerrollen. Neben Ehebeziehungen nach traditionellem, hierarchischem Verständnis müsse es auch für moderne Beziehungsformate wie die *companionate marriage* einen Platz in der Gesellschaft geben dürfen.

In Wentworths Stück spiegelt sich diese geschlechterideologische Grundidee nicht nur in der hybrid angelegten Raumkonzeption wider, sondern findet ihre konkrete Realisierung außerdem in der Schlussgebung des Stückes, dessen Ende eine Mischform aus traditionellem *happy ending* und innovativem Geschlechterbeziehungs- und Konfigurationsmodell darstellt. Nicht das Entweder-Oder-Modell, nicht der Konkurrenzgedanke, sondern die Vorstellung eines demokratischen Kompromisses erweist sich in Wentworths *The Flower Shop* als funktionierendes Gesellschaftsprinzip, das auch in der Raumkonzeption seinen Niederschlag findet.

IV.4.3 *Zur Funktion der Nebenhandlungen und Nebenfiguren*

Dass die vergleichsweise große Gruppe der Nebenfiguren in Wentworths Stück nicht auf den Status von Statisten zu reduzieren ist, wurde oben bereits erwähnt. Der Blick richtet sich im Folgenden deshalb nun zunächst detaillierter auf das Nebengeschehen und die darin involvierten Figuren, weil dieses vermeintlich Nebensächliche eine bedeutsame Hintergrundfolie für die Aushandlung der Geschlechterfrage im Stück, aber auch für die innere Konflikthaftigkeit der Protagonistin darstellt. Das Hintergrundgeschehen wird gewissermaßen zum Katalysator des zentralen Konflikts. Wenn die beiden Untergruppen der *upper middle class characters* und *lower class characters* nachfolgend in zwei gesonderten Abschnitten untersucht werden, dann soll dies trotz des offensichtlichen Differenzmerkmals der *social class* nicht bedeuten, dass es nicht auch eine Reihe von vornehmlich formal-strukturellen Parallelen zwischen ihnen gäbe, die Wentworth mit Bedacht in ihrem Stück angelegt hat. Diese seien hier kurz umrissen. Ausführlicher wird darauf im Einzelnen in den jeweiligen Analyseabschnitten zurückzukommen sein.

(1) Was besonders ins Auge fällt, ist der Umstand, dass beide Gruppierungen hinsichtlich ihrer quantitativen und geschlechterspezifischen Struktur identisch sind: Beide Gruppen bestehen aus jeweils vier Nebenfiguren, von denen wiederum drei weiblichen Geschlechts sind (vgl. Abb. 17 zur Figurenkonstellation oben). Betrachtet man diese konstellatorische Ausgewogenheit vor einem *gender*-analytischen Hintergrund, kann man in diesem Strukturprinzip durchaus eine geschlechterdiskursive Funktionalisierung der quantitativen Dimension erkennen: Indem weder der einen noch der anderen Figurengruppe (bzw. *social class*) durch ein zahlenmäßiges Übergewicht eine

größere bzw. geringere Bedeutung im Hinblick auf die Geschlechterthematik beigemessen wird, scheint die Autorin insinuieren zu wollen, dass im Zuge eines gesellschaftlichen Diskurses über Weiblichkeitskonfigurationen und Rollenmuster die unterschiedlichen Lebensumstände und Rahmenbedingungen weiblicher Sozialisation gleichermaßen, aber mit Blick auf die jeweilige gesellschaftliche Klassenzugehörigkeit eben durchaus auch differenziert in den Blick zu nehmen sind. So beleuchtet das Stück nicht nur die Situation von Frauen der privilegierten Gesellschaftsschicht im Kontext von *early 20th-century consumer culture* und *class-conscious materialism*, sondern zeigt auch jene bescheidenen Lebensumstände auf, die das Denken und Handeln von Frauen der Unterschicht prägen.

(2) Die Mehrheit der weiblichen Nebenfiguren trägt *interpretive names*, die wie auch immer geartete Rückschlüsse auf die jeweiligen Lebensumstände der Figuren zulassen bzw. einen Bezug zur geschlechterbezogenen Konflikthaftigkeit der Figuren herstellen. Wie noch genauer zu zeigen sein wird, werden über die Figurennamen entweder ironisch gemeinte Korrespondenz- (wie im Fall von Mrs. Summers) oder aber Kontrastbezüge (wie bei Mary) hergestellt.

(3) Gemeinsam ist den beiden Figurengruppen außerdem ihre jeweils ‚interne Heterogenität' in Bezug auf einen gemeinsamen thematischen Aspekt. Wenn beispielsweise innerhalb der *upper middle class*-Gruppierung die Problematik der *female culture of consumption* verhandelt wird, dann geschieht dies – je nach der individuellen Situation der Frauenfigur – mal unter dem Gesichtspunkt der ökonomischer Abhängigkeit vom Ehemann, mal unter dem Aspekt des verschwenderischen Konsumverhaltens von *leisure class women* bzw. einer ausgeprägten materiellen Orientierung der Frau oder mal im Hinblick auf die Bedeutung des Geld-Ausgebens als Ausdruck einer rebellischen Befreiung der Frau vom Patriarchat und von tradierten Rollenmustern. Oder wenn sich etwa innerhalb der *lower class*-Gruppierung der Aushandlungsfokus auf den Aspekt der weiblichen Erwerbstätigkeit richtet, dann bringen die drei Frauenfiguren – geprägt durch jeweils subjektive Erfahrungen und Lebensumstände – dazu ganz unterschiedliche Haltungen an. Das Meinungsspektrum bewegt sich dabei von genereller Ablehnung über existenzbegründete Notwendigkeit bis hin zu gesellschaftsbedingter Alternativlosigkeit.

Die Darstellung der *upper middle class women*: Kritik an der *female consumer culture* im Kontext traditioneller Verheiratungs- und Ehepraktiken

Mit den Figuren Mrs. Summers, Mrs. Knight und Cornelia von Schlegel rückt in diesem Abschnitt die Gruppe der *upper middle class women* in den Fokus, die in den Forschungsbeiträgen von Patricia R. Schroeder weitgehend unberücksichtigt geblieben ist. Nur indirekt und zudem recht knapp wird bei Schroeder wie folgt auf diese Figurengruppe rekurriert: Margarets Reformbemühungen würden darin bestehen, „to enlighten women of her own upper-middle class to the dangers of being financially dependent on men."[529] Damit ist die mit dieser Figurengruppe im Zusammenhang stehende Problematik im Kontext von *gender issues* bestenfalls angedeutet, jedoch kaum vollumfänglich erfasst. Dass diese Frauenfiguren in der literaturkritischen Diskussion des Stückes bislang kaum beachtet wurden, mag, wie oben in Abschnitt IV.4.2 erwähnt, an ihrer vermeintlichen Bedeutungslosigkeit hinsichtlich der Gesamtaussage des Stückes liegen: Da jede dieser Frauenfiguren jeweils nur einmal auftritt und es auch keine direkten Berührungspunkte oder Bezugnahmen zwischen ihnen gibt, entsteht zunächst der Eindruck, als seien diese kurzen, knapp aufeinander folgenden, episodenhaften Auftritte im Expositionsakt des Stückes thematisch und motivisch nicht miteinander verbunden. Dass sie dennoch einer stückinternen, dramaturgischen Logik folgen und im Hinblick auf diskursreferentielle Aspekte durchaus in einem Zusammenhang zu sehen sind, wird im Rahmen der nachfolgenden Analyse gezeigt. Dabei wird insbesondere die Funktion der triadischen Konstellation, ihre Bedeutung im Hinblick auf den Rollenaushandlungsprozess der weiblichen Hauptgestalt, ihr Bezug zur Gesamtaussage des Stückes sowie zu der sich um die Jahrhundertwende in Amerika herausgebildeten *female consumer culture* der privilegierten *leisure class* herausgearbeitet.

Für die Funktionsbestimmung der drei genannten Frauenfiguren ist festzuhalten, dass sich in jeweils unterschiedlichen ‚Phasen' ihres Ehelebens befindet. Während Mrs. Summers einen Einblick in ihren derzeitigen Ehealltag gewährt, erfährt man von Mrs. Knight, dass deren Mann kürzlich verstorben ist und sie ihr Leben nun als Witwe allein bestreitet. Die Namen dieser beiden Figuren können vor dem Hintergrund ihrer jeweiligen Situation als *interpretive names* gelesen werden: Mrs. Summers befindet sich ihrem Namen nach gewissermaßen in der ‚Hoch-Zeit' ihres Ehelebens, verweist doch der Name ‚Summers' auf den Höhepunkt der jahreszeitlichen Abfolge. Mrs. Knight hingegen muss sich nach dem Tod ihres Mannes nun sprichwörtlich allein durchs Leben ‚kämpfen', was ihr in Anbetracht des finanziellen Erbes jedoch kaum schwerfällt. Im Gegenteil, sie nutzt dieses dazu, sich von den alten Fesseln des Patriarchats zu befreien und, in ironisch überspitzter Darstellung, zum ‚Vergeltungsschlag' auszuholen. Cornelia von Schlegel, die dritte Frauenfigur, steht hingegen kurz vor der Vermählung mit Charles Dunn. In der Chronologie dieser drei Phasen müsste Cornelias Auftritt demnach eigentlich *vor*

529 Schroeder, „Realism and Feminism", 39. Vgl. auch Schroeder, *The Feminist Possibilities*, 73.

dem der beiden anderen Frauenfiguren erfolgen. Im Stück jedoch ist Cornelias Auftritt den anderen *nachgeordnet*, sodass die eigentliche chronologische Abfolge von Verlobung/Eheschließung – Ehe – Witwenstand aufgelöst und zu Ehe – Witwenstand – Verlobung/Vermählung umgestellt wird. Man mag darin, analog zu den in Teil A analysierten Stücken, ebenfalls eine bewusst eingesetzte, hier aber *intra*-textuell angewandte Verschiebungstechnik sehen, die im Dienste der feministischen Botschaft des Stückes steht: Die Szenen, in denen Mrs. Summers und Mrs. Knight auftreten, dienen als Projektionsfelder für Cornelias wenig verheißungsvolle Zukunftsperspektiven als Ehefrau. Sie bilden gewissermaßen exemplarisch das ab, was Cornelia – um in der Bildsprache des Titelmotivs zu bleiben – als zukünftiger Ehefrau des vermögenden Charles Dunn ‚blüht'. Die veränderte, in ihrer eigentlichen Chronologie aufgebrochene Anordnung der Auftritte ist demnach von besonderer Relevanz, da Cornelias Entscheidung *für* die Ehe mit Charles Dunn vor dem Hintergrund der beiden anderen Frauenschicksale – seien sie auch noch so humoristisch gezeichnet – aus *gender*-analytischer Sicht in ihrer Tragik verstärkt wird. Interessant ist daran vor allem, dass der Zuschauer im Vergleich zu Cornelia von Schlegel einen Wissens- und Informationsvorsprung einnimmt, denn im Gegensatz zum implizierten Publikum, das als Beobachter im äußeren Kommunikationssystem alle drei Auftritte verfolgen und miteinander in Beziehung setzen kann, bekommt Cornelia im inneren Kommunikationssystem von den aufschlussreichen Gesprächen der beiden anderen Frauen in Margarets Blumengeschäft nichts mit.[530] Die daraus resultierende „Diskrepanz von Figuren- und Zuschauerinformiertheit", die nach Bertrand Evans auch als *discrepant awareness* bezeichnet wird,[531] verleiht Cornelias Auftritt aus *gender*-kritischer Sicht eine gewisse Tragik, denn für den Zuschauer als ‚Mehr-Wisser' (bzw. ‚Besser-Wisser') ist einschätzbar, welches Schicksal Cornelia ereilen wird – das Publikum ist damit unmittelbar involviert. Angesichts dieser ‚Betroffenheit' beansprucht Wentworths Stück für sich auch eine psychologisierende Dimension, denn in Anbetracht dieses Informationsvorsprungs dürfte das (Lese-)Publikum eine erhöhte Mitbetroffenheit empfunden haben, wenn es quasi in der Rolle des Augenzeugen dabei zusieht,

530 Siehe hierzu allgemein Asmuth, *Dramenanalyse*, 122. Mit Bezugnahme auf das dramentheoretische Konzept der ‚dramatischen Ironie' erläutert Asmuth, dass „das Publikum [durch den Wechsel der Auftritte] einen ständig zunehmenden Wissensvorsprung [gewinnt, denn] [v]on all den Auftritten, die es sieht, kennen die Akteure ja nur ihre eigenen aus unmittelbarer Anschauung" (ebd.).

531 Siehe Pfister (*Das Drama*, 80), der Evans' Begriff der *discrepant awareness* mit ‚diskrepanter Informiertheit' übersetzt. Zur diskrepanten Informiertheit sowie zum Informationsvorsprung der Zuschauer siehe auch ebd. 79-83.

wie Cornelia sprichwörtlich ‚ins eigene Unglück rennt', weil sie dem Drängen des zukünftigen Ehemannes nach- und ihre Karriere als Künstlerin und damit auch ihre Individualität aufgibt.

Insgesamt wird in den Auftritten der drei Frauenfiguren deutlich, was diese schicksals- und generationsübergreifend miteinander verbindet. Sie alle führen ein fremdbestimmtes Dasein in einer Ehe, in der der Ehemann kraft seiner finanziellen Macht für sich einen Autoritäts- und Besitzanspruch erhebt, durch den die Ehefrau in eine ihm deutlich untergeordnete Rolle hineingedrängt wird. Wenn Margaret in einer den Auftritten dieser Frauen vorangestellten Replik all diese Frauen als „frightened slaves" charakterisiert und im gleichen Atemzug deren Ehemänner als „masters and owners" bezeichnet, dann ist dies als historischer Rekurs auf die amerikanische Sklavenhaltergesellschaft zu lesen, die dem Wesen nach, so die implizite Botschaft, ohne Weiteres mit der sozialen Unterdrückung von *white* (*upper*) *middle class women* vergleichbar ist.[532] Durch diese explizite Diskursreferenz werden *slaves* und *women* gleichermaßen als fremdbestimmte Objekte markiert, wodurch dem zeitgenössischen Publikum vermutlich die Tragik dieser Figuren mit besonderem Nachdruck vor Augen geführt werden soll. Margaret, hier in ihrer Funktion als *mouthpiece of the author*, mahnt durch ihre besondere Wortwahl und Diktion – sie spricht im Zitat oben u.a. von *abolition* – eindringlich zur Reformierung der bestehenden Geschlechterordnung. Trotz dieser Ernsthaftigkeit ‚kippt' das Stück allerdings nicht um in ein verstörendes Krisenszenario. Dafür sorgt in erster Linie der Umstand, dass die Auftritte – insbesondere die von Mrs. Summers und Mrs. Knight – trotz aller über den Subtext kommunizierten Tragik gleichzeitig auch mit einer Reihe humoristischer Elemente durchsetzt sind, die für den nötigen *comic relief* sorgen.

„I spend in a day what it takes him weeks to earn": Mrs. Summers als idealtypische Verkörperung der *leisure class*- Konsumentin

In Wentworths Stück wird vornehmlich über die Figur der Mrs. Summer an den Konsumdiskurs des frühen 20. Jahrhundert angeknüpft. In idealtypischer Ausprägung verkörpert sie den Weiblichkeitstypus des *female consumer*. Das materielle Objekt ihrer Begierde ist, wie ihr kurzer Auftritt (vgl. *TFS* 20-22) verdeutlicht, ein *conservatory*. Das Wort selbst ist, mit Blick auf seine *gender*-bezogenen Implikationen, durchaus doppeldeutig zu verstehen. Zum einen ist bezeichnend, dass es sich bei der Errichtung eines

532 In der historischen Dimension spiegelt sich diese Parallele bekanntlich auch darin, dass sich im Zuge des *abolitionist movement* insbesondere Frauen auf sehr unterschiedliche Weise in den *anti-slavery discourse* des 19. Jahrhunderts einbrachten.

Wintergartens oder Gewächshauses – das Stück ist hier nicht ganz eindeutig in der Darstellung – um eine Raumerweiterung handelt, die (unabhängig davon, um welches Bauelement es letztlich geht) der Figur einen Schwellenraum eröffnet, der ihr wiederum die Möglichkeit bietet, aus dem eng abgesteckten Bereich der *domestic sphere* herauszutreten. Sowohl Wintergärten als auch Gewächshäuser haben in der Regel verglaste, also lichtdurchlässige, transparente Wände – ein Detail, das insofern bedeutsam ist, als es im übertragenen Sinne eine Horizonterweiterung in Bezug auf geschlechterideologische Aspekte impliziert. Dass die Wahl ausgerechnet auf einen Wintergarten oder ein Gewächshaus fällt – einen Anbau also, in dem unter besonders günstigen klimatischen Bedingungen[533] Pflanzen gedeihen können –, ist ebenfalls bezeichnend, weil damit ein direkter Bezug zum Titelmotiv und Schauplatz des Stückes hergestellt wird: Margarets *flower shop*, in dem die Kundinnen im pro-emanzipatorischen Sinne für die Geschlechterproblematik sensibilisiert werden sollen, findet seinen ‚Motivableger' in Mrs. Summers *conservatory*. Berücksichtigt man den optimistischen, zukunftsorientierten Zeitgeist der *Progressive Era*, könnte damit insinuiert werden, dass Margarets Bemühungen möglicherweise beginnen, ‚Früchte zu tragen'. Andererseits trägt das Wort *conservatory* in seiner Form als Adjektiv aber auch eine Bedeutungsdimension in sich, die eher ‚rückwärtsgerichtet' ist, steckt in dem Wort doch auch die Vorstellung, Vorhandenes zu bewahren, zu konservieren. So gesehen sind Mrs. Summers Motive zur Anschaffung eines *conservatory* ambivalent, sodass das interpretatorische Pendeln in beide Richtungen als Option im Stück angelegt ist. Zunächst aber gestaltet sich die Situation zum Handlungszeitpunkt dergestalt, dass es Mrs. Summers erst einmal darum geht, den Ehemann von der Anschaffung eines *conservatory* zu überzeugen.

Als Mrs. Summers, die dem Leser im Nebentext als *„pretty, fashionable little woman"* (*TFS* 20) vorgestellt wird, den *flower shop* auffallend heiter und unbekümmert (*„airily"*, *TFS* 20) betritt, berichtet sie Margaret unverzüglich von den neuesten Entwicklungen in ihrer Ehe: „I have a piece of good news. I may get my conservatory after all!" (*TFS* 20). Der sich zwischen Margaret und Mrs. Summers entwickelnde Dialog verdeutlicht, dass Letztere schon seit geraumer Zeit um den Anbau des *conservatory* bemüht ist und ihren Ehemann

533 Dieses Detail ist für das Verständnis der Gesamtaussage des Stückes nicht unerheblich, wird es doch an einer Stelle sogar explizit durch die weibliche Hauptfigur aufgegriffen, wenn bei Ramsey erst die Rede davon ist, dass jede Frau – d.h. auch die emanzipierte *new woman* – das Bedürfnis verspüre, „to love and be loved" und Margaret darauf antwortet, „Yes, under right conditions." (*TFS* 30). Im Kontext der Rollen*aushandlungs*prozesse um die Protagonistin Margaret wird auf den Aspekt der *Bedingungen* noch einmal zurückzukommen sein (siehe Abschnitt IV.4.4).

systematisch ‚bearbeitet'. Die Tatsache, dass sie über die Investition nicht selbst entscheiden kann, verdeutlicht ihre finanzielle Abhängigkeit von ihm. Aus dieser ‚Not' heraus habe sie aber eine Strategie entwickelt, die ihr zum Erfolg verhelfen soll. Im Vertrauen erklärt sie Margaret, dass sie stets einen günstigen Moment abpassen müsse, um ihren Mann dann um den Finger wickeln zu können.[534] Im Gespräch liest sich dies wie folgt:

> MRS. SUMMERS. [*Speaks in a low voice.*] I am working hard—I have him almost twisted round my finger—one more little twist—then the check—victory—my conservatory at last!
> (*TFS* 20)

Dass sie ihr Bemühen als ‚harte Arbeit' bezeichnet, wirkt in diesem Kontext in Anbetracht der üblicherweise zu beobachtenden Erwerbslosigkeit (und damit implizierten Passivität) von Frauen der *upper middle class* besonders ironisch. Gleichzeitig bedient die Figur aber auch den zeitgenössischen Konsumdiskurs insofern, als darin die Rolle der *upper middle class woman* als *female consumer* von der Vorstellung geprägt ist, „that" – wie Kathy L. Peiss sagt – „consumption was *a kind of work* and consumers were *economic actors*"[535]. Auf die Frage hin, wie Mrs. Summers ihren Ehemann schließlich soweit gebracht habe, dass er der Investition fast zugestimmt hat, erläutert sie Margaret ihr strategisches Vorgehen im Detail:

---

534 Das weiblich konnotierte Motiv des Um-den-Finger-Wickelns sollte interessanterweise auch in dem elf Jahre nach Wentworths *The Flower Shop* entstandenen Drama *Mary the Third* (1923) von Rachel Crothers wieder explizit Verwendung finden. Bezeichnenderweise ist es in diesem Drei-Generationen-Stück (deshalb der Titel) die älteste Generation, repräsentiert durch die Figur der Granny (Mary the First, 1870), die der jüngsten Generation, verkörpert durch Mary (Mary the Third, 1923), erklärt, wie partnerschaftliche Beziehungen funktionieren: „A man and a woman have no right to expect to be happy *all* the time—day and night. You *have* to have a good fight now and then to clear the air. Your grandfather and I had plenty. You women now-a-days don't know how to manage men. […] You oughtn't to let 'em *ever* see how smart you are. Why I had my way about everything on earth. The madder your grandfather got the more I cried and the softer I was. I just twisted him round my finger—like that. And he thought I was right under his thumb." (Rachel Crothers, *Mary the Third*, in: *Mary the Third, „Old Lady 31", A Little Journey: Three Plays by Rachel Crothers* (New York, NY: Brentano's Publishers, 1923), 1-105: 89, Hervorhebungen im Original). Das Motiv wird somit quasi nicht nur von Frauengeneration zu Frauengeneration, sondern auch intertextuell ‚vererbt', steht es doch in den hier genannten Stücken in einem direkten Bezug zur Verhandlung des Geschlechterdiskurses im amerikanischen Unterhaltungstheater.

535 Kathy L. Peiss, „American Women and the Making of Modern Consumer Culture", *The Journal for MultiMedia History. Electronic Journal* 1.1 (1998), n.p., online. URL: https://www.albany.edu/jmmh/vol1no1/v1n1.html (zuletzt aufgerufen: 09.01.2020). Hervorhebungen KT.

MRS. SUMMERS. [*With gay irresponsibility*] I waited each time before speaking until he was pleased and good natured over something—sometimes it was a special dinner—then I would sit on the arm of his chair, and pet him a little, and casually drop a hint or two to get him used to the idea, you know, until now he is quite interested—really. Oh, one more dinner will do it I am sure […]—but of course I have to be careful and not ask at the wrong time—that would never do—when he's in an ill humor or when his dyspepsia's bad. (*TFS* 20f.)

Das Zitat verdeutlicht, dass sich Mrs. Summers die tradierte Rollenzuschreibung als *angel in the house* für ihre eigenen Zwecke zunutze macht, indem sie – entsprechend des *cult of domesticity* – für exakt jene häuslich-harmonische Atmosphäre sorgt, die der Weiblichkeitsdiskurs bezüglich ihrer Aufgaben von ihr einfordert. Das Bild der liebenden, fürsorglichen Ehefrau, die an der Seite des Mannes sitzt und ihm mit Liebkosungen schmeichelt, evoziert geradezu die Vorstellung weiblicher Engelhaftigkeit. Gleichzeitig aber unterläuft Mrs. Summers das ihr zugewiesene Rollenmuster, indem sie den Moment harmonischer Häuslichkeit dazu nutzt, um dem Ehemann ihre ‚Ideen' einzuträufeln.

Dabei ist es jedoch keineswegs so, als würde der Ehemann in seiner Funktion des hart arbeitenden *breadwinner* und *provider* als Opfer weiblichen Konsums dargestellt werden. Wenn Margaret ihre Kundin als „spendthrift", also Geldverschwenderin, bezeichnet und Mrs. Summers selbst zugibt, dass sie an einem Tag mehr ausgibt, als ihr Mann, der hart für sein Geld schuftet („he slaves for his money", *TFS* 21), über Wochen verdienen kann, dann hat es zwar zunächst den Anschein, als würde das Stück für die männliche Perspektive des *upper middle class man* Partei ergreifen; die nachfolgende Replik von Margaret untermauert diesen Eindruck:

MARGARET. You see, if you earned your own money, Mrs. Summers, and *struggled and worried as your husband has to*, you would realize his point of view. You should work for your living as I do. (*TFS* 21, Hervorhebung KT)

Im Grunde aber geht es Margaret nicht um Empathie und Mitleid mit dem sich abrackernden Ehemann, sondern darum, Mrs. Summers selbst zur Erwerbstätigkeit zu bewegen, damit sie sich aus ihrer finanziellen Abhängigkeit herauslösen kann. Ihr Ehemann, die *off-stage*-Figur Mr. Summers, scheint nämlich trotz seiner Kritik am Konsumverhalten der Ehefrau bei gleichzeitiger finanzieller Großzügigkeit ihr gegenüber gar nicht allzu viel dagegen zu haben. Mehrfach wird in Mrs. Summers' Repliken auf dessen Großzügigkeit verwiesen: „[...] oh, you mustn't think Mr. Summers isn't perfectly *generous*, he is—he's a love—[...] he is really so generous." (*TFS* 21, Hervorhebung im Original). Wenn an anderer Stelle aber genauso darauf hingewiesen wird, dass er seine Frau für ihren Konsumrausch auch regelmäßig ausschimpft („Of course he does scold me once in a while", *TFS* 21), dann stellt sich in Anbetracht dieses Widerspruchs aus großzügiger Unterstützung des weiblichen Konsumverhaltens einerseits und gleichzeitiger Kritik daran andererseits unweigerlich die Frage nach der Sinnhaftigkeit dieses Verhaltens.

Die Antwort darauf ist im hegemonialen Geschlechterdiskurs zu finden, der bekanntlich an der Wahrung hierarchischer Geschlechterverhältnisse festzuhalten versucht. „The compelling image of the woman as consumer", wie Peiss sagt, ist im Kontext des herrschenden Geschlechterdiskurses der *Progressive Era* durchaus ein diskursiv gewolltes, weil es im Sinne eines *reinforcement* die „conventional notions of women" und „dominant ideologies of gender" zu untermauern hilft.[536] Hierzu schreibt Peiss weiter: „In an era in which traditional roles were challenged from many quarters, the mass-market's model of the woman consumer tended to reinforce the gender divide."[537] Im Rahmen des – wie ich es nenne – *gender(ed) discourse of consumption* erscheint die Verknüpfung zwischen Weiblichkeit und Konsum deshalb „almost [as] a natural one",[538] weil in der Tätigkeit des Erwerbens von beispielsweise Lebensmitteln oder Kleidung im Grunde häusliche Aufgaben (*domestic duties*) zu sehen sind, die sich wiederum innerhalb tradierter Weiblichkeitsvorstellungen bewegen. *Female consumption* wird ferner auch deshalb diskursiv gestützt, weil die Beschränkung weiblichen Handelns auf den ‚unbedenklichen' Akt des *purchasing* verhindert, dass die Frau in Bereiche der *public sphere* eindringt, in denen sie womöglich aktivere Rollen einnehmen könnte. Was sich nach außen hin als ‚großzügiges Zugeständnis' des Mannes manifestieren soll, ist tatsächlich also eher ein Ausdruck männlicher Besorgnis um das Erstarken der Frau.

Im Zuge der Herausbildung einer „[m]odern American consumer culture [...] after 1890"[539] entwickelte sich innerhalb der gesellschaftlich privilegierten (*upper*) *middle class* außerdem das Bewusstsein, dass sich über den Erwerb kostspieliger Objekte wie beispielsweise Autos, Kunstwerke, Kleidung – oder eben bauliche Elemente wie *conservatories* – der gesellschaftliche Status

536 Peiss, „American Women and the Making of Modern Consumer Culture", online.
537 Peiss, „American Women and the Making of Modern Consumer Culture", online.
538 Peiss, „American Women and the Making of Modern Consumer Culture", online.
539 Peiss, „American Women and the Making of Modern Consumer Culture", online.

nach außen ideal repräsentieren ließe. In diesem Zusammenhang gewinnt das im späten 19. Jahrhundert geprägte Konzept der *conspicuous consumption* als Ausdruck eines ‚klassenbewussten Geltungskonsums' maßgeblich an Bedeutung.[540] Dies lag vornehmlich in der Verantwortung der Frau, die sich – anders als der hart arbeitende Mann – in ihrer ‚Freizeit' mit den neusten Trends und Statussymbolen befassen konnte. Der Konsumdiskurs erlaubte Frauen zwar ein kurzzeitiges Verlassen der *domestic sphere*, zielte vor allem aber darauf ab, Frauen perspektivisch noch bzw. wieder stärker an den Häuslichkeitsbereich zu binden. Letztlich also sind – und das verdeutlicht die Darstellung der Figur Mrs. Summers in Wentworths Stück – diese weiblichen Konsumaktivitäten keine eigenständigen, selbstbestimmten, sondern vom vermögenden Ehemann gesteuerte und diskursiv kontrollierte Handlungen.

Dass also Mr. Summers nur vorgibt, das Konsumverhalten seiner Ehefrau zu kritisieren, ist Teil eines strategischen Rollenspiels („our little scenes", *TFS* 22), das nach den Regeln des Konsumdiskurses inszeniert wird. Im Wentworths Stück findet dies seinen Niederschlag im sorgfältigen Taktieren *beider* Figuren, sodass deutlich wird, dass – unabhängig davon, ob sie sich über die Tragweite ihres manipulativen Verhaltens bewusst sind oder nicht – keiner von beiden viel an einer Veränderung liegt. Die Ehe von Mr. und Mrs. Summers könnte deshalb als wechselseitig komplizenhafte Beziehung bezeichnet werden. Sie scheinen sich, vielleicht auch aus Mangel an Alternativen für Frauen und Männer der *upper middle class*, die ihrem Rollendruck genauso ausgesetzt sind, wie die anderer Gesellschaftsgruppen auch, mit den Umständen bzw. Spielregeln arrangiert zu haben, was im Grunde aber gesellschaftliche Reformen nur erschwert oder gar verhindert. Entsprechend kommentiert Mrs. Summers ihr Konsumverhalten wie folgt: „[...] I spend in a day what it takes him weeks to earn. Still, what can I do, with our position to maintain?" (*TFS* 21). Und über Mr. Summers' Rolle sagt sie: „Oh, well—*he likes it.* Besides, I don't know what being married would be without our little scenes. [...] The men like us all the better for it." (*TFS* 22, Hervorhebung im Original). Beide Repliken implizieren die Vorstellung von reformresistenter Unveränderlichkeit des Systems.

Mrs. Summers' kurzer und von der Autorin auch gezielt auf Komikwirkung hin angelegter Szenenauftritt ist, dies bleibt abschließend festzuhalten, aufgrund seiner Referentialität auf den zeitgenössischen Konsumdiskurs deutlich

540 Siehe hierzu z.B. Hebel, *Einführung in die Amerikanistik / American Studies*, 148. Zu erwähnen ist in diesem Zusammenhang Thorstein Veblens 1899 veröffentlichte Studie mit dem Titel *The Theory of the Leisure Class*. Darin erläutert er u.a. das Konzept der *conspicuous consumption*, auf das Wentworths Stück, das etwa ein Jahrzehnt nach Veblens Studie entstand, diskursiv rekurriert.

komplexer, als dies zunächst scheinen mag. Die der Episode eingeschriebene Kritik zielt dabei auf beide Geschlechter gleichermaßen ab: zum einen auf Mrs. Summers als Repräsentantin verheirateter Frauen der *upper middle class*, weil sie sich aufgrund ihrer finanziellen Abhängigkeit vom Ehemann ihre materiellen Bedürfnisse durch strategisches Kalkül und Maskerade erschleichen muss; und zum anderen auf Mr. Summers als Repräsentant vermögender Ehemänner, weil er das verschwenderische Konsumverhalten seiner Frau einerseits zwar kritisiert, andererseits jedoch am bestehenden System letztlich gar nichts zu ändern beabsichtigt, um im Kontext des herrschenden Männlichkeitsdiskurses seine Rolle als Autoritätsperson nicht einzubüßen. Durch diesen vorgehaltenen Spiegel, der die diskursgesteuerten Mechanismen innerhalb der *upper middle class* ‚ungeschminkt' aufzeigt, soll das zeitgenössische Publikum vermutlich erkennen, dass es die Gesellschaft selbst ist, die diesen (*vicious*) *circle* im sprichwörtlichen Sinne ‚am Laufen hält' und damit Ehen generiert, in denen Maskerade und Schauspiel tradierte Geschlechterbeziehungen zementieren und damit nachhaltig festigen.

„Now I'll get even!": Mrs. Knights Massenkonsum als symbolischer Akt der weiblichen ‚Abrechnung' mit dem Patriarchat

Auch in Mrs. Knights Szenenauftritt (vgl. *TFS* 24-26) spielt der Aspekt des Konsumierens eine zentrale Rolle. Hier aber liegt der Fokus stärker auf dem konkreten Akt des Bezahlens, der – je nachdem von wem er ausgeführt wird – bestimmte geschlechterideologische bzw. -diskursive Implikationen transportiert. Die Episode beleuchtet mit Mrs. Knight als ‚prismatische Figur' sowohl die männliche als auch die weibliche Perspektive, rückt jedoch die emotional-psychischen Folgen des Bezahlens als eine ausschließlich vom Ehemann getätigte Handlung für die Frau in den Mittelpunkt.

Wenn Mrs. Knight kurze Zeit nach Mrs. Summers das Blumengeschäft betritt, begegnet dem (Lese-)Publikum eine Frauenfigur, deren Auftreten und äußeres Erscheinungsbild im Vergleich zu Mrs. Summers geradezu konträr gezeichnet ist. Nicht unbekümmert und sorglos wie Mrs. Summers, sondern *„crushed and frightened"* (*TFS* 24) betritt sie den *flower shop*. Im Nebentext wird Mrs. Knight weiter wie folgt beschrieben: „[*She*] *would like to be ‚perky' but doesn't quite dare. She is dressed in deep mourning.*" (*TFS* 24). Bereits anhand dieser kurzen Figureneinführung wird deutlich, dass in Mrs. Knight ‚zwei Seelen wohnen', verweist doch das Attribut *‚perky'* auf ein lebhaft-keckes Auftreten, das so gar nicht zur tiefen Trauer über den Tod ihres Mannes passen mag, die sie durch ihre Kleidung nach außen hin zu demonstrieren versucht. Dieser kurze Hinweis im Nebentext verweist demnach schon zu Beginn der Szene auf einen Konflikt der Figur, der sich als Widerstreit zwischen Innensicht und Außenwahrnehmung konkretisieren lässt: Nach außen gibt sie – den gesellschaftlichen Erwartungen entsprechend – die trauernde Witwe, innerlich jedoch scheint sie dem ersten Eindruck nach sogar eine Art Erleichterung zu verspüren, die sie nur mit Mühe verbergen kann.

Nach der Beerdigung ihres kürzlich verstorbenen Ehemannes, Hezekiah Knight, ist sie nun in Margarets *flower shop* gekommen, um ihre Rechnung zu begleichen. Rasch kommt die Höhe des Geldbetrages zur Sprache, den sie in die florale Ausgestaltung der Trauerfeier investiert hat. Analog zum vorher beschriebenen Fall der Mrs. Summers wird auch hier das verschwenderische Konsumverhalten der Frau kontrastiert mit der (hier allerdings keineswegs nur vorgetäuschten) Sparsamkeit des Ehemannes. Offenbar hat Mrs. Knight einen sehr hohen, aber im Stück nicht explizit bezifferten Geldbetrag in den Grabschmuck investiert. Wenn sie nämlich Margaret gegenüber erklärt, „[H]e would have been pleased if he hadn't known *what they cost*." und ihr daraufhin zuflüstert „My, what a scolding I've escaped." (beides *TFS* 24, Hervorhebung im Original), wird deutlich, dass der finanzielle Rahmen, den der offenbar knausrige Ehemann zu Lebzeiten sonst für Investitionen abgesteckt hatte, weit überschritten ist. Ferner impliziert die zuletzt zitierte Replik mit ihrer Bezugnahme auf das *scolding*-Motiv, das dem Leser bereits in der Episode mit Mrs. Summers begegnet ist, dass auch der Ehealltag der Knights von den oben angesprochenen „little scenes" (*TFS* 22) geprägt war, die hier wohl aber eher den Charakter ernsthafter Auseinandersetzungen annahmen, weil Mrs. Knight – anders als Mrs. Summers – offenbar zu keiner Zeit die Befugnis hatte, das Geld des Mannes auszugeben. Hezekiah Knight, so erfährt man nämlich, legte besonderen Wert darauf, sein Finanzen selbst zu verwalten. Dies schloss auch den Akt des Bezahlens ein. Hierzu heißt es in einer Replik:

> MRS. KNIGHT. You see, poor old Hezekiah—he couldn't bear to have me spend it [...]. Hezekiah never let me spend a cent myself—why, it seemed as if he couldn't bear to—even five cents for a spool of thread. He always wanted to put it down on the counter himself. It was so mortifying sometimes, Miss Bell. [*Sheds a few tears*] Why, I've been no better than a slave.
>
> (*TFS* 24f.)

Bemerkenswert an dieser Replik ist zum einen die erneute Bezugnahme auf das Bild der Ehefrau als Sklavin ihres Mannes, das sich – wie an anderer Stelle ausgeführt – leitmotivisch wie ein roter Faden durch diese drei episodenhaften Auftritte der *upper middle class women* zieht. Zum anderen ist bezeichnend, dass Mrs. Knight erst nach dem Tod ihres Mannes zu sagen wagt, wie sehr sie unter seinen Demütigungen litt. Nun erst findet sie den Mut, im geschützten Raum des *flower shop* ihr Leid unter Tränen zu artikulieren, wenngleich dies auch immer wieder begleitet ist von Gesten der Verstörung und Angst. Angesichts des Todes ihres Ehemanns findet sie nun erst gewissermaßen ihre Stimme wieder, die im Verlauf der Szene an Intensität gewinnt. Wie die entsprechenden Stellen im Nebentext zeigen, spricht Mrs. Knight zunächst im Flüsterton (vgl. *TFS* 24, 25) oder schaut sich ängstlich um: „*She* […] *look*[*s*] *around as if to see if her husband's ghost were ready to reprimand her* […]." (*TFS* 25), und an anderer Stelle blickt sie „*fearfully over her shoulder.*" (*TFS* 26). Die Dominanz des Ehemannes scheint auch nach dessen Ableben allgegenwärtig zu sein und Mrs. Knights Verhalten maßgeblich zu beeinflussen.

Mit voranschreitender Handlung ist jedoch eine deutliche Veränderung in ihrem (Sprech-)Verhalten zu beobachten. So schließen sich an die Phasen ihrer sichtbaren Verunsicherung und Ängstlichkeit kurze Momente der Vergnügtheit an. Dies äußert sich in Form von zufriedenen Seufzern zu Beginn der Szene („*a large satisfied sigh*", *TFS* 24) und steigert sich später zu schüchternem Kichern („*Chuckling timidly*", *TFS* 25) bis hin zu aufgeweckter Fröhlichkeit („*Gets quite chipper and gay*", *TFS* 25). Während des Gesprächs im Blumenladen ‚wächst' – um die Bildsprache des Titelmotivs aufzugreifen – das Selbstvertrauen der Figur buchstäblich; Mrs. Knight ‚blüht geradezu auf', und die bislang im Verborgenen liegende, unterdrückte wahre Persönlichkeit der Figur ‚entfaltet' sich allmählich. Die Figurenentwicklung findet demnach ihre bildhafte Entsprechung im Motiv der aufblühende Blume. Im Kontext einer *gender*-kritischen Deutung bekommt der *flower shop* als Ort des Naturhaften damit einen symbolträchtigen Charakter, denn im naturbelassenen Raum, d.h. in einem Raum ohne die von außen übergestülpten Konventionen oder dem aufgezwungenen Rollenkorsett offenbart sich das eigentliche Selbstverständnis der Frau, das dem gesellschaftlich konstruierten Weiblichkeitsbild einer *upper middle class woman* diametral entgegensteht. Ähnlich wie zuvor bei Mrs. Summers lässt auch Mrs. Knight ihre Rollenmaske allmählich fallen und gewährt nicht nur Margaret, sondern auch dem Zuschauer/Leser einen Blick hinter die Kulisse ihrer Lebenswirklichkeit. Der entscheidende Moment, der diesen Prozess initiiert, ist die Begleichung der Rechnung für den Grabschmuck – eine Handlung, die Mrs. Knight nach Jahren der Bevormundung und Demütigung durch ihren Ehemann nun zum ersten Mal selbst tätigen kann. Mit den Geldscheinen in der Hand verspürt sie ein Gefühl innerer Befreiung:

> MRS. KNIGHT. There, my dear – [*she counts out some bills and fingers them lovingly*] […]. It feels so good to handle a little money after all these years. You don't know what that means, Miss Bell. […] My! how good it feels to have a pocketbook of one's own. I feel like a free woman.
>
> (*TFS* 24f.)

Bezeichnend ist auch hier der Rückbezug zum Sklavereimotiv – hier nun aber im Sinne einer Kontrastdarstellung, steht doch die Formulierung ‚*free woman*' im pointierten Gegensatz zu dem zuvor verwendeten Begriff ‚*slave*'. Aus der Sicht der Figur stellt dieser denkwürdige Moment eine, wie Michael Meuser es formuliert, „subjektive Veränderungserfahrung"[541] dar, die sie die Grenzen ihres diskursiv abgesteckten Handlungsraumes überschreiten lässt. Insofern erweist sich der Akt des Bezahlens gleichzeitig auch als ein Akt der Entgrenzung. Dass sich der weibliche Freiheitsgedanke aber offenbar nur mit dem Ableben des Ehemannes entfalten kann, ist wohl mehr als nur ein ironischer Kommentar der Autorin. Darin steckt vor allem auch eine deutliche Kritik am Konstrukt der hegemonialen Männlichkeit. Ferner wird kritisiert, dass – ganz nach dem Motto ‚*whoever has the money has the power*' – augenscheinlich derjenige automatisch einen Anspruch auf Macht und Autorität innerhalb der Ehe hat, der im Besitz der finanziellen Mittel ist. Traditionsgemäß ist diese Rolle bekanntlich dem Mann vorbehalten. In Wentworths Stück aber wird diese zugunsten des männlichen Geschlechts ausgelegte Machtstruktur erstens als gesellschaftliches Konstrukt entlarvt und zweitens figural neu besetzt. Nun ist es nämlich Mrs. Knight, die durch das Erbe in den Besitz des nicht unerheblichen Vermögens des verstorbenen Ehemanns kommt. An einer Stelle heißt es: „[...] and he had plenty of money." (*TFS* 24). Nun steht es ihr frei, über das Geld nach eigenem Belieben zu verfügen. Mrs. Knights bereits zitierte Bemerkung „My! how good it feels to have a pocketbook of one's own." ist deshalb auch als verinnerlichte Erkenntnis ihrer eigenen finanziellen Unabhängigkeit (und Macht) zu lesen.

Im Bewusstsein ihrer neu erlangten Freiheit tätigt Mrs. Knight im Zuge ihres Besuchs im *flower shop* dort sogleich auch ihre erste selbstbestimmte Handlung als *female consumer*, die einerseits überaus komisch wirkt, andererseits aber auch einen bitteren Beigeschmack hat: Sie erteilt, nachdem sie den *flower shop* schon fast verlassen hatte und dann doch wieder umkehrt (vgl. *TFS* 25), Margaret einen Dauerauftrag über die tägliche Lieferung von Blumen im monatlichen Gesamtwert von $100.[542] Diese Blumen sind nicht etwa für das

541 Michael Meuser, ausgewiesener Experte im Bereich der Geschlechter- und Männlichkeitsforschung im deutschsprachigen Wissenschaftsdiskurs, verwendete diese Formulierung in seinem Vortrag „Die ‚Krise des Mannes'. Zur (Neu-)Verhandlung von Männlichkeit im Krisennarrativ", den er im Rahmen einer Ringvorlesung zum Thema *Geschlecht auf dem Weg zur neuen Eindeutigkeit* (Institut für Sozialwissenschaften) am 12.07.2017 an der Universität Augsburg hielt.

542 Das Motiv des Blumenkaufs als Ausdruck weiblicher Selbstbestimmung erinnert an die Tulpen-Episode in Zona Gales *Miss Lulu Bett*. Im Unterschied zu Mrs. Knight, die angesichts des verstorbenen Ehemanns keine Konsequenzen zu erwarten hat („Who's to stop

Grab des verstorbenen Ehemann gedacht, sondern für sie selbst. Dass diese Handlung für Mrs. Knight vor allem symbolischen Charakter hat, verdeutlicht der nachfolgende Textausschnitt:

> MRS. KNIGHT. I think I'll have more flowers. Aren't they for the living as well as the dead? I never could buy any when Hezekiah was alive because he wouldn't spend the money, but now—*now*—what's to hinder? I have always loved flowers [...]. [...] I think I'll have flowers every day in the year. Why shouldn't I? Who's to stop me? [...] I will spend one hundred dollars a month, Miss Bell—cut flowers every day—yes, one hundred dollars a month—that is an order. Write it down quick. I'll come and pay you myself every month—in cash—the dear dollars—I love to feel them and they are mine too—mine—there's a beginning. [*Puts bills on the table*] Ho, ho, Hezekiah! Flowers every day! One hundred dollars a month! Now I'll get even, Hezekiah—I'll get even! [*Chuckling to herself* MRS. KNIGHT *goes out.*]
>
> (*TFS* 25f.)

Mrs. Knight erfüllt sich dabei nicht nur einen lang gehegten Wunsch, der ihr zu Hezekiahs Lebzeiten verwehrt geblieben war, sondern betrachtet diesen Bestellauftrag in erster Linie als symbolischen Vergeltungsakt, bei dem sie buchstäblich mit dem Patriarchat im Allgemeinen und mit ihrem verstorbenen Ehemann im Besonderen ‚abrechnet' – sie ‚zahlt' es ihm im wörtlichen Sinne ‚heim' bzw., in Anspielung auf den *interpretive name*, ‚schlägt zurück'. Dass Mrs. Knight ihre langjährige Unterdrückung in Form dieser komisch wirkenden Überkompensation wettzumachen versucht, mag – das intendierte Zielpublikum des Unterhaltungstheaters im Blick behaltend – durchaus amüsant sein. In der überspitzten Darstellung der *upper middle class woman* als Massenkonsumentin bewegt sie sich paradoxerweise aber sogar ein Stück weit im Rahmen des weiblichen Konsumdiskurses. Mithilfe der komisch-parodistischen Überzeichnung werden an der Figur aber auch die negativen Auswirkungen dieses ‚*man-made discourse*' aufgezeigt, sodass bei aller Situationskomik auch das deutliche Signal einer von der Autorin intendierten Diskurskritik mitschwingt. Dem zuträglich ist die Wiederholung des Satzes „I'll get even!", der eindringlich nachschallt und insbesondere beim männlichen

---

me?", *TFS* 26), ist Lulu, die – wie gezeigt – als mittellose *spinster*-Figur im patriarchalisch geführten Haushalt von Dwight Deacon nur geduldet wird, aber keine eigenen Rechte hat (schon gar nicht für eigenmächtige Konsumhandlungen), in einem Abhängigkeitsverhältnis gefangen. Erinnert sei an Dwights Ermahnung: „Yet we give you a home on the supposition that you have no money to spend, even for the necessities." (*MLB* 91).

(Lese-)Publikum, sofern es das gab, ein Gefühl der Unbehaglichkeit ausgelöst haben wird.

Der Szenenauftritt übt demnach Kritik an jener Art von Ehen, in der *upper middle class women* wie Mrs. Knight unter der Autorität ihrer Ehemänner leiden und zu den verängstigten, gebrochenen Kreaturen verkommen, von denen Margaret eingangs spricht („frightened slaves"). Die Szene zeigt exemplarisch auf, welche ‚weiblichen Vergeltungsmaßnahmen' hierarchisch-patriarchalisch strukturierte Paarbeziehungen nach sich ziehen können und veranschaulicht am Beispiel des überkompensatorischen Konsumverhaltens der Figur die gesellschaftliche Kehrseite des Konsumdiskurses. Sie deutet an, dass sich früher oder später Frauen der Mittel- und Oberschicht ihrer diskursiv legitimierten ‚Kaufkraft' bewusst werden und, wie Preiss sagt, „their purchasing power for social change"[543] instrumentalisieren könnten. Wenn Margaret dies in einer die Szene beschließenden Bemerkung kommentiert mit, „The pity is, there are more Mrs. Knights in the world than one dreams of—and not all in mourning either." (*TFS* 26), dann lässt sich darin eine Kritik an der alten Ordnung und eine Mahnung an die Gesellschaft gleichermaßen ablesen. Ein Diskurs nämlich, der Frauen eine Rolle zuschreibt, die ihnen im Rahmen der Diskursinhalte gleichzeitig auch die Möglichkeit bietet, diese zu unterlaufen, ist damit – so die Implikation – im Grunde hinfällig. Die Notwendigkeit gesellschaftlicher Reformen wird damit augenscheinlich.

Zwischenfazit

Die von der Autorin intendierte Kritik an der Art und Weise, wie zeitgenössische *upper middle class*-Ehen ‚funktionieren' bzw. geführt werden, wird nach den beiden Auftritten von Mrs. Summers und Mrs. Knight durch Margaret in einem einzigen Satz auf den Punkt gebracht: „It is the system that is wrong." (*TFS* 26f.). Die Replik ist Fazit und Appell gleichermaßen, wird darin doch nicht nur der Status quo kritisiert, sondern auch der Ruf nach gesellschaftlichen Reformen laut.

Anhand der zwei analysierten Negativbeispiele verdeutlicht das Stück *erstens*, dass Ehen wie die von Mrs. Summers und Mrs. Knight einer ‚gesunden' Entwicklung der Gesellschaft nicht zuträglich sind, weil sich die Frau vor dem Hintergrund des bereits voranschreitenden Emanzipationsprozesses zunehmend vom Gängelband des Ehemanns lösen, seine Autoritätsansprüche unterlaufen, die Grenzen des Patriarchats durchbrechen und die vermeintlich feststehenden Regeln im ‚Gesellschafts-Spiel' für ihre Zwecke umdeuten wird. Frauen mögen sich, so die implizierte Botschaft der beiden Szenenauftritte, bisweilen mit der bestehenden Ordnung arrangiert haben, aber mit Blick auf

543 Peiss, „American Women and the Making of Modern Consumer Culture", online.

die Zukunft wird die ‚Abrechnung' früher oder später auf die eine oder andere Art erfolgen.

Die beiden Szenen fokussieren jedoch nicht nur auf die Rolle der Frau im Kontext der *consumer culture*, sondern sie erweisen sich – obwohl beide Männer als *off-stage*-Figuren konzipiert sind – *zweitens* auch hinsichtlich der Frage nach der Darstellung und Inszenierung von Männlichkeit im Lichte des Konsumdiskurses als aufschlussreich. So haben die beiden Auftritte von Mrs. Summers und Mrs. Knight indirekt gezeigt, dass die beiden Männerfiguren im Grunde zwei unterschiedliche soziologische Ausprägungen der männlichen *upper middle class* repräsentieren: In Bezug auf Mr. Summers entsteht der Eindruck eines eigentlich konsumfreudigen bzw. zumindest konsumbejahenden männlichen Vertreters der *leisure class*, der – wenngleich er das Konsumverhalten seiner Frau immer auch (zum Schein) kritisiert – grundsätzlich aber Gefallen an seiner Geldgeberrolle findet, weil er durch seine finanzielle Großzügigkeit gleichzeitig auch seine Macht demonstrieren kann. Hinsichtlich der Figur des Mr. Knight stellt sich die Situation etwas anders dar. Durch Mrs. Knights Schilderungen nämlich wird der Eindruck vermittelt, dass es sich bei ihrem übertrieben sparsamen Ehemann mit dem bezeichnenden alttestamentlichen Namen Hezekiah um den Vertreter einer rigiden puritanisch-protestantischen Verzichtsethik handelt, die von ihren Anhängern nicht nur eine asketische Lebensweise, sondern auch eine strikte Ablehnung von jedweden Formen weltlichen Vergnügens einfordert. Für den – aus dieser Perspektive heraus als unnütz erachteten – Konsum von Blumen, an denen man sich womöglich erfreuen könnte, ging Hezekiah Knight offenbar jedes Verständnis ab.

Beide Szenenauftritte zeichnen in der Zusammenschau betrachtet also ein recht düsteres Bild, dessen Wirkung die Autorin gleichzeitig aber auch etwas abschwächt, als sie ihnen humoristische Elemente einfügt, die für die nötige Auflockerung (*comic relief*) sorgen. Der Negativeindruck dieser exemplarisch dargestellten *upper middle class*-Ehen bleibt jedoch bestehen und bildet sodann die Hintergrundfolie für die dritte Episode mit dem Auftritt Cornelia von Schlegels.

„I can't bear to oppose him": Diskurs- und Rollenkonformität im Auftritt von Cornelia von Schlegel

Die Informationen, die das (Lese-)Publikum über und durch die Figur Cornelia von Schlegel erfährt, sind überschaubar: Deutlich wird, dass sie sich inmitten der Hochzeitsvorbereitungen befindet und in Anbetracht der bevorstehenden Eheschließung mit Charles Dunn eingewilligt hat, ihr Künstleratelier aufzugeben, um sich fortan ausschließlich ihrer Rolle als Ehefrau zu widmen. Diese dritte Szene unterscheidet sich nicht nur hinsichtlich der geschlechterideologischen Ausrichtung, sondern auch in struktureller Hinsicht von den ersten beiden Episoden.

Was Cornelias Auftritt (vgl. *TFS* 27-29) von den vorangegangenen grundlegend abhebt, ist der Umstand, dass die Figur den *flower shop* nicht allein, sondern in Begleitung ihres zukünftigen Ehemanns betritt. Anders als Mrs. Summers und Mrs. Knight, deren Ehemänner als *off-stage*-Figuren konzipiert sind, ist es Cornelia *in praesentia* ihres Verlobten nicht möglich, frei und unbeobachtet zu sprechen. Eine ausführliche Verhandlung ihrer individuellen Problemsituation ist damit ausgeschlossen. So muss sie, um mit Margaret überhaupt ins Gespräch kommen zu können, den Moment ausnutzen, als sich Charles im äußeren Bereich des Blumenladens („*in the outer shop*", *TFS* 27) umsieht. Dabei spricht sie, wie der Nebentext verrät, fortwährend mit gedämpfter Stimme: „*Hesitating—in a low voice, drawing her* [Margaret] *to one side*", *TFS* 28). Im Verlauf des Gesprächs vertraut sie Margaret an, dass sie ihre Tätigkeit als Künstlerin niederlegen wird, diese Entscheidung aber keine eigene, sondern eine fremdbestimmte ist, wie die Unterstreichungen im Dialogzitat zeigen:

CORNELIA.	[...] I am so happy and yet—I am troubled about something. Tell me, Margaret, would you really keep your flower shop—if you were married?
MARGARET.	Yes. Why should I give it up? [...] But why do you ask me this? I have my work. I believe in it. I couldn't give it up.
CORNELIA.	I wanted you to see how hard it is for *me*—
MARGARET.	[*Surprised into a louder tone*] Cornelia, you are not going to give up your studio?
CORNELIA.	Yes, I have to.
MARGARET.	I am sorry. Will you be happy without your work?
CORNELIA.	No, but Charles feels *so* strongly about it. He says *he* is not interested in miniature painting. I think he is even now a little jealous of my work. He wants me all to himself. He loves me so much, I feel as if I must do as he wishes, don't you think I ought?
MARGARET.	No. You shouldn't give up your work.

(*TFS* 28f., Unterstreichungen KT)

In der Gegenüberstellung von „happy" und „troubled" in Cornelias erster Replik spannt sich das ganze Konfliktfeld ihrer inneren Zerrissenheit auf. Die Vorstellung, ihre Kunst der Ehe ‚opfern' zu müssen – die wiederholte Verwendung von „give it up" impliziert das viktorianisch geprägte Konzept des *female self-sacrifice* – macht sie bereits vor der Eheschließung unglücklich: Auf Margarets Frage, „Will you be happy without your work?" antwortet sie mit „No". Die Konventionen erfordern, das weiß auch Cornelia, kompromisslos die Einhaltung der ihr zugewiesenen Rolle, was gleichzeitig auch bedeutet, dass sie ihr eigenes Bedürfnis nach kreativer Selbstentfaltung, gar ihre Individualität als solche, hinter die Interessen des Ehemanns zurückzustellen hat. Der fast beiläufige Hinweis auf Charles Dunns Eifersucht in Bezug auf Cornelias Kunst weist ebenfalls einen deutlichen Diskursbezug auf, deutet er doch auf das männliche Konkurrenzdenken hin, hinter dem sich die Angst des Mannes verbirgt, die Frau könne ihm in irgendeiner Form überlegen sein.[544] Auch Charles Dunn, so wird indirekt deutlich, sieht sich angesichts der Künstlertätigkeit seiner zukünftigen Frau mit einer krisenhaften Situation konfrontiert, die sein Selbstwertgefühl als Mann angreift. Im Dialog oben verdeutlichen die Hervorhebungen, dass Dunn seine diskursiv legitimierte Macht ausspielt. Insbesondere die häufige Verwendung des Pronomens ‚*he*' in Cornelias Replik am Zitatende weist darauf hin, dass ihr Handeln fremdbestimmt und vollkommen auf die Ansichten ihres Partners ausgerichtet ist. Fast zwanghaft, aber durchaus widerwillig, folgt sie dem Rollendruck, dem sie sich ausgesetzt sieht.

Der Umstand, dass sie Margaret konsultiert und nach deren Meinung befragt, lässt jedoch erkennen, dass Cornelia die Legitimität dieses Systems durchaus kritisch hinterfragt. Bevor jedoch Margarets Einwände und Ansichten bei Cornelia fruchten können, greift Charles Dunn – quasi als autoritative Regulierungsinstanz – in das Gespräch der beiden Frauen ein:

CHARLES. [*Drawing near*] What's this?
CORNELIA. Miss Bell thinks I ought not to give up my studio.
CHARLES. [*Uncomprehending*] What? Oh, how absurd. Come, my dear. The car is waiting. [*Hands her the violets.*]
CORNELIA. Oh, thank you.
[*He goes out. She follows to the door and then comes hastily back*] You see he is most thoughtful, Margaret. I can't bear to oppose him now.

(*TFS* 29)

Um jede weitere Beeinflussung durch Margaret oder das Hinterfragen der Beziehung durch Cornelia zu unterbinden, drängt Charles seine Verlobte hastig zum Verlassen des *flower shop* („Come, my dear. The car is waiting."). Seine Schmeicheleien („my dear") und die „*violets*" inszeniert Charles Dunn bewusst als Ablenkungsmanöver, das bei Cornelia durchaus Wirkung zeigt. In ihrer Naivität interpretiert sie Charles' Geste als wertschätzende Aufmerksamkeit

544 Das Motiv des Konkurrenzdenkens innerhalb einer Paarbeziehung findet, wie gezeigt, auch in Crothers' *He and She* Verwendung, wenn die vermeintliche künstlerische Überlegenheit Toms durch das herausragende Talent seiner Frau Ann in Frage gestellt wird, als beide ihre Werke im gleichen Künstlerwettbewerb einreichen und diesen nicht Tom, sondern bekanntlich Ann für sich entscheiden kann.

und Liebesbeweis („he is most thoughtful"). Bezeichnend ist an dieser Szene, dass es ausgerechnet ‚*violets*' sind, die er für Cornelia ausgesucht hat. Bezogen auf den zeitgenössischen Kontext stehen Veilchen nämlich u.a. für *faithfulness* und *modesty*[545] – Attribute also, wie sie der viktorianische Weiblichkeitsdiskurs für den Typus der *true woman* vorsieht. Auf diese Tugenden soll sich Cornelia, so die implizierte Bedeutung dieser Geste, offenbar zurückbesinnen.

Trotz aller Diskurs- und Rollenkonformität, die durch das vermeintliche *happy ending* dieser Szene ‚im Kleinen' suggeriert wird, bleibt insbesondere unter Berücksichtigung der Hintergrundfolie, vor dem sich das Geschehen abspielt – gemeint sind die beiden Episoden von Mrs. Summers und Mrs. Knight –, ein merkwürdiger Nachgeschmack im Raum stehen. In der Zusammenschau aller drei Auftritte aktiviert das Stück nämlich die eingangs des Kapitels angesprochene psychologisierende Dimension der Textrezeption, die – obwohl das Stück die weitere Entwicklung der Beziehung zwischen Cornelia und Charles als Leerstelle offenlässt – die Vorstellung des (Lese-)Publikums dahingehend lenkt, dass ein unglücklicher Verlauf dieser Ehe wahrscheinlicher ist als ein wirkliches *happy ending*. Ob nun die scheinbar diskursaffirmierende ‚Oberflächenbedeutung' oder aber die über den Subtext kommunizierte diskurskritische Bedeutung in der Rezeption stärkere Gewichtung erhalten soll, gibt das Stück dem Leser/Zuschauer letztlich nicht vor. Er ist gewissermaßen selbst angehalten, vor dem Hintergrund der drei Szenen die eigene Haltung kritisch zu reflektieren.

Die Darstellung der *lower class girls* im Spiegel divergierender Weiblichkeitssozialisationen

Mit Lena, Mary und Polly, Margarets *shop helpers*, wird nicht nur das Figurenensemble zahlenmäßig erweitert, sondern das Spektrum der im Stück repräsentierten Weiblichkeitsbilder und Perspektiven wesentlich vergrößert. Was diese drei Figuren, neben dem schon erwähnten Klassenunterschied, von der oben erörterten Gruppe der *upper middle class women* unterscheidet, ist der Umstand, dass alle drei Frauen zum Zeitpunkt des Geschehens unverheiratet und erwerbstätig sind. Anders als Mrs. Summers, Mrs. Knight und Cornelia von Schlegel profitieren diese drei *lower class girls* nicht von den materiellen Besitztümern eines vermögenden Ehemannes, sondern müssen ihren Lebensunterhalt allein bestreiten. Als *shop helpers* in einem Blumenladen gehören sie allerdings bereits zu jenem verhältnismäßig privilegierten Teil der weiblichen *work force*, die etwa auch als Sekretärinnen, Telefonistinnen, Büroassistentinnen usw. Arbeit fanden, im Unterschied zu den sozial schwächer

545 Siehe hierzu Kate Greenaway, *Language of Flowers* (London: Routledge, 1884), 42.

gestellten Arbeitermädchen der *working class*, die unter meist widrigen Umständen körperlich anstrengende Tätigkeiten z.B. in Fabriken, Wäschereien, Nähstuben usw. ausüben mussten. Das Stück nimmt damit Bezug auf jene historische Entwicklung im Zuge der *post-Civil War Era*, als sich als Folge der Industrialisierung und kontinuierlich steigender Einwanderungszahlen der Anteil junger Frauen in den Fabriken einerseits sprunghaft erhöhte, weil diese innerhalb der zur Verfügung stehenden *work force* die billigsten Arbeitskräfte darstellten.[546] Als Konsequenz weiterer technologischer Entwicklungen (wie etwa der Erfindung des Telefon, Telegraph oder Schreibmaschine) kam es dann auch zu einer sozialen Differenzierung innerhalb der *lower class* zwischen einem ‚ungelernten' und einem besser ausgebildeten Segment der weiblichen *work force*. Anders als den Frauen der (*upper*) *middle class*, die häufig nach einer zeitlich begrenzten Tätigkeit (z.B. im Rahmen von *charity work*) in die Häuslichkeitssphäre zurückkehren, „to pursue her traditional role, the begetting and rearing of children",[547] ist es Frauen der *lower class* jedoch meist nicht möglich, ihre Arbeit niederzulegen, auch wenn sie dies gewollt hätten: *Lower class women* „often did not have the choice of staying at home [...]."[548] Mit Polly, Lena und Mary begegnen dem Zuschauer drei dieser Frauen, wobei die Thematik der weiblichen Erwerbstätigkeit innerhalb dieser Figurengruppe durchaus kontrovers diskutiert wird.

Polly wird im I. Akt als *„plump and pretty [girl], with a merry, care-free, childish face"* (*TFS* 9) in das Stück eingeführt. Sie ist, wie der Text an einer Stelle mit den Attributen „young and pretty" (*TFS* 88) weiter verrät, noch jung, hübsch und vital. Bei ihr stößt die Vorstellung weiblicher Erwerbstätigkeit deshalb auf Ablehnung, weil sie auch dem tradierten Weiblichkeitsideal der privilegierten Klassen widerspricht, dem sie verbissen nachzueifern versucht (*‚wanna-be' true woman*).

Lena, deren Name phonetische Ähnlichkeiten mit dem englischen Adjektiv *‚lean'* (dt. mager, hager, dürr) aufweist, wird im I. Akt tatsächlich auch

546 Siehe Degler, „The Changing Place", 135f. zu diesen historischen Entwicklungen.

547 William D. Jenkins, „Housewifery and Motherhood: The Question of Role Change in the Progressive Era", *Woman's Being, Woman's Place. Female Identity and Vocation in American History*, ed. Mary Kelley (Boston, MA: G.K. Hall & Co., 1979), 142-153: 148. Bei Ammons heißt es diesbezüglich: „[...] most [middle-class] white women, whether they wished to or not, found themselves allowed to work only between their school years and marriage because they were expected, upon marrying, to return full-time to women's traditional unpaid work in the home caring for husbands, parents, children, and property." (Elizabeth Ammons, „The New Woman as Cultural Symbol and Social Reality. Six Women Writers' Perspectives", *1915, The Cultural Moment*, eds. Adele Heller and Lois Rudnick (New Brunswick, NJ: Rutgers University Press, 1991), 82-97: 83).

548 Heller and Rudnick, „Introduction", 4.

als „*tall, thin, worn-looking girl*" (*TFS* 9) in das Stück eingeführt. Sie selbst bezeichnet sich außerdem als alternde (vgl. *TFS* 89), „thin and peaked looking [woman]" (*TFS* 92), als *spinster* also, der die Attraktivität früherer Jahre längst abgegangen ist („[A]ll my looks are gone, and I wasn't so bad looking once. [...] I was the envy of all the girls.", *TFS* 88). Lena wirkt erschöpft und ‚verbraucht'. Ihre Arbeit empfindet sie als Dauerbelastung, die inzwischen deutlich sichtbare Spuren hinterlassen hat. Auf dem *marriage market* stehen ihre Chancen damit weitaus schlechter als diejenigen Pollys, weshalb sie nach einem zermürbenden Kampf um ihre finanzielle Unabhängigkeit gegen ihre tiefere Überzeugung ihr Heil in einer bloßen Zweckehe sucht.

Mary schließlich wird (im Sinne ihres *interpretive name*) als eine mit madonnenhafter Schönheit ausgestattete und jungfräulich-tugendhaft wirkende Frauenfigur in das Stück eingeführt. Im Nebentext wird sie zudem als zierliche Frau beschrieben, deren äußeres Erscheinungsbild trotz ihrer Blässe und Zerbrechlichkeit die erwähnte Attraktivität noch erkennen lässt („*slight and pale, with a delicate beauty of her own*", *TFS* 9). Für Mary erweist sich, wie angedeutet, die Arbeit in Margarets *flower shop* als Chance, ihre dunkle, durch die sozialen Umstände erzwungene Vergangenheit als Prostituierte (*fallen woman*) hinter sich zu lassen und in der Gesellschaft wieder Fuß zu fassen.

Mit Polly, Lena und Mary bringt das Stück dem Mittelklassenpublikum des Broadway drei prototypische weibliche Einstellungs- und Erfahrungsmuster aus dem Unterschichtenmilieu nahe und konfrontiert es so mit einem sozialen Erfahrungsraum, mit dem es normalerweise weder im Theater noch in der eigenen Lebenswirklichkeit in Berührung käme. Es verdeutlicht damit zugleich, dass die Geschlechterproblematik kein mittelklassespezifisches, sondern ein gesamtgesellschaftliches Phänomen ist.

„A real old-fashioned marriage": Pollys Bemühungen um eine traditionelle Weiblichkeitsidentität

Mit Polly präsentiert das Stück eine Frauenfigur aus der Arbeiterschicht, die sich den Idealen viktorianisch geprägter Weiblichkeitsvorstellungen vollumfänglich verschrieben hat. Damit eifert sie einem Weiblichkeitsideal nach, das gemäß des zeitgenössischen Geschlechterdiskurses um die *true woman* als *angel in the house* auf sie eigentlich gar nicht abzielt. Ihre Erwerbstätigkeit erachtet Polly als kurzfristige Übergangslösung, nicht als Ausdruck ihrer Persönlichkeitsentfaltung. Die Vorstellung erwerbstätiger Frauen, insbesondere in der Ehe, lehnt sie ab. In ihren Bemühungen, den Typus der *true woman* nachzuahmen, wird deutlich, dass sie in der Partnersuche und Familiengründung ihr oberstes Lebensziel definiert und sich von Margarets Prinzipien (ökonomische Unabhängigkeit, weibliche Selbstbestimmung) explizit distanziert. So sagt

Polly gleich zu Beginn des Stückes: „I don't care what she *believes*" (*TFS* 10, Hervorhebung im Original). Im weiteren Verlauf reproduziert sie beinahe gebetsartig jene Haltungen, die man gewöhnlich von Frauen der *middle class* erwarten würde. In Bemerkungen wie „I'd like to be the bride [...] get *married*, instead of having to work for a living." (*TFS* 9, Hervorhebung im Original) oder „It is a man's *place*. I wouldn't marry a man if he wasn't glad to take care of me—[...]." (*TFS* 27, Hervorhebung im Original) manifestiert sich sodann ihr traditionelles Rollenverständnis innerhalb einer Ehe. Damit erinnert sie dem Typus nach im Übrigen sehr stark an Rachel Crothers' Daisy in *He and She*, die nicht nur in Bezug auf ihre geschlechterideologischen Ansichten, sondern auch im Hinblick auf physiognomische Eigenschaften und die dem Figurennamen eingeschriebenen Implikationen deutliche Parallelen aufweist.

Unweigerlich stellt sich die Frage, was Wentworth mit der Inszenierung dieser *lower class*-Figur als ‚Möchtegern'-*true woman* auszudrücken beabsichtigt. Einerseits mag man darin die Affirmation des herkömmlichen Geschlechterdiskurses sehen, in dessen Kern ein Weiblichkeitsideal vorherrscht, das offenbar so viel Strahlkraft besitzt, dass es auch für Frauen aus der Unterschicht erstrebenswert ist. Wentworths intendiertes *middle class*-Publikum mag darin seine Rezeptionserwartungen durchaus bestätigt sehen. Das an Polly exemplifizierte ‚Aufschauen' unterprivilegierter Gesellschaftsschichten auf die elitären Kreise der Gesellschaft untermauert dabei die konservative Vorstellung einer Klassengesellschaft. Der damit verbundene Gedanke der *upward mobility* wird aber gleichzeitig auch in einem kritischen Licht gesehen, weil mit Pollys Orientierung an Werten der (*upper*) *middle class* letztlich nur alte Ordnungsstrukturen und Rollenvorstellungen reaktiviert und verfestigt werden, die einer fortschrittlichen Gesellschaftsentwicklung und dem Emanzipationsprozess der Frau im Wege stehen.

Dass Polly trotz ihrer konservativen Haltung jedoch *nicht* zum Gegenstand einer von der Autorin ausgehenden Kritik wird, hat zwei Gründe. Erstens wird deutlich, dass Pollys Vorstellungen von Ehe und Partnerschaft auf Werten beruhen, die unter moralisch-ethischen Gesichtspunkten durchaus wünschenswert sind: Sie ist davon überzeugt, dass „being in *love*" „the whole thing" in einer Beziehung sei (*TFS* 10, Hervorhebung im Original). Nur unter dieser Bedingung – sprich ‚echte' emotionale Verbundenheit zwischen den Partnern – wäre sie bereit, zu heiraten und ihre Erwerbstätigkeit einzustellen. Dass Polly in ihrer Haltung konsequent bzw. statisch bleibt, wird deutlich, wenn sie am Ende des Stückes verkündet, in Dave – einem „*stalwart, curly-headed young man*" (*TFS* 9), der gelegentlich in Margarets Blumengeschäft aushilft – den idealen Ehepartner gefunden zu haben. Dave teilt ihre Ansichten uneingeschränkt und zeigt durch seine Äußerungen im nachfolgend zitierten Dialog, dass auch er, analog zu Polly, traditionellen Vorstellungen von Geschlechterbeziehungen und männlichem Rollenverhalten nacheifert:

POLLY. […] you see how happy we are. [*Squeezes* DAVE'S *arm*] It is to be a real *old-fashioned* marriage, Miss Margaret. […] I am going to give all my time to keeping house for Dave [DAVE *smiles in perfect content*] and not work for my living anymore.

DAVE. [*Bravely*] What's mine's hers, I say. I'd be a low sort to let a girl like Polly go on working. She'll never want, not while I've got a pair of hands.

POLLY. I won't mind asking Dave for money. Oh, we are dreadfully happy, Miss Margaret. […] Oh, it is so good to be in love, Miss Margaret […] and to find a man like Dave.

(*TFS*, 94f., Hervorhebung im Original)

Aus einem pro-emanzipatorischem Blickwinkel heraus mögen solche Repliken nur schwer auszuhalten oder nachzuvollziehen sein. Dass ein Verriss solcher, im Dialog oben explizit als „real *old-fashioned*" markierter Partnerschaftsmodelle in Wentworths Stück aber ausbleibt, liegt zweitens an der übergeordneten Botschaft, die das Stück in das äußere Kommunikationssystem zu transportieren versucht. Indem traditionelle Frauentypen wie Polly mit ebenso traditionellen Männerfiguren wie Dave im Stück zueinanderfinden und ihr Verständnis vom gemeinsamen Glück in einer ‚altmodischen Ehebeziehung' eingelöst sehen – nicht ohne Grund enthält das Dialogzitat oben mehrfach Hinweise auf das *beiderseitig* empfundene Glück sowie Formulierungen implizierter gegenseitiger Wertschätzung („a girl like Polly", „a man like Dave") –, wird suggeriert, dass unter diesen Bedingungen eben auch solche, aus moderner Sicht überholte Partnerschafts- und Rollenmodelle ihre Daseinsberechtigung haben. Eine Gesellschaft, die sich in einer Zeit des sozialen Wandels befindet, muss – so die von der Autorin intendierte Aussage – ein Nebeneinander von Tradition und Innovation aushalten können. Im Sinne des demokratischen Prinzips muss und darf jedes Individuum frei von Konventionen, Druck und Zwang entscheiden dürfen, wie es sich zu geschlechterideologischen Fragen positioniert, ohne dafür wie auch immer geartete Konsequenzen befürchten zu müssen. Wenn Schroeder in Bezug auf Wentworths Stück in einem allgemeinen Sinne richtig schreibt, dass es sich insgesamt um ein Drama handele, das einen „moment of historical transition" illustriere, in dem jede Figur „decisions between new freedoms and old customs" treffen müsse,[549] dann zeigt sich am konkreten Beispiel Pollys, dass deren bewusste Entscheidung für ein traditionelles Weiblichkeitsverständnis genauso zulässig und legitim

549 Schroeder, „Realism and Feminism", 40. Vgl. auch Schroeder, *The Feminist Possibilities*, 73.

sein müsse wie eine Entscheidung dagegen. Wenn Margaret trotz ihrer proemanzipatorischen Haltung der jungen Polly nach dem Verkünden ihrer Heiratspläne mit Dave wohlwollend auf die Schulter klopft, ihr Rosen ansteckt und sie mit den Worten „You shall have your wedding bell! We all need joy." (*TFS* 95) beglückwünscht, unterstreicht dies einmal mehr den liberalen, auf Dialog, Verständigung und Reform ausgerichteten Ansatz, den es in einer Zeit wie der *Progressive Era* bedarf, um die gesamtgesellschaftliche Problematik der Geschlechterbeziehungen konstruktiv zu verhandeln. Dass Wentworth diese Botschaft im Kontext eines Figurenpaares aus der *lower class* positioniert, ist vermutlich als Anspielung darauf zu verstehen, dass das Recht auf individuelle Lebensentwürfe kein Privileg elitärer Gesellschaftskreise sein dürfe.

„A perfectly respectable offer": Lenas ‚Ausverkauf' emanzipatorischer Prinzipien

Auch bei Lena geht es um den Aspekt weiblicher Erwerbstätigkeit. Im Unterschied zu Polly, die in ihrer konservativen Haltung konsistent bleibt, vollzieht Lena innerhalb des Handlungsgeschehens jedoch eine retrograde Entwicklung, die sich als Rückfall in ein tradiertes Rollenmuster beschreiben lässt. Während sie Pollys konservative Ansichten im Expositionsakt noch kritisiert und dadurch indirekt zum Ausdruck bringt, dass sie Margarets Prinzipien von emanzipierter Weiblichkeit nicht nur vertritt, sondern selbst auch zu leben versucht (vgl. *TFS* 9), wandelt sich ihre Einstellung dergestalt, dass sie dem (Lese-)Publikum im Schlussakt des Stückes als desillusionierte, physisch wie psychisch entkräftete Figur begegnet, die sich angesichts des hohen Preises, den sie für ihre vermeintliche Unabhängigkeit bezahlt hat, von Margarets Grundsätzen distanziert. Lenas „I don't care what she says." (*TFS* 88) ist syntaktisch wie inhaltlich als Echo von Pollys oben zitierter Bemerkung „I don't care what she *believes*." zu lesen und weist auf eine konzeptionelle Schnittmenge beider Frauenfiguren am Ende des Stückes hin. Eine differenzierte Betrachtung ist dennoch erforderlich, denn die Figuren weichen in einen Punkt deutlich voneinander ab.

Ähnlich wie Polly entschließt sich zwar auch Lena schlussendlich für die Ehe und eine traditionelle Frauenrolle, die Hintergründe dieser Entscheidung könnten im Vergleich zu Pollys Motiven jedoch nicht unterschiedlicher sein: Nicht die tief empfundene Liebe für einen Mann oder etwa die Verinnerlichung konventioneller Weiblichkeitskonfigurationen sind die Gründe, die Lena zu diesem Schritt bewegen, sondern die Tatsache, dass sie nach endlosen Jahren körperlich anstrengender Arbeit und ihrem Bemühen um finanzielle Unabhängigkeit an einem Punkt der Erschöpfung angelangt ist, der sie zur Kapitulation zwingt. „Lena," schreibt Patricia R. Schroeder hierzu knapp, „sees marriage [...] as an opportunity to rest from toil".[550] Die Resignation der Figur äußert sich zunächst in einem kurzen Gespräch mit Dave, als sie ihm von ihren Heiratsplänen berichtet:

LENA.	You and Polly?
DAVE [*nods.*]	
LENA.	That's no news. But you needn't feel so smart. You are not the *only ones.*
DAVE.	Are you going to get married, Lena? [*Looks at her.*]
LENA.	I may.
DAVE.	You don't say!
LENA.	I don't know why that should astonish you so much—you think no one wants me because I am all worked out [...].
DAVE.	[*Staring in wonder at her outburst*] I never said nothing. What are you mad at me for?
LENA.	Do you suppose I don't know what you are thinking? I tried to do as Miss Margaret's doing, and now look at me,—all my looks gone, and I wasn't so bad looking once. I had so much color that every one used to turn and look at me. You won't believe it, but I had redder cheeks than Polly. I was the envy of all the girls.

(*TFS* 87f., Hervorhebung im Original)

Der Dialogausschnitt verdeutlicht nicht nur sehr eindrücklich, dass die einzige ‚Währung' einer Frau auf dem ‚Heiratsmarkt' – um die Bildsprache des Konsumdiskurses aufzugreifen – ihre körperliche Attraktivität ist, sondern auch, dass sich Lena mit einem kontinuierlichen ‚Wertverfall' dieser Währung konfrontiert sieht. Ihre Anstrengungen um Selbstbestimmung und Unabhängigkeit haben sie das einzige ‚Kapital gekostet', das sie als Frau je besessen hat. In Sorge um ihre Zukunft und mit der Erkenntnis, dass ihre Bemühungen, es Margaret gleich zu tun („I tried to do as Miss Margaret's doing"), unweigerlich ins Leere laufen, sieht sie sich gezwungen, entgegen ihrer inneren Überzeugungen zu handeln. Sie würde, wie sie Margaret in ihrer Ausweglosigkeit gesteht, „do anything to quit work and have a husband" (*TFS* 90), um dem wenig erstrebenswerten Dasein als gesellschaftlich isolierte *spinster* zu entkommen. Ein vergleichsweise langer Dialog zwischen Lena und Margaret (vgl. *TFS* 88-92) gewährt sodann tiefe Einblicke in die Krisenhaftigkeit der Figur, die aus ihrem unentwegten, und deshalb physisch wie mental zermürbenden ‚Ankämpfen' gegen Tradition und Konvention resultiert:

LENA.	[*Embarrassed*] I—I may get married.
MARGARET.	Why, Lena, I didn't know you cared for any one.

550 Schroeder, „Realism and Feminism", 41. Vgl. auch Schroeder, *The Feminist Possibilities*, 74.

LENA. I don't, specially.

MARGARET. Then, why?

LENA. [*Impatiently*] I know what you will say,—but a woman like me has got to think of herself. I am getting old. I don't like to look ahead and see myself an old woman with nobody to care whether I live or die. It is this way, Miss Margaret, if I am ever to have a home I must plan it now. This is a good chance. I may never have another,—and I,—I want a change—I have had nothing for years but work—week in and week out.

MARGARET. And now you want some man to do this for you?

LENA. Why shouldn't he? It's a man's place. Why shouldn't it be—if he wants to?

MARGARET. [*Very gently placing a hand on* LENA'S] Who is the man, dear?

LENA. [*Softening.*] He is a good man. Edward Knox. He hasn't a single bad habit.

MARGARET. I know, the carpenter.

LENA. He has asked me several times, but I thought about you and what you have been teaching us, so I always refused him. [...] but I—well, you see [*wipes a tear from her eye*], it seems like such a good chance. He has a steady job. He says he will be good to me.

MARGARET. Lena, Lena—and you don't love him!

LENA. No, but it is a perfectly respectable offer, Miss Margaret. I'm afraid I am one of the weak ones you talk about. I want a home—[*drops her head on the table with a little sob*] and I am so tired, Miss Margaret—so tired.

MARGARET. [*Very gently*] Other people get tired, too, Lena. Even married women get tired, fearfully tired. Have you thought what a home would be without love, Lena?

LENA. I don't ask for that—a rest, a change, is all I want. [*Desperately*] If I can only forget the thump, thump of the typewriter.

MARGARET. Hasn't it been a rest to be here with me this year?

LENA. Yes, but I need more than that. The typewriter is on my brain, on my nerves. It seems to me I'll do anything to quit work and have a husband—some one who will look out for me.

MARGARET. [*Gently.*] Poor girl!

(*TFS* 89f.)

Wieder ist es der Aspekt physischer und mentaler Erschöpfung, den Lena als Hauptgrund anführt, ihre Erwerbstätigkeit aufzugeben. Insbesondere die wiederholten Hinweise auf Lenas Müdigkeit sind Ausdruck dessen, dass weibliche Emanzipationsbemühungen als Dauerbelastung empfunden werden, wenn die gesellschaftlichen Rahmenbedingungen dafür nicht bzw. nicht für alle gleichermaßen gegeben sind. Es braucht augenscheinlich ein hohes Maß an Willensstärke und ein gutes Durchhaltevermögen, um die eigenen Ideale immer wieder aufs Neue gegen die Macht der Tradition, des Diskurses und der alten Ordnung zu verteidigen. Lena gesteht sich ein, diesen aufreibenden

Kampf verloren zu haben, wenn sie resignierend sagt, „I am one of the weak ones you talk about". In Anbetracht ihrer verzweifelten Situation ist es ihr letztlich genug, in der *off-stage*-Figur Edward Knox einen Mann mit guten Manieren zu finden, der ihr verspricht, sie gut zu behandeln und ihr das Heim zu geben, das sie sich von dieser Verbindung erhofft. Interessant ist, dass Margaret – obwohl Lenas Weg in die finanzielle Abhängigkeit und in eine Ehe ohne emotionale Basis kaum mit ihren emanzipatorischen Ansichten konform geht – Lena nicht verurteilt oder abstraft. Vielmehr zeigt sich Margaret, wie die drei Bühnenanweisungen im Nebentext oben verdeutlichen, überaus einfühlsam und sanftmütig („*very gently placing a hand on* LENA'S", „*very gently*", „*gently*"). Sie versucht Lena verständlich zu machen, dass eine Zweckehe auf Dauer auch keine befriedigende Lösung darstellt. Im Grunde repräsentiere Lenas Selbstaufgabe, die sie als Preis für die finanzielle Sicherheit zu zahlen hat, nichts anderes als eine Form des Ausverkaufs der eigenen Seele. Indirekt vergleicht Margaret Lenas Situation mit der Marys, die – wie unten noch genauer ausgeführt wird – in die Prostitution abgerutscht war:

> MARGARET. You just said now that you were *tired*. Remember that Mary was more than tired—she was hungry—think of it—*starving* when *she* did—what you are going to do. [...] I want you to see that you are about to do what she did. You are horror stricken at the idea, but it is true, nevertheless. You will give yourself for the necessities of life with no love in your heart,—only you have the advantage of Mary. You make a better bargain—a bargain for life. But she had one advantage over you—she was free——
>
> (*TFS* 91, Hervorhebungen im Original)

Margaret bedient sich in ihrem Bemühen um Lenas Perspektivwechsel und Empathie eines dem Kommerzbereich entliehenen Motivkomplexes: Sie spricht von ‚*making a bargain*' und ‚*being free*', womit die Handlungsoptionen für Lena, die sich zwischen ‚Ausverkauf' und finanzieller Unabhängigkeit bewegen, im Text selbst explizit benannt sind. Margaret skizziert das Konfliktfeld, ohne Lena mit Nachdruck in die eine Richtung drängen oder sie von der anderen abbringen zu wollen, wenngleich natürlich klar ist, wohin sie tendiert. Ihr geht es vielmehr um Bewusstmachung und Sensibilisierung. Wenn Lena ihr Vorhaben dann aber trotz allem erneut bekräftigt („Then I'll be like Mary, only I'll be respectable!", *TFS* 91), Margaret diese Entscheidung mit den Worten „Marry Edward Knox, Lena. Be as happy as you can. I do not stand in your way. [...] I don't blame you. I understand." (*TFS* 91f.) akzeptiert und dabei als Zeichen ihrer nach wie vor ungeschmälerten Wertschätzung für Lena den Arm um sie legt (vgl. *TFS* 92), kommt das dem Stück zugrundeliegende Kernprinzip demokratischen Denkens und Handelns erneut deutlich zum Tragen. Wenngleich Lenas Weg aus einem modernen, pro-emanzipatorischen Blickwinkel heraus kaum als ideal bezeichnet werden kann, so muss – das verdeutlicht Margarets Reaktion – Lenas Entscheidung doch Akzeptanz finden.

Nichtsdestoweniger ist diese Szene dennoch nicht frei von Gesellschafts- und Diskurskritik. Lenas Feststellung, „What you do is all right for you, Miss Margaret, you are different from the rest of us" (*TFS* 89), ist Ausdruck ihres Klassenbewusstseins. Weibliche Emanzipation von tradierten Geschlechterrollen erweist sich offenbar als Privileg der Mittel- und Oberschicht – ein Umstand, den die Dramatikerin durch die Darstellung des *lower class*-Mädchens Lena indirekt kritisiert. Wenngleich, wie im theoretischen Teil dieser Arbeit ausgeführt, das Streben nach einem modernen Verständnis von Weiblichkeit – das in seiner Gesamtheit bekanntlich mit der Bezeichnung der *new woman* gebündelt wird – in allen Gesellschaftsschichten zu finden ist,[551] so variieren die Erfolgschancen, die Prinzipien emanzipierter Weiblichkeit tatsächlich in den eigenen Lebensentwurf integrieren zu können, doch sehr stark. Für Lena als ein Mädchen aus der Unterschicht bleibt das Ideal des progressiven Weiblichkeitsverständnisses letztlich doch unerreichbar. Das Stück veranschaulicht, dass sich Margarets *middle class*-Ideale nicht ohne Weiteres auf die Arbeiterschicht übertragen lassen: Ihren idealistischen Visionen von weiblicher Selbstbestimmung und ökonomischer Unabhängigkeit sind soziale Grenzen gesetzt.

Doch nicht etwa die Protagonistin Margaret mit ihren ‚Blindflecken' für soziale Klassenunterschiede gerät hier in den Fokus der Kritik – im Gegenteil: Margarets idealistische Vision der Frauenemanzipation, innerhalb derer über Klassenbarrieren ‚hinweggesehen' wird, ist ja gerade Ausdruck eines fortschrittlichen, ‚entgrenzten' Denkens; Die hier wohl implizierte Kritik zielt vielmehr auf die Starrheit sozialer Strukturen ab, die einer fortschrittlichen Entwicklung der Gesellschaft nach modernem Verständnis im Wege stehen. Es ist der Mangel an Flexibilität, sozialer Durchlässigkeit und tragfähigen Alternativen, der dafür Sorge trägt, dass Frauen wie Lena in solche Rollenmuster und Beziehungsmodelle hineingedrängt werden, die sie eigentlich ablehnen. Wenn Wentworth am Beispiel Lenas aufzeigt, dass weibliche Erwerbstätigkeit für ohnehin schon finanziell benachteiligte Frauen der Unterschicht früher oder später offenbar entweder dazu führt, an den Anstrengungen dieser Arbeit, wie in Lenas Fall, körperlich und psychisch zu zerbrechen, ein bescheidenes Dasein als vereinsamte *old maid* bzw. *spinster* fristen zu müssen oder sich aber in Ehen ohne emotionale Bindung zu flüchten, dann können dies – so die Botschaft des Stückes – unmöglich die Optionen sein, die ein

551 Siehe hierzu die detaillierten Ausführungen in Abschnitt III.4.2 dieser Arbeit.

modernes Gesellschaftssystems im zweiten Jahrzehnt des 20. Jahrhunderts für Frauen bereithält. Entsprechend deutlich ist im oben zitierten Aushandlungsdialog der Ruf nach Reformen auch im Hinblick auf unterprivilegierte Gesellschaftsschichten zu vernehmen.

„Miss Margaret saved me": Marys gesellschaftliche Rehabilitierung als *respectable lower class girl*

Eine weitere Facette weiblicher Krisenhaftigkeit bringt Wentworth mit der Figur Mary auf die Bühne, die – wie oben angedeutet – gesellschaftlich betrachtet ins Bodenlose abgestürzt war, bevor sie (siehe das Kapitelzitat oben) von Margaret aus dieser prekären Lage gerettet wurde und eine Anstellung im *flower shop* fand, wo sie nun als Schreibkraft arbeitet. Mary verkörpert eine *fallen woman*, die entsprechend der Begriffsbezeichnung deshalb sozial ‚gefallen' war, weil sie sich eine Zeit lang als Prostituierte verdingte, um ihre Existenz zu sichern. Es liegt vermutlich an den rigiden Inszenierungskonventionen des Unterhaltungstheaters sowie an der Tatsache, dass die Prostitutionsproblematik zur damaligen Zeit ein Tabuthema war, dass Wentworth darauf verzichtet, Marys Vergangenheit als Prostituierte als solche explizit zu benennen. Dennoch gibt es diverse Textstellen, die eindeutig darauf anspielen. Fremdcharakterisierungen wie „a girl who has been as low as Mary" (*TFS* 91) und „that kind of girl" (*TFS* 91) sowie Bemerkungen, die Marys Ehrbarkeit in Frage stellen (vgl. *TFS* 11, 91) sind als unmissverständliche Hinweise zu lesen. Auch die Figur selbst gewährt an einer Stelle Einblick in die widrigen Umstände, die sie in dieses Milieu haben abstürzen lassen. Darauf wird gleich noch genauer einzugehen sein.

Dem vorangestellt sei die Anmerkung, dass Mary zum Zeitpunkt der dargestellten Handlung diesem Milieu zwar wieder entkommen ist, aufgrund ihrer sozialen Stigmatisierung und ‚dunklen' Vergangenheit gesellschaftlich aber weiterhin vollkommen isoliert bleibt. Dies äußert sich im Stück zum einen darin, dass beispielsweise Lena die Kommunikation mit ihr verweigert, indem sie entweder auf Marys Fragen gar nicht reagiert (vgl. *TFS* 10) oder so harsch und scharfzüngig antwortet, dass sie Mary mit dieser verbal abweisenden Art immer wieder gezielt verletzt (vgl. *TFS* 10f.) – ein Verhalten, das auch Margaret nicht entgeht, wie an einer Stelle im III. Akt deutlich wird: „[...] you have never spoken one kind word to her—usually you ignore her in the most pointed way. You have hurt her cruelly." (*TFS* 91). Zum anderen zeigt sich Marys Isolation auch in dem Umstand, dass sie von gesellschaftlichen Anlässen, wie etwa der im Schlussakt erwähnten Tanzveranstaltung (vgl. *TFS* 95f.), ausgeschlossen bleibt und damit auch keine Möglichkeit sieht, am öffentlichen Leben zu partizipieren. Wenn sie im Hinblick auf die Tanzveranstaltung sagt, „There is no place for *me* there." (*TFS* 96, Hervorhebung im Original), dann lässt sich die darin implizierte Vorstellung ihrer räumlich-konkreten ‚Entortung' ohne Weiteres auf die Ebene der Gesellschaft übertragen, in der sie im wörtlichen wie im übertragenen Sinn keinen Platz mehr zu haben scheint.

Es ist dieser Aspekt, den das Stück am Beispiel Marys deutlich kritisiert: Frauen wie Mary erfahren soziale Ausgrenzung und dauerhafte Stigmatisierung, ohne dass die Umstände und Ursachen ihrer Lebenssituation einmal hinterfragt würden. Eben dies, d.h. die individuelle Krisensituation und tabuisierte Vergangenheit der Figur zu erhellen, ist vermutlich die Absicht, die die Dramatikerin mit einem Figurendialog im Expositionsakt verfolgt, in dem Lena und Mary aneinander geraten:

> MARY. [*Still hurt by* LENA'S *stare*] [...] I was more than tired when Miss Margaret saved me from the life I was being dragged into. I was hungry—hungry—do you understand? You don't know what it means to live on three or four dollars a week in a miserable little room for five years, and never know what it is to have your body warm in winter or your hunger satisfied.
>
> LENA. [*With virtuous sharpness*] I'd keep *respectable!*
>
> MARY. [*Passionately*] You wouldn't! You couldn't! You'd get more tired than you are now; you'd get so sick of it all and so desperate you'd take the first offer you had for just one square meal and some warm underwear to stop the shivers!
>
> (*TFS* 11, Hervorhebung im Original)

Obwohl die beiden Repliken die einzigen im gesamten Stück sind, in denen das Publikum etwas Konkretes über die Vergangenheit der Figur erfährt, so enthalten diese wenigen Zeilen doch eine Vielzahl an Informationen, die Marys Situation im zeitgeschichtlichen Kontext einzuordnen verhelfen. Wenn Mary beispielsweise berichtet, dass sie in ihrer früheren Tätigkeit als *mill girl*[552] nur „three or four dollars a week" verdient hatte, dann war diese Entlohnung offenbar weit unter dem erforderlichen Minimum der Existenzsicherung. In diesem Hinweis spiegelt sich die Lebenswirklichkeit von Fabrikarbeiterinnen der *Progressive Era*, die als billigste aller Arbeitskräfte physisch und ökonomisch ausgebeutet wurden.[553] Ständige Hungersnot („hungry—hungry—do you understand?"), katastrophale Wohnverhältnisse („a miserable little room") und permanente Geldknappheit trotz der harten körperlichen Arbeit

552 Dass Mary vor ihrem sozialen Absturz ins Rotlichtmilieu einige Jahre in einer Fabrik gearbeitet hatte, geht aus einer Replik im III. Akt hervor, in der es heißt: „I used to hear them talking in the mill [...]." (*TFS* 99).

553 Siehe hierzu Abschnitt II.1.2 sowie die Erläuterungen in Abschnitt IV.4.3 dieser Arbeit.

ließen sie zunächst unter die Armutsgrenze und schließlich in die Prostitution abstürzen, in der offenbar die einzige Möglichkeit bestand, zumindest die menschlichen Grundbedürfnisse wie Nahrung und Kleidung abzusichern („to have your body warm in winter or your hunger satisfied"). Dass die Dramatikerin Marys Situation vor dem Hintergrund der sozialen Widrigkeiten ihrer Zeit durchaus realistisch darstellt, wird etwa bestätigt durch Degler, der in diesem Zusammenhang von „social evils" spricht und dabei Bezug nimmt auf „the economic exploitation that drove young working girls into brothels".[554]

Eine Formulierung im oben zitierten Dialogausschnitt ist mit Blick auf die Gesellschaftskritik des Stückes von besonderer Relevanz: Wenn Mary sagt, „Miss Margaret saved me from *the life I was being dragged into*" (Hervorhebung KT), dann impliziert diese Äußerung, dass Marys sozialer Absturz in einen von der Gesellschaft nicht akzeptierten Status nicht selbstverschuldet war, sondern durch die gesellschaftlichen Rahmenbedingungen (wie z.B. die zu niedrige Entlohnung von Fabrikarbeiterinnen) verursacht wurde. Durch die grammatikalische Passivkonstruktion ‚*was being dragged into*' wird Mary als passives Objekt markiert, das den äußeren Umständen völlig ergeben und ausgesetzt ist. Die darin enthaltene Sozialkritik der Autorin richtet sich an die entstehende kapitalistische Gesellschaft, insbesondere die vermögende Ober- und Mittelschicht, die ihren Wohlstand auf Kosten der unterprivilegiertesten Gesellschaftsschicht anhäuft. Wentworths *The Flower Shop* ist kein naturalistisches Stück, aber Marys Darstellung als Opfer ihres sozialen Milieus und der gesellschaftlichen Umstände lässt deutliche Züge des amerikanischen Naturalismus erkennen, wie man ihm beispielsweise oft im Roman dieser Zeit begegnet.[555]

Ohne radikal oder revolutionär in der Aussage zu werden, verdeutlicht Wentworth an der Darstellung ihrer *fallen woman*-Figur, dass erstens eine moderne, demokratische Gesellschaft dafür Sorge zu tragen hat, dass die Schere zwischen Armut und Reichtum nicht größer wird, und dass zweitens die Gesellschaft als solche eine Mitschuld, wenn nicht gar die Hauptschuld, an dem sozialen Absturz von Frauen wie Mary trägt, die es an ihr wieder gutzumachen gilt. Auf der untersten Stufe der Gesellschaftshierarchie stehend hat Mary kaum eine Chance, aus eigener Kraft ihren sozialen Aufstieg zu schaffen. Für die soziale Rehabilitierung für Frauen wie Mary, für die es – so Wentworths Botschaft – einen Platz in der Gesellschaft geben muss, bedarf es gemeinsamer Reformanstrengungen. Der oben zitierte Dialog enthält zwei indirekte Hinweise, durch welche Maßnahmen dies konkret bewerkstelligt werden könnte.

554 Degler, „The Changing Place", 136.
555 Siehe hierzu z.B. Müller (2007).

Zum einen bedarf es einer Lohnangleichung (*equal pay*) bzw. einer Lohnerhöhung (*better pay*), um die ökonomische Ausbeutung von Arbeiterinnen und eine *gender gap* in der Entlohnung zu verhindern. Zum anderen muss es Menschen, Orte und Einrichtungen geben, die ‚gefallenen Frauen' und *social outcasts* überhaupt erst die Möglichkeit zur gesellschaftlichen Rehabilitation geben. Damit knüpft das Stück diskursiv an die Etablierung von Frauenhäusern und die *settlement house*-Bewegung an, die aus dieser gesellschaftlichen Konfliktlage heraus entstand.[556] Margaret, die Mary aus ihrer verzweifelten Situation herausholt und ihr in ihrem *flower shop* eine neue Perspektive bietet, die für Mary einen sozialen Aufstieg in ein vergleichsweise besser gestelltes Segment der *lower class* bedeutet, kann stellvertretend und exemplarisch für so verstandene Reformanstrengungen gelesen werden. An der Darstellung dieses modellhaften Fallbeispiels wird allerdings auch deutlich, dass diese Aufgabe eine gesamtgesellschaftliche ist und nicht ausschließlich durch idealistische Einzelpersonen wie Margaret bewältigt werden kann. So ist es nicht ganz unwesentlich, dass an verschiedenen Stellen des Stückes darauf hingewiesen wird, dass sich Margaret in ihrem unermüdlichen Engagement für „all these women" (*TFS* 97), in ihren Bemühungen um eine ‚bessere' Gesellschaft und in ihrem Anspruch, „a sort of forerunner" zu sein (*TFS* 53), selbst physisch und psychisch völlig aufreibt.

Dass Mary in Wentworths *The Flower Shop* nach dem tiefen Fall der soziale Aufstieg von der *fallen woman* zum *respectable lower class girl* gelingt und die Dramatikerin ihre Vision sozialer Rehabilitation an dieser Figur exemplifiziert, stellt im Spiegel des zeitgenössischen Kontextes einen Tabubruch dar, der – wäre das Stück auf der kommerziellen Theaterbühne tatsächlich zur Aufführung gekommen – mit einiger Sicherheit beim Publikum für Empörung gesorgt hätte. Sowohl thematisch als auch geschlechterdiskursiv geht Wentworth deutlich über die Grenzen des Konventionellen im Unterhaltungstheater hinaus. Gerade weil sich das Stück thematisch am Rande der Genrekonformität bewegt, mag sich Wentworth für die Veröffentlichung ihres Stückes als Lesedrama entschieden haben, kann doch die ‚stille Lektüre' einer Sensibilisierung für gesellschaftliche Missstände, tabuisierte Themen und progressive Reformideen mitunter dienlicher sein als eine öffentliche Inszenierung vor einem grundsätzlich konservativ eingestellten Theaterpublikum.

---

556 Zum *settlement house movement* siehe Abschnitt II.1.2 in dieser Arbeit.

IV.4.4 Battle vs. negotiation: *Zur Funktion der kontrastiv angelegten* main plots

Dass Wentworth in ihrem Stück zwei nahezu parallel verlaufende, ineinander greifende Haupthandlungslinien anlegt, die gleichzeitig auch zwei zentrale Konfliktfelder darstellen, innerhalb derer die weibliche Hauptgestalt den ‚Verknotungspunkt' bildet, wurde in Abschnitt IV.4.2 kurz ausgeführt. Der eingehenden Analyse dieser Konfliktlinien seien an dieser Stelle einige Erläuterungen vorangestellt.

Zunächst ist zu erwähnen, dass beide *main plots* eine grundlegende Gemeinsamkeit aufweisen: Die Handlungen entwickeln sich jeweils entlang einer Konfliktlinie. Ein entscheidender Unterschied besteht jedoch in der Art und Weise, wie die jeweils involvierten Figuren mit diesem Konflikt umgehen. Zum Zwecke einer klareren Darstellung wird hier unterschieden zwischen einer Handlungs- und Konfliktlinie A, in deren Zentrum Ramsey, Margaret und Louise stehen, und einer Handlungs- und Konfliktlinie B, die sich primär um den Konflikt zwischen Margaret, Hartwell und Ramsey dreht. Es soll damit eine gewisse zeitliche Nachgeordnetheit von Linie B angedeutet werden, setzt diese doch erst zu Beginn des II. Aktes ein. Außerdem ‚überdauert' sie Linie A hinsichtlich der Plot- und Zeitstruktur des gesamten Stückes insofern, dass sie erst mit dem letzten Vorhang im Schlussakt ihren Abschluss findet, während der Konflikt A um Ramsey und Louise bereits zu Beginn des III. Aktes aufgelöst wird. In Bezug auf Fragen wie die nach der gesellschaftsbezogenen ‚Nachhaltigkeit' der ausgehandelten Lösung in Konfliktfeld B oder der didaktischen Dimension und Gesamtaussage des Stückes ist dieses Plotstrukturmerkmal durchaus bedeutsam.

Die erste Handlungslinie (A) ist quasi als Negativbeispiel konzipiert, weil sie sich, vereinfacht gesprochen, entlang des strukturellen Ablaufs von Konflikt – Zuspitzung – Eskalation – Sieg/Niederlage bewegt. Diese Konfliktlinie ist als erbitterter Geschlechterkampf angelegt, was sich nicht nur in der antagonistischen Konstellation der Figuren widerspiegelt, sondern auch in der konsequenten Verwendung sprachlicher Mittel aus dem Bereich der Kriegsführung. Die Begegnungen der involvierten Figuren laufen vornehmlich in Form von mitunter recht aggressiv geführten Konfliktdialogen bzw. streithaften Auseinandersetzungen ab, die eine gegenseitige Annäherung oder gar Verständigung der Figuren aufgrund ihrer gegensätzlichen Haltungen kaum mehr möglich machen. So gesehen repräsentieren diese Konfliktgespräche ‚gelungene' Paradebeispiele für die oben in III.3.1 erwähnte Form des ‚monologhaften Dialogs' (Tendenz 1), in dem aufgrund des hohen Konfliktpotentials eine Annäherung der Figuren, geschweige denn eine Konsensfindung, höchst unwahrscheinlich wird.

Der zweiten Handlungs- und Konfliktlinie (B) um Margaret und Hartwell liegt ein Konsensmodell zugrunde, was sich darin äußert, dass sich diese beiden Figuren verbalsprachlich nicht ‚bekriegen', sondern in einen ‚dialoghaften Dialog' der gegenseitigen Annäherung und Verständigung treten, um auf konstruktive Weise eine gemeinsame Lösung zur Überwindung ihres Geschlechterkonflikts auszuhandeln.[557] Strukturell folgt diese Handlungslinie einem Prozess, der sich, wiederum stark vereinfacht betrachtet, aus den Elementen Konflikt – Aushandlung – Lösungssuche – Konsensfindung zusammensetzt. Entsprechend diplomatisch begegnen sich die Figuren hinsichtlich ihres Sprechverhaltens und der Dialogführung. Aus diskursanalytischer Perspektive bildet das Konzept der Bedeutungsaushandlung bzw. *negotiation of meaning* den analytischen Referenzrahmen innerhalb dessen diese Handlungslinie zu betrachten ist. Im Hinblick auf die didaktische Wirkabsicht ist gewissermaßen selbsterklärend, dass diese zweite Handlungslinie von der Dramatikerin als Positivbeispiel angelegt ist, das seine Wirkung auf das Publikum nicht zuletzt auch dadurch entfalten kann, dass es – wie oben erwähnt – erst am Ende des Stückes seinen Abschluss findet und dementsprechend positiv über die Textgrenze hinaus ‚nachhallt'. In der Zusammenschau der bis hierher angeführten Aspekte lässt sich die Handlungs- und Konfliktstruktur in Wentworths *The Flower Shop* in vereinfachter Form wie folgt darstellen (Abb. 18):

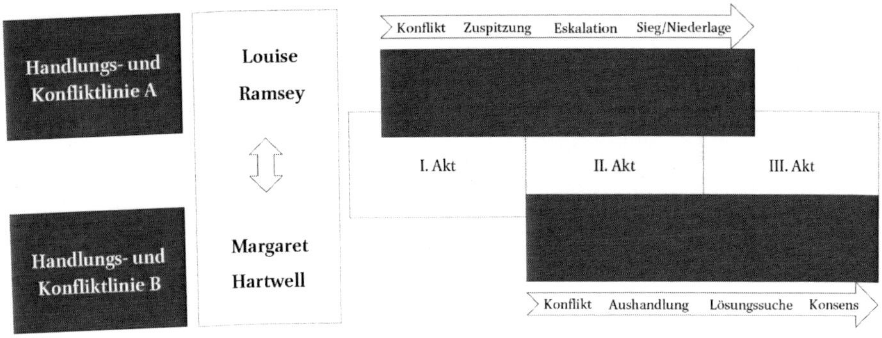

Abb. 18 Die Haupthandlungslinien in Wentworths *The Flower Shop* im Kontext von Konflikt- und Konsensmodellen

557 Siehe hierzu ebenfalls Abschnitt III.3.1 dieser Arbeit.

Das Motiv des Geschlechterkampfes als Ausdruck von Stagnation und Monologisierung im gesellschaftlichen Aushandlungsprozess

„I should like to see you conquered“: Konfrontation und verbale Aufrüstung

Einer der beiden zentralen Konflikte entspinnt sich, wie ausgeführt, innerhalb eines Spannungsfeldes, das primär um die Figuren Ramsey und Margaret kreist, wenngleich auch Louise und Hartwell darin eine bedeutende Rolle spielen. Die Dramatikerin konzipiert Ramsey und Margaret als Kontrahenten, die sich in *gender*-Fragen nicht deutlicher widersprechen könnten. Zwischen ihnen entfacht sich im Zuge ihres Wiedersehens im I. Akt eine Auseinandersetzung, die weit in der Vergangenheit ihre Wurzeln hat und im Verlauf des Handlungsgeschehens zunehmend an Brisanz und verbaler Aggressivität gewinnt. Wentworth bedient sich des *battle of the sexes*-Motivs, um anhand seiner figuralen Konkretisierung durch den patriarchalisch-chauvinistischen Ramsey einerseits und die emanzipierte Margaret andererseits das Diskursformat des feindseligen Wortgefechts als kontraproduktiven Ansatz zur Überwindung des Geschlechterkonflikts zu inszenieren. Vor dem Hintergrund der im Stück angelegten Zeitachse, die sich über zahlreiche dialogische Rückverweise in die Vergangenheit (*past*) bis in die Gegenwart der Handlung (*present*) und darüber hinaus (*future*) erstreckt, verweist Wentworth mithilfe ihrer Rivalen-Figuren Margaret und Ramsey nicht nur auf die anhaltende Dauer des Geschlechterkampfes, sondern damit gleichzeitig auch auf die gesellschaftliche Stagnation im Aushandlungs- und Lösungsprozess, die auf eine fortschrittliche Entwicklung für die Zukunft kaum hoffen lässt.

Gerade im Hinblick auf die im I. Akt eingestreuten Rückverweise auf die Vergangenheit, in denen die Vorgeschichte der beiden Figuren dialogisch aufgearbeitet und die Fehde zwischen beiden für das (Lese-)Publikum verstehbar gemacht wird, zeigt sich die konsequente Unnachgiebigkeit der beiden Kontrahenten in Bezug auf ihre geschlechterideologischen Positionen. Bei aller Gegensätzlichkeit verbindet sie aber eines: Sie weisen zum Teil sehr ähnliche Charaktereigenschaften auf, mittels derer sie sich gegen die Angriffe des jeweils anderen behaupten können. Beide verkörpern starke Persönlichkeiten, wofür es erste Hinweise bereits im Nebentext gibt: Wenn Ramsey als *„a man of bold but attractive strength, rather heavily built, with high Saxon coloring and a blue choleric eye. Magnetic, conscious of his power“* (*TFS* 15) in das Stück eingeführt wird und auch Margaret mit dem Hinweis auf ihre nicht nur im wörtlichen Sinne gemeinte Größe als *„a beautiful woman, of tall, noble build, gracious and winning in manner“* (*TFS* 11) beschrieben wird, dann ist unverkennbar, dass mit beiden Figuren sprichwörtlich zwei Schwergewichte in den

Ring des Geschlechterkampfes treten, die sich nichts schenken. Beide Figuren divergieren in ihren Ansichten so stark, dass eine Wiederbegegnung angesichts der erwähnten Eigenschaften unweigerlich zum Streit führen muss. So konstatiert Margaret an einer Stelle, dass sich die beiden „antagonists“ ihrer „very good fighting qualities“ immer dann wieder besonders bewusst werden, wenn sie aufeinandertreffen (*TFS* 36). Dass die erwähnten ‚Kampfqualitäten‘ auf beiden Seiten gleichermaßen konkurrenzfähig sind und sich beide Figuren stets als ebenbürtige Rivalen gegenübertreten, verdeutlichen die folgenden, dialogisch vermittelte Informationen mit Vergangenheitsbezug:

MARGARET. [...] it came to be „when Greek meets Greek“ with us. We never met without the flash and smoke of battle.

(*TFS* 13f.)

MARGARET. And then the battle was on! A royal one, too,—wasn't it, William?
RAMSEY. Yes, I admit we were pretty evenly matched.
MARGARET. You didn't conquer me.
RAMSEY. No, nor you me.

(*TFS* 18)

Vor diesem figurenkonzeptionellen Hintergrund ist das Aufeinandertreffen der zwei Figuren im I. Akt zu lesen. Über weite Teile des Expositionsaktes (vgl. *TFS* 15-36) erstreckt sich sodann ein ausgedehntes Gespräch, das nur gelegentlich kurz von den oben analysierten Auftritten der *upper middle class women* (Mrs. Summers, Mrs. Knight und Cornelia von Schlegel) unterbrochen wird. Was anfänglich noch wie belangloser *small talk* zwischen zwei guten Bekannten wirkt – gesprochen wird beispielsweise über die Reiseroute der Ramseys (vgl. *TFS* 15) –, entwickelt sich im Zuge ihrer Reminiszenzen an die gemeinsame Vergangenheit rasch zu einer hitzigen Diskussion über (a) die Rolle der Frau innerhalb der Sphärentheorie, (b) den Freiheitsbegriff und (c) die Unüberwindbarkeit der ‚Naturgesetze‘ im Kontext des biologistischen Geschlechterdiskurses.

(a) Im Zuge der Diskussion über die Rolle der Frau beispielsweise bezieht Ramsey klare Positionen, die verdeutlichen, dass er uneingeschränkt als Verfechter patriarchalischer Ansichten und des herrschenden Geschlechterdiskurses gelten kann. Von einer Frau, die als potentielle Ehepartnerin für ihn in Frage käme, erwarte er zum Beispiel, dass sie ihre Berufstätigkeit und Präsenz in der Öffentlichkeit unverzüglich aufgeben würde, um sich ihren häuslichen und ehelichen Pflichten widmen zu können. Dass dieser Grundsatz in der Vergangenheit zum Zerwürfnis zwischen ihm und Margaret geführt hatte, verdeutlicht dieser Dialogausschnitt:

RAMSEY.	Your voice meant everything to me, Margaret. [...]
MARGARET.	Yet you would have murdered it.
RAMSEY.	How do you mean?
MARGARET.	You demanded I give it up on the day of our marriage.
RAMSEY.	Of course. You know how strongly I felt on that point. I didn't want you to appear in public—to make the treasure common. How would it have looked? You could have gone on *singing*.
MARGARET.	For you, alone? In the chimney corner? With *my voice*?
RAMSEY.	For friends, for charity,—in a private way. That seems far more beautiful to me. If you had loved me you would have done it.
MARGARET.	[*Shakes her head.*] If you had loved *me* you would have been glad and proud——
RAMSEY.	To have you sing in public? As a professional star? Never, not as my wife. [...] very naturally I demanded you retire from the public gaze.

(*TFS* 17f., Hervorhebungen im Original)

Unverkennbar beruft sich Ramsey im voranstehenden Textzitat auf den Häuslichkeitsdiskurs, demgemäß die Frau, insbesondere die Ehefrau, ihren Handlungsspielraum bekanntlich innerhalb der *domestic sphere* findet, wo sie ihren Interessen bestenfalls als *leisure activity* nachgehen könne. Ramsey reproduziert an dieser Stelle die in der viktorianisch geprägten Gesellschaft vorherrschende Grundhaltung, dass es für eine Frau der privilegierten Gesellschaftsschicht im Allgemeinen unangemessen sei, „to dedicate her life to art in a professional way"[558]. Margarets Rückzug aus der *public sphere* und die Beendigung ihrer Gesangskarriere erachtet Ramsey nicht nur als Beweis ihrer Liebe, sondern als nicht verhandelbare Selbstverständlichkeit („of course", „very naturally"). Margaret vertritt, wie das Publikum durch die Rückverweise auf die Vergangenheit erfährt, diesbezüglich Ansichten, die denjenigen Ramseys diametral entgegenstehen, was in der Konsequenz zum Bruch zwischen beiden geführt hatte („So we ended it.", *TFS* 14). Ramseys Forderung, ihre Gesangskarriere zu beenden, kommt aus ihrer Sicht einem ‚Mord' an ihrer Stimme gleich („you would have murdered it") – ein im Kontext des *battle of the sexes*-Motivs sehr wirkintensives Sprachbild. Dass Ramsey zum gegenwärtigen Handlungszeitpunkt in seiner Einstellung zur Geschlechterfrage unverändert geblieben ist, zeigt sich in seinen Äußerungen über Louise, in der er inzwischen sein „ideal of a wife" (*TFS* 16) glaubt gefunden zu haben. Louise sei „perfectly *domestic*", habe ‚selbstverständlich' „no yearnings for a public career" und sei „a true woman" durch und durch (*TFS* 16, Hervorhebung im Original).

558 Narbona-Carrión, „The Woman Artist", 70.

(b) Im weiteren Verlauf geraten Margaret und Ramsey in einer hitzigen Diskussion über den Freiheitsbegriff aneinander, der – wie sich zeigt – vor dem Hintergrund unterschiedlicher geschlechterideologischer Standpunkte im Hinblick auf seine inhaltliche Bedeutung geradezu gegensätzlich ausgefüllt wird. Was für Margaret der Inbegriff des persönlichen Glücks einer Frau ist, stellt für Ramsey das dar, wovor ein Mann sie (ober besser: sich selbst) unbedingt beschützen müsse: Im Kern der Debatte geht es um die finanzielle Unabhängigkeit einer erwerbstätigen (Ehe-)Frau. Der entsprechende Dialog liest sich wie folgt:

MARGARET.	You taught me the value of freedom.
RAMSEY.	[*Irritably*] What do you mean?—freedom!
MARGARET.	To be one's self—to grow each in his own way, the woman as well as the man. If marriage can't do that——
RAMSEY.	Well?
MARGARET.	Remain alone. For me, there can be no real or lasting happiness without freedom—of that I am sure.
RAMSEY.	[*Looks about the flower shop contemptuously*] Is this what you call freedom? or happiness? Humph! If you had married me you might not have been happy, but at least you would not have come to this—to be forced to support yourself and battle with the business world. I could have protected you from that.
MARGARET.	I think better of marriage than that it is merely an escape from responsibility of taking care of one's self. I want to earn my own way in the world. I mean always to do it, whether I marry or not. [*Leaning across the table and speaking in a low, earnest voice*] My flower shop takes the place of my voice. I couldn't begin to tell you all that it means to me. [...] If I failed with my voice I shall not fail with my flower shop.
RAMSEY.	What do you mean?
MARGARET.	It is the symbol of a new freedom for woman.
RAMSEY.	You don't mean *votes*—you haven't gone off on that craze?
MARGARET.	A greater freedom than that,—economic freedom.

(*TFS* 18f., Hervorhebung im Original)

„Economic freedom" als eines der Kernelemente dauerhaften, wahren Glücks („real or lasting happiness") ist bei Margaret überaus positiv konnotiert. Sie verbindet damit die Möglichkeit zur individuellen Selbstentfaltung und Persönlichkeitsbildung („to be one's self – to grow"), die entgegen der Prämissen des *double standard* nicht nur Männern vorbehalten, sondern auch für Frauen offenstehen sollte. Margaret entwirft damit gleichzeitig die Vorstellung einer modernen Ehe, in der die Gleichberechtigung der Geschlechter als ein sie konstituierendes Grundprinzip gilt. Bei Ramsey hingegen ist weibliche Erwerbstätigkeit durchweg negativ besetzt, was sich nicht nur in seiner

Körpersprache spiegelt („*looks about the flower shop contemptuously*"), sondern auch in der Wortwahl zeigt: Formulierungen wie „have come to this", „forced to support yourself", „battle with the business world" und „I could have protected you from that" implizieren nicht nur seine Missbilligung und Verachtung für Frauen wie Margaret, sondern verdeutlichen ferner, dass seiner Ansicht nach die Korrelation von Weiblichkeit und Erwerbstätigkeit grundsätzlich widernatürlich ist, weil das vermeintlich ‚schwache Geschlecht' für ein Bestehen in der rauen Geschäftswelt gar nicht gerüstet sei. In seinem Verständnis von Ehe sind die Rollen des Mannes eindeutig definiert – die Aufgabe des *provider* und *protector* sind allein ihm vorbehalten. An anderer Stelle fügt er dem hinzu: „The woman ought to be supported by the man. It is a law of nature." (*TFS* 23). Wenn er Margarets Ansichten zudem als „Absurd!", „Nonsense!" und „Ridiculous!" (*TFS* 23) bezeichnet, wird augenscheinlich, dass eine geschlechterideologische Annäherung auch in diesem Punkt nicht zu erwarten ist.

(c) In der Fortsetzung dieser streithaften Auseinandersetzung wird insbesondere auf Ramseys Seite der Ton immer schärfer. Dies ist vor dem Hintergrund zu sehen, dass er für einen Großteil des I. Aktes anwesend ist (vgl. *TFS* 15-36) und die drei Auftritte der *upper middle class women* beobachtet. Zwar zieht er sich für die Dauer ihrer Bühnenpräsenzen jeweils hinter einen abgetrennten Bereich des *flower shop* zurück und gibt vor, eine Zeitschrift zu lesen, tatsächlich aber belauscht er Margarets Gespräche mit den Kundinnen (vgl. *TFS* 20, 22). Dass er dabei Äußerungen zu hören bekommt, deren Inhalten er nicht nur kritisch, sondern ablehnend gegenübersteht, ist quasi selbsterklärend. Nach jedem dieser Auftritte wird seine Reaktion expressiver: Greift er nach Mrs. Summers' Auftritt die Diskussion um den Freiheitsbegriff noch verhältnismäßig sachlich wieder auf (vgl. *TFS* 22), wirft er nach Mrs. Knights Auftritt aufgebracht die Zeitschrift auf den Tisch (vgl. *TFS* 27) und zeigt sich im Anschluss an Cornelia von Schlegels Auftritt in seinem gesamten Sprachverhalten schließlich deutlich aggressiver (vgl. *TFS* 30), wenn er „*very masterfully*" an Margaret mit den Worten „So this is Margaret!" herantritt (*TFS* 30). In Folge seiner aufgestauten Empörung über das Gehörte macht er sich nun gewissermaßen im Streit mit Margaret Luft. In der nachfolgend zitierten Auseinandersetzung, in der es primär um die „mighty forces of nature" (*TFS* 30) geht, redet sich Ramsey in Rage. Seine Aufgebrachtheit äußert sich in vergleichsweise komplexen Repliken und aggressiven Formulierungen, die wie Drohungen wirken:

CORNELIA *and* CHARLES *go out.*

RAMSEY. So this is Margaret! I might have known it. [*He goes up to her, his manner very masterfully.*] I will tell you what is the matter with you. You need to be in love—thoroughly, madly, desperately in *love.*

MARGARET. Why?
RAMSEY. Then you would see the utter futility—and nonsense of all these notions of yours.
MARGARET. Notions! They are the actuating principles of my life.
RAMSEY. Nonsense, I say. There is only one actuating principle of a woman's life. The need to love and be loved.
MARGARET. Yes, under right conditions.
RAMSEY. Conditions! Ha, ha! Don't you know a woman who loves—with a love that is at all worthy of the name—never makes *conditions?* No, I tell you it is all false, this talk of freedom. Wait till you find yourself in the grip of the mighty forces of nature; wait till a live passion takes hold of your heart; your *ideas* will vanish like smoke.
MARGARET. I am not so weak as you think.
RAMSEY. Weak? You strong women are weaker than the weakest when you love.
MARGARET. Indeed we are not.
RAMSEY. You are [...] You will give all—a rich all and without question—to the man you love.
MARGARET. I shall never yield a principle.
RAMSEY. You will, I say. [...] [*Masterfully*] You are a *woman*, like the rest. I know women. Once we get our hands on your *hearts* we can mould you to our will. We can do what we please with you—we are your masters—eternally your masters. That's another law of nature. [...] [*Looks her square in the eye.*] Do you mean to say you don't know that I am right?
MARGARET *is silent.*
RAMSEY. Answer me.
MARGARET *turns away.*

(*TFS* 30f., Hervorhebungen im Original)

Bemerkenswert ist nicht nur, dass Wentworth ihre Männerfigur Ramsey das leitmotivisch verwendete Bild des Mannes als *master* – eine metaphorische Anleihe aus der Sklavenhalterrhetorik – an dieser Stelle sprachlich erneut aufgreifen lässt, sondern dass sich das Verhältnis zwischen *master* und *mastered* oben auch in der Verteilung und Länge der Redebeiträge sowie im nichtsprachlichen Verhalten beider Figuren widerspiegelt: Margarets Repliken sind kaum mehr länger als Ein-Satz-Antworten, und am Ende dieser Sequenz ist ihre Stimme schließlich ganz verstummt. Fast scheint es, als hätte Ramsey sein Ziel erreicht, das er wenig später noch einmal explizit als solches definiert: „I want to see you a mere, helpless, traditional woman in the grip of the forces of nature. I want to see Margaret Kendall *mastered*—do you hear—*mastered!*" (*TFS* 34). Für Ramsey ist der Wille einer Frau dann gebrochen, wenn sie, wie es im Dialog oben heißt, bedingungslos liebt („a woman who loves never makes conditions"). Offenbar unterliegt dieser Grundsatz einer Doppelmoral, denn auf ihn scheint er nicht zuzutreffen.[559] Partnerschaft sei nicht verhandelbar, sondern folge seiner Auffassung nach den Gesetzen der Natur, die – auf den biologistischen Geschlechterdiskurs anspielend – bestimmte, unverrückbare Rollen für Frauen und Männer vorgesehen habe. An diese natürliche, weil gottgegebene Ordnung müsse sich auch Margaret halten.

Für den weiteren Verlauf entscheidend ist hier der Umstand, dass Ramsey anhand der oben beschriebenen Körpersprache seiner Kontrahentin („*silent*", „*turns away*") erkennt, dass er mit seinen Worten einen wunden Punkt getroffen hat, wodurch Margaret angreifbar geworden ist. Margarets Schweigen weiß er entsprechend zu deuten:

> RAMSEY. Your silence means but one thing. You do know [that I'm right] and through your own personal experience. Then you have cared for some one since *we* separated—still silent! By Jove, there's nothing I'd like better than see you head over heels in love like any other woman. [...] Hm. [*Eying her closely*] I wonder what sort of a man would do it. [*Teasingly*] [...] Hm. The Stephen Hartwell kind, I suppose. [MARGARET *starts perceptibly,* RAMSEY *notices it*] Ha—what? We are on the scent at last. I remember now. I heard you had an affair with a rich man. He cared, they said, and you broke it off—suddenly disappeared. So he is the one!
>
> (*TFS* 32f., Hervorhebung im Original)

Ramsey findet in Stephen Hartwell somit ein Druckmittel, mit dem er Margaret ‚brechen' kann – lexikalisch bzw. metaphorisch wird dies an verschiedenen Stellen im Stück mit dem bereits erwähnten *mastering* sowie mit dem Bild des *conquering* realisiert. Insbesondere Letzteres findet zunehmend explizite Verwendung in den Repliken der Figuren, wodurch die Aggressivität in dieser *battle of the sexes* immer deutlicher zum Tragen kommt. Immer stärker geht es nun im weiteren Verlauf der Auseinandersetzung um Bezwingung, Eroberung und Beherrschung – deutliche Ausdrucksformen aggressiver Kampfhandlungen. Wenn Ramsey, der sich mit den Worten „I see the end of your flower shop." (*TFS* 34) bereits als Sieger wähnt, schließlich androht, Hartwell aufzuspüren und ihn herbeizuholen, sieht sich Margaret nun auch veranlasst, sich gegen Ramseys Angriff zu wehren. Kurz bevor Ramsey den *flower shop* verlässt, kommt es zu einem ‚verbalen Wettrüsten' zwischen den Kontrahenten:

559 Siehe hierzu unten das letzte Segment in diesem Kapitel, in dem dargelegt wird, auf welche Weise Ramsey seinen Ehekonflikt mit Louise beilegt. Auch er wird Bedingungen aufstellen und bringt damit jene Herangehensweise ans Tageslicht, die er hier im Streit mit Margaret verurteilt.

RAMSEY. […] I'd give half my life to conquer you, you proud, beautiful woman! *I* couldn't. Hartwell may. I want to see. […]

MARGARET. [*Quivering, stirred, proud, angry, in a low voice*]. […] Is there nothing in you but the instinct for mastership? […] I should like to see *you conquered.*

RAMSEY. [*Laughing.*] *Me* conquered? How?

MARGARET. There is only one way I can think of—I would like to see you wedded to a woman who would assert her independence.

RAMSEY. [*Amused at her words—then face to face with her*] So in love, you'd throw freedom, flower shop to the winds—utterly conquered! down on your knees! to the man you love.

MARGARET. [*Taunting him*] Wedded to a wife who would *sing in public!* Ah, if Louise's voice would but return! How I would help her!

RAMSEY. You would do nothing of the kind.

MARGARET. I would, I would. See, you are afraid already.

RAMSEY. I should not allow it,—but thank God, there is not the slightest chance of your disturbing my domestic peace. Her voice is dead, and there is nothing else she can do.

MARGARET. Wait and see.

RAMSEY. [*In a low voice, threateningly*] Don't you dare to put any of your ideas into her head.

(*TFS* 34f., Hervorhebungen im Original)

Was in Bezug auf das Textzitat oben hervorzuheben ist, ist der Umstand, dass sich Ramseys Körpersprache im Zuge des Schlagabtauschs markant verändert: Weist sein Lachen („*laughing*") zu Beginn noch darauf hin, dass er Margarets Äußerungen gar nicht ernst nimmt und er sich bestenfalls darüber amüsieren kann („*amused at her words*"), fühlt er sich durch Margarets Äußerungen mehr und mehr bedroht, was ihn wiederum dazu veranlasst, selbst Drohungen auszusprechen („*threateningly*"). Interessant ist dabei, dass Margaret sein verändertes Verhalten als Ausdruck aufkommender Angst deutet („See, you are afraid already."). Die Vorstellung, dass Margaret seinen „domestic peace", seine häusliche Ordnung, (zer-)stören und er die Kontrolle darüber verlieren könnte, ruft in Ramsey ein Gefühl der Angst hervor, die bekanntlich als Zeichen krisenhafter Männlichkeit verstanden werden kann. Auf das Motiv der *male fear* im Kontext der Männlichkeitskrise wird vor dem Hintergrund des hier ausgefochtenen Geschlechterkampfes zurückzukommen sein. Festzuhalten bleibt an dieser Stelle, dass bereits nach dieser ersten Wiederbegegnung die Fronten zwischen Ramsey und Margaret so verhärtet sind, dass ein konstruktiver Umgang mit dem Geschlechterkonflikt kaum möglich scheint. Insbesondere in dem zuletzt zitierten Textausschnitt zeigt sich, dass beide in der Tat vergleichbare *fighting qualities* aufzuweisen haben, von denen sie Gebrauch zu machen bereit sind. Da unmittelbar im Anschluss an die letzte Replik im Dialog oben Louise den *flower shop* betritt, sehen sich die Kontrahenten gezwungen, ihren

Disput zu unterbrechen (vgl. *TFS* 35). Unmittelbar vor Ramseys Abgang liefern sie sich in Louises Beisein ein vorerst letztes, kurzes Wortgefecht, das die Entschlossenheit beider Kontrahenten zumindest für den mitwissenden Leser erneut unterstreicht:

RAMSEY. [...] [*With meaning*] I will bring Stephen Hartwell with me, if I can find him, Miss Kendall. [...]

MARGARET. You had better not *be long*, Mr. Ramsey. [...] [*Significantly*] The flower shop may gain a convert.
[...] [*Exit* RAMSEY.]

(*TFS* 36, Hervorhebung im Original)

Die Implikationen dieser Äußerungen versteht Louise freilich nicht, weil sie von der früheren Beziehung und dem Konflikt zwischen Margaret und Ramsey (noch) nichts weiß. Dennoch genügt ihr der kurze Wortwechsel, um feststellen zu können: „Heavens! How you must hate each other!" (*TFS* 36).

„True woman" oder „flower shop convert": Louise als Streitobjekt im Geschlechterkampf

Die Bezeichnung Louises als ‚Streit*objekt*' in der voranstehenden Überschrift ist bewusst gewählt, weil die Figur, obwohl sie in ihrem Bemühen, die eigene Gesangskarriere wieder anzukurbeln, zwar durchaus selbst aktiv wird, letztlich aber im Geschlechterkampf zwischen Ramsey und Margaret instrumentalisiert wird. Um sie entwickelt sich ein Tauziehen der Kontrahenten mit der Absicht, Louise für die eigenen geschlechterideologischen Ansichten zu vereinnahmen: Aus Ramseys Sicht dient sie zur Stabilisierung seiner Macht und häuslichen Ordnung. Für Margaret stellt Louise eine Möglichkeit dar, durch sie „a thousand other women" (*TFS* 43) zu helfen, sich an ihrem Beispiel orientierend aus den patriarchalischen Strukturen ihrer Ehen zu befreien. Dass Louise sich für beides gleichermaßen instrumentalisieren lässt, liegt darin begründet, dass mit der Wiederkehr ihrer verloren geglaubten Singstimme und der damit verbundenen Chance auf eine Karriere ihr eigenes Rollenverständnis instabil geworden ist. Ramseys fremdperspektivisch vermitteltes Bild von der Figur, die – wie oben dargestellt – aus seiner Sicht das Idealbild der viktorianisch geprägten *true woman* repräsentiert, erweist sich nun als Fehleinschätzung. So geht aus dem langen Gespräch zwischen Louise und Margaret, das sich über den gesamten zweiten Teil des Expositionsaktes erstreckt (vgl. *TFS* 35-47), hervor, dass sie nach der Erkrankung und dem Verlust ihrer Stimme Ramsey nur deshalb heiratete, weil es für eine Frau ihres gesellschaftlichen Ranges – ihr ursprünglicher Name Louise van Anden (vgl. *TFS* 16) verweist auf eine aristokratische Herkunft – schlichtweg keine andere

Option gab: „Well, then I married. There seemed to be nothing else to do." (*TFS* 39). Wenn sie im Zuge des Gesprächs nun Margaret anvertraut, dass sie sich bislang nur damit zufrieden gegeben habe, „merely a wife" zu sein, ihre Stimme aber in all der Zeit nie in Vergessenheit geraten sei (*TFS* 40), verweist auch dies auf die deutliche Diskrepanz zwischen der Fremdeinschätzung des Ehemanns, der der Überzeugung ist, „[that] she has quite forgotten" (*TFS* 16), und der Innensicht Louises, die ganz offensichtlich noch spürbar mit dem Gedanken an die eigene Gesangskarriere verbunden ist. Wenn sie Margaret darüber hinaus gesteht, dass mit der Geburt ihrer Tochter wider Erwarten die Singstimme zurückgekehrt ist und dass sie insgeheim für eine Möglichkeit betet, ihre Stimme „in public" testen zu können (*TFS* 37), dann spiegelt sich darin das eigentliche Selbstbild der Figur wider, das sie bislang hinter der Rollenfassade der domestizierten Ehefrau verbergen musste.

Aus diesem übergestülpten Rollenkorsett scheint sie sich nach einer langen Zeit der häuslichen Isolation mit aller Entschlossenheit befreien zu wollen. Ihr Drang nach Entgrenzung äußert sich während des Gesprächs nicht nur im permanenten Auf- und Abschreiten der Figur im Raum („[*w*]*alking up and down*", „*walks about the room*", *TFS* 37, 38), sondern auch in ihrer bildhaften Vorstellung, dass ihr Gesang sie unter dem tosenden Beifall des Publikums bis hinauf „to the very gates of heaven" (*TFS* 38) tragen würde. Ihr im wörtlichen Sinne als ‚grenzenlos' empfundenes Bedürfnis, endlich wieder in die Öffentlichkeit zu treten, mag auch darin begründet liegen, dass sie mit Ramsey bislang in räumlicher Zurückgezogenheit gelebt hat, erwähnt doch Louise an einer Stelle fast beiläufig die geographische Abgeschiedenheit ihres Wohnortes („our town is so isolated", *TFS* 37). Für eine Teilhabe am gesellschaftlichen Leben oder gar für individuelle Selbstentfaltung bot sich für sie seit der Heirat offenbar keine Gelegenheit. Vor dem Hintergrund, dass Ramsey auf seinen „domestic peace" bekanntlich besonders viel Wert legt, ist denkbar, dass die räumliche Isolierung des gemeinsamen Heimes eine von ihm bewusst gesteuerte Maßnahme ist, um sämtliche Anreize von Vornherein zu unterbinden. Im Stück bemüht er an einer Stelle das Motiv des Erstickens von Keimen („I should quickly nip them [i.e. any yearnings for a public career] in the bud [...].", *TFS* 16), um seiner Entschlossenheit, weibliche Selbstentfaltung unter allen Umständen zu verhindern, Ausdruck zu verleihen. Ramsey ist besessen von dem Gedanken, Louise zu besitzen und setzt alles daran, sie zu isolieren: „No one will stop you [from singing] in the proper place—the four walls of your own home. [...] I don't want to give up one bit of you to the world—I want to keep you mine—all mine." (*TFS* 83, 85).

In gleicher Bedeutung wird ein anderes Motiv verwendet, dass vor dem Hintergrund weiblicher Isolation aus theatergeschichtlicher Sicht von besonderer Relevanz ist: das Motiv des eingesperrten Singvogels, der in seiner Isolation und in der ihn umgebenden Dunkelheit allmählich seine Stimme verliert und schließlich ganz verstummt. In verschiedenen Kontexten verwendet Wentworth diesen Motivkomplex, um der Vorstellung von *female entrapment* bzw. *female imprisonment* bildsprachlich zu konkretisieren. So weisen beispielsweise bestimmte Repliken Margarets eindeutige Motivbezüge auf, wenn sie über den Verlust der Singstimmen beider Frauen oder auch das Verbot des öffentlichen Singens durch den Ehemann spricht: etwa in Formulierungen wie „shutting out the light and leaving songbirds in the dark" (*TFS* 12), „a tropical bird shorn of its color and brilliance" (vgl. *TFS* 51) oder ‚clipping a wife's wings' (vgl. *TFS* 73). Am prägnantesten kommt der Motivbezug in zwei von Louises Repliken zum Ausdruck: „[...] you can't stop a bird from singing——", „[...] the opera—the audience—is like sunshine—just what the air and the sun are to the bird." (*TFS* 83). Wentworth bedient sich damit eines Motivkomplexes, der in den *new women plays* der *Progressive Era* noch häufiger Verwendung finden sollte. Motivgeschichtlich spielt Wentworths 1912 erschienenes Stück insofern eine Vorreiterrolle, als beispielsweise Susan Glaspells Einakter *Trifles* (1916) das Bild des eingesperrten Singvogels aufgreift. In *Trifles* begegnet dem Theaterpublikum mit der Farmersfrau Minnie Wright eine Figur, deren Schicksal an das von Wentworths Louise erinnert. Ähnlich wie Louise war auch Minnie Wright in jüngeren Jahren eine lebensfrohe, kreative Frau, die im Kirchenchor sang und am Gemeindeleben partizipierte.[560] Im Zuge ihrer Vermählung mit dem Farmer John Wright und dem Umzug in ein weit abgelegenes *farm house* auf dem Lande verändert sich Minnie Wrights Persönlichkeit zusehends. Die, wie Kurt Müller schreibt, „Gefühlslosigkeit und Hartherzigkeit des [...] Ehemannes"[561] führen nicht nur zur räumlich-geographischen, sondern auch zur emotional-psychischen Isolation der Protagonistin. Anders als in Wentworths *The Flower Shop*, wo das Singvogel-Motiv nur metaphorisch verwendet wird, kommt in Glaspells Drama bekanntlich tatsächlich ein Kanarienvogel vor, der jedoch – ähnlich wie Minnies Stimme zuvor – durch John Wright auf skrupellos-brutale Weise zum Schweigen gebracht wird. Mit Bezug auf Glaspells Stück verweist Müller auf die „symbolhafte Parallele zwischen dem im Käfig gehaltenen und schließlich in seinem Gesang erstickten Kanarienvogel und der Frau, deren Stimme im Verlauf ihres Lebens immer mehr ‚abgewürgt' worden ist"[562].

560 Vgl. Susan Glaspell, *Trifles* (1916), in: *Plays by American Women, 1900-1930*, ed. Judith E. Barlow (New York, NY: Applause, 2001), 70-86: 78.

561 Müller, *Das amerikanische Drama*, 41.

562 Müller, *Das amerikanische Drama*, 42.

Wenn nun Louise, die wie erwähnt von den konservativen Ansichten ihres Ehemannes noch nichts weiß, glaubt, den Idealzustand persönlichen Glücks erreicht zu haben („I am transported with joy. Think of it! To have my husband, my baby, and now my voice, my art, my public! Am I not blessed above all women!“, *TFS* 40), wird sie mit Margarets ernüchternden Worten auf den Boden der Tatsachen zurückgeholt: „My poor Louise! […] You are married to William Ramsey. Have you thought of that? […] I am afraid your voice had better have stayed dead; […].“ (*TFS* 40). Es ist interaktions- und ‚kampfstrategisch‘ gewissermaßen ein kluger Schachzug Margarets, sich zunächst der uneingeschränkten Bereitschaft Louises für die Wiederbelebung ihrer Gesangskarriere zu vergewissern (vgl. *TFS* 40), was im militärischen Kontext einer ‚Sicherung der Truppenloyalität‘ gleichkäme, und der unwissenden Freundin erst im zweiten Schritt zu erklären, dass sie sich auf den ‚Kampf ihres Lebens‘ eingelassen hat:

LOUISE.	Margaret—what do you mean? Speak out.
MARGARET.	[*With strong and significant emphasis*] I mean this: that when you tell William Ramsey what you intend to do, the fight of your life is begun.
LOUISE.	What?
MARGARET.	Yes,—a grim fight—a life and death struggle as an artist. I know William Ramsey. What does he care for your *voice*—nothing! Let the wife try to be the singer! Ha, you will see!
LOUISE.	Margaret.
MARGARET.	William Ramsey would never have married you if you had not lost your voice—
LOUISE.	Yes, he would. He loves me, Margaret—
MARGARET.	Put him to the test, now is your chance. Why, Louise, I know William Ramsey to the core. Kindness in all the details of life, but this thing of woman's right to her own talent. Touch him there and he is harsh, cruel, bitter, and when you see this side of his nature you will feel every art instinct within you shrivel and dry up. You will not even desire to sing. Wait till you feel the mailed hand.
LOUISE.	[*Protesting vigorously*] I can't believe my husband is as you say. […] What right has he to keep me from singing to the world?
MARGARET.	No right, but he thinks he has. You are his wife. That is enough for him. You are dependent upon him for a living. […]
LOUISE.	[…] The very thought of his presuming to interfere with my life as an artist makes me *furious*. […]
MARGARET.	[*Eagerly*] Then I will help you. I will stand by you. I could move mountains for you!
LOUISE.	You are good to help me, Margaret.
MARGARET.	[*With intense feeling*] It is not you alone I am helping—but through you, a thousand other women. Louise—you *must* sing—and sing as never before. You must conquer William Ramsey.

LOUISE. Margaret, what did William do to you that you are so fierce, so agitated?

(*TFS* 42f., Hervorhebungen im Original)

Dieser Dialog, in dem Louises anfängliche Ungläubigkeit rasch einem tiefen Vertrauen in die Freundin und Verbündete weicht, wird hier deshalb so ausführlich zitiert, weil sich daran zwei wesentliche Aspekte aufzeigen lassen. Zum einen verdeutlicht der Dialogausschnitt in besonderem Maße, dass Wentworth mit der Verhandlung der *female artist*-Problematik an einen literarischen Diskurs anknüpft, der vor dem Hintergrund der zeitgenössischen *marriage vs. career*-Debatte nicht nur im amerikanischen Drama und Theater, sondern auch im amerikanischen Roman des späten 19. und frühen 20. Jahrhunderts eine zentrale Rolle spielt.[563] Diese Problematik wiederum wird bei Wentworth auf zwei Ebenen verhandelt, die im Dialog oben nahtlos ineinander übergehen. Geht es zunächst auf der Handlungsebene um Louises persönlichen Konflikt, so wird dieser am Ende durch Margaret auf eine Metaebene gehoben, die nicht nur die Freundin, sondern eine Vielzahl anderer Frauen im Blick hat, die durch Louise im übertragenen Sinne eine (unüber-)hörbare Stimme bekommen sollen („you must *sing*—and sing as never before"). Damit ist Louises *battle* in erster Linie auch Margarets: In weiblicher Allianz kämpfen sie nicht nur gegen Ramsey an, sondern nehmen die patriarchalischen Gesellschaftsstrukturen als solche ins Visier. Weil die beiden Ebenen, wie erwähnt, fließend ineinandergreifen, führt dies in der Konsequenz dazu, dass sich Margaret mit beiden derartig stark identifiziert, dass ihr persönliches Glück maßgeblich von Louises Erfolg abzuhängen scheint. So heißt es an anderer Stelle: „If you triumph I shall be happier than you can ever guess." (*TFS* 45). Margarets emotionale Erregtheit im Dialog oben spiegelt sich in der Verwendung von Kriegsmetaphern wider, zu denen beispielsweise Formulierungen wie „the fight of your life", „a grim fight", „a life and death struggle", „the mailed hand" oder das bereits erwähnte Bild des *conquering* zählen. Margaret signalisiert

563 Für den Bereich der Dramenliteratur kann Rachel Crothers' *He and She*, wie in dieser Studie ausführlich gezeigt, mit seiner Bildhauerfigur Ann Herford hierfür als das wohl prominenteste Beispiel genannt werden. Auch in *A Man's World* bringt Crothers mit Frank Ware eine Romanautorin auf die Bühne, und in Wentworths *The Flower Shop* findet das *female artist*-Motiv bekanntlich in den Opernsängerinnen Margaret Kendall und Louise Ramsey bzw. in Cornelia von Schlegel als Malerin eine weitere Spiel- und Ausdrucksform. Aus dem Bereich der Romanliteratur sei Elizabeth Stuart Phelps' *The Story of Avis* (1877) als ein frühes Beispiel angeführt, in dem das *female artist*-Motiv (in diesem Falle geht es ebenfalls um eine Malerin) in Verbindung mit einer feministischen Botschaft Verwendung findet. Für weitere Beispiele der amerikanischen *female artist*-Romanliteratur siehe z.B. Barker (2000), Jones (1991) und Pannill (1975).

Louise schließlich uneingeschränkten Schulterschluss, wenn sie versichert: „I will help you. I will stand by you. I could move mountains for you!" Vor dem Hintergrund dieser am Ende des Expositionsaktes gebildeten *female alliance* und mit der Gewissheit gegenseitiger Loyalität und Rückendeckung sind beide gewappnet, sich der direkten Konfrontation mit Ramsey zu stellen, der mit Hartwell als Druckmittel gegen Margaret strategisch ebenfalls bereits gut aufgestellt ist. Bezeichnend ist jedoch, dass nicht Louise selbst, sondern Margaret in dieser Sache aktiv wird. Louise wird nämlich für die gesamte Dauer des II. Aktes *off-stage* bleiben und erst im Schlussakt wieder auftreten, nachdem sie die ‚gepanzerte Faust' („mailed hand") ihres Ehemanns längst zu spüren bekommen hat. Die eigentliche *battle of the sexes* um Louise wird sodann im II. Akt vornehmlich zwischen Ramsey und Margaret ausgetragen und erhält erst im Schlussakt einen veränderten Fokus. Im Folgenden soll es primär um die Darstellung des strategischen Vorgehens beider Figuren – Ramseys und Margarets – gehen, lässt sich doch jeweils ein bestimmtes Muster in den verbalsprachlich realisierten ‚Kampfhandlungen' erkennen.

lack of knowledge vs. laws of nature: Wissensentzug und Diskursreferentialität als geschlechtsspezifische Strategien im ‚Stellungskrieg' der Antagonisten

Der II. Akt des Stückes stellt in Bezug auf das Konfliktfeld A um Ramsey und Margaret jenen Handlungsabschnitt dar, den man in der Bildsprache und Begrifflichkeit eines Kampfes als Stellungskrieg bezeichnen würde. Im Verlauf der Auseinandersetzung gewinnt mal die eine, mal die andere Figur die Oberhand, wenngleich der Ausgang des Konfliktes zunächst offen bleibt. Interessant ist, dass sich dabei unterschiedliche ‚Gefechtsstrategien' identifizieren lassen, die systematisch jeweils auf einen Angriff auf die Geschlechteridentität des Anderen abzielen.

So ist bei Margaret zu beobachten, dass sie Ramseys Männlichkeitsverständnis in jenem Punkt empfindlich zu stören versucht, der den Grundpfeiler seiner Rolle als patriarchalische Autoritätsinstanz ausmacht. Durch ein gezieltes Vorenthalten von Informationen über Louises Aufenthaltsort und Karrierepläne verursacht Margaret in Ramsey ein Gefühl des Macht- und Kontrollverlustes, den er zunehmend als krisenhaft empfindet. Sie entzieht ihm bzw. dekonstruiert, was zur Stabilisierung seines *sense of masculinity* von zentraler Bedeutung ist: Wissen, Macht, Überlegenheit. Da Ramsey über die Inhalte der Unterhaltung zwischen den beiden Frauen im I. Akt nichts Konkretes weiß und deshalb auch nicht ahnen kann, dass Louise längst im Opernhaus ist, um an der Generalprobe für die Abendvorstellung teilzunehmen, und auch schon einen Vertrag über ein sechswöchiges Engagement unterschrieben hat, verzeichnet Margaret für sich einen Wissens- und Informationsvorsprung, mit dem sich Ramseys Machtanspruch untergraben lässt. Dies zeigt sich zu Beginn ihrer zweiten Begegnung im II. Akt, als Ramsey – auf der Suche nach Louise – in den *flower shop* zurückkehrt, in der Erwartung, sie dort anzutreffen. Obwohl Margaret über Louises Aufenthaltsort und Absichten konkrete Informationen hat, enthält sie diese Ramsey vor und beschränkt sich stattdessen auf vage Anspielungen:

> RAMSEY. [...] did my wife leave any word for me—where she was going?
> MARGARET. No, she left no word for you. She has something quite important to tell you, however.
> RAMSEY. Indeed?
> MARGARET. Yes. I think I am safe in saying that the flower shop has gained a convert—an ardent convert.
> RAMSEY. [*Lightly*] Oh? Nothing serious. [...] How is my traditional woman coming on?
>
> (*TFS* 55)

Im weiteren Verlauf der Begegnung unternimmt er einen zweiten Versuch, an die Informationen zu gelangen, was ihm aber auch diesmal nur mit mäßigem Erfolg gelingt, gibt Margaret ihr Wissen doch nur portionsweise und mit den bekannten Andeutungen preis:

> RAMSEY. [*To* MARGARET] Where did you say my wife was?
> MARGARET. [...] I didn't say.
> RAMSEY. Well—to be perfectly explicit—*where did she go* when she left here?
> MARGARET. To the theater.
> RAMSEY. To the theater? Oh, to get seats for to-night, of course.
> MARGARET. Possibly.
> RAMSEY. Where is she now then—she isn't at the hotel. I have been looking everywhere.
> MARGARET. You didn't happen to glance in at the costumer's, I suppose?
> RAMSEY. Costumer's? No! What do you mean? What is she up to? What idea have you put into her head?
> MARGARET. I wouldn't get excited, William. She will probably give a full account of herself when she returns.
> RAMSEY. I am not excited; but I don't see what the mystery is, why I am not to know where she is.
> MARGARET. Can't your wife move without your knowing where she is? So completely the master, I suppose.
> RAMSEY. You know more than you are telling. I can see that. There is some secret between you. But then, you are perfectly right. There is no reason for my being worried.
>
> (*TFS* 57f., Hervorhebungen im Original)

In beiden Situationen zeigt sich Ramsey mit seiner jeweils letzten Replik demonstrativ unbeeindruckt und unbesorgt („Nothing serious" bzw. „no reason for my being worried"), wenngleich ihn die offensichtliche Geheimniskrämerei zunehmend erzürnt. Wissensrückstand bedeutet für Ramsey Kontrollverlust, und mit seinen expliziten Hinweisen auf die Diskrepanz zwischen ihm als Nichtwissenden („I am not to know") und Margaret als Wissender („you know more") wird ihm dieser Verlust zunehmend bewusst. Dieses Gefühl verstärkt sich, als ein „special messenger" kurz darauf „*a large envelope*" überbringt (*TFS* 58). In Anwesenheit Ramseys kommentiert Margaret das Eintreffen des Dokuments mit „Ah, from the theater. [...] I was looking for it." und wirft „*with evident pleasure*", wie es im Nebentext heißt, einen Blick auf den Inhalt (*TFS* 58). Im Unterschied zu Ramsey ist Margaret (wie im Übrigen auch das (Lese-)Publikum) *in the know* und weiß, dass es sich dabei um Louises Vertrag mit dem Theatermanager Joseph Ten Eyck handelt, den Margaret für sie sicher aufbewahren soll (vgl. *TFS* 45f.). Erneut gerät Ramsey in einen Informationsrückstand, der ihn nun doch zunehmend zu beunruhigen scheint. Unter dem Eindruck des gerade aus dem Theater eingetroffenen Schriftstückes beginnt er zu grübeln:

> RAMSEY. [*Downfront, to himself*] Costumers! What in the world—costumers—Hm. [*To* MARGARET] How is my champion of woman?
>
> (*TFS* 58)

Im Vergleich dieser Replik mit seinen oben im ersten Dialogausschnitt zitierten Repliken lässt sich feststellen, welche Strategie Ramsey in der Auseinandersetzung mit Margaret verfolgt. Mit Fragen wie „How is my traditional woman coming on?" (siehe das Dialogzitat oben, *TFS* 55) und „How is my champion of woman?" deutet sich an, dass Ramsey zur Vermeidung eines weiteren Kontroll- und Gesichtsverlusts immer dann eine diskursive Gegenoffensive startet, wenn seine Situation bedrohlicher zu werden scheint. Seine Taktik zielt – analog zu der seiner Widersacherin – darauf ab, Margarets Weiblichkeitsverständnis im Mark zu treffen.

Durch die vorausgegangenen Wortwechsel konnte Ramsey erfahren, wie stark Margaret an ihren emanzipatorischen Prinzipien von weiblicher Unabhängigkeit und Selbstbestimmung festhält und welchen Stellenwert diese Prinzipien für ihr eigenes Leben haben. Ramseys Taktik besteht nun zum einen darin, diese Grundsätze immer wieder aufs Neue zu verunglimpfen, etwa wenn er sie als „dream stuff" und „a figment of [her] fancy" (*TFS* 58) oder als „balloons cut away from the earth" (*TFS* 61) und „poverty-stricken ideas" (*TFS* 75) bezeichnet. Zum anderen kommt er, unter Rückbezug auf den biologistischen

Weiblichkeitsdiskurs, in seinen Repliken auch immer wieder auf die Naturgesetze und das ‚naturhafte Wesen' der Frau zu sprechen. Er verwendet diesen diskursiven Rahmen, um Margaret permanent mit jener Definition von Weiblichkeit zu konfrontieren, gegen die sie sich mit und durch ihren *flower shop* so vehement wehrt. Anders formuliert: Er zwingt ihr eine geschlechterideologische Haltung auf, die sie kategorisch ablehnt. Auf diese Weise versucht er, ihre Kapitulation zu erzwingen – mehrfach spricht er von Unterwerfung und Aufgabe („When do you give up?", *TFS* 59, „it is only a question of time till you surrender", *TFS* 61). Dafür fährt er, bezogen auf sein Sprechverhalten, insofern ‚schwere Geschütze' auf, dass er in vergleichsweise langen Repliken Margaret gewissermaßen ‚unter Dauerbeschuss' nimmt. In seiner wohl längsten Replik im Stück, in der er wie in einer Grundsatzrede über die Natur der Frau zum geschlechterideologischen ‚Rundumschlag' ausholt und auf Margaret einredet, knüpft Ramsey an den erwähnten biologistischen Weiblichkeitsdiskurs erneut an und weist Margarets Prinzipienloyalität entschieden zurück. Zu diesem Zeitpunkt sind sich, dies sei der Verständlichkeit halber erwähnt, Margaret und Hartwell bereits begegnet, sodass die Protagonistin emotional ‚mitgenommen' ist, wodurch die Wirkung dieser Replik auf Margaret intensiviert wird:

RAMSEY. Men can fight for principles, not women.

MARGARET. I have sworn to be the one who can. It is for freedom.

RAMSEY. Freedom! By Jove, you've got it! Look at it! Do you want to know its other name? I will tell you. *Loneliness*, spelled in great big black letters. *LONELINESS*. [MARGARET *bends and weakens under his insistent words as if they were blows*] Can't I see how lonely you are? Old age to face—not so far off, either—alone and childless. What a spectacle—*a childless woman*. [*Speaking in a low, rapid voice as he stands above her*] Your heart cries out for this man [i.e. Hartwell]—it is only a question of time till you surrender,—else you are not the magnificent Margaret I think you are. You will answer that cry of your heart in the one supreme way. You are in the mighty grip now. You feel it tearing at the roots of your being. You can scarcely keep your hold on your ideals, they are like balloons cut away from the earth—soon they will be lost to sight. Nature is too strong, Margaret. The instinct for motherhood is too strong, and Nature put that instinct there, gave it absolute and undying power over a woman's life. That is why you women never get anywhere in your struggle for liberty. Your own hearts are your enemies—not men. That is why you cut so ridiculous a figure with your little flower shops and ballots—you are coping with mightier forces than social systems—your own great divine instinct of motherhood—you are grappling with God himself—you can't kill it. It will triumph to the end. And you, Margaret, you are made to be a mother, a glorious mother—look at you! There is no woman like you. You are superb, a goddess, created for love. Yes, you cannot keep it out of your face—you are quivering at the truth of my words—the cold flower-shop woman is going—the real woman shines in your eyes—the Margaret you should have been with me years ago. You a champion of freedom! Ha, ha! You are just a plain elemental woman—[...] Don't you know your own nature?

(*TFS* 60-62, Hervorhebungen im Original)

Auf Margaret wirken Ramseys eindringliche Worte („*his insistent words*") nicht zuletzt auch deshalb so massiv ein, weil der Kontrahent über ihr gebeugt steht („*he stands above her*") und einen ‚ideologischen Kugelhagel' auf sie abfeuert, dem sich Margaret nicht entziehen kann („*rapid voice*"). Seine ‚Munition' besteht aus den Kernelementen des viktorianischen Weiblichkeitsdiskurses: *divinity, creation, power, instinct, supremacy, woman's nature, motherhood* und *love*. Sprachlich-syntaktisch findet das Bild des Kugelhagels insofern seinen Niederschlag, als durch die Aneinanderreihung ähnlich strukturierter Syntagmen, den anaphorischen Gebrauch von ‚*you*', die Verwendung von Sprachbildern und der Wiederholung einzelner Satzbausteine ein staccatoartiger Sprechrhythmus erzeugt wird, der die Vorstellung eines ‚Dauerbeschusses' evoziert:

RAMSEY. You will answer that cry of your heart / in the one surpreme way.
You are in the mighty grip now.
You feel it tearing at the roots of your being.
You can scarcely keep your hold on your ideals,
they are like balloons / cut away from the earth—
soon they will be lost to sight.
Nature is too strong, Margaret.
The instinct for motherhood is too strong, [...].

Dass Margaret unter dem (Ein-)Druck dieser Worte dennoch nicht zusammenbricht oder aufgibt, auch wenn dieser Effekt durch die Bühnenanweisung oben („MARGARET *bends and weakens*") zunächst suggeriert wird, zeigt sich in Repliken wie „I hold to it [i.e. to her flower shop] as a liberator to his flag" (*TFS* 63), die Margaret wenig später äußert. Mit der Einsicht, dass er vorerst nichts weiter bewirken kann, verlässt Ramsey den *flower shop*, um weiter nach Louise zu suchen. Er geht jedoch nicht, ohne in aller Deutlichkeit eine Drohung auszusprechen, die auf eine weitere Eskalation des Konfliktes hinweist:

RAMSEY. [...] I must find Louise. [*Starts for door and stops short, looking sharply at her*] I begin to suspect something. If she isn't at the hotel I am coming back and you'll have to tell me where she is. Look here,

> Margaret, I won't have any of this silly flower-shop independence from Louise. If you have put any of your ideas into her head, or put her up to anything—well, you'll have to pay for it. [...] [*Going*] I won't have it, I say.
>
> (*TFS* 64)

Wieder wird in dieser Replik auf die Diskrepanz zwischen Ramseys Unkenntnis („suspect something") und Margarets Wissensvorsprung („you'll have to tell me") angespielt. Der Umstand, dass sich Louise nicht auffinden lässt und auch Margaret zum Geschehen weiterhin schweigt, treibt Ramsey um, weil beide Frauenfiguren ihm die Informationen vorenthalten, die zur Wiederherstellung seiner Macht und Kontrolle notwendig wären. Entsprechend harsch ist seine Drohung.

Der Konflikt eskaliert schließlich völlig, als Ramsey wenig später von seiner Suche nach Louise in den *flower shop* zurückkehrt und feststellen muss, dass seine Frau auch weiterhin unauffindbar bleibt („Well, she isn't at the hotel. Now then—", *TFS* 69). Unverzüglich setzt er sein taktisches Vorgehen gegen Margaret fort und konfrontiert sie erneut mit seinen Ansichten zur biologistisch determinierten Weiblichkeitsrolle, um sie von ihren Idealen und Prinzipien abzubringen:

> RAMSEY. [*Looking keenly at her face*] Hm! In the grip—in the grip of the mighty forces! [...] The traditional woman—eh? Ha ha!
>
> (*TFS* 69)

Margaret allerdings gebietet dem Einhalt und geht mit den Worten „You have tortured me enough. [...] Now I will torture you." (*TFS* 70) in die Gegenoffensive über. Margarets *torturing*-Strategie besteht zunächst auch weiterhin darin, Ramsey in ihrer gewohnten Art Andeutungen zu machen, die ihn nur einmal mehr seinen Wissensrückstand und den damit verbundenen Kontrollverlust bewusst werden lassen: Margarets Fragen wie, „William, what if Louise should return to the stage?" oder „Do you know why she looked so radiantly happy this morning?" (*TFS* 70) bringen ihn zunehmend in Rage und resultieren in Gegenfragen, die seine Unwissenheit zusätzlich hervorheben: „That's just what I want to know—What about her? Quick! What has that paper [i.e. Louise's contract] to do with it?", „What are you talking about?", „Why has she not told me?" (*TFS* 70). Als Margaret ihm Stück für Stück die Antworten liefert und Ramsey erkennen muss, dass Louise alles im Alleingang entschieden hat – „without my knowledge! or permission" (*TFS* 72) und „without consulting me" (*TFS* 71) –, ergreift ihn die Wut. Im Nebentext weisen Anmerkungen wie „*Raging*" (*TFS* 71) und „*Furious*" (*TFS* 72) entsprechend auf Ramseys Tobsuchtsanfall hin.

Die Erkenntnis, dass all die Handlungen bereits geschehen bzw. all die Entscheidungen bereits getroffen worden sind, verkörpert den Moment seines vollständigen Kontroll- und Machtverlustes. In diesem Zustand emotionaler Erregung kommt seine Männlichkeitskrise nun nicht mehr nur verbal, sondern auch physisch zum Ausdruck. Als er von Margaret die Herausgabe des Vertrags fordert und sie ihm diese verweigert, wird Ramsey handgreiflich. In seinem Versuch, den Vertrag an sich zu reißen, um ihn zu zerreißen, deutet sich hier für das Publikum ein Potential an physischer Gewalttätigkeit an, das durchaus auch Spekulationen über die Methode zulässt, mit der er am Ende ‚hausintern' den Machtkampf um Louise für sich entscheidet[564]:

> RAMSEY. [...] Give me that paper. Then I shall use force.
> [*He tries to get it—she deftly eludes him—thrusting it in her dress.*]
> MARGARET. [*Throwing him off*] No!
> [RAMSEY *looks furious enough to subdue her and drag it forth.* [...]]
>
> (*TFS* 74)

Die Krisenhaftigkeit seiner Situation ist für Ramsey und sein Selbstverständnis als Mann offenbar so bedrohlich, dass er zur Rehabilitierung seiner Autorität von verbalsprachlichen Angriffen zu körperlichen Übergriffen übergeht. *Mastering a woman* erfährt in diesem Kontext eine konzeptionell-semantische Erweiterung durch eine nicht nur körperliche, sondern auch sexuell-triebhafte Komponente, führt diese handgreifliche Auseinandersetzung mit Margaret doch auch zu Ramseys sexueller Erregung: „[*Close to her—under his breath*] God—Margaret—I don't know whether I hate you or love you. [...] The touch of you has fired my blood——[*moves as if to seize her.*]" (*TFS* 74). Margaret, die sich Ramseys Übergriff erwehren kann, entweicht ihm, um Louises Vertrag in einer Schublade einzuschließen („*Locks contract in table drawer.*", *TFS* 75), womit sie ihm ein weiteres Mal die Möglichkeit zur Wiederherstellung seiner Macht nimmt und den Zugang zum Wissen versperrt.

Fast scheint es, als sei der Konflikt angesichts des nun sicher unter Verschluss gehaltenen Vertrages beigelegt. Margaret vertraut auf den ethisch-ökonomischen Grundsatz, dass „business men" einen unterschriebenen Vertrag respektieren (*TFS* 72) und ist der festen Überzeugung, dass auch Ramsey dies tun wird. Der aber lässt sich allem Anschein nach davon überhaupt nicht beeindrucken („Contract or no contract—I say she shall not sing.", *TFS* 73). Bezeichnenderweise wird er im III. Akt aber erneut versuchen, an den Vertrag

564 Zur möglichen Gewaltanwendung gegenüber Louise siehe die Ausführungen im folgenden Kapitelabschnitt.

zu gelangen, als er in Margarets Abwesenheit den *flower shop* betritt. An der entsprechenden Stelle heißt es: „[*Tries the drawer of desk.*] Locked, of course—and taken the key with her." (*TFS* 82). Statt die verschlossene Schublade gewaltsam zu öffnen (wozu er in Anbetracht seiner an anderer Stelle beschriebenen Statur vermutlich durchaus in der Lage wäre) und auf diese ‚unehrbare' Weise den Vertrag an sich zu nehmen, um ihn zu zerstören, lässt er von dem Schreibtisch ab. Dies geschieht vermutlich in der Erkenntnis, dass er den Verhaltenskodex der männerdominierten Geschäftswelt, an den Margaret zuvor appelliert hatte, tatsächlich nicht missachten sollte, weil dies im Grunde seinen eigenen Kodex als ehrbaren Mann untergraben und ihn außerdem vor Ten Eyck, dem Vertragspartner, schlecht dastehen ließe. So wird es Ramsey bis zum Ende des Stückes im Kern darum gehen, einen Weg zu finden, um das vereinbarte Opernengagement seiner Frau auf andere Weise unwirksam werden zu lassen. Über Margaret, dies muss Ramsey nach den bisherigen Erfahrungen nun erkennen, wird er dieses Ziel mit der bisherigen Taktik nicht erreichen können: Er wird sie auf andere Weise ‚bezwingen' müssen. Entsprechend kündigt er eine weitere, taktisch veränderte Offensive an, die nun weniger Louise involviert, sondern Hartwell stärker ins Spiel bringen und um Margaret herum ein zweites Konfliktfeld (B) entstehen lassen wird: „You interfere with my life. I shall interfere with yours." (*TFS* 75). Bevor sich aber der Fokus auf diese Konflikt- und Handlungslinie richtet, sei dargestellt, wie Ramsey den Konflikt um seine Frau Louise ‚intern' auflöst und welche geschlechter-ideologischen Implikationen damit verbunden sind.

„Crushed in the dust and stilled forever": Ramseys Triumph im Kampf um Louise und die Restabilisierung der patriarchalischen Ordnung

Da Ramsey erkennen muss, dass er Margarets Einlenken im Konflikt um Louises Karrierepläne nicht erzwingen kann, fokussiert er sich im weiteren Verlauf auf Louise selbst. Es kommt zu einer Auseinandersetzung zwischen den Ehepartnern, die allerdings als *off-stage*-Handlung zwischen dem mittleren und letzten Akt konzipiert ist. Wenn das Paar zu Beginn des Schlussaktes den *flower shop* betritt, wird anhand des Dialogs deutlich, dass Ramsey bereits ein deutliches Machtwort gesprochen und Louise jegliche Auftritte in der Öffentlichkeit untersagt hat. Wenngleich die Details der vorausgegangenen Auseinandersetzung ausgespart bleiben, so lässt sich durch Louises veränderte (Körper-)Sprache doch erahnen, wie unmissverständlich Ramsey seine Positionen dargestellt haben muss. Ob dies auch körperliche, gewaltsame Übergriffe einschließt, bleibt eine Leerstelle des Stückes. In Anbetracht der vorausgegangenen Gewaltepisode bei Margaret scheint diese Möglichkeit aber durchaus denkbar, wenn nicht wahrscheinlich. Im Nebentext weisen Adverbien wie „*fearfully*" und das zweifache „[*t*]*imidly*" (*TFS* 82) daraufhin, dass Louises anfänglicher Enthusiasmus und Mut zur Selbstbestimmung einem Gefühl der Angst und Hörigkeit gewichen sind. So wird sie später zu Margaret über diese *off-stage*-Auseinandersetzung mit Ramsey sagen: „It was awful—the scene I had with him. [...] I never dreamed he could be so cruel. The mailed hand, you said. I felt it—oh, I felt it [...]." (*TFS* 100). Die Möglichkeit, dass Louise Opfer einer Gewalttätigkeit wurde, ist im Stück durchaus angelegt. Sie wird jedoch nur suggeriert, weil das Thema der häuslichen Gewalt innerhalb des Unterhaltungstheaters tabuisiert war.

Als Louise im Schlussakt nun einen letzten Versuch unternimmt, Ramsey umzustimmen, begegnet er ihr erneut mit jener Gefühlskälte, die sie seit der Auseinandersetzung erfahren hat. Ramsey straft Louise – und darin äußert sich die Taktik seines Kontrollgewinns diesmal – mit dem Entzug emotionaler Zuwendung und zwischenmenschlicher Kommunikation. Ramseys Schweigen wird für Louise zunehmend unerträglich: „William, aren't you going to speak to me? You haven't spoken to me for over an hour. [*Silence*] I haven't done anything wrong—[*Silence*] I just want to sing—[*Silence*] Don't you love me, William?" (*TFS* 82f.). Die Dramatikerin funktionalisiert das dramaturgische Mittel des Schweigens hier als Inszenierung männlicher Autorität und Macht. Während weibliches Schweigen in den *Progressive Era*-Dramen häufig mit Isolation, Ausgrenzung und Unterdrückung assoziiert wird (wie z.B. der Verlust der weiblichen Singstimme in diesem Stück oder in Glaspells *Trifles*), dient es hier in Verbindung mit dem männlichen Geschlecht als Instrument männlicher Machtausübung. Die Kontrolle über Kommunikation und Sprache obliegt in diesem Fall Ramsey. Es ist diese sprachlich-emotionale Isolation, durch die Louises Wille letztlich gebrochen wird – sie ist *mastered* und *conquered*. Entsprechend wird sie später zu Margaret sagen:

> LOUISE. [...] the thing that influenced me. It was the coldness,—the withdrawal of his love—the silence—why he wouldn't speak to me for more than an hour! Oh, I couldn't face that month after month. Better the silence of my voice than that silence. I'm as limp as a rag now. A year of it would kill me. I know it's all wrong—but what can I do—[...].
>
> (*TFS* 101f.)

Louises letzter Versuch, die Karriereproblematik mit Ramsey erneut zu verhandeln, bleibt auch trotz ihrer affektionalen Bemühungen um ihn – sie nennt ihn „sweetheart", „*tries to pet him*", spricht mit „*a wheedling voice*" und bettelt ihn mit „Ah, dearie, please let me?" flehentlich an (*TFS* 82f.) –

letztlich erfolglos. Mit einer autoritätsbekundenden Geste („*Bringing down an emphatic hand*“, *TFS* 83) entzieht er ihr nicht nur das Rederecht, sondern weist sie nach der bewusst lang gehaltenen Phase des Schweigens abermals in die Schranken. Dafür inszeniert er sich, wie der Nebentext verdeutlicht, als ‚Oberbefehlshaber‘, der durch demonstratives Erheben und Abschreiten des Raumes – bis zu diesem Punkt hatte er auf einem Stuhl gesessen und vorgegeben, eine Zeitung zu lesen (vgl. *TFS* 82) –, durch gezielt platzierte Pausen und mit theatralischem Pathos verdeutlicht, dass es in diesem Konflikt keinerlei Verhandlungsspielraum (und somit auch keine gütliche Einigung, jedenfalls nicht für Louise) gibt:

> RAMSEY. [*Bringing down an emphatic hand*] Louise, there is no use discussing the matter any further—I shall not allow it. [*Pause*] I'll do anything for you,—buy you anything you want, only you must get this idea out of your mind at once. [*Walks up and down*] Why, you are positively crazy, Louise! [*Pause*] [*Explosively*] I do not wish you to do it—that is enough; or ought to be enough for any wife who loves her husband. If you insist upon deliberately choosing to make me unhappy—I have already told you what the end is likely to be.
>
> (*TFS* 83f.)

Wenn er im Zuge dieser Ansprache weiter durch den Raum schreitet („*Strides across the room*“, *TFS* 84) und sich am Ende seines Machtwortes demonstrativ wieder hinsetzt („*Sitting down*“, *TFS* 84), wird augenscheinlich, dass sowohl Raumbewegungen als auch Körpersprache Teil seiner patriarchalischen Maskulinitätsinszenierung sind. Die Wirkung dieser Ansprache ist in dem oben erwähnten Gespräch Louises mit Margaret abzulesen: Als Louise mit den Worten „It is all over.“ auf einem Stuhl niedersinkt und auf Margarets Frage, was denn aus ihrem anfänglichen Stolz und Mut geworden sei („Where is your pride—your spirit?“), schließlich zusammengekauert („*Bowing low.*“) nur noch „Crushed—in the dust“ (*TFS* 100) antworten kann, dann spiegelt sich die emotionale Gebrochenheit auch in der Körpersprache der Figur wider.

In der Tradition des *well-made play* stehend integriert Wentworth in diese Handlungslinie kurz vor ihrem endgültigen Abschluss ein retardierendes Moment, das kurzzeitig noch einmal eine Wendung möglich zu machen scheint. Da der Theatermanager Ten Eyck inzwischen von der Wahrscheinlichkeit eines Vertragsbruchs erfahren hat, sucht er Louise sichtlich aufgebracht im *flower shop* auf. Er beschimpft sie als „bad girl“ (*TFS* 106) und fordert von ihr die Herausgabe und Einhaltung des Vertrages ein: „Heavens! I tell you I will hold you to your contract! Where is it, Margaret? [MARGARET *takes it from the table drawer, and gives it to him*] There, husband or no husband, you shall sing—do you hear?" (*TFS* 107).[565] Louise aber weiß, dass sie in dieser Sache – im wörtlichen wie auch im übertragenen Sinne – nichts mehr zu sagen hat und kann Ten Eycks Protest nur noch wortkarg mit „I can't do anything. [...] I beg you drop the subject. I can do nothing, I tell you. [...] I must do as he wishes." (*TFS* 107, 108) begegnen. Als kurz darauf auch Ramsey im *flower shop* eintrifft, um Louise ein für alle Mal diesem Ort und der dafür stehenden Idee weiblicher Selbstbestimmung zu entreißen, fordert Ten Eyck von Ramsey, dass er seine Frau selbst entscheiden lassen müsse. Mit gespielter Gelassenheit, aber widerwillig, räumt er Louise diese Möglichkeit ein. Die konfliktlösende Passage liest sich sodann wie folgt:

TEN EYCK. Won't you at least leave her free to choose, Mr. Ramsey?

RAMSEY. [*Pleasantly but coldly, simulating unconcern*] She is at liberty always to do as she chooses—I, of course, will not stand in her way. Make your choice, Louise. Let it be final. Do not consider me in the least. Will you sing for this man?

LOUISE. [*Helpless, desperate, glances at each one, coming back to* RAMSEY'S *face, whose expression she knows so well. She reads it with a long, keen look and then wilts on his breast*] I can't, Ten Eyck—I simply can't.

RAMSEY. That ends it, I think. [*Takes the contract from* TEN EYCK *and tears it*]

TEN EYCK *starts to speak, and then with a gesture of disgust and helpless rage, goes from the room.*

(*TFS* 110f.)

Dass Louises Entscheidungsfreiheit nur eine vermeintliche ist, weil die Fortführung einer ‚harmonischen' Ehe, d.h. mit dem Entzug emotionaler und kommunikativer Zuwendung, an Ramseys Bedingungen geknüpft ist, weiß nicht nur Louise, sondern auch das Publikum. Ramsey, das wird deutlich, liebt selbst nicht bedingungslos, hatte dies aber vor dem Hintergrund seiner Doppelmoral im vorausgegangenen Streit an Margaret kritisiert. So gesehen handelt es sich nicht um eine Situation ‚gelebter Demokratie', sondern um ‚inszenierte Demokratie', die Louise im Grunde keine wirkliche Wahl lässt. Sich gegen Ramsey oder gar die Ehe mit ihm zu entscheiden, hätte gravierende soziale Folgen für sie: Als geschiedene Frau mit Kind und ohne finanziellen Rückhalt würde ihr der gesellschaftliche Absturz drohen. Auch ein Zusammenleben mit Ramsey, in dem Gefühle und Kommunikation gleichermaßen eingefroren sind, ist für Louise – wie dargestellt – nicht zu ertragen. Dass Louise die ‚richtige'

565 Ten Eycks „There, husband or no husband, you shall sing—do you hear?" ist ironischerweise das synktaktische Pendant zu Ramseys oben zitiertem „Contract or no contract—I say she shall not sing." (*TFS* 73).

Entscheidung getroffen hat, zeigt Ramsey ihr unmittelbar, wenn er sie in überschwänglichem Maße mit emotionaler Zuwendung und körperlicher Nähe ‚belohnt': So legt er, nachdem der Vertrag zerrissen ist, seinen Arm um sie, nennt sie „sweetheart" und verspricht ihr „love in full measure" (*TFS* 111). Sich unter Tränen mit einer Umarmung von Margaret verabschiedend (vgl. *TFS* 111) verlässt Louise schließlich den *flower shop* und lässt im Akt des Hinausgehens damit auch den symbolischen Ort weiblicher Selbstbestimmung hinter sich.

So gelingt Ramsey, indem er Louise in die eigene häusliche Sphäre ‚zurückerobert' hat, im Rahmen dieser Handlungs- und Konfliktlinie letztlich eine Art ‚Heim-Sieg', wenn auch auf ‚feindlichem Territorium' errungen, da die alte Ordnung und der von ihm viel beschworene „domestic peace" in seiner Ehe wieder hergestellt sind. Im Sinne des herrschenden Geschlechterdiskurses löst sich dieser Konflikt demnach mit einem *happy ending* auf, das jedoch aus feministischer Sicht selbstverständlich keines ist, weil Louise für die Fortführung ihrer Ehe einen hohen Preis bezahlt. Zwar beteuert Louise mehr oder weniger glaubhaft stets ihre Liebe zu Ramsey und erweckt damit den Eindruck, als sei ihre Entscheidung eine selbst getroffene und keine erzwungene, auf den Leser wirkt dieses vermeintliche *happy ending* letztlich aber trotzdem eher wie ein ‚unechter Konsens' und ‚asymmetrisch'. Für Margaret stellt Louises Einknicken eine herbe Niederlage dar, die Erstere im Grunde aber dazu motiviert, mit noch größerer Entschlossenheit für ihre emanzipatorischen Ideale und Prinzipien einzustehen bzw. sie gegen Patriarchen wie Ramsey zu verteidigen.

Interacting, understanding, negotiating: Konstruktive Ansätze zur Lösung des Geschlechterkonflikts

„How do you mean, dear?": Konflikt, Verständigung und Bedeutungsaushandlung im ‚intentionsbezogenen Konsensdialog'

Wie erwähnt legt Wentworth in ihrem Stück eine parallel verlaufende zweite Haupthandlungslinie an, in deren Mittelpunkt die Protagonisten Margaret und Hartwell stehen. Im Unterschied zur ersten Haupthandlung um Ramsey, Louise und Margaret ist diese *plot line* vor dem Hintergrund einer didaktischen, gesellschaftsbildenden Wirkabsicht als Positivbeispiel konzipiert, das dem intendierten (Lese-)Publikum als realitätstaugliches Lösungsmodell für den Umgang mit der Geschlechterkrise in der Gesellschaft dienen soll. Obwohl es auch zwischen Margaret und Hartwell zum Konflikt kommt, der – geschürt durch Ramseys Intervention – das Paar vor eine innere Zerreißprobe stellt, formt sich dieser nicht zu einem eskalierenden Geschlechterkampf aus. Vielmehr sind beide Figuren an einer gemeinsamen Lösung ihres Problems interessiert und finden über den konstruktiven Aushandlungsdialog einen

Weg des gegenseitigen Verständigens und Verstehens. Dass am Ende dieser Handlungslinie ein *happy ending* mit einer neuartigen Qualität steht, liegt primär in einem neuverhandelten Verständnis moderner Männlichkeit begründet, das sich an den sozialen Veränderungen der *Progressive Era* orientiert, die Emanzipation der Frau als gesellschaftliches Faktum anerkennt und einen Weg aus der zeitgenössischen *crisis of masculinity* aufzeigt. Wie dies im Rahmen konstruktiver Aushandlungen gelingen kann, die auf Dialog, Perspektivenübernahme und Empathie, Reflexion und Konsensbildung setzen, wird in diesem Abschnitt herausgearbeitet.

Anders als die erste Begegnung Margarets mit Ramsey im Expositionsakt zeugt das Wiedersehen mit Hartwell zu Beginn des II. Aktes von beidseitig empfundener Wertschätzung und emotionaler Verbundenheit. Beide fallen sich in die Arme und können ihr Glück kaum fassen, sich nach drei verlorenen Jahren endlich wiedergefunden zu haben (vgl. *TFS* 48). Analog zur Begegnung mit Ramsey schwenkt das Stück auch diesmal in die Vergangenheit und lässt das (Lese-)Publikum verstehen, weshalb die Beziehung der beiden zerbrochen war und sich beide in Folge dessen aus den Augen verloren hatten. So erfährt man über die dialogischen Rückverweise auf die Vergangenheit beispielsweise, dass Margaret nach dem Verlust ihrer Singstimme, ihres bisherigen ‚Kapitals', schließlich ohne finanzielle Einkünfte in die Armut abrutschte. Aus Scham und Angst, der Versuchung einer Beziehung mit einem so vermögenden Mann wie Hartwell nicht widerstehen zu können, lief sie davon und änderte ihren Namen. Sie befürchtete, nicht aus Liebe, sondern nur aufgrund ihrer Armut bei ihm zu bleiben und aus Motiven heraus zu handeln, für die sie andere Frauen verurteilte (vgl. *TFS* 51). So nahm sie sich vor, erst auf eigenen Beinen zu stehen und dann „in the glory of strength" und „in all honor" (*TFS* 52) zu Hartwell zurückzukehren. Aus dieser Situation heraus war der *flower shop* entstanden. Als Margaret ihm dann schließlich schrieb und keine Antwort erhielt, musste sie davon ausgehen, „that [he] really didn't care for [her]" (*TFS* 52). Durch Hartwells Erläuterungen wird deutlich, dass er Margarets Brief nicht erhalten hatte, weil er zu dem Zeitpunkt „abroad" (*TFS* 49) war. Nun, da sie sich wiedergefunden haben, gestehen sie sich gegenseitig ihre Liebe ein, was sich nicht nur auf der sprachlichen, sondern auch nicht-sprachlichen Ebene zeigt. Der Nebentext zu dieser ersten Begegnung enthält diverse Formulierungen, die auf emotionale Zuneigung und körperliche Nähe hinweisen: *„her head falls softly on his shoulder"*, *„putting his hand upon her head"*, *„he looks down into her face"*, *„drinking in the look of his face"*, *„puts her arms about him"*, *„caressing her"* (*TFS* 48f.). Diese betont emotionale Verbundenheit wird jedoch schon bald empfindlich gestört, wenn Hartwell ihr verspricht, sie nun von dieser „strange work" (*TFS* 48) im *flower shop* zu erlösen:

HARTWELL. [*Caressing her*] My love! I have found you again. Oh, these lost three years. How shall we ever make them up! But we must not look backward; we shall have a happiness that will more than fill their measure. How I will care for you, Margaret. No work any more, dear. Luxury and ease await you,—ah, we shall be happy. You will soon forget this flower shop.

MARGARET. [*Moves from him, dazed, startled into recollection of something completely forgotten*] My flower shop! [*Gazes straight in front of her*] My flower shop. […]

(*TFS* 49)

Irritiert von den Worten Hartwells löst sich Margaret aus der Umarmung, da sich in Formulierungen wie „No work any more" und „You will soon forget this flower shop" Hartwells konservative Einstellung zu weiblicher Erwerbstätigkeit andeutet. Im weiteren Verlauf dieser ersten Begegnung wird immer deutlicher, dass Hartwell von konservativen Denkmustern geprägt ist und jene geschlechterideologischen Positionen des viktorianischen Geschlechterdiskurses vertritt, wie Margaret sie nur allzu gut kennt – nicht zuletzt durch ihre Begegnung mit Ramsey. Hartwells traditionalistische Haltung ist insofern kaum verwunderlich, da er aus einer aristokratischen Familie stammt (vgl. *TFS* 59), die den Prämissen des herrschenden Geschlechterdiskurses verpflichtet ist. Ernüchtert und desillusioniert lässt sich Margaret sodann auf einen Stuhl sinken, blickt Hartwell hilflos an, „*shakes her head*" und lässt ihn wissen, dass eine Heirat unter diesen Umständen für sie „impossible" sei (*TFS* 50).

Wie in der Begegnung mit Ramsey kollidieren auch hier zwei gegensätzliche Auffassungen von Geschlechterrollen und der Beziehung zwischen Mann und Frau. Aus dieser Konfliktlage heraus entsteht an diesem Punkt des Wiedersehens eine kritische Situation, die für die weitere Entwicklung der Figurenbeziehung entscheidend ist. Während sich Ramsey und Margaret unmittelbar in eine streithafte Auseinandersetzung verstricken, die an Schärfe und Brisanz immer stärker zunimmt und schließlich eskaliert, findet Hartwell eine ganz andere Form des Umgangs mit dem sich abzeichnenden Konflikt. Im Unterschied zu Ramsey insistiert Hartwell nicht auf seiner Position. Vielmehr liegt ihm daran, Margarets Sichtweise zu verstehen. Im nachfolgend zitierten Dialogausschnitt äußert sich dieses Interesse nicht nur in der syntaktischen Struktur seiner Repliken, sondern auch in der Verteilung der Redeanteile: Hartwell formuliert ausschließlich kurze Fragen, die Margaret die Möglichkeit eröffnen, ihre Sichtweise ausführlicher darzustellen. Entsprechend komplex sind ihre Repliken im Vergleich zu denen Stephen Hartwells:

HARTWELL. [...] *What is there in the way*?
MARGARET. [...] My work.
HARTWELL. *Your work?*
MARGARET. [...] Yes—you see, it has become so much more to me than necessary self-support. It has taught me wonderful things about life—about other women, their needs,—and what I can do for them.
HARTWELL. *Yes, dear?*
MARGARET. I have become—through this little flower shop and the women who gather here every week—they are coming this afternoon—I have become a teacher, a pioneer, a sort of forerunner. They look to me to set the example, to point the way——
HARTWELL. *To what, dear?*
MARGARET. To freedom—and all that that means—opportunity, growth, happiness. Oh, for myself I could snatch at the joy—be your slave—kneel at your knee and be happy. But there are those who turn to me—I have a faith—I must be true to it—it is that which is in the way—unless you see it too. Oh, if you only could!
HARTWELL. *What is the faith, dear?*
MARGARET. [*Very gently*] I must be free! that I may teach freedom.

(*TFS* 53f., Hervorhebungen KT)

Nicht nur illustrieren Hartwells Fragen sein genuines Bemühen um Verstehen, sie vermitteln außerdem den Eindruck eines zwar konfliktbasierten, aber dennoch mit einer gewissen Ruhe und Sachlichkeit ablaufenden Gesprächs. Daran hat nicht zuletzt die wiederholte Verwendung des Koseworts *‚dear'* in seinen Repliken einen maßgeblichen Anteil. Es signalisiert Margaret nicht nur emotionale Nähe, sondern sendet ihr ein positives Signal aus, das sie ermutigt, ihre Gedanken darzulegen. Im Gesprächsverhalten Stephen Hartwells zeigt sich, dass er einen ganz anderen Männertypus als Ramsey verkörpert. Ist Ramseys Verhalten oft aggressiv, jähzornig und unbeherrscht, weist Hartwells Figurenbeschreibung in den Bühnenanweisungen auf geradezu gegensätzliche Eigenschaften hin. Darin wird Hartwell vorgestellt als

> *a tall, dark-eyed, distinguished-looking man of a little over forty, slightly grayed at the temples; with a measured calm and quiet dignity of the judicial temperament, warmed by a rare human sympathy, at once deep, tender, and reserved, strong, thoughtful, compelling.*
>
> (*TFS* 46)

Hartwells besonnene Art, sein zurückhaltendes, aber dennoch Stärke ausstrahlendes Wesen stehen in deutlichem Kontrast zur Figurenkonzeption William Ramseys. Allein die Anzahl der im Nebentext genannten Attribute verweist auf eine viel komplexere Tiefenstruktur der Figur hin, wodurch der Eindruck einer eindimensional denkenden Figur, wie sie Ramsey verkörpert, gar nicht erst entsteht. Hartwell ist durchweg positiv gezeichnet, und seine Charaktereigenschaften verleihen der Figur sympathische Züge. Auf diese weist auch die paralinguistische Markierung im ‚sprechende Namen' der Figur hin. ‚Hartwell' ließe sich phonetisch-lexikalisch ‚übersetzen' mit *‚heart well'*, was in Bezug auf seine Charaktereigenschaften wiederum als *‚man with a good heart'* gelesen werden kann. Dass er trotzdem kein „weakling" (*TFS* 32) ist, implizieren die Hinweise auf seine Statur, insbesondere aber auf seine Charakterstärke, die an verschiedenen Stellen im Stück auch als „a strength which is gentle" (*TFS* 32, 33) bezeichnet wird. Dass Wentworth diese Figur mit den leicht ergrauten Schläfen und seiner besonnenen Art ausgerechnet als Vertreter der Rechtsprechung (konkret ist die Rede von „attorney", *TFS* 33) konzipiert, der sich in einer ins *Off-stage* ausgelagerten Handlung um das Richteramt bewirbt, ist nicht zuletzt im Hinblick auf die gesellschaftsbezogene Gesamtaussage des Stückes von Bedeutung. Im Rahmen der Diskussion um die Schlussgestaltung wird auf sein Amt als ‚Staats-Anwalt' und Stimme der Gerechtigkeit entsprechend zurückzukommen sein.[566] Diese Eigenschaften finden jedoch nicht erst am Ende, sondern bereits im Zuge der Aushandlungsdialoge mit Margaret ihren Niederschlag.

Wie im Konfliktfeld um Ramsey integriert Wentworth auch in diese Handlungslinie einen Dialog über den Freiheitsbegriff. Wie Ramsey reagiert auch Hartwell zunächst irritiert auf Margarets Definition von *freedom*. Letzterer allerdings bemüht sich, wie Margaret auch, spürbar um tieferes Verstehen. Die dialogische Bedeutungsaushandlung liest sich wie folgt:

MARGARET. [*Very gently*] I must be free! that I may teach freedom.
HARTWELL. You should be free—never by word or deed would I encroach on your freedom, Margaret.
MARGARET. You do not understand. If I marry you in the usual way I shall have to give up my freedom.
HARTWELL. No, dear—you will not.
MARGARET. [*Still very gently*] What to me is freedom. Tell me, could you marry me and let me keep my flower shop?
HARTWELL. But why should you? I am rich. I have more than enough for us both—for the rest of our lives.
MARGARET. I know that, dear. But do you not see, your possessions give you *your* freedom, not mine. I must have my own. It is not a whim, dear, but a deep-rooted belief which is sacred to me. I must prove to the world in my own personal life what I believe, that a woman

566 Siehe unten den letzten Teilabschnitt in diesem Kapitel.

should have her social work, and the income from it—all apart from the man she loves.

HARTWELL. You should have your own income, Margaret. I can arrange that.

MARGARET. [*Painfully going on*] It would still be your gift, dear, don't you see? I must earn it myself, for the sake of my own integrity. Oh, if we could do this *together*, Stephen, show that freedom and love can go hand in hand—it would be so splendid!

HARTWELL. Isn't it a strange idea of freedom, Margaret—for a woman?

MARGARET. It is the basic freedom for both man and woman.

HARTWELL. [*Thoughtfully considering, with an effort to be perfectly fair.*] Keep your flower shop—*as my wife*. Is that it?

MARGARET. [*Tensely waiting*] Yes.

(*TFS* 54f., Hervorhebungen im Original)

Der Dialogausschnitt repräsentiert ein Phänomen zwischenmenschlicher Interaktion, das im diskursanalytischen Ansatz der Angewandten Linguistik als *negotiation of meaning* bezeichnet wird.[567] Es wird deutlich, dass Hartwell die Bedeutung von *freedom* nach Margarets Definition zu Beginn nicht so recht verstehen kann und die Ebene des *mutual understanding* zwischen beiden Dialogpartnern noch nicht erreicht ist. Dass etwa finanzielle Unabhängigkeit nach Margarets Dafürhalten erst dann gegeben ist, wenn die Frau durch die Einkünfte der eigenen Erwerbstätigkeit selbst in der Lage ist, für ihren Lebensunterhalt zu sorgen, versucht sie ihm durch ergänzende Erklärungen, *reformulations* und Rückfragen verständlich zu machen. In ihrem Bemühen um Verständlichmachung bleibt sie geduldig und Hartwell gegenüber in der (Körper-)Sprache zugewandt („*very gently*", „*still very gently*"). Dass es ihr ein großes Bedürfnis ist, ihm die semantische Durchdringung ihres subjektiven Freiheitsbegriffes zu ermöglichen, spiegelt sich in Formulierungen wie „But do you not see?" und „Don't you see?", denen jeweils längere Ausführungen folgen. Sprachlich signifikant ist ferner, dass ein Kernbegriff im Aushandlungsprozess dieser beiden Figuren in Margarets „You do not understand" Verwendung findet. ‚Verstehen', ‚Verständnis' und ‚Verständigung' sind von Wentworth als zentrale Leitbegriffe nicht nur in diesem Dialogausschnitt, sondern insgesamt in dieser ersten Begegnung zwischen Margaret und Hartwell (*TFS* 48-55) angelegt. So kommt es nicht von ungefähr, dass das Wort *understand* darin insgesamt neun Mal verwendet wird (vgl. *TFS* 50, 51, 52, 54) – einmal auch mit kursiver Hervorhebung (vgl. *TFS* 50). Die Dialogführung

567 Zum Konzept *negotiation of meaning* im Kontext der Angewandten Sprachwissenschaft bzw. in der Theorie des Fremd- und Zweitsprachenerwerbs, wo es eine zentrale Rolle spielt, siehe z.B. Keith Johnson and Helen Johnson, *Encyclopedic Dictionary of Applied Linguistics* (Oxford: Blackwell, 1999), 44, 230.

der Figuren verdeutlicht, dass gegenseitige Verständigung und die Bereitschaft zur Aufrechterhaltung der Interaktion – auch dann, wenn es kompliziert und holprig wird („*painfully going on*") – die Basis bilden, zumindest auf der Bedeutungsebene auf einen Nenner zu kommen, wenngleich zunächst noch keine Konsensfindung erreicht wird. Hartwell, so wird am Ende des oben zitierten Dialogs deutlich, ist im Zuge der Bedeutungsaushandlung zu einer Verständigungsebene vorgedrungen, die eine solche ermöglicht. Seine letzte Replik, „Keep your flower shop—*as my wife*. Is that it?", dient in der Fachsprache der Diskursanalyse als sog. *confirmation check*, bei dem sich ein Sprecher rückversichert, ob er die Aussagen des Gegenübers inhaltlich korrekt erfasst hat.[568] *Confirmation checks* greifen vorausgegangene Aussagen entweder wörtlich oder paraphrasierend erneut auf, sind i.d.R. als Frage mit dem entstprechend ansteigendem Intonationsmuster formuliert und zielen darauf ab, vom Gesprächspartner eine wie auch immer geartete Form der Bestätigung zu erhalten (z.B. durch ein „Yes" wie in Margarets Fall oben, ein „Mmhm" oder ein non-verbales Zustimmen durch Kopfnicken), dass der Sprecher die Äußerung des Gegenübers korrekt verstanden hat.[569] Wenn der Nebentext oben darauf hinweist, dass Hartwell das Gesagte in ‚*thoughtful consideration*' reflektiert und sich trotz seiner zunächst noch abweichenden Ansichten in Bezug auf den Freiheitsbegriff („Isn't it a strange idea of freedom, Margaret—for a woman?") um ‚*fairness*' bemüht, wird im Unterschied zu den Konfliktdialogen zwischen Margaret und Ramsey deutlich, dass die Grundvoraussetzungen für eine Fortsetzung der Interaktions- bzw. Aushandlungsprozesse gegeben sind.

Diese wird im Anschluss an die oben dargestellte Situation aber zunächst durch Ramseys Bühnenauftritt (vgl. *TFS* 55-64) verhindert, sodass vorerst offenbleibt, welchen Ausgang der Aushandlungsprozess finden wird. Als sich im weiteren Verlauf des II. Aktes das Gespräch zwischen Margaret und Hartwell schließlich fortsetzt (vgl. *TFS* 64-69), knüpft es trotz der längeren Unterbrechung durch Ramsey im Hinblick auf Thematik und Redeverhalten quasi direkt am vorausgegangenen Dialogteil an. Dennoch weist dieser nachfolgend zitierte Gesprächsabschnitt einen wesentlichen strukturellen Unterschied zum vorherigen Teil auf. Diesmal ist es nämlich nicht die Perspektive

568 Siehe z.B. Johnson and Johnson, *Encyclopedic Dictionary of Applied Linguistics*, 44.

569 Das Konzept des *confirmation check* wurde geprägt von Michael Long (1980), der in seiner Interaktionshypothese verschiedene *speech modification techniques* beschreibt, derer sich Gesprächspartner im Bedeutungsaushandlungsprozess bedienen können, um im Falle eines Kommunikationsproblems zu einem gemeinsamen inhaltlich-semantischen Verständnis des Gesagten zu kommen (*mutual understanding*). Siehe hierzu Long (1980) sowie für eine Zusammenschau einschlägiger Definitionen Ohta (2005) und Foster and Ohta (2005).

der emanzipierten Frau, die näher beleuchtet wird, sondern Stephen Hartwells ‚männlicher Blick' auf die Geschlechterrollenproblematik:

HARTWELL.	[[...] *taking her in his arms*] There, I have you again.
[...]	
HARTWELL.	[*Brushing her hair back from her brows and framing her face with his hands*] Do you know, dear, you grow more beautiful every moment—tell me, sweetheart, nothing shall stand in our way?
MARGARET.	[*Trembling—hesitatingly*] If you could only say—Keep your flower shop,——
HARTWELL.	You would marry me?
MARGARET.	Yes.
HARTWELL.	[*Gently*] Really, Margaret, I don't see how it is possible! Why, how could I bring myself to put you in a doubtful position—a position people would question and criticize—they might hurt you cruelly——
MARGARET.	[*Ardently*] That is nothing—I am not afraid—but don't say doubtful position, Stephen. It is really glorious.
HARTWELL.	[*With great gentleness*] It is very brave, dear, and glorious, too, when you are standing alone, but when you have a husband who loves you, adores you—who would serve you devotedly with the whole of his life, I confess I should feel most unchivalrous, Margaret, to let you do it—yes—even guilty—in some sort of way.
MARGARET.	Oh, no!
HARTWELL.	Can you not understand how a *man* might feel in this matter, a man who loves greatly, as I do you?
MARGARET.	How do you mean, dear?
HARTWELL.	I have the feeling,—feudal, ancestral, it may be, all men who love reverently must have it—the desire to protect the woman I love, to save her from pain and hardship, to spare her the sordid things of life.
MARGARET.	Yes, I know; it is very beautiful, but——
HARTWELL.	It is the instinct which has lifted man out of barbarism and endowed him with whatever there is of good in his nature to-day—this very instinct to work for the woman he worships. For the good of society it should be preserved at all costs. It is the heart and goal of all his efforts—the one restraining, refining force in his life. It spiritualizes and ennobles him as motherhood does a woman. To what level would men sink, deprived of this supreme privilege? Can you not see, Margaret? I speak out of the inheritance of the ages. It is the need, the vital need of a man's love.

(*TFS* 65-67, Hervorhebung im Original)

Dieser zweite Gesprächsteil steht komplementär zum vorausgegangen und bewirkt über das Mittel der Perspektivverlagerung von der weiblichen auf die männliche Figur eine strukturelle Ausgewogenheit, die in Anlehnung an Zimmermann als ‚symmetrische Dialoggestaltung' bezeichnet werden könnte.[570] Das patriarchalische Muster der Gesprächsführung, in dem die männliche Stimme dominiert und die der Frau zu unterdrücken oder gar zum Schweigen zu bringen versucht, wird hier u.a. auch durch Komplementarität der beiden Dialogteile aufgebrochen. Analog zum ersten Gesprächsteil signalisiert auch diesmal jene Figur, die ihren Standpunkt zu erklären versucht, dem Gegenüber über nicht-sprachliche Ausdrucksformen grundsätzliche Gesprächsbereitschaft und Zugewandtheit („*gently*", „*with great gentleness*"). Ungeachtet des vollzogenen Rollentauschs sind die Voraussetzungen für einen echten Dialog damit weiterhin gegeben. Wie zuvor Hartwell fällt es nun in umgekehrter Konstellation Margaret sichtlich schwer, für Hartwells Ansichten Verständnis aufzubringen. Zu Beginn der Textpassage noch in ablehnender Haltung („don't say doubtful position", „Oh, no!") zeigt Margaret zunehmend Bemühen um das sinnbezogene Verstehen seiner ideologischen Positionen. Dies gelingt, weil Hartwell – wie zuvor auch schon Margaret – mit Formulierungen wie „Can you not understand?" und „Can you not see?" immer dann Impulse für weitere Verständigungsanstrengungen gibt, wenn die gemeinsame Verstehensebene noch nicht erreicht ist. Wenn er sie bittet, in Erwägung zu ziehen, „how a *man* might feel in this matter", bewirkt dieser Perspektivenwechsel schließlich eine Veränderung in Margarets Sprechverhalten und Einstellung. Ihre Frage, „How do you mean, dear?", impliziert zum einen, dass sich Margaret mit der männlichen Sichtweise auf die Rollenproblematik offenbar noch nicht allzu intensiv auseinandergesetzt hat, denn sonst könnte sie verstehen, was er meint; zum anderen signalisiert auch sie damit ein genuines Interesse an einer gegenseitigen Verständigung. Mit der linguistisch-diskursanalytischen Fachterminologie gesprochen dient Margarets Replik „How do you mean, dear?" als *clarification request*.[571] Dass Hartwell dieses ausgesendete Signal gesprächskooperativ aufnimmt, verdeutlichen wiederum die Längen seiner Repliken: seine Erläuterungen zur männlichen Sichtweise nehmen im

570 Siehe Zimmermann, *Dialog, Dialogizität, Interdiskursivität*, 100.

571 Im Unterschied zu den oben erwähnten *confirmation checks* dienen *clarification requests* nicht der Bestätigung, dass das Gesagte tatsächlich korrekt verstanden wurde; Letztere signalisieren vielmehr, dass etwas gar nicht verstanden wurde und weiterer Erklärungsbedarf besteht. Entsprechend bittet ein Sprecher durch die Verwendung eines *clarification request* – meist in Form einer Frage – das Gegenüber um genauere bzw. weitere Erläuterungen, die idealerweise zum Verstehen führen, um das Gespräch auf einer gemeinsamen Bedeutungsebene fortsetzen zu können. Auch *clarification requests* zählen nach Long zu den *speech modification techniques* und dienen demzufolge der Bedeutungsaushandlung bzw. *negotiation of meaning*. Siehe hierzu Johnson and Johnson, *Encyclopedic Dictionary of Applied Linguistics*, 44 sowie Long (1980) und Foster and Ohta (2005).

Vergleich zu Margarets Redebeiträgen einen größeren Raum ein und ermöglichen ihr damit eine tiefere inhaltliche Auseinandersetzung.

Der Umstand, dass Stephen Hartwell in dem oben zitierten Dialogausschnitt in dieser vertrauensvollen Offenheit mit Margaret über seine Gefühle und Gedanken spricht, stellt ein besonderes Phänomen dar, das Wentworths Stück von den anderen hier untersuchten Dramen unterscheidet. Besonders bzw. innovativ ist diese Form der Artikulation männlicher Emotionen und Gedanken deshalb, weil es hier eine *männliche* Figur ist, die das *männliche* Empfinden einer Männlichkeitskrise gegenüber einer *weiblichen* Figur offen beschreibt und Einblick in die Psyche des Mannes gibt. Zwar gewährt, wie gezeigt, auch Crothers' Tom Herford in *He and She* – bezeichnenderweise aber nur in der Frühfassung HS_1 – einen intimen Einblick in seine als Männlichkeitskrise empfundene Situation, dort allerdings artikuliert er seine Emotionen und Gedanken ‚nur' gegenüber einer anderen Männerfigur (Dr. Remington);[572] will heißen: Das Gesagte bleibt dort ‚unter Männern', sodass der Eindruck männlicher Emotionalität oder gar krisenhafter Verunsicherung etwa einer Frau gegenüber gar nicht erst entstehen kann. So erfährt bei Crothers zwar Dr. Remington und auch der Zuschauer, was Tom bewegt, nicht aber seine Ehefrau Ann, mit der er diese Krise eigentlich kommunikativ verhandeln und idealerweise überwinden sollte. Eine wirkliche dialogische Auseinandersetzung mit Toms Männlichkeitskrise findet dort also nicht statt, zumindest nicht zwischen Mann und Frau. Wenn Wentworth in ihrem Stück nun eine Männerfigur wie Stephen Hartwell auf die Bühne bringt, der wie oben im Zitat in Margarets Gegenwart offen über seine Gefühle spricht, dann darf man darin durchaus eine innovative Form der Männlichkeitsinszenierung sehen.

So wie sich Margaret zuvor in Bezug auf ihre Sichtweise um Verstehen und Verständigung bemüht hatte, so versucht nun hier also auch Stephen Hartwell nachvollziehbar darzustellen, worin die männlichen Verhaltens- und Denkmuster begründet liegen. Wie Ramsey bezieht auch er sich dabei auf den biologistischen Geschlechterdiskurs, jedoch nicht, um Margaret seine Vorstellung von naturhafter Weiblichkeit aufzuzwingen, sondern ihr die diesem Diskurs zufolge gleichermaßen ‚instinkthafte Natur' des Mannes zu erklären. Sein natürlicher Instinkt sei es, „to protect the woman [he] love[s], to save her from pain and hardship, to spare her the sordid things of life" – nicht etwa, weil er die Frau beherrschen und kontrollieren wolle, wie dies etwa Ramsey tut, sondern weil es ihn zu einem ethisch-moralisch ‚besseren', tugendhaften Menschen mache: „It [...] has lifted man out of barbarism and endowed him with whatever there is of good in his nature to-day—[...] It spiritualizes

572 Siehe hierzu die Ausführungen in Kapitel IV.2.5 in dieser Arbeit.

and ennobles him as motherhood does a woman." Seine Ausführungen implizieren, dass sein Selbstwertgefühl als Mann und seine Tugendhaftigkeit letztlich von der Erfüllung dieser Beschützerrolle abhingen, die ihm die Frau „for the good of society" deshalb auch nicht entreißen dürfe. Geschähe dies, wären die (gesellschaftlichen) Folgen gar nicht absehbar: „To what level would men sink, deprived of this surpreme privilege?" Hartwells Repliken zeigen seine viktorianisch geprägte Auffassung von engelhafter Weiblichkeit und ehrenhafter Männlichkeit sehr deutlich. Er reproduziert jene Leitsätze des herrschenden Geschlechterdiskurses, die über Generationen hinweg – Hartwell spricht von der „inheritance of the ages" – für die moralische Überhöhung der Frau als ‚Sittenwächterin der Gesellschaft' gesorgt und ihre Ausgrenzung aus der *public sphere* legitimiert haben. Seine Darstellung veranschaulicht ferner, dass auch Männer wie Hartwell, die aufrichtig lieben können und nicht, wie beispielsweise Ramsey, von der Vorstellung hegemonialer Männlichkeit besessen sind, von traditionalistischen Denkweisen so stark beeinflusst werden, dass auch sie sich erst davon emanzipieren müssen, um eine tatsächliche Veränderung der Geschlechterbeziehung mittragen zu können. Zu dieser Einsicht gelangt schließlich auch Margaret, als sie sich – schockiert über Hartwells konservative Ansichten – zuerst aus seiner Umarmung löst und schließlich ganz von ihm abwendet:

> MARGARET. [*Moves a little away* [...]]
> [...]
> MARGARET. [*Turning away in despair*] [...] I was afraid it was useless—you cannot understand.
>
> (*TFS* 67)

Zwar haben die beiden Figuren ein gegenseitiges Verstehen auf der Inhaltsebene erzielen können, nicht aber Verständnis für die Position des Anderen. Wieder befindet sich der Dialog an einem kritischen Punkt, der über den Abbruch oder die Fortsetzung des Aushandlungsprozesses entscheidet. Dass *negotiation of meaning* und die Bemühungen um gegenseitige Verständigung keine linearen Prozesse sind, sondern Hürden dialogisch überwunden und Komplikationen ausgehalten werden müssen, wird hier erneut deutlich.

„I must think it out": ‚Männliche' Reflexion und kritische Hinterfragung des tradierten Geschlechtermodells

Dass es an diesem kritischen Punkt nicht zum Gesprächsabbruch kommt, ist wiederum das Verdienst beider Dialogpartner. Zum einen erkennt Margaret, dass sie in dem zuletzt Gesagten zu harsch und abweisend reagiert hat, wofür sie sich entschuldigt („Ah, I have hurt you. [*In pain*] Dear! Forgive me. I am sorry. [*Caressing him*] I cannot help it.", *TFS* 68) und im Zuge dessen sprachlich wieder stärker auf ihn zugeht; zum anderen deutet sich in Hartwells Replik eine zögerliche, wenn nicht Distanzierung, dann doch gedankliche Auseinandersetzung mit seiner tief verinnerlichten Einstellung zur Geschlechterfrage an:

> HARTWELL. [...] I must think it out. I cannot grasp it yet. It is all so new—woman has always been for me a creature to be set apart, kept beautiful. I see many obstacles in the way. You must remember I too am proud, Margaret, proud as you.
>
> (*TFS* 68)

Es ist diese Replik, die die Figuren gemeinsam realisieren lässt, dass es im Grunde weiblicher und männlicher Stolz gleichermaßen sind, die eine Lösung des Geschlechterkonflikts immer wieder verhindern, weil keine Seite Zugeständnisse machen will oder Kompromisse einzugehen bereit ist. Dass aus dem sich hier abzeichnenden ‚*I vs. you*' doch wieder ein vereinendes ‚*we*' wird, liegt maßgeblich an Hartwell, der die Vision einer gemeinsamen Zukunft mit Margaret trotz der angesprochenen „obstacles" – gemeint sind vornehmlich, wie er sagt, „the prejudices of [his] family" und „[his] own sense of chivalry" (*TFS* 68, 69) – nicht aus den Augen verliert. Der anaphorische Gebrauch von ‚*shall we*' und die Wiederholung von ‚*our*' in seiner nachfolgenden Replik unterstreichen seinen Glauben an eine gemeinsame Lösung:

> HARTWELL. *Shall we* let it [i.e. pride] wreck our lives now? *Shall we*, Margaret? *Shall we* let this precious love slip from our grasp? [...]
>
> (*TFS* 68, Hervorhebungen KT)

Ebenso dringt in Margarets Antwort, „No, no, but what can I do? Oh, can't you find a way?" (*TFS* 68), die zentrale Aussage des Stückes durch – dass nämlich, erstens, die emanzipierte Frau vor dem Hintergrund des bereits eingesetzten Gesellschaftswandels nicht in ein Stadium viktorianisch geprägter Weiblichkeit zurückzukehren bereit ist und dementsprechend kaum Handlungsoptionen sieht („what can I do?"), und dass es zweitens der Mann ist, der mit seinem Denken und Handeln letztlich die entscheidende Rolle in der Beilegung des Geschlechterkonfliktes spielt, weil er sich zwischen traditioneller und emanzipierter Männlichkeit verantwortungsvoll entscheiden muss („can't you find a way?"). Das von Hartwell schon einmal verwendete „I must think it out, dear." (siehe *TFS* 68) steht schließlich auch am Ende dieses zweiten Gesprächsteils, wo Hartwell die Replik wortwörtlich noch einmal wiederholt (vgl. *TFS* 69). Die Formulierung selbst impliziert ein kritisches Hinterfragen seines eigenen Verständnisses von Männlichkeit und Partnerschaft; sie bescheinigt der Figur ferner die Fähigkeit zur Reflexion und tiefgreifenden gedanklichen Auseinandersetzung mit dem Besprochenen; und sie deutet außerdem an, dass die Möglichkeit der Konfliktbeilegung durch einen gemeinsam ausgehandelten Konsens noch immer besteht. Der Fortgang des Aushandlungsprozesses bleibt jedoch an dieser Stelle abermals offen, da – wie schon zuvor – Ramsey erneut die Unterhaltung der beiden unterbricht (vgl. *TFS* 69). Diesmal allerdings bleibt Ramseys Auftritt für den Aushandlungsprozess zwischen Margaret und Hartwell nicht folgenlos.

Ramsey, der als Hartwells Wahlkampagnenmanager und *PR agent* immensen Einfluss auf die Presse hat und insofern den Erfolg oder Misserfolg von dessen Wahlkampagne maßgeblich beeinflussen kann, nutzt dieses Abhängigkeitsverhältnis nun als Mittel der Erpressung, um Margaret in der Auseinandersetzung um Louise die entscheidende Niederlage beizubringen. Im *flower shop* trifft er auf Margaret:

RAMSEY.	Stephen Hartwell has political honors to win. He has bitter enemies—men who attack him for his sympathy with the poor and criminal classes. I can stand for all that and fight his battles honestly, but I refuse to allow anything further of an extreme or eccentric nature to enter the campaign.
[...]	
RAMSEY.	[...]—you have ideas—radical ideas of woman, marriage, freedom, which you propound publicly—ideas which are utterly distasteful to me and to most men. If Hartwell marries you he will have to stand sponsor for these ideas—he with his position and fortune—at the very threshold of his life's opportunity—a judgeship! Why, to the serious criticism we have had would be added ridicule—laughter! There would be no chance for him. The press would be full of it.
MARGARET.	You said you had the press in your hands. You could take care of that.
RAMSEY.	Ah, but that is just what I cannot and will not do. What! Protect the woman who breaks up my home—sends my wife on the stage? You must have taken leave of your senses, Margaret.
MARGARET.	[*Gazes at him in astonishment*] Tell me the worst that could happen—if he should marry me.
RAMSEY.	If the woman question is dragged in, and it will be, Hartwell may stand for it—I can't. It will be impossible for us to work together. I shall withdraw my support.
MARGARET.	That means another candidate?
RAMSEY.	It does. It means failure for him—the end of his career. He won't have another such chance in a hurry. Now then, give up that contract—be silent with Louise—undo your work with her—or I shall tell Hartwell how the matter stands. I will give you an hour to decide. [MARGARET *is fairly paralyzed*] I always thought you selfish, Margaret,—but I fancy you will scarcely go so far as to ruin the career of the man you love.

(*TFS* 75-77)

Von Ramsey in gewohnt aggressiver Weise in die Enge getrieben steht Margaret vor der Wahl: Entweder entscheidet sie sich für ihren *flower shop*, ihre Prinzipien und ein Leben *ohne* Hartwell; oder sie gibt ihre Ideale auf, beugt sich Ramseys Willen und ermöglicht Hartwell den beruflichen Aufstieg und ihr ein Leben *mit* ihm. Dass es im Grunde gar nicht mehr um Louise geht – denn diesen Konflikt ‚regelt' Ramsey ja bekanntlich auf andere Weise –, weiß Margaret zu diesem Zeitpunkt freilich noch nicht. Tatsächlich ist das Ultimatum und der Angriff auf Margarets Privatleben somit unnötig, jedoch zeigt sich in Ramseys Verhalten erneut seine unnachgiebige Besessenheit nach Macht, ohne die er sich scheinbar nicht als ‚richtiger Mann' fühlen kann.

Für Margaret, die nach Ramseys Drohung völlig geschockt und paralysiert ist, steht fest, dass sie Hartwells Karriere selbstverständlich nicht gefährden kann. Als Hartwell den *flower shop* nach Ramseys Abgang erneut betritt und die beiden in einem dritten Teil ihr Gespräch fortsetzen (vgl. *TFS* 78-81), erklärt sie ihm: „I can't marry you now, even if you should let me keep the flower shop——[…] I can't ruin your career—[…] If you marry me he will withdraw his support——" (*TFS* 78). Zwar gibt sich Hartwell anfangs noch unbeeindruckt, jedoch ändert sich seine Einstellung, als ihm Margaret verdeutlicht, dass er im Falle einer Heirat unter den von ihr geforderten Bedingungen seine Arbeit und Karriere opfern müsste. Diese Vorstellung aber lässt ihn zum ersten Mal realisieren, was es für Margaret bedeuten würde, wenn sie ihren *flower shop* aufgäbe, um ihn heiraten zu können: „And you can't give up the flower shop—be just a wife. I see that." (*TFS* 78).

Dass in ihm bereits eine Bewusstseinsveränderung zu beobachten ist und er sich von den traditionalistischen Männlichkeitsvorstellungen zu lösen begonnen hat, verdeutlicht die Schlusssequenz des II. Aktes, in der sich Margaret angesichts der scheinbaren Ausweglosigkeit in einer impulsiven Affekthandlung, verbunden mit ihrer völligen Selbstaufgabe, Hartwell in die Arme wirft und sich damit quasi von ihrem *flower shop* und ihren emanzipatorischen Idealen lossagt:

> MARGARET. [*Struggling with herself, locking and unlocking her hands*] […] [*With large impulsiveness*] Take *me*, dear—my life, myself, my heart—all that I am—even […] It is the only way now—love's way—if not the world's—but let it be so. I am yours—absolutely—do with me as you will. […] Take me. Anything, dear—have it any way you will.
>
> (*TFS* 78f., Hervorhebung im Original)

Gemäß tradierter Rezeptionserwartungen und Darstellungsverfahren würde das Stück mit dieser Szene das konventionelle *happy ending* einlösen, bei dem die vom Weg abgekommene Protagonistin in das viktorianisch geprägte Rollenmuster der *true woman* zurückgeführt wird. Wentworth aber konzipiert mit Hartwell eine Männerfigur, die sich im Zuge der Aushandlungsdialoge mit Margaret zu ändern begonnen hat und solche Formen weiblicher Selbstzerstörung zugunsten seines eigenen Glücksempfindens nicht mehr zuzulassen bereit ist. Hartwell hat durch die Fähigkeit der Empathie inzwischen verstehen können, dass eine einseitige Entweder-Oder-Entscheidung nicht zu dauerhaftem Glück in der Partnerschaft führen kann. Wenn nur aus dem Verzicht des Einen das Glück des Anderen erwachsen kann, kann das auf Dauer nichts Gutes für die Beziehung von Mann und Frau verheißen. Darin besteht sodann auch die implizierte Botschaft an das (Lese-)Publikum. Hartwell erkennt in Margarets impulsiver Geste einen Akt der absoluten Selbstaufgabe und Auslöschung weiblicher Identität, die er so nicht mehr akzeptieren kann. Der Verzicht auf den *flower shop* und die von ihr selbst definierte Form von *freedom* würde Margaret die Hälfte ihres Lebensglücks kosten – ein Preis, den Hartwell unter den veränderten Vorzeichen und im Hinblick auf sein eigenes Lebensglück nicht mehr zu zahlen bereit ist:

> HARTWELL. [*Tenderly*] But I love you too. Much as I might want you, I shall never do you any harm. [...] To cast a shadow on your life in the eyes of society—no, dear—never that. [...] I want *you* at my side. I should have next to *nothing of you* that other way. Think, dear. I want a wife in my house, to go about with me—to receive my friends—to share my life—all of it—the days and the nights—I want *you, Margaret*.
>
> (*TFS* 79f., Hervorhebungen KT)

Was Hartwell in dieser Zukunftsvision skizziert, ist das Konzept der *companionate marriage*, in der beide Partner gleichberechtigt nebeneinander stehen, das alltägliche Leben miteinander teilen, ohne sich dabei selbst als Individuum zu verlieren. Hartwell will keine leere *wife*-Hülse an seiner Seite, sondern eine Frau mit Persönlichkeit, die ihre Vorstellung von (beruflicher) Selbstverwirklichung genauso (aus-)leben kann wie der Mann. Wenn Margaret in völliger Verzweiflung fragt, wie dies möglich sein solle und Hartwell mit großer Entschlossenheit sagt, „*We* must find a way." (*TFS* 80, Hervorhebung KT), dann kommt darin nicht nur der oben erwähnte Glaube an die gemeinsame Zukunft zum Ausdruck; die Replik markiert außerdem den Beginn einer neuen Aushandlungsphase.

Wie die Vereinbarkeit von subjektiver Innen- und gesellschaftlicher Außensicht gelingen kann, steht als Frage im Zentrum der sich nun anschließenden

Reflexions- und Suchbewegungen beider Figuren. Wie schon zweimal zuvor zieht sich Hartwell auch am Ende des II. Aktes ins nicht näher spezifizierte *Off-stage* zurück, um, wie er sagt, sein Bestes zu tun, die Hindernisse, sprich „[his] own prejudices—Ramsey's objections" (*TFS* 80), aus dem Weg zu räumen. Nur wenn er in der Lage wäre, die komplexe Problematik gedanklich noch tiefer zu durchdringen und im Zuge dessen „every barrier in the way of [their] marriage" bis „eight o'clock" beseitigen zu können (*TFS* 80), würde er zurückkommen. So bleiben Hartwells Gedankengänge, seine Suchbewegungen und Reflexionsprozesse für das (Lese-)Publikum vorerst ‚unsichtbar', da das Stück seinen Fokus also zunächst stärker auf die weiterhin auf der Bühne anwesende Margaret richtet.

„I am losing my senses": Das Ringen um eine Lösung – die weibliche Perspektive

Die beschriebenen äußeren Umstände erzeugen eine Drucksituation, die Margaret in eine tiefe Krise stürzen. Im inneren Widerstreit zwischen Kopf und Herz, Rationalität und Emotionalität sieht sie sich vor eine ultimative Entscheidung gestellt. Wenn Wentworth im Schlussakt ihres Stückes vor allem Margarets Ringen um eine Konfliktlösung so viel Raum gibt, dann mag sich dahinter die Absicht verbergen, dem (Lese-)Publikum zu verdeutlichen, dass emanzipierte Frauen nicht notwendigerweise und in jedem Fall radikale Feministinnen im Sinne des auf die *new woman* projizierten patriarchalischen Feindbildes sind. Es soll vielmehr gezeigt werden, dass sich Frauen wie Margaret keineswegs leicht damit tun, in der Kollision von tradiertem und modernem Weiblichkeitsverständnis ihren Platz zu finden. Im Versuch, beides miteinander in einem Kompromiss zu vereinen, wird sie von der Gesellschaft in die Enge – und damit auch ein Stück weit in eine Opferrolle – getrieben. In der Konsequenz bewirkt dies ein mehr oder weniger impulsives Hin- und Herpendeln der Protagonistin, die in ihrer Suche nach einer Lösung fortwährend zwischen Prinzipientreue, Emanzipation und Selbstbestimmung auf der einen und bedingungsloser Liebe und traditioneller Weiblichkeit auf der anderen Seite schwankt. Margarets verzweifelte Suchbewegungen stehen zudem unter dem Einfluss von Auftritten anderer Frauenfiguren (Polly, Lena, Mary, Louise), die einerseits Margarets Sehnsucht nach Liebe und Partnerschaft verstärken, sie andererseits aufgrund ihrer *gender*-ideologischen ‚Rückwärtsorientierungen' gleichzeitig auch immer daran erinnern, dass sie im Streben nach Selbstbestimmung und Freiheit nicht in traditionelle Strukturen fallen darf. Für die Darstellung dieser inneren Konflikthaftigkeit wählt Wentworth zwei Inszenierungsverfahren, die die emotionale Zuspitzung, das Gefühl des In-die-Enge-getrieben-Seins, dramaturgisch unterstreichen: (1) eine synthetisierende Darstellung von Zeitstruktur und Raumbewegung, (2) die Beeinflussung der Figur durch äußere Sinneseindrücke.

(1) Zum einen dienen die in den III. Akt eingestreuten Hinweise im Nebentext auf die voranschreitende Zeit dazu, die ablaufende Frist für Hartwells Rückkehr („at eight o'clock") hervorzuheben. So ist zu Beginn des Schlussaktes durch das Schaufenster des *flower shop* eine Straßenuhr zu sehen, deren Zeiger bereits auf 19.40 Uhr stehen (vgl. *TFS* 82). Im weiteren Verlauf des Schlussaktes ist die Protagonistin dabei zu beobachten, wie sie immer wieder auf die Uhr schaut und mit voranschreitender Zeit immer nervöser im Raum umhergeht: „*glances at the street clock*", „*She moves about the room expectantly, nervously, looking out at the clock*" (*TFS* 86), „*Walks slowly and in deep thought to the center of the stage*", „*She looks at the time and moves about restlessly*", „*The hands of the clock are seen to creep slowly and steadily to eight and past it*" (*TFS* 93). Als die Frist schließlich abgelaufen ist, bewirkt jede hereintretende Figur, dass Margaret in Erwartung von Hartwells Rückkehr immer wieder hoffnungsvoll zur Tür blickt und dabei zunehmend unruhiger wird. Ihre innere Zerrissenheit äußert sich im unentwegten Wechsel von Starre und Bewegung: „*She hears some one and starts eagerly, but stops in disappointment as she sees who it is* [here: Polly]" (*TFS* 93), „*Some one is heard at the front door* [here: Mary]. MARGARET *starts again in anxious concern.*" (*TFS* 95), „*After a restless look at the door, sits at table*", „MARGARET *rises nervously and moves away*", „*Sits on stone bench*" (*TFS* 96), „*Rising restlessly*", „*Pacing the room*", „*sits down*" (*TFS* 97). Kaum hat sie auf der Steinbank wieder Platz genommen, dringt von draußen Tanzmusik in den *flower shop* hinein, die ihre Wirkung in dieser emotional angespannten Situation ebenfalls nicht verfehlt.

(2) Zum anderen verwendet Wentworth verschiedene äußere Sinneseindrücke, die auf den Zustand der Protagonistin einwirken und ihre psychologische Wirkung entfalten. So dringt von außen zunächst besagte Tanzmusik in den *flower shop* ein. Der dramaturgisch effektvolle Einsatz der immer lauter werdenden Klänge mischt sich im weiteren Verlauf der Szene dann auch noch mit einem sich im *flower shop* immer stärker verbreitenden Duft der Blumen. Im Zusammenwirken beider Faktoren entsteht eine sinnlich-emotionale Atmosphäre, die Margarets Denken und Handeln dergestalt beeinflusst, dass ihr Bedürfnis, nach Stephen Hartwell schicken zu lassen, immer größer wird und sie ihre emanzipatorischen Prinzipien allmählich zu vergessen scheint. Zu Mary, die sich zu diesem Zeitpunkt im *flower shop* aufhält, weil sie – wie oben dargestellt – im Unterschied zu Polly und Dave an der öffentlichen Tanzveranstaltung nicht teilnimmt, sagt Margaret in einem längeren Monolog, der in Teilen einer *stream of consciousness*-Darstellung ähnelt, Folgendes:

MARGARET. [...] [*Leaning back in the stone bench, she closes her eyes,—dance music is heard—the seductive strains of a Strauss waltz*] You may be right. All is different in the quiet of the evening, one sees with other eyes. Look at Polly and Dave—no troublesome ideals—no philosophy—only joy, abandon, romance. I confess it, [*sighs heavily*] I envy them to-night. [*The music is heard more clearly, and she half listens*] I feel weak, Mary. Something in me is giving way. I may send for him. It is these flowers—these lilies. Take them away. [*Passionately*] Oh, take them away. The odor steals over my senses, berefts me of reason, benumbs my judgement. [MARY *starts to remove them*] No, no. Leave them. I love them. I love them. [*Gathers them to her, buries her face in them and then lets them fall to the table. She listens, unconsciously pulsing with the music—then rousing herself*] It is that dance music! It is creeping into my blood, sapping my will. I shall send for him. I shall, I shall—oh, I am losing my senses. I can't think and I must think! Shut the door, Mary! Shut out that music—[MARY *closes door, but music is still heard, though it is not so penetrating*] Oh, it is no use. I can hear it still. It has utterly undone me. Is this what it is to be merely a woman—no will—no head—all heart—nothing but heart, with a cry in it that will not be stilled. *I want him—I want him.* Is this the mighty love cry of the ages that has kept us in the dark and made the dungeon sweet so long? Ah, my sisters, I have understood your needs—now I know your temptation. The one face. I must see it again—the one voice—[*Passionately*] Oh, Mary, can't you shut out that music?

[...]

MARGARET. [*As the music without rises in a poignant crescendo of joy and abandon*] If God would still *my heart*—I could go on teaching—but now, to be alive like this and give it up—he was right, that man [i.e. Ramsey]—what was it he said—in the grip—mighty forces. [*Puts her hands to her face*] No, I cannot give him up! I cannot. It is too much to ask. I will send for him. Quick, Mary, a pen. [MARY *brings writing material.*] No conditions. That is the way to love—[*Writes*] „Come back. Have it your way. Only come"—there! Some one is knocking. Perhaps it is he! [*She rises eagerly, still holding the letter in her hand.* MARY *opens the door. Enter* LOUISE RAMSEY.]

(*TFS* 97f., Hervorhebungen im Original)

Blumenduft und Walzermusik vernebeln Margaret sprichwörtlich die Sinne, rauben ihr den Verstand und lassen sie schließlich die Nachricht an Hartwell verfassen, die gleichzeitig das Schicksal ihres *flower shop* und der Prinzipien, für die sie steht, zu besiegeln scheint. Unter dem Einfluss des betörendes Duftes und der immer lauter werdenden Klänge folgt sie schließlich dem „mighty love cry of the ages", der letztlich stärker zu sein scheint als ihr Streben nach Freiheit und Selbstbestimmung. Die traditionalistische Erwartungshaltung ist damit bedient, denn der Weg für ein konventionelles *happy ending* scheint geebnet.

Diesem Ausschlagen des Pendels hin zu einem konventionellen Weiblichkeitsverständnis folgt unmittelbar ein Zurückpendeln, das sich als Besinnung auf die Prinzipien emanzipierter Weiblichkeit bezeichnen ließe. Bewirkt wird diese Umkehrung durch Louises bereits erörterten Auftritt, in dem sie ihrer Freundin mitteilt, dass Ramsey ihr die Gesangskarriere untersagt hat und sie seinem Willen folgen muss. Aber je mehr Louise über ihr eigenes Scheitern berichtet, desto stärker distanziert sich Margaret wieder von ihrer gerade getroffenen Entscheidung. Um diesen inneren Prozess des Umschwenkens nach außen sichtbar zu inszenieren, wählt Wentworth auch diesmal wieder das dramaturgische Mittel der Raum-/Körperbewegung: So werden Louises Ausführungen zum einen begleitet von Margarets Blicken, die sich immer wieder auf den gerade an Hartwell verfassten Brief richten, den sie noch in den Händen hält, und zum anderen von einer räumlichen Distanzierung Margarets von Louise: „*looks at the letter*", „*breathes hard and looks at the letter*" (*TFS* 101), „*She turns her back and reaches for* LOUISE'S *hand.*" (*TFS* 102), „MARGARET *tortured, moves to the window.*", „*Up stage she turns about.*", „*Quietly and slowly tears up her letter to* HARTWELL.", „*Tossing the pieces from her*" (*TFS* 103). Was zunächst wie eine Geste weiblicher Solidarisierung und Mitleidsbekundung wirkt, erweist sich dann aber als symbolischer Akt des Verabschiedens: Margaret greift nach Louises Hand, lässt diese wieder los, wendet sich von ihr ab und geht zum Fenster, wo sie den Brief an Hartwell zerreißt. Louises Einknicken bewirkt in Margaret demzufolge ein erneutes Umschwenken. Zwar akzeptiert sie Louises ‚Entscheidung', besinnt sich dafür aber auf ihre eigenen Prinzipien und stellt das persönliche Lebensglück zurück:

> MARGARET. Your lack of strength teaches me my own. Some one must renounce the sweetness. The new truth must force its way to the light—what if a few of us die in the travail! Come, I say to my sisters, let us go forward—but one and all they cry out and fall to the ground, their hands clutching their hearts. Some one must stand up and be strong. So I will try to be [*her voice breaks and she sinks on the bench, her head on its arm*] the strong one. Oh, there is that music again! Mary, can't you shut it out?
>
> (*TFS* 103)

In der sichtbaren Diskrepanz von Gesagtem und Gestik wird allerdings auch hier die Instabilität ihrer Einstellung deutlich. Einerseits vermitteln Formulierungen wie „must force its way", „die in the travail" und „stand up and be strong" den Eindruck von wiedererlangter Stärke, Entschlossenheit und Überzeugung, andererseits spricht ihre Körperhaltung eine ganz andere Sprache, wenn sie auf der Bank niedersinkt und den Kopf auf dem Arm ablegt. Auch der Umstand, dass sie sich erneut von der von außen hereindringenden Musik irritieren lässt, weist auf diese Instabilität hin, die wiederum ein erneutes Zurückpendeln der Figur andeutet.

Interessant an der zitierten Replik ist zudem, dass Wentworth das Motiv des *female self-sacrifice* geschlechterideologisch umdeutet. Während im Kontext des viktorianischen Weiblichkeitsdiskurses die Selbstaufopferung der *true woman* bekanntlich mit völliger Zurücknahme der eigenen Identität im Dienste der Wahrung von Moral und Tugend in der Gesellschaft assoziiert wird, zeigt sich in Margarets Verzicht auf das persönliche Lebensglück zugunsten der weiter voranzutreibenden Frauenemanzipation zwar ebenfalls ein Geste der Selbstaufopferung, jedoch ist sie bei Wentworth politisch ganz anders besetzt. Margaret stellt sich aus ihrer feministischen Perspektive heraus zwar ebenfalls in den Dienst der Gesellschaft, dies geschieht bei ihr jedoch im Zusammenhang mit einer progressiven Agenda. Sie stellt sich damit prononciert gegen gängige Haltungen, wie sie in dieser Szene stellvertretend durch Mary artikuliert werden: „[...] *one* woman can do so little—must we not wait for *all society* to change—for *men* to be free themselves?" (*TFS* 98f., Hervorhebungen im Original). Margarets innere Zerrissenheit bleibt jedoch unbeschadet dieser klaren geschlechterpolitischen Positionierung weiterhin bestehen.

„Real chivalry in the end": Emanzipierte Männlichkeit als Weg aus der Geschlechterproblematik und Männlichkeitskrise

Indem Margaret mit ihrer Entscheidung hilflos und verzweifelt im *flower shop* zurückbleibt und auch Hartwell allem Anschein nach nicht mehr zurückkommen wird, deutet in Wentworths Stück alles auf ein Ende hin, das wenig Zukunftsoptimismus versprüht. Dem fortschrittsorientierten Zeitgeist der *Progressive Era* entspräche diese ‚frustrierend-pessimistische' Schlussgebung aber ebenso wenig wie den Darstellungskonventionen des Unterhaltungstheaters. Wentworth belässt es denn auch nicht dabei, sondern bedient sich in der Schlusssequenz des Stückes einer Reihe konventioneller Darstellungsformen, die im *well-made play* üblicherweise zur Affirmation und Restabilisierung der alten Geschlechterordnung dienen, hier aber funktional neu besetzt werden. Zu diesen traditionellen Elementen zählen (1) der *deus ex machina*-Auftritt, (2) die Inszenierung der *raisonneur*-Figur, (3) die weibliche Unterwerfungsgeste im Schlusstableau sowie (4) das versöhnliche *happy ending* im *love plot*. Auf welche Weise Wentworth diese konventionellen Strukturbausteine in den Dienst der pro-emanzipatorischen Gesamtaussage des Stückes stellt, gilt es abschließend herauszuarbeiten.

(1) In einer der bedeutendsten Szenen des Stückes, die gleichzeitig als retardierendes Moment fungiert, lässt die Dramatikerin Hartwell im Schlusssegment noch einmal sozusagen ‚unverhofft' auftreten. Seine Rückkehr ist insofern nicht erwart- oder vorhersehbar, als er eine selbstgesetzte Frist verstreichen ließ und zuvor schon seine Abreise angekündigt hatte (vgl. *TFS* 80). Sein plötzliches Auftauchen wirkt deshalb auf den ersten Blick wie ein *deus ex machina*-Auftritt, durch den die versöhnliche Zusammenführung des Protagonistenpaares ‚doch noch gerade rechtzeitig' gelingen kann – wie dies beispielsweise in Zona Gales revidiertem Schlussakt durch Ninians unerwartete Rückkehr der Fall ist. Wenn nach Kühnel ein *deus ex machina*-Auftritt als plötzliches, unerwartetes und vor allem unmotiviertes Eingreifen einer Figur zur künstlichen Herbeiführung einer Lösung definiert wird,[573] dann zeigt sich anhand des nachfolgend zitierten Dialogausschnitts aus dieser Szene, dass Wentworth wohl aus Gründen der Gattungs- und Darstellungskonformität die äußere Form des *deus ex machina*-Auftritts wählt, um in formal-struktureller Hinsicht zunächst die Erwartungshaltung an eine obligatorische Versöhnungsgeste am Dramenende zu bedienen. Bei genauerer Betrachtung zeigt sich aber, dass Hartwells Rückkehr nicht künstlich wirkt, sondern plausibel und durch das vorausgegangene Geschehen durchaus motiviert ist. Der situative Kontext dieser Szene gestaltet sich dabei wie folgt: Hartwell betritt den *flower shop*, wo er zunächst auf Ramsey trifft. Dieser war ebenfalls noch einmal in den *flower shop* zurückgekehrt, um seine ‚bekehrte Ehefrau' abzu- bzw. ‚heim'zuholen. Während Louise im vor dem Laden geparkten Wagen wartet und sich Margaret in ihrer Verzweiflung zunächst in den hinteren Teil des *flower shop* zurückgezogen hat (vgl. *TFS* 112), treffen nun die beiden Männerfiguren aufeinander:

> RAMSEY *turns to go.*
> *Enter* STEPHEN HARTWELL. *He speaks in the same deep, calm, and measured tones.*
> HARTWELL. Just a moment, Mr. Ramsey. I am here, you see, after all, although she did not send for me. *I have made my decision*—I shall marry her—in spite of everything.
> RAMSEY. With the flower shop?
> HARTWELL. Yes. *I have come to the conclusion*—(and *I have done some thinking to-day*, Ramsey—laid a lifetime of prejudices)—*I have come to the conclusion* that I have no right to take it away—it is her work—her life—it is vital to her happiness. [...]

573 Jürgen Kühnel, „Deus ex machina", *Metzler Literatur Lexikon. Begriffe und Definitionen*, hg. Günther Schweikle und Irmgard Schweikle (Stuttgart: J.B. Metzlersche Verlagsbuchhandlung, ²1990), 96.

It is easy to be romantic, Ramsey—set a woman on a pedestal as a saint for devotion and all that,—it is harder to help her live her own life, but perhaps after all that is the more genuine devotion—real chivalry in the end. It is what Margaret Kendall asks—I am going to give it to her—if I can.

RAMSEY. Mr. Hartwell, I wish to explain—

HARTWELL. [*Continuing*] So let your newspapers say what they like, your politicians do what they will, together Margaret and I can face whatever you care to do, whatever threats you may carry out—we shall have the real thing.

RAMSEY. I take them all back, Hartwell!—all the threats—everything—I will stand by you—things shall go on exactly as we have planned. I'll ignore the woman question, if it comes up, I'll manage somehow. I want to see you both happy—truly. I was angry this afternoon—I am all right now——

HARTWELL. [*With a sharp look at him*] Then your wife isn't going on the stage?

RAMSEY. No.

HARTWELL. Ah, that accounts for it——

(*TFS* 113f., Hervorhebungen KT)

Hartwells Rückkehr im Schlussakt wirkt deshalb nicht künstlich und unmotiviert, weil sie das Resultat eines intensiven Denk- und Reflexionsprozesses ist, der sein langes Wegbleiben im *Off-stage* plausibel macht. In der Schlusssequenz des II. Aktes hatte er angekündigt, dass er sich so lange zurückziehen würde, „until [he] can understand—until every barrier in the way of [their] marriage is removed" (*TFS* 80). Dass Hartwell ‚*verspätet*' zurückkehrt, ist ein dramaturgisches Mittel zur Spannungssteigerung. Dass er *überhaupt* zurückkehrt, ist ein Signal dafür, dass von seiner Seite aus offenbar sämtliche „obstacles" und „barriers" – seien es praktische oder gedankliche – überwunden sind. Wenn Hartwell hier in der gleichen ruhigen und besonnenen Art und Weise spricht („*He speaks in the same deep, calm, and measured tones*"), mit der er in das Geschehen eingeführt wurde (vgl. *TFS* 46) und er ferner gleich viermal betont, dass er nachgedacht habe („I have done some thinking"), zu einer Einsicht gelangt sei (das zweifache „I have come to the conclusion") und seine Entscheidung getroffen habe („I have made my decision"), dann sind dies Belege für seine tiefgreifende und sachliche Auseinandersetzung sowohl mit den geschlechterideologischen Positionen, wie sie im Dialog mit Margaret verhandelt wurden, als auch mit seinem eigenen Selbstbild als Mann. Im Zuge dieses Denkprozesses hätten sich seine ursprünglichen Ansichten als Vorurteile entpuppt, die er nun abgelegt habe. Im Kontext zeitgenössischer Männlichkeitsdefinitionen würde Hartwells Haltungsänderung wohl zweifelsohne als Autoritätsverlust und die Figur selbst als Inbegriff des ‚schwachen Mannes' gewertet werden. Hartwell aber verkörpert vor dem Hintergrund moderner

Männlichkeitskonfigurationen nicht den Typus des *weakling*, sondern des liberalen, empathiefähigen *new man*, dem es gelingt, im Spiegel des gesellschaftlichen Wandels den geschlechterideologischen ‚Ballast' abzuwerfen.

(2) Die Aushandlungsdialoge mit Margaret und das kritische Hinterfragen des eigenen Männlichkeitsverständnisses haben also eine Bewusstseinsveränderung bewirkt, die mit einer Loslösung von patriarchalischen Denkmustern einhergeht. Anders als Margarets impulsiv-irrationales Hin- und Herpendeln, das – wie gezeigt – eine Folge ihrer inneren Zerrissenheit und Verzweiflung ist, vermittelt Hartwell glaubhaft den Eindruck, dass seine neue Haltung zur Geschlechterthematik auf Vernunft, Reflektiertheit und Umsichtigkeit basiert. Hartwell übernimmt in dieser Szene somit auch die Funktion eines *raisonneur*, füllt diese Rolle im Vergleich zu konventionellen Inszenierungsformen dieses Figurentypus allerdings anders aus. Während die traditionelle *raisonneur*-Figur, wie man ihr beispielsweise in Dr. Larkin (*Margaret Fleming*) oder Dr. Remington (*He and She*) begegnet, eher konservative Ansichten vertritt und deshalb tendenziell das Geschehen und die Figuren so zu beeinflussen versucht, dass ‚um des lieben Friedens willen' möglichst die alte Ordnung wieder hergestellt wird, lässt sich in Wentworths Figur eine innovative Spielform oder, wenn man so will, eine neue Generation des *raisonneur*-Typus ausmachen. Dass Hartwell im Stück in der Funktion eines Staatsanwaltes auftritt, der sich außerdem bezeichnenderweise auf das Amt eines Richters bewirbt, kommt nicht von ungefähr. Seine Art des Sprechens, seine Fähigkeit zum sachlichen Abwägen und Reflektieren, sein Sinn für Gerechtigkeit und nicht zuletzt sein würdevolles äußeres Erscheinungsbild verleihen der Figur eine neue Form männlicher Autorität, die sich beispielsweise von Ramseys Machtbesessenheit grundlegend unterscheidet. Hartwell verkörpert als ‚Staats-Anwalt' und zukünftiger Richter eine Repräsentationsfigur, die dieser Ämter im Kontext einer sich modernisierenden, demokratisierenden Gesellschaft tatsächlich würdig ist. Im Stück ist diese politische Dimension an einer Stelle sogar explizit angesprochen, wenn Margaret davon spricht, dass man(n) „a real democrat" sein müsse, um ein Umdenken im Hinblick auf die Geschlechterproblematik vollziehen zu können (vgl. *TFS* 109). Die von der Autorin intendierte Botschaft an das (Lese-)Publikum im äußeren Kommunikationssystem des Stückes ist unüberhörbar und eindeutig: Zur Überwindung des Geschlechterkonfliktes braucht es Sachlichkeit, Vernunft, Demokratie, Konstruktivität, Dialog und nicht zuletzt den Mut des Mannes, sich dem Wandel der Zeit anzupassen und neue Wege zu beschreiten, statt dem Emanzipationsstreben der modernen Frau mit rigoroser Ablehnung, Aggression und Machtdemonstrationen zu begegnen.

Vor dem Hintergrund der Tatsache, dass sich die amerikanische Gesellschaft um die Jahrhundertwende in einem umfassenden Transformationsprozess befindet, auf den die Kräfte der Tradition genauso einwirken, wie die Impulse des Fortschritts, plädiert das Stück somit sehr anschaulich dafür, dass jedes Individuum – Mann und Frau – nicht nur in dieser *period of transition*, sondern generell selbst entscheiden dürfen müsse, wie es sein ‚*gender-self*' oder das Konzept der partnerschaftlichen Beziehung für sich selbst definiere. Was Wentworths *The Flower Shop* mit Stücken wie Rachel Crothers' *He and She*, *A Man's World* oder Jesse Lynch Williams' *Why Marry?* durchaus verbindet, ist die Tatsache, dass jedes dieser Dramen ein ganzes Spektrum an Figuren präsentiert, die – wie Doris Abramson in Bezug auf *A Man's World* einmal geschrieben hat – nicht alle „at the same level of emancipation"[574] sind. Was Wentworths Stück aber von den anderen unterscheidet, ist der Umstand, dass die verschiedenen Weiblichkeits- und Männlichkeitskonfigurationen und Partnerschaftsformen gleichberechtigt nebeneinander stehen dürfen. Die einzige Ausnahme bildet dabei, wie gezeigt, die patriarchalisch geprägte Ehe der Ramseys, die dem Geist der *Progressive Era* widerspricht und deshalb innerhalb des Figuren- und Beziehungsspektrums des Stückes als ein ausgesprochen düster gezeichnetes Negativ- bzw. Kontrastbeispiel konzipiert ist, das – im Sinne der implizierten Aussage des Stückes – das weibliche Publikum im äußeren Kommunikationssystem wohl nicht zur Toleranz oder Akzeptanz, sondern vielmehr zu Ablehnung und Widerstand auffordern will. Gleichermaßen scheint das Stück auch das männliche Publikum dazu animieren zu wollen, die eigenen, möglicherweise auch patriarchalisch geprägten Positionen und Verhaltensmuster zu überdenken, etwa so, wie dies Stephen Hartwell im Stück (beispielgebend) tut. Abgesehen von Louise und Ramsey greift bei den übrigen Figurendarstellungen bzw. Partnerschaftsbeziehungen das im Stück angelegte demokratische Prinzip aber sehr deutlich: Manche von ihnen werden aus einer emanzipatorisch-feministischen Perspektive heraus zwar kritisiert, aber letztlich werden alle Formen und Ausprägungen als mögliche Alternativen akzeptiert. Wenn Mrs. Summers also ihr Rollenspiel weiterspielt, um sich ihre Konsumbedürfnisse zu erfüllen, wenn Cornelia von Schlegel die Malerei aufgibt, um nur noch Ehefrau zu sein, wenn Polly die traditionelle Ehe wählt, um ihre Berufstätigkeit aufgeben zu können oder wenn die ‚verbrauchte' Lena einen Mann heiraten wird, den sie gar nicht liebt, um finanziell abgesichert zu sein und sich physisch wie psychisch erholen zu können, dann bleiben diese Lösungen als *individuelle* Spielformen des *happy*

574 Abramson, „Rachel Crothers", 61.

ending im Raum stehen, ohne bewertet oder verurteilt zu werden. Die Absicht jedoch, anderen eine Rollenidentität überzustülpen (wie dies beispielsweise Ramsey mit aller Macht tut und dabei Louise in ihrem Selbstbild bricht), kann in einer sich modernisierenden Gesellschaft nicht der richtige Weg sein – dies gilt nicht nur, wie das Stück eindrücklich zeigt, für tradierte, sondern auch für moderne Weiblichkeits- und Männlichkeitskonfigurationen.

In der Schlussszene des Stückes, in der es zur Zusammenführung von Margaret und Hartwell kommt, setzt sich die am tradierten Format des *well-made play* orientierte Darstellungsweise fort. Auch hier verwendet Wentworth konventionelle Strukturelemente, wie die (3) traditionelle Unterwerfungsgeste der Protagonistin im Schlusstableau des (4) versöhnlichen *happy ending*. Wentworth besetzt sie aber semantisch und funktional neu. Beim entscheidenden Aufeinandertreffen von Hartwell und Margaret wird deutlich, dass Margaret sich noch immer im Zustand des impulsgesteuerten Pendelns befindet und in ihrer inneren Konflikthaftigkeit die zuletzt getroffene Entscheidung *für* den *flower shop* und *gegen* Hartwell bereits wieder verworfen hat. In ihrer verzweifelten Suche nach einer Lösung schlägt sie Hartwell nun Folgendes vor:

> MARGARET. [*Leading him to the stone bench*] Stephen, I want to tell you something. It came to me only a moment ago. [...] I can give this up [*indicating the flower shop*] and do a less public work—quieter, more obscure—a work not so ostentatious——[...] I would not embarrass you—jeopardize your career—not for anything in the world.
>
> (*TFS* 116)

In Anbetracht von Hartwells veränderter Einstellung zur Geschlechterfrage stellt jedoch auch dieser Kompromissvorschlag keine für beide Seiten gleichermaßen ‚gute Lösung', kein ‚echtes' *happy ending* dar, weiß er doch nun, dass Margarets *flower shop* „vital to her happiness" ist (*TFS* 113). Dass er dies tatsächlich verinnerlicht hat, zeigt eine frühere Bühnenanweisung im Nebentext des Schlussaktes, die darauf hindeutet, dass Hartwell beim Betreten des *flower shop* diesen nun „*with a new and admiring interest*" (*TFS* 114) betrachtet. Seine Haltung hat sich im Zuge des Aushandlungs- und Reflexionsprozesses grundlegend gewandelt. Ohne auf Margarets ‚schiefen Kompromissvorschlag' weiter einzugehen, reagiert er stattdessen wir folgt:

> HARTWELL. You will not [embarrass me or jeopardize my career]—don't let that worry you. [*Draws her to him and leans back contentedly*] It is nice here, isn't it? The flowers belong to you, Margaret. You are

one of them. [*Tenderly, playfully*] No, dear, no, I think we will keep the flower shop.

MARGARET. [*Slips on her knees before him with a little cry*] Oh, Stephen!

HARTWELL *encircling her with his arm, lifts her face to his and gazes long into it, then bows his head upon hers.*

Curtain

(*TFS* 116f.)

Stellte man sich dieses Szenario lediglich als ‚Verbildlichung' ohne Text und Sprache vor, dann sähe der Betrachter dieses Bildes ein Schlusstableau, wie es für das *well-made play* im kommerziellen Unterhaltungstheater charakteristisch ist: Die männliche Hauptfigur inszeniert sich als *savior* und *protector*, der sich schützend über die ‚kurzzeitig aus der Rolle gefallene Frau' beugt und sie mit seinen Armen umschlingend aus ihrer Desorientierung heraus- und in sichere Bahnen zurückführt. Als weibliche Geste der Dankbarkeit für diese ‚Rettung' und als Ausdruck ihrer Einsicht kniet sie sich reumütig vor ihren männlichen Beschützer. Formal-strukturell betrachtet bedient Wentworths versöhnliche Zusammenführung des Protagonistenpaares also durchaus die zeitgenössischen Erwartungen des (Lese-)Publikums an ein konventionelles *happy ending*. Unter Berücksichtigung der Text- und Sprachebene wird dieser äußere Eindruck allerdings revidiert: Wenn sich Hartwell in sichtlicher Zufriedenheit zurücklehnt und mit den Worten „I think *we* will keep the flower shop" (Hervorhebung KT) die Zukunftsvision *beider* Partner Realität werden lässt, nimmt dieses *happy ending* eine neue Qualität an. Hartwells Körpersprache und Wortwahl – er verwendet erneut das gemeinschaftsstiftende ‚*we*' als Ausdruck seiner uneingeschränkten Identifikation mit diesem Lösungsmodell – sind signalgebend für ein neues Verständnis von Männlichkeit und moderner ‚*chivalry*'. Margarets Kniefall ist nicht als symbolische Geste ihrer Unterwerfung, sondern als Zeichen einer neuen Wertschätzung des Mannes zu lesen, der sie als gleichberechtigte Partnerin ansieht und ihr jenen Raum zur Selbstbestimmung und Persönlichkeitsentfaltung zugesteht, den auch er für sich beansprucht. Ihr kurzer Aufschrei („*a little cry*") ist sodann auch ein Ausdruck von Dankbarkeit und Erlösung gleichermaßen: ‚Dankbarkeit' für die Herausbildung einer emanzipierten Männlichkeit, die auf der Einsicht des Mannes beruht, dass auch er sich dem gesellschaftlichen Wandel anpassen und von patriarchalischen Denkmustern lösen muss; ‚Erlösung' von einem kräftezehrenden inneren Widerstreit, der emanzipierten Frauen wie Margaret, die zwar feministische Ideale vertreten ohne deshalb radikale oder extremistische Positionen einnehmen zu müssen, letztlich die Chance auf ihr persönliches Lebensglück verwehrt.

In ihrer Bewertung dieses Dramenschlusses kommt Patricia R. Schroeder zu folgendem Fazit: „[…] *The Flower Shop* ends with a conventional reconciliation. […] This forced closure does falsely simplify the complex issues raised by the play."[575] Die voranstehenden Ausführungen haben zu zeigen versucht, dass solch ein Pauschalurteil der eigentlichen Qualität und Komplexität des Stückes nicht gerecht werden kann. Gerade in der Schlusssequenz gelingt der Autorin eine innovative Synthese aus formal-struktureller Genrekonformität und *gender*-ideologischer Neuausrichtung. Damit reiht sich das Stück in die Beispiele jener hier untersuchten Stücke ein, die durch ihre ästhetisch-kunstvolle Vermischung von tradierten Inszenierungsformen mit progressiven Inhalten hybride Textformen von besonderer literarischer Qualität hervorbringen. Eine Sonderstellung nimmt Wentworths *The Flower Shop* darin insofern ein, als der Dramatikerin dies – anders als Herne, Crothers und Gale – innerhalb *einer* Textfassung gelingen konnte. Die Veröffentlichung des Stückes als Lesedrama hat dabei wahrscheinlich ein nicht unwesentliche Rolle gespielt.

575 Schroeder, „Realism and Feminism", 43f. Vgl. auch Schroeder, *The Feminist Possibilities*, 77f.

KAPITEL V

Zusammenfassung

„Around Broadway, they never give you credit for wanting to do something fine. They judge you only by success."[1]

(Brock Pemberton)

Die vorliegende Arbeit widmet sich dem kommerziellen Unterhaltungstheater der *Progressive Era* (1890-1920) und untersucht, im Kontext produktions-, rezeptions- und revisionsbezogener Aspekte, in ausgewählten Stücken die Aushandlung der Geschlechterfrage im Spannungsfeld konfligierender Geschlechterdiskurse. Sie wendet sich in ihrer Fokussierung auf das profitorientierte Broadway-Theater somit einem Gegenstand zu, der in der literaturkritischen Aufarbeitung der amerikanischen Theatergeschichte lange Zeit weitgehend unberücksichtigt blieb. Die erwähnte Vernachlässigung in der Forschung wird aus literaturwissenschaftlicher Sicht gemeinhin damit begründet, dass das kommerzielle Theater in Amerika, insbesondere das vor 1915, weitgehend ‚unliterarisch' und im Vergleich zum avantgardistischen Kunsttheater des frühen 20. Jahrhunderts ‚antiquiert' und ‚ästhetisch anspruchslos' sei.[2] Grundsätzlich sieht sich das profitorientierte Broadway-Theater seit jeher mit dem Vorwurf konfrontiert, seinem Massenpublikum lediglich eine in der Tradition des *well-made play* stehende, seichte Unterhaltung als ‚leicht verdauliche' Kost anzubieten. Im Hinblick auf den kommerziellen Erfolg der Stücke geht es tatsächlich in erster Linie darum, die Rezeptionserwartungen des zahlungswilligen Publikums zu bedienen, d.h. allgemein gesellschaftlich akzeptierte Verhaltens- und Denkmuster sowie vorherrschende soziokulturelle Normen- und Wertevorstellungen zu bestätigen (*affirmation and reinforcement*). Stücke, die die inhaltlichen und textstrukturellen Darstellungskonventionen nicht erfüllen, haben im Broadway-Theater kaum eine Chance,

---

1 Brock Pemberton war der Produzent von Zona Gales *Miss Lulu Bett*. Er engagierte sich in dieser Funktion für eine innovative Entwicklung des Broadway-Theaters, scheiterte aber oftmals an den restriktiven Aufführungskonventionen des Unterhaltungstheaters. Siehe „Brock Pemberton, (1885-1950)", *Kansas Biographical Dictionary* (St. Clair Shores, MI: Somerset Publishers, ²2000), 392-396: 395.

2 Vgl. z.B. Grabes, *Das amerikanische Drama des 20. Jahrhunderts*, 52, Kaes, „Zwischen Avantgarde und Massenkultur", 44ff. und Hubert Zapf, „Theater und Drama", *Amerikanische Literaturgeschichte*, hg. Hubert Zapf (Stuttgart: J.B. Metzler, ³2010a), 146-151: 151 sowie Zapf, „Die verspätete Gattung", 282f.

 DOI:10.30965/9783657726172_006

aufgeführt zu werden. Verkürzt formuliert bedeutet das: Am Broadway muss und kann auf der Bühne nur gezeigt werden, wofür ein breites Publikum über eine möglichst lange Spielzeit zu zahlen bereit ist. Auf thematische und formal-ästhetische Innovationen, so der allgemeine Vorwurf der Literaturkritik, würde deshalb in den Stücken des kommerziellen Unterhaltungstheaters gänzlich verzichtet.

Im Zuge der literaturkritischen Fokussierung auf das um 1915 entstehende moderne, avantgardistische Drama, das in erster Linie mit dem Namen Eugene O'Neill und dessen experimentell-expressionistischen Frühwerk in Verbindung gebracht wird, geraten die Broadway-Dramatiker der *Progressive Era* weitgehend in Vergessenheit. Viele der heute einschlägigen älteren Überblicksstudien zur Geschichte des amerikanischen Dramas und Theaters setzen in ihren Darstellungen bei O'Neill, Susan Glaspell und der im Zuge des *little theater movement* entstandenen Kleinkunsttheatergruppen an, deren Werke aus heutiger Sicht, so wird ihnen attestiert, den Beginn des modernen amerikanischen Dramas markieren. Werke und Autoren aus der Zeit ‚vor O'Neill' finden dort entweder gar keine Berücksichtigung oder werden nur am Rande in einer Form erwähnt, die weder den eigentlichen (bislang aber nicht hinreichend gewürdigten) Verdiensten der Autoren um das amerikanische Drama noch der literarischen Qualität der Stücke gerecht werden kann. Ähnliches gilt weitgehend auch noch für neuere Überblicks- und Einzelstudien, die vereinzelt allerdings dem amerikanischen Drama ‚vor O'Neill' seit einigen Jahren inzwischen doch mehr Aufmerksamkeit schenken, ohne aber von der grundsätzlichen Überzeugung abzurücken, dass es sich dabei um Texte von unzureichendem kunstästhetischen Gehalt handele.

Mithilfe der hier durchgeführten ‚Zeitlupenstudien' von exemplarisch ausgewählten Dramen ‚mutiger Einzelautoren' des Broadway-Theaters – James A. Hernes *Margaret Fleming*, Rachel Crothers' *He and She*, Zona Gales *Miss Lulu Bett* und Marion Craig Wentworths *The Flower Shop* – konnte gezeigt werden, dass eine Pauschalbewertung des Broadway-Theaters als ‚unliterarisches', ästhetisch wie inhaltlich anspruchsloses Unterhaltungstheater unzulässig ist. Auf diese der Literaturkritik keineswegs völlig unbekannten Texte greift die Arbeit in ihren Werkanalysen deshalb zurück, weil sich das bislang übersehene Innovationspotential und die den Stücken inhärente, ebenfalls übersehene Komplexität nicht durch Oberflächenbetrachtungen erschließen lässt, sondern im Rahmen umfassender Re-Lektüren aus der Tiefenstruktur der Texte ‚gehoben' werden muss. Die in der Literaturkritik bislang vertretene Grundhaltung, dass solche tiefgreifenden Untersuchungen von als ohnehin ästhetisch minderwertig geltenden Stücken wenig erkenntnisfördernd seien, kann in dieser pauschalisierenden Form nicht stehenbleiben.

Die *Progressive Era* als der hier in den Fokus gerückte Untersuchungszeitraum bildet für die Textanalysen keineswegs nur eine historische Hintergrundfolie, die etwa lediglich zur zeitlichen Verortung der untersuchten Stücke dienen würde. Diese Epoche bereitet vielmehr den sozio-kulturellen Nährboden nicht nur für einen allumfassenden Wandel der amerikanischen Gesellschaft, sondern auch für die Entwicklung des amerikanischen Dramas und Theaters. So sind die ‚vor O'Neill' entstandenen Broadway-Dramen aus einer historisch gesehen äußerst interessanten und im wörtlichen Sinne ‚spannungsreichen' Epoche hervorgegangen, die wiederum von einem komplexen gesellschaftlichen Transformationsprozess geprägt ist. Dieser Wandel findet im Unterhaltungstheater insofern seinen Niederschlag, als die brisanten Sozialthemen und Konflikte der Jahrhundertwende, zu denen zweifelsfrei die Geschlechterproblematik zählt, von Dramatikern kritisch aufgegriffen und bühnenöffentlich verhandelt werden. Die *Progressive Era* wird deshalb hier verstanden als eine Periode, die der Entwicklung der dramatischen Gattung in Amerika hin zum modernen Drama und Theater ein besonderes, einzigartiges Momentum verleiht, das einige ‚mutige Einzelautoren' dazu anspornt, den für die Zeit unverwechselbaren Fortschrittsglauben und Zukunftsoptimismus auch in das kommerzielle Theater des Broadway mit seinen starren Konventionszwängen hineinzutragen und konflikthafte Themen wie die Geschlechterfrage auf eine Weise zu verhandeln, die zwar nicht radikal mit den Aufführungskonventionen des Broadway bricht, sie aber auch nicht vollumfänglich bedient.

Die erwähnten gattungsbezogenen Entwicklungsbemühungen sind daher in einem theatergeschichtlichen Kontext zu beobachten, in dem sich einige der dafür schreibenden Dramatiker von tradierten dramatischen Formaten wie dem melodramatischen Rührstück zu lösen versuchen und, nicht zuletzt unter dem Einfluss der realistischen Literaturbewegung, die insbesondere im Bereich der amerikanischen Erzählliteratur wichtige Impulse für die dramatische Gattung liefert, eine ‚seriöse', lebenswirklichkeitsbezogene und vor allem sozialkritische Auseinandersetzung mit den Fragen der Zeit anstreben. Diesen Bemühungen sind innerhalb des Broadway-Theaters mit seinem rigiden Konventionsrepertoire einerseits und einem mehrheitlich konservativ eingestellten, veränderungsresistenten Massenpublikum andererseits allerdings deutliche Grenzen gesetzt. Konservative und fortschrittliche Haltungen sowohl in geschlechterideologischer als auch in gattungsbezogener Hinsicht prallen im Unterhaltungstheater der *Progressive Era* aufeinander, sodass ein äußerst komplexes und dynamisches Spannungsfeld entsteht, in dem sich die ambitionierten, auf einen kritischen gesellschaftlichen Diskurs und gattungsbezogene Entwicklungen ausgerichteten Broadway-Dramatiker zu verorten suchen. Dabei scheint die Wirkmächtigkeit des in Amerika alles beherrschenden Theatersyndikats mit seinem strengen Regeldiktat unanfechtbar zu sein. So ist mit Blick auf solche ‚ambitionierten' Stücke bislang eher der Eindruck eines ‚vergeblichen Mühens' entstanden, weil es den Anschein hatte, dass in einigen Stücken zwar durchaus realistische Inszenierungsverfahren zur Anwendung kommen und auch soziokulturell bedeutsame Themen verhandelt werden, die Handlungslinien, Figurenzeichnungen, Textstrukturen, Motive usw. aber dergestalt konzipiert sind, dass sie die tradierten Rezeptionserwartungen und Darstellungskonventionen des Broadway letztlich doch nur bedienen. Der versöhnliche Dramenschluss mit dem obligatorischen *happy ending* ist dabei zum Gradmesser für die Negativbewertung dieser Stücke geworden – und ist dies bis in die jüngste Gegenwart hinein geblieben.

Die vorliegende Arbeit konzentriert sich auch deshalb auf die Untersuchung der oben genannten Stücke, weil die bislang dazu erfolgten Untersuchungen weder der eigentlichen literarischen Qualität der Texte noch der in ihnen angelegten formal-strukturellen, thematischen, figuren- und raumkonzeptionellen, motivischen oder diskursreferentiellen Komplexität oder den innovativen Inszenierungsverfahren zur Aushandlung der Geschlechterfrage gerecht geworden sind. Zwar hat sich die Literaturkritik mit dem Aufkommen der Frauen(bild)forschung, der *Gender Studies*, der feministischen Literaturwissenschaft und der Frauenbewegung im Amerika der 1960er/70er Jahre schon einmal, und zwar besonders im letzten Drittel des vergangenen Jahrhunderts, verstärkt den *Progressive Era plays* genähert, als nämlich im Zuge bzw. in der Folge dieser Entwicklungen das soziohistorische Interesse an von Frauen verfassten Texten sowie an der Darstellung von Weiblichkeit im amerikanischen Drama des frühen 20. Jahrhunderts wuchs, jedoch gehen diese Studien kaum über die Beschreibung von ‚fast immer gleichen' Frauenbildern (z.B. *new woman, true woman, spinster, mother, wife, fallen woman, femme fatale* usw.) hinaus. Zudem hatte die Fokussierung auf das weibliche Geschlecht (bei Autoren und literarischen Figuren gleichermaßen) zum einen eine literaturkritische Vernachlässigung des männlichen Geschlechts und seiner Inszenierung in den Stücken zur Folge; zum anderen blieben formal-ästhetische, theaterökonomische sowie produktions-, rezeptions- und revisionsbezogene Aspekte dieser Stücke weitgehend unberücksichtigt.

So wurde *erstens* beispielsweise dem besonderen Umstand, dass solche Dramen, die zunächst als zu innovativ, radikal(-feministisch) und kommerziell unprofitabel galten (*Margaret Fleming, He and She, Miss Lulu Bett*), die aber unter dem institutionell ausgeübten Druck der Konventionskonformität nachträglich von ihren Autoren selbst umgeschrieben wurden und in ihrer revidierten Fassung erneut zur Aufführung kamen, kaum Beachtung geschenkt. Vor dem

Hintergrund der Fokussierung auf die Revisionsproblematik in dieser Arbeit konnte beispielsweise nicht nur eine der Literaturkritik bislang unbekannte frühere Fassung von Crothers' *He and She* (HS_1) aus dem Jahre 1917 entdeckt und dem literaturwissenschaftlichen Diskurs zugänglich gemacht werden; die komplementäre Vergleichsanalyse dieser bisher unbekannten Fassung mit der in der Literaturkritik bislang rezipierten Fassung von 1920 (HS_2) hat im Kontext der zentralen Fragestellung dieser Arbeit zu Erkenntnissen geführt, die eine Neubewertung des Stückes aus literaturkritischer Sicht nahelegen.

Zweitens blieb in bislang veröffentlichten Studien die Tatsache unbeachtet, dass es offenbar Stücke gibt, die ganz offensichtlich für das Kommerztheater geschrieben worden sind, weil sie deutlich erkennbar sämtliche formal-strukturellen Konventionen nach Maßgabe des *well-made play* bedienen, letztlich jedoch nie zur Aufführung kamen, sondern stattdessen als Lesedrama in Buchform veröffentlicht wurden (*The Flower Shop*). Dass diese besondere Form der Produktion und Rezeption im Zusammenhang mit einem Hybridtext, wie ihn Wentworths Stück darstellt, von großer Relevanz ist, konnte in der ‚Zeitlupenstudie' zu diesem Drama gezeigt werden. *The Flower Shop* nimmt eine Sonderstellung ein, weil es in Bezug auf die Verhandlung der Geschlechterproblematik einen neuartigen Ansatz aufweist, bei dem einerseits die tradierten Gattungskonventionen des *well-made play* auf der formal-strukturellen Textebene vollumfänglich eingelöst, diese gleichzeitig aber im Dienste einer emanzipatorisch-progressiven Botschaft neu ausgefüllt werden. So setzt am Ende das tradierte *happy ending*, nicht aber die Rehabilitation der alten Geschlechterordnung den Schlusspunkt des Stückes. Wie kein anderes bislang bekanntes Stück greift *The Flower Shop* den Zeitgeist der *Progressive Era* auf, der aus dem Glauben an den gesellschaftlichen Fortschritt, die Veränderung zum Besseren und an das demokratische Prinzip als zivilisationsbildendes Fundament erwächst.

Die bis hierin dargelegten Aspekte bilden in ihrer Zusammenschau jenen neuralgischen Punkt, an dem die Untersuchungen der vorliegenden Arbeit ansetzen. Es geht dabei im Kern also bewusst *nicht* um solche Einzeltexte, die das rigide Regelwerk des Kommerztheaters voll und ganz konventionskonform bedienen und dabei hinsichtlich der Geschlechterthematik eine traditionalistische Haltung einnehmen; auch geht es vordergründig *nicht* um Stücke, die mit den Konventionen des Broadway radikal brechen und in Bezug auf *gender*-relevante Aspekte radikal-feministische oder subversive Positionen beziehen. Vielmehr stellt sich die Frage, wie Broadway-Autoren produktiv mit dem gesellschaftlichen Spannungsfeld zwischen Tradition und Innovation innerhalb ihrer profit-orientierten Theaterlandschaft umzugehen versuchen, ohne dabei ihre ‚bühnenrealistische Reformagenda' aus dem Blick zu verlieren.

Konkret widmet sich die vorliegende Arbeit der Analyse von *gender*-bezogenen Aushandlungsprozessen (*negotiation*) sowohl im inneren als auch im äußeren Kommunikationssystem der ausgewählten Stücke. Grundannahme hierfür ist, dass die Dramen bzw. ihre Autoren am öffentlich geführten Geschlechterdiskurs partizipieren. Das Interesse richtet sich dabei insbesondere auf solche Inszenierungsverfahren, mithilfe derer die Gattungskonventionen zwar einerseits eingelöst, gleichzeitig aber auch unterlaufen werden können, ohne den kommerziellen Erfolg der Stücke zu gefährden. Es ist dieses den Stücken eingeschriebene Innovationspotential auf thematischer und struktureller Ebene, das die hier vorgestellte Arbeit im Sinne des von Jane Tompkins (1986) geprägten Konzepts der ‚kulturellen Arbeit' sichtbar zu machen versucht.

Für die Untersuchung des intra- bzw. intertextuellen Balancierens der Dramenautoren zwischen gattungsbezogener Konformität und Innovation, zwischen Diskursaffirmation und geschlechterideologischer Neuausrichtung – in der Arbeit werden diese Such- und Oszillationsbewegungen (auch die der Figuren) als ‚Pendelbewegungen' bezeichnet – wurde zunächst ein geeignetes Analyseinstrumentarium entwickelt werden, mittels dessen die *gender*-bezogenen Aushandlungsprozesse inner- und außerhalb der Textebene erfasst, untersucht und ausgewertet werden konnten. Diese Untersuchungsparameter mussten methodologisch außerdem der interdisziplinären Ausrichtung dieser Arbeit Rechnung tragen, nimmt sie u.a. doch theoretische und konzeptionelle Anleihen bei den Literatur- und Kulturwissenschaften, der Theaterwissenschaft, der Geschlechterforschung, der Soziologie, der Intersektionalitätsforschung und der Angewandten Linguistik, um die wichtigsten in diesem Zusammenhang zu nennen.

Grundsätzlich ausgehend von einem kontextorientierten Ansatz, d.h. einer Herangehensweise der Literaturbetrachtung, bei der die Dramen nicht einer textimmanenten Analyse unterzogen, sondern vielmehr im komplexen Wirkzusammenhang ihrer Entstehungszeit und -bedingungen betrachtet werden, wurden die für diese Arbeit zentralen Konzepte begrifflich ausgeschärft und hinsichtlich ihrer Anschlussmöglichkeiten für die hier durchgeführten Untersuchungen diskutiert. Dabei wurde vornehmlich an Foucaults diskursanalytischen Ansatz und Greenblatts Auffassung einer neuhistoristischen Literaturbetrachtung angeknüpft, wobei im Kern dieser theoretischen Annäherung an den Untersuchungsgegenstand und -zeitraum neben dem Diskurs-, auch der Kontext- und Aushandlungsbegriff terminologisch präzisiert wurden. Weil der soziokulturelle Kontext hier nicht auf die Funktion einer bloßen Hintergrundfolie reduziert wurde, erörterte die Arbeit *erstens* jene theaterinstitutionellen Restriktionen und ökonomischen Rahmenbedingungen des kommerziellen Unterhaltungstheaters der *Progressive Era*, die es im

Spannungsfeld von Konvention und Innovation erschwerten, inhaltlich und strukturell innovative sowie gesellschaftskritische Inszenierungsverfahren zur Anwendung zu bringen. Und sie eruierte *zweitens* – um die speziellen Eigenschaften der Broadway-Dramen dieser Zeit transparent zu machen –, welche Faktoren die Entstehung eines weitgehend veränderungsresistenten Massenpublikums mit starren Rezeptionsgewohnheiten am Broadway-Theater überhaupt begünstigten. In diesem Zusammenhang wurde auch die Herausbildung einer mit dieser Institution eng verbundenen ‚Rezensionskultur' sowie die besondere Rolle der Theaterkritiker beleuchtet.

Als eine nach wie vor nicht nur ‚nützliche', sondern vor allem zentrale Kategorie für die geschlechterorientierte Analyse literarischer bzw. dramatischer Texte erwies sich der *gender*-Begriff in seiner Bedeutungsauffassung als ‚gesellschaftlich konstruiertes Geschlecht', das vom ‚biologischen Geschlecht' (*sex*) abzugrenzen ist. Ausgehend von diesem binär strukturierten Modell von Geschlechtlichkeit konnte eine Auseinandersetzung mit den zeitgenössischen konfligierenden Geschlechterdiskursen angebahnt werden, im Rahmen derer zum einen Weiblichkeits- und Männlichkeitsdiskurse Berücksichtigung fanden (u.a. *cult of true womanhood, cult of domesticity, separate spheres theory, patriarchy, double standard of (sexual) morality, crisis of masculinity, new woman movement*) sowie zum anderen im Sinne eines intersektionalen Ansatzes auch eine Anbindung des *gender*-Begriffs an Konzepte wie *class, milieu* und *ethnicity* erfolgte.

Hinsichtlich der Analyse dramatischer Texte stützte sich die vorliegende Arbeit maßgeblich auf Pfisters strukturalistisches Analysemodell. Da sich mit Blick auf die Aushandlung im inneren Kommunikationssystem insbesondere die Analysekategorien ‚Figur', ‚Sprache' und ‚Raum' als relevant erwiesen, wurden diese jeweils um eine *gender*-analytische Dimension erweitert und für die Werkanalysen ausdifferenziert und fruchtbar gemacht. Rückgegriffen werden konnte dabei zum Teil auf die innerhalb der feministischen Narratologie entwickelten Kriterien (Gymnich, V. Nünning, Würzbach), die allerdings für die Untersuchung dramatischer Texte entsprechend anzupassen und zu erweitern waren. Hinsichtlich der Aushandlung der Geschlechterfrage im äußeren Kommunikationssystem wurde unter Verwendung des Interdiskursivitätskonzeptes (Link und Link-Heer) und unter Berücksichtigung anderer zeitgenössischer (nicht-)literarischer Dokumente (z.B. Rezensionen, dramentheoretische Schriften, Zeitungstexte, weitere im jeweiligen Kontext relevante literarische Texte derselben oder anderer Autoren) herausgearbeitet, wie sich die ausgewählten Stücke über das auf der Textebene Dargestellte zu den Geschlechterdiskursen im äußeren Kommunikationssystem positionieren. Dabei wurden insbesondere auch geschlechterdiskursive Überschneidungen und interdiskursive Bezüge zwischen den Stücken erörtert – ein Aspekt, der im Hinblick auf die in unterschiedlichen Fassungen vorliegenden Dramen von besonderem Interesse ist, weil hier das intertextuelle Verhältnis der verschiedenen Textversionen als Teile eines komplexeren Textsystems eine spezielle Form der Aushandlung darstellt.

Dass die kategoriale Vorstellung von ‚kunstästhetisch anspruchsvollem Drama' einerseits und ‚kommerziellem Unterhaltungstheater' andererseits nicht pauschal als Widerspruch gedacht werden darf, konnte durch die ausführlichen ‚Zeitlupenstudien' gezeigt werden. Die Untersuchungen verdeutlichten, dass die Stücke eine ungeahnte innere Komplexität aufweisen, die sich vornehmlich über textstrukturelle, figuren- und raumkonzeptionelle, motivische und dialogische Aspekte manifestiert.

Mit Blick auf die in Teil A untersuchten Dramen, zu denen verschiedene Textfassungen existieren (*Margaret Fleming, He and She, Miss Lulu Bett*), hat sich gezeigt, dass sie hinsichtlich der Verhandlung *gender*-bezogener Themen in ihrer ursprünglichen Version tendenziell innovativer, progressiver und mitunter auch radikaler sind als ihre revidierten Fassungen, dass Letztere aber, anders als in der bisherigen Forschung immer wieder behauptet, keineswegs eine vollständige Anpassung an das tradierte Broadwayformat darstellen. Entgegen dem gängigen Vorwurf, die Autoren hätten sich (etwa durch den nachträglichen Einbau eines *happy ending*) zugunsten des Kommerzmotivs bedingungslos dem Regeldiktat des Kommerztheaters gebeugt, konnte dies unter Berücksichtigung verschiedener kontextueller (z.B. autorensoziologischer) Aspekte sowie insbesondere durch detaillierte Tiefenanalysen der jeweiligen Textversionen widerlegt werden.

Die komplementären Vergleichsanalysen haben in der Zusammenschau der Einzeluntersuchungen zu dem Gesamtergebnis geführt, dass es den Autoren mithilfe raffinierter Verschiebungstechniken gelingt, einen wesentlichen Teil des in den ursprünglichen Fassungen angelegten Innovations- und Subversionspotentials in die (bei oberflächlicher Betrachtung angepasst wirkenden) revidierten Fassungen hinüberzutransportieren. Diese Verfahren sind (1) raumkonzeptioneller, (2) figurenkonzeptioneller und (3) textstruktureller Art.

In Rachel Crothers' *He and She* beispielsweise konnte die Analyse der *Raumkategorie* zeigen, dass die Dramatikerin eine ausgesprochen komplexe Raumkonzeption entwirft, die nicht nur auf die *separate spheres*-Theorie des viktorianischen Weiblichkeitsdiskurses mit ihrer Differenzierung zwischen *domestic* und *public sphere* rekurriert. Diese Konzeption verdeutlicht vielmehr *erstens*, dass die von der Autorin intendierte geschlechterkritische Botschaft auf der makrostrukturellen Raumebene über die Raumkategorien *downstairs* und *upstairs* transportiert wird, die wiederum in den beiden Fassungen raumfunktional unterschiedlich besetzt sind. Die Analyse der mikrostrukturellen Raumebene ergab *zweitens*, dass Crothers in ihre am europäischen Vorbild orientierte Konzeption des Künstlerateliers in HS_1 deutliche Innovations- und Reformelemente einbaut, wobei im Zuge der raumarchitektonischen Umkehrung/Re-Semantisierung der vertikalen Raumanordnung von *downstairs/upstairs* in der revidierten Fassung HS_2 eine demonstrative Zurücknahme dieses Innovationspotentials festzustellen ist. Gezeigt werden konnte *drittens*, dass dieser nachträgliche ‚Rückbau' des Ateliers hin zu einer weniger innovativ gestalteten Künstlerwerkstatt mit entsprechend eingeschränkten künstlerischen Entfaltungsmöglichkeiten auf einer metadramatischen Ebene als implizite Kritik an der Rückständigkeit des kommerziellen Theaterwesens zu verstehen ist. Herausgearbeitet werden konnte *viertens*, dass das im Stück von der weiblichen Hauptgestalt Ann Herford entwickelte Atelierkonzept auch eine figurencharakterisierende Funktion hat.

Die Anwendung und Wirkweise *figurenkonzeptioneller* Verschiebungstechniken zeigt sich in Zona Gales *Miss Lulu Bett*. Das Stück weist zwei unterschiedliche Schlussakte (*MLB* III_{OV} und III_{RV}) auf. Die Komplementäranalyse des Stückes, die jeweils auch die beiden anderen Akte einbezog, konnte im Ergebnis ermitteln, dass Gale durch die Revision des Schlussaktes dem Stück zwar nachträglich das geforderte *happy ending* ‚überstülpt', gleichzeitig aber auch eine bislang von der Literaturkritik noch nicht wahrgenommene Veränderung der Figurenkonzeptionen von Miss Lulu Bett (der weiblichen Hauptfigur des Stückes) und Mrs. Bett (die Mutter der Hauptfigur) vornimmt, die sich maßgeblich auf die *gender*-bezogene Gesamtaussage des Stückes auswirkt bzw. eine Relativierung der in der neuen Schlussgebung implizierten Diskursaffirmation bewirkt. Mithilfe dieser Verschiebungsstrategie kann die Autorin verhindern, dass das geschlechterkritische Motiv der Frühfassung, anders als ihr dies in der literaturkritischen Diskussion vorgeworfen wird, aus der vermeintlich konventions- und ideologiekonformen Spätfassung wieder eliminiert wird. Darüber hinaus konnte gezeigt werden, wie Gale in den Schlussakt der Spätfassung eine metadramatische Ebene einbaut, über die eine satirische Kritik an den Konventionszwängen des Kommerztheaters kommuniziert wird.

Dass *textstrukturelle* Verschiebungstechniken in einem engen Zusammenhang mit figurenkonzeptionellen Veränderungen zu sehen sind, konnte beispielsweise anhand der vergleichenden Analyse der beiden unterschiedlichen Fassungen des Expositionsaktes von *He and She* verdeutlicht werden. So ergab die Untersuchung unter anderem, dass Rachel Crothers nachträglich die Anzahl (Bühnenpräsenz) und Abfolge (Sequenz) der Auftritte der *raisonneur*-Figur (Dr. Remington) derartig verändert hat, dass damit auch eine konzeptionelle

Veränderung dieses Figurentypus von einer radikal-antifeministisch auftretenden Korrektivfigur hin zu einer gemäßigten, zwischen konservativen und emanzipatorischen Positionen vermittelnden Kommentatorfigur einhergeht. Die Rückführung des Figurentypus in seine ursprüngliche, traditionelle Funktion im Drama bewirkt hier signifikanter Weise eine stärkere Betonung der progressiven Agenda des Stückes.

Während es den in Teil A behandelten Stücken mithilfe der genannten Verschiebungsverfahren gelingt, bei scheinbarer Anpassung an die Konventionszwänge des Unterhaltungstheaters wesentliche Aspekte ihrer geschlechterkritischen Agenda von der ursprünglichen in die revidierte Fassung zu transportieren, nimmt das in Teil B untersuchte ‚Lesedrama' von Marion Craig Wentworth unter den hier behandelten Stücken eine Sonderstellung ein. In *The Flower Shop* gelingt, was in den Stücken von Herne, Crothers und Gale nur über verschiedene Textfassungen realisiert werden konnte. Das Stück bedient formal-strukturell sämtliche Darstellungskonventionen des im Kommerztheater so populären *well-made play*, funktionalisiert diese jedoch im Dienst einer geschlechterpolitischen Reformagenda. Es verortet sich damit im progressiven Ideologiespektrum der *Progressive Era*, ohne aber deshalb tradiert-konservativen Vorstellungen von Weiblichkeit, Männlichkeit, Rollenverteilung und Partnerschaft aus einer radikal-feministischen Haltung heraus zu verurteilen. Im Unterschied zu den anderen hier behandelten Stücken transportiert *The Flower Shop* seine Botschaft auch nicht nur in quasi versteckter Form auf der Subtextebene, sondern bringt sie in den Aushandlungsdialogen der Figuren explizit zum Ausdruck. So vertritt das Stück in der Auseinandersetzung mit der Geschlechterfrage zwar einerseits eine dezidiert pro-emanzipatorische Haltung, tut dies aber andererseits in Form eines deutlich vernehmbaren Appells an eine konstruktive, konsensorientierte Aushandlungskultur, die als grundlegende Voraussetzung für eine perspektivisch tragfähige Konfliktlösung angesehen wird. Dass das Stück keine Aufführung erfahren hat, deutet darauf hin, dass eine solch ‚offene' Form des Umgangs mit der Geschlechterfrage zumindest im zeitgenössischen Kommerztheater noch nicht als ‚bühnenreif' angesehen wurde. Dass es immerhin zwei Veröffentlichungen in Buchform erfahren hat, spricht dafür, dass die Autorin ihr Stück als eine Art Modell für (ästhetische wie gesellschaftliche) Konfliktlösungsmöglichkeiten anbietet, für die sozusagen in einem ersten Schritt ein potentielles Lesepublikum sensibilisiert werden sollte für ein Thema, das in dieser Weise im öffentlichen Raum des Broadway-Theaters wohl noch nicht verhandelbar war.

Wie die hier vorgelegten Analysen im Detail aufgezeigt haben, weisen die ausgewählten Dramentexte auch in ästhetischer Hinsicht eine ungeahnte

Komplexität und Tiefe auf. Alles in allem belegen die Untersuchungen eindrücklich, dass negative Pauschalbewertungen des Broadway-Theaters, wie sie in der einschlägigen Forschung immer noch üblich sind, dem Phänomen nicht gerecht werden. Vielmehr sollte deutlich werden, dass der Weg zum modernen Theater bereits durch einige ‚mutige Einzelautoren' im Rahmen des Kommerztheaters der *Progressive Era* zumindest ein Stück weit bereitet wurde. Insofern bedarf vielleicht auch die Einschätzung von Dramatikern wie Eugene O'Neill und Susan Glaspell als *den* Innovatoren und Begründern des modernen Dramas und Theaters in den USA einer gewissen Relativierung. Was bei dieser Einschätzung oft übersehen wird, ist der Umstand, dass beide, insbesondre in ihren frühen Stücken, auch formal-ästhetische, motivische, thematische und raumkonzeptionelle Anleihen beim Broadway nahmen, die dann im alternativen Kontext einer unabhängigen amerikanischen Theaterbewegung den Durchbruch zur Moderne ermöglichten. Bevor es zu diesem Durchbruch kommen konnte, hatten ihm aber Autoren wie Herne, Crothers, Gale und Wentworth bereits vorgearbeitet. Dass sie diese Entwicklung nicht in dem Maße befördern konnten wie es O'Neill, Glaspell und andere fernab des Broadway taten, sollte nicht zu vorschnellen Urteilen über die Qualität ihrer Stücke verleiten. Vielmehr sollte sich der Blick dafür schärfen, zu welchen beachtlichen Leistungen sie gerade im ‚mutigen' Widerstand gegen die Restriktionen des Systems fähig waren.

Bibliographie

Primärliteratur

Crothers, Rachel. *He and She*. In: *American Representative Plays*. Ed. Arthur Hobson Quinn. 1st ed. New York, NY: The Century Company, 1917. 925-962. [Siglum HS_1]

Crothers, Rachel. *He and She*. In: *Representative American Plays*. Ed. Arthur Hobson Quinn. 2nd, rev. ed. New York, NY: The Century Company, 1920. 925-962. [Siglum HS_2]

Crothers, Rachel. *He and She*. In: *American Drama: Colonial to Contemporary*. Eds. Gary A. Richardson and Stephen Watt. Fort Worth: Harcourt Brace College Publ., 1995. 301-335.

Crothers, Rachel. *He and She*. 1920. Brooklin, ME: Feedback Theatrebooks & Prospero Press, 2001.

Crothers, Rachel. *A Man's World*. In: *American Plays of the New Woman*. Ed. Keith Newlin. Chicago, IL: Ivan R. Dee, 2000. 86-139.

Crothers, Rachel. *Mary the Third*. In: *Mary the Third, „Old Lady 31", A Little Journey: Three Plays by Rachel Crothers*. New York, NY: Brentano's Publishers, 1923. 1-105.

Edel, Leon (Ed.). *The Complete Plays of Henry James*. London: Hart-Davis, 1949a.

„A Free Woman: My Own Story of My Emancipation." o.N. *The Ladies' Home Journal* Vol. 31, No. 8 (August 1914), 7-8, 41, 44-45; Vol. 31, No. 9 (September 1914), 13-14, 44-45, Vol. 31, No. 10 (October 1914), 15-16, 83.

Gale, Zona. *Miss Lulu Bett*. In: *Plays by American Women, 1900-1930*. Ed. Judith E. Barlow. New York, NY: Applause, 2001. 87-161. [Siglum *MLB* für Akt I und II; Siglum *MLB* III_{OV} für den ursprünglichen Schlussakt; Siglum *MLB* III_{RV} für den revidierten Schlussakt]

Gale, Zona. *Miss Lulu Bett. An American Comedy of Manners*. New York & London: D. Appleton & Company, 1921.

Gale, Zona. *Miss Lulu Bett*. Silent Movie. Dir. William C. deMille. USA. Paramount Pictures, 1921. [Siglum MLB_{SF}]

Gale, Zona. *Miss Lulu Bett*. New York, NY: D. Appleton & Company, 1920. [Erstausgabe der Romanfassung]

Glaspell, Susan. *Trifles*. In: *Plays by American Women, 1900-1930*. Ed. Judith E. Barlow. New York, NY: Applause, 2001. 70-86.

Herne, James A. *Margaret Fleming*. In: *Representative American Plays: From 1767 to the Present Day*. Ed. Arthur Hobson Quinn. 6th, rev. & enl. ed. New York, NY: Appleton-Century-Crofts, 1938. 513-544. [Siglum *MF*]

Meserve, Walter J. (Ed.). *The Complete Plays of William Dean Howells*. New York, NY: New York University Press, 1960a.

Morton, Martha. *A Bachelor's Romance: An Original Play in Four Acts.* [1896/1912]. Whitefish, MT: Kessinger Publishing, 2007.

Thomas, Augustus. *As a Man Thinks.* In: *American Plays of the New Woman.* Ed. Keith Newlin. Chicago, IL: Ivan R. Dee, 2000. 140-206.

Wentworth, Marion Craig. *The Flower Shop: A Play in Three Acts.* Boston, MA: R. G. Badger, 1912. [Siglum *TFS*]

Wentworth, Marion Craig. *War Brides. A Play in One Act. The Century Magazine* (February 1915), 527-550.

Wentworth, Marion Craig. *War Brides.* New York, NY: Century Co., 1915.

Wentworth, Marion Craig. *Iridescent Days: Poems.* Santa Barbara, CA: J.F. Rowney Press, 1939.

Sekundärliteratur

Anonym verfasste Zeitungsartikel (alphabetische Ordnung nach Zeitungstiteln):

The Daily Times: The Five O'Clock Edition

„'Miss Lulu Betts' [*sic*] Deserves Your Patronage." *The Daily Times: The Five O'Clock Edition* (October 10, 1921), n.p.

„Miss Lulu Bett Is Praised By Richmond Critic." *The Daily Times: The Five O'Clock Edition* (October 8, 1921), n.p.

The Evening Star

„Amusements." *The Evening Star.* Washington D.C. (October 11, 1921), 17.

The Herald

„Movies & Theaters. Shubert St. Charles Theatre." *The Herald* (November 10, 1921), n.p.

The New York Herald

„Columbia Awards Medals and $30,000 Prizes in the Arts." *The New York Herald* (May 30, 1921), 7.

„The 20 Books Most Widely Read." *The New York Herald* (January 4, 1921), 5.

The New York Times

„Zona Gale Receives $1,000 Award for Original American Play, 'Miss Lulu Bett'." *The New York Times* (May 30, 1921), n.p.

„'Miss Lulu Bett' at Sing Sing." *The New York Times* (December 27, 1920), 15.

„Play to Open at Sing Sing. 'Miss Lulu Bett' Will Be Christmas Performance at Prison." *The New York Times* (December 20, 1920), 4.

„Books and Authors." *The New York Times* (November 28, 1920), 56.

„Mr. Galsworthy in War and Peace. Miss Lulu Bett by Zona Gale." *The New York Times* (March 28, 1920), X1.

„The History of *He and She*." *The New York Times* (February 22, 1920), X6.

The New York Tribune

„‚Lulu Bett' To Be Filmed." *The New York Tribune* (August 14, 1921), 2.

„More Eulogizing for Lulu!" *The New York Tribune* (January 31, 1921), 6.

„Miss Lulu Bett. An unusual novel by Zona Gale." *The New York Tribune* (April 25, 1920), 11.

The Saturday Review of Literature

„The New Books." *The Saturday Review of Literature* (February 14, 1925), 529.

The Washington Herald

„Zona Gale Reached Life-Time Ambition in ‚Miss Lulu Bett'." *The Washington Herald* (October 9, 1921), IV1.

„‚Miss Lulu Bett' Begins Engagement at Garrick." *The Washington Herald* (October 9, 1921), IV1.

Sekundärtexte (alphabetische Ordnung nach Autoren):

Abramson, Doris. „Rachel Crothers: Broadway Feminist." *Modern American Drama: The Female Canon*. Ed. June Schlueter. Rutherford et al.: Fairleigh Dickinson Press et al., 1990. 55-65.

Ackerman, Alan. „Infelicities of Form in Zona Gale's *Miss Lulu Bett*." *Journal of American Drama and Theatre* 16.1 (2004), 50-68.

Adams, Rachel and David Savran (Eds.). *The Masculinity Studies Reader*. Malden, MA: Blackwell, 2008.

Ahrens, Rüdiger. „Motivgeschichtliche Aspekte der *new woman* im englischen Drama der Jahrhundertwende." [1990]. *Anglophone Kulturwissenschaft und Englische Fachdidaktik. Gesammelte Aufsätze von Rüdiger Ahrens*. Hg. Matthias Merkl und Laurenz Volkmann. Heidelberg: Universitätsverlag Winter, 2004. 275-297.

Allrath, Gaby und Marion Gymnich. „Feministische Narratologie." *Neue Ansätze in der Erzähltheorie*. Hg. Vera Nünning und Ansgar Nünning. Trier: WVT, 2002. 35-72.

Ammons, Elizabeth. „The New Woman as Cultural Symbol and Social Reality. Six Women Writers' Perspectives." *1915, The Cultural Moment*. Eds. Adele Heller and Lois Rudnick. New Brunswick, NJ: Rutgers University Press, 1991. 82-97.

Anderson, Bonnie S. *Joyous Greetings: The First International Women's Movement, 1830-1860*. New York, NY: Oxford University Press, 2000.

Angermuller, Johannes. „Einleitung. Diskursforschung als Theorie und Analyse. Umrisse eines interdisziplinären und internationalen Feldes." *Diskursforschung. Ein interdisziplinäres Handbuch. Band 1: Theorien, Methodologien und Kontroversen*. Hg. Johannes Angermuller et al. Bielefeld: transcript Verlag, 2014. 16-36.

„Ann Flaxman, The Sculptor's Assistant." *Women of Worth: A Book for Girls*. Illustrated by W. Dickes. Editor unknown. New York: James G. Gregory, 1863. 263-266.

Antoniazzi, Barbara. „„No Guidance in Regard to Herself': Immigrants, Workers and American Womanhood in the Progressive Era." *Machine: Bodies, Genders, Technologies*. Eds. Michaela M. Hampf and Maryann Snyder-Körber. Heidelberg: Universitätsverlag Winter, 2012. 159-180.

Arnold, John H. and Sean Brady (Eds.). *What is Masculinity? Historical Dynamics from Antiquity to the Contemporary World*. Basingstoke: Palgrave Macmillan, 2013.

Asmuth, Bernhard. *Einführung in die Dramenanalyse*. Stuttgart: Metzler, ^{5}1997 [1980].

Atkinson, Brooks. *Broadway*. London: Cassell, 1970.

Atlas, Marilyn Judith. „From Novel to Plays: Zona Gale and the Marriage Plot in Three Versions of *Miss Lulu Bett*." *Midwestern Miscellany* 30 (2002), 35-43.

Auberlen, Eckhard. „New Historicism." *Literaturwissenschaft in Theorie und Praxis. Eine anglistisch-amerikanistische Einführung*. Hg. Ralf Schneider. Tübingen: Gunter Narr, 2004. 83-115.

Auflitsch, Susanne. *Staging Separate Spheres: Theatrical Spaces as Sites of Antagonism in One-Act Plays by American Women, 1910-1930*. Frankfurt am Main: Peter Lang, 2006.

Bach, Gerhard. *Susan Glaspell und die Provincetown Players: Die Anfänge des modernen amerikanischen Dramas und Theaters*. Frankfurt am Main: Lang, 1979.

Bachorz, Stephanie. „Zur Analyse der Figuren." *Einführung in die Erzähltextanalyse: Kategorien, Modelle, Probleme*. Hg. Peter Wenzel. Trier: WVT, 2004. 51-67.

Barker, Deborah. *Aesthetics and Gender in American Literature: Portraits of the Woman Artist*. Lewisburg, PA: Bucknell University Press, 2000.

Barlow, Judith E. (Ed.). *Women Writers of the Provincetown Players: A Collection of Short Works*. Albany, NY: State University of New York Press, 2009.

Barlow, Judith E. „Miss Lulu Bett." *The Columbia Encyclopaedia of Modern Drama. Vol. 2: M-Z*. Eds. Gabrielle H. Cody and Evert Sprinchorn. New York, NY: Columbia University Press, 2007. 912.

Barlow, Judith E. „Introduction." *Plays by American Women, 1900-1930*. Ed. Judith E. Barlow. Rev. ed. New York, NY: Applause, 2001. ix-xxxiii.

Barlow, Judith E. „Crothers, Rachel." *Contemporary Women Dramatists*. Ed. Kathryn A. Berney. London: St. James Press, 1994a. 50-53.

Barlow, Judith E. „*He and She* by Rachel Crothers." *Contemporary Women Dramatists*. Ed. Kathryn A. Berney. London: St. James Press, 1994b. 291-292.

Baßler, Moritz. „Einleitung: New Historicism – Literaturgeschichte als Poetik der Kultur." *New Historicism. Literaturgeschichte als Poetik der Kultur*. Hg. Moritz Baßler. Tübingen & Basel: A. Francke, ^{2}2001. 7-28.

Baumol, William J. and William G. Bowen. *Performing Arts – The Economic Dilemma*. New York, NY: Twentieth Century Fund, 1966.

Bederman, Gail. *Manliness & Civilization: A Cultural History of Gender and Race in the United States, 1880-1917*. 4th print. Chicago, IL: University of Chicago Press, 2000.

Beinroth, Anja et al. „Feministische Literaturtheorie." *Metzler Lexikon Literatur- und Kulturtheorie: Ansätze – Personen – Grundbegriffe*. Hg. Ansgar Nünning. Stuttgart: Metzler, ⁴2008. 190-194.

Belasco, David. „The Theatrical Syndicate. One Side." *Cosmopolitan* 38 (December 1904), 193-198.

Benchley, Robert C. „Foreword." *Miss Lulu Bett: An American Comedy of Manners*. New York, NY: D. Appleton, 1921. xiii-xvi.

Benthien, Claudia und Inge Stephan (Hg.). *Männlichkeit als Maskerade. Kulturelle Inszenierungen vom Mittelalter bis zur Gegenwart*. Köln: Böhlau, 2003.

Berger Maurice et al. (Eds.). *Constructing Masculinity*. New York, NY: Routledge, 1995.

Berkowitz, Gerald M. *American Drama of the Twentieth Century*. London & New York: Longman, 1992.

Bernheim, Alfred L. *The Business of the Theatre. An Economic History of the American Theatre, 1750-1932*. New York, NY: Benjamin Blom, 1964 [1932].

Berns, Ute. „Grice, H. Paul." *Metzler Lexikon Literatur- und Kulturtheorie*. Hg. Ansgar Nünning. Stuttgart: Verlag J.B. Metzler, ⁴2008. 267-268.

Betten, Anne. „Analyse literarischer Dialoge." *Handbuch der Dialoganalyse*. Hg. Gerd Fritz und Franz Hundsnurscher. Tübingen: Niemeyer, 1994. 519-544.

Betten, Anne and Monika Dannerer (Eds.). *Dialogue Analysis IX: Dialogue in Literature and the Media, Selected Papers from the 9th IADA Conference, Salzburg 2003, Part I: Literature*. Tübingen: Niemeyer, 2005.

Betten Anne und Jürgen Schiewe (Hg.). *Sprache – Literatur – Literatursprache. Linguistische Beiträge*. Berlin: Erich Schmidt Verlag, 2011a.

Betten Anne und Jürgen Schiewe. „Vorwort." *Sprache – Literatur – Literatursprache. Linguistische Beiträge*. Hg. Anne Betten und Jürgen Schiewe. Berlin: Erich Schmidt Verlag, 2011b. 7-12.

Bigsby, C.W.E. and Don B. Wilmeth. „Introduction." *The Cambridge History of American Theatre. Volume II: 1870-1945*. Eds. Christopher Bigsby and Don B. Wilmeth. Cambridge: Cambridge University Press, 1999. 1-23.

Bilderback, Riann. „Male Fraud: Zona Gale Travesties Patriarchy in *Miss Lulu Bett*." *Midwestern Miscellany* 31 (2003), 17-23.

Black, Cheryl. *The Women of Provincetown, 1915-1922*. Tuscaloosa, AL: University of Alabama Press, 2002.

Böhnisch, Lothar. *Die Entgrenzung der Männlichkeit. Verstörungen und Formierungen des Mannseins im gesellschaftlichen Übergang*. Opladen: Leske + Budrich, 2003.

Böker, Uwe und Christoph Houswitschka. „Literaturwissenschaft." *Einführung in die Anglistik und Amerikanistik*. Hg. Uwe Böker und Christoph Houswitschka. München: Beck, ²2007. 165-251.

Bonin, Jane F. *Major Themes in Prize-Winning American Drama*. Metuchen, NJ: Scarecrow Press, 1973.

Bommer, Lawrence. „Miss Lulu Bett. Center Theater." *Chicago Reader. Performing Arts Review*. Review. (February 4, 1988). URL: https://www.chicagoreader.com/chicago/miss-lulu-bett/Content?oid=871735 (zuletzt aufgerufen: 13.12.2019).

Borgmeier, Raimund. „Werkimmanente Interpretation." *Metzler Lexikon Literatur- und Kulturtheorie: Ansätze – Personen – Grundbegriffe*. Hg. Ansgar Nünning. Stuttgart: Metzler, 42008. 760-763.

Bourrier, Karen. *The Measure of Manliness: Disability and Masculinity in the Mid-Victorian Novel*. Ann Arbor, MI: University of Michigan Press, 2015.

Bracher, Mark. „From Antisocial to Prosocial Manhood: Shakespeare's Rescripting of Masculinity in *As You Like It*." *Configuring Masculinity in Theory and Literary Practice*. Ed. Stefan Horlacher. Leiden: Brill Rodopi, 2015. 95-125.

Brandt, Stefan Leonhardt. *Inszenierte Männlichkeit: Körperkult und ‚Krise der Maskulinität' im spätviktorianischen Amerika*. Berlin: WVB Wissenschaftlicher Verlag Berlin, 2007.

Brandt, Stefan Leonhardt. *Männerblicke: Zur Konstruktion von ‚Männlichkeit' in der Literatur und Kultur der amerikanischen Jahrhundertwende*. Stuttgart: M&P, Verlag für Wissenschaft und Forschung, 1997.

Bressler, Charles E. *Literary Criticism. An Introduction to Theory and Practice*. 2nd printing. Boston, MA: Longman, 52011 [1994].

„Brock Pemberton, (1885-1950)". *Kansas Biographical Dictionary*. St. Clair Shores, MI: Somerset Publishers, 22000 [1993]. 392-396.

Brod, Harry (Ed.). *The Making of Masculinities: The New Men's Studies*. Boston, MA: Allen & Unwin, 1987.

Brooker, Peter et al. *A Reader's Guide to Contemporary Literary Theory*. Harlow: Pearson Longman, 52007.

Broun, Heywood. „Books." *The New York Tribune* (June 1, 1921), 10.

Broun, Heywood. „The Stage and Its People: As We Were Saying." *The New York Tribune* (February 6, 1921), III1.

Broun, Heywood. „How They Found Miss Lulu Bett." *Collier's. The National Weekly* 67.5 (January 29, 1921), 13, 30.

Broun, Heywood. „Books." *The New York Tribune* (January 7, 1921), 8.

Broun, Heywood. „‚Miss Lulu Bett' Is of Fine Fabric Though Often Crude." *The New York Tribune* (December 28, 1920), 6.

Brown, John Mason and Montrose J. Moses (Eds.). *The American Theatre as Seen by Its Critics, 1752-1934*. New York, NY: W.W. Norton & Company, 1934.

Bryan, Mark Evans. „American Drama, 1900-1915." *A Companion to Twentieth-Century American Drama*. Ed. David Krasner. Malden, MA: Blackwell, 2005. 3-17.

Bublitz, Hannelore. *Judith Butler zur Einführung*. Hamburg: Junius Verlag, 32010.

Buckner, Timothy R. and Peter Caster (Eds.). *Fathers, Preachers, Rebels, Men: Black Masculinity in U.S. History and Literature, 1820-1945*. Columbus, OH: Ohio State University Press, 2011.

Bucks, Dorothy S. and Arthur H. Nethercot. „Ibsen and Herne's *Margaret Fleming*: A Study of the Early Ibsen Movement in America." *American Literature: A Journal of Literary History, Criticism, and Bibliography* 17.4 (1946), 311-333.

Burke, Sally. *American Feminist Playwrights: A Critical History*. New York, NY: Twayne Publishers, 1996.

Burns, Mantle (Ed.). *The Best Plays of 1919-1920*. Boston, MA: Small, 1920.

Butler, Judith. *Körper von Gewicht. Die diskursiven Grenzen des Geschlechts*. Aus dem Amerikanischen von Karin Wördemann. Frankfurt am Main: Suhrkamp, ^{8}2014 [1997].

Butler, Judith. *Gender Trouble. Feminism and the Subversion of Identity*. New York, NY: Routledge, 1999 [reprint of 1st ed. 1990].

Butsch, Richard. *The Making of American Audiences: From Stage to Television, 1750-1990*. Cambridge: Cambridge University Press, 2000.

Cardwell, Douglas. „The Well-Made Play of Eugène Scribe." *The French Review* 56.6 (1983), 876-884.

Carrigan, Tim et al. „Toward a New Sociology of Masculinity." *The Making of Masculinities: The New Men's Studies*. Ed. Harry Brod. Boston, MA: Allen & Unwin, 1987. 63-100.

Champion, Laurie (Ed.). *American Women Writers, 1900-1945. A Bio-Bibliographical Sourcebook*. Westport, CT: Greenwood Press, 2000.

Chansky, Dorothy. *Composing Ourselves: The Little Theatre Movement and the American Audience*. Carbondale, IL: Southern Illinois University Press, 2005.

Chapman, Siobhan and Billy Clark (Eds.). *Pragmatic Literary Stylistics*. Basingstoke: Palgrave Macmillan, 2014a.

Chapman, Siobhan and Billy Clark. „Introduction: Pragmatic Literary Stylistics." *Pragmatic Literary Stylistics*. Eds. Siobhan Chapman and Billy Clark. Basingstoke: Palgrave Macmillan, 2014b. 1-15.

Cherny, Robert W. et al. (Eds.). *Making America. A History of the United States*. Boston & New York: Houghton Mifflin Company, ^{4}2006.

Chinoy, Helen K. „Where Are the Women Playwrights?" *Women in American Theatre*. Eds. Helen K. Chinoy and Linda Walsh. New York, NY: Theatre Communications Group, 1987. 129-131.

Christiansen, Richard. „‚Miss Lulu Bett' suffers at the hand of superficial acting." *Chicago Tribune* (January 26, 1988), V5.

Clatterbaugh, S. Kenneth. *Contemporary Perspectives on Masculinity. Men, Women, and Politics in Modern Society*. Boulder, CO: Westview Press, 1990.

Cocks, Catherine et al. *Historical Dictionary of the Progressive Era*. Toronto: The Scarecrow Press, 2009.

Cogan, Frances B. *All-American Girl: The Ideal of Real Womanhood in Mid-Nineteenth-Century America*. Athens, GA: University of Georgia Press, 1989.

Cohen, Robert. *Theatre*. New York, NY: McGraw-Hill, [6]2003.

Collins, Gail. *America's Women. 400 Years of Dolls, Drudges, Helpmates, and Heroines*. New York, NY: Perennial HarperCollins, 2003.

Conway, Jill K. *The Female Experience in Eighteenth- and Nineteenth-Century America: A Guide to the History of American Women*. New York, NY: Garland, 1982.

Cordell, Richard A. *Representative Modern Plays: British and American from Robertson to O'Neill*. New York, NY: Thomas Nelson & Sons, 1929.

Cott, Nancy F. „Domesticity." *A Companion to American Thought*. Eds. Richard W. Fox and James T. Kloppenberg. Malden, MA: Blackwell, 1998. 181-183.

Cott, Nancy F. „Passionlessness: An Interpretation of Victorian Sexual Ideology, 1790-1850." *Signs* 4.2 (1978), 219-236.

Cott, Nancy F. *The Bonds of Womanhood. „Woman's Sphere" in New England, 1780-1835*. London: Yale University Press, 1977.

Craig, Carolyn Casey. *Women Pulitzer Playwrights: Biographical Profiles and Analyses of the Plays*. Jefferson, NC: McFarland, 2004.

Crothers, Rachel. „The Construction of a Play." *The Art of Playwriting. Lectures Delivered at the University of Pennsylvania on the Mask and Wig Foundation*. Ed. Arthur Hobson Quinn. Philadelphia, PA: University of Pennsylvania Press, 1928. 115-134.

Cuddon, John A. *The Penguin Dictionary of Literary Terms and Literary Theory*. London: Penguin Books, [4]1999.

Darr, Brian. „Miss Lulu Bett. Presented at SFSFF 2007." *San Francisco Silent Film Festival*. 2007. URL: http://silentfilm.org/archive/miss-lulu-bett-1921 (zuletzt aufgerufen: 13.12.2019).

Davis, Rebecca L. „‚Not Marriage at All, but Simple Harlotry': The Companionate Marriage Controversy." *The Journal of American History* 94.4 (March 2008), 1137-1163.

Degler, Carl N. At Odds: Women and the Family in America from the Revolution to the Present. New York, NY: Oxford University Press, 1980.

Degler, Carl N. „The Changing Place of Women in America." *The Woman Question in American History*. Ed. Barbara Welter. Hinsdale, IL: Dryden Press, 1973. 133-146.

Demastes, William W. (Ed.). *Realism and the American Dramatic Tradition*. Tuscaloosa, AL: University of Alabama Press, 1996a.

Demastes, William W. „Preface: American Dramatic Realism, Viable Frames of Thought." *Realism and the American Dramatic Tradition*. Ed. William W. Demastes. Tuscaloosa, AL: University of Alabama Press, 1996b. ix-xvii.

Denison, Patricia D. „The Legacy of James A. Herne: American Realities and Realism." *Realism and the American Dramatic Tradition*. Ed. William W. Demastes. Tuscaloosa, AL: University of Alabama Press, 1996. 18-36.

Derleth, August. *Still Small Voice: The Biography of Zona Gale. Illustrated*. New York, NY: D. Appleton-Century Company, 1940.

Dickinson, Thomas H. *Playwrights of the New American Theater.* New York, NY: Macmillan, 1925.

Dickinson, Thomas H. „An Open Letter from Thomas H. Dickinson." *Miss Lulu Bett. An American Comedy of Manners.* By Zona Gale. New York & London: D. Appleton & Company, 1921. ix-xi.

Dithmar, Edward A. „Margaret Fleming." *The New York Times* (December 10, 1891), n.p.

Dithmar, Edward A. „James A. Herne's *Margaret Fleming.*" *The American Theatre as Seen by Its Critics, 1752-1934.* Eds. John Mason Brown and Montrose J. Moses. New York, NY: W.W. Norton & Company, 1934. 142-147.

Donovan, Deirdre. „*Miss Lulu Bett.* A *CurtainUp* Review." *CurtainUp: The Internet Theater Magazine of Reviews, Features, Annotated Listings.* Review. (March 2010). URL: http://www.curtainup.com/lulubett10.html (zuletzt aufgerufen: 13.12.2019).

Douglas, Ann. *The Feminization of American Culture.* London: Papermac, 1996 [reprint of 1977 ed.].

Douglas, George H. „Muckrakers." *The Oxford Companion to United States History.* Ed. Paul S. Boyer. Oxford: Oxford University Press, 2001. 520.

Downer, Alan S. *Fifty Years of American Drama, 1900-1950.* Chicago, IL: Henry Regnery, 1951.

„Drama". *The Pulitzer Prizes. Honoring Excellence in Journalism and the Arts.* Online. URL: https://www.pulitzer.org/prize-winners-by-category/218 (zuletzt aufgerufen: 13.12.2019).

Dye, Nancy S. „Introduction." *Gender, Class, Race, and Reform in the Progressive Era.* Eds. Noralee Frankel and Nancy S. Dye. Lexington, KY: University Press of Kentucky, 1991. 1-9.

Easthope, Antony. *Literary into Cultural Studies.* London: Routledge, 1991.

Eaton, Walter P. At the New Theatre and Others. The American Stage: Its Problems and Performances, 1908-1910. Boston, MA: Small, Maynard & Company, 1910.

Edel, Leon. „Henry James: The Dramatic Years. An Introductory Essay." *The Complete Plays of Henry James.* Ed. Leon Edel. London: Rupert Hart-Davis, 1949b. 17-69.

Edwards, Herbert J. „Howells and Herne." *American Literature* 22.4 (1951), 432-441.

Edwards, Herbert J. and Julie A. Herne. *James A. Herne: Rise of Realism in the American Drama.* Orono, ME: University of Maine Press, 1964.

Egan, Leona Rust. *Provincetown as a Stage: Provincetown, the Provincetown Players, and the Discovery of Eugene O'Neill.* Orleans, MA: Parnassus Imprints, 1994.

Eichhammer, Barbara. „Waren- und Konsumkultur." *Viktorianismus. Eine literatur- und kulturwissenschaftliche Einführung.* Hg. Doris Feldmann und Christian Krug. Berlin: Erich Schmidt Verlag, 2013. 99-112.

Eisenhauer, Drew. „She and She: Rachel Crothers and Susan Glaspell's Turn to Playwriting." *Disclosing Intertextualities: The Stories, Plays, and Novels of Susan*

Glaspell. Eds. Martha C. Carpentier and Barbara Ozieblo. Amsterdam: Rodopi, 2006. 115-135.

Elbert, Monika M. „Introduction." *Separate Spheres No More: Gender Convergence in American Literature, 1830-1930*. Ed. Monika M. Elbert. London & Tuscaloosa, AL: University of Alabama Press, 2000. 1-25.

Emig, Rainer. „Sentimental Masculinity: Henry Mackenzie's *The Man of Feeling* (1771)." *Configuring Masculinity in Theory and Literary Practice*. Ed. Stefan Horlacher. Leiden: Brill Rodopi, 2015. 127-139.

Endres, Kathleen L. „*The Progressive Woman*." *Women's Rights in the United States: A Comprehensive Encyclopedia of Issues, Events, and People*. Ed. Tiffany K. Wayne. Santa Barbara, CA: ABC-CLIO, 2015. 193-194.

Endres, Kathleen L. „The Progressive Woman." *Women's Periodicals in the United States: Social and Political Issues*. Eds. Kathleen L. Endres and Therese L. Lueck. Westport, CT: Greenwood Press, 1996. 308-315.

Engle, Sherry D. *New Women Dramatists in America, 1890-1920*. New York, NY: Palgrave Macmillan, 2007.

Engle, Sherry D. „An ‚Irruption of Women Dramatists': The Rise of America's Woman Playwright, 1890-1920." *New England Theatre Journal* 12 (2001), 27-50.

Erhart, Walter und Britta Herrmann. „Feministische Zugänge – ‚Gender Studies'." *Grundzüge der Literaturwissenschaft*. Hg. Heinz Ludwig Arnold und Heinrich Detering. München: Deutscher Taschenbuch Verlag, ^{7}2005. 498-515.

Erhart, Walter und Britta Herrmann (Hg.). *Wann ist der Mann ein Mann? Zur Geschichte der Männlichkeit*. Stuttgart: J.B. Metzler, 1997a.

Erhart, Walter und Britta Herrmann. „Der erforschte Mann?" *Wann ist der Mann ein Mann? Zur Geschichte der Männlichkeit*. Hg. Walter Erhart und Britta Herrmann. Stuttgart: J.B. Metzler, 1997b. 3-31.

Ermarth, Elizabeth Deeds. „Beyond ‚The Subject': Individuality in the Discursive Condition." *New Literary History* 31.3 (2000), 405-419.

Evans, Sara M. *Born for Liberty. A History of Women in America*. New York, NY: The Free Press, 1989.

Faludi, Susan. *Backlash: The Undeclared War against American Women*. New York, NY: Three Rivers Press, 2006 [reprint of 1991 ed.].

Fearnow, Mark. „A New Realism." *The Oxford Handbook of American Drama*. Eds. Jeffrey H. Richards and Heather S. Nathans. Oxford: Oxford University Press, 2014. 173-188.

Fearnow, Mark. „Theatre Groups and Their Playwrights." *The Cambridge History of American Theatre. Volume II: 1870-1945*. Eds. Christopher Bigsby and Don B. Wilmeth. Cambridge: Cambridge University Press, 1999. 343-377.

Feldmann, Doris. „Literaturwissenschaft, *New Men's Studies* und das Drama der englischen Renaissance." *Wann ist der Mann ein Mann? Zur Geschichte der*

Männlichkeit. Hg. Walter Erhart und Britta Herrmann. Stuttgart: J.B. Metzler, 1997. 134-148.

Feldmann, Doris und Sabine Schülting. „Frauenbilder." *Metzler Lexikon Literatur- und Kulturtheorie: Ansätze – Personen – Grundbegriffe*. Hg. Ansgar Nünning. Stuttgart: Metzler, ^{4}2008a. 217-218.

Feldmann, Doris und Sabine Schülting. „Gender." *Metzler Lexikon Literatur- und Kulturtheorie: Ansätze – Personen – Grundbegriffe*. Hg. Ansgar Nünning. Stuttgart: Metzler, ^{4}2008b. 244-245.

Feldmann, Doris und Sabine Schülting. „Gender Studies." *Metzler Lexikon Literatur- und Kulturtheorie: Ansätze – Personen – Grundbegriffe*. Hg. Ansgar Nünning. Stuttgart: Metzler, ^{4}2008c. 245-247.

Feldmann, Doris und Sabine Schülting. „Geschlechterdifferenz." *Metzler Lexikon Literatur- und Kulturtheorie: Ansätze – Personen – Grundbegriffe*. Hg. Ansgar Nünning. Stuttgart: Metzler, ^{4}2008d. 253.

Feldmann, Doris und Sabine Schülting. „Geschlechtsidentität und Geschlechterrolle." *Metzler Lexikon Literatur- und Kulturtheorie: Ansätze – Personen – Grundbegriffe*. Hg. Ansgar Nünning. Stuttgart: Metzler, ^{4}2008e. 254.

Feldmann, Doris und Sabine Schülting. „Männlichkeit." *Metzler Lexikon Literatur- und Kulturtheorie: Ansätze – Personen – Grundbegriffe*. Hg. Ansgar Nünning. Stuttgart: Metzler, ^{4}2008f. 454-455.

Fergusson, Francis. „James's Idea of Dramatic Form." *The Kenyon Review* 5.4 (1943), 495-507.

Ferris, Lesley. „The Golden Girl." *The New Woman and Her Sisters. Feminism and Theatre, 1850-1916*. Eds. Viv Gardner and Susan Rutherford. New York, NY: Harvester Wheatsheaf, 1992. 37-55.

Ferry, Peter. *Masculinity in Contemporary New York Fiction*. New York, NY: Routledge, 2015.

Fielitz, Sonja. *Einführung in die anglistisch-amerikanistische Dramenanalyse*. Darmstadt: Wissenschaftliche Buchgesellschaft, 2010.

Filene, Peter G. *Him, Her, Self: Sex Roles in Modern America*. Baltimore, MD: Johns Hopkins University Press, 1988.

Filene, Peter G. „The Secrets of Men's History." *The Making of Masculinities: The New Men's Studies*. Ed. Harry Brod. Boston, MA: Allen & Unwin, 1987. 103-119.

Firestone, Paul A. *The Pulitzer Prize Plays: The First Fifty Years, 1917-1967. A Dramatic Reflection of American Life*. Milwaukee, WI: Limelight, 2008.

Fischer-Seidel, Therese (Hg.). *Frauen und Frauendarstellung in der englischen und amerikanischen Literatur*. Tübingen: Narr, 1991.

Fix, Ulla. „Theatertexte lesen. Sprachwissenschaftliche Zugänge zu Theatertexten." *Sprache – Literatur – Literatursprache. Linguistische Beiträge*. Hg. Anne Betten und Jürgen Schiewe. Berlin: Erich Schmidt Verlag, 2011. 197-210.

Flower, Benjamin O. „Mr. Herne's Contribution to American Dramatic Literature." *The Coming Age* 2.1 (July 1899), 393-404.

Fluck, Winfried. „Realismus, Naturalismus, Vormoderne." *Amerikanische Literaturgeschichte*. Hg. Hubert Zapf. Stuttgart: J.B. Metzler, ^{3}2010. 153-215.

Fluck, Winfried. „Die ‚Amerikanisierung' der Geschichte im *New Historicism*." *New Historicism. Literaturgeschichte als Poetik der Kultur*. Hg. Moritz Baßler. Tübingen & Basel: Francke, ^{2}2001. 229-250.

Forbes, Harry. „He and She. BackStage Review." *TACT The Actors Company Theatre*. November 21, 2005. Online. URL: http://tactnyc.org/tact2/press_item.php?id=14&show=8&sid=2 (zuletzt aufgerufen: 05.12.2019)

Forman, Henry James. „Zona Gale: A Touch of Greatness." *The Wisconsin Magazine of History* 46.1 (1962), 32-37.

Foster, Pauline and Amy Snyder Ohta. „Negotiation of Meaning and Peer Assistance in Second Language Classrooms." *Applied Linguistics* 26.3 (2005), 402-430.

Foucault, Michel. *Die Ordnung des Diskurses*. Übers. Walter Seitter. Frankfurt am Main: Fischer Taschenbuchverlag, ^{11}2010 [1972].

Foucault, Michel. *Die Archäologie des Wissens*. Übers. Ulrich Köppen. Frankfurt am Main: Suhrkamp, 1973 [1969].

Foucault, Michel. *The Archaeology of Knowledge*. Translated by A.M. Sheridan Smith. London & New York: Routledge, 2002 [1969].

Frank, Glenda. „Rachel Crothers." *Dictionary of Literary Biography. Vol. 266: Twentieth-Century American Dramatists. Fourth Series*. Ed. Christopher J. Wheatley. Detroit, MI: Gale Research, 2003. 43-56.

Frankel, Noralee and Nancy S. Dye (Eds.). *Gender, Class, Race, and Reform in the Progressive Era*. Lexington, KY: University Press of Kentucky, 1991.

Freed, Doris Jonas and Henry H. Foster, Jr. „Divorce American Style." *The Annuals of the American Academy of Political and Social Science* 383 (1969), 71-88.

Fröhlich, Petra. *Das nicht-kommerzielle amerikanische Theater*. Lampertheim: Schäuble Verlag, 1974.

Gainor, J. Ellen and Jerry Dickey. „Susan Glaspell and Sophie Treadwell: Staging Feminism and Modernism, 1915-1941." *A Companion to Twentieth-Century American Drama*. Ed. David Krasner. Malden, MA: Blackwell, 2005. 34-52.

Gale, Maggie B. *J.B. Priestley*. New York & London: Routledge, 2008.

Gale, Zona. „The Pleasures of Playwriting." *The New York Tribune* (May 1, 1921), F9.

Gale, Zona. „Cinderella Bett." *The New York Tribune* (January 31, 1921), 8.

Galens, David (Ed.). *Drama for Students. Vol. 17*. Farmington Hill, MI: Gale-Thomson, 2003.

„GAP – Gender and the Pulitzer Prize: A Yearlong Play Reading Series." February 12-December 31, 2017. Hosted by Thinking Cap Theatre at the Vanguard. *The Pulitzer*

Prizes. Online. URL: https://www.pulitzer.org/event/gap-gender-and-pulitzer-prize (zuletzt aufgerufen: 13.12.2019).

Garland, Hamlin. *Roadside Meetings*. New York, NY: Macmillan, 1930.

Garland, Hamlin. „Mr. and Mrs. Herne." *Arena* 4 (1891), 543-560.

Garland, Hamlin. „Mr. Herne's New Play." *Boston Evening Transcript* (July 8, 1890), 6.

Gardner, Viv. „The Invisible Spectatrice: Gender, Geography and Theatrical Space." *Women, Theatre and Performance. New Histories, New Historiographies*. Eds. Maggie B. Gale and Viv Gardner. Manchester: Manchester University Press, 2000. 25-45.

Gassner, John. „Realism in the Modern American Theatre." *American Theatre*. Eds. John Russell Brown and Bernard Harris. London: Edward Arnold, 1967. 11-28.

Gassner, John. *Form and Idea in Modern Theatre*. New York, NY: Holt, Rinehart & Winston, 1956.

Gassner, John. *Masters of the Drama*. New York, NY: Dover Publications, 1940.

Gerhard, Ute et al. „Reintegrierender Interdiskurs." *Metzler Lexikon Literatur- und Kulturtheorie: Ansätze – Personen – Grundbegriffe*. Hg. Ansgar Nünning. Stuttgart: Metzler, ^{4}2008. 324.

Gillespie, Patti P. „Plays: Well-Constructed and Well-Made." *Quarterly Journal of Speech* 58 (1972), 313-321.

Gilmore, David D. *Mythos Mann: Rollen, Rituale, Leitbilder*. München: Artemis & Winkler, 1991.

Göbel, Walter. „Kulturwissenschaft und Literaturwissenschaft." *Kulturwissenschaft interdisziplinär*. Hg. Laurenz Volkmann und Klaus Stierstorfer. Tübingen: Gunter Narr Verlag, 2005. 109-119.

Goddard, Leslie. „Zona Gale." *Dictionary of Literary Biography. Vol. 228: Twentieth-Century American Dramatists, Series 2*. Ed. Christopher J. Wheatley. Detroit, MI: Gale Group, 2000. 73-80.

Gottlieb, Lois C. *Rachel Crothers*. Boston, MA: Twayne Publishers, 1979.

Grabes, Herbert. *Das amerikanische Drama des 20. Jahrhunderts*. Stuttgart: Klett, 2003.

Graff, Bernd. „Grundlagen szenischer Texte." *Grundzüge der Literaturwissenschaft*. Hg. Heinz Ludwig Arnold und Heinrich Detering. München: Deutscher Taschenbuch Verlag, ^{7}2005. 308-322.

Grand, Sarah. „The New Aspect of the Woman Question." *The North American Review* 158.448 (March 1894), 270-276.

Grant DePauw, Linda. „Roles of Women in the American Revolution and the Civil War." *Social Education* 58.2 (1994), 77-79.

Greenaway, Kate. *Language of Flowers*. London: Routledge, 1884.

Greenblatt, Stephen. *Learning to Curse. Essays in Early Modern Culture*. New York & London: Routledge, 1990.

Greenblatt, Stephen. *Shakespearean Negotiations. The Circulation of Social Energy in Renaissance England*. Oxford: Oxford University Press, 1988.

Greven, David. *Men Beyond Desire: Manhood, Sex, and Violation in American Literature.* New York, NY: Palgrave Macmillan, 2005.

Grisard, Dominique et al. (Hg.). *Gender in Motion. Die Konstruktion von Geschlecht in Raum und Erzählung*. Frankfurt & New York: Campus Verlag, 2007.

Grisworld, Robert L. „Law, Sex, Cruelty, and Divorce in Victorian America, 1840-1900." *American Quarterly* 38.5 (1986), 721-745.

Gymnich, Marion. „Konzepte literarischer Figuren und Figurencharakterisierung." *Erzähltextanalyse und Gender Studies*. Hg. Vera Nünning und Ansgar Nünning. Stuttgart: Metzler, 2004. 122-142.

Haas, Rudolf. „Über Anfänge des ‚Modernen' im amerikanischen Drama." *Das amerikanische Drama von den Anfängen bis zur Gegenwart*. Hg. Hans Itschert. Darmstadt: Wissenschaftliche Buchgesellschaft, 1972. 51-69.

Haas, Rudolf und Edgar Lohner. „Theater und Drama in Amerika: Einführung." *Theater und Drama in Amerika. Aspekte und Interpretationen*. Hg. Edgar Lohner und Rudolf Haas. Berlin: Erich Schmidt Verlag, 1978. 9-41.

Halfmann, Ulrich. „Amerikanisches Theater und Drama bis 1900." *Die amerikanische Literatur bis zum Ende des 19. Jahrhunderts*. Hg. Helmbrecht Breinig und Ulrich Halfmann. Tübingen: Francke, 1985. 225-259.

Hantover, Jeffrey P. „The Boys Scouts and the Validation of Masculinity." *Journal of Social Issues* 34.1 (1978), 184-195.

Hapgood, Norman. „The Theatrical Syndicate." *The International Monthly* 1 (January 1900), 99-122.

Harmon, Gary L. „On the Nature and Functions of Popular Culture." *Studies in Popular Culture* 6 (1983), 3-15.

Harmon, William and Hugh Holman. *A Handbook to Literature*. Upper Saddle River, NJ: Prentice Hall, ^{9}2003.

Hartman, John Geoffrey. *The Development of American Social Comedy from 1787 to 1936*. Folcroft, PA: Folcroft Press, 1969 [reprint of 1939 ed.].

Hatlen, Theodore. „*Margaret Fleming* and the Boston Independent Theatre." *Educational Theatre Journal* 8.1 (1956), 17-21.

Hebach, Marion. *Gestörte Kommunikation im amerikanischen Drama*. Tübingen: Narr, 2006.

Hebel, Udo J. *Einführung in die Amerikanistik / American Studies*. Stuttgart: J.B. Metzler, 2008.

Heller, Adele and Lois Rudnick. „Introduction." *1915, The Cultural Moment*. Eds. Adele Heller and Lois Rudnick. New Brunswick, NJ: Rutgers University Press, 1991. 1-13.

Hemphill, Stephanie. „Women's Poetry Collected in a New Book." Minnesota Public Radio. Interview with Connie Wanek, co-editor of *To Sing Along the Way: Minnesota Women Poets from Pre-Territorial Day to the Present* (2006). March 23, 2007. Online.

URL: http://minnesota.publicradio.org/display/web/2007/03/22/womenpoets (zuletzt aufgerufen: 09.01.2020).

Henry Anthony, Ronda C. *Searching for the New Black Man: Black Masculinity and Women's Bodies*. Jackson, MS: University Press of Mississippi, 2013.

Herman, Luc. „Literaturtheorien des Realismus." *Metzler Lexikon Literatur- und Kulturtheorie. Ansätze – Personen – Grundbegriffe*. Hg. Ansgar Nünning. Stuttgart: Metzler, ^{4}2008. 608-609.

Herne, James A. „Art for Truth's Sake in the Drama." *Arena* 17 (1897), 361-370.

Hersh, Blanche Glassman. „The ‚True Woman' and the ‚New Woman' in Nineteenth-Century America: Feminist-Abolitionists and a New Concept of Womanhood." *Woman's Being, Woman's Place: Female Identity and Vocation in American History*. Ed. Mary Kelley. Boston, MA: G.K. Hall & Co., 1979. 271-282.

Hess-Lüttich, Ernest W.B. „Dialog." *Historisches Wörterbuch der Rhetorik. Band 2: Bie—Eul*. Tübingen: Max Niemeyer Verlag, 1994. Sp. 606-621.

Hewitt, Emma Churchman. „The ‚New Woman' in Her Relation to the ‚New Man'." *The Westminster Review* 147.3 (March 1897), 335-337.

Hinz-Bode, Kristina. *Susan Glaspell and the Anxiety of Expression: Language and Isolation in the Plays*. Jefferson, NC: McFarland, 2006.

Hof, Renate. *Die Grammatik der Geschlechter: Gender als Analysekategorie der Literaturwissenschaft*. Frankfurt am Main: Campus Verlag, 1995a.

Hof, Renate. „Die Entwicklung der *Gender Studies*." *Genus – Zur Geschlechterdifferenz in den Kulturwissenschaften*. Hg. Hadumod Bußmann und Renate Hof. Stuttgart: Kröner, 1995b. 2-33.

Höfele, Andreas. „Drama und Theater: Einige Anmerkungen zur Geschichte und gegenwärtigen Diskussion eines umstrittenen Verhältnisses." *Forum Modernes Theater* 6.1 (1991), 3-23.

Höfele, Andreas. „Dandy und New Woman." *Die ‚Nineties': Das englische Fin de Siècle zwischen Dekadenz und Sozialkritik*. Hg. Manfred Pfister und Bernd Schulte-Middelich. München: Francke, 1983. 147-163.

Hohenberg, John. *The Pulitzer Prizes. A History of the Awards in Books, Drama, Music, and Journalism, Based on the Private Files over Six Decades*. New York, NY: Columbia University Press, 1974.

Hollingsworth, Leta S. „The New Woman in the Making." *Current History* 27.1 (1927), 15-20.

Horatschek, Annegreth. „Tiefenstruktur." *Metzler Lexikon Literatur- und Kulturtheorie: Ansätze – Personen – Grundbegriffe*. Hg. Ansgar Nünning. Stuttgart: Metzler, ^{4}2008. 718-719.

Horlacher, Stefan (Ed.). *Configuring Masculinity in Theory and Literary Practice*. Leiden: Brill Rodopi, 2015a.

Horlacher, Stefan. „Configuring Masculinity." *Configuring Masculinity in Theory and Literary Practice*. Ed. Stefan Horlacher. Leiden: Brill Rodopi, 2015b. 1-10.

Horlacher, Stefan (Ed.). *Constructions of Masculinity in British Literature from the Middle Ages to the Present*. New York, NY: Palgrave Macmillan, 2011.

Horlacher, Stefan (Hg.). *‚Wann ist die Frau eine Frau?' – ‚Wann ist der Mann ein Mann?': Konstruktionen von Geschlechtlichkeit von der Antike bis ins 21. Jahrhundert*. Würzburg: Königshausen & Neumann, 2010a.

Horlacher, Stefan. „‚Wann ist die Frau eine Frau?' – ‚Wann ist der Mann ein Mann?': Konstruktionen von Geschlechtlichkeit aus kulturwissenschaftlicher Perspektive." *‚Wann ist die Frau eine Frau?' – ‚Wann ist der Mann ein Mann?': Konstruktionen von Geschlechtlichkeit von der Antike bis ins 21. Jahrhundert*. Hg. Stefan Horlacher. Würzburg: Königshausen & Neumann, 2010b. 7-45.

Horlacher, Stefan. *Masculinities: Konzeptionen von Männlichkeit im Werk von Thomas Hardy und D.H. Lawrence*. Tübingen: Narr, 2006.

Horlacher, Stefan. „*Men's Studies and Gender Studies at the Crossroads*: Überlegungen zum aktuellen Stand von Geschlechterforschung und Literaturwissenschaft. Teil I." *Literatur in Wissenschaft und Unterricht* 37.2 (2004a), 169-188.

Horlacher, Stefan. „*Men's Studies and Gender Studies at the Crossroads*: Transdisziplinäre Zukunftsperspektiven der Geschlechterforschung. Teil II." *Literatur in Wissenschaft und Unterricht* 37.3 (2004b), 267-286.

Horlacher, Stefan et al. (Hg.). *Männlichkeit: Ein interdisziplinäres Handbuch*. Stuttgart: J.B. Metzler, 2016a.

Horlacher, Stefan et al. „Einleitung." *Männlichkeit: Ein interdisziplinäres Handbuch*. Hg. Stefan Horlacher et al. Stuttgart: J.B. Metzler, 2016b. 1-9.

Hosseini, Fatemeh. „‚Filiarchy' and Masculinity in the Early Novels of Ian McEwan." *Configuring Masculinity in Theory and Literary Practice*. Ed. Stefan Horlacher. Leiden: Brill Rodopi, 2015. 191-216.

Houswitschka, Christoph. „Masculinity in Thomas Malory's *Morte Darthur*." *Configuring Masculinity in Theory and Literary Practice*. Ed. Stefan Horlacher. Leiden: Brill Rodopi, 2015. 75-94.

Howells, William Dean. „The Plays of Eugène Brieux." *The North American Review* Vol. 201, No. 712 (March 1915), 402-411.

Howells, William Dean. „The Play and the Problem." *Harper's Weekly* Vol. 39 (March 30, 1895a), 294.

Howells, William Dean. „Degeneration." *Harper's Weekly* Vol. 39 (April 13, 1895b), 342.

Howells, William Dean. „Editor's Study." *Harper's New Monthly Magazine* Vol. 83, No. 495 (August 1891), 476-479.

Howells, William Dean. „The Editor's Study." *Harper's New Monthly Magazine* (June 1890), 152-157.

Hubrath, Margarete. „Einführung." *Geschlechter-Räume. Konstruktionen von ‚gender' in Geschichte, Literatur und Alltag*. Hg. Margarete Hubrath. Köln: Böhlau, 2001. 1-6.

Huf, Helen. „*New Women Dramatists in America, 1890-1920* by Sherry D. Engle, and: *American Women Theatre Critics: Biographies and Selected Writings of Twelve Reviewers, 1753-1919* by Alma J. Bennett." Review. *Theatre History Studies* 32 (2012), 210-213.

Hymowitz, Carol and Michaele Weissman. *A History of Women in America. From Founding Mothers to Feminists: How Women Shaped the Life and Culture of America.* New York, NY: Bantam Books, 1978.

Ikas, Karin. „‚*A Message to the Emperor*' & The Battle of the Cradle: Gendered Nationalism & Identity Politics in the Great War." *Gender Debat(tl)ed: Gender and War – Special Issue of Gender Forum* 5 (2003), 20 Abs. Online. URL: https://www.atria.nl/ezines/web/GenderForum/2005/No12/genderforum/ikas.html (zuletzt aufgerufen: 09.01.2020).

Ingarden, Roman. *Das literarische Kunstwerk*. Tübingen: Niemeyer, [4]1972.

Innes, Christopher. „‚Nothing but talk, talk, talk – Shaw talk': Discussion Plays and the Making of Modern Drama." *The Cambridge Companion to George Bernard Shaw*. Ed. Christopher Innes. Cambridge: Cambridge University Press, 2000. 162-179. [reprint of 1998 ed.]

Isernhagen, Hartwig. „Das amerikanische Theater des zwanzigsten Jahrhunderts und sein Publikum: Ein Überblick über Tendenzen und Organisation." *Das amerikanische Drama*. Hg. Gerhard Hoffmann. Bern: Francke, 1984. 39-56.

Izzo, David Garrett. „Zona Gale." *American Women Writers, 1900-1945. A Bio-Bibliographical Critical Sourcebook*. Ed. Laurie Champion. Westport, CT: Greenwood Press, 2000. 119-123.

Jackson, Ronald L. and Mark C. Hopson (Eds.). *Masculinity in the Black Imagination: Politics of Communicating Race and Manhood*. New York, NY: Peter Lang, 2011.

Jacobs, Lea. *The Decline of Sentiment: American Film in the 1920s*. Berkeley, CA: University of California Press, 2008.

Jahn, Bernhard. *Grundkurs Drama*. Stuttgart: Klett, 2009.

Jenkins, William D. „Housewifery and Motherhood: The Question of Role Change in the Progressive Era." *Woman's Being, Woman's Place. Female Identity and Vocation in American History*. Ed. Mary Kelley. Boston, MA: G.K. Hall & Co., 1979. 142-153.

Johnson, Keith and Helen Johnson, *Encyclopedic Dictionary of Applied Linguistics.* Oxford: Blackwell, 1999.

Jones, Suzanne W. (Ed.). *Writing the Woman Artist: Essays on Poetics, Politics, and Portraiture*. Philadelphia, PA: University of Pennsylvania Press, 1991.

Jordan, Ellen. „The Christening of the New Woman: May 1894." *The Victorian Newsletter* 63 (Spring 1983), 19-21.

Jooss, Birgit. „Das Atelier als Spiegelbild des Künstlers.“ *Künstlerfürsten: Liebermann, Lenbach, Stuck*. Hg. von der Stiftung *Brandenburger Tor*. Berlin: Nicolai, 2009. 57-66.

Jooss, Birgit. *Ateliers als Weihestätten der Kunst: Der ‚Künstleraltar‘ um 1900*. München: Verein zur Förderung der Stiftung Villa Stuck e.V., 2002.

Juncker, Clara. „The New Woman in the Progressive Era.“ *Pre-Publications of the English Department of Odense University. The University of Southern Denmark*. 148 (February/March 2007): n.p.

Kaes, Anton. „Zwischen Avantgarde und Massenkultur: Die Anfänge der amerikanischen Theaterbewegung.“ *Theater und Drama in Amerika. Aspekte und Interpretationen*. Hg. Edgar Lohner und Rudolf Haas. Berlin: Erich Schmidt Verlag, 1978. 44-66.

Kaes, Anton. „New Historicism: Literaturgeschichte im Zeichen der Postmoderne?“ *New Historicism. Literaturgeschichte als Poetik der Kultur*. Hg. Moritz Baßler. Tübingen & Basel: A. Francke, [2]2001. 251-267.

Kammler, Clemens. „Historische Diskursanalyse (Michel Foucault).“ *Neue Literaturtheorien*. Hg. Klaus-Michael Bogdal. Opladen: Westdeutscher Verlag, 1990. 31-55.

Karremann, Isabel. „Augustan Manliness and Its Anxieties: Shaftesbury and Swift.“ *Constructions of Masculinity in British Literature from the Middle Ages to the Present*. Ed. Stefan Horlacher. New York, NY: Palgrave Macmillan, 2011. 109-127.

Keetley, Dawn. „The Ungendered Terrain of Good Health: Mary Gove Nichols's Rewriting of the Diseased Institution of Marriage.“ *Separate Spheres No More: Gender Convergence in American Literature, 1830-1930*. Ed. Monika M. Elbert. Tuscaloosa, AL: University of Alabama Press, 2000. 117-142.

Kelley, Mary (Ed.). *Woman's Being, Woman's Place: Female Identity and Vocation in American History*. Ed. Mary Kelley. Boston, MA: G.K. Hall & Co., 1979.

Kelly, Katherine E. „The New Woman, the Suffragist, and the Stage.“ *The Oxford Handbook of American Drama*. Eds. Jeffrey H. Richards and Heather S. Nathans. Oxford: Oxford University Press, 2014. 203-217.

Kennedy, Susan E. *‚If all we did was to sweep at home‘: A History of White Working-Class Women in America*. Bloomington, IN: Indiana University Press, 1979.

Kerber, Linda K. „Separate Spheres, Female Worlds, Woman's Place: The Rhetoric of Women's History.“ *Journal of American History* 75 (1988), 9-39.

Kerber, Linda K. and Jane Sherron de Hart (Eds.). *Women's America: Refocusing the Past*. New York, NY: Oxford University Press, [6]2004.

Kessler-Harris, Alice. *Out to Work: A History of Wage-Earning Women in the United States*. Oxford: Oxford University Press, 1982.

Kilian, Eveline. „Diskursanalyse.“ *Literaturwissenschaft in Theorie und Praxis. Eine anglistisch-amerikanistische Einführung*. Hg. Ralf Schneider. Tübingen: Gunter Narr, 2004. 61-81.

Kimmel, Michael S. *Angry White Men: American Masculinity at the End of an Era*. New York, NY: Nation Books, 2013.

Kimmel, Michael S. *Manhood in America: A Cultural History*. New York, NY: Oxford University Press, ^{3}2012.

Kimmel, Michael S. „The Contemporary ‚Crisis of Masculinity' in Historical Perspective." *The Making of Masculinities: The New Men's Studies*. Ed. Harry Brod. Boston, MA: Allen & Unwin, 1987. 121-153.

King, Kimball. „Theory and Practice in the Plays of Henry James." *Modern Drama* 10.1 (1967), 24-33.

Kiper, Florence. „Some American Plays from the Feminist Viewpoint." *The Forum* 51 (1914), 921-931.

Klaw, Marc. „The Theatrical Syndicate. The Other Side." *Cosmopolitan* 38 (December 1904), 199-201.

Klein, Christian und Falko Schnicke (Hg.). *Intersektionalität und Narratologie: Methoden – Konzepte – Analysen*. Trier: WVT, 2014.

Köhler, Angelika. *Ambivalent Desires. The* New Woman *between Social Modernization and Modern Writing*. Heidelberg: Universitätsverlag Winter, 2004.

Köhler, Angelika. „Die Kompromisse und die Vermittlungen der *Popular Culture*: das Gibson Girl und die *New Woman*." *Intercultural Studies: Fictions of Empire*. Hg. Vera Nünning und Ansgar Nünning. Heidelberg: Universitätsverlag Winter, 1996. 211-223.

Kolb, Deborah S. „The Rise and Fall of the New Woman in American Drama." *Educational Theatre Journal* 27 (1975), 149-160.

Korte, Barbara et al. *Einführung in die Anglistik*. Stuttgart: Metzler, ^{2}2004.

Koster, Donald Nelson. „The Theme of Divorce in American Drama, 1871-1939." Dissertation. University of Pennsylvania. Philadelphia, 1942.

Kramer, Fritzi. „*Miss Lulu Bett* (1921): A Silent Film Review." *Movies Silently. Celebrate Silent Film*. Review. (February 1, 2013). URL: http://moviessilently.com/2013/02/01/miss-lulu-bett-1921/ (zuletzt aufgerufen: 13.12.2019).

Krammer, Stefan. *„Redet nicht von Schweigen ...": Zu einer Semiotik des Schweigens im dramatischen Werk Thomas Bernhards*. Würzburg: Königshausen & Neumann, 2003.

Krasner, David. „Introduction: The Changing Perceptions of American Drama." *A Companion to Twentieth-Century American Drama*. Ed. David Krasner. Oxford: Blackwell, 2005a. 1-17.

Krasner, David. „Eugene O'Neill: American Drama and American Modernism." *A Companion to Twentieth-Century American Drama*. Ed. David Krasner. Oxford: Blackwell, 2005b. 142-158.

Krutch, Joseph Wood. *The American Drama since 1918*. Rev. ed. London: Thames & Hudson, 1957.

Kühnel, Jürgen. „Deus ex machina." *Metzler Literatur Lexikon. Begriffe und Definitionen*. Hg. Günther Schweikle und Irmgard Schweikle. Stuttgart: Metzler, ^{2}1990 [1984]. 96.

Kuppler, Elisabeth. „Weiblichkeitsmythen zwischen *gender, race* und *class: True Womanhood* im Spiegel der Geschichtsschreibung." *Genus – Zur Geschlechterdifferenz in den Kulturwissenschaften*. Hg. Hadumod Bußmann und Renate Hof. Stuttgart: Kröner, 1995. 262-291.

Kwolek-Folland, Angel. „The Elegant Dugout. Domesticity and Moveable Culture in the United States, 1870-1900." *American Studies* 25.2 (Fall 1984), 21-37.

Kwolek-Folland, Angel. „The Useful What-Not and the Ideal of ,Domestic Decoration'." *Helicon Nine* 8 (1983), 72-83.

Lehmkuhl, Ursula. „Die Erschließung des amerikanischen Westens. Der amerikanische Grenzraum – die *frontier* als Region, Prozess und Mythos." *fundiert: Das Wissenschaftsmagazin der Freien Universität Berlin*. 1 (2009), 64-70.

[Online verfügbar. URL: http://www.fu-berlin.de/presse/publikationen/fundiert/archiv/2009_01/media/fundiert_1-2009_raueme.pdf (zuletzt aufgerufen: 16.12.2019)].

Levmore, Saul and Martha C. Nussbaum (Eds.). *American Guy: Masculinity in American Law and Literature*. Oxford: Oxford University Press, 2014.

Lewisohn, Ludwig. „Drama. Native Plays." *The Nation* (February 2, 1921), 189.

Lindhoff, Lena. *Einführung in die feministische Literaturtheorie*. Stuttgart: Metzler, ^{2}2003.

Link, Jürgen und Ursula Link-Heer. „Diskurs/Interdiskurs und Literaturanalyse." *Zeitschrift für Literaturwissenschaft und Linguistik* 20.1 (1990), 88-99.

Lippman, Monroe. „The Effect of the Theatrical Syndicate on Theatrical Art in America." *The Quarterly Journal of Speech* 26.2 (1940), 275-282.

Long, Michael. „Input, Interaction, and Second Language Acquisition." Dissertation. Los Angeles, CA: University of California Los Angeles, 1980.

Lord, Katharine. „Children on the Stage of the Theatre." *The New York Times* (March 2, 1913), 16.

Ludovici, Anthony M. „Woman's Encroachment on Man's Domain." *Current History* 27.1 (October 1927), 21-25.

MacDonald, Tara. *New Man, Masculinity and Marriage in the Victorian Novel*. London: Pickering & Chatto, 2015.

Macleod, David I. *Building Character in the American Boy: The Boy Scouts, YMCA, and Their Forerunners, 1870-1920*. Madison, WI: University of Wisconsin Press, 1983.

Mallet, Philipp. *The Victorian Novel and Masculinity*. Basingstoke: Palgrave Macmillan, 2015.

„Manhood." *Oxford English Dictionary. Online Edition*. 3rd ed. Oxford: Oxford University Press. URL: http://www.oed.com (zuletzt aufgerufen: 05.02.2020).

„Margaret Fleming." Information on September/October 2007 production. *Metropolitan Playhouse. The American Legacy*. New York. URL: http://www.metropolitanplayhouse.org/fleming.htm (zuletzt aufgerufen: 16.12.2019).

Matus, Jill. *Unstable Bodies. Victorian Representations of Sexuality and Maternity*. Manchester: Manchester University Press, 1995.

Matz, A. Howard. „Struggles with Manhood in *Angle of Repose*." *American Guy: Masculinity in American Law and Literature*. Eds. Saul Levmore and Martha C. Nussbaum. Oxford: Oxford University Press, 2014. 133-146.

McAdams, Richard H. „Empathy and Masculinity in Harper Lee's *To Kill a Mockingbird*." *American Guy: Masculinity in American Law and Literature*. Eds. Saul Levmore and Martha C. Nussbaum. Oxford: Oxford University Press, 2014. 239-261.

McArthur, Benjamin. *Actors and American Culture, 1880-1920*. Philadelphia, PA: Temple University Press, 1984.

McDonough, Carla J. *Staging Masculinity. Male Identity in Contemporary American Drama*. Jefferson, NC: McFarland & Company, 1997.

McKinley, Maggie. *Masculinity and the Paradox of Violence in American Fiction, 1950-1975*. New York, NY: Bloomsbury, 2015.

McLennan, Kathleen A. „Miss Lulu Bett by Zona Gale." *Theatre Journal* 35.2 (1983), 245-247.

McMenamin, Hugh L. „Evils of Woman's Revolt against the Old Standards." *Current History* 27.1 (October 1927), 30-32.

McNamara, Brooks. „Popular Entertainment." *The Cambridge History of American Theatre. Volume II: 1870-1945*. Eds. Christopher Bigsby and Don B. Wilmeth. Cambridge: Cambridge University Press, 1999. 378-410.

Melosh, Barbara (Ed.). *Gender and American History since 1890*. London & New York: Routledge, 1993a.

Melosh, Barbara. „Introduction." *Gender and American History since 1890*. Ed. Barbara Melosh. London & New York: Routledge, 1993b. 1-13.

Mennell, Stephen. *Sociological Theory: Uses and Unities*. London: Nelson, 1974.

Meserve, Walter J. *An Outline History of American Drama*. 2nd printing. New York, NY: Feedback Theatrebooks & Prospero Press, 1997.

Meserve, Walter J. „Introduction." *The Complete Plays of William Dean Howells*. New York, NY: New York University Press, 1960b. xv-xxxiii.

Meuser, Michael. *Geschlecht und Männlichkeit. Soziologische Theorie und kulturelle Deutungsmuster*. Wiesbaden: VS Verlag für Sozialwissenschaften, ³2010.

Meuser, Michael. „Die ‚Krise des Mannes'. Zur (Neu-)Verhandlung von Männlichkeit im Krisennarrativ." Vortrag am 12.07.2017 im Rahmen der Ringvorlesung *Geschlecht auf dem Weg zur neuen Eindeutigkeit?* Universität Augsburg. Philosophisch-Sozialwissenschaftliche Fakultät. Institut für Sozialwissenschaften.

„Miss Lulu Bett." *IBDB Internet Broadway Database*. Online. URL: https://www.ibdb.com/broadway-production/miss-lulu-bett-9014 (zuletzt zugegriffen: 13.12.2019).

Mitchell, Jonathan. *Revisions of the American Adam: Innocence, Identity and Masculinity in Twentieth-Century America*. London: Continuum, 2011.

Mittag, Martina. „Gender Studies in den Kulturwissenschaften." *Kulturwissenschaft interdisziplinär*. Hg. Klaus Stierstorfer und Laurenz Volkmann. Tübingen: Narr, 2005. 211-224.

Mobley, Jonnie Patricia. *The NTC's Dictionary of Theatre and Drama Terms.* Lincolnwood, IL: NTC Publishing Group, 1992.

Moe, John F. „Zona Gale." *Dictionary of Literary Biography. Vol. 78: American Short-Story Writers, 1880-1910*. Ed. Bobby Ellen Kimbel. Detroit, MI: Gale Research, 1989. 174-178.

Müller, Kurt. „The ‚Search for Order' and the Crisis of Masculinity: The Naturalist American Novel and the Cultural Anxieties of the ‚Strenuous Age'." *Zeitschrift für Anglistik und Amerikanistik* 55.2 (2007), 123-138.

Müller, Kurt. *Das amerikanische Drama. Eine Einführung*. Berlin: Erich Schmidt Verlag, 2006a.

Müller, Kurt. „Susanne Auflitsch. *Staging Separate Spheres: Theatrical Spaces as Sites of Antagonism in One-Act Plays by American Women, 1900-1930; Including Bibliographies on One-Act Plays in the United States, 1900-1940*. Regensburger Arbeiten zur Anglistik und Amerikanistik 48 (Frankfurt/M.: Lang, 2006), 388 pp." Rezension. *Amerikastudien / American Studies* 51.4 (2006b), 598-601.

Müller, Kurt. *Inszenierte Wirklichkeiten. Die Erfahrung der Moderne im Leben und Werk Eugene O'Neills*. Darmstadt: Wissenschaftliche Buchgesellschaft, 1993.

Murphy, Brenda. *The Provincetown Players and the Culture of Modernity*. Cambridge: Cambridge University Press, 2005.

Murphy, Brenda. „Feminism and the Marketplace: The Career of Rachel Crothers." *The Cambridge Companion to American Women Playwrights*. Ed. Brenda Murphy. Cambridge: Cambridge University Press, 1999a. 82-97.

Murphy, Brenda. „Plays and Playwrights: 1915-1945." *The Cambridge History of American Theatre. Volume II: 1870-1945*. Eds. Christopher Bigsby and Don B. Wilmeth. Cambridge: Cambridge University Press, 1999b. 289-342.

Murphy, Brenda (ed.). *A Realist in the American Theatre: Selected Drama Criticism of William Dean Howells*. William Dean Howells. Athens, OH: Ohio University Press, 1992.

Murphy, Brenda. *American Realism and American Drama, 1880-1940*. Cambridge: Cambridge University Press, 1987.

Narbona-Carrión, María Dolores. „The Woman Artist as Portrayed by Rachel Crothers and Heather McDonald." *Codifying the National Self: Spectators, Actors and the American Dramatic Text*. Eds. Barbara Ozieblo and María Dolores Narbona-Carrión. Brüssel: Peter Lang, 2006. 69-85.

„Negotiation." *Oxford English Dictionary. Online Edition*. 3rd ed. Oxford: Oxford University Press. URL: http://www.oed.com (zuletzt aufgerufen: 05.02.2020).

Newlin, Keith. „Introduction." *American Plays of the New Woman. Six Plays From the Early Twentieth Century About the ‚Proper' Role of Women*. Ed. Keith Newlin. Chicago, IL: Ivan R. Dee, 2000. 1-35.

Newton, Judith. „History as Usual?: Feminism and the ‚New Historicism'." *Cultural Critique* 9 (1988), 87-121.

Nieragden, Göran. „Literarische Figurendarstellung." *Metzler Lexikon Literatur- und Kulturtheorie: Ansätze – Personen – Grundbegriffe*. Hg. Ansgar Nünning. Stuttgart: Metzler, ^{4}2008. 200.

Nitze, William A. and Edwin P. Dargan. *A History of the French Literature: From the Earliest Times to the Present*. New York, NY: Holt, Rinehart & Winston, 1938.

Noe, Marcia and Nancy Neff. „Reading *Miss Lulu Bett*: The Reception History of a Midwestern Classic." *Midwestern Miscellany* 31 (2003), 9-16.

Nünning, Ansgar. „Close Reading." *Metzler Lexikon Literatur- und Kulturtheorie: Ansätze – Personen – Grundbegriffe*. Hg. Ansgar Nünning. Stuttgart: Metzler, ^{4}2008a. 98.

Nünning, Ansgar. „Literarische(r) Raum/Raumdarstellung." *Metzler Lexikon Literatur- und Kulturtheorie: Ansätze – Personen – Grundbegriffe*. Hg. Ansgar Nünning. Stuttgart: Metzler, ^{4}2008b. 604-607.

Nünning, Ansgar. „Literatur, Mentalitäten und kulturelles Gedächtnis: Grundriß, Leitbegriffe und Perspektiven einer anglistischen Kulturwissenschaft." *Literaturwissenschaftliche Theorien, Modelle und Methoden. Eine Einführung*. Hg. Ansgar Nünning. Trier: WVT, ^{4}2004. 173-198.

Nünning, Ansgar und Roy Sommer. „Drama und Narratologie: Die Entwicklung erzähltheoretischer Modelle und Kategorien für die Dramenanalyse." *Erzähltheorie transgenerisch, intermedial, interdisziplinär*. Hg. Vera Nünning und Ansgar Nünning. Trier: WVT, 2002. 105-128.

Nünning, Vera. „*Gender* in der Literaturwissenschaft: Gegenstandsbereich, Fragestellungen und Perspektiven einer *gender*-orientierten Literaturwissenschaft." *Literaturwissenschaft: intermedial – interdisziplinär*. Hg. Herbert Foltinek und Christoph Leitgeb. Wien: Verlag der österreichischen Akademie der Wissenschaften, 2002. 131-162.

Nünning, Vera und Ansgar Nünning. „‚Gender'-orientierte Erzähltextanalyse als Modell für die Schnittstelle von Narratologie und intersektioneller Forschung? Wissenschaftsgeschichtliche Entwicklung, Schlüsselkonzepte und Anwendungsperspektiven." *Intersektionalität und Narratologie: Methoden – Konzepte – Analyse*. Hg. Christian Klein und Falko Schnicke. Trier: WVT, 2014. 33-60.

Nünning, Vera und Ansgar Nünning. „*Making Gendered Selves*: Analysekategorien und Forschungsperspektiven einer *gender*-orientierten Erzähltheorie und Erzähltextanalyse." *Narration und Geschlecht. Texte – Medien – Episteme*. Hg. Sigrid Nieberle und Elisabeth Strowick. Köln: Böhlau, 2006. 23-44.

Nünning, Vera und Ansgar Nünning (Hg.). *Erzähltextanalyse und Gender Studies*. Stuttgart: Metzler, 2004a.

Nünning, Vera und Ansgar Nünning. „Von der feministischen Narratologie zur *gender*-orientierten Erzähltextanalyse." *Erzähltextanalyse und Gender Studies*. Hg. Vera Nünning und Ansgar Nünning. Stuttgart: Metzler, 2004b. 1-32.

Odell, George C.D. *Annuals of the New York Stage. Vol. 15: 1891-1894*. New York, NY: Columbia University Press, 1949.

Ohta, Amy Snyder. „Confirmation Checks: A Discourse Analytic Reanalysis." *Japanese Language and Literature* 39 (2005), 383-412.

Olsson, Barbara. „*What's cooking?* Zum Schauplatz Küche in der angloamerikanischen Gegenwartsprosa." *Geschlechter-Räume. Konstruktionen von ‚gender' in Geschichte, Literatur und Alltag*. Hg. Margarete Hubrath. Köln: Böhlau, 2001. 133-144.

O'Neill, William L. „Divorce in the Progressive Era." *American Quarterly* 17.2, Part I (1965), 203-217.

Oppermann, Helga. *Das Engelsmuster: Zur Theorie und Geschichte, Analyse und Interpretation eines kulturellen Deutungsmusters des Weiblichen; Exemplifiziert an ausgewählten Stücken aus der amerikanischen Theaterliteratur der Zwanziger Jahre*. Hildesheim: Georg Olms Verlag, 1986.

Osinski, Jutta. *Einführung in die Feministische Literaturwissenschaft*. Berlin: Erich Schmidt Verlag, 1998.

Ostendorf, Berndt. „Vorformen und Nachbarformen des amerikanischen Theaters: Minstrel Show, Vaudeville, Burlesque, Musical, 1800-1932." *Das amerikanische Drama*. Hg. Gerhard Hoffmann. Bern: Francke, 1984. 11-26.

Ostmeier, Dorothee. *Sprache des Dramas – Drama der Sprache*. Tübingen: Niemeyer, 1997.

Ouida [Marie Louise de la Ramée]. „The New Woman." *The North American Review* 158.450 (May 1894), 610-619.

Ozieblo, Barbara. *Susan Glaspell: A Critical Biography*. Chapel Hill, NC: University of North Carolina Press, 2000.

Pannill, Linda S. „The Artist-Heroine in American Fiction, 1890-1920." Dissertation. Chapel Hill, NC: University of North Carolina, 1975.

Pascoe, Peggy. „Gender." *A Companion to American Thought*. Eds. Richard W. Fox and James T. Kloppenberg. Malden, MA: Blackwell, 1998. 272-275.

Patterson, Martha H. *Beyond the Gibson Girl: Reimagining the American New Woman, 1895-1915*. Urbana, IL: University of Illinois Press, 2005.

Paul, Heike. *The Myths That Made America. An Introduction to American Studies*. Bielefeld: transcript, 2014.

Peiss, Kathy L. „American Women and the Making of Modern Consumer Culture." *The Journal for MultiMedia History. Electronic Journal* 1.1 (1998): n.p. Online. URL: http://www.albany.edu/jmmh/vol1no1/v1n1.html (zuletzt aufgerufen: 09.01.2020).

Perry, John. *James A. Herne: The American Ibsen*. Chicago, IL: Nelson-Hall, 1978.

Pfister, Manfred. *Das Drama: Theorie und Analyse*. München: Fink, ^{11}2001 [1977].

Pizer, Donald. *Hamlin Garland's Early Work and Career*. New York, NY: Russell & Russell, 1969.

Pizer, Donald. „An 1890 Account of *Margaret Fleming*." *American Literature* 27.2 (1955), 264-267.

Plath, Lydia and Sergio Lussana (Eds.). *Black and White Masculinity in the American South, 1800-2000*. Newcastle-upon-Tyne: Cambridge Scholars Publ., 2009.

Pleck, Joseph H. *The Myth of Masculinity*. Cambridge: MIT Press, 1981.

Pochmara, Anna. *The Making of the New Negro: Black Authorship, Masculinity and Sexuality in the Harlem Renaissance*. Amsterdam: Amsterdam University Press, 2011.

Poggi, Jack. *Theater in America. The Impact of Economic Forces, 1870-1967*. Ithaca, NY: Cornell University Press, 1968.

Posner, Richard A. „Hemingway and the Decline of Manhood." *American Guy: Masculinity in American Law and Literature*. Eds. Saul Levmore and Martha C. Nussbaum. Oxford: Oxford University Press, 2014. 17-23.

Powell, Kerry. „New Women, New Plays, and Shaw in the 1890s." *The Cambridge Companion to George Bernard Shaw*. Ed. Christopher Innes. Cambridge: Cambridge University Press, 2000. 76-100.

Preisinger, Alexander et al. „Diskursforschung in der Literaturwissenschaft." *Diskursforschung. Ein interdisziplinäres Handbuch. Band 1: Theorien, Methodologien und Kontroversen*. Hg. Johannes Angermuller et al. Bielefeld: transcript Verlag, 2014. 130-144.

Quinn, Arthur Hobson. „Introduction: *Margaret Fleming*." *Representative American Plays: From 1767 to the Present Day*. Ed. Arthur Hobson Quinn. 6th ed., rev. & enl. New York, NY: Appleton-Century-Crofts, 1938a. 515-518.

Quinn, Arthur Hobson. „Introduction: *Margaret Fleming*." *Representative American Plays: From 1767 to the Present Day*. Ed. Arthur Hobson Quinn. 5th ed., rev. & enl. New York: Appleton-Century-Crofts, 1930. 515-518.

Quinn, Arthur Hobson. „Foreword." *The Art of Playwriting. Lectures Delivered at the University of Pennsylvania on the Mask and Wig Foundation by Jesse Lynch Williams, Langdon Mitchell, Lord Dunsany, Gilbert Emery, Rachel Crothers*. Ed. Arthur Hobson Quinn. Philadelphia, PA: University of Pennsylvania Press, 1928. n.p.

Quinn, Arthur Hobson. „Introduction: *He and She* by Rachel Crothers." *Representative American Plays*. Ed. Arthur Hobson Quinn. 1st ed. New York, NY: The Century Company, 1917. 925-928.

Reckwitz, Erhard. „Realismus-Effekt." *Metzler Lexikon Literatur- und Kulturtheorie. Ansätze – Personen – Grundbegriffe*. Hg. Ansgar Nünning. Stuttgart: Metzler, ^{4}2008. 609-610.

Reeser, Todd W. „Englischsprachige Männlichkeitsforschung." *Männlichkeit: Ein interdisziplinäres Handbuch*. Hg. Stefan Horlacher et al. Stuttgart: J.B. Metzler, 2016. 26-42.

Reeser, Todd W. „Concepts of Masculinity and Masculinity Studies." *Configuring Masculinity in Theory and Literary Practice*. Ed. Stefan Horlacher. Leiden: Brill Rodopi, 2015. 11-38.

Reichardt, Ulf und Sabine Sielke. „What Does Man Want? The Recent Debates on Manhood and Masculinities." *Amerikastudien* 43.4 (1998), 563-575.

Reitz, Bernhard. „Versdrama, Melodrama, *problem play* und Komödie im 19. Jahrhundert – Einleitung." *Das englische Drama und Theater von den Anfängen bis zur Postmoderne*. Hg. Bernhard Reitz. Trier: WVT, 2016a. 165-175.

Reitz, Bernhard. „Zwischen Konvention und Erneuerung: 1900 bis zur Jahrhundertwende – Einleitung." *Das englische Drama und Theater von den Anfängen bis zur Postmoderne*. Hg. Bernhard Reitz. Trier: WVT, 2016b. 261-270.

Reitz Mullenix, Elizabeth. „Katharine Corcoran and *Margaret Fleming*: Exploring the Feminist Dynamic." *The Journal of American Drama and Theatre* 4.2 (1992), 63-81.

Rhoades, Lynn. „Maid or Writer? The Rhetoric of Conformity and Rebellion in *Miss Lulu Bett*." *Midamerica: The Yearbook of the Society for the Study of Midwestern Literature* 23 (1996), 73-89.

Rich, Charlotte J. *Transcending the New Woman. Multiethnic Narratives in the Progressive Era*. Columbia, MO: University of Missouri Press, 2009.

Richards, Jeffrey H. „Introduction." *The Oxford Handbook of American Drama*. Eds. Jeffrey H. Richards and Heather S. Nathans. Oxford: Oxford University Press, 2014. 1-15.

Richards, Jeffrey H. and Heather S. Nathans (Eds.). *The Oxford Handbook of American Drama*. Oxford: Oxford University Press, 2014.

Richardson, Gary A. *American Drama from the Colonial Period through World War I: A Critical History*. New York, NY: Twayne Publishers, 1993.

Riemer, James D. „Rereading American Literature from a Men's Studies Perspective: Some Implications." *The Making of Masculinities: The New Men's Studies*. Ed. Harry Brod. Boston, MA: Allen & Unwin, 1987. 289-299.

Riley, Glenda. *Inventing the American Woman. An Inclusive History. Volume 2: Since 1877*. Wheeling, IL: Harlan Davidson, ^{4}2007 [1986].

Riley, Glenda. *Divorce: An American Tradition*. New York, NY: Oxford University Press, 1991.

Rinnert, Andrea. „Transsexualität/Transvestismus." *Metzler Lexikon Gender Studies – Geschlechterforschung. Ansätze – Personen – Grundbegriffe*. Hg. Renate Kroll. Stuttgart: J.B. Metzler, 2002. 391-392.

Rippl, Gabriele. „Feministische Literaturwissenschaft." *Einführung in die Literaturwissenschaft*. Hg. Stefan Rieger und Miltos Pechlivanos. Stuttgart: Metzler, 1995. 230-240.

Roberts, Mary Louise. „True Womanhood Revisited." *Journal of Women's History* 14.1 (2002), 150-155.

Ronge, Verena. „‚Reden ist Silber, Schweigen ist Gold'. Die Rolle des Schweigens bei Thomas Bernhard – eine gendertypologische Untersuchung." *Phono-Graphien. Akustische Wahrnehmungen in der deutschsprachigen Literatur von 1800 bis zur Gegenwart*. Hg. Marcel Krings. Würzburg: Könighausen & Neumann, 2011. 403-416.

Ronge, Verena. „Alles nur Theater – Die Inszenierung männlicher (Sprach-)Macht und weiblicher (Sprach-)Ohnmacht in den Dramen Thomas Bernhards." *Thomas-Bernhard-Jahrbuch* (2007/2008), 73-85.

Rosen, David. *The Changing Fictions of Masculinity*. Urbana, IL: University of Illinois Press, 1993.

Rossi, Alice S. (Ed.). *The Feminist Papers. From Adams to de Beauvoir*. Reprint. Boston, MA: Northeastern University Press, 1988 [1973].

Rothman, Sheila. *Woman's Proper Place. A History of Changing Ideals and Practices, 1870 to the Present*. New York, NY: Basic Books, 1978.

Rotundo, Edward Anthony. *American Manhood: Transformations in Masculinity from the Revolution to the Modern Era*. Reprint. New York, NY: Basic Books, 1998.

Rubin, Gayle. „The Traffic in Women." *Toward an Anthropology of Women*. Ed. Rayna Rapp Reiter. New York, NY: Monthly Review Press, 1975. 157-210.

Rudnick, Lois. „The New Woman." *1915, The Cultural Moment: The New Politics, the New Woman, the New Psychology, the New Art, and the New Theatre in America*. Eds. Adele Heller and Lois Rudnick. New Brunswick, NJ: Rutgers University Press, 1991. 69-81.

Schabert, Ina. *Englische Literaturgeschichte des 20. Jahrhunderts. Eine neue Darstellung aus der Sicht der Geschlechterforschung*. Stuttgart: Kröner, 2006.

Schlaeger, Jürgen. „Literaturkritik und Literaturtheorie." *Amerikanische Literaturgeschichte*. Hg. Hubert Zapf. Stuttgart: J.B. Metzler, ³2010. 499-532.

Schneider, Ralf. „The Invisible Center: Conceptions of Masculinity in Victorian Fiction—Realist, Crime, Detective, and Gothic." *Constructions of Masculinity in British Literature from the Middle Ages to the Present*. Ed. Stefan Horlacher. New York, NY: Palgrave Macmillan, 2011. 147-168.

Schneider, Dorothy and Carl J. Schneider. *Women in the Progressive Era, 1900-1920*. New York, NY: Anchor Books Doubleday, 1993.

Schnicke, Falko. „Terminologie, Erkenntnisinteresse, Methode und Kategorien – Grundfragen intersektionaler Forschung." *Intersektionalität und Narratologie: Methoden – Konzepte – Analysen*. Hg. Christian Klein und Falko Schnicke. Trier: WVT, 2014. 1-32.

Scholz, Susanne and Nicola Dropmann. „The Props of Masculinity in Late Victorian Adventure Fiction." *Constructions of Masculinity in British Literature from the Middle Ages to the Present*. Ed. Stefan Horlacher. New York, NY: Palgrave Macmillan, 2011. 169-186.

Schötz, Bettina. „‚What is a Man?', or the Representation of Masculinity in Hanif Kureishi's Short Fiction." *Configuring Masculinity in Theory and Literary Practice*. Ed. Stefan Horlacher. Leiden: Brill Rodopi, 2015. 217-250.

Schroeder, Patricia R. *The Feminist Possibilities of Domestic Realism*. Madison, NJ: Fairleigh Dickinson University Press, 1996.

Schroeder, Patricia R. „Realism and Feminism in the Progressive Era." *The Cambridge Companion to American Women Playwrights*. Ed. Brenda Murphy. Cambridge: Cambridge University Press, 1999. 31-46.

Schultze, Brigitte. *Der Dialog in F.M. Dostoevskijs* Idiot. München: Sagner, 1974.

Schwank, Klaus. „Das amerikanische Melodrama vor dem Ersten Weltkrieg." *Das amerikanische Drama*. Hg. Gerhard Hoffmann. Bern: Francke, 1984. 27-38.

Scolnicov, Hanna. *Woman's Theatrical Space*. Cambridge: Cambridge University Press, 1994.

Scott, Joan W. „Gender: Eine nützliche Kategorie der historischen Analyse." *Texte zur Literaturtheorie der Gegenwart*. Hg. Dorothee Kimmich. Stuttgart: Reclam, 2000. 416-440.

Shafer, Yvonne. *Eugene O'Neill and American Society*. València: Publicacions de la Universitat de València, 2011.

Shafer, Yvonne. *American Women Playwrights, 1900-1950*. New York, NY: Peter Lang, 1995.

Shepherd-Barr, Kirsten E. *Theatre and Evolution from Ibsen to Beckett*. New York, NY: Columbia University Press, 2015.

Sherrard-Johnson, Cherene. *Portraits of the New Negro Woman: Visual and Literary Culture in the Harlem Renaissance*. New Brunswick, NJ: Rutgers University Press, 2007.

Showalter, Elaine. „Introduction: The Rise of Gender." *Speaking of Gender*. Ed. Elaine Showalter. New York, NY: Routledge, 1989. 1-13.

Shrock, Joel. *The Gilded Age. American Popular Culture through History*. Westport, CT: Greenwood Press, 2004.

Simmons, Christina. *Making Marriage Modern: Women's Sexuality from the Progressive Era to World War II*. Oxford: Oxford University Press, 2009.

Simonis, Annette. „*New Historicism* und *Poetics of Culture: Renaissance Studies* und Shakespeare in neuem Licht." *Literaturwissenschaftliche Theorien, Modelle und Methoden*. Hg. Ansgar Nünning. Trier: WVT, [4]2004. 153-172.

Simonson, Harold P. „Zona Gale." *Dictionary of Literary Biography. Volume 9: American Novelists, 1910-1945. Part 2: F. Scott Fitzgerald – O.E. Rölvaag*. Ed. James J. Martine. Detroit, MI: Gale Research Company, 1981. 39-42.

Simonson, Harold P. *Zona Gale*. New York, NY: Twayne, 1962.

Smith, Susan H. *Plays in American Periodicals, 1890-1918*. New York, NY: Palgrave Macmillan, 2007.

Smith-Rosenberg, Carroll. *Disorderly Conduct: Visions of Gender in Victorian America*. New York, NY: Oxford University Press, 1986.

The Socialist Woman: A Monthly Magazine 11.1 (April 1908).

Sochen, June. *Movers and Shakers: American Women Thinkers and Activists, 1900-1970*. New York, NY: Quadrangle, 1973.

Solinger, Jason D. *Becoming the Gentleman: British Literature and the Invention of Masculinity, 1660-1815*. New York, NY: Palgrave Macmillan, 2012.

Sommer, Elyse. „*Miss Lulu Bett*. A *CurtainUp* Review." *CurtainUp: The Internet Theater Magazine of Reviews, Features, Annotated Listings*. Review. (March 2000). Online. URL: http://www.curtainup.com/misslulubett (zuletzt aufgerufen: 13.12.2019).

Spain, Daphne. *Gendered Spaces*. Chapel Hill, NC: University of North Carolina Press, 1992.

Speyer, Augustin. *Kommunikationsstrukturen in Senecas Dramen. Eine pragmatisch-linguistische Auswertung mit statistischer Auswertung als Grundlage neuer Ansätze zur Interpretation*. Göttingen: Vandenhoeck & Ruprecht, 2003.

Stanton, Stephen S. „Shaw's Debt to Scribe." *PMLA* 76.5 (1961), 575-585.

Staudte, Carina. *Sport and Masculinity in Philip Roth's American Trilogy:* American Pastoral, I Married a Communist, The Human Stain, *and* Exit Ghost. Hamburg: Verlag Dr. Kovač, 2014.

Steer, Helen Vane. „Henry James on Stage: A Study of Henry James's Plays, and of Dramatizations by Other Writers Based on Works by James." Dissertation. Louisiana State University, 1967.

Steffen, Therese (Hg.). *Masculinities – Maskulinitäten. Mythos, Realität, Repräsentation, Rollendruck*. Stuttgart: J.B. Metzler, 2002.

Stein, Melissa N. *Measuring Manhood: Race and the Science of Masculinity, 1830-1934*. Minneapolis, MN: University of Minnesota Press, 2015.

Stephan, Inge. „Gender, Geschlecht und Theorie." *Gender Studien – Eine Einführung*. Hg. Inge Stephan und Christina von Braun. Stuttgart: J.B. Metzler, 2000. 58-96.

Stephan, Inge. „‚Gender'. Eine nützliche Kategorie für die Literaturwissenschaft." *Zeitschrift für Germanistik N.F.* 9 (1999), 23-35.

Stephan, Inge. „‚Bilder und immer wieder Bilder …': Überlegungen zur Untersuchung von Frauenbildern in männlicher Literatur." *Die verborgene Frau: Sechs Beiträge zu einer feministischen Literaturwissenschaft*. Hg. Inge Stephan und Sigrid Weigel. Berlin: Argument-Verlag, 1983. 15-34.

Stephan, Inge und Christina von Braun (Hg.). *Gender Studien – Eine Einführung*. Stuttgart: J.B. Metzler, 2000a.

Stephan, Inge und Christina von Braun. „Einleitung." *Gender Studien – Eine Einführung*. Hg. Inge Stephan und Christina von Braun. Stuttgart: J.B. Metzler, 2000b. 9-15.

Stephens, Judith L. „Gender Ideology and Dramatic Convention in Progressive Era Plays, 1890-1920." *Performing Feminisms: Feminist Critical Theory and Theatre*. Ed. Sue-Ellen Case. Baltimore, MD: Johns Hopkins University Press, 1990. 283-293. [ebenfalls erschienen in: *Theatre Journal* 41.1 (1989), 45-55.].

Stephens, Judith L. „The Compatibility of Traditional Dramatic Form and Feminist Expression." *The Theatre Annual: A Journal of Performance Studies* 40 (1985), 7-23.

Sternlicht, Sanford. *A Reader's Guide to Modern American Drama.* Syracuse, NY: Syracuse University Press, 2002.

Sterritt, David. „A Strikingly Modern Look at Feminism – in a 1910 Drama. ‚He and She': A Play by Rachel Crothers. Presented by BAM Theater Company at the Brooklyn Academy of Music." Review. *The Christian Science Monitor* (June 5, 1980). Online. URL: http://www.csmonitor.com/1980/0605/060503.html (zuletzt aufgerufen: 05.12.2019).

Strauss, Anselm. *Negotiations: Varieties, Contexts, Processes and Social Order.* San Francisco & London: Jossey-Bass Publishers, 1988.

Suk, Julie C. „Fatherhood and Crime in James Baldwin's *If Beale Street Could Talk.*" *American Guy: Masculinity in American Law and Literature.* Eds. Saul Levmore and Martha C. Nussbaum. Oxford: Oxford University Press, 2014. 262-283.

Sutherland, Cynthia. „American Women Playwrights as Mediators of the ‚Woman Problem'." *Modern Drama* 21.3 (1978), 319-336.

Sutphen, Joyce et al. (Eds.). *To Sing Along the Way: Minnesota Women Poets from Pre-Territorial Days to the Present.* Moorhead, MN: New Rivers Press, 2006.

TACT The Actors Company Theatre. „About TACT." Online. URL: http://tactnyc.org/tact2/about.php (zuletzt aufgerufen: 05.12.2019).

TACT The Actors Company Theatre. „Production History." Online. URL: http://tactnyc.org/ tact2/production_history.php (zuletzt aufgerufen: 05.12.2019).

TACT The Actors Company Theatre. „*He and She* by Rachel Crothers. Directed by Kyle Fabel." Online. URL: http://tactnyc.org/tact2/show.php?sid=2&id=8 (zuletzt aufgerufen: 10.01.2020).

Taylor, John Russell. *The Rise and Fall of the Well-Made Play.* New York, NY: Hill & Wang, 1967.

Teichmann, Sandra Gail. „Rachel Crothers (1878-1958)." *American Women Writers, 1900-1945. A Bio-Bibliographical Sourcebook.* Ed. Laurie Champion. Westport, CT & London: Greenwood Press, 2000. 82-86.

Thacher, S.C. „Influence of the Female Character. Lesson 70." *The Young Ladies' Class Book. A Selection of Lessons for Reading in Prose and Verse.* Ed. Ebenezer Bailey. Boston, MA: Gould, Kendall & Lincoln, 1835. 164-168.

Thomas, Keith. „The Double Standard." *Journal of the History of Ideas* 20.2 (1959), 195-216.

Thomas, Rachel. „Aging Ragefully: A Look at Aging Women in Four Contemporary American Dramas." Master Thesis. Unpublished. Western Kentucky University, 2015.

Tibbetts, John C. *The American Theatrical Film: Stages in Development.* Bowling Green, OH: Bowling Green State University Popular Press, 1985.

Tibbetts, John C. „The ‚New Woman' on Stage: Women Issues in American Drama, 1890-1915." *Helicon Nine: The Journal of Women's Arts and Letters* 7 (1982), 6-19.

Tibbetts, John C. Persönliche E-Mail-Korrespondenz mit Katrin Thomson. 19.09.2016.

Todd, Lynn D. „Rachel Crothers." *Dictionary of Literary Biography. Vol. 7. Part I, A-J: Twentieth-Century American Dramatists*. Ed. John MacNicholas. Detroit, MI: Gale Research, 1981. 134-141.

Tomlinson, Susan. „Vision to Visionary: The New Negro Woman as Cultural Worker in Jessie Redmon Fauset's *Plum Bun*." *Legacy: A Journal of American Women Writers* 19.1 (2002), 90-97.

Tompkins, Jane. *Sensational Designs: The Cultural Work of American Fiction, 1790-1860*. Oxford: Oxford University Press, 1986.

Toohey, John L. *A History of the Pulitzer Prize Plays*. New York, NY: Citadel Press, 1967.

Toolan, Michael. „Analysing Conversation in Fiction. The Christmas Dinner Scene in Joyce's *Portrait of the Artist as a Young Man*." *Poetics Today* 8.2 (1987), 393-416.

Toolan, Michael. „Analysing Fictional Dialogue." *Language and Communication* 5.3 (1985), 193-206.

Turner, Frederick Jackson. „The Problem of the West." *The Atlantic Monthly: A Magazine of Literature, Science, Art, and Politics* 78.467 (Sept. 1896), 289-297.

Turner, Jeff. „Staging Desire: Queer Readings of American Theater History (Review)." *Theatre Journal* 55.3 (2003), 567-568.

Tylee, Claire M. et al. (Eds.). *War Plays by Women: An International Anthology*. London & New York: Routledge, 1999.

Veblen, Thorstein. *The Theory of the Leisure Class*. Boston, MA: Houghton Mifflin, 1973 [1899].

Volkmann, Laurenz. „New Historicism." *Metzler Lexikon Literatur- und Kulturtheorie*. Hg. Ansgar Nünning. Stuttgart: Metzler, ^{4}2008. 540-542.

Volkmann, Laurenz. „Fortified Masculinity: Daniel Defoe's *Robinson Crusoe* as Literary Emblem of Western Male Identity." *Constructions of Masculinity in British Literature from the Middle Ages to the Present*. Ed. Stefan Horlacher. New York, NY: Palgrave Macmillan, 2011. 129-146.

Volkmann, Laurenz. „Reconstructing a Useable Past: The New Historicism and History." *Why Literature Matters. Theories and Functions of Literature*. Eds. Rüdiger Ahrens and Laurenz Volkmann. Heidelberg: Universitätsverlag Winter, 1996. 325-344.

Voloshin, Beverly R. „The Limits of Domesticity: The Female *Bildungsroman* in America, 1820-1870." *American Literature, Culture, and Ideology. Essays in Memory of Henry Nash Smith*. Ed. Beverly R. Voloshin. New York, NY: Peter Lang, 1990. 93-114.

von Braun, Christina. „Gender, Geschlecht und Geschichte." *Gender Studies – Eine Einführung*. Hg. Inge Stephan und Christina von Braun. Stuttgart: J.B. Metzler, 2000. 16-57.

von Braun, Christina. „Warum ‚Gender Studies'?" *Zeitschrift für Germanistik N.F.* 9 (1999), 9-22.

Wade, Allan (Ed.). *The Scenic Art: Notes on Acting and on the Drama, 1872-1901*. Henry James. With an Introduction by Leon Edel. London: Hart-Davis, 1949.

Wahlström, Helena. *New Fathers? Contemporary American Stories of Masculinity, Domesticity, and Kinship*. Newcastle upon Tyne: Cambridge Scholars Publ., 2010.

Wainscott, Ronald H. „Plays and Playwrights: 1896-1915." *The Cambridge History of American Theatre. Volume II: 1870-1945*. Eds. Don B. Wilmeth and Christopher Bigsby. Cambridge: Cambridge University Press, 1999. 262-288.

Wainscott, Ronald H. *The Emergence of the Modern American Theater 1914-1929*. New Haven & London: Yale University Press, 1997.

Walter, Willi. „Gender, Geschlecht und Männerforschung." *Gender Studien – Eine Einführung*. Hg. Inge Stephan und Christina von Braun. Stuttgart: J.B. Metzler, 2000. 97-115.

Warford, Pamela N. „Zona Gale." *Dictionary of Midwestern Literature. Vol. I: The Authors*. Ed. Philip A. Greasley. Bloomington & Indianapolis, IN: Indiana University Press, 2001. 210-211.

Wechsel, Kirsten. „Sozialgeschichtliche Zugänge." *Grundzüge der Literaturwissenschaft*. Hg. Heinz Ludwig Arnold und Heinrich Detering. München: Deutscher Taschenbuch Verlag, [7]2005. 446-462.

Wedl, Juliette. „Diskursforschung in den Gender Studies." *Diskursforschung. Ein interdisziplinäres Handbuch. Band 1: Theorien, Methodologien und Kontroversen*. Hg. Johannes Angermuller et al. Bielefeld: transcript Verlag, 2014. 276-299.

Wegner, Pamela S. „*Margaret Fleming*: James A. Herne's Contributions to American Realism." *New England Theatre Journal* 1.1 (1990), 19-29.

Weil, Martin. „Marc Connelly, ‚Green Pastures' Author, Dies." *The Washington Post* (December 22, 1980), n.p. Online. URL: https://www.washingtonpost.com/archive/local/1980/12/22/marc-connelly-green-pastures-author-dies/3a89 87d1-6a3a-466d-8a5a-ae49cab13301/ (zuletzt aufgerufen: 13.12.2019).

Welter, Barbara (Ed.). *The Woman Question in American History*. Hinsdale, IL: Dryden Press, 1973.

Welter, Barbara. „The Cult of True Womanhood." *American Quarterly* 18 (1966), 151-174.

Wenzel, Peter. „New Criticism." *Metzler Lexikon Literatur- und Kulturtheorie: Ansätze – Personen – Grundbegriffe*. Hg. Ansgar Nünning. Stuttgart: Metzler, [4]2008. 535-537.

Winko, Simone. „Diskursanalyse, Diskursgeschichte." *Grundzüge der Literaturwissenschaft*. Hg. Heinz Ludwig Arnold und Heinrich Detering. München: Deutscher Taschenbuch Verlag, [7]2005. 463-478.

Woloch, Nancy. *Women and the American Experience*. New York, NY: Knopf, 1984.

Woolf, Virginia. *A Room of One's Own*. London: Penguin Books, 1929.

Woollcott, Alexander. „Second Thoughts on First Nights." *The New York Times* (January 9, 1921), 72.

Woollcott, Alexander. „The Play [Zona Gale's *Miss Lulu Bett*]." *The New York Times* (December 28, 1920a), 17.

Woollcott, Alexander. „The Play [Rachel Crothers' *He and She*]." *The New York Times* (February 13, 1920b), 16.

Woronoff, Jon. „Editor's Foreword." *Historical Dictionary of the Progressive Era*. Catherine Cocks et al. Toronto: The Scarecrow Press, 2009. vii-viii.

Würzbach, Natascha. „Einführung in die Theorie und Praxis der feministisch orientierten Literaturwissenschaft." *Literaturwissenschaftliche Theorien, Modelle und Methoden. Eine Einführung*. Hg. Ansgar Nünning. Trier: WTV, ^{4}2004a. 137-152.

Würzbach, Natascha. „Raumdarstellung." *Erzähltextanalyse und Gender Studies*. Hg. Vera Nünning und Ansgar Nünning. Stuttgart: Metzler, 2004b. 49-71.

Würzbach, Natascha. „Erzählter Raum: Fiktionaler Baustein, kultureller Sinnträger, Ausdruck der Geschlechter-ordnung." *Erzählen und Erzähltheorie im 20. Jahrhundert. Festschrift für Wilhelm Füger*. Hg. Jörg Helbig. Heidelberg: C. Winter, 2001. 105-129.

Zapf, Hubert. „Theater und Drama." *Amerikanische Literaturgeschichte*. Hg. Hubert Zapf. Stuttgart: J.B. Metzler, ^{3}2010a. 146-151.

Zapf, Hubert. „Die verspätete Gattung: Das amerikanische Drama der Moderne." *Amerikanische Literaturgeschichte*. Hg. Hubert Zapf. Stuttgart: J.B. Metzler, ^{3}2010b. 282-304.

Zapf, Hubert. *Kurze Geschichte der anglo-amerikanischen Literaturtheorie*. München: Wilhelm Fink Verlag, ^{2}1996.

Zartman, I. William. *Negotiation and Conflict Management. Essays on Theory and Practice*. London: Routledge, 2008.

Zimmermann, Jutta. *Dialog, Dialogizität, Interdiskursivität: Die Geschlechterfrage im amerikanischen realistischen Roman*. Paderborn: Ferdinand Schöningh, 2006.

Personen- und Sachregister